刘泽华 罗宗强 主编

中国思想与社会研究

第二辑

中国社会科学出版社

图书在版编目（CIP）数据

中国思想与社会研究（第二辑）刘泽华,罗宗强主编.—北京：中国社会科学出版社,2009.3

ISBN 978-7-5004-7682-5

Ⅰ.中… Ⅱ.①刘…②罗…Ⅲ.社会科学—文集 Ⅳ.C53

中国版本图书馆 CIP 数据核字（2008）第 037798 号

责任编辑 郭　媛
责任校对 李小冰
封面设计 毛国宣
技术编辑 戴　宽

出版发行　中国社会科学出版社
社　　址　北京鼓楼西大街甲 158 号　　邮　编　100720
电　　话　010—84029450（邮购）
网　　址　http://www.csspw.cn
经　　销　新华书店
印　　刷　北京新魏印刷厂　　　　装　订　广增装订厂
版　　次　2009 年 3 月第 1 版　　印　次　2009 年 3 月第 1 次印刷
开　　本　787×1092　1/16
印　　张　37.75
字　　数　939 千字
定　　价　81.00 元

缘　起

　　《中国思想与社会研究》是南开大学"中国思想与社会研究"哲学社会科学创新基地主办的学术年刊。该创新基地是教育部批准的南开大学"985工程"二期建设的项目之一。该项目依托中国古代史、中国近现代史、经济史三个国家重点学科和教育部人文社会科学重点研究基地"中国社会史研究中心",以南开大学历史学、文学、哲学、政治学、社会学等一级学科为基础,旨在共同建设一个"中国思想与社会"为主题的新型的跨学科研究平台。

　　自从卡尔·马克思和马克斯·韦伯先后发表其关注社会存在、关注思想文化的学说以来,"思想与社会及其互动研究"近年已成为国际上重要的学术前沿和热点。南开大学刘泽华、罗宗强等教授率先开展思想史和社会史及其互动的研究,取得了国内外公认的突出建树。两年前申报成功的"中国思想与社会研究"创新基地正体现了这种学术前沿和优势特色。我们相信,该基地能够实现校内文、史、哲、政、社、经、法相关学术队伍的整合,通过"强""强"学术联合,凝聚和发展南开"思想与社会"学术品牌,产生一批前沿性的学术成果,取得若干理论突破,努力建设国际一流的"中国思想与社会"研究重镇。

　　近百年来,人文社会科学的划分越来越专业化,文学、史学、哲学等成为各自独立的学科。毫无疑问,这是学术研究规范、科学发展和深入进步的需要。但是,随着研究工作的深入,学者们逐渐发现学科之间互为壁垒、缺乏沟通,也在一定程度上影响了学术的交流和发展。况且,在中国学术传统中,文史哲本来是密不可分的。因而,在现代学术环境下,打破学科界限,在新的基点上实现文史哲等不同学科之间的交流和整合,又成为推进学术发展的新趋势。在这样的宏观形势下,"中国思想与社会研究"创新基地的应运而生,恰恰可以弥补以往的缺憾,从史学、文学、哲学等不同学科的交叉融汇的层面,实现新的学术提升。

　　"中国思想与社会研究"创新基地建立以来,召开了数次大型的国际、国内学术会议,延请了一批海内外著名专家学者莅临访问交流,取得了令人瞩目的成果。创新基地在《南开学报》开辟了"中国思想与社会互动研究"栏目,"中国思想与社会研究"网站及数据库也在建设之中。

　　编辑出版《中国思想与社会研究》学术年刊,是"中国思想与社会研究"创新基地建设的工作之一。计划每年出版一辑,目标是办成国内外探讨中国思想与社会及其互动关系的高水平学术年刊。

　　这次编辑出版的《中国思想与社会研究》第一辑,选自2006年8月创新基地举办的"中唐以来思想文化与社会演进"国际学术研讨会的论文。所选取的论文涉及领域广泛，学术信息丰富，似有百家争鸣之状。现根据内容粗略分为：跨学科研究的理论和方法的探讨、民本思想、华夷正统思想、佛学与宗教哲学、宋明理学、现代新儒家、史学思想与科举教育、道德主义与术数、近代新意识与知识层等九个部分，刊载于后，以飨读者和方家。

从多学科角度探讨中国思想与社会及其互动关系，是一项新的学术尝试，需要学界同仁的共同努力。我们衷心期待着同仁的参与、建议和支持。

《中国思想与社会研究》编委会
2007 年 3 月

目　　录

研究中国政治思想史的思路与心路[*]

刘泽华

这三卷本的《中国政治思想史集》，是我近三十年来研究成果的汇集。第一卷系统地论述先秦政治思想史，第二卷是秦以后的政治思想散论，这两卷是基础性的研究。第三卷是论述传统政治思维方式以及形成的范式问题，这些范式贯通古今，在现实依然有广泛的影响。在这个总序中简要说几点我的思路与心路。

一 研究政治思想史的主要目的之一是为解析国情

研究中国的政治思想与政治精神是了解中国历史与现实的重要门径之一。然而遗憾的是，由于 1949 年以后中国特殊的政治环境和大学专业设置的片面性，政治思想史的研究在很长时间里几乎中断，上个世纪 80 年代以后，情况逐渐有所好转，但至今仍未引起人们的足够关注。

我从事政治思想史的学习与研究可以追溯到上个世纪 60 年代，但集中精力则是在 70 年代末以后。这与反思"文革"中的封建主义大泛滥有极大的关系。细想想，那些封建主义的东西不仅仅是"文革"的创造，而且是历史封建主义的继续和集成。专制权力支配中国社会有二、三千年的历史，其影响是相当广泛的，它不仅形成了一套体制，也形成一种文化心态。我们要从这种体制和心态走出来，不是一蹴而就的。为了走出来，首先要正视历史，确定历史转变的起点。我们经常说要了解和熟悉国情，而历史就是国情最重要的组成部分。我的研究目的之一就是为解析中国的"国情"，并说明我们现实中封建主义的由来。

二 中国传统社会的特点：王权支配社会

1983 年我在《论中国封建地主产生与再生道路及其生态特点》一文中提出，中国社会数千年中一个根本的特点是："政治特权支配社会、支配经济"，"暴力和政治虽然不能创造出封建经济，但在封建经济关系基础上，它可以在很大程度上影响乃至决定封建地主成员的命运及其存在形式"。沿着这一思路我又写了多篇文章，后来我用"王权主义"来概括中国历史的特征。我所说的王权主义既不是指社会形态，也不限于通常所说的权力系统，而是指社会的一种控制和运行机制。大致说来又可分为三个层次：一

* 此文原为刘泽华著：《中国政治思想史集》序，人民出版社 2008 年版。

是以王权为中心的权力系统；二是以这种权力系统为骨架形成的社会结构；三是与上述状况相配的观念体系。具体内容主要表现为：

1. 中国从有文字记载开始，即有一个最显赫的利益集团，这就是以王—贵族为中心的利益集团，以后则发展为帝王—贵族、官僚集团。这个集团的成员在不停的变动，而其结构则又十分稳定，正是这个集团控制着社会。这是一个无可怀疑的事实。

2. 这种王权是基于社会经济又超乎社会经济的一种特殊存在。它是社会经济运动中非经济方式吞噬经济的产物，是武力争夺的结果，所谓"兵胜者王"、"马上得天下"是也。这种政权也可以说是武力或暴力政权。

3. 这种以武力为基础形成的王权统治的社会，就总体而言，不是经济力量决定着权力分配，而是权力分配决定着社会经济分配，社会经济关系的主体——皇室、贵族与官僚地主是权力垄断与分配的产物。

4. 在多种社会结构（权力结构、经济结构、等级结构、血缘结构、族群结构等等）中，王权体系居于主导地位。

5. 在社会诸种权力（政权、族权、父权、夫权、宗教权、行会权、经济主体权、绅权等）中，王权是最高的权力。

6. 在日常的社会运转中，王权起着枢纽作用，主要表现在人身支配、赋税、徭役、兵役、某些经济垄断等方面。

7. 社会与政治动荡的结局，最终是回复到王权秩序。

8. 王权崇拜是思想文化的核心，而"王道"则是社会理性、道德、正义、公正的体现，等等。

过去我们通常用经济关系去解释社会现象，这无疑是有意义的；然而从更直接的意义上说，我认为从王权去解释更为具体，更便当。从整体上说，我仍然承认经济关系是社会的基础，但我认为不能忽视政治力量在经济中的地位与特殊作用。比如在社会资源分配等方面，政治一直起着决定性的作用。中国的土地买卖很普遍，并形成土地集中。有人从经济上概括为是"地租地产化"，我认为买卖是表象，内在的决定因素主要是"权力地产化"。

三　王权主义是传统思想文化的主脉

在我近三十年的著作中，"王权主义"的含义有宽窄两种内容，宽的即上述的含义，窄的是在思想观念上使用它。就后者而言，我认为王权主义是传统思想文化的主脉。关于这一点可从几方面说。

第一，先秦诸子的主旨都是王权主义。

春秋战国的百家争鸣可以说是中国历史上的思想文化定型时期，诸子百家创立的学说和思维方式开其后两千多年的先河，后来者虽不无创造，但直到近代以前，基本上没能突破那个时代创造的思想范式和框架，甚至不妨说，承其余绪而已。因此对诸子百家的思想作一个总体估计，对把握其后两千年的思想是极有参考意义的。诸子百家思想的主流和归宿是什么呢？应该说是政治。司马谈有很好的概括："《易大传》：'天下一致而百虑，同归而殊途。'夫阴阳、儒、墨、名、法、道德，此务为治者也，直所从言之异路，有省不省耳。"① 班固的看法承继了司马氏，他认为诸子是"王道"分化的结果，归根结底又为王服务："使其人遭明王圣主，得其所折中，皆股肱之材已。"② 诸子百家所论，可以说是上穷碧落下黄泉，无所不及，但最终归于一个"治"字。"治"的中心是什么？我认为只有一个结论，那就是王权和王制，也就是君主专制主义或王权主义。战国百家争鸣是争实行什么样的君主专制主义，并极大地丰富了君主专制主义理论。秦始皇的君主专制主义正是先秦诸子的承继和发展，是诸子君主专制主义理论的集中和实现，是先秦政治文化的集成，是其后两千多年帝制的祖师。有人说"历史文化传统对他们（秦朝君臣——引者注）而言是没有真实意义的"，这种看法是不符合历史事实的。

在中国的历史上，除为数不多的人主张无君论以外，都是有君论者，在维护王权和王制这一点上大体是共同的，而政治理想几乎都是王道与圣王之治。我们的最伟大、最杰出的思想家几乎都在为尊王编织着各种各样的理论，并把历史命运和开太平的使命托付给王。

第二，君尊臣卑是中华传统思想文化的骨架。

尊君的理论多多，有一点应特别注意，那就是把中华传统思想文化的最高理念都献给了帝王。每种思想文化都有一套纲纽性的概念来表达和支撑，这些纲纽性的概念集中体现了真、善、美以及更超越的精神。在中华思想文化里，表达超人和本体、本根的概念，如神、上帝、天、地、乾坤、日月、阴阳、五行、四时等；表达理智的，如聪、明、睿、智、英、谟、理、文、武等等；表达道德的，如仁、义、德、惠、慈、爱、亲、宽、恭、让、谦、休等；还有一些包含了上述诸种含义，如天、圣、道、理等等。这些纲纽性概念都奉献给了帝王，或变成了帝王的品性与功能。在此我把杰出文豪韩愈、柳宗元颂扬帝王的词组胪列一下，有："神化"、"神功"、"大化"、"与天合德"、"法天合德"、"感通天地"、"参天两地"、"功参造化"、"整齐造化"、"政体乾坤"、"体乾刚"、"协坤元"、"体昊穹"、"移造化"、"革阴阳"、"仁化"、"德化"、"统和天人"、"顺时御极"、"幽明感通"、"王风"、"金风"、"帝力"、"皇化"、"皇灵"、"皇风"、"皇泽"、"皇慈"，等等。总之，帝王与造物主相匹，是人间的救世主，自然也就居于思想文化的顶点。

与尊君论相对的是臣民卑贱论。君主以下所有的人，上至达官贵人，下至百姓、仆隶，在君主面前尽人皆卑贱、皆奴仆，把思想文化中的下流的概念、词汇几乎一股脑地套在臣下头上。这里仍以韩愈和柳宗元的言论为例。臣民天生就属于卑贱者："君者，阳也。臣者，阴也"，臣"身微命贱"，"性本庸疏"。臣下的社会地位、衣食、知识、寿命，皆来自"圣恩"。君主"子养亿兆人庶"，"身体发肤，皆归于圣育；衣服饮食，悉自于皇恩"③。臣下愚昧无知，"至陋至愚，无所知识"④。在君主面前臣下是天生的罪人，"皇恩浩荡，臣罪当死"。

---

① 《史记·太史公自序》。
② 《汉书·艺文志》。
③ 《柳宗元集·为耆老等请复尊号表》。
④ 《韩昌黎文集·御史台上论天旱人饥状》。

当然在传统思想文化中也有对昏君、暴主的斥责与批判，少数思想家还提出了无君论，但这不是主流；也有对臣民作用的肯定，但只能居于辅助地位。

君尊臣卑成为一种思维定势，成为人们一种不自觉的观念和认识的前提，影响深远。

第三，帝王的"五独"观念。

中国古代最高权力观念体现在"王"、"天子"、"皇帝"、"帝王"、"君主"等最高政治元首的观念之中。帝王的权力特征可以用一个"独"字来概括，具体说来有"五独"：天下独占，地位独尊，势位独一，权力独操，决事独断。所谓帝王"贵独"，大致说来也就是这"五独"。

"天下独占"指的是君主是全社会最高和唯一的主人。世上的一切存在物、全部资源以及所有的人都归王所有，而且王权的实施范围在时间与空间上都是无限的。《诗·小雅·北山》最早把上述观念作了最明确的表述："普天之下，莫非王土；率土之滨，莫非王臣。"秦始皇统一中国之后几乎以同样的语言宣布："六合之内，皇帝之土"，"人迹所至，无不臣者"。刘邦称帝后也同样把天下视为自己的"产业"。皇帝虽然像走马灯一样轮换不已，但上述观念却一脉相承。这不仅是皇帝的一厢情愿，同时也为整个社会所认同，形成全社会的普遍意识。宋儒程颐说的如下一段话可作为典型代表："天子居天下之尊，率土之滨，莫非王臣……凡土地之富，人民之众，皆王者之有也。"[①]应该说"王有天下"是中国传统社会最高权力观念的核心内容。不管社会任何成员拥有什么，只要与"王有"发生矛盾，必须无条件地服从王有，所谓"君于臣有取无假"是也。王有天下好像一个其大无外的穹庐，死死地扣在社会之上。君主们"无法无天"的理论依据就是王有天下。

"地位独尊"是说，在一切社会关系中，在社会身份普遍化的等级关系中，唯有君主的地位至高无上，至尊至贵。有关资料比比皆是。这里仅引《礼记·坊记》称孔子之语为例以示其要："天无二日，土无二王，家无二主，尊无二上。"

"势位独一"是说在权力体系中帝王是独一无二的。在中国的历史上有否"二元"或"多元"权力结构，学界有不同的看法，我要说的是，至晚到春秋初已提出"国不堪贰"的问题。当时的政治家与思想家纷纷提出"国不可贰"，齐悼公说："君异于器，不可以二。器二不匮，君二多难。"思想巨擘老子和孔子从宇宙体系上论证了君只能"一"，老子把王与"天"、"地"、"道"并列称为"四大"；孔子说："天无二日，民无二王。"其后所有的思想家几乎都在这个思想圈子中颠三倒四，从不同角度论述只能有一个君主。董仲舒说："天之常道，相反之物也，不得两起，故谓之一。一而不二者，天之行也。"[②]帝王就是人间的"一"。在传统思想界除了少数人主张无君论以外，都是"君一"论者。这个"一"不仅要凌驾于一国之上，而且要凌驾于天下之上。总之，权力结构的一元论是不移之论。历史上的先哲们关于政治结构的聪明才智在"一"面前可以说是走到了尽头。他们只知"一而治"，除极少数人如黄宗羲略有质疑外，基本上没有人深思过"一而乱"的问题，自然也就没有想过从"一"中走出来。

---

① 《伊川易传·周易上经》。
② 《春秋繁露·天道无二》。

"权力独操"是说一切权力属于帝王。孔老夫子率先教导："唯名与器，不可以假人，君之所司也。"① 《周礼》中"五官序"把帝王的大权概括的更为清楚："唯王建国，辨方正位，设官分职，以为民极。"《管子·七臣七主》说："权势者，人主之所独守也。"《商君书·修权》说："权者，君之所独制也。"董仲舒说："君也者，掌令者也，令行而禁止也。"又说："君之所以为君者，威也。"这一类的论述比比皆是。总之，权力独占是政治的核心。皇帝以下的所有权力机构，一无例外都是皇帝的办事机构、派出机构和服务机构。

"决事独断"是说在政治决策过程中，君主是最高、最后的决断者。中国传统政治决策过程的特点可以用"兼听独断"四个字来概括，这一点早在先秦已形成公论和定势。宋儒司马光一段话很典型："古人有言曰'谋之在多，断之在独。'谋之多，故可以观利害之极致；断之独，故可以定天下之是非。若知谋而不知断，则群下人人各欲逞其私志，斯衰乱之政也。""终决之者，要在人君。"② 司马光在此提出了"独断"、"多谋"、"定天下之是非"、"人人之私志"、"衰乱"几者的关系，不难看出，君主的"独断"是决定性的，所谓"终决"就是最高和最后决断权，只归君主独有。陈亮在《论执政之要》中对宋代帝王的独断做了如下的描述："发一政，用一人，无非出于独断；下至朝廷小臣，郡县之琐政，一切劳圣虑。"康熙说得十分绝对："天下之权，唯一人操之，不可旁落。"③ 乾隆也反复说："本朝家法……一切用人听言，大权从不旁假"④，"权衡悉出自朕裁"⑤。

以上讲的君主"五独"是中国传统政治的基础和基本原则。帝王们自然不会放弃"五独"，臣民中除极少数主张无君论者外，几乎所有的人都认同君主的"五独"，连出家的和尚、道士也难逃其外。我们研究中国古代的权力运动和权力结构的变迁、调整等，绝对不可忽视君主"五独"观念的全局控制意义。

第四，帝王控制了"学"和士人。

春秋以前"学在官府"，其后"官学"解体，分化出诸子之学，"学"在王权之外获得了自由。诸子之学在学术上无疑是多元的，然而在政治上却又有惊人的一致性，在鼓吹君主专制这一点上是途殊同归。秦始皇的"以吏为师"无疑是太粗糙了。但与战国诸子的学术精神并无大违，而是诸子之学内在的专制主义精神的一次实现。这一点在前边已作了概述。

汉武帝的独尊儒术是秦始皇的以吏为师的继续和发展。李斯是以吏为师的倡议者，董仲舒是鼓吹独尊儒术的重要人物之一（在他之前鼓吹者多多）。乍然看去，李斯和董仲舒的政见差别很大，可以说是敌对的，李斯要打击儒家，董仲舒则要独尊儒术。可是调换一个角度看，分析一下他们的出发点和要解决的问题，却是惊人的一致，甚至所用语言也雷同。他们的目的都是为了尊王，实现大一统；在政治思想上一个讲"定一尊"，一个讲"持一统"，都是实行思想统一和专制；所尊之外一律排他，李斯提出，

---

① 《左传·成公二年》。
② 《温国文正司马公文集·体要疏》。
③ 《清圣祖实录》卷二五九康熙五十三年丙子。
④ 《清高宗实录》卷三二三乾隆十三年八月辛亥。
⑤ 《清高宗实录》卷一三一七乾隆五十三年十一月乙酉。

对非所尊实行"禁"、"烧"、"族"，董仲舒提出"皆绝其道"。所以我认为汉武帝的独尊儒术与秦始皇的以吏为师是一脉相承的，又都是"学在官府"的再建。当然，汉武帝比秦始皇高明，他有成套的措施，最主要的是把学和取士结合在一起。其后延续了两千多年。

儒家政治的基本原则是"三纲"。帝王制度就是建立在"三纲"之上的。也正是以此为据，我说儒学的主旨是维护帝王体系之学。人们当然不是事事必说"三纲"，但"三纲"就像一个天网笼罩在全社会之上。

汉武帝独尊儒术同秦始皇以吏为师一样，意在把社会的思想文化置于王权控制之下，使思想文化降格，成为王权的从属物。且不说被"罢黜"者，就被"独尊"的儒术而言，其恰恰因被尊而失去了原有的独立性格。因为它的被尊是皇权决定的，它被皇权宣布为独尊的同时，也就被置于皇权控制之下。儒术变成皇权政治的组成部分，成为皇帝需要的政治原则，儒家的"经典"是由皇帝钦定的，最高解释权也归皇帝。儒学既是官学，也就是官方的意识形态。这种官方意识形态借助帝王的政治力量推向全社会，从而使整个社会观念儒家化。儒学的社会化无疑有自身的濡化因素，但更主要的是政治推动的结果。特别是以经取士，把士人的多数吸引到儒家的轨道，并成为维护帝王体系的学人或政治工具。

四　政治思维的阴阳组合结构

中国传统的王权主义如铁板一块，十分坚硬，但又有柔性，刚柔相兼，这表现在政治思维的阴阳组合结构上。所谓"阴阳组合"结构，是说一个主命题一定有一个副命题来补充，形成相反而相成的关系。这里不妨先开列一些具体的阴阳组合命题，诸如：天人合一与天王合一，圣人与圣王，道高于君与君道同体，天下为公与王有天下，尊君与罪君，正统与革命，君本与民本，人为贵与贵贱有序，等级与均平，纳谏（听众）与独断，思想一统与人各有志，教化与愚民，王遵礼法与王制礼法，民为衣食父母与皇恩浩荡、仰上而生，等等。

我开列了这一大串，为了说明这种组合命题的普遍性。这里用了"阴阳组合结构"，而不用对立统一，是有用意的。在上述组合关系中有对立统一的因素，但与对立统一又有原则的不同，对立统一包含着对立面的转化，但阴阳之间不能转化，特别是在政治与政治观念领域，居于阳位的君、父、夫与居于阴位的臣、子、妇，其关系相对而不能转化，否则便是错位。因此阴阳组合结构只是对立统一的一种形式和状态，两者不是等同的。我上边罗列的各个命题，都是阴阳组合关系，主辅不能错位。比如在君本与民本这对阴阳组合命题中，君本与民本互相依存，谈到君本一定要说民本；同样，谈到民本也离不开君本，但君本的主体位置是不能变动的。这里只就"道高于君与君主体道"的组合命题稍作说明，以示其概。

"道"是中国传统思想文化的核心范畴之一，是理性（也包含程度不同的神性）的最高抽象，又是整个思想文化的命脉。"王"是最高权力者的称谓，同时又代表着以专制权力为中心的社会秩序以及与这种秩序相对应的观念体系。道与王是什么关系？就我拜读过的论著，特别是新儒家和崇儒者，十分强调儒家的道与王是二分的，常常把

"道高于君"、"从道不从君"作为理论元点来进行推理，认定道是社会的独立的理性系统，由儒生操握，对王起着规范、牵制和制约作用。就一隅而论，也不无道理；然全面考察，则多偏颇。在我看来，道与王是相对二分与合二而一的有机组合关系，分中有合，合中有分，分合相辅，以合为主。这不限于儒家，而是整个传统思想文化中的主干。"道高于君"、"从道不从君"只是组合命题一面，还有更重要的一面，那就是"君主体道"、"王、道同体"、"道出于王"。

先秦诸子把圣人、君子视为道之原，同时又认为先王、圣王也是道之原。在这一点上先秦诸子有着共识。这一理论为王与道一体化以及道源于王铺平了道路。秦始皇是历史上第一位把自己视为与道同体、自己生道的君主。秦始皇宣布自己是"体道行德"，实现了王、道一体化。秦始皇不仅体道，又是圣王，他颁布的制度、命令是"圣制"、"圣意"、"圣志"，永垂万世。先秦诸子创造的巍巍高尚的"道"一下子变成了秦始皇的囊中之物。秦朝虽然很快垮台了，秦始皇的思想却流传给后世。其后，贾谊提出"君也者，道之所出也"。董仲舒在《春秋繁露·王道》中说："道，王道也。王者，人之始也。"他还有人所熟知的"王道通三"之说。道、王道、王混为一体，道由王出。在中国历史上，尽管人们可以把道捧上天，但一遇到"圣旨"，它就得乖乖让路。在漫长的年代里，帝王既要搞"朕即国家"，又要搞"朕即道"。宋明理学家高扬道统的大旗，道统俨然独立于王之外。然而恰恰在把道统说得神乎其神的同时，却又把这个神圣的道敬献给了帝王，这一点在帝王谥号中表现的尤为突出，诸如"应道"、"法道"、"继道"、"合道"、"同道"、"循道"、"备道"、"建道"、"行道"、"章道"、"弘道"、"体道"、"崇道"、"立道"、"凝道"、"明道"、"达道"、"履道"、"隆道"、"契道"、"阐道"、"守道"等等，汉语词汇实在太丰富了。在这里，都说明一个问题：帝王是道的体现者。

王对道的占有，或者说道依附于王，是整个传统思想文化的一个基本命题，几乎所有的思想家，甚至包括一些具有异端性质的人，都没有从"王道"等大框框中走出来。只要还崇拜"王道"等，那么不仅在理论上被王制和王的观念所锢，而且所说的道也是为王服务的。

其实，王对道的占有只是问题的一面，另一面更应注意的是道本身的王权主义精神，以致可以说，道的主旨是王权主义。这一点被我们的许多学者，特别是被新儒学所忽视。中国传统思想文化中的道无所不在，千姿百态，但影响最大、最具有普遍性的，要属有关宇宙结构、本体、规律方面的含义了。正是在这种形而上学的意义中给予王以特殊的定位。《易·系辞上》说："一阴一阳之谓道。"阴阳相交而生万物，而君臣尊卑之位便是宇宙结构和秩序的一环。被形而上学化的伦理纲常的首位就是君主关系。程颐说："天地人只一道也。才通其一，则余皆通。""道之大本如何求？某告之以君臣、父子、夫妇、兄弟、朋友，于此五者上行乐处便是。"[①] 朱熹说："三纲五常，天理民彝之大节，而治道之本根也。"[②] 又说："道之在天下，其实原于天命之性，而行于君臣、父

[①] 《二程遗书》卷十八。
[②] 《晦庵集·戊申延和奏劄一》。

子、兄弟、夫妇、朋友之间。"① 儒家所论的伦理纲常无疑比具体的君主更有普遍意义，但也从更高的层次上肯定了君主专制制度，用形而上学论证了君主制度是永恒的。我们不能忽视儒家的纲常对王的规范和批判意义，同时更不宜忽视这种规范和批判的归结点是对王权制度的肯定。张扬儒学的朋友对此实在有点漠视，或视而不见，真不知其可也！道、王相对二分与合二而一是有机组合关系，同时也形成一种思维范式，历史上最伟大的思想家都没有从这种范式中走出来。这种思维范式的影响比具体内容的影响更为广泛和深远。

"阴阳组合"结构是古代政治思维的普遍事实，这种结构性的思维应该说是极其高明的，它反映了事物的对立与统一的一个基本面。也可以说是"中庸"、"执两用中"思想的具体化。这种"结构"的思维方式和认知路线对把握事物非常有用，也非常聪慧，正是所谓的"极高明而道中庸"。就思想来说，这种结构的容量很大，说东有东，说西有西，既可以把君主之尊和伟大捧得比天高，但又可以进谏批评，乃至对桀纣之君进行革命。由于有极大的容量，以至于人们无法从这种结构中跳出来，至少在政治思想史范围内，直到西方新政治思想传入以前，先哲们没有人能突破这种阴阳组合结构。最杰出的思想家黄宗羲虽有过超乎前人的试跳，但终归没有跳过去。

在政治实践上，这种阴阳组合结构的政治理念具有广泛切实的应用性。以古代的君主专制体制为例，一方面它是那样的稳固，不管有多少波澜起伏，多少次改朝换代，这种体制横竖岿然不动；另一方面，它有相当宽的自我调整空间和适应性。我想这些应该说在很大程度上得力于政治思维的阴阳结构及其相应的政治调节能力。

这种思维范式影响至深，在我们现实生活中还广泛流行，依然笼罩着许多人的思维。在过渡时期，这些无疑具有很强的包容性和灵活性，但在学理上是需要分析的。1986 年我曾写过一篇文章，题目是《除对象，争鸣不应有前提》，对以什么为指导与百家争鸣问题进行了辨析。我想，对类似的问题都应从理论上作进一步的辨析。只有通过辨析，指出其在历史进程中的局限性才可能更有效地推进政治改革。如果我们不从这种仍普遍流行的阴阳组合结构中走出来，就不可能有政治观念的突破，也不可能迈上历史的新台阶。

五　现代封建主义与传统封建主义一脉相承

封建主义对我们的时代有着广泛的影响，造成了惨重的后果，这是各层人士的共识。封建主义表现多多，其中危害最大的应该是"官本位"、"一言堂"、"独断专行"、"无法无天"、"严刑峻法"、"个人迷信"、"特权经济"、"以权谋私"等等。这些其实就是封建专制主义或王权主义的现代版，也可称之为现代封建主义。我们有过亲身经历的人都很熟悉，这些都不是简单的直白，而是有一套理论来支撑，并被这一套理论所折服、或征服、或屈服。且不说我辈普通人，就是那些大知识分子不是也有很多跟着跑或为虎作伥吗？

有另一种看法，他们认为中国传统思想文化的主流——儒学是人文主义的，是

---

① 《晦庵集·徽州婺源县学藏书阁记》。

"人学"，是"成人之学"，是"人文关切之学"，等等，因此富有和谐、平等、友爱、独立、自由、民主、人权等精神。封建主义的泛滥只不过是上述传统的中断。为了现代化应该"复古"，要"发扬传统"、"回归传统"。也有人说的很白，这就是"尊孔读经"。

我向赞美儒家具有现代性的先生们提一个简单的问题，如果儒家那么高明，试问，它怎么没有把中国较早地引导到现代化的道路？在中国民族危机的时刻它怎么拿不出自救的办法？时至今日，还要从"人心不古"来找原因、找出路，我期期以为不可也。在我看来，思想文化都有时代性，不同时代的主流思想文化应是该时代的产物！一些人老爱说我们是"礼仪之邦"，要以"礼仪"来救弊，如果较真追问：什么是"礼仪之邦"？依我看，就其历史内容的主干而言，那只能是"等级贵贱之邦"，或者说是"君主专制之邦"。"礼仪之邦"与"民主之邦"是历史进程中的两个高低不同阶段，是两种不同的语言和价值体系，再怎么"转化"、"返本开新"，也不能使两个阶段混为一谈。一些人老爱从儒家语言和价值中找民主语言和价值，如果在中国被拖入世界潮流以前，这样做无疑是创造，时到今日还去求古，实在是缘木求鱼，这不过是阿Q式的精神胜利法。就实而论，把功夫下在让"枯木生花"上，不如像鲁迅说的搞"拿来主义"。鲁迅有些地方确实够"虚无"的，提倡不要读古书等，但他赢得了"民族魂"称号。胡适支持全盘西化，但他对中国故学则多有创见，并成为中国自由主义的祖师。钱穆曾自豪地说我们早就有中国式的民主，中国恰恰没有专制主义，说有者都是"自鄙"之论。但遗憾的是，以亿兆人匍匐在帝王脚下为基础的"中国式的民主"没能把中国引上现代化，能不让人哀叹？我们"礼仪之邦"的尾巴拖得实在又粗又长，要从"礼仪之邦"变为"民主之邦"，必须痛下决心割尾巴，进行自新和改造。要承认我们落后了，但我们是有前途的，这就是在向先进学习中进行再创造。近代以来我们的进步主要靠"拿来创新"实现。中国过去的历史再辉煌也是属于那个阶段的事，历史进入新阶段就相形见绌了，无可奈何，这就是历史决定论！我的著述就是要展示"礼仪之邦"真实的历史内容，同时揭示现代封建主义的由来和历史的联系，为割尾巴提供参考思路。基于上述认识，我认为要准确把握中国传统思想文化的真谛，不能离开政治思想和政治精神。如果离开政治思想和政治精神，就像抛开中枢神经去说骨骼、皮肉，是很难接近中国历史精神的。消除老的和现代的封建主义，是摆在我们面前的一项紧迫的任务，岂可等闲视之！

〔作者刘泽华，教授，南开大学历史学院。天津　300071〕

从孝由观念到社会规范的发展看
思想与皇权的协调

——孝观念从孔孟到《白虎通义》的转变

方光华

一 关于"孝"的缘由的讨论

按照孔孟的解释，孝基于人的血缘亲情之爱。譬如为父母服三年丧，就是子女对父母养育之恩的报答，它出自人的不忍之心（《论语·阳货》）。当子女把对父母长辈发自内心的关爱表达出来，可以称之为孝。正因为孝是一种与生俱来的本性，曾子曾经把它视为放之四海而皆准的真理。

而荀子认为，孝不是人的本性，而是由君子圣人教化的结果。他说："夫子之让乎父，弟之让乎兄；子之代乎父，弟之代乎兄：此二行者，皆反于性而悖于情也。然而孝子之道，礼义之文理也。故顺情性则不辞让矣，辞让则悖于情性矣。"（《荀子·性恶》）孝悌并不是人性的自然舒展，而是礼义熏陶使然。他假托尧舜答问曰："尧问于舜曰：'人情何如？'舜对曰：'人情甚不美，又何问焉！妻子具而孝衰于亲，嗜欲得而信衰于友，爵禄盈而忠衰于君。'"（《荀子·性恶》）如果没有礼义教化，人是不会有孝亲、忠君的表现的。可见孝亲、忠君的道德行为乃是后天形成的，是圣人君子教化的结果。

西汉中期，董仲舒指出：孝是"天道"对人的启示。他说："君臣父子夫妇之义，皆取诸阴阳之道"。（《春秋繁露·基义》）这是因为："天有五行，一曰木，二曰火，三曰土，四曰金，五曰水。……木生火，火生土，土生金，金生水，水生木，此其父子也。木居左，金居右，火居前，水居后，土居中央，此其父子之序也。相受而布，是故木受水，而火受木，土受火，金受土，水受金也。诸授之者，皆其父也。受之者，皆其子也。……故五行者，乃孝子忠臣之行。"（《春秋繁露·五行之义》）自然界离不开阴阳五行有规则的运行，而阴阳五行的不变次序也是父子关系的根据。具体而言，五行有相生的关系，生者反映的是父道，所生者反映的是子道。从木主生而火主养、金以死而水主藏的五行特征中，从火乐木而养以阳、水克金而丧以阴，以及土竭忠以事火的基本关系中，可以推知出孝是子女应该执守的准则。

《白虎通义》对人的性情有专门讨论，但没有将它与孝联系起来，它有关"孝"的根据的解释主要参考和发展了董仲舒的阐释："君臣法天，取象日月屈伸，归功天地。父子法地，取象五行转相生也。夫妇法人，取象人合阴阳，有施化端也。"（《白虎通义·三纲六纪》）其《五行》篇说："子顺父，臣顺君，妻顺夫，何法？法地顺天也。

男不离父母，法火不离木也。女离父母，何法？法水流去金也。"（《五行》）又说："木生火，所以还烧其母何？曰：金胜木，火欲为木害金。金者坚强难消，故母以逊体助火烧金，此自欲成子之义"（《五行》），木产生火，如同父母生子，子应如火热爱木一样孝养父母，并要像火克金那样避免父母受到伤害，而父母也会像木燃烧自己助火克金那样扶持子女。所以孝完全是五行规律的昭示，是毋庸置疑的最高真理。

关于儒家论孝的根据的上述变化，已经有学人在讨论有关孝的问题时曾有所关注，但对孝为何会发生观念上的转变，语焉不详①。有人认为，这种变化的主要原因是当时对人性有了重新思考，对孝从家庭道德观念向社会道德观念的转变有了新的认识。个人认为，除上述原因以外，这种变化还与儒家人性论的内在矛盾以及道家天道观念的影响有关②。

二　关于孝的内涵的讨论

在孔孟那里，孝的内涵主要包括以下三项内容。

1. 赡养。从物质生活层面赡养父母是孔子所谓"孝"的最低要求："事父母，能竭其力；事君，能致其身；与朋友交，言而有信。"（《论语·学而》）所谓"能竭其力"，就是昏定晨省，嘘寒问暖，尽自己能力为父母提供较好的物质生活条件。父母年老体弱，子女应该把父母身体健康放在心上："父母之年，不可不知也。一则以喜，一则以惧"（《论语·里仁》），父母健康长寿，令人高兴，但他们毕竟年事已高，在世之日有减无增，令人忧惧。父母患病，子女应倾心伺候："父母唯其疾之忧。"（《论语·为政》）孔孟反复论述，赡养行为要贯注关怀父母的真实情感。当子游问什么是孝时，孔子大发感慨："今之孝者，是谓能养，至于犬马皆能有养，不敬，何以别乎？"（《论语·为政》）所谓"敬"就是有发自内心的真情实感。孔子说，赡养父母并不难，难的是对父母和颜悦色。子夏问孝，孔子说："色难。有事，弟子服其劳；有酒食，先生馔，曾是以为孝乎？"（《论语·为政》）所谓"色难"，《礼记·祭义》的解释是："孝子之有深爱者，必有和气；有和气者，必有愉色；有愉色者，必有婉容。"

2. 达志。孝还包括对父母意愿的尊重。孔子说："父在观其志，父没观其行，三年无改于父之道，可谓孝矣。"（《论语·学而》）他所谓"观志"、"观行"，就是要顺着父母的志愿行事。父母担心子女身体受到伤害，做子女的就不要使自身受到任何损伤；父母希望子女能为所作为，做子女的应该努力不使父母失望；父母如有未完成的心愿，子女应该努力使之实现。孔子赞叹武王、周公"其达孝乎！夫孝者，善继人之志，善述人之事者也，孝有三：大孝尊亲，其次不辱，其下能养"（《礼记·祭义》）。也就是说，比起赡养父母，使父母的愿望得到实现，这样的孝行要困难得多。这样的人会珍惜自己的身体，会谨慎自己的言行，会认真对待生命过程中的每一处境，就像曾子所说的

---

① 参见刘修明：《"汉以孝治天下"发微》，《历史研究》1983 年 3 期；孙筱：《孝的观念与汉代新的社会统治秩序》，《中国史研究》1990 年 3 期；季乃礼：《论汉代的以孝治天下》，《学术月刊》2000 年 9 期；查昌国：《先秦"孝"、"友"观念研究》，安徽大学出版社 2006 年版。

② 参见方光华：《论孔孟的仁义与天道》，《湘潭大学学报》2005 年 5 期。

那样要求自己："居处不庄，非孝也；事君不忠，非孝也；莅官不敬，非孝也；朋友不信，非孝也；战阵无勇，非孝也。"（《礼记·祭义》）"一举足而不敢忘父母，一出言而不敢忘父母。一举足而不敢忘父母，是故道而不径，舟而不游，不敢以先父母之遗体行殆；一出言而不敢忘父母，是故恶言不出于口，忿言不反于身。不辱其身，不羞其亲，可为孝矣。"正如《孝经》所归纳的那样："身体发肤，受之父母，不敢毁伤，孝之始也；立身行道，扬名于后世，以显父母，孝之终也"。

3. 追思。在孔子心目中，孝不仅仅体现在父母生前的孝敬，还表现在父母死后，对父母有内在自然的悲痛哀思之情，"人未有自致者也，必也亲丧乎！"（《论语·子张》）往往在至亲亡故之时，一个人的真情实感才会淋漓尽致地袒露在众人面前。如果能做到"事死如事生，事亡如事存"，那就是"孝之至也"。

荀子给"孝"划分了三个档次。这就是："入孝出弟，人之小行也；上顺下笃，人之中行也；从道不从君，从义不从父，人之大行也。"（《荀子·子道》）他认为，行孝包括父母生前的赡养和死后的追思，而且赡养注意身敬、辞逊、色顺。他说，有人"夙兴夜寐，耕耘树艺，手足胼胝，以养其亲"，但人们却不以为孝，此人可能是在身敬、辞逊、色顺上做得不够（见《荀子·子道》）。但荀子认为，孔孟关于孝的第二项主要内容"达志"需要改为"从义"。对君父俯首帖耳，言听计从，并不是孝，只有坚持原则，服从道义，以道义为行为标准，以免亲陷入不仁不义，才是真正的"大孝"。"故可以从而不从，是不子也；未可以从而从，是不衷也，明于从之义而能致恭敬忠信端悫以慎行之，则可谓大孝矣。传曰'从道不从君，从义不以父'，此之谓也。"（《荀子·子道》）

董仲舒和《白虎通义》在很大程度上继承了荀子的思想，对孝的"从义"的方面给予了关注。《白虎通义》把孝作为一种统治策略："安民然后富足，富足而后乐，乐而后众，乃多贤，多贤乃能进善，进善乃能退恶，退恶乃能断刑，内能正己，外能正人，内外行备，孝道乃生。"（《白虎通义·考黜》）而孝既包括子女对父母的赡养、追思，更包括对社会道义的遵循。

三　关于孝的表现节度的讨论

如何将对父母长辈的孝合情合理地表达出来，这是孔孟反复讨论的问题。孔孟都认为，孝首先要有发自内心的真实情感。孟子主张效法舜，在奉养父母长辈的过程中，始终不改"慕父母"之心（见《孟子·万章上》）。但孔孟都认为，孝又不是对父母长辈关心和思念的情感不加节制的表露。有人母死而哭过哀，孔子曰："哀则哀矣，而难为继也。夫礼，为可传也，为可继也，故哭踊有节"。失亲至痛，哀思无期，但不能沉溺不起，不能哀痛过度。他认为孝需要："生，事之以礼；死，葬之以礼，祭之以礼。"（《论语·为政》）《礼记·檀弓下》记有子与子游的问答，讨论儒家之礼与戎狄之道的区别。有子认为，人在丧礼中应该率性直行，尽情宣泄哀恸之情，不必受礼节的限制。子游认为，直情而径行是"戎狄之道"，儒家的孝道不然。

孔孟认为，倘若孝亲之心与礼制规定遇到冲突，使自己的孝敬之心得到合乎情理的表达，才是问题的关键。例如葬礼，孔子主张根据经济实力，如果家庭经济情况不好，达不到礼制的要求，只有有一颗至真至切的孝敬之心，丧事简单一些也是恰当的："有，勿过礼。苟亡矣，敛首足形，还葬，县棺而封，人岂有非之者哉"！（《礼记·檀弓》）而孟子母丧，棺木超过礼制规定，其第子充虞质疑，孟子回答说："古者棺椁无度，中古棺七寸，椁称之。自天子达于庶人，非直为观美也，然后尽于人心。"（《孟子·公孙丑下》）按照孟子的说法，对棺椁的尺寸做规定是必要的，但不应该因此而影响孝敬之心。如果财力允许，棺材可以做得精美一些，以防亲人的遗体在腐烂之前就受泥土所污，不能借口有礼制约束就马虎应付。

而荀子则强调礼的重要性。他说："礼之于正国家也，如权衡之于轻重也，如绳墨之于曲直也。故人无礼不生，事无礼不成，国家无礼不宁。"（《荀子·大略》）"故绳者，直之至；衡者，平之至；规矩者，方圆之至；礼者，人道之极也。然而不法礼，不足礼谓之无方之民；法礼足礼，谓之有方之士。""圣人者，道之极也。故学者，固学为圣人也，非特学为无方之民也。"（《荀子·礼论》）他明确指出：礼为人道之最高理念，能否法礼、足礼是划定圣凡的界限。

董仲舒认为：人确实具有伦理道德的可能性，但社会的道德化不能完全寄托在人性之善端上，而必须有礼制教化，有圣人示范和约束，不能像孟子那样对人性之善过多地倚重（《春秋繁露·深察名号》）。

《白虎通义》有关"孝"的表现节度的讨论突出了守礼的重要性，离开了礼的约束，孝就难得其正。其《三教》引用孔子之语曰："之死而致死之，不仁而不可为也。之死而致生之，不知而不可为。故有死道焉，以夺孝子之心焉，有生道焉，使人勿倍焉。"《白虎通义》不厌其烦地讨论葬制、庙制和服制，就是力图为社会制订符合各等级身份的制度。其《礼乐》篇云："故《孝经》曰：安上治民，莫善于礼，移风易俗，莫善于乐。""夫礼者，阴阳之际也，百事之会也，所以尊天地，傧鬼神，序上下，正人道也。"

四　当父母长辈发生过错如何行孝

孔子说，要做到孝顺，就要尽心奉养父母长辈，顺从他们的意愿，如果父母长辈有做得不对的地方，做子女的应该委婉地进行规劝："事父母，几谏，见志不从，又敬不违，劳而无怨。"（《论语·里仁》）孟子也承认父母长辈会有过错，对于父母长辈的过失，子女应甄别情况，区别对待。若父母长辈之过小，子女应予以宽容谅解，不可有怨恨的情绪，否则就是不孝。若父母长辈之过大，子女如果无动于衷，不忧不怨，则是疏远父母长辈的表现，是不孝之行。他主张子女应帮助犯有大过的父母长辈改过，但要注意方式方法，切忌采取"责善"之法。"责善，朋友之道也。"（《孟子·离娄下》）朋友之交，贵在以诚相见，朋友有过失，需坦率相告，直言相劝，若在父子之间也责以善道，直言规劝，就会令父子在感情上产生隔阂而不相亲近。正如齐人匡章"责善"其父，而得罪了父亲，伤害了父子之间的感情，结果是父子只好分居异处。

孟子还认为，对父母长辈的孝不能太拘泥，应有灵活变通性。例如男女结婚是人间最自然合理的事，依据礼制，娶妻必须事先禀告父母长辈，征得父母长辈的同意，然而，如果告父母长辈反而不能娶妻，破坏了人间最自然合理的事，就可以"不告而娶"，舜的父母长辈不喜欢舜，如告，必不得娶，故舜"不告而娶"。

荀子认为孝子不仅要从义不从父，还应对其父母长辈的不义进行抗争，一味地从父，绝非孝子之行。他认为以道义为行为标准的孝才是真正的"大孝"。他认为在以下三种情形下可以"从义不从父"："孝子所以不从命有三：从命则亲危，不从命则亲安，孝子不从命乃衷；从命则亲辱，不从命则亲荣，孝子不从命乃义；从命则禽兽，不从命则修饰，孝子不从命乃敬"（《荀子·子道》）。

《白虎通义》认为父母长辈有可能发生过错，故"父有诤子，则身不陷于不义"（《白虎通义·谏诤》），并就如何对父母长辈的过错进行"谏诤"做了解释："子之谏父，法火以揉木也。……子谏父以恩，故但揉之也，木无毁伤也。"（《白虎通义·谏诤》）"子谏父何法？法火揉直木也。"（《白虎通义·五行》）《白虎通义》不允许父母肆意杀害子女的行为发生："父煞其子当诛何？以为天地之性人为贵，人皆天所生也，托父母气而生也。王者以养长而教之，故父不得专也"（《白虎通义·诛伐》）。但从主导意识来看，它倡导父子、兄弟、夫妇之间的相互包容，维护父母长辈不容置疑的权威："父子者，何谓也？父者，矩也，以法度教子也，子者，孳也，孳孳无已也。"（《白虎通义·三纲六纪》）

五　孝与对社会其他成员的伦理关系

孝对完善人格十分重要，孔孟把它视为仁爱的起点。因为每一个人总会在某些事情上狠不下心，而最不能狠心的对象一定是父母长辈。如果一个人能把他内心中的同情心、爱心从自己的亲人扩展到他周围的人乃至与他有一定距离的其他事物，那么这个人就会富有仁爱之心。孔子就曾说过："孝，德之始也"，把孝当做一个人其他美好品德的基础（《大戴礼记·卫将军文子》）。

孔孟都认为，孝对维护社会稳定有至关重要的作用。孔子的学生有子说："其为人也孝弟而好犯上者，鲜矣；不好犯上而好作乱者，未之有也。"（《论语·学而》）孟子说："老吾老，以及人之老，幼吾幼，以及人之幼，天下可运于掌。"（《孟子·梁惠王上》）孟子反复宣扬舜的大孝，并概括说："尧舜之道，孝悌而已矣。"（《孟子·告子下》）如果人们"入则孝，出则悌，守先王之道"（《孟子·滕文公下》），就可以做到"人人亲其亲，长其长，而天下平"（《孟子·离娄上》）。

儒家主张爱是有差等的，爱人爱物须从爱父母长辈开始，"未有仁而遗其亲者也，未有义而后其君者也"（《孟子·梁惠王上》）。但事实上，家族之爱有时会与对他人之爱发生矛盾。孟子认为像墨子之徒所鼓吹的对他人的爱如同对家庭成员的爱的情形不合人之常情（见《孟子·滕文公上》），所以，如果家族的某一人员受到他人的伤害，家族的其他成员为他复仇是可以理解的。但孟子又说："吾今而后知杀人之亲之重也。杀人之父，人亦杀其父，杀人之兄，人亦杀其兄，然则非自杀之也，一间耳"（《孟子·尽心下》）。杀了别人的父亲，别人也就会杀他的父亲；杀了别人的哥哥，别人也会杀他的哥哥。虽然父亲和哥哥不是他自己杀的，但等于是自己杀的。孟子虽然对血亲复仇的行为表示理解，但并不主张这种行为。另外一方面，当自己的父亲先杀了他人，做子女的到底该如何做哩？《孟子·尽心上》就假设有"舜为天子，皋陶为士，瞽瞍杀人，则如之何"的话题,孟子的回答是:哪怕是贵为天子舜也不能禁止法官将自己的父亲治罪,另一方面,舜将抛弃天子之位,偷偷地背父亲而逃走,沿着海边住下来,一辈子都快乐得很,把曾经做过天子的事忘得一干二净。孟子所提出的解决方式本质上是尽量维护家族孝道的先导地位。

荀子明确反对私斗,骂这些人连猪狗都不如,他说:"斗者,忘其身者也,忘其亲者也,忘其君者也。行其少顷之怒,而丧终身之躯,然且为之,是忘其身也;家室立残,亲戚不免乎刑戮,然且为之,是忘其亲也;君上之所恶也,刑法之所大禁也,然且为之,是忘其君也。忧忘其身,内忘其亲,上忘其君,是刑法之所不舍也,圣王之所不畜也,乳彘触虎,乳狗不远游,不忘其亲也。人也,忧忘其身,内忘其亲,上忘其君,则是人也,而曾狗彘之不若也。"(《荀子·荣辱》)

董仲舒认为:"虽天子,必有尊也,教以孝也;必有先也,教以弟也。此威势不足独恃,而教化之功,不亦大乎?"(《春秋繁露·为人者天》)"无孝悌则亡其所以生,无衣食则亡其所以养,无礼乐则亡其所以成也。三者皆亡,则……家自为俗。父不能使子,君不能使臣,虽有城市,名曰虚邑。"(《春秋繁露·立元神》)家族之间的孝是普遍必然的道理,也是安定天下的必由之路。但董仲舒强调,孝需要遵循"义"的制约,在特殊情况下,"辞父之命不为承亲,绝母之属而不为不孝慈,义矣夫"(《春秋繁露·精华》)。

《白虎通义》认可父子相隐,"父为子隐何法?木之藏火也。子为父隐何法?法水逃金也"(《白虎通义·五行》)。还认可子女可以为父母长辈复仇:"子复仇何法?法木胜水,水胜火也。"(《白虎通义·五行》)金若克木,火复其仇,火若消金,水雪其耻,故土为火胜水,水为金克火,火为木克金。"子得为父报仇者,臣子之于君父,其义一也,忠臣孝子所以不能已,以恩义不可夺也。故曰:父之仇不与共天下,兄之仇不与共国,朋友之仇不与同朝,族人之仇不与共邻"(《白虎通义·诛伐》)。但"父母以义见杀,子不复仇者,为往来不止也"(《白虎通义·诛伐》)。也就是说,如果父母长辈是因为犯了罪行而被杀,则不能复仇。

在汉代法律上,掩盖父母长辈的过错在原则上可以得到保护。西汉宣帝地节四年诏:"父子之亲,夫妇之道,天性也。虽有患祸,犹蒙死而存之。诚爱结于心,仁厚之至也,岂能违之哉,自今子首匿父母长辈,妻匿夫,孙匿大父母长辈,皆勿坐。"(《汉书·宣帝纪》)相反,不为父母长辈隐,反要受到惩罚,为父母长辈报仇而杀人者也常常可以得到政府的宽宥,它反映出孝的观念对汉代法律设施的影响①。

六　孝与忠

孔孟都认识到孝与忠存在关联。孔子曾经援引《尚书》:"孝乎惟孝,友于兄弟,施于有政,是亦为政也,奚其为为政也。"说孝顺父母长辈、友爱兄弟,不出逆子、悍妻、不法的兄弟,就等于为国家完成了一定的政治任务。但孔孟都没有将对父母长辈的孝道与对君主的忠道简单的等同起来。在谈到君臣关系时,孔孟都强调君臣关系的相对

① 孙筱:《汉代"孝"的观念的变化》,《孔子研究》1988年3期。

性。孔子说："君使臣以礼，臣事君以忠。"（《论语·八佾》）孟子说："君视臣如手足，则臣视君如腹心……君之视臣如土芥，则臣之视君如寇仇。"（《孟子·离娄下》）特别是当孝与忠发生冲突时，孔、孟都把维护孝道放在首位。《韩诗外传》卷七有一段齐宣王与田过的对话，可视为这一思想的反映："齐宣王谓田过曰：'吾闻儒者丧亲三年，丧君三年，君与父孰重？'田过对曰：'殆不如父重'。宣王愤然，曰：'曷为士去亲而事君？'田过对曰：'非君之土地无以处吾亲，非君之禄无以养吾亲，非君之爵无以尊显吾亲，受之于君，致之于亲。凡事君，以为亲也。'宣王悒然无以应之。"（《韩诗外传集释》）

荀子在谈到"臣道"时，虽然强调要"以德覆君而化之"，"以德调君而辅之"，臣不能对君主一味顺从，但荀子还是有君恩要大于父恩的思想。他说："君之丧所以取三年，何也？曰：君者，治辨之主也，文理之原也，情貌之尽也，相率而致隆之，不亦可乎！《诗》曰：'恺恺君子，民之父母。'彼君子者，固有为民父母之说焉。父能生之，不能养之，母能食之，不能教诲之，君者，已能食之矣，又善教诲之者也，三年毕矣哉。"（《荀子·礼论》）荀子将君父并称，忠孝混同。他说："上之于下，如保赤子。……故下之亲上，欢如父母长辈，可杀而不可使不顺。"（《荀子·王霸》）"臣之于君也，下之于上也，若子之事父，弟之事兄。"（《荀子·议兵》）荀子认为君、亲是一样的，他甚至提出必须树立和保证君主绝对权威的"隆君"思想："君者，国之隆也；父者，家之隆也。隆一而治，二而乱。自古及今，未有二隆争重而能长久者"（《荀子·致士》）。由上可知，荀子主张君权高于父权，忠大于孝。依荀子的逻辑，当忠孝冲突，忠孝必取其一时，应舍亲保君，弃孝尽忠。

董仲舒将孝与忠结合起来，说："忠臣之义，孝子之行，取之土。土者，五行最贵者也，其义不可加矣。"既然忠道和孝道都是土德，那么忠、孝实际上成了"土德"的不同表现形式。孝道就是忠道，忠道亦是孝道。

《白虎通义》虽然表现出对孝道的高度认可，但如果孝道与君道发生矛盾，则毫不犹豫地维护君道："不以父命废王命何法？法金不畏土而畏火。"（《白虎通义·五行》）如果父命与君主的命发生矛盾，应像土生金而金却惧火那样，遵守君主的命令，甚至倾向君道："诛不避亲戚何？所以尊君卑臣，强干弱枝，明善善恶恶之义也。"（《白虎通义·诛伐》）它举《春秋》肯定鲁季子杀其母兄，《尚书》肯定周公诛管蔡为例，说明君道要高于孝道。

七　解决孝所面临的矛盾冲突的根据

孝所面临的各种矛盾如何才能得到彻底解决？孔子认为道德主体所遇到矛盾的解决，需要主体自身对"仁"有高度自觉。孟子同样认为矛盾的解决关键在于对自身有更高的反思，他认为最自然、最恰当的伦理行为必定是不掺杂个人情绪和主观计较的自觉行为，只有由内心自发流出来的处理方式才是最恰当的方式。孟子认为，一般人之所以在复杂的矛盾冲突中找不到解决问题的办法，就是因为他们遗失了自己的本心，他提出"救其放心"，要人们把遗失了的善心找回来，并加以发扬光大。孔孟从人自身去寻求矛盾解决的思路充分表现早期儒学对于人的道德能力的自信，人自身的仁义既是一切外在规范的根据，同时又是解决外在规范冲突的根据。

而荀子认为孝所面临的各种矛盾，只有师法君子圣人制作编定而成的礼义才能得到合理的解决。他说："礼有三本：天地者，生之本也；先祖者，类之本也；君师者，治之本也。"（《荀子·礼论》）也就是说，礼源于不可移易的权威：天地、先祖、君师。而礼也就成为天地、人间秩序的根本。那么礼是如何运行于社会的呢？荀子认为：它是由君子发现、制定和运用于社会的。他说："天地者，生之始也；礼义者，治之始也；君子者，礼义之始也。为之，贯之，积重之，致好之者，君子之始也。故天地生君子，君子理天地；君子者，天地之参也，万物之总也，民之父母长辈也。无君子，则天地不理，礼义无统，上无君师，下无父子，夫是之谓至乱。君臣、父子、兄弟、夫妇，始则终，终则始，与天地同理，与万世同久，夫是之谓大本。"（《荀子·王制》）礼义虽为天地、人间秩序的根本，但需要君子的发现、制定和运用。所以，作为人伦之一父子之亲的孝道，当然也是由君子圣人制作编定而成的，礼义是形成孝道的根源。

董仲舒认为天道才是人心信仰的源头。比如阴阳，就其相辅相成和阳尊阴卑而言，它表明事物必然是上下、左右、前后、表里、美恶、顺逆、喜怒、寒暑、昼夜的矛盾统一。而它的社会意义则是"妻者夫之合，子者父之合，臣者君之合"的君臣父子夫妇之义。正如"阴道无所独行，其始也不得专起，其终也不得分功"，人类社会"臣兼功于君，子兼功于父，妻兼功于夫"（《春秋繁露·基义》），所以阴阳运动的客观法则显示出等级名分的合理性。如五行相生，从父子一伦上来看，它非常深刻地体现了父子关系的秩序与原则："木已生而火养之，金已死而水藏之，火乐木而养以阳，水克金而丧以阴，土之事天竭其忠，故五行者，乃孝子忠臣之行也。"（《春秋繁露·五行之义》）但并非每个人都可以体察天意，只有圣人既可以"察物之异以求天意"，又可以"内视反听"、"察身以知天"。

《白虎通义》认同董仲舒的观点，但更加强调圣人和帝王的准则作用，鼓吹："圣人者何？圣者，通也，道也，声也。道无所不通，明无所不照，闻声知情，与天地合德，日月合明，四时合序，鬼神合吉凶。"（《圣人》）帝王也是圣人。只有圣人和帝王才是解决孝道冲突的最后根据。

八　思想与皇权的协调以及《白虎通义》的性质

众所周知，中国古代社会与西方有所不同，它思想上的控制并不完全是通过法典的示范，而主要是通过经典的诠释以及诠释的普及。经典中的核心观念如何与皇权相协调，这是一个值得检讨的问题。

从孔孟到《白虎通义》，关于孝的诠释的发展历程是一个有一定代表性的例子。孝在孔孟那里主要是一种思想观念，而到《白虎通》则成为帝王意志下的社会规范，其内涵有很大的变化。这种变化主要表现为：第一，关于孝的来源。孔孟很明确地阐明了孝源于人的内心，而荀子则认为孝来源于教化，董仲舒认为孝是天道的启示，《白虎通义》则主张孝是帝王对于天道必然性的发现，具有神秘性。第二，关于孝的内容：孔孟基本上把它局限在家族伦理领域，而荀子外化为对社会道义的遵从，到董仲舒进一步扩大到对天道的虔诚，《白虎通义》具体化为对君主及其体制的信服。第三，关于孝的表现原则：孔孟倾向于孝的表达要使内心愉悦和顺畅，而荀子则强调外在普遍的道义标准的约束，到董仲舒表现为追求合符天道的规律，《白虎通义》认为当遵守君主的教诲。第四、关于孝的特殊性冲突：孝主要涉及父母发生过错时如何行孝，以及对父母的孝与对其他成员的关系、对父母的孝与对帝王的忠的关系等等。在这些矛盾中，孔孟有家族本位的倾向，而荀子则强调社会本位，并有天无二尊、在矛盾冲突中高扬君主地位、遵从理性的倾向，董仲舒则希望协调家庭与社会本位，并希望从天道中予以具体分析。《白虎通义》表现为信奉君主圣人的教化。

上述关于孝的论述的转化过程，具有三个主要特点：首先，它将内在驱动转化为一种客观必然，并突出君王圣人在发现必然性中的地位。其次，它将有特定指向的内涵转化为包容性很宽泛的规范。再次，它将矛盾的消解由内在合理的诉求统一到客观规则的约束。不言自明，这个过程有利于权意识的生长与发展。值得注意的是这个过程不是纯粹由皇权引导的结果，它有思想的发展要求。但它也不是思想的自由发展，它确有皇权意识的渗透。例如，荀子和董仲舒都意识到寻求道义和客观规则对于孝的恰当表现有意义，并意识到聪明睿智的君王圣人的示范作用，但只有《白虎通义》很武地将这种寻求归结到帝王，明确宣示帝王就是君王圣人。孝观念是从孔孟到白虎通的发展说明：孝有皇权意识生长的土壤，而皇权与孝有矛盾，但它会规范这种矛盾。

关于《白虎通义》的性质，侯外庐先生曾经提出"封建的神学法典"说，认为《白虎通义》的世界观是"神学的"，《白虎通义》显示有神论的世界观，其宇宙根源和宇宙生成论将阴阳五行说庸俗化和神秘化，根据多出纬书；其历史观也是神学的，历史只是帝王受命于天的传授史，帝王的历史只是神灵转化的历史；它规定了国家制度和社会制度的基本原则，是一种制度化了的思想，起着法典的作用①。余敦康先生和金春峰先生回顾了从汉武帝到汉章帝经今、古文学和谶纬三派的相继出现和斗争过程，认为《白虎通义》是统治者和经学家寻找共同的思想基础而形成统一的新经学，它属于经学的范畴②。任继愈先生主编《中国哲学发展史》认为，《白虎通义》"属于经学的范围，不算作国家正式颁布的法典，但它起着法典的作用"③。新近，王四达先生分析了汉礼的制作过程和汉章帝制礼的主观意图，认为《白虎通义》是章帝为制作汉礼而预先对诸礼义理和礼制框架进行甄别与审定的产物，它直接派生了章帝命曹褒撰定的《汉礼》，因此应该把它定为礼典④。姜广辉主编的《中国经学思想史》第二卷认为，《白虎通义》"在东汉具有宪法的地位，为章帝之后的东汉诸帝确立了施政理国的大经大法"⑤。它虽然有些地方援引纬书，但它是对传统经学的一次总结和发展。该书通过讨论《白虎通义》"限制最高王权的三种方式"、"秉承五经之义诠释典章制度的制作意

①　侯外庐：《中国思想通史》第二卷第七章《汉代白虎观宗教会议与神学思想》，人民出版社 1957 年版，第 232 页。又见侯外庐先生《汉代白虎观会议与神学法典〈白虎通义〉》，《历史研究》1956 年第 5 期。

②　余敦康：《两汉时期的经学与白虎观会议》，《中国哲学》1984 年第 12 辑。金春峰：《汉代思想史》，中国社会科学出版社 1987 年版。

③　任继愈：《中国哲学发展史》秦汉卷，人民出版社 1985 年版，第 474、494 页。

④　王四达：《是"经学"、"法典"，还是"礼典"》，《孔子研究》2001 年第 6 期。

⑤　姜广辉主编：《中国经学思想史》第二卷，第三十四章《白虎通义制度化经学的主体思想》，中国社会科学出版社 2003 年版，第 378 页，又见张广保：《白虎通义制度化经学的主体思想》，《经学今诠三编》，《中国哲学》24 辑，辽宁教育出版社 2002 年版。

义"（特别是突出了经典的"德治思想"、"民本意蕴"）、"以天道推求人道"等问题，证明《白虎通义》是儒学经学的最高成果。

作者认为，中国古代重视对最能反映文化基因的重新诠释，重视通过对新的诠释传播与普及而逐渐形成对新的文化理念的领会和消化。但应该注意，在对已经重新诠释的经典的传播与普及过程中，学术的作用并不是孤立的，皇权的作用不可忽视。从孔孟到《白虎通义》有关孝的诠释的变化可以看出：皇权观念会利用中国文化的基本内核，将有利于自身的方面加以发展。

〔作者方光华，教授，西北大学中国思想文化研究所。陕西西安　710069〕

"儒家民本"与"南瓜之喻"

——关于现代中国人是否应当研读儒家经典之我见

张分田

一 问题的缘起

废止学校读经是与帝制寿终正寝相伴而生的历史现象。这标志着旧制度最重要的硬件与软件被基本上解构。自是以来，围绕学校教育是否应当诵读儒家经典的争论犹如潮起潮落。近年来，"读经"思潮再次泛起。在新的历史条件下，读经倡导者们又增加了一些新的口号。主要有"文化自觉"说、"文化复归"说、"匡救时弊"说、"重振道德"说等。据说，"与经典同行，以圣贤为友"可以救道德，救中国，救世界。这类宏大叙事颇能耸动视听，信而从之者亦可谓成群结队。一些人倡导"儿童读经"，一些地方举办"幼儿读经班"，一些小学搞"复兴国学"试验，有的省份还动用教育行政手段推行小学生读经。再加上媒体与商家的介入，于是一场有思潮、有纲领、有措施、有行动、有市场、有群众的读经运动大有纷纷攘攘之势。

对倡导"儿童读经"的各种说法，许多有识之士以学术的方式与之对垒。实际上，当代崇儒者的许多论调只要运用历史常识和生活智慧便可以破解。例如，如果有人告诉你："只要让小孩 13 岁前专心读经，其他学科便自然全会了。"你不妨反问他一句："你为什么还读大学，拿学位？"如果有人告诉你："读经的孩子不会学坏。"你不妨反问他一句："古代的学子都读经，为什么出了那么多败家子？"

解决当前社会建设中面临的一些问题，要不要请出儒家经典？在何种程度上借助儒家经典？这个问题类似于需要控制血糖的人是否可以吃南瓜？在何种程度上吃南瓜？因此，我从自己比较熟悉的儒家政治思想入手，以"南瓜之喻"设譬，用比较通俗的方式谈一谈自己的看法。比喻不属于正规的学术方法，因此本文定位为"学术散文"。

二 喻体的设定

"南瓜之喻"的喻体设定：把儒家比作南瓜，把儒家经典比作南瓜的核心内容，把民本思想等传统文化精华比作南瓜中可以降血糖的成分。

南瓜是一种有营养的食物。据专家说，"南瓜"是个大的概念，种类很多，形态各异，统称南瓜。例如，天津人所说的"倭瓜"（我的老家石家庄附近地区叫"北瓜"）也属于南瓜范畴。

"红米饭，南瓜汤"，老辈人曾经主要靠南瓜维系生存。1961 年暑假，在乡下的姥姥家，我也经历过主要靠菜饼子和蒸南瓜充饥的一段日子。这是没有法子的事，不吃就会饿肚子。不能说不好吃，也不能说很好吃，关键看怎么个吃法。所谓"饿了吃糠甜如蜜，饱了吃蜜也不甜"。

营养学者发现，南瓜中含有一种可以降血糖的成分。还听到过一种说法：南瓜中的糖分不会导致血糖升高。所以在现代病流行的今天，南瓜受到人们的青睐。无论想要换换口味，还是为了营养保健，许多人都喜欢吃南瓜。但是，无论在感觉上，还是在功能上，这与以南瓜充饥的时代已经不是一个意思了。

三 专家的说法

我非常喜欢看中央电视台科技频道的各种栏目，这些栏目也在其他频道播放。本文涉及的有关南瓜与血糖的知识都是陆续从中获得的。讲述者都是满怀善意的专家，而他们的说法却有所不同。

第一种说法：多吃南瓜可以降血糖。

类似的说法是：研读儒家经典可以解决当今中国的政治问题、文化问题、道德问题和环境问题等。

第二种说法：南瓜所含的降糖成分很少，所以降血糖的作用微乎其微。

类似的说法是：不要高估儒家经典中的精华及其现代意义。

第三种说法：南瓜含糖量大，权衡利弊，糖尿病人不宜食用。

类似的说法是：研读儒家经典，特别是让少年儿童背诵儒家经典的做法，弊大于利，甚至有害无益。

四 合理的判断

合理的判断之一：若遇饥馑，包括糖尿病人在内，都得以南瓜充饥，否则就会饿死。

这就好比中国古代的读书人大多不得不用主要精力研读儒家经典，否则很难出人头地，光宗耀祖。他们把儒家经典当作治学之本，这是可以理解的。但是，如果今天的人依然如此就太可悲了。大约两千年前，王充就曾依据简单的常识，判定儒家经典多有"虚妄"，不足为信。现代人的智慧总不该比古代人更差。更何况现代人可用的文化资源十分丰富，儒学不是最好的知识来源。

合理的判断之二：生活条件好了之后适当吃一点南瓜有利于身心健康，不能仅仅因为糖分较高或口味不好就完全放弃一种营养来源。专家说得好："没有垃圾食品，只有垃圾吃法"。这就是说，掌握好分寸的关键是必须清醒地认识到：南瓜吃多了也是有害的，有些病人最好不要吃南瓜。

这就好比现代中国人应该了解自己的传统，并从中获得某些知识、教益和启迪。不应因为儒家经典中有害成分很多，就完全否定它的历史价值和现代意义。对中学生也可以介绍一些相关的知识。在大学中理应当开设一些研读儒家经典的选修课。不管教师用何种方法讲解，要尊重学术自由，也应对绝大多数现代大学生的识别能力有充分的信心。但是，如果教师自己不知晓或不告知学生儒家经典中有害成分很多这个基本事实，极有可能误己，误人，误国。

合理的判断之三： 仅靠吃南瓜基本上达不到降血糖的目的。想要食疗，还有许多食品可供选择。想要控制血糖，最好寻求现代科学提供的综合手段。

这就好比用儒家经典解决现代社会问题的作用极其有限。当前面临的道德、环境、文化、政治等方面的问题主要还得靠现代中国人在群体性的社会实践中去探寻解决办法。何况在儒家经典之外还有许多更好的可资借鉴的文化资源。例如，世界各民族的优秀文化。

合理的判断之四： 想要严格控制血糖的人最好少吃南瓜，不能为了获得一点点可以降血糖的成分，而食入大量的糖分。

这就好比夸大儒家经典的现代意义是极其有害的，弄不好会导致南辕北辙。

合理的判断之五： "萝卜白菜，各有所爱"。如果有人迷信南瓜的降糖功效，又不听忠告，那就由他去吧。

这就好比有的人自己想尊孔读经，或者有的家长希望子女诵读儒经，只要不违反国家法律，我们可以不以为然，也不必干预。

合理的判断之六： 专门研究南瓜的人应当经常品尝不同品种的南瓜，以便全面认识南瓜，形成更准确的知识，提出更合理的食用方法。

这就好比从事中国思想文化史研究的人必须熟悉儒家经典，以便得出客观、全面、准确的认识。例如，在完成国家社会科学基金重点项目"民本思想与中国古代统治思想的关系研究"等一批课题的过程中，我曾反复浏览儒家经典及其影响较大的各种注疏。为了进入刚刚立项的国家社会科学基金项目"统治思想视野的中国传统理想政治模式理论研究"，我要求参加课题组的几位博士研究生至少要把《五经正义》从头到尾读一遍。我主张大学生熟悉经典文献，却绝对不会让自己的外孙女诵读儒家经典。因为我在儒家经典中看到了大量"少儿不宜"的成分，知道不加选择地让孩子诵读儒家经典，既不是培训中国现代人才的好方法，也不是传承中华优秀文化的好方法。

合理的判断之七： 如果强制孩子们以南瓜为主要营养品，肯定会使他们营养不良。说不定还会导致"大头娃娃"的悲剧。

这就好比在中国古代二千余年的时空内，皇帝们调动各种权力手段，强制全社会尊孔崇经，学童、士子只能靠诵读儒家经典度日，导致一系列综合性的社会恶果。如果现在有人动用教育行政手段推行"儿童读经"，哪怕仅仅规定小学生"每天读经15至20分钟"或在小学搞"复兴国学"试验之类，都必须坚决予以抵制。在我看来，干这种蠢事的教育行政部门都应当挨骂，极力主张这样做的教育官员都应当撤职。

合理的判断之八： 现代的食物来源很丰富，少吃或不吃南瓜，不会对健康状况造成损害。

这就好比现代中国人大多不必诵读儒家经典。知道一点更好。即使完全不懂，也照样能够成为优秀的华夏子孙。不知道"有朋自远方来"的名句，未必不能成为好客的主人。不懂得孔子的"克己复礼"，未必不能"天下归仁"。在汶川大地震和北京奥运会的志愿者群体中，"80后"有很好得表现，这个群体既体现了中国人的优良传统，又展示了中国人的现代意识。在"鸟巢一代"身上，我们可以体察到中华文化的基本走向。正像德国《法兰克福汇报》的一篇报道所说的："这代人比中国以往各代都更具个性、掌握的语言种类更多而且更熟悉全球大众文化，但这远不意味着他们会觉得西方的国家体系更亲切。"当代青年群体不是靠诵读儒家经典培养出来的，我们却从中看到了与现代中国相匹配的精神风貌。假如当初让他们自幼诵读儒家经典，或者将传统文化作为他们的主要知识来源，其结果会怎样？现代中国人根本不需要诵读儒家经典的"童子功"。但是，我们可以有选择、有加工、多途径、广视角地让青少年更多地熟悉那些有裨益的"中国元素"。在这方面，我们还与许多工作要做。

合理的判断之九：在如何恰当食用南瓜的问题上，要有分析地听取专家的意见，既要比较多地掌握相关知识，更要比较好地运用相关知识。

这就好比任何专业的专家都有可能为人们提供不客观、不全面、不准确的知识与判断。盲目信从专家的说法往往会上当受骗。对专家的正确意见，如果不能全面理解，或者不能恰当运用，也会导出恶果。多年来，我一直关注涉及儒家的本质属性、历史价值和现代意义的学术课题。浏览各种学术文章之后的体会之一，就是越是"大师"级的专家，越有可能误导我们的历史认识。当今鼓动"幼儿读经工程"的那几个人大多像江湖骗子，而他们所提出的论点都是从一些具有"现代新儒家"色彩的著名学者那里抄袭的，许多话语和思路甚至可以追溯到更为久远的历史年代。许多观点陈陈相因，积非成是，依然流行于当代。我们这些研究思想文化的人几乎无一例外地曾经受到或依然受到这些观点的误导。

五　学者的误导

学者的误导之一：东方民权说。

一些学者千方百计地证明儒学中有"反专制"思想乃至"民权"思想，他们认定"儒家民本主义"就是"东方民主主义"，进而认定弘扬儒学是构建中国现代政治文明的法宝。

这就好比有的营养学家一发现南瓜中有降血糖的成分，就号召人们多吃南瓜，致使许多人误以为这样可以防治糖尿病。

儒家有没有提出"反专制"思想或"民权"思想姑且不论，这些学者忽略了一个重要的问题，即政治思想具有鲜明的时代性。无论"民惟邦本"观念包含多少政治理性，也无法与"民主法制"观念同日而语。无论"为民父母"观念表达了多少善意，也无法与"人民公仆"观念同日而语。无论"汤武革命"观念具有多少合理性，也无法与"程序民主"观念相提并论。无论"民贵君轻"观念包含多少理性成分，也无法与"公民平等"观念相提并论。"为民父母"、"民贵君轻"、"汤武革命"只属于特定的时代和特定的政体，它们甚至具有明显的限定、剥夺、无视民众政治权利的意蕴。正是由于这个原因，儒家得以长期居于统治思想的宝座。在借鉴传统政治文化的时候，必须对此有清醒的认识。

学者的误导之二："皇权压制民本"说。

许多学者夸大儒家经典的历史价值，他们认定皇权压制民本，所谓"君主专制兴，而民本思想衰"。许多学者热炒"儒生与皇权的矛盾冲突"的话题，以证明儒家与皇权有"内在冲突"乃至"天然矛盾"。许多学者还喜欢引据明太祖指令删节《孟子》这个典型事例。在他们看来，帝制之所以如此糟糕，是因为"专制君主"将儒家"反专制"的精华，诸如"天民相通"、"民贵君轻"等弃置一旁。

这就好比有人告诉我们：南瓜中有可以降血糖的成分，而糖尿病人的致命缺点就是不喜欢吃南瓜。

然而，只要比较认真地翻检一下《二十五史》和《四库全书》，就不难发现上述说法不符合历史事实。

首先，关于"儒生与皇权的矛盾冲突"的论题设定可能有概念与逻辑不清晰之嫌。记得在一次学术讨论会上，有位感觉到这个问题的同行征求我的意见。我的回答是："皇帝何尝不是儒生。"依据历代制度，储君教育和皇帝再教育均以儒家经典为主要教材。诵读儒家经典是大多数皇帝的"童子功"，他们都应属于"儒生"范畴。许多皇帝儒学素养很高，堪称儒学大师。皇帝的文臣武将们大多有背诵儒家经典的"童子功"。皇帝的诏旨和群臣的奏议也大多引经据典。皇帝们还用科举考试等方法培养通晓儒家民本的官僚群体。因此，论说"儒生与皇权的矛盾冲突"有点像讨论"南瓜与南瓜打架"，它充其量只能证明由于政治地位、切身利益的差异，持有大体相同的核心政治价值的人也会彼此争吵，甚至会出现你死我活的缠斗。

其次，不应过度解读明太祖指令删节《孟子》的事件。正如有的学者所指出的：明太祖有"孟子情结"。只要大致翻阅一下《明太祖文集》，就不难发现明太祖的许多治民思想来自《孟子》。我还有一个发现：据《明史·宋濂传》记载，明太祖曾命人将南宋理学家真德秀的《大学衍义》"大书揭之殿两庑壁"。在这部书中就有引据"民贵君轻"来论说为君之道的一大段文字。我还发现：明清皇帝不仅援引儒家民本以论学、评史、施政，还要求读书做官的人必须通晓"天民相通"、"民贵君轻"的道理。明末文学家艾南英的题为《民为贵》的科举制义就是毋庸置疑的实证依据。这篇文章还收入清乾隆帝下令编纂的《钦定四书文》。这部书的功能颇似教育部颁发的"研究生考试大纲"。沿着这个线索，我又发现一个被人们忽略的重大史实：中国皇帝通常认同在一定意义上"君为轻"的说法。宋元以来，皇帝、官僚和学者引据"民贵君轻"解读经典、评说历史、论说治道的现象可以用"不胜枚举"来描述。许多皇帝对"民贵君轻"的说法颇为赞赏。实际上，只要输入"君为轻"之类的词语，在《四库全书》上检索一下，便可知道"民贵君轻"的影响是多么广泛。这种现象足以说明：在中国古代，"民贵君轻"是一种学者论证的、官方认可的、大众认同的政治价值。它不可能与帝制有"内在冲突"。

第三，如果仔细分析一下许多学者所列举的"专制君主压制民本思想"的事例，就不难发现：皇帝们大多并非压制一种公认的理论，而是压制一种具体的意见。例如，依据"官天下"思想，盖饶宽公然要求汉宣帝禅位，结果招致杀身之祸。然而，谷永依据"天下乃天下之天下，非一人之天下"，批评汉成帝违背"王者以民为基"的政治原则，却令皇帝"甚感其言"。由此可见，盖饶宽蒙难不是由于"更命"理论触犯了皇帝，而是由于他想以此打倒当朝皇帝。同样高举"更命"旗帜的谷永由于被视为忠臣，反而得到皇帝的赞赏。民本思想的主要功能是规范君权，因而常常被用来批评朝廷的具体政策。直言极谏的臣下既有可能因此而招祸，又有可能因此而得福。在历代史记中，很容易找到依据民本思想非议朝政而获得当朝皇帝赞赏的事例。这种现象也并非仅仅发生在"明主"在位期间。从儒家民本对主流学术、官方学说、大众心态、政治制度、帝王观念的影响的广度和深度来看，这种现象也是无法仅仅用"篡改"、"利用"、"虚假认同"等来解释的。如果皇帝们张扬儒家民本只是为了装装样子，又何必一而再、再而三地将它用于旨在选拔官员的科举考试试题呢？

学者的误导之二：孔孟独特说。

儒家是二千年帝制的官方学学说。为了解脱孔孟的责任，许多学者抬出孔孟独特论。其主要方法是夸大先秦"原始儒学"与后世"官方儒学"的差别，然后告诉人们：孔孟还是"反专制"的。为了颂扬孔孟大儒的"最高民主精神"，有的学者竟然不惜将秦汉以降两千多年来绝大多数的思想家、政治家乃至社会大众定性为念错真经的歪嘴和尚。

这就好比有人告诉我们：惟有一种产于先秦的超级南瓜的品种最纯正，它只降血糖，不升血糖，其他的南瓜都是劣种。没有吃到最好的南瓜，才是导致血糖升高的原因。

实际上，南瓜就是南瓜，儒学就是儒学。就本质属性而言，历代儒学都属于一大类。用现代的话说就是历代儒学有共同的核心政治价值。例如，先秦的孔、孟、荀，汉代的董仲舒，唐代的孔颖达，宋代的朱熹都主张"天民相通"、"立君为民"、"天作君师"、"民惟邦本"。儒家宗师不少，流派众多。但是，"同植孔孟，共扶纲常"是群儒的共同特征。皇帝们之所以将孔孟大儒和儒家经典抬得那么高，原因显然不是用"天然矛盾"、"内在冲突"、"虚假认同"可以解释得通的。因为在人类政治史上，还没有发生过这样一种现象：在漫长的历史时空内，一种政治制度及其统治者把对这种制度具有颠覆性的思想体系奉为官方学说并大加宣扬。如果儒家与帝制真的有"内在冲突"，皇帝们不可能将儒家经典钦定为"大经大法"，将孔孟供奉为"大圣大贤"。

学者的误导之三："文化复归"说。

一些学者基于孔孟特殊的判断，提出"文化复归"说。他们将文化复归视为文化复兴的最佳路径。为了论证这条路径的正确性，甚至断言在两千多年间能够把先秦儒家民本思想发扬光大者"寥若晨星"。在他们的心目中，一部中国古代思想史呈现的基本图景是：只在春秋战国，只在孔孟等少数人那里，曾经显现过一线光明，其余则是一片黑暗，犹如漫漫长夜。因此，如果想要弘扬传统文化于当代，就"应该先回到先秦儒学"。

这就好比有人告诉我们：只有先秦的南瓜最好，此后两千余年间人们吃的都是品种退化的南瓜。华夏先民真能笨到这种程度吗？

"回到孔孟去"的行动方案并不新鲜。如果在中国古代史上寻觅，至少可以追溯到一二千年以前。如果在中国近现代史上寻觅，也至少有百余年之久了。汉唐宋明以来，"孟子之后，大道中绝"的谬论就被一代又一代的"醇儒"反复申说。这类掀翻一切异说、推倒众多先儒、重新回到孔孟的行动方案颇有一点"原教旨主义"的味道。不客气地说，凡是热捧孔孟的学者，要么是中了"道统论"的流毒，要么是有意编造谎言，要么是受了现代新儒家的误导。这种做法既歪曲了历史事实，又低估了华夏先民的政治智慧，甚至抹杀了中国古代社会大众在人类政治文明发展史上的重大贡献。

实际上，无论从任何角度评估，汉唐明清时期的思想资源都要比孔、曾、思、孟所能提供的多得多。以民本思想为例，在提法的明确性、论证的系统性和思想的普及性方面，先秦不如汉唐，汉唐不如宋元，宋元不如明清。黄宗羲的思想就比孔孟高明得多。若论对"民贵君轻"这个命题的阐释，明末举人艾南英和清朝的乾隆皇帝都比孟子略胜一筹。因此，即使为了构建中国现代政治文明需要借助传统文化资源，也不大可不必非要回到两千多年前的先秦去。为了抬高孔孟之道而贬低上下数千年、数以亿万计的华夏先民的政治智慧，这种典型的"古代醇儒式"或"现代新儒家式"的做法可以休矣！

纵观数千年的中国古代政治文明史，可以得出这样的结论：既不能高估儒家民本思想的历史价值，更不能夸大儒家民本思想的现代意义。儒家学说的核心政治价值已经丧失了继续存在的历史依据。"回到孔孟去"的思路过于天真烂漫，而"重建儒教社会"的主张则是痴人说梦。因此，中华文明的复兴不能走"文化复归"的道路。如果在现代社会张扬"民贵君轻"，只能让人们笑掉大牙。

学者的误导之四："开弘、转换儒学"说。

许多学者认为，从儒家民本思想中可以"开弘"、"转换"出"新的民本学说"。现代新儒家的"内圣开出新外王"最为典型。有一种论说路径很常见：作者先是证明孔子、孟子那里有"最高民主精神"或"民权思想"，然后论说此后两千年来鲜有达到孔子、孟子高度的人，最后提出"回到先秦去"的主张，接下来试图开出"新民本"。从所讲的"新民本"的内容看，没有哪一条不是在当今之时已经广为人知的。

明明知道孟子的思想与现代的观念有很大的差距，又执意回到老祖宗那里去，结果"开弘"、"转换"出来的却是现代人都知道的东西。这种"开弘"、"转换"的意义究竟何在？这就像现今已经培养出了新的南瓜品种，却非要从几千年前的老品种中再重新培育一番。这岂不是本末倒置、徒劳无益吗？

我认为，如果旨在认识历史，评说历史，借鉴历史，不妨到中国古代历史中去求索一些与现代民主理念相似的因素。中外一体，古今同理。在面对同类课题的时候，古今中外的绝大多数人会得出大体相似的结论。四大文明古国都有可以称之为"民本"的理念便是典型事例。因此，中国古代政治思维中，特别是有关执政规律与执政艺术的思考中，的确包含着一些类似于现代民主、民权理念的积极因素。但是，如果旨在构建现代民权理念，就根本无须重返历史，更无须回到孔孟去。原因很简单：现代民权理念在现代社会俯拾即是，而在古代社会却很难寻觅。儒家的民本之树从来没有开出共和之花，结出民主之果。它原本就不具备造就民主共和的特质。如果说它包含着一些类似"民权"的因素，也与现代的民权观念有重大差异。要从孔孟之道中"开弘"、"转换"出"新的民本学说"的努力注定是徒劳无益的。即使有人"开弘"、"转换"出"新的民本学说"，也不过是借用古人的话语，演绎今人的理念而已。这种文化自恋式的演绎不具有任何思想创新的意义。

有了"公民平等"，何必还要"民贵君轻"！有了"公民意识"，何必还要"内圣外王"！世界上已经有的好东西直接拿来就可以了。即使有必要改造一下，也大可不必向两千多年前的老祖宗去讨教。若论讲解民主、民权理论，孔孟大儒无法与当今任何一位政治学教师同日而语。我们何必舍近求远呢？

学者的误导之五："儒学现代化"说。

许多学者致力于"儒学现代化"。现代新儒家是这一类中的典型。这类学者都对儒学不是现代化的东西心知肚明，却坚信孔孟之学可以现代化。似乎只有现代化的儒学才有资格做现代中国的精神支柱。这些学者确实动了不少脑筋，费了不少气力。可惜的是，他们"化"出来的"新儒学"不过是在传统儒学话语中夹杂了一些现代话语而已。

以现代新儒家的先导康有为为例，在《礼运注叙》中，康有为写道："天下为公，选贤与能，官天下也。夫天下国家者，为天下国家之人共同有之器，非一人一家所得私有，当合大众公选贤能以任其职，不得世传子孙弟兄也。"如果仔细翻检古代文献，就会发现这段文字大部分摘自儒家经典及其注疏，而惟独"大众公选"四字没有出处。因此，康有为的阐释文本，在形式上是传统的，在本质上是现代的。他虽然仅仅添加了四个字，却从根本上颠覆了孔孟之学的政治思维方式。康有为模式的"新儒学"显然不是"儒学"。在特定历史条件下，康有为借重传统思想资源阐释并传播现代思想的做法具有一定的历史合理性。一旦现代民主思想广泛传播，深入人心，这类做法就丧失了合理性。

康有为崇拜孔孟，尊崇儒经，号称大儒。但是，如若孔孟在天有灵，也会指斥主张"大众公选"的康有为欺师背祖，"无父无君"，纯属"异端"。实际上，固守孔孟之道的保守派当时就是这样指斥康有为的。他们饱读儒家经典，服膺孔孟礼教，因此眼光很毒，一眼便看穿康有为的手法，并将他的学说列入"异端邪说"。

这就像南瓜可以嫁接黄瓜，而结出的果实是黄瓜，不是南瓜。寿光的菜农就擅长这种先进技术。在市场上，无论买者，还是卖者，通常都不会认为买卖的是南瓜。即使卖家非要把它说成南瓜，买家也不会认可他的说法。当把这种黄瓜端上饭桌的时候，绝对不会有人误以为吃的是南瓜。

应当指出的是："现代新儒家"实际上不是"儒家"。他们只是心理上很崇拜儒家，形式上很像儒家，治学上很想把儒家现代化而已。试想：以孔孟为代表的"原始儒家"主张"民无二王"，而以康有为为代表的"现代儒家"主张"大众公选"，他们能够归属于同一个学派吗？至少从政治思想的角度看他们不属于同一个学派。

这就好比南瓜与冬瓜，形似之处不少，彼此之间也能找到古老的渊源关系，然而即使将冬瓜涂成南瓜的颜色，它也不是南瓜。

我总感觉"儒学现代化"或"孔孟之学现代化"很像是一个伪命题。明明知道儒学不是现代的，却致力于让它成为现代的，然而化来化去，化出的是不伦不类的东西。限于见闻，我不知道西方学者是否提出过"亚里士多德学说现代化"的命题。但是，我知道，如果有人提出这个问题，他肯定会受到大多数西方学者的嘲笑。因为我读到过一些西方主流政治学的名著，作者们明确指出：古希腊民主与现代民主不可同日而语，将二者混为一谈会导致"民主观混乱"。从这些著作的引文看，早在一百多年前就有许多西方学者明确指出这一点。现代中国学者也应当有这样的历史感。如果将儒家民本与现代民主搅和在一起，导致的结果岂止是"民主观混乱"！

学者的误导之六：外来文化本土化说。

外来文化本土化是中华民族面临的一个重大课题。如何实现这一点，学者们提出了不同的路径。在一些学者看来，只有借重儒家才能使从西方学来的东西在中国植下深根。于是他们围绕儒家的"内圣外王"大做文章，千方百计地寻觅从"内圣"中开出"新外王"的途径和方略。似乎不如此，民主思想就不能中国化。这类学问对研究中国哲学史不无意义。但是，一种中国古代的绝大多数人都不甚了了的"内圣外王"，一种历代大儒都莫衷一是的"内圣外王"，充其量是传统文化中的一种善恶交织的思想现象。这种居于主流地位数千年的传统文化，只从"内圣"中开出过帝制模式的"外王"。不要说当代中国的绝大多数平民百姓对这类学问不感兴趣，就连大多数专治人文社会科学的学者也未必通晓这类话语的意义。这种"传统文化"能否作为"文化传统"而继续存在都值得思考，又怎么可能成为外来文化本土化的凭借呢？

我认为，一切文化要素，不管来自何方，不管以何种形式存在，只要融入中华文化，深入中国人的心中，成为华夏文明的组成部分，它就是本土的。根本无须刻意为现代文化涂抹传统文化的油彩。

这就好比不管冬瓜、西瓜、南瓜、北瓜的原产地是那里，只要在中国大地上繁育成功了，无论是固有的，移植的，嫁接的，还是转基因的，就已经本土化了。

人们普遍关注文化自觉、文化复兴问题，这是颇有道理的。我的看法是：文化自觉的精髓是反思性的自信，文化复兴的途径是创造性的自新。历史是无法割断的，而历史进程又总是通过抛弃一些东西、增添一些东西来实现重大进展的。每当社会形态发生重大变革的时候，"传统政治文化"的核心价值和主体部分都无法作为"政治文化传统"而传承下来。这就是人类社会的新陈代谢。因此，一个自信的民族应当敢于正视自己的历史，勇于揭露历史上的阴暗面。一个进取的民族应当毫不犹豫地摒弃传统文化中一切不适应新时代的东西。一个求实的民族应当学会以适当的方式，全面地评估先民的历史贡献，恰当地借鉴传统文化资源。一个现代的民族也有能力将传统性与现代性结合在一起。盲从他人和迷信古人都是与自信、进取、求实的现代精神相违背的。

六　思考与感悟

提倡青少年诵读儒家经典的学者有一个共同的特点，即强调儒家经典是中华传统文化的精华，可以用它来培养道德高尚的人。例如，有一种说法很常见："中国是礼仪之邦，特别讲究道德、公理、良知。儒家将人性本善的道理转化为礼仪以感化人心，因此中国的文化核心是礼仪。而西方人将人性本恶的道理转化为宗教以管束人心，因此西方的文化核心是宗教。在这一点上，中西方是不同的。"这种说法乍然看去颇有道理，细想一下似是而非。如果人们对儒家没有比较全面的了解，就很容易被这种说法误导。这里仅从三个角度驳正其误。

第一个角度：笼统地讲中国传统文化主张人性本善的说法并不准确，这种犯了常识性错误的说法不应当出自学者、教授之口。研究中国文化的学者都知道，以孔子、荀子、董仲舒、扬雄、孔颖达、韩愈为代表的历代著名儒家学者都不属于简单的人性本善论者。以张载、朱熹为代表的宋明理学诸子极其推崇孟学。可是就连他们也明确指出：孟子的说法是不恰当的。且不说认定人性本恶的荀子主张制定礼法以管束人心，无论以董仲舒、韩愈为代表的划分类别的性品论，还是以张载、朱熹为代表的天地之性与气质之性双重人性起源论，都明确指出：除了圣人之外，绝大多数人天生就或多或少有恶的本质，因此必须用伦理改造人心，用礼法管束人心，用刑罚惩戒人心。为此必须建立圣贤在上、教化众生、风行草靡的政治制度。在儒家经典中，论证如何以礼义、礼法、礼仪管束人心的言论比比皆是。由此不难看出，在这一点，中西方的传统文化并没有本质性的区别。

第二个角度：如果说公理、良知、仁义、礼仪是中国传统文化的特色，那么请问世界上有哪一个民族的文化不讲究公理、良知、仁义、礼仪？公理、良知、仁义、礼仪是普适性的文化价值。任何一个民族，任何一个时代，都是要讲道德，讲礼仪的。各种文化的区别仅仅在于由于所处时代不同，文化传统不同，因而对公理、良知、仁义、礼仪的理解和规范有所不同而已。因此，中国文化复兴不是要不要道德与礼仪的问题，而是要什么样的道德与礼仪的问题。

第三个角度：如果翻检一下儒家经典，就不难发现很多儒家的礼义、礼法、礼仪只能归入"糟粕"一类。即使退一步讲，它们也要么将精华与糟粕交织在一起，要么大多不适用于现代社会。这里仅以有关"孝"的礼义、礼法、礼仪为例略作说明。在儒家经典的礼义体系中，"孝"处于核心地位。《论语·学而》："孝弟也者，其为仁之本与！"《孝经·开宗明义章》："子曰：夫孝，德之本也，教之所由生也。"《孟子·告子下》："尧舜之道，孝弟而已矣。"孝道被置于"至德要道"、"百行之宗"的地位，因此圣王立身、治国之道，一言以蔽之，即孝悌。这样一来，在儒家经典的礼法体系中，"孝"成为重点保护对象。《尚书·康诰》："元恶大憝，矧惟不孝不友。"《孝经·五刑章》："子曰：五刑之属三千，而罪莫大于不孝。"正是依据这个思想，历代法典都严加维护孝道。古代法律有"十恶不赦"的重罪，"不孝"便是其中之一。在儒家经典的礼仪体系中，有关"孝"的具体要求也极其严格，大体可以分解为孝养、孝敬、孝谏、孝顺四大类规范。孝养是普适价值，今天依然适用。孝敬、孝谏有较多的合理性，也有很多的不合理之处。例如，《孝经》要求敬父亲如君主。《礼记·曲礼下》有一则关于事亲之礼的规定：父亲有违法意图或不良行为，儿子可以谏诤劝阻。但是，"三谏而不听，则号泣而随之"。无论将"号泣而随之"解释为用哭声感动父亲，还是解释为不情愿地随从父亲，儿子不准忤逆和揭发父亲是必须恪守的道德准则。用《礼记·檀弓上》的说法就是"事亲有隐而无犯"。如果儿子揭发父亲，便是"不孝"。即使告发父亲谋反，证据确凿，儿子依然属于"不孝"。依照历代法律，这类行为属于重罪，甚至可能被处死。因为举报父亲的行为违背了孔子"子为父隐，直在其中矣"的教导。由此不难理解为什么古代人常常强调"孝以顺为先"，并常常将"父命难违"挂在口头上。"孝顺"之子是不能自作主张的。例如，据《论语·先进》记载，孔子认为，即使遇到周贫济困之事，子弟也必须请示父兄，不可自作主张。在儒家经典中，不合乎现代理念的行孝礼义、礼仪还有很多。诸如人们耳熟能详的"不孝有三，无后为大"、"父母之命，媒妁之言"、"父母在，不远游"等。凡是知晓这些说法的人，绝对不会认定这种孝道适用于现代中国。只要大略翻检一下《礼记》、《仪礼》，就不难发现：在现代中国，儒家礼义、礼法、礼仪已经没有继续存在的社会条件。用这一套东西根本无法培养出现代社会的合格公民。

我的看法是：将传统文化的精华归结为一个"儒"字是错误的。自儒家成为显学以来，古代学者以习儒者居多。汉唐以来，人们的初级教育几乎都从诵读儒家经典开始。儒家经典所提供的价值尺度成为大多数人为人处世、治家治国、论人议政的依据。越到古代社会晚期，这种现象越普遍。但是，习儒者不乏误己、误人、误国之人。因此便有了"文人"之讥，所谓"文人无行，为世所訾"。

早在上高中时，我就读到"莫为文人"之类的先贤古训。当时确实感到有点困惑：那些指斥"文人"的人都是文化人，而许多"翰林之选"本应列入"儒"的范畴，却被归入"文人"之类。这究竟是为什么？最初我主要从"文人无行"或"莫为文学纤丽"的角度解读这类古训。后来我把它与《三国演义》中诸葛亮舌战群儒的一段话联系在一起，即"坐议立谈，无人可及，临机应变，百无一能"。再往后我又将"文人"与孔子的"小人儒"、荀子的"腐儒"、刘邦的"儒生"、王充的"文士"等联系在一起。前几年，我从一个电视节目中得知著名画家傅抱石先生曾经教育子女说："不要做文人，要做好的文化人。"这使我对傅先生别有一番敬意。

由此我有一个感悟：简单地将儒家经典当作传统文化的精华实属谬论。其证据之一便是饱读儒家经典未必可以成为民族的精英，而死守经典的"陋儒气"、脱离实际的"腐儒气"、固执己见的"儒酸气"和虚伪做作的"假道学"常常害人不浅。在一定意义上甚至可以说，优秀传统文化的主要载体不是形成条文的经典，而是生生不息的人群，特别是我们这个民族的精英。这些人展示的"精气神"才是华夏英华之所在。因此，我认为一股可称之为"英气"的精神现象体现了中华民族的优秀文化传统。正是这股"英气"的世代传承，使得中华民族生生不息，日新月异。"鸟巢一代"所展示的正是这种"英气"。

何谓"英气"？我们很难用准确的语言表述它，却可以从历代英雄人物的身上感悟到它。"英气"又可以称之为"英雄气"。"英气"（"英雄气"）与"庸气"（"庸碌气"）相对而言。"英气"的重要特征之一是：独立思考，务实通变，与时俱进，堪当大任。

儒家的创始人孔子就是一个"英气"充沛的华夏先贤。春秋时期正当社会大变革初露端倪之时。孔子胸怀大学问，心有大事业，与当时的"小人儒"形成鲜明的对照。他整理经典，弘扬传统，同时又创新文化，锐意革新，提出一系列颇具务实性、前瞻性的政治主张。孔子论证损益周礼的必要性和必然性，主张实行天子一统、任贤使能、足食足兵、取信于民的政治模式。这些旨在改造早期王制的政见有明确的针对性，与欧亚大陆帝国化的文明演进大趋势相契合。后来，力主"易礼"、"耕战"、"君作一"和"信赏必罚"的商鞅等人发展了孔子的思想并付诸实践，为社会变革做出重大贡献，奠定了汉唐盛世的制度基础。由此便不难理解为什么后来被人们贴上"法家"标签的战国时期的改革家大多曾经师从名儒，也属于广义的孔子之学的传人。实际上，墨家、阴阳家和名家的一部分也属于广义的孔子之学的传人。他们都没有固守孔子留下经典文本和一家之言，因而在思想上、学术上、事业上多有建树，名垂青史。相较而言，一味恪守经典师说的战国儒者反而大多丧失了"英气"，可以被归入满身"庸气"的"文人"一类。"儒无益于国"，正是指这批人。

历史不能假设，而我却常常思索这样一个问题：如果将满怀"英气"的孔子置身于战国时代，他将如何思考，如何行事？他会不会还是一个"儒"，或者他会是一个怎样的"儒"？

　　汉唐以来，读书人大多习儒，因而胸怀"英气"的思想家大多属于"儒"的范畴，诸如陆贾、董仲舒、柳宗元、朱熹、陆九渊、黄宗羲、王夫之等。但是，他们之所以成为"鸿儒"，恰恰是由于他们身上有许多"非儒"的因素。其中黄宗羲著《明夷待访录》，提出"天下为主，君为客"的命题。王夫之"集千古之智"，改造理学的哲学体系。他们大大降解了儒家经典中的有害成分。只可惜两千多年来有"英气"的儒者比例偏小，就连一批又一批的"翰林之选"也大多沦为"文人"、"腐儒"、"时辈"。不是"醇儒"，方成其为"鸿儒"。这恰恰证明：即使在古代社会，只读儒家经典、死读儒家经典也是难成大器的。

　　环视当今世界，崇儒的学者依然不乏其人，他们的一些良好愿望也可以理解。但是，总的说来，这个群体中鲜有"英气"充沛的人，多有"庸气"十足的人。主要证据之一就是他们没有真正理解华夏优秀文化传统的精髓之所在。这些人用抬高孔孟地位的方式宣扬儒学的价值，用罗列名儒名句的形式展示儒学的精华，用望文生义的方法解读"天人合一"、"阴阳和谐"及其现代意义，用倡导诵读儒家经典的方法弘扬国学。这类做法既不妥切，又欠思量，难免庸碌之讥。如果孔子得知他们的所作所为，也会道出像卡尔·马克思批评他的许多追随者一样的话语："我播下的是龙种，收获的是跳蚤。"

　　现代中国不乏"英气"充沛的思想家、行动家。林毅夫可以算是其中的佼佼者。老子有一句广为传诵的名言："道可道，非常道；名可名，非常名。"林毅夫的解读是：一切已经形成的理论，都不能解决我们现在所面临的新问题。理论与概念总是要发展的。由此不难理解为什么林毅夫及其同仁们可以排除国内外一片"唱衰中国"的声音的干扰，写出了被历史事实证明、被当今学界认可的雄辩篇章。林毅夫绝非寻常的"学者"，他是一个胸有大学问，心怀大事业，一身英雄气的人。他的"英气"显然来自对历史趋势的敏锐感知、对传统文化的精到体悟和对世界文化的深刻了解。

　　当代中国正在探索一条前无古人的发展道路。改革开放三十年的成绩就是一批批具有"英气"的领导干部和平民百姓所共同创造的。由此而形成的"中国模式"既具有世界性，也具有中国性，而世界性的形成不是来自照搬西方模式，中国性的形成也不是来自延伸传统文化，而是一些国际最优经验与中国自身实践相结合的产物。这种自主精神、探索精神与创新精神才是我们的民族之魂。在这一伟大的社会进程中，任何一种已有的文化，包括思想、理论、学说，无论是古代的，还是现代的，无论是中国的，还是外国的，都既可以提供某些资源，又无法提供最具实质性的内容，有的还可能成为前进道路上的包袱。中国现代文明实质性的新进展及与之相匹配的新的文化体系只能在中华民族群体性的不断求索与实践中逐步形成。因此，夸大儒家经典现代意义的做法是错误的，它会消磨民族的"英气"，妨碍对全新的文明模式的探索与试验。

〔作者张分田，教授，南开大学历史学院。天津　300071〕

儒家的伦理观念及其道德教化论

——古典观念、历史实践及其现代转向

林存光

　　儒家的理论特色主要体现在它的伦理观念和道德教化论方面，就古典儒家的观念来讲，儒家伦理可以说是一种强调自我完善、重视人的道德教养、融情理于一体、追求人际和谐目标的伦理。而在"独尊儒术"的儒教中国的时代，将儒家的伦理观念和道德教化论落实在具体的政治实践上，发展出来的则是纲常名教、政教相维和忠孝治国等三大核心理念。自近代以来，奠基于这三大核心理念基础之上的儒教文明由于遭遇到西方强势文明的冲击和挑战而日趋于衰败和甯坏，并一直处在一种不断变革的"现代转向"的历史进程之中。本文拟就古典儒家的伦理观念与道德教化论及其历史实践形态与现代转向等几方面的问题做一粗浅的梳理和论述，以求教于方家。

一　古典儒家的伦理观念与道德教化论

　　古典儒家的一个最显著的思想特征就是发展出了一种视伦理道德性为其本质特征的"人"的特殊理念，正是基于这样一种概念化的"人"的理念，其思想的特色偏重在凸显和强调人是一种各种人伦关系网络中的具体存在物，并重视对人的道德教养。

　　上述"人"的理念又是基于对人的学习能力的充分信任的基础之上的。作为一位教育家，孔子可以说是人类自我反思和学习能力的伟大发现者。在他看来，人的本性大体是相近的，而人的习染却可能是相差很远的，正因为如此，除了"上知"之人属于生而知之者，而"下愚"之人难以施教之外①，对于大多数的一般人而言，教育与学习是可以对人的人格成长、价值选择、生存状态及其合理趋向发挥重要的影响力的。而教育与学习的功能并不限于对知识的传授与学习，更重要的是它意味着人是一种易于犯过错的动物，并具有一种自我反思的能力，从而可以致力于通过教育与学习来提升与培植自身的道德品格与文明教养。扼要而言，我认为可以把古典儒家的伦理观念与道德教化论归纳概括为以下几个方面。

　　第一，儒家伦理是一种自我完善型的伦理。这主要是针对那些仁人君子或圣贤式的人物而言的，作为维系整个社会风教或作为社会责任之主体的政治与知识精英，他们的最主要的主体性特征就是他们能够通过自身的修养而不断地自我完善和提升自我的人生境界。因此，儒家对他们的期望就是，他们必须具备"仁以为己任"、弘道明德的道义

---

① 子曰："性相近也，习相远也。"又曰："唯上知与下愚不移。"（《论语·阳货》）

担当精神，必须拥有"富贵不能淫，贫贱不能移，威武不能屈"（《孟子·滕文公下》）或"权利不能倾也，群众不能移也，天下不能荡也"（《荀子·劝学》）的坚毅独立的人格意志与品格，以及杀身成仁、舍生取义的道德勇气，必须拥有"知者不惑，仁者不忧，勇者不惧"的健全人格和"己欲立而立人，己欲达而达人"、"己所不欲，勿施于人"的忠恕之道的优良品质，必须拥有博施济众、仁民爱物的博大胸怀、社会责任意识和政治使命感。所谓的儒家"为己之学"、"成德之教"，首先就是在上述意义上来讲的。

第二，儒家伦理是一种教养型的伦理。道德的教养不仅仅局限或体现在仁人君子和圣贤等精英人物的身上，一般大众也应受到必要的道德教化以便提升其伦理道德意识及其文明化程度，正所谓"人之有道也，饱食、暖衣、逸居而无教，则近于禽兽"（《孟子·滕文公上》）。不过，精英与大众之间的道德教养既有其共通性，亦存在着重要的差异。一方面，在古典儒家的伦理观念中，不仅诗礼之教具有普遍性的道德意义[①]，即使是最初主要是"为己之学"意义上的"修身"观念在《大学》中也被扩展为了对天子以至于庶人的普遍性的教养期望[②]。然而，其间的差异亦是不容轻视的，精英的道德教养主要是自我完善型的，而大众的道德教养则更主要的是由政治权威施以外在规训与范导塑造而成的。因此，与第一点相对应的就是，孔子和儒家又是始终格外强调和重视通过"道（导）之以德，齐之以礼"来对社会大众进行道德教化的，这是儒家最重要也最具特色的政治理念。尤其值得注意的是，在古典儒家的大众教化观中，他们所主张的以养为先导、然后施之以德教的为政先后次序观，是有其相当合理性的，即在对民众进行礼义道德教化之前，首先必须解决其赖以生存的产业、满足其物质生活的基本需求，故孔子主张先富而后教（《论语·子路》），而孟子亦主张应首先给人民一定的恒产，使之"不饥不寒"，"仰足以事父母，俯足以畜妻子，乐岁终身饱，凶年免于死亡"，然后才可教以人伦礼义、"驱而之善"（《孟子·梁惠王上》）。

第三，儒家伦理是一种情理交融型的伦理。所谓的情理交融，亦即将情感与理性融为一体，孔子所谓的仁者爱人，孟子所谓的仁心仁政，所表达的都是一种情理交融型的伦理与政治的观念，儒家的仁爱精神既以孝悌之情为本（来源与根基）[③]，又能理性地推及于人民和万物，而这样一种仁爱精神又是要最终落实在行为规范与政治实践的礼治之上的，因此，我们亦可以说儒家情理交融型的伦理是以仁为体而以礼为用的。故孔子既主张为政以仁德[④]，又主张以礼治事理政[⑤]，而孟子偏重于阐发前者，荀子偏重于阐发后者。孟子极力在生命体验的基础上揭示仁心善性与生俱来、人人皆具的天赋性，诉诸于仁君圣王式的统治者对仁心善性的自我存养工夫，期望他们能够在天赋的"不忍

---

① 如《礼记·经解》曰："入其国，其教可知也。其为人也，温柔敦厚，《诗》教也；疏通知远，《书》教也；广博易良，《乐》教也；洁静精微，《易》教也；恭俭庄敬，《礼》教也；属辞比事，《春秋》教也。"

② 《大学》曰："自天子以至于庶人，一是皆以修身为本。"

③ 有子曰："孝弟也者，其为仁之本与！"（《论语·学而》）

④ 子曰："为政以德，譬如北辰，居其所而众星共之。"（《论语·为政》）又答子张问仁曰："能行五者于天下，为仁矣。"具体而言，即："恭、宽、信、敏、惠。恭则不侮，宽则得众，信则人任焉，敏则有功，惠则足以使人。"（《论语·阳货》）

⑤ 如子曰："礼者何也？即事之治也。君子有其事，必有其治。治国而无礼，譬犹瞽之无相与！"又曰："礼也者，理也。""制度在礼，文为在礼。"（《礼记·仲尼燕居》）

人之心"或"恻隐"同情之心的基础上发展出"仁民爱物"、"与民同乐"的政治理性，或者基于"孝弟之道"而构筑一种"人人亲其亲，长其长，而天下平"（《孟子·离娄上》）的道德共同体生活秩序或王道乐土。而荀子则不遗余力地阐扬礼治的既"养人之欲，给人之求"（《荀子·礼论》）而又能维系社会等级和人伦秩序之和谐的社会政治功能，倡导以礼节欲和"以礼制序"的"群居和一之道"①和富于理性色彩的伦理政治观。综合而言，儒家的社会理想和治政理念所追求的是构建一种以仁为体、以礼为用的伦理秩序和道德生活。

第四，儒家伦理是一种追求人际和谐型的伦理。如上所言，实现社会等级和人伦秩序的和谐乃是儒家追求实现的理想社会政治目标，为了实现这一目标，古典儒家着重阐发了一种"与他人相处"之道，这一"与他人相处"之道强调的是做人的道德责任，而且，不同身份地位的人各有其相应的道德责任，处在不同身份地位的人必须进行德性的自我修养，依各自的名分而承担相应的道德责任，如此才能构建一种互尊互信的人际亲和性或和谐的人伦秩序，如《大学》所谓："为人君，止于仁；为人臣，止于敬；为人子，止于孝；为人父，止于慈；与国人交，止于信。"因此，儒家的伦理乃针对不同身份地位的人提出不同的道德品质要求，如要求在上位的父兄君长应以身作则、以身垂范，而责求处下位的子弟臣少要孝悌忠顺，在这一意义上，对一个人的德性要求显然意味着对他在人伦关系网络中的一种角色定位与职责界定，正所谓"君君，臣臣，父父，子子"（《论语·颜渊》）。同时，不同身份地位的人亦必须将自身的行为纳入礼治秩序中而受到相应的规范，这也就是《礼记·冠义》所说的："成人之者，将责成人礼焉也。责成人礼焉者，将责为人子为人弟为人臣为人少者之礼行焉。将责四者之行于人，其礼可不重与？故孝弟忠顺之行立，而后可以为人。"另如《礼记·礼运》所言："父慈、子孝、兄良、弟弟、夫义、妇听、长惠、幼顺、君仁、臣忠。十者谓之人义。"在上述意义上，古典儒家的伦理亦是一种责任与义务对等的双向要求的伦理，如父子之间是一种亲情相依的互动关系（所谓的"父慈子孝"或"父子有亲"），君臣之间是一种道义相持的交接关系（所谓的"君使臣以礼，臣事君以忠"或"君臣有义"），夫妇之间是一种性别角色的差别关系（"夫妇有别"），长幼之间是一种年龄辈分的差序关系（"长幼有叙"），朋友之间是一种平等互信的交往关系（"朋友有信"）。

总之，依据古典儒家的伦理观念与道德教化论，一个富有道德文明教养的社会及生活于其中的人们，应富有道德理想的精神，深怀礼义廉耻之心，遵守人际交往的文明规范，重视伦理情谊，浸润于以仁为体、以礼为用的道德生活与伦理秩序的教养之中。而儒者之为儒者，亦正在其以担负这一道德教化之责自任，正所谓："若夫君臣之义，父子之亲，夫妇之别，朋友之序，此儒者之所谨守，日切磋而不舍也。"（《韩诗外传》卷五）"入知亲其亲，出知尊其君，内有男女之别，外有朋友之际。此圣人之德教，儒者

---

① 荀子曰："先王案为之制礼义以分之，使有贵贱之等，长幼之差，知愚能不能之分，皆使人载其事而各得其宜，然后使悫禄多少厚薄之称，是夫群居和一之道也。故仁人在上，则农以力尽田，贾以察尽财，百工以巧尽械器，士大夫以上至于公侯，莫不以仁厚知能尽官职，夫是之谓至平。……故曰斩而齐，枉而顺，不同而一，夫是之谓人伦。"（《荀子·荣辱》）

受之传之，以教诲于后世。"（《说苑·建本》）"儒之为教大矣，其利物博矣！笃父子，正君臣，尚忠节，重仁义，贵廉让，贱贪鄙，开政化之本源，凿生民之耳目，百王损益，一以贯之。虽世或污隆，而斯文不坠，经邦致治，非一时也。"（《隋书·儒林列传》）

二　儒教中国对道德教化的政治实践及其历史形态

由上可见，古典儒家的伦理观念与道德教化论，又是与其关于政治的思考密不可分的。对儒家而言，伦理的（或道德的）亦是政治的，而政治的亦是伦理的（或道德的），诚如梁启超先生在其《先秦政治思想史》一书中所言："要而论之，儒家之言政治，其唯一目的与唯一手段，不外将国民人格提高。以目的言，则政治即道德，道德即政治。以手段言，则政治即教育，教育即政治。"又说："儒家恒以教育与政治并为一谈，盖以为非教育则政治无从建立，既教育则政治自行所无事也。"① 萧公权先生亦曾指出，孔子所持"政者正也"之主张，"认定政治之主要工作乃在化人。非以治人，更非治事。故政治与教育同功，君长与师傅共职。"② 正因为如此，《礼记·学记》篇才会有"古之王者建国君民，教学为先"之说。

依笔者之见，我们不能因古典儒家"恒以教育与政治并为一谈"，就简单地认定他们的道德教化论只不过是一种奴化或愚民教育论。不过，儒家的上述伦理观念与道德教化论在历史上却是注定要与现实政治纠葛交错在一起的，特别是在"独尊儒术"之后的儒教中国的历史脉络与政治实践中。而在与现实政治纠葛交错的关系形态中，儒家道德教化论的伦理内涵及其理想愿景也注定会被现实的尊君卑臣的制度安排、王权支配下的权力关系及君主专制统治的政治利益考虑所扭曲。因此，秦汉之后，在现实的君主专制的制度框架与权力关系中加以工具化的扭曲利用下，旨在把有道德教养的人吸纳进统治阶层内并期望他们能够以身作则而与专制君主共同致力于全面促进和提升人民大众的道德文明教养水平的儒家道德教化论很容易就蜕变堕落成为了一种王权主义的社会控制的手段和机制，儒家教育亦往往成为单纯灌输忠孝与政治服从之意识形态的工具和手段，道德教化因此而在儒教中国的历史上演变成为一种道德控制乃至"道德专政"。

在推崇孔子和经典的儒教中国的时代，我们似可将统治者对儒家伦理观念与道德教化论的政治实践及其历史形态概括为这样几个基本的、核心的理念，即纲常名教、政教相维、忠孝治国等。兹引述历代儒家学者和官方文献中对孔子与儒家之道的推尊与阐扬之词数则，以资讨论。

　　1. 君臣父子夫妇之义，皆取诸阴阳之道。……王道之三纲，可求于天。（《春秋繁露·基义》）五行者，乃孝子忠臣之行也。（《春秋繁露·五行之义》）夫仁、谊（义）、礼、智、信五常之道，王者所当修饬也。（《汉书·董仲舒传》）

① 王焰编，魏得良校：《梁启超学术论著》，浙江人民出版社1998年版，第86、103页。
② 萧公权：《中国政治思想史》，新星出版社2005年版，第45页。

2. 三纲者何谓也？谓君臣、父子、夫妇也。……故《含文嘉》曰："君为臣纲，父为子纲，夫为妻纲。"（《白虎通·三纲六纪》）

3. 经所以有五何？经，常也。有五常之道，故曰《五经》。《乐》仁，《书》义，《礼》礼，《易》智，《诗》信也。（《白虎通·五经》）

4. 夫君臣父子，名教之本也。（《后汉书·献帝纪》）

5. 孔子之道，治人之道也，一日无之，天下必乱。如粟米不可一日少，少则人饥；如布帛不可一日乏，乏则人冻死。孔子之道，君臣也，父子也，夫妇也，朋友也，长幼也。……万世可以长行，一日不可废者，孔子之道也。（《徂徕石先生文集》卷八《辨私》）

6. 宇宙之间，一理而已。……其张之为三纲，其纪之为五常。（《朱文公文集》卷七十《读大纪》）三纲、五常，亘古亘今不可易。纲常千万年磨灭不得。三纲、五常，虽衰乱大无道之世，亦都在。看秦将先王之法一切扫除了，然而所谓三纲、五常，这个不曾泯灭得。（《朱子语类》卷第二十四）

7. 三纲五常，圣人之名教，有国家者莫不由之，如天之有日月也。（《元史·耶律楚材列传》）

8. 道者，纲常伦理是也。（《明儒学案》卷五十八《东林学案一》）

9. 夫子之道，如天之高，无不覆帱，如地之厚，无不持载，如日月之代明，如四时之错行。其法具于君臣、夫妇、长幼、朋友，其功著于《易》《书》《诗》《礼》《乐》《春秋》，所以立生民之极，开太平之运，历代人主赖之，咸致尊崇，然未有礼明乐备如今日者也。呜呼，盛哉！（明名臣王献：《成化年间修刊孔氏宗谱》）

10. 孔子之道，天下一日不可无焉。何也？有孔子之道，则纲常正伦理明，万物各得其所矣。不然，则异端横起，邪说纷作，纲常何自而正，伦理何自而明，天下万物又岂能各得其所哉！是以生民之休戚系焉，国家之治乱关焉，有天下者诚不可一日无孔子之道也。（明《御制重修孔子庙碑》）

　　仔细品味上述引文，我们可以深切地体会到，儒教中国实施社会教化和政治控制的方式、途径与机制虽然是复杂多样的，但是，就其基本的、核心的理念而言，其实却又是非常凝练、简约的，若用几个词语或观念来概括的话，不过就是纲常名教、政教相维、忠孝治国等而已。因此，我们可以说，作为一个崇拜圣人与经典的国度，圣人之道与神圣经典关涉着儒教中国的命脉，而圣人孔子与儒家之道实可以被概括、凝练为几个简易性的基本理念，以便它能够成为社会成员易于了解和接受、用以确定自身的社会位置与角色功能的明白易知、简易可行的观念框架或整个民族"共同生活在观念上的表达"，并因此而能够长期有效地发挥统合人心、实施大众教化的政治意识形态功能与作用。

　　先说"纲常名教"。在我看来，如果我们层层剥去包裹其外的"繁茂芜杂的"意识形态形式，就会发现一个"简单事实"，即在儒教中国的历史上，圣人孔子和儒家之道实可以一言以蔽之，即"纲常名教"，它是亘古亘今不可易、万世常行而一日不可废的，是人主赖之以开太平之运而与生民之休戚、国家之治乱密切相关的。所谓的"纲常名教"，其实质不外是要维护专制君主与父家长之权威。那么，"纲常名教"何以会成为儒教中国的主导性的核心理念呢？对此，我们需稍作分析。

众所周知，秦王朝确立了此后大一统帝国的政治统治秩序，以及家天下和王位世袭的帝王制度与观念，西周典型意义上的宗法分封制和大家族制度被彻底颠覆和瓦解。但是，汉家重新调整了帝国的统治策略，形成了一种调和性的政治制度和社会秩序模式，特别是大家族制度又得到了重建，并逐渐成为社会和国家的重要基础，家族在传统中国社会中成了一个最持久而稳固的传统势力。可以说，汉以后的帝国的统治秩序正是以家族制度为基础的，传统中国不过是"以一个家族作中心统治着所有的家族"①。因此，传统中国社会乃是一个政治与社会高度融合一致的"总体化"社会，社会结构是多层级性的，人们的生活和交往方式主要以血缘关系为纽带，人们的行为主要受礼俗支配并易于为服从权威观念左右，社会控制机制主要是通过把社会成员的身份定位在社会关系网络的一定位置之上，以使之发挥特定的角色功能来实现、维持社会的安定与秩序。

"纲常名教"则可以说是儒家在长期的自我理解和辩护中对儒教的核心理念所形成的一种相对固定化、模式化的认知和评价范式。显然，儒家以"纲常名教"为核心理念的"心智图式"或"符号系统"，与上述传统中国的"社会划分"或"社会结构"具有一种"结构上的对应关系"。依法国著名社会学家布迪厄之见，社会结构和心智结构的对应关系可以发挥"至关重要的政治作用"，"符号系统不仅仅是知识的工具，还是支配的工具"，"符号系统是能对构造世界发挥作用的社会产物，即它们不只是照样反映社会关系，还有助于构建这些关系"，而"行动者对世界的深信不移的接受"，也正"源于客观结构与认知结构之间直接的一致关系"，"在所有形式的'潜移默化的劝服'中，最难以变更的，就是简单明了地通过'事物的秩序'发挥作用的那种劝服"②。据此，我们完全可以说，儒家以"纲常名教"为核心理念的"符号系统"或"心智结构"正可简单明了地通过"事物的秩序"而发挥那种最难以变更的"潜移默化的劝服"作用，而且它不只是照样反映现实的社会关系，还有助于构建这些关系，而当这种符号系统广泛而普遍地支配了人们的意识，那么处于社会层级上层和顶端的君父的权威也就可以自然而然地通过臣民的"合谋"或布迪厄所谓的"符号暴力"而树立起来了。宋儒陈傅良如是说：

> 夫孔子之道所以尊信于万世者，非儒者能强之也，诚以三纲五常不可一日殄灭故也。三纲五常不明而殄灭，则天地不位，万物不育矣！自古及今，天地无不位之理，万物无不育之理，则三纲五常无绝灭之理。三纲五常无绝灭之理，则孔子之道无不足尊信之理。（《宋元学案》卷五十三《止斋学案》）

显然，陈氏是想通过将"三纲五常"归之于天地万物之理，来证成孔子之道理应"尊

---

① 殷海光：《中国文化的展望》，中国和平出版社1988年版，第107页。
② 皮埃尔·布迪厄、华康德：《实践与反思——反思社会学导引》，中央编译出版社1998年版，第13—14、222页。

信于万世"而"非儒者能强之也"，这是宋儒的一种"常识"或惯常的思维模式，无非是将儒家"三纲五常"之理念先验化而使之成为一种"前反思性的假定"，说到底这不过就是要"三纲五常"作为天地万物之理，亦即是作为"事物的秩序"而发挥"潜移默化的劝服"作用。这当然是一种"过度的诠释"，他并不了解儒家以纲常理念为核心的符号系统或心智结构只是因其与传统中国的社会结构的对应一致关系而历史地发挥政治作用的，而且，"倘若我们承认符号系统是能对构造世界发挥作用的社会产物，即它们不只是照样反映社会关系，还有助于构建这些关系，那么，人们就可以在一定限度内，通过改变世界的表象来改变这个世界"①。如果说社会是一历史地不断变迁和发展的过程的话，那么，纲常理念也就不再是至变中的不变者了，孔子之道自然也不可能是"万世尊信"的了。不过，那决不是儒教中国的信念。

次说"政教相维"。果如上言，则"纲常名教"不仅是儒教中国万变不离其宗的核心理念，更是儒教与现实政治、圣人之道与帝王之势的至关重要的结合点，孔子所以能被历代儒生士人和帝王们共同尊奉为"垂教万世，为帝者师"，正是基于这一点。而自汉武帝"独尊儒术"之后，尽管儒教与现实政权二者之间建立起来的制度化的关联，存在着这样那样的问题，一般而言我们仍然可以将这种结合与关联称之为政与教的合一，但对中国的这种政教合一的形式和特点，我们还须作一些辨析和说明。一是，二者的结合基于相互供求的关系之上，或是一种相互维护的关系，即殷海光先生所说："儒门需要一个现实的权力作靠背。而现实的权力也正需要这样一个堂而皇哉的护符，使它在文化里取得合法地位。在这种相互供求的关系上，形成了中国形式的'政教合一'。"② 此亦即张之洞所谓"政教相维"之义，即"我圣教行于中土数千年而无改者，五帝三王明道垂法，以君兼师；汉唐及明，宗尚儒术，以教为政；我朝列圣尤尊孔、孟、程、朱，屏黜异端，纂述经义，以躬行实践者教天下"（《劝学篇·同心》）。张之洞对中国"政教相维"传统的这一概括无疑是贴切而适当的，亦如元代学者曹元用所言："孔子之教，非帝王之政不能及远；帝王之政，非孔子之教不能善俗。教不能及远，无损于道，政不能善俗，必危其国。……是故历代所以崇奉其教者甚。"（《续修曲阜县志卷八·代祀阙里孔子庙碑》）正因为如此，圣人孔子和儒家之道关乎着天下的兴亡、国家的盛衰治乱，特别是圣人孔子之道与专制帝王之势被看作是一种相互依存、亦相互利用的共生性关系，乃构成为了儒教中国的另一大支撑性或轴心性的基本政治文化理念。

再说"忠孝治国"。与纲常名教理念密切相关的，儒教中国还有一个更为简单明了的理念，那就是：仅仅以"忠"或"孝"便足以治国平天下。诚如鲁迅先生所言，在自汉以来的儒教中国的历史上，统治者"向来总要取其一端，或者'以孝治天下'，或者'以忠诏天下'，而且又'以贞节励天下'"③。如汉家的"以孝治天下"，不仅自惠帝之后汉帝谥号前都加有一"孝"字，而且不断地发布诏令曰："孝悌，天下之大顺也。"（文帝诏）"导民以孝，则天下顺。"（宣帝诏）再者就是"汉制，使天下诵《孝

① 皮埃尔·布迪厄、华康德：《实践与反思——反思社会学导引》，第14页。
② 殷海光：《中国文化的展望》，中国和平出版社1988年版，第551—552页。
③ 吴晓明、王德峰编选：《文化解剖与社会批判——鲁迅文选》，上海远东出版社1996年版，第190页。

经》，选吏举孝廉。"（《后汉书·荀爽传》）另如清朝顺治、康熙、雍正等诸帝们亦直接颁布圣谕以对全国施行教化，顺治六谕曰："孝顺父母，恭敬长上，和睦乡里。教训子孙，各安生理，无作非为。"而且，每月的初一和十五地方上要把乡民百姓集中在一起，由生员宣讲圣谕，并进行评比鉴定，然后"登记簿册，使之共相鼓舞"。后来康熙大帝又将六谕补充为"上谕十六条"，雍正帝更进一步阐扬丰富为《御制圣谕广训》，并颁发全国实施。

那么，儒教中国何以会如此推崇忠孝治国的理念呢？一是，从义理上讲，"孝"为德行之本，是可贯通天子以至庶人的一种对人的普遍道德要求，其教化功能最为深切著明，故曰："夫孝，德之本也，教之所由生也。"（《孝经·开宗明义章》）"夫孝，天之经也，地之义也，民之行也。"（《孝经·三才章》）"人之行莫大于孝。"（《说苑·建本》）二是，从政治社会化的效果意义上讲，可移孝作忠，即所谓"臣事君，犹子事父母也。"（《汉书·严助传》）"忠孝之道，退家则尽心于亲，进宦则竭力于君。"（《汉书·张敞传》）"君子之事亲孝，故忠可移于君。"（《孝经·广扬名》）"事亲孝，故忠可移于君，是以求忠臣必于孝子之门。"（《孝经纬》）有一个典型的例子足可说明在儒教中国的历史上忠孝之行被推崇到了何等地步。据《元史·廉希宪列传》："时方尊礼国师，帝命希宪受戒，对曰：'臣受孔子戒矣。'帝曰：'孔子亦有戒耶？'对曰：'为臣当忠，为子当孝，孔子之戒如是而已。'"由此而言，孔子的忠孝之戒真的可称之为中国人的宗教（如钱穆称中国文化为"孝的文化"）了。正如雷海宗先生所言："孝的宗教，到东汉时可说已经成立。"[1] 而说到底，孝之为教不过是"忠"之"政治行为的生成语法"[2] 而已。因此，究其实质，忠孝治国的理念乃是与传统中国社会结构中最重要的特殊的家族制度密切相关的，孝正是"家族中心主义的灵魂和基本命题"，而由于"家是中国社会结构的单元，也是政治组织的基础"[3]，因此，孝亲与忠君、伦理教育或道德教化与政治社会化过程乃至君主专制与家族主义实具有一种天然的一致性，而忠孝之行亦正是连接家庭、家族与国家的道德的结合点。

总之，上述三个方面可以说是儒家的道德教化论与权力政治结合在一起的一种历史产物，在这种结合中，古典儒家的道德教化论的理想教义虽然没有完全消失，被部分地贯彻到历代循吏或良吏治理地方社会的政治实践当中去了[4]，但总的来讲，它的理想的或理性化的意义逐渐失落而被转化为对现实秩序的合理性的肯定与意义构建，所谓的"纲常名教"因之而成了一种迷信色彩浓厚的"崇拜名字的宗教"，三纲五伦的关系由对称性的责任与义务的道德要求变成了主要强调单方面地绝对顺从的片面规制，忠恕之道的交往理性主题也被转换成以忠孝治天下的政治统治主题，而忠孝观念亦完全被扭曲成了"天下无不是底君主"和"天下无不是底父母"的非理性化的理念。诚如徐复观先生所言："原始的孝是一伟大的人生理念，但是自从《孝经》出现之后，原始的孝的理念却逐渐消失了。"这不仅是"儒家人伦思想的一大变化，实亦中国历史命运的一大

---

① 雷海宗：《中国文化与中国的兵》，商务印书馆2001年版，第71页。
② 莫里斯·迪韦尔热：《政治社会学》，华夏出版社1987年版，第91页。
③ 殷海光：《中国文化的展望》，中国和平出版社1988年版，第107页。
④ 参见拙文《儒家的仁爱政治观与循吏文化》（《孔子研究》2008年第5期）中的相关论述。

变动"①。

三　儒教文明的现代转向

历史上的儒教文明，可以说是一种以道德教化为中心而与权力政治结合在一起的伦理型的特殊文明形态，而反思儒教中国的历史，我们似可得出这样一个基本的看法，即没有儒教与权力政治的结合，也就没有儒教中国的形成；而与权力政治的结合，也使儒家及其儒教信念常常陷入种种他们始料未及的政治误区和文化困境。

晚清以来，一方面是来自外部的西方强势文明的军事打击和文化冲击，另一方面是来自内部的日趋深入和迫切的对政治与文化传统进行变革的强劲诉求，这两个方面的挑战交相激荡，使腐朽的晚清王朝，以及政治统治秩序与意识形态监控体系高度整合一体的帝制与儒教文明形态，终于走向了穷途末路和分崩离析。而问题的关键在于，中西文明激烈冲突的结果，不仅导致了帝制的终结和儒教文明的没落，更给中国带来了一种完全异质而足以取代儒教文明传统的"替代品"或新的选项。以西方基督教的上帝信仰取代中国儒教的孔子偶像，以君主立宪政体改造君主专制政体，以自由、平等、人权、科学和民主的理念取代圣人崇拜、等级礼制、鬼神迷信和纲常名教的理念，从技术层面的学习，到制度层面的改良，再到理念层面的革命，中国人走上了一条向西方寻求启蒙与救亡双重主题主导下的不归路。一路上，儒教文明传统在破坏与卫护、保守与维新、改良与革命、固守与蔑弃之间的交争厮拼中日甚一日地趋于声名扫地而斯文不再。这是一个"不断激进化"地"去孔制化"② 的历史进程，而随着近代思想变革的"不断激进化"的历史进程，特别是"五四"新文化运动以来，中国传统的或儒家式的伦理观念和道德文化尤其遭遇到了颠覆性的批判和捣击。迄今为止，为了追求实现现代化的目标，我们中国人的伦理观念和道德生活可以说仍然在经历着一场深刻的"旋乾转坤式"的转化和突破。然而，"旋乾转坤式"的转化和突破似乎困难重重，我们依然没有完全摆脱传统与现代二分的思维定式及其所造成的道德文化困境。

历史并未终结，也不可能被终结，儒教文明的现代转向仍然在持续发展的历史进程之中。依笔者之见，在对古典儒家和儒教中国的伦理观念与道德教化理念及其历史的实践形态和在近现代的变异革新历程作一充分而全面的历史反思之后，如果说在近现代真正遭遇到颠覆性的批判和捣击的是以纲常名教为核心的伦理观念和道德教化传统的话，那么，从建构现代伦理观念和道德生活的角度讲，一方面我们既需要充分肯定和吸纳现代西方的启蒙价值如民主、自由、平等、法治和人权等，而另一方面我们也需要重新审视和发掘有益于现代生活的古典儒家的伦理观念与道德教化的精神资源。在我看来，作为一种自我完善型、追求人际和谐型、情理交融型的伦理学说，古典儒家的伦理观念与道德教化论中所包含的许多美德理念，如修身为本、行己有耻、智德并重、礼让谦和、

---

　①　转引自金耀基《从传统到现代》一书，中国人民大学出版社 1999 年版，第 27 页。

　②　殷海光先生曾就"孔制崩溃"的问题论之曰："近代中国人在人理建构方面之最重大和影响最深远的事情之一就是孔制崩溃。孔制并非单纯的宗教，并非单纯的学说，也并非单纯的伦范。但是，他确有宗教的某些功能，确有某种学说的形式，确有浓厚的伦范建制。"（《中国文化的展望》，中国和平出版社 1988 年版，第 167 页）

敬养孝亲、忠正廉洁、诚信贵义、忠恕待人、和而不同等等，仍然值得我们认真对待并加以践行，既不是"浪漫式的迷恋"，也不是轻率的蔑弃，而是实事求是地正视、认真地对待并加以切实践行。

〔作者林存光，教授，中国政法大学政治与公共管理学院。北京　102249〕

信息传播·人君耳目·监视环境

——从传播学视角看中国古代的监察文化

陈　谦

　　传播技术发达是当前时代的重要特征，"传播"已成为使用频率极高的词汇。然而如果提出"古代传播"或"中国古代的传播"，可能多少会引起一部分人的疑虑。在他们眼里，"传播"只属于现代，古代不存在"传播"。其实古人同样需要传播，古代同样有新闻传播活动，同样广泛进行着各种传播活动，只是当时没有自觉地将之命名为"传播"罢了。这里笔者在广义上使用"传播"概念，系指"人类（自身及相互之间）传受（传送和接受）信息的行为或过程"[1]。在中国古代社会，传播虽是广泛存在的现象，然具体现象与活动并非以"传播"的面目出现。中国古代王朝的很多政治现象与活动，诸如监察、谏议、教化甚至图书搜集、整理、出版等，多以信息操作（收集、加工、传递、接受等）为主要特征，因此我们不妨换一个视角，说它们是以信息传播为重要特征的政治活动。中国古代的监察活动在很大程度上以信息传播为其特征[2]，用传播学的视角考察古代的监察，即可以认识到它是一种政治控制手段，是利用信息传播进行的监督控制活动[3]。

一　信息传播:中国古代监察活动的重要特征

　　笔者如果就此断言古代监察活动是以信息传播为重要特征的政治活动，可能会引起误解，因此有必要对这一论断稍做解释。

　　首先，我们可从"监察"概念的字面意义说明其中的信息传播内涵。关于"监"，甲骨文意喻以水照面，唐兰认为，"监字本象一人立于盆侧，有自监其容之意"[4]。从信息传播角度，可以看做是人的外貌影像信息的自我观照与反馈。《尚书·酒诰》"人无于水监，当于民监"中的"监"即由此而来。当然，其中还没有自上而下观察、调查、督责的意义。而《说文》释"监"则言："监，临下也"，有"居上临下以观察"之意。近代以来的古汉语辞书《辞源》释"监"为"自上临下，监视"。《辞源》将

　　① 张国良：《现代大众传播学》，四川人民出版社1998年版，第7页。
　　② 当然，"监察活动"在此是笼统说法，除了包括一般认识上的"监察"外，也包括诸如对官吏的考绩、财政的上计、审计、民俗民风的考察等活动，它们在很大程度上都是具有信息传播性质的活动。另，本文所言监控、监察主要是从传播功能、职能角度而言，并非专论御史、台谏的政治制度史。
　　③ "利用信息传播进行的监督控制"，可简称为"信息监控"。
　　④ 唐兰：《殷墟文字记》，中华书局1981年版，第101页。

"察"释为"观察、考核、调查"。"监察"合词释为"监督、监视"。古籍中常有"监察"、"监视"、"监观"等近义词。如《诗经·大雅·皇矣》:"监观四方,求民之莫";《后汉书·韦贤传》:"四方群后,我监我视,威仪车服,唯肃是履";《后汉书·陈忠传》疏:"入则参对而议政事,出则监察而董是非"等。因此所谓"监察",就是自上而下地通过"眼睛"来观察,进而言之,观察就是收集、掌握信息的活动。关绍箕为研究中国古代传播思想之便,构造了中国古代传播思想的五个范畴,其中之一就是"人际观察思想",分为"一般观察"、"察言与察声"、"察色与观行"思想①。当然,关先生所研究的是一般传播思想,注重于"察"。同样道理,古代监察主要是以调查、观察、询访(官吏、事件、现象)为主的察言、察色、察声与观行的活动。在通常的观念中,口说无疑是传播,而眼观、耳听是否属传播似乎不好确定。这里明确地说,眼观、耳听也是收集、接受信息的行为,更何况监察者还要将所收集的信息传递(汇报)给君主,这自然是信息传播行为与过程。笼统地说,无论信息的传播还是信息的接受都属传播行为②。"传播"只是对信息流动、存在方式的总体概括。只有明确传播理论的这一共识,我们说监察活动在很大程度上是传播活动,在概念的包容性上应无疑问。

在古代政治活动中,监察主要指监察官员通过收集行政官员、臣民、社会风俗信息,并将其反映、报告给最高统治者——君主,君主通过对官员、臣民的惩治、规约,对社会政策的调整,从而实现对政治、社会的控制管理。当然,监察官员所使用的信息收集"装置"本指眼睛,但真正从事信息收集调查活动还离不开耳朵,收集、调查所得信息还要通过口头和书面——文字形式作为媒介进行传递。前面提到,传播是信息传递与接受的行为和过程。因此我们说,无论监察活动所做的具体工作如何多样化(比如巡视、上计、弹劾、纠举、上封事、荐举、刷卷等),信息传播都是它的重要特征。

其次,从监察的功能角度说,监察官员与制度是为实现政治控制功能而设。就控制而言,我们可以将中国古代政治组织设想为一个系统。如果将现代系统论、控制论运用于组织管理,我们就可以看到,古代监察活动与制度设计是君主为了完成政治系统的控制而设置并发挥作用的。系统控制的关键在于利用信息反馈来调整组织,强化目标。正如组织传播学者所言:"控制论模型的关键在于,当系统目标和系统行为之间出现不一致时,可以通过反馈来使系统恢复正常运转。"③ 当然,有人会认为,古代政治中的行政活动与制度也具有反馈的功能,比如古代的吏部负责铨选、考核官吏,各级行政官吏可以将政策执行、官吏贪廉、民风民俗等信息汇报给最高统治者,从而行使了反馈职能。此话当然不错,而且行政活动理应承担信息反馈功能。但从古代政治体制功能分化的角度看,战国秦汉以来的官僚政治体制出现了明显的职能分工与功能分化,行政主要承担政令、政策的执行,形成了政治大系统中行政子系统,在这个行政子系统中,对政令、政策执行良否、官员贪廉,也承担监督、汇报(信息反馈)的职责④。而从功能分

①　参见关绍箕:《中国传播思想史》,正中书局 2000 年版,第 4 页。

②　虽然在具体概念上有传播者与受传者(或接受者)之别,但从传播关系的总体上说都是传播者。

③　米勒:《组织传播》,华夏出版社 2000 年版,第 143 页。

④　有学者认为,秦汉以后存在着行政系统内的监察和行政系统外的监察两种监察体系,汉代的丞相府司直的监察、唐代的尚书省吏部的考课等即属行政系统内监察。参见关文发、于波主编:《中国监察制度研究》,中国社会科学出版社 1998 年版。

化、社会政治的客观情势和政治体制设计者的主观认识上看，这种自我监督、自我反馈的做法极不可靠。于是历代君主往往从身旁的近侍中选择人员来专门行使信息反馈的职责，从而形成自上而下的利益不相干的比较直接的信息反馈渠道，只有这样，才能够比较全面、真实、准确地掌握臣民的动态信息，同时对官僚行政系统形成约束。况且，从传播渠道传递信息迅捷、通畅的角度说，影响因素主要有组织的层次与环节，行政机构信息反馈的弱点在于层次和环节过多，易减缓信息传递速度，且信息易变形、失真，影响信息监控的效率。也就是说，信息传递环节的多寡事关信息渠道的畅通与信息传递效率。

最后，既然认为信息传播是监察活动的重要特征，那么它也就应当具有传播行为的诸种要素。传播学奠基人之一的拉斯韦尔（Harold D. Lasswell）曾对社会传播的要素做出过说明。他认为，说明传播行为有一个简便方法，就是回答下列问题，即"5 W模式"：

谁？ — 说什么？ — 通过什么渠道？ — 向谁？ — 有什么效果？[①]

我们可以将其分别表述为传播者、传播内容、传播媒介和渠道、接受者（受传者）、传播效果。古代监察活动的信息传播特性表现为五要素具备，并且监察活动的主要职责就蕴涵于其中。为了说明监察活动的信息传播特征，以下试用"5W"模式简要分析之。

1. 传播者

监察活动中的传播者就是指执行监察任务的官员。撇开历代王朝监察机构和官员的种种复杂设置及演变不谈，监察的主要职责就是接受君主的指派，通过各种信息源和操作方式，调查、收集吏治、风俗民情信息，然后将信息汇报给君主，或提出明确意见，供君主裁夺。当然，有时监察官员也不待汇报径自处理，纠正官员的不法行为，处置不法官员，但这在历代多有限制。

2. 传播内容

在传播内容方面，古代王朝的监察官员所传递的信息主要有：向君主弹劾不法官员，反映民间疾苦，报告政令执行良否，建言献策，举荐贤良等等。

3. 传播渠道（媒介）

古代监察所使用的信息传递渠道（或媒介）多为"亲身媒介"——眼、耳、口，通过眼观、耳闻、口传进行察访并反馈信息，同时也离不开间接的媒介，即书面文字（如上封事、奏疏等）。

4. 受传者

在中国古代王朝，监察官及监察机制多被视为人君"耳目"，实则是君主身边重要的情报员，多数情况下仅对君主负责，故君主是信息传播的终极对象，或者可以说，一切监察信息的传递都以君主为中心。

5. 传播效果

从整体上说，古代监察的目的十分明确，即"彰善瘅恶"，"激浊扬清"，稳定政治。换言之，就是通过信息反馈来实现政治控制，保证政令畅通，监督官吏。因此可以说，这一传播活动对效果有着十分强烈的追求。具体到每朝每代，监察制度及活动的效

---

① 拉斯韦尔：《社会传播的结构与功能》，张国良主编：《20世纪传播学经典文本》，复旦大学出版社 2003 年版，第 199 页。

果有异，它取决于君主专制的程度、君主重视程度及当时的监察环境与条件等，这些则另当别论。

其实，用信息传播的视角考察古代监察并非笔者独创，新闻传播学者已经开始将其纳入传播史的考察范围，且在史学界亦非仅见。比如虞云国在研究宋代台谏制度时，敏锐地抓住了监察活动的信息传播特性，认为："台谏监察言事的全过程，实际上可以视为一个完整的信息处理过程。只有及时准确地了解臣僚、官署等监察对象的情况，台谏系统才能适时有效地行使其职责，而监察信息的输入无疑是决定其能否发挥监察功能的关键一步。"①

虽然人们在一般观念上认为监察是一种执法活动，但应该看到，构成监察、监督关系的首要原因在于监察者要掌握所监督对象的信息，并将信息反馈给最高统治者，形成一种权威震慑，并通过权威震慑对政治运行进行纠偏。这才是监察作为一种政治监控手段的要义。

二　人君耳目：中国古代监察的信息传播特征的集中体现

在中国传统政治文化中，一个现象值得注意，即历代论者在强调君臣关系时，多以身体为喻，形象地说明君主臣辅、君尊臣卑、君臣互补等政治关系。每当论及君主臣从、君臣一体、休戚与共的关系时，大都以元首与股肱为比，使元首成为君主的文化符号，股肱成为臣下的代称。这一比喻形象生动地揭示出君主是谋划决策、发号施令的信息中枢，而臣下是遵从君命、身体力行的信息指令的接受者，作为政治系统之整体，共同为系统的顺畅运行做出贡献。比如魏徵曾上疏说：

> 臣闻君为元首，臣作股肱，齐契同心，合而成体。体或不备，未有成人。然则首虽尊极，必资手足以成体，君虽明哲，必藉股肱以致理。故《礼》云："人以君为体，君以人为体，心庄则体舒，心肃则容敬。"《书》云："元首明哉。股肱良哉，庶事康哉！""元首丛脞哉，股肱堕哉，万事堕哉！"然则委弃股肱，独任胸臆，具体成理，非所闻也。②

在此基础上，还有更为详细的身体政治比喻，如"君为腹心与臣为九窍"，"人臣之于君也，犹四支之载元首，耳目为心使也。相须而后成体，相得而后成用"。为君不可独治，必须"置群官，以备爪牙耳目"。贤臣良佐犹如君之耳目，代替君主"视听于四方"③。唐太宗也提常及"耳目股肱"之喻，他说："今天下安危，系之于朕，故日慎一日。然耳目股肱，寄在卿辈。既义均一体，宜协力同心。事有不安，可极言无隐。"④

---

① 虞云国：《宋代台谏制度研究》，上海社会科学院出版社 2001 年版，第 49 页。
② 《贞观政要》卷 3《君臣鉴戒》。
③ 《臣轨·同体》。
④ 《贞观政要》卷 1《论政体》。

　　笔者所关注的政治"器官"为"耳目"，因其与监察职守关系密切。"耳目"之说较早见于《尚书·益稷》，云："臣作朕股肱耳目"。荀子曾说："墙之外，目不见也；里之前，耳不闻也；而人主之守司，远者天下，近者境内，不可不略知也。"① 这就必须依靠臣下来充当君之"耳目"，方可洞明天下之事。韩非也说："明主者，使天下不得不为己视，天下不得不为己听。故身在深宫之中而明照四海之内。"② 君主要做到"视听于四方"不是一件容易的事，就必须利用工具，对臣下的利用正体现着这一工具性思路。东汉徐幹言："人之耳目尽为我用，则我之聪明无敌于天下矣。"③ 就是君主理想的信息视听境界，这种境界只有通过君主分官设职才能实现。《管子》的一段文字意指"耳目"是君主设定的不同职守之一："心之在体，君之位也；九窍之有职，官之分也。心处其道，九窍循理。……耳目者，视听之官也，心而无与于视听之事，则官得守其分矣。"④ 耳目为视听的器官，君主作为政治心脏、传播的中枢，不可能事事亲自参与视听，必须将臣下用作"耳目"，而"耳目"是收集、反馈信息的工具。全面地说，监察职守所执行的信息反馈功能不仅以"耳目"，还以"喉舌"，可称为"耳目喉舌"。"耳目"为简化称谓，但正是这一简化称谓道出监察的首要任务是以眼观、耳听的方式收集信息。"耳目"的说法并非否定"喉舌"，但耳目的听视活动乃喉舌进行语言表达的基础，正如语言学家雅各布森的认识："人类社会中最社会化、最丰富和最贴切的符号系统显然以视觉和听觉为基础。"⑤ 听之以耳，视之以目，耳目是最为基础性的传播器官。

　　依历代王朝分官设职的情况及君臣言论看，"耳目"这一角色当指御史、谏官等监察官吏。北宋吕公弼就具体地给了监察官吏这样一个信息传播角色定位。他对宋英宗进言道："谏官、御史，为陛下耳目，执政为股肱。股肱、耳目，必相为用，然后身安而元首尊。"⑥ 这一定位明确地说明，君主是元首，是发号施令、决断乾纲的主脑，行政官员是执行君命的四肢，而谏官、御史则是专事信息接收与反馈之耳目器官。宋高宗认为，"大臣朕股肱，台谏朕耳目，本是一体"⑦。虽然古代君臣对监察职守还做过其他比喻⑧，但将其喻为君主的耳目可谓历代论说主流。

　　乍然看来，古代王朝的监察职守所承担的功能似乎并不能简单以信息传播、信息监控来概括，但以信息传播的视角观之，应认定其以信息传递为主，与具体行政职守有别。以宋代御史为例，其主要职能为（1）监察百官，弹劾纠察违犯封建秩序的行为；（2）规谏皇帝，参议朝政；（3）维护朝会和朝廷宴会秩序；（4）参与司法工作，监察

----

①　《荀子·君道》。

②　《韩非子·奸劫弑臣》。

③　《群书治要·中论》。

④　《管子·心术上》。

⑤　霍克斯：《结构主义和符号学》，上海译文出版社1987年版，第139页。

⑥　《宋史》卷311《吕公弼传》。

⑦　《宋会要辑稿·职官五五》。

⑧　比如元世祖忽必烈曾说：中书是我的左手，枢密院是我的右手，"御史台是朕医两手的"（参见《草木子》卷三下《杂制篇》），说的是御史台对中书省、枢密院的监督、制约作用，与"耳目"的说法没有什么不同。但因其没有从信息传播角度立论，故不将其放入考虑之内。不过，历史文献中这类说法较少。

司法部门；（5）参与文武百官的管理工作；（6）参与荐举官员；（7）兼任侍讲等①。可以说，其中大部分职能都涉及信息传递与反馈，比如纠弹，除了直接纠正违纪不法官员外（其实，纠正过程很大程度上要靠语言、文字的传播，这里且不论），纠弹更主要体现在通过调查、收集、掌握不法官员的信息，将之汇报给君主，达到震慑、匡正的目的。这个过程则是典型的传播活动。又如监察官员参与司法、审理活动也更多地体现以君主"耳目"的身份施行监控的用意②。还有，举荐人才要靠向君主反映与传达信息。至于规谏、经筵、侍讲则更是信息传播活动。所谓监察主要依靠的眼察、耳听、口传，我们不难从传播角度确定监察官吏主要承担的是一种信息传递与反馈（或者说是信息监控）的职能。因此可以说，吕公弼、宋高宗等人在元首之下有股肱、耳目之别，其用意比较明确，也符合古代监察在政治制度与活动的实际。

　　在元首、股肱与耳目的比喻中，元首的重要性自不待言，而在臣下——股肱与耳目之中，耳目的作用颇为独特。耳目不能做出具体行政行为，只能靠它收集信息、提供信息，以利元首决策。没有它，会导致决策的信息依据或不充分，或"股肱"行为偏离指令而"元首"无法察知。因而"耳目"这一"政治器官"非常重要，君主自然格外重视。历史上除了昏聩的君主外，几乎无君不知御史、谏官的重要性。而且由"耳目"观念导出的重视御史、谏官的思想认识，在古代王朝的君臣中比较常见。

　　从以上分析看，历代君臣从"耳目"角度认定监察的重要性，却无意之中为我们考察监察的信息传播与监控功能指引了方向。

1. "耳目"之喻与监察官员的选拔

　　既然监察为君主的"耳目"，那么它就表明，君主要将其视之为自身观察、收集信息器官——耳目的延伸。如此重要的传播装置及渠道，君主理应掌握在自己手中，自然也就格外重视。

　　历代王朝大都十分重视监察官员的选拔任用，比如唐太宗在贞观初年，"以法理天下，尤重宪官，故御史复为雄要"③。他十分重视统领、督责、监控地方的都督、刺史的选任，曰："朕深居宫之中，视听不能及远，所委者惟都督、刺史，此辈实治乱所系，尤须得人。"④ 明宣宗时杨士奇说："风宪所以肃百僚"，如果其长官贿赂腐败，"则不肖御史皆效之。御史奉巡四方，则不肖有司皆效之"⑤。金章宗时的守贞指出："监察乃清要之职，流品自异，俱宜一体纯用进士。"⑥ 从中可以看出，古代王朝对监察官员的任职资格有着严格的规定。通观历代选任监察官员所持标准，突出表现在三个方面：一是在个人品质上，要求监察官员必须"清廉耿直"、"刚正不阿"、"尽忠职守"、"不畏权势"、"秉公执法"、"敢谏敢言"，能起"群僚表率"的作用；二是在文化素养

---

① 参见贾玉英等：《中国古代监察制度发展史》，人民出版社 2004 年版，第 60—80 页。

② 御史台监察官虽有"法官"、"法吏"之称，但其介入司法刑狱与一般司法审判有所不同。无论是复审狱案，平澈冤狱及参与要案会审，御史台监察官多以代表皇帝监察司法的角色出现。或者可以说，这种介入又是监察职能在司法方面的表现或扩大。参见李治安、杜家骥：《中国古代官僚政治——古代行政管理及官僚病剖析》，书目文献出版社 1993 年版，第 174 页。

③ 《通典》卷 24《职官》。

④ 《贞观政要》卷 3《论择官》。

⑤ 《明史纪事本末》卷 14《开国规模》。

⑥ 《金史》卷 73《守贞传》。

上有较高的要求，即监察官员一般应是"学识宏博"、"思辨敏锐"、"通经懂史"、"熟谙律例"以及"文词畅达"者；三是在经历上，要求监察官员有较丰富的从政经验，凡经历过基层（特别是州县一级）锻炼而声望又较好的地方官员，往往成为增补监察官员的热门人选①。用现代语言表述，就是监察官员要有高尚的道德、渊博的学识、敏锐的思维和洞察力、丰富的从政经验、很强的口头和文字表达能力，熟悉各类法律和规章，掌握各种政策。只有具备这样的素质，才能胜任调查、分析、收集、纠正、弹劾的监察工作。这些能力不妨认为是信息操作、运用、传递能力，概而言之，就是要求监察官员具有很强的信息传播（或称之为沟通）能力。

而且我们应该看到，在一般意义上，历代王朝对监察官员的选任标准与今天被誉为党和人民的"耳目"、"喉舌"的新闻传播工作者的要求极为相似。新闻学者童兵认为，在业务素质上，"新闻传播者应该具有很强的社会活动能力"，"要掌握调查研究的基本功"，"必须有较强的新闻敏感"，"要有出色的文字表达能力"等。另外，知识修养的广泛性也是对新闻工作者的要求②。以这样标准来要求新闻工作者，道理很简单：他们是党和人民的"耳目"与"喉舌"，是时代变迁的观察者、社会动态的守望者，担负着信息传播、监视环境的重要职责。时代虽有不同，但从结构与功能角度说，每个时代都存在信息监控与传递职能的担当者，中国古代监察官员可以说就是重要的信息监控者。这种素质要求的相似性绝非偶然，一定程度上说明它们有着某种共同的规律，笔者以为，这个"共同的规律"就是专职的信息传播工作对传播能力的必然要求。

正因为视监察官员为"人君耳目"，所以君主普遍希望亲自拔擢。秦汉时的监察官，大都由皇帝亲擢。唐代君主重视亲自选拔监察官，按唐代选拔官员的通则，"文选吏部主之，武选兵部主之，皆为三铨，尚书、侍郎分主之"③。吏部和兵部是尚书省下的职能部门，唐代选拔官吏的权力属尚书省。其程序是先由考功郎中之类的吏部属官依格注拟，经侍郎、尚书审核通过，再送门下复审。凡官秩在五品以上者均须呈报给皇帝御批敕授，而六品及六品以下，则由吏部量其资才授任。由于御史台的监察官员地位特殊，一般均不循选官通则，即使是六品以下的侍御史、殿中侍御史和监察御史，亦大多经由皇帝敕授，甚至在具体人选上亦由皇帝亲自决定。到了宋代，御史"人君耳目"的色彩更为显著，主要表现在对执政宰相荐举台谏官的限制更为严格。宋代选拔台谏官的基本原则是"宰相不得荐举台谏官"，对台谏官的任命"必由中旨"，是为不可改易的"祖制"④。靖康元年，钦宗下诏："台谏者天子耳目之司"，"当出亲擢，立为定制"⑤。强调"台谏者，天子耳目之臣，宰执不当荐举"⑥。说明宋代君主较之以往更加深刻地认识到监察官是君主的耳目。如果荐举选拔的权力交由宰执，可能会导致宰相任用私人，使监察官疏远君主，削弱宋代开国君主以台谏监控宰执的政治设计，君主耳目的作用难免受到削弱。南宋初，高宗曾针对权相秦桧一度荐用台谏下诏说："台谏风宪

---

① 关汉华：《试论古代监察官员的选任制度》，《学术论坛》1997 年第 5 期。
② 童兵：《理论新闻传播学导论》，中国人民大学出版社 2000 年版，第 33—35 页。
③ 《新唐书》卷 45《选举志下》。
④ 关文发、于波主编：《中国监察制度研究》，中国社会科学出版社 1998 年版，第 272—273 页。
⑤ 《宋会要辑稿·职官三》。
⑥ 《宋会要辑稿·职官五五》。

之地，比用非其人，党于大臣，济其喜怒，殊非耳目之寄。朕今亲除公正之士，以革前弊。"① 正因为宋代的监察官员多出于君主亲自拔擢，所以其人君耳目的色彩较之唐代和唐以前更甚。

2. "耳目"之喻与监察的信息传播属性

从"耳目"的认识可以看出，监察官员在纠劾工作中，信息传递为其重点。《续资治通鉴长编》在论及地方监察职掌时说："朝廷外置监司以为耳目之官，提振纲纪。天下官吏有贪墨而不廉者，有违越而不操者，有残毒而害民者，有偷惰而弛职者，一切使之监察其实以闻，朝廷所赖以广聪明于天下而行废黜。"② 其中，"监察其实以闻"，"朝廷所赖以广聪明"就是指监察官的信息传递职能。明制规定："都御史职专纠劾百司，辨明冤枉，提督各道，为天子耳目风纪之司。凡大臣奸邪、小人构党、作威福乱政者，劾。凡百官猥茸贪冒坏官纪者，劾。凡学术不正、上书陈言变乱成宪、希进用者，劾"③。可见监察官员之所以成为"耳目之官"，关键是其工作的重点在于"察"——收集信息，然后"劾"——传递或反馈信息。从历代不少文献记述来看，下情上达，防止信息蔽障，以广耳目聪明等认识大都是不自觉地从信息传播角度来说明监察活动性质的。

历代不少君臣论及"耳目"时，多明确地指出监察官员的信息传播角色，只是没有使用现代术语罢了。比如唐代颜真卿说："郎官、御史者，陛下腹心耳目之臣也。故其出使天下，事无巨细得失，皆令访察，回日奏闻，所以明四目、达四聪也。今陛下欲自屏耳目，使不聪明，则天下何述焉"④。《宋会要》记载宋代监司的主要职能时说，"临按一路，寄耳目之任，专刺举之权"⑤。宋真宗说："监司之职，刺举为常。"⑥ 所谓"刺举"，与"察劾"意义相同，而且当时君主不断下诏强调监司的职能以刺举为主。宋神宗于熙宁七年下诏说："品官犯罪，按察之官并奏劾听旨。毋得擅捕系、罢其职俸。"⑦ 就是说，对于品官的违法乱纪行为，监察官主要职责是掌握信息并向君主汇报，不得擅自处置，说明神宗给予监察官员十分明确的传递信息的耳目性职责。金世宗的监察御史梁襄因为对案件失察而受到处分，金世宗斥责他说："监察，人君耳目，风声弹事可也。至朕亲发其事，何以监察为？"⑧ 明嘉靖六年"申明宪纲"，其中就强调监察官员应以监察为主，不应越权，干扰正常的行政⑨。这些都说明耳目职责要求监察官以信息传播与监控为主。

显然，将监察官喻为"人君耳目"不是随意指称，其中确实具有丰富而深刻的信息传播意念。可以说，设置监察机构与监察官就是君主开辟的一条行政信息传递之外的信息通道。当然，行政机构与官员也可以起到信息传递作用，但不同的是：其一，行政

---

① 《宋史》卷33《高宗本纪》。
② 《续资治通鉴长编》卷401《哲宗元祐二年》。
③ 《明史》卷73《职官志二》。
④ 《旧唐书》128《颜真卿传》。
⑤ 《宋会要辑稿·职官四五》。
⑥ 《续资治通鉴长编》卷55《咸平六年》。
⑦ 《宋史》卷199《刑法志一》。
⑧ 《金史》卷96《梁襄传》。
⑨ 参见关文发、于波主编：《中国监察制度研究》，中国社会科学出版社1998年版，第91页。

官员的职守重点在于执行政令、督责下属，而不在于向上传递或反馈信息；其二，行政官员传递信息的通道梗阻太多、流程太长，信息保真度有限。与之相比，监察机构与官员在通达下情，兴利除弊，加强行政沟通方面起到重要作用。其三，监察活动的信息传递渠道相对而言与行政系统不相统属，有时甚至利益相左，利于行使监督，表明了君主专制制度之下的政治传播模式设计的用意。余兴安在探讨明代巡按御史时，就其信息传递功能总结到："大量的史料记载说明，巡按御史所做的这些工作对于加强中央与地方司府州县各级的联系、沟通垂直的行政信息交流、及时解救地方的困难及革除弊政无疑具有积极意义。"① 当然不仅出巡地方的御史如此，监控朝廷百官的监察官员同样起到信息反馈通道的作用。

三　监视环境：中国古代监察的信息传播功能

拉斯韦尔曾指出："任何过程都可以从结构和功能两个方面研究。"关于人类社会传播的功能，拉斯韦尔认为"明显可区分的功能有：（1）监视环境；（2）使社会各部分在对环境做出反应时相互关联；（3）使社会遗产代代相传"②。当然，拉氏所示的传播功能，系指人类社会传播的一般功能，但笔者认为，从一般到特殊，在政治传播领域，以上功能观念依然存在适宜性。

施拉姆则以拉斯韦尔的功能研究为起点，全面分析归纳了人类社会传播的功能。他首先将传播功能分为政治功能、经济功能和一般社会功能三个方面。在政治功能方面，认为传播的功能是（1）监视（收集情报），又称"社会雷达"；（2）协调（解释情报；制定、传播和执行政策），又称"操纵、决定——管理"；（3）社会遗产、法律和习俗的传递，又称"指导"。其次，他又从传播的方向上将人类传播分为外向功能和内向功能。最后，他从不同形态的社会传播的三大功能的"功能承担者"角度，对口语社会和媒介社会传播功能承担者进行了分析。并认为"很可能自从人类社会诞生以来这些功能就根本没有发生过变化"③。

我国传播学者张国良对传播功能理论也做出了阐发。他认为社会传播有如下功能：监视环境的功能，是指持续不断、及时地注意环境的变动，进而通过新闻以监视环境，是一切个人、组织和社会存续的前提；协调关系的功能，是指聚合人们对环境采取一致、有效的行动，进而通过言论以协调关系，舆论监督、宣传、劝服也是协调关系的应有之意；传承文化的功能，是指知识和社会规范等精神遗产的世代相传④。

综上，传播的三项社会功能可以简要概括为：（1）监视环境——收集信息——社会雷达；（2）协调关系—调节控制—宣传劝服—言论论坛—联系整（聚）合；（3）传承文化—规范社会。

与拉斯韦尔等人的传播功能观点相对照，笔者以为，作为一种以信息传播为重要特

---

① 余兴安：《代巡按御史制度研究》，《国史研究》1992 年第 1 期。
② 张国良主编：《20 世纪传播学经典文本》，复旦大学出版社 2003 年版，第 200 页。
③ 施拉姆：《传播学概论》，陈亮等译，新华出版社 1984 年版，第 33—38 页。
④ 参见张国良：《现代大众传播学》，四川人民出版社 1998 年版，第 69—71 页。

征的政治活动，中国古代监察所承担的就是"监视环境"的功能。拉斯韦尔从对生物界传播现象的类比来解释所谓"监视环境"的社会传播功能。他说："如果我们注意到，传播在生物的各个进化阶段，在任何程度上成为生物的特征，我们就可以透视人类社会，尽管这有可能得出错误的类比。"首先，拉氏认为，不论是相对孤立的还是与群体相连的生命体，都有从外部环境接受刺激（包括信息）的独特方式。不论是单细胞有机体，还是多成员群体，都通过对外部环境的变化做出反应来设法保持内部平衡。而多细胞动物在不断适应环境变化的进化过程中，其细胞朝着外部接触和内部关联的功能分化。他以灵长目动物为例，认为"这种分化造就了眼睛、耳朵等器官，以及神经系统自身"。而"当刺激的接受和传导顺利时，动物身上的不同部分就会根据环境协调行动（摄食、逃遁、进攻等）"。其次，在动物个体适应环境而保持体内平衡的过程中，拉氏进一步指出，"在有些动物群体中，某些特定的成员担任监视环境的特定任务。它们在离群很远之处当'哨兵'，周围一有异常动静，就发出骚动，以呼号、尖叫或咯咯声，促使群体行动起来。而分化成'首领者'，其任务便是使'追随者'有序地对哨兵警示的环境做出反应"①。这就说明了动物群体中存在着特定的"监视环境"的职责分工，这种分工使某一动物群体能够根据内外环境的变化（信息），在"首领者"的指挥下做出相应的行动。

就中国古代政治组织而言，这种类似的适应政治环境的机制与分工同样存在。可以说，中国古代的政治信息预警机制主要就是监察制度。在政治有机体内，出于对政治环境适应与控制的需要，中国古代王朝的信息监控预警机制随着社会环境的变化一直处于不断变化、完善的过程中。据载夏代就设"啬夫"，有"吏啬夫"与"人啬夫"，有学者认为他们分别是检束群吏和百姓之官②，当是监察官职的雏形。夏商时期的内廷之官，有时也负有承递王命，监督众人的职责。但总体来说，当时的信息监控没有成为独立的职责与制度。中国古代最早的监察制度可追溯至西周御史官职的设置。"御史之名，《周官》有之"，御史"掌赞书而授法令"③。其实，周代御史不仅职掌书史记事，传达法令，还对"政令之偏私阙失，皆得而补察之，故外内百官悉当受成法于御史，实后世司宪之职所由出"④。战国时，韩、赵、魏、齐、秦等国都设有御史，仍履行记录国君言行、保管文书之责，同时御史以国君心腹的特殊身份，督察众官，收集、反馈信息，代国君行使监视内外政治环境的职责。《战国策》载："御史在前，掌记事综察之任。"可见，这时君主已经认识到政治控制需要相对分化的信息监控职能，使其成为后世监察制度之雏形。到了秦汉时期，以御史为代表的监察制度逐步完善，并开始出现了与行政系统官吏相对分化的具有信息功能的职掌。胡宝华认为，西汉前期，御史大夫兼任副丞相，是知监察系统与行政系统不分。而到了西汉后期，御史台的长官御史中丞虽仅为千石之官，却不再负有行政职责。"这是一个历史性的变化，它表明监察官终于退出了行政系统。"⑤ 说明政治统治大系统在适应社会环境的复杂化而不断分化，出现

---

① 张国良主编：《20 世纪传播学经典文本》，第 200 页。
② 杨伯峻：《春秋左传注》，中华书局 1981 年版，第 1385 页。
③ 《通典》卷 24《职官六》。
④ 《历代职官表》卷 18《都察院》。
⑤ 胡宝华：《唐代监察制度研究》，商务印书馆 2005 年版，第 9 页。

了行政系统和监察系统两立的局面。监察系统的相对分立，标志着王朝已经将信息监控问题纳入政治控制活动的重要议程。

而且从大量的史料中，我们能够了解到负有监察职责的御史，在初期属于"史"官的范畴，他们负责官书记事、掌管各种法令、宣达王命、管理图书文档。可以说，他们已经比较明确地负有处理、保管文献信息的职责。更由于他们侍奉君主左右，具有君主私人秘书的性质，深得君主信任，是君主获取信息重要渠道，君主往往委之以收集、反馈信息的重任。这种基于亲信原因而委之以监察职责遂成为历代王朝普遍性的监察思维与策略。比如在汉代，御史台一度在名义上属少府，"少府是皇帝的私府，职掌皇室事务。御史台在名义上置于少府之下，意味着该机构仍然具有皇帝个人亲信的色彩"[①]。很显然，进行政治统治的关键在于掌握信息，只有如此，才能更好地掌握政局。为了强化信息监控，确立监察职守的合法性与特殊性，并将监察职能掌握在君主手中，古代君臣极力强调监察为"耳目之寄"、"人君耳目"、"耳目之官"的论调，在理论上赋予监察官为君主效劳的信息使命。

唐人孙处玄"尝恨天下无书以广新闻"[②]，如果说孙处玄着眼于一般社会信息传递与接受，指出人的信息需求，那么应该说，中国古代王朝之君行使政治控制同样需要"广新闻"。君主要掌控全局，就应该设法掌握大量信息，但是掌握大量信息，单单依靠君主自己的眼睛、耳朵来获取注定是非常有限的，更何况随着大一统的统治格局的确立、君主统治的疆域扩大，使获取治情信息更为困难。以古代的传播技术条件来说，互动、迅捷的传播媒介（如今天的电报、电话、传真、互联网）根本不存在，而君主要求反馈信息的方式则应是互动、迅捷的，那么为了尽可能地掌握治情信息，君主自然需要利用自己信任的人员作为人际传播媒介。因此，君主将监察官员定位为"耳目"，实际上就是利用监察官员作为传递信息的媒介。"耳目之寄"的认识实际上也可做作一种媒介观，类似于加拿大传播学者麦克卢汉（Marshall McLuhan）的"媒介延伸论"。当然，麦氏提出这种论调另有其他用意，姑且不论。我们对照麦氏的观点不难看出，古代关于监察的"耳目"之论同样是一种媒介延伸论——监察官、监察活动、监察制度是君主耳目的延伸。

既然监察是作为君主察知政情信息的媒介而设，那么在君主专制制度中，君主对它极端重视，并力图将其纳入自己的掌控之中就不足为奇。也正因为如此，监察官员的信息传播活动就体现了"人君耳目"的特点，古代信息监控的诸多策略与原则诸如以卑监尊、纠察贵重、风闻言事及秘密侦伺等就是"人君耳目"这一信息媒介观念自觉或不自觉的体现。

每一社会结构都必然存在监视环境的传播功能，现代民主社会"监视环境"的传播功能已经变得多元化和多层次化，既有来自统治层的对社会的信息监控，又有来自民间的信息反馈与表达，其中新闻媒介在监视政治环境方面扮演着重要角色，成为监视环

---

① 胡宝华：《唐代监察制度研究》，第9—10页。

② 武英殿本《旧唐书》卷一四二。而中华书局标点本《旧唐书》为"新文"，《太平御览》卷五六〇"遗民部"为"所闻"，因此其出处颇有争议（参见李彬：《唐代文明与新闻传播》，新华出版社1999年版，第100—101页）。本文采用"新闻"。

境的主要力量。然而，中国古代王朝的政治信息监控权几乎掌握在君主一人手中。权力是君主之枢机，其中传播权力则是重中之重。只有君主有权掌握全部政治信息，臣民却不必也不可能享有这样的权利，监察之臣与言事之民只能掌握部分信息，而掌握这些信息也是为君主服务，供君主决断之用。以天下人之耳目为君所用，才是信息运行之正途。这些理念，至少从"人君耳目"的观念中就可探知一二。

综上，我们可以知道，监察活动的信息传递与反馈功能于王朝政治有着举足轻重的作用，从传播学意义上说是政治机体适应环境、调节运行的重要的传播机制。施拉姆有言：传播是社会运行中的"雷达"装置。它是拉斯韦尔的"监视环境"理论的形象化表达。① 中国古人将监察中的传播功能确认为"耳目"同样准确、生动，而且它有着更为丰富的政治内涵。

日本历史学者池田温认为，监察制度发达是传统中国官僚机构的一个显著特征。② 而且笔者进一步认为，较之其他地区古代政治制度，中国古代监察所承担的监视环境的功能更为显著③。"耳目"思想则是中国古代监察强调这一信息传播功能的最好说明。

〔作者陈谦，副教授，青岛大学文学院。山东青岛　266071〕

---

① 前已述及，拉斯韦尔将"监视环境"的传播功能形象地喻为"哨兵"。然而在中国古代文献对监察官的评价性认识中也能找到对应的说法，这绝非偶然，它恰好说明了监察职守的"监视环境"功能。如史赞汉代盖宽饶"为人刚直高节，志在奉公"，"正色立于朝，虽《诗》所谓'国之司直'无以加也"（《汉书·盖宽饶传》）。其实，盖宽饶时任"司隶校尉"，虽为监察官但非"丞相府司直"。晋武帝司马炎在表彰司隶校尉李熹纠弹亲贵重臣时也说："今熹亢志在公，当官而行，可谓'邦之司直'者矣。"（《晋书·李熹传》）显然"司直"并非实指其职。"司直"的本意相当于今天"值班"、"站岗"之职，《诗经·周南·羔裘》云："彼其之子，邦之司直"，即为此意。引申言之，言其为监视异常信息的"哨兵"，也未尝不可。可见，班固在《汉书》中用"国之司直"对盖宽饶的赞扬，是对御史、司隶、司直一类尽职监察官的总评价，他们对政治组织、社会所起的作用与传播学的"监视环境"之说何异？只是"耳目"的说法更为普遍而已。

② 参见胡宝华：《唐代监察制度研究》，第19页。

③ 在古代西方政治中，以古罗马为例，监察职责更多地表现为一种政治权力制约力量，信息监控的职能表现并不突出（参见丛日云：《西方政治文化传统》，黑龙江人民出版社2002年版，第268—269页）。这是与中国古代监察职责完全效命于君主，充当为君主传递或反馈信息的"耳目"的区别。

对皇权与家天下的解构

——论"天下为天下人之天下"

胡发贵

　　三年前，赵俪生先生在一篇题为《说〈吕氏春秋〉中的一股思潮》①一文中，曾深刻地指出：《吕氏春秋》中出现了一种"很新鲜、很奇特"的公天下观念，即"天下为天下人之天下"的思想；但赵先生认为这一思想存在的时间不长，秦以后因君主专制的关系它就成为"绝学"了。

　　这股思潮后来真的成为"绝学"了吗？如果没有，这又是为什么呢？这股思潮又包含了什么样的思想意义呢？本文试就此三个问题，略加论述，以抛砖引玉。

一

　　客观地说，秦以降皇权专制虽然日益强化，但《吕氏春秋》中出现的那股"很新鲜、很奇特"的观念，依然传播的如火如荼，因为考之文献，仍不断有仁人志士在鼓吹"天下为天下人之天下"。如西汉名臣鲍宣在其上书中，就对皇帝直言："天下乃皇天之天下也。……夫官爵非陛下之官爵，乃天下之官爵也。……治天下者当用天下之心为心，不得自专快意而已也。"（《汉书》卷七十二）史称"专攻上身与后宫"的忠介之臣谷永，在上书中也一再申论"天下非一人之天下"："臣闻天生蒸民，不能相治，为立王者以统理之，方制海内非为天子，列土封疆非为诸侯，皆以为民也。垂三统……不私一姓，明天下乃天下之天下，非一人之天下也"（《汉书》卷八十五）。身怀"致君望尧舜"理想的北宋大儒王禹偁，接前人思绪，明确提出了"天下"属于"天下人"的主张："夫天下者非一人之天下，乃天下人之天下也。理之得其道则民辅，失其道则民去之，民既去，又孰与同其天下乎？"（《小畜外集》卷十一）

　　这一观念到了明、清之际，更因历史鼎革，思想激荡的缘故而酿为时代思潮。当时的诸大儒，从抨击君主专制的角度，更为激切地表达了"天下为天下人之天下"的理念。如王夫之说："以天下论者，必循天下之公，天下非夷狄盗逆所可尸，而抑非一姓之私也。"（《读通鉴论·叙论一》）在《黄书·宰制》中，王夫之更直截了当地说："不以天下私一人。"他还主张土地归天下人共有，"若土，则非王者之所得私也。天地之间，有土而人生其上，因资以养焉"（《黄书·噩梦》）。顾炎武则申明："以天下之权，寄天下之人"（《日知录·守令》），他严辨"亡国"与"亡天下"的区别：前者只

　　① 《文史知识》2004 年第 7 期。

是改朝换代，而后者则是人类文明的灾难，因此他呼吁天下兴亡，匹夫有责。黄宗羲更以历史上少见的思想气势和尖锐言词猛烈抨击了帝王的私天下恶行。他说："古者以天下为主，君为客，凡君之所毕世而经营者，为天下也。今以君为主，天下为客，凡天下之无地而得安宁者，为君也。是以其未得之也，以博我一人之产业，曾不惨然曰：'我固为子孙创业也。'其既得之也，离散天下之子女，以奉我一人之淫乐，视为当然曰：'此我产业之花息也。'然则为天下之大害者，君而已矣。"（《明夷待访录·原君》）显然在黄氏看来，将天下据为己有，化为一姓之私产，既是一种罪恶，更是一种道德的倒退；他认为天下理应是为公的，是属于天下人的，所以天下治理的好坏，不是看政权落入谁家，而是看人民生活的如何，即"天下之治乱不在一姓之兴亡，而在万民之忧乐"（《明夷待访录·原君》）。

二

　　众所周知，古代中国厉行"王有天下"的高度君主专制，在这种历史环境下，"天下为天下人之天下"之类的主张何以会产生和发展呢？这确实是个大问题，个中原因也甚为复杂，本文这里想侧重于从思想观念的角度提出这样几点认识：

　　其一是哲学上天地无私、天道为公观念的影响。先民崇拜天地，认为它是万物所从出，是世界之源，而天地的本性则是大公无私，"天公平而无私，故美恶莫不覆，地公平而无私，故大小莫不载"（《管子·形势解》）。历史上不同学派在此问题上大都持一致或相近的看法，如墨子说："文王之兼爱天下之博大也，譬之日月兼照天下之无有私也。"（《墨子·兼爱》）庄子主张："天无私覆，地无私载。"（《庄子·大宗师》）《吕氏春秋》延续了庄子的思绪，强调："天无私覆也，地无私载也，日月无私烛也，四时无私行也。"（《吕氏春秋·贵公篇》）除天地外，"道"也被先民认为是世界的本源之一，如老子认为道生一、生二、生三的派生出万事万物。而此"道"的一大特性，老子认为就是长养万物而不居功的无私性："生之畜之，生而不有，为而不恃，长而不宰，是谓玄德。"（《老子》第十章）老子这一思想被《吕氏春秋》所发挥："天地大矣，生而弗子，成而弗有，万物皆被其泽，得其利，而莫知其所由始。此三皇五帝之德也。"（《吕氏春秋·贵公篇》）天地与道是万物之母，是至上的本体，它们的大公无私，则为"公天下"的合理性提供了最权威的形而上的凭证，也为天下为公给出了绝对的理由，因为天不私、地不私、道不私，帝王何以能背天地和道，而以天下为一己之私产？

　　其二是圣人无私的牺牲精神激励。在传统文化中，圣人之为圣人，其一大特征就是牺牲小我的奉献精神。黄宗羲说："有生之初，人各自私也，人各自利也，天下有公利而莫或兴之，有公害而莫或除之。有人者出，不以一己之利为利，而使天下受其利，不以一己之害为害，而使天下释其害。"（《明夷待访录·原君》）文中"有人者出"之人，就是圣人，他为了大家的利益挺身而出，超越了"人各自私"的状态，所以顾炎武说："古之圣人，以公心待天下之人。"（《亭林文集·郡县论一》）历史上的圣人大都被描述成"公心"的典范，如神农"养民以公"，尧"公正无私"（《淮南子·氾论训》）。大禹更为杰出，他为治洪水，三过家门而不入，庄子称他"腓无胈，胫无毛"

（《庄子·天下》）。尧、舜为政，也是公而忘私，史称"尧有子十人，不与其子而授舜；舜有子九人，不与其子而授禹，至公也"（《吕氏春秋·去私》）。上引《墨子.兼爱》中的"文王之兼爱天下之博大也，譬之日月兼照天下之无有私也"，也是夸赞文王的大公品德。圣人是古代世界人们敬仰的最高精神偶像，他们的大公无私，就在道德的境界和人格的层面上，为"公天下"的合理提出了道德上的依据。

其三是天下为公的政治理想鼓舞。中国古代有关理想社会的描述有很多，影响比较大的是儒家的"王道政治"，其显著特征就是公平与正义，即所谓"无偏无党，王道荡荡"（《尚书·洪范》）。这一公平与正义社会的典范就是"大同"世界，"大道之行也，天下为公，选贤与能，讲信修睦。故人不独亲其亲，不独子其子，使老有所终，壮有所用，幼有所长，矜寡孤独废疾者皆有所养。……货恶其弃于地也，不必藏于己。……是故谋闭而不兴，盗窃乱贼而不作，故外户而不闭，是谓大同"（《礼记·礼运》）。显然，"大同"社会的根本属性正在于"天下为公"，实即是人人都是天下的主人，天下是属于大家的，不是属于哪个人的私产，所以人人都相互亲爱。"大同"社会虽然只是一种理想，但它在古代中国却是产生了巨大的影响，历史上无数仁人志士，努力"致君尧舜"，以实现"大同"作为最高的政治奋斗目标。清末的康有为著《大同书》，向往着"大同"的太平盛世，伟大的民主革命先驱者孙中山先生，仍以"天下为公"来标榜自己所从事的革命。虽然历史上从来都没有真正出现过"天下大同"的社会，但作为一种理想，它仍树立了一崇高的社会价值目标。如果说"大同"社会是种美好的理想，那么它所包含的"天下为公"理念，当然也就是值得追求的，于是这也就为"天下为天下人之天下"思想的滋生，提供了很好的精神氛围。

其四是"民本论"的支持。中国古代的民本思想极为丰富，其要义有这样三端。一是从国家的组成上说，人民是国家的基础。如司马光将人民比喻成国家的"堂基"，"民者，国之堂基也"。没有基础自然盖不起房子，同理，没有人民当然也就绝没有任何国家可言，人民是国家建立的前提，"人皆曰：天下、国家。孰为天下？孰为国家？民而已。有民则有天下、有国家，无民则天下空虚矣，国家名号矣"（《宋文鉴》卷102）。二是从建立国家的目的上说，是立君为民。荀子说得好："天之生民非为君也，天之立君，以为民也。"（《荀子·王制》）历史上这类主张比比皆是，像"立天子以为天下，非立天下为天子。立国君以为国，非立国以为国君也。立官长以为官，非立官以为长也"（《慎子·威德》）。"天之立王，以为民也"（《春秋繁露·尧舜不擅移汤武不专杀》）等等。其三是从国家的主导力量上来看，是民贵君轻。孟子最早揭橥了民贵论，他说："民为贵，社稷次之，君为轻。"（《孟子·尽心下》）孟子的"民贵论"是其"民心论"的自然结论，因为君是人民选择和认同的结果，而不是相反，因此在人民与君的这对关系中，人民当然是更为主要和关键的一方。清初的黄宗羲，则从民贵论中发展出"民为主"。他说："古者以天下为主，君为客。"（《明夷待访录·原君》）其意是君主只是受人民委托的管理者，是为人民办事和服务的；人民是永恒的，而君主却是不断更换，是暂时的，故民为主，而君为客。可能也正是基于这样三层考虑，所以先哲断定人民为"国之根本"。民本说既强调了人民的价值与作用，又从存在的角度突出了国家的命运、帝王的命运系之于人民；既然国家建基于人民，人民是天下兴衰、安危的关键，是左右国家的决定性力量，那么天下就与广大的人民息息相关，进而言之，天下是天下人的。可见，民本说为公天下的思想，又提供了一种思想论证。

尽管现实的君主专制是严酷的，但在上述这些思想观念交互影响和作用下，"公天下"观念具有理论上的合理性与道德上的正当性，使先哲们敢于、也乐于宣扬"天下为天下人之天下"，从而使这一充满民主气息的思想，赓续相传，生生不息。

三

如上述，中国古代出现"天下为天下人之天下"议论，是有其历史理由的，但这议论本身又表现了一种什么样的思想倾向呢？我们以为从其"公天下"的价值取向上来看，这一思潮实是对封建皇权和家天下的解构，反映了我们的文化传统中的一种民主性诉求。具体来说它体现在以下三个方面：

一是天下非"私业"的民有观念

在古代君主专制的体制下，皇帝既是最高统治者，也是天下的最大所有者，所以历史上一直有"家天下"之说。所谓"王，有天下也"（《战国策·秦策》）以及"普天之下，莫非王土，率土之滨，莫非王臣"等等，都揭示了这一点。不仅如此，"王"还通过嫡长子继承的宗法制度，使"天下"成为其一姓之私产和家业，如汉高祖刘邦在诏书中称："人之至亲，莫亲于父子。故父有天下传归于子，子有天下尊归于父。此人道之极也。"（《汉书》卷一）

在奉行"王有天下"的历史背景下，上述"公天下"的思想主张，是极为难能可贵的。因为这种"天下为天下人之天下"的论断，其矛头所指显然是"家天下"，它直接冲击了"王有天下"的封建传统，它断然否定了这一相沿已久的政治意识的合理性，它所倡导的是"天下为公"，即"天下"绝不是任何人的私有财产，更不是君主一人的私产和私业，"天下"是属于"天下人"的，这也是这一论断的旨归所在。文中的"天下人"固然是泛指的统称，但其意所向显然是天下人人，当然包括广大的黎民百姓，他们才是享有"天下之权"的主人。若从价值取向上看，"天下为天下人之天下"之论断，无疑是指向"民有"的。

二是"得民心者得天下"的民权观念

中国古代的帝王们为强调王权的合法性和神圣性，常常以君权神授来加以辩护，如商纣大难临头还强辩"我不有命在天乎"。但"天下为天下人之天下"的思想，则断然否定了这种天命神权观，而主张君权不是神授的，是人民赋予的。据《孟子·万章》的记载，弟子万章曾问孟子，是否有过尧将天下让给舜的事？孟子说没有这回事，他认为政权的转移不是某个个人的意志所能左右的，而是决定于由民意，只有有德于人民，获得人民的拥戴人，才能取得天下，用孟子另一种说法，即"得乎丘民而为天子"（《孟子·尽心下》）。孟子还进而提出了"得民心者得天下"的著名论断："桀纣之失天下也，失其民也；失其民者，失其心也。得天下有道，得其民，斯得天下矣；得其民有道，得其心，斯得民矣。"（《孟子·离娄上》）后来荀子又以"水—舟"之喻，生动揭示了人民对君权的取得和转移的决定性作用："传曰：君者，舟也；庶人也者，水也。水则载舟，水则覆舟。此之谓也。"（《荀子·王制》）文中一"载"、一"覆"，就形象说明君权不是绝对和自足的，相反，它完全取决于人民的意志和态度。其实在中国古代，"水则载舟，水则覆舟"，亦非智者的独白，一些明智而有所作为的政治家，也深谙其中的道理。如贞观六年，唐太宗和魏徵就有过这段对话："可爱非君，可畏非民。天子者，有道则人推而为主，无道则人弃而不用，诚可畏也。魏徵对曰：臣又闻古语云：君，舟也；人，水也。水能载舟，亦能覆舟。"（《贞观政要》卷一）

无论是孟子强调"得民心"，还是荀子的"水—舟"之譬，其所突出的都是人民的决定性力量，此正如贾谊所论："自古至于今，与民为仇者，有迟有速，而民必胜之。"（《新书·大政上》）司马迁深惜项羽兵败垓下仍怨天而不自省，"乃引天亡我，非用兵之罪也，岂不谬哉！"（《史记·项羽本纪赞》）也透露了相近的体认。民心的向背决定一切，民意左右着君王的命运，这一思想在理论逻辑上自然包含了这一结论：君权不是神授的，亦非与生俱来的，而只是民意"肯认"的结果，亦即君权是被给予的，予夺之权在于人民，"得乎丘民而为天子"，故孟子说"民贵君轻"。显然，"得民心者得天下"论，不仅否定了传统的君权神授迷信，着意彰显了人民的力量；而且按其所蕴含的人民与君主之间决定与被决定的逻辑关系，君权再至尊，它也是人民赋予的，因此它也就不是第一位的，更不是终极的，而只是派生的权力，而赐给君主以权力的人民才是第一位的，才是终极权力的拥有者。因此，"得民心者得天下"论，在肯定人民是政权鼎革的最终决定力量的同时，也清晰流露出"主权在民"的思绪。

三是"立君为民"的民享观念

专制集权主张"家天下"和"私天下"，将天下视为一己之私产，"寡人"则俨然成为天下的主人，反使天下人成为君主的附属物，并为君的存在而存在，此诚如黄宗羲所揭露的："今以君为主，天下为客。"（《明夷待访录·原君》）"天下为天下人之天下"的思想，则在理论上彻底颠覆了这种君本位，而倡导"立君为民"。所谓"立君为民"，即意指民为目的、立君只是为达到为民谋利而设的一种手段。西汉谷永于此说得很清楚，"臣闻天生蒸民，不能相治，为立王者以统理之，方制海内非为天子，列土封疆非为诸侯，皆以为民也"（《汉书·谷永传》）。此类见解，历史上可谓比比皆是。如先秦的慎到就强调："立天子以为天下，非立天下为天子。立国君以为国，非立国以为国君也。立官长以为官，非立官以为长也。"（《慎子·威德》）荀子则明言"天之生民非为君。天之立君，以为民也"（《荀子·王制》）。《吕氏春秋·恃君》也提出了近似的看法："置君非以阿君也，置天下非以阿天子也，置官长非以阿官长也。"汉儒董仲舒继续申言"立王为民"："天之立王，以为民也。故其德足以安乐民者，天与之；其恶足以贼害民者，天夺之。"（《春秋繁露·尧舜不擅移汤武不专杀》）董氏的旨意虽然是为其"天人感应"说张目，但其"立王为民"的思路，仍是继承并发扬了先贤的主张。

"立君为民"说所蕴含的民为目的，君为手段的判断，显然也是一种价值判断，它意味着"民"是更为核心和重要的，用清儒黄宗羲的话说，民是"主"，而君只是"客"。既然君是为民而设立的，那么在面对天下财富和资源时，君就不应利用自己的特权加以霸占和独享，"天生民而立之君，非为君也，奈何以四海之广，足一夫之用邪？"① 所以孟子猛烈抨击"厩有肥马、庖有肥肉"而不顾人民死活的"独乐"君主，

---

① 邓牧：《伯牙琴·君道》。

是在"率兽食人"！也所以孟子竭力宣扬君应与民"同乐"，宣扬"治民恒产"的"仁政"，使人民过上"有菽粟如水火"的富足生活。孟子的"同乐"论，实即肯定人民有享用天下财富的天赋权利。其实这也是传统国学中一个基本态度，即强调人民有追求幸福生活的权利，而"治人者"则有责任解决好民生问题，他们的统治必须增进人民的福祉，改善人民的生活，"王者富民"（《荀子·王制》），"为政之道，以顺民心为本，以厚民生为本"（《二程文集》卷五）等，已成为传统政治文化中的重要政治理念。而反过来看，王者应尽的责任，也就是人民应享有的权利，人民既是立君的目的，君当然要为人民谋福利，"凡君之所毕世而经营者，为天下也。"（《明夷待访录·原君》）由此足见，"立君为民"说实际上隐含了"民享"的思想诉求。

美国学者科恩认为，民主是普世的经验和人类共同的创造，"各种各样的文化与哲学传统都对民主理论的发展有所贡献，民主理论决不是它们之中任何一家的专有财产"[1]。作为人类历史上古老的文明之一，中华文明对民主也曾有过其独特的"贡献"，因为若从民主的基义是反对专制和寻求人民当家做主的权利，即主张"民有、民治、民享"来看，如上所述，中国古代"天下为天下人之天下"的精神诉求，与此是有会通之处的。

〔作者胡发贵，研究员，江苏省社会科学院哲学与文化研究所。江苏南京　210013〕

---

① 科恩：《论民主》序，商务印书馆 2005 年版。

"本""末"关系:一个始终未能正确解答的命题

王 谨

"重本抑末"思想是战国末商鞅在帮助秦孝公变法图强过程中提出的。当这一思想被商鞅通过其手中的国家权力变为国家政策而付诸实施后,确实使秦国取得了统一天下的实力。秦汉以后直至中国封建社会灭亡,这一思想始终是居于主导地位的经济思想。然而,令人啼笑皆非的是,正是在这一思想指导下,导致"法律贱商人,商人已富贵矣,尊农夫,农夫已贫贱矣"[1];"男子力耕不足粮饷,女子纺绩不足衣服"的可悲结局[2]。建国以后,虽已不存在什么"本""末"之分问题,但农业与工商业的发展关系问题却是无法回避的。为此,在建国初,我们提出:集中力量发展重工业,实现工业化,轻工、农业次之的发展顺序。当这一思路出现问题时,我们又提出以农业为基础,工业为主导的发展战略。然而,这个发展战略因各种原因而未能切实实行,而实际实行的发展战略,依然是先重、轻工业,后农业、交通、文教等方面的发展。在此经济战略思想指导下,我国的工业是得到了长足的发展,而农业的基础地位却因此未得到足够的重视,农村的面貌至今依旧,农民的生活依然贫困,农业科技依旧落后,其根本原因均在于"本""末"关系(今天称之为农业与工商业的关系)始终未能处理好。

一 封建专制之下,"本""末"关系不能被正确处理

1. 商鞅设计的"重本抑末"政策,是吮吸农民血汗的吸管

"本""末"思想并非商鞅首先提出。据文献记载,大约春秋时期齐国的管仲就已经有"本""末"论,但"重本抑末"的政策定式则是商鞅的专利。商鞅之后,这一专利被此后的历代封建王朝巧妙袭取,又极尽其用,为中国封建社会政治、经济的顺利发展带来了无穷的灾难。依理,农业作为社会发展的第一产业,不仅因为它是首先出现的产业形式而排在第一,更因为它是民食之本和其他产业的重要基础,尤其在人类社会发展的早期,它更是社会发展的命脉。因此,古代的思想家和政治家们,把农业定位为社会政治经济的"本业"是完全正确的,不然的话,即使社会不会崩溃,也会停滞;工商业被定位为社会政治经济发展的"末业"以加以抑制,防止它影响"本业"的发展,也无可厚非,但是,"本""末"论的基本立足点应是百姓的衣食住行等基本的生活需求。如管子的"本""末"论大体上是从这一角度考虑的。然而,商鞅所提出的

---

① 《汉书》卷24上《食货志第四上》,中华书局1983年版,第1133页。
② 《汉书》卷24上《食货志第四上》,第1126页。

"重本抑末"政策，不过是他当时为得到秦孝公的信任而采取的一个政治投机行为。此其一。商鞅的"重本抑末"政策是为了强化和巩固业已形成的封建君主专制政治，其基本手段是：残酷掠夺农民财富，肆意侵害农民权利，彻底消灭农民的精神追求。此其二。请试为证之。

（1）"重本抑末"政策是商鞅的一个政治投机行为

据《史记》卷68《商君列传》记载，商鞅自魏国到秦国应秦孝公求贤之招时，曾先后三次对语秦孝公，先说孝公以帝道，继之以王道，秦孝公皆不感兴趣。因为秦孝公认为：（帝王之业）"久远，吾不能待。且贤君者，各及其身显名天下，安能邑邑待数十百年以成帝王乎？"直到第三次说秦孝公以霸道时，才说到了秦孝公为君之时即可显名天下，打动了秦孝公，尔后，被委以重任，实行变法强国，并以"重本抑末"作为强国的基本国策并取得成功，最后以法家者流成其名。这个游说过程表明，商鞅一开始究竟准备以什么思想出道秦国并无定数；究竟以什么治术辅佐秦孝公，也没有一以贯之的思想主张，而是见机行事，视秦孝公所好。秦孝公需要什么，他就兜售什么。倘若秦孝公是一个要求"比德于殷周者"，也许商鞅就会以儒者留名后世，也许就什么也不是。所以，他与当时的孟、庄、荀、墨、韩非、许行诸人，初出道时，即有自己思想主张与治道难于同日而语。

（2）"重本抑末"政策是强公室、禁私门之策①

商鞅的基本思想主要保留在《商君书》中。而书中提出的"重本抑末"思想，无不体现着其强烈的尊君、强国、弱民的政治意图。为达到这一目的，商鞅提出：一要驱民于农耕，使百姓尽可能多的生产粮食，并上缴国家，这样国家就会富强而有力，既可制民，又可敌外；二是要加强刑罚力度，实行重轻之术，如此，既可君尊，又可强国兼并。因此，在君、国、民三者的关系上，商鞅是君、国高于万民。如：

《商君书·农战第三》："民不偷营，则多力。多力则国强。……民以此为教者，其国必削"。"国待农战而安。主待农战而尊。……壹务而国富。""壹之农，然后国家可富，而民力可专也。"

《去强第四》："国多（'多'应为'少'），削；主（'主'当为'国'。见高亨先生《〈商君书〉注译》）少（'少'当为'多'。见高亨先生《〈商君书〉注译》）物，强。""民不逃粟，野无荒草，则国富，国富者强。"

《说民第五》："民贫则国弱，富则淫，淫则有虱，有虱则弱。故贫者益之以刑则富；富者损之以赏则贫。治国之举，贵令贫者富，富者贫。贫者富，富者贫，国强。"

《算地第六》："胜敌而草不荒，富强之功，可坐而致也。"

《靳令第十三》："民泽（择）必农则国富。"

为了达到尊君、强国、兼并的政治目的，成秦孝公显名天下的私欲，商鞅除了主张以残酷的刑罚驱民赴战以兼并他国，过度地剥夺农民的劳动果实来充实国库等主张外，还禁止农民的一切精神文化生活和对外信息交流，实行彻底的愚民政策，通过愚民以驱农于南亩。所以，"重本抑末"政策，是以残酷掠夺农民财富，肆意侵害农民权利，彻底消灭农民精神追求为基本目的的。

---

① 《郭沫若全集》第2卷《十批判书·前期法家的批判》，人民出版社1982年版，第325页。

如《商君书·垦令第二》："无以外权爵任与官，则民不贵学问，又不贱农。民不贵学问则愚，愚则无外交，无外交（则必农）……""声服无通于百县，则民行作不顾，休居不听。休居不听，则气不淫。""国之大臣诸大夫，博闻、辩慧、游居之事，皆无得为，无得居游于百县，则农民无所闻变见方。农民无所闻变见方，则知农无从离其故事，而愚农不知，不好学问。愚农不知，不好学问，则务疾农。""使商无得籴，农无得粜。"

《农战第三》："国不农，则与诸侯争权，不能自持也，则众力不足也。"

《说民第五》："故曰：王者国不蓄力，家不积粟。国不蓄力，下用也。家不积粟，上藏也。"

《算地第六》："民之生，度而取长，称而取重，权而索利。……故圣人之为国也，民资藏于地，而偏（少也）托危于外。资（藏）于地则朴，托危于外则惑。民入则朴，出则惑，故其农勉而战戢也。民之农勉则资重，战戢则邻危。资重则不可负而逃……"

经过商鞅这样的政治设计，秦国广袤的耕地就完全变成了一个巨大的"奶牛场"，农民就是被圈在场子里的"奶牛"，除了拼命地嚼草产"奶"，接下来就是被专制国家用力地挤"奶"。当秦君想要逞其私欲，兼并他国，显名当世时，这些"奶牛"还要被迫披上画有五彩龙纹的绛缯衣，角束兵刃，尾捆脂苇，在死临其前，火烧其后的战场，为秦君拼命地向前冲锋。据报道，西方国家的奶牛场场主，为使奶牛多产奶，除了在草料中要加入含有营养丰富的维生素外，还经常为奶牛播放舒畅明快的音乐，使奶牛有一个愉悦的心情，而秦国的小农，在商鞅"重农抑末"政策的管制下，则被严格禁止一切精神活动。

为了给其实行上述政策一个合理的理由，商鞅还从经济的角度，把广大农民直接比作"经济动物"。他说："民之欲富贵也，共阖棺而后止"[1]；认为广大农民是好逸而恶劳，家富则志淫，力多而不用则志穷，志穷则有私，即，"重农抑末"之策会让农民富裕而增强"生力"（即壮大农民经济力的），农民富裕有了"生力"就会不本分，所以，国家要做到既能使农民"生力"，同时还要能够让农民"杀力"。换句话就是，作为以国君为代表的秦国，既要农民多生产粮食（"生力"），又不能使农民多拥有粮食，要尽量使农民手中的粮食最大限度地交给国家（"杀力"）；否则，国则不强，君则不尊，民则不易使。农民如想取得富贵，那就上战场吧。如：

《商君书·说民第五》："（民）力多而不用则志穷，志穷则有私，有私则有弱，故能生力不能杀力，曰自攻之国，必削。"

《壹言第八》："夫治国者贵民壹，民壹则朴，朴则农，农则易勤，勤则富。富者废之以爵，不淫，……故能抟力而不能用者必乱，能杀力而不能抟者必亡。"

《农战第三》："圣人知治国之要，故令民归心于农。归心于农，则民朴而可正也，纷纷则易使也。"

《赏刑第十七》："然富贵之门，要存战而已矣。"

正因为商鞅的这套政策，是为以秦孝公为代表的专制国家服务，"是国家本位

---

① 《商君书·赏刑第十七》。

制"①,而非农民本位制,所以,司马迁在他的《史记》中记到:(商鞅)"其天资刻薄人也,迹其欲干孝公以帝王之术,挟持浮说,非其质也"②;"相秦不以百姓为事,而大筑冀阙……"③ 结果是,"大臣苦法而细民恶治也"④。功名虽成,然"(秦)惠王车裂之,而秦人不怜"⑤。在秦国,"庶人之富者类巨万,而贫者食糟糠。"⑥ 秦始皇并有天下后,极商鞅之法,收太半之赋,"男子力耕不足粮饷,女子纺绩不足衣服,竭天下之资财以奉其政,犹未足以澹其欲也"⑦,最后,"海内愁怨,遂用溃畔"⑧,秦朝灭亡。所以,在西汉昭帝时的盐铁会议上,代表朝廷官方的大夫们与代表民间意愿的文学贤良们,曾专门就商鞅的"重本抑末"政策进行了激烈辩论。文学们尖锐批评商鞅的"重本抑末"政策是:"赋敛既烦数矣,又外禁山泽之原,内设百倍之利。民无所开说容言。崇利而简义,高力而尚功,非不广壤进地也。然犹人之病水益水而疾深。知其为秦开帝业,不知其为秦致亡道也。"⑨ 所以,商鞅"重农"的目的是为了赋农;为达此目的,又必须安农、防农;要做到这点,愚农是最有效的办法。

2. 中国封建专制时期,"重本抑末"的政策吸管被充分地加粗加长

经过商鞅在秦国进行的土地制度变革和"重本抑末"政策的强力推广,再加上秦统一六国之后对这些政策的继续执行,小农经济的汪洋大海就在中国完全形成。同时,"重本抑末"政策在秦国加强君主地位,增强国家力量方面的有效作用,对新出现的西汉政权来说仍历历在目。所以,西汉封建专制政权建立以后,面对小农经济这样一个放眼无极的利益之海,自然也不会轻易放弃"重本抑末"这一吸食小农血汗和工商业者利益的政策吸管。汉以后的几千年封建社会里,尽管各封建王朝的脸谱不同,而奉行"重本抑末"之策力度却一朝强过一朝。商鞅的"重本抑末"政策,主要在剥夺农民手中的粮食,而秦汉以后的历代封建王朝,则在"重本抑末"政策主导下,其税赋的触角开始伸向农林牧副渔各个行业,山水田林路各个角落,男女老幼穷各色人等。尽管其间偶有"农商皆本"的学者呐喊,但从未引起封建统治者根本性的政策变革。如此一来,广大小农就被这一政策牢牢地禁锢在自己的小块土地上。他们"春耕夏耘,秋获冬藏,伐薪樵,治官府,给徭役;春不得避风尘,夏不得避暑热,秋不得避阴雨,冬不得避寒冻,四时之间亡日休息",尚不免饥寒⑩。加以"送往迎来,吊死问疾,养孤长幼"⑪,抵水旱之灾,供不时之赋,朝令而暮改,暴敛而无已时,则小农们只好卖田宅鬻子孙,以度日应赋。所以,"重本抑末"政策在汉初执行不久,就已经出现"法律贱

① 《郭沫若全集》第2卷《十批判书·前期法家的批判》,人民出版社1982年版,第329页。
② 《史记》卷68《商君列传》,中华书局标点本,第2237页。
③ 《史记》卷68《商君列传》,中华书局标点本,第2234页。
④ 《韩非子·和氏篇》。
⑤ 《战国策·秦策第一》。
⑥ 《汉书》卷24上《食货志》,中华书局标点本,第1126页。
⑦ 《汉书》卷24上《食货志》,第1126页。
⑧ 《汉书》卷24上《食货志》,第1126页。
⑨ 王利器:《盐铁论校注》卷2《非鞅篇第七》,中华书局1992年版,第94—95页。
⑩ 《汉书》卷24上《食货志》,第1131页。
⑪ 《汉书》卷24上《食货志》,第1131页。

商人，商人已富贵矣；尊农夫，农夫已贫贱矣"①的反常局面。昭帝时的盐铁会议，也曾对商鞅的"本""末"政策进行过辩论，然而，依然不能予以纠正。于是，秦汉以后的几千年封建社会里，广大小农就在封建专制的"重本抑末"政策主导下，像一叶扁舟在小农经济的汪洋大海里，随着封建地主土地兼并风潮的大小共沉浮；小农们的生活则随着封建赋税的轻重变化共苦乐；而封建的专制王朝也随着小农生活状况的变化共兴替，中国社会的发展进程，则陪伴着封建的政治、经济、社会的兴衰共进滞。封建专制政权在不断地强调"重本抑末"政策下，"视民如寇仇，税之如豺虎"；广大农村则是"四海无闲田，农夫犹饿死"②；商工业者也在"重本抑末"政策的压抑下屈辱求生；封建专制母体中的资本主义因素也因此而迟迟不得孕育。虽然汉以后"重本抑末"政策的目标重点，已非商鞅时纯以强公室，尊君主，事兼并为目的，但由于它能为封建专制这架庞大的国家机器运转提供无可替代的政治动力，通过这根政策吸管，可以把小农的劳动果实源源不断地供应给封建专制这棵"大树"，于是，这棵"大树"也就在小农经济的持续滋养下常青常绿。直到中国共产党人领导的新民主主义革命在全国取得胜利，封建社会彻底灭亡后，封建专制这棵"大树"才最后枯死。所以，秦汉以后，整个封建社会的"重本"政策同商鞅的"重本"之策，在获得实际的政治与经济效果上并无不同。这个政策也同样既不是富农之策，也不是发展农业之策，而是为封建统治者敛赋自养，敛赋自肥，敛赋自奢，敛赋制民的聚敛之策。"抑末"不过是以"重本"为借口，加大对手工业、商业的赋敛，以便更多地增加封建统治者的财富。所以，"重本抑末"政策实际是封建统治者的生意经。于是，就自然而然地出现了一个怪象：一个数千年来长期坚持"重本抑末"政策的国度，而它的农民却长期贫困不堪，难以仰事俯畜；它的农业长期落后，手把犁拐鞭打牛的耕作方式，自前四世纪开始在我国普及，直到 20 世纪末还不能在中国大地上全部消失。

3. "重本"是制农，而非贵农

农业在国民经济中的重要性不言而喻，愈是在古代社会愈是如此。所以，"重农"、"重本"政策一直被历代封建国家奉为永久不变的信条。但是，在封建的官僚士大夫心目中，另一个长期不变的信条也与此相伴，即，农民是小人，"小人难养"；他们是天生的供养工具，且仰人而食；农为"制俗之机"；"百姓无事则骄逸，劳役则易使"；③是君与士大夫治天下，而非与百姓治天下。清初的王夫之则公开骂道："庶民者，流俗也；流俗者，禽兽也。"黄宗羲则一方面极力痛斥君主制度，另一方面则又谰言："天之生斯民也，以教养托之于君。"④于是，就出现另一个滑稽的悖论：农业是重要的，农民却是贫困而卑贱的。如孔子，一方面呼吁当政者应让黎民快快富起来，但是当他的弟子樊迟向他请教种庄稼的学问时，他却连声斥骂樊迟是小人，并指斥樊迟，只要学好仁义礼即可，焉用学稼。因为"耕也，馁在其中矣"⑤，从事农耕者只会挨饿受冻。这

---

①　《汉书》卷 24 上《食货志》，第 1133 页。

②　李绅：《古风一》，中国社会科学院文学研究所编：《唐诗选》下册，人民文学出版社 1984 年版，第 140 页。

③　《贞观政要》。

④　《明夷待访录·学校》。

⑤　《论语·卫灵公篇第十五》。

句话，在巧妙掩盖统治者残酷剥削农民真相的同时，又极大地误导了后世。于是，封建统治者及其思想家们，一方面高喊：民为贵，社稷次之，君为轻；民惟邦本，本固邦宁；君以民为天；民之所欲，天必从之；另一方面却又颠倒是非地讲："民生有三，事之如一，父生之，师教之，君食之"①。"劳心者治人，劳力者治于人；治于人者食人，治人者食于人。"②"民者，出粟米丝麻，作器皿、通货财、以事其上者也。"否则，杀之可也③。"民乐则官苦……"④"为与士大夫治天下，非与百姓治天下。"⑤于是，历来被认为是社稷之贵，邦国之本的农民，在封建的"重本抑末"政策幌子下，只被当成生产社会财富的机器，土地则是生产社会财富的工厂。无穷的农产品被生产出之后，然后由封建国家通过各种名目和政治强权巧取豪夺而去。封建社会里不同时期的赋税制度变更或变法，都只不过是为封建专制这架政治机器更加顺利地运转增添一种新的润滑剂而已。因此，几千年来，封建王朝时兴时衰，然而，"兴，百姓苦；亡，百姓苦。"广大农民的这种命运，都与几千年来，以封建君主为代表的官僚士大夫们，一方面把"农本"口号喊得震天价响，而骨子里却认为他们是斗筲之性、下品之人、草芥走马，只是社会财富的创造者，而不是财富的享有者等错误认识有直接的关系。直到今天，"农民意识"、"泥腿子"、"乡巴佬"、"庄稼汉"、"老土"、"打牛后半截的"等封建落后的蔑视性和歧视性的说法与称呼，仍然是针对农民的。尽管秦汉以后的历代统治者，对农民在文化教育、学优出仕以及其他一些人身依附关系的政策禁锢方面，较之战国时商鞅在秦国对农民的管制有所改善，但由于绝大多数农民的生活境遇不能真正改善，因此，这些瘙痒式的政策变动，总体上并不能给广大农民的生活带来实质上的改变。

二　新中国成立后，"本""末"关系未能被正确解决

中华人民共和国建立后，中国农民在中国共产党的领导下，获得了历史性的解放，真正实现了耕者有其田的梦想。初期的几年，中国农业也取得了巨大的进步，农民的生活得到了极大改善，一直主导封建专制经济几千年的"重本抑末"政策也一去不复返了。但中国共产党人，在领导全国人民进行社会主义经济建设过程中，同时却又面临另一个发展难题，这就是：重工业、轻工业和农业及其他产业的发展应谁先谁后。依理，这应该不是一个问题。因为中国本来就是一个农业大国，工业虽然很落后，但农业也同样落后。依照产业顺序，农业是第一产业，工商业是第二、三产业，发展的指导思想，应该是在强化农业发展的基础上，努力发展我国的工商业经济。即"稳步地由农业国进到工业国，由新民主主义社会进到社会主义社会和共产主义社会"⑥。但是，由于新中国的社会主义经济建设没有任何经验，眼前只有苏联的建设经验可以借鉴。再加上当时新中国面临着复杂的国际国内环境和濒临崩溃的经济现状，中国共产党人建国伊始，

---

① 《国语》卷第七《晋语一》。
② 《孟子·滕文公上》。
③ 《韩昌黎文集·原道》。
④ 转引自刘泽华：《中国的王权主义》，上海人民出版社 2000 年版，第 342 页。
⑤ 《续资治通鉴长编》卷 22，熙宁四年三月戊子条。
⑥ 毛泽东：《论人民民主专政》，《毛泽东选集》，人民出版社 1967 年版，第 1365 页。

就把国家工业化，特别是重工业建设放在第一位。于是，当土改运动大体完成，农民生活初有好转，国民经济基本恢复后，1953 年，开始学苏联，制定第一个国民经济发展的五年计划，随即就提出了过渡时期的总路线，同时，预计实现这个总路线需要一个较长的历史时期（即大体上是三个"五年计划"）。但由于"一五"计划的主导思想是：注意在集中力量优先发展重工业的同时，相应地发展轻工业、农业、交通运输业、商业和文教科学事业，后来又在《论十大关系》中，进一步强调"重工业是我国建设的重点。"因此，为了优先发展中国的重工业，不惜重税农民，激起不满，以至于在"一五"初期，就有人提出共产党应施"仁政"的呼吁。不顾实际国情（生产力和生产关系的状况），急躁冒进，过快地通过互助组、初级社、高级社、人民公社等组织形式，把土地个体小农所有制向人民公社集体所有制过渡。这种快速地、大规模地人民公社化运动，依据当时一些地区（主要是东北地区）土改以后，农民的土地、经济生活变化状况以及今天我国农业发展的实际成就看，其基本方向是没有错的，但不足的是，我们在实行土地人民公社所有化的同时，连同适应于当时生产力和生产关系发展状况的小农经济经营模式也一并化去了。在全国农村都人民公社化后，农民的生活实行军事化管理，共吃一锅饭，共耕一块地，平均分配劳动果实。为了尽快实现国家工业化，又提出"以钢为纲"；任粮烂于地，全民搞钢铁，"地方工业遍地开花"；共产、浮夸之风，充斥四方上下，劳民而伤财，终于引发了三年国民经济的严重困难，国民非正常死亡两千余万。这种颠倒了的工农业发展顺序安排和惨痛的教训，直到 1959 年庐山会议前和庐山会议期间，才进行了纠正。指出：安排国民经济，过去的顺序是重（工业）、轻（工业）、农（业）、商（业）、交（通运输业），现在要强调把农业搞好，其次序应改为农、轻、重、商、交。并肯定陈云同志所提出的"先安排好市场，再安排基建"的主张是对的①。国民经济进入调整时期。直到 1962 年党的八届十中全会上，正式提出以农业为基础，以工业为主导的发展国民经济的总方针，以指导调整时期的国民经济，并以此作为制定"三五"计划的总体思路。这可以说是我国建国后，在十多年的社会主义经济建设中所总结出来的最具历史意义的发展经验。但是，正当我们准备遵循以农业为基础，以工业为主导的发展国民经济总方针制定"三五"计划时，1964 年美国轰炸了越南北方，战争威胁着新中国，国防建设成为首要任务，尤其以加强战备为基本目标的"三线"建设成为重中之重，刚刚回到正轨的农轻重经济发展次序，在制定"三五"计划时也不得不再"违反一下"。加之针对因实行人民公社化运动而使农民丧失了对土地的自主经营权，影响了农民生产积极性的状况，党内以邓子恢为首的国家领导人提出的农村生产责任制主张——"三自一包"（即多留一点自留地，恢复自由市场，推行自负盈亏，包产到户），也被断为"修正主义的国内纲领"，于是，农业发展的基础地位，不得不让位于工业发展的主导地位。"三五"计划执行仅半年左右，"史无前例"的"文化大革命"爆发了。"阶级斗争是纲，其余都是目"；"三线"建设继续成为"四五"计划的压轴戏；"五小"工业遍地开花；农轻重产业的发展顺序与比例关系再次严重失调。尽管 1972 至 1973 年间，国家为纠正这种状况进行过努力，再次强调把农业放在国民经济发展的首位，但由于"三五"、"四五"时期是一个"政治运动"的高发

---

① 张岂之主编：《中国历史·中华人民共和国卷》，高等教育出版社 2001 年版，第 129 页。

期,各种努力都收效甚微。城乡人民生活普遍陷入极度困难。直到"文革"结束、党的十一届三中全会召开、农村联产承包责任制实行后,中国农民才真正获得了实质意义的生活变化。不过,它仍然仅仅是联产承包责任制的实行而已;仅只是让农民告别了短缺经济时代,解决了温饱问题,把原来因人民公社化运动而从农民手中化去的小土地自主经营权还给了农民。至于给予农民其他方面的财力、物力支持则少得可怜。尤其当我国农业因实行了联产承包责任制而稍有发展,农民的生活水平稍有改善后,国家便惯性地为发展工业而开始对农业和农民的经济利益进行过度地抽取。各种税、费、提、留、摊派接踵而来。再加上农村计划生育政策的强力推行,老百姓将此总结为"要粮、要钱、要命"。辛苦一年的农民,不但没有收入进账,甚至还要负债。这一切都严重挫伤了农民的生产热情,影响了农民的经济收入。当改革开放已经 30 年后的今天,我国的 GDP 已翻番地增长,工业经济更是以数十倍地速度增加时,农民的钱袋子依然瘦得像个"瘪三";农业的基础地位依然很脆弱,究其原因,还是农轻重产业的发展关系没有正确处理(或是认识到了,却没有认真地贯彻执行)。在我国,自国家出现之日起,到公元 2004 年止,几千年来,"汲取农业"① 始终是我们对待农业的基本态度。根据有关学者资料报道,自建国初到 1978 年的 30 年间,国家利用工农业产品价格剪刀差的方式,"从农业获得约 6000 亿元的资金,用于城市和工业。即便是在改革开放以后,农村仍然在以同样的形式为城市作贡献。据统计,从 1985 年到 1994 年,总共有 4000 亿元的资金从农村流入城市,仅 1994 年,城市就从农村抽取了 1340 亿元的资金"②。"至于在劳力和资源方面,农民作的贡献更是不可估量"③。不唯如此,我国自建国初,为优先发展重化工业,人为地划分城市和农村两个不同的经济生活领域,分别对待工人和农民这两个同盟兄弟;并利用人民公社这一政府组织和"户籍制度、粮食供给制度、副食品与燃料供给制度、住宅制度、生产资料供给制度、教育制度、就业制度、医疗制度、养老保险制度、劳动保护制度、人才制度、兵役制度、婚姻制度以及生育制度"④ 等 14 项制度来固化这种差别。最后,在我国,形成了其他任何社会差别都无法与此相比的城乡二元差别格局。在这种制度安排之下,工业成为优先发展的产业,由此引致城市在经济生活和文化教育发展水平上大大高于农村,而农村则成为工业和城市的"经济卫星区";工人称为老大哥,农民则是小兄弟;城市不但在政治上统治着农村,而且在经济上吮吸着农村,而农村和农民则不断地被统治和剥夺;城市居民和工厂工人成为国家工业经济发展成果的最大受益者,而农民则成为国家工业发展的重要贡献者和最少受惠者,甚至是牺牲者。这种制度使工人和农民隔离,城市和乡村隔绝,相互封闭,互不交通,不但僵化了社会结构,而且极大地阻碍了中国社会,尤其是广大农村社会的及时变迁与发展进步。⑤ 上述所有这些弊病,一言以概,均因国家在工农业发展关系上处置不当所致。

① 周立:《不能让农业成为全球化的牺牲品》,《环球时报》2008 年 10 月 30 日第 11 版。
② 陆学艺主编:《中国农村现代化基本问题》,中共中央党校出版社 2001 年版,第 37—38 页。
③ 陆学艺主编:《中国农村现代化基本问题》,第 35 页。
④ 陆学艺主编:《中国农村现代化基本问题》,第 35 页。
⑤ 陆学艺主编:《中国农村现代化基本问题》,第 37 页。

结　语

总之，中国的农业、农民和农村问题，几千年来直到今天，始终是中国社会发展的关键问题，有人甚至把它确定为我国目前社会发展中的"根本问题"[1]。之所以如此，根本原因在于，不论是几千年来我国封建专制社会"重本抑末"思想的长期统治，还是建国以后，社会主义社会经济建设过程中的先重、轻工业，再农、交产业和文教事业；或者是以农业为基础，以工业为主导的发展方针的反复变化，始终对农业和其他产业的发展关系问题没有做出正确的处置。在长期的封建社会里，由于地主与农民是一对不可调和的对立阶级，代表地主阶级利益的封建专制统治者，他们既没有利农的情感和意识，也没有能力与意志去解决农民的土地问题和生活贫困问题，更没有能力真正把手工业商业压制下去。新中国建立后，由中国共产党人所领导的社会主义国家，既有对农民终年辛勤劳作的深刻感知，又有对广大农民的浓厚情感，还有根本改善农民生活状况的强烈意志与能力，尤其是经过建国初期，对小农经济所有制的社会主义改造，从根本上解决了几千年来在中国历史上反复出现的土地兼并现象，中国的农业经济理应有一个快速的发展，农民的实际生活水平也应该有一个迅速而明显的提高，因为农民对中国社会的发展和新中国的建立做出了太多的贡献和牺牲。但是，由于我党领导经济建设的经验不足，急于求成，浮躁冒进，严重违反生产力与生产关系的发展须相适应的规律，错置了农业与其他产业的发展顺序，因此，在封建专制的"重本抑末"政策实行下，农业无法顺利地发展起来，农民无法富裕起来；而在新中国建立后的先重、轻工业，后农、交、文教的发展思路指导下，农民依然无法富裕起来。千百年来，"七十二行，种田利长"的俗语持续流传；"土能生万物，地可发黄金"的祈福春联，年年被广大农民贴在土地神龛前，但广大农民既未在田中尝到农作的利好，也未从土中掘出使其发家致富的万千物财，反倒是饱受土地之苦，尝尽种田的辛酸。因此，"三农"问题成为目前制约我国社会发展的主要问题。这里面既有农业经济本身的一些特殊性原因，比如它是一个与大自然有着十分密切关系的行业，而更主要的还是人的因素造成的。虽然1949年以后的社会制度与其以前的社会制度根本不同，但不同制度下的社会治理者，在对待农业的基本态度上却无大的差别，那就是，对农业，汲取，汲取，再汲取。因此，中国的农业在长达数千年的历史长河里，其基本形态都是"汲取农业"。只是到了公元2004年以后，国家开始加大对农业的投入，以后又取消实行了几千年的农业税制度，对农民和农业的各种补贴也逐年增加，我国的"补贴农业"时代才渐次开始，不过，它已经来得太迟太迟了。

〔作者王谨，副教授，山西大学政治与公共管理学院。山西太原　　030006〕

---

[1]　温铁军：《中国的问题根本上是农民问题》，徐永主编：《三农中国》，湖北人民出版社2003年版，第1页。

中国古代社会救助思想析论

牛 磊

社会救助亦称社会救济，是现代社会保障制度的有机组成部分和基本手段之一。它的基本含义是"指社会成员因受自然灾害及其经济、社会原因而导致他们无法维持最低生活水平，由国家或社会按法定标准而给予物质帮助"①。我国是一个自然灾害频发的国家，在古代，统治阶级为维护国家的一统和安定，在他们所颁发的具有法的性质的诏书中常常涉及社会救助内容。当时虽无社会救助之名，但已有其实。中国历代文献也不乏对社会救助思想的歌颂。这既表现了中国古代社会具有浓厚的人道主义价值取向，也表现了有消除社会冲突、追求社会和谐的强烈意愿。考察中国古代社会救助思想，对于全面而准确地解释中国古代社会长期稳定的原因，总结历史经验、以史为鉴地补充当今社会救助体系将具有十分重要的意义。

一 中国古代社会救助的思想基础

影响社会救助思想产生和发展的，有经济、思想、社会、政治四大因素。其中的经济因素无疑是最为重要的。因为没有财富的富余，就不可能有用于提供救助的物质基础。然而，事实上在社会救助产生的初期阶段，特别是社会救助阶段，思想基础却显得异常重要。关于中国古代社会救助的指导思想是十分复杂的，主要有民本思想、儒家的仁义学说、佛家的慈善观念与因果报应思想等等，而其中最主要的是基于"以民为本"的民本思想。

"民"历来就是作为"王"——统治者相对立的群体概念而存在的。自从进入阶级社会以后，民的作用就渐渐为统治阶级所认识。学术界一般认为，对民的重视是从西周代商开始的。实际上，尽管商代统治者一再强调尊崇上帝、"恪谨天命"，但早在商朝开国之王成汤时对民的重要性已有所认识，从而采取了不同于夏桀的利民、保民之策（《管子·轻重甲》）；商代中兴时期的君王盘庚也曾有过"罔不惟民之承"、"式敷民德"等说法（《尚书·盘庚》），指出要顺民之欲、施德于民。然而，商代后期，商王失德，以至于重蹈夏桀亡国之辙。与之形成鲜明对照的是，周文王力行仁政，采取惠民、保民之策，"怀保小民，惠鲜鳏寡"、"用咸和万民"（《周书·无逸》），得到民众拥护，国力日趋强盛，为周人取代"泱泱大国"商朝奠定了坚实的基础。

周朝建立后，统治者充分认识到夏、商之亡在于失民，因而一再以继承和发扬文王

---

① 齐海鹏：《社会保障》，东北财经大学出版社2000年版，第288页。

保民政策自励。周公摄政时，反复教导分封于卫的康叔要以文王为榜样，施行德政，"用康保民"。那么，如何"保民"呢？要明德慎罚，以德治民。欲要"万年惟王"，便须"子子孙孙永保民"（《尚书·梓材》）。周公看到了民意的重要性，认识到人民在社会历史中的地位和作用，提出"人无于水监，当于民监"（《尚书·酒诰》）。《国语·周语》、《左传》襄公三十一年、昭公元年多次引用《太誓》中的话说："民之所欲，天必从之。"在"敬天"的同时，又强调"敬德"、"保民"。因此，凡有作为的统治者无不把实行社会救助政策作为聚集民众、巩固统治、治国安邦的重要措施。管仲相齐桓公，执政不久，就多次推行"九惠之教"，即九种惠民政策。其治理国家所兴"六德"中的"匡其急"包括"养长老，慈幼孤，恤鳏寡，问疾病，吊祸丧"；"赈其穷"包括"衣冻寒，食饥渴，匡贫窭，赈罢露，资乏绝"（《管子·五辅》）等扶危济贫措施。

春秋时代第二位霸主晋文公即位之后，"施舍分寡，救乏赈绝，匡困资无"，"事耈老"，由此达到"政平民阜"（《国语·晋语四》）。公元前572年，晋悼公即位，"始命百官，施舍，已责，逮及鳏寡，振废滞，匡乏困，救灾患"（《春秋左传·成公十八年》）。"养老幼，恤孤疾，年过七十，公亲见之，称曰王父"（《国语·晋语四》）。春秋末期的吴王阖闾，"在国，天有灾疠，亲巡孤寡而共其乏困"（《左传·哀公元年》），得到人民的拥护和支持，西破强楚，威震天下。越王勾践身负亡国之仇，会稽之耻，于越国之中，"疾病者吾问之，死者吾葬之，老其老，长其孤，问其病"（《国语·吴语》），"令孤子、寡妇、疾疹、贫病者，纳宦其子"（《国语·越语下》），经过"十年生聚，十年教训"，终灭夫差，一时号称霸主。

基于这种民本思想，中国古代有作为的统治者都十分强调从民所欲、去民所恶，并以之为治国兴邦之道。最具说服力的还有唐朝的第二任皇帝李世民，他认真总结隋朝二世而亡的教训，引以为戒，较为自觉地运用了"以民为本"的管理思想，指出："君依于国，国依于民。刻民以奉君，犹割肉以充腹，腹饱而身毙，君富而国亡。故人君之患，不自外来，常由身出。夫欲盛则费广，费广则赋重，赋重则民愁，民愁则国危，国危则君丧矣。"唐太宗正是在这种重民思想的基础上，确立了"安人理国"的方针，并亲自实践，为群臣做重民爱民的表率，而且在落实社会救助方面采取了许多具体做法。如颁诏减免全国赋役1次，减免地区租赋2次。又如在租庸调法里，规定了依照灾情轻重减收或免收租庸调的具体办法。正是由于唐太宗在社会救助管理上切实贯彻了"以民为本"的思想，历史上才出现了著名的"贞观之治"，为中国社会的发展作出了较大的贡献。

二　中国古代社会救助的内容

中国古代实施社会救助是出于以下两点考虑的：一是频繁的自然灾害，使人们经常流离失所；二是由于各种原因社会上仍存在不同形式的弱势群体。由此在中国古代形成了一套行之有效的社会救助制度体系。

1. 临灾生活救助

灾害带来的风险通常表现为人口的迁移或死亡、贫困程度的增加、社会的动荡直至危及统治秩序。稍加留意就不难发现，历次农民起义无一不是以灾荒为背景、以重新分配社会资源为目的。鉴于此，与灾前防御保障相比较，中国古代所设置的社会救助机构更加注重灾后各种形式的临灾生活救助。

食物性或货币性的无偿救助是各救助机构为解除国民的生活危机而采取的紧急性对策，其核心是粮食给付，具体做法是开仓发放粮食。这一最为有效的救助方式的前提是粮仓有足量的储备。如果储备不足，而调剂又困难或运费过高时，历史上通常采用移民就粟的方法。开皇年间关中大旱，隋文帝就曾诏令灾民到关东就食。历史上最为急切的食物性救助方式是施粥。这种起源于战国时期古老、实惠而无需做家计调查的化解灾民临时生活危机的救助方式通行于整个社会救助历史过程中。除了食物性救助外还有货币性的救助，即政府直接向灾民发放货币。在明代，货币救助是政府的常用救助方式。这种方式使得灾民能够从粮商处购买粮食或从市场上购买其他日用品。需要说明的是，食物或货币性的救助是无偿的，即灾民无须为获得这种救助而尽义务。

放贷性救助是指社会救助机构贷粮食、钱款等给灾民的一种救助方式。《管子》在讲到社会救助时就曾主张"无食者与之陈，无种者贷之新"，陈谷用于食用，新谷用作种子。这是所谓的贷种。除此之外，救助机构还通常将钱款、耕牛、农具贷给灾民，使其尽快恢复生产。放贷性的救助不是无偿的救助，灾民需要按规定时间偿还，如系有息放贷，则还要附带利息。

以工代赈性的救助即在灾民付出劳务之后获得救助给付。从文献记载看，这种方法起源于晏子之修寝台。晏子让灾民修建寝台，然后给灾民救助。寝台是国君的游乐场所，对灾区似乎是没有什么实惠。后来的赵昇和欧阳修就比晏子进步得多，他们的进步表现在选择了适合于灾区的项目，赵昇的修城和欧阳修的修陂因为有利于灾区，因此提高了灾民参与自救的积极性。不仅如此，还避免了无偿给付的弊端。

减免性救助通常表现为遇灾蠲免，即根据灾害的程度减免力役和租税。《周礼》所说"凶札无力政"指的就是免除力役。《唐六典》就规定，"十分损四以上免租，损六以上免租、调，损七以上课、役俱免"。历代统治者往往根据灾害的程度或减租和减役并行，或免役单行。减免性的救助有利于国民灾后的休养生息。

疾病与瘟疫往往是灾害的连带后果，所以与以上救助措施并行的还有医疗保障。通常的措施：一是政府或各救助机构派遣医疗特使前往灾区巡诊；二是向灾区运送药物；三是设立医疗机构为灾民看病。在古代社会救助体系中，老年救助、弱势群体救助和灾害救助中都有医疗保障的内容，可见医疗保障的交叉性是古今相同的。

2. 弱势群体或不幸人群救助

在人类社会的每一个发展阶段都会有弱势人群或陷于不幸的人群存在。"少而无父者谓之孤，老而无子者谓之独，老而无妻者谓之鳏，老而无夫者谓之寡。此四者，天民之穷而无告者也，皆有常饩，喑、聋、跛、躃、断者、侏儒、百工各以其器食之。"这是《礼记》中对弱势或不幸群体的指称。对弱势群体或不幸人群救助通常体现为对其生存权利的保障，这被视为中国古代历朝历代统治者的责任。他们或制定政策保障其生活必需品的给付或设置专门的机构负责弱势群体和不幸人群的收养。如汉文帝元年"赐天下鳏寡孤独、贫困及年八十已上、孤儿九岁已下布帛米肉各有数"。文帝十三年又诏"赐天下孤寡布帛絮各有数"①，唐朝实行均田制时，"笃疾"、"废疾者"与老人一样，有受田而"不课"的优惠。同时所设置的救助机构也较普遍。魏晋南北朝时期的六疾馆和孤独园，唐代的病坊、普救病坊、悲田院，宋代的居养院、福田院，明代的养济院，均是政府收养孤老病残乞丐和城市流民的机构，所需经费由官府拨付，并有严格的管理和考核制度保证政策的实际效果。

除了生活必需品的给付之外，还有工作的安置、疾病康复和对弱势群体或不幸人群的人格尊重。《周礼》讲的"各以其器食之"和荀子讲的"材而事之"，说的就是根据其能力给予工作机会使其自食其力的意思，春秋时期所见到的瞽人任乐师、刖者掌城门就是这一制度的体现；而历代的收养机构往往附带了疾病康复的内容，如宋代的安济坊。早在商周时期，国君就提出了"不敢侮鳏寡"（《尚书·无逸》）的理念，可见中国古代对弱势群体和不幸人群的人格尊重。

3. 老年救助

在中国传统伦理道德中，孝道占有特别重要的地位。统治者们更认识到孝道与忠君有着密切的联系。所以各朝代都制定和颁布了大量有关尊老养老的社会救助措施。

这种救助一般仅仅与年龄相关联。即到达一定的年龄就可以享受老年给付。将老年人细分为几个年龄阶段，在不同的年龄阶段享受不同级别的物质给付。《汉书·文帝纪》载："诏曰：……有司请令县道，年八十已上，赐米人月一石，肉二十斤，酒五斗。其九十已上，又赐帛人二匹，絮三斤。"北魏孝文帝在位期间，几乎每年都有救助老年人的措施。明朝除推行尊老尚德的"乡饮酒礼"外，还对孤贫老人实行终身养老制度。清代继承了免除老人赋役、予以老人法律和政治上的优待等做法，还开始对致仕官员实行"半俸"制度。当然，这种给付有时也会结合家境，朱元璋在洪武十九年的诏令中就规定"贫民年八十以上者，月给米五斗，肉五斤，酒三斗；九十以上者加帛一匹，絮一斤。有田产者，罢给米"。在老年救助制度中还有免除措施，老年人可以免除徭役，在刑律上也可以优免，量刑时给老年人减轻甚至免除处罚。值得注意的是，对老年的保障往往会惠及利益相关者，如官员的后代可以获得荫补，一般高龄老年人的家庭还可以获得一人至数人的徭役免除，其目的在于解除老年人的后顾之忧，得到更好的家庭照顾。这实质上是在不可能建立普遍的社会保障制度的条件下，政府牵引家庭分担养老救助责任的一种方式。

通过以上对救济项目的论述，我们不难看出：虽然中国古代的社会救助覆盖范围是相对有限的，但其社会救济体系既注重灾前的预防，更注重灾后的救助，而且其救助的内容比较全面、系统。

三　中国古代社会救助的管理与监督

中国古代除了制定和实施社会救助的政策和措施外，更加注重对社会救助工作的管理与监督，由此也充分保证了社会救助在实践中的贯彻和作用的发挥。

---

① 王子今等：《中国社会福利史》，中国政法大学出版社 2002 年版，第 74 页。

1. 机构设置制度化

我国至少从西周时就有了从中央到地方各级政府的一系列的社会救助措施，还设立了机构和官员管理社会救助事务。历代的社会救助机构设置均以仓储为主，且种类繁多。秦汉时期，朝廷"令边郡皆筑仓，以谷贱时增其贾而籴，以利农；谷贵时减贾而粜，名曰常平仓，民便之"（《汉书·食货志》）；东汉永平五年，朝廷又"作常满仓，立粟市于城东"。在南北朝时期，又有"义仓"的设置。此后历朝设置的救助机构除了常平仓、义仓外，还有社仓、广惠仓、惠民仓等。《周礼》中就有地官司徒之职，其职责是"以荒政十有二聚万民"，其后秦汉时期的丞相、唐时的户部、宋时尚书省下的户部、元时的中书省、明清时的户部，都是分管社会救助事务的部门，部门内又设立了职官。从历史上看，社会救助虽然不是这些部门或职官的专门职责，但至少可以说明社会救助的管理已经成为政府或官员的重要职责之一。

机构或职官的设立使得从中央到地方形成了一个庞大的官僚体系。这个官僚体系体现出浓厚的中央集权色彩。各分管部门和地方政府虽然也可以制定一些措施、法规，但从整体上看，无论是救助措施的开启还是机构的设立往往要依靠皇帝的诏令，各级政府或职能部门在很大程度上只是皇帝诏令的实施者。这一点在社会救助的领域却因为其减少了不必要的繁杂环节而使得救助措施的落实更简捷和直接，管理与落实也更加具有权威性。

2. 救助程序规范化

社会救助程序的规范化则使得各级机构有章可循。实事求是地讲，在我国古代的社会救助体系中，程序化是一个逐步的过程，大致而言，在宋代就已经有了一套程序。如报灾的时限、报灾之后勘灾的方法等都以诏令的形式固定了下来。到了清代，则形成了一套完整而严密的救助程序：报灾—勘灾—审户—放赈。从清汪志伊编纂的《荒政辑要》卷四所保留的清代户部的救助程序可以看出，每一道程序都有详细的说明和严格的规定，各级官员在哪个过程中出现问题都将受到严厉的处罚。

3. 考核监督严格化

为了使有关社会救助的诏令或制度落到实处，中国古代对社会救助事务的管理和监督极其严格。如在仓库管理过程中发现有霉烂、损失等失职现象，除责任者应予严惩外，主管官员予以革职留任，限期赔补，逾期不完，照例拟罪。官员离任时，需按正项钱粮交割，新官在三个月内查核奏闻。由于亏空仓谷涉及救助大政，"事关民瘼"，其处罚格外严厉。若亏空入己，贪污千石以上者，拟斩监侯，秋后处决，不准赦免；挪用二万石以上者，斩立决（嘉庆朝《大清会典事例》卷一五九，卷一六一）。不仅如此，政府还往往给各级官员制定出有关社会救助的指标，对其业绩进行考核，对于没有完成指标的，则实施处罚。明代的预备仓是官督民办的仓储制度，弘治时就明确规定，"州县十里以下积万五千石，二十里积二万石，卫千户所万五千石，百户所三百石"，并以储藏的多寡为考核依据，"不及三分者夺俸，六分以上降调"。万历时对弱势群体救助的目标是应保尽保，否则将受到惩罚。清代则将社会救助的业绩与官吏选拔结合在一起，立法严格，陟黜分明，更使得各级官员对社会救助事务不敢怠慢。

为了避免在救助过程中出现营私舞弊现象，各时期也有许多相应的防范措施。这些措施包括基于程序的防范，即救助实施的过程必须严格按照程序办理。比如清代的减免政策，在实施时要出示告谕、刊刻免单、按户付执并取具里长甘结，以程序化保证了政策落实的公正性；二是基于处罚的措施，即如有违规情节，将受到严厉的惩处。如《大明律》中明确规定，匿灾不报的地方官员杖八十。另外，还有基于监督的措施。从历史上看，在一些规模较大的救助活动中，古代统治者派遣官员进行监督也是一项经常性的制度。上述措施虽然不能完全堵塞漏洞，但却基本保证了诏令和制度的实行效果和有效性。

总之，中国古代的社会救助传统无疑是先人伟大的创举，对我们现在进行的和谐社会建设有着重要的借鉴意义。但我们也应看到，中国古代的社会救助思想中仍存在很多不足之处。从救助的层次看，侧重于对各种社会弱势人群的救助，目的仅仅在于使其不致冻饿致死而已。其着眼点在于保障人们的最低生活，救助的层次较低。从救助的效果看，虽然中国古代社会救助的制度规定日趋严格，但作用发挥并不稳定。在历代王朝前期，社会救助制度通常运转顺畅，效果良好；延至王朝晚期，由于政治腐败等因素的影响，大多得不到切实有效的执行，以致失去救助的民众迫于生计，往往形成"弱者填沟壑，强者为盗贼"之势，构成严重的社会问题。从救助的思想基础看，受民本主义、儒家仁义学说等因素的影响，中国古代社会救助思想表现出鲜明的伦理道德色彩，统治者对社会弱势人群的救助被作为恩赐。作为生长于中国传统社会土壤中的事物，古代社会救助思想一方面有着适应国情的天然优势，另一方面也不可避免地带有时代的局限性。

〔作者牛磊，讲师，曲阜师范大学政治与社会发展学院。山东日照　276826〕

共和与专制:罗马与中国古代
文化遗传基因考异

米辰峰

中国现代法制的落后，不能完全归咎于现代政治家、法学家学习西方的心意不诚或方法不当。政制（constitution）是法制（legal system / rule of law）的基础。根据德国学者雅斯贝斯 1949 年提出的世界发展史理论，现代文明的主要思想和制度都在公元前 8—前 3 世纪"轴心期"的中国、印度和希腊形成基础模式①。现代中国与西方的所有区别，特别是法制的诸多区别，根源在积习已久的古代。虽然个人的创造作用在任何历史演变过程中都有不可忽视的主导作用，但是，就"轴心期"的战国时代（前 476—前 221）和前期罗马共和国（前 509—前 287）对比而言，导致彼此法制传统迥异的主要原因，不完全是某个政治家、思想家智慧水平不同或个人愿望不同，而是他们赖以创造的历史背景不同，即社会结构不同。

虽然古朴的上古社会没有现代国家那么完备的政制，但是自从出现了国家，就不能没有治国规则，如同任何游戏不能没有规则一样。无论早期治国规则怎样浅陋，在笔者看来，都可以沿用亚里士多德在其《雅典政制》（The Athenian Constitution）中界定的概念，统称为早期国家的政制。

不同的社会结构制约了各国历代改革家，不同的环境决定了迥异的政制传统。如果说氏族社会的性质和结构都是大体相似的，原始氏族的形状和味道都类似橘子，那么，随着发展环境差异的影响，后来进化的橘子形状和味道就大不一样了。在罗马，这种进化"橘子"叫"共和制"；而在战国、秦汉时代的中国，这种进化"橘子"叫"君主专制"。此即古谚所谓"橘生淮南则为橘，生于淮北则为枳"的哲理。

我认为社会演变的轨迹之中潜伏着尚未洞悉的类生物遗传基因，我提议历史学家们来研究这种类基因机制，寻找中国有别于西方的遗传密码 genetic code、染色体 chromosome 和脱氧核糖核酸 DNA。传统历史学常用的"演变"概念不足以表达社会演变的方向和尺度。借助遗传学（genetics），补充一些形象化的新概念，有助于更加科学生动地表述历史进化机制和鲜为人知、各具特色的 DNA。

因为历史是人类创造的，人是动物之一，因此，历史学理应存在某些类生物属性。从某种意义上说，各种类型的文明形态都是有机体，都有生长发育、新陈代谢、遗传、变异（gene variation）等类生命现象，因此有必要创立社会遗传学或文化遗传学来研究各种类型的社会结构和不同遗传机制。如同生物，国家和社会也能勾勒出他们的生殖细

---

① Karl Theodor Jaspers , The Origin and Goal of History, New Haven: Yale University Press, 1953, pp. 1—4.

胞图谱，历史学也能研究出不同类型文明进化的宏观机制。

我认为，一切社会结构及其功能的基本单位是文化基因（cGENE，c = cultural）。所有历史进化的遗传信息都记录在具有生殖功能的文化细胞之中。文化的 cDNA 是正常基因的核心，是文明进化的基础。虽然历史遗传学和生物遗传学的规律是相似的，但是社会基因或 cDNA 的属性显然不是物质的，而是思想文化的，是政制、法制、风俗和习惯之类的文化积淀，具有某种强制性和无可避免难以逆转的遗传性。因此不同国家和地区的基因理应具有不同的分子结构和不同的遗传机制。

一　古罗马社会组织并列和权力分享机制的形成与发展[①]

根据 18—20 世纪初西方权威专家的研究成果，特别是尼布尔（B. G. Niebuhr）在 1811—1812 年出版的《罗马史》（Roemische Geschichte），蒙森（Theodor Mommsen）在 1854—1911 年出版的 5 卷本《罗马史》（Roemische Geschichte）的前 3 卷所奠定的罗马早期历史的基本观点，虽然罗马的起源有一个奇异的传说"母狼哺婴"，但是罗马王政时代（regal period）与地中海沿岸其他早期国家的社会结构和政治制度却大体一致。

按照传统说法，王政时代是指从公元前 753 年罗穆路斯（Romulus）建城[②]到公元前 509 年国王高傲者塔克文（Tarqunius Superbus）被驱逐，共和国同时建立的那段历史。恩格斯指出："像英雄时代（即荷马时代——引者）的希腊人一样，罗马人在所谓王政时代也生活在一种以氏族、胞族和部落为基础，并从它们当中发展起来的军事民主制之下。"[③] 早期罗马的社会结构由 3 个部落包含的 30 个胞族、300 个氏族组成；换句话说，每 10 个氏族组成 1 个胞族，每 10 个胞族组成 1 个部落。全体氏族成员构成罗马人民/公民。

王政时代罗马的政治机构主要有库里亚大会、元老院和国王，类似希腊荷马时代的政制。最高权力机构库里亚是氏族的民众大会，由全体成年男子参加，决定国家的一切大事，如宣布战争、选举高级公职人员和审判重大案件等，它有权通过或否决一切法律。30 个库里亚各有一票表决权[④]。

元老院即长老议事会，在王政时代既是国王的咨询机构，也是库里亚大会的预备机构，负责预先讨论重大立法问题，然后把提案提交库里亚大会通过。王政初期元老院由 100 名拉丁氏族长老组成。后来又先后增补了萨宾（Sabine）和埃特鲁里亚（Etruscan）两个部落各 100 名长老，由三个部落 300 名长老联席组成。到共和国时期元老院改由卸任的执政官组成。元老院拥有宗教、外交和财政大权，负责审批任命经各级议会选举产

---

① 本文的罗马史参考资料主要有以下四种：M. Cary and H. H. Scullard, A History of Rome Down to the Reign of Constantine, 3rd edition, New York: St. Martin's Press, 1975; The Cambridge Ancient History, Vol. 7, Part 2, 2nd edition; The Rise of Rome to 220 BC, Cambridge University Press, 1990; The Oxford Classical Dictionary, 3rd edition, Oxford University Press, 1996; Encyclopedia Britannica, Macropaedia, (EBMA), 2004.

② 虽然近现代考古学认为罗马建于公元前 10—前 9 世纪，或公元前 8—前 7 世纪，但多数史家依据文献仍然引用王政时代始于公元前 8 世纪。

③ 《马克思恩格斯选集》第 4 卷，人民出版社 1995 年版，第 126 页。

④ The Cambridge Ancient History, Vol. 7, Part 2, (2nd edition), Cambridge University Press, 1990, p. 105.

生的各类官吏，并协调他们的工作，是左右罗马共和国命运最重要的实权机构。

传说王政时代大约有 7 王，分别来自上述三个氏族。所谓的国王勒克斯相当于古希腊的巴塞列斯，是最高军官、祭司和审判长。虽然终身任职等特点类似中国帝王，因为还有 4 个差异，即没有全部行政权力，职位由选举产生，不世袭，也不能选择和培养异姓王储，使勒克斯比中国帝王的地位低得多，权力少得多。

王政时代的罗马王权自古软弱，从来没有定于一尊，形成金字塔似的官僚体系，这是罗马与中国古代政制最大的区别。尽管勒克斯国王的数目和排序各家记载有别，但古典史家大都认为那 7 个国王，特别是那 300 名元老，来自三个而不是一个特权皇族部落。这种部落组织并存、不同程度地分享权力联袂共治，就是原始民主制的继承和发展，也是长期征战后部落之间宁愿彼此妥协不愿你死我活赶尽杀绝的结果，是统治阶级内部寻求集团性协作共治互相制约等机制在西方的独创。

古罗马最具特色的社会结构是所谓"平民"与"贵族"的等级差别和组织并列。与地中海沿岸其他古国的社会结构类似的是，从王政时代开始，罗马也把国内居民按照拥有政治权利的多少和身份自由的程度划分为贵族帕特里丘斯（patrician, Latin PATRICIUS, plural PATRICII）、不能掌握国家大权但身份自由的平民普兰布斯（plebeian, also spelled PLEBIAN, Latin PLEBS, plural PLEBES）和奴隶。最初的奴隶大多是战俘、债务奴隶或家生奴隶，主奴之间不一定具有种族、氏族界限，这一点学术界没有太多争议。长期争议的问题是，许多地中海沿岸古国长期存在于公民和奴隶之间的"边民"或"平民"之类的自由社会等级，例如斯巴达的庇里阿西人（perioeci）和罗马的普兰布斯，究竟来源如何属性如何？罗马的贵族集团与平民集团能够保持数百年合法并存相辅相成协作共治，历经长期立法斗争才导致融合，这种特殊社会结构及其政制、法制模式与其他国家和地区有怎样的联系和区别？

虽然平民普兰布斯、贵族帕特里丘斯的起源历来说法不一①，但是，综合考察近现代西方的权威著作，不难得出如下基本结论：从公元前 8 世纪到公元前 509 年共和国建立，这 3 个世纪两个等级的身份界限很可能是种姓制的，是由血缘决定的；拉丁文 PATRICIUS 的本义就是有父系血缘可考的人。史籍中经常作为复数使用的普兰布斯很可能是移居罗马的外来集团，是被征服的或投降的屈居在罗马的庞大异族团体②。公元前 6—前 4 世纪，罗马的居民总数大约是 30 万—45 万人③。因为卡瑞说那时贵族与平民人口比例大约在 1:10 到 1:20 之间④，因此，那时罗马的平民总数至少有 25—40 万。大概是因为平民过于人多势众，使得罗马人无法把他们都降为奴隶。平民比贵族人多，但分享的权力却较少。早期的平民无权分得公有地，在元老院没有自己的政治代

---

① 参看胡玉娟：《古罗马早期平民问题研究》，北京师范大学出版社 2002 年版。本书对西方学者的相关观点有详细评介。Fustel de Coulanges: The Ancient City, Massachusetts, 1979. Kurt A. Raaflaub: Social Struggles in Archaic Rome, Berkeley, 1986. T. J. Cornell: The Beginnings of Rome, Berkeley, 1996.

② B. G. Niebuhr, Lectures on the History of Roman. Vol. I, p. 48, London, 1847. 古典作家的另一种推测是 Plebes 主要来源于长期依附于罗马公民的佃户（clientes）集团。

③ M. Cary and H. H. Scullard, ibid., p. 76. 其他文献显示，公元前 6—前 4 世纪罗马共和国领土从 130 多平方千米逐步拓展到 2.6 万多平方千米。公元 1 世纪帝国建立前后人口增到 100 万，贵族与平民比例递减为 1:20，或更悬殊

④ EBMA, ibid., 2004.

表，不能担任国家高级官职①，不能参加罗马人垄断的祭祀团（religious colleges）主持公祭。根据罗马的《十二表法》，在公元前445年法案以前，他们甚至不能与罗马公民通婚②。一言以蔽之，早期的普兰布斯平民缺乏罗马公民应有的政治和宗教的全部权利。

早期普兰布斯氏族集团的内涵和外延界限是十分清楚的：他们以不同的姓氏保留着自己的库里亚（curiae 氏族大会）、特里布斯（tribus 源自部落名称的新行政区会议）、政协议会（concilia plebis）、自选自治的领袖——保民官（tribunes 源于酋长）和行政官（plebeian aediles 保民官助理）等。他们有不同于罗马人的独立的神庙和墓地，他们的历史档案也分别保存在自己的两个神庙里③。因此普兰布斯平民也被称为氏族组织；因为他们大多是没有土地的工匠，又称为工匠者行会，是8—9种行会的联合会。他们必须给罗马人服兵役、纳赋税，这种只尽义务不享受充分权利的矛盾，引发了普兰布斯与罗马公民之间5个世纪的长期斗争。这场斗争是"非公民争取平等公民权的斗争"，"是一段自始至终、连续不断地在罗马人与同盟者之间重复上演的历史"④。

虽然这两大氏族集团在某些时期某些方面确实存在着某种程度的统治与被统治关系，但是，他们的组织在许多方面并不是上下级隶属关系。就普兰布斯平民与贵族分别居住地、神庙和墓地这一籍贯特点而言，他们类似中国西周时代乡遂（国野）的区分，或现代中国城里人和乡下人之间的户籍差别。许多典籍在提到罗马处理利益分配时，把普兰布斯与其他部落集团并列，就是这个道理。例如，公元前486年，罗马"夺取了赫尔尼克人（Hernici）三分之二的土地，执政官卡西乌斯（Cassius）建议将此地一半分给拉丁人，另一半分给普兰布斯平民"⑤。

而汉语的"平民"概念，其基本含义是指官府属下无职无权的普通老百姓，等于英语的 populace 或 common people。例如，《尚书·吕刑》说："蚩尤始作乱，延及于平民。"孔传："延及平善之人。"《左传·成公二年》："义以生利，利以平民，政之大节也。"《汉书 食货志》："弋猎博戏乱齐民。"唐代颜师古注曰："齐，等也。无有贵贱，谓之齐民，若今言平民矣。"对比而言，中国的平民至少在春秋以后就不再是一个与统治阶级对立的独立组织。由于历代王朝不断利用强迫迁徙等手段，限制民间组织的存在，所以中国的平民总是处于一盘散沙的无组织状态；加之中国历代实行奖励耕战、铨选官吏和科举考试等政策，使得有知识的在野平民随时可以上升为官僚集团成员。能够成为保民"官"甚至国家最高独裁"官"的任何中国官员在汉语里绝对不能称为平民。而公元前6世纪社会改革以前的普兰布斯平民却是一个与统治阶级对立的种姓组织，直至前期罗马共和国（前510—前287）期间，普兰布斯平民和帕特里丘斯贵族始终具有程度不同的种姓或财产差别的鲜明组织界限。公元前367年以后普兰布斯平民自选的"保民官"不但能够分享国家最高权力，甚至能够以"独裁官"身份主宰国家。许多人知道，大名鼎鼎的老加图 M. P. Cato（前234—前149）曾历任保民管、执政官、监察

---

① 公元前494年以前，虽然普兰布斯已有军事酋长，但他只能率领自己的氏族为罗马人打仗，无权参政。

② Cf.：Plebeian, in Encyclop? dia Britannica, Macropaedia, 2004.

③ Plebs, in Oxford Classical Dictionary, The Third Edition, 1996.

④ T. Mommsen：The History of Rome, Vol. 1, London, 1931, p. xviii.

⑤ Livy, History of Rome, II, p. 56.

官,但很少有人知道他并不是贵族出身,而是普兰布斯世家出身①。晚期共和国,特别是奥古斯都独裁以后,普兰布斯才逐渐演变为帝国境内社会下层、贫苦大众等现代平民含义。

如果说全部罗马居民构成一个圆,那么,其中的特权公民帕特里丘斯贵族是相对于普兰布斯平民的另一半结构性存在,其概念也并不完全等同于中国古代的贵族。例如,在公元前 3 世纪末期,历经普兰布斯平民的多次立法斗争,帕特里丘斯原来垄断的政治特权已经所剩无几。那时候,他们只能继续垄断着传统的祭司团、临时摄政王、首席元老等少数位高权重的席位②,其余职位都由法律规定必须与普兰布斯分享。而在古代中国,贵族理应垄断大部分(多数情况下是全部)政治特权。既然沦落以后的帕特里丘斯长期不能垄断政权的大部分席位,那么他们就不是汉语意义上的传统贵族。更有甚者,某些没落的帕特里丘斯还被普兰布斯收养。例如恺撒时代,原来属于帕特里丘斯等级的政治家克劳迪乌斯(Claudius)为了篡夺保民官职位,竟不惜卖身投靠,屈尊俯就主动要求被普兰布斯"收养",以便获得保民官职位所必需的普兰布斯籍贯③。这个不符合贵族存续逻辑的例子,不仅可以说明共和国晚期两大等级地位的巨大改变,也可以追溯罗马两大等级集团原来存在的主要意义,是识别某人在某时能否获得某种权力和待遇的籍贯。逻辑上讲,世袭贵族的特权地位是不能轻易改变的,否则就不再是贵族了。任何人绝不可能在中国历史上找到一位贵族为了当官而改变籍贯,宁可舍高就低,主动要求下等平民"收养"自己的例子。除非革命时代,贵族的头颅永远是高昂的。真正的贵族没有必要也没有可能象原属帕特里丘斯等级的政治家克劳迪乌斯那样,在和平时代自愿屈尊俯就。因此可以认定这个帕特里丘斯等级集团的属性也不完全是汉语意义上的贵族。

鉴于以上事实,在论及早期罗马时,把复数 patricii 解释为"罗马公民集团"或"罗马人"④,比简单地翻译为"贵族"更接近历史的本质,也更容易为现代读者理解那 5 个世纪为争取平等公民权的斗争,实际上是彼此之间大体平行存在的集团之间的斗争,而不完全是上下等级之间利益集团的斗争。

从拉丁语普兰布斯平民概念在不同时期不同的对立概念,也可以看出其本身属性和地位随着时代产生的质的变化。早期 plebes 通常的对立术语是旧贵族(patricii)或罗马人(populus romanus);而共和国晚期及以后 plebes 通常的对立术语则是新贵族 nobilitas或 nobilis,主要反映等级差别,淡化了种姓差别。

二　保民官与罗马分权制衡基因的产生

如果说中国政制的传统基因是君主专制,那么西方政制的传统基因就是多元政制、

---

① Cato, Marcus Porcius, in EBMA, ibid. , 2004.

② Patrician, in EBMA, ibid. , 2004.

③ H. H. Scullard. A History of the Roman World 753—146 BC. London:Methuen & Co. Ltd. , 1980.

④ 广义的 populus Romanus 泛指居住在罗马的所有居民。这里使用其狭义,仅指罗马公民帕特里丘斯。"Originally the populus consisted only of the patricians, who formed a class of privileged citizens. " From Comitia, in EBMA, ibid. , 2004.

分权制衡。如果说中国传统法制是大王控制小民、光芒单向的"手电筒"，那么罗马法就是国民上下左右互相监视光芒普照的"球形灯"。罗马法制以民法（私法）为其本质特征，以后来产生的"万民法"为典型代表，以"互相制约追求平衡"为立法核心原则，是全世界契约型法制体系的早期样板，因此在后来的世界各国产生了广泛和持久的影响。为什么这种契约型法制体系在更加古老的东方国家没有出现，其背后的产生机制是什么？

早期罗马的法律大都不是贵族政府单方面决定的，而是平民反对贵族的产物，因此有必要概述这段斗争历史。平民反对贵族斗争的第一个胜利是保民官的设立。共和初年，平民因欠债陷入贫困，要求摆脱债务奴役的呼声不断高涨。公元前494年，罗马与附近的国家发生战争。贵族急需平民参战，平民就借机提出要求禁止债务奴役，否则拒绝出兵。贵族当时口头应允，但在战争取胜后背信弃义。平民被激怒，于是武装起来，离开罗马开往数公里之外的"圣山"（Sacre Mons）[1]。平民和贵族对峙了几天。最后，贵族害怕留在城里的平民暴动，担心外敌乘机来犯，罗马将腹背受敌。于是贵族不得不对平民妥协，承认平民有权选举自己的官员——保民官。这就是李维记载的第一次撤离运动[2]。

保民官不是朝廷命官。他的职责是保护平民利益、反击官方侵害，是专门监督和对抗各级官吏的。开始是2人，后来递增到10人。保民官的选举人和被选举人都必须是普兰布斯平民部落的成员。保民官虽有局部的最高监察权，但没有罗马最高官员特有的三大排场，即紫色官袍、象牙凳子和束棒仪仗队。保民官负责主持召开普兰布斯的成年男子大会，即部落大会，把大会提案付诸立法。初期的保民官只能在普兰布斯平民部落内部行使职权，没有国家大权。到公元前471年，通过保民官瓦莱罗法案（Lex Publilia Voleronis），平民自发组织的特里布斯部落议会才获得官方承认。该议会通过的决议称为平民法，起初只对平民有效，后来为争取其法律的全国效力又展开了200年斗争。

公元前451—前450年公布《十二表法》以前，罗马诸"法"都是未成文法。相应的拉丁文法律概念有fas、jus和lex等多种。简言之，fas是远古传下来的神法，jus的本义是"正当"或"正义"，是结合氏族时代的道德信条在王政时代形成的习惯法，前两者都类同中国古代的礼制或礼法[3]；而lex则是先由官员提议后经各种公民大会通过的法律，类同中国朝廷颁布的律条。最早的罗马法叫jus quiritium，quiritium的本义是"罗马人的"，顾名思义，它是偏袒罗马公民歧视普兰布斯集团利益的习惯法，是罗马人垄断政治的证据[4]。

由于习惯法的规范含糊，深藏在官府密室，贵族官僚可以利用他们的随意解释权和司法权为自己谋利，任意欺压平民。为了限制随意解释，于是平民就坚持不懈地斗争，迫使共和国选举了10位贵族元老，成立了制定法律的十人委员会，于公元前451—前450年制定并公布了十二表法律。因为全部条文刻在12块铜牌上，因此也叫《十二铜

---

[1]　圣山在阿尼奥河另一岸。一说平民去的是阿芬丁山。

[2]　李维：《建城以来史》Ⅱ，第23—33页。

[3]　Theodor Mommsen, Staatsrecht, iii. 1, pp. 66 seq. and pp. 127 seq.

[4]　Roman law, in Encyclopedia Britannica, the 11th edition, 1911. from Web www.1911encyclopedia.org.

表法》。虽然这部法典主要还是习惯法的汇编，保留着许多保护奴隶主私有财产和允许虐待债务人等内容，第十一表还规定平民和贵族不得通婚，并没有多少对平民有利的新条文。然而，法律既已公布，就必须按律审理案件。贵族便不能像过去那样任意解释习惯法了。这种初步体现互相制约机制的进步程度虽然十分有限，却是罗马法制文明史的第一个里程碑。

《十二表法》制定后，平民和贵族的矛盾和斗争仍在继续。公元前 445 年，根据保民官坎努利尤斯的法案，《十二表法》中平民不能与贵族通婚的规定被废除。但是，贵族坚决不同意坎努利尤斯的另一提议：平民也有当选最高执政官的权利。最后，双方达成妥协，从公元前 444 年开始，停选执政官，选举具有执政官权力的军政官。具有执政官权力的军政官初为三人，后至六人。虽然按规定平民和贵族皆可当选，但实际上选举会议仍由贵族把持，平民当选的概率极低。

公元前 376 年，李锡尼乌斯（Licinius）和赛克斯丘斯（Sextius）担任保民官，他们针对重分土地、减免债务和确保平民能够担任高级官职等问题提出三个法案。其中最尖锐的是停选军政官，重选执政官，两个执政官之一必须由平民担任。平民每年都选李锡尼乌斯和赛克斯丘斯为保民官，他俩每年都提同样的法案。虽然该法案屡遭贵族反对，经过十年斗争终于在公元前 367 年通过。次年，赛克斯丘斯以平民身份当选为执政官。李锡尼—赛克斯法案（Lex Licinia Sextia）的胜利通过，是平民反对贵族斗争的第二个里程碑。此后罗马的其他官职也陆续对平民开放，这就使平民上层有可能陆续跻身最高统治者的行列，平民和贵族的关系随之趋向融合。

公元前 326 年，旨在取消债务奴役的波提利法案（Lex Poetilia）获得通过。该法规定不能以人身做债务抵押，从此平民免除了沦为债奴的威胁。李维认为这件事标志着平民从此获得了永远自由的人身保障。

公元前 287 年，平民和贵族的矛盾又一次激化，平民再次以集体"撤离"相威胁。元老院被迫任命平民保民官霍滕西乌斯为罗马独裁官，并通过了他提出的具有划时代意义的法案（Lex Hortensia）。该法规定，平民协议会通过的平民法律不经元老院同意即对包括贵族在内的全体公民生效。霍滕西法案的通过标志着平民获得了全部公民权，与贵族集团的法律地位在理论上已经完全平等。"农会主席"霍滕西乌斯居然能够被元老院任命为国家独裁官，进一步证明普兰布斯平民的组织不仅长期以来一直与帕特里丘斯贵族集团并列存在，独立发展，到了公元前 3 世纪末贫苦农民组织已经发展壮大到举足轻重的地步，甚至可以暂时左右乾坤叱咤风云了。

无论是出于形势所迫还是罗马人的开明大度，公元前 4 世纪末到公元前 3 世纪初罗马人屡次妥协所采纳的立法措施，是古代世界卓有成效别具特色的富国强兵政策。慷慨赠予大量公民权给平民，巩固了公民兵制度，极大地加强了罗马的综合国力。从此罗马才有能力不断扩张，使自己由一个小国寡民的城邦发展成为统一意大利半岛、进而征服整个地中海世界的强大国家。

但是，扩张胜利对不同阶层的平民意义不同。由于早期罗马官职没有薪饷，只有富有的平民才有可能担任高级公职，而广大平民却无缘问津。富有的平民担任执政官期满以后，可以像原来的氏族贵族一样自动进入元老院成为元老。再加上他们在公元前 445 年以后利用通婚条件与旧贵族融合，于是形成了新的"贵族"。

三　"分权制衡"基因只能在罗马产生的原因

宗教是共和制的孪生兄弟，是社会稳定的温控器、压舱石。罗马的原始宗教活动和世俗生活始终密切地交织在一起，在最初的 8 个世纪一直是国家稳定的顶梁柱。举凡选官、节庆、婚姻乃至体育竞技等世俗活动，无不伴随着祭祀、占卜等宗教礼仪。正是因为长期深入的信仰观念的熏陶，才有助于协调家庭内外、国家上下的矛盾和斗争，约束人性潜在的野蛮和凶残，促进了公元 2 世纪以前罗马内部的彼此宽容和谐共存。共和国初期大祭司团产生了首席大祭司作为精神领袖，他取代了国王原有的全部宗教职责。共和国初期三百年，首席大祭司不仅是国家高官中威望最高的官职，而且一直独立存在，不曾有执政官兼任。到了内战末期的独裁政治，才开始出现行政首脑兼任首席大祭司现象。恺撒兼任 20 年直至去世，奥古斯都兼任 26 年直至去世。此后的罗马皇帝都兼任，可见宗教在古罗马不可忽视的安邦定国作用。而佛教传入以前的中国先秦时代，宗教一直薄弱，从来就没有产生成熟的宗教经典、系统组织及其教阶化神职称谓。为后来官方哲学——儒学奠定基础的孔子一再倡导淡化宗教的学说："不能事人，焉能事鬼"，"敬鬼神而远之"，所以他的学生说"子不语怪力乱神"。自命不凡的帝王"天子"也从来不屑于附加专门的神职头衔，像西方帝王例行的那样。因此，忽视乃至排斥宗教在早期社会应有的威慑和调节作用，或许是中国古代不能出现共和制的诸多原因之一。

古罗马政制是古希腊政制的继承和发展。诸多文献提到，罗马人在公元前 451 年制订《十二表法》之前，立法委员会曾经专门派人前往希腊考察。"主权在民重在法治"既是雅典梭伦—伯里克利时代的传统政制特色，也是后来由亚里斯多德批判地继承柏拉图提出的理想政体的主要参照。正因为罗马人接受了希腊的影响，才发展出颇具希腊遗风的共和政制：实行中庸之道；融合平民政体和寡头政体的优点，兼顾贫富两级的利益①。因此，稍微晚出的亚氏学说虽然植根于希腊历史，同样可以映证古罗马政制："一切政治组织总是由统治者和被统治者两相合成。"②"按照各人的价值分配职司。他们在这样的制度中，既能统治，也能被统治。""凡离中庸之道（即共和形式）愈远的〔政体〕类别一定是恶劣的。""〔在议事方面〕应有最高治权属于公民大会的制度，一切政事或至少是军国大事必须由公民大会裁决；反之，执政人员应该完全没有主权。至少应把他们的权力限制得很少很小。"③

正是罗马共和国数百年的政治传统才奠定了公民意识。平民与贵族的长期斗争经验使希腊罗马人最先认识到，"城邦是公民的城邦"。凡享有法定权利和义务的国家成员都是公民。权利和义务是互为前提的，不可或缺④。而中国君主专制下的臣民观念则相反，君臣关系的实质是主仆，君主可以随意恩赐或剥夺臣民的任何权利。臣民只有尽忠义务，无法定权利可言。臣民争取合法权益的斗争经常被判为"谋反"。正如梁启超所

---

①　参见拙论《亚里斯多德的政治理想》，《中国人民大学学报》1997 年第 5 期。

②　Aristotle：Politics, 1332b15, 1252a14, 1361a32—1361b5. 本文的亚里斯多德《政治学》译文采用吴寿彭译本，商务印书馆 1965 年出版。注释页码采用国际通用的贝克尔标准页码，下同。

③　Aristotle：Politics, 1288a12, 1296b9, 1317b25—30.

④　Aristotle：Politics, 1274b40—1276a5.

说："虽以孔孟之至圣大贤……而不能禁二千年来暴君贼臣之继出踵起，鱼肉我民，何也？治人者有权，而治于人者无权。"①

前期罗马共和国的维权斗争崇尚阳刚之美，鄙视鬼巧阴毒，不屑于战国时代政治生活中泛滥成灾的"借刀杀人"谋略和申不害、韩非崇尚的权术。无论是解决集团之间的利益冲突，还是个人发泄对国家社会的不满，罗马人的主要解决途径，是正大光明追求宪政，诉诸立法和司法程序，而不是三十六计之类的诡谋。言路畅通时，社会改革家首先要做的是公开制造舆论。学校教授公开演讲、辩论的修辞术，人人崇尚唇枪舌剑面对面的议会斗争。因此，共和国的各种公共场所，都可以随时成为反映时政得失、民心向背的晴雨表、广播站，成为不断完善政制、修订法律的依据。这是西方舆论的特点，也是人间正道。

只有力求改革不轻言革命，只有通过多次"集体撤离"等非暴力不合作手段而不是动辄举行你死我活的血腥革命，只有通过斗争、妥协，再斗争、再妥协，不屈不挠反复地讨价还价，只有平民的改革要求能够恪守适中、克制和贵族审时度势的开明态度相配合，只有通过保民官的否决权和其他反否决机制的互相制约反复较量，只有通过不断修订和补充契约式的法律，才能保障宪政在"分权制衡"的原则下实现，并不断革故鼎新与时俱进。但是，战国时代的阶级斗争却经常在座上宾和阶下囚之间，或逆来顺受忍气吞声和血腥革命你死我活之间作选择，很少有下层人士倡导通过"妥协谈判"去逐步争取分享权益的渐进斗争规则和艺术。

就统治集团内外有别而言，政治垄断和等级歧视本来是古代社会的普遍现象。罗马的普兰布斯平民之所以有资格有能力与当局进行中国先民无法进行的争取平等待遇的立法斗争，是因为他们始终存在着中国先民所没有的独立组织和领袖。早在王政时代，史籍就有他们自己的军事酋长存在的记载。他们后来选举的"保民官"其实就是原来部落酋长职位的延续，这一特点被某些学者忽略了。即使血缘部落改变为以财产等级为划分依据的地域部落，普兰布斯平民的组织和领袖不但没有随之消失，反而日益加强了。

平民维权斗争的节节胜利不断完善了国家对弱势群体的组织及其领袖的权益保障机制。官方法律承认保民官的行为自由不受官方限制，人身不受侵犯。侵害保民官者可以就地正法。随意处死侵害保民官的人不以谋杀罪论处。除了短暂的独裁官任期，保民官有权否决官方违背平民利益的任何法律和行政命令。因此，在公元前3世纪以前的罗马共和国，保民官是无冕之王。正是这些破天荒的奇特规定才使得罗马的立法、司法、行政乃至监察机制与古代其他国家判然有别。正是在野的平民组织的长期合法存在和有效监督，才使得罗马的宪政机制比别的古代国家更好更有效。

就统治集团内部而言，共和国初期的一系列多元化官制也有利于"分权制衡"的建立和发展。废除王政以后，罗马没有选举一位"总统"取而代之。为了互相制约协作共治，罗马先后设置了多个议会和官职分享国家的最高行政权力，代理立法、行政、军事和司法等各项职能。在共和国早期，地位最高的官职中有以下三种是两人协作共治的双官制。共和国中晚期兼有最高治权的议会和实行双官制的官职更多。例如，双执政官由森都里亚民众大会选出，任期一年，除了战争期间外不能延长任期。间隔10年方

---

① 梁启超：《论政府与人民之权限》，《梁启超全集》第2册，北京出版社1999年版，第883页。

能重任。执政官接替了原来属于国王的最高军事、司法、行政大权。设置两人是为了避免专制、腐败、决策失误和实行轮流坐庄或互相制约。在监察官和保民官设置以后，对最高执政官的制约机制得到进一步加强。

双官制中最能体现"分权制衡"的是享有最高监督权的双监察官。监察官从元老院选举两位德高望重的退休执政官担任。监察官与执政官、保民官和首席大祭司地位并列，是罗马共和国四大最高官职之一。他俩不仅能监察在任百官，甚至也能根据渎职或腐败撤销元老的职务。但是，分权制衡原则又规定，监察官无权僭越，如同裁判永远不能亲自参加比赛那样，监察官永远不能亲自取代被他罢免的任何行政或司法职务。被免职务根据制度另行选举。这一条规定就杜绝了阴谋家假公济私篡国夺权垄断政治的可能。古罗马紫色官袍的崇高地位类似于明黄色龙袍在中国皇宫的地位，原来只有勒克斯国王死后有资格穿紫入葬。即使取代了国王行政权的执政官死后也无权享受此种殊荣。监察官是唯一死后有资格身穿紫袍入葬的罗马共和国官员，由此可见监察权及其"分权制衡"观念在罗马政制体系中的至高地位。

古罗马的官职都是各类各级公民会议选举产生的，元老院只能在选举以后的人选内审批任命。古罗马的法律也是由各类各级公民会议表决产生的，元老、独裁官和保民官个人仅有否决权，没有立法权。正是这种多元社会结构和多项组织权力结构之间，或文化多元结构和契约型政法体系之间错综复杂的互相制约关系，孕育了古罗马特有的"分权制衡"传统基因。换句话说，如果没有多维等级结构的出现成为前提，就不会出现后来的多项权力组织，如果没有多元社会结构作前提，就不可能产生洛克（John Locke）、卢梭（Jean—Jacques Rousseau）所谓的契约型政法体系，这种因果关系决不是偶然的。这也是"多元政制分权制衡"遗传基因 cDNA 只能在古代西方而不能在东方产生的原因。

国人常把古希腊罗马的民主政治相提并论，往往忽略了二者之间的区别。其实，以雅典为代表的古希腊民主是浅陋的极端的"直接民主"制度，核心原则是全体公民直接参与国家管理，不分良莠，通过抽签轮流执政，排斥元老的治国经验和其他社会精英的主导作用。它不仅容易使国家决策屈从于多数民众的无知盲目情绪，不能以理性思辨为决策指导，尤其容易导致贫民统治和暴民专权。只是到罗马共和国时期及以后，西方才陆续演变出"间接民主"为主与"直接民主"为辅两相结合的制度。废除了抽签为主的民主制以后，才把选贤荐能确立为选举官员的主要要求。诚如罗马时代的著名古希腊历史学家波利比阿的精辟分析，罗马共和国的政制包括了亚里斯多德倡导的君主、贵族和民主政治三种古代因素的混合优点：由选举产生的最高执政官代表了君主政治的传统成分，主持内政外交，批准法律的元老院代表了贵族政治的传统成分，而具有立法权和选举权的公民大会则代表了民主政治的传统成分。希腊人提出的理想在希腊并没有实现，而在罗马基本成熟了。因此罗马政治思想家西塞罗和波利比阿一样，也认为这是一种最完善的古代政制，因为三种因素在权力上既相互配合，又彼此制衡[①]。

---

① Ancient Rome, Citizenship and politics in the middle republic, in EBMA, ibid., 2004. 原文参见波利比阿《通史》，vi，pp. 11—18；Cicero, The Republic I, Harvard University, 1952, p. 45.

四　"多元政制"没能在中国产生的原因

虽然中国史籍的传统是纪实的,由于观察角度、著述体例及其术语与西方截然不同,给我们的横向对比造成许多难以逾越的隔阂。比如,我们无法在与早期罗马大体同时代的中国史籍中找到可资对比的贵族与平民等级的确切术语及其构成标准,更不能找到是否存在公民大会、元老院等议决机构的任何论证。

笔者大体赞同谢维扬教授在《中国早期国家》阐述的中国酋邦形成的特点[①]。借鉴谢维扬的观点,我对中国早期国家的理解是:夏朝是中国前国家形态向早期国家的过渡时期,商周是早期国家的典型期,春秋战国则是早期国家向秦汉成熟国家的转型期。因此,夏至战国末年应该属于中国的早期国家阶段。由于以部落酋长为首的中国早期国家/酋邦主要是通过征服形成的,所以,与欧美等地部落联盟相比,"酋邦是具有明确的个人性质的政治权力色彩的社会"。酋邦政制往往"呈现出宝塔型的结构,并最终集中到一个人身上"。这与部落联盟模式对于个人权力的高度制约显然是大相径庭的。中国的酋邦在文献中被称为"氏"、"方"或"岳"。例如夏代的夏后氏、有扈氏,商代的鬼方、羌方等,它们的早期国家属性与"邦"、"邦国"无异。这种以血缘组织为基础的酋邦在公共权力、财产分配乃至意识形态等方面均有别于西方早期国家。

1989年,林志纯教授提出夏商周期间也曾存在"古代中国民众会"和"两院制"等类似西方的城邦或城邦联盟[②],我无法苟同。林先生列举的那些证据,顶多是微弱的"类似",或者是具有某种原始民主色彩的"礼制"在商周时代的零星残余而已。

我认为议会与专制是冰火不容的。《尚书·盘庚》记述的那次会议仅仅是为了迁都临时召开的动员大会,是大王对小民的训话会,而不是林先生所谓类同于苏美尔史诗《吉尔加美什与阿伽》记述的公民大会。《盘庚》第二篇称呼人民为"畜民"(牲口),还说:"乃有不吉不迪,颠越不恭,暂遇奸宄……我乃劓殄灭之,无遗育,无俾易种于兹新邑。"如此浓郁的霸气哪里还有公民大会的样子?哪里还有"询国迁""致万民而询也"的诚意可言?再者说,西方议会大多是例会,或者定期召开,或者临事召开,因此西方古国的议会记载不绝如缕。然而,被林先生误解的这次"公民大会",在浩如烟海不绝如缕的中国古籍中却是孤证。尤其重要的是,西方公民大会常常是最高权力会议,常有否决元老会议或国王提议的记载,例如《吉尔加美什与阿伽》记述的大会就否决了当时苏美尔的长老会决议。而通观《盘庚》三篇,既无人民参与议论,也无大会表决,却以霸王的种种威胁利诱和小民的无奈顺从而结束。因此,《尚书 盘庚》恰恰是中国君主专制早在商朝以前就出现雏形的证据,不是其他。

因为中国自古就不曾存在与贵族并列或帝王不能统属的庶民组织,因此不可能存在议论加投票表决的会议模式,更不可能存在议会对王权、平民对贵族制度化的有效约束机制。虽然历代帝王也曾随心所欲召开御前会议,甚至偶有某王纳谏如流,某会左右了

某次决策的记载。问题的要害在于，会议对帝王制约的可能性和程度大小，完全取决于帝王纳谏品质的修养，当时的心情好恶，没有任何法律保障议决的公正性。因此，古代中国没有投票表决机制的会议不能叫"议会"。即使尧舜邀请"四岳十二牧"召开选贤任能的"禅让"盟会传说是真实的，在有籍可查的春秋战国时代，这种原始民主制早就灭绝了，彻底遗忘了。在春秋战国，无论是中原王国还是边陲方国，无论合纵还是连横，列国及其联盟继承的政制都是中国早期酋邦的专制基因。虽然早在西周初年周公旦就开始借助传统礼制，序尊卑、定亲疏、别贵贱，划分社会等级，但是，周公统治集团重在确立贵族内外不同等级的地位和权力，仅仅是为了建立论功行赏利益分配的等级依据，没有宽容或着意保存氏族社会曾与王权并存或王权不能统属的"四岳十二牧"之类的另类组织和官职，更没有追求权力分享、互相制约的任何记载。千古传诵的名言"溥天之下，莫非王土，率土之滨，莫非王臣"①，一定是反映中国古代政治本质的普遍现象。

中国古代所有的政治"会议"不过两种类型：其一是集思广益的咨询会，其二是软硬兼施的训话会。他们都是御用的、官方的或官方暗中操纵的。中西古代政治"会议"截然不同就像中国的吉祥物"狮子"与西方的动物"狮子"完全不同一样，是名同实不同。为了说明某些事物中国和西方名同实不同，明清间耶稣会士们的早期汉语地理著作曾费了不少口舌。但是，如果我在《汉书·礼乐志》"孟康注"里偶然撞见几句描述"狮子"的文字，就惊呼最新发现，否定中外学者近400年的苦心区别，断定那是西方狮子传入秦汉言之凿凿的证据，或者早在秦汉就已萌芽，能说通吗？虽然我至今愿意遵奉德高望重的林志纯教授为新中国"世界古代史之父"，然而，"吾爱吾师，吾更爱真理"。我不得不指出，林先生煞费苦心，在《古代城邦史研究》里摘引《左传》、《国语》的所谓"古代中国民众会"和"两院制"众多证据，恐怕不同程度地存在望文生义之嫌。

古代欧亚大陆十多次重大的政治和宗教改革都曾产生过地震和海啸一样巨大的社会文化影响，都留下了因果明确、时间和空间清楚、领袖人物明确、题材众多而且流传有绪的相关记载，例如发生在相当于商朝晚期的埃及新王国法老埃赫那呑（Akhenaten）的改革②和春秋晚期波斯国王大流士一世（Darius I,）的改革。它们没有一次仅仅留下扑朔迷离的片言只语，就像林先生所谓商周民主政制那样。纵使它在商周时代偶然能像鬼火流萤在某个犄角旮旯儿悄悄出现，岂能在风雷激荡的秦汉时代静静消失无疾而终？究竟商周民主共和政制在何时何地由何人消灭？战国至汉末数百年的礼法斗争和废分封立郡县的长期反复论辩岂能不提此事？如果商周确有民主共和制，提到它的相关文章，在严可均编辑的《全上古三代秦汉三国六朝文》751卷里至少应有十分之一。以追求"仁政"著称的数百名孔孟之徒焉能数百年绝口不提"投票表决"之类的关键词语？因为废除民主共和原则的改革必然伤害众多人的切身利益，群众抵抗会非常激烈残酷、广泛持久。以纪传体著称的中国史学岂能不出现描写英勇献身于捍卫共和传统的人物传记？中国古代从来没有出现过类似于古罗马西塞罗（Marcus Tullius Cicero）、布鲁图

---

① 《诗经·小雅·北山》。
② 在改革前埃赫那呑称为阿蒙霍特普四世（Amenhotpe Ⅳ）或阿美诺菲斯四世（Amenophis Ⅳ）。

（Marcus Brutus）和喀西约（Gaius Cassius）之类捍卫共和抵抗专制的杰出人物传记，是未曾有过共和政制的铁证之一。要之，向壁虚构的乌托邦民主共和设想在先秦时代可能出现过片言只语，但是，成为主流文化或政治制度的民主共和制在中国古代是从来没有出现的。

先秦专制区别于罗马共和最突出的，是家国相通亲贵合一的宗法同构体制，或曰东方专制主义。纵向运作和延续的父权制家庭是所有社会组织复制和放大的模版①。家法族规是国法的原型，而帝王则是家长和族长的放大。任何略具民主制雏形的古代国家联盟都是松散的多变的，有时甚至是虚拟的和徒有其名的，因此不能错误地把联盟当作国家看待，更不能作为考察古代政制的主要依据。了解古代政制的实质必须考察国家实体内部的组织结构及其权力运作机制。先秦国家通过积极倡导尊尊、亲亲，以及父慈、子孝、兄友弟恭等伦理教条，以及"敬天保民"、"明德慎罚"的政法思想，开启了君臣父子型的纵向宗法关系和家族本位的伦理法治。周公倡导的国王"作民主""怀保小民"，与古希腊罗马倡导人民自主自治的"民主"主张恰好相反。《尚书·多方》所谓"天惟时求民主"、"乃惟成汤，克以尔多方，简代夏作民主"、"天惟五年须暇之子孙，诞作民主，罔可念听"，这三个"民主"的含义都是反民主的"民之主宰"。

先秦时代不曾存在类似罗马的多元社会结构和多项权力横向制约。社会结构的外形是棱角凌厉巍峨森严的金字塔，帝王就是塔顶。社会的内部结构则是强于纵向而弱于横向联系的层层网络。在家提倡子孝、妇从和在国必须民顺、臣忠，情同一理。申无宇说，周朝把人分为十等："王臣公，公臣大夫，大夫臣士，士臣皁……"他还说，这种纵向型的社会隶属关系犹如管理牲畜那样"马有圉，牛有牧"②。国家通过逐步划分乡遂（国野）、废分封、立郡县乡里，以及什伍编户齐民的户籍制度，辅之以军爵、官阶融为一体的军政官僚体系，把全国织成一个家国相通、亲贵合一的一元化专制网络。

用"东方专制主义"来概括古代东方国家的一般特征，不是别人，正是马克思在《不列颠在印度的统治》一文中首先提出，后来也曾得到19—20世纪许多中外权威学者不同程度的首肯。因此，美国学者魏特夫的《东方专制主义》一书，虽然其部分论点略有偏颇，但其有关古代东方的那些论点仍然是马克思主义的继承和发展，是无可非议的。

其实春秋时代的礼乐制度也是维护宗法传统的，和法家所谓的法制主张殊途同归。张远山最近提出"儒、法两家是名为'中华通宝'之硬币的两面：儒家居于正面，主要是奴隶主义；法家居于反面，主要是专制主义"③。这个说法颇有见地。《荀子·礼论》说："礼有三本：天地者，生之本也；先祖者，类之本也；君师者，治之本也。""上事天，下事地，尊先祖而隆君师，是礼之三本也。"在这里，天地代表神权，先祖代表族权，君师代表君权。因此后世以天、地、君、亲、师作为礼拜的主要对象。

虽然先秦诸子中绝大多数都把礼视为不可或缺的治国方略，多数法家也认为礼与法

---

① "宗法同构体"、"复制模版"等理论术语最早由金观涛、刘青峰提出，参见其《兴盛与危机——论中国封建社会的超稳定结构》，湖南人民出版社1984年版。

② 《左传·昭公七年》。

③ 张远山：《"天下人"为何成了"人下人"——从儒家奴隶主义到法家专制主义》，《博览群书》2005年第7期。

并行不悖，但是主导战国中后期政局的法家主旨却是法、术、势。礼法相比，当然礼要从法。正如《管子·任法》所说："仁义礼乐者，皆出于法。"《商君书》某些篇对礼也有批判。法、术、势三者对比，商鞅偏重法，讲究律条的制定和信赏必罚。申不害偏重术，讲究对官吏的选拔、考核。慎到偏重势，讲究国君运用权势。成书于战国末期的《商君书》和成书于秦汉之际的《韩非子》是中国君主专制理论体系的滥觞。韩非把国家比作君主的车，"势"比作拖车的马，"术"比作驾驭的手段，他断言非如此不能"致帝王之功"①。先秦法家过于早熟的东方专制谋略，和同时代希腊罗马的法制理论是格格不入的。西方从来没有产生过中国那样成熟的帝制及其精到的理论。如果把西方君主制理论的代表作、马基雅维利的《君主论》与《韩非子》相比，也不过小巫见大巫而已。

早期中国君主专制理论体系的集大成著作《韩非子》偏激地宣扬中央集权的优点："事在四方，要在中央。圣人执要，四方来效。虚以待之，彼自以之"②。韩非认为商周的衰亡是由于"诸侯之博大"；晋国齐国的"分""夺"是由于"群臣之太富"。因此必须用"术"来"散其党"，"夺其辅"③。韩非主张以法为教，以吏为师，禁止私学。他把儒家、策士、游侠、患御者、商工之民等异己各派蔑称为"五蠹"，认为各派"私学"和国王都是"二心"的。这种"二心私学"，"大者非世，细者惑下"，"诽谤法令"，如果"不禁其行，不破其群，以散其党"，是要"乱上反世"的④。正是商鞅、韩非之流一元化专制学说的泛滥，彻底泯灭了中国多元化思想存续的可能，并为西汉董仲舒创立新的儒家专制理论体系提供了基础。

先秦时代不知道主权在民、依法治国，反而迷信法自君出、君权神授、权大于法。立法、行政、司法，三位一体，帝王独占一切大权。一切平民的政治主张，只有游说帝王获得某种侥幸，才有可能以朝廷法律的名义颁行。在中国要寻找类似罗马的庶民独立法权以及"平民法"也可演变为国法的历史，可能要比寻找白乌鸦还要困难。中国古代民本主义思想的范畴，从来没有越出"政在民心向背"、"水能载舟，亦能覆舟"的粗浅认识水平。难怪具有某些民本思想的"三坟五典"、"八索九丘"、"诸子百家"，全部堕入民权和民主的盲区。

虽然伴随着皇权产生，自古就有"御史"之类的监察官存在，"掌赞书而授法令"，职司纠察。但是，由于政制是家国相通亲贵合一的一元化宗法体制，没有实质性不可逾越的分权制衡制度，因此，无论监察官与帝王是同姓还是异姓，是联署办公还是分署办公，说到底，监察官也是替帝王办理机密差事的心腹之一，不是外人，都是自家人。触及皇亲国戚的检察案件，大多是自导自演的骗人把戏；没有分权传统的中国不可能存在类似罗马共和国那种权威独立、卓有成效的检察权，只能形同虚设、同流合污、监守自盗，甚至成为篡位夺权的同谋和帮凶。无论如何不可能出现共和制度下彼此独立、权力制衡的正常免疫机制和纠错机制。

---

① 《韩非子·外储说右下》。
② 《韩非子·扬权》。
③ 《韩非子·主道》。
④ 《韩非子·诡使篇》。

　　中国封建政制公开确认良贱不平等，良贱异制，同罪异罚。贵族官僚长期享有法定特权。中国历史既无权力制衡，更谈不到治君之法。先秦诸法都是从上至下单向控制的"手电筒"，没有独立组织的民众根本无法实施下级对上级、平民对贵族的制度化有效制约。因此，除非短暂的革命时代，传统等级法与特权法的本质未曾经历平民与贵族不断斗争的挑战和改革，稳定持续大约四千年，实属罕见。虽然商鞅一再鼓吹"刑无等级"，但是太子犯法他却不处罚太子，转而处罚无辜的太子的老师公子虔。如此徇情枉法，后人还标榜他是"缘法而治"刚直不阿的法家代表，岂有此理？

　　先秦诸子在列国间奔走游说朝秦暮楚，影响巨大。诚如王充在《论衡·效力篇》所说："六国之时，贤才之臣，入楚楚重，出齐齐轻，为赵赵完，畔魏魏伤。"但是，这些投机钻营的外国"游士"大多是故国破落贵族之家的庶出子弟①。对比罗马的社会等级，他们在移民区得宠高官之前的身份应该属于平民。然而奇怪的是，他们都不安本分，胳膊肘总是向外拐，不同程度地患有盲目媚外媚上的毛病。从早期法家管仲、子产、邓析、李悝、慎到、商鞅、申不害、西门豹、韩非、李斯乃至纵横家苏秦、张仪之流，在灿若群星的先秦诸子之中，竟找不到一位保民官之类的庶民领袖为保护民权奔走呼号，为"多元政制分权制衡"类型的长治久安建言献策。更有甚者，法家代表商鞅不仅不为自己出身的庶民集团谋利益，反而一再为"强君弱民"出谋划策。他竟然公开鼓吹"民弱国强，国弱民强；故有道之国，务在弱民"②，"乱化之民也，尽迁之于边城"③。商鞅鼓吹的严刑峻法奖励耕战，就是以富国强兵为名，行富国强君之实。殊不知鼓吹"强君弱民"无异于养虎遗患自掘坟墓，搬起石头砸自己的脚。难怪先秦法家故作多情忘我献媚之时，大都潜伏了类似"车裂商鞅"自寻毁灭的悲剧结局。

　　荀况在商鞅变法大约百年之后考察秦国说："其百吏肃然，莫不恭俭敦敬忠信而不楛。……观其士大夫，出于其门，入于公门；出于公门，归于其家。无有私事也，不比周，不朋党，倜然莫不明通而公也。"④ 这一段赞叹正好说明，经过商鞅等人的更法改制，大约到公元前4世纪后期，秦国已经彻底摧毁了古代可能存在某些民间组织"朋党"和非官方活动"比周"，彻底泯灭了庶民自由结社、集会往来的权利。臣民们个个战战兢兢，如临深渊如履薄冰。唯有"耕战"是从，不敢越雷池一步。如此大门不出二门不入，单调乏味、万马齐喑、鸦雀无声，司马迁还片面地吹捧这是什么"秦民大悦……家给人足……乡邑大治"⑤ 的昌盛征兆，其实正是促使"于无声处听惊雷"，显示王朝循环周期即将到来的白色恐怖。

　　古希腊罗马的重刑主义法制早在公元前5世纪就基本废除了，而李悝开创的重刑主义弊端，经过商鞅、韩非、李斯的步步推衍，却愈演愈烈。商鞅提倡的"重刑轻罪"就是轻罪予以重罚。商鞅认为只有通过严刑峻法，才能"轻者不生，则重者无从至"，并最终实现"以刑去刑"长治久安的目的。而商鞅提出的"刑用于将过"，即在将要犯

---

　　① 例如，张仪出身于"魏氏余子"，范雎是"梁余子"，商鞅是"卫之诸庶孽公子也"，韩非是"韩之诸公子"。

　　② 《商君书·弱民》。

　　③ 《史记·商君列传》。

　　④ 《荀子·强国》。

　　⑤ 《史记·商君列传》。

罪前就给予惩罚，大恶才能避免；不赦不宥，即凡有罪者统统严惩不贷。这些都是"行刑重轻"专制暴政的进一步恶性发展。战国法家步步进逼的重刑主义破坏了周公倡导的"德主刑辅"、礼为主导的传统口号。

重刑主义突出体现在严厉惩罚"群相聚"、擅议朝政、冒犯君威等方面。经过商鞅、韩非、李斯的步步推演，"犯上作乱"的新罪名层出不穷。睡虎地《秦简》多次提到的"群盗"，其中包括聚众反抗的罪名。秦律再三要求郡、县、乡官吏对"群盗"及时捕杀。《秦律》拟定了不少侵犯王权的罪名，如谋反、不忠、不道、诽谤等。不仅罪犯本人要处死，而且还要"籍其门"。秦始皇三十五年，侯生、卢生仅仅说了几句批评秦始皇的话，朝廷便在咸阳展开了普遍稽查"诽谤"皇帝嫌疑犯的运动，一时间风声鹤唳人人自危，并由此引出"焚书坑儒"千古奇案。为虎作伥愈演愈烈的"大逆法"，在把君权步步推向神圣不可侵犯的极端高度之时，也把后世为民请命、筹建"分权制衡"法制原则的可能性推向了绝望的境地。

先秦立法效果之所以弊端丛生，其原因还在于标榜为"法家"的先秦诸子知识结构有问题。他们的专业倾向其实主要是政治经济学家、外交家、经营管理家，而不是法学家。如果把他们和前期罗马共和国主持平民立法的十几位保民官对比，特别是和罗马帝国查士丁尼（Justinianus I）时代以特里波尼安（Tribonianus）为首的，负责编纂《查士丁尼民法大全》（Corpus Juris Civilius）的那些精通法理的职业法学家对比，都会发现差距。因为先秦法家对法律应有的契约属性一窍不通。即使用欧亚大陆古代而不是现代法学家的职业水平来衡量，他们也有缺乏足够的民主立法知识的通病。他们仅仅是一些鼓吹"富国强兵"的职业政客而不是法学家。

然而，如果笼统地说先秦的政制和法制都比罗马的水平低质量差，恐怕是不公正的。因为专制与共和的价值观不同，缺乏完全一致的可比性。首先应该肯定的，是中国法制的传统比罗马早得多。虽然夏朝事迹虚无缥缈，但是《左传》提到的"禹刑"却是公元前20世纪前后中国早期习惯法的可信汇编。汉代郑玄的古代案例分析，说明夏朝已有大辟（死刑）、膑（砍脚）、宫（毁坏生殖器）、劓（割鼻）、墨（针刺面颊或额后涂墨）等五种苛刑的起源。《礼记·王制》也记载了周公制礼和吕侯制刑的概况。《史记》则明确记载了管仲在公元前7世纪辅佐齐桓公更法改制的诸多业绩，其中包括按照居住地划分国、野居民，推行参国伍鄙之制，新设各级军事组织，对井田"相地而衰征"的租税改革等，已经言之凿凿。到秦始皇二十六年改命为制、改令为诏，进一步补充完善了先秦政治法律的名称术语体系。

中国公布成文法的时间也比罗马公布的《十二表法》早将近一百年。早在公元前536年，郑国子产铸刑书于鼎，这是我国第一次公布的成文法。晋国接踵效仿。魏国李悝所著《法经》六篇，分别为《盗法》、《贼法》、《网法》（也称《囚法》）、《捕法》、《杂法》和《具法》，集春秋各国立法精华之大成。《具法》不仅是《法经》的总纲，也开创了中国法典的编纂体例。商鞅在秦国的重要变法，是先秦时代各国更法改制的典型。商鞅不仅改法为律，还制定了一系列新律。例如《司空律》《军爵律》等内容大大超出了《法经》的范围。其中《金布律》涉及布帛、钱币规格以及商品的标价规定，则很可能是当时全世界最具体的工商法律条文。1975年在湖北云梦城关睡虎地秦墓发掘出秦律竹简 1155 枚①,反映了商鞅之后到秦统一六国期间秦国异常发达的法制面貌。由此可见,中国似乎提前了至少数百年,出现了西方晚至罗马帝国哈德良(Hadrian)和查士丁尼时代才出现的立法高潮。公元前 7—前 4 世纪,先秦列国立法活动的频繁,法律条文的详细,以及各种法制思想的繁荣程度,恐怕都是同时代的罗马不能比拟的。

　　然而遗憾的是,晚出的罗马法开启了现代世界民主共和政治的先河,而早熟的先秦法却成为中国长期不能摆脱封建牢笼、融入世界文明主流的桎梏。

〔作者米辰峰,教授,中国人民大学历史系。北京　100872〕

---

① 根据 2001 年北京文物出版社整理出版的《睡虎地秦墓竹简》,内容大致可分为四类:第一类包括《秦律》法规三十多种。第二类《法律答问》是对秦律术语及律文意图、诉讼程序的解释说明,可以作为下级官吏办案根据。第三类《封诊式》是案例汇集,涉及办案程序和要求,诉讼文书的格式。第四类《为吏之道》,是约束官吏的条文。该书是迄今发现年代最早、内容最详细的原始秦律条文注释汇编。

中华帝王思想与中华"龙"崇拜
——从"龙"的产生与发展谈起

曹定云

一 序

在中华数千年的历史长河中，始终伴随着一种神秘的动物——"龙"。它深深地扎根于中华历史文化之中，也融于亿万华夏儿女的心中。每一位中华儿女，从他（她）懂事的那一天起，就知道有"龙"，因为"龙"是十二生肖中的佼佼者。如果哪一位是"龙"年出生的，自然是引以为荣。中华民族对"龙"的崇拜，自然也影响到帝王的统治思想体系。他们利用"龙"的权威和神圣，声称他们与"龙"有其特殊的关系，甚至是"血缘关系"，以此抬高自己的地位，巩固其统治。因此，"龙"崇拜对最高统治者而言，更有其特殊的意义和作用。历代帝王，都极力宣扬"龙"，崇拜"龙"，宣称他们是"龙"的化身，是"龙子"、"龙孙"，以此作为其巩固政权的重要手段。中华"龙"究竟是如何产生和发展的？"龙"崇拜又如何与帝制统治相结合？是一个有待深入研究的学术问题。从历史的发展看，中华帝制思想与中华"龙"崇拜的发展有密切的联系。为说明这一问题，特作如下论述。

二 原始社会中的图腾崇拜——原始"龙"的产生

人们通常所说的中华五千年文明史，应是指炎黄阪泉之战、黄帝战胜炎帝，取得部落联盟首领后的历史。其实在此之前，中华民族的发展，已经走过了漫长的道路，就炎帝部落，黄帝部落以及其他部落而言，都在特定的区域内繁衍、生息，创造出不同类型的文化，如仰韶文化、红山文化、良渚文化等等。这些文化都是中华文明的历史源头。仰韶文化又划分为半坡、庙底沟两个大的类型。这些文化在自身的发展过程中又可划分为不同的阶段。这一总的过程就构成了中华史前时代的历史。由此可见，中华文明的历史远在距今五千年之前。

中华史前时代的历史中，各部落之间的区别，不仅表现在文化面貌上，更主要表现在部落图腾上。所谓"图腾"，就是原始社会中每一部落或氏族成员的共同标志，这个"标志"都是部落或民族成员崇拜和敬畏的动、植物，并认为自身的来源与崇拜物有"血缘"关系，因而对这种动物（或植物）十分崇拜。这就是"图腾"崇拜。"图腾"一词源于印第安语，其意为"他的亲属"。如今，不少中外学者认为：美洲印第安人，其祖先是从东亚迁徙过去的。他们的体质特征、生活习俗都与东亚蒙古人种有着千丝万缕的联系。"图腾"的使用自然更不例外。

我国著名考古学家苏秉琦先生曾经说过："中国古文化有两个重要区系：一是源于渭河流域的仰韶文化，一是源于大凌河流域的红山文化。他们都有自己的根（祖先），自己的标志。两者出现或形成的时间约当距今六七千年间，都是从自己的祖先衍变或裂变出来的。"① 苏先生所讲的"标志"就是"图腾"。现将这两大考古文化区系中的"图腾"揭示如下。

1. 仰韶文化中的炎帝部落图腾

炎帝部落是华夏民族构成中最重要的部落之一，炎帝部落的发祥地在今陕西宝鸡地区。从考古学文化判断，属仰韶文化半坡类型，其典型遗址有宝鸡北首岭、西安半坡和临潼姜寨。在这三个遗址的彩陶中，都发现了一种特殊的图案——"人面鱼纹"图。例如，宝鸡北首岭（T129∶2）陶片上就绘有"人面鱼纹"（图1）。关于此图，原报告认为：人面顶上的三角形表示头髻发；嘴角两边的三角形表示胡须；人面两侧的两条小鱼是表示耳朵②。而我则认为：既然是"人面鱼纹"图，就应该既有"人"，也有"鱼"。故"人面顶上之三角形应是表示鱼之背鳍，而非人的头发；人面口部两边之三角形应是表示鱼之胸鳍，而非人的胡须"；耳部两边两条小鱼，则是象征小的鱼氏族依附于大的"人面鱼纹"氏族③。这种"人面鱼纹"图案在西安半坡，临潼姜寨都曾多有出土。可见，这种图案应为"图腾"，而且说明这三处地方的文化属于同一类型，是同一部落先民创造的。

图1　宝鸡北首岭"人面鱼纹"图案

---

① 苏秉琦：《华人·龙的传人·中国人》，辽宁大学出版社 1994 年版，第 88 页。原载《中国建设》1987 年第 9 期。

② 中国社会科学院考古研究所：《宝鸡北首岭》，北京文物出版社 1983 年版，第 49 页。

③ 曹定云：《炎帝部落早期图腾初探》，《宝鸡文理学院学报》2007 年第 1 期。

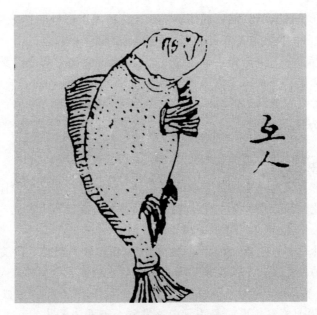

图 2　《山海经》互人图

　　仰韶文化半坡类型中的"人面鱼纹"图，究竟是哪一个部落的图腾，则是问题的关键。《古本山海经图说·海内南经》云："氏人之国在建木西。其为人，人面而鱼身，无足。"同书《大荒西经》云："有互人之国。炎帝之孙，名曰灵恝，灵恝生互人，是能上下于天"（图 2）。对此"互人"，清代学者王念孙、孙星衍等均校"互"为"氏"。同时代学者郝懿行注云："互人国即《海内南经》之氏人国。""氏互二字盖以形近而讹，以俗氏字作互字也。"由此可知，《山海经》中的氏人国就是"互人国"，是炎帝部落的后裔，其图像是"人面而鱼身"。此图像同仰韶文化半坡类型中的"人面鱼纹"图有着本质的相同。由此可知，仰韶文化半坡类型中的"人面鱼纹"图应是炎帝部落的图腾标志，仰韶文化半坡类型应是炎帝部落先民创造的①。

　　炎帝部落中除了"鱼"图腾氏族外，还有"羊"图腾氏族。炎帝部落居民也崇拜"羊"。《潜夫论·五德志》："有神农首出常羊，感妊姒，生赤帝魁隗，身号炎帝。"炎帝部落中的"羊"图腾标志，同样在仰韶文化半坡类型中被发现。在西安半坡仰韶文化彩陶中，有一件"羊"角形图案（图 3）②。这个图案前后有过不同的版本：一是《西安半坡》初版时，羊角内鼻两侧各有两个黑点；二是《西安半坡》再版时，羊角内鼻左侧为三个黑点，右侧是两个黑点（图 4）。这个区别虽很小，但非常重要。有学者据此推断：此图应为"羊角图腾柱"，与观察天象有关③。为什么炎帝部落先民观察天象要用"羊角图腾柱"？同样是源于对"羊"的崇拜。羌族是炎帝部落后裔，今日四川北川羌族自治县中的羌族，仍以"羊"作为其民族的标志，在他们重要建筑的大门口，

①　曹定云：《炎帝部落早期图腾初探》，《宝鸡文理学院学报》2007 年第 1 期。
②　中国科学院考古研究所、陕西省西安半坡博物馆：《西安半坡》，文物出版社 1963 年版，第 166 页。
③　陆思贤：《神话考古》，文物出版社 1995 年版，第 153 页。

大厅内甚至房间中，都雕塑或悬挂"羊"头饰（图5）。这种古老的"羊"图腾崇拜习俗一直沿袭到今天。

图3　《西安半坡》初版时图像

图4　《西安半坡》再版时图像

图 5 "羊" 头饰

炎帝部落中除了"鱼"图腾氏族、"羊"图腾氏族之外，是否还存在着其他的图腾氏族，目前仍不得而知，期待着考古的新发现。但在炎帝部落早期，是"鱼"图腾氏族在部落中占据着主导地位，而在中、后期，则是"羊"图腾氏族在部落中占据着主导地位。这种部落首领地位的更替，是我们研究炎帝部落历史中应该特别注意的。

2. 仰韶文化中的黄帝部落图腾

黄帝部落同样是华夏民族构成中最重要的部落之一。他同炎帝部落一起，构成了华夏民族的主体。同炎帝部落一样，黄帝部落内部也存在许多大的氏族，这些氏族都应有自己的图腾，但我们目前所能确知的很有限。在甘肃甘谷县西坪出土的一件仰韶文化（马家窑类型）彩陶瓶腹部，绘有一"人面蛇身"图案：头略呈圆形，并以十字纹分为四部分，眼睛炯炯有神，张嘴露齿，躯体屈折，尾部上伸与头部连接；体上两侧各有一小腿伸出，作上举状；躯体绘方格纹，象征蛇皮鳞纹（图6）[①]。关于这个图案，也曾有不同的理解和看法。有的称"鲵鱼纹"，有的称"蜥蜴纹"，多数学者称"人面蛇身纹"。我同意后者。同样的图腾，在甘肃武山傅家门亦有出土。可见该图案为图腾应无疑问。

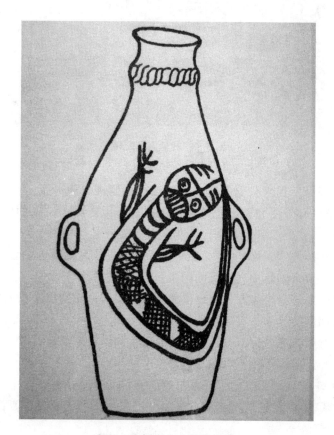

图6　西坪出土人面蛇身图

---

① 谢端琚等：《黄河上游史前陶器符号与图像研究》，《考古学集刊》第16集，科学出版社2006年版，第93—94页。

图 7　"轩辕之国"图

　　这个"人面蛇身"图案究竟是哪一个部落的图腾呢？解开这一谜团的仍然是《山海经》。《山海经·海外西经》云："轩辕之国在穷山之际……人面蛇身，尾交首上"（图 7）。《山海经》中的"轩辕之国"人像同甘肃甘谷县西坪出土的"人面蛇身"图案有着本质的相同：都是"人面蛇身"，且"尾交首上"。因此，有学者推断，这个"人面蛇身"图案就是黄帝部落中轩辕氏的图腾①。这一推断是正确的。

　　轩辕氏是黄帝部落中始终占主导地位的氏族。因此，长期以来在人们的观念中，轩辕氏就成为黄帝部落的代称。实际这是一种误解。因为，在黄帝部落内部，还存在着其他的氏族，例如有熊氏等。只不过目前我们尚无法确指，需要通过考古与文献相结合的方法，继续发现和证明。

　　黄帝部落（轩辕氏）以"蛇"为图腾，在华夏民族的观念中，"蛇"就是"龙"——"小龙"。以"蛇"为图腾就是以"龙"为图腾，这是华夏民族"龙"崇拜的开始。

3. 红山文化先民图腾

　　红山文化是与仰韶文化大致并行的新石器时代考古学文化，主要分布在以赤峰为中

---

　　①　吴汝祚：《炎黄汇典》（考古卷），吉林文史出版社 2002 年版，第 211 页。

心的大凌河、辽河流域。本文所论的"红山文化"包括了"红山文化"和"前红山文化"（赵宝沟类型、兴隆洼类型）两大部分。因为，这两部分的考古文化中，均有一种共同的崇拜物——猪龙。由此可证：这两部分文化是同一部落先民创造的，并有着前后相承的渊源关系。

红山文化的猪龙可以分为两类：一类是大型的泥塑或堆塑猪龙；另一类是小型的玉质猪龙。关于大型泥塑猪龙，上世纪 80 年代中期，在辽宁牛河梁遗址被发现：女神庙 JIB 主室北侧，发现二件泥塑猪龙，因出土时接近地表，头顶及躯体大部破碎，只剩头、耳、吻及前身、下肢[①]。2002—2003 年在赤峰市兴隆沟遗址 H35 的发掘中，发现两条用真猪头做龙首的大型堆塑猪龙。H35 西侧一龙：猪头骨破损较重，躯体由陶片和自然石块摆出，稍弯曲，通长 0.72 米；H35 东侧一龙，猪头骨与躯体完整，躯体主要由陶片和自然石块（含 4 件残石器）摆放而成，大致呈"S"状，尾部渐细，明显上翘。通长 1.92 米。该遗址属兴隆洼文化中期，距今约 8000—7500 年[②]。这两条猪龙应该是目前所见红山文化中最早的猪龙了。

上文所举猪龙，或由于破碎，或由于材料尚未公开发表，致使我们难以见其真颜。上世纪 80 年代中期，考古工作者在内蒙古敖汉旗小山遗址中，在一件尊形器（F2②：30）的腹部，刻画出一圈动物纹，依次为鹿、猪、鸟三灵物。其中的猪：长吻前突、鼻子上翘，獠牙长而略弯，躯体作蛇形而蜷曲，身饰鳞纹（图 8）[③]。很显然，这已经不是现实生活中的"猪"，而是一只被夸张和神化了的"猪"。这就是"猪龙"。它"猪首蛇身"，是学者们梦寐以求的"猪龙"神物。这件神物，就是红山文化先民的图腾。小山遗址的年代经测定，大约距今 6850—6715 年[④]。属于前红山文化范畴，应是"猪龙"的原始形态了。

另一类是玉猪龙。这在红山文化中有相当多的发现。根据形态，可分三种。一种如赤峰市巴林右旗出土的一件兽形玉：其头似猪，身体作蜷曲状，首尾衔接（图 9，左）；另一种如辽宁省文物商店收购的一件玉猪龙，形同前者，但首尾已经分开（图 9，中）；再一种如内蒙古翁牛特旗三星他拉村出土的玉猪龙：猪首、蛇身、首尾完全分开，颈有长鬣，作飞行飘然状（图 9，右）。这三种猪龙实际代表了猪龙发展的三个阶段，此中自然经过了漫长的岁月。

从以上论述可知，我国在原始社会末期，各部落普遍存在着"图腾"崇拜。在图腾崇拜中，产生了原始龙，即"蛇龙"和"猪龙"。这些"原始龙"，都是某一具体崇拜物的夸张和神化。它从何种动物而来，人们看之就一目了然。原始龙产生之后，就具有神秘和威摄的力量，人们崇拜它，并举行祭祀，以祈求它的保护。这种对"龙"的崇拜，开始成为人们精神生活中的重要组成部分。而部落中的首领或英雄人物，开始与"龙"相联系，以提高其威望或驾驭部落成员的能力。炎帝之"母曰妊姒，有矫氏女……游华阳，有神龙着感生炎帝"。黄帝是"轩辕之国，人面蛇身"。传说中的颛顼

---

① 辽宁省文物考古研究所：《辽宁牛河梁红山文化"女神庙"与积石冢群发掘简报》，《文物》1986 年 8 期。
② 中国社会科学院考古研究所内蒙古第一工作队：《内蒙古赤峰市兴隆沟聚落遗址 2002—2003 年的发掘》，《考古》2004 年第 7 期。
③ 中国社会科学院考古研究所内蒙古工作队：《内蒙古敖汉旗小山遗址》，《考古》1987 年第 6 期。
④ 中国社会科学院考古研究所内蒙古工作队：《内蒙古敖汉旗小山遗址》，《考古》1987 年第 6 期。

是"乘龙而至四海"《大戴礼·五帝德》，帝喾是"春夏乘龙"等等。这些首领们一个
个都与"龙"有关系自然是了不起的人物。这些传说对增强部落内部成员的凝聚力，
具有一定的积极意义。

图 8   敖汉旗小山遗址猪龙

图 9   红山文化中出土的玉猪龙及其衍变

三 唐虞部落联盟时代——"合成龙"的出现

我国原始社会末期，即"国家"产生前夜，是部落联盟的鼎盛时期。在部落联盟中，有一位由联盟各部落成员共推的"盟主"，由他来协调和管理公共事物。这个"盟主"就是部落联盟的首领。就历史的发展阶段而言，相当于传说中的唐、虞（即尧、舜）时代。"图腾"是部落的标志，而部落联盟的形成必然要求联盟体也有一"标志"。这个"标志"不应当是原先某一具体"部落图腾"的再版，而应当是联盟体中各主要部落"图腾"的合并。换言之，新的联盟体的共同标志（图腾），必须照顾到联盟体各部落原先图腾的特定部分，从而构建成一个新的"图腾"。这个新"图腾"就是原先各部落图腾的合并。是否如此？让我们分析考古中发现的事实。

山西襄汾陶寺遗址为代表的龙山文化，是我国新石器时代末期最重要的文化类型之一。上世纪 70 年代末和 80 年代初，考古工作者在一件彩陶盘内，发现绘有"蟠龙"图案。该"龙"头像"鳄鱼"，头上有角似（羊），嘴中吐芯似蛇，身躯盘屈，身上有半月形鳞纹（图 10）[1]。很明显，这一图案已经不是某一具体动物的再现，而是综合了蛇、鱼、羊等多种动物特征的结果。人们仍将这种崇拜物称之为"龙"，但它已经不是"原始龙"，而是一种"合成龙"了。"合成龙"的出现，是中华龙产生和发展过程中一次重要的质的飞跃：因为它突破了原始龙框架，为其自己的发展提供了更为广阔的空间，它的内涵也更为丰富和深远。

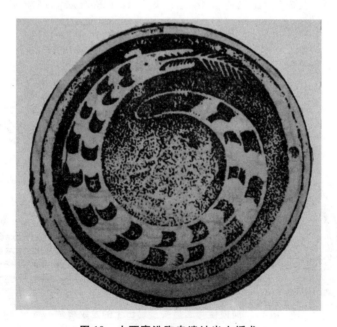

图 10 山西襄汾陶寺遗址出土蟠龙

---

① 中国社会科学院考古研究所山西队等：《1978—1980 年山西襄汾陶寺墓地发掘简报》，《考古》1983 年 1 期。

陶寺遗址属山西晋南龙山文化早期，距今约 4500 余年，相当于传说中的唐（尧）、虞（舜）时代。近年的考古工作又取得了新的、重大的进展，发现了古代城址，大型观象台和文字，故陶寺遗址很有可能是传说中的"尧"都。尧、舜是部落联盟的鼎盛时代。陶寺文化中"合成龙"的出现，为部落联盟插上了鲜明的图腾标志。

四　夏商奴隶制王朝——神秘而拘谨的龙

夏朝是中国历史上第一个朝代，河南偃师二里头文化是确定的夏文化，偃师二里头遗址是夏代后期的都城所在。

夏王朝的统治者十分崇拜"龙"，并及力宣扬他们与"龙"的关系。《归藏启筮》云："鲧死……化为黄龙。"传说：大禹受拜登基时，蟠龙迅速地从它藏身的地方飞了出来；夏王朝的大旗上画有两龙相交的纹样。《史记·匈奴列传》："匈奴，其先祖夏后氏之苗裔也，每年祭龙三次，名曰龙祠。"以上记载和传说说明：夏王朝十分崇拜"龙"，并以"龙"作为图腾。

偃师二里头遗址的发掘中，目前尚未见到完整的"龙"[①]。但发现了带"龙"的陶片，一共两件。一件为带"龙爪"陶片，龙虽首尾不全，但仍可见龙首上升、巨目侧视，躯体左曲右盘，蜿蜒上行，背起春如鳍，趾爪俱全（图 11，左）；另一件是一首二身龙（蛇）：头近圆形，吻短而尖，眼睛作目形，额上有鳞纹，龙身似蛇，满身饰链状鳞纹（图 11，右）[②]。根据带"爪"龙体态分析，夏王朝的"龙"显然是"合成龙"，它出现了"爪"和"鳍"，比陶寺文化之"龙"有了新发展。这说明：夏王朝的联合的部落比尧舜时代的部落增多了。

图 11　河南偃师二里头遗址出土的龙纹陶片

---

① 2005 年 1 月 2 日《中国文物报》载，2002 年春，二里头遗址发现了一件"龙神器"。但学者中有异议，本文暂不论。

② 中国科学院考古研究所洛阳发掘队：《河南偃师二里头遗址发掘简报》，《考古》1965 年第 5 期。

　　商王朝的始祖契本起于燕山南麓的北京①，在沿太行山东麓南下的过程中，又融合了当地其他的一些部落，构建成商部落联合体。由于联合体的不同，商王朝的"龙"与夏王朝的"龙"肯定会存在区别。目前所知商代的"龙"主要见于殷墟出土的玉器和铜器中，尤其以殷墟妇好墓所出为大宗。殷墟妇好墓所出的"龙"可分两类②：一类是玉猪龙；另一类是青铜器上的蟠龙。现简略介绍如下：

　　妇好墓出土的玉猪龙，其外形大致接近于红山文化中的玉猪龙，但细部结构和花纹都发生了变化，增加了新的内容。根据形制，可分三类。

　　一类双角无足。例如 M5（指妇好墓，以下均用 M5 代替）：466 为墨绿色圆雕，龙首尾相衔接，尾尖内卷，头上双角竖起，背饰鳞纹、身两侧饰云纹（图 12）。又如 M5：469，玉质黄褐色、嘴微张，角向后，尾尖外卷，身饰云纹（图 13）。再如 M5：369，玉质为白色，有黄斑。张嘴露齿，目字形眼，双角向后，龙体卷曲，尾尖外卷，背饰菱形纹和三角纹，身尾饰云纹（图 14）。上述三件猪龙代表该类中不同的三种形式，并有早晚相承的渊源关系。

图 12　（M5：466）

---

①　曹定云：《北京乃商族发祥之地》，《北京社会科学》1998 年 1 期；《北京是商族的发祥地》，《北京日报》1996 年 8 月 3 日。

②　中国社会科学院考古研究所：《殷墟妇好墓》，文物出版社 1980 年版。

图 13 （M5：469）

图 14 （M5：369）

二类双角有足，例如 M5：422，玉质为墨绿色，整体作蟠曲形，头尾相接，中有缺口，尾尖内卷；头上双角，腹下有两短足；背上中脊突起，身饰菱形纹和三角纹（图15）。又如 M5：408，玉质为墨绿色，龙头微昂，张嘴露齿，眼作目字形，双角后伏，中脊作扉菱状，龙身卷右侧，尾尖内卷，两短足前屈，有四爪；身尾饰菱形纹和三角纹，足饰云纹（图16）。再如 M5：360，玉质为墨绿色，龙体作站立状，头似豕、张口露齿，大眼小耳，独角竖起，垂尾，一足前屈；颈饰鳞纹，身尾饰云纹（图17）。该类中的三种形式，实际上也有早晚相承的渊源关系。

图15　（M5：422）

图16　（M5：408）

图 17 （M5：360）

三类独角无足。例如 M5：392，玉质白色，身作蜷曲状，张嘴露齿，目字形眼，头顶一角向后；颈饰鳞纹，身尾饰云纹（图 18）。又如 M5：473，玉质黄褐色，龙首作张口状，上唇翘起，头顶尖角（图 19）。再如 M5：995，玉质绿色，作蟠曲形，头尾衔接，尾尖内卷，嘴微张，齿细密，方形眼，尖角，两面均饰云纹（图 20）。

图 18 （M5：392）

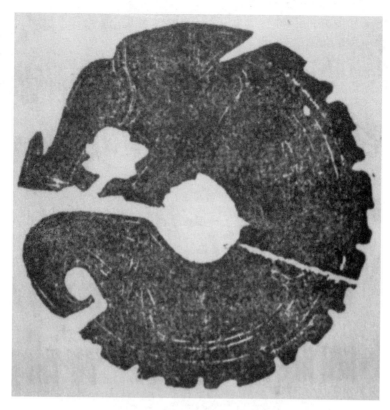

图 19　（M5：473）

图 20　（M5：995）

　　以上三类玉猪龙，外形明显地承袭红山文化，但细部却有了变化：普遍增加了"角"，有的还出现了"足"和"爪"，身上饰鳞纹和云纹。

　　殷墟铜器上的"龙"主要是蟠龙纹。例如妇好墓蟠龙纹铜盘：敞口、宽沿、浅圆底；盘内饰蟠龙，巨兽头，头上有角，躯体长，身尾绕盘一周；身饰鳞纹，龙首两边有两条小鱼（图21）。又如北京保利艺术馆收藏的一件殷代蟠龙纹盘：盘心饰蟠龙，龙首有双角，躯体饰鳞纹；龙首前有双虺，耳两旁有小鱼，躯体后侧有双虎（图22）。此"龙"之形体与殷墟妇好墓蟠龙大同小异。

图 21　妇好墓蟠龙纹铜盘

　　1973 年，考古工作者在殷墟洹水南岸，发现了一件石磬。该磬用灰色岩石制成，作不等边三角形，长 88 厘米，高 28 厘米，厚 4.2—4.6 厘米，石磬两面均刻绘"龙纹"（图 23）[①]。此"龙"首有"角"，躯体为蛇形，尾为"鱼"尾，有前后足；体饰三角纹和回纹。这条"龙"的最大特征是"鱼"尾，明显含有"鱼"图腾的因素。青铜礼器和石磬均是殷代上层统治者祭祀时的礼器，其上刻绘龙纹，表明了商代统治者对"龙"的崇拜。

　　从上面论述可以看出，商代的龙主要源于两个方面：一是红山文化的玉猪龙，另一个是陶寺文化的蟠龙。但两者都进行了创新和发展。"龙"的来源反映是商族群体的来源，这是有待深入研究的问题。殷墟的"蟠龙"有角、趾、爪、尾、鳞，是一种"合成龙"。这种"合成龙"比陶寺文化中的"合成龙"大大地前进了，它所包含的内容自

---

　　① 中国科学院考古研究所安阳发掘队：《殷墟出土的陶水管和石磬》，《考古》1976 年 1 期。原文认为石磬上所刻为虎形纹，欠妥，应为龙纹。

然也会多得多。殷墟铜器上的"蟠龙"神秘而威严，给人以恐惧感，这正是商代统治者所追求的。

图 22　保利艺术馆藏铜盘

图 23　殷墟洹水南岸出土石磬

五　西周后期至东周——自由、舒展的"龙"

西周早期的"龙"崇拜，主要反映在铜器的花纹上。但西周早期铜器花纹与殷代晚期没有太大的区别，大致相似，故本文从略。但西周中期以后，无论形体和花纹上都悄悄地发生了变化。就"龙"纹而言，"龙"的躯体变得自由、舒展，而不像殷代和西周早期那样拘谨。例如宣王时代的《颂壶》，腹部上的"龙"，其首为兽形，头上双角，双身，作奔驰状，躯体上饶云纹（图24）。整个龙体舒展游动，给人以欢快之感。又如虢国墓出土的《梁姬罐盖》，其上的一对蟠龙绕盘而游，两龙之间有一双嘴龙相衔，也给人以欢快之感（图25）。

到了春秋战国时代，周天子的权威衰落，诸侯突起、郡雄割据。这是一个下层民众思想大解放的时代。作为思想观念和艺术中的"龙"也有了新的发展。"龙"的自由和舒展在西周后期的基础上又有了进一步发展。以往只有上层统治者享有"龙"，如今却回游到中下层民众之中，"龙"不再是少数上层统治者享有的"神物"了。

图24　《颂壶》腹部花纹

1973年，湖南长沙子弹库楚墓中，出土了一件罕见的"人物御龙"帛画。帛为细绢地，呈长方形，长37.5厘米，宽28厘米。画面正中绘有一有胡须的男子，侧身直立，手执缰绳、驾驭着一条巨龙；龙头高昂，龙尾翘起，龙身平伏，略呈一舟形，人立于"舟"上；龙尾上立一鹤，左下角为一鲤鱼；人头上方为舆盖，三条飘带随风拂动，是画中主人乘龙升天的形象（图26）①。这是一幅十分罕见的艺术珍品。当年郭沫若院长见到该画后，曾赋《西江月》一首，今抄录如下。

　　　仿佛三闾再世，企翘孤鹤相从。陆离长剑握拳中，切云之冠高耸。
　　　上罩天球华盖，下乘湖面苍龙。鲤鱼前导意从容，瞬上九重飞动。②

　　此后不久，在长沙陈家大山出土了一幅"人物龙凤纹"帛画，所绘内容与子弹库帛画大致相近，只不过帛画中的主人公是一位中年妇女（图27）③。以上两幅帛画，均出于楚地长沙，说明乘龙升天思想，在楚地已非常普遍。这两墓的主人公——一男一女，自然不会是最底层的百姓，但也不会是最高层的统治者。他（她）们要"乘龙升天"，说明"龙"已从最高层统治者手中解放出来，进入到普通中下层民众之中。而"龙"的形态也从威严，拘谨的状态中解脱出来，变得自由而舒展。这是中华"龙"在自身的发展过程中又一次重要的飞跃。

图25　《梁姬罐盖》花纹光

①　湖南省博物馆：《新发现的长沙战国楚墓帛画》，《文物》1973年第7期。
②　郭沫若：《西江月——题长沙楚墓帛画》，《文物》1973年第7期。
③　丁允衍等：《龙》，中国和平出版社，第8页。

图 26　子弹库楚墓帛画

图 27　陈家大山帛画

六　秦汉帝制的确立与中华"龙"的基本定型

公元前 221 年，秦始皇横扫东方六雄，统一中国，开启了中国历史的新时代。由于秦王朝推行暴政，激起民变，很快又被农民起义的烽火所吞灭。刘邦"重民"，在楚汉相争中最终击败项羽取得胜利，建立了西汉王朝。汉承秦制，汉朝的一些基本典章制度都沿秦而来，并加以完善和发展。

西汉王朝的开创者刘邦十分崇拜"龙"，并极力宣扬他与"龙"的特殊关系：他是"由于他母亲梦龙而生"，所以他是"龙身"；刘邦喝醉酒时，常显出"龙"形；刘邦起义时，曾斩杀白蛇，那是黑龙杀了白龙等等。这些传说无非说明：刘邦是一位真正的"真龙天子"，他取得帝位完全是应顺天意。将统治权力与"龙崇拜"相结合，西汉政权的最高统治者达到了一个新的高度。

西汉王朝的统治者如此崇拜龙，龙自然是无处不在了。经过几千年的发展，龙的形态已基本定型。所谓"定型"包括了两个意思，一是龙种类的确定，有水中的"鲛龙"、空中的"翼龙"、陆地的"行龙"等等；二是各种龙的形态也基本确定，不像殷周时代，龙的形态各异。汉代的"龙"大致是什么样子呢？请看下面例子。

1976 年发掘的洛阳西汉卜千秋壁画中，绘有"双龙"图。此双龙一大一小，大龙鳄鱼头、蛇身、有双翅、有足，身背上有鳍，身上饰鳞纹。可见，这是一条综合多种动物特征的"综合龙"（图 28）。墓中又绘有墓主人"升天"图：女的乘三头鸟，手捧三足鸟；男乘蛇形舟；在男女主人的前方，有一侍女下跪相迎（图 29）[①]。又如 1970 年郑州新通桥汉代画像砖墓中，绘有乘龙升天图：一人骑在张翼飞翔的龙背上，龙下有一条游鱼（图 30）[②]。再如南阳汉代壁画墓中，也出现多种龙；有的有翼，为"应龙"（图 31，上）；有的与星府相伴，应是东方星宿——苍龙（图 31）。此外，还有表示方位的"青龙"瓦当（图 31，下左）[③]。以上例子说明：龙不仅种类多了，而且其职责也非常明确。这是中华龙已经基本定型的重要标志。

汉代的"龙"是成熟的"龙"、"综合的龙"。"龙"的各个构件都源于某一具体的图腾动物，例如头为豕（或鳄鱼或马首），角以羊或鹿，身躯似蛇、鳞似鱼，尾似蛇或鱼，爪似鹰，翼似鸟等等。这时的"龙"是综合了很多动物（图腾）特征的结果。这样的"龙"显然不是现实生活中存在的动物；但它又不是凭空虚构，而是来源于原始的图腾，并综合各部落原始图腾特征的结果。所以，汉代的"龙"是成熟的"龙"、综合的"龙"。它是华夏民族已基本形成的重要标志。从这个意义看，"龙"就是中华民族共有的图腾。

① 洛阳博物馆：《洛阳西汉卜千秋壁画墓发掘简报》，《文物》1977 年第 6 期。
② 郑州市博物馆：《郑州新通桥汉代画像空心砖墓》，《文物》1972 年第 10 期。
③ 孙广清：《从出土文物看古代的龙》，《中原文物》1988 年第 1 期。

图28 卜千秋墓双龙图

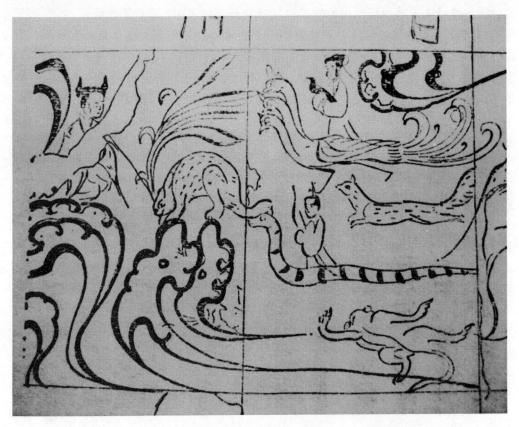

图29 卜千秋墓升天图

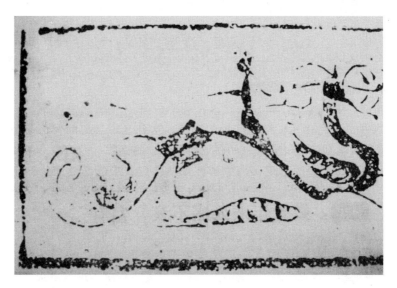

图 30　新通桥汉代壁画

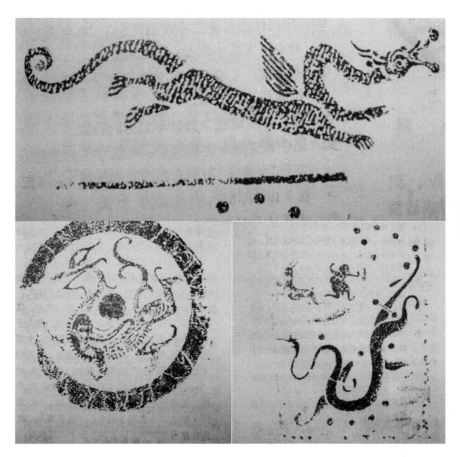

图 31　新通桥汉代壁画

七　结语

讨论至此，我们可作如下结论：

1. 中华龙的产生根源于原始社会先民的图腾崇拜。在图腾崇拜中，产生了原始的"蛇龙"和"猪龙"。而"龙"的进一步的发展，则合并了其他的部落图腾特征。龙的发展和完善过程，就是中华民族融合和形成的过程。

2. 中华的统一，帝制的出现，是中华历史发展过程中的必然产物；而原始龙的产生，合成龙的出现，综合龙的完成是中华龙自身发展过程中的必然结果，两种发展同时进行，并行不悖。

3. 从原始龙产生的那一天起，人们就对"龙"崇敬、惧怕，并认为"龙"的威力无所不至。因而原始时代的人们就将部落首领、英雄人物与"龙"联系在一起。这对于提高部落首领威望，增强部落内部团结，具有积极的作用。进入阶级社会以后，统治者上层则利用龙崇拜、宣扬他们与"龙"的特殊关系，以巩固他们的统治。这种统治权力与龙崇拜相结合，在汉代达到了新的高峰：最高统治者（皇帝）就是"龙"的化身，就是"真龙天子"。从此，帝制与"真龙天子"相陪伴，成为巩固封建统治的重要的精神支柱。

〔作者曹定云，研究员，中国社会科学院考古研究所。北京　100710〕

荀子"君道"论的现代心理学意蕴

何晓明 黄造煌

荀子思想包罗宏富，如果用起源于西方的现代学科分类标准来衡量，举凡政治、经济、法律、历史、哲学、教育、心理、文学、艺术等等，他都有所涉猎并有许多深刻而独到的见解。但是，从其思想的原生形态来看，荀子并无明确的学术分科意识，他思考的问题是，如何治国平天下。荀子发现"平治天下"是一个全方位的、综合性的系统工程，因而他在多个领域（或许在荀子看来它们都属于一个领域即政治）围绕治道进行思考，从而得出许多让现代诸领域专门家都叹为观止的创见。

例如，荀子在《君道》篇里说："道者何也？曰：君道也。君者何也？曰：能群也。能群也者何也？曰：善生养人者也，善班治人者也，善显设人者也，善藩饰人者也"；"省工贾，众农夫，禁盗贼，除奸邪，是所以生养之也。天子三公，诸侯一相，大夫擅官，士保职，莫不法度而公，是所以班治之也。论德而定次，量能而授官，皆使其人载其事，而各得其所宜；上贤使之为三公，次贤使之为诸侯，下贤使之为大夫，是所以显设之也。修冠弁衣裳，黼黻文章，雕琢刻镂，皆有等差，是所以藩饰之也。故，由天子至于庶人也，莫不骋其能，得其志，安乐其事，是所同也；衣暖而食充，居安而游乐，事时制明而足用，是又所同也。"①

荀子在这里反对片面强调君主"乘势"、"立法"、"用术"的强权统治，提出在隆礼重法的同时，还要惠民爱民。其中蕴涵的关于人的基本需要的深刻洞见，与现代心理学的某些结论颇有相似之处。基于此，本文尝试借鉴马斯洛的有关理论来彰显其中的现代心理学意蕴。

为了讨论的方便，先将马斯洛人本主义心理学中的相关理论要点列举如下。马斯洛认为，人的基本需要可分为五个层次。第一，生理需要。这是人们最原始、最基本的需要，如吃饭、穿衣、住宅等等，它在所有需要中占绝对优势。第二，安全需要。生理需要得到满足后，安全的需要就出现了，即人们希望生活在一个安全有序的世界里以远离痛苦和恐惧。第三，归属和爱的需要。安全需要一旦得到满足，归属和爱的需要就产生了。人们会渴望友爱包括感情的付出和接受，渴望同他人建立一种关系，渴望得到社会与团体的认可、接受，并在其中拥有一个恰当的位置。第四，自尊需要。爱与归属的需要满足了，尊重的需要便显露了。尊重的需要可分为自尊和来自他人的尊重两类。自尊包括对获得信心、能力、成就、本领、独立和自由等的愿望；来自他人的尊重包括被人关心和认可、获得他人赏识、有一定的地位和名誉及威望。第五，自我实现的需要。这

是最高级的需要，通俗地说，就是个体意欲成为他所能够成为的那个人①。

马斯洛还认为，每个人都具有一种高于一般动物的内部天性；这种内部天性原初是好的或是中性的而不是邪恶的，如果让它表现出来并且促进而不是压抑它，让它指引我们的生活，我们就会成长为健康的、富有成效的和快乐的人；当然，作为潜能，人的内部天性的实现和健康成长要受到包括自然、社会和生理等诸多方面的环境条件的制约，其中，基本需要的满足是无法绕过的一环②。

那么，以马斯洛的这一理论作为参照，荀子所谓的君主要"善生养人"、"善班治人"、"善显设人"、"善藩饰人"到底指涉了人的哪些基本需要呢？作为最高统治者的君主又应该如何满足人的这些需要呢？

一

"善生养人"即满足人民的生理需要。

荀子认为，生养人即"省工贾，众农夫，禁盗贼，除奸邪"。其中"省工贾，众农夫"就是要以农为本，尽量限制手工业和商业，鼓励农事耕作，这样才能创造出足够多的物质财富，以充分满足人民的衣、食、住等生理需要，因为归根到底，古代许多生活资料的取得主要是靠农业，尤其是作为人们最基本的生活资料衣服和食物，其原材料就是直接来源于农业。"除奸邪"就是要铲除鱼肉百姓的奸邪之徒，比如贪官污吏等，他们往往为着一己之私或明或暗地借助各种力量乃至国家的力量，毫无节制地征用民力，侵夺人民的生活资料，如"厚刀布之敛，以夺之财；重田野之税，以夺之食；苛关市之征，以难其事"（《富国》）。奸邪不除，则民不聊生。至于"禁盗贼"，《荀子》一书着笔不多，但我们可以想见它至少有两方面的功效：一则保障人民衣、食、住等生活资料的安全；二则劝业，即减少甚至消灭无业流动人口，增加社会劳动力，从而创造更多的物质财富，一言以蔽之，即"禁盗贼"似乎只是维护社会治安，其实它的着眼点还是在于生养人，即确保人民的生理需要不因盗贼横行而得不到满足。当然，欲生养人，还有更多的工作要做。具体说来，从以下几个方面着手。

其一，发展农业。为此，（一）"众农夫，省工贾"，即尽量增加农业从业人员，减少或限制工商业从业人员；（二）保护劳力及保证生产时间，"罕兴力役，无夺农时"（《富国》）；（三）提倡精耕细作，"掩地表亩，刺草殖谷，多粪肥田"（《富国》）；（四）因地制宜，如"相高下，视肥硗，序五种"（《王制》），即根据土地的实际情况来播种五谷；（五）兴修水利，保障生产，如"修堤梁，通沟浍，行水潦，安水臧，以时决塞，岁虽凶败水旱，使民有所耘艾"（《王制》）；（六）税收要有一定之规，"四野什一，关市几而不征，山林、泽梁以时禁发而不税，相地而衰政，理道之远近而致贡"（《王制》）。如此，则人民丰衣足食。

其二，保护生态。人们的生活资料主要取之于大自然，因此，要想从大自然中获得源源不断的生活资料，就必须遵循自然规律，有节制地开发和利用自然资源，以保持生

---

① 参见亚伯拉罕·马斯洛：《动机与人格》，许金声等译，中国人民大学出版社 2007 年版，第 18—29 页。

② 参见彭运石：《走向生命的巅峰：马斯洛心理学述评》，湖北教育出版社 1999 年版，第 202—204 页。

态平衡。所以，"圣人之制也，草木荣华滋硕之时，则斧斤不入山林，不夭其生，不绝其长也。鼋鼍鱼鳖鳅鳝孕别之时，网罟毒药不入泽，不夭其生，不绝其长也。春耕、夏耘、秋收、冬藏，四者不失时，故五谷不绝，而百姓有余食也。污池、渊沼、川泽，谨其时禁，故鱼鳖代多，而百姓有余用也。斩伐、长养，不失其时，故山林不童，而百姓有余材也"（《王制》）。

其三，节用裕民。荀子说过，"墨子之节用也，则使天下贫"（《富国》）。他是在批评墨子一味尚俭节用扼杀了人们的生产积极性，不利于社会财富的增加，当然也就不利于人们的基本需要的满足。但荀子又并不因此而主张纵欲享乐，而是认为，生产和消费要相互制约，保持平衡，"使欲不穷乎物，物必不屈于欲"（《礼论》），正所谓，"足国之道：节用裕民，而善藏其余。节用以礼，裕民以政"（《富国》）。节用以礼要求在上者不奢侈无度，以免加重人民的负担；裕民以政则要省徭役、薄税敛，使人民温饱而有余裕以扩大再生产能力。这样，生养人民就更有保障。

其四，不废工商。"兼足天下之道在明分"（《富国》）。荀子认识到，人的能力和时间是有限的，谁都无法全知全能，而只能各有所专精，因此分工合作乃势所必然。有分工才能有专精。人各有所专精，则通力合作便能更好地认识自然，开发自然，创造更多的物质财富，从而更好地满足人各方面的需要。也正因为人各有所专，而人的生活需要又是多方面的，所以发展商业，互通有无，也就顺理成章。因而，在荀子看来，商业固然要有所限制，却不能禁止，相反还要予以保护，以便满足人的各种生活需要包括生理需要。荀子说，"北海则有走马、吠犬焉，然而中国得而畜使之；南海则有羽翮、齿革、曾青、丹干焉，然而中国得而财之；东海则有紫紶、鱼、盐焉，然而中国得而衣食之；西海则有皮革、文旄焉，然而中国得而用之。故，泽人足乎木，山人足乎鱼，农夫不斫削、不陶冶，而足械用，工贾不耕田，而足菽粟。故，虎豹为猛矣，然君子剥而用之。故，天之所覆，地之所载，莫不尽其美，致其用。上以饰贤良，下以养百姓，而安乐之。夫之谓大神"（《王制》）。

另外，还要特别说明的是，荀子认为，所生养之人应是全体人民，也就是说，发展生产所创造的财富应该用来满足全体人民的基本生活需要，而不是由少数人独享。他说，"一天下，财万物，长养人民，兼利天下"，"羞独富者也"（《非十二子》）。也正是基于此，荀子才提出生养人民就要"除奸邪"，因为奸邪之徒总是不顾他人的需要，损人利己，中饱私囊。

二

"善班治人"即满足人民的安全需要。

"善班治人"就是"天子三公，诸侯一相，大夫擅官，士保职，莫不法度而公"。其中，"天子三公，诸侯一相，大夫擅官，士保职"意味着从天子到士，从中央到地方，各部门层次分明，各负其责、层层相依。

荀子说："治国者，分已定，则主相、臣下、百吏各谨其所闻，不务听其所不闻；各谨其所见，不务视其所不见。所闻所见，诚以齐矣，则虽幽闲隐僻，百姓莫敢不敬分、安制以化其上。是治国之征也。"（《王霸》）

　　在这里荀子着意强调了两点，即定分和安分。定分，是指国家行政部门有着不同的层次，对不同的层次要规定其相应的职责。安分，是指在明确各自职责的基础上，各个部门要各负其责，不能越俎代庖，即便君主也不例外。

　　比如，"君者，论一相，陈一法，明一指，以兼覆之，兼昭之，以观其盛者也"（《王霸》）。这就是说作为最高统治者君主，只要做好三件事：选任一个行政负责人、公布一部完备的法律、确定治国的大政方针，就算尽到了治国的责任，而不必去过问具体行政事务。正所谓，"治国有道，人主有职。若夫，贯日而治详，一日而曲别之，是所使夫百吏官人为也，不足以是伤游玩安燕之乐。若夫，论一相以兼率之，使臣下百吏莫不宿道乡方而务，是夫人主之职也"（《王霸》）。

　　又如，作为由君主选任和监督的行政负责人相的职责是，"论列百官之长，要百事之听，以饰朝廷、臣下、百吏之分，度其功劳，论其庆赏，岁终奉其成功，以效于君；当，则可，不当，则废"（《王霸》）。就是说，相是中央政府的总管，他要正确选任政府部门的长官和地方大员，要过问各项工作的基本原则和制度，要对部门长官和地方大员进行监督、论功行赏。年终，相要向君主汇报其工作情况。君主如果对相的工作表示认可，相就可以留任原职，否则即行罢免。与其职责相应，对相的素质要求是，"知隆礼仪之为尊君也，知好士之为美名也，知爱民之为安国也，知有常法之为一俗也，知尚贤、使能之为长功也，知务本禁末之为多材也，知无与下争小利之为便于事也，知明制度、权物、称用之为不泥也"（《君道》）。

　　再如对相以下的部门长官、地方大员即所谓臣下的要求是，"修饰端正，尊法敬分，而无倾侧之心；守职循业，不敢损益；可传世也，而不可使侵夺"（《君道》）。即要求他们详明法度，专一做好本职工作，品德端正，办事公道，不争权夺利，尊重法律，忠于职守。

　　"莫不法度而公"则意味着欲班治人还要有完备的法度，使各项事务皆有法可依。

　　诚然，要使国家行政工作得以有条不紊地进行，各部门职责明确并且官员都具备相当的素质是重要的前提条件，但还必须有一整套刚性的制度对其人其事进行有效的警策和约束才行。荀子之所以"隆礼重法"，并把"陈一法"即公布一部完备的法律作为君主要做好的三件大事之一，正是出于此种考虑。荀子说，"隆礼至法，则国有常"（《君道》），又说，"听政之大分：以善至者，待之以礼；以不善至者，待之以刑。两者分别，则贤、不肖不杂，是非不乱。贤、不肖不杂，则英杰至，是非不乱，则国家治"（《王制》）。这都是在强调，依据礼法，赏罚并重，则能令行禁止，各部门官员就会自觉地遵章守法。

　　明确各部门的职责，并且官员都具备相当的素质，又制定完备的法度来对其进行警策和约束，则各部门官员就都能胜任和信守其职，并互相配合，从而国家行政井然有序，各种事务都能及时、公开、公正地处理，这样，社会稳定，人民就有安全感。

　　但荀子毕竟是儒家，因而和孔、孟一样，认为政治好坏和民心安危，与君主或贤明或昏暗密切相关。他说，"君子者，治之原也。官人守数，君子养原。原清则流清，原浊则流浊。故，上好礼义，尚贤使能，无贪利之心，则下亦将纂辞让，致忠信，而谨于臣子矣。如是，则虽在小民，不待合符节、别契券而信，不待探筹、投钩而公，不待衡石、称县而平，不待斗斛、敦概而啧。故赏不用而民劝，罚不用而民服，有司不劳而事治，政令不繁而俗美，百姓莫敢不顺上之法，象上之志，而劝上之事，而安乐之矣"（《君道》）。这是说，君主是施政之原，为政要正本清源，首先要君正；君正则各级官吏自能有礼有信，忠于职守，即使普通百姓也都会公正、公平、诚实有信，从而一切都自然而然有条不紊，大家就都有安全感，而能各安其事。

另外，针对世俗所谓的"主道利周"（《正论》）之说，荀子指出，"主道，利明，不利幽；利宣，不利周"，"主道明，则下安；主道幽，则下危"（《正论》）。这是说，君主为政要依照法度，开诚布公，这样各级官吏直至普通百姓就会觉得一切事务都是透明的，其是否合法、公正、公平，其结果如何，都是可以预料的，因而就有安全感。正如马斯洛在谈到人的安全需要时所说的，人们"偏爱熟悉的事物，而不是不熟悉的事物；或者偏爱已知的事物，而不是未知的事物"①。

总之，"善班治人"就是要建立一套完整、有序的行政机构，并使各职能部门皆能忠于职守，"莫不法度而公"，从而创造一个稳定的社会环境，使人民有一种安全感，即满足人民的安全需要。事实上，马斯洛也说过，人们一般更喜欢一个安全、可以预料、有组织、有秩序、有法律的世界。这个世界是他可以依赖的。在这个世界中，出人意料、无法应付、混乱不堪的事情或其他有危险的事情是不会发生的；在这个世界里，无论发生什么样的情况都会有更强大的力量保护他使他免于受难②。

三

"善显设人"和"善藩饰人"在满足人的基本需要方面紧密相关且有重叠之处，因此，以下将二者放在一起加以分析讨论。

"善显设人"就是要"论德而定次，量能而授官，皆使其人载其事，而各得其所宜"；"善藩饰人"则要"修冠弁衣裳，黼黻文章、雕琢刻镂，皆有等差"。这是说，要显扬人就要依据其品德才能的高低授予相应等级的职位，比如，上等贤能的人授以三公的职位，次一等的授以诸侯的职位，再次一等的授以大夫的职位，使各得其所；不仅如此，与之相配套，各色人等，职位不同，在服饰上也相应地有等差之别，不容混淆，"天子朱卷、衣冕，诸侯玄卷、衣冕，大夫裨、冕，士皮弁、服。德必称位，位必称禄，禄必称用"（《富国》）。表面上看，荀子似乎是刻意要搞等级划分，"藩饰人"尤其露骨地表明了这一点；但考虑到这种等级划分是以个人德才的高低而不是出身的贵贱为依据，我们将不得不承认它确有其合理性，这就是，它们首先能满足人的自尊需要。

马斯洛在论述人的自尊需要时说，"除了少数病态的人之外，社会上所有的人都有一种获得对自己的稳定的、牢固不变的、通常是较高的评价的需要或欲望，即一种对于自尊、自重和来自他人的尊重的需要或欲望。这种需要可以分为两类：第一，对实力、成就、权能、优势、胜任以及面对世界时的自信、独立和自由等的欲望。第二，对名誉或威信（来自他人对自己的尊敬或尊重）的欲望，对地位、声望、荣誉、支配、公认、注意、重要性、高贵或赞赏等的欲望"，"自尊需要的满足导致一种自信的感情，使人

---

① 亚伯拉罕·马斯洛：《动机与人格》，第24页。
② 亚伯拉罕·马斯洛：《动机与人格》，第24—26页。

觉得自己在这个世界上有价值、有力量、有能力、有位置、有用处和必不可少。然而这些需要一旦受到挫折，就会产生自卑、弱小以及无能的感觉。这些感觉又会使人丧失基本的信心，使人要求补偿或者产生神经症倾向"①。显然，论德定次、量能授官及服饰皆有等差正是用外在的标志性事物来肯认个人的内在价值，从而满足人的上述需要，使人更加积极有为。另外要特别指出的是，马斯洛还说过，"最稳定和最健康的自尊是建立在当之无愧的来自于他人的尊敬之上，而不是建立在外在的名声、声望以及无根据的奉承之上"②。荀子肯定也意识到了这一点，所以他一再强调，要"皆使其人载其事，而各得其所宜"，"德必称位，位必称禄，禄必称用"，即德才与职位甚至包括其他与之相关的待遇如服饰、俸禄等一定要相当。德才高者固然不能屈就，德才低者也不能高攀。高攀则名不副实，当之有愧。换句话说，给人以高于其内在价值的待遇并不是对其人真正的尊重，而其本人由此获得的自尊也将是虚假不实的，因而是不稳固的。

"善显设人"和"善藩饰人"不仅能满足个体对于自尊的需要，在一定程度上还可以满足人对于爱和归属的需要。

马斯洛指出，在生理需要和安全需要都得到满足后，爱和归属的需要就成为人的生活中心。此时，个体除了渴望友爱之外，还渴望同他人建立一种关系，并在社群中占有一个位置。他希望获得一个位置，胜过获得世界上任何其他东西；邻里、乡土、族系、同类、同阶层、同伙、熟人、同事等种种关系对他具有深刻的意义。没有一个确定的位置，没有这种种关系，个体将自感没有根基，他会蔑视自己的出身及所"在"的群体（本文认为，这里的"在"只是一种形体意义上的空洞的"在"，因为他在精神上并没有被接纳，而是游离于群体之外），甚至可能成为反社会的势力。马斯洛也确曾提到，一部分青年反叛组织是起因于在面对共同的敌人时，对群体感、对接触、对真实的归属感的深刻渴望；不论这种共同的敌人是什么，它仅仅通过设置一个外来的威胁，就能形成一个相互亲善的组织③。很明显，荀子对于是否满足人的这种需要的利害关系是有着深远的考虑的。他提出要"显设人"和"藩饰人"就是要基于个体的德才而给他一个明确恰当的位置；位置明确了，个体与他者的关系就确定了，个体就有了归属感，人与人的友爱就有了基础。实际上，从心理学的角度讲，荀子所倡导的"礼"，作为一种区分等级、划分职分的标准因而也是"显设人"和"藩饰人"的标准，其基本功能之一就是使人有归属感；它让个体明白自己在群体中处于什么样的位置，应该接受什么样的规范。

"善显设人"和"善藩饰人"还能引导个体不断开掘潜能实现自我，从而满足其自我实现的需要。从前面的论述我们已经知道，"显设人"和"藩饰人"的依据是个人的德才，可见，"善显设人"和"善藩饰人"还有一个重要目的就是"尚贤使能"。荀子很重视"尚贤使能"，《荀子》一书中也有大量关于"尚贤使能"的论述。比如，"贤能不待次而举，罢不能不待须而废，元恶不待教而诛，中庸不待政而化。分未定也，则有昭缪；虽王公士大夫之子孙也，不能属于礼义，则归之庶人；虽庶人之子孙也，积文

---

① 亚伯拉罕·马斯洛：《动机与人格》，第28页。
② 亚伯拉罕·马斯洛：《动机与人格》，第28页。
③ 亚伯拉罕·马斯洛：《动机与人格》，第227页。

学，正身行，能属于礼义，则归之卿相士大夫"(《王制》)。这是说，进退人才不以资格和出身为限，有能即上，无能即下，不论其出身贵贱，辈分高低，乃至于王公之子孙无才无德可降为庶人，庶人之子孙有才有德可升为卿相士大夫，上或下皆以个人自身的德才高低为依据。又如，"人主欲得善射，射远中微者，县贵爵重赏以招致之，内不可以阿子弟，外不可以隐远人，能中是者取之，是岂不必得之之道也哉？虽圣人不能易也。欲得善驭〔速〕致远者，一日而千里，县贵爵重赏以招致之。内不可以阿子弟，外不可以隐远人，能致是者取之，是岂不必得之之道也哉？虽圣人不能易也"(《君道》)。这是要打破任人唯亲的世袭制度，量才录用。

在这里，"尚贤使能"使得以德才为核心的人自身的内在价值得到了充分的肯定和尊重，因而个体锻炼自身的德才并将之付诸实践以实现自我价值的欲望就被大大激发了，并因君主"善显设人"和"善藩饰人"而能得到充分的满足，即成为自己所能够成为的人。

中国古代"民本"主义旗帜下的荀子"君道"论，其立场其实是"君本"，即从君主的根本利益出发而提出的政治建策。在此前提下，他提示君主"善生养人"、"善班治人"、"善显设人"、"善藩饰人"，使人人"莫不骋其能，得其志，安乐其事"，满足人民的基本需要，从而从根本上巩固政治统治的基础。由此而论，荀子的"君道"论内含着丰富的心理学意蕴，其关于人的基本需要的洞见与两千多年后的人本主义心理学家马斯洛的观察结果几乎不谋而合。这提示我们，先秦儒家典籍中蕴藏着丰富的、超越时空局限的思想史的学理资源，我们须珍视这份历史遗产。

〔作者何晓明，教授，湖北大学中国思想文化史研究所；
黄造煌，博士生，湖北大学中国思想文化史研究所。武汉 430062〕

汉代皇帝观念形成的背景、过程和性质

张荣明

众所周知，以君权神授、祥瑞灾异为主要特征的皇帝观念，形成并确立于汉代，对此后的中国社会产生了深远的影响。然而，这种皇帝观念产生于怎样的背景，具有哪些内涵，在大众意识中皇帝具有什么样的人格特征，应该如何认识，值得予以考察和反思。

一　秦朝的帝王观念

公元前221年，秦统一中国，建立了一个地域辽阔、政治上强大的国家。这个国家建立后，把原来作为列国之一的秦国的经济、政治制度在新帝国内全面推行。在初期的时候，秦帝国的政治思路是以法家思想为主导，兼容各家。这是战国时期思想开放政策的延续。然而，在新帝国的建设过程中，这种政策遇到了挑战。比如，在地方行政建制上，需要建立以区域为基础的郡县制，而恪守传统的儒臣主张沿用过去的分封贵族子弟的制度。这在一定程度上制约了新国家的制度建设，而随着国家的一统，帝国政府对政治上的异议变得不再宽容。所以，在若干年后的一次朝会上，当博士淳于越批评当时的郡县制度时，丞相李斯断然提出了禁绝《诗》、《书》，以法为教、以吏为师的政治主张。秦始皇诏准施行，并有了随后的"焚书"事件。此后的"坑儒"事件是这一政治思路的再发展，法家思想日益极端化。

随着新帝国的建成，秦朝的皇帝观念也逐渐成形。这首先反映在"皇帝"称号的内涵上。秦王嬴政让朝中大臣讨论帝王的新名号。丞相王绾等人上奏说，历史上有"五帝"，但五帝未能统一诸侯。如今陛下统一中华，五帝所不能比。往古有"天皇"、"地皇"、"泰皇"，"泰皇"地位最尊，陛下应称"泰皇"。秦王政说，去掉"泰"字，加上"帝"字，就称"皇帝"。我为始皇帝，儿子为二世皇帝，子子孙孙传之无穷。在这里不难看出，"皇帝"既是帝国统一的象征，也有功盖千古的内涵。秦王朝皇帝观念的内涵还体现在当时的一系列政令中。根据《史记·秦始皇本纪》的记载，在秦帝国政治中，皇帝被描述为伟大的君主，是他统一了天下，建立了地域广大的国家；国家的政治、经济、法律制度是皇帝钦定的，他"经纬天下，永为仪则"；他确立了既定的社会秩序，贵贱分明，男女礼顺，各有等级，互不相乱；皇帝是一个恪尽职守的政治家，他"夙兴夜寐"，"不懈于治"。总之，皇帝无限伟大，无限英明。

然而在当时人们心目中，皇帝终究是人，是靠刀枪打天下的人，建立了千秋功业的俗人。在秦朝，皇帝并没有被特别神秘化，或者说秦帝国的皇帝观念是现实主义的。这与当时社会的主流思想状况有关。当时主流的社会意识形态是世俗化的，它延续了荀子的天人相分理念，把人作为自然和社会的主宰，强调人在生活中的现实作用。韩非并不以他的老师荀子的主张为满足，提出了更为激进的观点，把人与人之间的关系完全建立在物质利益的基础上，否定人类的道德价值和精神作用。在韩非的著作中，我们几乎看不到任何超越于物质条件的对因果关系的分析。他举例说，父母与子女之间的关系最亲，然而父母生子则喜，生女则怨，甚至弃之杀之。为什么？因为父母出于自身利益的考虑，为了让子女给养老送终。家庭中的亲子关系如此，政治上的君臣关系还有什么讨论的余地！所以他宣称，君臣之间完全是利益关系，是相互利用。儒家宣称的忠、孝等等，不过是政治欺骗。秦王政最初读到韩非的著作深为赞赏，感慨道：如果能与韩非畅谈一番，也就没有什么遗憾的了。

这种极端唯物主义的政治观虽未必是全社会的共识，却是政治主导层面的思想。刀枪里面出政权，依靠法术势当皇帝，这种现实主义的政治观在秦朝政治实践中是潜移默化的，并导致了一系列的政治恶果。秦朝皇帝的残暴，丞相李斯与权臣赵高之间的权力倾轧，是这一政治观念活生生的实践。皇帝的家天下思想，把国家视作个人的私有财产，同样导致了严重的政治后果。秦始皇十分敬业，而汉文帝无所作为，然而后人赞扬汉文帝抨击秦始皇。问题的要害是，秦始皇是为自己工作，为了家天下工作，而不是为了社会，更不是为了崇高的目标。于是我们看到，虽然秦始皇对中国中世纪的制度建设功不可没，却被后人斥为暴君。作为政治实践的结果，秦王朝二世而亡。

二　皇帝观念的转型

秦帝国的迅速崩溃给汉初的政治家们留下了刻骨铭心的记忆。最初，多数人不能理解平灭了中原六国、务实求强的秦王朝为什么会速亡。治理国家不靠富国强兵还能靠什么，皇帝不是一个伟大的、充满欲望的人又是什么？很多人为此感到困惑。在不断的思索中，一些政治家和思想家渐渐转变了思路。从现有的历史文献看，这一思想转型过程经历了大约从汉高祖刘邦到汉武帝刘彻的大约半个多世纪时间。

汉高祖刘邦是秦汉之际思想转型的第一位政治家。在秦朝末年的混战中，文士陆贾开始向刘邦灌输新的思想，宣讲《诗》、《书》。处于战乱之中的刘邦当然顾不上这些，同时也由于他还没有来得及冷静地反思秦朝灭亡的教训，因而对陆贾所说儒家思想深以为不然。他对陆贾说：人们从来都是靠刀枪打天下，你对我讲儒家的《诗》、《书》有什么用处！陆贾回答说：打天下固然不用儒家学说，但治天下却需要儒家学说。秦朝之所以速亡，根本原因在于秦朝皇帝没有认识到"攻守异术"的道理。如果他们改变政治思路，由法入儒，也就没有陛下的今天了。刘邦觉得陆贾所说不无道理，于是让他把想法写出来。陆贾写成后呈给刘邦，"高祖称善"，并称之为"新语"——显然在当时这是与众不同的新思想和新思维。在《新语》中，陆贾主要分析了秦亡的教训，认为建设和维护一个新社会需要用儒家的思想。他所说的儒家思想主要是"仁义为本"，这相当于我们今天所说以人为本。秦为什么灭亡？关键在于忽视了人，忽视了民心，仅仅强调帝王一人，视民众为"黔首"。在陆贾的理论中，虽然还有家天下思想的痕迹，但他指出在政治思路上应该改善皇帝与民众的关系，对民众应该"仁"。其中最主要的，是改变秦朝的酷刑严罚政策，行仁政，使民众生活安定，使百姓在心理上接受统治者。在皇帝的地位和性质等理论问题上，当时还没有形成明确的新认识。

大概经过30年的光景，到了文帝时期，人们的认识又有了新的进展。当时推行的是所谓"无为"政治，人们通常称为黄老政治。黄老政治的实质，是在秦朝的法家政治中注入了道家思想的因素，是"较为温和的法家路线"。表现在社会层面，就是"与民休息"，经济恢复，社会安定。然而，在这种放任政策之下，新的问题也接踵而至。这情景，当时的贾谊看得明白。他指出了当时的很多问题，其中两点尤为值得注意。第一，伴随着经济复兴和繁荣，经济矛盾日益激化。农民弃本逐末，农业生产存在隐患。官吏、商人囤积居奇，苛剥百姓。地主豪强田连阡陌，交通官府，鱼肉乡里。这是过去从未有过的现象。第二，政治的失序。地方王侯势力坐大，威胁中央政府；官吏与豪强勾结，侈靡成风，以至于清官被视为迂腐，社会上盗贼公行。人们逐渐习以为常，整个社会麻木了。针对这种情况，他提出了具体的对策和建议，此且不论。最根本的一点，他提出皇帝应该作明君，推行"仁义礼乐"，整饬社会秩序，建立太平盛世。皇帝仅仅不作暴君是不够的，还必须对社会负责。皇帝应该认识到，有一个百姓挨饿，是皇帝使之饿；有一个百姓受冻，是皇帝使之冻。皇帝应该向尧、舜、周文王、周武王学习，应该作圣王。要实现这一理想，必须树立皇帝的权威，完善礼法，"天子如堂，群臣如陛，众庶如地"。然而，在黄老政治大局面下，他的政治主张还不具备实施的条件。

到汉武帝即位时，政治、经济局面有了一定的改善。然而，人们的思想并没有发生根本的转变。在当时，"师异道，人异论，百家殊方，指意不同"。站在自由主义立场上看，这是思想自由；站在专制主义的立场上看，这是思想失序。这一次，不是由恪守传统的儒家士大夫提出问题，而是由作为政治家的皇帝主动发问了。据《汉书·公孙弘传》记载，公元前130年，汉武帝公开向儒士们征求治国对策。他策问的核心问题是：

　　天人之道，何所本始？
　　吉凶之效，安所期焉？
　　禹汤水旱，厥咎何由？
　　仁义礼知四者之宜，当安设施？
　　属统垂业，物鬼变化，天命之符，废兴何如？

五个问题，归纳起来主要是两个方面：第一方面，社会和政治是不是由"天"主宰的，这个最高主宰与政治的兴衰是什么关系？第二方面，儒家的仁义礼智政治路线应该怎样落实和实施？这两个问题值得我们注意，汉武帝不是问有没有"天命"，而是问天命与人事吉凶的关系；他不是问应该推行什么政治路线，而是问如何推行儒家的"仁义礼智"政治路线。这就像在今天，时代赋予社会科学家的任务不是讨论是否需要建设"和谐社会"，而是研究如何建设"和谐社会"。显然，这是命题策问，主旨非常明确，要求从理论上和方法上解决具体问题。这样说来，董仲舒、公孙弘等人的对策围绕着上述问题转，也就不足为怪了。在汉武帝时代，提出这样的问题，解决这样的问题，需要博大的政治胸怀和政治上的高瞻远瞩，它要解决的是国家的百年大计和千年大计，是国家长治久安的根本问题。当然，皇帝观念只是其中的一个局部问题。

三 董仲舒皇帝学说的内涵

汉代皇帝观念的内涵，在其形成初期，董仲舒的思想最具代表性。当然，这既是他个人的思想，也反映了一种新的社会思潮。

董仲舒的皇帝观念，核心内容是"君权神授"。按照"君权神授"的观念，帝王的地位和权力不是用刀枪打出来的，而是由一个超然的绝对意志——"天"赋予的。上天之所以将天命授予某个特定的人，是因为此人是膺受天命降临人间的，他相貌非同常人。帝王作为上天之子，应该替天行道，应该行仁政，使政治安定，经济繁荣，人民幸福。帝王这样做了，他就会受到上天的褒奖，天就会降下祥瑞；如果社会动乱，民不聊生，就违背了上天的神圣意志，上天就会发怒，就会降下灾异。这是概括性的叙述，具体内容众所熟知，不详述。

汉代皇帝观念的本质是帝王神圣①。一方面，它赋予皇帝身份神圣的性质，为帝国的长期稳定奠定了思想基础；另一方面，皇帝必须替天行道，按既定的政治规则办事，建立一个理想的太平盛世。这两个方面相辅相成，缺一不可。以往的研究，大多盲人摸象，取其一点，不及其余，因而不无偏见。

四 汉代皇帝观念的社会化

到了东汉章帝时期，帝王观念基本定型。公元 79 年，东汉政府在白虎观召开了由朝中大臣、博士等参加的经学会议。在汉代，"经"是政治活动的基本原则和指导思想，"经学"从总体上说是政治学②。会议的基本程序是，由五官中郎将魏应向皇帝请示需要讨论的重大原则性和制度性问题，然后向与会人员传达并讨论，侍中淳于恭把讨论的结果呈报汉章帝，章帝作最终裁定。我们今天所见的《白虎通义》，就是根据这次会议讨论的内容整理而成的文献。

在《白虎通义》中，皇帝具有神圣的性质。皇帝被规定为"天子"，是因为皇帝乃上天之子。虽然皇帝的德行有善恶，但无论如何，皇帝都受天有命，是"天"的代表，也是天意的代言人。全体臣民之所以必须听命于天子，是因为全体国民是"天"的子民。"天"是造物主，是人类的主宰，每一个人都必须顺从"天"的旨意。替天行道的皇帝是道德圣人，是天下楷模。由于皇帝的神圣性，所以只有皇帝才能使用特定的名号，如皇、帝、君等。

《白虎通义》申明，帝王之命"受之于天，不受之于人"。这是对秦王朝刀枪里面出政权思想的革命。对于一个新王朝来说，皇帝受命应该改正朔，革新政治。因为皇帝

---

① 我曾经指出，董仲舒学说的基本性质是政治神学，其功能是使政治神圣化，为新兴的社会秩序服务。详细的论证，请参见拙文《论董仲舒的政治神学》，《天津社会科学》2003 年第 4 期。

② 对于今天的学者们来说，经学研究当然是学术研究，但在汉代以后直到清代，经学虽具有一定的学术性，但主体性质是政治的。否则，我们便不好理解魏晋之际嵇康"非汤、武而薄周、孔"何以会被杀头了。

是天之子，所以应该祭天，这既是一项义务，也是一种神圣的特权。不但要祭天，而且要封禅，天下太平的话，皇帝要向上天汇报政绩。

《白虎通义》以政典的形式确定了祥瑞灾异与皇帝政治的关系①。如说，社会安定，德政之气上感于天，北斗明，日月光，甘露降；德政之气下感于地，嘉禾生。相反，如果发生日食，是阴侵阳；发生月食，是阴失明。诸如此类，不一而足。以上这些，便是汉代官方确立的皇帝政治的一些特征。与董仲舒宣扬的帝王观念相比，《白虎通义》淡化了帝王生理上的特殊性，强调了帝王道德上的超越性。

新的帝王观念在汉代逐渐渗透到大众思想意识中。大概在汉武帝时期，有关汉高祖刘邦的神话就已经开始流行了。司马迁是汉武帝时期人，他编撰的《史记·高祖本纪》采录了当时社会上流传的说法，把刘邦描绘成生身有命的龙子龙孙。《高祖本纪》记载说，一天刘邦的母亲在野外的一个湖泊堤岸上休息，梦境中遇到了"神"。一时雷电交加，刘邦的父亲从远处寻觅，只见一条蛟龙伏在夫人身上。回到家后，夫人便有了身孕，后来生下了刘邦。刘邦生来容貌非常，隆准龙颜，左股有72颗黑痣。刘邦常到一家酒肆饮酒，酒醉之后，店主经常发现在刘邦上方有龙，这家的生意也因此格外火爆。刘邦与吕雉结婚后，一日吕雉在田间劳作，一位路过的陌生长者看到吕后，便说：夫人是天下的贵人。看见刘邦的长子，这位长者又说：夫人是因为这位公子而富贵的。这长者又见到刘邦，说："君相贵不可言。"秦朝时期，刘邦任泗水亭长，一次他带人出差，遇一大蛇挡道，众人畏惧，刘邦上前挥剑将蛇斩为两段。随后有一妇人号哭而来，说：我儿是白帝子，化为蛇，如今被赤帝子杀死！秦始皇曾说东南方有天子气，于是下令搜索。刘邦隐匿山中，人莫知其所在，吕后却经常能找到。刘邦感到奇怪，吕后回答说：你隐藏的地方上空常有云气，我寻着云气便能找到。这些可能都是汉武帝时期民间流传的神话故事。西汉后期至东汉前期的谶纬思潮中，也有很多关于刘邦的神话。比如《春秋握成图》和《诗含神雾》称刘邦之母到洛池游玩而有身孕。《河图》说刘邦"斗胸，龟背，龙股，长七尺八寸"，《合成图》说刘邦"体为朱鸟，其表龙颜，多黑子"。诸如此类传说很多。班固是东汉前期的史臣，继承父业著《汉书》。《汉书·高帝纪》所载涉及刘邦神话的内容，与《史记》上述所记大体相同。东汉王朝的创立具有两重性。一方面，光武帝刘秀是刘邦的九世孙，在龙子龙孙之列。另一方面，刘秀并非刘邦的嫡系子孙，不具备当皇帝的先天合理性，因为就在刘秀宣布即皇帝位的时候，刘盆子也宣布自己是真正的皇帝。于是，我们在《后汉书·光武帝纪》中又看到了有关刘秀的神话。《光武帝纪》载录说，刘秀"身长七尺三寸，美须眉，大口，隆准，日角"。隆准是高鼻梁，日角是额骨中间鼓起如日，古人认为这是非同寻常的相貌。在刘秀与群雄争当皇帝的过程中，强华又献上《赤伏符》。《赤伏符》说："刘秀发兵捕不道，四夷云集龙斗野，四七之际火为主。"这里采用了隐喻的笔法，把刘秀说成是龙，汉朝为火德，从刘邦建汉到刘秀此时正好228年，暗示刘秀当得天下。当年，刘秀"即皇帝位"。总之，帝王神圣观念在汉代流行甚广，影响很大，成为一种流行的社会意识。如

---

①　关于《白虎通义》的性质，侯外庐指出其具有"国宪"的性质（《汉代白虎观宗教会议与神学法典〈白虎通义〉》，《历史研究》1956年第5期），也有学者认为其是"立法纲要"（任继愈主编：《中国哲学发展史》秦汉卷，人民出版社1985年版，第475页）。

果说作为政典的《白虎通义》突出的是皇帝的一般化的道德特征的话，民间神话突出的是皇帝的个性化的人格特征。这二者恰好在政治意识的不同层面相互补充，形成了皇帝观念的社会意识结构。

汉代形成的皇帝观念对此后中国历代王朝产生了久远的影响，并成为中华帝国时期流行的社会意识。在汉代以后历代的正史中，规律性地记载着开国皇帝生身的神话。当然，这些神话的形式也变得多种多样，有秉气型、生理超凡型、托梦型、龙子型、神人型、赤光型、托于佛门型七类①，这里不再详述。

五 汉代皇帝观念的社会功能

汉代的皇帝观念具有怎样的功能，如何评价汉代的皇帝观念，是一个值得思考和探索的问题。在过去的研究中，有些学者否定并批判了汉代的皇帝观念，认为它使专制皇权获得了合法性，对中国古代社会为害不浅；也有学者认为，应该历史地看问题，不应该从今天的立场去看历史上的现象，历史现象的存在自有其合理性。

第一，董仲舒天人感应学说的实质是政治神学，其功能是政治神圣化。在很多现代学者看来，政治是人类理性的活动，政治需要理性精神。董仲舒抬出一个虚无缥缈的"天"，用"天"为政治作支柱，不但荒唐无稽，而且有害政治。从秦汉政治实践看，有害政治的不是董仲舒的政治神学，而是秦朝的世俗政治观念。且看《史记·秦始皇本纪》所录如下一段琅邪刻辞：

> 古之五帝三王，知教不同，法度不明，假威鬼神，以欺远方，实不称名，故不久长。

这是秦王朝总结的历史经验教训，他们认为实施法治，富国强兵，就能实现国家的长治久安。然而，事实给了人们无情的否定的回答，迫使汉初的政治家们思考，让他们逐渐地转变了政治思路。这是历史的教训，对于秦朝的人们来说，这教训的代价太大，是用一场大规模的社会动乱换来的，是用无数生灵涂炭换来的。

第二，同秦朝的强权主义皇帝观念相比，董仲舒的皇帝观念并没有赋予皇帝无限的权力，而是在一定程度上约束或限制了皇帝的权力，规范了皇帝的政治行为。很多学者批评说，董仲舒的"君权神授"理论使皇帝的权力更加肆无忌惮。这要看同什么理论比较。同现代民主政治理论比较，君权神授说肯定不合时宜且被人唾弃；但如果同秦朝的世俗政治理论相比，它限制而不是扩张了皇帝的权力。因为我们不难看出，在秦朝的皇帝观念与秦帝国的暴政之间存在着明显的因果关系，汉朝的皇帝观念与汉代的长治久安也存在一定的因果关系，虽然这种因果关系未必是唯一的。董仲舒论证君权天授不是无条件的，上天只把皇帝这个神圣位置授予按"天"的意志办事的人。什么是天意？董仲舒宣称天有阴阳，是要求皇帝在政治上以教化为主，以刑罚为辅；董仲舒宣称天有

---

① 详细的阐述，请参见拙著《权力的谎言：中国传统的政治宗教》第三章"神圣的统治者"，浙江人民出版社 2000 年版。

四时，是要求帝王按时令行政，保障农业生产；董仲舒宣称"天"是仁慈的，是要求帝王行仁政；董仲舒宣称帝王应该祭天，是为了树立"天"的权威和皇帝的权威；董仲舒说"王者，皇也"，是为了引导帝王政治走上完善的政治轨道。诸如此类，不待赘说。

第三，祥瑞灾异学说具有积极的政治功能。祥瑞灾异论是皇帝观念的重要组成部分，也是董氏学说最受现代人诟病的地方。按照董仲舒的说法，帝王行善政，政兴人和，国富民安，上天褒奖，于是便会"草木嘉茂"、"鱼龙祥如"，这是所谓的"祥瑞"；帝王行恶政，出入不时，走狗试马，荒废政务，就会"鱼不为群"、"鲸出见"，这是所谓的"灾异"。在这里，问题的关键不在于这些自然现象同政治局面的好坏是否有关，而在于这样的政治意识在当时发挥了什么样的功能和效用。有一个典型的例子。据《汉书·翟方进传》记载，公元前7年出现了"荧惑守心"的星相。这是灾异。在汉代，就这种星相而言，是要丞相承担政治责任。当时的丞相是翟方进，他的属官李寻先把这个情况透露给他，翟方进忧心忡忡。朝中有关官员把这个星相报告了汉成帝，成帝召见并告知了翟方进。翟方进回到府中"未及引决"，成帝又"赐册"到翟府，其中罗列了翟方进执政不善的种种过错，最后说"君其自思，强食慎职"。于是"方进即日自杀"。汉代有皇帝"罪己"的现象，政治不善，皇帝要向上天承担责任，要悔过自新。对秦始皇来说，这是荒唐可笑的，因为在他的政治意识中，他最伟大，他不会犯错误，他不会向任何对象认错。这便是秦、汉两种政治结局的根由之一。由此我们不难理解，祥瑞灾异论具有明显的政治制约功能，不仅制约帝王，也制约执政大臣，让人们行善政，不行恶政。在汉代，祥瑞灾异观念是一种超然的神秘化的政治约束思想，尽管这种思想的效能有限。

〔作者张荣明，教授，南开大学历史学院。天津　300071〕

"读经"与汉代社会道德建设

孙　妍

汉代，统治者倡导臣民"读经"，他们认为儒家经典著作中蕴含着丰富的道德规范准则，可以教化臣民，从而使"天下大化"，达到社会道德的理想状态。本文试图理清汉代统治者对"读经"的认识、劝导"读经"的措施及其政治实践，从而分析"读经"对汉代社会道德建设的影响，对"读经"问题有一个较为系统的认识。

一　汉代统治者对"读经"问题的认识

汉代继秦而起，在痛斥"秦弊"中，统治者们总结经验，认为治理天下必须得行仁义、施德政。与此同时，他们也注意到儒家经典对治国安民的作用。汉高祖刘邦在建国之初，不满陆贾常说《诗》、《书》，陆贾则指出《诗》、《书》对治理天下的作用，他对刘邦说："乡使秦以并天下，行仁义，法先圣，陛下安得而有之?"刘邦"有惭色"，对陆贾说："试为我著秦所以失天下，吾所以得之者，及古成败之国。"于是陆贾为刘邦作《新语》①。可见，在汉朝之初，统治者就已经明白儒家经典在治国上的重要作用。随后，惠帝废除"挟书律"、文帝、景帝广开献书之路，这些都促进儒家经典的重新恢复。直到汉武帝时，儒家被定为"独尊"的地位，儒学经典更被奉为治国安邦的圣典。到了东汉，儒学的地位被进一步巩固，国家颁布了统一经典说法的《白虎通义》。种种做法使得儒学在国家的意识形态中处于核心地位。在这一过程中，在儒生们纷繁复杂的今古文经学的争论之外，统治者们更加注意将"五经"，甚至包括《孝经》、《论语》等灌输到臣民的思想当中，倡导他们诵读儒家经典，以期得到教化臣民的作用。

在汉代，统治者认为儒家经典各有不同的作用。以下以"五经"和《孝经》为代表分别来概括。

1. "五经"阐明"五常之道"，诵读"五经"可以整饬"五常"

"五经"，在汉代，一般说来指《易》、《尚书》、《诗》、《礼》、《春秋》。"五常"即仁、义、礼、智、信。在汉代人眼中，人生来就具有"五常"之性。人本来具有情性，所谓"性者阳之施，情者阴之化也。人禀阴阳气而生，故内怀五性六情。"而"五性"即"谓仁、义、礼、智、信也。"具体来讲，"仁"是指"不忍也，施生爱人也"；

---

① 《史记》卷97《郦生陆贾列传》中华书局1959年版，第2699页；《汉书》卷43《陆贾传》，中华书局1962年版，第2113页。

"义"是指"宜也，断决得中也"；"礼"是指"履也，履道成文也"；"智"是指"知也，独见前闻，不惑于事，见微知者也"；"信"是指"诚也，专一不移也"。人"得五气以为常"，是为五常。① 至此，汉代统治者构建了作为人的道德准则。既然人生来具有"五常"之性，那么作为臣民就要遵守"五常"的道德标准，而作为统治者就有整饬臣民"五常"之性的责任。董仲舒在《天人三策》中提到"夫仁谊礼知信五常之道，王者所当修饬也。"这里董仲舒强调统治者应该注重"五常之道"的建设，这样统治者才能"受天之佑，而享鬼神之灵，德施于方外，延及群生也"②。在如何整饬"五常"之道的措施中，诵读五经就成为有效的方法之一。因为五经与"五常"是相匹配的，五经阐述了五常之道。《汉书·艺文志》认为："六艺之文：《乐》以和神，仁之表也。《诗》以正言，义之用也。《礼》以明体，明者著见，故无训也。《书》以广听，知之术也。《春秋》以断事，信之符也。五者，盖五常之道，相须而备，而《易》为之原。"③《白虎通义》则认为"《乐》仁、《书》义、《礼》礼、《易》智、《诗》信也"④。这里，尽管《汉书·艺文志》和《白虎通义》对五经对应的五常的说法有所不同，但可以肯定的是，汉代人们认为"五经"阐述了仁、义、礼、智、信的五常之道，通过对五经的研习，可以知道如何遵守"五常之道"。

2. 《孝经》阐明孝道，诵读《孝经》可以治理臣民

汉代倡导孝道，统治者更是要求天下臣民诵读《孝经》来实现对孝道观念的灌输。东汉末年的荀爽曾明确指出说："汉制使天下诵《孝经》，选吏举孝廉。"⑤ 可见，汉代诵读《孝经》已经形成传统。对于诵读《孝经》的缘由，统治者有一套较为完整的论述。首先，他们认为"天生之以孝悌"。董仲舒在讨论"万物之本"问题时，提到"天生之以孝悌"。他说："何谓本？曰：天地人，万物之本也，天生之，地养之，人成之；天生之以孝悌，地养之以衣食，人成之以礼乐，三者相为手足，合以成体，不可一无也。"⑥ 既然孝悌是天生的，那人们就要按照"孝"的规范来行事。与此同时，"孝行"同其他道德规范相比，又是最根本的。《孝经·庶人》上说："子曰：夫孝，天之经，地之义也，民之行也。"郑玄注为"孝为百行之首，人之常德，若三辰运而有常"⑦。可以说，"孝"是人们道德行为规范的根本，所谓"孝者，德之至，道之要也"⑧。因此，作为统治者就要施行孝道，倡导孝道。只有统治者施行了孝道，"举显孝悌，表异孝行"，这样才是"奉天本也"⑨，最终才能实现"上下臣人，和睦无怨"⑩ 的理想。而《孝经》则阐明了孝道。《汉书·艺文志》上说："《孝经》者，孔子为曾子陈孝道也。

① 《白虎通义·情性》，中华书局 1994 年版，第 381—382 页。
② 《汉书》卷 56《董仲舒传》，第 2505 页。这里的"谊"即为"义"。《说文解字·言部》："谊，人所宜也。"段玉裁注："谊、义，古今字，周时作谊，汉时作义，皆今之仁义字也。"
③ 《汉书》卷 30《艺文志》，第 1723 页。
④ 《白虎通义·五经》，第 447 页。
⑤ 《后汉书》卷 62《荀淑传附子爽传》，中华书局 1965 年版，第 2051 页。
⑥ 《春秋繁露·立元神》（中华书局 1992 年版），第 168 页。
⑦ 《孝经》卷 3《庶人》，郑玄注，《汉魏古注十三经》下册，中华书局 1998 年版。
⑧ 《孝经》卷 1《开宗明义》，郑玄注。
⑨ 《春秋繁露·立元神》，第 169 页。
⑩ 《孝经》卷 1《开宗明义》，郑玄注。

天之经，地之义，民之行也。举大者言，故曰《孝经》。"① 《白虎通义》上说："夫孝者，自天子下至庶人，上下通《孝经》者。"② 上至天子下至庶人，通《孝经》者亦可称之为"孝"。因此，统治者要求天下臣民诵读《孝经》，以"孝"的道德规范来约束自己的行为，以期实现国家的长治久安。

汉代统治者对读"五经"与《孝经》的认识，是在总结"秦弊"的基础上，对儒家经典的道德教化作用进行深层次思考而得出的。在某种意义上，汉代的统治者将儒家经典的道德教化意义更加凸显出来。正是基于对"读经"问题的认识，统治者又在施政过程中开拓各种途径，劝导和规范臣民"读经"，从而在一定程度上使臣民"读经"得以保障。

二　汉代统治者推行"读经"的措施

为了倡导"读经"，汉代统治者通过各种途径，采取各种措施，劝导臣民"读经"。统治者在选择官吏上注重对通经之士的任用；在学校教育上要求研习儒家经典；在对普通百姓的教化上更是鼓励其诵读儒家经典中文字较易的《孝经》。可以说，汉代统治者施行了一系列自上而下的劝导"读经"的措施。

1. "通经者为官"——选官的重要标准

汉代统治者常常以是否精通经学为选官标准。在汉代的选官制度中，察举制是重要的选举制度之一，汉武帝以后逐渐成为常制。汉武帝时，察举制设有四科，主要为："一曰德行高妙，志节清白。二曰经明行修，能任博士。三曰明晓法律，足以决疑，能案章覆问，文任御史。四曰刚毅多略，遭事不惑，明足照奸，勇足决断，才任三辅令。皆存孝悌清公之行。自今已后，审四科辟召，及刺史、二千石察举茂才尤异孝廉吏，务实校试以职。"③ 其中，"经明行修，能任博士"主要指的是察举制度中"文学"、"明经"两科。

"文学"在当时也就是经学。"文学"之科也就是选举通晓经学之人。汉代自文帝始开始要求选拔"文学"之士④。汉武帝也在元朔元年（前128年）下诏要求："选豪俊，讲文学"⑤。汉昭帝更是明确下诏："其令三辅、太常举贤良各二人，郡国文学高第各一人。赐中二千石以下至吏民爵各有差。"⑥ 但是，到了东汉，以"文学"举士的例子就不多了。从此可以看出，"文学"之科并非常制。

"明经"也就是"通晓经学"之义。"明经"之科与"文学"相似，也是指选举通经之士为官。在汉代，以"明经"之科为官的人很多。韦贤父子皆以"明经"入仕，最后官至丞相；眭弘"以明经为议郎，至符节令"；翟方进"二三岁，举明经，迁议

---

①　《汉书·艺文志》，第1719页。

②　《白虎通义·五经》，第446页。

③　《后汉书》卷4《孝和帝纪》注，第176页；《后汉书》卷114《百官志·太尉条》注，第3559页。

④　《汉书》卷49《晁错传》记载："后诏有司举贤良文学士，错在选中。上亲策诏之……"可见文帝时已经开始以"文学"一科取士了。

⑤　《汉书》卷6《武帝纪》，第166页。

⑥　《汉书》卷7《昭帝纪》，第233页。

郎"；王嘉"以明经射策甲科为郎"①。到了东汉，皇帝更是连连下诏书，要求举明经之士。汉章帝时下诏："令郡国上明经者，口十万以上五人，不满十万三人。"② 本初元年（146），梁太后秉政，下诏："令郡国举明经，年五十以上、七十以下诣太学。"③

以通经取士的名目除了"文学"，又另立"明经"一科，足见汉代统治者对经学的重视，从而也大大助长了整个国家诵读儒学经典的热情。甚至夏侯胜在教导他的学生时说："士病不明经术。经术苟明，其取青紫如俛拾地芥耳。学经不明，不如归耕。"④ 可以说，精通儒家经典才能入仕的思想已经深入人心了。

2. "教学以经书"——学校教育的主要内容

汉代，随着儒学被定为一尊，以"经学"为核心的官学教育体系也逐步建立起来。自汉武帝建立五经博士，太学在中央建立，开始"养天下之士"⑤，而"自此以来，则公卿大夫士吏斌斌多文学之士矣"⑥。而就官学教育的内容来讲，主要是儒家经典，即"五经"。董仲舒在《春秋繁露》中对六艺的看法，恰恰道出了官学教育以"五经"为主的原因，他说：

> 诗书序其志，礼乐纯其美，易春秋明其知，六学皆大，而各有所长。诗道志，故长于质；礼制节，故长于文；乐咏德，故长于风；书著功，故长于事；易本天地，故长于数；春秋正是非，故长于治人；能兼得其所长，而不能遍举其详也。⑦

正是由于"五经"在对人有不同教育价值的作用下，汉代官学以"五经"作为学校的教材。甚至为了统一"五经"，汉代又出现两次讨论儒学经典的会议，即西汉石渠阁会议以及东汉的白虎观会议，这两次会议解决了统一"五经"教材的作用。此外，汉灵帝刻熹平石经立于太学门外，为的也是统一学校教材。

《孝经》和《论语》在汉代为蒙学读物。在学习"五经"以前，先要接受以《论语》和《孝经》为主的伦理道德教育。汉元帝在做太子之时，就已经通《论语》、《孝经》⑧。汉顺帝的梁皇后，"九岁能诵《论语》，治《韩诗》，大义略举"⑨。博士范升也是"九岁通《论语》、《孝经》，及长，习《梁丘易》、《老子》，教授后生"⑩。

由此可见，诵读儒家经典已经成为人们日常学习的必修课了。因此，无论是天子、诸侯还是普通百姓，只要是接受教育的对象，至少在学生阶段就要"读经"。这样，统

---

① 分别见《汉书》卷 73《韦贤传》，第 3107 页；《汉书》卷 75《眭弘传》，第 3153 页；《汉书》卷 84《翟方进传》，第 3411 页；《汉书》卷 86《王嘉传》，第 3488 页。

② 《后汉书》卷 3《肃宗孝章帝纪》，第 152 页。

③ 《后汉书》卷 6《孝质帝纪》，第 281 页。

④ 《汉书》卷 75《夏侯胜传》，第 3159 页。

⑤ 《汉书》卷 56《董仲舒传》，第 2512 页。

⑥ 《史记》卷 121《儒林列传》，第 3119 页。

⑦ 《春秋繁露·玉杯》，第 35 页。

⑧ 据《汉书·疏广传》记载："在位五岁，皇太子年十二，通《论语》、《孝经》。"第 3039 页。

⑨ 《后汉书》卷 10 下《皇后纪下·顺烈梁皇后纪》，第 438 页。

⑩ 《后汉书》卷 36《范升传》，第 1226 页。

治者让整个国家的教育系统都以教授经学为主要内容，从而进一步扩大了"读经"者的范围。

3. "教民以经义"——地方教化的形式之一

在汉代统治者眼中，对臣民进行教化是必须的。他们在讨论教化民中时说："教者，何谓也？教者，效也。上为之，下效之，民有质朴，不教而成。"① 民的本性是"质朴"，是可以被教化的。而"尧、舜之民，可比屋而封，桀、纣之民，可比屋而诛"② 也是教化的结果。汉代继承秦朝的制度，乡县设三老，主要是掌管教化。可见，汉代统治者对地方教化的重视。

在地方教化中，统治者试图向百姓灌输"孝"、"德"等儒家基本理念，而其灌输这些思想的主要方式是倡导他们诵读儒家经典。一方面他们加强地方学校的兴建，所谓"里有序而乡有庠。序以明教，庠则行礼而视化焉"③。地方学校的主要内容也是教授儒家经典，要求"读经"。另一方面，对普通百姓的教化则通过基层官吏宣扬儒家经典来实现。这些官吏常常是精通儒家经典的"文质彬彬之士"。例如"文翁，庐江舒人也。少好学，通《春秋》，以郡县吏察举。景帝末，为蜀郡守，仁爱好教化"④。东汉的爰延，"清苦好学，能通经教授"。"县令陇西牛述好士知人，乃礼请延为廷掾，范丹为功曹，濮阳潜为主簿，常共言谈而已。后令史昭以为乡啬夫，仁化大行，人但闻啬夫，不知郡县"⑤。这些通经之吏同时也认为"读经"可以化民。东汉中平二年（185），"北地羌胡与边章等寇乱陇右"，宋枭认为："凉州寡于学术，故屡致反暴。今欲多写《孝经》，令家家习之，庶或使人知义。"于是让家家习《孝经》，以期解决当时地方的叛乱问题。尽管最后的效果不佳，而且遭到朝廷的诘责。但是从中我们可以看出，当时官吏们对"读经"作用的笃信。

汉代统治者通过选官制度、学校教育、地方教化等途径将"读经"推广开来，试图通过鼓励臣民"读经"来实现对社会道德的约束。可以说，尽管在选官制度上还存在其他取仕途径，没有像后代科举制对世人入仕的刺激那样强烈，但可以肯定地是，自中央至地方鼓励"读经"的途径已经逐渐形成，而选官制度、学校教育、地方教化等措施也确实对鼓励臣民"读经"起到了一定的推动作用。

三　汉代统治者倡导"读经"的政治实践

汉代统治者不仅为倡导"读经"开拓了各种途径，并且还将"读经"切实的施行下去。他们通过"君臣读经"、"百姓读经"等政治实践，切实地将诵读儒家经典贯彻下去。

1. "君臣读经"的示范作用

汉代，君主和大臣多通儒家经典。除了汉高祖刘邦不懂《诗》、《书》以外，其余

---

① 《白虎通义·三教》，第371页。

② 《新语·无为》，王利器撰：《新语校注》，中华书局1986年版，第65页。

③ 《汉书》卷24上《食货志上》，第1121页。

④ 《汉书》卷89《循吏传·文翁传》，第3625页。

⑤ 《后汉书》卷48《爰延传》，第1618页。

的皇帝，大多在幼年就研习儒家经典。汉昭帝说自己"通《保傅传》，《孝经》、《论语》、《尚书》，未云有明"①。元平元年（公元114年），刘病已"有诏掖庭养视，至今年十八，师受《诗》、《论语》、《孝经》，操行节俭，慈仁爱人"，因此"可以嗣孝昭皇帝后，奉承祖宗，子万姓"②，而成为汉宣帝。汉成帝在做太子时，也"好《诗》《书》，上俭节"③。而皇太子的教育也得到重视，例如郅恽"授皇太子《韩诗》，侍讲殿中"④，桓荣"以《尚书》授太子"⑤，桓荣之子桓郁也于"永平十五年，入授皇太子经，迁越骑校尉，诏敕太子、诸王各奉贺致礼"⑥。此外，作为汉代官吏，如前所述，除了选官需要"通经"以外，他们在官学教育中所学也是儒家经典，而以《孝经》、《论语》作为启蒙，随后研习"五经"。

汉代"君臣读经"的意义不仅仅是他们可以从儒家经典中汲取治理国家的方法，更为突出的是其对广大民众的示范作用。汉代，人们奉行自先秦以来的"上行下效"思想。所谓"上行下效"就是说在朝为君为臣之人的行为对天下百姓具有很大的影响作用。君臣的思想道德境界直接关系到整个国家百姓思想道德好坏。汉元帝时，匡横好《诗》，他认为："朝廷者，天下之桢干也。公卿大夫相与循礼恭让，则民不争；好仁乐施，则下不暴；上义高节，则民兴行；宽柔和惠，则众相爱。"⑦ 既然是"上行下效"，那么君臣"读经"就会给百姓以榜样作用，再加上国家对"读经"之士的标榜，这就促使天下百姓"读经"。只是在对待普通百姓，国家更多的是强调要其读文字浅显而又有助于孝道思想灌输的《孝经》。这里，统治者通过自身读经的示范作用，在整个社会的舆论导向上给天下百姓予以指引，即为君为臣之人都积极"读经"，那么作为普通的民，也应该像在上者一样"读经"，这样，才能保证整个国家的道德标准都遵从儒家的"德"、"孝"观念，从而达到治民的理想境界。

2. "百姓读经"的具体实行

汉代统治者通过地方教化，劝导百姓读经。如前所述，汉代普通百姓读的最多的是《孝经》。这主要因为：一是《孝经》文字较为浅显易懂，普通的地方小吏基本上都能诵读，从而他们能将《孝经》的内容讲给当地的百姓。二是汉代倡导"以孝治国"，通过对《孝经》的诵读，可以传播"孝"的思想，从而在整个社会确立"孝"的道德理念。于是，汉代有"使天下诵《孝经》"⑧ 的制度。东汉的仇览，"少为书生淳默，乡里无知者。年四十，县召补吏，选为蒲亭长"。作为亭长的仇览，"好行教化"。当时有个叫羊元的人，"凶恶不孝"，他的母亲告诉了仇览，"览呼元，诮责元以子道，与一卷《孝经》，使诵读之"。后来，"元深改悔，到母床下，谢罪曰：'元少孤，为母所骄'"。

① 《汉书》卷7《昭帝纪》，第223页。
② 《汉书》卷8《宣帝纪》，第228页。
③ 《汉书》卷86《王嘉传》，第3495页。
④ 《后汉书》卷29《郅恽传》，第1031页。
⑤ 《后汉书》卷37《桓荣传》，第1249页。
⑥ 《后汉书》卷37《桓荣传附子郁传》，第1249页。
⑦ 《汉书》卷81《匡衡传》，第3334页。
⑧ 前引《后汉书》卷62《荀淑传附子爽传》，第2051页。另据本传注："平帝时，王莽作书八篇戒子孙，令学官以教授，吏能诵者比《孝经》。"可见，当时诵《孝经》之盛。见本传，第2051页。

之后，"母子更相向泣，于是元遂修孝道，后成佳士"①。仇览给羊元《孝经》让其诵读，实现了"教民以孝"的为官之责，达到了"导民以孝"的目的。读《孝经》在汉代的普遍以及所取得的效果，由此可见一斑了。

此外，除了前面所举宋枭认为净化道德风气的方法是要求家家写《孝经》的例子之外，在黄巾起义之时，向栩也认为通过读《孝经》能平定叛乱。他认为只要"遣将于河上北向读《孝经》，贼自当消灭"②。尽管宋枭和向栩在国家动乱时要求读《孝经》的做法不免过于理想化，但是，从中我们可以看出，在汉代，官吏们对"读经"可以教化民众的作用是深信不疑的。他们认为"读经"可以使百姓净化思想，树立儒家的基本道德理念，实现像尧舜之民"可比屋而封"的理想境界。

汉代，由君臣到民，都在一定程度上参与到"读经"运动中，这使得汉代对"读经"的倡导得到了实践。尽管汉代史料在百姓读经的问题上记载很有限，但是，我们从现有的史料中，还是可以窥探到一些地方的百姓曾经接受过儒家经典的教育，至少在统治者看来，通过"读经"是可以实现对民众的道德教化的

四　"读经"对汉代社会道德建设的影响

汉代统治者在对儒家经典的教化意义有系统认识的基础上，推行了一系列劝导"读经"的政治措施并将其付诸于政治实践，从而将"读经"运动由中央推广至地方，从统治者自身推及至普通百姓。因此，儒家经典的核心内容与理念势必会随着统治者倡导"读经"的展开而灌输到臣民中的思想重，而对整个社会的道德风气有所影响。综合来看，有以下三点主要的影响。

第一，"五常"成为评判个人道德好坏的标准。仁、义、礼、智、信的"五常"观念，随着世人诵读儒家经典而日益深入人心。汉宣帝在怀念汉武帝时下诏说："夙夜惟念孝武皇帝躬履仁义"③，他对汉武帝的评价以"仁义"为标准。东汉时，礼震，"光武嘉其仁义，拜震郎中，后以公事左迁淮阳王厩长"④。"成瑨少修仁义，笃学，以清名见。举孝廉，拜郎中，迁南阳太守"⑤。只有具有"仁义"，才能为君为臣，成为世人的典范，为后人效仿。而礼、智、信的观念也和"仁义"一样，同为评判个人道德的标准而为世人遵循。

第二，"孝行"成为社会道德追求的典范。汉代统治者奉行"导民以孝，则天下顺"⑥的治国理念，不仅在对君、臣、民基本的道德规范中要求遵循"孝"的规范，更是在整个社会中宣扬"孝"的理念、推广"孝行"、以有"孝行之人"为社会道德的楷模。汉代对"孝"的观念的灌输得益于统治者对读《孝经》的重视，前文已指出，"汉制使天下读《孝经》"。由于"孝"的观念在整个汉代社会逐渐根深蒂固，使得社

---

① 《后汉书》卷76《循吏传·仇览传》，第2480页。
② 《后汉书》卷81《独行传·向栩传》，第2694页。
③ 《汉书》卷8《宣帝纪》，第243页。
④ 《后汉书》卷79上《儒林传上·欧阳歙传》注，第2556页。
⑤ 谢承：《后汉书》卷四，周天游辑校：《八家后汉书辑注》，上海古籍出版社1986年版，第121页。
⑥ 《汉书》卷8《宣帝纪》，第259页。

会上涌现出一大批孝子、孝女，甚至到东汉出现"巨孝"① 之称。从读《孝经》的展开与"孝"的观念的灌输这两个活动，我们可以看出：一方面统治者督促臣民读《孝经》，以期将"孝"的思想观念贯彻下去，为汉代实现"以孝治天下"奠定舆论的基础；另一方面当整个社会的道德舆论导向"孝道"时，尤其是在东汉以后，统治者为了将"孝行"进一步提升到理论层次，也会更加倡导世人读《孝经》，这样的结果是整个社会对"孝"的道德观念的重视，又会反过来引导人们去读《孝经》。因此，整个社会人们读《孝经》活动的展开与整个社会孝道文化的形成是一个互动的过程，二者是相互促进的。

　　第三，促进地方道德风气的形成。在汉代史书上常常出现地方"大化"、"大治"的字眼，用以形容地方百姓得到教化，形成了良好的道德风气。汉宣帝时，从夏侯胜研习《尚书》的黄霸，为颍川太守，"治为天下第一"。汉宣帝特意下诏书赞扬黄霸："颍川太守霸，宣布诏令，百姓乡化，孝子弟弟贞妇顺孙日以众多，田者让畔，道不拾遗，养视鳏寡，赡助贫穷，狱或八年亡重罪囚，吏民乡于教化，兴于行谊，可谓贤人君子矣。"② 西汉末年，卓茂"习《诗》、《礼》"，"以儒术举为侍郎，给事黄门，迁密令"，在位"举善而教"，最后，"数年，教化大行，道不拾遗"③。这些受过儒家经典教育的官吏，到地方为官，他们"在郡修典礼，设条教"④、"修庠序之教"⑤，甚至"每行县止息亭传，辄引学官祭酒及处士诸生执经对讲"⑥，通过宣扬儒家经典中的道德标准来治理地方百姓，使百姓熟知儒家伦理道德的标准，最后实现"政化大行"的理想状态，从而促使当地道德风气的形成。尽管如此，社会上也不乏"虽有鉴明之资，仁义之志，一旦富贵，则背亲捐旧，丧其本心。皆疏骨肉而亲便辟，薄知友而厚狗马"⑦ 之人，从这一层意义来说，"读经"对社会道德风气形成的作用又是有限的。

　　汉代，随着儒学"独尊"地位的确立，使得统治者用倡导臣民"读经"的方法来灌输儒家的思想观念，为的是达到整个社会在思想上的统一。在这一过程中，儒家"五常"、"孝"等核心价值标准成为社会道德评价的主要标准，制约着上至君臣下至百姓的一言一行。在这里，"读经"凸显的是其社会政治功能。"经"不仅仅是先秦的文化典籍，更是维护国家政治秩序的神圣典册。统治者通过劝导臣民"读经"，充分地将儒家经典的教化作用显现出来，可以说，"读经"只是其建设社会道德的政治手段之一。事实上，汉武帝"独尊儒术"以后，有相当长的一段时间，儒学的地位还没有稳固下来，统治者选择"读经"作为其建设社会道德的重要手段的另一个用意是通过"读经"巩固儒学的地位。汉代官吏"以经治民"，百姓以"读经"来加强个人道德修养的种种事实表明，"读经"已经成为汉代百姓日常风俗文化的一部分，而并不仅仅是

---

　　① 据《后汉书》卷39《江革传》记载："元和中，天子思革至行，制诏齐相曰：'谏议大夫江革，前以病归，今起居何如？夫孝，百行之冠，众善之始也。国家每惟志士，未尝不及革。县以见谷千斛赐'巨孝'，常以八月长吏存问，致羊酒，以终厥身。如有不幸，祠以中牢。'"由是"巨孝"之称，"行于天下"。

　　② 《汉书》卷89《循吏传·黄霸传》，第3631页。

　　③ 《后汉书》卷25《卓茂传》，第869—870页。

　　④ 《后汉书》卷27《张湛传》，第929页。

　　⑤ 《后汉书》卷76《循吏传·卫飒传》，第2459页。

　　⑥ 《后汉书》卷25《刘宽传》，第887页。

　　⑦ 王符：《潜夫论·忠贵》。

汉代儒士们的特权。统治者在一定程度上实现了以"读经"教化民众的目的。可以说，"读经"的展开不仅促进了社会道德风气的形成，维护了社会的稳定，而且巩固了儒学的地位，维护了君主专制的统治。随后，"读经"成为历代君主奉行的治民政策。科举制确立以后，在功名利禄的驱使下，"读经"更成为下层民众改变自身命运的有效途径，儒家典籍也更加成为世人顶礼膜拜神圣经典，而其维护统治制度与社会秩序的作用也就更加彰显出来了。

〔作者孙妍，博士生，南开大学历史学院。天津　300071〕

《太平经》的孝治思想

张　鸿

　　早期道教经典《太平经》反复阐释宇宙万物一家、普天之下一家、君臣民一家、父母子一家的道理，于是家庭的秩序法则也就上升为具有普遍意义的一般法则，它适用于宇宙、天下、国家和家庭。与此相应，家庭道德规范与国家政治规范也就具有内在的一致性。因此，在《太平经》中，孝的规范具有普遍适用性。忠孝一体之孝是一个重要的政治概念。关于孝的论述大多具有政治思想的属性。

　　将"孝悌之道"列为重要的政治规范，将"以孝治天下"视为重要的政治方略，将维护"王道三纲"作为国宪法典的宗旨，这是汉代统治思想的显著特征之一。《太平经》的作者接受了儒家以孝治国理论的基本思路，并以阐释宗教思想的方式大加发挥，形成了带有道教特色的以孝治国理论。相较而言，《太平经》比儒家经典更为强调孝在社会生活和政治生活中的地位与作用，也更为强调"顺从"是孝道的主旨。这与《太平经》更为贴近广大普通民众的精神世界不无关系，也与宗教思想往往顺应社会大众的普遍意识有一定的关系。

一　《太平经》事亲之孝的主要内容

　　在《太平经》中，事亲之孝占据举足轻重的地位，不仅有众多篇章涉及事亲之孝，而且对事亲之孝作了系统的阐释。《太平经》的事亲之孝的基本思路和主要内容显然深受统治思想的影响，而一些具体的说法又颇有自身的特点。

1. 事亲之孝是最大的善行

　　《荀子·王制》："能以事亲谓之孝。"孝本是规范家庭内部亲子关系的家庭伦理。《说文解字》卷八上《老部》："孝，善事父母者。从老省，从子，子承老也。"在经典注疏中，"善事父母"是最常见的对孝的解读。例如，《诗经·小雅·六月》："张中孝友"毛亨传："善父母为孝。"又如，《周礼·春官·大司乐》："中和庸祇孝友。"郑玄注："善父母曰孝。"孝的核心词义是善事父母。在通常情况下，"事亲之孝"特指子女、媳妇对父母、公婆的道德义务，即《管子·形势解》所说的"孝者，子妇之高行也。"

　　《太平经》的作者认为，孝是最大的善，而不孝是最严重的罪恶。他们一再指出：以孝顺为核心的道德法则是天君规定的，即"天地神灵深大疾苦，恶人不顺不孝"[①]。

────────────────

　　① 　王明：《太平经合校》，中华书局1960年版，第113页。后引此书仅随文注页码。

侍奉父母之效适用于侍奉天地，天地最为忌讳不孝之过，即"天地，人之父母也，子反共害其父母而贼伤病之，非小罪也，故天地最以不孝不顺为怨，不复赦之也"（第115 页）。不孝于亲、不忠于君、不顺于长都是欺天之罪，即"为子则欺其父母，为臣则欺其君，为下则欺其上，名为欺天，罪过不除也。"（第249 页）《天咎四人辱道诫》列出大逆不道的"四毁之行"，即不孝父母，不娶妻生子，食粪饮小便，乞求施舍。其中不孝为四大"天咎"之首（第655 页）。

《太平经》强调事亲之"孝"在规范亲子关系中的作用，将其视为子女对父母的道德义务，主张为人子女者要"事父母致孝也"（第51 页）作为家庭伦理，事亲之孝有一些具体的要求。主要有以下几点。

2. "善养"父母为孝

"孝悌者，以致养为本"[1]。以"养"论孝是中国古代思想家的共同点之一。养，即奉养双亲，又称"孝养"。《尚书·酒诰》："其艺黍稷，奔走事厥考厥长。肇牵车牛，远服贾，用孝养厥父母。"孔子将"养"视为孝道的最低限度的要求。《礼记·檀弓下》："啜菽饮水，尽其欢，斯之谓孝。"《孝经·庶人章》明确规定：庶民之孝是"用天之道，分地之利，谨身节用，以养父母"。以赡养父母为孝的孝道观源远流长。"慈惠爱亲曰孝"[2]，这是华夏先民的共识。

《太平经》的作者也以"善养"论孝道，主张孝子要"常思安乐其父"（第216 页），"居常善养，旦夕存其亲"（第131 页），尽心尽力地供养父母，使父母过上安定快乐的生活。子女得到"善物"、"善食"必须进献给父母，使父母"衣或复好，面目生光"（第598 页）。简言之，尽心尽力地赡养父母是孝的基本准则之一。

3. "敬事"父母为孝

以"敬"论孝是中国古代思想家的又一个共同点。敬，即尊敬父母，又称"孝敬"。儒家以敬为礼之本，因此儒家孝道尤为强调一个"敬"字。孔子认为，"今之孝者，是谓能养。至于犬马，皆能有养，不敬何以别乎？"[3] 仅能养，不能敬，则与豢养犬马无异，因而不敬则不孝。《孝经·圣治章》："孝莫大于严父。"《礼记》对如何孝敬父母有系统地阐释与规范。敬的某些具体要求将亲子关系规定为支配与被支配关系。在儒家看来，以敬事父是孝道的精髓。

《太平经》的作者也以"敬"论孝道。他们认为，"上善孝子"知"生受命于父，见养食于母"，所以懂得"敬事其父而爱其母"（第113 页）。孝敬父母是子女最基本的道德义务。如果子女"不知重尊其父母"（第114 页），反而"共忽其父母"，甚至背叛其父母，则"天地甚疾之恶之，使其短命而早死也"（第427 页）。不敬就是不孝，不孝是最大的罪恶。

4. "顺从"父母为孝

以"顺"论孝是占统治地位的孝道观。顺，即服从父母，又称"孝顺"。孔子以

① 《潜夫论·务本》，《潜夫论笺校正》，中华书局版1985 年版。
② 《史记正义·谥法解》，《史记》，中华书局1959 年版，第26 页。
③ 《论语·为政》，《四书章句集注》，中华书局1983 年版，第56 页。

"无违"①、"色难"② 论孝道，他认为不违父母之命为孝，承顺父母脸色为孝，赢得父母的欢心为孝。《礼记·祭统》："孝者，畜也。顺于道，不逆于伦，是之谓畜。"《孝经》系统阐释以下顺上的道德规范的基本原则，孝父忠君、敬兄顺长的以顺移忠之道和以孝悌"教民礼顺"的治国方略。敬以从为本，孝以顺为先。汉文帝亦有诏书曰："孝悌，天下之大顺也。"③

《太平经》的作者认为，孝的又一个重要内容是"承父母之教"，惟命是从。子女必须"顺从严父之教令"（第 113 页），听从父母的教诲。他们强调对父母的服从，认为为人子女者如果不服从父母之命，"皆应大逆罪，不可复名也"（第 136 页）。《太平经》的作者认为，子女必须对父母诚实无欺，欺瞒父母就是欺天，"为子则欺其父母……名为欺天，罪过不除也"（第 249 页）。在《太平经》的作者看来，"孝者，下承顺其上"（第 310 页）。听从、服从、顺从是孝的一般准则。唯夫家长的教令是从，这是孝道不可或缺的重要规范。

5. 使父母长生不死为孝

《墨子·经上》："孝，利亲也。" 做各种有利于父母的事情为孝也是占统治地位的孝道观。《孝经》对与此相关的事亲之孝也多有阐释，诸如儿子应当光宗耀祖、以显父母等。《新书·道术》："子爱利亲谓之孝。"《周礼·地官·大司徒》郑玄注："善于父母为孝。" 由此可见，汉朝人强调利亲为孝，孝者利亲。《太平经》的事亲之孝也包含这方面的内容，而其特点在于强调使父母长生不死为孝。

《太平经》的作者认为，子女应当尽力使父母健康长寿，"父母有疾"孝子则"尽力竭精，有以救之。""父母年老且尽"，孝子则竭尽全力为父母寻求"贤师异方"、不死之术，"令得丁强"，长生不死（第 686 页）。《太平经》的作者一再强调：使父母长生不死是"上孝之术"，如果能够做到这一点就可以成为"上善第一孝子"（第 231 页）。在《太平经》的作者看来，一个人如果想使父母长生不死，成为最高等级的孝子，就必须接受天师的教导，信奉道教的经典，恪守宗教的戒律。换言之，不笃信道教便无法成为"上善第一孝子"。

6. 守道重德为孝

如果说"善养"、"敬事"、"顺从"等是获得广泛认同的行孝之道，其基本思路来自《孝经》等儒家经典，那么使父母长生不死的要求显然是《太平经》行孝之道的特色之一。由此也就引出了守道重德的行孝之道。

"秉德不回曰孝。"④ 将遵守道德作孝道的重要内容也获得人们的广泛认同。孔孟以仁、德之本论孝道。《孝经》以"百行之宗"、"至德要道"论孝道，并要求天子、诸侯、卿大夫、士、庶民遵守各自等级的基本规范，就是这方面的典型例证。《太平经》的作者也主张守道重德为孝。只是这里所说的"道"与"德"是指道教的"道"与"德"。

---

① 《论语·为政》，《四书章句集注》，中华书局 1983 年版，第 55 页。
② 《论语·为政》，《四书章句集注》，中华书局 1983 年版，第 56 页。
③ 《汉书》卷四《文帝纪》，中华书局 1999 年版简体标点本，第 90 页。
④ 《史记正义·谥法解》，《史记》，中华书局 1959 年版，第 26 页。

　　《太平经》的作者认为，孝子必须做到"常守道不敢为父母致忧"（第131页）。做到这一点的主要途径是要认真学习作为天师之书的《太平经》，"守行之力之，且夕惟思其意"，使"天地为之欢喜，帝王为之长游"（第408—409页）。在《太平经》的作者看来，如果一个人遵守道教经典所规定的各种道德规范，不仅他个人可以得到天的保佑，得以富贵长生，光宗耀祖，还可以为父母到来福气，使之无忧无虑，健康长寿。

　　《太平经》宣扬孝养、孝敬、孝顺，其主旨是子女对父母的绝对隶属和绝对服从。由此可见，其基本思路与儒家之孝别无二致。如果说《太平经》之孝与《孝经》之孝有什么区别的话，那就是前者包含了一些道教所特有的内容，诸如皈依天君上圣，修习道教经典，恪守天师教导，寻求长生之术等。在这个意义上可以说，《太平经》的孝道观是占统治地位的孝道观的一种道教化的表达方式。

二　《太平经》对孝的普遍适用性的论证

　　在《太平经》的作者看来，亲子关系不限于家庭关系，它在天人关系、君臣关系、君民关系、官民关系、师承关系中普遍存在。因此，孝适用性于各种具有亲子属性的社会关系。《太平经》对孝的普遍适用性多方论证，主要有以下几个论点。

　　1. 孝适用于各种"天地"、"亲子"关系

　　《太平经》的作者认为，天地与人类之间也属于亲子关系。"人亦天地之子也，子不慎力养天地所谓，名为不孝之子也……天地乃是四时五行之父母也，四时五行不尽力供养天地所欲生，为不孝之子。"（第406页）孝是宇宙通则。天地为人之父母，君臣为民之父母，父母为子女之父母。人们必须对天地、君主、父母行孝。孝适用于一切具有"天地"、"亲子"属性的关系，这就把孝的适用范围扩充到整个宇宙和天地间的万物。

　　2. 孝是天地之道的体现

　　《太平经》的作者认为，天地之道具有一般法则的属性，而孝是天地之道的体现。"乐为天之经，太阳之精。孝为地之经，太阴之精。……乐为天为上，孝为下象地。地者下，承顺其上，阴事其阳，子事其父，臣事其君。君上事天，地亦事天，天事其上，故与地同气，故乐与孝，最顺天地也。"（第649页）孝体现"天地之心意"（第550页），"天地最以不孝不顺为怨"（第115页）。《太平经》以天地之道论证孝道，使孝成为具有普遍意义的社会政治规范。不仅为子女者必须以孝事亲，为臣子者必须以孝事君，而且在各种类同于天地、分属于阴阳、形同于亲子的关系中，凡是处在"地"、"阴"、"子"位置者都必须对处在"天"、"阳"、"父"位置者行孝。"孝者，与天地同力也。"（第310页）善孝之人，"天所祐也"（第598页）。因此，孝是各种社会关系之本。

　　3. 孝是道德原则的最高概括

　　《太平经》的作者认为，"天下之事，孝为上第一"（第593页）。孝既是道德原则的最高概括，也是一切道德规范的起点。"夫天地至慈，唯不孝大逆，天地不赦，可不骇哉。"（第116页）孝是各种善行之首，"子亦当孝，承父母之教……是善之善也"（第626页）。事亲之孝、事君之忠、事师之顺的共同之处在一个"顺"字，孝是顺的集中体现。"为子当孝，为臣当忠，为弟子当顺；孝忠顺不离其身"（第408页）。因此，孝是各种道德规范之本。

4. 孝是强制性的宗教律条

《太平经》宣扬忠孝之人生时能延年益寿，得"尊官重禄"（第604页）；死后亦可升天成仙，"为天领职，荣宠日见。天上名之为孝善神人，皆为神所敬。有求美之食先上，遗其孝行，如是无有双人。其寿无极"（第594页）。不孝之人的前景堪忧，下场不好。"子不孝，弟子不顺，臣不忠，罪皆不与于赦。令天甚疾之，地甚恶之，以为大事，以为大咎也。鬼神甚非之，故为最恶下行也"（第406页）。不忠不孝是最大的罪过，"夫为子乃不孝，为民臣乃不忠信，其罪过不可名字也"（第257页）。《太平经》用宗教律条对孝道予以保护。《太平经》一再恐吓那些不孝之人：你们逆天地之心，必将遭到天道的惩罚，死后"无一人得上天者也，虽去，但悉见欺于邪神佞鬼耳。会皆住死于不毛之地，无人之野，以毁其形"（第656页）。因此，作为具有普遍意义的宗教戒律，孝是道教的宗教教义之本。

《太平经》以天地之道、为人之本论证孝的普遍适用性，用宗教信仰维护以孝为核心的伦理道德，以威吓、强制的手段要求人们身体力行，并一再强调人们惟有严守忠孝，安分守己，作现存秩序的顺民，才能安然度日，益寿延年，度世成仙。这种孝道必然具有重要的政治意义。

显而易见，《太平经》论证孝的普遍适用性的基本思路主要来自以《孝经》为代表的占统治地位的孝道观。其《太平经》特点主要表现为注入了道教的内涵，使用了道教的话语，强调孝可以使人健康长寿、度世成仙的功能，从而将有关孝的各种规范提升到最重要的宗教戒律的地位。

三　臣子之孝与忠孝一体

《太平经》的作者认为，君即是父，父即是君，"君为父，象天"（第150页）。家国一体、君父一体，故忠孝一体。君主是天下之父母，忠君与孝父有内在一致性。在下者必须对在上者尽忠行孝。这样一来，《太平经》所说的孝不仅是家庭道德规范，而且成为重要的国家政治规范。《太平经》忠孝一体思想的基本思路有以下三点。

1. 孝子可以直接转化为忠臣

《太平经》的作者认为，孝子可以直接转化为忠臣。"少为孝子，长为良臣，助国致太平，天下悉伏，莫不言善哉"（第409页）。不孝则不忠，不忠则不孝，"为子不孝，国少忠臣"（第576页）。事亲之孝仅是孝的初级阶段，孝亲是忠君的过渡和训练。孝是臣民政治社会化的起点。孝可以向忠延伸，忠是孝的放大。这与《孝经》说法何其相似。基于移孝作忠的思路，《太平经》的作者主张："人生之时，为子当孝，为臣当忠，为弟子当顺；孝忠顺不离其身。"（第408页）

2. 忠与孝的一般原则并无二致

《太平经》的作者认为，忠与孝的一般原则和主要内容大体一致。"孝者，下承顺其上"（第310页）。忠孝皆以诚信不欺、尽心所事、"敬顺其上"、使君父益寿延年为最高原则。在君臣关系中，君为天、为父，臣为地、为子；在父子关系中，父为天、为君，子为地、为臣。因此，《太平经》常常将事父之孝与事君之忠相提并论，事亲之孝的基本要求与事君之孝的基本要求大体相似，都包括孝养、孝敬、孝顺以及为君父寻求长生之术等内容。孝为子道，忠为臣道，而忠孝并举，就是为臣之道。孝也是臣民事君的政治道德规范。

3. 孝也是事君的规范

《太平经》的作者认为，孝也是事君的规范，为臣子者不仅要在家孝顺父母，而且要在朝孝顺君主。他们主张臣子将"自孝于家"与"孝于朝廷"结合在一起，使孝贯通于全部社会政治生活之中，即"不但自孝于家，并及内外。为吏皆孝于君，益其忠诚，常在高职，孝于朝廷"（第593页）。内则以孝事亲，外则以孝事君，为吏者必须以忠孝之道服务于朝廷。孝贯穿于家国，通行于君父，适用于政治。这种忠孝观念旨在造就一个下顺于上的社会政治秩序。

显而易见，《太平经》所说的孝，既可以归属于社会思想，又可以归属于政治思想。事君之孝属于政治道德规范的范畴。在这一点上，《太平经》与《孝经》也并无二致。

四　天子之孝与以孝治国

《太平经》把君主率天下以孝列为重要的治国原则和为君之道。要求君主率天下以孝，以孝道教化治理臣民，使全体臣民认同各种等级规范，做忠孝的顺民。主要思路有以下几点。

1. 天子事天如父

《太平经》的作者认为，"天与人君独深厚，比若父子之恩则相教"（第56页）。天是宇宙的最高主宰，天地是生化万物的亲体，天子为天之子。天是至上之君，人间的王无论生前死后都是上帝的臣子。因此，"君上事天，地亦事天"（第649页）。君主必须事天如父，对天行孝，不违天之训令。"夫帝王者，天之子，人之长，其为行当象此。夫子者，当承父之教令严敕，案而行之，其事乃得父心志意，可为良家矣"（第219页）。

帝王事天如父规范体现了这样一种文化定位方式：一方面帝王天意的代理人，为天下之君主，万民之父母，另一方面他又是天之臣、天之子，对天履行为臣、为子的义务，服从某种观念上的最高主宰。在这个意义上，帝王与其他人一样，一方面支配着自己的下属，另一方面受在上者的支配。这就在观念上使君主臣从、父慈子孝成为对一切社会人普遍适用的法则。

2. 天子之孝以德政为本

《太平经》的作者认为，"天但好道，地但好德"（第247页）。天地为君主的父母，天子恪守孝道，就要不违天意，谨遵天地教诲。"天之为行，不夺人所欲为也；地之为行，亦不夺人所欲为也；明君之为行，亦乐象天地不夺人所为也。与天地相似，故能独长称天地，得其心也"（第452页）。因此，君主应当"象天地以道德治"（第425页），"广哀不伤，如天之行最善"（第80页）。简言之，天子之孝当以德政为本。

3. 推行孝道是君道之要义

《太平经》的作者认为，孝是古代圣王的立身之本，治国之道，以孝治国是理想政治准则，他们强调"圣明所务，当推行而大得者，寿孝为急。"（第310页），要求君主率天下以孝，积极推广孝道，使万民以孝善为师而受其教化。

《太平经》的作者将宣扬孝道置于重要地位。他们指出："本善致善，本孝致孝，本不孝其末不孝，本恶其末恶"，君主的政治行为对推行孝道有至关重要的作用。"天生人民，少能善孝者。"必须树立典型，教化民众。他们主张君主大力表彰那些"孝悌力田之子"，具体措施是"赐其彩帛酒肉，长吏致敬，明其孝行，使人见之"。这样就可以使"傍人见之，是有心者可进爱，有善意相爱，此皆天下恩分，使民顺从"（第593页）。

《太平经》的作者还强调官吏在以孝治国中的地位与作用。他们认为，"夫长吏者，乃民之司命也，忠臣孝子，大顺之人所宜行也"（第699页）。各级官吏在推行孝道中肩负着重要的责任，君主应当把躬行孝道作为选择官吏的标准，各级官吏则应成为恪守忠孝的道德楷模。

4. 孝道行而天下治

在《太平经》的作者看来，"孝，以止逆乱、却夷狄、令下顺从易治"（第627页）。以孝治国可以教化百姓、防止内乱、抵御外寇等方面收到很好的成效，使天下容易治理。因此，天子不仅要以孝事天、以孝事父、以孝事师，成为躬行孝道的典范，而且要大力推行以孝治天下。各级官吏不仅要做"自孝于家"、"孝于朝廷"的忠臣孝子，还要教化民众，推行孝道。以孝治国家的主旨是以等级名分、道德规范教化社会成员，使臣民孝于亲，顺于长，忠于君，以维护君主制度、等级制度和宗法制度。在《太平经》的作者看来，彰显孝义，推行孝道，可以使"郡县皆慈孝，五谷为丰熟，无中夭之民。天为其调和风雨，使时节。……人民师化，皆食养有顺之心，天不逆意也。是善尤善，孝忠尤孝，遂成之"（第593页）。

在《太平经》的阐释体系中，作为社会范畴的"家"和作为社会角色的"父"、"母"占据着重要的位置，它们常常被用为论说哲学思想、社会思想、政治思想及相关的道德思想的重要理据。在现存文献中，《太平经》最先将"天地君父师"连为一体，使之成为重要的社会权威崇拜符号。于是不仅天、君、父、师等社会权威被赋予父的属性，而且国家关系与家庭关系被赋予同样的属性和规范。就连哲理中的阴阳中和、宇宙间的天地人、政治上的君臣民也被视为家庭中的父母子关系。甚至皇、帝、王、霸也可以与父、母、子、妇相类比。因此，在《太平经》的作者看来，"孝"的基本原则普遍适用于人类事天地、子女事父母、臣民事君主和弟子事师傅。他们对孝的政治意义及臣民以孝顺事君重要性也有系统地论证。躬行孝道还被说成是人们得到富贵健康、得道成仙必由之路。正是由于"家"在《太平经》的理论体系中占据如此重要的地位，《太平经》的作者从宗教思想的角度系统阐释了以"孝"为核心的道德教化思想。从基本思路看，《太平经》的这类思想主要来自当时占统治地位的思想，而从具体内容看，《太平经》又有自己的特色。深入考察这种历史现象有助于更好地了解当时一部分普通民众的精神世界。《太平经》重视庶民的道德教育的一些思路也可以为今天的社会道德建设提供借鉴。

〔作者张鸿，讲师，南开大学历史学院。天津　300071〕

嵇康与陶渊明政治人格特征之比较

刘明辉

　　嵇康是魏晋玄学的代表人物之一，而陶渊明是东晋晚期士人的典型之一，二人在魏晋思想史上均占有重要地位。缘于此故，对嵇康和陶渊明思想的研究引起了很多学者的关注，并取得了丰硕的研究成果。然而，嵇康和陶渊明二人的思想之间存在着怎样的内在关联和差异，以及为什么存在这种关联与差异，就笔者所见讨论不多。本文拟从政治人格特征方面对嵇康和陶渊明之间略作比较，以期对魏晋士人的思想特征及其演变得出进一步的认识。

一　拒仕与仕隐

　　关怀政治是古代士人难以割舍的心理情结，魏晋时期的嵇康和陶渊明概莫能外。但是，二人与政治发生关系的方式却迥然不同。嵇康以拒仕表明其政治立场。为操控政权，司马氏集团发动了血腥的"高平陵事变"，继之又展开了两次大规模杀戮以清洗曹魏余党，并下令"皆夷三族"。与此同时，司马氏大力宣扬名教，试图借重名教的教化功能来禁锢人心、稳定政局，而其在政治斗争中的劣迹与名教主旨大悖，官方所称之名教沦为自欺欺人的统治工具，社会伦理秩序混乱。嵇康感叹道："吾宁发愤陈诚、谠言帝庭、不屈王公乎？将卑懦委随、承旨倚靡、为面从乎？""宁恺悌弘覆、施而不德乎？将进趣世利、苟容偷合乎？""宁隐居行义、推至诚乎？将崇饰矫诬、养虚名乎？""宁斥逐凶佞、守正不倾、明否臧乎？将傲倪滑稽、挟智任术、为智囊乎？"[①]这当非嵇康一己之感，而是当时诸多士人共同的政治认知和情感体验。嵇康坚决与司马氏划清界限拒不入仕，史载："山涛将去选官，举康自代。康乃与涛书告绝。"[②] 嵇康在文中推说自己无意于仕宦："若吾多病困，欲离事自全，以保余年，此真所乏耳，岂可见黄门而称贞哉？""今但愿守陋巷，教养子孙，时与亲旧叙阔，陈说平生。浊酒一杯，弹琴一曲，志愿毕矣。"（《与山巨源绝交书》）此绝交之书无异于向当权者发布的政治宣言书，表明自己决意不与司马氏合作。拒仕绝不

---

　　① （清）严可均：《全上古三代秦汉三国六朝文·全三国文》之《嵇康卷·卜疑》，中华书局 1958 年版，第 1321 页。本文所引嵇康之诗文材料多出自该书，以下只在正文中以夹注形式标出所引诗文篇名。
　　② （唐）房玄龄：《晋书》卷四九《嵇康传》，中华书局 1974 年版，第 1370 页。

意味着嵇康与政治绝缘，相反，嵇康以轻贱名教的方式表明其反对司马氏的政治立场①。嵇康对经学及儒家圣贤嗤之以鼻，他自称"少加孤露，母兄见骄，不涉经学"，"又每非汤、武而薄周、孔"（《与山巨源绝交书》）。经学是儒家经典，汤、武和周、孔是儒家圣贤，它们具有规范社会关系和稳定政治秩序的功能，是司马氏实施名教治国方略的政治需要，而嵇康对此的大不敬态度不利于司马氏的统治，钟会向司马昭进言："（嵇）康、（吕）安等言论放荡，非毁典谟，帝王者所不宜容。宜因衅除之，以淳风俗。"② 嵇康遂惨死于司马氏屠刀之下。

陶渊明的屡次出仕反映了他的政治关怀。晋孝武帝太和十八年（393）至晋安帝义熙元年（405），即陶渊明29—41岁之间，他先后有过五次仕宦经历。陶渊明早年便热衷于入仕，他对此解释道："畴昔苦长饥，投耒去学仕。"③ 因不堪贫穷才步入仕途，这多半是陶渊明对徘徊仕隐、一无所成的自我解嘲，渊明曾明确说："猛志逸四海，骞翮思远翥。"（《杂诗》其五）"丈夫志四海，我愿不知老。"（《杂诗》其四）足见渊明多次入仕的动因是其胸中宏志。然而，宦途的失意和为官的潜在危机促使陶渊明反省："密网裁而鱼骇，宏罗制而鸟惊。彼达人之善觉，乃逃禄而归耕。"（《感士不遇赋序》）最终，陶渊明彻底归隐。他用大量诗文赞颂著名隐士，其目的在于借此表明心志。如何看待陶渊明"参与—离弃"式的政治经历？对此，《南史·隐逸上》在开篇便有过精辟论述："夫独往之人，皆禀偏介之性，不能摧志屈道，借誉期通。若使夫遇见信之主，逢时来之运，岂其放情江海，取逸丘樊？不得已而然故也。"④ 这对隐逸现象的解读颇为深刻，陶渊明也是怀着浓烈的政治情结伺机而动，终因仕途无望、大志难酬而归隐不出。与嵇康相比，陶渊明的政治态度相当隐晦，其诗文中难觅针砭时政的文字。清人钟秀指出："谓陶公为仕宦中人固非，谓陶公为山林中人尤非。当桓、刘窥伺晋室之时，陶公心存忧国，志切匡扶，乃半世屈身戎幕佐吏，欲一行其志，而不可得；乃为彭泽八十余日，而世代已易，遂不复出焉。故有《咏三良》、《荆轲》诸诗，一腔忠愤，情见乎辞，不即不离，或隐或现。"⑤ 钟秀之语并非凭空捏造，陶渊明诗文中固然罕见对时政的直接评论，但是，晋宋易代时陶渊明作诗道："种桑长江边，三年望当采。枝条始欲茂，忽值山河改。柯叶自摧折，根株浮沧海。春蚕既无食，寒衣欲谁待！本不植高原，今日复何悔。"（《拟古九首》其九）该诗语义双关，将恭帝比喻为桑，本应植于高原之上，无奈却立于长江之侧，最终难逃厄运。看似陶渊明对晋宋易代这样的政坛震动

---

① 顾农认为："其时司马氏已经成为巨大的足以左右形势的政治势力，司马氏的理论家王肃也相应地成为权威的经学家，礼教的旗帜已经被他们拿在手里了。嵇康虽然笃信礼教，但为了在政治上与司马氏唱对台戏，便违心地针锋相对地提倡'越名教而任自然'。见顾农：《嵇康的政治态度和他的作品》，《西南师范学院学报》1984年第4期，第109页。清朝人俞正燮在《癸巳存稿·书文选幽愤诗后》说："要使千载下知康所非薄者，王肃、皇甫谧等所造，司马懿、钟会等所牵引之汤武、周孔也。"

② （唐）房玄龄：《晋书》卷四九《嵇康传》，中华书局1974年版，第1373页。

③ 袁行霈：《陶渊明集笺注》，中华书局2003年版，《饮酒》其十九，第278页。陶渊明在诗文中多次表明自己与社会颇难相合。本文所引陶渊明之诗文材料全部出自该书，后文只注篇名。

④ 李延寿：《南史》卷七六《隐逸下》，中华书局1975年版，第1908页。

⑤ 钟秀：《陶靖节记事诗品二十二则》，转引自古典文学研究资料汇编：《陶渊明资料汇编》上册，中华书局1961年版，第239页。

不置一词，但是我们却能在该诗中捕捉到其浓郁的悲怆之情①。

　　表面来看，嵇康和陶渊明对儒家思想持截然相反的态度。嵇康不仅对儒家圣贤嗤之以鼻，更对"六经"极尽嘲讽之能事："吾子谓六经为太阳，不学为长夜耳。今若以虚堂为丙舍，以诵讽为鬼语，以六经为芜秽，以仁义为臭腐，睹文籍则目瞧，修揖让则变伛，袭章服则转筋，谭礼典则齿龋。于是兼而弃之，与万物为更始，则吾子虽好学不倦，犹将阙焉。则向之不学，未必为长夜，六经未必为太阳也。"（《难张辽叔自然好学论》）而陶渊明服膺儒家理念，他对"仁义"可谓孜孜以求，在《咏贫士》其四中表露心迹："朝与仁义生，夕死复何求。"在《命子》诗中陶渊明为儿子取名"俨"，字为"求思"，希望儿子以"孔伋"为人格典范，朝夕谨记"温恭"，这俨然是中规中矩的儒家伦常。② 陶渊明对孔子可谓"心向往之"，在《饮酒》其二十诗中他高度赞扬孔子："汲汲鲁中叟，弥缝使其淳。凤鸟虽不至，礼乐暂得新。"陶渊明认为孔子努力恢复西周礼制是为了使社会变"淳"，他认为世风颓败是因为礼乐制度没有真正深入人心，没有发挥应有的教化和规范作用。其实，在态度相左的表象背后潜藏着嵇、陶对儒家价值的共同追求，唐长孺先生认为："嵇阮在原则上并不反对儒家所规定的伦理秩序，只是反对虚伪的名教，他们理想中真率自然之人格仍然与封建道德不可分割。"③儒家思想已经内化为他的深层意识和价值准则，从《家诫》篇管窥嵇康思想，的确可发现他有恪守儒家思想的一面。嵇康勉励子嗣以"善行"立身，并且要讲求"信"和"节"："若夫申胥之长吟，夷齐之全洁，展季之执信，苏武之守节，可谓固矣。"嵇康叮嘱其子："若临朝让官，临义让生，若孔文举求代兄死，此忠臣烈士之节。"不料一语成谶，其子嵇绍后来成为晋王朝的忠臣烈士。嵇康之所以对子女如此谆谆教导，固然出于爱子之心，不希望子女"越名教"而自寻斧钺之祸，但其根本原因还在于他对"仁义礼智信"等儒家价值观的认同。鲁迅对此有过精辟见解："魏晋时代所谓崇拜礼教，是用以自利……于是老实人以为如此利用，亵渎了礼教，不平之极，无计可施，激而变成不谈礼教；甚至于反对礼教"，"他们都是迂夫子，将礼教当作宝贝看待的"④。可见，嵇康和陶渊明的内心都深藏着正统的儒家理想，这驱使着他们关怀政治、裁量时政。

　　嵇康与陶渊明实质上同怀政治情结、同尊儒家礼教，但是其表现却甚为不同：嵇康拒仕且轻贱礼教，陶渊明屡仕且颂扬周孔，这固然与各自秉性和身份地位的差异有关，但无疑也折射出士人心态的时代嬗变。概而言之，从魏末到晋末，士人政治情结有减弱的趋势。嵇康的政治态度激烈而外露，所以"至为礼法之士所绳，疾之如仇仇"。嵇康坦承"阮嗣宗口不论人过，吾每师之，而未能及"，他清楚地意识到其个性危及自身：

---

① 袁行霈将该诗解读为陶渊明对刘裕篡权愤怒之情的隐晦表达。他还认为陶渊明之意不在酒，而是暗指刘裕篡晋之事，但是鉴于身处危局之情势他未敢直接抒发，《述酒》以游仙结尾反映出陶公愤而隐忍之意。见袁行霈《陶渊明集笺注》之《述酒》析义，第 303 页。

② 陶渊明在诗文中表达出对"道"与"善"的渴慕："匪道曷依，匪善奚敦"，"总角闻道，白首无成"。见《荣木》，第 13 页。这是对《礼记·祭统》中"心不苟虑，必依于道"和《礼记·曲礼上》中"敦善行而不殆"的化用，据此可证陶渊明与儒家思想的密切关系。

③ 唐长孺：《唐长孺社会文化史论丛》，武汉大学出版社 2001 年版，第 28 页。

④ 鲁迅：《鲁迅全集》卷三《而已集·魏晋风度及文章与药及酒之关系》，人民文学出版社 2005 年版，第 536 页。

"吾以不如嗣宗之资，而有慢弛之阙；又不识物情，暗于机宜；无万石之慎，而有好尽之累；久与事接，疵衅日兴，虽欲无患，其可得乎！"① 强烈的政治批判意识使嵇康面对弊政如骨鲠在喉不吐不快。而陶渊明不再执著于时政之善恶，他屡仕终隐而保持平和的心境，如方体所说："先生当晋、宋易代之际，名位未显，功业未光，而介石之操，如海月皎空，晴云映岳，有嵇叔夜之愤，而不及于祸，有阮嗣宗之达，而不至于放，其高风峻节有不可及者。"② 经过长期的政局混乱，晋宋之际的士人显得"平和"，他们或随波逐流与俗苟合，或疏离政治隐居避世，其政治情结虽未割舍，但已不再鲜明地表达政治态度和情感。鲁迅说："到东晋，风气变了。社会思想平静得多，各处都加入了佛教的思想。再至晋末，乱也看惯了，篡也看惯了，文章便更和平。代表平和的文章的人有陶潜。"③

二　任自然与返自然

嵇、陶皆感自己与现实社会如同圆凿方枘，嵇康诉说自己"有必不堪者七，甚不可者二"，"以促中小心之性，统此九患，不有外难，当有内病，宁可久处人间邪"（《与山巨源绝交书》），陶渊明也说自己"性刚才拙，与物多忤"（《与子俨等疏》）。嵇、陶对现实社会倍感失望，嵇康谓之"天性丧真"（《太师箴》），陶渊明悲叹"自真风告逝，大伪斯兴"（《感士不遇赋序》），他们对上古社会表现出热切向往。嵇康描绘道："洪荒之世，大朴未亏，君无文于上，民无竞于下。物全理顺，莫不自得。饱则安寝，饥则求食，怡然鼓腹，不知为至德之世也。"（《难张辽叔自然好学论》）陶渊明作《劝农》颂扬上古社会："悠悠上古，厥初生民。傲然自足，抱朴含真"，并在《赠羊长史》中自诩"羲皇上人"，还屡次赋诗追怀尧舜之世："愚生三季后，慨然念黄虞。"通过古今对比，嵇、陶断言历史进程同时也是"真"的丧失过程④，人类社会的道德伦理在不可遏制地倒退。无疑，嵇、陶深受庄子哲学的影响，他们持"退化论"的历史观，认为从古到今的时代演变是一个由淳朴到浇薄的过程，因此他们主张回到上古时期⑤。有鉴于此，他们由对政治和社会的关怀转向了对自身生命的关怀，这也是大多数魏晋士人的一致趋向，该时期诗文的一大特色即尤重"生命主题"⑥。

如何在政局动荡、世风日下的时代安身立命？二人无不祭出"心"这面大旗，他

---

① 房玄龄：《晋书》卷四九《嵇康传》，中华书局 1974 年版，第 1371 页。

② 方体《晋徵士靖节先生祠碑记》，转引自古典文学研究资料汇编：《陶渊明资料汇编》上册，中华书局 1961 年版，第 219 页。

③ 鲁迅：《鲁迅全集》卷三《而已集·魏晋风度及文章与药及酒之关系》，人民文学出版社 2005 年版，第 537 页。

④ "真"在现存的嵇、陶诗文中分别出现 17 次和 10 次。"真"在道家哲学中指禀受于自然且不可更易的本然状态，如庄子将其与"礼"进行比较并予以解释："礼者，世俗之所为也；真者，所以受于天也，自然不可易也。"见郭庆藩：《庄子集释·渔父篇》，中华书局 1961 年版，第 276 页。

⑤ 葛荃在《寻觅史家笔触——政治思想研究方法论刍议》中对这种历史观作过具体论述，参见刘泽华、张分田等：《思想的门径》，天津古籍出版社 2006 年版，第 104 页。

⑥ 魏晋士人有从政治关怀转向生命关怀的倾向，笔者在未刊稿《试论社会变迁中士人心态的自我调试》中对此作过浅显论述。宗白华、王瑶、李泽厚、钱志熙等学者认为魏晋是个体生命意识勃兴的时代，详见其相关论著。

们希望能顺应本心地生活①。嵇康在《释私论》中反复论及"心"，并且三次主张"任心"，陶渊明也分别在《饮酒》和《时运》诗中说："死在何所知，称心固为好。""人亦有言，称心易足。"毋庸置疑，个体无法超越时代而返回自得自足的上古社会，嵇康和阮籍只有调整自己的处世心态以追求顺应本心的生活，其中关键在于能否"意足"，这就要求个体抛弃过多的"欲"。在嵇康眼中富贵荣华、名位权势不仅有损个人品节，而且是祸患的根源："富贵尊荣，忧患谅独多。古人所惧，丰屋蔀家。人害其上，兽恶网罗。惟有贫贱，可以无他。歌以言之，富贵忧患多。"② 他认为，"意足者，虽耦耕畎亩，被褐啜菽，岂不自得"，"盖将以名位为赘瘤，资财为尘垢也，安用富贵乎"（《答向子期难〈养生论〉》）。嵇康主张安贫守贱，他希望像庄子那样做一只抛却荣名、曳尾于泥浆之中的灵龟："泽雉穷野草，灵龟乐泥蟠。荣名秽人身，高位多灾患。未若捐外累，肆志养浩然。"③ 与嵇康一样，渊明曾表白心迹："高操非所攀，深得固穷节"，"草庐寄穷巷，甘以辞华轩"④。

　　顺应本心是生命关怀的题中之意，如何实现是嵇、陶二人面临的难题。如前所述，"安贫守贱"的主旨在于摆脱名利对心的搅扰，这不免有些消极防御的意味，主动归返"自然"才能使心性真正得到解放⑤。嵇康提出"越"，他说："矜尚不存乎心，故能越名教而任自然；情不系于所欲故能审贵贱而通物情。物情顺通，故大无违；越名任心，故是非无措也。"（《释私论》）可见，"越名教而任自然"和"越名任心"是两个一致性的命题。嵇康说："六经以抑引为主，人性以从欲为欢。抑引则违其愿，从欲则得自然。"（《难张辽叔自然好学论》）"六经"所压抑的是人性中符合自然的欲求，唯有"从欲"才可使人性契合于自然。嵇康所言之"心"与"自然"本质相同，而"名教"和"欲"都是强加于心性之上的枷锁，只有将其剥离才能使心契合于自然。陶渊明说自己"少无适俗韵，性本爱丘山"，他希望"返自然"（《归园田居》其一）。陶渊明开创了田园隐逸的新模式，其隐逸之地不再是人迹罕至的深山，而转变成为与友朋乡邻同耕同乐的田园："农务各自归，闲暇辄相思；相思则披衣，言笑无厌时"（《移居》其二）。陶渊明认为"真即自然"，他在田园生活中实践"适性自然"的人生信条："养真衡茅下，庶以善自名。"（《辛丑岁七月赴假还江陵夜行涂口》）萧统在《陶渊明传》中说陶渊明"颖脱不群，任真自得"，面对官长他敢于"不为五斗米折腰"，与友朋相聚时，"渊明不解音律，而蓄无弦琴一张，每酒过，辄抚弄以寄其意。贵贱造之者，有酒辄设。渊明若先醉，便语客：'我醉欲眠，卿可去。'其真率如此"⑥。陶渊明不敬官长和不拘礼数正是其率真本色的表现，他弃官归隐也是为了能过一种自由自在、不违本性的生活，这与嵇康之"纵自然之欲"主旨相同。

---

　　① "心"在现存的嵇、陶诗文中分别出现 178 次和 61 次，足见二人对"心"的高度重视。嵇康主张"任心"，陶渊明主张"称心"，二者之间的差别将另文论述。

　　② （清）逯钦立：《先秦汉魏晋南北朝诗·魏诗卷九·代秋胡歌诗》，中华书局 1983 年版，第 479 页。

　　③ （清）逯钦立：《先秦汉魏晋南北朝诗·魏诗卷九·与阮德如一首》，第 487 页。

　　④ 袁行霈：《陶渊明集笺注》，《癸卯岁十二月中作与从弟敬远一首》和《戊申岁六月中遇火》，第 207 页、第 219 页。陶渊明在诗文中反复强调自己的"固穷"志愿，这基本成为学界共识。

　　⑤ "自然"这一概念在现存的嵇、陶诗文中分别出现 51 次和 5 次。

　　⑥ （南朝梁）萧统《陶渊明传》，转引自古典文学研究资料汇编：《陶渊明资料汇编》上册，中华书局 1961 年版，第 7 页。

　　嵇康与陶渊明大体沿着"丧真—顺心—求自然"的路径转向生命关怀，"真"、"心"、"自然"三者的意义在二人的思想结构中是相互贯通的，其中的核心概念是"自然"，这显示出玄学思潮对魏晋士人的深刻影响。由于时代背景和个人秉性不同，嵇康"任自然"、"任心"，对心性契合自然有着强烈而外露的诉求，其实现方式激进；陶渊明"返自然"、"称心"，希冀在田园隐居中摆脱精神桎梏而适应自然，其实现方式温和。嵇、陶所持之态度虽然略显不同，然而，其实质都是以"自然"为参照系，这反映了二人思想根基与旨归的一致性。

三　贵生与顺化

　　生命关怀必然涉及对生死问题的看法，嵇康几乎不主动谈"死"，而陶渊明诗文中处处可见对"死"的矛盾态度[①]。嵇康说"老子庄周，吾之师也"，他将精力倾注于养生，"吾顷学养生之术，方外荣华，去滋味，游心于寂寞，以无为为贵"（《与山巨源绝交书》），其养生思想显然受庄子影响。庄子说："无视无听，抱神以静，形将自正。必静必清，无劳女形，无摇女精，乃可以长生。目无所见，耳无所闻，心无所知，女神将守形，形乃长生。"[②] 庄子之养生重在对"神"的养护，认为神安则形全。嵇康也强调"神"对"形"具有主导和制约作用："精神之于形骸，犹国之有君也。神躁于中，而形丧于外，犹君昏于上，国乱于下也。"他说养生重在"修性以保神，安心以全身"（《养生论》）。故此，嵇康在"养神"方面大力发挥，他认为"欲"会扰神伤形："夫嗜欲虽出于人，而非道之正。犹木之有蝎，虽木之所生，而非木之宜也。故蝎盛则木朽，欲胜则身枯。然则欲与生不并立，名与身不俱存，略可知矣。"为此，他提出"去欲"是养心安神的关键所在："君子识智以无恒伤生，欲以逐物害性。故智用则收之以恬，性动则纠之以和，使智上于恬，性足于和。然后神以默醇，体以和成，去累除害，与彼更生。所谓不见可欲，使心不乱者也。"（《答向子期难〈养生论〉》）

　　嵇康对庄子的养生哲学不仅有继承，而且有重大发展。庄子在《养生主》中提出"缘督以为经，可以保身，可以全生，可以养亲，可以尽年"，但其中主要内容是用故事阐述其处世哲学："安时而处顺，哀乐不能入也，古者谓是帝之县解。"[③] 庄子只是片面强调养神以全形，而嵇康认为形神是互相作用的——"形恃神以立，神须形以存"，"养形"也同等重要，嵇康主张："又呼吸吐纳，服食养身，使形神相亲，表里俱济也。"（《养生论》）嵇康特重养形，甚至走向迷恋"长生久视"的神仙之术。《庄子·逍遥游》描摹了出神入化的境界，但嵇康深信世上确乎有神仙："夫神仙虽不目见，然记籍所载，前史所传，较而论之，其有必矣。"（《养生论》）他认为通过养生可以达到"不朽"的境界："故顺天和以自然，以道德为师友，玩阴阳之变化，得长生之永久，

---

　　①　现存陶渊明诗文中有 25 处谈及关于自身之"死"，此外还有多处以其他形式论述死亡问题；而现存嵇康诗文中虽然有 20 个"死"字，但是多与嵇康自身无关。

　　②　郭庆藩：《庄子集释·在宥篇》，中华书局 1961 年版，第 538 页。

　　③　郭庆藩：《庄子集释·养生主》，第 115、128 页。

任自然以托身，并天地而不朽者，孰享之哉？"（《答向子期难〈养生论〉》）稽康一方面承认神仙"似特受异气，禀之自然，非积学所能致也"，另一方面却热衷于通过修性养神、呼吸吐纳和服食养形以求形体的不衰："至于导养得理，以尽性命，上获千余岁，下可数百年，可有之耳。"（《养生论》）"至道之精，窈窈冥冥，无视无听，抱神以静。我守其一，以处其和。故千二百岁，而形未尝衰。"（《圣贤高士传·广成子》）稽康思想存在内在矛盾，他虽言"无以生为贵者，是贤于贵生也"（《释私论》），但是他最终又从"养生"走向了"长生久视"，这显然有从道家思想走向神仙道教的趋势①。

陶渊明诗文弥漫着浓重的对生命易逝、人生苦短的伤感，流露出对延年益寿的渴望："在世无所须，唯酒与长年"②。但是，陶渊明并未像稽康那样沉溺于贵生，他以自然主义的态度看待死亡，他明白生死是逃不开的自然规律："天地赋命，生必有死。自古贤圣，谁能独免。"③ 陶渊明感慨道："贵贱贤愚，莫不营营以惜生，斯甚惑焉。"（《形影神》组诗序）在该组诗中陶渊明论述了"形、影、神"所代表的三种不同的人生观："形"感到人生短促，妄图饮酒以愉悦；"影"渴望通过"立善"以名传后世，这也是很多儒家士大夫的共同追求；唯有"神"无牵无挂，不以寿命长短悲喜，不在乎名垂后世与否，其对生死的态度是"纵浪大化中，不喜亦不惧"（《形影神·神释》）。陶渊明认为人与自然万物一样处于"大化"之中④，认为生死即"大化"的一部分，"茫茫大块，悠悠高旻。是生万物，余得为人"（《自祭文》），"翳然乘化去，终天不复形"（《悲从弟仲德》）。陶渊明持自然主义态度看待生死，因此与笃信修习成仙的稽康相反，他指出神仙之说的虚妄本质："即事如已高，何必升华嵩。"⑤

综上所述，稽康和陶渊明是魏晋士人在不同时期的典型代表，其身份地位和人生经历也迥然不同，但是他们都将政治关怀与生命关怀熔铸为一。稽康与陶渊明不同的政治行为折射了魏晋士人心态的时代嬗变，士人的政治关怀由"强"而"弱"，生命关怀由"隐"而"彰"。稽、陶代表了实现生命关怀的两种不同方式，稽康"贵生"，其养生思想超越道家而趋向神仙道教，就此而言，可把稽康视为走向葛洪之神仙道教的思想先驱⑥。陶渊明是隐逸类型的重要代表，他开创了"田园隐逸"的风尚，在耕读

---

① 孙昌武指出："稽康的养生思想是一种独特的神仙思想，他的养生术乃是一种独特的神仙术。他在观念上和实践上对于正在兴盛起来的道教的神仙信仰作出了独特的发挥。"参见孙昌武：《稽康的养生术和游仙诗》，《郑州大学学报（哲学社会科学版）》2002 年第 4 期，第 87 页。

② 袁行霈：《陶渊明集笺注》，《读山海经其五》，第 403 页。陶渊明作《自祭文》和《拟挽歌辞三首》集中表达出对死亡将至的忧伤之情，这在魏晋诗文中并不鲜见。

③ 袁行霈：《陶渊明集笺注》，《与子俨等疏》，第 529 页。陶渊明有"老少同一死，贤愚无复数"、"既来孰不去，人理固有终"、"运生会归尽，终古谓之然"、"有生必有死，早终非命促"之诗句。

④ 现存陶渊明诗文中有 22 个"化"字，其中 21 个都是自然运行之"化"。

⑤ 袁行霈：《陶渊明集笺注》，《五月旦作和戴主簿》其一，第 121 页。

⑥ 学术界对此有比较接近的看法，如李刚认为"葛洪人生观的形成是由儒而入道，最终立足于道"。参见李刚：《葛洪及其人生哲学》，《文史哲》2000 年第 5 期。类似观点可参见：陈昌文：《葛洪——由儒向道的心理历程》，《四川大学学报（哲学社会科学版）》2001 年第 4 期；潘显一：《"道—美"观从道家到道教的标志》，《宗教学研究》1999 年第 2 期；李锦全：《徜徉在入世与出世之间——葛洪儒道兼综思想剖析》，《宗教学研究》2004 年第 2 期。

并举的生活中找到了实现心性自然的佳途，而其自然主义的"顺化"思想把他从伤时悼死引向豁达洒脱。政治关怀与生命关怀在二人的人生历程中共时性地胶结为一体，但是两种关怀在嵇、陶心态结构中具有不同比重，因此在不同时期呈现出不同面貌的心态。

〔作者刘明辉，博士生，南开大学历史学院。天津　300071〕

唐玄宗与"天子之孝"

商爱玲

"以孝治天下"是中国最重要的帝王术之一①。"孝治"理论，为贵贱上下都设定了孝的规范，区别仅在于不同的政治等级有不同的规范和要求。"天子之孝"是为帝王专设的孝道规范，既有孝的一般要求，又有某些属于帝王特有的内容。在由王权支配社会的传统中国②，不深入探讨"天子之孝"的基本内涵和操作过程，将无法全面认识"孝治"的理论和实践意义，从而也无法深入解析帝制时代的政治思想。故而历代思想家对"天子之孝"的议论很多③。绝大多数帝王往往结合自己的政治活动推崇并实践"天子之孝"，尤为典型的当属唐玄宗李隆基。为了弘扬孝道思想，他亲自注释《孝经》，不仅要求在学校进行讲习传授，而且要求每个家庭都要作为必备书收藏。他既以孝来驾驭官僚整顿吏治、教化百姓敦化风俗；同时，他也率天下以孝，以孝来规范自己的行为，范典天下。可以说，唐玄宗的政治过程中处处体现着"天子之孝"的基本思想。由于目前学界尚缺乏系统化的考察，本文拟以唐玄宗为例，分析其推崇"天子之孝"的动因、实践等活动，进而试图探讨"天子之孝"在中国传统政治思想中的地位和作用。

一 唐玄宗推崇"天子之孝"的具体动因

一个政权必须运用思想和文化手段，塑造与影响人民的价值观念，以使他们认可现存的政治和社会秩序，从而自愿地服从国家的控制和管理。意大利思想家莫斯卡在《统治阶级》一书中指出，统治阶级"并非只靠实际占有权力来证明权力的正当性，它还试图为权力找到道德和法律的基础"④。唐玄宗几经权力的角逐才赢取帝王之尊，为确保权力的行使，除了作为一个统治者号令天下之外，借助"天子之孝"将自己扮演成一个文化和道德的领导者尤为必要。

首先，胡汉混血的特殊身份迫切需要获得主流文化的认同和接纳。唐代李姓宗室的

---

① 学界对"以孝治天下"给予关注和研究。如刘修明：《"汉以孝治天下"发微》，《历史研究》1983 年第 6 期；赵克尧：《论汉代的以孝治天下》，《复旦学报》1992 年第 3 期；刘泽华：《中国的王权主义》，上海人民出版社 2000 年版；张分田：《政治学志》，上海人民出版社 1998 年版。

② 刘泽华先生认为"中国传统社会的最大特点是'王权支配社会'"，参见刘泽华：《中国的王权主义》，上海人民出版社 2000 年版，第 1 页。

③ 参见张分田：《中国帝王观念》，中国人民大学出版社 2004 年版，第 541—543 页。

④ 转引自周光辉、张贤明：《三种权力类型及效用的理论分析》，《社会科学战线》1996 年第 3 期。

血统本身是胡汉融合通婚的产物。"若以女系母统言之，唐代创业及初期君主，如高祖之母为独孤氏，太宗之母为窦氏，即纥豆陵氏，高宗之母为长孙氏，皆为胡种，而非汉族。"① 作为素来有着贱夷狄、贵华夏悠久传统的中华帝国的最高统治者，要稳固自己的统治地位，必须先使自身融入中华主流文化之中。为此，唐玄宗力图通过遵行"天子之孝"，将自己装扮成传统的继承者。

其次，凭借武力通过宫廷政变登基为帝的庶子身份，需要伦理和道德的支援。唐玄宗依靠两次宫廷政变获取巩固了王位，他力图用孝来掩盖庶子身份的尴尬，将自己标榜为行孝事亲的典范。在家天下的宗法社会中，祖宗的传承天然地为其王权的合法性提供了最坚实的依据，政治最高统治权被视为君王及其家族的世袭特权。除开国之君外，皇帝手中的至上权力不是来自他超人一等的能力或个人的非凡，而是源于上天的眷顾恩赐以及父传子的宗法理念。因此，历代帝王均十分重视祭奠昊天、孝敬祖先，寻求天命所归和血缘认同，以父权来解释君权，以此来标榜自己的神圣不可侵犯性和至上权威性。唐玄宗作为睿宗第三子，依照嫡长子继承制本无缘帝位，但因对安定社稷有功，权势最盛，承继大统是应然的趋势，再加上大力彰显其仁孝的品格，进一步增加了理论说服力。

再次，"上行下效"的示范效应，使"天子之孝"具有"以孝治天下"的社会导向和政治功能。唐玄宗认为孝是政治之本，孝治、孝理是最高政治原则。所谓孝治，顾名思义"由孝而治"。孝理，即"以至德要道化人"。可见，孝被奉为十分重要的政治、教化手段。《孝经》的"五等之孝"，即是为全体臣民规定的与其等级相对应的伦理准则和政治规范。天子作为天下一家的大家长，犹如臣民的父母，其价值取舍和行为规范，对全体臣民具有极强的导向性。因而，孝治的关键在于天子率先行孝。唐玄宗尊天、敬祖、孝父、顺兄，也是为了能够"贻范千载，庶展孝思"②。可见，"天子之孝"增强了"以孝治天下"的说服力和可能性。

二　唐玄宗亲注《孝经》，阐释"天子之孝"

《孝经》，是一部将孝道理论化、系统化的儒家经典，对于历代帝王以道德教化治理天下有十分重要的指导意义。唐玄宗笃信好古，不满《孝经》各注残缺不全的现状，召集天下精通儒学之士，重新注释。然后，亲自取其精华，定为《孝经》的注解。开元十年（722），书成颁行天下及国子学。天宝二年（743），玄宗又再次为之作注。仅仅有注，玄宗认为还不够完善，"又特令元行冲撰御所注《孝经》疏义，列于学官"③。书成之后，"令天下家藏《孝经》一本，精勤教习；学校之中，倍加传授，州县官长申劝课焉"④。玄宗作注和元行冲作疏，是经学历史上第一次大规模、有系统地整理《孝经》的工作，系统保存了唐以前各家注《孝经》的宝贵资料。宋咸平中，邢昺依元行

---

① 陈寅恪：《唐代政治史述论稿》，上海古籍出版社 1982 年版，第 1 页。
② 《全唐文》卷 24《元宗皇帝·九月荐衣陵寝制》。
③ 《旧唐书》卷 102《元行冲传》。
④ 《唐会要》卷 35《经籍》。

冲疏为蓝本，再次为之作疏。清阮元刻《十三经注疏》中的《孝经注疏》即以唐玄宗注邢昺疏为蓝本。这也是十三经中唯一一部由皇帝御注的经典。

唐玄宗亲注《孝经》，根本用意在于效仿先王，"以孝治天下"。"朕闻上古其风朴略，因心之孝已萌而资敬之礼犹简，及乎仁义，既有亲誉益著。圣人知孝之可以教人也，故因严以教敬，因亲以教爱，于是以顺移忠之道昭矣，立身扬名之义彰矣。子曰：'吾志在《春秋》，行在《孝经》。'是知孝者，德之本欤。《经》曰：'昔者明王之以孝理天下也，不敢遗小国之臣，而况于公侯伯子男乎？'朕尝三复思言景行先哲，虽无德教加于百姓，庶几广爱刑于四海。"①

唐玄宗《孝经注》系统阐发了其对"天子之孝"的基本认识，归纳起来，有以下几点。

第一，孝为"至德要道"和"百行之首"，天子亦应恪守孝道。一方面，孝是宗法原则的抽象和概括，是道德的根本和道义的核心。《孝经》开宗明义指出："夫孝，德之本也，教之所由生也。"唐玄宗注解："人之行莫大于孝，故为德本"，同时"教"又"从孝而生"②。另一方面，孝是一切道德规范、道德践行的起点和宗本。《孝经·三才章》云："夫孝，天之经也，地之义也，民之行也。"注曰："经，常也，利物为义。孝为百行之首、人之常德，若三辰运天而有常、五土分地而为义也。"③ 行孝是人们法则天地的结果。慈爱为天之性，恭顺是地之义，人禀受天地之性而行即是孝行，因而，孝是人间永恒的道德准绳。为人子要行孝，但究竟如何行事才合乎孝呢？《纪孝行章》给予解释："孝子之事亲也，居则致其敬、养则致其乐、病则致其忧、丧则致其哀、祭则致其严。五者备矣，然后能事亲。"身为人子，必须与父母相处时行为恭敬；赡养时能使其愉悦；生病时与其同忧；亡故后痛苦哀思；祭祀时斋戒沐浴。唐玄宗认为，"五者阙一，则未为能"④。可见，传统孝道不仅重视对生者的关爱和照顾，而且十分讲究对死者的哀痛与忧戚。

天子与庶民，"尊卑贵贱有殊，而奉亲之道无二"⑤。天子具有多重身份，在政治上是人君，是最高权力主体，乾纲独断，宰制天下；在家庭中是人子，乃父母所生，理应事亲以孝；从神化角度来说，天子，顾名思义，即天帝之子，受命于天，代天理民，所以也要"父母事天"，受天帝支配制约。因此，天子兼有主奴两种角色，在享有万民之主的帝王尊贵的同时，也必须遵循为人子的孝道规范。臣民孝敬父母和天地应尽其所有。天子"富有四海"，故应以"天下奉养"⑥。

第二，天子要孝事父母、祭祀宗庙、敬顺天地。天子，虽位居权力之巅，"无上于天下"；也是人子"必有尊也，言有父也；必有先也，言有兄也"。唐玄宗深谙天子的孝悌之道。《孝经》说，"子曰：昔者明王，事父孝，故事天明。事母孝，故事地察。事宗庙，则事天地能明察也。长幼顺，故上下治。天地明察，神明彰矣。"注曰："君

① 《文苑英华》卷737《序·孝经序》。
② 《孝经注疏》卷1《开宗明义章》。
③ 《孝经注疏》卷3《三才章》。
④ 《孝经注疏》卷6《纪孝行章》。
⑤ 《孝经注疏》卷1《天子章》。
⑥ 《孝经注疏》卷3《庶人章》。

能尊诸父，先诸兄，则长幼之道顺，君仁之化理。"事父与事天，事母与事地，属于同类规范。天子虽然拥有至高无上的权力，但仍然要遵循应有的孝道规范，依天地之理，顺长幼之序，励精图治，从而使天下达治，人心归附。而且，"事天地能明察，则神感至诚而降福佑。"① 天子行孝悌之道，将感天动地，获得神明的保佑。

第三，"天子之孝"以德政为本。人有等差，孝亦有等差。《孝经》承认社会的等级差别和生而不平等，把人分为天子、诸侯、卿大夫、士、庶民五等，在承认孝的普遍适用性的同时，为各个等级又规定了不同的孝道内容，自至尊至上的天子到至卑至下的庶民，各有着与其等级阶层相应的政治规范。身处权力峰巅的天子，不仅仅要孝事自己的父母亲，而且还必须佑护他的子民——天下百姓。德为政之本，孝为德之本。天子之孝的核心是"爱敬尽于事亲，德教加于百姓，刑于四海"。唐玄宗注曰："君行博爱广敬之道，使人皆不慢恶其亲，则德教加被天下，当为四夷之所法则也。"② 帝王作为万物的主宰和天下之主，身体力行博爱、广敬之道，从而使德教畅行天下，恩泽惠及万民。如此一来，上下和睦，灾患无从发生，天下太平，国家安定。这是对"天子之孝"的特殊要求。

第四，天子"以孝治天下"。"以孝治天下"是君道之要义。《吕氏春秋·孝行》："凡为天下治国家，必务本而后末……务本莫贵于孝。"以孝治天下是古圣先贤的经验。"夫圣人之德，又何以加于孝乎？"圣人用孝来引导人们的行为趋向和价值选择。"上正身以率下，下顺上而法之。"③ 面对偌大一个国家，孝治天下不可能每日逐一挨家挨户当面教导如何为如何不为。"但行孝于内，其化自流于外。"④ 唐玄宗十分重视天子以孝悌之道示范天下。"君能行孝，而民效之。"人民因对君主之行意欲效仿，从而"礼顺从其长"。君主"举孝悌以为教，则天下之为人子弟者无不敬其父兄也"，"举臣道以为教，则天下之为人臣者无不敬其君也"⑤。总之，帝王必须是同时遵守君规范与臣规范、父规范与子规范、兄规范与弟规范及朋友规范的模范。

三　唐玄宗"天子之孝"的实践

理论源于实践，是实践的升华和提炼，但一种理论要具有强大持久的生命力，还在于其必须能够指导并反作用于实践。"天子之孝"为君主政治体系的巩固、完善和发展以及君主政治的日常操作提供了理论上的指导。唐玄宗结合自己统治的实际需要，对自己的行为合理论证和适度规范，亲践孝道，范典天下。

1. 孝成为问鼎王权的合法性依据

唐玄宗天子之位的获得经历了一系列的政治斗争，在这一过程中，他常常以"孝"来论证其行为的合法性。如第一次发动宫廷政变铲除韦氏集团时，李隆基为自己壮行

① 《孝经注疏》卷8《感应章》。
② 《孝经注疏》卷1《天子章》。
③ 《孝经注疏》卷5《孝治章》。
④ 《孝经注疏》卷7《广至德章》。
⑤ 《孝经注疏》卷7《广至德章》。

说："我拯社稷之危，赴君父之急，事成福归于宗社，不成身死于忠孝"①。他还对辅佐大臣崔日用讲："今谋此举，直为亲，不为身。"崔日用道："此乃孝感动天，事必克捷"②。政变成功之后，李隆基虽被立为太子，但大权仍然在太平公主的把持之下。王琚就劝其暗自积蓄力量，等待时机，理由是，"天子之孝，异于匹夫，当以安宗庙社稷为事"③。后虽登基，但心患未除。崔日用等人力主唐玄宗及早伐异，奏曰："臣闻天子孝与庶人孝全别。庶人孝，谨身节用，承顺颜色；天子孝，安国家，定社稷。今若逆党窃发，即大业都弃，岂得成天子之孝乎！"④ 其后，玄宗再次发动宫廷政变，清除了太平公主的势力。

唐玄宗因安定社稷有功而继承帝统。在睿宗议立太子时，其长子李成器进言："储副者，天下之公器，时平则先嫡长，国难则归有功。若失其宜，海内失望，非社稷之福。臣今敢以死请！"⑤ 朝中大臣也一致认同。睿宗顺水推舟，诏告天下隆基大孝可嘉，义勇双全，"安七庙于几坠，拯群臣于将殆"，其功绩仁德堪与尧、舜、文、武相媲美，立为太子乃众望所归。后来，睿宗提前退位也是以孝做说辞。"社稷所以再安，吾所以得天下，皆汝之力也。今帝有灾，故以授汝，转祸为福，汝何疑邪！……汝为孝子，何必待柩前然后即位耶！"⑥ 由上可知，天子为天下主宰，普天之下惟此一人。故天子之孝与众人之孝的最大区别是，天子必须要维护宗庙，安定国家和社稷，使百姓安居乐业，免于涂炭之苦。

孝也成为唐玄宗废立太子的重要依据之一。唐玄宗多次册封、废黜太子，几乎每次的理由中都有孝悌问题。册郢王为太子时，诏曰："孝乃因心"、"诗书礼乐，敦说为本，父子君臣，威仪閟忒"；册惠壮为太子时曰："体孝友以成性"；册惠文太子时曰："孝友至性"；册忠王为太子时曰："佩服仁义，周旋礼乐，忠孝极于君亲，友爱闻于兄弟，正以率下"等⑦。与之相对，不孝也是废太子的说辞。废皇太子瑛为庶人制曰："离间骨肉，惑乱君亲，僭通宫禁，引进明党，陷元良于不友，误二子于不义。"⑧ 孝亲是为人子的基本规范，太子更应该严加恪守。

2. 敬祖尊天，继往开来

唐玄宗刚刚登基时，常在接受完众臣朝贺之礼之后，到西宫拜谒太上皇睿宗。睿宗驾崩，玄宗拒绝上朝，以示哀丧。宗庙年久失修，移神主到太极殿，玄宗着素服，避正殿，辍朝五日，每日亲自祭奠。开元十一年（723），为了"永言孝思"，唐玄宗令天下设九庙⑨。孝莫大于严父，严父莫大于配天。唐玄宗多次举行大规模的祭祀活动，以先祖配祀天地。

---

① 《旧唐书》卷8《玄宗上》。

② 《旧唐书》卷99《崔日用传》。

③ 《资治通鉴》卷210《玄宗先天元年》。

④ 《旧唐书》卷99《崔日用传》。

⑤ 《旧唐书》卷95《让皇帝宪传》。

⑥ 《资治通鉴》卷210《玄宗先天元年》。

⑦ 《全唐文》卷38《元宗皇帝》：《册郢王为皇太子文》、《册惠庄太子文》、《册惠文太子文》、《册忠王为皇太子文》。

⑧ 《全唐文》卷38《元宗皇帝·废皇太子瑛为庶人制》。

⑨ 《唐会要》卷12《庙制度》。

唐玄宗为先祖各位帝王重新定立谥号，均加以"孝"字。天宝十三年（754）二月，尊唐高祖为神尧大圣大光孝皇帝，尊太宗为太宗文武大圣大广孝皇帝，尊高宗为高宗天皇大圣大弘孝皇帝，中宗为中宗大和大圣大昭孝皇帝，睿宗为睿宗玄真大圣大兴孝皇帝①。

封禅是儒家的一种盛大的礼仪活动，通常是在帝王文治武功可纪、国泰民安可贺之时，祭祀天地，以报答天地的恩赐和厚爱，请求神祇佑护，继续赐福。正如其臣所言："休哉陛下，孝至于天，故合于道。"② 开元十二年，文武百官称赞，唐玄宗创设九庙、和敦九族、友爱兄弟，有先王的孝敬慈惠之德，应当封禅以告知神灵。于是，唐玄宗领皇亲国戚、文武百官，举行了盛大的封禅活动。

唐代三百余年，仅两次封禅，第一次是唐高宗与武则天，第二次就是唐玄宗。玄宗封禅，充分显示出他一统天下的雄威和骄傲。封禅是帝王与天的会晤，是帝王与神灵的对话，"孝莫大于严父，礼莫大于告天"。唐玄宗为自己成就此种殊荣，感到欣慰："有唐氏文武之曾孙隆基，诞锡新命，赞我旧业，永保天禄，子孙其承之。"③ 之后，玄宗总结了封禅之行，亲制《纪泰山铭并序》，刻于泰山顶石壁之上。

3. 友爱兄弟，和睦相处

唐玄宗屡经动乱登上帝位，消灭太平公主集团后，一改原来的强硬政策，而换之以柔、静。对宗室兄弟，他十分亲近恩宠，礼遇尊重，从不轻易猜忌，不滥施刑罚。

唐玄宗通过共居、游幸、宴饮、赐食等方式，表达对众兄弟的友爱之情。太平公主等人曾经试图离间其兄弟关系，"玄宗尝制一大被长枕，将与成器等共申友悌之好，睿宗知而大悦，累加赏叹"。玄宗登基后，在兴庆宫旁边，为宁王宪、申王撝、岐王范和薛王业建立住宅，邸第相望，环于宫侧。唐玄宗视兄弟为天生的羽翼，厚加赏赐，包括长生之药，也赐予兄弟同食。兄弟之间常常同榻宴饮、嬉戏游玩。"天子友悌，近古无比，故人无间然。"后来诸王皆先薨，只有宪王独在。"每至宪生日，必幸其宅，移时宴乐。居常无日不赐宪酒酪及异馔等，尚食总监及四方有所进献，食稍甘，即皆分以赐之。"《旧唐书》卷95《让皇帝宪传》。

唐玄宗待兄弟以宽容。睿宗的第四子范，喜好结交文人墨客，有违当时的不准王公与外人交结的规定，有人对此大做文章。"玄宗不因此离间兄弟关系：'我兄弟友爱天至，必无异意，祇是趋竞之辈，强相托附耳。我终不以纤芥之故责及兄弟也。'……十四年，病薨，上哭之甚恸，辍朝三日。"④ 睿宗第五子业，对从母贤妃"事之甚谨"。唐玄宗"以业孝友，特加亲爱。业尝疾病，上亲为祈祷。及愈，车驾幸其第，置酒宴乐，更为初生之欢。"亲自赋诗助兴。开元十三年（725），业的妃弟韦宾犯罪，被杖杀。业不敢见玄宗，玄宗主动召见。"上降阶就执其手曰：'吾若有心猜阻兄弟者，天地神明，所共谴罪。'乃欢燕久之。仍慰谕妃，令复其位。"⑤ 死后，册封为惠宣太子。

为了促进兄弟交流，加深兄弟感情，唐玄宗专门设立"十王宅"与"百孙院"。

---

① 《旧唐书》卷9《玄宗下》。

② 《唐会要》卷8《郊议》。

③ 《册府元龟》卷36《帝王部·封禅二》。

④ 《旧唐书》卷95《惠文太子范传》。

⑤ 《旧唐书》卷95《惠宣太子业传》。

"先天之后，皇子幼则居内，东封后，以年渐长成，乃于安国寺东附苑城为大宅，分院居之，名为'十王宅'。令中官押之。于夹城中起居，每日家令进膳。又引词学工书之士人教，谓之侍读。……外诸孙长成，又于十宅外置百孙院。每岁幸华清宫，侧亦有十王宅、百孙院。十王宫人每院四百余人，百孙院三四十人。又于宫中置维城库，以给诸王月俸。诸孙纳妃嫁女，亦就十宅中。太子不居于东宫，但居于乘舆所幸之别院；太子之子，亦分院而居，婚嫁则同亲王、公主，于崇仁里之礼院"①。王子、王孙在一起生活，朝夕相处，易于培养兄弟亲爱之情。

4. 制礼尊孔，推崇儒学

唐玄宗通过为孔子及其子嗣册封尊号，以抬高儒学的地位。开元五年（717），下诏"已故朝散大夫褒圣侯孔宗基嫡子璲芝袭封褒圣侯"②。开元八年（720），下敕改孔宣父庙中座次，"颜生等十哲为做像，悉预从祀。曾参大孝，德冠同列，特为塑像，坐于十哲之次。图书七十子及二十二贤于庙壁上。以颜子亚圣，上亲为之赞，以书于石。闵损已下，令当朝文士分为之赞"③。开元二十七年（739），唐玄宗钦封孔子为文宣王，继汉武帝之后为孔子立下了第二块丰碑，真正给孔子补上了王者之尊。孔子的后嗣由褒圣侯改为袭封文宣公，十大弟子封为侯，曾参等六十七人封为伯，孔子的陵墓和住宅，建为孔庙，装饰一新。两京国子监及天下诸州中，改变原来周公南面，夫子西面做的旧制，变为孔子南面而王，颜回旁做，十大弟子分列左右，七十弟子群星拱月，历史上二十二名儒列于庙壁之上④，并派专人负责清扫维护。

开元十三年（725）十一月景申，唐玄宗幸孔子宅，举行声势浩大的祭孔大典。诏曰："孔宣父诞圣自天，垂范百代，作王者之师表，开生人之耳目。……令礼部尚书苏廷以太牢致祭，仍令州县以时祀享，复近墓五户长供扫除。"⑤ 有感而发，唐玄宗作《经邹鲁祭孔子而叹之》⑥，表达了一代帝王的崇敬和感激之情。开元二十七年（739），在长安、洛阳两地的孔庙分别举行正式的册赠"文宣王"封号的仪式，孔子像被披上王者的服饰。翌年，唐玄宗诏告天下，规定每年春秋两次在文宣王庙中举行大规模的祭奠活动，公卿文武百官一律出席致礼拜谒，以示敬仰。此外，唐玄宗还祭奠追念儒学殉道者。天宝元年（742），"十一月改骊山为会昌山，仍于秦坑儒之所立祠宇，以祀遭难诸儒"⑦。国子监及每个州学中，均建立小型的孔庙，举子和学生在大考之前，必须举行谒孔子礼。

慎终追远，唐玄宗推崇孔子，旨在树立权威，推行"孝治"。"朕永维圣道，思阐儒风，故尊崇先圣，所以宏至孝；褒奖后嗣，所以美前烈。"在追谥孔子为文宣王时，唐玄宗直言不讳，"弘我王化，在乎儒术。孰能发挥此道，启迪含灵，则生人已来，未有如夫子者也，所谓自天攸纵，将圣多能，德配乾坤，身揭日月。故能立天下之大本，

---

① 《唐会要》卷 5《诸王》。
② 《册府元龟》卷 50《帝王部·崇儒术二》。
③ 《旧唐书》卷 24《礼仪四》。
④ 《唐会要》卷 35《褒崇先圣》。
⑤ 《册府元龟》卷 50《帝王部·崇儒术二》。
⑥ 《全唐诗》卷 3《明皇帝·经邹鲁祭孔子而叹之》。
⑦ 《册府元龟》卷 50《帝王部·崇儒术二》。

成天下之大经，美政教，移风俗，君君臣臣，父父子子，人到于今受其赐"①。经过唐玄宗的几度努力，孝道思想愈益深入人心。

四　"天子之孝"与传统政治思想研究的相关问题

在长期的政治实践过程中，中华民族创造了独具特色的政治理论体系。总的来说，中国传统政治思想既具有浓烈的理想主义色彩，又是直面社会现实的。具体地讲，政治思维所关注的核心命题是君主论，基本任务是设计切实可行的政治操作规范。"天子之孝"，就是对为君之道也即治国之道的一种理性思考。

1. "天子之孝"在中国古代具有普遍性意义

"天子之孝"在中国古代是一种普遍的帝王意识，是专为帝王设置的臣子规范。这种意识，既是思想家的理论，也是帝王的自我定位，还得到社会大众的普遍认同，是一种深刻而广泛的政治文化和政治意识。"尧舜之道，孝弟而已矣"②。在文化定位上，天生化抚育万物，天子是天地之子，要事天如君。历代帝王在祭天地的文诰中常对天称臣。更有甚者，唐玄宗曾经"称臣于九宫之神"③。在现实生活中，帝王是父母之子，因此帝王必须谨守孝规范。在政治原则上，帝王必须以孝率民。即使父母不在人世，帝王也必须把自己视为一个角色丛，通过遵守各类角色的规范为天下示范。"帝王的孝规范是伦理道德的普遍性、角色丛的必然性与帝王术的产物"④。总体来看，历代帝王也通过各种方式践行认同"天子之孝"。

秦始皇在《绎山刻石》中明确表示出对孝的重视："上荐高庙，孝道显明。"⑤汉代"以孝治天下"，学术界对此有较为一致的看法。高祖刘邦揭开了尊父倡孝的序幕，其后的帝王承顺祖制，推行孝治，遵行"天子之孝"。自惠帝始至东汉末之刘姓子孙汉帝，都标榜孝悌，如西汉景帝"尊赐孝悌"，东汉章帝，史论称其"尽心孝道"等，故皆以孝作谥⑥。《二十四孝图》中，排在第二位的就是《汉文帝亲尝汤药》。文帝孝母的事迹载《史记·袁盎晁错列传》，盎曰："陛下居代时，太后尝病，三年，陛下不交睫，不解衣，汤药非陛下口所尝弗进。夫曾参以布衣犹难之，今陛下亲以王者修之，过曾参孝远矣。"有学者指出，"以孝治国是魏晋的基本国策"⑦。魏晋皇帝也标榜孝道，例如司马昭死的当年，司马炎受禅继位，力排众议，坚持要以儒生之礼为父服丧三年，后来为母服丧亦然。

清雍正帝为论证自己登基的合法性，作《大义觉迷录》。在回答其到底是不是一位谋父、逼母、弑兄、屠弟的皇帝时，孝是其最为重要的理论基点。"上谕：朕荷上天眷佑，受圣祖仁皇帝付托之重，君临天下。自御极以来，夙夜孜孜，勤求治理，虽不敢比

---

① 《旧唐书》卷24《礼仪四》。
② 《孟子·告子下》。
③ 《旧唐书》卷24《礼仪四》。
④ 张分田：《中国帝王观念》，第541页。
⑤ 《全秦文》卷1《绎山刻石》。
⑥ 参见赵克尧：《论汉代的以孝治天下》，《复旦学报》1992年第3期。
⑦ 胡和平：《浅议魏晋"以孝治天下"》，《郑州大学学报》1996年第4期。

于古之圣君哲后，然爱养百姓之心，无一时不切于癀瘝，无一事不竭其周详。抚育诚求，如保赤子，不惜劳一身以安天下之民，不惜殚一心以慰黎庶之愿，各期登之衽席，而无一夫不得其所。……如逆书加朕以谋父之名，朕幼蒙皇考慈爱教育，四十余年以来，朕养志承欢，至诚至敬，屡蒙皇考恩谕。诸昆弟中，独谓朕诚孝，此朕之兄弟及大小臣工所共知者"①。这段文字可以说浓缩了"天子之孝"的基本内涵。首先，登基为帝是受上天眷顾和先祖重托，即天命所归和父祖所愿；其次，贵为天子，旨在尽心竭力怀保百姓，使其安居乐业各得其所；最后，作为儿子，依孝而行。四十多年来，雍正顺应其皇父心意而承欢膝下，一直竭力诚恳恭敬，多次受到皇父赞扬，被认为是诸兄弟中最诚实孝顺的。

历代帝王对《孝经》给予关注和推崇。赵岐《孟子注疏题词解》记载："孝文皇帝欲广游学之路，《论语》、《孝经》、《孟子》、《尔雅》皆置博士。"到了东汉，光武帝把《孝经》列为"七经"之一。晋元帝、晋孝帝曾先后讲注评点《孝经》。南朝梁武帝撰《孝经义疏》十八卷，梁简文帝也注有《孝经》五卷。贞观时期，唐太宗令经师在宫廷讲解《孝经》，传授孝理。宋朝一些皇帝喜欢书写《孝经》，宋太宗御书《孝经》，仁宗有篆隶二体，高宗有真草二刻。明太祖也曾经下诏，敦促天下学习《孝经》。清朝时期，顺治帝御注《孝经》一卷，雍正皇帝纂《孝经集注》。另外，一些少数民族建立的政权还把《孝经》译成"国语"。由于帝王的尊崇和提倡，《孝经》既是最重要的经典文献，又是最普及的通俗读物。孝既是泛化的社会规范和普遍认同的政治文化，又是强制性的政治规范、法律规范，不仅适用于臣民，也适用于帝王。

2. "天子之孝"既是对王权的论证，也是对王权的规范

作为一种政治思维，"天子之孝"按照其自身的逻辑，对理想君王进行设计和论证，对现实君王进行解释和评判。在理想与现实的不断互动中，"天子之孝"逐渐形成、发展和完善成一种体系化的政治理论，将论证性的内容与规范性的内容交织在一起。

首先，"天子之孝"是对治权在君的论证。君权何以产生？国家何以为治？这个问题涉及君主制度的必然性和专制政体的合理性。历代思想家对这一问题有不同层面的解释。其中，"天子作民父母，以为天下王"② 是最为重要的立论依据之一。宗法关系源于自然关系。因为有天地然后有万物，有万物然后有男女，有男女然后有夫妇，有夫妇然后有父子。宗法关系派生政治关系，"有父子然后有君臣"③。这一思路是以宗法关系解释政治关系，在观念上将政治统治视为君主及其家族的世袭特权。《尚书·泰誓》说："惟天地万物父母，惟人万物之灵。亶聪明作元后。元后作民父母。"天地乃万物之父母，人乃万物之灵，于是法象天地，设立元后即帝王为万民父母。这是典型的以父论君的思想，旨在证明君权由父权扩大而来，国家由家族扩大而来。父母爱护养育子女乃天经地义。因而帝王要"养民如子，盖之如天，容之如地"，从而使百姓对君主"爱

---

① 《大义觉迷录·雍正上谕二份》。

② 《尚书·洪范》。

③ 《周易·序卦》。

之如父母，仰之如日月，敬之如神明，畏之如雷霆"，天下大治①。

其次，"天子之孝"同时也是对为君之道的规范。君权如何行使？其权限范围是什么？这是有关君权的实践性和相对性的问题。"天子之孝"给出的基本准则就是恪守天命、敬畏神明、供奉祖宗、孝顺父母、爱护族众、安定社稷等。规范既包括赋予其权，也意味着予权以"限"，给予制约。"天子之孝"既为君权的获得提供了条件，也为君主的行为提出了要求，为君权的行使划定了范围。比如，孟子就强调，为君就要尽君道，而尧乃君道之榜样，"不以尧之所以治民治民，贼其民者也"，终将"身弑国亡"②。《管子》认为，君主治理天下，最有效的方法就是"仓廪实则知礼节；衣食足则知荣辱；上服度则六亲固，四维张则君令行。"君主既要让百姓安居乐业，还要亲为实践，明鬼神、祇山川、敬宗庙以示范天下，才能使礼、义、廉、耻四维深入人心。否则，"不恭祖旧，则孝悌不备；四维不张，国乃灭亡"③。传统政治中，对王权没有任何程序化、制度化的制衡机制，这些限定和规范在一定程度上制约调节着王权行使的实际运作过程。

论证王权与规范王权的政治观念，在思想上、理论上二者是结为一体的。"天子之孝"，一方面对君权至上做出合理性解释和永恒性论证，树立起君主这一理想化的绝对权威；另一方面，也给这个权威量身订制了许多"规矩"，理论界定了权力行使的"边界"。其基本功能在于，让王权沿着特定的轨道运行而不致因过度偏离而导致崩塌。

3. "天子之孝"是统治术，属于统治思想范畴

利益是最根本的决定力量。"实际的政治生活，是一种权力与利益交易的活动。在古代，这交易具有一定的隐蔽性，它被蒙在实际政治上面的道德之幕遮蔽着。但是，古今政治具有同一的品格。这一品格就是权力中心和利益驱动"④。推崇"天子之孝"的根本目的在于"以孝治天下"。即以孝道教化治理臣民，使全体臣民认同各种等级规范。这种统治术，以国家权力作为后盾，通过统治者的率先督导和道德感化，使孝道深入人心成为各阶层自觉的价值趋向和行为指导，从而认同其各自的等级名分和政治规范。汉代以后，"以孝治天下"是历代王朝的一贯国策，《孝经》被奉为立身治国的圣经法典，孝乃"道德之渊源，治化之纲领"。具体政策有以孝取官、以官倡孝、以孝教民、以法护孝等。秦始皇以礼、义、孝、慈"为民立极"。康熙帝的《上谕十六条》和雍正帝的《御制圣谕广训》，都把宣扬孝道置于最重要的地位。简而言之，"天子之孝"最终是使臣民孝于亲、顺于长和忠于君。

以孝治天下是与中国当时特定的"经济—社会—文化"环境相吻合的选择。"一切已往的道德论归根到底都是当时的社会经济状况的产物。"⑤ 传统中国，自然经济的小农业和家庭手工业的统一形成了生产方式的广阔基础。个体家庭构成社会的最基本细胞，家庭之间又依照血缘关系的疏密联结在一起组成家族。此外，在地域上，他们流动性小，安土重迁，祖祖辈辈生活在同一片土地上，世代繁衍。农业民族天然的地缘稳定

① 《左传》襄公十四年。
② 《孟子·离娄章句上》。
③ 《管子·牧民》。
④ 任剑涛：《从大同到自由：百年中国政治致思主题的转变》，《开放时代》2001年第3期。
⑤ 《马克思恩格斯选集》第3卷，人民出版社1972年版，第134页。

性为这种家族生活提供了现实上的可能条件。血缘关系与地缘关系表现出高度的合一，自然的血缘关系成为维系人与人之间关系的基本纽带。血缘关系本身就决定了一种等级秩序，这种等级秩序在社会关系中获得社会性的外观。因而，血缘根基成为中国传统思想的社会根源，它在很大程度上影响和决定了中国社会及其意识形态所具有的特征。宣扬孝理，依托家族实施教化既具有法理依据，又有较强的可操作性；既可以节省社会调控成本，又能构建理想的社会秩序。因而，思想家和政治家注《孝经》，阐发"孝治"思想，将其由伦理道德范畴的价值准则引申为社会政治领域的行为规范，由维系家族伦理的道德指导上升为治国安邦的政治理论。唐玄宗当之无愧为其中的典范。

帝王崇孝、行孝道，旨在以孝作为治理天下的手段和工具。在目的上，更关注目的实现的结果和过程的可操作性；在手段上，更关注手段的功效及其现实可行性。因而，"天子之孝"是一种典型的统治思想，不具有反对君主专制的理论品格。

〔作者商爱玲，博士生，南开大学历史学院。天津　300071〕

试论李觏的君主观念[*]

任 锋

帝王或君主观念在中国传统政治思想中占据着十分重要的地位，普世王权无疑是传统政治秩序与文化秩序高度合一的关键枢纽与权威象征。在近代以来"冲决网罗"的批判与实践中它逐渐解纽而崩溃，同时也构成权威重建过程中需要不断警惕与反思的对象。鉴往知来，在现代政治文明的塑造历程中，对于传统相关理论与经验需要更深入与丰富的考察。本文立足于对政治思想传统的再思，特别选择北宋时期重要的思想家李觏作为视角，希望能对近世初期的君主观念做出初步的说明。

一

李觏是宋学开创时期的杰出学者，同时也是北宋政治改革主义的积极鼓动者，可视为庆历时期以范仲淹为首的士大夫群体之一员。在思想上，他以儒学（特别是礼学、易学）为本，又积极吸取法家、兵家等诸子的观念因素，形成比较多元、折衷的理论特色。在政治思想史上，他对于儒家礼治的思考堪称荀子之后又一次系统性的深刻的理论构造。我们如果要探索他的君主观念，必须从其礼治思想入手，方能窥其堂奥[①]。

在对于礼之起源的描述中，李觏把君臣关系与等级制作为人类文明演变产生的众多规范、建制之一。这种文明演化，起于人类对于生理物质欲望的满足，涵盖了男女、家族、社会人际等多重层次，还包括人类对于心灵启蒙、生死问题、神灵问题的解决。君臣关系与等级制只是其中一环，其成立的缘由在于对社会事务的有效分工统筹和对潜在群体冲突的化解，"君臣不辨，则事无统；上下不列，则群党争。于是为之朝觐会同，以辨君臣。为之公、卿、大夫、士、庶人，以列上下"[②]。这种注重事务分工的解释视角清晰地反映出一种功能主义的思路，李觏在其《易论》中也着重指出："夫此之类，皆以一事为一时，而诸卦之时，君之所遇者多，以事无不统也。臣之所遇者寡，以事有分职也。"（第47页）按这种统筹分工的解释，君主虽然只是人类文明的建制之一，却能承担起统领总控的责任或使命。因此他具有超出于夫妇、家庭与其他社会群体规范的

* 本文是笔者承担的国家社会科学基金项目"中国近世思想中的政治体制论：以宋代为中心的考察"（批准号：07CZZ022）的阶段性成果。

① 关于李觏思想较为全面的研究，参见谢善元：《李觏之生平及思想》，中华书局1988年版；姜国柱：《李觏评传》，南京大学出版社1996年版。

② 李觏：《李觏集》，王国轩校点，中华书局1981年版，第6页。后引此书仅随文注页码。

结构性高位，统摄了与生存、和平、教育、信仰相关的广泛事务领域。需要注意的是，君主所在的整体礼制架构，其创建者是人类道德智慧的超凡代表"圣王"或者"圣人"。而圣人之所以能够创建礼制，根据是其天赋的内在善良人性。这就涉及到李觏对于人性颇有特色的论述。

不同于孟子或荀子的性善或性恶论，李觏倾向于同意韩愈的性三品说。尽管他又将韩愈的中人之性细分作上、中、下三等，形成三品五类的格局，但是对于上品之性善的认定是其一项基本根据。在他看来，唯有圣人具有确定无疑的天赋善性——即仁、义、智、信等美德，而且能够把这些美德予以综合、将其形式化制度化，形成外在可以遵循、实践的客观礼制。这种制度化的能力，是李觏思想中圣人（创制者）的一个根本品质，否则，"虽有其性，不以为法，则暧昧而不章"，"不以为礼，则滞于心之内，与无识同，安得谓之仁、义、智、信也？"（第 11 页）礼制的形式化制度化意义，在于它对人性论中占据多数的中下之品扮演着十分关键的角色。深入地考察李觏关于人性的理论，会发现所谓中人、下人并非严格如三品说所描述的那样，本性缺乏向善的因子。大致上，李觏认为每个人都有天赋的向善的性分，但是将其实现、转化为美德的能力（性能）却有高下之分。上品以下的众人就特别需要礼制的引导和规范，"知乎仁义智信之美而学礼以求之者也"（第 11 页），需要透过实践和学习才能成就美德，"性不能自贤，必有习也；事不能自知，必有见也。习之是，而见之广，君子所以有成也"[1]。礼制为大多数普通人实现其天赋的性分提供了关键桥梁，是成就道德自我的前提。"命者，天之所以使民为善也；性者，人之所以明于善也"，"是以制民之法，足民之用，而命行矣；导民之学，节民以礼，而性成矣"。在这个意义上，李觏指出，"则是圣人为天之所为也"（第 66 页）。因此在理解礼制与人性论的关系时，我们应该分梳两个层次，一是礼制之所以成立的人性根据，一是礼制之所以必要的人性需求。李觏对于创制者制度化能力和体制规范意义的重视，强调了礼作为根本大法对于所有人的普遍意义，同时突显了礼制与大多数人文明生活秩序之间的内在联系。秩序的创制者在此视野中既是人类道德共同体不可或缺的立法者，同时也是超越存在的非凡代理人。

李觏思想中对于天然性与人为性辩证关系的论述，可以帮助我们理解这种创制者角色的独特性质。一方面，与大多数儒家学者一样，李觏认为宇宙法则与人类规则之间存在着结构上的类似联系。人类文明社会的规则并非出于人们自我意志随心所欲的制定，礼作为"法制之总名"并非圣人"智造而巧为之"（第 14 页），而是按照天地万物的常道常理来确立的（第 254 页）。政治社会的规则（"法"）因此拥有超越性的来源，具有天道式的神圣性与永恒性。这种大法意识的渊源来自于殷周时代即已成型的宇宙本位政治观。另一方面，李觏指出，虽然分享着超越来源意义下的结构原理，礼并非是天然自动地呈现于世的。他特别要突出人在其中发挥的制度理性、创制智慧。礼是顺应人的情欲而加以节度、把持，为追求生存、安全、人道、智慧、超越关怀等文明根本价值创设

---

[1]　《李觏集》，第 33 页。按照李觏的解释，美德或者德性不是天然生成的，而是需要人的努力实践，并依赖于客观外在的政治社会制度，最终才能转化为内在可靠的品质。这与重视个人德性的自发性、视制度为德性之自然展现的理学观点的确不同。李觏眼中人类社会的道德文明更倾向于作为体制规范意义上的成就，突出了道德自我后天经验的"知"、"求"、"习"、"见"。不过就道德与体制的整体关系而言，这种体制仍然建基于人类的某种道德共识之上（"知乎仁义智信之美"），仍体现或维护某种特定的道德价值，体制维系的过程同时是个人成德的过程。

了系统的规范、建制、组织和仪式。如其所言，"夫所谓礼者，为而节之之谓也。是三者，其自成乎，果有为之者乎？其自治乎，果有节之者乎？"（第8页）他认为如果礼制以及其乐、刑、政缺少人的作为、节度，缺少适当的制度化形式，就无法成立，无法发挥其功用。人性与社会构造都内含与宇宙法则相应的机理，然而它们的最终实现都必须经过人们积极主动的经验实践。这种经验实践最终指向体制的建立，而且由人类的精英充当了伟大的规则发现者和创制者。在这个意义上，圣人可以说是超越存在的非凡代理人。然而，这种代理角色已经成为天人之间的动力支点，对于政治社会的形成具有直接相关的意义。这种对于人为性的重视值得注意。李觏思想中显示的一个倾向是，对于天人关系中趋向玄妙深奥的形而上学思路缺乏积极的兴趣，而是强调关注人类能够发挥积极主动性的活动领域。"天地阴阳者，礼乐之象也；人事者，礼乐之实也"（第17页），"若夫释人事而责天道，斯孔子所罕言"（第66页）。这个思路下，他特别重视公共的政治社会，认为人们在其中能够把握文明治乱之理，并对多数人的生活命运产生重要影响。相形之下，只是关系私人祸福的学问道术（如他轻视的占卜算命），意义远在政治社会的公共关怀之下。这种公共关怀构成李觏经世精神的一个强烈观念动因，而体制秩序的思考则是其经世思想的主要方向。从这个角度看来，圣人作为体制创制者，既是超越存在的非凡代理人，也是公共关怀的积极代表，使命在于促进实现天下民众的福祉①。

　　这种创制者的圣人形象对于李觏的君主观念有何意义？二者是否同一角色，是否有实质性的区分？从李觏的礼治历史观来看，圣人或者圣王是作为文明秩序的创制者出现的，怀有天赋美德并且具备超凡的制度化品质。礼制基本奠定在伏羲、神农、黄帝三皇时期。之后尧舜以至孔子等圣人，对此体制典范发展、著述、传习，使其具备了实践与学术上的完备形态。需要注意的是，创制者的制度化能力主要表现在官僚制度与军政制度等治法的创立上，禅让制、世袭制、革命等关系到政权转移的根本政制问题并没有被列入其中。后世的君主在古典垂范下，扮演着一种守制者的角色。李觏对于汉唐盛世君主的评价，鲜明地体现出这种区分。他认为刘邦"草创天下，法制未修"，汉武帝"聪明特达，攘袂而作，聘贤良，尊文学，改正朔，易制度，有志于先王矣"，然而穷兵黩武、迷信方术，并且举办不载于经典的封禅礼仪，助长了奢侈浪费的风气。光武帝刘秀虽然勤政，却"不务大体，专求俗吏之课"。唐太宗"有非常之度，而残杀长适（嫡），以取其位；不能纯用先王之制，而因循驳杂，浮屠乱法而不知禁，进士坏文而不知革，易置储贰，依违不决"。其他君主，更是不值一提（第20—22页）。可见，是否能实践古典礼制理想中的价值和规范，成为评价后世君主政治功绩的核心标准。虽然对于汉武帝、唐太宗的个人品质有所肯定，但是关键还在于政治体制和政事的实践表现。大多数君主在材质与实践上都远远不能符合李觏的评价标准。这种礼治历史观，透过古典创制者与后世守制者的对比，其实表达了李觏对于理想君主的一种认识，为其评价现实中的

---

　　① 随着天之神秘性的去魅，人类能动性的价值增强，圣王作为其代表，凸现出与公共关怀之间的密切关系。相对于汉唐阴阳灾异论的范式，这种思想变动在宋学开创时期形成一个值得关注的趋势。比如李觏学友、"宋初三先生"之一的胡瑗就强调圣人"言教不言命"，教关乎天下之公，命关乎一人之私，强调圣人政治对于公共关怀的根本意义。这一点可参见笔者论文：《经世精神和皇极观念：宋儒的洪范思想传统》（《汉学研究》第23卷第1期，汉学研究中心2005年版，第196—198页）。

君主提供了一种价值尺度。君主可以依循礼制达到圣王的境界，然而在古典与后世之间出现了历史的退化轨迹，所谓汉唐盛世的格局比起三代之治还是要卑下许多。这种历史评价与后世理学根据天理、人欲之辨严判三代和后世的做法有相近之处，只是一方重制度实践，另一方重道德动机。总体上，现实君主与理想形象之间存在着紧张性，王未必是圣，横亘其中的是古典时期形成的礼制规范①。

二

李觏从礼治论的角度对君主之道进行了广泛的思考，这种思考贯穿于他的学术探索与时政评论，具有丰富的学理价值和时代意义。我们可以从君主权威与礼治关系的角度来进一步了解。

李觏认识到权力在政治社会具有的巨大威力，并且指出只有遵循正义原则的权力才能稳固有效，"古之人曰'贪夫徇财，烈士徇名，夸者死权'，有所欲者必得所恶也"，"夫权之所在，众之所附，不守以正，速祸而已矣"②。而正义中道的制度化保障就在于礼，"礼所以制乎中，义所以谓之宜"（第331页），"夫礼，人道之准，世教之主也。圣人所以治天下国家，修身正心，无他，一于礼而已矣"（第7页）。按上文所述，礼在形式原理上具有宇宙法则的超越来源，为确保一系列根本文明价值（如安全、信仰等）的实现而呈现为系统的制度化结构，这种体制符合人类共享的某种道德共识（仁义智信等）。李觏认为，人们出于对美德的追求而学习并实践礼制，可以实现一个充分和谐的政治社会，"天下大和"（第7页）。在这种政治实践中，人们的自愿自主是根本驱动力，君主可以运用道德影响力来调动人们的意志。如果人们因时间长久而倦怠，就需要运用政令进行激励；如果人们不听从政令，就需要刑罚的威慑。因此政令和刑罚尤能凸显出政治权力的强制性质。它们是礼制的有机组成部分，不可缺少。但是其运用必须以礼制的根本原则（如文明价值、道德共识）为基准为前提，否则就会失去权力的正当性，成为"非礼之政"、"非礼之刑"。

李觏的思想表明，礼制赋予了君主在政治、经济、军事等军国大政上的至高权力，而这种权力的意义和性质值得探讨。权力对于君主国家的兴亡至关重要，"权乎权，君所以废兴，国所以存亡。戒之！戒之！一失之而不可复也"（第367页）。他指出君主必须掌握政治上的最高权力，不可假借于人。汉文帝即位之初迅速解除了周勃的兵权，"孰谓汉孝文帝恭俭而已乎！其有帝王之材者也，知权者也"（第366页）。《庆历民言·虑永》中分析政权的灭亡往往是一个长期过程，"基祸之主，外久安而内自贤，道失于心而弗思，权移于人而弗瘳"（第232页），《庆历民言·慎令》云"上欺下，则民心惑；下制上，则君权轻。民既惑则不听，君既轻则不威。上不威而下不听，其渐亦足忧也"（第236页）。结合本文开始所言功能主义的解释，君主维护自己的最高权力除

---

① 这种区分体现了传统政治思想中一种潜在的二元权威意识。圣人与王者的分别在君主统帅的政治体制内又表现为君主与师的并存。如李觏认为，"师者，所以制民命"（《李觏集》，第227页），"师者虽非人君之位，必有人君之德也"（《李觏集》，第170页），师者对于君主的权威可以形成一种规范性或制约性的力量。

② 《李觏集》，第46、33页。"权"的另外一个意义是与"道"、"经"、"常"相对的权宜权变，在李觏思想中是其变通意识的重要概念。

了基于其至高无上的政治地位，也是等级伦秩架构的内在要求，否则将造成上下相争、秩序紊乱的后果。

　　权力是国家实力构成中非常重要的积极力量，"图国在忠，用忠在力，济力在权。力者，兵也，食也。权者，所以制兵、食也。"（第240页）君主应当掌握经济与军事领域的最高统治权，但是这种权力的运用须以民生根本为念，符合礼制宗旨。在经济领域，李觏强调君主必须牢牢把握对于民生、市场的宏观控制权力。"天之生物，而不自用，用之者人；人之有财，而不自治，治之者君。系辞曰'理财正辞，禁民为非曰义'是也。君不理，则权在商贾；商贾操市井之权，断民物之命"（第85页）。如果让投机性商人控制了经济权力，国家的经济秩序将失去保障，民生经济将会遭到破坏。李觏深刻认识到了经济权力与君主权威之间的密切联系，君主应当是国家经济秩序中维护民生利益的代表。针对君主个人生活奢侈浪费的问题，李觏提出"天子无私财"，并根据《周礼》主张设立专门的审计机构，对君主的财产和日用开销定期审计（第76页）。在根本制度上，君主应当透过土地制度取法井田制公平分配土地，确保农业生产资源的充分开发，消除贫富之间的差距和不公。在赋税徭役制度上，尽量减轻民众负担，防止特权阶层逃税避役。另外，在关系民生日用的物品如茶盐专卖上，君主不能与民争利，要容许民间商人自由贸易。通过对于经济财政事务的宏观调控，君主确立起自己的权威。同时其利益和权威依赖于富国富民的实现，所以应该以实现一个富裕的民间社会为旨归，"使天下皆贫，则为之君者，利不利乎"（第90页）。在军事领域，李觏认为君主关系到军事实力的根本，而将帅只是军事的次要主体。之所以为根本，在于君主必须通过仁政爱民，为军事活动提供一个道义和实力上强大的社会基础。他认为，圣人创立军事的根本不是为了压迫民众，而是为了威慑暴君，"是以庸君中材，抽手入袖，不敢加祸于无辜之草木"（第217页）。针对北宋的时政问题，李觏的军事思想受古典礼制的启发，特别表现出分权与重视地方自主性的取向。比如他认为郡县制中地方的实权过于薄弱，这是秦朝崩溃的一个体制因素，无益于国家整体实力的强大。他主张在北宋具有战略意义的重地，设立专门负责的将领，给予比较自主的人、财、军权，充分利用地方资源，实现军事目的。这无疑是对于当时君主专制下中央过度集权弊端的纠正。另外，他还积极提倡回归古典军民合一的传统，充分调动城市和乡村基层民众的军事潜力，建立灵活机动的地方军事化组织，不妨碍民众平日的职业与生活自由，给予财政、经济上的优惠。只有使民众的切身利益和荣辱感与地方防卫真正结合起来，才能真正实现军事上的积极活力。这是对于北宋军制设计将和士分离、调兵和领兵分离以及征募制弊端的对治。由上所述，可以说礼治为君主在经济和军事方面的至高权力设置了民本的利益旨归，防止其陷入一种独大、狭隘的权力意志中。

　　我们还可以从官制、选任、刑罚司法等方面观察君主权威与礼治的关系。针对以君主为中心形成的宫廷政治，李觏根据《周礼》主张利用官僚制度对各类人物进行严格管理。如内宰以阴礼教育后宫嫔妃，天官冢宰统领六宫。这样把君主的私生活领域予以制度化，"天子所御，而服官政，从官长，是天子无私人。天子无私人，则群臣焉得不公？庶事焉得不平？"（第69页）透过礼制化，对于君主权力进行制约和规范，从而树立符合公平原则的政治模范，杜绝私人意志的腐化影响。在人才选任方面，李觏认识到了君主任用官员权力的重要性，官员由此获得世人羡慕的财富与尊贵。"夫爵者，所以贵也；禄者，所以富也。富贵者，是人之所欲也"（第 163 页），而"富贵者，人主操柄也，果慎斯术，则操柄无失而群下服从，有国之急务也"（第 147 页）。如何能正确地使用这种权力？李觏指出，必须看到权力的公意属性，使权力运用符合公意的价值尺度，才能得到民众的认同。"爵以贵乎人，天下之人共贵之；禄以富乎人，天下之人共富之。高冠大盖，吏民趋走事之恐不及，天下共贵之也。禀财给谷，农桑赋贡，奉之而不暇，天下共富之也。天下共贵之而贵非其人，天下共富之而富非其人，则君命果义乎？众心果服乎？"（第 104 页）如何又能确保权力符合公意？李觏认为要选拔真正具有政治才能的人士，这牵涉到科举制度的改革、学校考核制度的建立与举荐制度的配合。从治理天下的角度来看，要吸取一切有才之士进入政府，形成一个贤良共治的政治环境。这正是古典礼治的精义。"士之不见礼于世久矣！古之君子以天下为务，故思与天下之明共视，与天下之聪共听，与天下之智共谋，挈挈焉唯恐失一士以病吾元元也。"（第 277 页）这种士大夫共治的思想对于君主权力的意义不可小觑。它一方面可以强化君主权力的公意正当性，一方面也为君主分权提供了理论可能性。与文彦博提出的君主"与士大夫共治天下"一样，它体现了北宋时期士大夫政治参与意识的提升。从上述选任用人角度来看，君主及其权力在礼治系统中扮演的角色，乃是公意的代表或代理人。只有符合礼制中公众的道德价值共识与期望，权力运用才具有正当性。

礼制的这种公意导向在李觏关于刑罚司法的论述中也有明确表现。他指出，"刑者非王之意，天之意也。非天之意，天下之人之意也"（第 98 页）。惩治罪恶，伸张正义，是公众赋予刑罚的根本使命，君主权力必须符合这种意志。以此为前提的法律，具有对于所有人的普遍适用性。"法者，天子所与天下共也"，李觏指出，如果君主宗族或者大臣犯法而不治罪，"君臣皆自私，则五刑之属三千止谓民也。赏庆则贵者先得，刑罚则贱者独当，上不愧于下，下不平于上，岂适治之道邪？故王者不辨亲疏，不异贵贱，一致于法"（第 99 页）。这种法律平等的诉求源自于礼治法则的公共性，突出显示了根本法则对于政治社会所有成员的普遍规范效力，彰显了礼的共法性质。

君主权力的运用要符合礼制代表的公共意志与公共法则，重视整体制度秩序的建设，这也是出于对政治社会应尽的公共责任。"然而君人者不以身为身，以天下之身为身也；不以心为心，以天下之心为心也。……若能自知而不能知人，能自治而不能治人，愚者在位，贪者在职，以戕贼元元，家愁户怨，靡所控告，是虽尧为天子，舜总百揆，其何以媚于上下神祇哉！"（第 175 页）这种公共责任除了表现在上述的政治、经济、军事和法律方面，还涵盖了社会风俗。李觏提倡富国富民，但是对于当时社会中弥漫的享乐主义风尚进行了激烈批评。这种批评出于一种俭约、质朴的道德感，同时也是缘于对有限资源与无穷人欲之间矛盾的悲观判断。他认为如果每个不同阶层等级的人们在物欲满足上都追求最大化、平等化，将耗尽宇宙间有限的资源。因此他提倡一种消费欲求上的等级主义，每个人根据其等级地位获得相应的权益，在衣服、食物、奢侈品及娱乐活动方面有着各自消费上的界限。这种等级分配是政治社会中礼制的主要规定之一。每个人都要严格遵守这种规定，不能逾越等级追求非分满足。按照这种理论，君主处于最高等级可以得到最高待遇，享尽人间富贵。但是，李觏理想的为君之道，却是"夫用贵莫若恭，用富莫若俭。恭则众归焉，俭则财卓焉。恭俭者，先王之所以保四海也"（第 27 页）。这是因为他认识到"无名之乱，统不一也；有名之乱，欲而争之也"。名位确立和贵贱区分之后，处于较低等级的人总是希望得到更高等级的待遇，"贵令而骄，贱承而辱，能无觊心者几希矣！是故君子位高而德修，外荣而中惧，恭俭以下人，恩泽以结物，为是戒也夫！"（第 217 页）君主树立恭俭的道德模范，可以带动社会风气，由此实现整体秩序的和谐。换言之，待遇等级主义的礼制形式同时需要自律性、互惠性的道德实践作为和谐秩序的润滑剂。

君主作为普世王权（universal kingship）的化身，既是政治社会秩序的最高权威，同时也是文化信仰秩序的最高权威。除了上面所述，李觏关于宗教信仰的观点，也确认了君主在礼制中拥有的权威象征地位。他对于隋唐以来兴盛的佛教猛烈抨击，从教义、组织、仪式及社会经济效用各方面揭示佛教相对于儒家礼教的异端性质。"事亲以孝，事君以礼，圣人以是师天下也。…爱亲之体而不养于其侧，食君之田而无一拜之谒，家有叛子而族人爱之，邦有傲民而吏不肯诛，以佛之主其上也。纣为诸侯逋逃主，而诸侯伐之；佛为天子逋逃主，而天子未尝怒。哀哉！"（第 218 页）从政治文化的角度来看，佛教实际上对于君主政教构成了挑战，因此李觏积极主张压制。他还指出，这种局面的出现，司职礼教的儒者没有尽到责任，也是一个主要原因。李觏认为，"夫祭祀，岂徒自尽其心以交神明而已。盖有君臣、父子、夫妇、亲疏、长幼、贵贱、上下、爵赏、政事之义，是谓教之本也。彼寺观何义哉！"（第 246 页）宗教信仰的根本在于礼制所包含的各种政治社会伦理关系之中，脱离这种群体维度的自我人格无法在与神明的沟通中获解信仰的真谛。易言之，王权与宗族（kingship and kinship）对于个人的安身立命具有终极关怀的性质，君主在政治宗教性质的礼教中占据牢固至上的权威象征意义。政治社会秩序与文化信仰秩序是高度紧密结合的，君主权威在此意义上是一元主义的。

根据上文从政治社会与文化多方面的分析，我们可以看出礼制（礼治）与君主及其权力之间存在的辩证关系。一方面，礼制赋予了君主在政治、经济、军事、风俗、文化信仰领域至高无上的地位与权力，承担广泛的公共责任，具有等级制基础上无可置疑的权威性；另一方面，礼制对于君主及其权力意味着一个需要遵循的根本、客观的公共价值与规范体系，这种体系对于君主权力发挥着制约、规范与批判的功能。我们看到，君主理论上得到最高等级的待遇，但是其私生活领域的人事与财产需要受到官僚制度的管制和监督，在道德上需要内敛自律，树立恭俭的模范榜样。其经济与军事权力需要以民生利益与地方利益的实现为前提，政事上要开放吸收人才，以君臣共治为理想，司法实践上要废除特权，争取法律意义上的平等。与等级制并存的是政治实践中要求公平、民本、权力分享的开明取向。等级制的形式意义虽然必要，例如在消费等级主义中发挥其影响，其政治法律领域的实质价值却在实践中趋向于不断虚化。其中，李觏的君主观念有一个值得注意的方向，就是把君主作为社会分工系统中的最高统筹者，这个统筹者的权力、财产与人事需要放在公平的官僚规则体系中受到管理，它的政治实践同时必须符合公共意志的期望和评价。大体上，君主作为"天子"的神圣性质（天命所在、天意授权）不获彰显，作为"君人者"功能性和体制化的性质更为突出。

至此，我们可以了解到作为守制者的君主在礼治秩序中的地位与性质。需要明确的一点是，君主作为守制者，对于既成的制度规则虽然需要遵循，但这种遵循本身不是因循守旧，而是包含了变通改革的内在维度。创制时代已经具有鲜明的变通意识，"黄帝、尧、舜通其变，使民不倦，神而化之，使民宜之"（第 66 页）。礼制的根本价值原则虽然具有长期性、普遍性，但是表现这些价值的建制却是随时代而变化的，比如三代养老之礼就各不相同。三代政治在相承中根据时代状况进行了变革损益，后世变革者也应据此而行，"世俗之说，必曰复古，古未易复也。商鞅之除井田，非道也，而民从之，各自便也。王莽之更王田，近古也，而民怨之，夺其有也。孔子曰：愚而好自用，贱而好自专。生乎今之世，反古之道，如此者，灾及其身者也"（第 376 页）。正确的变革之道应该是在前代或当代的制度基础上，采取折衷的办法，逐渐吸收古典礼制的建制精神，量事制宜。这种温和改革注重的是礼制的根本价值原则（中道正义），反对那种拘泥于礼治末节而独断教条的做法，"见人一动作、一笑语、衣冠裳履之间，则断夫贤不肖，张目大言以不恤强御为烈，此今人之弊也"（第 272 页）。另外，还必须重视改革者的实践与实践的效果，这也构成了礼治的内在精神价值。李觏认为建制改革必须落实到实践及其功效，否则就是无所施用的空文。他甚至提出，"夫知道者，无古无今，无王无霸，无治无乱，惟用与不用耳"，这种实践功效主义的看法透露出他对于礼制评价的一种重要价值取向（第 272 页）。透过这种在礼制原则前提下的、注重实践功效的温和改革，守制者可以像三代圣王一样在继承中维新变革，礼治传统由此得以与时俱进。

三

　　李觏君主观念中的王霸之辨很有特色，也可以从他的礼治论述去观察[1]。比较赞同孟子思想的儒家学者认为能够真心实行仁义礼乐的君主可被视为行王道，反之则属霸道。前者值得赞扬，后者需要批判。而李觏严格界别王霸，认为二者分别是天子与诸侯不同的名号，具有不同的职责（安天下与尊京师）。王道与霸道也是分别对应不同名位、职责而言的。天子与王道，诸侯与霸道，二者处于不同序列。王霸之道的区分也不在于是否实践仁义道德，并非纯粹道德理想上的分别。李觏认为霸道能够实现国家富强，不容易达到，不应轻易否定。在现实政治中，他只是务实地希望北宋通过改革能够实现富强，增强应付内外忧患的国力，不赞成一味高唱王道。在晚年这种思想趋向更为突出，他甚至憧憬法家式改革领袖人物的出现。而王道实际上也不只是纯然仁义，也任用刑杀，也讲求实力和功利。义利合一的原则贯彻于王和霸的政治形态中，二者只是名位职责序列的不同。李觏因此批评孟子的王道说高扬仁义道德的标准，在战国时期不尊周室，却鼓动诸侯行王道，违背了孔子的伦秩礼义。李觏强调在政治形势没有恶化到极限——如出现桀、纣等暴君——的时候，不轻易否定现存的政治伦理秩序，而是要努力改革、解救。否则，孟子的仁义王道说很容易成为篡夺颠覆的利器。李觏的上述观点后来受到南宋时期余允文、朱熹等人的批判，认为他过于保守，不达时变，没有领悟到仁义人心是政治判断的根本理据，战国人心去周说明了革命形势已成。按照朱熹的说法，人人可行王道，若君主为尧舜则人为忠臣，若君主为桀纣则人可为汤武。而且评价政治

---

① 相关较为集中的讨论，见黄俊杰：《中国孟学诠释史论》第四章，社会科学文献出版社 2004 年版。

成就，不能仅看功利结果，更要辨析行为者的动机①。相形之下，李觏的非孟观点倾向于礼秩伦理下的保守主义，而朱熹则由道德正当性展现出礼秩伦理中的激进倾向。这实际反映二者对于人性本体论的不同看法。李觏是制度秩序本体论，道德仁义要依托于制度秩序去讲存有、讲运用。所谓人人天赋的仁义道德依照其人性论立场并非天赋给定而彰显，而是需要在规范架构中培养、滋生。如果直指人心根本，理据并不坚实，而且会逸出规范伦理、成为篡夺者的口实。而朱熹是以仁义天理为人性根本，超越意识很突出，据此评价政治正当性，对秩序规范有接近极限的反思。需要注意的是，李觏的尊王论在规范伦理上倾向保守，对于权威象征意义上的君主架构力求维护，但并不是主张对其愚忠盲从。其政事实践思想具有改革动向，并且根本上并不否定儒家革命说。他呼吁当时的君主开放言论，勇于纳谏，除盗销奸，避免长期积恶，形成不可逆转的颓势，最终导致亡国。这种维持君主秩序的权威主义前提下的政治改革主义是其坚持一生的思想基调。

最后，本文试图结合李觏的礼治君主观，对相关的政治正当性问题提出一些意见。一种比较流行的观点，认为中国传统中君主政治权威的正当性属于一种卡里斯玛的类型（Charisma）。这种观点的来源是德国学者韦伯对于政治正当性的理想型分析，具体内容无须赘言。但是援引韦伯者大多没有审视他对于卡里斯玛理想型特质的界定，而只是看到韦伯在论证过程中数次利用中国皇帝的案例来证明其相关论点，遂人云亦云，敷衍成说。如果我们勉强把韦伯实证意义上的正当性论述应用到传统政治权威的规范性理论分析上，严格依照他关于卡里斯玛类型特质的界定，我们将会发现传统君主权威的政治正当性与之存在相当显著的差别。卡里斯玛型权威的精神特质偏重于一种宗教性的冲动、亢进的性质，特别具有对于规则秩序的排斥性与否定性，与韦伯指出的传统型和法理型正当性截然对立。然而中国传统君主的政治权威理论，无论就其精神气质而言，还是就其制度性取向而言，都更突出其顺应规则、克制自我、注重修养的一面。就近世思想传统而言，我们可以发现儒家学者基本持有一种根本的大法意识，认为政治权威需要遵守贯穿天人之间的宇宙根本法则。随着理学兴起，大法意识出现明显的内转化，强调政治应该顺应每个人天赋的内在性理和道德精神，而政治权威可以据此实现一种理想人格（"人极"），获得对于现实大众统治的正当性。理学强调君主的道德实践，其道德气质特别突出其兢兢业业、持续克己的工夫，而在制度取向上，仍然认为君主要遵循古典的礼制规范，把后者作为散布其道德影响力的渠道。这种政治权威的守制性，其实是传统政治理论中的一个基本特征。李觏尤其彰显了传统政治正当性的这个面向，指出礼制对于政治权威的道德实践与政治实践具有根本性的规则意义（"圣人所以治天下国家，修身正心，无他，一于礼而已矣"）。如果要获得被统治者的真心服从，决不能依靠强制、刑罚，他批评那些"贵刑法而贱礼义"的主张为"俗士之论"（第168页）。本文上述的分析已显示，李觏眼中的大法——礼不仅是君主权威（国家、权力）的正当性来源，而且是整个政治社会道德文明的正当性基准（"人道之准"、"世教之主"）。李觏的君主或圣王决不是排斥规则的卡里斯玛型政治权威，毋宁特别重视其制度化能力与对于制度规范的尊崇。韦伯限于其知识资料的范围，对中国皇帝的案例运用只是注意到了它们

---

① 朱熹：《晦庵集》卷七十三《李公常语》，台湾商务印书馆1983年版影印文渊阁四库全书，第1145册。

与其论述对象经验效果上的相近性，而且服从于他自身的论证脉络，并没有深究中国传统政治权威理论的内在特质，因此其观点带来的认知上的误导应该予以辨别①。

从本文的角度来看，李觏的君主观说明，政治权威的正当性系于礼制规则系统下的守制性。后世兴起的理学政治思想，虽然也分享着共同的大法意识，更注重道德精神意义上的正当性理据，与李觏的思想重心不同。从当代政治权威重建的立场来看，君主制及其王权主义确实需要积极的批判反思，而与此相关的一些思想史面向，对于宪政法治的建设未尝不是一种值得重视的理论资源，其间的问题也需要我们重新检讨。

〔作者任锋，讲师，南开大学政治系。天津 300071〕

---

① 韦伯相关论证，参见其所著《支配社会学》第五章，康乐、简惠美译，广西师范大学出版社 2004 年版，第 264、267—269 页。对于传统政治正当性理论的思想史考察，可参见笔者近作《近世思想传统中的政治正当性理论及其启示：以儒学"洪范模式"为视角》，《学海》2007 年第 5 期，第 24—34 页。

真德秀《大学衍义》的人君之学

陈 东

《大学衍义》的作者真德秀（1178—1235），字景元（后改希元），号"西山"，福建浦城人。南宋庆历五年（1197）进士，历任南剑州判官、太学正、博士、起居舍人、江东转运副使、知泉州、隆兴、潭州、福州，后迁礼部侍郎兼直学士院、户部尚书、翰林学士、参知政事、资政殿学士、提举万寿观兼侍读等职，《宋史》本传称其"立朝不满十年，奏疏无虑数十万言，皆切当世要务，直声震朝廷。"特别是在为宋理宗侍读经筵期间，以《大学》进讲，对帝王为治之序，为学之本多所发挥。《大学衍义》正是真德秀在总结历代儒家，融会两宋理学家的有关见解，再加上真氏自身的理解而成的帝王之学。

真德秀认为《大学》一书，是"君天下者之律令格例也。本之则必治，违之则必乱"①。因此，真德秀《大学衍义》不是一般训诂注释之作，而是以推衍《大学》"修齐治平"大义为目的，其体例"因《大学》条目而傅以经史，为纲二，为目四，又别其类为十有二。每条之中首之以圣贤之典训，次之以古今之事迹及诸儒经释史论之有所发明者，而己说亦附焉"②。因其书"备人君之规范"，被列为历代皇帝经筵必讲之书。元武宗甚至认为"治天下此一书足矣"，足见历代帝王对此书的重视。

《大学衍义》认为"人君之学必知其要，然后有以为用力之地。"列举了明道术、辨人材、审治体、察民情，以为人君格物致知之要。崇敬畏、戒逸欲，以为诚意正身之要。谨言行、正威仪，以为修身之要。重妃匹、严内治、定国本、教戚属，以为齐家之要。上述"四者之道得，则治国、平天下在其中矣"（《大学衍义序》）。书中对人君帝王之学论述甚详，给人印象最深且最有特点的是如下几点：

一 天理人性之善为人君致知之首

真德秀认为所谓帝王之学，看似十分广大，其实非常简单。"人君之学，不过修己治人而已"（第341页），也就是"修己"与"治人"两项。帝王为学之序正是《大学》所说的"格物致知、诚意正心、修身、齐家、治国、平天下"，格物致知、诚意正心、修身是"修己"之学，治国、平天下是"治人"之学。无论是人君"修己"之学还是"治人"之学都必须具备一个重要的前提条件，那就是必须坚信天理人性之善。

---

① 真德秀：《大学衍义》，世界书局 1989 年版，"大学衍义序"。后引此书仅随文注页码。
② 纪昀：《四库全书总目》，中华书局版 1965 年版。

宋代理学家对人性是这样解释的：人禀天理而生，天理是纯粹至善的，也就是所谓天地之性。人生而有形，所值之气有清有浊，故而性亦有不同，即所谓气质之性。天地之性无不善。气质之性则有善有不善。

这些道理看似与人君之学无关，其实却是"人君致知之首"，是人君修己治人的前提条件。因为"不知己性之善，则无以知己之可为尧舜；不知人性之善，则无以知人之可为尧舜"（第357—358页）。如果不相信自己本性为善，也就谈不上为学向善，也就无所谓修德治身；如果不相信他人人性本善，也就无所谓"爱人"，也就无所谓行"仁政"。一句话，人性本善是儒家伦理政治学说的根本，否认天理人性之善，也就是放弃儒家圣人之道。

真德秀认为：荀子倡言人性本恶，其弟子李斯用以事秦，"划灭先王之礼教，一以严法峻刑毒天下"，原因就在于其主张人性本恶。人性确实有其恶的一面，但那不是天地之性，而是受了气质之性的蒙蔽。气质之性有善有不善。不善的气质之性，可以通过克制使之返归于善。气质之性的返善之道有二："由治己而言则有学；由治人而言则有教。闲邪存诚，克己复礼，此治己之学也；学之功至，则己之善可复矣。道德齐礼，明伦正俗，此治人之教也。教之功至，则人之善可复矣。若夫以己之性为不善，而不以圣人之道治其身，是自暴者也。以人之性为不善，而不以圣人之道治其民，是暴天下者也。"（同上）就人君而言，"治己之学"就是复自己之善；"治人之教"就是使他人复人性之善。因此，"人君之于道所当知者非一，而性善尤其最焉"（同上）。

儒学伦理政治思想的中心应该是"仁"和"仁政"，其人性论的根据则是孟子的性善论。真德秀将人君之学的理论基础建立在理学天理人性论之上，应该是宋代理学家的一大贡献。

二　天下之本在于人君一心

《大学衍义》认为天下之本在于人君之心。正如董仲舒所言："为人君者正身以正朝廷，正朝廷以正百官，正百官以正万民，正万民以正四方。"人君修身之学关系到国家天下的安危。真德秀予以发挥说："仲舒之论，自孟子之后未有及之者。盖朝廷者天下之本，人君者朝廷之本，而心者又朝廷之本也。人君能正其心，湛然清明，物莫能惑，则发号施令罔有不臧，而朝廷正矣。朝廷正，则贤不肖有别，君子小人不相易位，而百官正矣。自此而下，特举而措之耳。"（第318页）因此人君修己之学关键在于"正心"，百官辅导君主的主要职责在于"正君心"。

这是因为人君也是人，君心之中也存在着"人心"与"道心"之别。正如朱子所言："人莫不有是形，故虽上智不能无人心；亦莫不有是性，故虽下愚不能无道心。二者杂于方寸之间，而不知所以治之则危者愈危，微者愈微，而天理之公，卒无以胜人欲之私矣。"（第322页）所谓"人心"源于"形气之私"，也就是所谓的气质之性；所谓"道心"则源于"性命之正"，也就是天地之性。就君主而言，所谓"形气之私"，就是指声色臭味之欲；所谓"性命之正"，就是指仁义礼智之理。声色臭味之欲都是因气而发，也就是"人心"；仁义礼智之理根于性，也就是"道心"。具体就"人主一身言之，宫室之欲其安，膳服之欲其美，与夫妃嫔侍御之奉，观逸游田之乐，此人心之发也。是心为主而无以裁制，则物欲日滋，其去桀纣不远矣。知富贵之不可恃，而将之以忧勤，知骄侈之不可肆，而节之以恭俭，知旨酒厚味为迷心之鸩毒，思所以却之，知淫声美色为伐性之斧斤，思所以远之。此道心之发也。是心为主而无以汩丧，则理义日充，其去尧舜不远矣"（同上）。君主"正心"正是要克人君之"人心"复人君之"道心"。

因为帝王人君的特殊地位，人君"正心"非常困难。正如唐太宗所言："人主惟有一心，而攻之者甚众。或以勇力，或以辩口，或以谄谀，或以奸诈，或以嗜欲，辐凑攻之，各求自售。人主少懈而受其一，则危亡随之。此其所以难也。"（第339页）正因为外界物欲如此之强烈，君心之正又显得格外必要。

至于如何修养君心，真德秀主张内、外交养。内，即加强君主自我修养，所谓以礼仪养心，"敬以自持而内直"。关于内心修养真德秀除吸收了历代儒家"敬""慎""诚"等修养理论外，还特别注重"夜气"的培养。

夜气养成说最早见于《孟子》。《孟子·告子章句上》说：齐国郊外牛山上的树木本来非常茂盛，但因为地处近郊，所以经常遭到砍伐。牛山树木日夜也在生长，但夜之所生不敌昼之所伐，长久以往就成了秃山。人之良心也是如此，"其日夜之所息，平旦之气，其好恶与人相近也者几希，则其旦昼之所为，有梏亡之矣。梏之反覆，则其夜气不足以存；夜气不足以存，则其违禽兽不远矣。"朱熹《孟子集注》对此有所发挥（第598页）。真德秀对此夜气养成说非常重视，专门作有《夜气之箴》，辞曰："盍观夫冬之为气乎？木归其根，蛰坯其封，凝然寂然，不见兆朕，而造化发育之妙实胚胎乎其中。盖阖者，辟之基（自冬至以后为辟，自夏至以后为阖）；贞者，元之本（元于时为春，贞于时为冬），而艮所以为物之始终（艮东北之卦）。夫一昼一夜者，三百六旬之积，故冬为四时之夜，而夜乃一日之冬。天壤之间群物俱阒，窈乎如未判之鸿蒙，维人之身，向晦宴息亦当以造物而为宗，必斋其心，必肃其躬。不敢驰然自放于床第之上，使慢易非僻得以贼吾之衷。虽终日乾乾，靡容一息之间断，而昏冥易忽之际，尤当致戒谨之功。盖安其身，所以为朝听昼访之地。而夜气深厚，则仁义之心亦浩乎其不穷。本既立矣，而又致察于事物，周旋之顷，敬义夹持，动静交养，则人欲无隙之可入。天理皦乎其昭融。"真德秀认为"夜"如同一年四季中的冬天，是万物修养生息之时，造化发育之妙实胚胎乎其中，培植、养育之功最重。人心却易以夜为驰然放松之时，终日乾乾而一夕间断，人欲乘虚而入，致使前功尽弃，因此不能不重"夜气"。

孟子、朱熹重视夜气之生息不同，真德秀认为"物欲之害夜为最甚"，对人君而言更是如此。"人主一心，攻者甚重，惟声与色尤易溺人。昼日便朝，荐绅俨列，昌言正论，辐凑于前，则其保守也易。深宫暮夜，所接者非貂珰之辈，即嫔御之徒，纷华盛丽，杂然眩目，奇技淫巧，皆足荡心。固其持养也难。"（第339页）

真德秀在注重人君内心自身修养外，对外部制度约束、规警箴戒的作用也非常重视。真德秀认为："古之所以众建忠贤，森列左右者，皆以正人君之心也。在朝则有三公焉，所谓导之教训、传之德义、保其身体者也。在庙则有三老焉，所谓宪德乞言者也。巫掌祀，以鬼神之事告王；史掌书，以三皇五帝之事告王。掌卜筮者，以吉凶谏王；瞽矇之叟，以歌诗谏王。一人之身而左右前后挟而维之，以引以翼，有孝有德，虽欲斯须自放得乎？故王中心它无所为，惟守至正而已。后世人主所亲者亵御近习，所说

者淫声美色，狐媚蛊惑者千态万貌，虽欲无邪其思，得乎？此君德之所以不如古也。"（第 603 页）

真德秀也清楚地知道在建官设制上已经不能复古，因此提议在人君居处装饰等小节上"仿古"。"诚能内主乎敬，而凡古人所以自警之具，如汤、武之铭笔之翰墨，设之屏障可也，使人讽诵，入耳著心可也。燕间永日，毋深居中禁而时御便朝，使儒臣环侍，迭陈规益，如卫武公之自警可也。鲁庙之器，仿而为之设于宥坐，以致满盈之戒可也。不宁惟是，宫廷宴乐，以古者献酬之礼而易今之举觯命爵，以古者房中之乐（如《周南》《召南》是也）而代今之乐府歌辞。所欲为孰曰不可？内外交养，动静弗违，而意不诚心不正者，未之闻也。"（第 606 页）以上人君辅养手段都可以采用。

总的来看，宋代理学家对帝王的要求甚严且高。程颐就认为"常人之情，才简束则日就规矩，才放肆则日就旷荡。学者犹尔，况于人君，处宫闱之邃，极富贵之奉，倘非以庄敬自持，凛然肃然如对神明，如临师保，其不流于放荡者几希"（第 578 页）。因此程颐曾"欲乞皇帝左右扶侍祗应宫人内臣，并选年四十五岁已上，厚重小心之人；服用器玩皆须质朴，一应华巧奢丽之物，不得至于上前；要在侈靡之物不接于目，浅俗之言不入于耳。及乞择内臣十人，充经筵祗应，以伺候皇帝起居，凡动息必使经筵官知之，有剪桐之戏则随事箴规，违持养之方则应时谏止"[1]。果真如此，帝王的私生活也全部处在监管之下。苏轼甚至坦白地说："盖人主不可使知耽乐之味。苟开其一日之乐以为无伤，逮其既尝此味，则寝深寝弱矣。"（第 615 页）理学家们认为"安逸"就如同吸毒，千万不能让君主们去尝试，或者说千万不要君主得到安逸。真德秀意识到如此之下的君主将是十二分地无聊，如此劝说到："夫盛明之世，忠说盈朝，言动少差，箴儆随至。贵为天子，宜若无聊矣，而每措身于至安至荣之地；昏乱之世，谄谀塞耳，穷侈纵欲，下无敢言。贵为天子，宜若适意矣，而每措身于至危至难之中。然则人主将何择焉？"（第 546 页）

三　为人君止于仁

《大学衍义》也承认三纲五常是天经地义，但在解释《白虎通义》三纲六纪时是如此解释的。"盖天下之事众矣，圣人所以治之者，厥有要焉。惟先正其本而已。本者何？人伦是也。故三纲正则六纪正，六纪正则万事皆正。犹举纲者，提其纲纪则众目毕张也。若纲纪不正，欲事事而理之，犹整乱丝，其能治乎？即三纲而言之，君为臣纲，君正则臣亦正矣；父为子纲，父正则子亦正矣；夫为妻纲，夫正则妻亦正矣。故为人君者，必正身以统其臣；为人父者，必正身以律其子；为人夫者，必正身以率其妻。如此则三纲正矣。由古洎今，未有三纲正于上而天下不安者，亦未有三纲紊于上而天下不危者。"（第 360 页）真德秀将"纲"解释为纲要、关键，即一对矛盾的重点对象。真德秀认为"君为臣纲"是指君正则臣亦正。三纲所要求的不在下而在上。治理治理与否关键要看三纲，即君、父、夫之纲的邪正。三纲之中尤其重要的是"为人君者必正身以统其臣"，也就是说人君应该处处为天下的表率。

---

　　[1]　程颢、程颐：《二程集》，中华书局 1981 年版，第 538—539 页。

　　理学家认为形而上者谓之道，形而下者谓之器。道即理，器即物。物虽有精粗之不同，然理未尝离乎物之中。这就是所谓的"有物有则"。盈天地之间莫非物，人是物，事也是物。有此物则必有此理，这就是所谓的"则"。以人而言，如目之视、耳之听，为物。视之明，听之聪，是则。君臣、父子、夫妇、长幼，是物。而君之仁、臣之敬、子之孝、父之慈、夫妇之别、长幼之序，是则。"则"就是准则之意，是不能更改的。因为所有"物则"，都是"天实为之，人但循其则尔。如视本明，视而不明，是失其则也；听本聪，听而不聪，是失其则也；君本仁，君而不仁，是失其则也；臣当敬，臣而不敬，是失其则也"（第346页）。上天为万事万物都设置了准则，而人君的准则就是"仁"。正如《大学》所说"为人君止于仁"

　　对《大学》"为人君止于仁"，真德秀进一步解释说："止云者，必至于是而不迁之谓也。以君道言之，有一毫未至于仁不可以言止。知仁之当为而或出焉或入焉，亦不可以言止。何谓仁？克己复礼，仁之体也；爱人利物，仁之用也。为人君者，内必有以去物欲之私，使视听言动无一不合乎礼；外必有以广民物之爱。鳏寡孤独无一不遂其生。此所谓仁也。必有是体，然后其用行焉。故圣人论仁必先于克己也。人君为天下民物之主，痒痾疾痛，孰非同体，故君道必主于仁，而为仁必极其至。"（第358—359页）理学家对人君的要求是"止于仁"，人君之"仁"不是一般意义上的仁，而是"为仁必极其致"。因此，真德秀非常赞同朱子对"皇极"一词的新的解释，"皇者，君之称。极者，极至之义，标准之名，位乎中而四方所取则也。故居人君之位者，由一身而至万事莫不尽至，而后可以为民之极"（第327页）。

　　《尚书·洪范》有"皇建其有极，敛时五福"等语，自汉儒训"皇极"为"大中"，历代诸儒沿袭其说。朱子认为不能如此解释"盖皇者，君之称也。极者，至极之义，标准之名，常在物之中央，而四外望之以取正者也。故以极为在中之准则可，而训极为中则不可。"朱熹认为："人君以一身履至尊之位，四方辐凑，面内而环观之。自东而望者不过此而西也，自南而望者不过此而北也，此天下之至中。既居天下之至中，则必有天下之绝德，而后可以立至极之标准。故必顺五行、敬五事，以修其身，厚八政协五纪以齐其政，然后至极之标准卓然有以立乎天下之至中，使夫面内而环观者莫不于是而取则焉。语其仁，则极天下之仁，而天下之为仁者莫能加；语其孝，则极天下之孝，而天下之为孝者莫能尚。是则所谓皇极者也。"（第406—409页）

　　解"皇极"为"大中"，容易理解为含糊苟且，不分善恶，"其弊将使人君不知修身以立政，而坠乎汉元帝之优游，唐代宗之姑息，卒至于是非颠倒、贤否贸乱而祸败随之"。解释"皇极"为帝王标准，"则谓人君能立至极之标准，所以作亿兆之父母，而为天下之王。不然则有其位无其德，不足以首出庶物，而履天下之极尊矣"（同上）。真德秀认为朱子"始以人君立至极之标准为言，使有天下者知其身在民上，凡修身立政，必极其至然后有以称其至尊至极之位"（第409页）。立意可谓深远。

四　君之待臣不可不以礼

　　真德秀《大学衍义》认为"帝王居天之位，其所职无非天之事"，承认君主为代天理民，君权天授，同时也指出臣职也是天命，"君臣一心，恪奉天职，是谓之和衷"

（第 580 页）。就这一点而言君臣是平等的。"盖位者天位，所以处贤者也；职者天职，所以命贤者也；禄者天禄，所以养贤者也。三者皆天所以待贤人，使治天民者也"（第 403 页）。在真德秀《读书记》中这是范祖禹的话，《大学衍义》中出在真德秀的按语中，并且没有标示出是引用，说明真氏完全赞同范氏的主张。《大学衍义》对《论语》"君使臣以礼，臣事君以忠"解释说："君以敬待其臣，是之谓礼；臣以诚事君，是谓之忠。二者皆职分所当然，非相为报也。然君使臣以礼，则臣事君以忠，亦理之必然也。"（第 394 页）这里说到了君臣的职分，同样是天职，也就没有因果相报之说，各尽天职而已。

真德秀甚至认为："夫天下之大，本同一家。人主者，父也。大臣者，宗子也。大夫士者，家之众子弟也。至于庶人之贱，亦家之陪隶也。父兄有过，子弟争之。子弟有过，陪隶言之。盖一家之事，休戚实同。凡其第第相规政，欲共成门户之美耳。君臣之义何以异此。"① 如此比喻的真实意图可能是要强调君臣休戚与共，但这种思想却是"十分危险"。因为"宗子"是有继承替代宗主资格地位的。以大臣比宗子，会使大臣产生"非分之想"。《大学衍义》中对此比喻作了修正，改口说"天子以四海为家，凡中外孰非家事者。而大臣天子之家老，凡中外事亦无不当与者焉"（第 499 页）。这比喻大臣为"宗子"退步不少，但称"家老"而不称"家臣"，仍然可以说明宋代官僚主体意识的膨胀。

真德秀提倡"君臣同体"共奉天职，认为君臣之间是一荣俱荣、一辱俱辱的关系。《大学衍义》全文引用了贾谊的《君臣疏》，认为贾谊的比喻与见解非常有道理。贾谊说："人主之尊辟如堂，群臣如陛，众庶如地。故陛九级，上廉远地则堂高。陛亡级，廉近地则堂卑。高者难攀，卑者易陵。理势然也。"臣的地位高，君主的地位自然也高。臣的地位低，君主的地位也会随之降低。贾谊还称赞古代"刑不上大夫"的礼制，认为君主有必要以"廉耻礼节以治君子"，"遇之有礼，故群臣自憙；婴以廉耻，故人矜节行。上设廉耻礼义以遇其臣，而臣不以节行报其君者，则非人类也。"真德秀认为"自秦而后，尊君卑臣之礼日以益甚。于是，君之于臣，直谓名位足以牢笼之，利禄足以鼓舞之。臣不能无求于我，而我可以无藉于臣。君亢然自尊于上，如天地神明之不可亲。臣退焉自卑于下，如仆隶趋走之唯恐后。上下之情以乖隔，而乱亡之祸至易之。所谓上下不交而天下无邦者也"（第 398 页）。

对于《孟子》"君之视臣如手足，则臣视君如腹心。君之视臣如犬马，则臣视君如国人。君之视臣如草芥，则臣视君如寇仇。"真德秀一边说孟子所言确有过激之嫌，不如孔子在君臣关系上表述的得体，说孟子"为齐王言则然，自处则不然"；一边又引用了一段更为激烈的子思回答鲁穆公的话："鲁穆公问于子思曰：'为旧君反服，古欤？'子思曰：'古之君子进人以礼，退人以礼，故有旧君反服之礼也。今之君子进人若将加诸膝，退人若将坠诸渊。毋为戎首，不亦善乎？又何反服之有？'"（第 394—395 页）说明因为《大学衍义》的特殊用途，真德秀在表述君臣关系时还是留有一定余地的。

真德秀希望人君尊重臣下，同时也希望臣下自尊。《大学衍义》也认为人臣也有师

---

① 真德秀：《西山先生真文忠公文集》卷四，"除江东漕十一月二十二日朝辞奏事札子一"，上海书店 1989 年版。

臣、友臣、仆臣之别。"汤之于伊尹，文武之于太公望，成王之于周公，皆师之者也。"都是师臣待遇。"后世之君，其能友臣者已不多得，惟汉高帝之于子房，光武之于严子陵，昭烈之于孔明，庶几近之。若汉明帝虽以师礼待其臣，然所传者特章句之业，非三王四代之所谓师也。至于仆隶之臣，诺诺唯唯，则无世不有。君日以骄，臣日以谄。此所以多乱而鲜治也欤"（第404—405页）。臣下对待君主的态度应该如孔子所言："所谓大臣者，以道事君，不可则止。"真德秀解释说："道者，正理也。大臣以正理事君。君之所行有不合理者，必规之拂之，不苟从也。道有不合，则去之不苟留也。或谓不合则去，毋乃非爱君之意乎？曰此所以为爱君也。君臣之交盖以道合，非利之也。道不合而弗去则有苟焉狥利之志，是使君轻其臣，谓可以利笼络之也，君而轻视其臣，何所不至？惟大臣者能以道为去就，足以兴起其君敬畏之心。敬畏之心存，而后能适道。臣故谓不合而去乃所以为爱君也。"（第399页）结合真德秀一生中多次辞官退居，说明真氏在实际仕宦生活中也确实做到了"君臣之交以道合"。

五　帝王所当尊者莫如天

历代儒家关于天地鬼神的解释大多都是矛盾的，在对待"天"的问题大都采取含糊不清、模棱两可的态度。在批判神仙、道教、佛教等宗教理论时，他们认为天是自然的、客观的存在，似乎是无神论者。但在说到"天人感应"之际，却几乎是众口一词，认为天是有意识的、主观的存在。理学家真德秀也不例外。

首先，真德秀《大学衍义》赞成胡寅的说法："夫天非若地之有形也，自地而上无非天者，日月星辰之系乎天，非若草木山川之丽乎地也，著明森列，躔度行止，皆气机自运，莫使之然而然者，无所托也。若其有托，则是以形相属，一丽乎形，能不坏乎？神也者，妙万物而为言，谓造化之迹盈虚消息而不可测也。或者惑于荒幻之言，乃谓或聆其音旨，或睹其仪观，或受其诏告符契，宁有是哉？"（第441页）真德秀认为"胡寅之论善矣。""人主知此，则土木不必崇，仪物不必侈，懔然自持，常若对越，则不待聆音旨、睹仪观、受符契，而游衍出王无非与神明周旋者矣"（同上）。这里表现得非常洒脱，似乎天道自然，与人主并无直接得关系，敬而远之可也。

同时，真德秀更相信董仲舒的汉董仲舒天人感应说，认为天下一理，"人之所为其美恶之极，乃与天地流通而往来相应。"一般人的动静善恶便足以感动天地，人君帝王的所作所为更是备受天神的注目，所谓"天道昭明，凡人君出入往来之顷，优游暇逸之时，天之监照无乎不在。"这时天又变成了又意识、有好恶的人格神式的存在。因此，"帝王所当尊者莫如天，所当从事者莫如敬"（第585页）。

《大学衍义》转引《左传》故事："宋景公时荧惑守心（荧惑火星也，心东方宿也），心，宋之分野也。忧之。司星子韦曰：可移于相。公曰：相，吾之股肱。曰：可移于民。公曰：君者待民。曰：可移于岁。公曰：岁饥民困，吾谁为君。子韦曰：天高听卑，君有君人之言三，荧惑宜有动。于是侯之，果徙三度。"真德秀对此大为感叹："《易》曰'言行，君子所以动天地也。'景公三言之善，而法星为徙三度。天人相应，其捷如此，可不畏哉。"（第591页）说明真德秀相信确有此事。

汉董仲舒倡导天人感应说，更强调天灾对君主的谴告作用。所谓"天人相与之际甚可畏也。国家将有失道之败，乃先出灾害以谴告之。不知自省，又出怪异以警惧之，尚不知变，而伤败乃至。以此见天心之仁爱人君，而欲止其乱也"①。后世儒者多以此说警示君主。汉元帝时，日食地震。匡衡上疏曰："天人之际，精祲有以相荡，善恶有以相推。事作于下者象动于上。阴阳之理，各应其感。阴变则静者动，阳蔽则明者暗，水旱之灾，随类而至。"②成帝时，博士行大射礼，有飞雉集于庭，登堂而雊，又集太常、宗正、丞相、御史、车骑府，又集未央宫、承明殿。御史大夫王音进言："天地之气以类相应，谴告人主甚微而著。雉者听察，先闻雷声。故经载高宗雊雉之异，以明转祸为福之验。今以博士行礼之日，大众聚会，飞集于庭，历阶登堂，历三公之府，典宗庙骨肉之官，然后入宫。其宿留告，晓人具备，虽人道相戒，何以过是。"后帝使诏音曰："闻捕得雉，毛羽颇摧折，类拘执者，得无人为之？"音复对曰：陛下安得此亡国之语。不知谁主为佞谄之计，诬乱圣听如此。陛下即位十五年，继嗣不立，日日驾车而出，失行流闻海内，传之甚于京师，皇天数见灾异，欲人变更，尚不能感动陛下，臣子何望。宜谋于贤哲，克己复礼，以求天意，则继嗣尚可立，天灾尚可销也。"③ 如此机关，一眼就可以看出是有人故意为之，而真德秀竟然也对此"一雉之异而君臣相儆如此"非常感佩，并信以为真。真德秀仕宦期间的奏疏中也多以天变警告皇帝。

真德秀承认日食之变是有经常规律的，但同时又说人君之德又可以改变这种自然规律。真德秀备"考先儒之论，以为日月之食虽有常度，然王者修德行政，用贤去奸，能使阳盛足以胜阴，阴衰不能侵阳，则日月之行，虽或当食而不食焉。若国无政，不用善，臣子背君父，妾妇乘其夫，小人陵君子，夷狄侵中国，则阴盛阳微，当食必食。虽曰行有常度，而实为非常之变矣……以此知山摧川沸之变，非天为之，实嚚沓背憎之人为之也。盖上天仁爱，非有意于降灾，乃人自取之耳。可不戒哉。"（第590—591页）这与上述儒家学者关于天的思想的矛盾观念是一致的。

真德秀等理学家真的相信天人感应？真的相信祥瑞灵异？其实恐怕是别有用意。《大学衍义》中也透漏出部分真相。正如真德秀所说："忠臣之心唯恐人君不畏灾异，魏相之以逆赋风雨告宣帝是也。奸臣之心唯恐人君知畏灾异，国忠谓霖雨不害稼，以欺明皇是也。盖人主知畏天灾，必求己过，必更弊政，必去小人。此忠臣之所乐而奸臣之所不便也。故其操术不同如此。近世王安石遂有天灾不足畏之语。吁，莫大于天，莫神于天，而犹不足畏，则尊居人主，复何所惮也？"（第505—506页）理学家唯恐人君不畏灾异，为的是使人君有所畏惧。其真实意图在于借天威压制或恐吓人君。

这种思想不是真德秀独有，在苏轼那里表现得更充分。苏轼曾说过："或者谓天灾不可以象类求……人君于天下无所畏，惟天可以儆之。今曰天灾不可以象类求，我自视无过则已矣。为国之害，莫大于此。"（第587页）

这种"愚君"的意识或意图看来似乎十分荒唐，但在中国古代专制社会体制下又有其一定的积极意义。史实也确实如此，中国古代专制君主政体约束与牵制体制非常不健全，几乎等于没有，尤其是宰相权利受到削弱和去除之后，仅存的一点谏言制度也归

----

① 荀悦：《汉纪》卷十一，中华书局2005年版。
② 司马光：《资治通鉴》卷二十八，中华书局1976年版。
③ 《资治通鉴》卷三十一。

并到御史体系内，监督的对象为群官而排除了帝王。帝王真正实现了独尊独权。帝王已经"无法"，如果再"无天"，确实难以想象。古代儒家学者只有依靠"天变"和"祖宗之法"来限制或约束帝王，虽然难免迂腐、守旧之讥，但却是无可奈何之举。

天人感应、灾祥符瑞本来是阴阳五行家的发明，是道教、神仙家的专利，儒家拿来用以威吓专制君主，在响应天变、应付天道的手段上却竭力排斥阴阳五行家和道教的术数祈禳。《春秋左氏传·昭公二十六年》载："齐有彗星，齐侯使禳之。晏子曰：'无益也，祗取诬焉。天道不谄，不贰其命，若之何禳之。且天之有彗也，以除秽也。君无秽德，又何禳焉。若德之秽，禳之何损。'公悦乃止。"真德秀评论说："晏子于是知天道矣。古之应天者，惟有敬德而已，祷禳非所恃也。后世神怪之说兴，以为灾异可以禳而去，于是人主不复有畏天之心。此为害之大者也。"（第591页）儒家学者目中的"敬天"只不过促使人君"修德"的手段。如果祈禳或者其他的术数可以转移或逃避"天警"，就失去了警示人君的作用。真德秀说："迅雷烈风之属，天之怒也；日食星变之类，天之谕也。人君为天所子，其事天如事亲然。亲之容色少有不怿，人子当痛自咎责，敢有轻忽傲慢之意邪？天之变异有少失常，人君当深自戒惧，敢为戏豫驰驱之失邪！"（第585页）又为人君敬天涂上了一层伦理的色彩。

由此不难看出，儒学家的所谓天人之际、天道类应、天变可畏，都是专为专制君主量身订做的。天变是专为警戒人君而出现的。人君也只有以反躬自省、修德改过才能够化解天变。儒者之用心可谓良苦。中国古代思想中的天人合一说不仅仅是一种世界观，其中还隐藏着难以言明的政治用意。至少对儒家学者或理学家而言是如此。

〔作者陈东，教授，曲阜师范大学国际文化交流学院。山东曲阜　273165〕

朱元璋与儒士

陈寒鸣

在朱元璋创建明王朝的过程中，儒者文士是发挥了相当作用的。而称帝前后的朱元璋与他们的关系以及他对儒家学者的态度，殊堪玩味。

在中国历史上，以布衣起事而成功地开创了一代帝王之业的，大约只有汉高祖刘邦和明太祖朱元璋。刘邦以马上得天下，又以《诗》、《书》安天下而出名，朱元璋所不同者，是他居马上抢攘天下之时即已注意《诗》、《书》，重视发挥儒家学者的作用。正如《明史·儒林传》"序"所说："明太祖起布衣，定天下。当干戈抢攘之时，所至征召耆儒，讲论道德，修明治术，兴起教化，焕乎成一代之宏规。虽天亶英姿，而诸儒之功不为无助也。"

元至正十二年（1352），朱元璋在濠州参加郭子兴领导的红巾军起义。十四年（1354），他带领徐达、汤和等24人离开濠州，自谋发展。从而开始其自创事业的艰难历程。

朱元璋一开始就注重网罗儒者文士。早在渡江前，他即已征用冯国用及其弟国胜、李善长等人，充分发挥他们的作用。冯氏兄弟"俱喜读书，通兵法，元末结寨自保"[1]。朱元璋进军滁阳，途经妙山时，冯氏兄弟"着儒服"来见，朱元璋谓："若书生耶？试为我计安出？"国用曰："建康，龙蟠虎踞，帝王都会，自古记之。幸而近我，其帅懦弱不任兵，宜急击下其城，踞以号召四方。事仿仁义，勿贪子女玉帛若群竖子者，天下不难定也。"[2] 朱元璋遂令其为幕府参谋，计议大事[3]。不久，定远人李善长也到军营求

---

① 《明史》卷一二九《冯胜传》。

② 焦竑编：《国朝献征录》卷六，王世贞：《宋国公冯胜传》。

③ 朱元璋居马上抢攘天下时对儒家学者的尊重，与刘邦当年征战过程中对儒士的踞傲态度正形成鲜明对照。据《史记》卷九十七记，郦食其"闻沛公将兵略地陈留郊。沛公麾下骑士适郦生里中子也。沛公时问邑中贤士豪杰。骑士归，郦生见，谓之曰：'吾闻沛公慢而易人，多大略，此真吾所愿从游，莫为我先？若见沛公，谓曰臣里中有郦生，年六十余，长八尺，人皆谓之狂生，生自谓非狂生。'骑士曰：'沛公不好儒。诸客冠儒冠来者，沛公辄解其冠溲溺其中。与人言常大骂，未可以儒生说也。'郦生曰：'弟言之'。骑士从容言。如郦生所诫者，沛公至高阳传舍，使人召郦生，郦生至入谒，沛公方踞床使两女子洗足而见郦生，郦生入则长揖不拜，曰：'足下欲助秦攻诸侯乎？且欲率诸侯破秦也？'沛公骂曰：'竖儒！夫天下同苦秦久矣，故诸侯相率而攻秦，何谓助秦而攻诸侯乎？'郦生曰：'必聚徒合义兵诛无道秦，不宜踞见长者。'于是沛公辄洗起，摄衣，延郦生上坐谢之。"又记陆贾初见刘邦，刘邦"箕踞见陆生。"其后，"陆生时时前说，陈《诗》、《书》，高帝骂之曰：'乃公居马上而得之，安事《诗》、《书》？'陆生曰：'居马上得之，宁可以马上治之乎？且汤武逆取而顺守之。文武并用，长久之术也。昔者吴王夫差、智伯极武而亡，秦任刑法不变卒灭赵氏。向使秦已并天下，行仁义、法先王，陛下安得而有之？'高帝不怿而有惭色，乃谓郦生曰：'试为我著秦所以失天下，吾所以得之者何，及古成败之国。'陆生乃粗述存亡之征，凡著十二篇。"

见。他"少读书，有智计，习法家言，策事多中"①。初谒朱元璋，即曰："秦乱，汉高起布衣，豁达大度，知人善任，五载成帝业。今元纲既紊，天下土崩瓦解。公，濠产，距沛不远，山川王气，公当受之。法其所为，天下不足定也。"② 殷殷期其成为当今的汉高祖刘邦。朱元璋对他甚为信任，留在幕府掌书记。

渡江后，朱元璋更大力罗致人才，"所克城池，得元朝官吏及儒士尽用之"③。至正十一年（1355），兵克太平，儒士陶安、李习、潘庭坚、梁贞等出城迎接。陶安，博涉经史，尤深于《易》，与朱元璋语，甚合其意，遂留参幕府，拜左司员外郎，从克金陵，升左司郎中；李习，自幼老成持重，治《尚书》，又旁通群经，攻性理之学，被朱元璋用为太平府知府；潘庭坚，元末用荐为富阳县学教谕，朱元璋任之为太平府儒学教授，次年取金陵后改为中书博士；梁贞，元至正中为国子监生，后由国子伴读授太平路儒学教授，见朱元璋时，所言辄援《诗》、《书》，被命为江南行省都事。至正十六年（1356），朱元璋率军取金陵，得儒士夏煜、孙炎、杨宪等十余人，各授官职。又因秦元荐而以书聘陈遇。陈遇，博通经史，尤邃于先天之学，元末为江东明道书院山长。朱元璋称其"学贯三史六经，博览兵书百技，才兼文武，实我良辅"④。他与朱元璋相见后，希望其"以不嗜杀人，薄敛任贤，复先王礼乐为首务"⑤，被命筹帷幄，诸计划多秘不传。至正十八年（1358），朱元璋下徽州，召儒士唐仲实，问："汉高帝、光武、唐太祖太宗、元世祖一平天下，其道何由？"对曰："此数君者，皆以不嗜杀人，故能定天下于一。今公英明神武，驱除祸乱，未尝妄杀。然以今日观之，民虽得归而未遂生息"，元璋深以为然⑥。又素闻儒士朱升之名，遂"潜就访之。升因进三策曰：'高筑墙，广积粮，缓称王。'"朱元璋大悦，命预帷幄密议，"大抵礼乐征伐之议，赞画居多"⑦。

至正十八年（1358）底，朱元璋兵克婺州，改婺州路为宁越府，寻复改为金华府，并在这里设置中书行省。自南宋以来，婺州就是理学中心。二百余年间，这里名儒辈出，人才济济，素有"小邹鲁"之称。朱元璋对婺州儒士特别重视。他召许元、叶瓒玉、胡翰、吴沉、汪仲山、李公常、金信、徐孳、童翼、戴良、吴履、张起敬、孙履诸儒会食省中，日令二人讲说经史，敷陈治道。辟范祖干、叶仪。祖干持《大学》以进，谓治道不出是书，并说："帝王之道，自修身齐家以至治国平天下，必上下四旁均齐方正，使万物各得其所，而后可以言治。"朱元璋善其言，曰："圣人之道所以为万世法。吾自起兵以来号令赏罚一有不平，何以服众？夫武定祸乱，文致太平，悉此道也。"他对范、叶二氏甚加礼貌，命为咨议，然叶仪以疾辞，祖干亦以亲老辞归⑧。十九年（1359），朱元璋"命宁越知府王宗显开郡学，延儒士叶仪、宋濂为《五经》师，戴良

① 《明史》卷一二七《李善长传》。
② 《明史》卷一二七《李善长传》。
③ 刘辰：《国初事迹》。
④ 《国朝献征录》卷一一六，陈镐：《陈静诚先生遇传》。
⑤ 《明史》卷一三五《陈遇传》。
⑥ 《明通鉴》"前编"卷一。
⑦ 《朱枫林集》卷九《学士朱升传》。
⑧ 参阅《明太祖实录》卷六。

为学正，吴沉、徐原等为训导。时，丧乱之余，学校久废，至是始闻弦诵之声，无不忻悦"①。同时，又征王沂，用为中书省掾史，商略机务。王炜，字子充，浙江义乌人，尝师事黄潜，得其精诣，不仅与同门友宋濂俱以文章名世，而且是位积极用世、勇于任事的儒者②。朱元璋对他"礼之甚，每见，称子充而不名。间与言文章，辄称善"③。朱元璋下婺州前，虽已任用了不少儒者文士，但他们多非职业儒者如冯国用兄弟、李善长等，且所进之言基本属于策略方面；而下婺州后，朱元璋结纳的金华学者尽皆纯儒，他们不仅在策略方面向元璋提出诸多建议，而且更直接对其施加儒学影响。因此，可以说，"以游丐起事，目不知书"④ 的朱元璋，自下婺州后才真正在较深层次上与儒学接触，接受儒学、尤其是理学思想的影响。

至正二十年（1360），朱元璋闻青田刘基、龙泉章溢、丽水叶琛、金华宋濂皆国士，特遣宣使樊观赍币礼征聘之。四人至建康，朱元璋喜曰："我为天下屈四先生！"对他们语必称先生而不名。又于至正二十三年（1363），创置礼贤馆以处四先生及陶安、夏煜、苏伯衡等名儒。其时，朱文忠守金华，荐诸儒之有声望者王沂、许元、王天锡至，皆为朱元璋收用。不久，元璋即以宋濂为江南儒学司提举、王炜为江南儒学司提举校理，并令长子朱标从宋濂受经学。又授刘基、章溢为中丞，命叶琛为洪都知府。二十四年（1364），朱元璋自立吴王。在建置百官的同时，又遣起居注吴林、魏观待访求遗贤于四方，以期使更多的儒者文士聚集在自己周围。这样便逐渐形成了一个以刘基、宋濂等出自浙东的儒家学者为核心的幕僚集团。这对朱元璋的思想及他的帝业之成功均有十分重大的影响。邓元锡对此评曰："当胜国之季，天下学士多奔走失业，惟宋学士与诚意数公习古学不废。宋隐约山泽，刘驰驱州县，至浅鲜矣。明兴，高皇帝以神武定天下，群策毕辏，然帷幄成败、安危呼吸之断，非诚意莫任；而学士以德行文章润色鸿业，为明儒冠。非渊蛰镂屈，讵能有伸乎？"⑤

朱元璋与元有别，同当世举事诸豪亦有异。元廷虽标榜崇儒重道，但实际上并不真正重视儒学和儒家学者。"元之有天下，尚吏治而右文法。凡以吏仕者捷出取大官，过儒生远甚，故儒多屈为吏"⑥。所谓"九儒十丐"之说表明了这种社会风气之下儒者低下的境遇。迨至元末，政治腐败，社会混乱，儒士们徒抱经邦治国之志，却只能"穷经积学，株守草野"⑦。他们一旦得遇虚诚纳士，注重发挥其作用的朱元璋，便自然会有喜结明主之感。陶安甫见元璋，即以为"我辈今有主矣"⑧；樊观奉书币造访宋濂，濂喜曰："昔闻大乱极而真人生，今诚其时矣"，遂幡然应聘⑨。这大体代表了为朱元璋先后任用的那些儒士共具的心态。如果说朱元璋希望儒士们成为自己麾下的伊尹、吕尚、孔明，为成就自己的帝王之业效力，那么，儒士们投效元璋，则"以帝王事功期

① 《明太祖实录》卷七。
② 关于王炜其人其学，请详参拙作《论王炜的儒学思想》（《孔子研究》1994年第3期）。
③ 《王忠文公集》卷首王，崇炳《王忠文公传》。
④ 赵翼：《廿二史札记》卷三十二《明祖文义》。
⑤ 见谈迁：《国榷》卷一。
⑥ 方孝孺：《逊志斋集》卷二十二《林君墓表》。
⑦ 《明史》卷一三七《陈修等传赞》。
⑧ 《明太祖实录》卷三。
⑨ 《宋文宪公全集》卷首，郑楷：《翰林学士奉旨宋公行状》。

于始见之期"①，希望他成为当代刘邦，使天下由乱而治。至正二十三年（1363），朱元璋迎小明王至滁州，"中书省设御座将奉小明王，以正月朔且行庆贺礼。刘基大怒，骂曰：'彼牧竖耳，奉之何为？'遂不拜。适上召基，基遂陈天命所在，上大感悟"②。于是，"御座不拜，遂辄龙凤年号"③。不仅仅是儒士与朱元璋存在着心态上的契合之处，而且更主要的是儒士们在引导、促使朱元璋与红巾军决裂并转向封建帝王化方面起了相当重要的作用。

元末政乱，诸豪并起，然多难成事。郭子兴任侠喜宾客，散家财结纳壮士起事，朱元璋曾为其部属，并被倚为亲信，以养女马氏妻之。但他"为人枭悍善斗，而性悻直少容"④，且未几即病卒。韩林儿在刘福通等人扶持下被立为小明王，朱元璋亦曾听命之，但他本人并无大志，"听命刘福通，徒拥虚号，在外诸将卒不遵约束"⑤。沔阳渔家子陈友谅，"少读书，略通文义"，但"性雄猜，好以权术驭下"⑥，且"无远大志，处兵戈间而急于珍宝"⑦。徐寿辉业贩布，壮貌魁伟，被推为红巾军主，却"木强无他能"⑧，竟久为陈友谅所挟。张士诚"以操舟运盐为业"，"颇轻财好施，得群辈心"⑨，起事称王后，"纵肆专命，擅官爵，制度僭似"，"骄侈淫佚，懈于政事"，"徒以好士要誉"⑩。其手下将帅"亦偃蹇不用命，每有攻战，辄称疾，邀官爵田宅然后起"，"及丧师失地还，士诚概置不问，已，复用为将"⑪。任为丞相的三弟士信，贪污无能，一味信用朋比为奸、弄权舞弊的黄敬夫、蔡彦文、叶德新为参谋。杨维桢曾致函张士诚，尖锐地指出："衅阙多端，不有内变，必有外患"⑫。方国珍以贩盐浮海为业，至正八年即聚众数千人于海上，但他同元廷一直处于或降或叛之间，后同朱元璋亦复如此。明初见大事已定，遂降附朱元璋，被授为广州西行省右丞，食禄不之官，未几即卒于京师。曾自立为陇蜀王，后即帝位，定国号夏、建元天统的明玉珍，"性节俭，颇好学，折节下士"，重用刘桢等儒家学者，又"设国子监都教公卿子弟，设提举司教授，建社稷宗庙，求雅乐，开进士科，定赋税以十分取一，蜀人悉便安之"⑬，似乎有番气象，惜其素无远略，始终偏安一隅。至正二十六年（1366），明玉珍病卒，以十岁子升嗣位；其后内乱不已，终于洪武四年为朱元璋所灭。

方孝孺曾将朱元璋与群豪做过一番比较。他说：元末，"地大兵强，据名号以雄视中国者十余人，皆莫能得士；太祖高皇帝定都金陵，独能聘至太史金华公（指宋濂——引者注）而宾礼之……群雄多嗜杀如货；独上御军有法，命将征讨，戒以勿杀，

① 陶安：《陶学士集》卷首。

② 《明太祖实录》卷八。

③ 王世贞：《弇州史料前集》卷二八《浙三大功臣相赞》。

④ 《明史》卷一二三《郭子兴传》。

⑤ 《明史》卷一二三《韩林儿传》。

⑥ 《明史》卷一二三《陈友谅传》。

⑦ 孔逊：《云蕉馆纪谈》。

⑧ 《明太祖实录》卷八。

⑨ 《明史》卷一二三《张士诚传》。

⑩ 《明太祖实录》卷二五。

⑪ 《明太祖实录》卷二五。

⑫ 引自贝琼：《清江贝先生集》卷二《铁崖先生传》。

⑬ 《明史》卷一二三《明玉珍传》。

所至，民欢乐之。识者已谓天下不足平"①。由上述可见，朱元璋与群豪确有很大区别：他具备较高的政治、军事才能，善于审时度势，利用各种矛盾以发展自己。他又能以严明的纪律统率部队，每征战总要诫谕将帅勿嗜杀、勿贪子女玉帛，故而颇得民心。而更为重要的是他能虚诚纳士，时时宣称"贤人君子有能相从立功业者，吾礼用之"②，十分注重发挥儒家学者的作用。这是他区别于群豪的最主要之处，也是他能在短短十四年间（1352—1368）便以一介布衣而成就帝王之业的重要原因。

身受元末黑暗政治之苦，目睹群豪蜂起之混乱，而力图用世，以期整个社会由极乱而渐至大治的儒士们，得遇朱元璋，自然不仅与其同患难，共命运，而且更奉献出自己的聪明才智，为朱元璋的帝业竭尽努力。冯国用、李善长等建议占金陵以为根本，然后"出兵以临四方"，为朱元璋后来的不断向外拓展起了积极作用；朱升根据当时客观形势而提出的"高筑墙，广积粮，缓称王"的斗争策略，对朱元璋最终成就帝业更有重要意义。被朱元璋誉为"国朝谋略无双士，翰苑文章第一家"的陶安，为人谦和，不好名利，礼让贤者，积极帮助朱元璋招纳人才。刘基、宋濂、章溢、叶琛应聘至金陵，朱元璋问四人何如？已深受朱元璋器重的陶安对曰："臣谋略不如基，学问不如濂，治民之才不如溢、琛"，朱元璋称其能让。陶安又在制礼定律等制度文明和精神文明建设方面发挥作用。吴元年，初置翰林院，朱元璋首召陶安为学士。时征诸儒议礼，命陶安为总裁官，寻与李善长、刘基等删定律令。洪武元年，朱元璋与陶安等论学术，安曰："道不明，邪说不去，则正道不兴，天下何从治？"陶安顿首曰："陛下所言，可谓深探其本矣"③。袁裹尝论陶安道："高皇帝之渡江也，三吴豪杰未有至者，而安独首谒。所定皆大计，卒之定基金陵，吊伐之师，远过汤、武，安言悉验，非三代才能之乎？昔邓禹追光武于邺下，房玄龄谒太宗于军门，皆一言合意，遂为有功。如陶公者，岂出房、邓下乎？"④ 至于刘基更"受心膂之寄，柄帷幄之筹"，不断向朱元璋密陈取天下之计。攻皖城、拔九江、抚饶郡、降洪都、取武昌、平处城之内变，尽皆刘基所谋。"彭蠡之役，战炮声击裂，犹天雷之临首，诸军呐喊，虽鬼神也悲号自旦日暮，如是者凡四"，而刘基与朱元璋始终稳坐舟中，岿然不动，故而元璋称刘基为"同患难"的"吾之子房也"⑤。因此，朱元璋帝业的成功确实同儒家学者的重要作用密不可分。

朱元璋深知儒士有助于其创立政权，故在开创帝业的过程中大力吸纳各方儒士，充分发挥他们的作用。他甚至对来自敌对营垒中的儒士也能以礼相待，如詹同，字同文，初名书，婺源人。元至正中举茂才异等，除彬州学正。元末遇乱，居家黄州，后被陈友谅任为翰林学士承旨。至正二十三年，朱元璋攻克武昌，召为国子博士，赐名同。"时，功臣子弟教内府，诸博士治一经不尽通贯，同学识淹博，讲《易》、《春秋》，最善应教。为文才思泉涌，一时莫与并"⑥，后迁考功郎中，直起居注。明洪武元年，与文原吉、魏观等循行天下，访求贤才。还，进翰林直学士，迁侍读学士；六年兼学士承

① 《逊志斋集》卷十二《宋学士续文粹序》。
② 《明太祖实录》卷四。
③ 《明史》卷一三六《陶安传》。
④ 见谈迁：《国榷》卷三。
⑤ 参阅《明史》卷一二八《刘基传》；《诚意伯文集》卷一《御宝诏书》。
⑥ 《明史》卷一三六《詹同传》。

旨，与学士乐韶凤定释奠先师乐章，同年赐敕致仕，语极褒美。又如蔡子英为元至正中进士，扩廓帖木儿开府河南，辟参军事，累荐至行省参政。元亡，从扩廓走定西；明兵克定西，子英单骑走关中，亡入南山，然终被明兵捕获，押至京师。朱元璋久闻其名，故特命脱械以礼遇之。但蔡子英不为所动，不仅不接受朱元璋所授官职，而且还上书申明誓死不降明廷之志。元璋览其书而愈益敬重，馆之仪曹。"忽一夜，大哭不止。人问其故，曰：'无他，思旧君耳！'帝知不可夺，洪武九年十二月命有司送出塞，令从故主于和林"①。元璋此举，受到后世学者的高度赞誉，如谈迁说："高皇帝放蔡子英，际庙祀福寿尤为难。彼死魄耳，尸而祝之，适成我名；子英虽穷虏，安知非张元、吴昊辈也？纵壑投林，包荒无外，大哉其如天之德乎！"②

　　不过，朱元璋毕竟摆脱不了小生产者的褊狭心理，加以他本人又是位疑忌心甚重的人物，故而在夺取天下过程中，他自己广纳儒家学者，却严禁各级将官私自任用儒士，绝不允许儒者在将官周围议古论今，以免二者结合会影响其已经取得的权力，同自己分庭抗礼。立位称帝后，朱元璋对不受征聘，拒绝与其合作的儒者更不惜以严刑峻法予以制裁，如"贵溪儒士夏伯启叔侄断指不仕，苏州人才姚润、王谟被征不仕，皆诛而籍其家"③。御制《大诰三编·秀才剁指第十》记载夏伯启叔侄之事道：

　　　　广信府贵溪县儒士夏伯启叔侄二名，人各截去左手大指，拿赴京师。朕亲问之，谓曰："昔世乱，汝居何处？"对曰："红寇乱时，避兵于福建、江西两界间。"曰："家小挈行乎？"对曰："奉父行。"曰："既奉尔父行，上高山峻岭，下深沟陡涧，还用手扶持乎？"曰："扶持"。曰："自后居何处？"曰："红寇张元帅守信州，伯启还乡复业。"曰："向后何如？"曰："教学为生至今。"朕知伯启心怀怨怒，将以为朕取天下非其道也，特谓伯启曰："……人之生，父母但能生其体而已，其保命在君。……尔伯启言红寇乱时，意在他忿，至于天更历代，列圣相传，此岂人力而可为乎！今尔不能效伯夷、叔齐，去指以食粟，教学以为生，恬然不忧凌暴，家财不患人将，尔身何将怙恃？"伯启俯首默然。噫！朕谓伯启曰："尔所以不忧凌暴，家财不患人将，所以有所怙恃者，君也。今去指不为君用，是异其教而非朕所化之民，尔宜枭令，籍没其家，以绝狂夫愚妇仿效之风。"而伯启无对。④

朱元璋还说："'率土之宾，莫非王臣'，成说其来远矣。寰中士夫不为君用，是外其教者，诛其身而籍其家，不为之过！"⑤

　　洪武初年，国基方稳，朱元璋为维护其绝对专制的君主权力，便大肆杀戮功臣元

　　①　《明史》卷一二四《蔡子英传》。
　　②　《国榷》卷六。与任用詹同、放归蔡子英形成对照的是，朱元璋对危素的奚落、嘲弄和放逐："上尝御东阁侧室。弘文馆学士危素行箦外，橐橐闻履声。上曰：'谁？'对曰：'老臣素。'上曰：'朕谓文天祥，乃尔乎！'亡何，监察御史王著等劾危素亡国之臣，谪和州之含山，为余阙守庙。"这使后世学者颇觉诧异，乃至有所微辞，如谈迁说："兴王之朝，多亡国之余材，如秦从龙、张以宁、王时、詹同、张昶、安然、朱守仁、李质，其著者。独谪危学士以媿之，何也？谀则冯道，伉则危素；彼降臣无所适从矣。"（《国榷》卷四）
　　③　《国榷》卷九四《刑法志二》。
　　④　见《全明文》卷三一，上海古籍出版社1992年版，第702—703页。
　　⑤　见《全明文》卷三一，上海古籍出版社1992年版，第706页。

勋，同时对儒士文臣充满戒心。他屡兴文字狱，致使一般文臣无所适从，赵翼对之记曰：

> 明祖通文义，固属天纵，然其初学问未深，往往以文字疑误杀人，亦已不少。《朝野异闻录》：三司卫所进表笺，皆令教官为之。当时以嫌疑见法者，浙江府学教授林元亮为海门卫作谢增禄表，以表内"作则垂宪"诛；北平府学训导赵伯宁为都司作万寿表，以"垂子孙而作则"诛；苏州府学训导林伯璟为按察使撰贺冬表，以"仪则天下"诛；桂林府学训导蒋质为布按作正旦贺表，以"建中作则"诛；常州府学训导蒋镇为本府作正旦贺表，以"睿性生知"诛；澧州学正孟清为本府作贺冬表，以"圣德作则"诛；陈州学训导周冕为本州作万寿表，以"寿域千秋"诛；怀庆府学训导吕睿为本府作谢赐马表，以"遥瞻帝扉"诛；祥符县学教谕贾翥为本县作正旦贺表，以"取法象魏"诛；亳州训导林云为本府作谢东宫赐笺，以"式君父以班爵禄"诛；尉氏县教谕许元为本府作万寿表，以"体法乾坤，藻饰太平"诛；德安府学训导吴宪为本府作贺立太孙表，以"永绍亿年，天下有道，望拜青门"诛。盖"则"音嫌于"贼"也；"生知"嫌于"僧"也，"帝扉"嫌于"帝非"也，"法坤"嫌于"发髡"也，"有道"嫌于"有盗"也，"藻饰太平"嫌于"早失太平"也。《闲中今古录》又载：杭州教授徐一夔贺表，有"光天之下，天生圣人，为世作则"等语，帝览之大怒曰："'生'者'僧'也，以我尝为僧也；'光'则薙发也；'则'字音近贼也。"遂斩之。礼臣大惧，因请降表式，帝乃自为文播天下。又，僧来复《谢恩诗》有"殊域及自惭，无德颂陶唐"之句，帝曰："汝用'殊'字，是谓歹朱也。又言'无德颂陶唐'，是谓我无德，虽欲以陶唐颂我而不能也。"遂斩之。案：是时文字之祸，起于一言。时帝意右文，诸勋臣不平，上语之曰："世乱用武，世治宜文，非偏也。"诸臣曰："但文人善讥讪，如张九四厚礼文儒，及请撰名，则曰士诚。"上曰："此名亦美。"曰："孟子有'士诚小人也'之句，彼安知之？"上由此览天下章奏，动生疑忌，而文字之祸起云。[1]

朱元璋"览天下章奏，动生疑忌"，绝非由于听信勋臣的搬弄是非之言，而是由其专制君主的本性所决定的。他对那些追随多年，出生入死地为其建功立业的儒者不也是很猜忌吗？如前节所举刘基，在朱元璋打天下的过程中，"以儒者有用之学辅翊治平"，乃"运筹帷幄"之"佐命臣也"[2]。而既定天下，位居九五，朱元璋便无法忍受昔日言听计从的刘基的刚直了。尽管"子房"刘基深知共患难易、同安乐难，早在洪武元年八月就决定辞官归里，但朱元璋对他或召或放，始终不甚放心。洪武八年三月，刘基病势沉重，朱元璋夺其俸禄，迫令归老还乡，并在《御赐归老青田诏书》中以威胁口吻写道："君子有云，君子绝交，恶言不出；忠臣去国，不洁其名。"[3] 这就难怪李贽要评

---

① 《廿二史札记》卷三二《明初初文字之祸》。
② 《明史》卷一二八《刘基传》。
③ 见《诚意伯文集》卷一。

道："公中忌者之毒，以太直故；晚而上之顾寝薄，以刚放。"①

朱元璋还以特务手段监视儒臣。宋濂"尝与客饮，帝密使人侦视。翼日，问濂：'昨饮酒否？坐客为谁？馔何物？'濂具以实对。笑曰：'诚然，卿不朕欺！'"②朱元璋又曾"使画工瞯（宋）讷图。其像危坐，有怒色。明日入对，帝问昨何怒，讷惊对曰：'诸生有趋跄者碎茶器，臣愧失敬，故自讼耳。且陛下何自知？'帝出图，讷顿首谢"③。这种做法，开启了后来明廷专设东厂、西厂等机关，恣意实施特务政治的先河。而时刻遭受严密监控的儒臣们，则必然会有如临深渊、如履薄冰之感。生活在这种环境中的儒士，虽竭力敛其锋芒，却仍不免遭致摧折，如原来狂放不羁的高启，入明后即明白表示："近年稍谙时事，旁人休笑头缩。赌棋几局输赢注，正似世情翻覆。思算熟。向前去不如，退后无羞辱。三般检索：莫恃微才，莫夸高论，莫趁闲追逐。"④但他最终还是被朱元璋扣以交涉官员不守规矩的罪名而被腰斩于南京⑤。

生活于这样一种政治情境之下的儒者文士动辄得咎，居官委实不易。袁凯，字景文，别号海叟，松江人，以诗文名世。诗宗杜甫，每有佳作，《客中除夕》、《京师得家书》尤为世人传诵。洪武朝任御史时，朱元璋欲杀某人，皇太子出面苦苦求情，元璋问袁凯意见，凯对曰："陛下刑之者，法之正；东朝释之者，心之慈。"元璋怒责其"持两端"而投入大狱，后虽获释，仍被讥斥为"东海大鳗鲡"（今日"老滑头"之谓），不时遭元璋侮谩。袁凯深知长此以后难免不测，遂处心积虑归隐。他先装中风，朱元璋见状，说凡中风者必麻木不仁，"命以锥锥之，凯忍死不为动"，元璋以为他真的病了，嫌其"踏茸不才"，放归田里。袁凯归隐后，为避祸而用铁索锁项，自毁形骸。朱元璋果然对其不放心，派使者以诏起其任松江儒学教授为名前来察看动静；袁凯睁大眼睛看着使者，唱《月儿高》一曲，且在田野间爬行，津津有味地吃猪、狗屎。使者回京向朱元璋禀报后，元璋以为袁凯已成废人，终不再过问。而实际上他是"使家人以炒面搅沙糖从竹筒出之，状类猪犬下"⑥。洪武专制，屡兴大狱，儒者文士尤易罹祸，这就难怪袁凯要挖空心思地装疯以求自保活命了。

笃信圣道的儒家学者，素来以积极用世、勇于任事的精神生存于世。但在传统君主体制下，他们并不能够独立地用世行道，实现其"修己以安人"、"修己以安百姓"⑦的抱负，而必然地要与现实的王权政治发生有机的内在关联。晚明东林巨子高攀龙说：

①　《续藏书》卷二《开国名臣·刘基》。

②　《明史》卷一二八《宋濂传》。

③　《明史》卷一三七《宋讷传》。

④　《摸鱼儿·自适》，载《高青丘集》，上海古籍出版社1985年版，第973页。

⑤　对于洪武年间成长起来的新一代儒士，如方孝孺、解缙、练子宁等，朱元璋还是颇为宽容的。方孝孺学术纯正，为文纵横豪放，自幼即"恒以明王道、致太平为己任。"其父克勤坐"空印"案被诛，他本人亦曾被仇家牵连而逮之京师，但朱元璋不仅未予深究，释之，并于洪武十五年以吴沉荐召至京师，喜其举止端整，谓皇太子曰："此壮士，当老之"。（《明史》卷一四一《方孝孺传》）解缙上封事万言书，说："国初至今将二十载，无几时不变之法，无一日无过之人"，尖锐地指出："天下皆谓陛下任喜怒为生杀。""书奏，帝称其才。"（《明史》卷一四七《解缙传》）练子宁在洪武十八年廷试对策中力言："天之生材有限，陛下不忍以区区小故纵无穷之诛？何以为治？"朱元璋"善其意，擢一甲等二，授翰林修撰。"（《明史》卷一四《练子宁传》）这表明朱元璋从国家长远发展出发，对青年儒士毕竟还是有所尊重的。

⑥　据陆深：《金台纪闻》。

⑦　《论语·宪问》。

居庙堂之上则忧其民，处江河之远则忧其君，此士大夫实念也。居庙堂之上无事不为吾君，处江湖之远随事必为吾民，此士大夫实事也。实念实事，在天地间，洞三光散万物而常存。其不然者，以百年易尽之身，而役役于过眼即无之事，其亦愚也哉！①

可见由儒家外显出来的经世行道的精神不难发现其内中蕴含着的是儒者对现实王权政治的强烈的依附性。在政治昏暗、社会纷乱之时，儒者们以"独善其身"的心态退居林下，一旦时机适宜，他们就又都投奔明主，以期施展"兼济天下"的抱负。而从总体上看，无论是个人的生死荣辱，或者是其事业上的成败利钝，儒者都与现实政治戚戚相关。至于君主一面依靠着儒臣，一面更看重专制权威；既欲借儒道以自重，更惧儒者持"道"压"势"，形成对专制皇权的抗衡力量。故而其理想中的君臣关系当如明成祖朱棣所说："若使进言者无所惧，听言者无所忤，天下何患不治"②。总之，儒者以君主为行其"道"的载体，而君主则不过把儒者看作行其"势"的工具而已。儒家学者与专制君主，或者说，儒者笃信的"道"与君主把持的"势"，由此而形成既具张力、又不可分解的复杂关系。就孔、孟以来的儒家来说，最理想的自然是出现"圣王"即以"圣者"为王，以使君与自身的关系——"道"与"势"关系人格化的体现——不至于紧张，但这在现实社会生活中是难以实现的。于是，儒者又不得不或者通过其"格君心"的努力以"致君尧舜"，或者坚持挺立儒者人格，试图以"圣人之道"对抗帝王之势，如明儒吕坤谓："公卿争议于朝，曰天子有命，则屏然不敢争议矣；师儒相辩于学，曰孔子有言，则寂然不敢异同矣。故天地间惟理与势为最尊，虽然，理又尊之尊也。庙堂之上言性，则天子不能以势相夺。即相夺焉，而理则常伸于天下万世。故势者，帝王之权也；理者，圣人之权也。帝王无圣人之理，则其权有时而伸。然则理者，又势之所恃以为存亡渚也。以莫大之权无僭窃之禁，此儒者之所不辞而敢于任斯道南面也。"③"格君心"以"致君尧舜"不易，以"道"抗"势"更难，有时甚至要付出生命的代价，试看《明史》卷一三九《王朴传》所记：

王朴，同州人，洪武十八年进士。本名权，帝为改焉。除吏科给事中，以直谏忤旨罢，旋起御史，陈时事千余言。性鲠真，数与帝辨是非，不肯屈。一日，遇事争之，强，帝怒，命戮之，及市召还，谕之曰："汝其改乎？"朴对曰："陛下不以臣为不肖，擢官御史，奈何摧辱至此？使臣无罪，安得戮之？有罪，又安用之？臣今日愿速死耳！"帝大怒，趣命行刑。过史馆，大呼曰："学士刘三吾志之，某年月日皇帝杀无罪御史朴也！"竟戮死。帝撰《大诰》谓朴诽谤，犹列其名。

同传又记与王朴同科的张卫，尽管曾因奏议恺切而由礼科给事中升礼部侍郎，并以清慎

---

① 《高子遗书》卷八上。
② 《明史》卷一四七《解缙传》。
③ 《呻吟语》卷一《谈道》。

见褒，且载于《大诰》，然终"亦以言事坐死。"此外，李仕鲁，字宗孔，濮人，从鄱阳朱公迁学，得朱熹理学之传，朱元璋素闻其名。"洪武中，诏求能为朱氏学者，有司举仕鲁入见。太祖喜曰：'吾求子久，何相见晚也？'除黄州同知，曰：'朕姑以民事试子，行，召子矣。'期年治行闻，十四年命为大理寺卿。帝自践阼后，颇好释氏教，诏征东南戒德僧数建法会于蒋山，应对称旨者辄赐袈裟衣，召入禁中，赐座与讲论矣。吴印、华克勤之属皆拔升至大官，时时寄以耳目，由是其徒横甚，谗毁大臣，举朝莫敢言。惟仕鲁与给事中陈汶辉相继争之。汶辉疏言：'古来帝王以来未闻缙绅、缁流杂居，同事可以相济者也。今勋旧耆德咸思辞禄去位，而缁流憸夫乃益以谗闻，如刘基、徐达之见猜，李善长、周德兴之被谤，视萧何、韩信，其危疑相去几何哉？伏望陛下于股肱心膂悉取德行文章之彦，则太平可立致矣'。帝不听。诸僧怙宠者遂请为释氏创立职官，于是以先所置善世院为僧录司，设左右善世、左右阐教、左右讲经觉义等，皆高其品秩。道教亦然。度僧尼、道士至逾数万。仕鲁性刚介，由儒术起，方欲推明朱氏学，以辟佛自任，及言不见用，遂请于帝前曰：'陛下深溺其教，无惑乎？臣言之不入也，还陛下笏，乞赐骸骨归田里。'遂置笏于地。帝大怒，命武士捽搏之，立死阶下。陈汶辉，字耿光，诏安人。以荐授礼科给事中，累官至大理寺少卿。数言得失皆切直，最后忤旨惧罪投金水桥下死。"① 如此等等，难以尽举。朱元璋既任用儒者，又对之百般疑忌、甚至"摧辱"；既借儒道巩固、维系君权，更以帝王之势压抑、钳制儒家学者所信守的圣人之道②。这生动而又具体地体现了中国儒学史、乃至整个中国政治文化历史的一大特点。

〔作者陈寒鸣，副教授，天津市工会管理干部学院。天津　300170〕

---

① 《明史》卷一三九《李仕鲁传》。
② 朱元璋如此对待儒家学者，在当时已使不少文臣诈死佯狂而求解职，令儒士战战兢兢而导致哀叹悲伤的情调。其后，燕王朱棣夺位称帝后，对待儒士"顺我者昌，逆我者亡"，更百般摧折，这使儒者"中情无限凭谁诉，安得因风达九霄？"（黄淮：《省愆集》卷下《言志》）对有明一代儒者文士的人格、心态以及士风士气有深刻影响。

从利害考量看官箴民本思想的文化认同

王忠春

作为传统中国社会的一种理想政治模式①，民本思想"不是一种仅仅涉及民的问题的政治思想，更不是仅仅局限于政治道德、重民政策的政治思想，而是可以包容传统政治思维的全部内容的政治学说体系"②，因而在传统官箴文化中成为所有治民问题的理论前提。然而在王权主义体制下，民本的实践又时刻面对着王权主义与传统人治体制之间的不可解矛盾③，承受着由权力而利益的诱惑，经历着身处复杂政治关系网、层层社会人情网所要面对的种种政治冲突、尴尬与无奈④。故在躬亲而为的层次上，古代官员对民本思想的实践程度及认同的缘由并不尽一致："贤者，视君为天，不敢欺也；视民为子，不忍伤也；奉法修职，出于心所不容已，非有所为也。其次则有所慕而勉于为善，有所畏而不敢为不善；其下则不知职业为何事，法度为何物，恣其欲而已，是民之贼也。"⑤ 标榜、宣扬民本并不等于认同、实践民本。正是由于文化践行中的艰难，传统民本思想在古代官员心中的文化认同，就不仅极为重要，而且极具不确定性。也

---

① 张分田先生指出："中国传统理想政治模式理论是围绕"太平盛世"的政治目标所形成的理论体系的总称。它是社会建设理论的基础，也是各种政治思想体系的核心内容，涉及"天下有道"的本体依据、历史范本、秩序法则、核心价值、政治主体、实现途径、操作艺术、主要景观等。如何实现"天下有道"、"天下公平"、"天下和平"是古代思想家普遍关注的重大理论问题。在儒家经典、诸子著述、历代文集、史籍文献中多有相关论述。在政论中，这类思想常常被引为权威性理据，对帝王观念、官方学说、大众心态和实际政治有重大影响。""一般说来，中国古代占统治地位的理想政治模式理论是专制主义政治理论体系的重要组成部分和帝制核心价值体系的主要载体。"见张先生 2008 年度的国家社会科学基金项目"统治思想视野的中国传统理想政治模式理论研究"申请书。（项目批准号：08BZS003）

② 张分田：《论中国古代政治调节理论——民本思想在中国古代政治学说中的核心地位》，载《天津社会科学》2007 年第 2 期。

③ 汪辉祖《佐治药言》"戒已甚"条，深刻揭示了王权主义专制对人治中官员能动性发挥的压制："余向在胡公幕中，初读律书时，惴惴焉恐不能习幕是虑。友人骆君炳文，端方谙练，独严事之。尝语余曰：'以子之才之识，为人佐治，所谓儒学医案作齐者，非不能之患，正恐太能耳。'余请其故，曰：'衙门中事，可结便结。情节之无大关系者，不必深求。往往恃其明察，一丝不肯放过，则枝节横生，累人无已，是调已甚，圣贤之所戒也。'余心识之不敢忘，数十年来，觉受此语之益甚多。"在此，汪通过亲身经历反映了王权主义与其衍生物传统人治之间的内在矛盾。

④ 关于民本实践的艰难处境，许多官箴作者将其归因于各级吏胥害政："无端而吏献一策，事若有益于民，其说往往甚正，不为彻底熟筹，轻听率行，百姓必受累无已。"（《佐治药言》"检点书吏"）谢金銮《居官自用篇》亦云："倘有好官欲立纪纲，欲明法度，不殖货利者，则此辈大失所图，莫不多方诱惑，危言以劫我，设计以困我，使吾志必不可行，斯其所难也。"（《官箴——做官的门道》第 454 页）故汪辉祖强调应"审明上下易隔之故"，防堵因胥吏而导致的隔于上、隔于下之害，使下情终可上达。

⑤ 陈宏谋：《从政遗规·高忠宪公责成州县约》，官箴书集成编撰委员会编：《官箴书集成》第四册，黄山书社 1997 年版。

正因此，伴随帝制晚期传统官箴文化由"德"向"治"的转变，笔者所要关注的正是那些在官箴中，而非在一般经书中所体现出来的、来自官员自身解说的那些关乎民本思想得以认同的最为现实的缘由。这些缘由已绝非仅仅是哲学家纯理论式的关乎道德心性、天理生命等问题的本体性论道，而是现实的、具体的，有时甚至是权衡的、被动的。毕竟，在理念的灌输—认同—践行之三相互动中，对为政者来说，其"是非可否之谈，平而难入，而祸福利害之说，警而易从"①。正所谓："趋吉避凶，理也"②，"两害相形，则取其轻"③。官员个人对身家性命及政治利害得失的成本计量，就成为传统民本思想被升华为统治社会意识形态的现实原因。考察这些缘由，以及这些缘由在传统政治现实中的生存境遇，不仅对传统德治话语在当今职业道德教育中的应有之义会有真实认识，而且对当前党性教育的话语模式的运作都会有深刻的启迪。

一　关乎犯罪成本的法律考量

相比而言，在关乎成本计量的多种因素中，首先是官员基于严刑峻法的畏惧而引起的对犯罪成本的权衡与考量。在缺失科学制度监督的社会，官员手中的权力本身就带有最强烈、最便利的寻租属性、寻租理由及寻租机会，因而在对"干国法"的忧虑中，贪墨一事在他们看来最难回避。然而在帝王看来，官吏夹在王与民之间，以实现王者意志、承载两者互动为天职，若辈之贪不仅戕害了小民，而且在君主一人"利益独占"的王权主义社会，官员与皇家争夺有限剩余产品的行为，无疑是在挖皇粮国库的墙脚，因而国法对贪墨的惩处定例森严，最是毫不留情。宋时的《吴澄州县提纲》对此早就深有感受："人生贫富固有定分，越分过取，此有所得彼必有亏，况明有三尺，一陷贪墨终身不可洗濯。故可饥、可寒、可杀、可戮，独不可一毫妄取，苟有一毫妄取，虽有奇才异能，终不能以善其后。"吕本中也对仕者反复劝诫："当官处事但务着实，如涂擦文书、追改日月、重易押字，万一败露，得罪反重，亦非所以养诚心、事君不欺之道也。百种奸伪不如一实，反复变诈不如慎始，防人疑众不如自慎，智数周密不如省事，不易之道。"④

与前代相比，清代统治者更以前所未有的集权观念加强着对地方事务的行政控制与财政聚敛，其对贪墨罪的惩治可谓不遗余力。以集权鼎盛时的康乾盛世为例，三位帝王的个性以及各自统治期间的政治气候虽有不同，但对惩治腐败都有共同的举动。康熙多次在诏谕中强调，"吏治以操守为本"，而"督抚为一省之大吏，惟以奉公守法、洁己

---

① 余治等：《身世十二戒·原序》，郭成伟编《官箴书集成与官箴文化研究》，中国法制出版社2000年版，第296页。
② 汪辉祖：《学治续说》"勿为非分之事"，同治十年慎间堂刻汪龙庄先生遗书本，官箴书集成编撰委员会编：《官箴书集成》第五册，黄山书社1997年版。
③ 汪辉祖：《学治臆说》"勿讳命盗"，同治十年慎间堂刻汪龙庄先生遗书本，官箴书集成编撰委员会编：《官箴书集成》第五册，黄山书社1997年版。
④ 陈宏谋：《从政遗规·吕东莱官箴》。

爱民为要"①。由于他的大力提拔，康熙朝的督抚曾以清官辈出为主要特征。当然，可能是出于安抚占优势地位但还未顺从清朝统治的汉人官僚的需要②，与其先前提倡清廉相比，晚年时的康熙似乎并不彻底打击腐败，他对清官的追求更多地被对"好官"的诉求所取代③，且对陋规也表现出相当宽仁的态度："外边汉官有一定规礼，朕管不得。"④ 然而，其后的雍正帝却将对贪污的严惩建立在四海业已清平的稳定统治当中。在雍正看来，贪官对财势的占有不仅有违民本思想，更加有违与之联系的君本主义⑤。这不仅表明大清帝国的财富正在被人从王者手中分割而去，而且说明贪者正凭日益增加的雄厚财力加强着对帝王集权势力的抗衡与对地方事务的影响。因而雍正乘借当时正在崛起的精英阶层有赖于帝国赋予的官位与功名这一政治机会——这一机会增强了官员对国家的依附性，为国家权力宰制贪墨提供了坚实的政治土壤——对贪污的惩治表现出了众所周知的坚决与严苛。雍正惩贪的严苛程度以致使其后的乾隆皇帝只能试图在统治过于宽仁的乃祖康熙和过于严猛的乃父雍正间尝试寻求一种平衡。但显然，此时清代官僚政治体系随着时代的后移也在加剧着自身运转成本的消耗与膨胀，面对由此而在吏治方面呈现出的由盛而衰的趋势，"乾隆朝因犯贪而被惩处的高官之多是历史上从未有过的"⑥。

　　总的来看，有清一代的法律在惩贪方面一直表现出了鲜明的决心。根据大清律例，官员犯私罪比犯公罪加一级惩处。官员事前受财，不论是否枉法，均计赃惩处并受杖、罢职；事后受财者即使事前并未许送，也按事前受财罪惩处，惟至死减等；就连只是听许但并未受财者，不论枉法与否，仍按受财减等、至死再减一等惩处⑦。有鉴于此，对为官之道深有体会的官箴作者意识到，身处权力诱惑与政治严打双重夹击中的官员自然要处处小心，"惟贪酷殃民，丛脞旷职，及险诈险谋，因而获罪者，咎由自取"⑧。作为

<hr/>

　①　《康熙起居注》第二册，中华书局 1984 年版，第 1258、1096 页。

　②　［美］曾小平：《州县官的银两：18 世纪中国的合理化改革》，董建中译，中国人民大学出版社 2005 年版。

　③　康熙晚年多次赞许那些"不生事"的官员"未闻清名，亦无贪迹，而地方安静，年岁丰稔。此等便是好官。"《康熙起居注》第三册，中华书局 1984 年版，第 2217 页。

　④　《康熙朝汉文朱批奏折汇编》第 7 册，档案出版社 1984 年版，第 739 页。关于康熙帝用人原则的转变，详见刘凤云：《从康雍乾三帝对督抚的简用谈清代的专制皇权》，载《河南大学学报》2004 年第 3 期。

　⑤　张分田先生认为，民本思想始终是中国古代统治思想的重要组成部分，"甚至可以说，中华帝制的政治原理是以民本思想为基础框架而精心构筑的庞大的思想体系"。"君为政本——民为国本"是民本思想与生俱来的结构性基础框架，"帝制越发达，民本思想就越发达，君权越集中，'民贵君轻'观念也就越普及"；"民本思想就是君本思想，君本思想就是民本思想。这种双重属性一直与民本思想相伴生。'民本思想'实际上是一种全面论证君主制度及其统治方略的政治理论，其基础框架、主要理路和基本逻辑获得历代著名思想家的广泛认可，并为官方认可。"见其主持的国家社会科学基金重点项目"民本思想与中国古代统治思想的关系研究"的课题结项部分，《国家社会科学基金重点项目鉴定结项审批书》（结项证号：20070296）之"项目最终成果简介"。

　⑥　曹松林：《乾隆朝的贪污腐败》，《湖南师范大学社会科学学报》2001 年第 1 期。

　⑦　方大湜云："官员事前受财，不按本法判断者，谓之枉法赃。仍按本法断理者，谓之不枉法赃，均应计赃。罪犯私罪者，杖一百，方罢职不叙；受赃一两以下，虽杖不及百，亦罢职。事后受财者，事前虽并未许送，而与非无故，受亦有因，故事枉者仍准枉法论，不枉者仍准不枉法论，惟至死乃减一等。事前听许财物，并未接受，然虽无受财之实，已有得财之心，故枉法不枉法，仅减受财一等，至死乃再减一等。定例森严，所以惩贪墨、肃官常也，彼昏不知，直视考成性命如儿戏矣。"方大湜：《平平言》"官不可贪与不必贪"，清光绪十八年资州官廨刊本。

　⑧　汪辉祖：《学治续说》"勿为非分之事"。

对"官不易做"的一种忧患自警①，清代名幕汪辉祖时时警戒自己道："此处关头，须独断在心，切不可迟疑商酌。一有游移，妻子皆足为累。"②

汪的忧虑不是没有道理的。根据传统伦理社会的特点，中华法系的惩罪渠道是通过祸及家人以加大犯罪成本来收取效益的，这使得传统伦理社会中的任何一个为政者们都不得不面对这样的现实，"祖父曾犯赃私，子孙虽贵，不准封赠；子孙于封赠祖父后，干犯赃私，并追夺诰敕，是下辱子孙，上辱祖父也。"一旦犯法，"利尽归人，害独归己，败以身徇，不败亦殃及子孙"③。如此残酷的考验构成民本思想得以认同的被动的而又强力的缘由。在孝悌为本的思维架构下，对家人尤其是父母、子孙的忧虑远远超过对自身前途的担心，因而"毋贻父母恶名"，自然成为孝子贤孙的最低界限；"治堂下百姓，当念家中子孙"，则成为人父母的守身箴言。这些人相信，"官名父母须慈爱，家有儿孙望久长"，以仁恕为治，"必不受百姓诟骂，不贻毒子孙"④。对此，宋代包拯曾警戒子孙，"有犯赃者不得归本家，死不得葬大茔。此今日士大夫教子孙者之法也"⑤。清代名幕汪辉祖则在其嫡母、生母诚止他为幕时发誓："惟誓不敢负心造孽，以贻吾母忧。苟非心力所入享吾父，或吐及不长吾子孙者，誓不敢入于橐。"⑥ 汪辉祖在总结为政心得时认为，他之所以能"安贫自守，固禀二母训"，"然玉我于成，临桂中堂陈公实有力焉。"汪馆长州幕时，中间归应乡试，代庖者却在此间纳赂，结果"奉中丞访究，二人苍黄鼠逸"，"余私自幸，益悚然于法之不可试，利之不可近。贞初志以迄今，未尝见弃于大人先生，盖数十年来，得力全在怀刑二字也"⑦。畏法的因素对民本的实践显然起到了作用。正是秽及父母、贻毒子孙等这些关乎传统孝道的忧患意识，成为官员们不得不谨慎为官、仁心施政的有力支撑。

相比较而言，在贪墨问题的利害计算中，清代汪辉祖的考虑也许最为彻底、全面。

---

　　① 王权主义意在严肃贪墨，仕者如方大湜深知："六计廉为本，官如不廉，未有不声名狼藉者"。然而，方大湜所谓的"官不易做"并不仅仅出自对君主"淘汰贪官"之主旨的警觉，氏著《平平言》"官不易做"云："五福不言贵，可见官是苦人，做官是苦事。吕新吾先生（坤）曰：'世上没个好做的官，虽抱关之吏也须夜行早起，方为称职。'说官好做便不是做好官的人。职固有轻重，事固有繁简，但才说好做便满腔是玩易之心，所以无一可耳。王朗川先生（之铁）曰："居官不可作受用之想。"天之生我异乎众，与以治世之职，是造福于世之人，非享福之人也。惟其不能享福，所以谓之苦人；惟其不好做，所以谓之苦事。汝曹如有命作州县，欲造福不造孽，先须耐苦。"这里方大湜从职业道德责任的角度强调了为官的不易。南开大学柏桦先生则从传统王权主义与人治的矛盾指出了传统社会清官难为的现实的体制原因。王权主义的高压使官僚惟上是尊、人怀苟且、欺上瞒下、敷衍政事，最终使官僚善恶成拙，不论有为无为，均不能容身官场（柏桦《明清州县群体》，天津人民出版社2003年版，第40—41页）。这一观点在曾亲历先幕后官的汪辉祖的《学治臆说》中得到印证："自惟佐治三十年，稔知吏不易为，身亲为之，凛凛栗栗，切墨引绳，惟恐小逾尺寸，庸莫甚焉！"（"自序"）"服官一也，而所以服官之心，不必尽同。有急于干进者，有安于守分。干进者易躁，未尝不进，而或以才情引累；守分者近庸，果能尽分，亦终以资格迁除。此其中有命焉，非人之所为也。一念之差，百身莫赎"（"志趣宜正"），这些都充分再现了吾师张分田先生所谓的为官者"亦主亦奴"的命运与心态。
　　② 汪辉祖：《学治臆说》卷上"职不可恋"。
　　③ 汪辉祖：《学治臆说》卷下"不节必贪"。
　　④ 汪辉祖：《学治臆说》卷下"守身"、"为治当念子孙"、"毋贻毒子孙"。
　　⑤ 陈宏谋：《从政遗规·顾亭林日知录》。
　　⑥ 汪辉祖：《佐治药言》"自序"，同治十年慎间堂刻汪龙庄先生遗书本，官箴书集成编撰委员会编：《官箴书集成》第五册，黄山书社1997年版。
　　⑦ 汪辉祖：《续佐治药言》"玉成有自"，同治十年慎间堂刻汪龙庄先生遗书本，官箴书集成编撰委员会编：《官箴书集成》第五册，黄山书社1997年版。其中文中所提到的"临桂中堂陈公"系指陈弘谋。

在胥吏操权、陋规横行、科层等级森严、因权生欲的复杂政治关系网中，他清醒敏锐地意识到，贪墨一事，是多么的不划算：

> 盖家人吏役皆甚乐官之不洁，可缘以为奸。虽官非事事求贿，而若辈必曰："非贿不可。"假官之声势，实彼役之橐囊。官已受其挟持，不能治其撞骗。且官以墨著，讼者以多财为雄，未尝行贿，亦冒贿名。其行贿者，又好虚张其数，自诩富豪。假如费藏锱三百两，必号于人曰五百两，而此三百两者，说合过付，吏役家人，在在分肥；官之所入，不能及半，而物议哗传，多以虚数布闻。上官之贤者，必撼他事弹劾，即意甚怜才，亦必予以愧厉之方；其不贤者，则取其半以办公，而所出之数，已浮于所入之数，不得不更求他贿，自补其匮，而上官之风闻复至。①

汪的论述在其后方大湜的《平平言》中得到了系统的发展与反复的说明。方论及官员"不必贪"之故总结有六条，首条理由即在"众人分肥"：

> 官贪贿赂不能与百姓当面讲价，百姓亦不能将贿赂亲交本官，暮夜之投，大约家丁书差经手者居多。无论花银若干，经手之家丁书差以及串通家丁书差之讼师土棍，明分暗扣，去其大半，本官所得尚不能及小半。众人发财，一人作恶，此何为者！②

在此当中，先有胥吏藉官贪财，中有贿者虚张声势，继而吏役长随在在分肥，之后上官或索规或弹劾，最终愈墨愈贫，愈贫愈墨。其结果，罪及家人，肥及他人，"阳谴在身，阴祸及后。则何如洁己自守者，临民不作，事上无尤乎？"③

二　关乎行政效率的政治考量

1. 亲民功效的政治认知

当官即需为政，为政自然就要应对考成。因而即使撇开私人亲情的成本考量不讲，单从行政效率的角度来讲，民本也有其可欲的理由。早在明代就有袁了凡专以民本的实践程度为主要标准，著《当官功过格》一文，"举官司应兴应革之事，条分缕析，即其得失之轻重，以定功过之多寡"，期待通过功过课的计算，使居官者"惧而知所勉"④。清代汪辉祖也正是从行政效率这一角度强调亲民，"长民者，不患民之不尊，而患民之不亲，尊由畏法，亲则感恩。欲民之服教，非亲不可……民有求于官，官无不应；官有求于民，民无不承。不然，事急而使之，必有不应者"，故治民以亲民为要⑤。他根据自身的为政经历深刻地感受到，正是由于自己在襄理案牍时注重时时为犯事者"设身

---

① 汪辉祖：《学治续说》"墨吏不必为"。
② 方大湜：《平平言》"官不可贪与不必贪"，清光绪十八年资州官廨刊本。
③ 汪辉祖：《学治续说》"墨吏不必为"。
④ 陈弘谋：《从政遗规》卷下。
⑤ 汪辉祖：《学治臆说》卷上"治以亲民为要"。

置想，并为其父母骨肉，通盘筹画。始而怒、继而平、久乃觉其可矜。然后与居停商量，细心推鞫，从不轻予夹椊，而真情自出，故成招之案，鲜有翻异。以此居停，多为上台赏识，余亦借以藏拙，无赋闲之日"①。

很显然，亲民可促进官民间的互动与合作，促使行政效率的加快和行政质量的提高。这对为政者应对政绩考成、减少公罪之失来说，自然是最正式、最理想、最基本而又最有效的路径。尤其对地方基层来说更需如此，"使为地方官者，以地方为己任，悉心抚字，与民休养，雪民冤抑，民之于官，无不可白之隐，自无不乐从之令，而民气尚或不靖者，未之有也"②。因此，"州县乃亲民之官，为之者别无要妙，只一'亲'字。认得透，做得透，则万事沛然无所窒碍矣。"如果官员真能遍察乡间，访民问苦，当慰则慰，当问在问，当说则说，当劝则劝，将亲民功夫做细做全，与民相处浃洽，"如此所至，闻风相率而来，虽小事便与立断，不用告状。行之一二年，在诸乡之是非不肖，皆了然于心目。如此者，何利不可兴，何弊不可除，何凶不可缉，而又何贫之足患哉！"③尤其是对那些遭遇到小民抗官等仓猝之事的临民官而言更是如此，面对这些问题"不可不豫其理。所以豫之者，全在平日有亲民之功。民能相信，则虽官有小过及事遭难处，亦断不致有与官为难者"④。亲民之功在关乎秩序的官员政绩考成中发挥了重要作用。

康熙时期的进士，后来官至光禄寺卿的沈起元对民本实践的要求更为严格，对其作用有着更乐观的期待。他认为，"分疆守土之官，未有若知县之于民至亲而至切者也"。但作为地方官，"苟可以塞上司之责，免功令之罚，便为了事，巧于趋避，竟尚浮事，则虽有良法美意，都成虚设，于地方毫无补益。"为政不能但求免于责罚，而必须以民本之"实心"来行政，将地方士习、民风、狱讼、赋役、水利、盗贼诸事，凡"民生之所系，国计之所关，一一实心整理……不因上台督责而粉饰，不因同列异同而依违，一民未安，一事未究，寝食不敢宁也，焦劳不敢恤也。由是，则才高者寻理必细，操持必坚，更无难事足以沮我，何患政之不立。虽才识稍下，而心之所至，识自开明，才自展拓，于境内必日有起色矣"⑤。在沈起元看来，有爱民之心、行民本之政，不仅可以使政有所立，甚至可以弥补人之才智的不足，使其功有所进，能有所见。客观地讲，这种认识，忽视了传统德治主义的政治文化中由于"德"与"治"的互化而造成的"如数不切吏治"的现实困境，对民本思想的作用评估，颇有夸大之嫌。

2. 关乎富民问题的政治考量

藏富于民是儒家民本思想中一条极富政治智慧的原则。《尚书》较早提出了"养民"、"康民"。《管子·牧民》则提出"仓廪实则知礼节，衣食足则知荣辱"。孟子提出了著名的"制民恒产"的政治主张。荀子也主张，一个国家的稳定与否，与是否富民、裕民有很大关系。而在现实社会中，富民的实践对维持官僚政治的运行还具有经济支撑

① 汪辉祖：《佐治药言》"须为犯人着想"。
② 汪辉祖：《学治臆说》"民气宜静"。
③ 谢晋銮：《居官致用篇》，徐梓：《官箴：做官的门道》，中央民族大学出版社1996年版，第455页。
④ 汪辉祖：《学治续说》"遇仓猝事勿张皇"。
⑤ 徐栋：《牧令书》卷1《治原》引沈起元《循吏约》，官箴书集成编撰委员会编：《官箴书集成》第七册，黄山书社1997年版。

和政治稳定的双重意义。

应当指出的是，在"不患寡而患不均，不患少而患不安"的传统社会，"均平"思想是民间社会永具期待性的普遍意识，而且由于资源创造的有限，及官方对"秩序情结"的永恒追求，均平思想似乎也得到部分统治者的认同。但是，需要说明的是，历史上所有君主对豪强地主的打压实际上均出于政治性因素，即君主对豪强"势大振主"的忧虑性防范；及至帝制后期，基于富民日益成为国家财源的主要输出渠道的社会现实，保富思想实际上已经成为明清政治中日渐显明的主流思想。该时期中国社会尽管面临社会经济内卷化的发展心性，但"保富"思想却得到上自君主下至臣子的普遍认同。清雍正帝面对曾静"富者日富、贫者日贫"的政治批语甚至发出了类似后来西方所谓的社会达尔文主义式的辩驳：

> 自古贫富不齐，乃物之情也。凡人能勤俭节省、积累成家，则贫者可富；若游惰侈汰、耗散败业，则富者亦贫。富户之收并田产，实由贫民之自致窘迫、售田产于富户也。"在强势话语面前，曾静不得不供认："贫以游惰而致、富因勤俭而得，此等不齐，自天降下民已然，原非人力之所能挽。盖天之生物不齐，因五气杂糅，不能一致，人之昏明巧拙、才质不同，乃造化之自然，虽天亦无可如何。人之贫富，视乎作为营办，作为营办又视乎才力之巧拙昏明，此自然之理势也。况天道福善祸淫，更幽远莫测，其穷困者，安知不是天厄之；其丰亨者，安知不是天相之乎！①

应该说，中国古代立基于自然经济之上的一般中小地主、富民的农业经济，在政治本位的社会格局中自幼缺失王权政治的庇佑，其财富的获得从部分原因上说——尤其是从其原始资财积累的角度说——的确与其在勤俭持家的思想支撑下靠几辈的辛苦耕作分不开。尽管这并非是事实的全部。雍正的问题是将此部分原因夸大为全部，将社会的贫富分化完全归之于自然之势，从而演绎出弱肉强食的丛林法则。结果，对传统仕者来说，既然主君都有此番认识，保富之道因之也就在政治上具备了至上意义的理论支撑。随着帝制晚期社会经济的发展，保富理论日趋成为一股势力强劲的政治思潮。一些为政者不仅拥有同样的认识，甚至意识到："今必执向子富不如贫之说为言，无乃论之不近人情，而于经训有悖耶？虽然，富亦何过？"他们对仇富、怨富之因给予了剖析："有无不均，多寡相耀，苟非守贫、守道之君，鲜不生一艳慕心，生一惭愧心。而且心羡其盛者，反口刺其非；耻我之不足者，遂忌人之有余。此恒人必至之情也。"②

值得一提的是，除上述提到的传统固有文化的深厚影响及政治造势的原因之外，对清代仕者来说，保富之道还有着更充足的理由与更丰富的意义。张山来明确保护富民的私财与利益，并由此强调保富对救贫的意义："今勒贫民买田，不知田价从何出？恐贫者未必富而富者已先贫矣。大抵当今治道，惟宜以保富民为急务，盖一富民能养千百贫

---

① （清）雍正：《大义觉迷录》卷一，远方出版社 2001 年版。
② 余治等：《身世十二戒》"戒怙富"。

民，则是所守约而所施甚博也。"① 刘衡《蜀僚问答》开篇也以保富为图治第一义，强调图治之道首在恤贫民，"能恤民贫，使无犯法，则治也"；而"恤贫民之道在保富民"，究其原因，"盖富民者，地方之元气也。邑有富民，则贫民资以为生。邑富民多，便省去官长恤贫一半心力，故保富所以恤贫也"②。相比而言，汪辉祖则更系统地明确了保民、富民的双重意义："藏富于民，非专为民计也。水旱戎役，非财不可。长民者保富有素，遇需财之时，恳恻劝谕，必能捐财给匰。虽吝于财者，亦感奋从公，而事无不济矣。且富人者，贫人之所仰给也。邑有富户，凡自食其力者，皆可藉以资生。至富者贫，而贫者益无以为养，适有公事，必多梗治之患。故保富是为治要道。"③ 亦即，富民、利民，不仅有利于民，使贫者藉以资生，而且还可使国家需财时能有捐给，这不仅可稳定社会，更有利于国家财政的顺利运转。

汪之后的方大湜的政务经验，更是表现出已由经济层次升至政治风俗的深层考虑。他指出，贪吏唯恐民不穷，但对富民的不断侵占，不仅会使国家丧失富户这一民间力量尚算浑厚的阶级支撑，而且会败坏社会风俗：

　　昔之贪吏有钱者生，无钱者死，今之贪吏无钱者生，有钱者死。一切词讼惟知索贿，犹其小者，甚至人命重案，亦不问正凶，但访其族之衣食稍足者，巧为罗织株连，不使破家荡产不止，遂致乡间恶少金谓："杀人不怕抵命，自有富户用钱。富户虽惜钱，却不能不欲息事，我辈杀人不怕，富户不出头任事，用是放胆肆行。"动辄聚集多人，持刀握铳，逞凶厮杀，即其父兄族长亦不能禁止，似此人心风俗，必致酿成大患。杏农所言确有所指，非臆说也。④

在方大湜看来，在陋规横行肆虐、吏胥横行的社会现实中，贪官遇案只顾追富户敲诈，劣民造孽却自有富户顶罪，于是造孽的放肆造孽，索陋规的继续索陋规，国家所付出的代价却是，不仅因之丧失了使贫者可资以为养、国可以借以为基的富民阶层在政治力量与经济基础上的双重支撑，而且使世风日下、是非不分，最终酿造成中国历史上不断展现的淘汰良民的社会定律。由此见，保富的重要性自不待言。

三　结语

善政的实践不仅需要道德的说教、良心的体检，更时时需要立基现实利害关系的法律监督与政治考量，因为道德的建构绝不是伦理学者的反复吟唱或孤芳自赏，它更需要社会外在因素的系统推进——既包括经济因素的坚实支撑、文化—心理结构的深层积淀，更需要科学合理的制度这一重要渠道的引导与容纳。在官箴文化关于践行民本思想诸种缘由的体认中，所有的道德性论说都遭遇到了来自道德本身及社会外在体制的双重

---

① 《日录杂说》，收入张潮辑《昭代丛书》卷十二，康熙间刊本，第14页（上）。
② 刘衡：《蜀僚问答》"治之道在恤贫民"、"恤贫民之道在保富民"，郭成伟：《官箴书集成与官箴文化研究》，中国法制出版社2000年版，第263页。
③ 汪辉祖：《学治续说》"保富"。
④ 方大湜：《平平言》"官不可贪与不必贪"。

挤压：前者是因为传统德治主义由"亲亲"然后才能"仁民"的思维顺序，然而，"天地设而民生之，当此之时，民知其母而不知其父，其道亲亲而爱私。亲亲则别，爱私则险"①，结果，"亲亲"血缘关系的天然性导致对私德的过度关注挤压了政治的、社会的公德的生存空间，道德的普遍功效被限定在私人亲情领域与社会差序格局中，"亲亲"最终无法顺利开出"仁民"；后者则源自王权主义与人治之间固有的矛盾，在王权主义体制下，"上官掣其肘，僚属挠其权，胥吏穿其鼻，豪强拊其背"②，官员疲惫于复杂的政治人际关系的应对中。在这种情况下，"民之情可以诉官，而官往往不易转达于上官。讷于口者，不能尽吾所言；怵于威者，又恐逢彼之怒。略涉瞻徇，便多迁就"③，结果，许多仕者"爱民之心常殷而事上之才常拙，任意之事常盛而弭谤之术常疏，万口欢腾之时，忌者即从中而起"④。民本的实践最终陷入无奈而又无力的尴尬境地。因而得失对比就成为推动传统为政者进行民本文化认同的重要的现实原因。传统官箴作者基于现实利害考量而推动的对民本思想的认同，尽管不能最终改变传统体制中的淘汰清官的定律，但却以一种外在的"他律"促进着传统政治文化生命的延续；但另一方面，这一助力的存在本身及其最终实践结果同时又表明，传统民本思想向来并不缺乏制度的推进，但却缺乏科学制度的合理保障：诸种关乎现实利害关系的考量因素虽源自于王权主义的严苛监督，却又最终消弭于这个体制之中。王权主义与人治的矛盾，以及传统官僚体制高昂的运转成本，使清官成为传统政治游戏中的孤独者，君王淘汰贪官的主观意志走向"辩证的反转"，被历史实然的"淘汰清官定律"所取代。传统官员游移于王者"淘汰贪官"的主观打压与历史"淘汰清官"的客观定律之中，承受着双重的政治筛选与煎熬。因而可以说，在制度设置缺失科学性的体制架构下，贪官虽是一个坏制度的既得利益者，而从其衍生来看，又同时是这个坏制度的牺牲品。其间的得与失，对当今职业道德培育中的话语方式应该可以提供一个资深的借镜。

〔作者王忠春，博士生，南开大学中国社会史研究中心。天津   300071〕

---

① 《商君书·开塞》
② 徐栋：《牧令书》卷1《治原》引陈宏谋《寄周人骥书》。
③ 汪辉祖：《学治臆说》"官幕异势"。
④ 徐栋：《牧令书》卷五《事上》引汤斌《答李襄水书》。

包山简"州加公"、"州里公"身份述论

陈 絜

《包山楚简》简 249 背面有"不知其州名"一语，此简究竟应该与哪几支简编联在一起，目前还没有很确定的说法。然则，其文字内容的重要性是毋庸置疑的。此中说明，"州"乃类名。进一步联系诸如具有"州人"（《包山楚简》142）、"里人"（《包山楚简》120）、"邑人"（《包山楚简》143）之称的相关资料可知，"州"为楚地某类居民组织之通名。包山楚墓竹简共记录具体的州名达 41 个之多①，而且很多州都设有"州加公"、"州里公"这样的管理人员，他们具体负责所司之州中的人口、名籍、治安等事务。"州加公"与"州里公"之名号，不见于传世文献和其他国别的出土资料，其具体身份如何，究竟相当于文献中的哪一类人物，这些无疑都是饶有兴趣的问题。而且此中牵涉到楚"州"的性质、基层社会的管理方式等一系列比较重要的历史问题，故有必要细加辨析。

包山楚简"州加公"、"州里公"的身份问题，与设于里聚的"加公"、"里公"相牵连。陈伟先生认为，设于里中的"加公"和"里公"都是里中官吏，因此，州中的"州加公"和"州里公"自然也应该是州中之官吏②。这个结论无疑是正确的。陈先生还进一步指出，里中的"加公"与州中的"州加公"乃里、州之正职，"里公"与"州里公"则为副贰之属、是负责基层社会治安执法的治狱之官，而其中的"里"字当读为"理"或"李"③。对于这一新颖独特的观点，笔者有几点疑问。其一，倘若"州里公"、"里公"确实均为治狱之官，则在包山楚简中何以无有一例是用其本字而作"理公"或"李公"的。反过来说，包山简中习见"某为李（理）"、"某某为李（理）"之类的案件经办人的签署记录，其与文献"理"字相通的"李"，从来都写作"$李$"形，未见有作"里"者。④可见，"里"、"李"二字在包山楚墓竹简中的界限是非常清楚的，并无相互通假的现象存在。其二，目前还没有任何证据可以用来证明先秦时期的基层组织"里"已设有专门的治狱之官，就我们所能见到的材料看，司法官署的设置大致仅及于县，这是当时中央集权的具体表征，似不太可能把治狱之职权直接下移至基层行政组织；其三，作为基层聚落的"鄙属之邑"其首领是以"邑公"为称

---

① 陈伟：《包山楚简初探》，武汉大学出版社 1996 年版，第 86—87 页。
② 陈伟：《包山楚简初探》，第 91 页。
③ 陈伟：《包山楚简初探》，第 91 页。
④ 按：《上博简二·容成氏》29："民有余食，无求不得，民乃赛，骄态始作，乃立皋陶以为李。"其"李"字亦"$李$"作，同样可以作为讨论的佐证。

的①，何以到了同为基层编户组织的"州"与"里"，偏偏要改称为"加公"，这种矛盾恐怕也很难说通。其四，从命名的角度看，"里公"一词与基层编户组织"里"恰好对应，而"加公"之词或缘"里公"而生，也即是说，"加公"或许应该理解为"里公"之外的公。职是之故，窃以为陈先生对包山简"州加公"、"州里公"以及里中的"加公"、"里公"的解释，可能存在某种偏差。依我的拙见，"加公"很可能就是"父老"的地方性称谓，而"州里公"与"里公"便是设于州、里的"里正"。下面，我们将从里、州两个方面加以讨论。

一　里中首领"加公"、"里公"身份之推测

欲考察里中首领"加公"、"里公"的身份，我们不妨从大家熟知的父老、里正说起。众所周知，战国秦汉时期，父老与里正乃基层聚落中的领导阶层。里中基本事务，诸如人口管理、治安、教化等，均由他们负责。这在传世文献及新出材料中多有记载或体现，而比较成系统的文字则见于《公羊传》宣公十五年何休注，其文曰：

> 在田曰庐，在邑曰里，一里八十户，八家共一巷，中里为校室。选其耆老有高德者，名曰父老，其有辩护伉健者，为里正，皆倍受田，得乘马。父老比三老、孝悌官属，里正比庶民在官……春，父老及里正旦开门坐塾上，晏出后时者不得出……十月，事讫，父老教于校室。

无论上引文字是否句句属实，但说父老、里正共同负责"里"这一类的基层聚落的管理事务这一点，恐怕还是有所本的。例如居延汉简"封检类"文书中有一条，记载的是"北某某里"出秋赋伍千钱之事，其正下方则签署"□□里父老□□//正安释□□//啬夫京佐吉□"等名号（封检类〈479〉526·1），研究者认为，"正安释"乃"里正安释"之省，并提出基层组织"里"向上级机构交纳赋税便是由里中父老和里正共同负责之说②。可信。

再往上溯，睡虎地秦简有云：

> 匿敖童，及占癃不审，典、老赎耐。●百姓不当老，至老时不用请，敢为酢（诈）伪者，赀二甲；典、老弗告，赀各一甲；伍人户一盾，皆迁之。●傅律。（《睡虎地秦墓竹简·秦律杂抄》32—33）③

睡虎地秦简整理者曰："典、老，即里典（正）、伍老，相当后世的保甲长。"④ 按：

---

① 参湖北省荆沙铁路考古队：《包山楚简》28、79、183 诸简，文物出版社 1991 年版。

② 守屋美都雄：《父老》，载刘俊文主编《日本学者研究中国史论著选译》第三卷，中华书局 1993 年版。裘锡圭：《湖北江陵凤凰山十号汉墓出土简牍考释》，《文物》1974 年第 7 期。

③ 按：为减少造字数量，本文所引出土文字资料，在保证文义大体准确的前提下，尽量用宽式隶定。

④ 睡虎地秦墓竹简整理小组：《睡虎地秦墓竹简》，文物出版社 2001 年版，第 87 页。

"伍老"一词又见于《韩非子·外储说右下》，研究者径释为"父老"①，似可从。无论如何，上引秦简中的"老"，肯定不会是像某些学者所主张的乃统率五户或五人的"邻长"或"伍长"。由此可知，依照秦代"傅律"的规定，隐匿敖童②，或登录残疾人口不实，里典与父老均将被判"赎耐"之罪。若里中百姓免老不加请示，或在年龄上弄虚作假，而里典、父老又不向上级管理机构汇报，也将会受到连带性的惩处，即罚没"一甲"所需的资费。此中所透露的里正（即"里典"）与父老的职责主要在于对基层聚落人口、年龄的管理，这与后文所要讨论的包山简中的"州里公"、"州加公"的职责完全一样。

再如：

> 贼入甲室，贼伤甲，甲号寇，其四邻、典、老皆出不存，不闻号寇，问当论不当？审不存，不当论。典、老虽不存，当论。（《睡虎地秦墓竹简·法律答问》98）

这就是说，按照秦律规定，里典与父老需要负责基层里落之中的治安工作，若里内发生寇贼伤人事件，不管当时是否在场，里典与父老均需承当失职之罪。

我们再读《墨子》中的一段文字：

> 因城中里为八部，部一吏，吏各从四人，以行衡　术及里中。里中父老小不举（与）守之事及会计者，分里为四部，部一长，以苛往来不以时行、行而有他异者，以得其奸……卒有惊（警）事，中军疾击鼓者三，城上道路、里中巷街皆无得行，行者斩……里正与皆守宿里门，吏行其部，至里门，正与开门内（纳）吏，与行父老之守及穷巷幽闲无人之处。奸民之所谋为外心，罪车裂。正与父老及吏主部者不得，皆斩；得之，除，又赏之黄金，人二镒……诸灶必为屏，火突高，出屋四尺，慎无敢失火，失火者斩其端，失火以为事者，车裂。伍人不得，斩；得之，除。救火者无敢喧哗，及离守绝巷救火者斩。其正及父老有守此巷中部吏，皆得救之。（《墨子·号令》）

《墨子》一书历代鲜有整理，错讹较多，如上引"里中父老小不举守之事及会计者"一句，就不是很好理解，故有必要对某些字词作点必要的解释。按："举"字从"与"得声，传世典籍及新出竹简资料常见二字互通例，故此当读如"与"，参与之谓也。孙诒让云："'老小'上下疑有脱字。"并引王引之的说法，曰："'父老'下不当有'小'字，盖涉下文'老小'而衍。"③窃以为王说更有说服力，可从。从上引《号令》篇相关文字，可以归纳出当时里正与父老的具体职责主要有三项：一、守卫里门，盘查行踪；二、里中编户民若有叛敌之心或投敌之举，则要负责收捕；里中若发生火灾，便得

---

① 杜正胜：《编户齐民——传统政治社会结构之形成》，联经出版事业公司 1990 年版，第 219 页。
② 按："敖童"的确切身份学界尚有较大争论，一般理解为尚未傅籍的成童。所谓"匿敖童"或与"敖童弗傅"（《睡虎地秦墓竹简·法律答问》165）大意相同。
③ 孙诒让：《墨子间诂》，孙启治点校，中华书局 2001 年版，第 590 页。

负责救火。如此种种，均与里内治安相关。《号令》一篇，为墨子后学所作，其年代大概在战国末期。此为学界所公认。而从"又赏之黄金，人二镒"之辞所反映的贵金属称量单位作判断，此中体现的极有可能是三晋的制度，甚至有可能与楚制直接相关①。

再如《史记·项羽本纪》记项羽在陔下之败后曾有无脸面对江东父兄之叹。研究者指出，《史记》"父兄"一词实指"父老"②。应该可信。这说明秦末的楚文化圈内，也有着里中父老的设置，而且，楚地这种基层管理制度的源头似不必与西秦扯上关系。其他见诸《史记·高祖本纪》的还有"关外父老"、"鲁父老"等等，兹不具引。

总之，父老、里正是战国秦汉时期广泛设置的基层聚落的直接管理者，他们的主要职责便是负责里中口户之数、居民年龄、税收、治安、教化等事务。

当然，需要注意的是，尽管父老和里正均属基层聚落的领袖式人物，但本质上还是有比较大的区别的。其中父老多属地方推荐，代表的是基层社会的利益，他们深谙里间人情世故，故为地方官员所借重，但其身份不是政府官员，至多是半官方性人物。而里正则不同，是由上级政府机构任命的，代表的是国家权利，属官方人物③。古玺印资料中有"里典"、"里正"之玺，而父老之印在西汉之前大概是没有的④，这也是二者身份有别的最好体现。故而里正的职责远比父老为重，里人犯科而受连坐的几率也大得多⑤。

有了前述参照文字，我们便可据此谈谈包山简中的"加公"、"里公"之身份问题了。

据包山楚简记载，当时作为城市社区的"里"，设有"加公"和"里公"之类的基层首领式人物，他们共同负责一里之内的治安事务，与里中犯科之人有着连带刑事责任，最为典型的例证便是《包山楚简》120—123 所记录的舒庎案，今抄录相关文字如下：

> □客蓝臣去（?）楚之岁，享月乙卯之日，下蔡薙里人舒䚣（猵）告下蔡敆执事人易成公柜睪……享月丁亥之日，下蔡山阳里人郏倓言于易成公柜睪、大敨尹屈遣、郪易莫嚣臧□、舒羊。倓言胃（谓）："小人不信糊马。小人信下蔡闼里人雇母返、东域里人场贮、黄里人竞不割，䚣（金?）杀舒羊于竞不割之官（馆），而相卡弃之于大路，竞不割不至□安（焉）。"卜执场贮、里公郏□、士尹紬□，返，卜言胃（谓）："场贮既走于前，卜弗及。"卜执雇母（毋）返、加公臧申、里公利爸，返，卜言胃（谓）："母（毋）返既走于前，卜弗及。"卜执竞不割、里公吴拘、亚

---

① 从现有文献及出土文字资料看，以"镒"作为贵金属货币称量单位的主要通行于东方国家，如韩（见诸《孟子·梁惠王下》）、如宋（见诸《孟子·公孙丑下》）、如齐（齐行"賹化〈货〉"圆钱）等。此外，包山简有不少"贷越异之黄金若干益（镒）"的记载，即如《包山初简》105—114 诸简文字所示，这说明楚的贵金属称量单位也为"镒"。

② 守屋美都雄：《父老》。

③ 杜正胜：《编户齐民——传统政治社会结构之形成》，联经出版事业公司 1990 年版，第 221—222 页。

④ 按：罗福颐《待时轩印存》有"城北单父老印"，《集古官印考证》卷八有"万岁左父老"印，参俞伟超《中国古代公社组织的考察——论先秦两汉的单—僤—弹》，文物出版社 1987 年版，第 94—94 页。但其年代已属东汉。

⑤ 杜正胜：《编户齐民——传统政治社会结构之形成》，第 221 页。

□郘輱，返，卜言胃（谓）："不割既走于前，卜弗及。"卜收郘佻之攼、加公范戉、里公舒□，返，卜言胃（谓）："郘佻之攼既走于前，卜弗及。"郘佻未至剸，有疾，死于宛……雇母（毋）返、场贮、竞不割皆既盟。

此卷宗为县级机构抄送中央司法部门"左尹"的档案文书。其中尚有诸多未识之字，不过其大意还是大致知晓。主要是讲下蔡县（今安徽省凤台县）山阳里居民郘佻、下蔡阃里居民雇毋返等四人，在下蔡黄里居民竞不割的馆舍内合谋杀死了舒罩，被人告发，于是下蔡县的负责人即"鈜执事人"成阳公柿罩等，派遣有司缉拿罪犯与相关责任连带者。其中需负连带责任的人员主要包括"加公"、"里公"等基层首领①。该司法文书中"加公"、"里公"与犯科之人及基层聚落间的对应关系可归纳如下表：

《包山楚简》120—123 里公、加公、犯科之人与居所对照表

犯科之人	居 所	加 公	里 公
郘 佻	下蔡山阳里	范戉	舒□
雇毋返	下蔡阃里	臧申	利酓
场 贮	下蔡东域里		佻□
竞不割	下蔡黄里		吴拘

这种加公、里公与所辖之里犯科之人在法律上的连带关系，和前述睡虎地秦简及《墨子·号令》关于父老、里正职责之描述如出一辙。所以，我们便会很自然地联想到，这里提到的"加公"，极有可能便是当时楚国对"父老"的一种地方性称谓，而"里公"则应该是我们熟悉的"里尹"、"里人"、"里正"或"里典"。

适可注意的是，从上引命案文书不难看出，案犯所在聚落的"里公"，无有例外，均为命案而受牵连，可谓位微而职重。但"加公"则不然，其中东域里与黄里的"加公"有缺，或正好证明楚之"加公"其身份盖相当于别国的"父老"。

当然，包山楚墓竹简为中央司法官署"左尹"所保存的档案卷宗，而楚制下的基层行政组织"里"，又分布在当时王都之外，它们与中央政权间是以县或封国相连属的。也就是说，王都以外的地区，往往是以县或封国为单位与王朝政府发生关系，这在《包山楚简》31、54、125、126 诸简中均有所体现，兹不具引。所以，包山简中与里有司相关的信息非常有限，诸如对里有司如何管理基层聚落之人口这一项，便罕有反映。尽管如此，仅就"加公"、"里公"与犯科之人在法律上的连带责任关系一项而言，我们已经能够对其真实身份有个大致的判断。而目前至少可以肯定一点，在"里公"之前出现"加公"，并不足以成为读"里公"为"理公"或"李公"的必然依据。倘若联系后文所要讨论的"州加公"与"州里公"的具体职责，窃以为将里之"加公"、"里公"分别视为里中"父老"与"里正"，则可能更符合历史实际。

---

① 参陈伟：《包山楚简初探》，第82—83页。

二　关于"州加公"与"州里公"身份之考察

同样以前述基层聚落首领父老、里正为参照，我们似可推测说，包山简中的"州加公"便是州中"父老"的地方性称谓，而"州里公"就是州之里正，也即由上级政府直接任命的州的行政首领。如若从这一角度加以理解，私意以为，包山简中的相关材料似乎都能解释得通了。至于州的首领何以称"里公"的问题，自然是与"州"本身的规模、行政等级与"里"相当，"州"的建制晚于"里"，"州"是"里"的特殊形式等一系列史实有着直接关系。当然这些问题都比较复杂，需要另作专门研究，暂不赘述。

现不妨从具体材料出发，先对"州加公"和"州里公"的具体职责加以归纳总结。

1. 负责州内人口、名籍的管理

相关的文书主要有：

（1）八月癸酉之日，邸昜君之州里公邓赧（缓＝缨？）受期，乙亥之日不以死于其州者之對（讁）告，升门又败……正邸塙。（《包山楚简》27）

（2）八月戊寅之日，邸昜君之州里公邓缓（缨）受期，辛巳之日不以所死于其州者之居尻名族致命命①，升门又败……旦塙歆（识）之。（《包山楚简》32）

（3）八月丙申之日，霝里子之州加公文壬、里公苛臧受期，九月戊戌之日不對（讁）公孙虢之佴（属）之死，升门又败。赦劲、赦□。（《包山楚简》42）

我们先简单谈谈文书中某些字词的释读问题。

"對"字包山楚简习见，整理者云："读如对，应对。"该字又在郭店楚简《穷达以时》、《五行》、《语丛一》等篇章中反复出现，裘锡圭先生通过与西汉马王堆帛书《五行》篇相关文字的比较而读作"察"，并进一步指出包山简中亦当作如是读②。其后刘钊先生又作更为细致的考辨③。目前研究者通常取裘、刘二位先生之说。不过，古文献在传抄过程中会出现异文，而作为异文现象之一的"义近互代"（或称"同义词互换"）亦甚是常见，此均为大家所熟悉，故无须烦举。所以，该字其词义尽管可与"察"字相近甚至相同，但是否能够径读为"察"，恐怕还是值得考虑的，尤其是字形上的依据似略嫌不足。包山简中"對"字，原篆多作"𢆶"或"𢆶"，也有添加饰笔而作"𢆶"形的④。而郭店楚简作"𢆶"（《穷达以时》1）、"𢆶"（《五行》8）与"𢆶"（《语丛一》68），后二形之形构较之包山简所见文字更为完整，可以作为字形分析的主要依据。笔者以为，"𢆶"与"𢆶"实际上是从言、从又（或从廾）、从半，而其省构"𢆶"字，则为从言、从又、从半省。若从形声字的一般规律判断，"言"为义符，其

---

① "致命命"有误，或当为"致命于令"之脱，或者其中的一个"命"字为衍文。

② 荆门市博物馆：《郭店楚墓竹简·穷达以时释文注释》，裘锡圭按语，文物出版社 1998 年版，第 145 页。

③ 刘钊：《利用郭店楚简字形考释金文一例》，《古文字研究》第 24 辑，中华书局 2002 年版。

④ 有研究者认为，"𢆶"形从"𢆶"、从"刀"，存疑待考。

声符则为"芈"、"丵"。"芈"、"丵"的声读则可进一步往上追溯。按：周代金文"对扬"之"对"一般从土、从又、从芈（对）作，但也可省"土"作（对）（伯姜鼎，《集成》2791），或省"土"增繁（即换"又"为"廾"）而作（对）（伯晨鼎，《集成》2816）。郭店楚简（对）字所从之"芈"与"对"字所从之"丵"，显然就是上举金文"对"字的省构。由此看来，楚简中的"对"、"对"及其省构"对"字，恐怕还是从言、对声的形声字，前二形可以隶定作"謝"，后一字形则省略了声符中的部分笔画，所以似应隶定为"護"。而在后世辞书中我们能够见到一个"對"字，该字左部所从可以看作是"芈"与"言"的借笔合文，右部所从之"寸"又可与"又"互换，所以"護"字应该就是"對"[1]。《说文》云："對，应无方也。从芈、从口、从寸。對，或从土。"当然，许慎将"對"、"对"二字视为古今字，可能是有问题的[2]。而据《广雅·释诂》记载，"對"字之词义有三，其一云：

修、敤、略、道、旬、越、抑、截（截）、撤、拔、對、缮、傅、列、疏、垧、貌、攻、捲、刑、摇、疗、乱、理、澡，治也。

其二云：

扽、敌、厭、茲、衝、稽、僮、配、亢、對、贞，当也。[3]

其三则曰：

眷、顾、對、面、首、卬，向也。

这就是说，"對"有"治"义，又可与"稽"同训，同时还可以训释为"向"。当然，最后一个义项，很可能是一种假借用法，其本字似为"對"，所以暂时不予考虑。而"稽"有"考"、"查"、"计"、"合"诸义。如《尚书·吕刑》："惟貌有稽。"传云："有所考合。"《礼记·儒行》："古人与稽。"郑玄注云："稽，犹合也。"再如王念孙《广雅疏证》有云：

稽者，《玉篇》："稽，计当也。"《周官·小宰》："听师田以简稽。"郑众注云："稽，犹计也、合也。"合即计当之意。褚少孙《续三王世家》云："维稽古。"稽者，当也，当顺古之道也。[4]

---

① 按：滕壬生《楚系简帛文字编》（湖北教育出版社 1995 年版，第 199 页）隶定作"對"，似更为直接。
② 按：古文字中添加"口"符作增饰的字例习见，但省去原构件的某些笔画、再添"口"符加以增饰恐怕是不合理的，所以"對"、"对"二字似不能视为异体关系。
③ 按：《上博简四·曹沫之陈》45 有云："其赏譏（譏＝浅？）且不中，其詎（诛）重且不（對）。"这里的"（對）"，若训释为"当"，于文义更为允恰。而"察"无"当"义，故隶定作"對"，或较"察"字允当。
④ 王念孙：《广雅疏证》卷三上"释诂"，中华书局 1983 年版，第 86 页。

既然"對"、"稽"可以同训，故包山楚简中"對"字，其音读似当从整理者之意见，而词义则可训释为稽查、核查、核对、查验等等，这与裘先生所主张的"察"字词义又有相通之处。

"尻"字从尸（人）从几会意，与从尸（人）古声的"居"字或属古今字关系或异体关系①，旧径读"尻"为"处"，大体可从②。所谓"居尻（处）"，乃同义复合词，表居所之义，亦见于上博简《性情论》③。

"㤳"字，整理者云："读作斗。"恐不确。《郭店楚墓竹简·老子甲》简2有"或命之，或（所）豆"之文辞，裘锡圭先生以为"豆"当读作"属"④，可信。所以，此"㤳"字也应读作"属"，大概是指附属人口，而"公孙辊之㤳"之谓，也就是隶属于公孙辊的臣妾、属役一类的私属人员⑤。

例（1）中的"告"字大致相当于例（2）的"致命"，也就是向上级报告的意思。

上引文书说明，"州里公"要及时核实、上报州内死亡人口的居住地、姓名等基本情况。甚至于私家附属人口都不得遗漏，否则会受到"升门又败"的惩处。当然，这些事务，有时也需要"州加公"一并参与，即如例（3）所示。总之，"州加公"与"州里公"就是州内人口、名籍的具体管理者，当无有疑问。

2. 负责州内的治安工作

这方面的文书资料相对丰富。例如：

> （4）东周之客许归胙于郢之岁，夐月乙巳之日，秦大夫慭（怡）之州里公周言于左尹与公赐、窭（儶＝刖?）尹茤、正娄惑、正命翌、王丁司败逻、少里乔与尹翠、郊路尹犀、发尹利，瘛言曰："甲辰之日，小人之州人君夫人之故怆窝之一夫失，趣至州巷，小人将敷之，夫自伤，小人安（焉）獸（收?）之，以告。"……郗齐识之，戝蔡为李。（《包山楚简》142）
>
> （5）夐月乙巳之日，鄝域厤敔邻君之渊邑人黄钦言于左尹与鄝公赐、刖（?）尹茤、正娄惑、正命翌、王丁司败逻、少里乔与尹翠、郊路尹犀、发尹利。钦言曰："鄙路尹憍执（围）小人于君夫人之故怆。甲辰之。（《包山楚简》143）
>
> （6）日，小人取怆之刀以解小人之桎。小人逃至州巷，州人将缚小人，小人信以刀自伤，州人安（焉）以小人告。"（《包山楚简》144）

---

①　按：《上博简二·容成氏》有"郊州、徐州始可尻"、"竟州、莒州始可尻"、"荆州、扬州始可尻"之辞，"尻"字均当读作"居"。

②　如《郭店楚墓竹简·老子甲》22："天大，地大，道大，王亦大，国中又（有）四大安（焉），王尻一安（焉）。"按：《老子》傅奕本"尻"作"处"。《上博简三·周易》16"随"："利尻贞。"阜阳汉简本"尻"作"处"。《上博简四·曹沫之陈》14："少（小）邦尻大邦之间。"其"尻"字亦当读"处"。而《周易·系辞》有曰："上古穴居而野处，后世圣人易之以宫室。""居"、"处"二字词义实同，仅因对文而互举。

③　其辞曰："居尻谷（欲）豫口而毋曼（慢）。"（《上博简一·性情论》28）

④　荆门市博物馆：《郭店楚墓竹简》，文物出版社1998年版，第113页。

⑤　按：《管子·立政》述乡里之制，有"若在长家子弟、臣妾、属役、宾客，则里尉以谯于游宗，游宗以谯于什伍，什伍以谯于长家"之辞，裘锡圭先生解释说："战国时代剥削阶级的家庭，除了家长之外，主要有眷属子弟、臣妾、徒役和宾客这四种人。"（《战国时代社会性质试探》，载氏著《古代文史研究新探》，江苏古籍出版社1992年版）是说可从。

这也是一组在内容上互有关联的文书，其中（5）、（6）应该是前后衔接的两简，至于（4）究竟是该卷宗的首简还是末简，当然可以继续讨论。该组文书主要讲述周瘣如何将执刀逃窜于州巷之内的犯人黄钦收系并上报有司、有司及时加以审讯核实的过程，而周瘣的身份就是"秦大夫忌（怡）之州"的"州里公"。可见"州里公"有负责州中治安的责任。

再如：

（7）八月己巳之日，邔（郢）司马之州加公李瑞、里公陸（随）得受期，辛未之日不（嚣）陈主雒之敫（伤）之故以告，升门又败……罗任。（简22）

（8）八月辛未之日，邔（郢）司马豫之州加公李逗，里公陸（随）得受期，癸酉之日不（嚣）陈雒之敫（伤），升门又败……正罗任。（简24）

（9）八月戊寅之日，邔（郢）司马之州加公李偹、里公隫（随）得受期，辛巳之日不對（嚣）陈雒之敫（伤）以告，升门又败。（简30）

"邔"① 一读作"郢"②，似以前说为是，研究者认为，"邔"即为"郢"，其地盖在今湖北钟祥县北境③，可从。"随"字一作"陸"，一作"隫"，有繁简之别。联系前引《包山楚简》27、32及37简④等资料，上述引文中"里公"一词，显然是"州里公"的省文，为缘上"州加公"之词而作的省略。例（7）—（9）是相互关联的一组文书，主要记录郢县司马的"州加公"与"州里公"由于不及时核查上报陈雒的伤情而"升门又败"⑤。毫无疑问，"州加公"与"州里公"在州内治安、州中编户民的人身安全等方面均得负起相应的责任来，需要把相关情况及时稽查并上报给有关部门，否则便会受到相应的处罚。此外，之所以要对州内居民陈雒的伤情进行核查，一方面固然是治安本身的问题，但于另一方面来看，则可能涉及编户民的赋役问题，因为按照后世的情形推测，伤残或有痼疾者是能够全部或部分免除赋役的，所以这组卷宗资料还反映出州中"加公"与"里公"所需承担的另一项重要职责。

总之，管理州内人口、名籍与治安，是"州加公"与"州里公"的共同责任。这与其他资料中所能归纳出来的父老、里正的职责基本相同，所缺的无非就是教化一项，这当然与包山楚墓竹简的特殊性有关。故而，说"州加公"与"州里公"便是一州之内的"父老"与行政长官"里正"，完全可以说通，似不必改读"里公"为"理公"或"李公"。

综合上引9条文书资料，我们也不难发现，"州里公"的职责较之"州加公"为

---

① 参汤馀惠《包山楚简读后记》，《考古与文物》1993年第2期。
② 按：《包山楚简》整理者作如是读，且云："楚县名。故城在今湖北省宜城县境内。"陈炜湛先生同意"郢"字说，详氏著《包山楚简研究（七篇）》，载广东炎黄文化研究会等编：《容庚先生百年诞辰纪念文集（古文字研究专号）》，广州：广东人民出版社，1998年。
③ 徐少华：《包山楚简释地八则》，《中国历史地理论丛》1996年第4期。
④ 按：《包山楚简》37有"福阳宰尹之州里公娄屯受［期］"之辞。
⑤ 此中须注意的是，任职州加公的人其私名前后有别，先是"李瑞"、继而作"李逗"、最后则为"李"，究竟是书写随意导致的通假关系，还是分别表示不同的三个个体，这个问题可以继续讨论。

繁，其情形与前述里中"加公"、"里公"一致，由此也可验证笔者所作的种种推论。

一般说来，父老是由基层聚落内德高望重的长者担当，即所谓"选其耆老有高德者名曰父老"，所以，尽管父老只能算是一种半官方人物，但其社会地位通常要高过基层聚落体内的代表官方的行政首领"里正"，即《公羊传》何休注所谓"父老比三老、孝悌官属，里正比庶民在官"。地方官吏通常要借助父老的势力来掌控基层社会，汉高祖刘邦之所以能得天下，也得力于各地父老。这些都是大家熟知的史实。而在包山楚简中，"加公"的社会地位似乎亦在"里正"之上，如前引例（3）、（7）、（8）、（9）诸简，"州加公"的位序始终排在"州里公"之前，相关的例证还有一些，例如：

（10）十月癸巳之日，大命（令）珊之州加公周□、里公周□受期，乙未之日不遅（将）让御□嘉以廷，升门又败……王娄逮。（简74）①

该简文大意是讲卜大令②的州加公周某、州里公周某没有及时将卜御某嘉带至公廷，所以"升门又败"。这种极有规律的排序，只能说明一个问题，即"州加公"的社会地位或高于"州里公"③。这又与文献所载若合符节，对"州加公"与"州里公"的真实身份的认识亦当有所启发。

作为正式的基层聚落组织而言，"邑"在殷墟宾组卜辞中便已出现④，时代最早，"里"次之，记录于周初令彝（《集成》9901）等铭文资料，而"州"无疑是最晚的，并且仅见于楚国一地。楚国的"州"，其实就是特定区域范围内的"里"⑤。州的行政首领称"州里公"，又可省称为"里公"，也恰好体现了"州"的建制晚于"里"、"州""里"规模大体相当等特征，同时也说明了楚"州"的特殊性。

三　简单结语

今将本文要点归纳如下，以清眉目。

第一，楚简所见"加公"与"里公"是城市基层聚落"里"的领导阶层，其主要职责是负责里中口户之数、名籍、治安等事项。州中设置的"州加公"与"州里公"则为特殊类型的城市基层聚落"州"的领导阶层，其职责与"加公"、"里公"同。

第二，"加公"、"州加公"就是我们熟悉的父老阶层，是当时楚地对"父老"的区域性称谓，而"州里公"与"里公"就是文献习见的里正、里典。

第三，"里公"、"州里公"位微而职重，连坐的几率极大。而"加公"、"州加公"

---

① 按："让"字原释为"迅"，今释据其他楚简资料"卜"字的写法而改，"让大令"、"让御"其性质不甚明晰，一般以为是指占卜事务有关的一类职官与僚属。

② 按：《上博简四·昭王毁室》3记有"令尹"之职，前引《包山楚简》120—123有专门负责抓捕罪犯的"卜"官。

③ 按：上引例（7）、（9）"州加公"以"李"为姓氏，可能属于"以官为氏"一类，若此说不误，则说明"加公"通常是由某些退职官吏来担当的。

④ 参《合集》707正、6057正、7073正诸辞。

⑤ 参拙文《包山楚简中的"州"及其相关问题》，待刊稿。

的社会地位相对要高一些，所需承担的责任略轻。

此外，通过分析，窃以为包山楚简中"對"字，其音读似当从整理者之意见，而词义则可训释为稽查、核查、核对、查验等，这与研究者所主张的"察"字义大致接近。

〔作者陈絜，副教授，南开大学历史学院。天津　300071〕

从"都"的性质看《周礼》与齐国的关系

李 晶

《周礼》是唯一一部全面记述上古职官资料的著作，对当今的古史研究而言，有着十分重要的意义。然而《周礼》同时也是十三经中疑点最多、争论最为激烈的一部。《周礼》的作者、成书、真伪问题与经学史上的今古文之争交织在一起，疑云缠绕，聚讼千年。有关《周礼》成书时代的争议持续至今，计有周公制作说、西周说、春秋成书说、战国成书说、周秦之际说、汉初成书说、刘歆伪作说等，这些说法的时间跨度有的相差上千年，且都有相当多的支持者。目前，战国成书说虽为大部分学者所接受，但由于战国时期各诸侯国的制度多有不同，《周礼》"作于战国"说又往往与国别问题联系在一起，至今已有齐国说、秦国说、三晋说等诸种说法。可以说，从未有过一部文献的时代及国别问题像《周礼》这样，争议如此之大，且历久而不决①。

顾颉刚与杨向奎先生提出的"《周礼》齐国说"②，目前为学界多数人所接受。本文讨论的《周礼》中"都"的性质及区域特征，亦可证明《周礼》与齐国有关，这也是从地方组织体系的角度探讨《周礼》的时代与国别问题。

一 《周礼》所见之"都"的基本情况

"都"的本意是指"城邑"。如《诗经·小雅·都人士》云："彼都人士"，郑玄笺曰："城郭之域曰都"。"都"作为城邑的泛称，这一含义用途较广。《左传》隐公元年："先王之制，大都不过三国之一，中五之一，小九之一。"这里的"都"，是指与"国"（即国都）相对称的大夫的城邑。再如《公羊传》所记，僖公十六年时"六鹢退飞过宋都"，何休注云："人所聚曰都。"若要深究"都"与"邑"的关系，正如《左传》庄公二十八年"君子曰"所言："凡邑有宗庙、先君之主曰都，无曰邑。邑曰筑，都曰城。"

《说文》云："都，有先君之旧宗庙曰都。从邑，者声。《周礼》距国五百里为都。"《说文》的依据，大概即上引《左传》庄公二十八年的传文。但是在《周礼》一书中提及

---

① 有关《周礼》成书时代的争议情况，详见李晶：《〈周礼〉成书时代与国别问题研究——基于〈周礼〉所见若干制度的考察》，南开大学博士学位论文，2007年。

② 顾、杨二位先生皆认为《周礼》与战国时的齐国有关。详见杨向奎：《〈周礼〉的内容分析及其成书时代》，《山东大学学报》1954年第4期；后收入《绎史斋学术文集》，上海人民出版社1983年版，第228—276页。顾颉刚：《"周公制礼"的传说和〈周官〉一书的出现》，《文史》第六辑，中华书局1979年版，第1—40页。

的"都"，却有若干特殊含义，《说文》所举"距国五百里为都"仅是其中之一。

除作"城邑"解外，《周礼》中的"都"归纳起来主要有三种特殊用法。其一，是一种以距离为标准的区域划分范围，即"距国五百里为都"；其二，指地方组织或居民组织名称；其三，表示具有采邑性质的"都家"之"都"，大夫的采地称为"家"，卿、公采地称作"都"。下面将分别述之。

第一种，即《说文》指出的"《周礼》距国五百里为都"。但在《周礼》正文中并没有明确的表述，仅见于《大宰》郑玄注。

《周礼》在论及国野制度时，是以与国都的距离作为划分标准的，常见的有"郊"、"野"、"甸"、"稍"、"县"、"都"等。"郊"是距王城百里内的区域。"野"包括"甸"和"稍"，王城百里之外、二百里之内的区域曰"甸"，二百里之外、三百里之内曰"稍"。而距王城三百里以外至四百里曰"县"，四百里以外至五百里曰"都"。对《周礼》职文中常见的"郊"、"野"、"甸"、"稍"、"县"、"都"这些名词，郑注都是如此解释的，并且认为"都、县、野之地，其邑非王子弟、公卿大夫之采地，则皆公邑也"[1]。

这种性质的"都"在《周礼》所见之处有：

> 《天官·大宰》：九赋……五曰邦县之赋，六曰邦都之赋。
>
> 《天官·司会》：掌国之官府、郊、野、县、都之百物财用，凡在书契版图者之贰，以逆群吏之治，而听其会计。
>
> 《地官·载师》：凡任地，国宅无征，园廛二十而一，近郊十一，远郊二十而三。甸、稍、县、都皆无过十二，唯其漆林之征二十而五。
>
> 《地官·遗人》：掌邦之委积，以待施惠。乡里之委积，以恤民之囏阨；门关之委积，以养老孤；郊里之委积，以待宾客；野鄙之委积，以待羁旅；县都之委积，以待凶荒。
>
> 《质人》：凡治质剂者，国中一旬，郊二旬，野三旬，都三月，邦国暮。
>
> 《朝士》：凡士之治有期日，国中一旬，郊二旬，野三旬，都三月，邦国暮。……若邦凶荒札丧寇戎之故，则令邦国、都、家、县、鄙虑刑贬。

杜子春云："五十里为近郊，百里为远郊"[2]，这是说根据郊、甸、稍、县、都距国都由近而远，分别实行不同的收税标准。郊、野、县、都，这几个字总是作为表示特定的区域范围使用的。

以上诸例，"都"都是一个表示区域范围的概念。郑注之所以解释为"距国五百里为都"，其根据盖在于《司马法》佚文。《地官·载师》郑注引《司马法》曰：

> 王国百里为郊，二百里为州，三百里为野，四百里为县，五百里为都。

---

① 见于《周礼·县士》郑注。
② 见于《周礼·载师》郑注。

《周礼》中"都"的第二种用法，是表示地方组织或居民组织名称，见于《地官·小司徒》，其文曰："九夫为井，四井为邑，四邑为丘，四丘为甸，四甸为县，四县为都。"这种整齐划一的组织形式，贾公彦疏称之为："此都鄙井田之法也。"井、邑、丘、甸、县、都，皆为组织单位。《周礼》在乡遂中也设立类似的组织，如《小司徒》云："五人为伍，五伍为两，四两为卒，五卒为旅，五旅为师，五师为军"，目的是把民众组织起来，"以起军旅，以作田役，以比追胥，以令贡赋"。

第三类是采邑性质的"都家"之"都"，指王室子弟及公卿的封地。《地官·载师》职文云："以家邑之田任稍地，以小都之田任县地，以大都之田任畺地。"这是说：大夫的采地称为家邑，在稍；卿的采地称为小都，在县；公的采地称为大都，在畺。

《周礼·载师》中，王城以外百里的远郊之内为六乡，六乡以外距王城五百里疆界之内为六遂，六遂以外即诸侯之邦国。六遂之中又有公邑、家邑、小都与大都，这些均为王赐给大夫、卿、三公、王子之封地，故称"三等采地"。所以"都"与"家"的性质相似，正如郑注所言："都，谓王子弟所封及公卿所食邑；家，谓大夫所食采邑。"在《周礼》中，这种"都"在使用上也总是与"家"对应出现，故本文总称之为"都家"之"都"。

《周礼》中与"都"、"家"有关的职官，亦能说明"都"、"家"的性质相似。例如，《周礼》中设在"都"、"家"的职官有"都宗人"、"都司马"和"都士"，以及与之相对应的"家宗人"、"家司马"和"家士"。都宗人与家宗人、都司马与家司马、都士与家士，其职司、任职人员的身份和人数都是相同的，不同之处只是管理的地点与范围有"都"、"家"之别。[①] 此外，春官的"大宗伯"，夏官的"司士"、"祭仆"，秋官的"方士"、"朝士"、"朝大夫"都是同时兼掌"都"、"家"事务的职官。

如郑注所言，"都"与"家"的性质相似，皆指采邑，仅仅是采邑主有"王子公卿"和"卿大夫"之别。在别的职官的职文中，也往往有"都家"连言的情况。不过，"都家"的辞例用法目前仅见于《周礼》，不见于其他文献资料。

二　《周礼》中"都"的区域特征

学者早已注意到，《国语·齐语》和《管子》之《小匡》、《乘马》、《立政》、《度地》等篇都曾言及齐国的地方行政组织，学者多认为，齐国的地方制度可分为乡、遂或都鄙，同时还体现了行政与军事组织的合一。[②] 这些文献反映的齐国地方组织体系，都与《周礼》有相似之处。因此，这也是《周礼》战国齐国说的一个重要证据。而本

---

① 详见《周礼》相关职文，此处从略。由于职官的性质特点，"都宗人"和"家宗人"属于"春官宗伯"，"都司马"和"家司马"属于"夏官司马"，"都士"和"家士"属于"秋官司寇"。

② 杨向奎：《〈周礼〉的内容分析及其成书时代》；顾颉刚：《周公制礼的传说和〈周官〉一书的出现》；朱凤瀚：《春秋战国时期齐国行政组织与居民状况的变化》，《管子与齐文化》，北京经济学院出版社 1990 年版，第 453—465 页；仝晰纲：《齐国乡里制度述论》，《管子学刊》1994 年第 3 期；应永深：《〈国语·齐语〉中的国、鄙组织考辨》，《管子学刊》1992 年第 1 期；臧知非：《齐国行政制度考源：兼谈〈国语·齐语〉的相关问题》，《文史哲》1995 年第 4 期；李零：《中国古代居民组织的两大类型及其不同来源——春秋战国时期齐国居民组织试析》，《李零自选集》，广西师范大学出版社 1998 年版。

文所研究的《周礼》中的"都"，亦与区域概念或地方组织有关，并且某些特殊用法不见于战国时期的三晋、燕、秦等诸侯国，仅与齐国的情况相类。所以"都"可以作为一种新的视角，用来探讨齐国的地方组织与《周礼》的关系。

　　齐国文献所见之"都"与《周礼》有关的主要有两类。第一类，是一种以距离为标准的区域划分范围。《司马法》佚文云："王国百里为郊，二百里为州，三百里为野，四百里为县，五百里为都"，这与《周礼》中"距国五百里为都"的情况十分相似（详见下表）。而《司马法》相传为齐国司马穰苴的著作，通常被认为是齐国文献。

	一百里	二百里	三百里	四百里	五百里
《司马法》佚文	郊	州	野	县	都
《周礼》	郊	甸	稍	县	都
		野			

　　由于"县"较"都"距国都为近，故"县"的行政等级高于"都"，这种用法还能在《管子》中找到踪迹。《管子》是齐国管仲及后学的著作汇编，《山至数》篇有一条材料值得思考，曰："去其都秩，与其县秩。""秩"为官吏的职位或品级。对于这句话，马非百先生的解释是："都秩卑，县秩尊。'去其都秩，与其县秩'者，谓撤销其原有之都秩而另与之以新升之县秩，盖所以奖励之也。"[①] 可见"都秩"低于"县秩"，"都"之职官的品秩低于"县"的。联系到《周礼》国野制度中距王城三百里以外至四百里曰"县"，四百里以外至五百里曰"都"，再联系到《司马法》佚文中的"四百里为县，五百里为都"，也就好理解了。

　　另一类用法是，"都"用以表示地方组织或居民组织名称。见于《管子》中的两个篇章：

　　　　《乘马》：五家而伍，十家而连，五连而暴（里？），五暴（里？）而长（州？）……命之曰某乡，四乡曰都。
　　　　《度地》：故百家为里，里十为术（遂），术（遂）十为州，州十为都。

《周礼》也有同类的内容：

　　　　《小司徒》：九夫为井，四井为邑，四邑为丘，四丘为甸，四甸为县，四县为都。

　　显然，以上三种文献的地方组织体系虽然规模不同，但表述的意思是相近的。在用词方面有"家"、"夫"之别，其实它们在文中的含义都是一样的。《小司徒》中的

---

　　① 马非百：《管子轻重篇新诠》，中华书局 1979 年版，第 446 页。

"夫",是指一个个体家庭单位所出的劳力,实际上也可以由"一夫"指代"一家"①。基于相似的等级递进 规则,《管子·乘马》之"四乡曰都"、《度地》之"州十为都",与《周礼·小司徒》中的"四县为都"亦有相通之处。《管子》中有"从战国到西汉的齐国方面对于社会组织的各种设想"②,而这些设想与《周礼·小司徒》的密切关系是不能忽视的。

可见,目前的材料表明《周礼》中有两种"都"的用法与齐国相关。只是《周礼》中的"都家"并不见于《管子》之类的齐国文献资料。在《乘马》与《度地》篇中,虽然同时出现了"家"与"都",但"家"是个体家庭单位,是最终构成"都"的最基本的组织,其含义明显不同于《周礼》中的王公与卿大夫的采地"都家"。《周礼》的"都家"之"都"是《周礼》所特有的,表明了《周礼》确是一种人为的设计,而非当时情况的实录。

三　齐国"五都制"考疑

关于战国时期齐国的"都",还有一个需要继续讨论的问题。长久以来,学界存在这样一种认识:"都"是战国时期齐国设置的一种特殊的区域组织,并进一步认为齐国没有采用郡制,而采用了相当于郡的"都制"。战国时期的齐国是否存在这样的"都","都"的真正性质又是如何,当结合相关的文献材料和出土资料进行探讨。

有学者认为"都"是战国时期齐国设置的一种特殊的区域组织,其文献依据是《战国策·燕策一·燕王哙既立章》:

> 孟轲谓齐宣王曰:"今伐燕,此文、武之时,不可失也。"王因令章子将五都之兵,以因北地之众,以伐燕。

《史记·燕世家》与之语句相同,也记载了齐王派将军匡章带领五都之兵和北地之众大举攻燕之事。因文献中有"五都之兵",而引发了学者对"五都"性质的讨论,一般多认为战国时期的齐国存在"五都"之制,而对"五都"的认定则略有不同。杨宽先生以为"齐国共设有五都",即平陆、高唐、即墨、莒和临淄,"除国都临淄以外,四边的都具有边防重镇的性质"③。韩连琪先生则认为"五都"都设在边域上:"齐的五都,当即西北邻近燕、赵的高唐、平陆,南方邻近楚国的南城,西南方邻近赵、卫的阿和东方与莒接邻的即墨。"临淄虽为都,但不在"五都"之中④。

至于"五都"之"都"的性质,杨宽先生认为,"都"是战国时期齐国设置的一种特殊的区域组织,相当于别国的"郡":

---

① 可能是因为《周礼》中已有"都家",为避免混淆,所以在《小司徒》的地方组织单位中以"夫"代"家"。

② 顾颉刚先生语,详见《周公制礼的传说和〈周官〉一书的出现》。

③ 杨宽:《战国史》(增订本),上海人民出版社1998年版,第229—230页。

④ 韩连琪:《春秋战国时代的郡县制及其演变》,《文史哲》1986年第5期,第43页。

战国时期各国都实行郡县制，以郡辖县；齐国没有采用郡制，而是采用了相当于郡的都制，共设五都，系由管仲推行的五属发展而来。①

韩连琪先生的观点与之相似：

战国时，惟齐未尝置郡，而设有都。……齐国的都，当同他国之郡一样，最初都设在边地。②

而关于"五都"之制度，杨宽先生论述得极为详尽，他说：

战国时代只有齐国始终没有设郡，依然推行别都的制度，设有"五都"，除了国都临淄为中心以外，四边都设有作为边防重镇的别都。五都都设有常备兵，称为"五都之兵"或"五家之兵"，在对外作战时"五都之兵"常用作战斗的主力。都的长官称为"都大夫"，即是一都的行政长官，又是统率"五都之兵"的主将。③

因一般认为齐国不设"郡"而设"都"，杜正胜更是直接称齐国实行的是"都县制"④。

但也有学者不承认当时齐国存在所谓的"五都制"。如臧知非先生认为，齐国没有实行相当于郡的都制，"五都是齐国的军队的五个重要屯驻区，它们本来是五个大县，因其战略位置重要而成为军事重镇，故以代指齐军，其中可能包括即墨、高唐等地，但即墨、高唐并没有因此改变其县的性质"⑤。

无论是杨宽先生认定的平陆、高唐、即墨、莒、临淄，还是韩连琪先生据称的高唐、平陆、南城、阿、即墨，其实在文献中都没有把这几处称作"都"的直接证据。那么，战国时的齐国是否存在"五都制"或"都县制"，文献中提及的齐国之"都"的性质究竟怎样，"都"的长官是否即是通常所认为的"都大夫"，这些问题皆须对相关史料重做分析才能解决。

1. "五都之兵"中"都"的含义

《战国策·燕策一》及《史记·燕世家》皆记载齐国有"五都之兵"，其辞曰："王因令章子将五都之兵，以因北地之众，以伐燕"，从而引发了关于"五都"的讨论。"五都"可以出兵，那么"五都"的性质应是怎样的？主张齐国存在"五都制"的学者多认为，当时齐国存在"五都"之制，从而认为"都"是战国时期齐国设置的一种特殊的区域组织。

如果联系从"都"出兵的原因，则会有助于对"都"之性质的理解。春秋战国的各国军队同西周时期的最大区别，莫过于军队的编制不再建立在血缘组织的基础之上。

---

① 杨宽：《从分封制到郡县制的发展演变》，《杨宽古史论文选集》，上海人民出版社2003年版，第93页。
② 韩连琪：《春秋战国时代的郡县制及其演变》，《文史哲》1986年第5期，第43页。
③ 杨宽：《从分封制到郡县制的发展演变》，《杨宽古史论文选集》，第93页。
④ 杜正胜：《编户齐民——传统政治社会结构的形成》，联经出版事业有限公司1990年版，第125页。
⑤ 臧知非：《齐国行政制度考源：兼谈〈国语·齐语〉的相关问题》，《文史哲》1995年第4期，第52—53页。

无论是直属国君的所谓公乘、公族，还是各卿大夫领有的地方武装，都一律按地域实行编制。其中，就有从都邑所征之兵。楚王的亲军就有这类来源的士兵，称为"都君子"。《左传》昭公二十七年云："左司马沈尹戌帅都君子与王马之属以济师。"杜注曰："都君子，在都邑之士有复除者。"杨伯峻先生进一步解释说："'都君子'为亲军之称号，征发自都邑者。"① 也就是说"都君子"是楚王的军队，士兵来自都邑。之所以会从都邑征发士兵，当与春秋战国时期的军制有关，此类史料甚多，不必赘言。而《史记·项羽本纪》云："陈余悉发三县兵，与齐并力击常山，大破之。"其中的"县兵"亦当作如是观。此外，《管子·大匡》中有："桓公以车千乘会诸侯于竟，都师未至，吴人逃。"房注云："齐都之师尚未至，而吴人逃也。""都师"的用法亦值得注意②。

"都君子"是从都邑征发的士兵，"都师"此处专指从齐都来的军队，如此说来，"五都之兵"可能也是从"五都"派出的。所以，此"五都"可能只是指"五座城邑"，而并不是什么相当于郡的特殊的区域组织。当然，先秦文献中常有"以数为纪"的现象，"五都"虽名为"五"，实为虚数。故而以"五"为限拼凑"五都"之数，这种做法并不科学。

2. "王之为都者"中的"都"

"五都说"的证据之二，是据《孟子·公孙丑下》：

> 孟子之平陆，谓其大夫曰：……他日（孟子）见于王曰："王之为都者，臣知五人焉，知其罪者惟孔距心。"

其中孔距心即是平陆之大夫，故认为平陆亦为五都之一。

其实孟子此言之意是：为王治理"都"的大臣，我知道五个，但其中只有平陆大夫孔距心认识到了自己的罪过。"王之为都者"的"为都"，就是"治理都"、"管理都"之意。此用法与"为国"相似，其意表示"治理国家"。如《左传》昭公二十六年云："吾今而后知礼之可以为国也。……礼之可以为国也久矣。"

孟子已说明在"王之为都者"中，仅仅是"臣知五人焉"，可见齐国之"都"不会以"五"个为限。当然，此处的"五"亦可能为虚数。

3. "都大夫"释义

战国时期，齐国的地方行政长官称为"大夫"。例如上面所举的《孟子·公孙丑下》中，孔距心为平陆大夫。《史记·田敬仲完世家》云："于是威王招即墨大夫而语之曰：'自子居即墨也，毁言日至。'"又云："招阿大夫语曰：'自子之守阿，誉言日闻。'"此类的文献资料还有很多，地方长官的名号都是"地名＋大夫"。这类构名方式其实正如《史记·田敬仲完世家》所说的"都邑大夫"："（田）襄子使其兄弟宗人尽为都邑大夫。"

---

① 杨伯峻：《春秋左传注》（修订本），中华书局 1990 年版，第 1483 页。

② "都师"之"都"盖泛指齐国之都邑，可参照《左传》中"都车"的用法。定公八年："壬辰，将享季氏于蒲圃而杀之，戒都车，曰：'癸巳至。'"戒为勅令之意。杜注云："都邑之兵车也。阳虎欲以壬辰夜杀季孙，明日癸巳，以都车攻二家。""都车"之"都"，其义甚明。

"五都制"的论点之三，即是"都大夫"为"都"的长官。在传世文献中尚未发现有"都大夫"的辞例，此说的依据是银雀山汉简《孙膑兵法·擒庞涓》中的一处简文：

> 孙子曰："都大夫孰为不识事？"曰："齐城、高唐。"

注释者多把"都大夫"释为"治理'都'的长官"[①]，即"齐城、高唐二都"的长官，自然认为"齐城"、"高唐"是"都"了。并且认为"齐城"可能即是齐国的都城"临淄"。

然而此说不确。其实"都"当读如"诸"，"都"与"诸"为通假，所以简文中的"都大夫"实际上是"诸大夫"，施谢捷先生《"都大夫"新解》一文言之甚详[②]。施先生指出：

> 查检旧籍，无有言"都大夫"者，且以大城邑为都，非仅齐国如此耳。前人有言曰"汉人作隶，往往假借通用"（《隶释·跋》），这种现象在临沂银雀山汉墓竹简中相当普遍地存在着。"都"从邑者声，于此当读为"诸"，因"诸"从言者声，二字均从者得声，因可通。"都"大夫即旧籍习见之"诸大夫"。……《孟子·梁惠王下》："诸大夫皆曰贤，未可也。"又："诸大夫皆曰不可，勿听。"又："诸大夫皆曰可杀，勿听。"《韩非子·十过》："昔者，齐景公游于海而乐之，号令诸大夫曰：'言归者死。'"《庄子·田子方》："诸大夫蹴然曰：'先君王也。'"又："诸大夫曰：'先君之命王，其无它，又何卜焉？'"《左传》襄公二年："诸大夫欲从晋。"又《哀公四年》："诸大夫恐其又迁也。"又《文公七年》："宣子与诸大夫皆患穆嬴。"《公羊传·隐公一年》："恐诸大夫之不能相幼君也。"又《定公十二年》："诸大夫死者数人。"又《昭公二十五年》："诸大夫皆哭。"《穀梁传·定公二年》："灵公朝诸大夫而暴弹之。"均是言"诸大夫"之例，不赘举。"诸大夫"即众大夫之谓也。

"诸大夫"在文献中的例子很多，并且在文献中也不乏"都"与"诸"相通的例子。如《左传》昭公三年云："国之诸市"，而《晏子春秋·内篇·问》作"国之都市"。

其实"都大夫"应读作"诸大夫"，而且也不能用以说明齐国有"都"制的存在。银雀山汉简中也有众大夫含义的"诸大夫"，如《银雀山汉墓竹简（壹）·晏子》云："晏子没十有七年，公饮诸大夫酒。"亦可说明银雀山汉简《孙膑兵法·擒庞涓》中的"都大夫"当与之相同。

---

① 银雀山汉墓竹简整理小组编：《孙膑兵法》，文物出版社 1975 年版，第 33 页。银雀山汉墓竹简整理小组：《银雀山汉墓竹简（壹）》，文物出版社 1985 年版，释文注释第 46 页。

② 《古籍整理与研究》第四期，中华书局 1989 年版，第 8 页。

四 结语

"五都制"之说依靠的所谓三点证据都不可靠。"五都之兵"和"王之为都者"中的"都",皆不是什么仅在齐国存在的特殊的区域组织。而"五都制"最主要的依据:齐城、高唐有"都大夫",则这二地为"都"的说法,本身就是建立在对简文误读的基础上的。所以说,战国时期的齐国并不存在"五都制"或"都县制"的地方组织①。

与齐国有关的战国时期的文献《司马法》和《管子》,皆表现出了与《周礼》之"都"的紧密联系。《司马法》佚文所见之"王国百里为郊,二百里为州,三百里为野,四百里为县,五百里为都",与《周礼》国野制度中的"郊"、"野"、"甸"、"稍"、"县"、"都"等概念相类,都是以与国都的距离作为区域划分的标准。同样的,在"都"作为地方组织或基层居民组织单位的用法中,《管子》之《乘马》篇中的"四乡曰都",《度地》篇中的"州十为都",皆相似于《周礼·小司徒》描述的"九夫为井,四井为邑,四邑为丘,四丘为甸,四甸为县,四县为都"。

《周礼》所见之"都"表现出明显的区域特征,表明与齐国有关。当年杨向奎先生之《〈周礼〉的内容分析及其成书时代》和顾颉刚先生之《"周公制礼"的传说和〈周官〉一书的出现》二文,皆是主张《周礼》"齐国说"的重要之作。两位先生即是以《周礼》所见各项制度与齐系统典籍《国语·齐语》、《管子》相比较,认为《周礼》为战国时期齐人的作品。而"齐国说"的主要依据即是地方组织,本文对于"都"及相关问题的探讨,或可作为此说的补充。

〔作者李晶,讲师,南开大学历史学院。天津 300071〕

---

① "都",可能是指"城邑",正如《史记·田敬仲完世家》云:"(田)襄子使其兄弟宗人尽为都邑大夫。"这个城邑在整个国家的地方组织体系中处于什么位置,是"县"或是其他级别的地域组织,篇幅所限,本文暂且不论。

重识秦汉时期编户齐民的皇权主义

刘 敏

关于历史上农民起义领袖的皇权主义是个老生常谈的论题，在 20 世纪的五六十年代和八十年代学术界曾有过颇为热烈的讨论，或曰皇权主义是农民的特有，或曰皇权主义是封建地主之专利，或曰历史上存在两种，即地主和农民不同的皇权主义等等，莫衷一是。昔日的讨论应该不影响我们今天重新研究和认识历史上农民皇权主义的重要性，因为这个问题实在是与中国古代历史发展关系至大。只有把政治思想史的研究扩展到下层民众，才更能凸显中国古代政治思想的特点和影响。

首先要澄清的，本文所说的编户齐民，其主体无疑是从事农业生产和经营的广大农民，但不管是编户齐民也好，农民也好，仅仅是个与贵族、官僚相对而言的宽泛称谓，既不是阶级概念，也不是严格的等级概念。因为秦汉时期就编户民而言，其中既有吏民，也有贱民，而二者属于不同的等级[①]；就农民而言，其中既有地主，也有自耕农和依附农，二者属于不同的阶级。在编户齐民或者说农民中存在皇权主义或皇权思想意识，经过 20 世纪两个时期的讨论，应该是可以肯定的问题，本文拟在此前提下进一步讨论两个方面问题，即秦汉时期编户齐民皇权主义的表现及这种思想意识存在于下层民众中的原因。

一

20 世纪 80 年代中国学术界关于皇权主义的争论，在一定意义上说是与斯大林关于俄国历史上农民起义领袖的一个说法密切相关的，即：

> 在说到拉辛和普加乔夫的时候，决不应该忘记他们都是皇权主义者，他们反对地主，可是拥护"好皇帝"。要知道这就是他们的口号。[②]

此外，马克思、恩格斯、列宁也有一些说法影响了昔日的讨论，如恩格斯说：

---

① 关于编户齐民、吏民、贱民三者的内涵和关系，笔者在《秦汉时期"吏民"的一体性和等级特点》（载《中国史研究》2008 年第 3 期）及《论"编户齐民"的形成和内涵演化——兼论秦汉时期"吏民"与"编户齐民"的关系》（待发）等文章中有详细论述。

② 《斯大林全集》第十三卷，人民出版社 1956 年版，第 100 页。

　　俄国人民，这些"出于本能的革命者"，固然曾经举行无数次零星农民起义反对过贵族和个别官吏，但是，除掉冒名沙皇者充任人民首领并且自己要求王位的场合从来是没有反对过沙皇的。……相反，沙皇被农民看成人间的上帝；上帝高呼沙皇远——这就是他们绝望中的叹声。①

　　当时的讨论主要是把皇权主义与农民战争相连，以至于有的学者把皇权主义作为农民阶级的思想专利，这是个很大的思想误区。而那些坚持认为皇权主义是封建地主阶级思想的学者也往往征引马克思、恩格斯经典作家的说法，如：

　　　　统治阶级的思想在每一时代都是占统治地位的思想。这就是说，一个阶级是社会上占统治地位的物质力量，同时也是社会上占统治地位的精神力量。支配着物质生产资料的阶级，同时也支配着精神生产的资料，因此，那些没有精神生产资料的人的思想，一般地是受统治阶级支配的。②

　　把皇权主义仅仅看成是农民的或仅仅看成是地主的，其实都包含着一定的偏颇，这是在理论上重归五六十年代的八十年代的历史局限。另外还有学者由于农民反抗斗争的矛头直指最高统治者，而认为农民的皇权主义是反封建的③，或者认为某些农民是没有皇权主义的，而是具有反皇权的思想④。这些都反映了当时理论上的含混模糊。皇权主义作为封建社会的上层建筑，它就是封建的，农民有皇权思想，说明他们的思想中具有封建意识，这是理所当然的事情，但农民也可以有反封建的一面，不能太机械地处理这些概念和关系。其实早在 20 世纪六十年代，翦伯赞就非常深刻地指出："农民反对地主，但没有，也不能把地主当作一个阶级来反对"，"农民反对皇帝，但没有，也不能把皇权当作一个主义来反对"⑤，"农民反对封建压迫、剥削，但没有，也不可能把封建当作一个制度来反对"，农民不可能"在封建社会基础上建立一个非封建性政权"⑥。后来刘泽华也说："批判暴君，抨击暴政同否定君主制度和宗法等级社会关系，在思想发展史上的意义是大不相同的。"⑦ 同样的理论和逻辑道理，秦末农民起义斩杀秦朝的郡守县令、进军咸阳，赤眉绿林大战大败王莽的官军，黄巾起义军高呼"苍天已死，黄天当立"⑧，可以说秦汉时期三次大规模农民起义无一例外的都把反抗斗争矛头指向最高统治者，他们反对官府，反对朝廷，用起义推翻皇帝，但并不等于他们反对皇帝制度，反对皇权，事实恰恰相反，随即发生的历史证明，陈胜也好，刘邦也好，或者是刘玄和刘秀，他们通通都是皇权主义者。

---

① 《马克思恩格斯文选》（两卷集）第 2 卷，人民出版社 1961 年版，第 58 页。
② 《德意志意识形态》，载《马克思恩格斯全集》第三卷，人民出版社 1960 年版，第 52 页。
③ 《农民有没有自己的思想——和蔡美彪、孙祚民同志商榷》，《史学月刊》1964 年第 12 期。
④ 《中国古代农民战争中的皇权主义和反皇权思想》，《福建师范大学学报》1978 年第 4 期。
⑤ 《对处理若干历史问题的初步意见》，《光明日报》1966 年 12 月 22 日。
⑥ 《目前史学研究中存在的几个问题》，《江海学刊》1962 年 6 期。
⑦ 《中国的王权主义》，上海人民出版社 2000 年版，第 348 页。
⑧ 《后汉书·皇甫嵩列传》。

　　对皇权主义这个问题，笔者的总体认识是，皇权主义既是一种思想意识，又不仅仅如此，它也是一种制度，即认为，秦汉时期的皇权主义包括两个而非一个层面的内涵，那就是制度层面和思想层面。所谓皇权，实际就是君主的专制集权，而它首先是一种政治体制，是统治者对社会进行统治管理的一种模式；同时它又是一种思想观念和文化意识，是一种政治理想。就后一层面而论，它还可以分为低、中、高三个层次：低是指社会（大众）性的皇权主义观念信仰，中是指较为系统化的皇权主义政治思想学说，高则是指皇权主义思想所含示的政治哲学观。而秦汉"编户齐民"的皇权思想基本是低层次的，即通俗且粗糙的皇权主义观念信仰（当然其中也隐含着相应的哲学观和世界观），但这正是中国皇权主义异常强大的背景和基础，是君主专制长期超稳定存在的关键原因。

　　统治思想是政治上占统治地位的阶级的思想，而皇权思想无疑是秦汉社会的统治思想，那就是说它是封建统治阶级的思想，但是它同时也反映在编户齐民的思想意识之中，所以从问题的两个方面来看，皇权主义应该是社会性的政治思想，属于贵族官僚，也属于编户齐民，是当时处于封建经济基础和上层建筑的社会中的人们普遍的社会信仰和政治追求。处于社会下层的编户齐民和居于统治地位的贵族官僚同样具有皇权主义思想，这应该是自然和易于理解的事情。简单说二者处于同一的社会环境，同一的经济基础，同一的上层建筑，存在决定意识，二者的思想，特别是政治理想难以存在太大的差别，彼此之间虽然存在矛盾和斗争，但他们处于社会的统一体之中，彼此不同的地位、立场、观念、理想，在一定的条件下会相互转化。

　　中国古代政治制度和政治思想的致命病源在于专制主义铺天盖地，皇权思想无微不至，正如《诗·小雅·正月》所言："谓天盖高，不敢不局；谓地盖厚，不敢不蹐"[①]，世间所有的人均被拘押在皇权的"天盖"之下，皇权主义浸润为社会性观念意识，不仅是上层社会，甚至成为社会基层或底层，即广大编户民的信仰和追求。

　　在编户齐民与皇权主义的关系问题上，笔者不同意学术界关于"皇权主义与乡里社会分离"的观点，而是认为秦汉国家通过编户制、授田制、赐爵制等一系列制度，通过"以法为教"[②]和以经学为核心的全民及地方教育，通过大力宣传和提倡忠孝德法、天人感应、阴阳五行等观念信仰，加强了皇权主义对乡里编户民全方位的影响。而皇权主义在编户民身上的反映主要表现为两个方面的状况：一是崇拜、依附、服从、效力；二是羡慕、觊觎、经营、替代。因此编户齐民既是皇权的基础，也是灭亡皇朝的基本力量。

二

　　编户齐民对皇权的崇拜、依附、服从、效力是密切相联的。笔者认为，中国古代的皇权制度，其实质是一种君主专制集权的政治制度，这种制度严格说造始于春秋战国的社会变革，是伴随贵族分权的宗法封邑制被郡县制替代而形成和确立的，这种制度的主

---

①　《诗经全译》，袁愈荌译，唐莫尧注释，贵州人民出版社 1981 年版，第 285 页。

②　《韩非子·五蠹》。

要内涵之一就是一家一户直接隶属于君主，直接受制于代表君主的朝廷和官府，这就是编户齐民制。编户齐民制拉近了天子和庶民的距离，正像王夫之所说："郡县之天下，诸侯无土，大夫不世，天子与庶人密迩。"① 与原来隶属和依附各级贵族采邑主不同，编户齐民直接隶属于国家，直接依附于君主，这是他们皇权崇拜的基础。传统研究曾经主要依据《诗经·小雅·北山》中"溥天之下，莫非王土；率土之滨，莫非王臣"②的诗句，认为先秦三代有上千年的土地国有或者称之为王有的传统，其实这是一种没有制度依托和实证基础的认识，而实际情况正如马端临在《文献通考》中所说：

> 古之帝王未尝以天下自私也，故天子之地千里，公侯皆方百里，伯七十里，子男五十里，而王畿之内复有公卿大夫采地禄邑，各私其土，子其人，而子孙世守之……三代而上，天下非天子所得私也，秦废封建而始以天下奉一人矣。三代以上田产非庶人所得私也，秦废井田而始捐田产以予百姓矣。③

而恰恰是君主集权制度的确立，特别是秦始皇统一天下后，将郡县制、乡里制、什伍制、编户制强制推向全中国后，才真正实现了土地的国有，这种土地国有实际是最高统治者也就是皇帝所有和普通编户齐民的占有。秦始皇在琅邪石刻中宣称："六合之内，皇帝之土……人迹所至，无不臣者。"④ 这应该是比较实在的说法，与此相比，上引《诗经·小雅·北山》真可谓是虚言，没有实践意义。

君主对全国的土地有了实在的所有权，编户齐民同步具有了土地的占有权，这种占有的土地，或者是国家按户授予的"百亩之田"，或者是按照军功大小而被赏赐的多寡不同的土地。如传统史料记载说：

> 五亩之宅，树之以桑……百亩之田，勿夺其时。⑤
> 魏氏之行田也以百亩，邺独二百亩，是田恶也。⑥
> 今五口之家，治田百亩。⑦
> 今一夫挟五口，治田百亩。⑧
> 能得甲首者，赏爵一级，益田一顷，益宅九亩。⑨

商鞅变法的一项重要内容是：

---

① 《读通鉴论》卷七《宏帝殇帝附》，《船山全书》第十册，岳麓书社1998年版。
② 《诗经全译》，袁愈荽译，唐莫尧注释，贵州人民出版社1981年版，第326页。
③ 马端临：《文献通考·自序》。
④ 《史记·秦始皇本纪》。
⑤ 《孟子·梁惠王上》。
⑥ 《吕氏春秋·乐成》。
⑦ 《前汉纪·孝宣皇帝纪二十》。
⑧ 《汉书·食货志》。
⑨ 《商君书·境内》。

明尊卑爵秩等级，各以差次名田宅，臣妾衣服以家次。①

此外出土简牍也反映出战国秦汉国家授田的情况。如睡虎地秦简《田律》云：

入顷刍稾，以其受田之数，无垦（垦）不垦（垦），顷入刍三石、稾二石。②

《为吏之道》引《魏户律》又云：

廿五年闰再十二月丙午朔辛亥……自今以来，叚（假）门逆吕（旅），赘壻（婿）后父，勿令为户，勿鼠（予）田宇。③

这条律文规定说明，只要不是"叚门逆旅"、"赘壻后父"，都可以立为正式编户和都应该给予田宅。另外，张家山汉简《二年律令·户律》中还有这样两条律文：

关内侯九十五顷，大·庶·长·九·十·顷，驷·车庶长八十八顷，大上造八十六顷，少上造八十四顷，右更八十二顷，中更八十顷，左更七十八顷，右庶长七十六顷，左庶长七十四顷，五大夫廿五顷，公乘廿顷，公大夫九顷，官大夫七顷，大夫五顷，不更四顷，簪袅三顷，上造二顷，公士一顷半顷，公卒、士五（伍）、庶人各一顷，司寇、隐官各五十亩。

宅之大方卅步。彻侯受百五宅，关内侯九十五宅，大庶长九十宅，驷车庶长八十八宅，大上造八十六宅，少上造八十四宅，右更八十二宅，中更八十宅，左更七十八宅，右庶长七十六宅，左庶长七十四宅，五大夫廿五宅，公乘廿宅，公大夫九宅，官大夫七宅，大夫五宅，不更四宅，簪袅三宅，上造二宅，公士一宅半宅，公卒、士五（伍）、庶人一宅，司寇、隐官半宅。④

于此可见，中国历史上编户齐民最初的私有土地是从国家那里获得的，是君主、皇帝"恩赐"的，这种被授予和被赐予的土地私有含量较高，表现为可以继承和转让，甚至是买卖，这种程度的土地占有实际也可以称之为土地的准所有权。其实何止是田宅来自君主或皇帝的赏赐，可以说当时人社会生活中的一切利益，包括官禄、爵位、财产等等均与皇权有关，皇权成为全部社会价值的渊薮，编户齐民因此而具有感恩情愫，这是一种很简单朴素的情感，加之作为感恩对象的皇帝比以往的采邑主地位要高高在上得多，权力也要大得多，这种距离、高度和权力的分量也使他们会对皇帝更加仰视、遥望、畏惧，因而易于产生崇拜，即便不是崇拜，也是易于承认和接受其专制集权的统治。

编户齐民对皇权的崇拜依附与皇权本身的性质有关，皇权作为一种专制政体，属于

---

① 《史记·商君列传》。
② 《睡虎地秦墓竹简》，文物出版社1978年版，第27—28页。
③ 《睡虎地秦墓竹简》，文物出版社1978年版，第292—293页。
④ 《张家山汉墓竹简［二四七号墓］》，文物出版社2001年版，第175—176页。

上层建筑范畴，是建立在小农经济基础上的，其对小农经济，对编户齐民是要竭力保护的，这符合皇权的利益。秦汉的皇帝、朝廷、官府，作为国家统治机器，其实是具有一定的超阶级性的，它并不是时时事事都代表贵族官僚地主，秦汉国家对王侯贵族、对官僚、对豪强的抑制、打击和处罚是经常的，甚至是非常残酷的，迁徙豪强、酷吏政治、限民名田，都是为了维护小农经济。

迁徙豪强是秦和西汉长时期实行的一项抑制兼并、保护小农、加强皇权的政策。略陈几则史料以证之：

> （秦始皇二十六年）徙天下豪富于咸阳十二万户。①
>
> 刘敬从匈奴来，因言："今陛下虽都关中，实少人。北近胡寇，东有六国之族，宗强，一日有变，陛下亦未得高枕而卧也。臣愿陛下徙齐诸田，楚昭、屈、景、燕、赵、韩、魏后，及豪杰名家居关中。无事，可以备胡，诸侯有变，亦足率以东伐。此强本弱末之术也。"上曰："善。"乃使刘敬徙所言关中十余万口。②
>
> （汉武帝元朔二年）徙郡国豪杰及訾三百万以上于茂陵。
>
> （汉武帝）太始元年……徙郡国吏民豪桀于茂陵、云陵。③
>
> （汉宣帝）本始元年春正月，募郡国吏民訾百万以上徙平陵。④
>
> 平当字子思，祖父以訾百万，自下邑徙平陵。⑤
>
> （汉成帝鸿嘉二年）徙郡国豪杰訾五百万以上五千户于昌陵。⑥

酷吏政治基本是从景、武时期开始出现的，是加强专制皇权的重要措施，酷吏打击的对象既广又滥，但首当其冲的无疑是大家豪族。因为自汉朝建立以来，六国贵族后裔、豪杰游侠、大姓豪强等地方势力一直是汉朝廷的心病，在两汉史料中充满了如下记载："大姓犯法"⑦；"豪强大姓，蚕食亡厌"⑧；"大姓侵小民"⑨；"郡之大姓，其子弟宾客为人暴害"⑩；"起坞壁，缮甲兵，为在所害"⑪；"宁负二千石，无负豪大家"⑫等等。有学者认为，汉武帝所以重用酷吏，是由于他们唯君命是从，此话无误，但不显深刻，关键还是酷吏能够满足皇帝打击豪强，保护小农经济基础的需要。汉代酷吏的"治绩"，主要是杀大姓、除豪贼，如西汉酷吏赵广汉，

---

① 《史记·秦始皇本纪》。
② 《史记·刘敬列传》。
③ 《汉书·武帝纪》。
④ 《汉书·宣帝纪》。
⑤ 《汉书·平当传》。
⑥ 《汉书·成帝纪》。
⑦ 《汉书·杨敞传》。
⑧ 《汉书·鲍宣传》。
⑨ 《后汉书·马援传》。
⑩ 《后汉书·仁延传》。
⑪ 《后汉书·李章传》。
⑫ 《汉书·严延年传》。

> 初为颍川太守。诛大姓首恶。郡中震栗。一切治理威名。流闻匈奴。①
> 为京兆尹廉明，威制豪强，小民得职。②

又如东汉酷吏李章，

> 经明教授，历州郡吏。光武为大司马，平定河北，召章置东曹属，数从征伐。光武即位，拜阳平令。时赵、魏豪右往往屯聚，清河大姓赵纲遂于县界起坞壁，缮甲兵，为在所害。章到，乃设飨会，而延谒纲。纲带文剑，被羽衣，从士百余人来到。章与对宴饮，有顷，手剑斩纲，伏兵亦悉杀其从者，因驰诣坞壁，掩击破之，吏人遂安。迁千乘太守……③

限民名田是西汉一代屡屡被提议实施的抑制土地兼并措施，最早是汉武帝时大思想家董仲舒在上书中提出：

> 古井田法虽难卒行，宜少近古，限民名田，以澹不足，塞并兼之路。盐铁皆归于民。去奴婢，除专杀之威。薄赋敛，省繇役，以宽民力。然后可善治也。④

西汉朝廷还制定法律限制商人兼并和占有土地，以保护小农：

> 贾人有市籍者，及其家属，皆无得籍名田，以便农。⑤

西汉后期土地兼并更加剧烈，统治阶级中，特别是掌权大臣，限制土地占有数量的呼声愈加强烈，《食货志》记载：

> 哀帝即位，师丹辅政，建言："古之圣王莫不设井田，然后治乃可平。孝文皇帝承亡周乱秦兵革之后，天下空虚，故务劝农桑，帅以节俭，民始充实。未有并兼之害，故不为民田及奴婢为限。今累世承平，豪富吏民訾数巨万，而贫弱俞困。盖君子为政，贵因循而重改作，然所以有改者，将以救急也。亦未可详，宜略为限。"天子下其议。丞相孔光、大司空何武奏请："诸侯王、列侯皆得名田国中。列侯在长安，公主名田县道，及关内侯、吏民名田皆毋过三十顷。诸侯王奴婢二百人，列侯、公主百人，关内侯、吏民三十人。期尽三年，犯者没入官。"

应该承认，秦汉历史上的迁徙豪强也好，酷吏打杀大家也好，或者是限民名田，其保护小农的效果都是有限的，但这些政策和做法提出，尤其是在短时间内的影响还是易

---

① 《前汉孝宣皇帝纪》卷十八。
② 《汉书·赵广汉传》。
③ 《后汉书·李章传》。
④ 《汉书·食货志》。
⑤ 《史记·平准书》。

于获得下层编户民的好感和拥护，就如同马克思描述法国农民对政府的评价时所说："农民根据葡萄酒税来鉴别政府的气味，判断政府的倾向"①，非常直接，非常实际，又非常的简单和具体，这就是小农经济下的编户齐民对皇权的直觉。

编户齐民对皇权的崇拜和依附，无疑还与统治者的宣传教育，实行一统化的思想控制有关。从战国到秦汉无论是儒家还是法家，都十分强调统一思想的重要性，不论是法家的"以吏为师"还是儒家的"以师为吏"，其目的和作用是一致的，都是在用统治者所尊崇的思想来教育、影响、统一全体编户齐民的思想意识和观念信仰，这恰恰造成秦汉时期皇权主义的无所不在。法家最大代表韩非说：

> 儒以文乱法，侠以武犯禁，而人主兼礼之，此所以乱也。夫离法者罪，而诸先生以文学取；犯禁者诛，而群侠以私剑养。故法之所非，君之所取；吏之所诛，上之所养也。法趣上下四相反也，而无所定，虽有十黄帝不能治也。……故明主之国，无书简之文，以法为教；无先王之语，以吏为师；无私剑之捍，以斩首为勇。是境内之民，其言谈者必轨于法，动作者归之于功，为勇者尽之于军。是故无事则国富，有事则兵强，此之谓王资。既畜王资而承敌国之釁，超五帝，侔三王者，必此法也。②

李斯也说：

> 古者天下散乱，莫能相一，是以诸侯并作，语皆道古以害今，饰虚言以乱实，人善其所私学，以非上所建立。今陛下并有天下，辨白黑而定一尊；而私学乃相与非法教之制，闻令下，即各以其私学议之。入则心非，出则巷议，非主以为名，异趣以为高，率群下以造谤。如此不禁，则主势降乎上，党与成乎下……臣请诸有文学《诗》《书》百家语者，蠲除去之。令到满三十日弗去，黥为城旦。所不去者，医药卜筮种树之书。若有欲学者，以吏为师。③

秦始皇要用自己欣赏的法家思想统一天下人的思想，以达到全国的编户齐民"其言谈者必轨于法，动作者归之于功，为勇者尽之于军"的"境界"，从实现统一集权，树立皇权的绝对权威的目的出发，这种主张应该说是对的，但李斯过于极端的"焚书"办法有问题，焚书坑儒不但没有达到思想一统，维护皇权，巩固统一的目的，反而成为秦朝二世速亡的重要原因之一。

秦朝君臣没有实现的统一思想的理想后来汉朝君臣实现了，特别是汉武帝及以后的君臣真正实现了。如众所知，汉武帝采纳董仲舒的思想主张，董仲舒说：

---

① 马克思：《1848 年至 1850 年的法兰西阶级斗争》，《马克思恩格斯选集》第一卷，人民出版社 1995 年版，第 454 页。

② 《韩非子·五蠹》。

③ 《史记·李斯列传》。

《春秋》大一统者，天地之常经，古今之通谊也。今师异道，人异论，百家殊方，指意不同，是以上亡以持一统；法制数变，下不知所守。臣愚以为诸不在六艺之科孔子之术者，皆绝其道，勿使并进。邪辟之说灭息，然后统纪可一而法度可明，民知所从矣。①

比较一下韩非与董仲舒的说法，我们惊讶地发现，二者除了法、儒内涵的明显差异外，而统一思想的办法主张，实际是颇为相似的，之所以前者失败后者成功，汉代儒学之所以能成功地成为独尊，笔者以为其中重要的原因之一，就是汉儒用阴阳五行等数术方技，用谶纬等荒诞迷信对先秦儒学进行了改造，即充分利用了民间广泛而长久存在的观念信仰，儒学由于有了根植的土壤，即民间基础，才得以深入乡里民户。

比如说天人思想，其实这是上古民间长期普遍存在的观念信仰。董仲舒说："天人之际，合而为一"②，又说：

天地之气，合而为一，分为阴阳，判为四时，列为五行。③

这些出于思想家的理论化的说法，在一定意义上不过是民间长期固有观念信仰的归纳总结。可以说董仲舒和汉武帝以及后来的汉代君臣比较好的按到了民间传统思想、观念信仰的脉动，这是他们高明于秦始皇的地方。秦始皇是过于狂妄自大了，他既不敬天也不祀神，和湘神斗，和海神战，就更不要说重视编户齐民的思想信仰了，结果他失败了。有学者估计，秦始皇的这种情况与整个秦文化"重人事轻鬼神"的特点有关，这恐怕是个可以继续讨论的问题。虽然出土于今天湖北的睡虎地秦简中的《日书》较之出土于今天甘肃的放马滩秦简中的《日书》要丰富得多，明显是融入了楚文化的结果，但是这两种秦简的《日书》内容基本还是一致的，并没有实质性的差别，所以秦始皇不敬天，不祀神，不理睬民众信仰的原因，恐怕还是要从皇帝制度的初建及秦始皇个性特点找答案。

《日书》是古人选择时日，占验吉凶的生活实用手册，类似于今天民间仍有影响的黄历。最近几十年考古发现的战国秦汉简帛中，包含有丰富的《日书》材料④，其中所记载的基本都是生活在社会基层乡里的编户齐民的日常生活琐事，衣食住行，生老病死，基本与国家政治大事无关，然而平平常常的生活凡事，《日书》中并没有直白地道出，而是把日常生活的各种事情与阴阳五行联系在一起，使简单生活小事也变得颇为神秘。如其中关于栽培农作物的宜忌：

五种忌，丙及寅禾，甲及子麦，乙巳及丑黍，辰麻，卯及戌叔（菽），亥稻，

---

① 《汉书·董仲舒传》。
② 《春秋繁露》卷第十《深察名号》第三十五。
③ 《春秋繁露》卷第十三《五行相生》第五十八。
④ 如湖北江陵九店楚简《日书》、上海博物馆藏战国楚简《日书》残片、湖北云梦睡虎地秦简《日书》、甘肃天水放马滩秦简《日书》、湖北沙市周家台关沮秦简《日书》、湖北江陵岳山秦牍《日书》、湖北江陵王家台汉简《日书》、湖北随州孔家坡汉简《日书》等等。

不可以始种及获赏（尝），其岁或弗食。

正月申，四月寅，六月巳，十月亥，是胃（谓）地枸，神以毁宫，毋起土攻（功），凶。月中旬，毋起北南陈垣及（背）矰（增）之，大凶。四月丙午，是胃（谓）召（招）笑（摇）合日，不可垣，凶。四月酉，以坏垣，凶。入月十七日，以毁垣，其家日减。春三月毋起东乡（向）室，夏三月毋起南乡（向）室，秋三月毋起西乡（向）室，冬三月毋起北乡（向）室。以此起室，大凶，必有死者。①

宜忌与时月、旬日、干支相连。《日书》中的宜忌特别多，从种庄稼到盖房子，从婚嫁到居行，各种行为都受到忌俗的制约。从《日书》来看，人本身主宰不了人事，一切皆由天定，人们只能遵从天命。所以汉代思想家张衡说：

世俗信祸祟，以为人之疾病死亡，及更患被罪，戮辱欢笑，皆有所犯。起功、移徙、祭祀、丧葬、行作、入官、嫁娶，不择吉日，不避岁、月，触鬼逢神，忌时相害。故发病生祸，絓法入罪，至于死亡，殚家灭门，皆不重慎，犯触忌讳之所致也。②

趋祥避灾选时择日的天人感应观念，在秦汉时期是社会上层下层都普遍存在的。如《史记·日者列传》记载：

孝武帝时，聚会占家问之，某日可取妇乎？五行家曰可，堪舆家曰不可，建除家曰不吉，丛辰家曰大凶，历家曰小凶，天人家曰小吉，太一家曰大吉。辩讼不决，以状闻。制曰：'避诸死忌，以五行为主。'人取于五行者也。

看来皇帝与编户齐民在这一点上没什么区别。

除了天命、神鬼、宜忌之外，传统文献史料以及出土的《日书》中还反映出阴阳、五行等思想观念在编户齐民日常生活中的作用影响。如睡虎地秦简《日书》中载：

金胜木，火胜金，水胜火，土胜水，木胜土……
东方木。南方火，西方金，北方水，中央土……
甲乙有疾，父母为祟，得之于肉，从东方来，裹以桼（漆）器。戊己病，庚有【闲】，辛酢。若不【酢】，烦居东方，岁在东方，青色死。丙丁有疾，王父为祟，得之赤肉、雄鸡、酉（酒）。庚辛病，壬有闲，癸酢。若不酢，烦居南方，岁在南方，赤色死。戊己有疾，巫堪行，王母为祟，得之于黄色索鱼、堇酉（酒）。壬癸病，甲有闲，乙酢。若不酢，烦居邦中，岁在西方，黄色死。庚辛有疾，外鬼伤（殇）死为祟，得之犬肉、鲜卵白色，甲乙病，丙有闲，丁酢。若不酢，烦居西方，岁在西方，白色死。壬癸有疾，母（毋）逢人，外鬼为祟，得之于酉（酒）

① 《睡虎地秦墓竹简·日书甲种》，文物出版社1990年版。
② 《论衡》卷第二十四《辨祟篇》。

脯修节肉。丙丁病，戊有闲，酢。若不酢，烦居北方，岁在北方，黑色死。①

阴阳五行的思想观念不但指导人们日常生活中的宜忌择日，更重要的是规范人们的尊卑贵贱，确定人们的社会位置和彼此间的等级关系。正是有民众这种观念信仰作为基础，才使得汉儒们以天人感应、阴阳五行、鬼神宜忌的普遍观念改造先秦儒家的思想学说时，就比较容易被处于社会下层的编户齐民所接受。比如从阴阳思想导引出君为臣纲、父为子纲、夫为妻纲的政治和社会原则，又比如王莽、刘秀者流为了代汉，为了当皇帝，为了争得天下人的支持或者起码是认可，就要造祥瑞、编谶言，也是按准了汉代社会的思想脉动。根植于民间的统治思想才真正是社会化的思想，它对一个时代的习俗风尚的形成有着不可估量的重要影响。汉代儒学与迷信结合成为社会性的习俗，几乎无人能够脱俗，王充是汉代唯物主义第一家，反谶纬斗士，但其大讲命定骨相：

> 凡人遇偶及遭累害，皆由命也。有死生寿夭之命，亦有贵贱贫富之命。自王公逮庶人，圣贤及下愚，凡有首目之类，含血之属，莫不有命。命当贫贱，虽富贵之，犹涉祸患，[失其富贵] 矣；命当富贵，虽贫贱之，犹逢福善，[离其贫贱]矣。故命贵从贱地自达，命贱从富位自危。故夫富贵若有神助，贫贱若有鬼祸。命贵之人，俱学独达，并仕独迁；命富之人，俱求独得，并为独成。贫贱反此，难达，难迁，[难得]，难成；获过受罪，疾病亡遗，失其富贵，贫贱矣。是故才高行厚，未必（可）保其必富贵；智寡德薄，未可信其必贫贱。或时才高行厚，命恶，废而不进；知寡德薄，命善，兴而超踰。故夫临事知愚，操行清浊，性与才也；仕宦贵贱，治产贫富，命与时也。②

张衡在奏疏中也是一方面抨击谶纬，一方面又宣传风候风角，曰：

> 永元中，清河宋景遂以历纪推言水灾，而伪称洞视玉版。或者至于弃家业入山林，后皆无效，而复采前世成事，以为证验。至于永建复统，则不能知。此皆欺世罔俗，以昧势位，情伪较然，莫之纠禁。且律历、卦候、九宫、风角，数有征效，世莫肯学，而竞称不占之书。譬犹画工，恶图犬马而好作鬼魅，诚以实事难形，而虚伪不穷也。③

像王充、张衡这些大思想家大学问家都不能例外，一般的儒生方士就更不用言及，他们或大讲天文谶记，或推言数术风候。另外，在出土的当时的砖石、瓦当、铜镜、墓刻中也有丰富的阴阳五行、神仙方术的内容。比如像汉代的铜镜颇能反映当时人们的观念信仰，铜镜一般是仿照天象而制造，周边铸有天干、地支、四神、八卦、二十八宿等名称，另外还有表现人们理想的铭文。如河南新野县出土的一面汉代铜镜，上面有铭

---

① 《睡虎地秦墓竹简·日书甲种》。
② 《论衡校释》卷一《命禄篇》。
③ 《后汉书·张衡列传》。

文曰：

> 池氏作镜大毋伤，天公行出乐未央，左龙右虎居四方，子孙千人富贵昌。①

中国历史博物馆收藏的铜镜拓本中，有一件博局镜铭文：

> 新有善铜出丹阳，和以银锡清且明，左龙右虎掌四彭（方），朱雀玄武顺阴阳，八子九孙治中央，刻具博局去不羊（祥），家常大富宜君王。②

短短的铭文不但反映出时人的富贵理想，甚至还隐含着君权观念。

统治者神化皇权，是由于民间本身就有神鬼的观念，统治者搞天人感应，是因为民间有着深厚的敬天祀鬼传统，民间普遍的鬼神信仰是统治者天命、神授、符瑞、谶纬、五德转换、皇权神授等等宣传发生作用的前提基础。皇权既神授又可及，前者源于对天、神、鬼的崇敬，后者则与家国同构、君父相连、忠孝一体的文化特点有关。

众所周知，汉代以孝治天下，应该说这有其特殊的原因，那就是五行思想、五德终始学说的影响，即汉为火德，而火德为孝，如东汉荀爽所说：

> 汉为火德，火生于木，木盛于火，故其德为孝，其象在《周易》之《离》。夫在地为火，在天为日。在天者用其精，在地者用其形。夏则火王，其精在天，温暖之气，养生百木，是其孝也。冬时则废，其形在地，酷烈之气，焚烧山林，是其不孝也。故汉制，使天下诵《孝经》，选吏举孝廉……③

家中强调父子长幼之别，不在意对错之分，孝敬家长关键在于顺从其意。由家及国推而广之，对君主的忠顺也是一样。孔子说：

> 君子之事亲孝，故忠可移于君。事兄悌，故顺可移于长。居家理，故治可移于官。是以行成于内，而名立于后世矣。④

汉人则进一步说："国以简贤为务，贤以孝行为首。"⑤"举孝廉"是汉代最主要的察举科目，利用教育教化、简贤任官，将孝的观念引入治国，引申为忠，宣传灌输忠孝观念以达到掌控全体编户齐民思想的目的，为此甚至又把忠孝由道德引入法律，奖励孝与惩罚不孝并重，不符合孝的言行做法不仅仅是不道德，而且被视为是不法犯罪，即封建国家以"不孝入罪"，这是重视孝到极致的一种表现，对于不孝行为，是法律重点要打击

---

① 转引刘绍明《天公出行镜》，载《中国文物报》1996 年 5 月 26 日。

② 转引周铮《"规矩镜"应改称"博局镜"》，载《考古》1987 年第 12 期。

③ 《后汉书·荀爽列传》。

④ 《孝经·广扬名章第十四》。

⑤ 《后汉书·韦彪列传》。

惩处的。如西汉时期，杨敞、霍光等大臣在奏疏中曾说："五辟之属，莫大不孝"①，东汉肃宗孝章帝于诏令中也说："《甫刑》三千，莫大不孝"②。由于传统文献史料主要记载的是当时社会上层的事情，许多时候会牵涉到政治斗争，一般来说不孝之罪都要判死刑，其中对不孝行为最严厉的惩罚当属西汉美阳女子告子不孝案。据《汉书·王尊传》载：

> 美阳女子告假子不孝，曰："儿常以我为妻，妒笞我。"尊闻之，遣吏收捕验问，辞服。尊曰："律无妻母之法，圣人所不忍书，此经所谓造狱者也。"尊于是出坐廷上，取不孝子县磔着树，使骑吏五人张弓射杀之，吏民惊骇。

《二年律令》是二十世纪八十年代中期出土的张家山汉简的重要组成部分③，是有关西汉前期的法律文书④，其中包括了惩罚不孝的原始法律条文。如：

> 子贼杀伤父母，奴婢贼杀伤主、主父母妻子，皆枭其首市。
> 子牧杀父母，殴晋泰父母、父母、假大母、主母、后母，及父母告子不孝，皆弃市。
> 贼杀伤父母，牧杀父母，殴晋父母，父母告子不孝，其妻子为收者，皆锢，令毋得以爵偿、免除及赎。⑤
> 杀伤大父母、父母，及奴婢杀伤主、主父母妻子，自告者皆不得减。⑥

总之，家国同构、君父相连、忠孝一体，正是在这样的一种思想观念制约下，编户齐民崇拜敬畏皇权，轻易不敢违忤君主，更难以直接与皇权对抗。编户从国家的户籍制度逐渐演化为居民的本性，正所谓"安土重迁，黎民之性"⑦。着籍编户，纳税服役，这是君主专制下良民的标志，脱离户籍谓之"亡命"，是秦汉国家极力打击惩处的对象，是"七科谪"之一⑧，是国家惩罚性戍边的首发人群之一。编户本来是专制国家规制的管理社会的一种制度，长期实行的结果，化成了编户民的本性，不仅在正史，在秦汉时期的诗文中也有生动的反映，如：

> 行行重行行，与君生别离。相去万余里，各在天一涯；道路阻且长，会面安可知！胡马依北风，越鸟巢南枝。相去日已远，衣带日已缓；浮云蔽白日，游子不顾

---

① 《汉书·霍光传》，师古注曰："五辟，即五刑也。"
② 《后汉书·齐武王寅列传》。
③ 张家山二四七号汉墓位于湖北省江陵县（今荆州市荆州区）城西南，于 1983 年底发现并开始发掘。详见《张家山汉墓竹简［二四七号墓］》，文物出版社 2001 年版。
④ 二年，是指吕后二年，即公元前 186 年。
⑤ 《二年律令·贼律》。
⑥ 《二年律令·告律》。
⑦ 《汉书·元帝纪》。
⑧ 古人对"七科谪"的解释并非一致，但学界一般依从张晏的说法。据《汉书·武帝纪》注引张晏曰："吏有罪一，亡（人）［命］二，赘婿三，贾人四，故有市籍五，父母有市籍六，大父母有市籍七，凡七科也。"

返。思君令人老，岁月忽已晚。弃捐勿复道，努力加餐饭！

这是古诗十九首中的《行行重行行》，古诗十九首中还有许多类似的诗句，反映的都是对安居生活的赞美和追求。安土重迁是皇权政治下编户齐民思想观念的主要特点。

编户齐民的皇权思想虽然不像贵族官僚、士大夫思想家那样的系统完备、精深复杂，构成所谓的理论、学说等，而是简单粗糙，但是二者孕育和生长于同一个土壤基础，而当皇权主义不仅仅是君主的思想、统治者的思想、士大夫的思想，而且泛化为广大编户齐民的思想，被社会普遍接受之后时，它就不再是一种精致的学说，而是成为一种社会性的政治思想文化，它看似简单粗糙，不如士大夫的思想那么完备精致，但其作用影响却要大得多，也深远得多。

承认皇帝的最高权力，承认皇权的合理性，因而服从、接受、效力，甚至崇拜、依附，这是编户齐民皇权主义的一个方面的表现形式。

三

编户齐民皇权主义再一个方面的表现就是对皇权的羡慕、觊觎、经营和替代，从陈胜"王侯将相宁有种乎"的惊世呐喊[1]，到刘邦"大丈夫当如此"的喟然感叹[2]，再到黄巾起义军"苍天已死，黄天当立"的宣言[3]，都是这个方面的反映。

从更宏观的世界历史范围考察，农民起义领袖不一定都有当皇帝的要求，如欧洲封建社会的农民起义领袖，就很少有想当皇帝、国王的。金观涛、刘青峰在《兴盛与危机——论中国封建社会的超稳定结构》一书中就谈到这一点："欧洲封建社会的农民起义领袖，很少有想当皇帝的。西欧早期农民起义的目的与口号是：恢复公社自由，恢复氏族神；反对封建化农奴化。公元841—842年，查理帝国内萨克森农民起义，他们的口号是'照往昔一样地生活'，希望恢复村社制度。西欧封建社会中后期的农民起义、主要是反对农奴制度，要求归还土地。1381年，英国农民起义规模相当大，英国四十个郡中有二十五个郡参加了起义，起义军在泥瓦匠窝特·泰勒和下级教士约翰．保尔的领导下，甚至一度攻占了首都伦敦，英王查理成了阶下囚。但是义军中并没有人想当皇帝，只是杀了一批贪官污吏，要求废除农奴制，把教会土地分给农民。1476年德国汉斯·贝海姆起义，战斗口号是'从今后不应再有皇帝，亦无诸侯，亦无教皇，亦无其他教会官厅或世俗官厅'。当然，欧洲农民起义也不是没有皇权主义，如沙俄普加乔夫领导农民起义时，诈称是叶卡特琳娜二世的丈夫彼得第三，因受其妻暗算而逃亡。但农民起义首领自称为皇帝的现象是极为罕见的。"而中国农民起义领袖普遍都想要当皇帝，中西方历史的这种差异的原因是什么？金、刘认为在于社会结构不同，中国家国同构，忠孝一体……（农民）在家庭中往往又是封建家长，享有父权、夫权；而家庭又是国家组织的同构体，孝亲和忠君同构，父权与皇权相对应；因此，中国农民从封建家庭生

---

① 《史记·陈涉世家》。

② 《史记·高祖本纪》。

③ 《后汉书·皇甫嵩列传》。

活中可以获得国家组织原则的精神要素，从而对以皇权为中心的国家政权形式很容易理解和接受；在农民大起义时，农民也会以家庭组织形式为模板，建立以宗法家长制为组织原则的政权，这种政权由于同构效应，极易转化为以皇权为中心的政权。金、刘的分析应该承认是深刻的，"家国同构，忠孝一体"的社会结构是中国农民普遍想当皇帝，也能够当皇帝的重要原因，除此之外，笔者认为还与以下几个方面因素有关。

首先，也是社会结构问题。秦汉时期编户齐民具有皇权思想，敢于想入非非，与当时虽然是等级制社会，但其等级结构是流动而不凝固的社会状况有关。秦汉时期整个等级构成是稳定的，但具体到每个人的等级身份又是可以变动的，如官、爵是确定人们等级的主要依据，而编户齐民可以通过多种途径获得官、爵。秦代就存在以军功入仕、以客卿入仕、以吏入仕、以通法入仕、以告奸入仕、以才俊入仕、以幸入仕等。汉代的仕路则更宽，察举、任子、征辟、荐举、学校课试、纳资等，其中仅察举制就包括了孝廉、茂材、贤良、文学、明经、明法、明阴阳灾异等等。获得爵位的途径也很多：因功、因亲、因幸、因赀等。当时有多种渠道可以改变人们原有的等级身份，等级之间充满了人员的流动。存在决定意识，等级之间的流动造成人们等级观念不强，并因此也活跃了人们的思想和追求，人们不认为眼前的等级身份是固定不变的。这种可变的思想主要源于和始于春秋战国以来的变革，血缘宗法制、贵族世袭官吏制的弱化，任贤使能的官僚制的发展，普通的庶民黔首、编户齐民不但可以为官占爵，而且可以出将入相，沿着这样一个思维范式推演，称君称王当皇帝，自然也是顺理成章的事情。秦汉历史三姓四朝，刘邦、刘秀均龙兴民间，李斯、韩信、陈平、周勃、公孙弘等布衣将相更是不可胜数，后妃外戚的情况愈加明显，文帝窦后、武帝卫后、李夫人、宣帝许后、成帝赵后等均出身低微，所以清人赵翼在《廿二史札记》中专辟《汉代后妃多出低贱》一目。秦汉时期等级的流动性和等级观念的不严格性，造成了编户齐民王侯无种、自可为之的观念理想。

再者是秦汉时期下层民众中广泛的政治参与意识。说来很奇怪，秦汉时期是典型的君主专制社会，没有什么民主政治可言，但是一般的老百姓却对政治，对社会上层的事情颇为关注。如《史记·陈涉世家》记载，"尝与人佣耕"的陈胜吴广等这些编户闾左们，对秦朝上层统治者内部的关系，即矛盾斗争就颇为了解。陈胜说：

> 天下苦秦久矣！吾闻二世少子也，不当立；当立者乃公子扶苏。扶苏以数谏故，上使外将兵。今或闻无罪，二世杀之。百姓多闻其贤，未知其死也。项燕为楚将，数有功，爱士卒，楚人怜之。或以为死，或以为亡。今诚以吾众诈自称公子扶苏、项燕，为天下唱，宜多应者。

吴广也认为是这样。而陈胜吴广等人的信息和当时秦朝宫廷内部的情况是完全相符的，可见他们对当时政治的关注，并加以利用，实际是参与到了秦末政治斗争之中。

又据《史记·刘敬列传》载，刘（娄）敬是从齐地前往陇西的一名普通戍卒，途经洛阳时，毛遂自荐于汉高祖，劝其迁都秦地，说：

> 秦地被山带河，西塞以为固，卒然有急，百万之众可具也。因秦之故，资甚美

膏腴之地，此所谓天府者也。陛下入关而都之，山东虽乱，秦之故地可全而有也。夫与人斗，不搤其肮，拊其背，未能全其胜也。今陛下入关而都，按秦之故地，此亦搤天下之肮而拊其背也。

之后他又建议与匈奴实行"和亲"，均被刘邦采纳，后来的历史发展证明娄敬的建议是对的，其本人也在这种政治参与中得到了拜官封爵的好处，应该说这种结果也正是下层民众政治参与的目的之一。

在秦汉史料中有比较丰富的民谚、民歌、民谣，反映出当时多层面的社会生活，其中有相当数量的谣谚是与政治相关的，虽然不能说这些民谣民谚均出自下层民众的创造，但其中有些是与民间有关的，即便有些出自官僚士人之手，但也往往由于受到民间的重视和传唱，谣谚才得以广泛流传，发挥巨大的政治效应。略举几条，以示秦汉社会中民众政治参与的又一表现形式。

卫子夫立为皇后后，其弟卫青以大将军封为长平侯，四个儿子全部封侯①，甚至有的还在襁褓之中，卫氏家族贵震天下，故天下歌之曰：

生男无喜，生女无怒，独不见卫子夫霸天下！②

这首歌谣既反映出民众对卫氏家族的羡慕之情，也表现出对皇权专制下外戚无原则富贵的不满和讽刺。

小麦青青大麦枯，谁当获者妇与姑。丈人何在西击胡，吏买马，君具车，请为诸君鼓咙胡。③

东汉元嘉年间，凉州诸羌一时俱反，南入蜀、汉，东抄三辅，延及并、冀，极大威胁到老百姓的生活和生命。失败的战争破坏了生产，男人去打仗，小麦多委弃，只有妇女在获刈。"吏买马，君具车"，是说调发重及有秩者，"请为诸君鼓咙胡"，是说人们不敢明言，只能私咽语。歌谣表现了人们对汉桓帝时期政治腐败下对羌战争失败和负担的强烈不满。

直如弦，死道边；曲如钩，反封侯。④
举秀才，不知书；察孝廉，父别居。寒素清白浊如泥，高第良将怯如鸡。⑤

这是两首非常著名的谣谚，讽刺和抨击的是外戚擅政和宦官专权下仕途的黑暗和政治的腐败。

---

① 四子之中包括长子伉为侯世子。
② 《史记·外戚世家》。
③ 《后汉书·五行志》。
④ 《后汉书·五行志》。
⑤ 《潜夫论笺校正》卷二。

这些流行于民间的歌谣，如果皇帝、朝廷、官府等统治者对其置之不理，那会直接影响到民众关注政治和传播谣谚的积极性，而实际的情况恰好不是如此，统治者对此非常重视，民间谣谚一方面成为他们修订政策，以顺应民意的依据，另一方面也成为包括皇帝在内的贵族官僚们利用来进行政治斗争的工具。

汉文帝是历史上的好皇帝，但历来有人认为他具有虚伪的一面，特别表现在对其兄弟淮南王刘长的问题上。刘长谋反当诛，文帝如果按国法将其杀掉，也没什么好说的，但他却以"朕不忍置法于王"而将其流放，刘长受不了囚解流放的耻辱，在流放途中自杀而死。这其实应该是汉文帝希望的结果，既无杀弟之责，又得除患之惠。但其后民间却广泛流传一首民谣：

> 一尺布，尚可缝；一斗粟，尚可舂。兄弟二人不能相容。

文帝闻之后曰：

> 尧舜放逐骨肉，周公杀管蔡，天下称圣。何者？不以私害公。天下岂以我为贪淮南王地邪？

文帝是否贪淮南王国之地是个比较隐晦的问题，但文、景、武三代君主致力于削弱诸侯王势力，包括缩小王国辖地，削夺诸侯王权利，则是没有疑义的问题。这首民谣成为一种社会舆论，促使汉文帝最终没有把淮南国的土地收归汉朝廷，而是迁"徙城阳王王淮南故地，而追尊谥淮南王为厉王，置园复如诸侯仪"①。

王莽作为知识分子出身的政治家，深谙民间舆论和社会思想的作用影响，在其掌权、摄政、代汉、称帝的发展过程中，不但制造了大量的符瑞谶语，也有大批的民歌、谣谚，史书记载说：

> 风俗使者八人还，言天下风俗齐同，诈为郡国造歌谣，颂功德，凡三万言。②

估计歌谣要有上千首之多。

秦汉史料中还有大量吏民上书言事的记载，成为下层民众参与政治的重要表现形式。如：第五伦

> 虽为二千石，躬自斩刍养马，妻执炊爨。受俸裁留一月粮，余皆贱贸与民之贫赢者。会稽俗多淫祀，好卜筮。民常以牛祭神，百姓财产以之困匮，其自食牛肉而不以荐祠者，发病且死先为牛鸣，前后郡将莫敢禁。伦到官，移书属县，晓告百姓。其巫祝有依托鬼神诈怖愚民，皆案论之。有妄屠牛者，吏辄行罚。民初颇恐惧，或祝诅妄言，伦案之愈急，后遂断绝，百姓以安。永平五年，坐法征，老小攀

---

① 《史记·淮南王列传》。
② 《汉书·王莽传》。

车叩马，啼呼相随，日裁行数里，不得前。伦乃伪止亭舍，阴乘船去。众知，复追之。及诣廷尉，吏民上书守阙者千余人。①

当然汉代规模最大的吏民上书还要数王莽专权时期，史载汉平帝元始五年夏四月，

> 吏民上书荐莽者，前后四十八万七千五百七十二人，及诸侯王公卿见者皆叩头，言宜加赏于安汉公，于是诏策加莽九锡之命。②

由于汉代吏民上书的普遍性，甚至成为一种受法律规制的制度，据《汉书·艺文志》记载，汉朝律法中规定：

> 吏民上书，字或不正，辄举劾。

不论是民众传播民歌谣谚，还是吏民上书言事，都是编户民政治参与意识的反映，是下层民众曲折地参与到国家政事和上层政治斗争之中，他们或从中体验到自身的力量和影响，或受到统治者的奖赏，拜官赐爵，得到一定的政治经济利益，因而更增强了对政治的热情，对权力的热情，对富贵的渴望和追求。

秦汉时期编户齐民的政治参与意识，从崇拜皇权到觊觎皇位，是与他们追求富贵的思想有着密切关系的。当时人的主要幸福指数就是富贵，而富一般说主要源于贵，是和所具有的权力成正比的，而最大的富贵来源于最大的权力，那就是皇权。一般来说把希冀富贵的普遍思想变为追求社会最高权力皇权是一种质的突变，在这个过程中往往有封建知识分子、文人士大夫的帮助，点拨提醒，献计献策，规划经营，帮助农民起义领袖实现这种突变，即夺取皇权。农民起义领袖一旦当了皇帝，这些策划经营者也就拜官封侯，同样实现了富贵的理想。拜官封爵的他们与当了皇帝的农民起义领袖后来实现了看似两种不同程度的富贵，但其思想基础是一样的，同样属于觊觎经营皇权的结果。西汉初年是布衣皇帝加布衣将相，东汉初年也是以河南河北为主体的非身份性编户民地主成为"中兴"权贵，就这一点来说，两汉皇权出自编户齐民。

秦汉时期尽管如前所述，在下层民间普遍存在天命神鬼观念，存在敬天祀鬼的传统，而处于社会上层的统治者则神化皇权，搞天人感应，千方百计地利用符瑞、谶纬、五德转换等等宣传皇权神授，但是中国传统思想文化的特点还是重人事轻鬼神，早在春秋时期著名政治家和思想家子产就说：

> 天道远，人道迩，非所及也，何以知之？灶焉知天道，是亦多言矣，岂不或信？③

---

① 《后汉书·第五伦传》。
② 《前汉纪·孝平皇帝纪》卷第三十。
③ 《左传·昭公十八年》。

孔子也说：

> 未能事人，焉能事鬼？①

所以统治者搞天命、符瑞也好，搞谶纬、阴阳五行也好，其实并不能使人们笃信天授皇权的绝对，反而是这些做法经常成为觊觎皇位者的工具。陈胜、吴广是这么做的，王莽、刘秀也是如此办的。

秦汉时期编户齐民的政治参与意识，还与先秦时期的民本思想和原始的民主政治的迤逦影响有关。早在氏族时代，特别是有后来文献所描述的炎黄二帝及尧舜禹时期，中国存在原始的民主政治，据《尚书·洪范》记载，"（周武）王访于箕子"，问"稽疑"，箕子认为"有大疑"时，不但要"谋及乃心，谋及卿士"，"谋及卜筮"，而且要"谋及庶人"。西周时期，以周公旦为代表的统治阶级又从亡殷的教训中看到民众民事的重要性，春秋时期更是形成了重人事、重民事的思想，形成了"以民为本"②、"以人为本"③的人文思潮，成为儒家民本思想的滥觞。春秋以前的历史，特别是夏朝以前的氏族部落时代距离秦汉已经比较遥远，但由于古代文化典籍的代代传承，特别是儒家为主体的诸子思想的大力传播，使那些古老的故事还影响着秦汉社会中普通民众的思想，特别是儒家极力宣扬的"民惟邦本"的民本论、民主传贤的"禅让制"、尧舜禹以匹夫君临天下的诱人故事等，即便是在民间，知晓度也是很高的。

禅让思想是儒家思想中非常重要的内容，它包含几个重要的思想点：一是天下为公；二是传贤，贤德是为天子的条件；三是只要贤德，天下人均有作天子的平等权利。如孟子就说：

> 匹夫而有天下者，德必若舜禹。④

而前些年出土的郭店竹简中的《唐虞之道》也集中反映了儒家传统的禅让思想。如《唐虞之道》中说：

> 古者尧之与舜也，闻舜孝，知其能养天下之老也；闻舜弟，知其能嗣天下之长

---

① 《论语》卷五《先进》第十一："季路问事鬼神。子曰：'未能事人，焉能事鬼？'敢问死。曰：'未知生，焉知死？'"《盐铁论》卷第九《论邹第五十三》载文学曰："尧使禹为司空，平水土，随山刊木，定高下而序九州。邹衍非圣人，作怪误，荧惑六国之君，以纳其说。此春秋所谓'匹夫荧惑诸侯'者也。孔子曰：'未能事人，焉能事鬼神？'近者不达，焉能知瀛海故无补于用者，君子不为；无益于治者，君子不由。三王信经道，而德光于四海；战国信嘉言，而破亡如丘山。昔秦始皇已吞天下，欲并万国，亡其三十六郡；欲达瀛海，而失其州县。知大义如斯，不以守小计也。"汉代的文学们又做了进一步的阐释和发挥。

② 《晏子春秋集释》卷第四《叔向问处乱世其行正曲晏子对以民为本》第二十一："叔向问晏子曰：'世乱不遵道，上辟不用义；正行则民遗，曲行则道废。正行而遗民乎？与持民而遗道乎？此二者之于行何如？'晏子对曰：'婴闻之，卑而不失尊，曲而不失正者，以民为本也。苟持民矣，安有遗道！苟遗民矣，安有正行焉！'"

③ 《管子·霸言》："夫霸王之所始也，以人为本，本理则国固，本乱则国危；故上明则下敬，政平则人安；士教和，则兵胜敌。使能则百事理，亲仁则上不危，任贤则诸侯服。霸王之形，德义胜之，智谋胜之，兵战胜之，地形胜之，动作胜之，故王之。"

④ 《孟子·万章上》。

也；闻舜慈乎弟□□□□□□为民主也。

何谓禅？其文中曰：

> 禅也者，上德授贤之谓也。①

就是说尧舜禅让，即禅位于贤人舜、禹而不传其子丹朱、商均的原因，在于主张和坚持尚德授贤，《唐虞之道》极力赞扬"禅而不传"的精神，认为是"圣之盛也"。

尧不传子而禅让天下于匹夫舜，舜不传子而禅让天下于匹夫禹的故事，不仅仅是儒家津津乐道的"圣之盛也"的圣贤盛事，也是诸子百家普遍认定的历史事实，只是有些陈述略有差异。如韩非子说：

> 尧欲传天下于舜，鲧谏曰："不祥哉！孰以天下而传之于匹夫乎？"尧不听，举兵而诛，杀鲧于羽山之郊。共工又谏曰："孰以天下而传之于匹夫乎？"尧不听，又举兵而诛，共工于幽州之都。于是天下莫敢言无传天下于舜。②

尧舜禹禅代的故事，既是尧舜大公不私传贤的故事，更是舜禹由匹夫变为天子的故事，这个故事在极力张扬尚德传贤的同时，最大限度地拉近了天子与匹夫的距离。天子可以为匹夫，匹夫亦可为天子，这种思想不仅成为儒家思想的重要组成，而且也普遍存在于诸子的言论之中，同时也被历史所接受，并不断地续写匹夫变为天子的历史新篇章。如《吕氏春秋·木生》曰：

> 上为天子而不骄，下为匹夫而不惛；此之谓全德之人。

同书《首时》又曰：

> 圣人之见时，若步之与影不可离。故有道之士未遇时，隐匿分窜，勤以待时。时至，有从布衣而为天子者，有从千乘而得天下者，有从卑贱而佐三王者，有从匹夫而报万乘者，故圣人之所贵唯时也。

《慎子·慎子佚文》曰：

> 尧让许由，舜让善卷，皆辞为天子而退为匹夫。

《庄子·盗跖》引子张曰：

---

① 荆门市博物馆：《郭店楚墓竹简》，文物出版社 1998 年版。
② 《韩非子·外储说右上》。

昔者桀、纣贵为天子，富有天下，今谓臧聚曰"汝行如桀、纣"，则有怍色，有不服之心者，小人所贱也。仲尼、墨翟，穷为匹夫，今谓宰相曰"子行如仲尼、墨翟"，则变容易色称不足者，士诚贵也。故势为天子，未必贵也；穷为匹夫，未必贱也。贵贱之分，在行之美恶。

又《孔丛子·居位》载：

子思在齐、尹文子生子不类、怒而杖之、告子思曰此非吾子也、吾妻殆不妇、吾将黜之、子思曰若子之言。则尧舜之妃复可疑也。此二帝圣者之英。而丹朱商均不及匹夫。以是推之。岂可类乎。然举其多者。有此父斯有此子。道之常也。若夫贤父之有愚子。此由天道自然。非子之妻之罪也。尹文子曰先生止之愿无言。文留妻矣。

而《大戴礼记·哀公问五义》引孔子曰：

所谓贤人者，好恶与民同情，取舍与民同统；行中矩绳，而不伤于本；言足法于天下，而不害于其身；躬为匹夫而愿富贵，为诸侯而无财。如此，则可谓贤人矣。

等等。

匹夫天子的思想充斥了诸子百家的言论中，这就告诉人们匹夫是可以成为天子的，而这必然影响到整个社会对匹夫为天子的想入非非，那么熟谙秦王朝宫廷内部斗争状况的陈胜，喊出"王侯将相宁有种乎"[1]，亲眼目睹了千古一帝秦始皇风采的刘邦，感慨道"大丈夫当如此矣"[2]，就是自然而不用惊讶的事情了，因为人人都有成为天子的权利和可能。后来司马迁写《史记》，给了陈胜很高的历史地位，将其列入《世家》，无疑是对其"王侯无种"思想和行为的认可，而且是作为历史学家的更为理性地肯定了这一历史现象的合理性。

宋代大思想家朱熹说："人皆可为尧舜"[3]，又说：

然则人皆可为尧舜，此孔孟所以阐降衷之阃奥，而程氏所以有合于孔孟也。[4]

而尧舜禹正是匹夫天子的楷模，如古人所曰：

尧为匹夫不能使家化，至南面而立则令行禁止，由此观之，贤未足以服不肖而势位足以屈贤也。[5]

---

① 《史记·陈涉世家》。
② 《汉书·高帝纪》。
③ 《朱子语类》卷 64。
④ 《御览经史讲义》卷十一。
⑤ 《绎史》卷一一九。

舜无立锥之地以有天下，禹无十户之聚以王诸侯。①

"人皆可为尧舜"，就是人人都可以做王、做皇帝，匹夫皆可以为天子。实际上汉代人就已经把这二者密切地联系到了一起，比如像眭弘就是如此做的。据史书记载：

（西汉）孝昭元凤三年正月，泰山莱芜山南匈匈有数千人声，民视之，有大石自立，高丈五尺，大四十八围，入地深八尺，三石为足。石立后有白鸟数千下集其旁。是时昌邑有枯社木卧复生，又上林苑中大柳树断枯卧地，亦自立生，有虫食树叶成文字，曰"公孙病已立"。孟（眭弘）推《春秋》之意，以为"石柳皆阴类，下民之象，而泰山者代宗之岳，王者易姓告代之处。今大石自立，僵柳复起，非人力所为，此当有从匹夫为天子者。枯社木复生，故废之家公孙氏当复兴者也。"孟意亦不知其所在，即说曰："先师董仲舒有言，虽有继体守文之君，不害圣人之受命。汉家尧后，有传国之运。汉帝宜谁差天下，求索贤人，禅以帝位，而退自封百里，如殷周二王后，以承顺天命。"②

眭弘把尧舜禅让的古老故事与当时社会中的匹夫为天子的实际结合了起来。

其实，就匹夫为天子而言，不论是从思想上看，还是从实践上看，都在中国数千年王朝兴替的历史中不断地出现，这就更强化了全社会，包括编户齐民在内的皇权思想。不管是如刘邦者流的少数成功者还是像陈胜一样的广大失败者，无数编户齐民均做过皇帝梦，这已经成为中国传统政治史和政治思想史的重要特点和亮点，这种现象被大多数人承认，编户匹夫自不用说，就是处于社会上层的政治家思想家们也不例外，甚至包括一些皇帝君主也不能够否定其自然性与合理性。如清太宗就说：

岂有一姓受命，永久不移之理乎。天运循环，无往不复。有天子而废为匹夫者，亦有匹夫而起为天子者，此皆天意，非人之所能为也。③

匹夫有大德，可为天子；天子若无德，可为独夫。④

自古天下非一姓所常有，天运循环，几人帝，几人王，有未成而中废者，有既成而复败者。岂有帝之裔常为帝，王之裔常为王者哉？独不观辽金元亦曾君临天下，后复转而属之明。可见皇天无亲，善则培之，否则倾之，乃不易之理也。⑤

总之，秦汉时期的编户齐民深受先秦以来思想文化传统和当时政治制度的深刻影响，普遍具有皇权主义的思想，既崇拜依附皇权，又渴望觊觎皇位。本来编户齐民是处在一家一户为单位的独立分散的生产和生活方式之下的，是不宜于组织在一起从事争夺皇位的斗争的。但是，编户齐民制度下的力役制度，即国家通过各种徭役和兵役的征

---

① 《汉书·枚乘传》。

② 《汉书·眭弘传》。

③ 《清太宗实录》卷五，天聪三年。

④ 《清太宗实录》卷二十八，天聪十年。

⑤ 《清太宗实录》卷四十七，崇德四年。

发，把本来分散的编户齐民集中到了一起，客观上帮助了他们进行组织，最典型的例证就是陈胜吴广等九百庶卒在大泽乡的揭竿而起。此外天灾人祸也会引起编户齐民脱离户籍，亡命流徙，这些人所汇集成的流民潮，也往往成为编户齐民组织起来，反对官府、朝廷和皇帝可以方便利用的条件和机会。而在这种成千上万人汇集一起的气场中，原本就在人们头脑中隐约存在的"人皆可为尧舜"、"匹夫皆可为天子"的思想，就会产生更大的作用和影响，就会变为实际的行动。

〔作者刘敏，教授，南开大学历史学院。天津　300071〕

帝王观念与汉代社会福利[*]

王文涛

现代社会福利诞生在欧洲，传统中国社会福利制度与西方社会福利制度有着截然不同的历史渊源。什么是社会福利？目前国内外还没有明确的定义。一般认为，社会福利的含义有广义与狭义之分。从广义上说，社会福利是面向全体社会成员，为他们创设各种生活必需的条件和环境，并且提供社会性津贴和保护性的福利措施。从狭义上说，社会福利的扶助对象是老人、儿童、残疾者等社会中特别需要关怀的人群，向他们提供必要的社会援助，提高他们的生活水准和自立能力。中国的社会福利属于社会保障的一部分，其含义属于狭义社会福利范畴。狭义社会福利扶助的对象主要是老、幼、妇、残等特殊人群，因此也有学者称其为特殊福利。

一般认为，中国古代的社会福利制度和社会福利政策，主要是建立在"王道"、"德政"、"民本"等思想基础之上的，封建帝王接受了这些思想并将其实施之后，便转化成为统治政策。诸子百家虽然政治立场不同，文化倾向各异，但总体上都认可"以德治国"的原则。自孔子以来，儒家就特别讲究由己及人的道德教化，主张统治者治己身、感人心、平天下。汉代儒家从形式到内容都继承殷周礼治文化传统，又广采诸子百家的心性之学，形成了高度伦理化的以修身为本的"以德治国"论。例如，汉初政治家娄敬向汉高祖刘邦进言，政治凭"有德"获得成功，也会因"无德"而招致失败，"有德则易以王，无德则易以亡"①。贾谊认为："仁义恩厚，此人主之芒刃也；权势法制，此人主之斤斧也。"② 德与刑、恩与威、礼与法都是不可或缺的统治手段，太平盛世的政治尤其应该重视教化。汉代政治家们在制定政策、管理国家时也着力贯彻民本主义思想③，平时注意安民、利民、富民，防灾备荒，遇上自然灾害，便采取措施救灾安民。汉代的特殊福利可分为老人福利、儿童福利、妇女福利、残疾人福利等等。救荒、赈灾是汉代政府主持的重要社会救助活动，是广义的社会福利，不在狭义的社会福利范畴之内，所以本文略而不论。

一 汉代残疾人福利

汉代对残疾人的称谓与现代并不完全相同，有废疾、癃、喑、聋、跛躄、断者、侏

---

* 基金项目：2006 年度教育部人文社会科学规划项目《社会救助与汉代社会研究》（06JA770012）。

① 《史记》卷九九《刘敬叔孙通列传》，中华书局 1982 年版。

② 贾谊撰，阎振益、钟夏校注：《新书校注·制不定》，中华书局 2000 年版。

③ 王卫平：《论中国古代慈善事业的思想基础》，《江苏社会科学》1999 年第 2 期。

儒等，优待他们的律令和帝王诏令，多与高年、鳏、寡、孤、独等特殊人群的救助连文并提。

救助废疾者是先秦以来的优良传统。如《逸周书·大聚篇》说："老弱疾病，孤子寡独，惟政所先。"《国语·晋语》："养老幼，恤孤疾。"同书《吴语》："越国之中，疾者吾问之，死者吾葬之。"

汉代继承了秦朝在法律上减轻对残疾人处罚的精神，并扩大了对残疾人的优恤。张家山汉简《二年律令》中对残疾人的救助规定值得我们注意："吏各循行其部中，有疾病色（？）者收食，寒者叚（假）衣，传诣其县。"（二八六）"夫妻皆疼（癃）病，及老年七十以上，毋异其子；今毋它子，欲令归户人养，许之。"（三四二～三四三）政府对于残疾者不仅救助衣食，还全部或部分免除徭役。①《武威新出王杖诏令册》第四简有优待残疾人的令文："……盲、珠（侏）孺，不属律人，吏毋得擅征召，狱讼毋得毄。布告天下，使明知朕意。"② 意思是说，盲人、侏儒不属于官府征召服役的对象，官吏不得擅自征调、传召他们；他们犯了官司，也不要捆绑、拘执。把这些公告全国，让人民都知道朕的意旨。"侏孺"，或作"朱孺"、"朱儒"。《汉书·刑法志》景帝后元三年诏："其著令：……师、朱儒当鞠系者，颂系之。"如淳解释说："师"指"乐师盲瞽者"。"颂"通"容"，是宽容的意思。颜师古注曰："宽容之，不桎梏。"③ 即不戴刑具。这一条令文规定了在法律上对残疾人的宽容和不得征召他们服役。

史籍中也见有实际的救助举措，如元狩六年，武帝派人循行天下，"存问鳏寡废疾，无以自振业者贷与之"④。

东汉帝王诏令中关于残疾人福利的内容似较西汉为多，这可能与东汉开国皇帝光武帝建武六年春正月诏令的影响有关。《后汉书·光武帝纪下》诏曰：

> 朕惟百姓无以自赡，恻然愍之。其命郡国有谷者，给禀高年、鳏寡孤独及笃癃、无家属贫不能自存者，如《律》。二千石勉加循抚，无令失职。

帝诏中明确说到"如《律》"。李贤注："《尔雅》曰：'笃，困也。'《苍颉篇》曰：'癃，病也。'《汉律》今亡。"如刘秀所说，救济"笃癃"的规定，见于《汉律》文字，我们应予特别注意。这些有关社会福利的律令，反映了汉代法律对于确立社会福利制度的肯定。对"笃癃"者的救助主要见于东汉帝王的二十几道诏令。救助范围未加限定，似可视为诏令面向全国。救助措施主要是赐粟，赐粟数量有四种：十斛1次，六斛1次，五斛9次，三斛9次⑤。赐帛只有1次，顺帝永建四年。"笃癃"或释为残疾，

---

①　张家山二四七号汉墓竹简整理小组：《张家山汉墓竹简〔二四七号墓〕》，文物出版社2001年版，第187—188页。

②　武威县博物馆：《武威新出王杖诏令册》，甘肃省文物工作队、甘肃省博物馆编《汉简研究文集》，甘肃人民出版社1984年版，第35页。

③　《汉书》卷二三《刑法志》，中华书局1962年版，第1106页。

④　《汉书》卷六《武帝纪》，第180页。

⑤　王文涛：《秦汉社会保障研究——以灾害救助为中心的考察》，中华书局2007年版，第146页。

或释为重病。王子今认为：其实，对于"癃"，应以"废疾"之释为正确的理解①。《汉书·杜周传》："光禄勋许商被病残人。"服虔曰："残，癃也。"《说文·广部》："癃，罢病也。"段玉裁注："'病'当作'癃'。'罢'者，废置之意，凡废置不能事事曰'罢癃'。《平原君传》：躄者自言：'不幸有罢癃之病。'然则凡废疾皆得谓之'罢癃'也。师古注《汉书》，改'罢癃'作'疲病'非许意。"段玉裁的解释是正确的。

东汉《曹全碑》中有地方官吏救助残疾者的"仁政"，值得注意。

> 恤民之要，存慰高年，抚育鳏寡，以家钱籴米粟赐癃盲。大女桃斐等，合七首药神明膏，亲至离亭，部吏王宰、程横等，赋与有疾者，咸蒙瘳悛。惠政之流，甚于置邮。百姓蠰负，反者如云。②

任郃阳令的曹全对于"癃盲"、"有疾者"予以"存慰"、"抚育"，赐给米粟、赠药进行救助。

献帝建安二十三年，曹操下令说："目无所见，手不能作，足不能行，而无妻子父兄产业者，禀食终身。"③ 这里所说的残疾人有盲人和上、下肢有残疾者，他们如果没有妻子父兄等亲人也没有产业者，由政府供养其终身。

汉文帝废除肉刑，虽然不是残疾人的福利政策，但是，它大大减少了汉代残疾人的数量，与汉代残疾人福利的关系至为密切，应当予以足够的重视和肯定。秦朝的肉刑有黥、劓、刖、宫四种。汉文帝诏令废除黥、劓、刖三种肉刑。改黥刑为髡钳为城旦舂；改劓刑为笞三百；改斩左趾刑为笞五百。肉刑，是造成人为残疾的刑罚形式，这种刑罚痛苦而又不道德！汉文帝宣布"除肉刑"，是一大德政，是刑法史上的一次重大变革。汉景帝即位后颂扬文帝功德，将"去肉刑"与"赏赐长老，收恤孤独，以育群生"相并列，认为"此皆上古之所不及……德厚侔天地，利泽施四海，靡不获福焉"④。在中国社会福利史上，废除肉刑无疑是使社会上残疾人大量减少的进步措施，具有重要意义。

对于残疾人的优恤，汉代史籍中反映的不多。王子今认为，其原因可能与先秦以来"太平之时"社会没有残疾之人的观念有关。⑤ 如《韩诗外传》卷三说：

> 传曰：太平之时，无瘖、疭、跛、眇、尪、蹇、侏儒、折短，父不哭子，兄不哭弟，道无襁负之遗育，然各以序终者，贤医之用也。故安止平正除疾之道无他焉，用贤而已矣。《诗》曰："有瞽有瞽，在周之庭。"纣之遗民也。

说"太平之时"，社会没有残疾之人（当为少疾），所以"除疾之道"没有别的，只是"用贤"而已。《礼记·乐记》记载子夏对魏文侯的谈话，也说道："夫古者天地顺而四

① 王子今：《秦汉时期的社会福利法规》，《浙江社会科学》2002年第4期。
② 高文：《汉碑集释·曹全碑》，河南大学出版社1997年版，第474页。
③ 《三国志》卷一《魏书·武帝纪》，中华书局版1959年版，第51页。
④ 《汉书》卷五《景帝纪》，第138页。
⑤ 王子今：《秦汉时期的社会福利法规》，《浙江社会科学》2002年第4期。

时当，民有德而五谷昌。疾疢不作而无妖祥。此之谓大当。"

其实，这只是问题的一个方面，更主要的原因是那时的观念认为：治国为上，治病次之。国家治理好了，天下太平了，人们遵纪守法，残疾人自然就少了。正如两汉之际的政论家王符在《潜夫论·明闇》中所说："上医医国，其次下医医疾。夫人治国，固治身之象。疾者身之病，乱者国之病也。身之病待医而愈，国之乱待贤而治。治身有黄帝之术，治世有孔子之经。"

二　汉代妇女儿童福利

与秦律相比，汉代法律对老、弱、残、孕更加宽大，优待范围也更广。但这些规定都是以"令"的形式出现的，估计汉代"律"中的有关规定仍然沿袭了秦律的内容。汉代对于触犯法禁的妇女儿童在法律上多采取从宽、从轻的量刑原则。惠帝时，对所有10岁以下犯罪的少年，不施加残酷的肉刑。规定"不满十岁，有罪当刑者，皆完之"①。有人将"皆完之"解释为不加刑罚②，此解有误。"完"是古代轻刑之一。汉以前指髡刑，剪去犯人的须发；汉以后罚作劳役。因其不伤肢体，故曰"完"。对10岁以下的孩子来说，虽然罚作劳役也是不轻的处罚，但总比服肉刑要好得多。景帝对惠帝的规定做了修改补充，后元三年（前141）诏曰："其著令：……八岁以下，及孕者未乳（乳，产也）……颂系之。"成帝鸿嘉元年诏令："年未满七岁，贼斗杀人及犯殊死者，上请廷尉以闻，得减死。"③元始四年，平帝诏："妇女非身犯法，及男子年八十以上、七岁以下，家非坐不道，诏所名捕（下诏特捕），它皆无得系。"④东汉永元十一年（99）春二月，和帝"诏郡国中都官徒及笃癃老小女徒各除半刑，其未竟三月者，皆免归田里"⑤。

《产子复令》和《胎养令》是汉代最具代表性的妇女儿童福利。关于"生养"的典制规定是汉代妇女福利的重要内容。秦末大乱之后，天下人口锐减。汉初承兵燹与饥馑之后，"大城名都，人口散亡，户口可得而数，裁什二三"⑥。由于社会劳动力资源匮乏，政府对人口问题极为重视，积极推行鼓励生育的人口政策，以加速人口繁衍，并提出了一系列福利政策。汉高帝七年（前200）下《产子复令》："民产子，复勿事二岁。"⑦老百姓生了孩子，免除徭役二年。这是鼓励百姓生育，促使劳动力增长的有力措施。与此相反，对于那些应当结婚生育而未结婚者，则予以经济制裁。惠帝元年（前189年）规定："女子年十五以上至三十不嫁，五算。"⑧朝廷采取征收五倍人头税的惩罚性措施迫使妇女及时结婚生育，来达到增殖人口的目的。汉代帝王还实行了让后

---

① 《汉书》卷二《惠帝纪》，第85页。
② 武威县博物馆：《武威新出王杖诏书册》，《汉简研究文集》，甘肃人民出版社1984年版，第59页。
③ 《汉书》卷二三《刑法志》，第1106页。
④ 《汉书》卷一二《平帝纪》，第356页。
⑤ 《后汉书》卷四《和帝纪》，中华书局1965年版，第185页。
⑥ 《汉书》卷一六《高惠高后文功臣表》，第527页。
⑦ 《汉书》卷一下《高帝纪下》，第63页。
⑧ 《汉书》卷二《惠帝纪》，第91页。

宫宫女出嫁的"仁政"。最先令"后宫出嫁"①的是汉文帝，西汉末哀帝亦令"掖庭宫人年三十以下，出嫁之"②。

东汉元和二年（85），章帝颁布了极具保障色彩的《胎养令》：

> 《令》云："人有产子者复，勿算三岁。"今诸怀妊者，赐胎养谷人三斛；复其夫，勿算一岁，著以为令。③

《胎养令》可谓东汉王朝对妇女福利最多的法令，其内容有三点：第一点是重申《产子复令》，生了儿子，免除一年赋役，三年不交人头税。王先谦在《后汉书集解·章帝纪》中指出，此令是光武帝在高祖七年令的基础上修改的。二、三两点为章帝新设，赐给怀孕妇女胎养谷三斛；免除其丈夫赋役一年，一年不交人头税。并明确宣布将这三点定为律令。范晔评价章帝"深元元之爱，著胎养之令"。另有一条史料表明了东汉政府对孕妇的关注与照顾。阳嘉元年冬十一月甲申，中山国望都、蒲阴二县的恶狼"杀女子九十七人"，顺帝"诏赐狼所杀者钱，人三千"④。

从本质上看，汉代生养政策的直接目的是为了增加人口，扩大劳动力资源，发展生产，以巩固王朝统治。但是，这些政策的实施在客观上有益于人民，体现了对育龄妇女的体恤和保障。

地方官吏优恤育龄妇女的事例不多，如《后汉书·孝明八王传》注引《谢承书》载：献帝初年，陈国相骆俊对于辖境内的"产子"妇女，"厚致米肉"。

育龄妇女之外，汉代妇女福利主要是救助60岁以上没有儿子的老年妇女，详情在后文"汉代的老年人福利"中论述。

现代儿童福利特指补充或替代父母照顾和管理儿童，尤其是对孤儿、弃儿、盲童、聋哑、肢残、弱智儿童等举办的福利。汉代的儿童福利没有这样详细的分类，主要是孤儿救助。贾公彦认为，《周礼》大司徒"以保息六养万民"，是"平时安养民之政，不关凶荒之事"⑤。平时救助孤儿，遇上灾荒当然更要赈济。对于因灾害变成孤儿的儿童，政府往往出面照顾。如东汉延光元年（122），"京师及郡国二十七雨，大风杀人"。朝廷下令："若一家皆被灾害而弱小存者，郡县为收敛之"⑥。"慈幼"为"保息六"之一，是传统社会救助的重要内容之一。《月令》说：仲春"养幼小，存诸孤"。汉代对孤儿的救助与鳏、寡、独同时进行，东汉政府赐给孤儿的物品相对固定，已形成制度。汉代法律中有对于孤儿及穷困无可养食子女者实行特殊照顾的内容。光武帝建武六年春正月诏称，由国家供给孤儿食物为"给禀"，"如《律》"。《后汉书·章帝纪》中又有这样的记载："元和三年春正月乙酉，诏曰：'盖君人者，视民如父母，有憯怛之忧，有忠和之教，匍匐之救。其婴儿无父母亲属，及有子不能养食者，禀给如《律》。'"所

---

①　《汉书》卷四九《晁错传》，第2297页。
②　《汉书》卷一一《哀帝纪》，第336页。
③　《后汉书》卷三《章帝纪》，第148页。
④　《后汉书》卷六《顺帝纪》，第261页。
⑤　孙诒让：《周礼正义》卷十九《地官·大司徒》贾公彦疏，中华书局1987年局，第746页。
⑥　《后汉书》卷五《安帝纪》，第236页。

根据的可能是同一律文。

建安二十三年，曹操下令说："其令吏民男女：女年七十已上无夫子……廪食终身。幼者至十二止，贫穷不能自赡者，随口给贷。"① 曹操的规定有两点与以前不同，一是将对"寡者"的救恤年龄从 60 岁提高到 70 岁，二是把对"幼者"的救恤年龄明确定为到 12 岁结止。救恤年龄的调整，显示出此时救恤范围缩小。

三　汉代老年人福利

汉代养老制度比之于先秦时期，有了很大的发展。皇帝在其中发挥了重要作用，因为他们不但掌握着国家的政治、经济、军事大权，而且控制着社会教化和舆论导向。《礼记·大学》说："上老老而民兴孝。"汉代皇帝强调"以孝治天下"②，选拔人才设有"举孝廉"科。自高祖刘邦之后，两汉皇帝的谥号前都加有一个"孝"字，以表明宣扬、推崇孝道的态度和决心。两汉皇帝颁布了一系列尊老、养老的政策法令，并采取切实的措施落实养老事业。除了文献资料，武威汉墓出土的王杖诏书令册更是有力的法律根据。

《礼记·王制》孔颖达疏："人君养老有四种：一是养三老五更；二是子孙为国死难，而王养死者父祖；三是养致仕之老；四是引户（逐户）校年养庶人之老。"孔氏所言也符合汉代的养老情况，这四种养老类型汉代都有。"养三老五更"，是社会上层中高级官员养老；致仕之老指退休官吏，带有鲜明的身份性福利色彩；"养庶人之老"是社会下层养老，对于研究中国古代的老年人福利史而言，更值得关注。养子孙为国而死的父祖，就是抚恤烈士的长辈，属于军人优抚的范畴，本文仅略作叙述，相关福利待遇可根据死国事者的身份参见官吏退休福利与庶人福利。据居延汉简记载，戍边吏卒阵亡，政府除了安葬死者，还要抚恤其家属，录用死者后嗣一人为吏，赐以奴婢。国家对阵亡将士的直系亲属给予生活上的物质保障，如明帝永平九年三月诏规定："郡国死罪囚减罪，与妻子诣五原、朔方占著，所在死者皆赐妻父若男同产一人复终身；其妻无父兄独有母者，赐其母钱六万，又复其口算。"③ 对阵亡士兵家属的抚恤惠及妻子亲属，对直系亲属应有更多的救恤。

1. 汉代王杖制度

在汉代人的观念里，一般认为"老"是指 70 岁以上的老人。这与汉代"七十受王杖"和高级官吏"七十致仕"的规定是一致的。

汉代王杖制度中对老年人福利的规定涉及社会各阶层，是汉代尊老、养老的法律体现。这种特殊的尊老法规，见于"王杖十简"与"王杖诏令册"。1959 年，甘肃省武威县磨咀子第十八号墓出土的"王杖十简"，为研究汉代尊老、养老制度提供了十分重要的实物资料④。1981 年 9 月，武威县文物管理委员会在保护、调查重点文物时，又搜集到 26

① 《三国志》卷一《魏书·武帝纪》，第 51 页。
② 阮元校刻：《十三经注疏》十一《孝经注疏》卷四《孝治章第八》，中华书局 1980 年版，第 2551 页。
③ 《后汉书》卷二《明帝纪》。
④ 甘肃省博物馆：《甘肃武威磨咀子汉墓发掘》，《考古》1960 年第 9 期。简文编次和释文见附录"王杖十简"。

枚在磨咀子汉墓出土的"王杖诏书令"木简。① 这批王杖诏书令册，可以补充订正"王杖十简"及史书记载的不足，对研究汉代养老扶弱制度，具有十分重要的价值。

综合起来看，王杖十简和王杖诏令册的内容，以及汉成帝时颁发的尊老养老诏令，是西汉养老制度比较集中的体现，可综合归纳为以下几点：一、朝廷赐给 70 岁以上老人王杖。二、王杖主人的社会地位与六百石官员相当。三、免除其家人的部分赋役。四、王杖的主人享有这样一些特权：可以出入官府，可以在驰道旁道行走；有罪从轻处罚，官吏不得擅自"征召狱讼，毋得系"；在集市上买卖不收租税。五、60 岁以上的鳏寡老人，种田免租，市卖免税，可以在市中开店卖酒，与回归流民、归义民族一样，享受"假公田，贷种食，且勿算事"，"复终身"的待遇。六、对侮辱王杖主人者严加惩处。王杖简册列举了 15 件殴辱王杖主的案例，案犯全部被处以死刑；15 名案犯中普通百姓 5 人，其余 10 人为官吏。不论官民，侮辱了王杖主人都处以极刑，可见汉王朝维护王杖制度的态度是认真而坚决的。

张家山汉简《二年律令》中有对于老者免除或部分免除徭役的法规，可与王杖制度相参证。"寡夫、寡妇毋子及同居，若有子，子年未盈十四，及寡子年未盈十八，及夫妻皆？（癃）病，及老年七十以上，毋异其子；今毋它子，欲令归户人养，许之。"②

东汉沿袭了 70 岁授王杖的制度，《后汉书·礼仪志中》记载，每年仲秋，由县、道案户比民，核定符合条件的老者，并授予其王杖，同时还伴以"餔之糜粥"的仪式。"八十九十，礼有加赐。王杖长九尺，端以鸠鸟饰"。成都画像砖绘有养老图，是一位官吏手捧器皿（盛装糜粥）奉给持王杖的老者③。四川彭县汉画像砖描绘持王杖老人在仓前取粮④。1959 年武威磨咀子汉墓出土木鸠杖三根，其中一根形制完整，长 194 厘米⑤，接近文献记载。1971 年旱滩坡汉墓出土的一根鸠杖已残，但鸠鸟完好，鸠作蹲伏状，张口含食⑥，正合"欲老人不噎"之义。除木鸠外，还发现饰有铜鸠的王杖⑦，质地的差异可能表明王杖不是由中央政府统一制作发送，而是由各地自行制作。根据王杖令册的记载，受王杖者的居住地，有汝南郡召陵县、云阳白水亭、长安敬上里，还有陇西郡、南郡等。由此可知，王杖制度曾在全国范围内认真实施过。

2. 养三老五更

养三老五更之礼仅限于社会上层。文献中未见西汉诸帝施行养三老五更之礼的记载，居摄元年（6）正月，在"托古改制"的背景下，王莽"行大射礼于明堂，养三老五更，成礼而去"⑧。但如何"养三老五更"，则没有记载。"三老五更"是荣誉称号。三老为一人，五更亦为一人。"养三老五更"的制度并不是同时建立的，西汉设置有乡三老和县三老；郡三老、国三老和五更的设立，则为东汉首创。

---

① 武威县博物馆：《武威新出王杖诏书册》，《汉简研究文集》，简文编次和释文见第 35—37 页。
② 张家山二四七号汉墓竹简整理小组：《张家山汉墓竹简〔二四七号墓〕》，第 172、179、181—182、187—188 页。
③ 沈仲常：《"告贷图"画像砖释疑》，《考古》1979 年第 6 期。
④ 刘志远等：《四川汉代画像砖与汉代社会》图八二，文物出版社 1983 年版。
⑤ 甘肃省博物馆：《甘肃武威磨咀子汉墓发掘》，《考古》1960 年第 9 期。
⑥ 甘肃省博物馆、武威县文化馆：《武威汉代医简》，文物出版社 1975 年版，第 22 页。
⑦ 孙机：《汉代物质文化资料图说》，文物出版社 1991 年版，第 348 页。
⑧ 《汉书》卷九九上《王莽传上》，第 4082 页。

汉代养老之制始于高祖。乡三老始置于秦，高祖二年，"举民年五十以上，有修行，能帅众为善，置以为三老，乡一人。择乡三老一人为县三老"，享有"与县令丞尉以事相教"的政治地位，免除徭役戍边，享受每年十月"赐酒肉"的优待①。这是汉代县、乡设置三老之始。尹湾汉简 1 号木牍云："县三老卅八人，乡三老百七十人"，正好与东海郡县、乡总数（38 个县邑侯国，170 个乡）相合。此制自西汉初期至晚期没有变化。1 号木牍将县乡三老、孝弟力田与吏员分开统计。2 号木牍在排列郡县乡吏员时均未提到上述人物，并且 2 号木牍吏员总数也与 1 号木牍吏员总数基本相合，确证县乡三老、孝弟力田不是国家行政编制上的吏员。高帝二年诏没有提到郡三老，东海郡也没有郡三老，确证西汉元、成时期仍无郡三老，东汉设郡三老，是承袭两汉之际的建制。据 20 世纪中叶发现的汉代《三老赵掾之碑》记载，郡三老在本郡地位尊崇，"听讼理怨，教诲后生"，太守对其"师而不臣"②。

三老的职责是"掌教化"。不负担国家的徭役，朝廷不定期给予赏赐，西汉以赐帛最为常见，多至五匹，最少二匹。东汉对三老的赏赐改为赐爵，赐爵比西汉多，而且已经制度化，在明帝至桓帝时期的 17 次赐爵中，有 15 次是赐三级爵，2 次赐二级爵。赐予三老的爵位每次都比平民高一级，体现出对三老的优待。为鼓励人们敬老，对孝悌的褒奖与三老相同。从三老、孝悌同提并列来看，此"三老"当为乡三老。

东汉永平二年（59），明帝"始帅群臣躬养三老、五更于辟雍"③。礼仪的具体程式，《后汉书·礼仪志上》有详细记载。这样的养老典礼，不仅先秦没有，秦与西汉也没有。东汉明帝初行养老礼，其隆重程度在燕飨王侯礼之上。据《后汉书·明帝纪》永平二年的养老诏可知，此"三老"是"国三老"，一人，"五更"也只是一人。简言之，三老五更，两老而已。三老、五更，都经过严格挑选。明帝以李躬为三老，桓荣为五更。李躬无传，只知其"年者学明"，桓荣是明帝的老师。二人都享受到很优厚的待遇，终身享受二千石级官员的俸禄。章帝章和元年秋七月，"养衰老，授几杖，行糜粥饮食，其赐高年二人共布帛各一匹，以为醴酪"④，此亦可谓养老之礼。以后东汉诸帝大多颁发过优老养老诏令，但如明帝永平二年三月、章帝章和元年七月那样举行养老大礼者则颇罕见，不知何故？

经学史上对"三老五更"的解说不一。《月令章句》曰："三老，国老也。五更，庶老也。"蔡邕《独断》云："五更或为叟，叟老称，与三老同义也。"蔡邕说三老三人、五更五人，非是；但他解释五更为"长老之称也"，此说则可取。有人指出：明帝养老诏可疑的一句话是"兄事五更"。桓荣做五更，他是帝者之师，尊师当如父，岂可"兄事"而已？可能范晔所记有误。袁宏《后汉纪》无此语，《续汉书·礼仪志》记载明帝永平二年三月所行养老礼甚详，亦无此语。卢植《礼记注》曰："选三公老者为三老，卿大夫中之老者为五更。"此说与先秦时代的养老制度是否相符，已无从考证；但肯定不合于东汉时的情形。东汉所选"三老"担任过的最高官职，从比二千石的左中

① 《汉书》卷一上《高帝纪上》，第 34 页。

② 沈年润：《释东汉三老赵掾碑》，《考古》1964 年第 5 期。

③ 《后汉书》卷九四上《礼仪志上·高禖条》，第 3108 页。

④ 《后汉书》卷三《章帝纪》，第 157 页。

郎将、光禄大夫至三公，而并非"选三公老者为三老"。被选为"五更"者，官秩均在中二千石以上，也有三公，亦非"卿大夫中之老者为五更"。国三老和五更的任期不详，但从周泽"数为三老五更"推知，应该不是终身制。

洪适《隶释》卷六《国三老袁良碑》云："群司以君父子俱列三台，夫人结发，上为三老。使者（缺）节安车，亲（缺）几杖之尊、祖割之养，君寔飨之。"此碑刻辞可以证明这样两个问题：一、朝廷三老确为一人；二、永平二年十月诏所谓安车軟轮、天子"亲祖割"以及其他文献所谓授以几杖，都是可信的。据碑文，袁良"八十五以病致仕，永建六年二月戊辰卒"，则其为"国三老"当在安、顺之世。

3. 等级鲜明的退休福利

退休一词的含义古今相似而不相同。现在指干部、职工到达规定年龄时，离开工作岗位，由国家供给生活费用。《中华人民共和国宪法》第四十四条对退休是这样规定的："国家依照法律规定实行企业事业组织的职工和国家机关工作人员的退休制度。退休人员的生活受到国家和社会的保障。"国家有一套规章制度，规定了机关单位及各行业的不同"退休"年龄。

汉代以前官吏退休和关于退休的议论只是礼俗的要求，未成定制。在世卿世禄制占统治地位的时代，官吏终身任职，封爵世袭，不可能形成严格意义上的官吏退休，"世袭制下无退休"[1]，因为退休是"退而致仕"、"还禄位于君"[2]，与世卿世禄原则相悖。中国古代严格意义上的官吏致仕，"是随着官僚制逐渐代替世卿世禄制而出现的"[3]。作为一项制度，退休形成于西汉，但与平民无缘，仅限于官吏。"退休"一词首见于唐朝，汉代比较通行的说法是"致仕"。致仕的同义词还有"致事"、"致政"、"悬车"、"乞骸骨"、"乞身"、"告老"、"请老"、"归老"等等。

（1）官吏退休条件和退休形式

汉代官吏退休的条件主要有两个：一是年龄，一般到70岁退休；但并不是一刀切，皇帝可以根据官员的德行和身体的健康状况，选留70岁以上"有德尚壮"的高级官吏。二是官秩，70岁退休适用于所有级别的官吏；而退休享受俸禄却有级别限制，除皇帝的特恩外，一般限于比二千石以上的高级官员。

汉代官吏70岁退休，已成为官僚士大夫的一种共识，见于多种文献记载。如《礼记·曲礼》说："大夫七十而致事。""致事"即"致其所掌之事于君而告老也"。同书《内则》："五十命为大夫，服官政。七十致事。"《王制》说大夫"七十致政"，"致政"是指归还政权给君主。

《礼记·曲礼上》云："大夫七十而致事。若不得谢，则必赐之几杖。"郑玄注云："谢，犹听也，君必有命劳苦辞谢之，其有德尚壮则不听耳。"郑玄是东汉人，他的注释对于我们理解汉代的退休制度十分重要，他告诉我们：大夫一般70岁退休，那些"有德尚壮"者到了70岁也可以不退休。班固也说："卿大夫老，有盛德者留。"[4] 大臣

① 沈星棣、沈凤舞：《中国古代官吏退休制度史·序言》，江西教育出版社1992年版。

② 阮元刻《十三经注疏》《春秋公羊传注疏》卷十五《宣公元年》及何休注，中华书局1980年版，第2277页。

③ 沈星棣、沈凤舞：《中国古代官吏退休制度史》，第52页。

④ 班固：《白虎通德论》卷四《致仕》，上海古籍出版社1990年版，第39页。

一般要遵守 70 岁退休的规定，遍查史籍，无一条大臣以自己"有德尚壮"为理由要求继续任职的记载。70 岁退休的规定对于大臣贪恋禄位、不肯辞官具有制约作用，有利于保持官僚队伍的生机与活力。"有德尚壮"是由帝王掌握的标准，臣下处于被动和服从的地位。判定大臣是否"有德"，一是大臣们的公议，二是君主的旨意。在君主专制社会里，"圣意"影响、决定"公议"，公议必须要得到帝王的认可，这与君主专制、皇权至高无上的精神是一致的。这就是说，70 岁大臣是否退休的决定权掌握在帝王手里，这是君主专制制度赋予帝王的权力。70 岁退休是对比二千石以下官员的限制，"有德尚壮"者留任是对 70 岁以上高级官吏的规定，是皇权凌驾于致仕制度之上的体现。在农耕宗法社会里，生活节奏和管理过程缓慢，十分有利于"经验语义"，皇帝往往需要倚重有些年过 70 的老臣，充分利用他们的声望和经验。在臣下遵循 70 致仕、退休让贤的传统和惯例的情况下，皇帝乐得博取尊贤的名誉，没有必要在诏书中对退休年龄做出硬性规定。"有德尚壮"是两个条件，一是"德"，二是"壮"。不是两个条件都必须具备，德是第一位的，主要的，即使身体不"壮"，体弱有病，只要皇帝认为"有德"，仍可继续任职，有病治病。反之，"尚壮"而无德，则必须退休。

汉平帝元始二年（2 年），光禄大夫龚胜与太中大夫邴汉同时"乞骸骨"。太皇太后策诏曰："盖闻古者有司年至则致仕，所以恭让而不尽其力也。今大夫年至矣，朕愍以官职之事烦大夫。"[1] 批准龚胜和邴汉退休，回乡养老。两汉时，虽然在帝王的诏令中不见有明确的官员致仕的具体年龄，但并不是说官员致仕没有年龄规定。"今大夫年至矣"，所指就是先秦以来的"七十致仕"。据《汉书·龚胜传》，龚胜死于王莽始建国三年（11），时年 79 岁，此时距其致仕的时间是 9 年，也就是说，龚胜在 70 岁时致仕，"今大夫年至"说的就是龚胜到了 70 岁该退休了。在汉代人的观念中，70 为老是自先秦以来的社会常识，年老致仕是先秦以来官僚阶层普遍认同的礼俗规定和官场规则，已经成为一种传统和惯例。这条史料告诉我们，至少在西汉晚期，高级官员"年至则致仕"。所以，我认为汉代官员 70 岁退休的规定是可以成立的。

西汉初、中期，丞相终老于相位，不退休。班固说："丞相致仕自（韦）贤始"，韦贤于宣帝本始三年"代蔡义为丞相"，此时他已经 70 多岁了，仍然"为相五岁"，才以老病乞骸骨，宣帝赏赐"黄金百斤，罢归，加赐第一区"[2]。

元始元年，汉平帝的诏令中将致仕官员享受退休金的级别限制在"比二千石以上"[3]。这一规定不分中央和地方，也不分文官和武官，适用于所有的比二千石，即职务相当于中央的光禄大夫和地方的郡守或封国的相以上的高级官员。这一诏令标志着汉代官吏退休享受俸禄制度的正式确立，也是我国古代从制度上明确规定高级退休官员的福利性待遇的最早记载。发布这个诏令时大司马王莽当政，大概与其笼络高级官僚的意图有关[4]。王莽代汉后，可能继续实行这一制度。

光武帝刘秀恢复了官吏致仕制度，在东汉建国的三十三位功臣中，有二十二人或死

① 《汉书》卷七二《龚胜传》，第 3083 页。
② 《汉书》卷七三《韦贤传》，第 3107 页。
③ 《汉书》卷一二《平帝纪》，第 349 页。
④ 赵翼著，栾保群、吕宗力校点：《陔余丛考》卷二七《致仕官给俸》："盖是时王莽专政，欲以收众心，故有是举也。"河北人民出版社 1990 年版，第 454 页。

于战事或卒于任，有"十一人确系退休"①。此时退休俸禄没有依照平帝之制，标准不一。

至于东汉是否恢复平帝时的退休制度，存在不同看法。清代史学家赵翼认为，平帝元始元年的诏令，"至东汉已废，其给俸仍出自特赐也"②。现在仍有人沿袭此说："东汉建立后，平帝时的这个规定废弃不用。退休官员中，仍然是只有得到皇帝特赐的才享受一定的俸禄。"③对此笔者不敢苟同。就已有史料来看，章帝以后，平帝所立致仕制度即已恢复，详见后文论述。

汉代官员退休从形式上看是主动退休，而实质上是在礼俗和制度约束下的被动退休。官员要致仕，均由本人主动提出申请，说明退休缘由。缘由一般有两个：或告老，或称病，卑称"乞骸骨"、"乞身"等。退休"自愿"，一是汉初无为而治思想的反映；二是遵循古礼，表示尊老敬贤，"君不使自去者，尊贤者也"④。实际上，主动要求退休的官员很少，或因为有病，或是政治因素，绝大部分官员的离职实质上均为被动退休。儒生为入仕而"皓首穷经"，"学成文武艺，货于帝王家"，在朝与在野待遇大不相同，只要身体许可，有几人愿意主动退休呢？形式上之所以由官员主动提出退休，首先是因为有"七十致仕"的礼俗或制度规定，其次是并非年至70的官员都必须退休，皇帝要留任"有德尚壮"者。人们只注意到汉代"七十致仕"的规定，而忽略了留任"有德尚壮"者这一因素，对于存在年过古稀的在职官吏和再次起用退休官吏的现象便不能正确理解，于是得出这样的结论："七十致仕"只是形式上的规定，实际执行，并非完全如此，退休与否，以当朝者的好恶为转移。其实，只要将"七十致仕"与留任"有德尚壮"者综合起来考察，就明白为什么官员退休都是主动申请，为什么还存在高龄在职官吏的现象了。"年未至"，也没有"乞骸骨"而离职的官员，主要是由于政治上的原因。例如，傅太后"始与政事"，堂弟右将军傅喜"数谏之"，傅太后十分不满，不想让他辅政，便赐予黄金百斤，令其"上将军印绶，以光禄大夫养病"⑤。

（2）官吏退休待遇

西汉退休官吏待遇在相当长的时期内并没有明确规定，至西汉末年平帝颁布诏令才形成制度，退休官吏待遇遂成为退休制度的重要组成部分。下面从经济待遇、政治礼遇和死后恤典三个方面考察汉代官吏的退休待遇。

a. 经济待遇。俸禄和爵邑之入是汉代退休官员的主要收入，此外还有同时获得皇帝赏赐的钱物、车马乃至宅第等。下面分类叙述，这些待遇可能同时享有或部分享有。

西汉前期，随着开国功臣势力的削弱，丞相终身制的局面被打破，但此时官吏退休后的俸禄尚不固定，随意性很强，或多或少，都是出于皇帝的恩赐。如《汉书·石奋传》记载：汉景帝末年，诸侯国相万石君（即石奋）"以上大夫禄归老于家"，此时诸侯国相的官秩是中二千石，月俸谷一百八十斛。上大夫当即光禄太中大夫，秩比二千石，月俸百斛。石奋退休后享受原俸九分之五的待遇。同卷《周仁传》：武帝时，郎中

---

① 沈星棣、沈凤舞：《中国古代官吏退休制度史》，第114页。
② 赵翼著，栾保群、吕宗力校点：《陔余丛考》卷二七《致仕官给俸》，第454页。
③ 李万禄：《我国古代退休官员的经济待遇》，《昌吉师专学报》1999年第1期。
④ 《白虎通德论》卷四《致仕》，第39页。
⑤ 《汉书》卷八二《傅喜传》，第3380页。

令周仁"病免，以二千石禄归老"。周仁退休前的官秩是中二千石，月俸谷一百八十斛，退休后享受二千石的俸禄，月俸谷一百二十斛，为原俸的三分之二。又《张欧传》：汉武帝元朔中，御史大夫张欧"老笃，请免，天子亦宠以上大夫禄，归老于家"。御史大夫月俸一百八十斛，上大夫禄月俸百斛，张欧退休后享受原俸的九分之五。以上几人的退休待遇都是相当优厚的。

　　《汉书·平帝纪》记载："元始元年，天下吏比二千石以上年老致仕者，参分故禄，以一与之，终其身。"即比二千石以上的官吏退休，朝廷给其原来官职俸禄的三分之一，以示尊贤。这是中国古代从制度上明确规定高级退休官员的福利性待遇的最早记载。这个规定还有以下两点值得注意：①比二千石以上的官员官阶较高，人数不多，退休后享受原俸的三分之一，待遇并不高，有爵邑收入者另当别论。②千石及千石以下的官员占官僚队伍的大部分，他们退休后没有俸禄待遇①。

　　东汉建立之初，国家还处在战争环境中，平帝的这一规定尚未恢复。建武三十年，骑都尉刘昆"以老乞骸骨，以千石禄终其身"②。骑都尉秩比二千石，月俸百斛；千石官月俸八十斛，刘昆退休后享受原俸的五分之四。章帝元和元年（84），太尉邓彪退休，"以二千石奉终其身"③。太尉秩万石，月俸三百五十斛，二千石月俸一百二十斛。元和三年（86），第五伦以老病上疏乞身，"以二千石奉终其身"④。第五伦官至司空，原俸及退休后享受的俸禄均与邓彪相同。邓彪、第五伦退休后享受原俸的三分之一，与西汉平帝时的规定相吻合。此时，是不是已经恢复了西京的退休制度呢？我认为，可以说已经恢复了西汉平帝退休官吏享受俸禄的制度，基本标准以原俸的三分之一为常。班固《白虎通·致仕》记载："卿大夫老，有盛德者留……在家者，三分其禄，以一与之，所以厚贤也。"看来，邓彪、第五伦享受原俸三分之一的退休待遇并非与西汉制度偶合。

　　章帝于建初四年（79）征召天下名儒，会集白虎观，论议五经异同，使五官中郎将魏应承旨提问，侍中淳于恭上奏，章帝亲临裁决。事后，班固奉命整理记录，辑成《白虎通义》，亦称《白虎通德论》，或省称《白虎通》，确立了官方解说儒家经典的标准。太尉邓彪和司空第五伦退休分别是在白虎观会议之后的第六年和第八年，二人的退休待遇当是依照西京制度而行。

　　《白虎通》对经义的解说在当时具有相当的权威性，它本质上是"封建法典"、"宗教神学"，这几乎是现有研究成果的共识。关于《白虎通》的性质，侯外庐指出：参加白虎观会议的儒生们"不是在讲哲学，而是为统治阶级安排宗教"，"利用经义为汉制法"。提出《白虎通》的性质是"封建法典"这一论断，后来研究《白虎通》的学者几乎都采纳了这一观点。如任继愈主编的两部中国哲学史都是这样，在《中国哲学史》中，他说白虎观会议是"把纬书提到合法地位，利用政治力量与法定程序来肯定纬书的法典化"⑤。在《中国哲学发展史》中，他认为《白虎通》"属于经学的范围，不算

---

①　参见李万禄：《我国古代退休官员的经济待遇》，《昌吉师专学报》1999 年第 1 期。

②　《后汉书》卷七九上《儒林列传·刘昆传》，第 2550 页。

③　《后汉书》卷四四《邓彪传》，第 1495 页。

④　《后汉书》卷四一《第五伦传》，第 1402 页。

⑤　任继愈：《中国哲学史》第 2 册，人民出版社 1962 年版，第 98—99 页。

作国家正式颁布的法典，但它的内容规定了国家制度和社会制度的基本原则……所以它是一种制度化了的思想，起着法典的作用"①。金春峰也指出，《白虎通》"具有官方经学和权威法典的性质"②。祝瑞开认为，《白虎通》作为"国宪"的钦定经义，是集合了大群儒生的奏议而最后由皇帝裁决的法典，在经义统一之后，它是"永为世则"的统治阶级的支配思想，不能再有异议。③ 刘泽华先生认为：《白虎通》"虽说不上是必须遵守的'国宪'，不过在思想观念上确实具有相当的权威性"④。

班固《白虎通·致仕》引《王记》说："臣致仕于君者，养之以其禄之半。"尚书郑均退休享受原俸，是为章帝的特恩。看来，东汉既循西京致仕制度，又非完全恪守，皇帝有权以特恩将退休俸禄的标准提高，也可以降低。和帝时侍中司马均以老病请求退休，"以大夫禄，归乡里"⑤。侍中月俸百斛，大夫月俸七十斛，退休后享受原俸的十分之七。安帝时，大司徒刘恺"以千石禄归养"⑥。司徒月俸三百五十斛，千石月俸八十斛，刘恺的退休金不足原俸的四分之一。显然，皇帝的意志左右着退休官员的养老费。

考察两汉官吏的退休福利，只论列致仕官的俸禄标准是不够的。汉代官吏除秩别品级及相应的俸禄规定外，还有一套爵位制度，与爵位高低相应的经济待遇既是在职官员也是致仕官收入的重要组成部分。司马迁就反复将"爵邑"与俸禄两种形式的经济收入并提。《史记·货殖列传》称："今有无秩禄之奉，爵邑之人，而乐与之比者，命曰'素封'。封者食租税，岁率户二百。千户之君，则二十万，朝觐聘享出其中。"又称商贾"皆非有爵邑奉禄"，而常以致富。所以，"爵邑"收入是高级致仕官收入中不容忽视的内容。

汉代"七大夫"以上爵均可"食邑"的制度推行时间不长，且与退休制度关系不大，这里只讨论享有食邑特权的二十等爵中的第十九级关内侯和第二十级彻侯。因为致仕官员"还禄位于君"，但仍保有封爵，而且列侯还可以世袭，传给后代。

西汉时，中二千石以上的高级官员基本上都拥有侯爵，享受食邑特权；东汉的三公及中二千石等高级官员也大多有侯爵。封邑收入一般超过有时甚至远远超过俸禄收入。列侯、关内侯的收入形式是由朝廷按其功劳大小确定其"食邑"户数。列侯收纳其封户百姓应向国家缴纳的田租，即土地收入的十五分之一或三十分之一。同为列侯，封邑户数相差很大。有的封邑多达数县地，有的只拥有一个乡或一个亭的民户。所以，到东汉时，列侯中又出现了县侯、乡侯、亭侯等高低之别。封给列侯的民户仍是国家的编户齐民，只不过将原本交给国家的土地税转交给列侯而已。

如果按民户一家有田百亩，每亩收谷物一斛半，按三十税一的田租率计算，一户百姓应向国家交纳租谷五斛，这也是封邑主从一户百姓所获收入的概数。据司马迁估计的平均值，"封者食租税，岁率户二百"，即封邑主从每户百姓那里每年获取的租谷大致

① 任继愈：《中国哲学发展史》秦汉卷，人民出版社 1985 年版，第 474、494、458 页。
② 金春峰：《汉代思想史》，中国社会科学出版社 1987 年版，第 455—464 页。
③ 祝瑞开：《两汉思想史》，上海古籍出版社 1989 年版，第 276—283 页。
④ 刘泽华先生主编：《中国政治思想史》秦汉魏晋南北朝卷，浙江人民出版社 1996 年版，第 307 页。
⑤ 《后汉书》卷三六《贾逵传附司马均传》，第 1240 页。
⑥ 《后汉书》卷三九《刘恺传》，第 1308 页。

可折合为二百钱，似较五斛谷物的价值要少一些。即便按司马迁的估计，也可以根据列侯的封邑户数大致估算出其封邑的收入额。

在上文所述致仕官中，汉宣帝封丞相韦贤为扶阳侯，食邑七百户，年收入约为十四万钱，相当于其任丞相两个多月的俸禄收入；汉成帝封大司马王根为曲阳侯，食邑五千户，年收入一百万，比其年俸七十二万多二十八万。汉安帝封张禹为安乡侯，食邑一千二百户，年收入二十四万。因此，我们在考察两汉致仕官员的经济收入时，如不对官员封邑收入这一因素给以足够的注意，便不能全面了解他们的经济待遇实况，从而也不能正确地了解汉代的退休制度与身份性福利制度。需要指出的是，两汉政府向百姓征收田租时，并不是向每户百姓征收相同数量的谷物，而是根据百姓的实际收入按三十税一或十五税一的税额比例征收，各地每户百姓拥有的土地数量不尽相同，土地的产量也不一样，向国家交纳的田租也就多少不等。在这种情况下，食邑户数相同的列侯，实际收入差别很大。

两汉时，第十九级爵关内侯亦可食邑，但关内侯食邑户数一般在数百户至数千户之间，比列侯少。明帝赐桓荣爵关内侯，食邑五千户。前述桓荣以二千石禄退休，二千石的月俸钱为一万六千，则年收入为十九万二千，而其封邑收入为一百万，是官秩退休费的五倍多。

赏赐是两汉官吏俸禄之外的主要正当收入。朝廷的赏赐有金钱、布帛、器物、酒肉、住宅、车马、衣服等，西汉以黄金、钱币为主，东汉以布帛为主。赏赐收入有时甚至超过俸禄。汉代前期，官吏退休后，朝廷往往都给予一次性的高额赏赐，以示养老尊贤。昭帝时，太傅疏广乞骸骨，赐黄金二十斤，皇太子赠以五十斤。[①] 黄金与铜钱的兑换率为每斤黄金当钱一万。[②] 丞相韦贤以老病乞骸骨，汉宣帝特赐黄金百斤。[③] 黄金百斤大约相当于丞相17个月的俸禄。御史大夫杜延年以老病乞骸骨，赐黄金百斤[④]。后将军赵充国乞骸骨，赐黄金六十斤[⑤]。元帝时，御史大夫薛广德与丞相于定国、大司马车骑将军史高俱乞骸骨，皆赐黄金六十斤[⑥]。张禹为相六年，成帝赐黄金百斤，益封四百户。后又数加赏赐，累计达数千万[⑦]。永始中，左将军史丹病乞骸骨，赐黄金五十斤[⑧]。外戚王商乞骸骨，天子更以为大将军，益封二千户，赐钱百万；王根乞骸骨，皇上益封王根五千户，黄金五百斤[⑨]。哀帝初即位，外戚傅氏掌权，王莽避太后傅家，乞骸骨，哀帝赐予王莽黄金五百斤[⑩]。

西汉一朝赏给致仕官员的黄金以汉成帝时为巨。受赐官员的级别均在二千石以上，赐金不等，差别多达十倍，最少的五十金，最多的五百金，多数是六十到一百斤。同一

---

① 《汉书》卷七一《疏广传》，第3040页。
② 《汉书》卷二四下《食货志下》："黄金重一斤，直钱万。"第1178页。
③ 《汉书》卷七三《韦贤传》，第3107页。
④ 《汉书》卷六〇《杜延年传》，第2666页。
⑤ 《汉书》卷六九《赵充国传》，第2994页。
⑥ 《汉书》卷七一《薛广德传》，第3048页。
⑦ 《汉书》卷八一《张禹传》，第3349页。
⑧ 《汉书》卷八二《史丹传》，第3379页。
⑨ 《汉书》卷九八《元后传》，第4027页。
⑩ 《汉书》卷九九上《王莽传上》，第4042页。

级别的致仕官，所获赏金不同。韦贤与于定国同以丞相身份退休，前者获赐黄金一百斤，后者六十斤。说明赏赐数额没有固定标准，赏赐多少视皇帝的好恶和朝廷的财力而定。

朝廷赐金给致仕官可能是常例，不赐为特例。哀帝驾崩，大司空彭宣"乞骸骨"归乡里，时王莽秉政专权，恨彭宣求退，遂奏请太后准其退休，但未赐黄金①。

在西汉时普遍使用的黄金货币，到东汉时已极少见，皇帝赏赐黄金极为罕见，多是赐钱。章帝时，太尉邓彪"以疾乞骸骨"，"赠钱三十万"②。大鸿胪韦彪退休，受赐钱二十万③。司空第五伦退休，受赐钱五十万④。尚书令朱晖，以老病乞身，赐钱二十万⑤。和帝时，山阳太守周荣以老病乞身，卒于家，诏特赐钱二十万⑥。大司徒刘恺致仕，安帝加赐钱三十万⑦。东汉赐钱数大大少于西汉，上列数字以给予第五伦的最多，五十万钱。西汉最多的是五百金，折合成钱，则为五百万，是东汉的十倍。

实物赏赐也是汉代官吏的退休福利。退休官员告老还乡，皇帝赐给安车驷马、住房、医药、牛酒、丝帛制品等，还负责安排回乡途中的住宿、饮食。昭帝时，涿郡韩福"以德行征至京师，"昭帝"不忍劳役以官职之事"，赐帛遣归，诏令"行道舍传舍，县次具酒肉，食从者及马"⑧。平帝元始二年，光禄大夫龚胜、太中大夫邴汉以老病罢。王莽奏请太皇太后"如韩福故事"遣归二人，"赐帛及行道舍宿"⑨。御史大夫杜延年以"病笃"退休，宣帝派人赐"酒，加致医药"⑩。明帝时，卫尉窦融致仕，"赐养牛，上樽酒"⑪。国三老袁良久病致仕，顺帝"特赐钱十万，杂缯卅匹，玉具剑、佩书刀、绣文印衣、无极手巾各一"⑫。丞相韦贤致仕，宣帝赐给宅第一处⑬。光禄勋刘昆退休，光武帝刘秀"诏赐洛阳第舍"⑭。太中大夫郭伋以老病乞骸骨，光武帝"赐宅一区，及帷帐钱谷，以充其家"⑮。司空第五伦退休，章帝赐给公宅一区⑯。光禄勋马防以病乞骸骨，章帝赐与故中山王田庐⑰。

b. 对退休官员的政治礼遇。措施有赏赐安车驷马、长吏存问、荫子和奉朝请等。

汉代大臣退休还乡，多由皇帝特赐"安车驷马"，以示优老尊贤。"安车驷马"是由四匹马拉的坐乘之车。古车立乘，此为坐乘，故称安车。安车多用一马，礼尊者则用

① 《汉书》卷七一《彭宣传》，第 3052 页。
② 《后汉书》卷四四《邓彪传》，第 1495 页。
③ 《后汉书》卷二六《韦彪传》，第 920 页。
④ 《后汉书》卷四一《第五伦传》，第 1402 页。
⑤ 《后汉书》卷四三《朱晖传》，第 1461 页。
⑥ 《后汉书》卷四五《周荣传》，第 1537 页。
⑦ 《后汉书》卷三九《刘般传附子恺传》，第 1308 页。
⑧ 《汉书》卷七二《龚胜传》，第 3083 页。
⑨ 《汉书》卷七二《龚胜传》，第 3083 页。
⑩ 《汉书》卷六〇《杜延年传》，第 2666 页。
⑪ 《后汉书》卷二三《窦融传》，第 808 页。
⑫ 严可均辑：《全后汉文》卷九八引《隶释》六。
⑬ 《汉书》卷七三《韦贤传》，第 3107 页。
⑭ 《后汉书》卷七九上《儒林列传上·刘昆传》，第 2550 页。
⑮ 《后汉书》卷三一《郭伋传》，第 1093 页。
⑯ 《后汉书》卷四一《第五伦传》，第 1402 页。
⑰ 《后汉书》卷二四《马援传附子防传》，第 856 页。

四马。汉武帝以后，赏赐安车驷马成为高级官员致仕的固定模式。元帝时，御史大夫薛广德与丞相于定国、大司马车骑将军史高告老致仕，皆赐安车驷马。薛广德回家乡沛县养老，沛县以其为荣，薛广德"县其安车传子孙"①。史丹以病乞骸骨，杜延年、贡禹以老病乞骸骨，王商、王根、王莽、孔永、刘常、傅晏、赵充国乞骸骨，皆赐安车驷马②。以上诸人除了后将军卫尉营平侯赵充国、太常安丘侯刘常外，皆官至三公。看来，安车驷马仅赐与三公、列侯，是一种很高的政治待遇。

西汉赐与三公、列侯级的致仕大臣安车驷马是常例，不赐为特例。平帝初年，王莽秉政专权，大司空彭宣求归乡里。王莽不满彭宣求退，遂奏请太后，准其退休，但不赐予安车驷马③。

东汉制度似与西京略有不同，赐给致仕大臣者，只讲安车，而未提及驷马。赐安车驷马者有三见，皆用于宗室、外戚，一是章帝初即位时，"诸贵人徙居南宫"④，皆加赐安车驷马；二是和熹邓皇后赐给"孝行尤著"的少弟邓阊⑤；三是顺帝赐与岳父乘氏侯梁商⑥。

官员退休后，一般是返乡养老，皇帝为了表示不忘其在职时的功劳，在重大节日时，常派当地官员带着礼物前去慰问。前述韩福回乡，昭帝命涿郡长吏按时存问，"常以岁八月赐羊一头，酒二斛"。光禄大夫龚胜、太中大夫邴汉告归，王莽依照韩福故事，每年按时赐给"羊酒衣衾"⑦，派长吏存问。章帝时，太尉邓彪退休，"诏太常四时致宗庙之胙，河南尹遣丞存问，以八月旦奉羊、酒"⑧。安帝时，大司徒刘恺"称病上书致仕，河南尹常以岁八月致羊、酒"⑨。从"如韩福故事"和"常以八月致羊酒"来看，汉代高级官员退休后享受"长吏存问"似已有规章可循，是一种经常性的措施，而不是临时决定。

汉代二千石以上的官员任职满三年，得任其同产（兄弟）若子一人为郎，称作"任子制"。随着时间推移，任子范围不断扩大，退休官吏亦可荫子为官。元始二年，光禄大夫龚胜与太中大夫邴汉退休，太皇太后使谒者仆射策诏之曰："其上子若孙若同产、同产子一人。……所上子男皆除为郎"⑩。和帝时，山阳太守周荣以老病乞身，卒于家，任命其子周兴为郎中⑪。灵帝熹平二年，退休太傅胡广薨，"拜家一人为郎中"⑫。

汉代官员致仕后，一般不再过问朝廷政事。只有德高望重的大臣，才享有奉朝请的礼遇，朝见皇帝，参与国政。每逢大典及讨论国家大事，要么"朝请"，要么"访之"。

---

① 《汉书》卷七一《薛广德传》，第3048页。
② 《汉书》卷十九下《百官公卿表下》，第810、816页。
③ 《汉书》卷七一《彭宣传》，第3052页。
④ 《后汉书》卷十上《皇后纪上》，第410页。
⑤ 《后汉书》卷十六《邓禹传》，第615页。
⑥ 《后汉书》卷三四《梁统传附曾孙商传》，第1175页。
⑦ 《汉书》卷七一《薛广德传》，第3083页。
⑧ 《后汉书》卷四四《邓彪传》，第1495页。
⑨ 《后汉书》卷三九《刘般传附子恺传》，第1308页。
⑩ 《汉书》卷七一《龚胜传》，第3083页。
⑪ 《后汉书》卷四五《周荣传》，第1537页。
⑫ 《后汉书》卷四四《胡广传》，第1510页。

c. 恤典。与致仕相关的另一项制度是恤典。恤典，是朝廷对于高级官吏死后的一种抚恤制度。以下所述并不仅限于退休官员，官员殉职也予以抚恤。致仕官死后，朝廷或赠赙（以财物助丧仪）、或赐谥、或赐冢地、缯绣、衣物之类，不一而足。丞相韦玄成病死，元帝亲自临丧，"赐赏甚厚"①。太中大夫郭伋卒，光武帝"亲临吊，赐冢茔地"②。赐冢地是朝廷对去世退休官吏的另一种经济抚恤。所赐冢茔地址，一般由皇帝依制选择，但对德高望重或特别宠信的老臣，可以自选冢地，然后赐之。丞相安昌侯张禹致仕后，"自治冢茔，起祠室，好平陵肥牛亭部处地，又近延陵，奏请求之，上以赐禹，诏令平陵徙亭它所"③。永元五年，太傅邓彪薨，"天子亲临吊临"④。天子亲临丧所吊唁，表示对该大臣的特别器重或宠信。司空第五伦死后，章帝"诏赐秘器（棺椁）、衣衾、钱布"⑤。太尉刘恺卒，安帝"诏使者护丧事，赐东园秘器，钱五十万，布千匹"⑥。朝廷赠赙，不仅有助丧的经济意义，而且还表明死者在朝廷中的地位和影响。陪葬帝王陵寝也是恤典的内容，是一种极高的荣宠。司空伏恭卒，赐葬明帝显节陵下⑦。上文致仕官死后除子为郎也属于恤典的内容。

4. 养庶人之老

关于"养庶人之老"的范围，孔颖达曾指出："老人众多，非贤者不可皆养。"就是说，不是所有 70 岁以上的老人都能享受国家的福利，国家所"养"的是 70 岁老人中的"贤者"。结合汉代历史实际考察，笔者以为，大多数情况下，政府对 70 岁以上、80 岁以下的老人加以区别对待，"贤者"养，不贤者不养。主要原因当是汉代国家财政无力全部奉养 70 岁以上的老人，所以我们多次见到两汉帝王诏令中规定对 80 岁以上老人的优待。文帝二年"养老令"规定："年八十已上，赐米人月一石，肉二十斤，酒五斗。"⑧ 这里的"年八十已上"，可以理解为全国所有 80 岁以上的老人均可享受这一待遇，而不再区别贤与不贤。

汉代社会上层养老与下层养老的待遇是不同的。例如，东汉明帝给予国三老和五更的待遇是按照二千石级官员的俸禄标准给予退休金；给"天下三老"（乡、县、郡三老）的赏赐是"酒人一石，肉四十斤"；对于 60 岁以上的老人则没有明确规定，"有司其存耆耋"⑨，可以理解为酌情慰问。

对于 60 岁以上 70 岁以下老人的养老，汉代政府区分为有子男和无子男两类，有子男的由家庭负责赡养，无子男的政府给予救助。《武威新出王杖诏令册》第 2 简规定："年六十以上毋子男为鳏（通'鳏'），女子年六十以上毋子男为寡，贾市毋租，比，山东复。"《孟子》卷二《梁惠王章句下》："老而无妻曰鳏。老而无夫曰寡。老而无子曰独。幼而无父曰孤。此四者，天下之穷民而无告者。文王发政施仁，必先斯四者。"此

---

① 《史记》卷九六《张丞相列传》，第 2688 页。

② 《后汉书》卷三一《郭伋传》，第 1093 页。

③ 《汉书》卷八一《张禹传》，第 3350 页。

④ 《后汉书》卷四四《邓彪传》，第 1496 页。

⑤ 《后汉书》卷四一《第五伦传》，第 1402 页。

⑥ 《后汉书》卷三九《刘般传附子恺传》，第 1310 页。

⑦ 《后汉书》卷七九下《儒林列传下·伏恭传》，第 2572 页。

⑧ 《汉书》卷四《文帝纪》，第 113 页。

⑨ 《后汉书》卷二《明帝纪》，第 103 页。

令规定，男女 60 岁以上无子男者为"鳏、寡"，是政府救助的对象。第 5 简说："夫妻俱毋子男为独寡，田毋租，市毋赋，与归义同；沽酒醪列肆。"① 鳏寡之人结成夫妻，双方均无子男，为"独寡"，也在救助之列。就是说，60 岁以上的鳏寡老人，种田免租，市卖免税，可以在市中开店卖酒，与回归流民、归义民族一样，享受"假公田，贷种食，且勿算事"，"复终身"的待遇。以上两简是西汉成帝建始令中的内容，系常制，而非特恩。此外，对鳏、寡、独这三类老人的救助还屡见于帝王诏令。西汉帝王赈贷鳏寡孤独的 29 道赐物诏书，均为特恩，而非常制。其中，因天降祥瑞降诏赐物 9 次，皇帝即位、立皇后、立太子合计 5 次，大赦天下 3 次，减轻巡幸所过郡县负担 3 次，因灾饥馑的赈贷 6 次，劝农 1 次。赈贷范围除少数几次是局部地区外，其余均面向全国。绝大多数情况下是将鳏寡老人和高龄老人同等对待，连文并提，所赐物品相同，与三老、孝悌、力田一起赐物和单独赐物的情况较少。所赐物品主要是帛，有时一匹，有时二匹；赐钱、帛、米、肉仅有几次。文帝诏的赈贷对象有穷困之人，而各《纪》所书，除元狩元年诏有贫穷者，其余皆不及穷困之人，未详其故。文帝诏没有言及笃癃，各《纪》仅元狩元年有废疾，其他皆无，此亦不同之处。在汉代帝王中，最关心鳏寡孤独高龄老人的是汉宣帝，向他们提供赈济的诏书多达 11 道。地节四年，宣帝还颁发了令百姓为大父母、父母送终的诏书。这可能与宣帝的坎坷经历有关，他出生才几个月，父母就遭巫蛊之祸身亡。他在民间长大，了解百姓疾苦，"具知闾里奸邪，吏治得失"②。

　　文帝前元元年（前 179）三月所下赐物诏令，《史记》与《汉书》的记载不同，都有令人不解之处。《史记·文帝本纪》说："赐天下鳏寡孤独穷困及年八十已上、孤儿九岁已下布帛米肉各有数。""鳏寡孤独"已经包括有"孤儿"，又云"孤儿九岁以下"，二者重复。沈家本认为"是合二诏为一事而总言之"③。也可能是将"九岁以上"的孤儿从中区分出来。《汉书·文帝纪》同时二诏，前一诏云："百姓鳏寡孤独穷困之人或阽于死亡，而莫之省忧。为民父母将何如？其议所以振贷之。"后一诏养老，赈贷的对象只有高年："年八十已上，赐米人月一石，肉二十斤，酒五斗。其九十已上，又赐帛人二匹，絮三斤"。前诏所议如何，史无具文，不知何故？《史记》所载当有所本，此系帝王诏令，非比寻常之事，可率意而写。班固对《史记·文帝本纪》的这一修改令人费解，疑有脱漏。景帝前元元年诏："孝文皇帝……赏赐长老，收恤孤独，以遂群生。"未及鳏寡穷困。当是约举大端，而不一一详载之故。

　　居延汉简中亦有反映西汉养老制度的内容。

　　　　县置三老二……置孝弟力田廿二……年八十及孕朱（原作未，此依谢桂华等人《居延汉简释文合校》所释）需颂？五十二（《居延汉简甲乙编》5.3，10.1，13.8，126.12）

此简证明文献记载西汉设置三老、有优待八十以上老人的政策，在一定范围内是可

---

① 武威县博物馆：《武威新出王杖诏令册》，第 35 页。
② 《汉书》卷八《宣帝纪》，第 237 页。
③ 沈家本：《历代刑法考》，中华书局 1985 年版，第 1642 页。

信的。

> 酒一石丞致朕且时使人问存□（《居延汉简甲乙编》5.13）
>
> 月存视其家赐肉廿廿斤酒二石甚尊宠郡大守诸侯相内史所明智也不奉诏当以不敬论不智（《居延汉简甲乙编》126.41，332.10A、B，332.23）

简文称"朕"称"诏"称"赐"，纯为皇帝口吻。"问存"、"存视"，亦与诏书用语一致。"郡大守"、"诸侯相"这些官名，也只有皇帝才能直呼。《史记·孝景本纪》：中元五年六月，"更命诸侯丞相曰相"。《汉书·百官公卿表》：诸侯王内史治国民，"成帝绥和元年省内史，更令相治民，如郡太守。"简文既有"相"，又有"内史"（此内史既属诸侯，似不是治粟内史，也不是掌治京师的内史），可见其为景帝中元五年之后、成帝绥和元年之前的情况。将简文与西汉诏令比较，所存问者当即着老鳏寡孤独之民，赐酒赐肉的对象也就是这些人。由此判断上引简文反映了西汉的养老制度。

　　东汉皇帝救助鳏寡孤独笃癃之人的诏令有 28 次，从救助范围来看，除了和帝永元三年和顺帝永和二年范围较小，为从洛阳至长安沿途所过郡县外，其余几乎都是全国范围的。救助的缘由与西汉基本相同，有以下几种：新皇帝即位大赦天下 4 次，立皇后、立太子合计 6 次，皇帝即位、皇帝加元服、后妃上尊号各 1 次，皇帝行幸长安 2 次，改元 1 次，天降祥瑞 2 次，水旱蝗等灾害及赈灾济贫 7 次，日食 1 次。其中，光武帝建武六年春正月诏中的"如《律》"，说明西汉旧有法律规定如此，值得我们注意。遗憾的是"《汉律》今亡"，我们不得其详。

　　在赈贷鳏、寡、独这三类老人方面，两汉相比，有两个明显的不同：西汉将鳏寡老人和高龄老人同等对待，而东汉则是与"笃癃、贫不能自存者"并提；西汉赐物主要是"帛"，汉高祖刘邦重农抑商，"令贾人不得衣丝"，可能在当时的观念里赐帛比赐粟更有价值。东汉主要是赐"粟"，赐帛只有 2 次，赐粟 23 次。东汉赐粟数量以中元二年明帝即位时最多，每人十斛，其次是建武三十一年，每人六斛。自明帝永平三年以后，赐粟数量只有两个标准，三斛和五斛，二者的次数差不多，三斛 10 次，五斛 9 次。正如沈家本所指出的那样："建武以后奉为常典矣。"[1] 笔者理解，沈氏所言"常典"当是指对高龄老人赐粟数量的标准已经成为较稳定的制度。

5. 汉代老年人福利措施

　　汉代老年人的福利，除了上文所论之外，汉朝帝王诏令中还有不少涉及老年人福利宣传和福利措施的内容，有些是对前述内容的补充和深化，有些是上文没有提及的规定。从福利内容来看，当是主要针对社会下层的普通老人。

　　a. 减轻对老人的刑罚。惠帝时，对所有犯罪的老人，不施加残酷的肉刑。规定"民年七十以上……有罪当刑者，皆完之"[2]。据《汉书·刑法志》，景帝对惠帝的规定做了修改补充。后元三年诏曰："高年老长，人所尊敬也；鳏寡不逮者，人所哀怜也。其著令：年八十以上……当鞠系者，颂系之。"宣帝对 80 岁以上的老人更为宽大，"非

---

　① 沈家本：《历代刑法考》，第 1644 页。
　② 《汉书》卷二《惠帝纪》，第 85 页。

诬告、杀伤人，它皆勿坐"。但是，80 岁以上的老人在汉代毕竟不多，主要意义在于宣传对老人的优容。

　　b. 改善老年人的生活状况。汉代改善老人生活条件的措施可归纳为赐物和免除或减轻其家人赋役负担这两点。赐物是我国古代最常见的尊老优老措施，统治者定期或不定期地赐给老人一定的衣物、器具、食品等，以示关怀优待。例如，文景时期，在养老方面就实行了一些新的措施。文帝元年（前 179）颁发养老令，其核心内容是改善 80 岁以上老年人的生活状况：

> 　　年八十已上，赐米人月一石，肉二十斤，酒五斗。其九十已上，又赐帛人二匹，絮三斤。赐物及当禀鬻米者，长吏阅视，丞若尉致。不满九十，啬夫、令史致。二千石遣都吏循行，不称者督之。刑者及有罪耐以上，不用此令。①

文帝关怀 80 岁以上老年人的生活，要求地方官吏督察落实养老令，但他又说"刑者及有罪耐以上不用此令"，则是对上引惠帝诏令的修正。将养老对象限制在 80 岁以上，受惠者就不是很多了，应当是根据国家财政的承受能力做出的规定。文帝养老令的基本精神为后来的汉代帝王继承，例如，元狩元年（前 122），武帝赐予"年九十以上及鳏寡孤独帛人二匹，絮三斤，八十以上米人三石"。阳嘉三年（134），顺帝"赐民年八十以上，米一斛、肉二十斤、酒五斗；九十以上加赐帛人二匹、絮三斤"②。建和二年（148），桓帝诏令"年八十以上赐米、酒、肉，九十以上加帛二匹，绵三斤"③。

　　文帝优待高龄老人的措施还有减免其家人的赋税徭役负担，"九十者一子不事，八十者二算不事"。颜师古注曰："一子不事，蠲其赋役。二算不事，免二口之算赋也。"④《汉书·武帝纪》：建元元年（前 140），赦天下，"年八十复二算"，对 90 岁老人的优待则改为"复甲卒"。张晏注曰："复甲卒，不豫革车之赋也。"⑤ 又诏曰："民年九十以上……为民子若孙，令得身帅妻妾遂其供养之事。"这与文帝的"九十者一子不事"是相同的，所谓"子若孙"，就是有儿子就免除儿子的赋役，没有儿子就免除孙子的赋役。建安二十三年，曹操所下养老令与文帝时相同："老耄须侍养者，年九十已上，复不事，家一人。"⑥ 看来，这一政策在汉代没有什么变化。

　　受鬻法。《汉书·武帝纪》建元元年诏曰："民年九十以上，有受鬻法。"颜师古注曰："给米粟以为糜鬻。"此法在汉初即已实行，当本于《月令》之旧法，"仲秋养衰老，授几杖，行糜粥饮食"。文帝前元元年诏批评执行"受鬻法"不力的行为，"受鬻者或以陈粟，岂称养老之意哉"！陈粟可食，但给老年人吃就不合适了。汉代在每年八月"案比"时，也检查养老的贯彻情况。《续汉书·礼仪志》："仲秋之月，县道皆案户比民，年始七十者，授之以玉杖，餔之糜粥，八十九十礼有加赐。"东汉八月案比，有

---

① 《汉书》卷四《文帝纪》，第 113 页。
② 《后汉书》卷六《顺帝纪》，第 264 页。
③ 《后汉书》卷七《桓帝纪》，第 292 页。
④ 《汉书》卷五一《贾山传》，第 2335 页。《通典》引作景帝时事，似误。
⑤ 《汉书》卷六《武帝纪》，第 156 页。
⑥ 《三国志》卷一《魏书·武帝纪》，第 51 页。

授杖餔糜粥之政，完全仿效《月令》仲秋之制，与西汉的做法稍有不同。《后汉书·安帝纪》亦有"糜粥糠秕相半"的诏令，养老之制在汉代确实存在，但未能一以贯之。有"良法美意"，必须要贯彻落实到位，不然，"长吏怠事，莫有躬亲"，奉行不力，便会流于具文。

关于对老年人的赏赐或照顾而公诸天下的朝廷诏令，我们还可以在"两汉书"里找到一些，如司马相如所谓"振贫穷，补不足，恤鳏寡，存孤独"①，严助所谓"哀鳏寡，恤孤独，养耆老，振匮乏"②，就是对汉武帝时代有关政策的肯定。现有资料已足以说明，汉代帝王代表国家自觉把关怀至少属于本阶级的老年人放在心上，并通过有持续性的具体法令、政策、措施付诸实现，在我国历史上始于汉代。比较各个历史时期的文献，我认为做出这一结论是适宜的。

为了使养老的物资奉养能够落到实处，汉代政府制定了相关的法令、法规，还采取了不少切实可行的具体的监督措施。例如，在发放馈赠物资时由相应的官吏送达。"赐物及当禀粥米者，长吏阅视，丞若尉致。不满九十者，啬夫令史（乡官）致。二千石遣都吏循行，不称者，督之"③。两汉皇帝都下诏强调：安抚鳏寡孤独等社会困难人群是行政官员的本职工作，帮助鳏寡孤独高年贫困之民责无旁贷。宣帝地节三年诏书中说：鳏寡孤独高年等贫困之民，是朕所怜惜的。以前曾下诏书出租公田，借贷种粮和口粮给他们。现在加赐给鳏寡孤独高年等人帛。二千石负责官员要对下属严加约束，令他们尽职尽责关心贫困之人，切勿使他们无法生活④. 建武六年，光武帝诏书中说：他怜悯百姓无以自赡，命令郡国有谷者，救助"高年、鳏、寡、孤、独及笃癃"，对那些没有家属又贫困"不能自存者"，二千石要"勉加循抚"⑤。汉明帝永平十三年诏令"刺史、太守详刑理冤，存恤鳏孤，勉思职焉"⑥。汉和帝永元八年，诏令"百僚尹勉修厥职"。汉代政府还经常派"谒者"到各地巡行、存问养老政策和发放实物的落实情况。发现问题便通报批评，予以纠正。例如，汉安帝针对养老中存在的问题诏命整改："《月令》'仲秋养衰老，授几杖，行糜粥。'方今按比之时，郡县多不奉行……长吏怠事，莫有躬亲，甚违诏书养老之意。其务崇仁恕，赈护寡独，称朕意焉。"⑦ 可见朝廷对贯彻老年人福利是十分认真的。

四　余论

帝王诏令无疑是帝王观念直接而真实的体现，汉朝的帝王诏令中有很多关于社会福利宣传和社会福利措施的内容，是汉代帝王观念的真实反映。帝诏本身有法的性质，但是执政者以诏令形式宣布推行社会福利政策的事实，似乎反映当时有关行政措施非常

---

① 《史记》卷一一《司马相如列传》载录司马相如《子虚赋》，第 3041 页。
② 《汉书》卷六四上《严助传》，第 2777 页。
③ 《汉书》卷四《文帝纪》，第 113 页。
④ 《汉书》卷八《宣帝纪》，第 248 页。
⑤ 《后汉书》卷一下《光武帝纪下》，第 47 页。
⑥ 《后汉书》卷二《明帝纪》，第 117 页。
⑦ 《后汉书》卷五《安帝纪》，第 227 页。

制、非定制的性质。然而另一方面，我们在史籍中又看到了若干社会福利制度已经明确列入律令的实例。

中国古代社会的等级性，决定了社会成员的地位及其所享受的福利是有差别的，是一种因身份不同而形成的不平等。

汉代统治阶级的身份性福利涉及范围很广，除了文中所论官吏退休制度外，官吏的休沐、告宁、丧葬等也具有身份性福利色彩，只施用于王侯、贵族和官僚阶层，与一般民众无关，体现了汉代帝王对统治集团的优待。这几项福利措施的施行范围比退休制度的对象广泛，从社会保障的角度来看，也具有普遍意义。限于篇幅和体例，本文未作讨论。毋庸讳言，汉代的身份性福利是宗室、贵族和官僚阶层特权的表现，也是汉代君主专制权力的表现，虽然适用范围较窄，但福利措施比较多样，某些内容已经制度化。身份性福利的经费由政府直接干预和承担，保障内容不是仅仅满足该阶层成员的生存需要，而是着眼于提高他们的生活质量。

身份性福利是君主专制制度下社会等级差别的体现，并起着维护社会等级秩序的作用。汉代社会结构基本上由皇帝、贵族、官僚、平民、贱民以及奴隶组成，形成自上而下层层分级的等级社会，其特征表现为等级的多样性和等级的开放性。

所谓多样性，是指可以用爵位、官品、门第、职业、种族等不同的标准来划分社会等级①。汉代社会的等级制度大致可以分为宗法等级、爵秩等级、官僚的秩品阶位等级、户等等级、职业等级，等等。与身份性福利相关的主要是爵秩等级和官僚的秩品阶位等级。汉代的爵秩等级基本上是二十级爵制，张家山汉简《二年律令·户律》记载了西汉初期实行的田宅制度，它是以二十等爵制为基石构建起来的，按照爵位的有无、高低把社会成员划分为不同的等级，每个等级名有的田宅数量不等，清楚地反映了西汉社会的等级性。爵秩制度的本质是在官僚贵族和平民之间划分等差，给他们以不同的权力，以便维护社会的尊卑等级结构。秩品等级与官僚贵族的爵秩等级同时存在，表示官僚秩品阶位的等级。秩品等级是官僚制度中各级官吏政治地位和俸禄的标志，它不但区分开了统治者与被统治者，还在统治者内部规定了高低等级。汉代官吏"以石论秩"，官秩从万石至斗食，构成了一个完整的等级系统，所有的官僚都被纳入其中，成为区别高低尊卑的标志。刘泽华先生指出：汉代"大一统"政治需要严格的等级制度来维系，君主的至上权位更需要尊卑等级作根基，《公羊传》通过辨析"长"与"贵"为之提供了理论依据。等级原则在政治实践中具体表现为各种礼制仪节②。

等级的开放性，是与封闭性的等级社会相对的。汉代形成了社会成员较为固定的上下流动渠道，表现出中国古代等级社会开放、流动的特征。汉代社会成员的上下流动主要有三种方式。第一，秦末与两汉之际的王朝更替，为社会成员的上下流动提供了机遇，尤其是西汉初年的"布衣将相"之局。第二，通过建立军功，一些等级较低的人进入社会上层。第三，察举制和博士弟子入仕，这是汉代社会成员流动的主要方式。根据黄留珠的研究，两汉孝廉共 307 人，其中能确定家世的有 184 人。这 184 人中，出身官僚贵族的有 128 人，占 69.6%；出身富豪的有 11 人，占 6%；出身平民的有 29 人，

---

① 刘丰：《先秦礼学思想与社会的整合》，中国人民大学出版社 2003 年版，第 238 页。

② 刘泽华先生主编：《中国政治思想史》秦汉魏晋南北朝卷，第 69 页。

占 15.7%；出身贫民的有 16 人，占 8.7%[①]。平民与贫民出身的孝廉约占四分之一。社会的流动打破了贵族和平民的界限，为社会下层成员进入社会上层创造了条件和机遇，但并未因此改变汉代社会的等级结构特征。

不可否认，汉代社会福利制度与现代社会福利制度有着本质的区别。同时，我们也应看到，古今社会福利既有差别又有联系，现实是历史的延续，现代社会福利制度是从古代社会福利制度演变发展而来的。从汉代的社会福利实践看，社会福利思想和措施是与封建帝王专制统治共存的。社会福利思想及其相关的社会福利政策，尽管其中不无精华，但从总体上说，它属于专制帝王的得民之法、保民之道、治民之术。汉代社会福利虽然存在历史局限性，但丰富的内容对后世直至当代中国均有很大影响，在中国当代的社会福利理论研究中，应该发掘其精华，去其糟粕，为改革和完善新时期的社会福利制度服务。对于两汉时期社会福利法规的分析，不仅有益于深化对两汉社会的认识，也有益于中国社会福利史的总结。国家要发展，社会必须稳定，而稳定社会又需要依赖政府建立强有力的社会福利体系。

〔作者王文涛，教授，河北师范大学历史文化学院。河北石家庄　　050000〕

[①] 黄留珠：《秦汉仕进制度》，西北大学出版社 1991 年版，第 142—143 页。

东晋皇权与士族权力博弈的两条线索

——以王敦之乱为个案

罗　骧

东晋时期皇权不振，乃为学界共识。究其原因，则在魏晋之际部分"世族"转化为"士族"①，导致门阀盛而王权衰。虽说二者互为消长，却并不意味着士大夫阶层协力与皇权相抗衡。皇权有升降，士族也有盛衰，围绕着皇权与当时最强大的士族之间的斗争与联合，士族中的弱小者或各自附翼于不同的对象。正是通过这种集体的博弈行动，才维持着东晋一朝皇权与士族之间，以及各士族内部的权力平衡。

例如王敦两次举兵，表面是手握重兵的臣子起兵叛逆，但后面所掩藏的权力博弈却纷繁复杂。通过考察这一时期皇帝与士大夫的政治动向，能更清晰地分辨出东晋初期权力场域②中不同的士族个体之间是怎样的联合与对抗。这其中不但涉及政治场域的权力，文化场域的力量也参与其中。

一

永昌元年正月，王敦以反对所谓"刻碎之政"为名举兵。唐长孺先生曾对"刻碎之政"有精当的讨论，于此不赘③。元帝得知后下诏将王敦定为大逆，召戴渊、刘隗并会京师。王敦从弟王导，"率群昆弟子侄二十余人，每旦诣台待罪"④。元帝下诏定王敦的大逆之罪，如何处置留于石头城中的王导及其族人，则成为朝廷面对的重要问题。据《晋书·刑法志》载："至于谋反大逆，临时捕之，或汙潴，或枭菹，夷其三族。"王导乃敦之从弟，依律当一同受戮，但王导并未逃奔，而是留居京师待罪。当我们追问王导何以能够免受牵连时，问题便浮现出来：就传统官僚体制而言，王导所拥有的政治权力乃皇帝所赋予，皇帝可以随时将之收回。那他何以敢留于京城中？他在稍后给王含的书信中说："昔年佞臣乱朝，人怀不宁，如导之徒，心思外济。"⑤ 显然又不能以儒家式的忠诚来解释诣台待罪的行为。可见他拥有的力量，并不全由皇帝所赋予的政治权力

---

① 田余庆：《东晋门阀政治》，北京大学出版社 1989 年版，第 330 页。
② 本文采自布迪厄的"场域"概念，一个场域由附着于某种权力（或资本）形式的各种位置间的一系列客观历史关系所构成。每个场域都规定了各自特有的价值观，拥有各自特有的调控原则，同时也是一个冲突和竞争的空间（参见布迪厄：《实践与反思》，中央编译出版社 2004 年版，第 17—18 页）。
③ 《晋书》卷九十八《王敦传》。
④ 《晋书》卷六十五《王导传》。
⑤ 《晋书》卷九十八《王敦传》。

构成。

　　详究其中原因，可知与王导乃东晋初期文化场域的领袖有关。正是政治身份与文化领袖身份的组合，才造就其"江左管夷吾"的美称，而王导文化领袖身份所造就的声望，更是其政治权力来源的基础。若对王导的言行仔细斟酌，会发现他是培养、利用名望的翘楚。据《世说新语·企羡》篇载：

　　　　王丞相过江，自说昔在洛水边，数与裴成公、阮千里诸贤共谈道。羊曼曰："人久以此许君，何须复尔？"王曰："亦不言我须此，但欲尔时不可得耳！"

文中透露出他常以昔日与裴、阮等名士结交论道来自高身价，才导致羊曼讥之"人久以此许君，何须复尔？"又据《晋书·王导传》，元帝渡江，南方士人不附。"会敦来朝，导谓之曰：'琅邪王仁德虽厚，而名论犹轻。兄威风已振，宜有以匡济者。'会三月上巳，帝亲观禊，乘肩舆，具威仪，敦、导及诸名胜皆骑从。吴人纪瞻、顾荣，皆江南之望，窃觇之，见其如此，咸惊惧，乃相率拜于道左。"这是对名望予以工具性应用的成功范例。另据同书所载：

　　　　导善于因事，虽无日用之益，而岁计有余。时帑藏空竭，库中惟有练数千端，鬻之不售，而国用不给。导患之，乃与朝贤俱制练布单衣，于是士人翕然竞服之，练遂踊贵。乃令主者出卖，端至一金。其为时所慕如此。

通观上述几例，可知王导对如何培养与利用自身文化场域之名望，颇有心得，也足证其文化场域中的领袖地位，并非"虚名"。

　　在传统社会中，政治与文化二者之间，并非互不相涉。当某人获得名望时，暗示着他在社会上获得了相应的信任。如"南郡庞士元闻司马德操在颍川，故二千里候之"[1]。又如周处"杀蛟而反，闻乡里相庆，始知人患己之甚，乃入吴寻二陆"[2]。在庞士元与司马德操之间，周处与二陆之间，他们素未谋面，能千里相会，乃在心契，即因对方享有大名，知其名而信其人。由名望引致崇拜并带来的社会影响和力量，并不仅于此。如孔融求救于刘备，备惊曰："孔北海乃复知天下有刘备耶！"即遣兵三千救之[3]。又如弥衡辱骂曹操，操不能容，以"此人素有虚名，远近将谓孤不能容之"，终送与刘表[4]。孔融求救的时候，刘备能发兵相助，就在于孔融之名让刘备产生了信任，并为其带来了社会资源与力量。弥衡更以此免遭屠戮。

　　社会名望的获得，在于个体的行动符合当时社会的价值取向，而拥有名望也就代表着获得了社会的认可。在传统社会中，人们限于交通与资讯的不畅，其社会交往大多只能以血缘、地缘等方式展开；一旦某位士人拥有较高的名望，声名流播四方，暗示着社

①　《世说新语·言语》。
②　《晋书》卷五十八《周处传》。
③　《后汉书》卷七十《孔融传》。
④　《后汉书》卷八十下《弥衡传》。

会对其个人的普遍认可；而获得广泛的社会信任，也就暗示着他在社会交往中拥有众多潜在的资源。或者说，由于较高的社会声望使之获得更多的社会信任，此人也就具有与之相当的权威，并能从相应的社会交往网络中获取大量的社会资本①。同样，王导的名望也能为其带来信任、社会资本与权力。

王导一生所辟、表、举的人物众多，这些士人与王导之间，由于昔日的依附与交往，相互间的信任度很高。如王导待罪时，顾和的态度就是显例。"顾司空时为扬州别驾，援翰曰：'王光禄远避流言，明公蒙尘路次，群下不宁，不审尊体起居如何？'"②其明快的态度，显示出极度的信任。正是社会信任的存在，或许才是王导免祸的缘由。

二

王导"每旦诣台待罪"，生杀权柄操于元帝之手，而在是否乘势除去王导权位的问题上，元帝起初的态度似乎犹豫不定。他之所以行"刻碎之政"，矛头所指便是以王导、王敦为首的王氏家族，但周顗等士族的觐见与上表，却最终迫使元帝作出宽宥的决定③。

周顗与司马睿、王导、王敦昔日同在东海王麾下，曾任荆州刺史，建平流人傅密等叛迎蜀贼杜弢，顗奔王敦于豫章，敦留之。后帝召为扬威将军、兖州刺史。顗还建康，帝留顗不遣④。其实所谓的"敦留之"，以及元帝的"诏后不遣"，都源于周顗的重名。王敦和晋元帝都希望将之纳入麾下，使自己获得更多的信任和社会资本。元帝"留顗不遣"是中兴之前的事，则王与马之间的内斗，更早于太兴初年。不过，那时双方都比较克制，手段也较委婉。可知元帝曾试图在士族之间进行分化，并希望通过扶植周顗等名士来消弱王氏的力量。由于未达目的，他才转而宠任刘隗、刁协二人。

周顗与王导交往甚密，在元帝疏远王导的时候，周顗曾上疏进谏；在王敦起兵后，周顗又力保王导。但当许多士族默许王敦的起兵时，他对王敦作乱却并不赞同。《晋书·周顗传》记载了他的理由：

> 温峤谓顗曰："大将军此举似有所在，当无滥邪？"顗曰："君少年未更事。人主自非尧舜，何能无失，人臣岂可得举兵胁主！共相推戴，未能数年，一旦如此，岂云非乱乎！处仲刚愎强忍，狼抗无上，其意宁有限邪！"

温峤推测王敦此举只是针对隗、协等人，应当不会有其他举动，而周顗则认为元帝乃士族共相推戴，虽有破坏皇权与士族之间权力平衡之责，却仍存和平解决之途。王敦动用武力，将使权力的天平迅速向王家滑落。周顗希望能维持皇权与士族之间，以及士族与

---

① 社会资本是一个众说纷纭的概念，本文部分采用林南的界定：它是在目的性行动中被获取的或被动员的、嵌入社会结构中的资源。也就是说，信任并不等同于社会资本，信任只是获得社会资本的必要途径。但需要强调的是，名望并不是社会资本，或者说名望只是获得社会资本的必要条件。
② 《世说新语·言语》。
③ 《晋书》卷六十九《周顗传》。
④ 《晋书》卷六十九《周顗传》。

士族之间的微妙平衡，但这种平衡迅速被打破，一直要到其他士族联合皇权对抗王敦，权力的天平才逐渐恢复。

周顗、戴渊二人的被杀，与王导有莫大的关系。表面上似乎起于"导不知救己，而甚衔之"，仔细推敲，或许不仅于此。其一，关于戴渊之死，王导并没有表现出懊悔之意。且周顗、戴渊二人被杀的原因是："皆有高名，足以惑众……公若不除，恐有再举之患，为将来之忧耳。"① 其二，他感叹"吾虽不杀伯仁，伯仁由我而死。幽冥之中，负此良友"②，乃纯粹出于朋友的立场，并不关涉利益冲突。虽然周顗曾对王导说："何敢近舍明公，远希嵇、阮。"③ 其实周顗、戴渊二人乃南北时望，难为王家所用。王敦的一位参军曾感叹道："周家奕世令望，而位不至公，及伯仁将登而坠。"④ 可见当时的舆论认为，周顗早晚当居三公之职。前文说过王导对社会名望所带来的隐性力量有非常深刻的认识，他或许认为留下这两个敌对的名士终将阻碍王家，甚至会威胁到自己的名望，故最终默许王敦诛戮周、戴二人。

大部分士族对待王敦第一次起兵，多与温峤类似，如周抚开门迎敦，六军围攻一触即溃，都显示出他们所持的欢迎态度。可以认为，王敦初次起兵之能轻易获胜，除去军事优势、士族对元帝之政不满以外，其自身拥有的社会资本也起了很大作用。王敦虽"雅尚清谈，口不言财色"⑤，但其清谈水平算不上一流，不如王导、王澄、谢鲲等人。据《晋书·王敦传》载："武帝尝召时贤共言伎艺之事，人人皆有所说，惟敦都无所关，意色殊恶。自言知击鼓，因振袖扬枹，音节谐韵，神气自得，傍若无人，举坐叹其雄爽。""神气自得，傍若无人"虽颇为符合当时的审美倾向，但其雄武有余，闲雅不足，与当时的风尚截然有异，故曾遭到讥评："王大将军年少时，旧有田舍名，语音亦楚。"⑥ 就王敦的人格魅力而言，不足以让名士倾倒，但事实上却结交甚广。如谢鲲、羊曼、桓彝、阮修、阮裕、陆玩、顾众、周抚、何充等名士，皆曾相与往还，这是他敢于起兵的主要原因之一。

王敦社会资本的由来，可从两个角度予以探讨：其一，身为王氏族人；其二，雄踞荆州。正是这两层身份为之带来雄厚的社会资本。社会资本虽不能继承与出让，却可以通过帮助而进入某个社交网络，进而获得这个网络中的社会资本。作为王氏族人，自其出生以来，许多社会交往的网络都对之开放。这一优势，是那些寒门之士无法企及的。据《晋书·阮修传》载："修居贫，年四十余未有室，王敦等敛钱为婚，皆名士也。"王敦时为鸿胪卿，当在惠帝永宁年间。他当时虽清雅不足，有"田舍儿"之称，却也早因家世，荣登名士之流。王敦自中兴之后，雄踞荆州。荆州多士，又是北方士人南渡的一条重要线路，加之占据上流，身居重位，故名士纷纷依附。可以说王敦通过政治权力，积攒了可观的名望与社会资本，但这只是攻入石头之前的情况，随着王敦的一系列错误决定，形势迅速转变。

①　《晋书》卷六十九《戴若思传》。
②　《晋书》卷六十五《王导传》。
③　《晋书》卷六十九《周顗传》。
④　《晋书》卷六十九《周顗传》。
⑤　《晋书》卷九十八《王敦传》。
⑥　《世说新语·规箴》。

王敦入京城后，放肆兵士劫掠内外①，又杀周顗、戴渊。对士大夫而言，更甚于元帝的刻碎之政。元帝的刻碎之政，只是利益的损失，不会危及自身性命，但王敦放肆兵士，杀周、戴二人，则让他们感受到莫大的危险。在恐惧之余，士大夫们逐渐远离王敦为首的社会交往网络。如谢鲲优游寄遇，不屑政事，从容讽议，卒岁而已②；羊曼终日酣醉，讽议而已③；刘胤枕疾不视事④。对这类士人而言，在王敦杀害名士之后，既怕自身名望过高，导致王敦猜忌害己，又怕过度结交王敦，由此惹祸。

社会交往有时温情脉脉，但更多的时候却是冷酷的。因为当社会交往网络中的某人出于某种需要，而过度支取网络中的社会资本时，可能会导致网络的崩溃，并直接损害到每一个成员的利益。作为一个理性的成员，如果预测到这种危险的存在，他的选择是要么离开这个网络，要么联合其他成员，在那位过度支取者提出要求之前，剥夺其成员的地位。谢鲲、羊曼、刘胤等人无法剥夺王敦的成员资格，因为那些社会交往是以王敦为核心成员所拓展开来的，他们只能选择各自不同的方式，远离王敦所处的社会交往网络。

三

如果说谢鲲、羊曼、刘胤等人顾及昔日的交往，此时只是优游于世外，其他士族则纷纷站到了王敦的对立面。

自王敦任丞相后，没有任何一家士族、豪强具有与王敦直接对抗的实力，他们需要联合起来，方能与王敦对抗。另一方面，传统社会里的皇权不论多么弱小，总是政治合法性的代表。于是，温峤、纪瞻、郗鉴等人凝聚在明帝的周围，这也显示出一个反对王敦的群体开始形成。

温峤对王敦的态度，前后截然相反。在王敦初次起兵之时，他认为"此举似有所在，当无滥邪"；其后，则是积极帮助明帝密谋对抗王敦，他也因此成为王敦第二次起兵的口实。温峤曾任太子中庶子，及在东宫，深见宠遇。这一段交往经历，以及由此产生的信任，对温峤后来的政治生涯有很大作用。他在王敦欲废明帝的太子地位时，极力维护。自明帝登基后，得拜侍中，机密大谋皆所参综，诏命文翰亦悉豫焉。俄转中书令，帝亲而倚之。王敦察觉到明帝对温峤的信任，便请为自己的左司马，试图控制温峤。但在一连串的密谋之后，温峤摆脱王敦还都，具奏敦之逆谋，请先为之备⑤。

在此之前，明帝对王敦即有所防范，老臣纪瞻曾推荐郗鉴，引来"流民帅"⑥。郗鉴过姑孰时，王敦曾与郗鉴进行谈判，打算拘留不遣，终因"郗道徽儒雅之士，名位

①　《晋书》卷九十八《王敦传》。
②　《晋书》卷四十九《谢鲲传》。
③　《晋书》卷四十九《羊曼传》。
④　《晋书》卷八十一《刘胤传》。
⑤　《晋书》卷六十七《温峤传》。
⑥　田余庆：《东晋门阀政治》，北京大学出版社1989年版，第41—53页。

既重"，乃放还台，鉴遂与帝谋灭敦①。所需注意的是，郗鉴之免祸，也是缘于名位之重。

在王敦第二次起兵时，需要关注王导态度的变化，因为这暗示了王氏家族内部的分歧。王舒自王允之处得到王敦打算起兵的消息后，告知王导，导与舒俱启明帝②。其实在王氏内部，存在两种不同的声音，一派以王敦为首，包括王含等人，可谓激进派；一派以王导为首，包括王舒、王彬、王棱等人，可谓温和派。两派虽在维护王家的利益和生死存亡方面有共通之处，但在行事的方式上则并不相同。王敦曾因此暗杀王棱，因周顗之事，又引发他与王彬之间的争执③。在王导为首的温和派看来，如何在适度的范围内，扩大家族的力量，更为可取。王导在与王含的书信中说的很清楚："导虽不武，情在宁国。"对王导而言，司马氏的皇权是当时调节南北各士族之间矛盾的平衡点，破坏平衡之后的大乱不可想象。自内而言，当时南渡不久，士族专兵，祖约、苏峻等流民帅并不可靠；自外而言，则胡马窥江。因此王导"情在宁国"，并不赞成内乱。更重要的是，王敦第二次起兵之意，要以其养子王应（王含之子）为相，王导对此不满，在与王含的书信中说道："将终之日，委重安期，安期断乳未几日，又乏时望，便可袭宰相之迹邪？自开辟以来，颇有宰相孺子者不？"④王导时居相位，王敦以王应为相，直接触犯了王导的利益。

明帝与郗鉴、温峤等人的密谋，王导虽不尽知，但以其人望与阅历，岂能一点端倪都没有察觉？他应当是对双方的力量有过一番仔细权衡后，才决定与王舒一起告知明帝，表达自己的立场。也正是这次表明心迹，王敦第二次起兵虽败，明帝却下诏曰："司徒导以大义灭亲，其后昆虽或有违，犹将百世宥之。"⑤此时，王敦可谓众叛亲离。与之相反，在以明帝为核心的皇权周围，已经凝聚起相当的力量，王敦之败实属必然。

结　语

通过上文对王敦之乱时期各种力量之间博弈的考察，我们发现在东晋时期皇权力量的衰落，并不仅限于军事与政治方面，在文化场域中，更处于相当的劣势。当士人由社会声望获取社会资本，并通过士族之间的交游网络对社会资本逐渐垄断的时候，皇权的力量进一步被削弱。但东晋的皇权并非可有可无的装饰，一旦某个士族的力量强大到足以破坏平衡时，皇权作为平衡的支撑点，其身边会凝聚起相当多的士族与士大夫，与之抗衡。

政治场域与文化场域之间，也并非互不关涉。如果说王导在待罪时，藉由文化场域转换而来的力量保护他度过危机；王敦则通过政治场域获得了文化场域的社会名望。可以看到，名望与政治权力之间的互有转换，相倚相生。王敦的失败，更印证了

① 《晋书》卷六十七《郗鉴传》。
② 《晋书》卷七十六《王允之传》。
③ 《晋书》卷七十六《王彬传》。
④ 《晋书》卷九十八《王敦传》。
⑤ 《晋书》卷七十六《王彬传》。

文化领域中的名望并非虚名。王敦破坏了权力的平衡，威胁到士族中多数人的利益，结果士族们纷纷弃之而去，造成社会资本匮乏的局面。在士族权力鼎盛的时代里，一旦士人们对某人关闭社会交往网络，此人便无法从中获取社会资本，最终只能面临失败的命运。

〔作者罗骧，博士生，南开大学历史学院。天津　300071〕

唐朝前期的太子教育

刘成栋

太子教育是中国传统政治思想的重要内容之一，历来受到官方重视。但比较而言，这方面的研究成果却不多。一些学者对隋唐时期的太子教育作了初步讨论[①]，也有学者集中讨论了唐太宗李世民对太子教育的利弊得失[②]，但总的说来不购系统和深入。本文根据目前所见史料，集中对唐代前期太子教育的内容及特点作进一步的研讨，不妥之处，恳望专家赐正。

一　理政方面的教育

第一，亲君子而远小人。

"君子"与"小人"是一种道德界分。为什么要亲近君子？乃由于"君子"是能够保持"善性"的人。只有跟随"君子"学习，才能使自身的伦理道德得到升华，使国祚长久。唐朝前期儒臣们为防止太子受小人蛊惑，采取了一系列的制度措施。他们普遍认为，太子作为储君，生于隆平之世，未曾带兵打仗，缺乏政治经验，易给小人以可乘之机。所以在教育上努力让太子知道民众稼穑之艰难，以及昵近小人的危害。

武德元年（618），孙伏伽在向高祖的进谏中提到为东宫选立贤士的重要性，在《陈三事疏》中，他说："无义之人，及先来无赖，家门不能邕睦，及好奢华驰猎驭射，专作漫游狗马声色歌舞之人，不得使亲而近之也。此等止可悦耳目，备驱驰，至于子孙不孝，兄弟离间，莫不为左右所乱之也。愿陛下妙选贤才。"[③] 此时唐朝初建，百废待兴，儒臣们敏锐地感觉到朝廷的未来命运就在太子身上，太子如能得到圣贤之士的辅弼，在未来会更好地服务于王朝统治。魏征在《自古诸侯王善恶录序》中，也强调了这一点："昵近小人，疏远君子，绸缪哲妇，傲狠明德，犯义悖礼，淫荒无度，不遵曲宪，僭差越等。恃一顾之权宠，便怀匹嫡之心；矜一事之微劳，遂有无厌之望。弃忠贞

---

① 有关隋唐时期太子教育的研究，可参见王超：《唐朝皇帝制度的发展与完备》，《南京大学学报》，1985 年第 4 期；谢元鲁：《隋唐的太子亲王与皇位继承制度》，胡戟：《唐代储君》，以上两文均收入朱雷主编：《唐代的历史与社会》，武汉大学出版社 1993 年版。

② 魏得良：《谈李世民对皇太子、诸王的教育》，《杭州大学学报》1980 年第 1 期；苏在卿：《唐太宗教子》，《思想政治工作研究》1991 年第 9 期；孙玉华等：《略论唐太宗的太子教育》，《新疆师范大学学报》1997 年第 4 期；宁志新、董坤玉：《从李承乾的悲剧看唐太宗教育上的失误》，《徐州师范大学学报》2004 年第 3 期；等等。

③ 《全唐文》卷一百三十五《陈三事疏》。

之正路，蹈奸宄之迷途。愎谏违卜，往而不返。"① 在这里，魏征向统治者打了一剂预防针，皇室的生活环境已经变了，太子们要随时随地预防周围小人的腐蚀。战争的年代已经过去，在和平的环境下，一切都要防患于未萌。此时太子教育中突出的问题是由于过分相信小人而造成太子学业的荒废，大臣们整日见不到太子，没有办法向他引荐贤人，这引起了大臣们的担忧。

张玄素，原为给事中，由于为人正直而被太宗派去辅佐太子承乾，当时他的职务是太子少詹事兼太子右庶子。在这位皇太子对于学习已无丝毫兴趣、整日贪图享乐的情况下，张立即上书规劝，希望太子能改过自新："宫内止有妇人耳，不知如樊姬之徒，可与弘益圣德者有几？若遂无贤哲，便是亲嬖幸，远忠良。人不见德，何以光敷三善？且宫储之寄，于国为重，所以广置群僚，以辅睿德。今乃动经时月，不见宫臣，纳诲既疏，将何补缺？"② 由此我们可以看到对于太子教育的要求就是其能够"三善兼备"，三善即学之为君臣、父子和长幼。在儒家士大夫看来，一切行为都必须合乎礼，使其行为达到规范的要求，进一步起到"诚意正心"的作用。

于志宁，作为太子左庶子，在承乾学业荒废，生活日益奢靡的情况下规谏说："然杜渐防萌，古人所以远祸；以大喻小，先哲于焉取则。伏惟殿下道茂重离，德光守器，宪章古始，祖述前修，欲使休誉远闻，英声遐畅。臣窃见寺人一色，未识上心，或轻忽高班，或陵轹贵仕，便是品命失序，纲纪不立，取笑通方之人，见讥有识之士……伏望狎近君子，屏黜小人，上副圣心，下允众望。"③

张玄素和于志宁为太子承乾东宫的实际负责人，他们都迫切希望太子能够屏黜小人，留出更多的时间来研习经典。而要想在学业上有所进步，必须不耻下问，多与硕德鸿儒在一起交流。对"寺人"（近侍小臣）需多加防范，这些人大都是靠阿谀奉承起家的，本身礼乐诗书的功底很差，可是他们在东宫内部是一股不可忽视的力量，这主要得益于他们每日在皇太子身边服侍，更容易获得太子的喜好和信任。但在儒家士大夫看来，王朝的稳固只有通过熟读经书、研习史传、亲近贤人才能实现，而任何违背这些规范的行为都不利于王朝的长治久安。

第二，崇节俭而省奢靡。

中古社会的唐朝，小农经济是其经济命脉。在这种情况下，国家财富的积累主要是靠"开其源，节其流"。这就在客观上要求社会上层的宫廷皇族倡导节俭。因为过分追求享乐只会导致民困国穷。太宗朝，承乾认为自己所居宫殿太过简陋，故决定重修，而所费开支过于巨大。当时的东宫宫臣于志宁对其规谏说："今所居东宫，隋日营建，睹之者尚惊其侈，见之者犹叹其华，何容此中更有修造？财帛日费，土木不停，穷斤斧之工，极磨砻之妙。且丁匠官奴入内，比者曾无监管，此等或兄犯国章，或弟罹王法，往来御苑，出入禁闱，钳凿缘其身，槌杵在其手……伏望停工匠之作，罢久役之人，绝郑卫之音，斥群小之辈。则三善允备，万国作贞矣。"④ 于志宁认为，修建此殿过于奢靡，

---

① 《全唐文》卷一四一《自古诸王善恶录序》。
② 《旧唐书》卷七五《张玄素传》。
③ 《全唐文》卷一四四《谏太子承乾启》。
④ 《全唐文》卷一百四十四《谏太子承乾书》。

而且对宫中的安全防备也造成了很坏的影响。在儒家看来，"情"和"欲"本身就与"礼"、"义"原则相冲突。修身的关键就是让"礼"、"义"来规范这些不好的行为。贪图享乐终不是王朝的长久之计。

高宗朝，太子李弘过于喜欢马球，在儒家士大夫看来，过分的游娱会导致他玩物丧志。薛元超，时任中书侍郎同中书门下三品，拜中书令。在《谏皇太子笺》中，他说："且思患预防，著于易象。乐不可极，陈之礼经。列圣典谟，可为龟镜。殿下昔在藩邸，时以打球为戏，当此之日，已经坠马，近取诸身，足为深鉴。"① 喜好马球，本是太子精力充沛的表现，可是这位朝臣非从安全的高度来解析此事，其本质无怪乎是担心这种娱乐之戏会对太子的内心世界造成腐蚀，忘了祖宗留下的万代基业。除了从安全本身来为太子设身处地考虑外，还拿出几百年前的事情来对比一番，以期这位太子能够心平气和地接受。

后来，在韦承庆给太子李贤的进谏中也说："畋猎驰骋，败德之源。必须顺动，不可以盘游无度。至于从禽逐兽，绝野驰原，骏足云飞，轻弧电举。当其适意，岂惮艰危……夫以千金之子，犹且坐不垂堂，况在万国之贞，岂可不思重慎？殿下初升储位，养德春闱。理宜静默自居，文史为务；不可数为游纵，以损德音。"② 这里将"畋猎驰骋"视为德行的颓废，认为只有安心研读文史才是正途。这是士大夫们规谏太子，使其从"畋猎驰骋"返回到关心国家政治事务方面来的一个例证。

二　文化知识方面的教育

从本质上看，儒学是一种道德伦理学说，对于社会起着稳固的作用。在传统文化方面，唐朝前期教育的中心内容是孝道。当时的太子必须学习《孝经》："太子（李治）初授《孝经》于著作郎萧德言，太宗问曰：'此书中何言为要？'对曰：'夫孝，始于事亲，中于事君，终于立身。君子之事上，进思尽忠，退思补过，将顺其美，匡救其恶。'"③ 当然这只是其中经学教育的一个缩影。当时的皇太子以《五经》的学习为根本，辅以史学文献的学习。整个唐朝前期，《汉书》的学习几乎成为一门显学。当时"（刘）讷言，乾封中历都水监主簿，以《汉书》授沛王。王为太子，擢讷言洗马兼侍读"。这可能与唐朝国势的逐步强大有关，也与前期在选拔师傅方面更重视实践有关。例如太宗曾经问张玄素的出身，就因为此事，褚遂良进谏曰："唐家创业，任官以才，卜祝庸保，量能并用。陛下以玄素擢任三品，佐皇储，岂宜复对群臣使辞穷负耻，欲责其伏节死义，安可得乎？"太宗答曰："朕亦悔之。"④ 在此我们不难看到，对于当时的东宫僚属的选拔多注重真才实学，这也造成了前期太子教育在内容上经学与史学兼修的局面。在研究中，笔者发现皇太子文化知识的学习是通过国子监这个载体来完成的。

国子监长官是国子祭酒，负责国子监的日常工作。国子监教学作为太子教育的重要

① 《全唐文》卷一五九《谏皇太子笺》。
② 《全唐文》卷一八八《上东宫启》。
③ 《旧唐书》卷四《高宗本纪》。
④ 《新唐书》卷一〇三《张玄素传》。

组成部分，每当皇帝视学的时候，太子通常会跟着一起来学习，在参加完释奠先圣的大礼后，太子以学生的身份按照年龄长幼就坐席间，之后国子祭酒会请硕德鸿儒来执经讲义。如"太极元年，皇太子国学亲释奠，令（褚）无量讲《孝经》、《礼记》，各随端立义，博而且辩，观者服叹焉"①。当时学习的主要经典有《周易》、《尚书》、《周礼》、《仪礼》、《礼记》、《毛诗》、《春秋左氏传》、《公羊传》、《穀梁传》。另外还兼习《孝经》、《论语》、《老子》。太子就学国子监，使得社会资源在很大程度上被皇室利用。在制度的巧妙安排下，帝王也可以更好地了解皇子的学习情况。互动之中的论经讲义，使得经学的研习得到进一步的提升。在经学的研习中，《孝经》和《论语》是必备科目："（玄宗朝）皇太子及郯王嗣直等五人，年近十岁，尚未就学，（褚）无量缮写《论语》、《孝经》各五本以献。上览之曰：'吾知无量意无量。'遽令选明笃行之士、国子博士郄恒通、郭谦光、左拾遗潘元祚等，为太子及郯上王已下侍读。"②

　　唐朝前期，为经书作注作为一种学习方法为统治者采用，进一步促进了太子文化知识的学习。这种学习的方式使得太子有机会接触到更多的硕德鸿儒，为经史的研习提供了一个绝佳的环境。"颜师古，祖之推，京兆万年人。师古少传家业，博览群书，尤精诂训，善属文……时承乾在东宫，命师古注班固《汉书》，解释详明，深为学者所重。承乾表上之，太宗令编之秘阁，赐师古物二百段、良马一匹。"③ 又，李贤召集当时学者太子左庶子张大安、洗马刘讷言、洛州司户格希玄、学士许叔牙、成玄一、史藏诸、周宝宁等，"注范晔《后汉书》，表上之，赐物三万段，仍以其书付秘阁。"④ 颜师古和孔颖达，作为承乾的老师，他们都参与了注书的工作。为经史作注，实为唐朝太子教育的一个特点。这些文臣都具有很高的经学和史学造诣。从他们的经历中可以看出，颜师古有家学传承，而孔颖达精通《左传》、《易》和《礼记》。颜师古当时的职务是秘书少监，他被派参与辅教太子反映了当时东宫与中央政府机构之间有着很好的沟通渠道。孔颖达则是以国家教育机构负责人的身份来参与太子的教育工作。我们可以初步断定当时负责太子教育的"传道授业解惑"的人都是熟谙诗书礼乐文化的，他们作为这方面的杰出人士而被帝王看重，并进一步选送东宫。到了高宗朝，我们可以看到太子亲自召集儒臣和东宫官吏进行注书，这反映了当时儒学的发展。由于贡举制度的进一步完善，选拔人才的渠道和培养人才的渠道都已经非常通畅。这样也为国子六学选拔了更多的优秀人才，从而保证了太子东宫僚属整体文化素质的提高，再也不用去朝廷的秘书监请硕德鸿儒来帮忙注书了。

三　重民思想方面的教育

　　重民的思想在先秦时期就已有之，"桀纣之失天下也，失其民也；失其民者，失其心也。得天下有道：得其民，斯得天下矣。得其民有道：得其心，斯得民矣。得其心有

---

① 《旧唐书》卷一〇二《褚无量传》。
② 《旧唐书》卷一〇二《褚无量传》。
③ 《旧唐书》卷七三《颜师古传》。
④ 《旧唐书》卷八六《章怀太子传》。

道：所欲与之聚之，所恶勿施尔也"①。得人心者得天下，失人心者失天下。隋朝的灭亡，对于李唐的统治者产生了很大的震动，在"重民"思想背后体现了统治者对于政权建设的重视。"为君之道，必须先存百姓。若损百姓以奉其身，犹割股以啖腹，腹饱而身毙。""重民"既然是重要的思想内容，那么这种思想在皇储教育中是怎样灌输的呢？重民的关键就是不能与民争利。这一方面来自对"君者，出令者也；臣者，行君之令而致之民者也；民者，出粟米麻丝；作器皿、通货财以事其上者也"的理解②，另一方面是对"苟利于民，孤之利也。天生民而树之君，以利之也。民既利矣，孤必与焉"的理解③。重民的直接表现就是认识到"养生送死，不饥不寒"。

仪凤元年（676）后，国家水旱灾害比较频繁，此时太子仍然玩好过度。韦承庆上书切谏："夫君以人为本，人以食为命。君非人无以保其位，人非食无以全其生。故孔子曰：'百姓足，君孰与不足？百姓不足，君孰与足？'……伏承北门之内，造作不常，玩好所营，或有烦费。倡优杂伎，不息于前；鼓吹繁声，亟闻于外。"④ 这位儒臣希望太子能够从国家稳定的大局来看待水旱问题，节俭用费，要有"恻隐之心"和"仁爱之心"。认识到百姓在国家中的重要作用，帮助国家渡过难关，同时也是为父皇分忧。这样不仅可以对国家竭忠，而且还能为父皇尽孝。

总章元年（668），李弘已经认识到了民作为政治基础的重要性。当时高宗继续伐辽，此次对辽战争进展并不顺利，故而高宗下了一道敕令："辽军人逃亡，限内不首，及更有逃亡者，身并处斩，家口没官。"对于这道滥杀无辜的诏令，太子弘上书进谏曰："窃闻所司以背军之人，身久不出，家口皆拟没官。亦有限外出首，未经断罪，诸州囚禁，人数至多。或临遇病，不及军伍，缘兹怖惧，遂即逃亡；或因樵采，被贼抄掠；或渡海来去，漂没沧波；或深入贼庭，有被伤杀。军法严重，皆须相赚。若不给赚，及不因战亡，即同队之人，兼合有罪。遂有无故死失，多注为逃。军旅之中，不暇勘当，据队司通状，将作真逃，家口今总没官，论情实可哀愍。《书》曰：'与其杀不辜，宁失不经。'伏愿逃亡之家，免其配没。"⑤ 这种对父皇的真切规谏，在整个唐朝并不多见。这位太子从"民"的角度出发，指出父皇诏书中的不当之处，认为军伍统计失误所造成的悲剧实在应该避免。其实，从后来李弘的许多活动中都可以看出他所具有的仁义的一面。"咸亨二年，时属大旱，关中饥乏，令取廊下兵士粮视之，见有食榆皮蓬实者，乃令家等各给米使足。"⑥ 而这一切举措当与周围儒臣的教导有很大的关系。儒学"仁政"思维的基础就是实行"王道"，为此必须争取民心，而太子的任何作为，都会在政治上产生很大的影响。因此，需要特别慎重。

〔作者刘成栋，博士生，南开大学历史学院。天津　300071〕

---

①　《孟子》卷七《离娄章上》。
②　《韩昌黎全集》，燕山出版社1996年版，第96页。
③　《左传·文公十三年》。
④　《全唐文》卷一八九《重上直言谏东宫启》。
⑤　《全唐文》卷九九《谏逃军配没家口疏》。
⑥　《旧唐书》卷八六《孝敬皇帝传》。

试论唐代"乡"的行政地位及作用

张玉兴

对于唐代基层社会的研究，经过中外学者长期耕耘，取得了可喜的成绩①。然而，有关乡级行政的问题，仍存在不少分歧。一方面唐代律令中有"百户为里，五里为乡"② 规定，似乎实行的是乡里二级制，乡为里的上级机构；而另一方面对基层管理人员职责规定则几乎完全针对里正、坊正、村正，很难见到乡级行政人员的记载。由此，学界对于唐代乡级行政是否存在产生了不同的看法。本文拟在前人研究的基础之上，分析关于此问题的争论，并从官文书运作和乡级职能两个角度论证乡级行政的存在，进而分析唐代实际存在乡级行政，但史籍中只有里正、坊正、村正等职掌记载的原因。

一　关于唐代"乡"行政地位及作用的讨论

唐代"乡"是否作为一级行政而存在？其在基层社会中的地位与作用如何？对此，已有的研究成果说法不一，笔者经过分析认为观点主要有以下几种：

1. 乡、里两级制说

赵吕甫在《唐代吐鲁番文书"部田""常田"名义释疑》认为：乡具有一定的职掌，要掌管某地的农田，土地还授由乡正进行，乡正是"有关均田制实施方面的某些问题的主持者"③。但该文章并没有明确提出乡里两级制。随后作者又在《从敦煌、吐鲁番文书看唐代"乡"的职权地位》中进一步指出"唐封建王朝实行的农村基层统治形式是由乡及其所领属的'里'相结合的两级制"，唐代乡长官的名称以"父老、耆老、耆寿、乡正、乡长诸名常交互使用，讫于唐末"，"里正是乡司工作协同办理的骨

① 关于 20 世纪以前唐代乡里村坊制度研究成果可参阅张国刚主编《隋唐五代史研究概述》（天津教育出版社，1996 年）和胡戟等主编《二十世纪唐研究》（中国社会科学出版社 2002 年版）。近年来关于唐代乡里制度（有的研究者称为乡村或基层，名称虽不同，但内涵基本相同，都泛指县以下管理机构），最重要的有谷更有《唐宋国家与乡村社会》（中国社会科学出版社 2006 年版）及林文勋、谷更有《唐宋乡村社会力量与基层控制》（云南大学出版社 2005 年版）；刘再聪《唐代"村"制度研究》（厦门大学博士论文，2003 年 11 月）；李浩：《唐代乡村组织研究》（山东大学博士论文，2003 年 4 月）。以及三个作者在此基础上所刊发的单篇文章。此外，关于唐代乡里村坊制度研究成果综述亦可参考上述著作或博士论文的相关学术史回顾。因本文论述主旨不在全面分析乡里村坊制度，故不详列已有成果，本文如涉及相关论著将在相应位置出注。

② 参《旧唐书》卷 48《食货三》，中华书局 1975 年版点校本，第 2089 页；《唐六典》卷 3 "户部尚书"，中华书局 1992 年版，第 73 页；《通典》卷 3《食货三》，中华书局 1988 年版，第 63 页。

③ 载《中国史研究》1984 年第 4 期，第 106 页。

干"，"唐代乡政权在地方行政体系中的地位和作用灼然可观"①。王永曾《试论唐代敦煌的乡里》认为："唐代的乡里不仅是国家政权的执行机构，而且是政府制定种种经济政策的依据和出发点"，"唐政府借鉴并发展了隋代的乡里制，适应人口不断增殖的情况，及时调整基层权力设置，确定了县以下的两级管理制体系"②。仝晰纲《中国古代乡里制度研究》一书认为：唐代"县以下的地方行政组织机构是乡、里、邻保"，"乡是县之下、里之上的一级行政组织，各县乡数并无定数"，"这说明乡的建制在唐朝长期存在"③。

2. "乡"消亡说

孔祥星《唐代里正——敦煌吐鲁番出土文书研究》认为："唐代虽然用乡的名义制作正式的文书簿籍上报，但实际上里这一层在基层政权中起着重要作用"，"里是名副其实的基层政权机构"，"在唐代，实际上不存在乡这一级基层政权机构"④。何汝泉《关于唐代"乡"的两点商榷》认为：唐代田令中"宽乡"、"狭乡"的"乡"与乡里制的"乡"是不同的，乡里制的"乡"与均田制没有关系。在均田收授、输纳课税、户口管理中，都与乡没有关系。因此《通典》中"只说了里正的职掌，没有相关的名称，更没有乡官的职掌，不能认为是杜佑的疏忽"。文章作者虽没有明言，但可以看出倾向于"乡"制消亡说⑤。随后张哲郎在《乡遂遗规——村舍的结构》中也表述了相同的思想，认为"乡制到了唐代，已经名存实亡"⑥。

3. 乡、里并存说

可以说持这一观点的研究者占了大多数，他们大都认为唐代乡、里并存，但不是简单的上下级统属关系，但具体为何种并存方式各家看法则不尽相同。齐涛《魏晋隋唐乡村社会研究》认为："里在唐代乡村社会中具有重要的意义，可以说，里是唐代乡村社会的中心"，"用现代行政学观点来看，这时的里应该是乡的派出单位，而不是乡以下的一级行政单位"⑦。此后，其学生李浩博士论文《唐代乡村组织研究》亦持此观点，并且进一步认为：乡在唐代乡村行政中依然存在，但与两汉相比，其地位明显弱化，里是唐代乡村行政的中心⑧。肯定了乡、里并存的说法，但认为二者不是上下级的统属关系，里只是一个派出单位。

李锦绣《唐代财政史稿》从财务行政的角度分析乡里制度，认为："仅就财政而言，唐代文献及出土文书似可证明乡与里不是'两级制'，乡的财务行政不是由乡长完成，而是由里正执行，也就是说乡里是一级财政单位"，"乡虽由五里构成，但乡、里并不是两级财政机构，乡虽有名义上的乡长或耆寿，但乡不是一级实体，乡的财政由五里来完成"⑨。作者在肯定了乡具有财政职能的同时，又否定了乡是一级实体机构，这

① 载《中国史研究》1989 年第 2 期，第 9—19 页。
② 载《敦煌学辑刊》1994 年第 1 期，第 24 页。
③ 仝晰纲：《中国古代乡里制度研究》，山东人民出版社 1999 年 9 月版，第 173 页。
④ 载《中国历史博物馆馆刊》1979 年第 1 期，第 60—61 页。
⑤ 载《中国史研究》1986 年 4 月，第 69—71 页。
⑥ 载刘岱年总主编：《吾土与吾民》，三联书店 1992 年版，第 200 页。
⑦ 齐涛：《魏晋隋唐乡村社会研究》，山东人民出版社 1994 年版，第 67 页。
⑧ 李浩：《唐代乡村组织研究》，山东大学博士论文 2003 年版，第 38 页。
⑨ 李锦绣：《唐代财政史稿》上卷，北京大学出版社 1995 年版，第 105—106 页。

似乎让人费解。但可以肯定的是，作者对乡、里同时存在于唐代社会是认同的，只是如何理解二者关系的问题。

谷更有《唐代乡职人员的动态分析》认为：唐代贞观十五年，废掉乡正、佐之后，就"废掉乡级行政单位，削弱乡正长的行政权，强化其教化职能"，"此后直到唐亡，'乡'再也没有以一级行政区的形式存在，它的存在更多的是以户籍管辖区的形式，如果从赋役的角度，也可称之为财政供役区，'里'的性质也是如此"，"乡中具体事务的操作主要由当执里正执行"①。认为乡、里虽然并存，但乡更多的只是一个区域概念，而不是一个行政级别。

陈国灿《唐五代敦煌乡里制演变》从长时间段来探讨汉唐间敦煌地区乡里制的演变，对于乡里的关系也发表了看法，认为："唐前期，乡事务由五个里正共同负责办理，而归义军时，则直接设置了知乡官。"②与此观点相同的是俞鹿年《中国政治制度通史》（隋唐五代）认为：乡司在废掉了乡正和乡佐以后，"乡司无实际主管行政工作的人员，里正就成为乡里政权的实际管理者"③。可以看出，两人认为唐代乡、里并存，贞观十五年废止乡正和乡佐之后，乡的职能并没有消失，只是乡的职能转由五个里正共同完成的。

4. 其他

还有的研究者从长时段、动态的角度将唐代乡里制度分成三个时期考察，如刘再聪《唐代"村"制度研究》就认为："在唐初，确切地说，在贞观十五年以前，从乡正的设置情况来看，唐代基层的行政实行乡、里两级制"；"自贞观十五年省并乡佐、乡长以来，唐前期虽然有乡的划分，但不存在乡级行政机构，乡是便于完成各种政务项目的实施单位"④；随后作者再论述到"随着乡正长的并省，县以下仅仅存在里一级的基层组织。中晚唐时期，乡正长得以逐步恢复，乡机构的组织作用再次提升"⑤。在他看来以贞观十五年为界，在此以前实行乡里两级制，而这以后乡的职能就消失了，直到晚唐乡的作用上扬。可以说这样的划分可能较简单的肯定或否定更明智一些，但就实质而言，刘氏的观点有些与我们所分的第二类——"乡"消亡说类似，因为贞观十五年以前实行乡、里两级制，多数论者持肯定态度⑥，而产生分歧的恰恰是废乡正佐之后的唐代基层社会管理方式。

以上笔者对各家的观点进行简要的分类，尽管可能还不尽合理，但从中至少可以看

---

① 载谷更有《唐宋国家与乡村社会》，中国社会科学出版社 2006 年版，第 108—109 页。

② 载《敦煌研究》1989 年第 3 期，第 39—50 页

③ 白钢主编，俞鹿年著：《中国政治制度通史》（第五卷 隋唐五代），人民出版社 1996 年版，第 251 页。

④ 作者看到"无长之乡的实际存在"，但认为其存在的意义在于，它是财赋征收、租庸放免、户口管理、兴办学校及奖励"奇行异行"等项目的具体实施单位。见该文第 161 页。

⑤ 刘再聪：《唐代"村"制度研究》，厦门大学博士论文，2003 年版，第 154—165 页。

⑥ 唐代贞观十五年以前地方实行的乡、里两级制，我们还可以从史料中得到证实。《旧唐书》卷 45《舆服志》记载武德令中就有关于乡正和里正服装规定："诸州县佐史、乡正、里正、岳渎祝史、斋郎，并介帻，绛衣。"（页 1946）将乡正、里正与州县佐史、斋郎等放在同一位置，显然此时二者的地位还比较高，应该还是官的范围。到贞观九年三月，唐太宗还下令在全国范围内"每乡置长一人，佐二人"，这条法令在《通典》卷 33《职官十五·乡官》和《旧唐书》卷 3《太宗纪下》都有记载，所言当不虚。从中我们可以看出贞观十五年之前。唐代基层社会中实行乡、里两级制是可信的。

出对唐代"乡"的行政地位和作用的认识仍存在着分歧。而这些分歧主要在于对贞观十五年以后"乡"的地位和作用的判断，即乡正和乡佐废除之后，乡级行政职能是否随之消失？如果没有消失又是哪些人在维持着乡级行政的运转？里正所行使的职权是代表乡级政权还是代表里一级机构？对于这几个问题的回答将直接影响对"乡"的行政地位和作用的判断。而上述几种观点的分歧也主要在于对此问题的不同回答。持乡里两级制观点的研究者认为，乡正和乡佐废除后，乡的行政由父老、耆老等人负责。而持"乡"消亡说的观点则认为，由于里正在唐代社会的强势地位，里已经取代了乡，乡名存实亡。持乡、里并存说的观点则认为，乡、里同时存在，但不是简单的上下级统属关系，里正是乡级事务的实际执行者，里正既代表里也代表乡，是两者复合体。但对于此时"乡"存在的性质则众说不一。

在分析已有研究成果的基础上，笔者更倾向于这样一种观点：贞观十五年废除乡正和乡佐之后，乡级行政的职能并没有消失，变化的只是原有乡正佐所具有的职能，此时分由五个里正共同承担。里正所代表就不单是里的长官，同时也是乡级行政的执行者。故此，笔者认为此时基层社会实行的不是乡、里两级制，也不是里的一级制，而是呈现出以乡级行政为主，乡实里虚，辅之以村坊制共同治理的模式。在这种模式下，里正成为乡级行政的实际执行者，承担了原乡正长的职能，而里正自身的职掌则多由新出现的坊正和村正分担。为证明此种判断，以下笔者将从官文书运作及"乡"的职能两方面，来探讨唐代"乡"实际存在与里正成为"乡"级行政执行者的问题，并初步分析乡级行政长官由乡正长转变成里正的原因。

二 唐代"乡"实际存在与里正成为乡级行政执行者

我们要探讨唐代乡级行政是否仍存在，似可以从两个方面入手，一是看乡级行政在国家权力系统行政运作链条中是否仍发挥作用，二是看其原有的职能是否消失。

1. 唐代官文书运作中"乡"与里正的地位与作用

众所周知，唐代行政运作实施主要依靠官文书的运转来完成①。唐代，官文书也称文书、文案或案，它是官府传达命令、请示、答复以及每日处理日常事务按程式记录的文件。唐代官文书又分为上行文书、下行文书，以及政府各部门内部、诸司自相质问的文书三大类。《唐六典·尚书都省》对此有详细的记载：

> 凡都省掌举诸司之纲纪与其百僚之程式，以正邦理，以宣邦教。凡上之所以逮下，其制有六：曰：制、敕、册、令、教、符。（原注：天子曰制，曰敕，曰册。皇太子曰令。亲王、公主曰教。尚书下于州，州下于县，县下于乡，皆曰符。）凡下之所以达上，其制亦有六，曰：表、状、牋、启、牒、辞（原注：……九品以上公文皆曰牒。庶人曰辞。）②

---

① 对于唐代官文书的研究日本学者中村裕一著有三本书《唐代官文书研究》、《唐代公文书研究》、《唐代制敕研究》可资参考。

② 《唐六典》卷1《三师三公尚书都省》，第11页。

就本节研究的范围而言，笔者更关注"县下于乡"的"符"和九品以上官员所使用的公文——"牒"。从他们的运作中来探讨唐代前、后期县——乡之间是否一直保持着这样的公文运作系统？抑或这个系统被县—里所取代了呢？需要说明的是在唐代地方行政的实际运作中，帖也是经常使用的一种官文书，李浩认为"县衙向乡里下达的文书，有时也叫帖，帖文书和符文书具有同样的法律效力"①。笔者认为这一判断非常正确，因为无论从唐代史籍，还是敦煌吐鲁番出土文书来看，都能找到帖作为官文书的强有力证明②。

为证明《唐六典》的记载不是一纸空文，探讨县级官府下行公文在基层社会中的运作方式，笔者分别引两件不同时期的文书作分析。一件是唐前期高宗永淳元年（682）吐鲁番出土的《唐永淳元年（682）西州高昌县下太平乡符为百姓按户等贮粮事》③，录文如下：

```
1   高昌县
        ……

7   太平乡主者，得里正杜定护牒称：奉处分令百姓
8   各贮一二年粮，并令乡司检量封署，然后官府亲自检行者
9   下乡，令准数速贮封署讫上，仍遣玄政巡检者，令判准家口多
10  少各贮一年粮，仍限至六月十五日已来了。其大麦今既正是
11  收时，即宜贮纳速言，德即拟字巡检，今以状下乡，宜
12  准状，符到奉行。
                      佐    朱贞君
13          主簿判尉    思任
                  史
                        永淳元年五月十九日下
```

这是一件高昌县下于太平乡为贮粮事的符④，文书的前六行为县规定的各户等贮粮标准，此处省略不录。从以上所引文书中，可以看出"太平乡主者"、"乡司"、"今以状下乡，宜准状，符到奉行"的记载。又同书《唐西州高昌县下太平乡符为检兵孙海藏患状事》⑤中也出现"太平乡主者"。卢开万先生认为："文书中的'乡司'可能指的就是耆老和乡所属的五个里正"⑥，"而永淳文书所反映高昌县太平乡按户等贮粮的情况，主管权已落入县官府和基层行政组织的'乡司'手中。……'乡司'指乡所属的

①　李浩：《唐代乡村组织研究》，第 33 页。

②　关于唐代的帖，亦可参考樊文礼、史秀莲《唐代公牍文"帖"研究》，载《中国典籍与文化》2007 年第 4 期，第 8—12 页。

③　《吐鲁番出土文书》第七册，文物出版社 1981、1991 年版，第 392—393 页。

④　关于符中按户等贮粮的内容分析见卢开万《唐高宗永淳年间西州高昌县百姓按户等贮粮的实质》，载《敦煌吐鲁番文书初探》，武汉大学出版社 1983 年版，第 381—395 页。

⑤　《吐鲁番出土文书》第七册，第 394 页。

⑥　卢开万：《唐高宗永淳年间西州高昌县百姓按户等贮粮的实质》，第 387 页。

五个里正和耆老，里正的身份……是封建政府的基层行政官吏"①。在卢氏看来里正已经成为'乡司'的有机组成部分，在耆老只负责教化的前提下，里正必然成为'乡司'的主管者。也就是说实际上"乡"是存在的，只是由五个里正共同主管而已。而李方也认为"里正是一乡行政事务的负责人"②。这表明在官文书运作系统当中，乡级行政作用实际存在。

张广达先生通过研究相关的文书资料后更明确地指出："从现有资料来看，高昌县下给武城、宁戎、宁昌、太平诸乡符中之各位当乡主者，几乎均指各乡诸里正而言，诸乡事务牒具，也由里正具名。里正地位极为重要，这一情况和敦煌、内地相同，证实了唐代在有些时候乡级政权由里正行使。"③ 张广达先生也承认乡级行政的存在，"乡级政权由里正行使"，而且这种情况不只是吐鲁番地区，而且敦煌、内地也相同。

如《唐贞观十八年（六四四年）西州高昌县武城等乡户口帐》④：

1　合当乡新旧☐☐☐☐
2　一千二百☐☐☐☐
　　……
3　贞观十八年三月　日　里正阴曹曹☐牒
4　　　　　　　　　里正李☐☐☐
5　　　　　　　　　里☐☐☐

又如《周长安四年（704）二月敦煌县里正等牒》⑤：

1　洪闰乡　敦煌乡
2　合当折冲、果毅、别奏典、僚及兵士以上
3　牒，被责当乡有前件等色，娶妻妾
4　者，并仰通送者。谨依检括，当乡元
5　无此色，娶妻妾可显，谨牒
6　　　　　长安四年二月廿日　里正王定牒
7　　　　　　　　敦煌乡里正董靖
　　　　以 下 余 白

这些都说明了乡级行政的存在，以乡为单位的行政事务实际执行者是里正，最后的

---

①　卢开万：《唐高宗永淳年间西州高昌县百姓按户等贮粮的实质》，第391—392页。
②　李方：《唐西州九姓胡人生活状况一瞥——以史玄政为中心》，在《敦煌吐鲁番研究》第四卷，北京大学出版社1999年版，第269页。
③　张广达：《唐灭高昌后的西州形势》，第120页，载氏著《西域史地丛稿初编》，上海古籍出版社1995年版。
④　《吐鲁番出土文书》（四），第214—215页。
⑤　池田温：《中国古代籍帐研究》（录文），东京大学东洋文化研究所1979年版，第345页。

负责人署名也是里正。通过研究这些文书，可以发现唐前期至少在敦煌地区，"乡"在县以下的行政系统中仍发挥着作用，县中下行官文书的承接单位是乡而不是里，所不同的是此时的"主者"已经不是原来的乡正长，而是里正。

另《周长安三年（703）三月敦煌县录事董文徹牒》① 中也有"乡"行政的记载：

> ……
> 17　准牒下乡，及牓示村
> 18　坊，使家家知委。每季
> ……

并且该件文书中"乡"下还出现了"村坊"，这或许有两种解释：一是公文套语的需要；二是此时敦煌县辖区内，乡以下出现了村坊的编制形式。结合唐代基层社会的实践，笔者认为后者显然更具有说服力。开元令规定："在邑居者为坊，别置正一人，……在田野者为村，别置村正一人。"② 而村正坊正的职能"以司督察"③。村正、坊正的存在可以弥补里正成为乡管理者后留下的权力真空，使得里正安心处理乡级事务成为可能。此点后文还将进一步论述。

唐前期是如此，那么后期是否发生了很大的变化呢？我们再来看另外一件记载于日本求法僧圆仁所著《入唐求法巡礼行记》④ 的官文书，反映了唐文宗时期开成四年（839）县与乡之间的公文运作。今移录如下：

县帖青宁乡
得板头窦文至状报：日本国船上抛却人三人
右简案内，得前件板头状报：其船今月十五日发讫，抛却三人，见在赤山新罗寺院，其报如前者。依检，前件人既船上抛却，即合村保板头当日状报，何得经今十五日然始状报？又不见抛却人姓名兼有何行李衣物？并勘赤山寺院纲维、知寺僧等，有外国人在，都不申报。事须帖乡专差人勘事由，限帖到当日，具分析状上。如勘到一事不同及妄有拒住，并进上勘责。如违限，勘事不子细，元勘事人必重科决者。

　　　　开成四年七月廿四日　　　　　　　　　典王佐帖
　　　　　　　　　　　　　　　　　主簿副尉胡君直

---

① 《中国古代籍帐研究》（录文），第 344 页。
② 《通典》卷 3《食货三》，第 63 页。
③ 《唐六典》卷 3，第 73 页。
④ 《入唐求法巡礼行记》是圆仁入唐求法过程中亲身见闻的详细记录，时间从唐文宗开成三年（838）到唐宣宗大中元年（847），长达九年零七个月。记录了唐代社会的政治、经济、文化、宗教，以及对外关系等诸多方面，内容具有较高的史料价值。本文所用版本是顾承甫、何泉达点校《入唐求法巡礼行记》，上海古籍出版社 1986 年版。

摄令戚宣员 ①

从文书中可以看出，此时县所下的行政文书的承接对象依然是乡而非里，并且文书中言"事须帖乡专差人勘事由，限帖到当日，具分析状上"，这里所说的"专差人勘事由"工作是谁来做的呢？换句话说，承接县下于乡文书者是谁呢？白居易在《人之困穷在君之奢欲》的策问中记载了当时地方行政运作一般程序：

> 盖君之命行与左右，左右颁于方镇，方镇布于州牧，州牧达于县宰，县宰下于乡吏，乡吏传于村胥，然后至于人焉。②

在《钱塘湖石记》中，白居易更加详细地描述了地方行政程序中"符"、"帖"运作程序：

> 若岁旱，百姓请水，需令经州陈状，刺史自便押衙，所由即日与水。若待状入司，符下县，县帖乡，乡差所由，动经旬日，虽得水，而旱田苗无所及也。③

这两条材料都说明此时"乡"在官文书运作中的行政地位，并有人在执行着县下达给"乡"的各项任务。但具体是谁执行"乡差所由"的工作，该条材料记载仍不是很明确。幸运的是杜牧在一次炫耀自己任刺史成功经验时，为我们留下承担"乡差所由"职能者的重要记载，

> 某每任刺史，应是役夫及竹木瓦砖工巧之类，并自置板簿，若要使役，即自检自差，不下文帖付县。若下县后，县令付案，案司出帖，分付里正，一乡只要两夫，事在一乡遍着，赤帖怀中藏却，巡门掠敛一遍，贫者即被差来。若籍在手中，巡次差遣，不由里胥典正，无因更能用情。④

尽管杜牧的本意在于强调从州级直接控制差役的重要，但从中我们可以看出当时普遍存在的行政运作与白居易所记"县帖乡，乡差所由"程序基本相同。只是杜牧所言

---

① 《入唐求法巡礼行记》，第65—66页。同书第68—69页还有一件相同的文书，现也移录如下，作为参考：

县　帖青宁乡

先得状，在赤山寺院，日本国船上抛却僧三人，行者一人。

右检案内得状称，前件僧等先具事由申上讫，恐后州司复有追勘状请帖海口所由及当村板头，并赤山寺院纲维等，须常知存亡，请处分者。奉判准状帖所由者。依检前件人事，须帖海口所由告报，及纲维等，须常知存亡。如已后州司追勘，称有东西不知去处，免追必重科决。仍限帖到当日，告示畜取状，州状上者。

开成四年八月十三日　　　　　　　　典王佐帖

主簿副尉胡君直

摄令戚宣员

② 白居易：《白居易集》卷63《策林二·二十一》，中华书局1979年版，第1314页。

③ 《白居易集》卷68《钱塘湖石记》，第1432页。

④ 杜牧：《樊川文集》卷13《与汴州从事书》，上海古籍出版社1978年版，第197—198页。

更加明确了县司所出之帖，承接者是里正。由此笔者推测白居易所言的"乡差所由"的执行者可能也是里正。同时杜牧的记载还告诉我们，差役是以乡为单位征发的，所以"一乡只要两夫"。里正此时所代表的不只是一里，而是一乡，所以他承帖之后，"事在一乡遍着"。这就说明了，唐后期"乡"仍保持者县以下的行政地位，是里正在维持着乡级行政的运转。

此外，里正作为县下基层公文的承接人，还能找出一些史料作为佐证。王梵志诗《佐史非台补》言："佐史非台补，任官州县上。……有事检案追，出帖付里正。"① 州县佐史所出的帖当然代表着具有法律效率的官文书，前引文书中有"佐 朱贞君"、"典 王佐帖"就是明证，而其所出的帖"付里正"，也说明里正是县所下官文书的承接者。

《广异记·卢氏》记载："唐开元中，有卢氏者，寄住滑州。昼日闲坐厅事，见二黄衫人入门。卢问为谁，答曰：'是里正，奉帖追公'。卢甚愕然，问何故相追，因求帖观，见封上作卫县字。"② 《广异记》记载的虽都是怪诞之事，但也透露出"卫县"的帖下给里正，里正才能"奉帖追公"的信息。

从以上的分析中可以看出，无论唐前期还是后期，地方行政系统中"乡"的作用一直存在，从"符"、"帖"等官文书实际运作来看，县级官府下达到"乡"的政令，由里正作为承接人实施完成，里正是"乡"行政事务的实际负责人。由此可见，在县以下机构设置中"乡"是实际存在的，只是此时执行者只是里正而已。

2. 秦汉以来"乡"所具有编户齐民、征收赋役功能依然存在

中国古代乡里制度设置的目的主要在于编户齐民、征收赋役，因为只有控制了民众才能保持基层社会稳定，而控制田赋和劳役能够使国家获得足够的财力和人力，从而保证国家机器正常运转。秦汉时期乡官设置主要有有秩、啬夫、三老、乡佐等，对于他们的职掌《通典》记载云："后汉乡官与汉同。有秩，郡所属，秩百石，（原注：乡户五千则置有秩）掌一乡之人。其乡小者，县置啬夫一人。皆主知民善恶，为役先后，知民贫富，为赋多少，平其差等。三老掌教化。"③ 可以看出控制民众、平均赋役是此时乡官重要职能。

北魏初立宗主督护制，利用宗族长对民众进行管理。但其不利于中央控制基层民众的弊端很快就显露出来。《通典》云："后魏初不立三长，唯立宗主督护，所以人多隐冒，五十、三十家方为一户，谓之荫附。荫附者皆无官役，豪强征敛，倍于公赋矣。"④ 这种和国家争夺人口和赋税的制度，当然得不到统治者的支持，于是给事中李冲提出以三长制代替宗主督护，得到了文明皇后的支持，她认为"立三长，则课有常准，赋有恒分，苞荫之户可出，侥幸之人可止，何为而不可？"⑤ 三长制的职能概括起来主要有三方面：一是检查户口，编造户籍；二是催督征调，征发徭役；三是负责乡里一般行政

① 张锡厚：《王梵志诗辑校》，中华书局1983年版，第27页。

② （唐）戴孚撰，陈尚君辑录，卢宁整理《广异记》、又见《太平广记》卷104《报应三·卢氏》，中华书局1961年版，第704页。

③ 《通典》卷33《职官十五·乡官》，第923页。

④ 《通典》卷3《食货三·乡党》，第61页；又见《魏书》卷53《李冲传》；《魏书》卷110《食货志》："魏初不立三长，故民多荫附。荫附者皆无官役，豪强征敛，倍于公赋。"（第2855页）

⑤ 《魏书》卷53《李冲传》，中华书局1974年版点校本，第1180页

事务①。这也说明"乡"具有编户齐民的功能。

　　隋初基层社会的编制结构基本与三长制类似，"五家为保，保有长，保五为闾，闾四为族，皆有正。畿外置里正，比闾正，党长比族正，以相检察焉"②。因此可以推测其职掌大体与三长制同。开皇九年（589）二月在苏威的建议下对基层进行重新的编制："五百家为乡，置乡正一人；百家为里，置里长一人"③。虽然此间曾发生是否设置乡正的争论，但我们知道此次争论的焦点在于乡正的"理讼"职能，并没有涉及编户齐民和赋役征收④。并且终隋一代，乡正长都存在于地方社会中，并发挥着作用。如隋炀帝大业年间，裴蕴在上奏中提到，令地方貌阅人口，若有不实的惩罚措施是，"则官司解职，乡正里长皆远流配"⑤。可见此时乡正对人口管理上仍担负着一定的责任，否则法律不会规定其连带责任。⑥

　　唐初，基层社会基本沿用隋代的制度，武德七年（624）律令就规定，"百户为里，五里为乡"⑦。至少在贞观十五年（641）以前，有理由相信乡正长在基层社会中发挥了重要作用。贞观九年，唐太宗还发布了在全国范围内设立乡长、乡佐的诏令⑧。问题在于贞观十五年废除乡正长之后，乡所具有的职能是否就随之消失了？乡级机构是否因此就退出历史舞台了呢？要解答这个问题，还需要从史料入手。

　　前引开皇九年及武德七年律令都规定"百户为里，五里为乡"，此后成书于开元时期的《唐六典》，唐德宗贞元十七年（801）的《通典》所记均同⑨，可以说乡、里的编制应该是存在于有唐一代的，而"乡"具有的编户齐民、征收赋役的功能一直存在。

　　首先，唐代户籍的编制一般以"乡"为单位进行。户籍的编制程序《唐会要》开元十八年（730）十月敕中有较详细的记载："诸户籍三年一造。起正月上旬，县司责手实计帐，赴州依式勘造，乡别为卷，总写三通。其缝皆注某州某县某年籍，州名用州印，县名用县印。"⑩ 而《新唐书》记载则是："凡里有手实，岁终具民之年与地之阔

---

　　① 仝晰纲：《中国古代乡里制度研究》，第149—151页

　　② 《隋书》卷24《食货志》，中华书局1973年版点校本，第680页

　　③ 《资治通鉴》卷177"开皇九年二月丙申"条，中华书局1956年版点校本；又见《隋书》卷2《高祖下》："丙申，制五百家为乡，正一人；百家为里，长一人。"

　　④ 《通典》卷3《食货三·乡党》载：开皇十年虞庆则上书"'五百家乡正专理辞讼，不便于民，党与爱憎公行货贿'乃废之"。谷更有认为，"这里所说的'废之'，并非言废掉了整个二长制，而是废除了五百家乡正专理民间辞讼的权力。"（《唐宋国家与乡村社会》，第61页）此观点笔者相当赞同。

　　⑤ 《隋书》卷67《裴蕴传》，第1575页。

　　⑥ 对于隋乡正长史料还有几条：1.《隋书》卷56《卢恺传》、《北史》卷30《卢恺传》："（苏）威之从父弟彻、肃二人，并以乡正征诣吏部。"2. 刘世龙（又名刘义节、刘龙），其史料见《旧唐书》卷1《高祖纪》："晋阳乡长刘世龙知之，以告高祖。"；《旧唐书》卷57《刘文静传》："刘世龙者，并州晋阳人。大业末，为晋阳乡长"；《新唐书》卷88《刘义节传》："刘义节，并州人。隋大业末，补晋阳乡长，富于财。"《大唐创业起居注》卷上："有乡长刘龙者，晋阳之首富也。"3. 硃桃椎，史料见《旧唐书》卷65《高士廉传》："蜀人硃桃椎者，……窦轨之镇益州也，闻而召见，遗以衣服，逼为乡正。桃椎口竟无言，弃衣于地，逃入山中，结庵涧曲。"又《新唐书》卷96《隐逸·硃桃椎》："硃桃椎，益州成都人。……长史窦轨见之，……逼署乡正。"

　　⑦ 《旧唐书》卷48《食货三》，第2089页

　　⑧ 《旧唐书》卷3《太宗下》：贞观九年（635）春三月壬午："每乡置长一人，佐二人。"（第44页）

　　⑨ 见《旧唐书》卷48《食货三》，第2089页；《唐六典》卷3"户部尚书"条，第73页；《通典》卷3《食货三·乡党》，第63页；《通典》卷33《职官十五·乡官》，第924页。

　　⑩ 《唐会要》卷85《籍帐》，中华书局1998年版重印本，第1557页。

狭，为乡帐。乡成于县，县成于州，州成于户部。又有计帐，具来岁课役以报度支。"①
从这两则史料中我们可以看出"乡"在编制户籍中的作用。李锦绣认为："所谓'乡
帐'就是乡计帐"，"计帐的最基层制造单位是乡"②。唐长孺先生也认为："唐代籍帐
都是以乡为单位，但乡却不置主管户口租调力役的乡官，这些职务分属所管五个里的里
正。"③ 这样的籍帐文书唐长孺先生经过研究将其分为简式、繁式、分里式记草算和损
益帐四大类④。李锦绣进一步归纳繁式的格式：

> 乡名
> 合当乡去年计帐已来新旧户若干
> 合当乡去年计帐以来新旧良贱口若干
> 合当乡去年计帐以来课不课输不输若干
> 牒件通前当乡去年帐后户口新旧老小良贱见输白丁并皆依实。牒，件状如前，
> 谨牒。
>
> 　　　　年　　月　　日　里正×××牒
> 　　　　　　　　　　　　里正×××
> 　　　　　　　　　　　　里正×××⑤

从中可以看出，几个里正共同完成了一乡户口计账⑥，这也说明了乡编户齐民职能
的存在，只是现在这个职能转由几个里正共同完成。

其次，在赋税征收和劳役征派过程中也体现"乡"的职能。严格的户口控制，最
终的目的是完成赋税的征收和劳役的征派，"计帐，具来岁课役以报度支"⑦。在出土敦
煌吐鲁番文书中，存在着大量以乡为单位征收赋税杂物文书，也反映了乡在其中发挥着
作用。如《唐天宝九载（750）八月—九月敦煌郡仓纳谷牒》⑧

> 前　　　欠
> 1　敦煌县　　　　　　　状上
> 2　合今载应纳种子粟，壹萬贰仟贰佰捌拾伍硕玖斗叁升
> 3　洪池乡 柒佰壹拾陆硕壹斗壹升陆合玖勺
> 4　玉关乡 壹仟肆拾壹硕肆斗贰升玖合捌勺
> ……

---

① 《新唐书》卷51《食货一》，中华书局1975年版点校本，第1343页。
② 《唐代财政史稿》上卷，第19页。
③ 唐长孺：《唐西州诸乡户口帐试释》，载《敦煌吐鲁番文书初探》，武汉大学出版社1983年版，第166页。
④ 唐长孺：《唐西州诸乡户口帐试释》，第127—169页。
⑤ 《唐代财政史稿》上卷，第19页。
⑥ 唐长孺先生通过排比吐鲁番所出土的几件造帐文书后，认为"诸（乡）帐都是以乡为单位的由五个里正
联合申报的当乡户口帐，必然如简式帐（四）、（五）、（六）那样首标乡名，但本类诸帐都已缺失。"说明了里正
在早乡帐过程的作用。见《唐西州诸乡户口帐试释》，第149页。
⑦ 《新唐书》卷51《食货一》，第1343页。
⑧ 《中国古代籍帐研究》录文，第472页。

```
15  寿昌乡 玖佰玖拾肆硕玖升伍合一勺
16  牒  件  状  如  前、谨牒。
17             天宝九载八月二十七日史  杨元晖  牒
18                    录事  薛有朋
19             宣德郎行尉  陈盐械
20  廿七日谦。
```

此牒共记录了敦煌县所辖十三个乡各自所纳的种子粟,我们可以看出它们是以乡为单位征收,再以县为单位上交到敦煌郡仓的。与县作为一级行政机构一样,这里的乡实际也发挥了行政作用。在出土敦煌吐鲁番文书中,像这样以乡为单位征纳税赋的文书还有几种,如《周圣历二年前后(c. 699)敦煌县各乡营麦豆苗数计会》①、《唐年次未详(八世纪中期)敦煌县诸乡征革鞍历》②。

徭役③的征发也大多通过乡一级完成。前引杜牧《与汴州从事书》就是一个证明:"若下县后,县令付案,案司出帖,分付里正,一乡只要两夫,事在一乡遍着,赤帖怀中藏却,巡门掠敛一遍,贫者即被差来。若籍在手中,巡次差遣,不由里胥典正,无因更能用情。"④

此外,政府放免赋役一般也通过乡来完成的。唐玄宗《安养百姓及诸改革制》载:"……其天下百姓,有灼然单贫不存济者,缘租庸先立长行,每乡量放十丁。犹恐编户之中,悬磬者众,限数既少,或未优洽。若有此色,尚轸於怀。特宜每乡前放三十丁,仍准旨条处分,待资产稍成,任依恒式。其所放丁,委县令对乡村一一审定,务须得实,仍令太守子细案覆,本道使察访。如有不当者,本里正村正先决一百,配入军团,县令解,太守本道使不举者量贬降。"⑤ 此制说明:一是免租庸人丁按乡为单位划定,这与杜牧《与汴州从事书》中记载相符合;二是在审定的过程中,笔者发现"乡村"与"里正村正"对称出现。从县令、太守在审定中所负的责任和应受的惩罚来看,可以推定此处的"乡村"不应该是泛指基层社会,而应该是两个行政级别。其运作程序是:本道使监督——太守覆核——县令——乡——村(后三者共同审定)。"如有不当者",则所要受的惩罚依次是:本道使量贬降——太守量贬降——县令解——里正决一百——村正决一百。在这个系统中我们能清楚地看到放免劳役及租庸过程中,"乡"级行政发挥者审定的作用,而执行这个审定任务的是里正。

---

①　《中国古代籍帐研究》录文,第339页。

②　《中国古代籍帐研究》录文,第487页。

③　关于"徭役"、"职役"(差役)、"夫役"的概念区分,刁培俊师兄曾做过研究辨析。他认为中唐以前,关于徭役大多是指的马端临所谓:"在军旅则执干戈,兴土木则亲畚锸,调征行则负羁靮,以至追胥吏作之任"。(笔者按:此处两段话均出自马端临《文献通考·自序》)对于王朝而言,徭役是全体民户军需承担的一项义务。这其实相当于宋人所说的"夫役"。唐宋时期,夫役基本上具有了大致相当的内容。……宋朝的所谓职役,其实是"以民役于官",换言之,就是以民户的身份,为官府当差服役。这种职役是轮流乡间富有资产的民户来承担的。也就是马端临之所谓"役民着逸,役于官者劳,其理则然。然则乡长、里正、非役也……"参见刁培俊:《两宋乡役与乡村秩序研究》,第64页小注④。本文以徭役来泛指除赋税之外,民户所承担其他各种"役"。

④　杜牧:《樊川文集》卷13,《与汴州从事书》,第198页。

⑤　《全唐文》卷25,中华书局1983年版,第284页。

通过以上的分析，无论是从官文书的行政运作过程，还是乡所具有的编户齐民、征收赋役的职能来看，唐代基层社会中"乡"级行政的确地发挥着作用。我们有理由相信，至少到唐中后期"乡"切实地存在于唐地方行政系统当中，只是在废除乡正长之后，乡级行政的实际执行者换成了里正，五个里正共同完成一乡的行政事务。

三　乡级长官由乡正长转变成里正的原因分析

从以上分析中，我们可以看到唐代在废除乡正长之后，里正成为实际乡级长官，维持着乡级行政的运转。这一变化出现是众多因素共同作用的结果，笔者认为这其中最重要的有两点：一是国家政权削弱基层势力，加强地方控制的需要；二是村坊制度的确立，分担了乡里部分职能，确保里正有足够的时间和精力来维持乡级行政运转。下面仅就这两个问题做一简要的分析。

1. 符合秦汉以来中央政权加强基层控制的实际需要

众所周知，隋及唐初曾两次设立和废止乡正长。隋开皇九年，"置五百家乡正，令理人闲词讼"，但仅仅实行了短短的一年时间就废除了[①]；而贞观九年唐太宗设立乡长、乡佐管理乡里的制度，前后加起来也只有七年时间[②]。显然隋唐时期五百家置乡正长理民的制度已没有实行的条件了。这是因为乡正长控制着五百户人口，权力过大，不利于中央加强集权，控制基层社会。而将原来由乡正长负责的行政事务分由几个里正共同承担，则可有效地避免了乡级权力的"坐大"，有利于国家对基层的控制。

秦汉基层社会主要设立有秩、啬夫、三老、乡佐等乡官进行管理，有秩、啬夫负责一乡行政，乡佐协助，而三老管教化。这一系统对维护秦汉的基层稳定起过重要的作用，但到东汉时期，有秩、啬夫权力过大的弊端就已显现，《后汉书·爰延传》记载：爰延担任乡啬夫时，"仁化大行，人但闻啬夫，不知郡县"[③]。加上汉代后期地方豪族势力逐渐与乡里制度相结合，乡官里吏也多为豪族把持[④]，使得中央难以有效地控制地方社会。特别是魏晋南朝以来形成的门阀世族势力，更是控制大量的土地和人口，把持着地方社会，对抗中央王权。

地方这种尾大不掉局面，是历代热衷于中央集权的统治者所不愿看到的，他们一直在挖空心思与门阀势力争夺人口与土地，意图夺回对地方的控制权，如东晋南朝长期以来实行土断与检籍，但效果并不理想。北魏为解决宗主督户制对地方控制权的垄断，太和十年（486）孝文帝接受了李冲的建议，以三长制代替宗主督护制。三长制核心内容就是削弱宗主督护的权力，将基层社会划分成较小、便于控制的单位，"五家立一邻长，五邻立一里长，五里立一党长"[⑤]。从这样的划分可以看出三长制的最高长官——党长所控制的户也仅一百二十户，表明统治者削弱基层势力的意图。

北魏的措施无疑是有效的，故东魏北齐继续实行几乎相同的制度，在此基础上，进

①　《隋书》卷42《李德林传》，第1200页。

②　《通典》卷33《职官十五·乡官》，第924页。

③　《后汉书》卷48《杨李翟应霍爰徐列传》，中华书局1965年版点校本，第1618页。

④　参见崔向东：《汉代豪族研究》第六章"豪族与乡里地方社会"，崇文书局2003年版，第227—254页。

⑤　《魏书》卷110《食货志》，第2855页。

一步将党长所管户口限制为为一百户。东魏静帝时期，元孝友在一次上书中就提到："令制：百家为党族，二十家为间，五家为比邻。"① 而北齐河清三年（564）定令也规定，"乃命人居十家为比邻，五十家为间里，百家为族党"②。

隋初基层社会的管理方式也有北魏的影子，开皇三年所定诏令中就规定："制人五家为保，保有长。保五为间，间四为族，皆有正。畿外置里正，比间正，党长比族正，以相检察焉。"③ 按此政策，族正及党长所管户口也仅有百户而已。

在此形势下，基层社会中再设置管理五百家的乡正长，则不合时宜，也不利于中央削弱地方权力④。但由于中央派系权力斗争的需要，隋文帝于开皇九年（589）二月改变了原有的组织形式，"制五百家为乡，正一人；百家为里，长一人"⑤。对于背后的原因《隋书·李德林传》有详细的记载：

> 开皇元年，敕令与太尉任国公于翼、高颎等同修律令。事讫奏闻，别赐九环金带一腰，骏马一匹，赏损益之多也。格令班后，苏威每欲改易事条。德林以为格式已颁，义须画一，纵令小有蹉驳，非过蠹政害民者，不可数有改张。威又奏置五百家乡正，即令理民间辞讼。德林以为本废乡官判事，为其里间亲戚，剖断不平，今令乡正专治五百家，恐为害更甚。且今时吏部，总选人物，天下不过数百县，于六七百万户内，诠简数百县令，犹不能称其才，乃欲于一乡之内，选一人能治五百家者，必恐难得。又即时要荒小县，有不至五百家者，复不可令两县共管一乡。敕令内外群官，就东宫会议。自皇太子以下，多从德林议。苏威又言废郡，德林语之云："修令时，公何不论废郡为便？今令才出，其可改乎！"然高颎同威之议，称德林狠戾，多所固势。由是高祖尽依威议。⑥

从中可以看出，此次政策改变是出于个人好恶以及派系斗争需要，而不是考虑当时社会实际的做法。五百家乡正设置的危害，李德林说得非常清楚："本废乡官判事，为其里间亲戚，剖断不平，今令乡正专治五百家，恐为害更甚"。这样，会使得有些小县的乡正权力甚至大于县令，不利于基层控制，也就是马端临在《文献通考》中所说："其所以废者，盖上之人重其事而不轻置。"⑦

从秦汉以来的社会实践可以看出，五百家设乡正理民的制度已经没有社会基础，县以

---

① 《北齐书》卷28《元孝友传》，中华书局1972年版点校本，第385页。

② 《隋书》卷24《食货志》，第677页；又见《通典》卷3《食货三·乡党》："北齐令人居十家为邻比，五十家为间，百家为族党。"

③ 《隋书》卷24《食货志》，第680页。

④ 隋文帝看到魏晋以来社会动乱根本原因在于中央控制地方能力的削弱，登基伊始就采取了一系列加强中央集权的措施。开皇三年（583）罢郡，将州县长官自辟僚属的权力收归中央，"别置品官，皆吏部除授，每岁考殿最。刺史、县令，三年一迁，佐官四年一迁"（《隋书》卷28《百官下》，第792页）。到了开皇十四年设置规定："制州县佐吏，三年一代，不得重任。"（《隋书》卷2《高祖下》）开皇十五年："罢州县乡官。"（《隋书》卷28《百官下》，第792页）在这样的背景之下，隋文帝绝对不会允许基层社会中存在过大势力。

⑤ 《隋书》卷2《高祖下》，第39页。

⑥ 《隋书》卷42《李德林传》，第1200页。

⑦ 《文献通考》卷13《职役二》考一四〇，中华书局1986年版。

下 "百户为里" 设置，有利于分散、弱化地方势力，有利于中央王权控制基层社会，所以为北魏以来的统治者一直采用。隋代虽然有重设乡正专理辞讼的尝试，仅仅执行了一年多时间就遭到废止。然而，此次调整引起的混乱则没有随之消失，虽然废止了 "理讼" 职能，但乡级行政得以保存下来。因为统治者所担心的只是乡正权力过大问题，而不是乡级行政的存在。同时，唐代地域广阔，县与里之间也需要设置乡一级行政机构，方便对基层社会的管理。因此，唐代基层社会采用 "百户为里，五里为乡" 的编制。

但五百户乡正的权力过大，也使统治者不得不有所顾忌，如果将权力分散到乡内的五个里正手中，让他们在完成一里工作同时，共同完成一乡的行政事务，则王权对基层控制会更容易一些。故王梵志诗中说："当乡何物贵，不过五里官。"① 另外，唐代里正的选任突破了一里界限，对此也是一个很好的佐证。《通典》记载："诸里正，县司选勋官六品以下，白丁清平强干者充。……若当里无人，听于比邻里简用。"② 由此，本章第二部分所论述乡级行政的实际存在，与里正成为乡级行政的实际执行者就似乎可以得到解释。这样，贞观九年（635）唐太宗设立乡正与乡佐做法以失败而告终，仅仅实行了不到七年时间③。

但问题随之而来，管理百户的里正有着自己 "以相检察" 的职掌④，里正成为乡级行政的实际执行者后，他们身后所留下的行政空间又由谁来补充呢？唐代村坊制度确立，恰恰弥补了这一不足。

2. 村坊制度确立后里正行使乡级行政成为可能

村与坊起源很早，东汉中后期就出现了 "村" 的名称和组织形式，经过魏晋南北朝的发展，唐代的 "村" 已经成为所有野外聚落的统称⑤。而城内所居的坊则出现于北魏时期，最初只是在平城实行，后被隋唐所沿用⑥。尽管两者存在的时间较长，在基层社会中一直得到实行⑦，但直到唐代才写入律令当中，真正将其法律化、行政化⑧。

---

① 张锡厚《王梵志诗辑校》，第 27 页。按：五里官，张锡厚先生解释为 "一乡之长"，笔者窃以为还可理解为 "五个里正"。

② 《通典》卷 3《食货三·乡党》，第 64 页。

③ 《通典》卷 33《职官十五·乡官》："贞观九年，每乡置长一人，佐二人，至十五年省。"（第 924 页）

④ 《隋书》卷 24《食货志》，第 680 页。按：笔者看来，《唐六典》、《通典》中所记载的里正职掌，更可能是原来乡里长所具有乡级行政的职能。

⑤ 刘再聪：《唐代 "村" 制度研究》，第 29 页。

⑥ 刘淑芬：《中古都城坊制初探》，载台北中央研究院《历史语言研究所集刊》（第 61 本，第 2 分册），1992 年。

⑦ 城内坊的组织形式与城外的差别至迟到东魏时期就已经显露出来了，但此时还没有明确提出坊与村相对。东魏静帝时期的元孝友就曾说："令制：百家为党族，二十家为闾，五家为比邻。百家之内，有帅二十五人，征发皆免，苦乐不均。羊少狼多，复有蚕食。此之为弊久矣。京邑诸坊，或七八百家唯一里正、二史，庶事无阙，而况外州乎？"（《北齐书》卷 28《元孝友传》）。而不久的北齐也出现了这一矛盾，"北齐令人居十家为邻比，五十家为闾，百家为族党。一党之内则有党族一人，副党一人，闾正二人，邻长十人，合有十四人，共领百家而已。至于城邑，一坊侨旧或有千户以上，唯有里正二人，里吏二人。里吏不常置。闾老四人，非是官府，私充事力，坊事亦得取济。若论外党，便是烦多。"（见《通典》卷 3《食货三·乡党》）。隋文帝受禅，颁新令：五家为保，保五为闾，闾四为族，皆有正。畿外置里正，比闾正，党长比族正，以相检察。（见《隋书》卷 28《百官下》）也可见二者设置的差别。

⑧ 日本学者宫川尚志《六朝时代的村》说："村作为村落的称呼的明确记载在中国法令中是从唐代开始的。武德七年、开元七年以及二十五年法令中，把田野的百户集落里特称作村，以与邑居即城市中的坊对称。"载《日本学者研究中国史论著选译》四，中华书局 1992 年版，第 67 页。宫崎市定《关于中国聚落形体的变迁》也说："到了唐代，村里作为行政单位而得到政府的承认，村里开始设置村正。"载《日本学者研究中国史论著选译》三，中华书局 1992 年版，第 26 页。

　　唐代村坊制度的确立,早在高祖武德七年(624)的令文就规定:"百户为里,五里为乡。四家为邻,五家为保。在邑居者为坊,在田野者为村。村坊邻里,递相督察。"① 开元令也载:"两京及州县之郭内分为坊,郊外为村。"② 从令条来看,乡里制度与村坊制度并立而行,乡里是按户口多少编制,村坊则是按地域聚落界限划分。村与坊的区别主要在于"邑居"和"野居",换句话说,就是城内与城外的差别。可以看出乡里与村坊既有区别又有交叉,相辅相成。由于村坊制度是按地域聚落来划分,有利于弥补乡里制度需要整齐划一的不足,将大小不一的居民聚居点纳入统治者的视野之内。

　　同时,两者又存在着矛盾,因为村坊制度确立,必然设置长官,并规定相应的职掌,如果按照原有乡正里正的职能来分析,两者的职能必然存在重叠。但在实际运作中,此时乡里制已如前文所述发生变化,里正成为乡级行政人员,里的职能逐渐的虚化,此时,村坊制的出现正是对其的有益补充。对于村正与坊正的职掌,《旧唐书》的记载:"村坊邻里,递相督察。"③ 而《唐六典》记载则是"两京及州县之郭内分为坊,郊外为村。里及村、坊皆有正,以司督察(原注:里正兼课植农桑,催驱赋役)。"④《通典·食货三》:"在邑居者为坊,别置正一人,督察奸非,并免其课役。在田野者为村,别置村正一人。其村满百家,增置一人,掌同坊正。"⑤ 吐鲁番出土文书《唐永淳元年(682)坊正赵思艺牒为勘当失盗事》⑥ 记载了坊正亲就失者家中勘盗的经过:

　　　　　前空
1　　⬜坊
2　　麴仲行家婢僧香
3　　　右奉判付坊正赵艺专为堪当
4　　　者,准状就僧香家内检,比邻全无
5　　盗物踪迹。又问僧香家口云:其铜钱
6　　耳当等在厨下,被子在一无门房内
7　　坎上,并不觉被人盗将,亦不敢
8　　加诬比邻。请给公验,更自访觅
9　　者。今以状言
10　⬜状如前。谨牒
11　　　　　永淳元年八月　日坊正赵思艺牒
12　　　　⬜方

　　从这些史料可以看出,诸如维护治安等原本由乡正、里正所承担的职能,此时改由坊正、村正所分担,这就使里正有充足的时间和精力去处理乡一级的事务。同时,村坊

①　《旧唐书》卷48《食货三》,第2089页。
②　《唐六典》卷3"户部尚书"条,第73页。
③　《旧唐书》卷48《食货三》,第2089页
④　《唐六典》卷3,第73页。
⑤　《通典》卷3《食货三》,第63页。
⑥　《吐鲁番出土文书》七,第76—77页

制度将全国的人口分成坊居民和村居民，城邑内为坊，外为村，逐渐取代乡里制控制编户齐民的模式。在村坊制的作用之下，乡里制呈现出乡实里虚的特点，乡——村的行政模式更多出现于唐代基层社会，里正渐渐成为乡级行政人员。县——乡——村的行政运作程序也为统治者所接受，甚至被写入选拔官吏的策问当中。白居易在《人之困穷在君之奢欲》的策问中写到："盖君之命行与左右，左右颁于方镇，方镇布于州牧，州牧达于县宰，县宰下于乡吏，乡吏传于村胥，然后至于人焉。"① 五代晋少帝《令佐招携户口加阶敕》中就曾提到了乡下为村的基层结构②。前引唐玄宗《安养百姓及诸改革制》所云："其所放丁，委县令对乡村一一审定，务须得实，仍令太守子细案覆，本道使察访。如有不当者，本里正村正先决一百，配入军团，县令解，太守本道使不举者量贬降。"③ 则更能说明里正是乡里实际长官，村正在协助里正行政过程中所应负的连带责任。

村正仅仅具有维护治安的职能显然不够，还要参与到编户齐民和征收赋役当中来。根据李浩的研究，"虽然律令中只规定村正具有治安职责，但除外，在乡村社会的实际管理运（作）中，村正还承担着诸如督察农业生产、户籍管理、征发赋役等其他行政事务。"④ 可见村正的存在能够给里正行政提供很好的协助，王梵志诗："里正追租庸，村头共相催。……里正被脚蹴，村头被拳搓"⑤，正是二者共同催征赋税的写照。由此，在乡正长退出历史舞台之后，里正在坊正、村正的协助之下完全能够处理一乡的行政事务。

弄清乡、坊、村的关系，就能很好解释为什么唐代实际存在乡级行政，而律令只规定里正、坊正、村正的相应法律责任⑥，很少见到其他乡级行政人员责任的记载的原因。里正、坊正、村正相互配合，共同成为基层社会实际管理人员，也是中国古代基层管理方式在唐代发生的一大变化。

小　结

综上所述，从行政运作程序和乡里所具有的编户齐民和征收赋役职能来看，唐代基层社会中实际存在着乡级行政，但乡正长废除之后，乡级职能转由五个里正共同行使，里正成为事实上的乡级行政人员。这就是为何史籍中有乡行政的记载，却只出现里正的相应职责，没有乡级行政人员职责的原因。同时，里正成为实际上的乡级行政人员，与长期以来统治者加强中央集权，弱化、分散地方势力的一贯政策相符合。而村正、坊正

---

① 《白居易集》卷 63 《策林二·二十一》，第 1432 页。

② "如是一乡收到三十户或五十户以上，一村收到三户五户以上，及本乡村节级等，与免本户二年诸杂差使科配；如是一乡收到一百户以上，一村收到十户以上，本乡村节级等，与免本户三年诸杂差徭。如愿且允节级，所由未得差替，如愿归农，便与免放。"（《唐文拾遗》卷 10 《令佐招携户口加阶敕》，第 10477 页）

③ 《全唐文》卷 25，第 284 页。

④ 李浩《唐代乡村组织研究》，第 19 页。

⑤ 张锡厚《王梵志诗辑校》（卷五），第 164—165 页。

⑥ 如《唐律疏议》卷 20 《贼盗》："诸部内有一人为盗及容止盗者，里正笞五十（原注：坊正、村正亦同）。……疏议曰：'部内'谓州、县、乡、里所管之内，百姓有一人为盗。"（第 379—380 页）这样的例子在唐代史籍当中记载还有很多。

的出现，部分分担了里正管理户口，征收赋役的任务，使其能有足够的时间和精力来行使乡级职能。由此，中国古代基层管理的行政重心，在唐代前期也发生了变化，由秦汉以来的乡正长逐渐向里正、坊正、村正三者共同行政过渡。

〔作者张玉兴，讲师，天津师范大学历史文化学院。天津　300387〕

唐代藩镇问题再认识

——以藩镇与州的关系为中心

夏 炎

　　唐代中后期的藩镇是唐史研究中的一个热点，历来受到学界的重视，学者们通过不同角度对唐代藩镇诸问题进行探讨，至今已经取得了丰硕的研究成果。其中，藩镇与州之间的关系是藩镇研究中的一个重要课题。随着唐代地方行政层级由州、县二级制转化为道、州、县三级制，藩镇与属州的关系问题随之显现出来。这一关系表面上看属于地方行政层级之间的关系，但实际上却是解读唐后期中央与地方关系的重要门径。学界对于藩镇与州之间的关系问题已有讨论①，但仍有一些问题需进一步商榷和探讨。鉴于此，本文主要从分析藩镇在中央与州之间所扮演的角色入手，着眼于唐代中后期中央与地方关系的整体布局，从中央与属州两个角度看藩镇，围绕藩镇与州关系中的几个问题展开讨论，试图对唐代藩镇的真相进行再检讨，以求教于方家。

一　作为中央与州中介的藩镇

　　唐前期，在地方行政区划上实行州、县二级制，与此同时，在一些普通州之上还有都督府的设置，都督府统属数州是当时的定制。但随着都督府的名存实亡以及藩镇的崛起，都督府与属州之间的统属关系变得越来越微弱，逐渐被藩镇与属州之间的统属关系所取代。宪宗元和十三年（818），郑权"迁德州刺史、德棣沧景节度使……沧州刺史李宗奭与权不协，每事多违，不禀节制。权奏之，上令中使追之"②。沧州刺史李宗奭不服从节度使的节制，中央便会对这种行为进行干预。又如文宗太和初，李繁"出为亳州刺史。州境尝有群贼，剽人庐舍，劫取货财，累政擒捕不获。繁潜设机谋，悉知贼之巢穴，出兵尽加诛斩。时议责繁以不先启闻廉使，涉于擅兴之罪，朝廷遣监察御史舒元舆按问"③。亳州刺史李繁在没有经过藩帅同意的情况下行事，中央就要派御史到地方按问其罪。以上这些事例都说明唐代中央虽然没有通过正式诏令的形式对藩镇与

---

　　①　关于唐代藩镇与州级关系的研究成果的主要有：严耕望：《唐代方镇使府僚佐考》（《唐史研究丛稿》，新亚研究所1969年版），王寿南：《唐代藩镇与中央关系之研究》（大化书局1978年版）、日野開三郎：《支那中世の军阀》（三省堂1942年版），王寿南：《唐代藩镇の支配体制》（三一书房1980年版），礪波護：《唐代政治社會史研究》（同朋舍1986年版）第Ⅰ部《唐宋の变革と使职》第三章《唐代使院の僚佐と辟召制》，张国刚：《唐代藩镇研究》（湖南教育出版社1987年版），以及若干论文。

　　②　刘昫等：《旧唐书》卷一六二《郑权传》，中华书局1975年版，第4246页。

　　③　《旧唐书》卷一三〇《李泌附子繁传》，第3624页。

属州间的上下级统属关系进行过规定，但实际上唐代中央对这种藩镇统州的关系已然默许。

不仅中央如此，时人对藩镇与属州间的上下级统属关系也持认同态度。韩愈在宪宗元和十五年（820）任袁州刺史时，曾撰《袁州申使状》：

> 使司牒州牒。
>
> 右自今月二日后，每奉公牒，牒尾"故牒"字皆为"谨牒"字，有异于常。初不敢陈论，以为错误。今既频奉文牒，前后并同，在愈不胜战惧之至。伏乞仁恩，特令改就常式，以安下情。①

这是一份韩愈上江南西道观察使王仲舒的状，主要内容是恳请观察使将州牒牒尾的"谨牒"改回为"故牒"。韩愈之所以会写这样一份状，是因为按照唐代上下行文书的规定，观察使牒属州刺史时应称"故牒"，而王仲舒到任后，为了表示对韩愈的尊敬，便用了自谦的"谨牒"二字。韩愈因此受宠若惊，认为与当时的制度不合，便上观察使状，恳请观察使按规定仍旧改为"故牒"，将这种"有异于常"的公文书写格式恢复到所谓的"常式"。从这件事例可以看出，当时属州已经接受了藩镇作为自己的上级机关的事实。《旧唐书》卷一四九《令狐峘传》还记载了这样一则故事：

> 齐映廉察江西，行部过吉州。故事，刺史始见观察使，皆戎服趋庭致礼。映虽尝为宰相，然骤达后进，峘自恃前辈，有以过映，不欲以戎服谒。入告其妻韦氏，耻抹首趋庭。谓峘曰："卿自视何如人，白头走小生前，卿如不以此礼见映，虽黜死，我亦无恨。"峘曰"诺"，即以客礼谒之。映虽不言，深以为憾。映至州，奏峘纠前政过失，鞫之无状，不宜按部临人，贬衢州别驾。

这是德宗贞元八年（792），吉州刺史令狐峘拜见江南西道观察使齐映时的一段插曲，体现了属州刺史拜见藩帅的一种礼仪规定。由于藩镇与属州之间具有上下级统属关系，所以刺史在接见藩帅时，要"戎服趋庭致礼"，以示对藩帅的尊敬②。但上述故事中的吉州刺史令狐峘却以长辈自居，竟然小觑观察使，并没有按照规定的礼仪接见，最后只落得个贬官的下场。

可见，无论从中央的角度，还是在时人的心中，藩镇与属州之间的上下级关系已经成为既定事实。随着唐代中央对藩镇统州关系的默许，这种以藩镇统州的关系逐渐明朗化，遂使藩镇逐渐演变成为州之上的新一级行政区划，道、州、县三级体制逐渐形成。

那么，作为州之上的一级行政区划，藩镇在中央与地方之间所扮演的角色又是什么呢？宋人洪迈在《容斋三笔》卷七中曾对唐后期的藩镇进行过一番评价，认为藩镇"兵甲、财富、民俗之事，无所不领，谓之都府，权势不胜其重，能生杀人，或专私其

---

① 韩愈撰，马其昶校注，马茂元整理：《韩昌黎文集校注》，上海古籍出版社 1987 年版，第 636 页。

② 参见黄正建：《唐代戎服"櫜鞬服"与地方行政长官的军事色彩》，《中国史研究》2002 年第 4 期。

所领州，而虐视支郡"。日本学者日野开三郎先生认为此时的州级官员对于观察使来说已经沦为"陪臣的地位"并"私属化"①，王寿南先生亦说："虽然在理论上，迄至唐末刺史仍为最高地方行政长官且直属中央，但事实上刺史事事受制于观察节度使，甚至成为节度观察之部属。"② 笔者认为，唐后期的藩镇与属州之间的关系的确出现过上述观点中所描述的那些情况，如成德节度使王武俊"恃功负众，不顾法度，支郡守畏之侧目"③。一些藩帅还根据个人好恶擅自对州级官员进行非法行为，突出表现在擅杀州级官员。如严武"复拜成都尹，充剑南节度等使……前后在蜀累年，肆志逞欲，恣行猛政。梓州刺史章彝初为武判官，及是小不副意，赴成都杖杀之，由是威震一方"④。又如"前邕管经略使董昌龄枉杀录事参军衡方厚，坐贬溆州司户"⑤。但是这些偏激的现象并不能说明问题的全部。这些观点仅仅看到了一些藩镇权力过大，偏离制度的一面，而没有从唐后期中央与地方关系的全局着眼，正视藩镇在中央与地方之间所扮演的角色。

笔者认为，藩镇是沟通中央与州之间关系的重要中介。一方面，作为中央与州的中介，藩镇管控着属州对中央的上达权与中央对属州的下达权。唐前期，由于州是地方一级行政单位，所以州及其行政长官刺史，是直属中央，直接向中央负责的，即所谓"制敕降支郡，牧守得专奏陈"，中央与州之间政令的下达与上达是直接的。虽然唐律规定，在唐前期都督府统属数州的情况下，属州的行政事务如需上报中央，必须先向它的上级都督府申报，再由都督府申报中央。⑥ 但是，由于都督府对属州的行政权在唐代并没有得到充分发展，所以都督府和属州之间的行政关系表现得并不十分突出。而且都督府对属州的统属关系，突出表现在对属州的监察和军事职能方面，而且并不是所有普通州都由都督府统属，所以虽然唐前期存在都督府统州制，但都督府对于属州的行政控制是极其微弱的，州级事务基本上是直达中央的。⑦

藩镇崛起后，随着"道"的逐渐行政实体化，藩镇开始有权管控属州的直达中央权力。在这种情况下，属州事务要先申报藩镇长官，经长官处理后，才能上达中央。如当时某县县令在发现玉石后，"其日县令所由等状送到州，臣送观察使，使牒却令州司自进"⑧。可见，州级上贡物品要先送到藩镇长官那里，才由藩镇长官决定是否由州直接上贡。在中央政令的下达方面，中央政令原先是直接下达到州的，但在藩镇统州的情况下，中央下达到州的政令要先下到藩镇长官那里，经长官处理，才能继续下到属州，即所谓"以君之命行于左右，左右颁于方镇，方镇布于州牧"⑨。到五代时，时人已经

① 日野开三郎：《唐代藩镇の支配体制》，三一书房1980年版，第69页。
② 王寿南：《唐代藩镇与中央关系之研究》，大化书局1978年版，第123页。
③ 李昉等撰：《太平广记》卷一二五《报应二十四·冤报·李生》引《宣室志》，中华书局1961年版，第883页。
④ 《旧唐书》卷一一七《严武传》，第3395—3396页。
⑤ 《旧唐书》卷一七六《魏暮传》，第4567页。
⑥ 《唐律疏议》卷十《职制律》："诸事……不由所管而越言上……杖六十。疏议曰：……不由所管而越言上者，假谓州管县，都督管州，州、县事须上省，皆须先申所管州、府，不申而越言上者。"
⑦ 参见拙稿《试论唐代都督府与州的关系》，《史学集刊》2008年第2期。
⑧ 王颜：《进黄帝玉佩表》，载董诰等编：《全唐文》卷五四五，中华书局1983年版，第5528页。
⑨ 白居易：《白居易集》卷六二《策林二·人之困穷由君之奢欲》，中华书局1979年版，第1314页。

认为"制敕不下支郡，刺史不专奏事，唐制也"①。也正是在五代，这种关系最终以诏令的形式加以承认。② 由此说明藩镇对属州上达权与中央下达权的管控，在唐后期已成定制。

另一方面，在藩镇内部，部分藩镇参与到属州政令施行的环节中。唐前期，在没有藩镇的情况下，州虽直属中央，但在一些事务上却可以相对独立地行使权力。藩镇出现于州之上后，部分藩镇内部的属州在行使权力的时候，要受到藩镇的领导和监督。一些州的事务在得到藩镇许可后，方可施行。如宣宗大中三年（849）二月中书门下奏：

> 诸州刺史到郡，有条流，须先申观察使，与本判官商量利害，皎然分明，即许施行。如本是前政利物徇公事，不得辄许移改。不存勾当，踵前因循，判官重加殿责，观察使听进止。仍委出使郎官御史，常切询访举察。③

在这份奏疏中，规定州刺史到任后对相关条例的制定与修改工作，必须先申报观察使，接受观察使与观察判官的监督。"仍委出使郎官御史，常切询访举察"说明中央对这种藩镇统州形式的认可并积极加以配合。可见，藩镇实际上已成为中央的代言人，从这个角度讲，这也是藩镇作为中央与州之间中介的一种表现形式。

藩镇参与属州行政事务，表现在诸如司法审判、人事管理、户籍管理、田产管理、旌别孝悌、兴修水利等多方面，不再一一赘述，这里仅谈谈在上缴赋税方面，部分藩镇对属州赋税征收工作的管控问题。宪宗元和末，高承简"转邢州刺史，值观察使责时赋急，承简代数百户出其租"④。这一事件反映了藩帅督促属州刺史上缴赋税的情况。《旧唐书》卷一九二《隐逸·阳城传》还记载了道州刺史阳城的一个故事：

> 赋税不登，观察使数加诮让。州上考功第，城自署其第曰："抚字心劳，征科政拙，考下下。"观察使遣判官督其赋，至州，怪城不出迎，以问州吏，吏曰："刺史闻判官来，以为有罪，自囚于狱，不敢出。"判官大惊，驰入谒城于狱，曰："使君何罪，某奉命来候安否耳。"

从上述故事中可以看出，当属州无法按时按量上缴赋税时，观察使往往会频繁地催促，并派观察判官亲自监督其事。而当判官听说刺史"以为有罪，自囚于狱，不敢出"时，判官顿时大惊，急忙拜见刺史，说明自己仅是"奉命"前来监督州的赋税工作而已。可见，这种藩帅催促属州上缴赋税的行为，并不是藩镇有意倾轧属州的表现，而是藩镇的职责所在。由于藩镇处于中央与地方的中介位置，是代表中央负责对属州的征税工作，如果工作不到位，藩镇官员也会受到相应制裁。所以，为了能够完成中央交付的任

---

① 欧阳修撰，徐无党注：《新五代史》卷二六《唐臣·孔谦传》，中华书局1974年版，第281页。
② 《册府元龟》卷六一《帝王部·立制度二》载后唐庄宗同光二年（924）九月诏："今后支郡公事，须申本道。本道腾状奏闻租庸使，合有征催，只牒观察使，贵全礼体。"
③ 王溥撰：《唐会要》卷六九《刺史下》，中华书局1955年版，第1210页。
④ 《旧唐书》卷一五一《高崇文附子承简传》，第4053页。

务，藩帅才会频繁催促，也正因为一些刺史认为自己并没有完成好中央的任务，邢州刺史高承简才会代百姓出租。可见，从制度的规定上讲，藩帅对赋税征收的干预，并不是藩镇对州级事务的侵夺，而是藩镇作为中央与州中介的表现。

但是我们还应看到，由于一些藩帅的执行不当，使这种由藩镇管控属州赋税征收的规定很容易发生制度的偏离。这种偏离具体表现为随着一些藩镇势力的强大，一些藩帅可随意增减属州的税额。如孔戣"即拜岭南节度使。既至，免属州逋负十八万缗、米八万斛、黄金税岁八百两"①。岭南节度使孔戣此举是减免逋负，虽然减少了百姓的负担，获得了良好的政声，却从另一方面透露出藩帅对属州税额的控制力度是何等的强大。更有甚者，一些藩帅不经中央同意，私自向属州行文牒，违制征科，不仅加重了当地官员和百姓的负担，而且对中央也无任何利益可讲。唐前期，州的赋税除一部分留州外，其余都要上交中央。唐后期藩镇崛起后，地方财政一度出现混乱。两税法实行后，在藩镇内部开始实行两税三分制，即上供、留使、留州。其中，留使部分便是藩镇聚财的突破口，那些增加了的税额便是以留使的名义落到了藩帅的腰包。如德宗兴元元年（784）义武军节度使的属州沧州的送使钱是十二万贯，宪宗元和六年（811）荆南节度使的属州涪州的送使钱是二千四百贯②。韩愈在元和十四年（819）被贬为潮州刺史后，岭南节度使孔戣"以愈贬授刺史，特加优礼，以州小俸薄，虑有阙乏，每月别给钱五十千，以送使钱充者"③。可见当时的送使钱的数额是相当大的。此外，由于藩镇长官按例均兼治所州刺史，所以在赋税收入中，藩镇治所州既有留州部分，同时又能得到属州上交的留使部分，这样藩镇便得到了双重利益，既影响州级正常的财政工作，又不利于国家财政经济的发展。

鉴于此，唐代中央也曾发布诏令对这一现象进行制止。如代宗宝应元年（762）十月曾下敕规定由观察使和租庸使监督藩镇的征税工作，如有违制行为，要对相关责任人进行制裁④。永泰元年（765）十二月还下诏曰规定由转运使监督藩镇的征税工作⑤。宪宗元和三年（808），裴垍建议："天下留州、送使物，一切令依省估。其所在观察使，仍以其所莅之郡租赋自给，若不足，然后征于支郡。"⑥ 裴垍的建议，是要中央介入地方的财政工作，掌控对留州、留使部分的赋税额度的估算。同时，还要求藩镇的财政收入要以治所州的留州部分为主，如果不足，再接纳属州的送使部分，试图通过这种方法限制藩镇获得的双重利益。元和十五年（820）下敕文规定："诸州羡余，不令送使，唯有留使钱五十万贯。"⑦ 中央又进一步从制度上规定了留使部分的数额，并规定属州的其他羡余不必送使。穆宗长庆元年（821）十二月下敕："诸道留使钱，宜令长吏于诸色给用中，每贯量减二百文，以资军用。事平之后，即任仍旧。"⑧ 中央又借军款匮

---

① 欧阳修、宋祁撰：《新唐书》卷一六三《孔巢父附从子戣传》，中华书局1975年版，第5009页。
② 王钦若等编：《册府元龟》卷四八四《邦计部·经费》，中华书局1960年版，第5788页。
③ 《韩昌黎文集校注·遗文·潮州谢孔大夫状》，第730—731页。
④ 《册府元龟》卷一四七《帝王部·恤下二》，第1781页。
⑤ 《册府元龟》卷六四《帝王部·发号令三》，第716—717页。
⑥ 《旧唐书》卷一四八《裴垍传》，第3992页。
⑦ 《旧唐书》卷一七四《李德裕传》，第4512页。
⑧ 《册府元龟》卷四八四《邦计部·经费》，第5789页。

乏之机，削夺藩镇的留使部分。以上这些措施，是唐代中央力图遏制部分藩镇经济利益的巨大膨胀，抑制部分藩镇对属州的过分剥削。

综上，随着唐代后期藩镇势力的日益强大，藩镇由单纯的具有监察性和军事性的派出机构逐渐演变成为新的地方行政实体，成为在州之上的一级行政区划。这种演变的结果，产生了藩镇与属州之间的上下级统属关系，藩镇参与到属州行政事务中，并有权管控属州事务。由于这种统属关系的存在，藩镇便成为联结中央和州之间重要的中介机构，唐代中央之所以承认藩镇的存续，一是为了防止地方州县权重，二是为了更有效地对地方实施统治。唐代后期，中央政府在施政方面，始终强调藩镇作为中介的作用，而不是将控制州县的权力全部下放。所以，当藩镇对所属州县的权力超过规定限度时，中央便会及时出台政策加以纠正和制止。上述中央出手干预藩镇财政工作的情况便是一例。此外，如代宗大历十二年（777）五月下诏："令诸使非军事要急，无得擅召刺史及停其职务，差人权摄。"① 唐代后期，中央对刺史有绝对的任免权，即使是一些比较跋扈的藩镇，往往也会采取先选择合适的人选再上奏中央获得批准的形式。对于代宗时出现的这种个别藩帅擅自任免属州刺史的情况，中央会坚决加以制止。宪宗元和十二年（817）四月诏："自今已后，刺史如有利病可言者，不限时节，任自表奏闻，不须时节申报节度观察使。"② 这次宪宗赋予刺史部分直达权，是从提高行政效率的角度考虑的。元和十四年（819）又下诏："诸道节度、都团练、防御、经略等使所管支郡，除本军州外，别置镇遏、守捉、兵马者，并合属刺史。如刺史带本州团练、防御、镇遏等使，其兵马额便隶此使。如无别使，即属军事。其有边于溪洞连接蕃蛮之处，特建城镇，不关州郡者，不在此限。"③ 这道诏书是唐代中央针对属州兵权过弱的情况而下达的。文宗太和三年（829）十一月又下诏："刺史分忧，得以专达，事有违法，观察使然后奏闻。如闻州司尝务，巨细所裁，官吏移摄，将士解补，占留支用，刑狱等，动须禀奉，不得自专，虽有政能，无所施设，选置长吏，将何责成？宜委御史台及出使郎官御史严加察访，廉使奏听进止。本判官不能规正，及刺史不守朝章，并量加贬降。若所管州郡，控接蕃夷，军戎之间，事资节制，即不在此限。"④ 文宗的这道诏书，是针对当时藩镇权力过分膨胀的情况，而赋予刺史的专达中央权。以上这些诏书的基本精神，都反映了当藩镇权力过大时，中央会及时出面通过采取各种措施加以干预。贞元十九年（803），韩愈曾在《送许郢州序》中说道：

> 凡天下之事成于自同而败于自异。为刺史者，恒私于其民，不以实应乎府；为观察使者，恒急于其赋，不以情信乎州。繇是刺史不安其官，观察使不得其政，财已竭而敛不休，人已穷而赋愈急，其不去为盗也亦幸矣。诚使刺史不私于其民，观察使不急于其赋，刺史曰，吾州之民，天下之民也，惠不可以独厚；观察使亦曰，某州之民，天下之民也，敛不可以独急：如是而政不均、令不行者，未之有也。

① 司马光编著，（元）胡三省音注：《资治通鉴》卷二二五《代宗大历十二年》，中华书局1956年版，第7245页。
② 《册府元龟》卷六四《帝王部·发号令三》，第721页。
③ 《旧唐书》卷一五《宪宗本纪下》，第467页。
④ 《册府元龟》卷一五五《帝王部·督吏》，第1879页。

……县之于州，犹州之于府也。有以事乎上，有以临乎下，同则成，异则败者皆然也。①

在韩愈的这段议论中，"同"字是核心，他认为藩镇要"以情信乎州"，州要"以实应乎府"，藩镇与属州的关系应该是同心协力，而不应该是各行其道。他认为国家设置藩镇的目的是为了更好地协调中央与州的关系，更有利于政令的上传与下达以及国家对地方权力的控制。所以，唐代设置藩镇的初衷，并不是以控制州为目的，而是要藩镇作为中央与州之间的重要中介，成为治理国家、协调中央与地方关系的一个辅助手段。当藩镇权力过大时，中央便会加以干预和制止，但中央对藩镇统州的体制，对藩镇作为中央与州的中介地位，却从来没有取缔和否定过。

二　藩镇参与对州级官员的选任

唐代建立之后，州级官员的选任，一改汉魏以来州郡僚佐长官自行辟除制，继承隋制，任官之权悉归中央。州级官员自刺史以下的流内品官及杂任吏职，都是由中央选任的。同时，州的仓督以及中、下州市令等杂任吏职亦可由州自主选拔②。在州确定好这些官员的人选后，还要上报中央，再由中央任命，发给告身，从而完成选和任的程序。

随着唐后期藩镇的崛起，州级官员的选任方式出现了一些新的变化，突出表现在藩镇可在中央授权和默许下自行选举州级官员。这种由藩镇选举属州官员的选官方式主要有以下几个特征：

一是"选"在藩镇，而"任"在形式上仍归中央，藩镇仅仅是参与到对州级官员的选任程序中。这正是我们将这种选官方式称为选举，而不是选任的原因。宪宗元和七年（812）八月中书门下奏："诸州府五品已上官，替后，委本道观察使及长吏，量其材行干能，堪奖用者，具人才资历，每年冬季，一度闻荐。"③ 在这份关于冬荐德奏疏中，明确规定了藩镇可参与州级官员的选任工作，但藩镇的选任权限是"闻荐"，也就是我们上面所说的"选"。敬宗宝历二年（826），横海军节度使李全略"奏请授（李同捷）沧州长史、知州事、兼主中军兵马。朝廷初不之许，后虑其有奇策，将副经略之旨，遂从之"④。穆宗长庆初，"天平军节度马公总闻其事，乐其贤，表请（柏元封）为节度判官、检校兵部员外郎兼侍御史，仍知州事……马公感其意，荐刺濮州。诏许之"⑤。这些记载都反映了藩帅在选出州级官员的人选后，还要上奏中央，再由中央批准任命的过程。在《文苑英华》、《全唐文》中收录了大量唐后期中央任命刺史或取消刺史任命的诏书，同样说明唐后期唐代中央在藩镇存在的情况下，仍然拥有对州级官员的任命权。

---

① 《韩昌黎文集校注》，第236—237页。

② 李林甫等撰：《唐六典》卷三〇《三府督护州县官吏》，中华书局1992年版，第748页。

③ 《唐会要》卷八二《冬荐》，第1512页。

④ 《旧唐书》卷一四三《李全略传》，第3906页。

⑤ 周绍良、赵超主编：《唐代墓志汇编续集》大和〇三八《唐故中散大夫守卫尉卿上柱国赐紫金鱼袋赠左散骑常侍魏郡柏（元封）公墓志铭》，上海古籍出版社2001年版，第910页。

　　二是藩镇选举州级官员的范围相当广泛。宣宗大中元年（847），郑亚任桂管观察使后，便开始着手属内官员的选任工作。在一份由李商隐代拟的名为《为荥阳公桂州署防御等官牒》①的任命藩镇属内官员的牒文中，共涉及官员19人，任命的官职有藩镇幕府使职以及州县官，其中涉及州级官员的有：段球，补充医博士；林君霈，差知环州事；韦重，差摄柳州录事参军；曹说，差摄昭州录事参军；李遇，摄严州刺史。可见，藩镇选举属州官员的范围上至刺史，下至低级吏职，范围广泛。

　　在唐后期的许多藩镇中，藩帅自行选举属州刺史的情况十分普遍。如玄宗天宝中，"幽州节度使表请（张献诚）为檀州刺史"②。肃宗宝应元年（762），"（辛）云京为河东节度使，又奏（张）光晟为代州刺史"③。代宗大历初，"东川节度使又奏（严震）为渝州刺史，以疾免。山南西道节度使又奏为凤州刺史，加侍御史"④。大历六年（771），"（李）抱玉移镇凤翔，以汧阳被边，署奏（马燧）陇州刺史、兼御史中丞"⑤。同年，"领河东道韩公举不避亲，表（薛坦）蔚州刺史、横野军钱监等使"⑥。贞元七年（791），郭钢"为朔方节度使杜希全宾佐，希全以钢摄丰州刺史"⑦。宪宗元和六年（811），"裴均相国领镇，录以前功，奏授（刘密）朝请大夫、唐州刺史"⑧。元和十三年（818），魏博"田弘正请朝，表（崔）弘礼徙卫州，兼魏博节度副使。伐李师道，弘正多所咨逮。还魏博，又表为相州刺史"⑨。这些都是藩帅通过"上奏"或"上表"的形式，选举属州刺史的例子。

　　关于藩帅举奏州级僚佐，具体来说，藩帅可举奏治所州或属州的上佐。如周道荣"贞元中，南海节度使赵昌表授广州司马"⑩。大中初，"昭义连率薛公（元赏）有总角之旧，素相亲重，奏授（卢侣）试光禄寺丞，摄卫州别驾"⑪。"牛尚书元翼……洎镇汉南，即日奏公（杨孝直）邓州长史，仍隶军府"⑫。藩帅举荐录事参军的例子，如"襄邓节度使岐国公鲁炅（命介模）屈摄谷城主簿，事无曲党，刃有余地，改摄襄州录事参军"⑬。藩帅可举奏判司的例子，如"大历初，衡州刺史兼御史大夫湖南观察处置

---

　　①　刘学锴、余恕诚：《李商隐文编年校注》，中华书局2002年版，第1380—1423页。

　　②　《唐代墓志汇编续集》大历○○七《唐故开府仪同三司检校户部尚书知省事赠太子太师御史大夫邓国公张（献诚）公墓志铭》，第696页。

　　③　《旧唐书》卷一二七《张光晟传》，第3573页。

　　④　《旧唐书》卷一一七《严震传》，第3405页。

　　⑤　《旧唐书》卷一三四《马燧传》，第3691页。

　　⑥　《唐代墓志汇编续集》大历○三五《唐故金紫光禄大夫持节蔚州诸军事守式蔚州刺史横野军钱监等使上柱国河东薛（坦）公墓志铭》，第715页。

　　⑦　《旧唐书》卷一二○《郭子仪附晞子钢传》，第3469页。

　　⑧　周绍良主编：《唐代墓志汇编》大和○五○《唐故朝请大夫唐州长史兼监察御史彭城刘（密）府君墓志》，上海古籍出版社1992年版，第2131页。

　　⑨　《新唐书》卷一六四《崔弘礼传》，第5050页。

　　⑩　《唐代墓志汇编续集》大中○五六《唐故平州刺史卢龙节度留后周（玛）府君墓志铭》，第1009页。

　　⑪　《唐代墓志汇编续集》元和○五三《唐故朝散大夫魏州贵乡县令卢（侣）公墓志铭》，第837页。

　　⑫　《唐代墓志汇编》大和○九○《唐故山南东道节度押衙光禄大夫检校太子宾客前行邓州长史兼侍御史弘农县开国男杨（孝直）公墓志铭》，第2160页。

　　⑬　《唐代墓志汇编续集》大历○三六《唐故剑南西川节度观察判官大理司直兼监察御史□□（介模）公墓志铭》，第716页。

等使韦公之晋，嘉乃休懿，表公（卢峤）为衡州司法参军"①。藩帅举奏参军事如魏邈"其后为河阳节度使所辟，随逐戎幕，处事详明，表怀州参军"②。李叔夏"素以戎略韬钤闻于四表。有成德军节度使检校司徒兼御史大夫王公曰庭凑远享公之风义，愿趋洮赳之交。大和五年（831）二月遂乃飞章上陈，请公之次子权知赵州参军"③。文宗太和二年（828）十月，西川观察使奏请："汉州并无文学、参军，今请各置一员。"④ 这是藩帅举奏州文学的例子。

三是当属州重要官员阙官而新任官员未到时，可由藩帅差幕府僚佐以权知属州事或摄属州刺史、上佐的形式暂任其职，待中央确定继任人选后，再正式重新任命。代宗宝应二年（764）二月曾下敕文对这种任命形式给予了规定。

> 诸州府及县，今后每有阙官，宜委本州府当日牒报本道观察节度及租庸使。使司具阙由，附便使牒中书门下，送吏部，依阙准式处分。其所阙官，有职务稍重者，委本府长官，于见任及比司官中简择，权令勾当，正官到日停，不得更差前资及白身等摄。⑤

在唐前期的州级行政制度中，有刺史不在任或缺任之时，可暂由上佐知州事的规定。以上敕文中的"职务稍重"的阙官自然应当包括刺史在内，敕文中反映了一个重要变化，即规定藩帅在属州刺史缺任的情况下，可自由选择代理官员，而不必拘泥于上佐知州事的规定。如代宗大历间，薛雄"初为（薛）嵩属吏，知卫州事，嵩殁，特诏授卫州刺史"⑥。薛嵩当时为昭义军节度使，卫州属昭义军节度使，薛雄是以藩镇僚属知卫州事，后来被中央正式任命为卫州刺史。德宗时，淮西节度使李希烈"改署（李良）都虞候……居无何，属希烈恃功虐政，将肆凶威，虑公素名，终不为下，乃令摄蕲州刺史"⑦。又如贞元十四年（798），"宣武董晋表（杨凝）为判官，亳州刺史缺，晋以凝行州事"⑧。以上都是藩帅令幕府僚属暂摄属州刺史的情况。这些由幕府僚属临时担任的州级官员的官称前往往会带"权知"或"摄"等字，这种形式实际上仅仅是出于一种形式上的需要。《通典》在叙述节度使等使职的僚佐时，称"皆使自辟召，然后上闻。其未奉报者称摄"⑨。因为虽然藩镇长官可以自行辟署幕职官，但其属州官员在制度上仍然是国家编制内的正式官员，其选任权仍归中央，藩镇长官无权除授。但随着唐后期藩镇长官权力的膨胀，他们欲自行任命属州官员的欲望也逐渐加强。唐代中央

① 《唐代墓志汇编》贞元〇四一《唐故给事郎守永州司马赐绯鱼袋范阳卢（峤）府君墓志铭》，第1866页。

② 《唐代墓志汇编》元和〇八二《大唐故宣州司功参军魏（邈）府君墓志铭》，第2006页。

③ 《唐代墓志汇编续集》大和〇五四《大唐故宣威将军右骁卫翊府左郎将上柱国李（叔夏）府君墓志铭》，第922页。

④ 《唐会要》卷六九《州府及县加减官》，第1228页。

⑤ 《唐会要》卷七五《选部下·杂处置》，第1362页。

⑥ 《旧唐书》卷一二四《薛嵩附族子雄传》，第3527页。

⑦ 《唐代墓志汇编》贞元一〇一《唐故兴元元从云麾将军右神威军将军知军事兼御史中丞上柱国顺政郡王食邑三千户实封五十户赠蘷州都督李（良）公墓志铭》第1910页。

⑧ 《新唐书》卷一六〇《杨凭附凝传》，第4971页。

⑨ 杜佑：《通典》卷三二《职官十四·州郡上·总论州佐》，中华书局1988年版，第890页。

为了维护中央的权威，同时还要照顾到藩镇的利益，便采取了这种临时性的"权知"或"摄官"制度。在形式上藩镇要以"状"的形式上报中央，由中央认可并以"牒"的形式下达补任文书才算正规。① 而在中央文件尚未达到的这段期间内，这些由藩镇长官任命的州级官员都要加上"权知"或"摄"字，以显示这种任命的临时性与非正规性，同时也是为了表示对中央的"尊重"。

但是，就在广德元年敕文下达的十余年后，大历十二年（777）五月一日，代宗又下达了另一道敕文，规定："刺史有故及缺，使司不得差摄，但令上佐依次知州事。"② 规定在刺史不在位或缺职的情况下，藩镇不得派人差摄，依然按照唐前期的规定，由上佐知州事。这道敕文显然是对广德元年敕文的全盘否定，之所以会出现这种情况，是由于这种由藩帅选举州级官员的做法存在着一定的弊端。武宗会昌五年（845）曾下敕文：

> 近日诸道奏官，其数至广，非惟有侵选部，实亦颇启幸门。向后淮南、两浙、宣、鄂、洪、潭、荆、襄等道，并不得更有奏请。其三川边镇河南北地远官，无选人肯去阙员稍多处，即任量要切奏请，仍每道一岁不得过七员。③

在这道敕文中，指出了当时藩帅奏官泛滥的现实。文宗太和九年（835），韩佽"出为桂州观察使。桂管二十余郡，州掾而下至邑长三百员，由吏部而补者什一，他皆廉吏量其才而补之"④。可见，桂管虽然属于远地，但其属内二十余州官员的十分之九都由藩帅自行选举，已大大超过了中央规定的员额。藩帅过多地荐举属州官员，不利于中央的统治，反而有利于藩帅培植个人势力群体，壮大藩镇力量，从而构成对中央的威胁。鉴于此，唐代中央便开始对一些藩镇的荐举行为进行限制，武宗首开其端。懿宗咸通十二年（871）七月辛丑中书门下奏：

> 准今年六月十二日敕，厘革诸道及在京诸司奏官并请章服事者。其诸道奏州县官司录、县令、录事参军，或见任公事，败阙不理，切要替换，及前任实有劳效，并见有阙员，即任各举所知。每道奏请，仍不得过两人。其河东、潞府、邠宁、泾原、灵武、盐夏、振武、天德、鄜坊、沧德、易定、三川等道观察防御等使及岭南五管，每道每年除令、录外，许量奏簿、尉及中下州判司及县丞共三人。福州不在奏州县官限。其黔中所奏州县官及大将管内官，即任准旧例处分。在京诸司及诸道带职奏官，或非时金替，考限未满，并却与本资官。⑤

在懿宗时期，中央又进一步对藩镇奏请州级官员的条件以及人数进行了规定和限制，试图以此遏制藩镇势力的过度发展。

---

① 参见中村裕一：《唐代官文书研究》，中文出版社1991年版，第288—299页。
② 《唐会要》卷六八《刺史上》，第1204页。
③ 《全唐文》卷七八，武宗：《加尊号后郊天赦文》，第818—819页。
④ 《旧唐书》卷一〇一《韩思复附曾孙佽传》，第3150页。
⑤ 《旧唐书》卷一九上《懿宗纪》，第678页。

藩镇选举州级官员的形式，从制度的实施目的来看，并不是藩镇对州级权力的侵夺，而是藩镇作为中央与地方的中介，发挥了合理选官的作用，在当时具有一定的积极意义。虽然当时一些极其跋扈的藩镇曾经一时脱离中央统治，擅自任命属州官员，如代宗大历初年，滑亳节度使令狐彰"猜阻忮忍，忤者辄死。怒颍州刺史李岵，遣姚奭代之，戒曰：'不时代，杀之。'岵知其谋，因杀奭，死者百余人"①。大历十一年（776），"李灵曜既为（汴宋）留后，益骄慢，悉以其党为管内八州刺史、县令，欲效河北诸镇"②。这种自行任命州级官员的情况，是对制度的偏离，并没有得到中央的承认

三　藩镇参与对州级官员的监察

唐代十分重视对州县的监察，由中央的御史台及派出的各种具有监察性质的使职负责州县的监察工作。唐前期，中央的监察机构对州县具有独立的监察权。安史之乱后，藩镇崛起，一道统辖数州，藩镇开始参与到对属州官员的监察工作中。在当时的判词中，已反映了藩镇监察属州的情况，如《全唐文》卷九七六阙名《对仲夏百姓弋猎判》："得郑州刺史廉范以仲夏月令百姓弋猎，观察使纠其违令，云为苗除害。"这虽是一道判词，却是对现实的反映。德宗初年，李若初"转虢州刺史，坐公事为观察使劾奏，免归"③。贞元初，李惠登举州归顺，授隋州刺史，"于頔为山南东道节度，以其绩上闻，加御史大夫，升其州为上"④。贞元中，于頔为苏州刺史，"追憾湖州旧尉，封杖以计强决之。观察使王纬奏其事，德宗不省"⑤。建中二年（公元781年），"杨炎作相，擢（刘赞）为歙州刺史，以勤干闻……宣歙观察使韩滉表其异行，加金紫之服，再迁常州刺史"⑥。宪宗元和初，张愻"为蕲州刺史，坐赃，为观察使郗士美所奏"⑦。文宗开成元年（公元836年），王宰"为光州刺史。有美政，观察使段文昌荐之朝，除盐州刺史"⑧。武宗会昌年间，蔚州刺史马纾"三年去任，执辕遮道者（阙）路。蔚人思公令德，日（阙）闻于廉帅，廉帅闻于朝廷，又拜蔚州刺史"⑨。可见，藩帅对属州官员实施监察职权在当时已是定制。

唐代的藩镇长官为观察使，雄藩重镇又兼节度使，一般的则兼都团练使或防御使⑩。其中，观察使是核心。"观察"二字的涵义即"监察"，唐代在初置观察使的时

①　《新唐书》卷一四八《令狐彰传》，第4766页。

②　《资治通鉴》卷二二五《代宗大历十一年》，第7238页。

③　《旧唐书》卷一四六《李若初传》，第3965页。

④　《旧唐书》一八五下《良吏下·李惠登传》，第4829页。

⑤　《旧唐书》卷一五六《于頔传》，第4129页。

⑥　《旧唐书》卷一三六《刘滋附从兄赞传》，第3752页。

⑦　《册府元龟》卷七〇〇《牧守部·贪黩》，第8353页。

⑧　《新唐书》卷一七二《王智兴附子宰传》，第5203页。

⑨　《全唐文》卷七二九，杨倞：《唐故银青光禄大夫使持节蔚州诸军事行蔚州刺史兼御史中丞马公（纾）墓志铭》，第7522页。

⑩　张国刚：《唐代藩镇研究》，湖南教育出版社1987年版，第18页。

候，规定："观察处置使，掌察所部善恶，举大纲。"①，可见中央政府的意图即是让观察使履行监察州县的职能。时人对观察使的监察性质也有一定的认同。李华认为唐代中央在州之上设置观察使（藩镇）的目的是"董临之"②。董即监察、监督，临即监视、监临，董临就是监察之意。李观认为国家设置观察使的目的是"观其所以，察其所由，使乱不能长，使理不得渝，犹川之有防，犹户之有枢，其系厚矣，其临高矣"③，也突出了观察使对属州的监察工作性质。

随着藩镇势力的逐渐强大，藩镇作为中央与州之间的中介作用随之日益突显，藩镇对属州官员的监察权力难免出现扩大化趋势，而以御史台官吏为主的中央对地方的监察权则逐渐削弱。鉴于此，唐代中央从设置观察使之初，便积极采取各种措施，对藩镇的监察权力进行一定的限制。

代宗即位之初，于广德二年（764）三月，即令太子宾客兼御史大夫刘晏往诸道宣慰，规定："其租庸使及刺史、县令、录事参军有精于政理，及赋役均平，州县之间，称为良吏者，具名闻奏，别有甄异。如或残忍慢法，贪污败官，有害于人，不应时务者，亦具状以闻，仍与本道观察节度使会计举按。"④ 这种由中央派出的使臣与诸道藩镇共同监察州县的办法，是中央对藩镇监察权力的一种干预手段。代宗的这次举动距观察使始置的肃宗乾元元年（758）仅有数年之隔，可见唐代中央在设置观察使时已经意识到可能出现的权力扩大问题，并开始着手干预。随后，代宗于永泰元年（765）下制，规定如有政绩卓著的刺史，"宜委所在节度观察具名闻奏，即令案覆，超资擢授。其有理无能政，迹涉赃私，必当重加贬夺，永为殿累"⑤。大历四年（769）又下诏，针对州县官过度实施杖刑的情况，"仍委观察节度使严加捉搦，勿令有犯，录名闻奏，宣示中外"⑥。这两段诏书强调的是藩镇"具名闻奏，即令案覆"和"录名闻奏，宣示中外"，重在突出中央对藩镇监察工作的领导。此后，代宗又于大历五年（770）、六年（771）连下制敕⑦，对藩镇监察权力的力度又进行了新的改革，规定当所监察的对象是州级僚佐及县级官员时，藩镇长官要与当州刺史共同完成监察职能。可见，唐代中央已经开始采取一种让当地官员参与监察的监督机制，通过藩镇长官与刺史的互相监督，防止权力的滥用，对藩镇的监察权力进一步进行限制。

德宗、宪宗、穆宗时期，中央在继续承认藩镇监察属州权力的同时，又进一步加强了中央对藩镇监察权的监督机制。德宗贞元六年（790）规定藩镇在监察州县官吏用刑过度行为时，要上报中央的刑部和御史台，接受中央的监督⑧。穆宗长庆元年（821），又重新申明了如果观察使在行使监察权力时违背中央精神，刺史则有权不接受的规定。

---

① 《新唐书》卷四九下《百官志四下》，第 1310 页。
② 李昉等编：《文苑英华》卷八〇〇，李华：《衢州刺史厅壁记》，中华书局 1966 年版，第 4233 页。
③ 《文苑英华》卷八〇三，李观：《浙西观察判官厅壁记》，第 4244 页。
④ 《册府元龟》卷一六二《帝王部·命使二》，第 1957 页。
⑤ 《册府元龟》卷六四《帝王部·发号令三》，第 716 页。
⑥ 《册府元龟》卷一五一《帝王部·慎罚》，第 1826 页。
⑦ 大历五年制见《册府元龟》卷一五八《帝王部·诫励三》，第 1911 页。大历六年制见《册府元龟》卷一五五《帝王部·督吏》，第 1878—1879 页。
⑧ 《册府元龟》卷一五一《帝王部·慎罚》德宗贞元六年十一月《南郊赦书》，第 1826 页。

同时，还规定观察使行使监察权必须接受中央御史台的监督①。德宗贞元十六年（800），阳履为永州刺史，"观察使吕渭奏履犯赃，令三司使推鞫。履又表自言当州营备钱物上献，为观察使所鞫按，令中使王文凑就州取履，至京师，三司使讯其所妄破用"②。这是藩帅举劾刺史犯赃后，由中央负责审问案件。宪宗元和年间，吕元膺入为尚书左丞，"江西观察使裴堪奏虔州刺史李将顺赃状，朝廷不覆按，遽贬将顺道州司户。元膺曰：'廉使奏刺史赃罪，不覆检即谪去，纵堪之词足信，亦不可为天下法。'又封诏书，请发御史按问，宰臣不能夺"③。这是由御史台重新检核藩镇监察结果的案例。可见，德、宪、穆时期，唐代中央对藩镇监察权力的控制力度继续加强。

文宗时期，中央在重申观察使应履行的监察职能的同时，对藩镇的监察权又进行了限定。在太和三年（829）中书门下的奏疏中，规定观察使对于刺史在任政绩的考察必须真实可信，如果不实，观察使及负责具体检勘工作的判官都要受到相应的制裁④。在太和七年（833）的奏疏中，规定对于离任刺史的考察，要先由知州上佐或录事参军在刺史离任一个月后进行调查，然后上呈观察使，并由观察判官连署名，同时规定度支、盐铁分巡院内官也要参与调查。这一考察项目，涉及观察使、观察判官、度支盐铁分巡院官及知州上佐、录事参军等官员。同时还规定，如果所报不实，各级官员都要受到相应的制裁⑤。在开成元年（836）的奏疏中，也规定观察使的监察工作要受到两都御史台、出使郎官、御史、巡院法宪官及中书门下相关部门的监督⑥。可见，文宗时期，中央下了很大力度继续强化对藩镇监察权的监督机制。

此后，唐代中央仍十分重视藩镇的监察工作，并将控制藩镇的监察权力作为一项重要工作来抓。宣宗大中二年（848）刑部起请节文中规定如果刺史有罪，而观察使不举报，要受到制裁⑦。大中六年（852）中书门下奏疏中规定藩帅要据实申报属州官员的业绩，如果隐而不言，要罪归廉帅⑧。懿宗咸通七年（866）又重申观察使要认真履行监察工作⑨。可见，直到唐后期，中央对藩镇的监察工作依然非常重视，对其监察权力的监督机制仍然得到继续强化和加强。

综上，唐代后期在藩镇存在的情况下，一方面中央的御史台仍可直接对地方州县实施监察权力。如德宗建中初，宣州刺史薛邕"盗官货，计钱万万。殿中侍御史员寓因私憾而奏举之"⑩。郑州刺史崔祝"元和十二年（817）御史台奏祝坐赃三万余贯，敕崔祝抵犯刑章，宜加贬逐"⑪。中央派出的监察使职对州也仍然具有监察权力，如穆宗长庆二年（公元822年），李行修为宣抚使，"至泗州，举刺史李宜臣之赃犯，时以为

---

① 《全唐文》卷六六穆宗长庆元年正月《南郊改元德音》，第702页。
② 《册府元龟》卷七〇〇《牧守部·贪黩》，第8353页。
③ 《旧唐书》卷一五四《吕元膺传》，第4104页。
④ 《唐会要》卷六八《刺史上》，第1203页。
⑤ 《唐会要》卷六八《刺史上》，第1205—1206页。
⑥ 《唐会要》卷六八《刺史上》，第1206页。
⑦ 《唐会要》卷六九《县令》，第1221页。
⑧ 《册府元龟》卷一五五《帝王部·督吏》，第1880页。
⑨ （宋）宋敏求编：《唐大诏令集》卷八六《咸通七年大赦》，商务印书馆1959年版，第490页。
⑩ 《册府元龟》卷七〇〇《牧守部·贪黩》，第8352页。
⑪ 《册府元龟》卷七〇〇《牧守部·贪黩》，第8354页。

奉使得人"①。与此同时，唐代中央还赋予了藩镇对属州官员的部分监察权力，让藩镇参与到州级监察工作中来。之所以称为"参与"，是因为藩镇对属州官员的监察权力并不是绝对独立的，而是要受到来自中央和地方各个机构的监督，以防止藩镇官员利用手中的权力，排斥异己，从而导致权力的滥用。唐代中央赋予藩镇监察属州权力的初衷是为了更有利于对地方的管理，实践证明，这一制度的确发挥了它应有的作用。但是，这种制度的弊端也在不断暴露。这一制度的矛盾性表明，一方面，唐代中央之所以经常下达关于加强藩镇监察力度的诏敕，是由于中央将部分监察权力下放到藩镇，而一些藩镇对属州的监察工作执行得并不彻底，致使地方吏治败坏，不利于统治。另一方面，中央还频繁下达诏敕，要求强化对藩镇监察权的监督机制，说明随着藩镇势力的强大，一些藩镇的监察权力过大，在行使监察权力时出现了违背中央精神的情况，严重削弱了中央对地方的控制力。这里还有一点值得注意，就是监察与考课的紧密关系。宣宗大中六年（852）七月考功奏："自今以后，其巡内刺史请并委本道观察使定其考第，然后录申，本州不得自录课绩申省。"② 懿宗时又规定："其刺史去任日，仍委本道观察使便以在任日所收贮斛斗多少支数，以为考课。"③ 这里明确规定了州不得自定考第，而改由观察使负责州的考课工作，说明此时藩镇已经介入州级官员的考课工作中。由于唐后期，藩镇参与到属州官员的考课工作中来，观察使将属州官员的考绩好坏向中央汇报，决定着属州官员的任免进退。所以刺史及以下官吏，为了自己的荣进，往往对观察使采取奉承等方式，极力讨好，容易造成不良风气。而州级官员政绩的好坏也直接影响到藩帅的前程，所以一旦这种互相依赖又互相制约的关系结合起来，将不利于国家机器的正常运转。为此，唐代中央既要不断重申藩镇应该认真履行监察权力，做好对属州的监察工作，同时还要不断加强对藩镇监察工作的监督机制，以防止权力的滥用。在对待藩镇的监察权力方面，唐代中央就是采取这种既扬又抑的方式，实现着权力的制衡。

四　从属州的角度看藩镇

在前面的讨论中，主要是从唐代中央与地方关系的整体布局着眼考虑问题，是从中央的角度看藩镇。但是，如果我们换一个角度思考问题，即通过属州的角度来看藩镇，藩镇的出现无疑削弱了原来州级独立的行政权力。这种趋势的一个重要表现形式就是州级官员不职掌本司事务，而去兼任其他职务，一些职事官还出现了闲职化倾向。

当时，藩镇属州刺史和上佐都有兼任藩镇僚佐的情况。如肃宗至德初，"江西连帅皇甫侁表（崔祐甫）为庐陵郡司马，兼倅戎幕"④。庐陵郡为吉州属江西观察使，崔祐甫以吉州司马"兼倅戎幕"，即兼任藩镇僚佐。代宗大历八年至德宗兴元元年（773—

①　《册府元龟》卷六五八《奉使部·举劾》，第7883页。

②　《册府元龟》卷六三六《铨选部·考课二》，第7630页。

③　《全唐文》卷八五，懿宗：《即位赦文》，第893页。

④　《唐代墓志汇编》建中〇〇四《有唐中书侍郎同中书门下平章事常山县开国子赠太傅博陵崔（祐甫）公墓志铭》，第1823页。

784），陈少游任淮南节度使期间，吕渭"移楚州司马，陈司徒少游留署淮南节度参谋"①。贞元十五年（799），张任"累迁蔚州刺史，兼殿中侍御史，充节度副使"②。宪宗元和十三年（818），崔弘礼"寻拜卫州，充本州防御使，次加侍御史，兼魏博节度副使，再加检校兵部郎中"③。穆宗长庆二年（822），"牛尚书元翼……泊镇汉南，即日奏公（杨孝直）邓州长史，仍隶军府"④。这种兼任的情况在唐后期十分普遍。唐代，属州刺史、上佐是州级的正、副长官，负有领导州级事务的重大责任，但在藩镇存在的情况下，这些官员却经常要去兼任一些藩镇事务，把大量精力和时间投入到藩镇事务中去，从而疏于对本州事务的管理。

州级录事参军的地位在唐后期出现了一些变化，首先可以肯定的是，录事参军在唐后期的州级行政运作中仍然发挥着重要作用。但随着一些藩镇权力的膨胀，录事参军的地位也出现了下降趋势。这种趋势主要表现在录事参军不职掌本司事务，而兼任其他职务。如蒋义忠"转陕州录事参军。……陇右使侍御史胡充礼乃奏君为判官"⑤。这是陇右节度使以录事参军兼任节度判官。又如庐州刺史裴靖曾派录事参军核检祥瑞事⑥。录事参军纲纪六曹，负责文案的受付和钩稽，并职掌一州大印，责任重大。但在以上两例中，录事参军却可以离开本职岗位而去充任节度判官或是检核祥瑞，说明由于唐后期录事参军事务被藩镇所侵夺，录事参军出现了闲职化趋势，地位开始下降。鉴于此，在唐后期中央的诏令敕文以及一些机构、官员的上奏中，旨在加强录事参军职能的内容明显增多，中央也曾三令五申录事参军不得擅自离州⑦，但这种现象已无法从根本上消除。

州级判司也出现了闲职化倾向。司功参军事的职掌，涉及行政、文化、教育、礼仪、医疗、宗教、风俗等各个方面，事务繁多而芜杂。而且在州级六曹判司的排位上，《唐六典》中所记的次序是功、仓、户、兵、法、士，严耕望先生经过研究，认为州级判司六曹实际地位的次序为"功、兵、仓、法、户、士"⑧，可见，无论是《唐六典》还是严先生经过研究得出的结论，功曹始终居于首位，其在州级行政中的重要性不言而喻。但《唐才子传》卷四《刘言史传》中却有这样一段记载：

　　故相国陇西公李夷简为汉南节度，与言史少同游习，因遣以襄阳絷器千事，略

----

①　《唐代墓志汇编续集》贞元〇六〇《唐故通议大夫使持节都督潭州诸军事守潭州刺史兼御史中丞充湖南都团练观察处置等使赐紫金鱼袋赠陕州大都督东平吕（渭）府君墓志铭》，第777页。

②　《唐代墓志汇编续集》贞元〇五五《唐故蔚州刺史兼殿中侍御史张（任）府君墓志铭》，第773页。

③　《唐代墓志汇编》大和〇三九《唐故东都留守东都畿汝州都防御使银青光禄大夫检校尚书左仆射判东都尚书省事兼御史大夫上柱国赠司空崔（弘礼）公墓志铭》，第2123页。

④　《唐代墓志汇编》大和〇九〇《唐故山南东道节度押衙光禄大夫检校太子宾客前行邓州长史兼侍御史弘农县开国男杨（孝直）公墓志铭》，第2160页。

⑤　《唐代墓志汇编续集》景云〇〇三《大唐故朝散大夫上护军行魏州武圣县令蒋（义忠）府君墓志铭》，第443页。

⑥　《文苑英华》卷六一二，符载：《庐州进嘉禾表》，第3175页。

⑦　《唐大诏令集》卷七〇《元和二年（公元807年）南郊敕》："刺史、录事参军并不得擅离州，其事类已后制敕，速令有司删定。"《唐大诏令集》卷十，元稹：《长庆元年（821）册尊号敕》："应停诸道年终勾，并不许刺史上使，并录事参军不得擅离本州，委御史台切加纠举。"《全唐文》卷六六，穆宗长庆元年《南郊改元德音》："如刺史不承制敕，不得称有公事，请赴本使。其录事参军，亦不得擅离本州。"

⑧　严耕望：《唐代府州僚佐考》，《唐史研究丛稿》，新亚研究所1969年版，第152页。

武俊请之。由是为汉南幕宾，日与谈宴，歌诗唱答，大播清才。问言史所欲为，曰："司功掾甚闲，或可承阙。"遂署。虽居官曹，敬待将诸从事。

在这段记载中，值得注意的是"司功掾甚闲"一句，这与上面讨论的功曹地位大相径庭。造成这种现象的主要原因就是唐后期藩镇崛起，州级行政事务为藩镇所侵夺之故。当时，存在以治所州判司兼藩镇僚佐的情况，"（边）价，前宣州司功参军，领藩维重务，秉奉公之心，职在辕门，官兼府掾"①。宣歙观察使治宣州，边价"领藩维重务"，是以宣州司功参军兼幕职。此外，司功参军事有时还可担任一些临时职务，如柳宗元《湘源二妃庙碑》中有"司功掾守令彭城刘知刚"②，这是以州司功摄属县县令。司功参军在必要时还可参与军事行动，如永徽初，婺州司功参军崔玄籍就曾任先锋，平定了睦州女子陈硕真的起义。③ 司仓参军也出现了不厘本职工作，而从事一些使职性质事务的情况。如玄宗开元十二年（724），杨璿以彭州司仓参军兼剑南节度使判官。④ 又如姚翊"历临清县丞曹州司仓参军事，皆充本道按察使判官"⑤。司户参军也偶尔也担任其他职务，如王行果"外除宋州司户参军……总章岁，驹丽负海欺天，国家泛舟讨罚，衔急宣之明命，济悬军之见粮，董其转输，举于干职"⑥，这是司户参军负责运粮的事例。于贲"解褐调拟徐州司户参军事，简贤选能，进善黜恶"⑦，这是司户参军摄司功事。杨士真"承优选授登仕郎，连州连山县丞、直度支，岁周课最，条贯无遗，又选授虔州司户参军，依前职事"⑧，这是以司户参军直度支。司兵参军亦担任一些临时职务，如检验祥瑞⑨及进京上贡⑩。唐后期，地方司法渐渐受到其他力量的干扰。藩镇对州级司法权的侵夺，大大削弱了州级的司法审判职能。在这种情况下，司法参军经常兼各种使职，如开承简"旋以功擢授常州司法。公干以从政，威能动物。州将于经野按察江东，特奏公为支使"⑪，这是以司法参军充观察支使。孙逖《授姚闳监察御史等制》中有"朝议郎前行同州司法参军关内道采访使支使上轻车都尉萧县开国男姚闳"⑫，这是以司法参军充采访支使。使职差遣兴起后，司士参军也有充使职的情况，如骞思泰"服终，改邢州司士。……有司差充河北道覆囚使，处决平反"⑬。

这种以州级官员兼任藩镇僚佐的做法，是藩镇长官加强对属州控制力的一种措施。值得注意的是，藩帅属州官员所兼职务主要有节度副使、判官、留后、参谋、押衙、都

---

① 《唐代墓志汇编续集》咸通〇七〇《故弘农杨氏夫人墓志铭》，第1087页。

② 《柳宗元集》卷五《湘源二妃庙碑》，中华书局1979年版，第132页。

③ 《旧唐书》卷七七《崔义玄传》，第2688—2689页。

④ 《全唐文》卷二七七，张敬忠：《准敕勘复蜀州青城山常道观奏》，第2812页。

⑤ 《唐代墓志汇编》开元四二二《大唐故朝议大夫上柱国杭州长史姚（翊）府君墓志铭》，第1449页。

⑥ 《全唐文》卷二六四，李邕：《长安县尉赠陇州刺史王（行果）府君神道碑》，第2683页。

⑦ 《唐代墓志汇编》景龙〇一四《大唐故游骑将军守永嘉府右果毅都尉上柱国于（贲）府君墓志铭》，第1087页。

⑧ 《唐代墓志汇编续集》大和〇一五《大唐故奉义郎行洪州南昌县丞杨（士真）府君墓志铭》，第890页。

⑨ 《全唐文》卷二二二，张说：《为留守奏瑞禾杏表》，第2242页。

⑩ 《全唐文》卷五四五，王颜：《进黄帝玉佩表》，第5528页。

⑪ 《唐代墓志汇编》开元三八九《唐故宣州溧阳县令赠秘书丞上柱国开（承简）府君墓志》，第1426页。

⑫ 《全唐文》卷三〇八，孙逖：《授姚闳监察御史等制》，第3133页。

⑬ 《唐代墓志汇编续集》开元〇三四《大唐故□州大都督府士曹参军事骞（思泰）君墓志铭》，第476页。

押衙、要籍等，都是藩镇使府中的重要职务①，藩镇长官之所以做这样的安排，意在使这些官员认为自己得到了重视，进而会更加拥戴藩帅，为他效力。这种兼职在当时并不是一种正规的职官制度，而是藩镇长官自行采取的一种任命形式。《旧唐书》卷一六○《宇文籍传》：

> （宇文籍）坐贬江陵府户曹参军。至任，节度使孙简知重之，欲令兼幕府职事。籍辞曰："籍以君命遣黜，亦当以君命升。假荣偷奖，非所愿也。"后考满，连辟藩府。

节度使孙简欲让刚刚到任的宇文籍以江陵府户曹参军的身份兼幕府职事，却遭到了拒绝。宇文籍所说的"当以君命升"与"假荣偷奖"的对比充分反映了这种兼职制度的不正规性。但在唐后期的藩镇中，这种非正规性兼职却成为了一种不成文的但可行性较强的制度，并且得到了中央的默认。

通过上面的讨论，可知如果从属州的角度看藩镇，在藩镇存在的情况下，州级原来独立的行政权力的确受到了侵夺和削弱。但是，这一现象却并没有影响到属州正常的行政运作。因为虽然州级的部分官员离开本职岗位而去从事藩镇事务或其他事务，但这些官员没有做的工作却仍然有人去做。这些人就是藩镇的幕府僚佐。唐代藩镇的幕府僚佐是一支相当庞大的官僚队伍，张国刚先生认为："在唐后期地方行政体系中，幕职是地方实际政务的主持者……地方军、政、财、法大权俱总于幕职手中。"② 这一观点虽然过于绝对，却指出了唐后期藩镇幕府僚佐参与地方事务的现实。正是由于大量幕府僚佐参与到州级事务中，才使得州在固有行政权力受到侵夺的情况下，还能够继续保持州级行政体制的正常运作。正是由于藩镇与属州之间这种互补机制的存在，唐代中央才始终没有采取过废止藩镇的举动，反而促成了藩镇发展成为地方一级行政区划的事实，在唐后期一直存续。

五　结语

唐代后期崛起的藩镇，随着其势力的逐渐强大，由原先单纯的监察性及军事性派出机构，逐渐向新的行政实体转化，藩镇（道）遂演变成州之上的新一级行政区划，唐代的州、县二级制逐渐成为道、州、县三级制。这一变化，不仅是唐代制度史上的重要变革，对后世亦影响深远。如果我们回溯历史，可以发现唐代后期形成的道、州、县三级体制，实际上就是东汉三国两晋南北朝时期的州、郡、县三级制的翻版。唐人李华认为："国朝不以州领郡，郡与州更相为号，迁复从宜，事之当也，置观察之司而董临之。"③ 颜真卿也认为："国家设观察使，即古州牧部使之职，代朝廷班导风化，而宣布德意，振举万事，而沙汰百吏者也。民俗之舒惨，兵赋之调发，刑狱之冤滥，政治之得

---

① 参见严耕望：《唐代方镇使府僚佐考》，《唐史研究丛稿》，新亚研究所 1969 年版。
② 张国刚：《唐代藩镇研究》，湖南教育出版社 1987 年版，第 188 页。
③ 《文苑英华》卷八〇〇，李华：《衢州刺史厅壁记》，第 4233 页。

失，皆得以观察而行之，其任可谓重矣。"① 这些观点说明时人即将藩镇（道）视为先前的州，而将州视为郡。唐代的道、州、县三级制对前代既有继承，又有创新，州、郡、县三级制实行了数百年，实践证明是当时一种行之有效的地方行政层级，说明这种三级体制具有一定的合理性。面对着数量庞大的州郡，唐代统治者一直在苦苦思索着一种合理的治理方略。唐前期行台省、都督府、分道巡察制的设置便是这种尝试的试验田，藩镇崛起后，使唐代统治者看到了这一地方层级在处理中央与地方关系中发挥的重要作用。因此说，唐代后期的道、州、县三级制是前代体制的继承和发展，藩镇的存在是统治者施政的需要，是制度发展的理想道路，具有一定合理性。

　　在新的道、州、县三级体制中，藩镇与属州成为上下级行政关系，藩镇参与到对属州的各种行政事务的管控、对州级官员的选任及监察等工作中，这种关系得到了唐代中央政府的承认及时人的认同。藩镇的存在，虽然使州级固有的独立行政权力受到侵夺和削弱，但由于藩镇幕府僚佐的参与，对州级整体的行政运作却并没有带来严重的影响。正因为如此，藩镇便成为沟通中央与州之间的重要中介机构，在协调中央与地方关系，控制地方权力等方面，都发挥着十分重要的作用。虽然偶尔会出现藩镇权力过重，以致威胁中央权威和地方权力的情况出现，但中央却始终没有废止藩镇，只是会对藩镇的过度行为加以限制而已。这也是藩镇之所以能够在唐后期一直存续下去的原因之一。

〔作者夏炎，副教授，南开大学历史学院。天津　300071〕

① 《全唐文》卷三三七，颜真卿：《送福建观察使高宽仁序》，第 3416 页。

唐宋变革期乡村管理模式的转变[*]

刁培俊

中国传统社会中，朝廷的治理理念一般借助于各种制度来实现，制度是其外在表现形式。对于制度的梳理，无疑相当程度上是在探寻理念领域的"说法"，而对制度背后王朝控制理念的梳理，则是对有关"说法"出台之后"做法"的检验。由中唐迄于五代十国宋朝，这期间，王朝乡村控制的理念发生了很大转变，这在皇帝们和官僚士大夫们的言论和乡村管理体制中，相当明显地凸现出来。首先，从政治制度方面，不但在外在形式上由唐朝单一的乡里制，逐渐转变为宋朝形式多样化的乡里、耆管、都保甲等；其次，较之于唐朝，宋朝乡村管理体制似更注重不同时段、区域之间的差异，并不断调整。换言之，制度的外在形式变化频繁，日趋多样化；再次，乡村管理人员身份也由中唐以前的乡官转变为宋朝的乡役，"以民治民"的色彩更显浓重。此外，在礼俗纲常教化等信仰和意识形态领域，越来越多地借助宗族等胶合于朝廷和民众之间的中间层（非西方学术语境中所谓之"第三领域"），来强化社会控制。就上述看来，赵宋王朝乡村控制理念更加务实，日趋理性化了。事实果真如此吗？还有哪些历史面相隐含其中？颇值得认真探讨。众所周知，中国传统帝制王朝对于乡村的控制，一般采用硬的一手（国家政治制度和法令等各种外在硬性的限制）和软的一手（传统的礼俗纲常观念等思想教化手段）[①]。乡里制度无疑是属于前者，本文侧重从这一制度设计的角度考察，并进而讨论其理念转变的原因。

尚需再加说明的是，本文目前的切入依然是自上而下的视角，主要限于赵宋朝廷诏令制度的安排，不但对"制度"实行"过程"和"关系"论述不够，"表象"描述之后"内涵"的挖掘及提升也尚嫌不足，而且也缺乏自下而上的视角关照，甚或自中（州县等基层）而下、自中而上乃至反观民间的应对、控制理念转变后的社会影响等层面，都有待今后进一步提炼更妥帖的议题，深入探讨。

---

* 本文系作者主持之国家社科青年项目（批准号：08CZS004）、福建省社科规划项目（批号：2008B113）、教育部人文社会科学项目（批准号：07JC770004）之中期成果。本文蒙陈明光、杨际平两位先生教正，学友刘云博士提供一则史料、周鑫博士提示一二细节，谨此一并致谢。

① 国家机器运作下的社会控制，大致包括制度设计、经济和知识资源的垄断、意识形态领域的纲常礼法和习俗的传布与调控等等，以及家族等领域的研究，近年来学界讨论较多，后者可参见朱瑞熙《宋代社会研究》，中州书画社1983年版；王善军：《宋代宗族和宗族制度研究》，河北教育出版社2000年版；杨建宏：《论宋代家训家范与民间社会控制》（《船山学刊》2005年第1期）；《论宋代官方谕俗文与基层社会控制》（《湖南社会科学》2006年第3期）；《宋代礼制与基层社会控制研究》（四川大学2006年版博士论文）；王美华：《礼法合流与唐宋礼制的推行》（《社会科学辑刊》2008年第4期）；周扬波：《宋代乡约的推行状况》，《浙江大学学报》2005年第5期，等等。

一　唐宋乡里制度的转变

自唐入宋，乡村控制体制中出现了由单一的乡里制向多样化的乡里、耆管、都保甲等制度的转变。唐代乡村社会控制方式，在实行乡里制度的同时，辅之以保伍制，相关史料主要见于《旧唐书》、《唐六典》、《通典》等，其中《通典》卷三《食货三》表述如下：

> 大唐令：诸户以百户为里，五里为乡，四家为邻，五家为保。每里置正一人，（原注：若山谷阻险，地远人稀之处，听随便量置。）……在邑居者为坊，别置正一人，……在田野者为村，别置村正一人。其村满百家，增置一人，掌同坊正。其村居如（不）满十家者，隶入大村，不须别置村正。①

这一记载勾勒出中唐以前乡村管理体制的基本面貌，"百户为里，五里为乡。四家为邻，五家为保"，均是以民户多少划定的②。学者或谓"乡虚里实"，或谓"乡实里虚"，但无论哪一种意见，反映"乡"是一级实际存在的史料③，和反映"里正"实际执行乡村管理事务的文献④，都相当可观。终唐一代，很少看到有别于乡里制度的记载，即是在边远的敦煌吐鲁番地区，实行的依然是乡里之制⑤。由此可见，唐朝乡里制之推行是持久的，并且是较有成效的。唐朝乡村管理体制中还出现有"乡司"⑥、"书手"⑦、"所由"⑧等名称，但作为王朝的政治制度而言，这些并不明朗，现存文献的表

① 杜佑：《通典》卷三《食货三》，中华书局 1988 年版，第 63—64 页。

② 关于二十世纪以前唐代乡里之制研究成果，参阅张国刚主编：《隋唐五代史研究概述》（天津教育出版社 1996 年版），胡戟主编：《二十世纪唐研究》（中国社会科学出版社 2002 年版）。近年成果如谷更有《唐宋国家与乡村社会》（中国社会科学出版社 2006 年版），刘再聪：《唐代"村"制度研究》（厦门大学 2003 年博士论文），李浩：《唐代乡村组织研究》（山东大学 2003 年版博士论文），以及三位作者在此基础上所刊发的单篇文章。有关唐朝保伍制度施行概况及相关学术史，请参阅罗彤华：《唐代的伍保制》，今据《台湾学者中国史研究论丛·城市与乡村》（中国大百科全书出版社 2005 年版），第 22—117 页。

③ 圆仁：《入唐求法巡礼行记》，上海古籍出版社 1986 年版。同书第 68—69 页还有一件相同的文书，此不赘。《白居易集》卷六三《人之困穷在君之奢欲》，卷六八《钱塘湖石记》（中华书局 1979 年版）。杜牧：《樊川文集》卷一三《与汴州从事书》（上海古籍出版社 1978 年版）。《全唐文》卷二五《安养百姓及诸改革制》（中华书局 1983 年版）。

④ 《樊川文集》卷一三《与汴州从事书》。《全唐文》卷四七八《唐庐州刺史本州团练使罗炯德政碑》："每里置里胥一人而已，余悉罢之"；《元稹集》卷三八《同州奏均田状》和卷五四《有唐赠太子少保崔公墓志铭》，中华书局 1982 年版，等等。滨口重国：《所谓隋的废止乡官》，见《日本学者研究中国史论著选译》第四卷，中华书局 1992 年版。对此，赵吕甫《从敦煌、吐鲁番文书看唐代"乡"的职权地位》（《中国史研究》1989 年第 2 期）认为，在唐代乡村社会中乡的地位很重要。均田制破坏后，其地位又呈上升趋势。李锦绣《唐代财政史稿》上卷（北京大学出版社 1995 年版，第 105 页）、王棣《宋代乡里两级制度质疑》（《历史研究》1999 年第 4 期）则认为唐代"乡为虚名，里为实体"。另参唐长孺：《唐西州诸乡户口帐试释》，《敦煌吐鲁番文书初探》，武汉大学出版社 1983 年版，第 166 页。

⑤ 如《吐鲁番出土文书》第七册《唐永淳元年西州高昌县下太平乡符为百姓按户等贮粮事》。

⑥ 《吐鲁番出土文书》第七册，第 392—393 页。

⑦ 《元稹集》卷三八《同州奏均田·当州（按指宣州）两税地》。

⑧ 《白居易集》卷六八《钱塘湖石记》；《宋本册府元龟》卷四九三《山泽》，中华书局 1989 年版，《樊川文集》卷一三《与汴州从事书》。

述也相对模糊。

自隋唐到两宋，乡里制让渡于乡都制的情况，日本学者业已做过相当精细的考察①。两宋时期乡村管理体制，就目前所见即有乡里、耆管、都保甲等制度，多样化的特征相当明显。这一制度因时因地，各有差异，变化繁杂，日本学者丹乔二认为有以下诸种排序：1. 乡—里；2. 乡—里—保；乡—里—都；乡—里—都—保；乡—里—耆—都；3. 乡—都；乡—保；4. 乡—都—里；5. 乡—管，管—乡。柳田节子则指出，宋朝具有严密的乡都村制，形式表现为：乡—里，乡—里—村，乡—都—里—村，乡—保—村，都—村，保—村②。显然，上述排列并不足以表明宋朝乡村管理体制之全貌。王曾瑜所说"宋朝的乡、里以及管或耆的关系相当复杂，各地的情况五花八门，难以一概而论"③，概括全面，见解精辟。下面，结合几类主要乡村体制名称，依据史料，对其概貌再加述。

宋朝的乡和里。宋初沿袭唐五代旧制，但文献中鲜见设立乡村管理层级的记载，及至开宝七年（974）才出现了"废乡，分为管"的诏令，但此后"乡"仍大量存在于两宋社会之中。受到中唐后社会大变局的影响，里的实际推行逐渐困难，自五代入宋，基本和自然村落的村区别不大。五代十国时的史料，也缺乏关于"里"的更翔实记载。入宋后，虽还有史料记载某人居住某县某乡某里甚或某村保，但似乎只是户贯的名称而已，并不代表与征税派役、维护乡村秩序的乡村管理层级具有同样的职役职能。乡里等渐次被后来的都保所取代。

管耆制度。《宋会要辑稿·职官》四八之二五录《两朝国史志》载，宋太祖开宝七年（974），"废乡，分为管，置户长主纳赋，耆长主盗贼词讼"。这是有关北宋管制的唯一官方记载。现存《宝庆四明志》、《嘉泰吴兴志》、《嘉靖彰德府志》等表明，宋初管的建制确实在一些地区得以实施。就目前所知，宋朝管的建制大约实行了百年左右，南宋乡村个别区域依然存在管的记载④。

---

①　参阅周藤吉之《唐宋社会经济史研究》和《宋代经济史研究》所收诸文（东京大学出版会1962年、1965年版）。柳田节子《宋元乡村制的研究》（创文社1986年版），第373—404页。佐竹靖彦《唐宋变革期的地域研究》（同朋舍1990年版），第21—110页。中村治兵卫：《宋代的地方区划——管》，《史渊》第89号，1962年。中国学者成果主要有郑世刚《宋代的乡和管》，载《中日宋史研讨会中方论文选编》（河北大学出版社1991年版）。前揭王棣《宋代乡里两级制度质疑》。夏维中：《宋代乡村基层组织衍变的基本趋势》，《历史研究》2003年第4期。梁建国《北宋前期的乡村区划》，《史学集刊》2006年第3期；《北宋后期的都保区划》，《南都学坛》2005年第3期；《南宋乡村区划探析——以都保为中心》，《烟台大学学报》2006年第1期。

②　丹乔二：《宋元时代江南圩田地区的村落共同体》，日本大学《文科研究所研究纪要》第40号，1990年。虞云国中译概要载《宋史研究通讯》总24期，1992年。柳田节子《宋元乡村制的研究》，第373—404页。福建汀州长汀县、清流县的乡村层级有"乡—团（里）"、"乡—团（保）"等，两位日本学者就不曾述及。参见《永乐大典》卷七八九〇《临汀志》，中华书局1986年版，第3619页。

③　王曾瑜：《宋代社会结构》，周积明等主编《中国社会史论》下册，湖北教育出版社2000年版，第266页。

④　如《嘉泰吴兴志》卷三记载湖州德清县、《嘉泰会稽志》、《芦蒲笔记》和《宝庆四明志》卷一五所载奉化县均是如此（均据中华书局1990年影印《宋元方志丛刊》）。北方也有管的记载，如吴元吉墓志载，景德四年，他归葬于"西京洛阳县上店管张杨村先茔之次"，见《北京图书馆藏中国历代石刻拓本汇编》第38册，中州古籍出版社1989年版，第16页。参见前揭周藤吉之、佐竹靖彦和丹乔二的研究。中村治兵卫：《宋代的地方区划——管》，《史渊》第89号，1962年。郑世刚《宋代的乡和管》，载《中日宋史研讨会中方论文选编》，河北大学出版社1991年版。王棣：《宋代乡里两级制度质疑》。夏维中：《宋代乡村基层组织衍变的基本趋势》，《历史研究》2003年第4期。梁建国《北宋前期的乡村区划》，《史学集刊》2006年第3期。《北宋后期的都保区划》，《南都学坛》2005年第3期。《南宋乡村区划探析——以都保为中心》，《烟台大学学报》2006年第1期。

后周显德五年（958）十月曾有诏："诸道州府令团并乡村，大率以百户为一团，选三大户为耆长。凡民家之有奸盗者，三大户察之；民田之有耗登者，三大户均之。仍每及三载，即一如是。"[1] 这似乎表明，一则后周时期有"团"的设置，二则宋初即设有耆长负责盗贼词讼，文献中也多有"乡耆"、"村耆"的记载，但具体实行依然模糊，似并未在两宋全国范围内广泛有效地实行，仅大致被视之为里、村，或稍大于里和村的乡村管理名称而出现。

都、保和甲。宋初，某些地方的地名中已有"保"的记载，这或可视为唐朝保伍法的遗留[2]。熙宁前，也有一些州县设置保甲组织，用以维持地方治安秩序。熙宁年间，王安石等正式推出了保甲法，以乡村民户500户为1都保，并规定："同保内有犯除强窃盗、杀人放火、强奸、略人、传习袄教、造畜蛊毒，知而不告，并依从伍保法科罪。"[3] 保甲是带有连带责任的一种乡村治理举措，王朝的治理理念在于让乡民自我约束、互相监督。在此前后，还曾间断地设催税甲头。熙宁八年（1075），朝廷改变了保甲范围，以5—10—250户限定都保民户数，且逐渐混通于乡役法，后人所说保甲法，其实是指其中的保伍。直至南宋时期，在大多地区依然推行这一都保之制。

宋朝乡村管理模式的表述，尤其是与乡役制度的胶合缠结，须根据不同时空下的实际情况，慎重对待。事实上，时人多会按照传统习惯的说法，标明自己的户贯或乡贯，其中省略或惯称的情况一直存在。《至顺镇江志》卷二《地理·丹徒县》载：

> 旧惟七乡，宋熙宁中，又益以故延陵县之一乡，为八，每乡所辖都分不等，其中为里、为村、为坊、为保，皆据其土俗之所呼以书。

"皆据其土俗之所呼以书"，无疑是传统中的"名"和现实中的"实"胶合难辨的。这虽是元朝人对于前朝现象较明确的追述，但也足以表明传统习俗确实在起作用。随着都保制的长时期实行，南宋中后期，都保的名称逐渐为士人乡民所接受，尤其是在官方文献中，取代传承已久的乡里制称呼方式的趋势已相当明显。

二　从前后一致到顺时应变

中唐至十国以前，就目前文献所见，基本上都是上下一致、海内一统般铁板一块的乡里制度[4]，似乎类似于"车同轨，书同文"下的王朝制度：只要朝廷制度一制定，百余年间甚至更长时段内都是固定不变的；在有唐三百余年的统治中，很少看到君臣们热

---

① 王溥：《五代会要》卷二五《团貌》，中华书局1998年版，第309页。

② 《台州金石录》卷二《吴越俞让墓志》载："显德元年甲寅十月　日甲寅，临海县兴圆乡浮江罴里东山保"，同卷《阿育王石像宝塔题记》等等，参阅佐竹靖彦：《宋代乡村制的形成过程》，罗彤华：《唐代的伍保制》。

③ 徐松：《宋会要辑稿·兵》二之五至六，中华书局1957年版。

④ 当然，就字面文意来看，唐朝乡村制度也并非严格的铁板一块，其实际运行中灵活性也有所表现，如《通典》卷三《食货三·乡党》："若山谷阻险，地远人稀之处，听随便量置……其村居如（不）满十家者，隶入大村，不须别置村正"。

烈讨论乡村民众如何强化治理的话题，也基本上很难看到君臣们讨论是否根据不同区域的不同情况，朝廷进行局部调整后施行了不同的乡村管理制度。大致可以说，唐朝的乡里制是单一性的、前后时段和区域间的变化都不太显著。换言之，朝廷的制度是全国推行的，没有哪个州县可以讲特殊性的；也未曾更多考虑因俗而治、因地制宜、顺时应变的问题。当然，在实际的制度执行过程中发生偏离的情况，很有可能是存在的，但现存文献还不能更多的显现出来。而宋朝则不然，不但朝廷上下都已意识到顺时应变等因素，也在实际中执行了其上述乡村控制理念，现存文献中宋朝的乡村制度呈现出纷繁多变的历史样貌。乡役制度是乡里制度的实质内核，乡里制度是乡役制度的外在形式①，其大致变动情况，或可从乡役制度的频繁变动中有所显现。

两宋期间，乡役制度在稽古行道的外在口号下随时立法，不断地发展变化，经历了屡次更革，其复杂程度，远非现有文献可以完全呈现。其中最显著的变化当属保甲制被应用于乡役制，且在北宋晚期乃至整个南宋时期，成为乡役制的主干。以下分而述之。关于负责乡村税收催征的乡役，宋初至宋仁宗至和二年（1055）的近百年间，先是以里正为主，开宝（968—976）后则以户长为主，乡书手辅助督税。自至和二年（1055）后，以户长主督赋税；熙宁五六年间，个别路分开始由保正副长承担催科之责；熙宁七年（1074），又改由甲头催科，在此前后，乡书手上升为县役，户长独自承担起督税之事。不久，复改由户长催征。元丰三年（1080），户长的职责为大保长取代。行之未及五年，复置户长主督税赋，废罢甲头和大保长。元祐元年（1086），重设甲头，取代大保长。绍圣之初，复置户长，旋又以甲头代之。未及一年，又改由大保长督税，取代甲头。宣和年间，还一度呈现出保长、甲头同督税赋的局面。自熙宁至此 60 馀年间，督税乡役更革至少 8 次，平均每 8 年就有一次变化，而实际则有未及半年即又更革者，尤其是在熙丰到崇宁（大致在 1071—1106 年间）这段时期内更是如此。北宋乡役制变化之频繁由此可知。

金人中原，宋室南渡。赵氏子孙苦守残山剩水的 150 余年间，乡役制更显复杂多变。在"诸路从所便为法"②的旧制和南宋朝廷募役制"行之既久，不可骤变"③的政策下，各地役制不一且纷繁多变。需要明确的是，当时乡役制度的发展变动，上揭文献记载恐尚难反映宋朝所有时空下的历史面相④。作为乡役制度外在表现形式的乡里制度，乡里、耆管、都保甲，因其在民间习俗和口语表述中强大的生命力，以及文人士大夫依据传统记述未必紧随当代变动而写作等因素，其格局保持相对延续性，故而其变化及其在各地表现未必有乡役制度这样频繁而迅速，但由乡役制度变化而引发的相关变动，其复杂也是可想而知的。

结合上述，可知宋人在论及役法改革时所说的"前后改移不一，终未成一定之

---

① 刁培俊：《宋朝的乡役与乡村"行政区划"》，《南开学报》2008 年第 1 期。

② 李焘：《续资治通鉴长编》（后简称《长编》）卷二二七，熙宁四年十月壬子朔注，中华书局 2004 年版。

③ 《宋会要·食货》一四之二三。

④ 详请参见刁培俊《从"稽古行道"到"随时立法"——两宋乡役"迁延不定"的历时性考察》，《中国社会经济史研究》2008 年第 2 期。

法"①，"官司素无定法"②，或说"屡有更张，号令不一"，"朝夕不定，上下纷纭"③，"朝廷重于改更，因循至今"④，"迁延未定，上下异论"⑤，"官司取办一时"⑥，"权一时之宜"⑦，均非虚夸，言其实也。自熙丰保甲制渐次应用于乡役制后，其纷繁变化更加明显。由此可见，乡役问题始终没有得到根本性的解决。其外在表现形式，以据地、拥众、治民，依托自然聚落与农耕区域为宗旨的乡里制度也因之而发生变化，不同时段内，或在各地出现了各不相同的名称⑧。

三　从海内一统到"因地制宜"

唐朝的乡里制，就前后的制度，以及目前所见的文献记载，都很难发现其中较多关照地域差异的因素，朝廷上下君臣们的议论也相当少见，也鲜见从而制定出更适合某地实情的制度。而宋朝的君臣恰恰相反，几乎自始至终都在讨论这一问题，并力求在其治理理念下，将有关制度贯彻到实际中去。作为乡里制度之实质内核的乡役制度，两宋时期各个地域之间的差异是显然存在的⑨。这可从以下赵宋一朝的君臣论说中很清晰的凸显出来。如熙宁二年（1069）六月七日，制置三司条例司上言：

> ……盖徭役之事，所在异宜，不可通以一法，非按视省访，则不足以知其详。……⑩
> ［熙宁四年四月丁巳］上批：诸州役事不同，难止用一法。故罢之。⑪

文彦博也反映这一现象：

> 州县常差役，理须自下而上，则各从民便，以天下之广，郡县之众，不可以一切之法行之，行之必互有妨碍……臣窃见朝廷差役，议臣之中，少有熟亲民政者，

---

① 《宋会要·食货》六五之六三。

② 楼钥：《攻媿集》卷二六《论役法》役法"申明愈多，法令愈繁，有司不知所守，而舞文之吏，因得并缘为奸，而民益病矣……"（《四部丛刊初编》本）。

③ 《宋会要·食货》六六之五八至五九，元祐元年六月二十七日司马光语。

④ 《宋会要·食货》六六之二二。

⑤ 《长编》卷三八三，元祐元年七月甲申吕陶言。

⑥ 《宋会要·食货》九之二九。

⑦ 《宋会要·食货》六六之八七。《朱熹集》卷二一《论差役利害状》役法改革中多有"粗救一时一方之急"者。黄繁光指出："宋廷只顾应付眼前的急需，自然无法创造出一套良法来，在取办临时的权益计策下，南宋役制长期苦患了众多乡村中、下人户。"参阅《南宋中晚期的役法实况》，收入《台湾学者中国史研究论丛·城市与乡村》（中国大百科全书出版社 2003 年版），第 148 页。

⑧ 参见鲁西奇：《宋代蕲州的乡里区划与组织——基于鄂东所见地券文的考察》，载《唐研究》第 11 卷，北京大学出版社 2005 年版。

⑨ 福建路曾推行耆户长、保正长兼差制，参阅 Brian E. Mcknight：Village and Bureaucracy in Southern Sung China, Chicago：The University of Chicago Press, 1971, pp. 73—94；刁培俊：《宋朝乡村职役的地域性——以福建路为中心的考察》（待刊中）。

⑩ 《宋会要·食货》六五之三，六六之三三。

⑪ 《长编》卷二二二，熙宁四年四月丁巳。《宋会要·食货》六五之四和六六之三五。

所议论不同，前后所降命令不一，致州郡难以适从……差役之法，逐州县各有不同，若自朝廷降一切指挥，即逐处难以一切奉行…… ①

两宋文献中官僚士大夫们诸如此类的说法，可谓是不胜枚举②。以后的臣僚们也多是围绕这样的话题加以分析讨论，都透露出大致近似的意涵。

宋朝职役制度的推行过程中，在实行中确实存在一些区域性的特例。如募役制在个别地区并未得到推行，福建和江浙之间的差异有鲜明地呈现③，琼州、昌化、万安、朱崖等"海外四州（军）"就是一个案例④，南宋绍熙后仍有"熙宁免役之法，独不及海外四州"的记载。⑤ 前述福建路的特殊性也是如此。

以上排比的史料，均为宋人不同时期的议论，基本上反映出宋朝职役制度在实行中需因地制宜，并在实行中也大致是各有其不同的。具体到乡役在各路州县的地域性特征，所呈现出乡都之制的情况，就有宋各地文献记载之复杂，或可稍窥一二。中唐迄于五代十国，乡村控制体制的转变过程，在历史烟尘中已隐晦不明，难以遽断。而五代十国时期割据政权各自为政，政治经济制度的许多领域都有一套自己的做法，从而形成了事实上地域间的差异。赵宋一朝君臣们承继了这一历史现实，也充分认知到了这一事实，并在施政过程中认同了这一变动且践行之。综上可知，单纯以某种或某几类情况、某个时段或某些区域的名称，涵盖两宋域内的乡村管理体制，都有欠妥当。

四　"以官治民"抑或"以民治民"：从乡官制到乡役制

从唐宋朝廷的制度层面看，唐朝里正等是以"乡官"的角色"以官治民"，而赵宋一朝的耆户长等则是以"乡役"的角色"以民治民"。马端临《文献通考·职役考二》清晰的点明了这一变化：

　　自汉以来，虽叔季昏乱之世，亦未闻有以任乡亭之职为苦者也。……至唐睿宗时，观监察御史韩琬之疏，然后知乡职之不愿为，故有避免之人。唐宣宗时，观大中九年之诏，然后知乡职之不易为，故有轮差之举。自是以后，所谓乡亭之职，至困至贱，贪官污吏，非理征求，极意凌蔑。故虽足迹不离里闾之间，奉行不过文书之事，而期会追呼，答箠比较，其困踣无聊之状，则与以身任军旅土木之徭役者无以异，而至于破家荡产不能自保，则徭役之祸，反不至此也。然则差

---

　① 文彦博：《潞公文集》卷二六《论役法（元祐元年五月）》。《长编》卷三九二，元祐元年十一月癸未。

　② 《苏轼文集》卷二七《论诸处色役轻重不同劄子》，中华书局 1986 年版。司马光、刘安世的议论见《宋会要·食货》六六之五八至五九。吕陶的议论见《宋会要·食货》一三之二四。《长编》卷二二七，熙宁四年十月壬子朔，李焘注释引曾布等奏疏并宋神宗皇帝诏书。范纯仁议论见《宋会要·食货》六六之六四。蔡京议论见《宋会要·食货》六五之六九。

　③ 《宋会要·食货》六五之九八，六六之八七。

　④ 《长编》卷三二九，元丰五年九月癸卯页。《宋会要·食货》六六之四四。

　⑤ 《宋史》卷四〇六《崔与之传》（中华书局 1985 年版）。刘克庄：《后村先生大全文集》卷一〇〇《安溪县义役规约》（《四部丛刊初编》本）。《宋会要·食货》六六之二二。

役之民，盖后世以其困苦卑贱同于徭役而称之，而非古人所以置比闾族党之官之本意也。

何谓乡官（此处乡官乃指县政以下设置的基层管理人员，与隋废止州县长官所自辟的乡官不同）呢？马端临云："役民者，官也；役于官者，民也。郡有守，县有令，乡有长，里有正，其位不同，而皆役民者也。"①"役民"是乡官的重要特征，即代表官府控制普通民众，但又有别于流内九品官员，故谓之"乡官"。唐前期里正等乡官里吏，属于"役民"者的范围。根据《唐六典》和《通典》的记载，里正等由县级官府选任②，且有严格的管理制度，如定期上值和考核③，具有免役特权④，从服装颜色规定看，里正等乡官也与普通民众不同。⑤ 另，从唐人诗文集中也可看出，普通民众眼中也将里正等视为"官"，如《王梵志诗》卷二就有"当乡何物贵，不过五里官"。

唐朝里正等乡官的社会管理职能主要体现在法定的几个方面，即"课植农桑，检察非违，催驱赋役"，"村坊邻里，递相督察"，或说"以司督察"⑥。概而观之，是乡村中的治安管理、农田种植及催驱赋役等事务。在均田制和租庸调制等制度下，里正等的乡村管理职能确实具有浓厚的"官"的成分。

及至唐末五代，虽仍有里正等的设置，但已逐渐淡出了"官"的范围。其变化有三：一是其选任依据财富多寡（中唐之前，县官选任里正并无财产方面的限定），里正等为少数富人所占据⑦；二是此时他们主要是督税派役职能，而很少享受优免赋役的特权，甚至还要代人输税⑧；三是里正等选授，由长期担任已渐次转向由富民豪户轮流差派。由此过渡到两宋主要乡役均由乡村富豪民户轮流担任，完成了由乡官到乡役制度的转变。

乡役是宋朝职役制度的一种。所谓职役，既有国家行政职能（所谓"职役"之"职"）在基层社会延伸的一面，又有民户（主要是其中的主户）按照户等高低，轮流为国家无偿服徭役的"役"的一面。乡役是指民户在乡村服职役者，这些"庶人在官者"（正如宋神宗时范百禄所言"乡民因徭为吏"，是以"民"——"役出于民"之

---

① 《文献通考·自序》。

② 《通典》卷三《食货三·乡党》："诸里正，县司选勋官六品以下白丁清平强干者充……"《太平广记》卷四三九《潘果》中记载唐京师人潘果"请官陈牒，县官用为里正"（中华书局1961年版）。

③ 《吐鲁番出土文书》第六册《唐西州高昌县诸乡里正上直暨不到人名籍》，中华书局1985年版。《太平广记》卷一二三《王表》载滑州卫南县里长王表之子"常随父来县曹"。参刘再聪：《唐代"村"制度研究》，第161—163页。

④ 《通典》卷三《食货三·乡党》。从《唐律疏议》卷二四《斗讼》："诸强盗及杀人贼发，被害之家及同伍即告其主司。……［疏］议曰：……须告报主司者，谓坊正、村正、里正以上"；《通典》卷一七《选举》，可知里正等具有一定特权。

⑤ 《太平广记》卷一〇四《卢氏》。

⑥ 《通典》卷三《食货三·乡党》；《旧唐书》卷四八《食货三》，《旧唐书》卷四三《职官》。

⑦ 王溥：《五代会要》卷二五《租税》后唐长兴二年六月敕："委诸道观察使属县，于每村定有力人户充村长。与村人议有力人户出田苗，补贫下不追倾苗者。"

⑧ 《资治通鉴》卷二九三周世宗显德三年七月所载由周行逢妻所说可知。唐前期也有类似情况，如《王梵志诗辑校》卷五《贫穷田舍汉》："租调无处出，还需里正倍（赔）。"以上参考张玉兴：《唐代县官与地方社会研究》（南开大学2008年历史学博士学位论文）。

民——的身份参与国事的，其身份是在地方官府服吏役的役人而非"官"，他们往往又代表着"民"的利益），在大多情况下不食国禄，却要"以受邦职，以役国事"，必须服从州县政府的指派，完成各项指定的任务，将中央政府的各项统治政策传达给广大乡民，以保证国家机器的正常运转。其中，最为重要的是赋役征派、乡村治安管理等①。

两宋期间，由差役改变为募役，再由募役恢复为差役，或是在名募实差的役制下新增另外的税目，都大致显现出赵宋王朝减省乡村治理成本的统治理念。而募役法的实施，就法令的内涵来看，也含有部分恢复"乡官制"的色彩。这一点似值得再行认真探考。

五　理性行政抑或"典常不立"

制度包含体制和机制两个方面，体制是指系统在某一时间点处的状态和结构，机制是指系统演化的过程和动因。二者相互依存，体制是演化的出发点和结果，机制则是演化的路径。社会（机制）是不断发展变化的，而制度（体制）却相对是静态的②。正如学者业已指出的，王朝对于整个国家的治理，一项政策的产生，自有其背景；在实际执行时，则会因应现有情势而有所调整。一以贯之、忽略时空和执行制度的人的因素，都会导致某些缺失③。如果一个政府在行政运行中能够及时关照到体制、机制动静结合，及时调整国家体制，或可认定为一个具有理性的政府。传统时代的政治制度是由围绕在朝廷周围的君臣们制定的，也是由人（各级官员们）来执行的。上述的制度就基本上体现出统治阶层的乡村控制理念，唐宋之间的制度转变，其实也就反映出宋朝君臣乡村治理举措在思想上的转变。

就上文的考察可见，赵宋的历代皇帝和官僚士大夫们大都认识到，对于乡村中广土众民的治理，必须更多着眼于实际，相关制度不但随着时间的推移而有所修正，而且更要注重不同区域间的差异，从而制定出符合各地实情的乡里制度。他们不但有这样的"说法"，而且还有具体的"做法"，二者大体达成了一致。这里，不免就有一些疑问：是历史发展到两宋阶段，皇帝和官僚士大夫们才更加注重现实，王朝行政过程中更加注意时空差异了吗？唐宋乡村控制体制之所以发生上述变化，原因是多方面的。这里仅从个别方面试加讨论。

第一，这一转变，是赵宋一朝应对中唐五代十国以来的社会变局而出现的。众所周知，中唐以降，均田制、租庸调制、府兵制等逐渐被土地私有制、两税法、募兵制等所

---

① 上述参见刁培俊：《宋代乡役人数变化考述》，《中国史研究》2005年第1期，并黄繁光《宋代民户的职役负担》（台北中国文化大学1980年博士论文），第226—349页；刁培俊：《在官治与自治之间：两宋乡役性质辨析》，《云南社会科学》2006年第4期。

② 成思危：《制度创新是改革的核心》，《读书》2008年第10期。

③ 黄宽重：《两宋政策与士风的变化》，载黄宽重主编《基调与变奏：七至二十世纪的中国》第3册，台北政治大学历史系2008年版，第204、224页。邓小南也指出，那种认为制度是客观独立、恒定存在，而人为因素则是一时干扰，个别偶发的看法，是很有局限的。实际上，制度本身起于因应人事，是"规范"与各类"关系"折衷的结果。制度之不断调整，其走势既决定于上层的施政倾向，又被下层的具体实施者、关涉者所牵动。制度之与现实的滞后或无力，是人所共知的，也正是这种状况，促使着制度的演进与更新。参阅邓小南：《宋代信息渠道举隅：以宋廷对地方政绩的考察为例》，《历史研究》2008年第3期。

取代，从"税丁"到"税产"的大变动①，乡间人口的流动日趋频繁，等等，这些变革引发而起的变化，几乎在社会的各个领域都程度大小不同有所影响。在乡村控制领域，原来的乡官里吏的管理和控制职能有所改变，事务的繁杂、任务的增重、人手的增加等等，都是适应这一社会变局出现的②。更为重要的是，中唐之前财政统收统支，赋役与主要负责赋役催征的乡村管理体制也都随之整齐划一。中唐后，实行两税三分法，中央对地方的财政征索有了相对的定额，各地在完成中央定额的前提下有了较多的自主权。各地赋役具体如何征管及其数额，已不是中央关注的对象；各地是否都按整齐划一的办法做，中央政府并不强调也不再更多涉入③。也因为财赋定额化征收，年复一年，无甚改变，所以，即使是地方州县政府也不再过多地强调里正等的重要性，以至于在中唐以降的文献中，他们的身影是时隐时现的④。

　　自中唐藩镇割据时代起，及至五代十国时期，各个割据政权各自为政的局面和现实，加剧了许多制度的地方化色彩。长久以来，赵宋王朝也就认同了这一现实，并在行政实践中履行之。这就是与北宋政府在发布免役法时，允许州县结合各地风俗、经济发展和社会实际等不同的情况，因地制宜，"诸路从所便为法"⑤，或说"州州县县不同，理须随宜措置"⑥，而对役法进行改革有关。这是导致各地役法不一的最根本的导因，也是造成两宋时期乡村管理体制注重区域性差异的历史性因素⑦。

　　第二，乡役制之所以反复变化，也是与宋朝统治阶层实用主义的乡村控制理念有关，与两宋役制本身的缺陷及社会经济发展背景有关，与内外交困的社会现实，政治现实，财经现实等紧密相关，尤其是财政上持续的困窘不堪，财政中央化发展趋势，对此影响相当之大⑧。对于苟且应对心态下的帝国而言⑨，只要能够保障乡间各类赋税的征纳和乡村社会的稳定，具体采取何种方式管理乡间的广土众民，控制整个乡村，并未从

---

　　① 参阅陈明光：《汉唐之际的国家权力、乡族势力与"据赀定税"》，收入其《汉唐财政史论》（岳麓书社2003年版）。

　　② 参阅刁培俊：《宋代乡役人数变化考述》，《中国史研究》2005年第1期。

　　③ 参阅陈明光：《唐代财政史新编》第九章《两税预算的定额管理体制》，第230—253页，尤其第241—245页。

　　④ 元稹：《元稹集》卷五四《有唐赠太子少保崔公墓志铭》（中华书局1982年版），第580页，和王钦若等《册府元龟》卷六九八《牧守部·专恣》不见里正等的身影。董诰等《全唐文》卷四七八收有杨恁《唐庐州刺史、本州团练使罗珦阍德政碑》以及前揭杜牧《樊川文集》卷一三《与汴州从事书》等则记载有里正等乡官里吏的具体活动，说明唐后期刺史、县令对待乡里制与乡官职责有自主处理权，在赋役征派中对"乡官"可用可不用。

　　⑤ 《长编》卷二二七，熙宁四年十月壬子朔注。

　　⑥ 《长编》卷三六七，元祐元年二月丁亥。

　　⑦ 杨际平先生指出：唐代确实强调制度的一致性．制度的一致性就体现在律、令、格、式中，因此日本学者或称唐代为律令令制时代。在律令体制中，基本上不大考虑时空差别。君臣间也基本未见讨论乡村治理问题。这与宋代以后确有明显区别。造成这些区别的原因可能很多，但与统治中心区的地理条件或许也有关。唐代统治的中心区在北方（主要是关中平原与华北平原）。北宋的统治中心区虽在河南，但财赋重心却在江南。南宋统治区限于江南。而江南的地理条件远比北方复杂。宋代以后，地区经济发展的不平衡性也远比过去突出。这些都在客观上造成难以整齐划一。

　　⑧ 汪圣铎：《两宋财政史》，中华书局1995年版；包伟民：《宋代地方财政史研究》，上海古籍出版社2001年版。

　　⑨ 汪圣铎认为：尽管自秦以来封建国家是强有力的，但要控制社会经济每一个环节，却是心有余而力不足的。赵宋一朝，国家和统治者疲于奔命地勉强维持国家机器的运转，在某种意义上往往只能被动应付局面，很少有调控经济的主动性（《宋代社会生活研究》，人民出版社2007年版，第533页）。

根本上要加以改革，也不想解决。朝廷中央尚且如此，如此一来，州县地方政府更是"苟且因循"①，频频改变的乡役制就是最好的说明。

　　第三，需要指出的是，由于科举的吸引和教育的相对普及，两宋拥有为数众多的士大夫，他们也多能站在"为与士大夫治天下"的角度，参与朝政②。关于差役、募役和保正长、耆户长制度的优劣得失，两宋士大夫热情高涨地讨论、建议可谓多矣！但其间因党争而意气用事所导致的频繁改变，也是蠹坏赵宋王朝乡村控制制度和社会秩序一个重要因素③。再者，文献显示，几乎每一次役法变革，朝臣们的议论中大多蕴含着这样的意味：我们的役法改革，是基于前朝旧制的基础上的；我们的改革主张是有前代成法依据的。换言之，也就是往往在"祖宗之法"、"祖宗成法"等口实之下进行的④，缺乏切中时弊、勇于革故鼎新、锐意进取的改革家。显而易见，实际上，每一次的改革却都相当的随意，朝秦暮楚，头疼医头、脚疼医脚"苟且施行"⑤的役法改革，不多久就发现与社会实际之不适，新的改革议论从而出现，新的改变也就随即生发，如此手足接窘，周而复始。两宋乡村管理体制的转变，也是与此紧密相关的。换言之，天水一朝的君臣们虽然对乡村管理体制讨论之热烈确实是前所未有的，但是，君臣们却一直没有找到终南捷径，找到一个适应社会变局后的有效体制，所以，他们一再的探讨，反复的试验，但最终还是无所措其手足，没有找到根治乡村问题的良药。直至有元一代，逐渐在宋朝基础上淘洗为里正、主首为主的乡都制，也才算勉强告一段落。顾炎武云："宋世典常不立，政事丛脞，一代之制殊不足言。"⑥言其实也。

　　　　　　　〔作者刁培俊，助理教授，厦门大学历史学系。福建厦门　　361005〕

---

　　① 《宋会要·食货》六五之五六至五七，元祐二年右司谏贾易上奏。
　　② 文彦博语，见《长编》卷二二一，熙宁四年三月戊子。参阅张其凡：《"皇帝与士大夫共治天下"试析：北宋政治架构探微》，《暨南学报》2001年第6期；程民生《论宋代士大夫对皇权的限制》，《河南大学学报》1999年第3期。邓小南《祖宗之法：北宋前期政治述略》，三联书店2006年版，第408页。余英时《朱熹的历史世界》，三联书店2004年版，第199—230页。
　　③ 漆侠：《王安石变法》增订本，河北人民出版社2001年版，第217—240页。罗家祥：《朋党之争与北宋政治》，华中师范大学出版社2002年版。王曾瑜：《洛、蜀、朔党争辨》，《尽心集：张政烺先生八十庆寿论文集》，中国社会科学出版社1996年版。其中，尤以元祐新旧两党的斗争过程中最为明显，蔡京这一政客的转变最具代表性。
　　④ 如朱熹就曾说过"……此皆祖宗成法，至今为不刊之典，然而州县奉行，往往违庚……"《朱熹集》卷二一《论差役利害状》。宋朝士大夫多在"祖宗之法"的议论框架下加入个人行政意愿，借此以影响"国是"，前揭邓小南《祖宗之法》有相当精辟而详明的讨论。
　　⑤ 《长编》卷三六七，元祐元年二月丁亥章惇言。
　　⑥ 顾炎武：《日知录集释》卷一五《宋朝家法》，上海古籍出版社2007年版。

元代汪古马氏家族的居地变迁

张沛之

汪古马氏是元代著名的色目人官僚世家，其从政经历与文化变迁等在元代色目人官僚家族中颇具特色。对该家族，不少学者曾给予不同角度的关注与研究①。然而从家族角度系统全面考索其族属、世系、居地迁移，家族仕宦及文化变迁，从总体上勾勒该家族全貌仍十分必要。限于篇幅，本文仅拟对该家族的居地变迁予以考察。

有关马氏的族源，史料记载不一，计有"出于花门贵种"②、"出西域聂思脱里贵族"③、"系出西裔"④、世为雍古（汪古、雍古特、永古特）部人⑤的说法。综合前述学者的相关研究成果，可以认为马氏在族源上源于西域地区回鹘，是回鹘同种，余部。在其迁入净州天山后，因与当地土著汪古杂居、通婚而感染其文化、礼俗，而逐步被视为汪古部族人。

马氏本居于西域，随着世代的推移，其家族居地屡经变迁，现考察如下。

1. 西域

由前已知，有关马氏早期在西域居住的记载有"西域"、"西裔"、"西北贵族"等，均指马氏出自西域的家族背景。

西域的名称，在两汉时专指天山南路诸国。到隋唐时，西域的范围就扩大了。裴矩撰《西域图记》中，北道至拂林，中道至波斯，南道至婆罗门，几将亚洲完全包括⑥。到了元明的时候，西域还包括欧洲、非洲的一部分，范围更大⑦。马氏在西域的具体居处今不可考，但应该在唐代西迁后的回鹘（元译畏兀儿）势力范围内某地。其始居于此的时间亦不可知，而迁出的时间据《马氏世谱》所记：和禄枀思"以功业自期，尝

---

① 参见陈垣：《元西域人华化考》，上海古籍出版社 2000 年版；樱井义雄著、潘世宪译：《汪古部族考》、小野川秀美著、潘世宪译：《汪古部的另一解释》，均见《蒙古史研究参考资料》第十四辑，内蒙古大学蒙古史研究所编印 1980 年版；周清澍：《汪古部的族源》、洪用斌：《汪古部社会制度初探》，均见《中国蒙古史学会成立大会纪念集刊》，中国蒙古史学会编印 1979 年版；何兆吉：《辽金元时期一支外来的民族世家——汪古马氏家族源流考略》，《青海师范大学学报》1998 年第 3 期；同氏：《论雍古马氏家族的华化》，《西北第二民族学院学报》1999 年第 2 期；等。

② 元好问：《遗山集》卷 27《桓州刺史马君神道碑》。

③ 黄溍：《金华集》卷 43《马氏世谱》。

④ 王守诚：《石田集》序。

⑤ 马祖常：《礼部尚书马公神道碑》，《元文类》卷 67；《元史》卷 134《月合乃传》；许有壬：《魏郡马文贞公神道碑铭并序》，《石田集》附录；苏天爵：《滋溪文稿》卷 9《魏郡马文贞公墓志铭》；《元史》卷 143《马祖常传》。

⑥ 《隋书》卷 67《裴矩传》。

⑦ 冯承钧：《西域地名》序例，中华书局 1980 年版。

纵观山川形势，而乐临洮土壤之丰厚，辽主道宗咸雍（1065—1074）间奉大珠九以进。道宗欲官之，辞不就，但请临洮之地以畜牧，许之，遂家临洮之狄道"①。则马氏至晚在辽道宗咸雍年间，即11世纪中叶已由西域迁出，定居临洮。马氏以西域为居地大致终于11世纪中叶。

2. 临洮狄道

如上已述，马氏"始来中国者"和禄岽思"乐临洮土壤之丰厚"，在辽道宗咸雍间，亦即北宋治平熙宁年间，经辽道宗许可，居于临洮之狄道，从事畜牧。查《辽史·地理志》并无有关临洮之记载，而据《宋史·地理志》载"熙州，上，临洮郡，镇洮军节度。本武胜军。熙宁五年（1072）收复，始改焉。寻为州。"其下有属县狄道（今甘肃临洮）。熙宁六年（1073）置，九年（1076）省并。元丰二年（1079）复置②。这段时期，宋与辽、西夏并立，而临洮一带恰好介于宋与西夏、宋与金几种势力的交界处，其所属和统辖权也几经变更。熙宁五年（1072）宋朝收复该地，这一年正值辽道宗咸雍八年。《宋史·地理志》未明其自何人手中收复，但从《马氏世谱》可知，此前该地应隶属辽管辖，故马氏来华的始祖和禄岽思才会向辽人进贡以请求居于此地。

辽朝末期，"金兵略地陕右"，马氏"尽室迁辽东，因家焉"③。《马氏世谱》称该家族第三代把造马野礼属"年十四而辽亡，失母所在，为金兵所掠，迁之辽东"。金朝军队于1123年西逐辽天祚帝，而辽正式亡于保大五年（1125）。则马氏在辽道宗咸雍间，即11世纪六七十年代至辽亡的12世纪20年代这五六十年间应是居住在临洮之狄道。至于在此地生活的代次，说法有二：

其一为《月合乃传》所记：

"金略地，尽室迁辽东，曾祖帖木尔越哥，仕金为马步军指挥使，官名有马，因以马为氏"④。则该家族在第二代帖木尔越哥时即由临洮狄道外迁，且帖木尔越哥仕金担任军职。

其二为《马氏世谱》所记：

"和禄岽思生帖穆尔越歌，以军功累官马步军指挥使……帖穆尔越歌生伯索麻也里束，年十四而辽亡，失母所在，为金兵所掠，迁之辽东。"⑤ 则该家族是在第三代伯索麻也里束（把造马野礼属）时才由临洮狄道迁往辽东，其父帖木尔越哥所担任军职是仕于辽，而非金。

以上二说孰是，目前难做定论，尚有待于史料的进一步发掘和证明⑥。

临洮狄道为今甘肃临洮地区，这里紧邻洮水⑦，在地形上是我国两大阶梯交界处，地势较高，历来草场茂盛，土壤丰厚，非常适合畜牧活动。马氏家族在该地主要从事畜

---

① 黄溍：《金华集》卷43。

② 《宋史》卷87《地理志三》。

③ 元好问：《遗山集》卷27《恒州刺史马君神道碑》。

④ 《元史》卷134《月合乃传》。

⑤ 黄溍：《金华集》卷43《马氏世谱》。

⑥ 关于帖木尔越哥的仕宦，金朝军制中并无"马步军指挥使"的设置，但辽、宋均有此官称，联系到该家族的相关史料，帖木尔越哥仕辽的可能性更大些。但仍无法据此断定该家族迁离临洮的代次。见（《辽史》卷46《百官志二》、《宋史》卷168《职官志八》）。

⑦ 谭其骧主编：《中国历史地图集·元明时期》，地图出版社1982年版，第17页。

牧，该家族第八代孙马祖常在追述祖源时，曾有诗"昔我七世上，养马洮河西"①。正是对这段生活的真实写照。临洮一带介于宋、辽、西夏及金几种势力的交界处，从其能"奉大珠九以进"、"在狄道则捕为生口而全活之"② 来看，该家族在当地应有一定实力。

3. 辽东

前面已述，马氏在辽亡金兴之时，为金兵所掠，举家迁至辽东。辽亡于保大五年（1125），则马氏迁到辽东居住当在此前后。辽东为金根本之地，马氏家族被金兵掳掠至此，身份是"臧获"，即奴隶，生活状况不会很好。后因向金太宗进奉景教神像（详见后文），获得金太宗"欢喜赞叹，为作福田以应之"。马氏家族借此获得"拊存之赐"，即该家族"凡种人之在臧获者，赁为平民，赐钱币纵遣之"③，得以离开辽东。金太宗的统治时期为金天会年间（1123—1134），马氏应在此间迁离辽东。故马氏在辽东居住的时间前后不足十年，应该是较为短暂的一段经历，联系其此时被掳奴隶的身份，马氏被"纵遣"放还后，急于迁出也是很容易理解的。有学者认为马氏由辽东迁往净州天山的具体时间在金天会二年（1124）④，不知所据为何。

至于马氏在辽东的具体居住地点尚无法确定，日本学者樱井益雄曾根据今人在辽宁鞍山满铁苗圃附近发掘到砖制的两个十字架及其他遗物推测："也许马氏汪古部就是被迁到这里，或其附近地区的吧！"⑤ 这一推测想象成分过重，至今尚缺乏旁证资料予以证实，因此可以作为一种猜测，而不能作为定论。

4. 净州天山

马氏第三代把造马野礼属于金太宗在位时率全家迁居净州天山，樱井氏认为天山系指祁连山，又叫翁衮山（Ongon）⑥，然马氏自述之天山并非此地。又《故礼部尚书马公神道碑》、《魏郡马文贞公墓志铭》将马氏居地记为"静州之天山"，其中静州应为净州之误。净州在金代隶属西京路，大定十八年（1178）"以天山县升"，天山旧为榷场，大定十八年置，为净州倚郭县⑦。而到了元代，净州路为中书省下辖行政区划，其下领有天山县⑧。天山县在金界壕南，位于今内蒙古四子王旗西北方向大约20—30公里城卜子村⑨。

马氏选择定居天山的原因，笔者认为有以下几点：

第一，屈从于金朝势力。由上可知，在金代该地属金的统辖范围，马氏既得金人之赐，由奴隶恢复为平民身份，并"赐钱币纵遣之"，所迁之地自然不能超出金之势力

---

① 马祖常：《石田集》卷1《饮酒诗》。

② 元好问：《遗山集》卷27《恒州刺史马君神道碑》。

③ 元好问：《遗山集》卷33《马侯孝思堂记》。

④ 洪用斌：《汪古部社会制度初探》，《中国蒙古史学会成立大会纪念集刊》，中国蒙古史学会编印1979年版。

⑤ 樱井益雄：《汪古部族考》，《蒙古史研究参考资料》第十四辑，内蒙古大学蒙古史研究所编印1980年版。

⑥ 樱井益雄：《汪古部族考》，《蒙古史研究参考资料》第十四辑，内蒙古大学蒙古史研究所编印1980年版。

⑦ 《金史》卷24《地理志上》。

⑧ 《元史》卷58《地理志一》。

⑨ 参见洪用斌：《汪古部社会制度初探》，《中国蒙古史学会成立大会纪念集刊》，中国蒙古史学会编印1979年版，第210页；谭其骧主编：《中国历史地图集·元明时期》，地图出版社1982年版，第8页。

范围。

第二，与汪古部汇合。据《金史·地理志》记载："金之壤地封疆，东极吉里迷兀的改诸野人之境，北自蒲与路之北三千余里，火鲁火疃谋克地为边，右旋入泰州婆卢火所浚界壕而西，经临潢、金山，跨庆、桓、抚、昌、净州之北，出天山外……"①可见，净州、天山在当时是金蒙交界之处，它与南面的丰州地区是汪古阿剌兀思剔吉忽里部栖居之地，其故城遗址今已发掘②。马氏既为突厥回鹘余部，而汪古族源的重要成分亦是突厥系，二者在宗教上又同奉景教，故马氏选择此处，"必定是汪古（雍古）与他们同一种族，所以愿意同'种人'住在一起"③。

第三，便于殖产兴家。该地位于今阴山山脉地区，阴山山脉是中国季风与非季风区的北界，属温带半干旱与干旱气候的过渡带。西部的狼山尤为干旱，大青山较为湿润。山坡低处为草地④，十分适宜畜牧业发展。马氏家族长于畜牧，在临洮时即以此为业，利用良好的自然条件殖产兴家应该是一个顺理成章的选择。另外，净州、天山位于金蒙交界之处，箭内亘考证此处是"金受贡使与蒙古入贡使会见的边境要镇"⑤，该地又接近木怜道，木怜道计有三十八站，大致经丰州、净州、德宁、砂井，北去漠北和林都城⑥，拥有经商活动的诸多便利。故马氏才会选择这个"近接边堡，玄市所在，于殖产为易"⑦的地方。

把造马野礼属率马氏族人迁至该地后，"遂隐居不出，业耕稼畜牧，赀累巨万"⑧，于是成为富有之人，"以财雄边"⑨。可见马氏在当地主要从事农牧活动，还利用边境"玄市"交换其农牧产品。家族成员中也出现了如昔里吉思入仕金朝，参与政治活动者。

马氏自第三代把造马野礼属定居净州天山，第四代昔里吉思虽出仕金朝，居于汴梁，但其后嗣仍有居天山者，如其长子三达之"三子天下闾、灭都失剌、约实谋并居天山"⑩。到己酉年（1249）三达请元好问为昔里吉思撰写墓铭时，该家族在"天山占籍"，已经"四世矣"⑪。而三达系后人在元代应该一直以此为居地。此后在有关该家族成员的碑传资料中，追述族居地时多处出现"居静州（净州）天山"⑫、"其先居天

①　《金史》卷24《地理志上》。

②　郑隆：《元净州路故城》，《内蒙古文物资料选辑》，内蒙古人民出版社1964年版。

③　周清澍：《汪古部事辑》，《中国蒙古史学会成立大会纪念集刊》，中国蒙古史学会编印1979年版。

④　《中国大百科全书》电子版，中国大百科全书出版社；《中国地图册》"内蒙古自治区"，地图出版社，1976年第三版。

⑤　樱井益雄：《汪古部族考》，《蒙古史研究参考资料》第十四辑，内蒙古大学蒙古史研究所编印1980年版。

⑥　参见《永乐大典》19421卷，北京：中华书局1986年影印本；何兆吉：《辽金元时期一支外来的民族世家——汪古马氏家族源流考略》，《青海师范大学学报》1998年第3期。

⑦　元好问：《遗山集》卷27《恒州刺史马君神道碑》。

⑧　黄溍：《金华集》卷43《马氏世谱》。

⑨　马祖常：《礼部尚书马公神道碑》，《元文类》卷67。

⑩　黄溍：《金华集》卷43《马氏世谱》。

⑪　元好问：《遗山集》卷27《恒州刺史马君神道碑》。

⑫　马祖常：《礼部尚书马公神道碑》，《元文类》卷67；许有壬：《魏郡马文贞公神道碑铭并序》，《石田集》附录；《元史》卷143《马祖常传》。

山"①、"族居静州（净州）天山"② 字样，这表明无论是马氏自身，还是当时人的心目中，多把净州天山看做是马氏的一个故乡和籍贯所在地。如元好问称三达为"天山马侯"③，既是一例。直到元中后期，该家族第九代马季子居于江南，仍然以"族居静州（净州）天山"的缘故，将自己的居处"以怀静（净）名，不忘本也"④。净州天山不仅是马氏在元代的一个重要居地，且在一定意义上被看做是该家族在汉地的第二故乡。

5. 开封

开封又称汴梁、浚仪，即今天的河南开封。金代开封府属南京路⑤。贞祐二年（1214），金宣宗迁都开封，原来分布在黄河以北的屯田军及其家口也纷纷迁往此地，不久人口就达百万⑥。

马氏第四代昔里吉思在金泰和年间（1201—1208）"以六科中选，试尚书省译史"⑦，大安（1209—1211）初年，作为金朝副使，出使蒙古，"使还，授开封府判官"⑧。可见，自金大安年间始，昔里吉思开始任官开封，其家族部分成员应该随同居于该地。此后昔里吉思"以劳迁凤翔府兵马都总管判官"，其眷属子女仍留住于开封。蒙古军攻破汴梁时，其子月合乃侍母"出汴绝河而北"⑨。到金朝灭亡时，"其公族近臣之家皆羁于汴之青城"。窝阔台汗因为久闻昔里吉思忠义之名，遂遣内臣撒吉思不花抚问其家，得其子嗣，"俾入觐和林"⑩。可见，自金大安（1209—1211）初年直至金朝灭亡的二十多年间，昔里吉思家人居于此地大抵不错。昔里吉思死后，因其"以忠节死难"，金廷还在汴梁（即开封）为其"作褒忠庙，悉合享死事之臣"⑪。

到了元代，开封隶属河南江北行省汴梁路，是汴梁路的倚郭县⑫。马氏第八代马祖烈曾任汴梁等路管民总管府案牍官，是否携眷不详。故马氏在元代是否长居该地尚不清楚。其族人以汴梁为乡却是有记载的。如该家族的著名文人马祖常在当时和后世的文人如苏天爵、陈旅、杨维桢等的笔下就多次被称作"浚仪马公"⑬、"浚仪可温人"⑭等。可温即也里可温，"浚仪可温人"即是指以开封为籍贯的也里可温。

6. 凤翔

金代凤翔府源自宋扶风郡凤翔军节度，"皇统二年（1142）升为府，军名天兴，大定十九年（1179）更军名为凤翔。大定二十七年（1187）升总管府"⑮。凤翔县（今陕

① 袁桷：《清容集》卷26《漳州路同知朝列大夫马公神道碑铭》。
② 苏天爵：《滋溪文稿》卷9《魏郡马文贞公墓志铭》；王逢：《梧溪集》卷4《题马季子怀静轩》。
③ 元好问：《遗山集》卷33《马侯孝思堂记》。
④ 王逢：《梧溪集》卷4《题马季子怀静轩》。
⑤ 《金史》卷25《地理志中》。
⑥ 翦伯赞主编：《中国史纲要》下册，人民出版社1995年第2版，第91—95页。
⑦ 黄溍：《金华集》卷43《马氏世谱》。
⑧ 《金史》卷124《马庆祥传》。
⑨ 马祖常：《礼部尚书马公神道碑》，《元文类》卷67。
⑩ 黄溍：《金华集》卷43《马氏世谱》。
⑪ 袁桷：《清容集》卷26《漳州路同知朝列大夫马公神道碑铭》。
⑫ 《元史》卷59《地理志二》。
⑬ 苏天爵：《滋溪文稿》卷2《光山县钟楼记》；陈旅：《石田集》序。
⑭ 杨维桢：《西湖竹枝词·马祖常小传》。
⑮ 《金史》卷26《地理志下》。

西凤翔）倚郭。马氏第四代昔里吉思在金朝曾任凤翔府兵马都总管判官，在该地整治军政、发展生产、收集流亡、立学兴教，取得不少政绩。元光二年（1223）昔里吉思战死，当其"提孤兵守空垒，力抗不敌，尽室投巨炎，一媪抱婴儿以逃，是为礼部尚书讳月合乃"①。足见，在昔里吉思任职凤翔时，其妻及尚年幼的幼子月合乃也随同居于此。

7. 大都

大都即今之北京。唐代为幽州范阳郡，辽时改称燕京，金为中都。元太祖十年（1215）取之，初为燕京路。太宗灭金（1234）后，置中州断事官，即燕京行尚书省。世祖至元元年（1264），改称中都，至元九年（1272），称大都②。

蒙元军队攻克汴梁后，月合乃"侍母北行"和林。蒙哥汗时，他受命"赞布智儿断事官事"。此处断事官当指中州断事官，"以燕故城为治所"③，这应该是月合乃及其家眷来到燕京之始。中统四年（1263）月合乃死后，"诸子以家素贵，长者履迹未尝一至田野，幼者弱，而母庶不能悉产业财畜之数，豪奴婢因舞弄欺诈，百物一空，里第为奸臣阿哈玛特横夺，家遂陵替"④。由这段史料可见，月合乃的母妻家人此时都应住在燕京，该家族在此地建有宅邸，广畜奴仆、财产颇丰。此外，月合乃母亲王氏死后，葬于大都宛平县清水河之阴。月合乃卒于上都，仍归葬于燕京其母王氏墓侧，其妻白氏也附葬于此。其子马世昌病卒，世昌子马润"留京师葬吏部（指马世昌）而侍太夫人"⑤。这表明大都仍有马氏月合乃系的墓地，该家族不少成员就安葬于此。

从该家族现有资料⑥看，自第五代月合乃始，该家族历代都有成员任职或就学于大都，可确定者计有第六代的世忠、世昌、世敬、世臣、世显；第七代的世德、马润、马开、马继祖、保六赐；第八代的祖常、祖谦、祖宪、祖恭、祖信、祖义；第九代的武子、文子、献子、惠子等人，不完全统计共五代21人。

上述资料表明，大都是汪古马氏，尤其是月合乃系众多成员生活、从政、安葬的处所，是该家族在元代的一个重要居地。

8. 光州

元代光州（今河南省潢川县）为河南行省河南府路汝宁府下属州。唐初为光州，一度曾改称弋阳郡，宋升为光山军。元至元十二年（1275）归于元之行政区划，属蕲黄宣慰司。至元三十年（1293），隶汝宁府。领有三县：定城、固始和光山⑦。

大德五年（1301），马氏第七代马润任光州同知，"因家焉"⑧，故"光之有马氏自

---

① 袁桷：《清容集》卷26《漳州路同知朝列大夫马公神道碑铭》。

② 《元史》卷58《地理志一》。

③ 《元史》卷134《月合乃》。

④ 马祖常：《石田集》卷13《故显妣梁郡夫人杨氏铭》。

⑤ 马祖常：《石田集》卷13《故显妣梁郡夫人杨氏铭》。

⑥ 这里的史料主要指马祖常：《礼部尚书马公神道碑》，《元文类》卷67；黄溍：《金华集》卷43《马氏世谱》；袁桷：《清容集》卷26《漳州路同知朝列大夫马公神道碑铭》；马祖常：《石田集》卷13《故显妣梁郡夫人杨氏铭》等。

⑦ 《元史》卷59《地理志二》。

⑧ 许有壬：《魏郡马文贞公神道碑铭并序》，《石田集》附录。

公（马润）始"①。光州"平衍而草茂，民勤而俗朴"，马润子祖常"亦爱其风土，因买田筑室家焉"②，将自己的居处命名为石田山房，"自为记与图，"并邀请"当世能言之士请为赋诗"③，获袁桷等人的诗作④。马祖常一生宦海沉浮，每当失意辞官时，往往返归光州，退隐乡里。如延祐七年（1320），祖常不容于权相铁木迭儿，于是"退居浮光之野，詠歌诗书"⑤，光州城西北约 30 公里有浮光山，故浮光在此处也代指光州。致仕后，祖常仍返归光州，顺帝至元四年（1338）三月，死于光州"居第正寝"⑥。祖常退隐光州时，不仅"葺其先公之遗田庐以居，又以其禄赐之人，置负郭长稔之田亩一百五十，号曰赐金庄"。及其去世，嗣子又"相公之祠东，得亢爽之地筑学舍"⑦。这表明马润后人不仅长居于此，且建有田庄义学，造福乡里。

　　自大德年间，马润为官光州，该家族马润一支开始长居该地，且在观念上以此为寓居之乡里。马润皇庆二年（1313）卒于漳州，临终前嘱托家人说"光吾桐乡也，我死必葬诸"⑧。桐乡是地名，属春秋时桐国之地，在今安徽桐城县北。汉代大司农朱邑曾任桐乡啬夫，为民敬信，死后葬于此地⑨。晋朝潘岳《河阳县作诗》中云："齐都无遗声，桐乡有余谣。"⑩ 故桐乡指曾经为官又葬于此之地。马润以光州为寓居之乡，又自比朱邑，故有"桐乡"之说。其子祖常"奉（父）丧北归，至于光葬焉"⑪，将为马润所立墓碑亦称作桐乡阡碑。祖常自身也时时以光人自居，这种观念在其文集作品中俯拾皆是，如《石田山居》中"淮南即是家"（第六首），"淮南穷僻地，先世有林庐"（第八首）⑫ 等描述。在为光州新作孔子庙所写的碑记中，祖常又自称"州人"⑬，在《光州固始县南岳庙碑》中亦称"固始，吾州之属邑也"⑭。固始为光州属县，位于光州东偏北约 60 公里处，即今河南固始县⑮。祖常称其为"吾州之属邑"，足见心目中是以光州为家乡的。不单马氏成员自身、当时人的心目中，马润一支也被看作是光州人。仁宗时举行科举考试，"祖常试汴梁南省皆第一"⑯。元代乡试规定，"举人须从本贯官司推举"⑰。光州属河南行省，祖常在此参加乡试。可见在元人眼中，马润一家的籍贯就是河南光州。

---

① 虞集：《道园学古录》卷 15《桐乡阡碑》。
② 苏天爵：《滋溪文稿》卷 9《魏郡马文贞公墓志铭》。
③ 马祖常：《石田集》附录《石田山房记》。
④ 袁桷：《清容集》卷 2《石田山房辞》。
⑤ 苏天爵：《滋溪文稿》卷 9《魏郡马文贞公墓志铭》。
⑥ 许有壬：《魏郡马文贞公神道碑铭并序》，《石田集》附录。
⑦ 王沂：《伊滨集》卷 19《赐金庄义学记》。
⑧ 虞集：《道园学古录》卷 15《桐乡阡碑》。
⑨ 《汉书》卷 89《朱邑传》。
⑩ 萧统编：《文选》卷 26。
⑪ 虞集：《道园学古录》卷 15《桐乡阡碑》。
⑫ 马祖常：《石田集》卷 2《石田山居八首》。
⑬ 马祖常：《石田集》卷 10《光州孔子新庙碑》。
⑭ 马祖常：《石田集》卷 10《光州固始县南于岳庙碑》。
⑮ 谭其骧主编：《中国历史地图集·元明时期》，地图出版社 1982 年版，第 15 页。
⑯ 袁桷：《清容集》卷 26《漳州路同知朝列大夫马公神道碑铭》。
⑰ 陈得芝主编：《中国通史》第八卷《中国古代·元时期》，上海人民出版社 1997 年版，第 934 页；有高岩：《元代科举考》，《史潮》2 卷 2 期，1932 年。

皇庆二年，马润卒于漳州，按照他临终的要求，其子祖常奉丧北归，将其葬在"光州西樊原"[1]。此后，光州不仅是其家的居地，也是墓地所在。马润之妻杨氏死于当涂，死时并未入土安葬，而是"代权窆于当涂之文昌宫东南六十步"处，直至四十七年后的至顺四年（1333），子祖常"始克迁祔于光州平原乡先公桐乡阡之兆"[2]。至元四年祖常死后，也葬在光州城北平原乡西樊里，其弟祖谦则"葬光州桐乡阡梁公墓北一里"[3]。祖常曾祖月合乃葬于大都宛平，祖常曾"欲改而卜迁之"。后因人劝说："封树八十年矣，神殂安兹，未易改卜"[4]，才作罢。史未明言祖常打算将曾祖改迁何地，但据其全家均葬于光州来看，不排除祖常计划将月合乃迁葬光州的可能性。泰定三年（1326）祖常的祖母张氏夫人卒于京师，祖常"护丧南归，持服"[5]。这段史料仍未明确指出祖常护丧南归的目的地，但联系到马润一系均葬于光州及祖常与祖母张氏的深厚情感，可以推断，张氏应是葬于光州的。张氏为马世昌之妻，她没有随从丈夫同葬于大都，这显然有违于封建礼教，也与一贯严格恪守儒家伦常的马祖常之行为观念不相符合，可能的解释是祖常原本有将马氏祖茔迁到光州的计划，但由于种种原因而未果。这样我们就可以比较容易理解祖常打算迁葬月合乃的举动了。

从史料看，马氏在光州的墓地位于城北的平原乡之西樊里，此地今天位于河南潢川县县城西9公里付店乡何店村。考古工作者曾在这里发现了两通有关马祖常的墓碑[6]。另外，马氏的家祠也建在光州[7]。

综上，马润一家自成宗大德年间开始，一直有族人居于光州，这里不仅是他们的居地，也是他们的丧葬、家祭之所。

9. 当涂

当涂属江浙行省太平路，位置紧邻河南江北行省，为今安徽当涂县。马润曾任太平路当涂县长官。至元二十四年（1287）六月，其妻杨氏死，停丧于此。可见马润在当涂任官时，家眷是随行同住的。马润在当涂为官一任，时间很短，到1288年时该家已迁至仪真居住了。马润一家在当涂应该只是暂居，时间不会超过他的任期。

10. 仪真

仪真即真州（今江苏仪征），元代隶属于扬州路，至元十三年（1276），"初立真州安抚司。十四年，改真州路总管府。二十一年（1284），复为州"[8]，领有扬子、六合二县。马润曾为太平路当涂县长官，罢官后"居仪真几十年"[9]，恬然自得，后因母亲劝说才再次出仕。真州在当涂县东北方向，相距很近[10]。马润罢官后选择此地暂时落

---

① 袁桷：《清容集》卷26《漳州路同知朝列大夫马公神道碑铭》。

② 马祖常：《石田集》卷13《故显媲梁郡夫人杨氏铭》。

③ 苏天爵：《滋溪文稿》卷19《元故奉训大夫昭功万户府知事马君墓碣铭》。

④ 马祖常：《礼部尚书马公神道碑》，《元文类》卷67。

⑤ 苏天爵：《滋溪文稿》卷9《魏郡马文贞公墓志铭》。

⑥ 参见杨庭慧：《马祖常碑考》，《华夏考古》2000年第2期。

⑦ 王沂：《伊滨集》卷19《赐金庄义学记》。

⑧ 《元史》卷59《地理志二》。

⑨ 袁桷：《清容集》卷26《漳州路同知朝列大夫马公神道碑铭》。

⑩ 谭其骧主编：《中国历史地图集·元明时期》，地图出版社1982年版，第16、47页。

脚，也很自然。在此期间，子祖常"侍梁公宦游仪真"。由此看来，马润暂居仪真其间，其子女、乃至母亲均与之同住。

马润一家在仪真居住将近十年，那么其具体时间为何呢？马润碑中未直接记载这一点。而在苏天爵为马祖常所撰墓志铭中记载：祖常"十岁（约1288）侍梁公宦游仪真"，后来蜀儒张到仪真讲学，祖常向其求教，此时祖常尚"未冠"①，祖常卒于后至元四年（1338），得年六十岁，由此逆推，祖常10—20岁时应是1288—1298年间。至元二十四年（1287），马润妻杨氏故去，停丧于当涂文昌宫东南。杨氏是死于马润在当涂任上的，马润卸任应在1287—1288年间，这也是他迁居仪真的时间，而马润一家在仪真居住的下限至少是在1298年或更晚一些。另外，元贞年间，马氏家族奥剌罕也曾任真州领县扬子县达鲁花赤，但是否携带家眷同往，尚不清楚。

11. 漳州

漳州在唐代初置，宋因之。元至元十六年（1279），升为漳州路，隶属于江浙行省，下辖五县，龙溪为倚郭县②。马润在光州任满后，改漳州路同知③，并于皇庆二年（1313）卒于漳州任所。马润到任漳州的时间史未明言，但据其大德五年（1301）守光州来看，光州任满后改调它处，至少要在大德八年（1304）或其后，则马润到达漳州的时间最早也应在此时。他在此地居住时间不会超过十年。马祖常《石田集》中收录给幼弟祖谦的诗一首，云"我长守田庐，汝幼侍亲右。跋涉万里途，随牒越闽岫。亲复当官清，昼坐置宴豆。教汝读诗书，夙夜猎文囿。不幸亲弃予，万里汝扶柩。汝兄元礼贤，斩服携汝走。我自河淮南，迎丧匍匐就。"④ 该诗明确反映了马润在漳州时，幼子祖谦曾侍其左右。仁宗时，马祖常奉旨"罢杂事于泉南"⑤，时人宋本曾写诗相赠，诗云："闽中父老白髭须，老子风流记得无。昔日郎君骑竹马，如今使者驾轺车"。诗旁小注云："伯庸之先尝在闽中"⑥，这当指其父马润。由以上两条资料看，马润在漳州为官时，其部分子女也曾随居于漳州。

12. 淞江

马氏第七代马礼曾任职宣政院都事，居于淞江。其孙马季子随同祖父"居于淞之竹岗"⑦，且在"淞之吴会里"⑧建造轩室，取名怀静轩，请人为之题诗。元代江浙行省平江路和松江府接界处有松江（今淞江）流过，近旁有地名曰"吴"，位于今太仓以南、嘉定以西和苏州以东⑨，或许就是马礼祖孙所居以及怀静轩所在之地。至于他们在此居住的时间，有关马氏家族的史料没有直接记载。据《元史·百官志》载"元统二年（1334）正月，革罢广教总管府一十六处，置行宣政院于杭州。"⑩ 杭州为江

---

① 苏天爵：《滋溪文稿》卷9《魏郡马文贞公墓志铭》。

② 《元史》卷62《地理志五》。

③ 袁桷：《清容集》卷26《漳州路同知朝列大夫马公神道碑铭》。

④ 马祖常：《石田集》卷1《寄六弟元德宰束鹿》。

⑤ 许有壬：《魏郡马文贞公神道碑铭并序》，《石田集》附录。

⑥ 宋本：《船上谣—送伯庸以番货事奉使闽浙十首》，《元文类》卷4。

⑦ 王逢：《梧溪集》卷4《题马季子怀静轩》。

⑧ 董纪：《西郊笑端集》卷1《怀静轩并序》。

⑨ 谭其骧主编：《中国历史地图集·元明时期》，地图出版社1982年版，第27页。

⑩ 《元史》卷92《百官志八》。

浙行省省治，马礼为宣政院首领官都事时，居住在江浙行省淞之竹岗，他应该是行宣政院官员，其任职应在顺帝元统二年或其后，马礼祖孙在淞地居住时间也应在顺帝时期。

另外，马氏成员还曾在上都①、合肥②、建康③、陈州④、长洲⑤、慈溪⑥、保德州⑦、保定⑧等多处任官，其间是否都在任所修建宅邸并携眷属长居，目前尚不清楚。关于此，只留有零星记载。如马氏在上都就建有居处，中统四年（1263），月合乃即"薨于上都之邸第"⑨。

元代的色目人家族绝大多数是从外部迁入汉地居住的，其迁徙往往要经历一定的时间和过程，不会一蹴而就。因此，他们的家族居地也不会只有一个，往往数量较多，如唐兀昔里氏家族有六个居地，唐兀李氏的主要居地也有四个。马氏自辽金时期即开始东来，其居地数目众多，可考的重要居地就有十数个之多。

而该家族居住地履经变迁，笔者认为应有以下原因：

第一，谋生治产的需要。马氏"始来中国者"和禄罙思，因喜爱临洮土壤丰厚，向辽道宗自请居于临洮之狄道，以便"养马洮河西"⑩，从事畜牧，殖产兴家。而该家族之所以迁居净州天山，也不无看中此地适于耕稼畜牧、"于殖产为易"⑪的考量。

第二，战乱被掳、曲从于时势。马氏举家徙居辽东，就是被金兵掳掠而至。而其被放还后选择移居净州天山，应有曲从于金朝势力的因素。

第三，与汪古部同族汇合。如前已述，马氏迁居净州天山，似有这方面的原因。

第四，家族支系的分化也是造成不同支系各有其居地的重要原因。如第四代昔里吉思的后人中三达支系成员"并居天山"，而月合乃系后人则入居汉地，辗转各地居住。

第五，马氏成员从政人数颇多，作为色目人官僚家族，出于仕宦活动的需要，也造成马氏成员及家属辗转各地居住。马氏在开封、凤翔、大都、光州、当涂、漳州等地的居住就都是以该家族成员的仕宦经历为开端的。

从时间上看，大抵辽、金及蒙元初期，马氏居地变迁的原因比较复杂多样，而入元后的居地变化则主要是基于该家族成员的仕宦活动了。

马氏（尤其是月合乃系）祖居西域，后来曾迁居临洮、辽东、净州天山、直至进入汉地定居京师大都，此后又进一步南移淮南光州、甚至远达泉南漳州等地。随着居地

---

① 马祖常：《礼部尚书马公神道碑》，《元文类》卷67。
② 余阙：《青阳集》卷3《合肥修城记》。
③ 苏天爵：《滋溪文稿》卷9《魏郡马文贞公墓志铭》；马祖常：《礼部尚书马公神道碑》，《元文类》卷67。
④ 马祖常：《石田集》卷10《光州达鲁花赤乌马儿公去思碣》；钱毂：《吴都文粹续集》卷4《重修学记》。
⑤ 钱毂：《吴都文粹续集》卷4《重修学记》。
⑥ 《至正四明续志》卷7《慈溪县儒学》。
⑦ 苏天爵：《滋溪文稿》卷19《元故奉训大夫昭功万户府知事马君墓碣铭》。
⑧ 苏天爵：《滋溪文稿》卷19《元故奉训大夫昭功万户府知事马君墓碣铭》。
⑨ 马祖常：《礼部尚书马公神道碑》，《元文类》卷67。
⑩ 马祖常：《石田集》卷1《饮酒诗》。
⑪ 元好问：《遗山集》卷27《恒州刺史马君神道碑》。

的不断东进、南移，马氏每迁徙一次，都愈加远离其祖居之所，而与汉文化的中心地带更为接近，受汉文化影响的可能性也随之不断增加。为了适应新的环境，他们势必日益背离原有的文化土壤，在语言、生活习俗、日常习惯及文化观念方面接纳和吸收更多的汉文化成分。可见，马氏居地的迁徙，为该家族自原有文化向汉文化倾向的变动提供了重要的客观环境与条件。

〔作者张沛之，讲师，天津师范大学历史文化学院。天津　300387〕

明清时期的村规民约与乡村治理

——以徽州为中心

卞　利

在一个以农业为主的农耕社会中，乡村社会的治理与稳定，是政权稳定的基石。明清时代是封建专制主义中央集权发展的高峰阶段，如何强化对乡村社会的治理，探索稳定乡村社会的方略，直接关系到政权的安危，是摆在最高统治者面前一件十分重要而迫切的任务。

明清时期的最高统治者总结和汲取了历代乡村社会的治理经验，从当时的实际出发，采取了集权于上、分权于下的治理模式，充分利用地方政权，在地方政权的控制下，积极发挥包括宗族、会社、里甲、乡约和保甲等在内的乡村社会基层组织的功能，鼓励各级基层组织制定符合当地实际的村规民约，并以此教化和约束广大乡民，使整个乡村社会维持在一个基本稳定的状态，形成"邻里和睦，老幼相爱"的局面①。明清时代徽州乡村社会虽然偶有动荡，但就整体而言，秩序相对较为井然，整个社会依然处在一种相对稳定的状态。那么，维系这种社会秩序的规则是什么？或者说，其乡村治理的深层次原因是什么？尽管其中的规则和因素很多，但作为众多因素和规则中最为重要的一种，村规民约显然在徽州的乡村社会治理中发挥了其他许多规则和因素所难以替代和发挥的功能。

本文拟以徽州为中心，探讨明清时期村规民约和乡村治理的关系，并在此基础上，对明清时代的村规民约的主要类型、基本内容、制定与执行，以及村规民约的特点和功能，进行初步的分析和研究。

一　明清徽州村规民约的主要类型和基本内容

作为乡村治理、规范乡民行为方式和稳定社会秩序的基本规则，明清徽州的村规民约不仅具有丰富的内容，而且还拥有极其繁多的类型。

从制定者的角度划分，明清徽州的村规民约大体可分为行政村和自然村村规民约、宗族类村规民约、会社类村规民约和某一特定群体或组织制定的诸如合同文约、乡约等类型的村规民约。行政村在明清时期主要是指图里、乡约、保甲等官方规定的乡村基层组织，而自然村则是指分布于徽州广大地区自然形成的村落。应当说，自然村的村规民约在整个徽州的村规民约中占据了主体的地位，其数量最多，内容和形式也最为丰富。

---

① 张卤：《皇明制书》卷 8《教民榜文》第 46 册，北京图书馆古籍珍本丛刊，第 293 页。

而宗族类村规民约，在聚族而居的徽州乡村社会中，有时呈现出与自然村村规民约重合或一体的状态。

就村规民约的内容而言，明清徽州的村规民约大体上可以划分为宗族的族规家法、森林保护规约、宗族族产和坟墓禁约、各类议事合同、各种会社规约、民间劝善公约（含乡约）、民间禁赌公约、村庄或宗族兴办学校和教育公约等；若从形式上看，明清徽州的村规民约又可分为告知性村规民约、禁止性村规民约、劝善类村规民约、奖励类村规民约、惩戒类村规民约和议事类村规民约等类型；而就村规民约的载体而论，明清徽州的村规民约则可依次分为纸质村规民约、金石类村规民约和木质类村规民约以及非文字村规民约等。应当强调指出的是，包含以上所有内容的纸质类村规民约是明清徽州村规民约的主要载体。而金石碑刻类村规民约，在徽州各地现存 300 余通（处）有关明清徽州村规民约碑刻中占据了一定的比重。木质类村规民约，则主要有诸如宗族祠堂中的木质粉牌等。至于大量存在于徽州反映民间生产与生活的约定俗成的各种"乡例"、"旧规"和"俗例"等，则构成了明清徽州非文字载体村规民约的主体。

明清徽州村规民约的类型划分，还有许多不同的标准和角度。但是，值得注意的是，明清徽州各类村规民约往往呈现出综合交叉的特征，如宗族类村规民约和行政或自然村庄的村规民约往往是合为一体的。明清时期徽州的乡村社会是一个典型的宗族社会，聚族而居成为明清徽州乡村社会普遍的社会现象。正如莫里斯·弗里德曼所指出的那样，"在福建和广东两省，宗族和村落明显地重叠在一起，以致许多村落只有单个宗族，继嗣（agnatic）和地方社区的重叠在这个国家的其他地区也已经发现，特别在中部的省份"①。同福建和广东以及中国中部地区一样，地处中国中部山区的徽州乡村，宗族和村落也呈现出彼此重叠的格局。"大抵新安皆聚族而居，巨室望族远者千余年，近者犹数百年，虽子孙蕃衍至一二千丁，咸有名分以相维，秩然而不容紊"②。正如歙县《棠樾鲍氏宣忠堂支谱》所云："吾邑万山中，风俗最近古；村墟霭相望，往往居族处。"③ 在聚族而居的徽州村落，宗族和村庄呈现出重叠的特征，宗族的族规家法往往与村庄的村规民约相重叠，也就是说，大姓宗族聚居的单姓村庄，由宗族族长和族中精英所制定的管理与约束同姓宗族成员的族规家法，事实上也具有管理和约束村民的功能与作用，因此，其村规民约的性质是不言而喻的。

至于明清徽州乡村发达的会社组织等，其规约往往也呈现出既是宗族的也是村庄的村规民约性质，如祁门善和村清代即创建了 33 个会社组织，而善和恰恰是祁门程氏宗族聚居势力最为强大的村庄之一④。清初康熙年间，婺源庆源村保留下来的会也有近十个之多，而这些会在詹氏宗族聚居地的僻远山区庆源村，则亦多为宗族性的组织⑤。当然，这些宗族聚居村庄会社组织的会规，显然兼有宗族和村庄的双重性质。有的甚至是

---

①　[英] 莫里斯·弗里德曼：《中国东南的宗族组织》，刘晓春译、王铭铭校，上海人民出版社 2000 年版，第 1 页。

②　嘉庆《桂溪项氏族谱》卷 21《风俗·龙章公梓里遗闻五则》。

③　嘉庆《棠樾鲍氏宣忠堂支谱》卷 22《文翰·同老会诗》。

④　《徽州会社综录》，原件藏厦门大学历史系。蒙郑振满教授慨予复印，谨此志谢。

⑤　詹元相：《畏斋日记》（稿本），原件藏安徽省黄山市博物馆。

跨越村庄范围和界限的。如休宁县十三都三图明末崇祯至民国年间以祭祀为目的而成立的祝圣会，即是以休宁西南旌城汪氏宗族为中心，联合吴姓、王姓等宗族跨越若干个村庄的民间会社组织，而祝圣会的会规即会社村规民约，则显然也是跨宗族和跨乡村地域范围的①。事实上，即使是清代善和的 33 个会社，其参加会社的成员也不仅仅限于程氏宗族成员本身，其中个别会社还是有外姓参与者的，只是在程姓宗族聚居的善和，外姓成员实在只占整个村庄成员中的极少数。显然，无论是宗族族规家法还是会社的规约合同，在宗族聚居的村庄，都具有村规民约的性质，这是我们在探讨和研究包括徽州在内的明清村规民约时必须要特别加以关注的。

我们还注意到，作为一种一定组织、人群共同商议制定的某一共同地域组织或人群在一定时间内共同遵守的自我管理、自我服务、自我约束的共同规则，明清徽州的村规民约往往经过当地封建官府钤印批准、并以官府的名义发布。这一类型的村规民约，更像是封建官府的地方性行政法规。但褪去其形式上的合法外衣，无论就其内容还是适用地域范围而言，这类官府的告示，都应当不折不扣地划归村规民约的范畴。如《清乾隆十四年三月初十日歙县应二十八都四图候选县丞洪钟等颁行严禁在岑山渡秤钩湾洪姓祖坟盗砍侵害等告示》，看似歙县官府颁发的官方文件，但其告示内容具体，禁示地域范围明确，显然，这是歙县岑山渡一种典型的村规民约。为说明问题，我们谨将该件"告示"的内容照录如下：

> 特授江南徽州府歙县正堂加三级记大功二次唐为吁恩示禁、坟荫得保、存殁感戴事。据二十八都四图候选县丞洪钟，监生洪秉政、洪溥，生员洪元印、洪玉玑、洪泰来抱呈，洪福具呈前事。呈称：生家祖墓坐落二十八都八图岑山渡秤钩湾地方山地之上，蓄养荫木柴薪，以护风水。屡被无知棍徒欺生居隔写远，觊觎肆行戕害，或横加斧锯，或暗里摧残，或掘根株，或纵牛羊，种种侵害，生死攸关。若不恳示勒石严禁，诚恐棍徒得志，鹰视愈张，坟墓余荫，势难保全。为此，沥具下情，吁叩宪天俯赐西伯之仁，广施泽枯之德，恩准给示严禁，俾贼匪奸徒得知畏敛，而坟冢荫木得赖恩全。不但生者啣恩，即亡祖九泉感激，顶祝无疆，望光上禀等情。据此，合给示禁。为此，示仰该处保甲、看山及居民人等知：自后，敢有不法棍徒在于洪姓岑山渡秤钩湾地方祖坟山地之上蓄养荫木柴薪，盗砍掘根，纵畜残害。违者，许该保甲、看山人等指名赴县禀报，以凭立拿究处，各宜凛遵毋违。特示。
> 乾隆拾肆年叁月初十日示
> 告示 押　　　　仰②

同全国其他地区一样，明清时期徽州的村规民约因制定者的目的不同，其主要内容亦千差万别，用内容丰富多彩、形式纷繁多样来概括，是丝毫不为过的。

撇开制定者来看，明清时期徽州的村规民约涉及某一特定地域乡村社会、民间组织

---

① 《崇祯十年——康熙四十九年祝圣会簿》，原件藏南京大学历史系资料室，编号000055。
② 王钰欣、周绍泉主编：《徽州千年契约文书》（清民国编）卷1，花山文艺出版社1993年版，第310页。

和不同人群在经济、社会、文化、教育和法律等不同领域的的内容。

就经济方面而言，明清时期徽州的村规民约涉及对山场农田的保护、水利设施的兴修与维护、乡村社会中经济事务的规则、赋役征收和金派的约定，以及违反规约的处罚等等。如制定并颁行于清嘉庆十九年（1814）的祁门县箬溪村的《王履和堂养山合同文约》就规定："本村税田，其塝畔并靠山脚，无论公私，凡锄挖有害于田亩者，概行止种。亦不得兴养树木，致防禾稼。如违，听凭拔毁无说。若系沙积，按其多寡，酌计挑复工食，处罚钱文。恃强不尊者，呈官处治。"① 类似这种合同文约的村规民约，明清时期的徽州还有许多。

就社会方面而论，明清时期徽州的村规民约几乎囊括了徽州乡村社会和地域群体之间所有的社会关系，包括组织与个人以及群体与个体之间的关系、日常生活的安排、道德伦理规范的维系与约束、成员之间权利与义务的规定，以及违反规约的处置等等，无不都在村规民约的规范之中。从宗族族规祖训中的"凡尔子孙谨时祭，念祖德，保世业，振家纲，孝父母，敬长上，友兄弟，教子孙，务生理，勤学业，力树艺，肃内外，谨火烛，和邻里，礼宾亲，须早完国课，毋好争讼，毋放利弃义，毋欺天罔人，毋习赌博，毋作非为。甚者为犯奸、为强盗、为娼优以伤化，为奴隶以辱先，四者有一焉，生不齿乎族，殁不入乎祠，念之戒之"②。到乡约家法中的"自约之后，凡我子孙各宜遵守，毋得故违。如有犯者，定依条款罚赎施行，其永毋怠"③。从合同议墨中的"所有在山松杉杂木，俱要长养，毋许私自盗砍。如有私自盗砍者，甘罚银壹两；如违，送官理治，毋许知而不报，知者一体同罚。自立合同之后，各不许悔，各房子孙永远遵守"④。到会社规约"倘有会内人不遵合同，争论等情，鸣公理说。如有不遵者，众会内人等送官究治"⑤。所有这些村规民约，在其所能制约与发挥作用的时间、空间和人群范围内，对当地乡村社会秩序的确是起到了维系与稳定的作用。

就文化和教育领域的村规民约来看，其内容涉及乡村文化传统的规定、乡村或宗族教育的维持与发展等等。这类村规民约包括宗族组织对文化和教育设施的兴办、乡村社会或宗族与会社组织对兴办文化与教育事业的具体规定。如涉及迎神赛会的《会规》、兴办乡村或宗族教育事业的《公约》和《族规》等等。清代婺源汪口村的养源书屋膏火田禁令，就是由汪口徽商俞光銮捐助并恳请婺源知县颁布禁止子孙盗卖、保护学校教育经费不受侵蚀的村规民约式的告示。告示规定："或不肖之子孙，敢于霸吞私卖，抑或附近居民知情，私相质买情事，准随时禀由地方官，分别追还治罪挂示外，合行给示遵守。"⑥ 清代雍正年间编纂的休宁县《茗洲吴氏家典》在其《家规》中即对本宗族成员的教育有着相当具体而详细的规定，"族中子弟有器宇不凡、资禀聪慧而无力从师

---

① 嘉庆《环溪王履和堂养山会簿》，原件藏安徽省图书馆。
② 万历《祁门清溪郑氏家乘》卷4《祖训》。
③ 隆庆《文堂乡约家法·文堂陈氏乡约》。
④ 《明万历四年二月廿九日祁门三四都陈春保等四大房立安葬合同》，原件藏南京大学历史系资料室，编号000058。
⑤ 《清嘉庆二十三年十月黟县汪大旺等立出雷祖神会会租议墨合同》，原件藏安徽大学徽学研究中心特藏室。
⑥ 《清光绪十年三月二十三日婺源县永禁霸收霸吞和私相典卖养源书屋膏火田碑》，原碑现嵌于江西省婺源县汪口村养源书屋入门墙壁中。

者，当收而教之，或附之家塾，或助以膏火。培植得一个两个好人，作将来模楷，此是族党之望，实祖宗之光，其关系匪小"①。又云："子孙自六岁入小学，十岁出就外傅，十五岁加冠入大学。当聘致明师训饬，必以孝悌忠信为主，期底于道。若资性愚蒙，业无所就，令习治生理财。"② 这些关于文化和教育方面的村规民约，对明清徽州文化和教育的健康发展，应当说发挥了积极的作用。

就法律领域来说，明清时期徽州的村规民约作为国家法的必要补充和延伸，其本身就具有民间法的性质。当然，在村规民约中，更多体现的是如何在国家法的意志下，适应不同地域、不同组织和不同人群所采取的诸多的举措。如在国家禁赌法的前提下，明清时期徽州的乡村社会就以宗族族规家法、戒赌公约等村规民约的形式，对其贯彻执行和实施，制定了各自不同的条文。如清雍正《茗洲吴氏家典》就在《家规》中明确规定禁止赌博，并对赌博之徒规定了严格的处罚措施，"子孙赌博无赖，及一应违于礼法之事，其家长训诲之；诲之不悛，则痛箠之；又不悛，则陈于官而放绝之。仍告于祠堂，于祭祀除其胙，于宗谱削其名。能改者复之"③。显然，宗族的族规家法之类的村规民约，事实上起到了与国家法相辅相成的礼法合治的作用。

明清时期徽州的村规民约就其形式而言，一般都规定有明确而具体的应当遵守的条款和违反条款的处罚措施，亦即规定了乡民的权利、义务和违约责任。明隆庆祁门《文堂乡约家法》的《会戒》中就对参加文堂村乡约组织的会众规定了具体的权利、义务和违约的责任，"乡约大意，惟以劝善习礼为重，不许挟仇报复，假公济私，玩亵圣谕。……约所立纪善、纪恶簿二扇，会日共同商榷。有善者即时登记，有过者初贵姑容，以后仍不悛者，书之。若有恃顽抗法、当会逞凶、不遵约束者，即是侮慢圣谕。沮善济恶，莫此为甚，登时书簿，以纪其恶。如更不服，遵廖侯批谕，家长送究"④。而且这些村规民约还体现出了权利、责任和义务相统一的规则和意志。清代道光年间，绩溪县某村唐、胡二姓恢复乾隆年间被中断的太子神会活动时所定的会规，其实就是清代徽州村规民约中权利、责任、义务相统一的最为典型的个案之一。该规约共由7项条款组成，其内容如下：

> 一定本会内人等，毋许私自强借。其有强借者，毋许入会，断不徇情；
> 一定本会分为十二股，一年一换，轮流值守，毋得推挨；
> 一定十八朝办祭，值年者董事。其祭仪等物，十二股均吃均散。若有不到者，毋得散胙。妇人、小厮毋许入席；
> 一定递年收租，值年者与前岁值年者二人收管。若有刁佃强吞等情，十二人全收。公议；
> 一定递年晒谷上仓，十二股齐到。如有不到者，公罚米六升交众，毋许入席，其在外生理者不到亦可。后又定十二股分为两班，六股管一年。再有不到者，公罚

---

① 吴翟：《茗洲吴氏家典》卷1《家规》，刘梦芙点校，黄山书社2006年版，第18页。
② 吴翟：《茗洲吴氏家典》卷1《家规》，刘梦芙点校，黄山书社2006年版，第20页。
③ 吴翟：《茗洲吴氏家典》卷1《家规》，刘梦芙点校，黄山书社2006年版，第19页。
④ 隆庆《文堂乡约家法·会诫》。

仝前；

　　一定晒谷之日，众出谷二行秤，以付六人收晒平伙之资。其请神纸箔在内；

　　一定十八朝庆寿，值年者办祭，要荤仪十二碗、素仪十二碗、果子十二盒、汤三盏、饭三盏。如有不齐者，公罚青香一把，对神焚化。其鸡、鱼、鸭子，众买众散。①

　　从上引绩溪县聚居于某村唐、胡二姓合办的太子神会会规中，我们不难看出，该会规作为村规民约中的一种，实际上是由总则、分则（含责任、义务和权利等）和罚则三部分组成的。参加太子神会的十二股成员的责任、义务和权利是统一的。该会规的第一条和第二条，规定了太子神会的会产管理和神会值守制度，我们可以视之为该会纲领性的文字即"总则"。会员即十二股成员，义务、责任和权利依次在会规的第三至第七条给以规定，对不按会规履行义务和责任的成员，会规有着明确的处罚条款即"罚则"，"十八朝办祭，值年者董事。其祭仪等物，十二股均吃均散。若有不到者，毋得散胙。……递年晒谷上仓，十二股齐到。如有不到者，公罚米六升交众，毋许入席，其在外生理者不到亦可。后又定十二股分为两班，六股管一年。再有不到者，公罚仝前"。这些规定条款可谓十分地周严，体现了明清徽州村规民约权利、责任和义务相统一的原则和精神。

二　明清徽州乡村村民或特定组织成员资格的获取

　　在对明清徽州村规民约的类型和内容进行了基本分析与概括之后，我们下一步要开展的工作，便是分析这些不同类型村规民约中村民或特定组织成员的资格问题，也就是不同村规民约的受益人和约束人问题。

　　就宗族族规家法类型的村规民约而言，其适用范围是该宗族的全体成员，其受益人和约束人都是该宗族的成员。具备宗族成员资格的人，首先是具有本宗族以男性血缘关系为主导的、未被削除族籍的人；其次是肩负传宗接代、延续宗族血缘香火的嫁给本宗族男性成员的异姓妇女；还有就是他姓的入赘者和为宗族成员提供各方面服务的地位卑贱的佃仆和奴婢等特殊成员。

　　实际上，宗族成员的资格问题，本身就是一个族籍问题。一般来说，明清时期徽州宗族成员族籍的获得，主要有出生和婚姻两条途径。由于宗族是以男性血缘关系为其内部构造的联结纽带，因而，出生显然是获取族籍的最主要途径。关于出生获取族籍问题，明清徽州的宗族谱牒通常都有较为详明的规定，那就是预先设立红簿，统一格式，婴孩一出生或某一特定时间即予以填写，并由有关方面监督公证。歙县棠樾《重编宗谱凡例》即规定："设立红、白二簿，置各派祠匣内。其红簿定于春祭前三日，凡去年至今春诞子之家，开明某人第几子、婴孩名讳及乳名、生年月日，送司祠公处登载于簿。如有犯祖讳者，可令更名。娶来新妇姓名、出某处某人之，又生年月日，亦如

━━━━━━━━━━━━━━

① 《清道光十年正月立（太子神会）流水帐簿》，原件藏南京大学历史系资料室，编号000115。

之。"① 一旦登记入簿，即取得了该族的族籍，成为该族的族众。现存清代嘉庆年间祁门善和的《衍庆录》，即属此类红簿的标准样式，其内容尽是善和程氏宗族仁山门各家出生婴孩、新娶媳妇之姓名登记。关于如何填写，该书卷首专门辟有《格式》，其要点如下："以二十一世日字行人领分，凡某分生人，则记于某分之下。待后，此簿录满，其生更繁，又宜分出某支，各记其下庶益瞭如。……今此统记生名，逐年登录，则以世从年，不能以年从世，只于其名之上记明某世可也。"② 此红簿所记，实际上即是下届修谱的主要依据。在徽州，类似的红簿现存很多，甚至还有书至今天者。所以，出生是徽州人取得族籍的最一般途径。而通过婚姻以取得族籍者，上述棠樾鲍氏《重编棠樾鲍氏三族宗谱·凡例》即已道明了新娶之妇进入本族族籍的途径。不过，进入本族族籍的新娶之妇，并不在于婚姻本身，而是在于新娶之妇能为本族繁衍子孙，延续香火。取得族籍的方式还有过继、入赘等方式，不过，过继入籍受到许多限制，对此，徽州宗族大都采取了较为谨慎的做法。如歙县桂溪项氏宗族即对异姓来者一概不书于谱，"他如水盆抱养，赘婿为子，皆异姓乱宗，一概不书"③。歙县和淳安《歙淳方氏柳山真应庙会宗统谱》即对过继入籍作出这样的规定："继嗣必以序承，间有世系差紊者，已从改正。于本生父下书曰'嗣某后'，于所后父下书曰'某子承继'。无子者于图内书曰'止附'，于父志下书曰'某无嗣、无传'，旧谱未明载者曰'失考'。其异姓承祧，无神宗祈，徒乱宗脉者，已削不录。"④ 异姓来继者既然不被允许书入家谱，显然也就没有取得该姓宗族成员即族籍的资格。当然，还有不少宗族对异姓入继者是采取了较为宽容的举措，允许其入继，入继者亦即由此取得了族籍。如歙县临溪吴氏宗族，对过继者即采取了允许入籍的办法，"异姓来继者，书入记"⑤。

歙县呈坎罗氏宗族对过继入籍及异姓过继是否入籍，前后曾有过从宽到严的变化，据民国二十一年（1933）《罗氏历代宗谱》（抄本）之《续谱凡例》云："继子同宗相应者，小传内所生父下书曰'出继某人'，所继父下书曰'以某之第几子某继'，其继子名下则书'本某之第几子继某为子'。其继异姓者，书曰'出继某姓'，其支派不续。异姓来继者，旧谱书'来螟他姓子'，今悉不载。"⑥ 祁门历溪王氏宗族向以"一脉流传，清白传家"自居，其《王氏统宗谱》更是严格声明："义子、异姓不得紊乱宗支"，清代咸丰年间，族人王清池抱来异姓子，甚至被"控告在案，不能入谱"⑦。由此足见徽州人对紊乱宗支、朦胧入籍的严禁程度。

还有就是宗族的佃仆和奴婢，作为宗族的特殊成员，他们和整个宗族上自族长、下至族众所有成员之间，都保持有很强的人身依附关系。在法律和社会地位上，他们属于卑贱者阶层，和主人拥有较强的主仆尊卑的等级关系。把他们列入宗族的特殊成员，是

---

① 乾隆《重编棠樾鲍氏三族宗谱》卷首《重编宗谱凡例》。
② 嘉庆《衍庆录·书法格式》，清抄本。
③ 嘉庆《桂溪项氏族谱》卷首《凡例》。
④ 乾隆《歙淳方氏柳山真应庙会宗统谱》卷1《凡例》。
⑤ 崇祯《临溪吴氏族谱》卷首《凡例》。
⑥ 民国《罗氏历代宗谱·续谱凡例》。
⑦ 《清咸丰六年九月初二日祁门历溪王洪锦等同心合文契》，转引自张海鹏、王廷元主编：《明清徽商资料选编》，黄山书社1985年版，第32页。

考虑到许多拥有大量佃仆和奴婢的宗族，往往会在自己的族规家法中，对他们的行为和言论进行规范。一部休宁县茗洲吴氏宗族的《葆和堂冠昏丧祭及扫墓差遣各仆条规》，实际上就是明清时期一部徽州各地乡村治理与统御佃仆和奴婢的村规民约。其条规的适用范围和各仆所承担的责任、义务及其所享有的权利，该《条规》都规定得十分具体详瞻，《条规》规定："葆和堂众仆，各家己仆，所有本身及其父母，并一切有关祠堂正务者，家主从其宽，尔等守其分。毋犯上，毋怠慢，采山耕田，安居乐土。"《条规》要求葆和堂内各仆、各家己仆必须"遵国法"、"严巡夜"、"严保甲"、"尊家主"、"禁害坟林养山"、"禁交青湿仾谷"和"禁立神会"等，否则将会遭到严厉惩处，落得"有田不得种，有山不得葬，有屋不得居"的结局。在严格按照《条规》完成主人派给的各项差役时，各仆享有得到饭食酒水的权利，即如葆和堂用工抬轿，"其抬轿之人另给使用钱七十文、饭米一筒半、饭肉二两、寿桃一双、旦一双、酒一乎［壶］。如遇路远，即每日加使用钱七十文，房伙路上伙食酌给"[①]。因此，将佃仆和奴婢列入宗族的特殊成员之内，并不意味着他们就是和宗族其他成员权利、地位和责任、义务就是平等的，恰恰相反，他们只是宗族中的与该宗族没有任何血缘关系的地位最为卑贱的、受剥削和压迫最重的被奴役阶层。

由于明清时期徽州乡村社会聚族而居，乡村和宗族往往呈现出一体化的特征。因此，许多强宗大族聚居村的宗族族规家法，实际上往往也兼有村庄规约的性质和功能。但是，我们也要看到，居住在村庄的村民毕竟还有少数杂姓，有些村庄的更是二姓或多姓聚居，这就使得某一宗族的族规家法对另一姓或多姓的村民缺乏约束力。尤其在个别二姓或多姓宗族无论人数还是财力地位都势均力敌的村庄中，某一姓宗族的族规家法便只能适用于宗族内部成员。还有一类村庄，经历了历史的沧海桑田，村庄居住的人群发生了重大变化，宗族势力出现消长。这样，某一族姓的族规家法就很难在另一族姓的成员中发挥作用。歙县瞻淇村，由章氏宗族的一统天下时称"章祈"到汪姓宗族居支配地位的易名"瞻淇"，两姓的长期不合，一姓宗族的族规家法不仅不能在另一姓成员中发生效力，反而成为阻力。歙县的江村也有类似情况，据乾隆该村村志《橙阳散志》记载："村地故橙子培也，字之以姓，实自宋始。"[②]"村以江名，实世居之。然上塘聂氏来自宋初，汪氏肇居元季，新屋下程氏来自有明。此外曰萧、曰黄，皆旧族也。聂与萧、黄仅延一脉，汪则宗于慈川，程则宗于槐塘，其居吾村，若寄籍然"[③]。由此可见，虽然江村以江氏宗族为主体，但江村同时还有聂、萧、汪、程、黄诸性。尽管这些姓氏成员人数不多，但江氏宗族的族规家法显然是不适用于他们的。只有整个村庄的村规民约，对他们才发挥效用。因此，适用于整个村庄的村规民约，显然要比某一宗族的族规家法更具有约束力。因此，探讨村庄的村规民约，就涉及村庄成员即村民的资格问题了。

解决了村籍问题，实际上也就解决了村民的资格问题。大体上说，凡是居住在某一

---

① 光绪《葆和堂需役给工食定例（功善抄存）》，转引自叶显恩：《明清徽州农村社会与佃仆制》，安徽人民出版社 1983 年版，第 329—346 页。

② 乾隆《橙阳散志》卷 12《别志·村考》。

③ 乾隆《橙阳散志》卷 12《别志·氏族》。

特定村庄的居民，只要在村庄的边界范围之内，不论职业、身份和地位若何，都具有村民的资格，都拥有该村的村籍。即使是外出务工经商的商人、学子，只要进入本村所辖地域，都可视为该村的村民。关于村庄的边界即地域范围，不同时期会有不同的变化，但在一定时期内，这边界是相对固定的。对此，徽州一些村志和家谱于村庄之疆界，大都有着明确的界定范围。乾隆《橙阳散志》对"江村"的边界是这样记录的，"村地直歙城北七里，邑九都一图、二图、十五图、十六图地也。古称德政乡归化里，亦作居化里。东至锦里亭，东南至清塘界，南至小溪，西南至长湖，西至三里亭，西北至田干，北至庆安桥，东北至仁和亭，周十五里有奇。北障飞布，南带练溪，其间山田交半。顾平冈土阜胥可筑屋，中夹平原，颇开朗。自宋歙州倅江公卜居，历七百载，烟户三千余。家分三派：西里村州倅公孟派居焉，东外村仲派居焉，中介塘亦孟派出绍蜀源程氏还居于村。通名其地曰'江村'"①。祁门县《善和乡志》对善和村的疆界亦有明确界定，"善和乡居江南万山间，今隶祁门县之六都。……东为本都之秀溪，相去十里；西为二都之石墅，相去如秀溪；南为五都之韩村，相去九里；北为本都之章溪，相去二十里；东南达县治焉，相去二十里"②。聚居于休宁县泰塘村的程氏宗族，在明代万历年间编纂的家谱《程典》中，设有专门的《地理志》，对泰塘村的疆界进行界定，并在《风俗志》中再次强调，"我泰塘之于海阳，在郡国县衙之间，地连乡井，东西接臧溪、临溪之壤，不过十五里；南北接汊口、阳湖、兖山之壤，不过三十里。为乡幅员十五里，径七八里，提封田不过万亩。其民屋、道路、山川、林泽不可垦者什六，其可肯者十四。民户以百数，口以千数"③。绩溪县庙子山的王氏宗族，在其家谱中，也对庙子山村的疆界进行了认真的界定，"村在绩溪七都东部，东南至绩溪县城四十里，东距坦头三里，西距七都汪村前三里，南距中潭二里，北距正觉寺一里有半。约当经度东二度偏东，纬度三十度偏北"④。不仅如此，该家谱还专门设置了《沿革》一节，对庙子山村自先秦至清代的地理沿革进行了详细的考证，并列表以志之⑤。

可见，明清时期，徽州各地乡村每一个自然村庄，都拥有自己相对较为固定的疆界和地域范围。而居住于该村的地域疆界范围之内的人群，显然应当归属于该村的村民。该村的村民及其所自然繁衍的后代，都拥有该村的村籍。如果说宗族只是一种组织和人群的话，那么，村庄特别是自然村庄，则主要是由居住人群所构成的地域共同体。宗族的族规家法，作为一种居住于村庄组织的宗族式的村规民约，其所覆盖和适用的人群范围，主要限定在宗族成员这一特定的村民，而非宗族成员的村民，则较少受其限定和约束。在这种情况下，只有属于整个村庄地域范围内的村规民约，才对全体村民具有适用性和约束力。

为说明村庄的村规民约和宗族族规家法类村规民约的适用人群范围，我们仅将清代乾隆二十七年（1762）五月由婺源县思溪村居住的王文、王敦伦等为首的王姓宗族成

---

① 乾隆《橙阳散志》卷1《舆地志·疆界》。
② 光绪《善和乡志》卷1《志境》，中国地方志集成，乡镇志专辑第27册，江苏古籍出版社1998年版，第314页。
③ 万历《程典》志卷4《风俗志》。
④ 民国《绩溪庙子山王氏谱》卷8《宅里略·位置》。
⑤ 民国《绩溪庙子山王氏谱》卷8《宅里略·沿革》。

员，单彬华、单笃庆等为首的单姓宗族成员，以及以俞兴灿等为首的俞姓宗族成员共同请示婺源知县颁布的《思溪村合村山场禁示碑》文字照录于下：

> 特授婺源县正堂加三级纪录五次纪功一次胡为公吁赏示永禁杜患事。据王文、王敦伦、单彬华、□□□、单笃庆、俞兴灿等具禀前事，词称：身村四户公置俞师坦茶坞、里田坞，面前山、下坞、西培、□坞、头下坞、上培、板门桥、林子坑、黄培山、仓坞培等处山场十二局，乃一村之来龙，面前水口攸关。栽种杉松竹木，掌养保护，屡被无知小民入山侵害。今村佥议，业经唱戏鸣约加禁，但恐人心不一，未沐示□，仍蹈前辙。为此，公叩宪太老爷恩准赏示，勒石严禁，俾愚民知有法究，而山场永无侵害，合村感戴上禀等情。据此，合行示禁。为此，示仰附近居民人等知悉：嗣后，王文等公置俞师坦等处山场杉松竹木，乃一村攸关，□□□□□山侵害。倘有不法棍徒擅敢砍伐，许业主同约保指名，据实赴县具禀，以凭严拿，大法重究，断不宽贷，各宜凛遵毋违。特示。遵。
>
> 乾隆二十七年五月初十日　　示
>
> 仰勒石永禁。[1]

显而易见的是，作为王、单和俞姓多姓村民共居村，王文、王敦伦、单彬华、单笃庆和俞兴灿等代表思溪全体村民请示婺源知县所颁示的这通《合村山场禁示碑》，绝不是王姓或单姓、俞姓某一宗族约束本族成员的族规家法，而是包括以上三姓全体村民都要共同遵守的村庄村规民约。

乡约和会社组织的村规民约，其适用范围是乡约和会社组织的全体成员。在徽州，乡约自明代倡行以来，其主要类型大体有地域性和宗族性乡约两大类，"乡约会依原编保甲。城市，取坊里相近者为一约；乡村，或一里、或一图、或一族为一约，其村小人少附大村"[2]。因徽州山区村落聚族而居，许多村庄成立的乡约都呈现出宗族化的特征。与此同时，宗族的乡约化趋势也更加显著[3]。不过，根据明清徽州确实存在地域性和宗族性两类乡约，因此，两类不同的乡约，其成员也各有不同。地域类乡约，一般以地域疆界为限，凡是在乡约统辖地域范围内或一里、或一图、或小村附大村的村落联合体的村民，都属于该乡约的当然成员。明代嘉靖二十三年（1544）和嘉靖三十四年（1555）歙县岩寺分别建立起来的"岩镇乡约"和"岩镇备倭乡约"，就是这种按照地域疆界划分的乡约，如岩镇乡约的地域范围和管理人员，即是"仿蓝田吕氏之约，以束一乡，而首端士习。每月定期讲论于南山之阳，喜有庆，哀有吊。习业有会，彬彬然"[4]。岩镇乡约把"巨室云集"[5]的岩镇地域"一镇分为十八管，有纪有纲；每管各

---

① 原碑现嵌于江西省婺源县思口镇思溪村一古庙前墙上。

② 嘉靖《徽州府志》卷2《风俗》第29册，北京图书馆古籍珍本丛刊，第68页。

③ 参见常建华：《明代徽州的宗族乡约化》，《中国史研究》2003年第3期。

④ 雍正《岩镇志草》亨集《名贤传·郑佐》，中国地方志集成，乡镇志专辑第27册，江苏古籍出版社1998年版，第146页。

⑤ 雍正《岩镇志草》卷首《志草发凡》，中国地方志集成，乡镇志专辑第27册，江苏古籍出版社1998年版，第100页。

集数十人，一心一德"①。这就从地域上，将乡约的范围进行了界定。至于宗族类乡约，其成员则主要来源于该宗族的全体成员。徽州最为典型的宗族类村规民约，主要有明代隆庆六年（1572）建立的祁门文堂陈氏乡约。该乡约的同立人共二十五人，约正、副二十八人，约赞七人，全为文堂村陈姓宗族成员，其成员范围当然亦全部系陈姓宗族成员。陈明良在隆庆六年（1572）中秋书写的《文堂陈氏乡约序》中指出："惟阖族遵依归，而月朔群子姓于其祠，先圣训以约之尊；次讲演以约之信；次之歌咏，以约其性情；又次之揖让，以约其步趋。不知孝顺尊敬者，约之孝顺尊敬；不知和睦教训者，约之和睦教训；不知安生理毋作非为者，约之使安生理毋作非为。"可见，作为村规民约的一种，宗族类乡约所调整的成员范围，主要局限于本宗族内部的成员，也就是说，在宗族类乡约中，即使是该村的村民，如果不是该宗族的成员，那么他们也就不能成为该宗族所建立的乡约中的成员。尽管村庄中的异姓村民，在一定条件下也受到乡约的限制和约束，如文堂陈氏宗族乡约，对该村也是租种该族成员土地的异姓佃户，即采取了不直接由佃户、小户参与乡约，而是从佃户或小户中编立选举甲长的办法，由甲长负责对佃户或小户的管理与监督。《文堂乡约家法》规定："本都乡约，除排年户众遵依外，仍各处小户散居山谷，不无非分作恶、窝盗、放火、偷木、打禾、拖租等情。今将各地方佃户编立甲长，该甲人丁许令甲长约束。每月朔，各甲长侵晨赴约所，报地方安否何如。如本甲有事，甲长隐情不报，即系受财卖法，一体连坐。如甲下人丁不服约束者，许甲长指名禀众重究。每月朔日，甲长一名不到者，公同酌罚不恕。"② 但他们通常并不在乡约的调整范围之内。他们的行为和乡约中要求的陈氏宗族成员的"人人同归于善"的行为③，没有必然的关联。他们不参加陈氏宗族成员每月一次的乡约家会，每月朔日由佃户中的甲长赴乡约所"报地方安否何如"④。至于文堂村的其他姓氏的非陈氏宗族佃户的村民，更与文堂陈氏宗族乡约的活动无关。也就是说，文堂陈氏宗族乡约调整的只是陈氏宗族内部成员的关系，它的成员范围当然也就局限于陈氏宗族成员，而非全体文堂村村民。

会社类村规民约的成员资格，通常限于参加会社活动的全体成员尤其是出资办会的会首。由于明清时期徽州的会社类型繁多，且具有一定的地域性特征。因而，会社的成员既有宗族性的，也有非宗族性的。就祭祀祖先类的清明会等会的组织而言，清一色的宗族成员显然是其成员结构的最基本特征。而祭祀类似土地神、文昌帝的会社以及金融性和乡绅文人所结成的会社，则又往往是非宗族性的居多。明代洪武三年（1370），明太祖"诏天下乡民立社"⑤。嘉靖五年（1526），应天巡抚陈凤梧再次要求各地立社。于是，响应明太祖和陈凤梧的号召，明代徽州各地几乎每一村庄都建立起了自己的社，个别村庄甚至建有数所甚至十数所社的组织。如截止到清雍正年间，歙县岩寺即建立有永兴义井社（明嘉靖五年，奉应天巡抚陈行本县各里立社，当日社首十二家，立簿十

---

① 雍正《岩镇志草》贞集《艺文下·岩镇乡约叙》，中国地方志集成，乡镇志专辑第27册，江苏古籍出版社1998年版，第229页。

② 隆庆《文堂乡约家法·文堂陈氏乡约》。

③ 隆庆《文堂乡约家法·会诫》。

④ 隆庆《文堂乡约家法·文堂陈氏乡约》。

⑤ 乾隆《橙阳散志》卷6《礼仪志·祭祀》。

二册，编号智、仁、圣、义、忠、和、孝、友、睦、姻、任、恤，家收一册，分别智字方尚、仁字胡沧、圣字胡积佑、义字陈朝伟、忠字汪宗龙、和字方桂柏、孝字龚然达、友字俞嘉贞、睦字胡光德、姻字吴仕圣、任字吴自成、恤字汪时复。崇祯十年重修，康熙六年，增入徐日学一家，并立元字号簿）、长兴祖社（其社户昔为阎氏，今为龙池胡、上新街汪、柳塘巷程、尚义孙、佘家巷汪、一管王，清雍正九年，汪成材修）、四义井社（唐元和间，闵公合龚、黄、胡四姓共立，洪武六年，闵君子寿欲重建，龚、黄、胡多他徙，因另联汪、方、吴三姓，仍成四义，时同社者六十户。后废。正德元年，合众公议重建）、龙潭社（南山郑氏明万历年间建）、义成祖社（明洪武初，诏天下立社，岩镇众姓同建，故曰"义成"。嘉靖间遭灾。万历二十三年，汪氏合族重建）、宁寿祖社（明万历十年，众姓建）、长塘祖社（又名"庆寿会"，明万历七年建。崇祯八年，社户十九姓同修）、长兴社（明万历七年，佘姓合族建）、龙潭祖社（岩寺方氏七门之社）、镇东祖社（宋咸淳六年，徽州提刑节度同知致仕邱龙友钱塘知县致仕王英杰奏请奉准立社。明洪武初，兵毁，龙友公曾孙邱焕文捐资复造。万历间，邱大用、程茂麟、宋必勉、吴仕旃等倡众重修。清康熙三十一年新之）、崇仁兴义社（初建于明嘉靖、隆庆之际，万历三十年，曹祺等重建。康熙二十六年，张之燧等重修）、龙潭社（鲍汝璋于康熙十五年创建）、尧源社（不知建于何时，为南北十四管人户所祀。明万历三十三年重建）和晋昌社（明成化年间建）等十五所社。在这十五所社中，文字记载明确的多姓共建的地域性而非宗族性的社就有八个之多[1]。一村多社现象，在歙县蕃村现存的遗存中，还有宁丰大社和许家社屋二座社屋。显然，就社而言，主要有血缘宗族性社和村庄地域性社两类，且以村庄地域性的社占多数。通常宗族血缘性社的成员限于宗族内部，而村庄地域性社的成员则包括居住于该村地域范围内的所有村民。会的情况和种类更加复杂，大体上，既有宗族性的会，如清明会等，也有地域性的会，如歙县岩寺的南山文会等。规模大者有跨村庄地域的数村联合性会，如休宁县十三都三图旌城为中心的祝圣会，即是跨越旌城、溪口、阴山背和金竹数村的会社组织。规模小的甚至还有由小家庭成员组成的家会等。根据不同类型会社和会社规约的规定，会社的成员也各有不同。

关于合同和告示类村规民约，其成员范围一般依合同和告示内容的不同规定而定。大体上，订立和签署合同的成员，是合同类村规民约的当然成员。告示类村规民约，则主要以告示类型和内容规定的范围而定。

总之，明清时期徽州村民和特定组织成员资格的认定和确立，大体上可按地域和组织两大类别进行划分。除居住在村庄内的全体成员可以比较明确地认定为当然的村民以外，其他组织的成员资格确立和认定则相对较为复杂。就宗族成员资格而言，被削除族籍的成员，显然不能被认定为该宗族组织的成员。同样，会社组织中自愿脱离的成员，显然自脱离之日起，便不在会社组织成员之列。相反，新增加的会社成员，则自加入之日起，在恪守会社规约、履行会社规定的权利、责任和义务的前提下，则成为会社组织的当然成员。

---

[1]　雍正《岩镇志草》元集《祠社坛宇》，中国地方志集成，乡镇志专辑第 27 册，江苏古籍出版社 1998 年版，第 134—136 页。

三　明清徽州村规民约的制定与执行

那么，徽州的村规民约是如何制定与执行的呢？

先来分析一下村规民约的制定。与国家法由国家权力机关按照一定的法律程序制定并具有一定的强制性效力不同的是，明清时期徽州村规民约的发起者和制定者则主要是来自于乡村社会中的某一地域组织或人群，其任务和作用，主要是配合与协助国家法，对某一特定组织（包括自然和行政村落、宗族和会社等）或特定人群进行自我管理、自我服务和自我约束以维护乡村社会已有的社会与经济秩序，进而达到稳定乡村社会的目的。明清徽州地区村规民约的制定者，大多是居住于乡村社区中的精英，这些精英既包括国家法定的村庄行政负责人，也包括宗族的头面人物，还有大量的乡绅群体。

就明清时期徽州村落的村规民约而言，一般是由居住于该社区地域范围内的法定行政组织里甲长、乡约、保长以及乡绅阶层共同发起、协商制定的。如清乾隆十九（1754）年闰四月徽州某县十八都四图吴德嗣、朱允公、戴才志、蔡思志、范吉振、叶在田等十六人共同发起订立的《轮充均役合同》，就是由居住于十八都八图乡约叶为美和钱运宝、保长叶圣宠参与发起并于上述十六人一道签署押制定的一份专门为轮派甲长差役事务的村规民约。该合同指出："十八都八图立议约合同人吴德嗣、戴才志、范吉振及众姓等、本图保甲长，今值事务繁重，难以承充。众等齐集各姓公同酌议：置有产业，及图内居住，公同轮充均役，料理、照管、监察、争竞、斗殴，及毋藉匪类，不许容留居住。稽查安辑，宁静地方。此系公务，对神阄定月日，轮者充当。凡遇一切在公及图内事，本人承值，毋得推委。"①

以宗族名义制定的族规家法类村规民约，则是"以族长为核心的房长缙绅集团"②等共同商议制定的。明万历十四年（1586），祁门清溪郑氏宗族的《家规》，初定于嘉靖三十五年（1556），在族老和族长等郑氏宗族的缙绅集团共同参与下不断斟酌商议完善后颁布的。为说明问题，谨将万历十四年（1586）由郑氏宗族族老和族首共十二人联名制定和颁行郑氏《家规》告示文字照录于下：

> 吾家自祖以来，其奉先睦族遇下，各有定额，但行之既久，不能无弊，其通变损益以趋时者，今日不得不然也。于是上遵国法，远稽祖训，近采众议，酌成家规。夫规之为言戒也，又言式也，事有不趋于时，不合于理，不可纵也，故戒之。戒之而趋于时，合于理，可世守矣，故式之。此规之所由立而人之所当遵也。其或有干于此者，则礼罚炳炳在也，条陈于后，期毋犯。

> 右家规立自嘉靖三十五年，屡经佥议，逐条斟酌，至后益加详妥。兹因家乘既成，摘其要略附梓于末，以便观守云。时

---

① 《乾隆十九年闰四月徽州某县十八都八图吴德嗣等轮充均役合同》，原件藏南京大学历史系资料室，编号000056。

② 赵华富：《两驿集》，黄山书社1999年版，第308页。

　　万历十四年丙戌孟冬月吉旦族老之珍　之锡　应祥

　　　　　　族首奇保　端阳　之汶　之琦　应绶

　　　　　　应龙　一治　伯昱　伯洪 共立①

　　雍正歙县《潭渡黄氏族谱》的"族规"就是以潭渡黄氏宗族族长和八堂尊长联合文会共同商议制定的。"公议宗祠规条计三十二则，乃八堂尊长暨文会诸公于康熙甲午仲春下浣七日议定，自当永远遵守"②。无论是万历祁门郑氏宗族家规，还是雍正歙县潭渡黄氏宗祠规条，其制定者都是来自于宗族内部的族长、族老、文会等头面人物和乡绅等精英阶层。正如明万历二十六年（1598）袁国侗在为休宁城北周家坞《周氏宗规》所写的《序》中所云，"盖闻俗奢示之以俭，俗俭示之以礼，所以明礼以维风，正身以范俗，胥于族长、宗子责也"③。肩负宗族风俗教化重任的族长、宗子和乡绅等缙绅集团，显然在族规家法的制定过程中，发挥着比其他宗族成员更大的作用，或者说，他们就是宗族族规家法类村规民约的忠实倡导者和实际制定者。

　　各种会社的规约则由会社的发起者和会首联合会社成员共同讨论制定，如大部分文会规约即是如此。但宗族性会社，则和族规家法一样，也是由宗族的族长出面负责制定的。如明天启元年年（1621）休宁某村友义堂程氏宗族所建立的旨在祭祀祖先、祭扫祖坟的清明会，其会规即是由聚居该村的宗族族长程宏等联合"各房（门）长议定"设立的④。清代绩溪县高迁村高氏宗族，有感于该族清代文教不及于前，乃在宗族头面人物的倡导下，创立了所谓的"学愚文会"，"合族兴立文会，名曰'学愚'。非特不忘先烈，且以愚者可学，而智者愈无不可学也。吾愿后之愚者学而不自以为智，尤望后之智者愿学而直自以为愚"⑤。还有一些跨地域性的会社，甚至由乡村基层社会的里甲长牵头发起制定，如成立于明崇祯年间一直持续至民国三十年（1941）的休宁县西南部十三都三图祝圣会，其会规就是由乡村社会的基层组织发起并制定和不断修改完善的，"住居十三都三图里长吴文庆、保长汪宗公及士农工商各户人等旧议祝会事"⑥。而创建于明嘉靖中叶的歙县呈坎潨川文会，其会规则是由文会发起人等共同制定的⑦。至于一些以祭祀祖先为宗旨的清明会和以祭祀土地神为目的的春祈秋报性质的社等，其会社规约的制定和调整，在宗族聚居的徽州乡村社会，宗族族长无疑起到了不可替代的作用。

　　还有一种村规民约，系由少数人发起、部分人参与的完全出自某一特定事项而制定的诸如护山保坟禁约合同、禁止赌博告示和调解民间纠纷的和息文约等等，其制定者基本上来自于当地乡村基层组织的里甲、保长、乡约和宗族会社以及纠纷当事人等群体。

---

①　万历《祁门清溪郑氏族家乘》卷4《郑氏家规》。

②　雍正《潭渡孝里黄氏族谱》卷6《祠祀·附公议规条》。

③　万历《重修城北周氏宗谱》卷9《周氏宗规序》。

④　《天启元年休宁程氏立〈清明挂柏簿〉》，王钰欣、周绍泉主编：《徽州千年契约文书》（宋元明编）卷8，花山文艺出版社1993年版，第192页。

⑤　光绪《梁安高氏宗谱》卷11《学愚文会序》。

⑥　《明崇祯十年——清康熙四十九年祝圣会簿》，原件藏南京大学历史资料室，编号000055。

⑦　《潨川文会簿》抄本，该书复印本由卞利收藏。

如清嘉庆八年（1803）十月，休宁县二十五都五图浯田村，敦请休宁知县颁示的《严禁棚民入山垦种告示》，即是由聚居该村的程氏宗族族长程元通、保长程敬培，房（门）长程伊志、程良吉、程象符，监生程步鳌，生员程其经，司祠程汇公等精英共同发起的。可以说，这里宗族族长、村落保长、乡绅等组成的村庄头面人物所组成的精英集团，在制定该件村规民约中，发挥了极其重要的作用①。清同治九年（1870）三月祁门县知县颁行的文堂村禁赌告示的，也是由聚居该村的陈氏宗族的族长陈龙生、监生陈寿长、陈光门和陈光斗联合村民共同制定和请示颁布的②。

同村规民约制定紧密相连的是村规民约的执行问题。由于任何村规民约都有一定的施用范围、施用人群和时间效力，因此，明清时期徽州的村规民约执行和承续，就存在一个执行者和执行时间问题。

原则上，就村落地域范围内的村规民约而言，其执行者显然是该村落法定的行政官员，如里长、甲长、保长和乡约等。如违反村规民约的规定，又不服执行者的处罚，那么执行者则可直接呈官理治。如清乾隆十六年（1751）四月，徽州某县项凤仪等所立的《排年合同》即规定，"合同十排集议，嗣议之后，各甲排年催管各甲完纳，不得遗累现年。立此合同存据，永不拖累。倘有抗欠、不依合同反悔者，甘罚白米叁石。如有不遵，十排呈官理论"③。在祁门县文堂村，佃户被编为若干甲，设立甲长，所有佃户即受甲长的约束和处置，而甲长则又受乡约控制。"本都乡约，除排年户众遵依外，仍各处小户散居山谷，不无非分作恶、窝盗、放火、偷木、打禾、拖租等情。今将各地方佃户编立甲长，该甲人丁许令甲长约束。每月朔，各甲长侵晨赴约所，报地方安否何如。如本甲有事，甲长隐情不报，即系受财卖法，一体连坐。如甲下人丁不服约束，许甲长指名禀众，重究。每月朔，甲长一名不到者，公同酌罚，不恕"④。在这里，乡约的约正、副，显然是文堂村村规民约的最高执行者和裁判者，而甲长则是次一级的执行者和裁判员。对实在无法执行者，送官处治，则是明清徽州村规民约执行过程中的最终环节和处置手段。事实上，明清时期徽州许多类型的村规民约都有违犯者被呈官处置的记录。

就宗族族内的族规家法类的村规民约而言，其执行者则是宗族的族长、由宗族族长委托的管理人员和宗族中的乡绅集团。明万历休宁《茗洲吴氏家记》在其族规《家典》中，不仅明确了族长是族规家法的执行人，而且对违犯族规家法者采取了最为严厉的革除族籍的惩罚措施。"倘有户婚田土，事不得已，尊长不恤以至抱屈，亦当禀请族长以分曲直。……婚配须择门楣相对之家，如或素无姻娅，轻与议聘，门第不对，乡鄙诟笑。是人之以奴隶待其身，以卑下待其子孙，我族即不当与之并齿。生不许入堂，死不许入祠"⑤。明代休宁《商山吴氏宗法规条》即指出："祠规虽立，乃虚文也。须会族

---

① 《清嘉庆八年十月休宁浯田岭严禁私棚民入山垦种碑》，原碑现嵌于安徽省休宁县龙田乡浯田村一商店墙中。

② 《清同治九年三月十八日祁门文堂奉宪严禁赌博碑》，原碑现铺于安徽省祁门县闪里镇文堂中村敦本祠地面上。

③ 《清乾隆十六年四月徽州某县项凤仪等立排年合同》，原件藏南京大学历史系资料室，编号000059。

④ 隆庆《文堂乡约家法》。

⑤ 万历《茗洲吴氏家记》卷7《家典记》。

众，公同推举制行端方、立心平直者四人，四支内每房推选一人为正、副，经理一族之事。遇有正事议论，首家邀请宗正、副裁酌。"① 在祁门善和村，聚居于该村的程氏宗族推选五大房轮值管理族务，执行族规家法，遇有重大事务，管理者必须禀明各房家长，由家长集终公议。初刻于明嘉靖年间、续刻于万历初年的《窦山公家议》规定："凡属兴废大节，管理者俱要告各房家长，集家众商榷干办。如有徇己见执拗者，家长家众指实，从公纠正，令其即行改过。如能奉公守正者，家长核实奖励，家众毋许妄以爱憎参之，以昧贤否。各房如有不肖子孙，将众共田地山场祠墓等件盗卖家外人者，管理者访实，告各房家长会众即行理治追复，或告官治以不孝论。"② 不过，宗族族长执行族规家法类村规民约时，一般被要求在家法许可的框架内进行，不得违背国法，"家法止于杖责驱逐，若罪不止此，则送官究治，不得私立死刑。杖责驱逐之法，尊长可施于卑幼，卑幼不得施于尊长。行家法者，必以是为准"③。

以会社等组织名义制定的会社规约类村规民约，其执行者是轮值的会社首领，即所谓的会首、社首等以及会社规约规定的人员负责执行。清道光三十年（1850）九月，休宁县十三都三图祝圣会，对入会佃户不能遵守会规欠交地租行为，即制定了由会首邀请会众行使处置权的会规。"会内各佃户设或抗租不交司年者，即行通知上下会首，仝往催讨。如有刁佃梗顽，颗粒不交，即应邀全在会诸公商议公允，再行公举。而管年之家亦不得借公报私"④。不过，宗族性的会社规约的执行，宗族的族长和家长、房（门）长依然是主要的执行者和裁判人。清嘉庆十九年（1814），祁门箬溪王履和堂养山会对触犯《条规》者，即规定了由宗族族长和各家房长依家法进行处罚的条款，"兴山之后，各家秩丁必须谨慎烟火。倘有不测，无论故诬，公同将火路验明。查出，罚银十两，演戏十部。如不遵罚，即令本家房长入祠，以家法重责三十板。元旦，祠内停饼十年。妇女失火，照例减半，咎归夫子。如无夫与子，咎归房长，公同处罚。外人，另行理治。"同村落和宗族的村规民约一样，会社的规约也规定了对处罚对象不服闻官治理的条款，王履和堂养山会的会规即规定，对"恃强不遵者，呈官处治"⑤。明清时期遍布徽州乡村的会社组织——文会，在执行会规、调处民间纠纷方面，起到了十分重要的作用，诚如方西畴在《新安竹枝词》中所云："雀角何须强斗争，是非曲直有乡评；不投保长投文会，省缺官差免下城。"⑥

明清时期徽州的村规民约还有乡约等组织制定的规约，其负责执行者主要来自于乡约的约正、约副等乡绅阶层组成的核心成员。⑦ 乡约自明代中叶至清前期不断得到统治阶级的倡导和施行，明嘉靖年间，徽州知府倡行乡约，各地纷纷响应，绩溪县令郁兰"奉府何东序乡约条例，令城市坊里相近者为一乡约，村或一族一图为一约。举年高有德一人为约正、二人为副，通礼文数人为约赞，童子十余人歌诗。缙绅家居，请使主

---

① 《商山吴氏宗法规条》（不分卷）。
② 周绍泉、赵亚光：《窦山公家议校注》卷1《管理议》，黄山书社1993年版，第13—14页
③ 光绪《梁安高氏宗谱》卷11《家法》。
④ 《清道光廿四年——三十年祝圣会簿》，原件藏南京大学历史系资料室，编号000116。
⑤ 嘉庆《环溪王履和堂养山会簿》（不分卷），原件藏安徽省图书馆。
⑥ 许承尧：《歙事闲谭》卷7《新安竹枝词》，李明回、彭超、张爱琴点校，黄山书社2001年版，第208页。
⑦ 参见卞利：《明清时期徽州的乡约简论》，《安徽大学学报》（哲社版）2002年第6期。

约。择寺观祠舍为约所，上奉圣谕碑，立迁善改过簿。至期，设香案，约正率约人各整衣冠，赴所肃班。行礼毕，设坐，童子歌诗鸣鼓，宣讲孝顺父母六条。有善过彰闻者，约正、副举而书之，以示劝惩。每月宣讲六次。"清初继承明朝旧制，清圣祖于康熙九年（1670）亲颁"上谕十六条"，令各地成立乡约进行宣讲。"雍正二年，增颁乡约法律二十一条。乾隆十九年，（绩溪）知县较陈锡奉府太守何达善札，令坊乡村镇慎举绅士耆老足以典刑闾里者一二人为约正，优礼宴待，颁法规条，令勒宣化导，立彰善瘅恶簿，俾民知劝惩"①。现存最为完整的明代隆庆六年（1572）祁门文堂乡约，即赋予了约正、副负责执行的权力，"择年稍长有行检者为约正，又次年壮贤能者为约副，而与权宜议事。在约正、副既为众所推举，则虽无一命之尊，而有帅人之责。……约正、副，凡遇约中有某事，不拘常期，相率赴祠堂议处，务在公心直道，得其曲直"②。

至于明清徽州乡村社会中部分人群为某一目的而专门订立的合同文约等村规民约，其执行者和监督者，则主要是由参与订立合同文约的当事人和中人负责。一旦出现违约行为，则允许遵守者按照合同文约规定的款项即罚则，对违约人进行处罚。明嘉靖十八年（1539）六月，祁门三四都詹天法、刘记保、潘万昌、汪华等所立的养山合同就明确规定："议约之后，各人不许入山砍斫。如违，砍斫壹根，听自众人理治，甘罚白银贰分与众用无词。"③对经过县府钤印并以县府名义颁发的各种告示类村规民约，其执行者基本上仍是当地村落或宗族成员负责执行，不同的是，一旦出现违犯此类告示行为者，执行者可以借此为依据，恳请官府进行处罚。如清康熙五十年（1711）四月，祁门县民盛思贤为保护汪家坦等处山场免遭盗伐，就曾专门恳请县令颁给告示，这纸钤有祁门县印的告示指出："嗣后，本业主蓄养树木，一应人等不得妄行强伐盗砍。如敢有违，即鸣邻保赴县呈禀，究治不恕。"④乾隆四十六年（1781）三月，黟县正堂亦曾应监生姜世铨、村民姜尚仪等请求，专门颁发告示，对位于长瑶庵受侵害的姜氏合族祖坟予以保护，"示仰该处地保山邻人等知悉，所有姜世铨等长瑶庵山地，照界执业，附近人等毋许再行侵挖。如敢故违不遵，许原禀人指名赴县具禀，以凭拿究。该地保山邻人及原禀人等不得借端滋事干咎，各宜禀遵毋违"⑤。

总之，明清时期徽州类型多样、内容丰富的村规民约，其制定者和执行者一般都有着明确的界定。为保证这些村规民约能够得到有效执行，达到制定者的目的，一些地区的乡村基层组织、宗族、乡约和会社等，还专门设立了监督人员，以加强对村规民约的执行。鉴于村规民约的约束范围有时可能超过本地域、组织和人群范围，为强化其权威性和严肃性，一些乡村和各类组织还"需要'邀请'国家进入，并提供资料或对方要求的帮助"⑥。明清时期数量颇丰的徽州府县应民间要求颁发的各类告示，就是乡村社会组织和人群在不能独立解决问题，主动邀请国家权力介入的一种极为重要的路径。对

① 乾隆《绩溪县志》卷3《学校志·乡约附》。

② 隆庆《文堂乡约家法·文堂陈氏乡约》。

③ 《明嘉靖十八年元月初七日祁门县三四都詹天法等立长养树木合同》，原件藏南京大学历史系资料室，编号000058。

④ 《清康熙五十三年四月初六日祁门县严禁盗砍汪家坦等处山场树木告示》，原件藏安徽省祁门县博物馆。

⑤ 《清乾隆四十六年三月初五日黟县正堂告示》，原件藏南京大学历史系资料室，编号000184。

⑥ 张静：《村规民约体现的村庄治权》，《北大法律评论》第2卷第1辑，法律出版社1999年版，第5页。

此，我们必须将这类地方官府的告示纳入村规民约的体系来考察，并对其制定者和执行者进行深入系统的研究。

四　明清徽州村规民约的基本特点和主要功能

明清时期徽州的村规民约类型繁多，内容丰富，但就其总体而言，一般具有以下几大基本特点：

首先是它的地域性。任何村规民约都具有特殊的地域性限制，"代表了一个相对独立的生活共同体"①，或者说只在其所覆盖的地域范围内才具有其效力，超过了该村规民约规定的特定的地域范围，即相对独立的乡民生活共同体，其便失去了应有的效力。可以说，地域性是村规民约的主要特征。明清时期徽州的村规民约地域性特点相当突出，不同县域、不同村庄之间，其村规民约之间都具有其独特的地域性色彩。除非是数村联合制定，否则，即使像歙县棠樾、郑村、槐塘和稠墅等邻村之类的某村单独施用范围的村规民约，在另一村落也无任何约束力。清道光十一年（1831）仲春，祁门桃源村所制定的《奉宪示禁强梗乞丐入境碑》，即对该规约划定了明确的村域界限，"里至天井源，外至横岭下宝山殿"，就是该村规民约效力所覆盖的地域范围②。超越了这一地域范围，桃源村的这一村规民约便失去了其应有效力。即使是宗族性的村规民约，一般亦仅适用于宗族成员所聚居的境域范围之内，更何况徽州村庄地域本身就具有宗族聚居的传统呢？

其次，明清时期徽州的村规民约还具有较强的时效性。任何村规民约都有其施用的时间限制，尽管村规民约作为乡村社会中一种重要的地方性知识和文化传承的载体，往往具有延续时间较长的特点，但是，无论何地何类村规民约，其所拥有的时效性则是毋庸置疑的。我们看到，从明末至民国年间延续数百年之久的休宁县西南山区十三都三图以旌城为中心的祝圣会，其《会规》就因不同时代的变化而因时致宜地进行过多次调整，淘汰一些过时的内容，增加一些新的规定。再如，明代祁门文堂的乡约《诫条》，到了清代就失去了其存在的现实价值。同样，明清时期徽州各地的村规民约，在今天看来，除了具有历史研究价值和借鉴价值外，应当说基本没有现实的约束力了。宗族的族规家法类村规民约，在宗族发生重大变迁之后，也完全丧失了其原有的效力。正如清乾隆时婺源县江湾村江如松所云："事有宜于古而不利于今，法有行于前而不善于后。祖宗立言如箴铭训诫，宝若鼎彝，百代遵守可也。至于作法处置，虽古人具有深意，然有不能行于今者，不得不为之变通焉。"③ 徽州许多乡村社区中宗族族规家法在历代谱牒编纂的过程中，如同婺源江湾萧江氏宗族一样，都处在一种不断进行充实和调整的动态过程之中，在某种程度上说，都是基于这些族规家法失去时效性而不断进行因时制宜变通的这一主要目的。

---

① 张静：《村规民约体现的村庄治权》，载《北大法律评论》第 2 卷第 1 辑，法律出版社 1999 年版，第 35 页。

② 《清道光十一年仲春月祁门县桃源村严禁乞丐入境碑》，原碑现嵌于安徽省祁门县闪里镇桃源村廊桥墙壁中。

③ 乾隆《萧江复七公房支谱》卷 4《手泽·清归旸田坟地山税记》。

再次是它的宗族血缘性。明清徽州的村规民约不同于其他地区的一个突出特征就是它的宗族血缘性，无论是村庄规约、宗族规约、会社规约、族规家法，还是乡约、合同、告示，由于其成员大多为聚族而居的村民（含乡绅等），因此，这里的任何一种类型的村规民约，都深深地打上了宗族血缘的烙印。清乾隆五十年（1785）婺源汪口村恳请婺源知县颁布的《严禁盗伐汪口向山林木告示》类村规民约，其实就是由聚居该村的俞姓宗族联合发起的。该告示内容如下：

> 奉县主示禁：
> 特授婺源县正堂加五级纪录十次记功二次彭为吁恩给示、申禁杜害事。据东乡六都汪口生员监俞大璋、俞芝秀、俞镇玑、俞麟祥抱呈，俞本禀称：生乡聚族而居，前籍向山以为屏障，但拱对逼近削石巉岩，若不栽培，多主凶祸。以故历来掌养树木，垂荫森森。自宋明迄今数百年间，服畴食旧，乐业安居，良于生乡大有裨益。乾隆四十三年，无藉之徒盗行砍伐，当经捉获。适值张主仙逝，迫禀军厅，已蒙究详在案。奈日久玩生，复萌觊觎。旦旦而伐，山必童赭；事关祸福，害切肌肤。生等协众佥议，酌立条规，重行封禁，永远毋得入山残害。即村内一切公事，均不许藉辞板摘，以启砍伐之端。布帖于乡，咸称善举。但恐愚氓无知，非请法禁，终肆梗玩。恭际太父师莅任以来，严明相济，威德并施，雷厉风行，家喻户晓。为此，吁恩准给示禁，永远杜害。煌煌金谳，谨镌诸石，以垂勿朽。俾斧斤不入于山林，则宪泽且及于草木矣。一乡戴德，万禩铭恩等情，据山合行示禁。为此，示仰该地约保及村内居民人等知悉：尔等各宜自爱，毋得借公残害，永远蓄养向山。倘有故违，一经该生等控告，定即孥究，决不姑宽。各宜凛遵毋违。特示。
> 乾隆五十年十二月　　　　　　日示 ①

这纸"告示"告诉我们，在明清时期聚族而居的徽州乡村社会中，村规民约所具有和显示出的宗族血缘性特征是极其突出的。事实上，明清时期徽州许多地区的即使是多姓共居的村庄，尽管我们还不能武断地得出徽州村规民约呈宗族化趋势这一结论，但其村规民约多呈保护势力较大的宗族利益的倾向还是显而易见的。

再次是它的模糊性和变通性。明清时期徽州的村规民约，作为一种民间法，毕竟不同于国家制定法，在进入地方官府司法领域之前或之外，它会对与国家法相矛盾甚至是相抵触的内容，因人、因事、因地进行调整。尽管明清时期徽州的村规民约在大多数情况下是在国家法的框架下制定的，但与国家法之间的细微矛盾与冲突还是经常存在的。因此，一旦进入正式的国家司法领域，这类村规民约即可能会采取某些模糊的变通方式，来寻求与国家法的吻合与一致。当然，一些户婚、田土和斗殴等民间细故，国家法一般亦会采取尊重并向村规民约让步或妥协的方式，来达到稳定乡村社会的目的。如清代中期以后，徽州各地乡村土地买卖中普遍存在的"小买"问题，作为一种民间约定俗成的"乡例"，其与国家法的规定就是互相矛盾和抵触的，"歙邑买卖田地之契约，

---

① 《清乾隆五十年十二月婺源严禁盗伐汪口向山林木告示碑》，原碑现嵌于江西省婺源县汪口村旧乡约所墙壁中。

有大买、小买之区别。大买有管业收租之权利，小买则仅有耕种权，对于大买主，仍应另立租约"①。由于"小买"俗例的普遍存在，经常导致各种纠纷，因此，徽州知府早在嘉庆四年（1799）即为此专门颁布严禁告示，对此行为进行严厉禁止，"徽州府太爷竣为严禁小买名色以清田业、以息讼端事"②。但代表国家权力立法的徽州知府严禁小买的告示，并没有发挥作用，在此法令公布之后，徽州各地乡村的小买行为，依然按照当地的"俗例"有条不紊地进行。而此后甚至到了民国年间，这种"小买"俗例一直存在着，而且地方官府在处理民事纠纷和诉讼时，往往还据此作为证据。在这里，代表国家行使权力执行国家法或制定地方法规的徽州各地地方官府，显然是向村规民约让步和妥协了。

明清时期徽州村规民约的基本功能，就其本质而言是为了维护既有的社会秩序和乡村社会的稳定。具体来说，其功能主要体现在以下几个方面。

第一，规范乡民行为、协调个体与群体关系的功能。国有国法，村有村规，这是包括明清时期在内的中国封建社会的基本政治。但国法是宏观的国家法律法规，而村规则是具体的，是国法在某一乡村地域范围内的具体表现，是国法的具体化，或者说是国法的必要补充和延伸。即如村规民约中的族规家法而论，其与国家法的关系，正如清宣统绩溪《仙石周氏宗谱》所云："家法治轻不治重，家法所以济国法之所不及。极重，至革出祠堂，永不归宗而止。若罪不止此，即当鸣官究办，不得僭用私刑。山乡恶俗，有重责伤人及活埋者，此乃犯国法，非行家法也。"③ 体现礼法合治的村规民约，在大山阻隔、宗族顽固的明清徽州社会中，其实更具有规范乡民言论、行为、生产、生活和思想的作用。无论是村庄的规约、宗族的族规家法、乡约会社的会规诫条以及各种合同文约的规定，其本身都具有协调一定村庄地域范围、组织内部和特定人惩恶扬善的行为规范功能，是个体行为服从群体行为的基本体现。如清乾隆二十六年（1761）四月二十日祁门县知县应该县三四都康良耀等之请颁行的《严禁盗砍侵害康姓等山业告示》，即是典型的规范三四都村民、山邻不得盗砍山林树木、盗挖柴笋和放火纵焚行为的村规民约。该"告示"全文如下：

> 祁门县正堂加三级纪录三次吴　为委实祀山叩恩给示以杜砍挖事。据康良耀、康启炎、康兴仁、康良贤、康良淳等具禀前事，词称：切身南乡三四都潘樟村地方，所有祀众祖坟冢山及青山，屡遭不法棍徒越入身山，盗砍青苗树木，盗挖柴椿，放火纵焚，勿问身家祖脑坟冢及税山等产。目击心伤，深为痛恨。屡奉上宪示谕兴禁，国课民生有赖。身等蓄树保冢，余山及青山栽养松杉杂木，供课办祀，诚恐梗顽之徒复效前辙。为此，禀明，恳恩给示，以杜砍挖、故焚，课祀两赖，万代朱衣顶祝，上禀等情。据此，合行示禁。为此，示仰该处约保、业户、居民、山邻人等知悉：嗣后，如有不法棍徒擅入康姓祀山，盗砍青苗树木、盗挖柴椿、放火故

---

① 《民商事习惯调查录》，《第九章 安徽省关于物权习惯之报告·第一节 歙县习惯·不动产之大买小买》，司法部刊行 1930 年版，第 407 页。

② 《清嘉庆年间黟县孙正望等为小买纠纷禀状》，原件藏安徽大学徽学研究中心特藏室。

③ 宣统《仙石周氏宗谱》卷 2《家法》。

焚者，许即查实，指名赴县禀报，以凭严拿究处，断不姑宽。各宜凛遵勿违。

特示。

乾隆贰拾六年四月廿日示。①

通过这样一纸"告示"以及诸如村庄、会社或宗族规约等类的村规民约，居住于某一乡村社区或某一组织的村民，其言论和行为便得到了有效的规范，村庄或组织的各种关系得到了协调。事实上，只要这一规范明确并能得到有效的执行，国家与乡村基层社会良性互动便能得到真正的实现。正如《文堂乡约家法》所云："立约本欲人人同归于善，趋利避害。"②而制定宗族规约也正是基于这样一个家国一体的目的，所谓"治国本乎齐家，以是见家国之通也。……太史公谓'礼禁于未然，而法治于已然'。治国如斯，治家无异术也；治家如是，治国无异术也"③。

第二，互助的功能。从明清时期徽州村规民约的类型和内容中，我们不难看出，在山多田少、人众地寡的徽州山区，生产和生活上的互助在为数众多的村规民约中占据了很大的比重。创建于明嘉靖年间的歙县岩镇乡约，其宗旨就是"庶患难相恤之义复敦，而仁厚相成之俗益振"④。明代休宁城北周家坞周氏宗族的《宗规》告诫族人要互相周恤，"凡遇吉凶庆吊，无论贫富，吉则庆，凶则吊，谅力资助，以尽其敬"⑤。清雍正《茗洲吴氏家典》的《家规》对吴氏宗族内部成员互助作了多方面的安排，告诫族众，"一、族中子弟有器宇不凡，自禀聪慧而无力从师者，当收而教之，或附之家塾，或助以膏火。培植得一个、两个好人，作将来模楷，此是族党之望、祖宗之光，其关系匪小；一、族中子弟不能读书，又无田可耕，势不能不从事商贾，族众或提携之，或从它亲友处推荐之，令有恒业，可以糊口，勿使游手好闲，致生祸患；一、族内贫穷孤寡，实堪怜悯，而祠贮绵薄，不能周恤，赖族彦维佐，输租四佰。当依条议，每岁一给。顾仁孝之念，人所同具，或贾有余财，或禄有余资，尚祈量力多寡输入，俾族众尽沾嘉惠，以成钜观"⑥。类似茗洲吴氏宗族这类族规家法式村规民约的成员内部互助与周恤安排，在其他相关类型的村规民约中基本都有所体现。即使是明清时期徽州会社的许多规约，也几乎都含有或具备成员之间互助周恤的功能。如建立于明万历十五年（1587）的徽州某村程氏余庆堂清明会，其建会目的主要是为了报本祭祀先人、标挂祭扫祖墓，但其生息会银用作周恤族人的行为一直贯穿于清明会的始终，"每年多余，周恤要公议，该周者与，不得顺情，以致争端。倘多余，存积生息，又可周殡葬之需。每人以二斗为止，随时量其出入。孤子以十六岁止"⑦。重建于清道光五年（1825）的祁门善和村利济会，其根本目的就在于"利物济人"，正如《重新议定（利济会）会规》所云：

①　《乾隆二十六年祁门县告示》，王钰欣、周绍泉主编：《徽州千年契约文书》（清民国编）卷1，花山文艺出版社1993年版，第336页。

②　隆庆《文堂乡约家法·会诫》。

③　光绪《梁安高氏宗谱》卷11《家政叙》。

④　雍正《岩镇志草》贞集《艺文志下·岩镇乡约叙》，中国地方志集成，乡镇志专辑第27册，江苏古籍出版社1998年版，第229页。

⑤　万历《重修城北周氏宗谱》卷9《家训》。

⑥　雍正《茗洲吴氏家典》卷1《家规》，刘梦芙点校，黄山书社2006年版，第19页。

⑦　《程氏东隐房清明会簿·顺治十四年丁酉岁清明后程时达自执笔批》，原件藏于上海图书馆。

"复兴此会，原为继志贻谋、利物济人之事。"① 明清时期徽州乡村社会中村庄或各类组织、各种类型的村规民约，其互助与周恤的功能，由此可见一斑。

第三，奖惩的功能。明清时期徽州的村规民约还具有奖励和惩诫的功能，对成员中认真遵守村规民约规定的事项，履行村规民约所赋予的各项责任和义务，村规民约一般都列有专门的奖励条款予以奖励。编纂于清同治年间的绩溪宅坦村《明经胡氏龙井派宗谱》为鼓励宗族子弟锐意向学，专门设立了奖励制度，对考取各级功名者，分别给予不同的奖励。该宗族的《祠规》规定："凡攻举子业者，岁四仲月，请齐集会馆会课，祠内支持供给。……其学成名立者，赏入泮贺银壹两；补廪，贺银壹两；出贡，贺银伍两；登科，贺银伍拾两，仍为建竖旗匾；甲第以上加倍。至若省试，盘费颇繁，贫士或艰于资斧，每当宾兴之年，各名给元银贰两，仍设酌为饯荣行。有科举者，全给；录遗者，先给一半，俟入棘闱，然后补足。会试者，每人给盘费拾两。"而对赴会无文或当日不交卷者，《祠规》还设有专门的惩罚条款，"赴会无文者，罚银贰钱；当日不交卷者，罚壹钱"。② 同样，对不能履行甚至违反村规民约者，则规定有具体的惩罚措施。如清代绩溪西隅胡、唐二姓共同制定的太子神会会规，就对违反会规的成员予以处罚，规定："一定本会内人等毋许私自强借，其有强借者，毋许入会，断不徇情；一定本会分为十二股，一年一换，轮流值守，毋得推挨；一定十八朝办祭，值年者董事，其祭仪等物，十二股均吃均散。若有不到者，毋得散胙（妇人、小厮毋得入席——原注）；一定递年收租，值年者与前岁值年者二人收管。若有刁佃强吞等情，十二人仝收，公议；一定递年晒谷上仓，十二股齐到。如有不到者，公罚米六升交众，毋许入席。"③ 其会规中的奖惩条款规定得可谓是泾渭分明，极为细致。清道光六年（1826）三月祁门文堂村《合约演戏严禁碑》，作为规范村民采茶、拣拾苞芦桐子、入山挖笋、纵放野火和松柴出境等行为规范的村规民约，其奖惩规定也十分明了具体。该约规定："一禁茶叶迭年立夏前后，公议日期，鸣锣开七，毋许乱摘，各管各业；一禁苞芦、桐子，如过十一月初一日，听凭收拾；一禁通前山春冬二笋，毋许入山盗挖；一禁毋许纵放野火；一禁毋许松柴出境；一禁毋许起挖山椿。以上数条，各宜遵守，合族者赏钱三百文。如有见者不报，徇情肥己，照依同罚备酒二席、夜戏全部。"④ 不惟如此，就是诸如赋役轮充合同、养山禁山合同抑或戒赌文约之类村规民约，其奖惩功能也是一应俱全。至于宗族族规类村规民约，其奖惩规定与功能，与其他类村规民约相比，甚至比之更加完善具体。它体现了明清时期村规民约在维护乡里社会稳定方面的基本作用，是明清时期徽州村规民约贯彻落实国家法律法规、展开乡里社会与国家政权良性互动的最基本方式之一。

总之，明清时期徽州的村规民约内容是丰富多彩、包罗万象的，特点鲜明，它几乎涉及徽州山区乡村社会村民物质和精神生产与生活的各个方面，是规范和约束乡民行为和思想的极为重要的规则。在功能上，明清徽州的村规民约也是多方面、多层次的，它

---

① 《徽州会社综录·重新议定（利济会）会规》。

② 民国《明经胡氏龙井派宗谱》卷首《祠规》。

③ 《清道光十年——同治十二年绩溪仁里太子神会簿》，原件藏南京大学历史系资料室，编号000115。

④ 《清道光六年三月初八日祁门文堂村合约演戏严禁碑》，原碑现嵌于安徽省祁门县闪里镇文堂村大仓原祠堂前照壁中。

对维护乡村社会既有社会秩序，维系国家与乡村社会的良性互动关系，进而保持明清徽州乡村社会的稳定，起到了毋庸低估的作用。

五　明清徽州的村规民约与乡村治理

明清徽州的村规民约所调整的关系和规范的对象，主要限于制定和认可村规民约的组织者与个人。它所规范的是一定组织、地域和人群之间既定的社会等级秩序和经济文化秩序。而且更为关键的是，就整体而言，它是在国家法的整体框架下，或者说是在不违犯国家法的前提下制定和执行的，并与国家法并存的一种民间习惯法，是国家法的必要补充和延伸。正如美国学者昂格尔所强调的那样，"与这种核心的法律秩序（即国家制定法——引者注）并存的，是一种非正式的习惯法体系，它体现了传统主义社会的占优势的意识并支撑着该社会的等级秩序。正如传统的机构被似乎与其不相容的发展所利用一样，核心的法律秩序与非正式的习惯之间经常出现了一种共性的关系……人们发现官方的法律制度使争诉求助于非官方的调和方式，或依赖于习惯性认识，或通过官方自己的普遍性条款或无固定内容的标准来解决争诉。相反，习惯法受到了核心法律制度的影响，它的非正式的程序通常日益增加地合法化"①。

国家立法的宗旨是为了维护和巩固统治阶级的统治，镇压敌对阶级的反抗，维持既有的政治经济利益和既定的社会尊卑等级秩序，是统治阶级意志的集中体现。而制定村规民约的目的和宗旨，显然也是为了贯彻统治阶级的意志，维系乡村社会的稳定秩序，是乡村社会治理的重要举措和手段之一。村规民约和国家法两者的目的、宗旨是一致的，是一种互为补充的关系，即所谓的"家法所以治轻不治重，所以济国法之所不及"②。

我们知道，"以礼入法，礼法合治"不仅是明清而且是整个中国古代封建王朝立法的指导思想，也是中华法系的重要特征之一。"人无礼则不生，事无礼则不成，国家无礼则不宁"③。"安上治民，莫善于礼"④。对此，明清两代封建政权的最高统治者是有着充分认识的，"德主刑辅，明刑弼教"、"防恶卫善"⑤，是明清封建统治者立法置刑的主要目的。明太祖朱元璋就曾毫不隐晦地说："制刑之道，圣王所以法至仁辅礼教也。"⑥ 因此，明太祖在相继制定和颁布《大明律》、《大明令》、《大诰三编》、《大诰武臣》等律令、强化法律打击和镇压功能的同时，还专门颁行《圣谕六条》、《教民榜文》等诏谕，大力倡导教化。"明礼以导刑，定律以绳顽"⑦，所谓"法者，辅治之具，当以教化为先。……民不习教化，但知有刑政，风俗难乎其淳矣"⑧。他在《圣谕六条》

---

①　R. M. 昂格尔：《现代社会中的法律》，吴玉章、周汉华译，译林出版社 2001 年版，第 220 页。

②　宣统《仙石周氏宗谱》卷 2《家法》。

③　梁启雄：《荀子柬释》卷 1《修身篇》，商务印书馆 1936 年版，第 13 页。

④　《孝经·广要道章第十二》，郭超、夏于全主编：《传世名著百部·诸子百家第 18 卷》，蓝天出版社 1999 年版，第 95 页。

⑤　《明太祖实录》卷 65，洪武四年五月辛巳条，中央研究院历史语言研究所，第 1233 页。

⑥　《明太祖实录》卷 152，洪武十六年二月辛丑条，中央研究院历史语言研究所，第 2389 页。

⑦　《明太祖实录》卷 253，洪武三十年五月甲寅条，中央研究院历史语言研究所，第 3647 页。

⑧　薛瑄：《薛文清公从政录》，刘俊文主编：《官箴书集成》第 1 册，黄山书社 1997 年版，第 245 页。

中，明确告诫全国百姓，要求他们在既定的封建统治秩序下，"孝顺父母，尊敬长上，和睦乡里，教训子孙，各安生理，毋作非为"①。清圣祖在其所颁行的《圣训十六条》中，也重申："敦孝悌以重人伦，笃宗族以昭雍睦，和乡党以息争讼，重农桑以足衣食，崇节俭以惜财用，隆学校以端士习，黜异端以崇正学，讲法律以定民志，训子弟以禁非为，息诬告以全善良，诫匿逃以免株连，完钱粮以省催科，联保甲以弭盗贼，解仇忿以重身命。"明清两代最高统治者所颁行的这些礼法并重的法令，在某种程度上说，都是从以礼为主、以教化为先和明礼导刑的立场和原则出发，进而实现乡村治理、维护社会稳定特别是维护乡村基层社会稳定的根本目的。

为厉行教化、维护社会稳定特别是农村基层社会的稳定，明太祖朱元璋还在全国城乡广泛建立了申明亭和旌善亭制度，以为两亭的设立"可以儆昏晨，可以达民隐，可以牖民聪，可以弥眺望，可以宣德化，可以壹心志"②。并要求各地"每乡每里，各置木铎一个，于本里内选年老或残疾不能理事之人，或瞽目者，令小儿牵引，持铎巡行本里。如本里内无此等之人，于别里内选取，俱令直言叫唤，使众闻知"，以达到"劝其为善，毋犯刑宪"③的目的。明代中叶以后，随着乡约的普遍建立，活跃于各地的乡约，更是把教化人民"劝善习礼"当成首要任务。僻处皖南徽州山区的祁门县文堂陈氏乡约，就是以"人人同归于善，趋利避害"为指导思想，设置"圣谕屏"，以当地通俗的语言形式，对明太祖的《圣谕六条》进行定期宣讲，以达到人人向善的目的④。清世祖更是将清圣祖的《圣谕十六条》加以注解，要求各地建立乡约，认真进行宣讲，"勿视为条教号令之虚文，共勉为谨身节用之庶人，尽除夫浮薄嚣凌之陋习"，希望以此来实现"闾阎相保，营伍相安；下以承家，上以报国"⑤，以从根本上实现稳定乡村基层社会的目的。

乡饮酒礼是明朝统治者为加强对乡村基层社会统治、维护乡村社会稳定所创立的又一法律制度。明太祖朱元璋来自元末社会的最底层，经过南征北讨、群雄角逐的元末大动乱的洗礼，建立了大明王朝。在长期的流离和征战过程中，他深切地体会到，要维持来之不易的社会稳定局面，必须从乡村基层民众的教化抓起，利用村规民约的力量，真正建立起一个尊卑等级分明、长幼秩序井然的等级社会。他认为实行乡饮酒礼是维护社会稳定的一个较好的方式，"乡饮酒礼本以序长幼、别贤否，乃厚风俗之良法"。为大力推行这一良法，明太祖亲自颁降法式仪制，"令民间遵行"，并一再重申各级、各地官员"务要依颁降法式行之，长幼序坐，贤否异席，"以为"如此日久，岂不人皆向善避恶，风俗淳厚，各为太平之良民"⑥。明清徽州村规民约中劝导乡民向善的许多规定，其实都是渊源于当政的最高统治者各项旨在治理乡村、稳定乡村社会的思想和法律。也就是说，村规民约是在"尊国法"的基础上制定和执行的。

的确，作为一种民间习惯法，同样是遵循"礼法合治"精神的明清徽州村规民约

①　隆庆《文堂乡约家法》。
②　万历《江浦县志》卷5《建置志·公署》。
③　张卤：《皇明制书》卷8《教民榜文》第46册，北京图书馆古籍珍本丛刊，第290页。
④　隆庆《文堂乡约家法》。
⑤　向燕南、张越编注：《劝孝·俗约》，中央民族大学出版社1996年版，第246页。
⑥　张卤：《皇明制书》卷8《教民榜文》第46册，北京图书馆古籍珍本丛刊，第291—292页。

与国家法之间经常保持着高度的和谐与一致。如对国家法特别是其中的民事法律规范，其大体内容和精神基本上是一致的，民间习惯法在某种程度上说是国家法有关条款的细化。它所调整和处置的是诸如土地田宅、婚姻、继承、借贷和争斗等民间细故，是在国家法架构许可的范围之内进行。从村规、乡例、乡约、会社规约，到族规家法和宗族公约，其主要内容大都贯穿着"尊国法"这一基本精神和前提。即以宗族的族规家法为例，我们看到，几乎所有的明清徽州的族规家法，都对明太祖的《圣谕六条》和清圣祖的《圣训十六条》视为最高的指导思想，推崇备至。万历《休宁范氏族谱》的《统宗祠规》第一条即为"圣谕当遵"，云："孝顺父母，尊敬长上，和睦乡里，各安生理，毋作非为。这六句包尽作人的道理。凡为忠臣，为孝子，为顺孙，为圣世良民，皆由此出。无论贤愚，皆晓得此文义，只是不肯著实去遵行，故自陷于过恶。祖宗在上，岂忍使子孙辈如此？今于士族会祭统宗祠时，特加此宣圣谕仪节，各宜遵听理会，共成美俗。"① 乾隆《休宁古林黄氏族重修族谱》云："孝顺父母，尊敬长上，和睦乡里，教训子孙，各安先理，毋作非为。噫，作人的道理尽之矣。这六句话虽深山穷谷，愚蒙之人都晓得。其实，诵诗读书贤智之士不曾体会躬行。我祖诗礼传家，后人日习而不察，故首列家规，宜时将圣谕多方指示，俾习俗返朴还淳，忠孝贞廉皆从此出。"② 如果说，国家法强调的是"忠"的话，那么，包括族规家法在内的村规民约所强调的则是"孝"，而无论是"忠"还是"孝"，只要恪守在封建统治者所倡导的"礼法"范围之内，两者则又可以完全相辅相成地统一起来。明清徽州宗族在这里所规范的家与国、忠与孝关系，实际上就是徽州许多宗族所标榜的"家国虽殊，忠孝则一"的道理③。

村规民约"尊国法"，还要求它在所管辖权限范围内的乡民触犯国法时，要及时配合国法予以惩处，从而实现家法和国法的协调一致。当然，在聚族而居的明清徽州，包括族规家法在内的村规民约，其处置乡民的最高权限是"治以不孝之罪"，其最重的处置方式是驱逐出村或驱除出族。民国绩溪《鱼川耿氏宗谱》于《祠规》之"惩戒规则"中，对犯有以下五种事项者，即"一不孝不悌者，二流为窃盗者，三奸淫败伦者，四私卖祭产者，五吞众灭祭者。"均予以"斥革，不许入祠"的惩罚④。明崇祯十一年（1638年）二月二十四日，徽州某县某村胡氏义和堂，就曾因族众胡五元、胡连生"不务农业，不安生意，小木走跳，来往踪迹不定，难为稽查。"在胡五元、胡连生被告官拘提，并连夜逃脱之后，该族胡天时等二十二位族人联名订约，将其驱逐出村，从而实现了村规民约"尊国法"的宗旨。该文约全文如下：

明崇祯十一年二月二十四日徽州某县胡天时等立遵旧家规
将族犯逐出村族文书

立文书人胡义和堂，本族人等齐心遵祖旧规，今因五元、连生不务农业，不安生意，小木走跳，来往踪迹不定，难为稽查。旧因詹三阳以贼禀官，差捕快汪礼、

① 万历《休宁范氏族谱·统宗祠规》。
② 乾隆《休宁古林黄氏族重修族谱》卷下《祠规》。
③ 万历《清溪郑氏家乘》卷3《祀产条例》。
④ 民国《鱼川耿氏宗谱》卷5《祠规》。

李太、周标、方资同　里　长汪毛旧腊廿七日拘提。讵五元、连生诡计，至焦坑，将□□□四分钱贰伯文、布乙疋、雉贰只，贿差脱放。本族人等并不知情，今期清明节届，人丁近出生意者皆齐拜祖扫祖茔。是以内有闻风者通众相议，合族人等遵旧家规，捉拿送县主老爷台下法治。其五元等连夜逃走，是以众议，如有见者并知信者，即报众捕捉送理，家口遵祖旧规，赶逐出村，庶免败坏门风，枉法累连。如有知信见者不报，众罚银叁两，入匣公用。如有卖法徇情者，亦赶逐出村，不许在族坏法无词。众立文书，连名歃血，永远存照。

胡天时（押）胡五毛（押）胡有瑚（押）

胡天节（押）胡有瑞（押）胡有相（押）

胡天喜（押）胡大儒（押）胡有象（押）

崇祯拾壹年二月二十四日立文书人胡天明（押）胡六毛（押）胡大璿（押）

胡天晓（押）胡大侃（押）胡有琼（押）

胡高孙（押）胡七毛（押）胡大任（押）

胡宗朝（押）胡有珊（押）胡大有①

　　由这件将犯有国法的胡五元、胡连生驱逐出村的宗族公约来看，只要是违犯国法的族众或村民，明清徽州的村规民约一般都是十分响应并配合国法，对犯法之人追加处罚，进而达到村规民约和国家法的高度统一。宗族公约如此，族规家法更是如此。正如《清道光十八年仲秋月祁门滩下村永禁碑》所指出的那样，"官有正条，各宜遵守；民有私约，各依规矩"②。村规民约和国家法二者，其实就是这样一种既有分工合作，又有高度统一的密切关系。

　　村规民约和国家法之间偶尔也会有抵牾、对立和冲突，但在治理乡村、维护乡村社会秩序和社会稳定这一根本目的下，是高度统一的。除非其具有明显危机封建国家政权的内容，否则，国家法以及执行国家法的地方官员对此是采取睁一只眼、闭一只眼的态度，这实际上是一种默认的办法。包括明清在内的中国历代统治者充分发挥"以良民治良民"、"以乡民治乡民"的政策作用，利用乡村基层组织及其村规民约进行治理，表面上看来好像类似于近代的乡民自治，但这种自治的权限是在国家政权许可的范围之内的，或者说，更多的是将村规民约、乡民自治纳入到国家和地方政权的管辖范围之内的。尽管这种所谓的"自治"在统治政权削弱之时曾经有过失控，但就整体而言，这种"自治"还是在政权的掌控之中。因此，我们在肯定村规民约在乡村治理中积极作用的同时，也有看到其掌控于国家和地方政权之下的事实，避免片面夸大村规民约自治的功能和作用。

〔作者卞利，教授，安徽大学徽学研究中心。安徽合肥　230039〕

---

① 《崇祯十一年胡天时等立遵旧家规文书》，王钰欣、周绍泉主编：《徽州千年契约文书》（宋元明编）卷4，花山文艺出版社1993年版，第433页。

② 《清道光十八年仲秋月祁门滩下村永禁碑》，原碑现置于安徽省祁门县滩下村路旁。

清朝基层社会权力结构的嬗变

——由定州管窥中国基层社会群体分层与利益整合

李伟中

本文所谓的基层社会，是指县域社会。自秦不设尺土之封，开创以郡县治理天下的历史以后，县域社会就成为中国社会正式行政权力的基层。定州位于河北省的右肋，为古中山国所在之地，是华北一个具有代表性的平原农业区，清朝时为一直隶州，民国始废州置县。从定州的社会权力结构来看，太平天国运动以前并没有发生根本性的变化。太平天国运动时期，地方团练兴起，基层社会的权力结构开始发生结构性嬗变，这种社会群体的分层与利益的重新整合也对中国社会的现代转型产生了深远影响。

一 以州府为核心的传统社会权力网络

清军入关以后，邻近畿辅的定州经过短暂的混乱，便很快安定下来。定州"初属正定府，雍正二年升定州为直隶州，辖曲阳、新乐二县，十二年改新乐仍归正定，以保、泽来属"①，除了附属县以外，定州本身也有管辖区域，包括定州城及其周围的乡村，亦即本文所讨论的区域。在清王朝较长的相对安定期，定州逐渐形成了一套比较稳定的社会权力结构。分析起来，这个结构可以分为三个层次：

一是正式代表国家的州府设置。定州属清王朝的直隶州，按照清朝官制，直隶州的最高长官为知州，掌一州之政令；其佐贰官有州同和州判各一人，负督粮、清军、捕盗、水利等辅佐之责；直隶州设吏目一人，掌助理刑狱之事；设训导一人，学正一人，掌州属儒学教育事务；此外尚有职掌缉捕盗贼的巡检和掌邮递和迎送官员事务的驿丞等官，这些均为知州的属官，其下各设攒吏一人协助办事。在辅吏的设置上，直隶州与一般州县类似，辖属吏、户、礼、兵、刑、工等六房典吏若干人②。在官制规格上，作为直隶州的定州相当于一个府，当然要比一个县衙要高一些。但由于定州知州直辖之州城及其四乡之地仍是一个相当于县的单位，在以小农业为基础的封建王朝里，其主要职能也与一个县府并无太大的差别，主要是承转上级政令、征赋派役、审理诉讼和教化民众而已。

二是保甲、里甲，乡约等受州府委托的半官方的乡村控制系统。清代，地方官吏对于乡村的区划设置有较大的自主权。在定州，清朝前期主要采用里甲、乡约之制。里甲

---

① 道光《定州志》卷 2《历纪·建制沿革》。

② 张德泽：《清代国家机关考略》，学苑出版社 2001 年版，第 222—223 页。

之制主要是为了催征赋税所订（此外尚有催头之设），定州原划为三十八里，里设里正一人；乡约负责乡村的教化和治安，每约设有乡长、地方，乡约的数目根据《定州志》道光二十五年编查保甲时查明："定州为村者四百四十有奇，向统以四十四乡约，其不随约者亦自以为约，册数一如村数陈诸，座右、村落历历如目睹"①。里正、乡长、地方等职位"向由该村绅士耆老人等公举明白妥实之人，或按年轮流充当"②。乾、嘉以来，天地会和白莲教等组织活动频繁，社会治安形势每况愈下，政府开始在乡村社区推行保甲编查和联庄会等组织。定州迟至道光二十五年，"始加详保甲之法刊布册式，令各里胥于册首纪一村之总，以下挨次分编，凡若户口，若生业，若年岁，若邻右，若田房牲畜，依式填注，并笔墨发给，不令丝毫扰民。岁一颁查，三查而实数斯得"③。保甲长之人选，按照乾隆二十二年《户步则例》通令，由"士民公举诚实、识字及有身家者，报官点充"④；清《刑部条例》亦规定，保正甲长牌头选正直老练之人任之，若豪横之徒，藉不正名义贪利者，当该长官，严为取缔，并饬其退职从严处罚⑤。定州保甲费时三年始编查完毕。道光二十八年，直隶诸州县"奉台宪通札，饬行联庄法，官吏多难之，惟定州以约为联，不旬日而集事然"⑥。联庄会之庄长也是由地方耆老士绅公推产生的。

三是地域性的士绅权力网络与血缘性的家族权力网络。中国是一个以集权为政治特征、以小农生产为经济特征、以科举文化为文化特征的社会，一般维持地方秩序和维护文化传统的人始终不出该地的绅士与大族。在定州，由于传统文化教育的发达，获取科举功名的人相对较多，绅士阶层的势力也比较强大。据《定县志》统计，自清王朝的科举开考，至1905年科举制废除，定州（不包括附属县）共有32人考中进士以上文武功名，227人考中文武举人，获贡生之类的低级功名者更是举不胜举。这些人的成就足以使他们光宗耀祖，并将这种荣誉荫及家族，成为家族甚至是本地人的楷模。如定州四大才子之一的张朴，其父亲张乐田是位进士，自己是道光辛卯科举人；又如张清波，定州西建阳村人，乾隆壬子科武举，其父张殿臣为丁酉科武举，家中"一时祖孙父子兄弟列生监举武科受秩者二十人，嘉庆二十五年州牧袁给予'世德呈祥'、'恩光叠沐'两匾额"⑦。像张清波这样退职士绅，在大家族中是威严的族长，在乡里是热心公益的著名士绅，在地方上享有很高的威望。无论是民众纠纷，还是推举里正甲长等社区事务，他们都是主要的参与力量。

太平天国运动兴起以前的清王朝是一个相对的强势政府。自入关以后，清王朝就对"四民之首"的士绅阶层严加控制。顺治朝所颁布的卧碑对于绅士提出了详尽而严格的要求。《大清会典》记载："生员不可干求官长，交结势要，希图进身"，"生员当爱身

---

　　① 道光《定州志》卷6《地理·乡约》。另据1934年刊行《定县志》所载，"定县全境昔分为三十八里，嗣改四十三约"，疑为有误。见贾恩黻修纂民国《定县志》卷4《政典志·建制篇下》。

　　② 道光《定州志》卷7《地理·乡约》。

　　③ 道光《定州志》卷6《地理·乡约》。

　　④ 光绪《大清汇典事例》卷158《户部·保甲》。

　　⑤ 光绪《大清汇典事例》卷307《刑部·保甲》。

　　⑥ 道光《定州志》卷6《地理·乡约》。

　　⑦ 道光《定州志》卷11《人物·仕进》。

忍性，凡有官司衙门，不可轻入，即有切己之事，止许家人代告，不许干预他人词讼，亦不许牵连生员作证"，"军民一切利弊，不许生员上书陈言；如有一言建白，以违制论，黜革治罪"，"生员不许纠党多人，立盟结社，把持官府，武断乡曲；所作文字，不许妄行刊刻，违者听提调官治罪"①。在种种条文之外，清王朝还通过各种莫须有的"文字狱"对士绅阶层进行了残酷的打击，从而使清朝中叶以前的士绅不敢逾越卧碑之规定。尤其是定州，处于邻近畿辅的战略要地，封建王朝的控制尤其严密，加之赈灾、大赦和奖赏老农的"皇恩"不断地惠及该地，（据《定州志》统计，自清王朝建立至道光三十年，封建王朝在定州一地就有八次放赈救灾，四次诏赏老民，康熙、乾隆两帝还多次幸游该地）定州民众在这种恩威并用的统治权术下成为朝廷的顺民，士绅基本上是一个知礼守法的阶层，他们在乡村社区的活动范围局限于传授儒学、教化乡民、调解民间纠纷、倡办公益、救济困乏等事，很少有越轨的行为。他们的威权也主要来自其个人的德行、学问、身份与家族的荣耀，像张惠田、王家宝、颜文揩、吴善廉以及上文所说的张清波、张朴均为此类士绅。尤其是张清波，"生平疏财仗义，曾禀州牧倡修本村义仓，劝捐积谷，又捐己赀市地，助本村徭役。嘉庆辛酉大水，则施粥三月，尝还路遗多金，见道旁尸骸赤露者，辄解己衣衣之。凡乡里远近构讼者，必为委曲排解之。寿登八十有三，卒之日，闻者叹息历久，犹称道弗衰"②。总的看来，这种士绅的活动仍是在清王朝的规定范围之内。

从上述传统定州社会的权力网络来看，太平天国运动以前，由于清王朝的严密控制，在定州社会，作为王朝代表的知州应该处于其社会权力网络的核心地位，属官是网络的次核心，六房典吏再次之，里正乡地等胥吏是权力网络的外围，家族势力和士绅势力在上述三个层次上均有所渗透，但总的看来也是处于其的外围。定州社会的政事首先要通过知州，分发属官，再由典吏草拟初步的处理意见，最终由知州判定，又通过属官分发给六房，最后交付给里正、乡地、保甲长和催头等胥吏办理。受到严密控制的定州士绅耆老主要参与的是乡村社会的自治事务，而在一州的政务上主要起了一种辅助的作用，而不是主导的作用。在定州，知州甚至亲自整饬乡村社区的村规民约，而这原本属于乡村的自治事！足见政府权力对乡村社会渗透程度之深。下面就是定州知州于道光二十六年八月刊示各村的《整饬村约告示》：

> 照得位任以来，屡见报窃之案，皆因路役等查拿不严，乡地等防守不力，且拿到各贼犯，多有供出因赌花费，是地方容留赌棍，即招集贼匪之由。除随时防查严办外，合酌定整饬地方规条，开列于后。尔绅士商民人等，各宜懔遵以清其源，以杜其流，居民自可安堵。现值编查保甲，尤当认真遵办，慎勿视为具文，致负整饬地方之意也。
>
> 一城乡安设更夫，原为防拿贼匪。若止一二人打更，虚应故事，仍属有名无实。著该乡地会同该处绅士商民人等，妥议按街设立更铺，务使声势联络，传呼相应。每铺须雇觅强壮更夫四人，各铺制备梆锣以及防贼器械，务须各分上下夜，风

---

① 转引自王先明：《近代绅士——一个封建阶层的历史命运》，天津人民出版社1997年版，第51—52页。
② 道光《定州志》卷11《人物·仕进》。

雨无阻，往来巡查。如遇有贼匪之时，更夫即传呼村众，并以连敲更锣为号，无论居民铺户，一闻连声锣响并更夫传呼之声，每家各出一二人执器械，同心协力堵截擒拿，不容一贼逃走。倘闻锣鸣人喊有闭门不出者，准绅士等公同议罚，以为犒赏更夫之费。本州仍不时往查。倘有更夫不足不认真巡查者，定将该乡地等传案严惩。倘有贼匪偷窃未能擒获者，先将该路役乡地等严加究办，并将更夫一并严究。果有即时拿获呈送者，分别重赏以示奖劝。如有绅士商民首先擒获正贼者，本州亦必优加奖励。

一赌局为害地方甚于它事。凡士农工商各有本业，不可一日闲旷。一入赌场，万事俱废，赢则害人，输则害己，甚至输极流为贼匪，酿成命案，势所必然。尔绅士居民等谁无子弟？谁不愿子孙安分成材兴家立业？然欲子弟安分，必先绝其不安分之路，莫如禁绝赌局一事。本州已出示严禁，明查暗访，有范必加严惩。尔绅士等耳目切近，如见有聚赌之处，准随时密禀，本州立时严拿究办。似此整饬地方，即为尔等约束子弟，且境内如无赌局，贼匪亦无从混迹保全，多少身家皆与尔绅民等大有裨益。如此劝导，再不真心除害，见赌不首，是自愿其子弟为匪，沦入下流。一经本州拿获，惟知执法惩办。尔等虽欲溺爱袒护，亦无及矣。

一除害方可安良。凡村中有游手好闲不务正业之人，非聚赌窝娼，即勾通贼匪，甚至传习邪教，惑众敛钱，及行凶强霸，调词唆讼，并回民结伙共殴行窃等事，最足扰害地方，连累良民。如有此等匪徒，准村众访得实据即密禀本州严拿究办。倘容隐不首，一经发觉，除将乡地一并究惩外，尔村众邻居亦难免牵连受累。尔等各宜自保身家，懔之甚之。

一设立里正乡地等原为办理村中事件，向由该村甚是耆老人等公举明白妥实之人，或按年轮流充当。如有办事不公并贪利妄为容留贼匪娼赌等事，准村众据实呈明本州，立加惩处。另由绅耆公举验充，方于地方有益。

以上四条结体察地方情形，正本清源之举，尔等各宜认真遵行，自有实效也。①

然而，这仅仅是一个大致的次序。在社会的发展中，社会权力网络也是在这个框架内不断发展变化的。就拿里正、乡地等胥吏的地位来说吧，清初之时，封建王朝按人头征收赋税，摊派徭役，也十分重视乡村教化，对里正、乡地等职颇为看重。自康熙废除人头税施行"摊丁入亩"以后，里正、乡地和后设的保甲长、庄长等职均与催头一样，地位日趋衰微，最终成为了受官方指派的一种卑微职役。在道光年间定州的《谕阖境里正乡地规条》中，定州州府对里正、乡地等胥吏的职责作了如下详细的规定：

照得设立里正乡长地方催头等原位代一村办理公事…今将乡地等应办事件明白开列，晓谕于后：

一里正总办村中之事，凡乡长地方催头等有办事不妥任意妄为者，准该里正随时禀明究惩。尚里正不禀，别经发现，则惟里正是问。

---

① 道光《定州志》卷7《地理·乡约》。

一村中如有窝贼偷窃聚赌窝娼生事扰害之人，准里正乡地等查明据实裹究，自必立加惩办。如敢隐匿不裹别经发现，即一并究惩。

一村中如有逞凶上任者，无论受伤之人生死轻重，该乡地立将凶犯拴拿，并追获凶器，一并呈送究办。该乡地即可回村无事。尚不立时查拿以致凶犯逃避，自应著落该乡地协拿，势必受累无穷，或有原告先行告发，该乡地尚不将凶犯送案，亦必严行责惩。

一种地农民皆知国课为重，上下两忙，开征既有一定之时，钱粮亦有一定之数，及早催纳全完，即可安业无事。如有拖欠抗延，即属乡地催头催征不力，定当传案比追，终须全完，徒受责比。

一州境系属冲途，差务络绎，各乡村应办差徭均有旧章。本州自道人以来，凡遇各项差票，具系查照向例，斟酌派办，有减无增，断无例外加添，亦不能于向年必需之差遽准减少。该乡地等遇有差票到村，及早按照向来章程均匀摊办，即可完事。如有差役比往年多索，准乡地裹究。尚敢抗不尊办，或藉词告差，亦必传案追比，仍须照旧交办，岂非徒自受累。

一村中防守最为紧要，向自九月起至二月止拨夫巡更前，已按村张贴告示，各宜永远认真遵行。惟自三月至八九月间农忙之际，虽不拨夫巡更，乡地等亦应与该村绅士商民立定互相照应之法。尚遇有贼匪扰窃，一经喊拿，村众各出相帮，不难立时拿获。如有闻声不出者，公同议罚，务使贼匪远避，良善相安。

一遇有差传之票到乡，该乡地即将人证指交原差遵限送案。本州审理词讼，其词内牵连人证，无不立加摘减。凡票传者，具系必应质讯之人，亦必随到随讯，随讯随结，断不令稍有拖累。倘乡地等偏护亲好，托故隐匿，不即送案，定加追比，终须到案，何苦徒受比责。

一遇有差饬之票到乡，该乡地即遵票速为查理，据实裹覆，如两造知有畏惧，情愿息讼，仍归和好者，该乡地即妥为调处，带领原被来案具结，本州当堂准息，即可回村安业，乡地亦免受累。①

以上八条即为里正、乡地等胥吏的职责所在。总结起来，可以归纳为：替官府征赋派差，协助缉拿匪盗，审理案件，主持乡村保卫，调解乡民纠纷，维持乡村秩序。按照清初的制度设计，里甲制主要是为了清查户口、征收赋税而设；乡约的主要职责是传达圣谕、教化乡民；催头则是催征赋税，充任者也多为士绅乡民所支持之人，甚或是居乡士绅。但从上文列举的职责来看，里正、乡地等曾经是分工明确、地位较高的胥吏，到了乾、嘉以后，其日趋地位下降，职责开始混杂不清，一些原本是衙门差役的杂差也摊派到他们头上，甚至有因差徭摊派繁重而破产者。据记载，嘉庆年间，"定州差徭繁剧，向在清风、明月两镇及西关设局支应，民力苦累不堪"，"定州城乡各庄向统以三十八里，每里派殷富者为长，交纳各庄之赋税，有缺额则责其赔垫，必至于破亡家业而后已"②。知州张孔源改革此种弊政而得入祀定州名宦祠。胥吏阶层的职役化导致了另

---

① 道光《定州志》卷7《地理·乡约》。
② 道光《定州志》卷8《人物·名宦》。

一个结果——胥吏阶层的痞化，上述《谕阖境里正乡地规条》前言中的一段话也证明此种现象："近因各村保举乡地往往各存私见，安分之人畏缩不前，好事之徒蒙混接充，以致藉端欺侮村民。村中反受其累。及至滋事获罪，人更视为畏途。"①

导致胥吏阶层素质下降的另一个重要原因是士绅势力的逐渐崛起。里正乡地等胥吏虽是"向由该村甚是著老人等公举明白妥实之人，或按年轮流充当"，但在清初封建统治者严格约束士绅势力的政策下，乡村胥吏实际上是地方政府的代理人，其地位也因官的性质而受到一定的尊崇，一些获得低级功名士绅甚至也侧列其间。但到了乾、嘉年间，天地会、白莲教等反清的活动日益频繁，社会的动荡和清王朝军事能力的下降使政府在对地方社会控制方面加强了和地方士绅的联系，士绅们的活动开始逐渐超越顺治卧碑所规定的条条框框。为了维护自己的或是家族的利益（主要是经济利益，而且两种利益往往是重叠的），士绅们开始操纵乡村胥吏的选任。正如上文所说，胥吏群体素质的下降是"因各村保举乡地往往各存私见"所致，主导保举者即为士绅耆老。此时的胥吏一方面受利益冲突的士绅耆老们的影响，一方面又受官府的限期追比，士绅们自不愿充当这种杂役之职，乡民老实者因怕赔垫欠赋（欠赋的一般是乡村有势力的阶层，普通小民一般不敢）家业破亡而视为畏途，从而导致了轮流充任或是由乡村流氓无赖充任的现象。

二　传统权力结构在转型中的初期嬗变

乾、嘉之交，清王朝就已呈现出了盛极而衰之势。但在没有外夷入侵的条件下，衰落的清王朝表面上还可以勉强支持。到了 1840 年以后，咄咄逼人的列强和风起云涌的太平天国运动使清王朝的衰落显露无遗。即使是在畿南之定州，这种趋势依然彰显无疑，从而导致了其社会权力结构的嬗变。这种衰微主要表现在以下几个方面：

一是王朝正规军的衰败，导致了由地方士绅主持的团练的兴起。定州距清王朝的国都不足五百里，地处南北交通要冲，属于战略要地，清初就有设有卫所，"康熙二年裁定州卫军，始置永义里，行差徭"②。嘉庆年间，白莲教在定州亦有活动。事后虽风鹤之警间有，倒也休养生息数十年。然而，到了 1840 年以后，清王朝支柱——曾经骁勇善战的八旗绿营长时间的和平中消磨成了不堪一击的鸡肋之师，无论在外战还是内战中都遭到了惨败，从而使其不得不转而依靠列强的洋枪队和由汉族士绅官僚所举办的团练来镇压太平天国运动。在定州，咸丰三年，太平军北伐，卢二鲁、张吉太、马撅子等起兵响应，战事再起。由于八旗绿营之军的不堪重用，定州士绅于是纷纷组织团练，保护乡里。如定州名士张朴之子张正伦，咸丰元年辛亥科举人，时"直省枭匪肆扰，亲至各乡，劝练团防，约集数十村，备械立条约，贼不敢犯"③。咸丰二年的举人王灏，在太平军北伐时亦"出家赀倡团练"，最盛时达到三万余人，闻名乡里，直隶总督纳兰经

---

① 道光《定州志》卷 7《地理·乡约》。
② 道光《定州志》卷 2《历纪·建制沿革》。
③ 民国《定县志》卷 13《文献志·人物篇三·名绩》。

额赞叹说："有灏在，畿南吾无虑也。"① 由于王灏办理团练功绩卓著，被清政府授予四品衔。"工具兵是王权少不了的工具，帝王的金龙宝殿主要建立于这种工具兵的基础之上……到这类兵及其兵制受时间腐蚀或其他原因，失去了强大的战斗力，则王权也随之进入风烛残年的景况，至于完全坍塌"②。清王朝正是处于这种状况，以至于不得不依靠王权最为忌讳的民间武力——团练来维护其统治。而民间武力的主持者是具有深厚文化基础的士绅阶层。因此，民间团练的兴起，标志着绅士阶层势力的崛起。

二是清王朝在政治上控制能力下降，士绅阶层开始涉足地方政治，甚至倡言国政。定州士绅王灏在率领团练防守定州时，"为城守计，并仿乡团之制，乡自为团，团有长，又合数乡设一总长，制器械，简壮丁，设侦探，置邮驿，五日一操，操凡三万人，诸长皆奉约束唯谨"③。清王朝在此以前的乡村体制一般是由地方官府设计推行的。像定州乡团这种由士绅设计推行的带有政治性的乡村保卫体制的出现，无疑显示出了王朝在社会控制能力上的下降，以致在借助民间武力之时，不得不允许这种非官方体制的存在。而且，在定州，士人当中出现了结社现象，张朴之子张正伦就曾"兼立文社，课同人，被其泽者众"④。有些士人开始谈论国政，针砭时弊。如咸丰己亥举人庞濯，虽因家贫而居乡设教家塾，却相当关心国事，"著有世俗笑农辨、戒鸦片文，一时脍炙人口"⑤；同治廪贡王延諴，"清光绪甲申之役，痛恨国耻，著越南新闻录一卷；甲午国兵挫于日本，撰制倭策上下篇"⑥。这种种变化说明，随着清政府社会控制能力日趋下降，定州士绅的政治参与意识逐渐增强。

三是清王朝经济上的衰弱使其增加了对地方士绅的依赖，地方士绅参与地方公务的深度和广度都逐步加深。咸丰年间，英法等列强的鸦片贸易和商品倾销使清政府的外贸大量入超、鸦片战争失败需要巨额的外战赔款，大规模的内战更是严重消耗了清王朝的经济能力，以致使其不得不靠出卖功名和官职来弥补亏空，定州士绅就曾多次捐资，以从王朝的科举制度中获得利益。如张朴晚年居乡，就曾"集本邑捐款，呈请广额，奉旨文武定额各三名"⑦。按照咸丰三年（1853）规定"凡绅士商民捐资备饷，一省至十万两，准广该省文武乡试中额各一名"⑧，由此可见定州捐款数目之巨。不过，这也使定州士绅获得了好处，为其子弟增加了中举的机会。另外，定州有一些低级功名的士人也通过捐纳而走上了仕途。像廪贡王延諴，即是"以赀为工部郎中"。这种捐纳一方面扩大了定州士绅阶层的人数与势力，也反应了朝廷经济能力的下降。由于清中叶以后直至近代，通过各种途径获得功名、身份的士子数量增长较快，而清王朝的官职数目却大体保持稳定的常态，从而使很多中举的士子不得不侧身于地方社会，成为士绅阶层。据《定县志》统计，从光绪五年至三十年，定州中举者就有文武进士 6 人，举人 24 人，

① 民国《定县志》卷 13《文献志·人物篇三·名绩》。

② 全慰天：《论王权与兵》，吴晗、费孝通等编著：《皇权与绅权》，天津人民出版社 1988 年版，第 99 页。

③ 民国《定县志》卷 13《文献志·人物篇三·名绩》。

④ 民国《定县志》卷 13《文献志·人物篇三·名绩》。

⑤ 民国《定县志》卷 13《文献志·人物篇四·文林》。

⑥ 民国《定县志》卷 14《文献志·人物篇四·文林》。

⑦ 民国《定县志》卷 13《文献志·人物篇三·名绩》。

⑧ 转引自张仲礼：《中国绅士》，上海社会科学院出版社 1991 年版，第 123 页。

生员 73 人。这些人除了少数功名较高、家有资财者（举人庞灈即因家贫而居乡教书）踏上仕途外，绝大部分都成为了居乡绅士。

随着绅士阶层数量的增加和政府控制能力的衰微，这些人在地方事务上越来越活跃，其活动的深度和广度都比以前大为扩展。以前的定州士绅，格于朝廷法令，仅能在官府的指导下参与一些小范围内的社会公益，或是从事教书。太平天国以后，这些士绅在地方防卫上占据主导地位以后，开始扩大了自己的活动范围。以定州的士绅活动来看，其活动的范围主要包括以下几个方面：（一）地方防卫。主要是指举办团练，著名的有王灏、张正伦等人，此不赘述。（二）乡村文化教育事业。乡村教育本是士绅们传统上一直从事的事业。不过，清朝前期，王朝政府对其范围进行了严格的限制，如不准私自刊刻书籍，讲授内容不许超越四书五经之外，不许结社论政等，并以"文字狱"等恐怖手段进行强控。鸦片战争以后，定州士绅们的活动已逐渐突破了这些专制统治者所设置的文化樊篱，他们从事的这类事业分三种：一类是在书院教书，或者从事管理工作。像十五岁即入州痒读书的赵锡榕，先后主讲定兴、安肃书院；张朴、张正伦父子，主持定武书院；吴廉善被"州牧李璋举为监院绅董，襄理定武书院事宜"等等。另一种是家居授徒，或者游学乡里。如道光举人马光斗"无志宦途，惟日课生徒，孜孜然无倦色"；咸丰举人庞灈"设教家塾，从学者甚众"；同治拔贡宋振坤"于乡隐居授徒，从学者甚众"①等等。他们教授的内容也不再局限于四书五经、考证训诂之类，开始适应形势，讲授经世致用之学。第三种是刊刻书籍，编撰方志和大型文献。这些工作主要是定州士绅的上层所为。像张朴、张正伦父子，先后搜集大量地方史料，编纂了《定州续志》；王灏更是"喜收集书籍，所无必求之……慨然有畿辅丛书之刻，于是穷搜境以内二千余载名贤遗籍，博延方闻缀学之士校对编订，辑为一编，其零篇碎牍不能成书者，更为畿辅文徵以附其志后…合肥相国李鸿章以畿南文献榜其门，一时学者仰之如泰斗"②。（三）调解民间纠纷。由于士绅们知书识礼，居乡之时在乡民中享有比较高的威望，很多民间纠纷都是通过他们来化解的。著名士绅吴廉善"居乡排难解纷，四十余年里无讼端"；宋振坤"尝与村夫野老席地讲论理，随机指点，众皆化之。乡有疑难或争执皆就质，以故村人数十年无讼事"③，更是闻名乡里。（四）主办地方公益。在清中叶以前，社会公益事业一般是由当地政府倡导，地方士绅辅助开展的。在定州，自康熙至道光年间，像大规模的赈灾活动就有八次之多。道光以后，由于国库的空虚，这种大型赈灾活动的主导权逐渐转移到了地方士绅们身上。在定州，在这方面最有力的士绅就是前文提到的王灏，他"以宏济生民为己任，家故豪于赀，拯人之急一如己事，全州之人倚若长城"，"光绪三年大饥，建议二十里外放米，二十里内设粥厂三厂，各千五百余人，规条井然不遗不滥，常入厂与难民共食。又虑其食淡宜病，为分给盐菜，并购运山西煤备厂用，不縻公家一钱。自十月讫四年正月，终其事未尝死一人。又酌留妇女老幼之无依者数百人，养至五月麦熟而止。是岁山西灾民觅食走四方，饿毙于途者相望，并倡义捐钱设四局于州城内外，流民至者给赀免死者二千三百余人"；"重修定

---

①　民国《定县志》卷 13《文献志·人物篇四·文林》。
②　民国《定县志》卷 13《文献志·人物篇三·名绩》。
③　民国《定县志》卷 13《文献志·人物篇三·名绩》。

武书院，倡捐钱五千缗以其羡，为诸生乡试费。乙卯经大荒后，捐谷四千石为民倡，自建仓廒储之以备不虞。又创筑奇连村五里长堤以捍唐河之患"①。像这种有士绅主持的大规模的社会公益活动，在清朝中叶以前的定州，基本上都是由政府主持的。这也反应的政府权力衰微的情况下绅权的不断扩张。

"绅权是一种地方威权，所谓地方威权是对于一个地方社区人民的领导权力"②。这种领导权力不是一种像皇权那样的一种横暴权力，而是基于其经济能力、身份地位、家族势力和个人德行所获得的一种敬服。这种权力在王朝强盛之时，往往因与王权争夺统治资源而受到官方的压制和打击；在王权衰微之时又因其与王权在文化上的依存性而成为王权维持的最后基础。在定州，这种绅权扩张的基础也不外乎上述五个条件。像著名的绅士王灏，功名身份自不说，重要的是：他曾"持家政二十余年，凡期功以下亲属及内外族党，皆养而教之如家人子弟。宗祠久失修，独完葺之，并建学舍于祠旁，以教族人贫而失学者"，是一个有能力支配大家族内各种资源的占统治地位的族长；他在经济上又有雄厚的基础，能够动辄数千成万的从事社会公益和文化事业；在社会上能与刘长佑、纳兰经额、曾国藩和李鸿章等当朝权臣结交，是社会联系广泛、能够提供政治庇护的强人；而且德行也不错，能够得到家族成员和乡民们的信赖。一个具有这种威权的士绅，在王权衰微的时代，其在当地公务上的发言权必定是具有决定性的。"县署遇大工役，必仰之以成"③，这就是一个明证。与王灏同时代或者稍后的其他定州士绅，也是具备了上述五条的某些方面而获得地方威权的。像马光斗，具有科举功名、良好的德行和宽裕的经济基础，"尝买左邻庄窝一所，偿价后田主苦于无井，即将所买之井并近井之地皆让回田主而不取价"④；赵锡榕除了具有功名和德行外，还先后佐直督李秉衡、东抚毓贤幕，社会联系广泛，等等。另外，在定州，还有一些人，他们虽并不属于绅士阶层，但拥有一定的技艺，品行良好，家境宽裕，热心社会公益，从而在社区事务上亦有一定的发言权。如邵元三，是定州城东一位著名的儒医，乡民"赖全活者甚众"，且"终身施医未尝受人一钱，贫者且资之以养，故元三卒，一方如失慈母，闻而泣下者纷纷也"⑤。另有清参将马善宝之子马可居和马三纲，一位精通武术，另一位是著名的医者，均在当地享有一定的声望。

在专制王朝的晚期，相对于皇权的衰微，就是绅权的扩张，士绅们活动范围的扩大使顺治皇帝的卧碑之规成为具文，社会权力网络的重心也就随之发生了转移。在太平天国运动以后的定州地方志中，我们已经看不到官府申饬地方士绅的词句，多得是官府依赖地方士绅处理管辖乡村和士绅大范围参与地方事务的事例。从地方权力结构上看，绅权无疑逐渐占据了社会权力的中心，代表王权的地方政府无疑开始处于次中心的位置，一些虽非士绅却身负技艺而热心公益者处于社会权力结构的第三层，胥吏阶层已成为了在士绅与官府权力夹缝里挣扎的职役，完全处于了权力网络的边缘。

---

① 民国《定县志》卷13《文献志·人物篇三·名绩》。
② 胡庆钧：《论绅权》，吴晗、费孝通等编著：《皇权与绅权》，第117页。
③ 民国《定县志》卷13《文献志·人物篇三·名绩》。
④ 民国《定县志》卷13《文献志·人物篇三·名绩》。
⑤ 民国《定县志》卷14《文献志·人物篇四·方技》。

三　清末绅权的扩张

20 世纪初，经过庚子之役，清王朝已到了风烛残年之境。在列强要求下，慈禧等被迫对王朝上层的顽固排外势力进行了清洗，并举起了新政的旗帜。1905 年，地方自治被清政府看做是传统王权体制与宪政体制的转承点而提上了日程，相继颁布了《城镇乡地方自治章程》和《府厅州地方自治章程》，分期推行地方自治。此时，定州士绅们从传统文化中找到了自身所承载的"入世"、"救世"的社会使命，积极地投入到了新政的鼓吹与运作之中，其活动一直延续到了王朝被倾覆之后的民国初期，从而使"绅治"发展到了顶峰。

"绅治"是传统乡村社会的基本特征。① 尤其是在皇权衰微的清王朝末期，绅权的扩张就更为明显，而新政又使他们找到了绅权扩张的依据和契机。在清王朝推行"新政"之时，定州士绅们的活动在社会的不同层次上都有体现：一是以议员的身份参与国家新政。自鸦片战争以来，欧风东渐，民治思想在封建王朝与欧美列强的多次交锋中萌动，首先觉醒的就是士绅阶层。到了 20 世纪初，风雨飘摇中的清王朝不得不应对民众参政炽要求，宣布筹备立宪。在以士绅阶层为主要代表的立宪派的推动下和革命派的不断倾覆下，宣统元年，清王朝发布谕旨，各省设立咨议局，历经数千年的封建专制政权内部首次出现了具有近代民主意义上的代议制体制。风气早开的定州士绅在新政中表现得极为活跃，在宣统元年顺直咨议局的选举中，定州士绅王振垚（光绪二十三年丁酉科举人）、宋振坤（同治十二年癸酉科举人）、么立祥（光绪二十八年壬寅科举人）当选为顺直咨议局议员，其中王振垚还被选举为副议长。在咨议局中，这些定州士绅在政治上表现相当活跃，宋振坤曾激烈抨击了官府衙门的黑暗政治和盐商对人民的剥削，提出了"剔除衙蠹"、"剔除盐商积弊"等议案，王振垚等也在推动资政院的设立中发挥了积极作用。这可以说是开了地方士绅直接参与国政的先河。

二是绅商合作参与地方政治。宣统二年，在各省咨议局的推动下，各县（包括县一级的州）设立议事会和参事会，定州亦然。议事会是办理自治行政的主持机关，也是地方自治的象征，属于立法机关；参事会是办理自治行政的辅助机关，在一定条件下可以代替议事会议决各种事项，兼具立法机关的性质。此次定州议事会选举，共有 23 人当选为议员，陈廷秀、刘锡璋、阎元士、张符节、王廷献等五人被选为参事会参事员。这 28 个议员（包括参事员）的身份受材料所限，我们并不能完全弄清楚其身份，但据已考证过的部分分析，可分为三类：一部分属于定州士绅或士绅家族成员，像田雨郇、燕兆庚、王廷献、张敬等；一部分是商人，或者是绅商，如刘锡璋、李鸣阳等；还有新式知识分子，如陈廷秀等。② 总的来看，功名较低的地方士绅和商人在其中占据了主要位置。传统的"士农工商"的社会分层，士绅为四民之首，商人位居其末。随着近代以来欧风美雨的沐浴，清末的定州士人思想观念已经发生了改变，州议事会和参事会的组成即说明了这一点。同时，绅、商的合作是一种贵与富的结合，这种结合体在地

---

① 李德芳：《民国乡村自治问题研究》，人民出版社 2001 年版，第 17 页。
② 民国《定县志》卷 11《人物篇·人物表五·清代科第》、《人物表六·选举》。

方社会的势力，无疑比传统社会里任何时期的绅治势力都要雄厚，其参与地方政治和社区管理的深度和广度都会有很大的提升。

三是以前所未有地深度改造乡村社区。在中国传统社会，士绅们参与乡村社区事务是一种比较常见的现象，也可以说是一种传统。到了晚清新政时期，定州士绅受经世致用的实学影响，以"治平"和"救世"为己任，其社会关注点由过去的科场转向了自己处身立命的乡村社区，在新旧交替的时代以前所未有的深度参与了社区的改造。这其中最有名的就是宋振坤和米鉴三。关于同治举人宋振坤的事迹前文已有所提及，他中举后却无意宦途，选择了居乡传播文化、排解纠纷以教化民众的生活，最后在新政高潮之期走上了政治舞台。而秀才出身的米鉴三，同样看淡了科场虚名，将自己的精力投入到了家乡改造上，清末民初闻名全国的翟城村治即自此公始。1904 年，米鉴三被定州牧吴国栋聘做劝学所学董后，利用自己的政治经济地位，"即与本村绅民规划村治，订定村规；越二年，复举办小学，定贫寒学生贷费章程，遂奠定翟城村的教育基础，而民风亦日趋朴厚"①。具体来说，米鉴三以教育事业为改造乡村的起点，倡办了育正小学和定州第一家女子学塾；后又通过订定村规民约来改造翟城村的社区生活环境，其村规主要有《查禁赌博规约》、《看守禾稼规约》和《保护森林规约》。禁赌方面，经过三年查禁，"凡前之相习于赌者，亦尽改正业，即无一犯赌之人"②；在庄稼保护方面，开始是雇佣 8 人看护，"后至民国二年，即减用四人，只在本村边界轮流巡视，而庄稼毫无损伤…"③；森林保护亦然。在这些活动中，受新式高等教育的米迪刚（即米逢吉，米鉴三之长子）、次子米晓舟（即米逢泰，米鉴三之次子）以及具有新思想的族人米琢、同村人徐进等均参与其中，并逐渐继承了米鉴三以村治救世的事业，翟城村为年长失学者和因贫困而无力入学者办理的农隙识字会，为育正初等甲班贫困毕业生设立的村学费贷款，即是由这些人倡办的。1905 年的农隙识字会初次就招收了甲班学员 26 人，1909 年，翟城村有 6 个升入城中高小的育正初等小学毕业生得到了村学费贷款。由于翟城村成绩斐然，得到了清政府的认可，1910 年，米晓舟、米琢和徐进均被授予了七品功牌。

在清末，受立宪思想和革命思潮双重刺激而荡起的新政之风，正是透过这些受儒家实学影响而具有救世使命感士绅学子，才从社会的上层吹到基层，这是中国王权被倾覆前国家与社会传统模式的体现。另一方面，正是像米鉴三父子那样将新学和旧学衔接起来的两代定州士人，为定州社会从传统向近代的顺利转型奠定了基础。此时，定州社会中掌握社会权力的除了传统的士绅群体、代表王权的地方官僚群体和权力网络边缘的胥吏群体以外，像米迪刚等从习新学的士子群体开始崛起，并在清末民初的定州社会变革中表现得异常活跃。

〔作者李伟中，副教授，玉林师范学院。广西玉林　537000〕

---

① 王维显：《"模范县"期与"实验区"期的定县县政》，《政治经济学报》，南开大学经济研究所 1937 年版，第 4 卷，第 638 页。

② 米迪刚、尹仲材编：《翟城村》，中华报社 1925 年版，第 131 页。

③ 米迪刚、尹仲材编：《翟城村》，中华报社 1925 年版，第 148 页。

官绅合作与地方秩序之维持[*]

——一个传统区域绅士阶层的考察

刘方玲

　　乾隆十一年《沈丘县志》把在地方社会有影响的人物称为"乡贤"。乡贤之称最早出现在东汉时期。"东海孔融为北海相，以甄士然祀于社，此称乡贤之始。案沈德符《野获编》载：成化中，给事王徽将死，戒其子曰：'乡贤甚杂乱，吾耻居其中，切不可入。'"[①] 梁章巨把乡贤列入故绅之列，在《故绅》词条下还包含瞽宗（传曰："乡先生没，其人可祀于社者谓之瞽宗。"）、乡贤、先贤（"岑参诗襄阳多故事，为我访先贤"）。可见故绅和乡贤之间并无本质的区别，乡贤就是绅士、绅士。张仲礼透过19世纪中国绅士角色分析，认为绅士的地位是通过取得功名、学品、学衔和官职而获得，其中包括透过参加科举考试以正途方式获得官衔或透过捐纳获得官衔异途出身的人。其中，张氏将地位较高，所享有较大特权者称之为"上层绅士"；而其他生员、例贡和监生，则因地位较低，特权较小，称之为"下层绅士"[②]。相较于张氏，王先明研究中国乡村时，注意到除了拥有功名的绅士集团外，读书人虽然尚未取得科举功名，但是其多未来可成为绅士阶层的成员之一，故在地方上也被视为是绅士阶层成员之一，因此，他认为绅士阶层包括了绅与士[③]。结合张仲礼和王先明的对绅士的认识，我们可以得出，地方绅士指的是介于国家政权（官方）与地方社会（民间）之间，身份、地位不同于一般民众，而可以对地方事务发挥影响力的个人。

　　《沈丘县志·乡贤》注曰："明清时凡有品学为地方所推重者，死后由大吏题请祀于其乡，入乡贤祠，春秋致祭。"[④] 乡贤祠与忠孝、节孝、名宦四祠在学宫之内，《沈丘县志·学校》在记载乾隆九年部颁祭文方面，崇圣祠、先师庙、名宦祠、忠义祠、节孝祠祭文一体记载，乡贤祠祭文与名宦祠相同，而且在每年地方文庙祭典同时受到祭祀，《至圣殿仪注》曰："名宦、乡贤与两庑同。"可见乡贤受到国家和民众的双重认同。

---

　　[*] 本文为河北省哲学社会科学规划基金项目《村落空间与国家监控：一个村庄公共权力的构成研究》成果之一，基金项目号：200601010。

　　① （清）梁章钜：《称谓录》卷25《故绅·乡贤》，天津古籍出版社，第1240页。
　　② 参见张仲礼：《中国绅士——关于其在19世纪中国社会中作用的研究》，李荣昌译，上海社会科学院出版社1991年版，第1—4页。
　　③ 王先明：《近代绅士——一个封建阶层的历史命运》，天津人民出版社1997年版，第1—10页。
　　④ 《沈丘县志》（乾隆十一年），卷10《乡贤列传·乡贤》注释，中州古籍出版社版1991年版，第251页。

一　公共领域：官绅权威的在地共生

传统中国社会，县以下不设治所，从州县衙门到乡村民户之间的社会控制，并不完全依赖于国家机器，地方绅士与乡族组织不仅是乡村礼俗控制的承担者，而且在一定程度上也是法律控制的执行者。国家在很大程度上要依赖他们实现对乡村社会的控制管理。绅士在国家与民众的之间充当着关键的中介角色，对地方社会的稳定发挥着重要作用。

由于各地人文、地理条件不同，绅士在基层社会担当的角色也有差异，需要我们作分区域的研究。在沈丘，由于物产瘠薄，"顾沈之里甲，凑拨陈、颍及项割裂之余，多系浅薄，以故户口税赋，视他邑独少殿焉"①。并非国家重要财赋之区，国家的控制相对松弛。但绅士与官府之间的在公共领域的合作仍然可以展现绅士在基层社会的关键作用。

从乾隆九年对沈丘县城的修补过程中，可以看出地方绅士在参与公共事务时扮演了重要的角色，而且意味着地方绅士在地方社会中的影响力，已不容官方轻易忽视。"第日久硝碱剥削过甚，又因河溢屡浸，倾颓者凡七处，宽二十余丈，北、西两门瓮城及东南角楼悉毁。乾隆九年，冯令奕宿详请捐俸倡修，于是刘睿、刘劳、翁秉成、于渭、熊之徽、吴炳文、刘橘、郭日峙、李梁围、吴怀忠、刘三谦、例程周、李思谦、李继俊、牛璞、李晋源、陈瑁、郭坛、王栋、刘楠、刘应麟、李云霖、刘光第、刘世德、马延缙、王士恒、普天乐、卢肇基、熊维熊、张山立、张玉立、张元会、赵越邑、刘淑辙……孙西庚等七十六人，争先乐输，共捐银四百七十三两，募夫修筑。……督工者刘劳、张山立、刘睿、孙南极、张玉立、李撝谦、刘光第、刘世德、赵越邑。工竣据经给匾奖励"②。

虽然这里记载是冯令奕宿详请捐俸倡修，但是否真的是官员捐俸呢？我们对比雍正十三年沈丘广惠堂修建的名单便可知晓。广惠堂碑记载，"除官捐外，绅衿士商捐钱姓名附列于后：钱仁、刘世贵、刘中柱、张大成、张大升、张大丰、李永盛、张瑞云、吴起昌、刘劳、孙逊敏、张洪印、卜彦儒、张奇峰、程构、刘中车、刘三谦、刘国林、郭日峙、王士登、李思谦、李大壮、马延缙、张维机、张元会……外刘中岱妻王氏、刘敏妻李氏、程都妻张氏……"③

两相对比可以看出，刘劳、刘三谦、郭日峙、李思谦、马延缙、张元会等应该属于绅衿士商，其中值得注意的刘劳，《孝友传》记载他："字慕慈，孝事二亲，生养死葬，尽哀尽礼。父母殁后，幼弟勤尚在襁褓，加意抚恤教训，婚娶皆劳任之。乡党以孝称，抚宪雅赐以'无间人言'匾额，复建'彰善坊'以旌表之。"④ 俨然是著名的地方绅士。

---

① 《沈丘县志》（乾隆十一年），卷3《建置志·里分》，中州古籍出版社1991年版，第59页。

② 《沈丘县志》（乾隆十一年），卷3《建置志·城池》，中州古籍出版社1991年版，第52—53页。

③ 《沈丘县志》（乾隆十一年），卷12《艺文志·纪》广惠堂碑记，中州古籍出版社1991年版，第406—407页。

④ 《沈丘县志》（乾隆十一年），卷10《乡贤列传·孝友》，中州古籍出版社1991年版，第289页。

　　清代地方政府管辖之事十分广泛，举凡维持治安、征收赋税、诉讼裁判、户口编查、驿传管理、主持祭祀和办理地方公共事业、文教事业与福利事业等，均在其职责之内，惟受人力、物力之限制，所能完成之事非常有限。虽然县衙门设有工房，其职掌为承办所属境内城池、衙署、庙宇、营房、军垒、炮台、仓库、道路、桥梁、开港筑潭、海岸、池塘等各项工程之建设及修护，其下之差役人员数目虽不详，但应不会太多，这从乾隆十一年《沈丘县志》县治新图可以看出，兵刑工房为一个建筑，共同办公。但筑城工程庞大，仅以少数胥吏自然无法担任如此重大的工程，因此必须借助地方绅商之力。乾隆九年，沈丘县城池修固，不仅借助了绅士的捐献，亦借助了他们的督建。

　　地方绅士一般能够进行捐献，应该都是拥有经济实力的。拥有财富后，他们对于功名的追求，只是为了要让他们的身份地位更加彰显。对于地方绅士来说，拥有一定的经济实力，就可以在协助官方时争取权力。因此，官方所代表的国家体制和地方绅士之间，并不一定完全是上对下的关系。事实上，官府的财务一旦在公共事业上出现吃紧的状况，往往依赖地方绅士的捐助。而地方绅士对于社会公益事业的热心推动，可以使得地方建设更加顺利的进行，卢璋"从父之任云南，父以三百金授之，持归，途遇建石桥功大缺费，遂以百金捐"①。《乡贤志·孝友》张寻"为人诊治不避寒暑，施舍药饵，不取谢仪。又捐义冢地二十五亩。凡邑中贫不聊生，死不能葬者，辄施粟、施粮、施棺以周其急。至关帝庙、五公祠、广惠堂皆大工，亦各捐数十金，助勤公事"②。有时官府还要进行劝捐，如沈丘社仓之创立，"沈故无社仓，惟槐坊、莲池一二店集，稍稍积谷九百九十石六斗。岁戊子大旱，民乏食，己丑益旱甚，民愈饥。仓庾之积，甚不足以食穷饿之民。辛卯春，邑侯刘公至，始忧之，乃自捐俸银数十金籴谷百石贮之。请于两院，疏文以劝倡僚友及诸缙绅、诸义民等，计所各输一千五百七十三石。旌以匾额，赐以冠带，民无弗喜跃应"③。另外，雍正十三年沈丘广惠堂的创立也是依赖官府劝捐，"今邑中士民及巾帼女流，一闻建堂之举，即争割腴产、捐金、捐粟、通计其值不下二千余金，抑何盛也！岂沈今日士民之心，有异于昔日之心乎？盖秉彝好德之良，人人有之，特上之无以倡之耳。明乎此，而凡为有司者亦可知所从事矣。是役也，首先倡捐经理其事者，署沈丘县知县诸齐贤"④。有时地方绅士还积极推动公共事业的捐献，如万历年间沈丘学舍修葺，"夫二氏之宫，金碧辉煌，而孔氏之宫，为之徒者，乃忍坐视其荒芜而不治，颓败而不修，此何以说也！诸生辈童君原兰、李君之实等，有慨于中，相与谋诸同志，谋诸父老诸乡先生，纠金协力，经始于万历十年二月初三日，竣事于是年四月十五日"⑤。甚至有些公共事务离开绅士的捐献则无力施行，如社学"前明知县刘世光，动支各处息谷建置。今则势不能行，惟阖邑绅士同心合力，勷成盛举，是所厚望耳"⑥。

　　另外，一旦地方动荡出现，地方绅士也是重要的稳定力量，刘璞"当前明之际，

①　《沈丘县志》（乾隆十一年），卷10《乡贤列传·乡贤》，中州古籍出版社1991年版，第261页。
②　《沈丘县志》（乾隆十一年），卷10《乡贤志·孝友》，中州古籍出版社1991年版，第289页。
③　《沈丘县志》（乾隆十一年），卷10《艺文志·纪》新建社仓碑记，中州古籍出版社1991年版，第390页。
④　《沈丘县志》（乾隆十一年），卷10《艺文志·纪》广惠堂碑记，中州古籍出版社1991年版，第406页。
⑤　《沈丘县志》（乾隆十一年），卷10《艺文志·纪》修学义举记，中州古籍出版社1991年版，第374页。
⑥　《沈丘县志》（乾隆十一年），卷10《学校志·社学》，中州古籍出版社1991年版，第164页。

流氛猖炽，所在摧陷城邑，百姓涂炭，璞椎牛享士日夕守陴，城赖以全，邑人至今德之"①。孙馥"明乡贤守己曾孙……顺治乙亥登甲科……当明季盗贼窃发，时孤城危如累卵，与同志诸公散赏招募，协力共守，城之保全，馥亦与有力焉"。王继东"明丙子岁，李闯窃发秦晋间，既而深入内地，两河州县望风披靡，殆无支者。继东慷慨贾勇，集里族人谕之曰：'与其见刃于贼，孰与自杀，且或幸免，与其亲戚、父母、妻子为贼所迫胁，孰与自捍其地，搏万死于一生乎？'于是椎牛击酒与之约誓以死守，屯落稍安。"②更有张垂绅，"崇祯十四年正月至十五年十月，流寇三犯沈城，同总理等防御严守，又密率义勇袭杀老回营，长子夺其骡马辎重，贼遁去。城池保全，官民安堵"③。

地方社会中，往往具备着各种不同类型的地方绅士，他们和官员之间通常保持良好的接触，在官员离去时，他们借由勒石立碑于地方公庙，歌颂其功德，亦可以表明他们和官员之间的良好关系。县志《名宦列传·令尹》多有这样的记载，如明李宗元，"为政明敏，案无停牍，革弊除奸，讼简盗息。如修葺学宫及城隍庙，置预备仓，开漏泽园，戒备戎器，凡前令之未及措行者，公一一修举。邑人德之，垂二十年，后合词吁请祀名宦。"这些"合词吁请"者应为当地掌握知识的绅士。更有宋存德、刘世光等令尹"为建生祠"、"沈人立祠祀之"，"乡大夫刘汉儒为之记"④。

值得注意的是，在地方社会中，地方绅士和官员的关系，并不一定都如《名宦列传·令尹》中记载的互动如此良好。地方绅士的社会行为有时会影响官方的统治权威，这是值得注意的一点。"郭金壁，江南人，由监生授沈丘令。沉毅有谋略，宽严并济。邑有巨霸刘暴，为邑大害，公不动声色，数日间毙于狱，人共快之。因有无辜系数十年者，前令不敢释，公慨然释之。"⑤这应该是地方绅士与官府之间的势力较量，最终是官府凭借强大的国家作后盾而取得胜利。

清廷在财力有限的情况之下，统治原则是以最低成本和最少的努力来达到某种程度的效益，因此许多地方的社会福利事业及公共建设活动，必须倚赖绅士、商人等地方绅士协助，如此则可以减轻官僚阶层的行政负担。虽然乾隆十一年之前清朝的捐资建城奖励办法不详，但应该已有一定的章程。到乾隆二十年时，清朝对绅民捐资建城一事，已有明确的奖励规定。依《大清会典事例》规定：

> 乾隆二十年议准，士民捐输社仓稻粟，捐至十石以上，捐资修城，银十两以上，给以花红；谷三十石以上，银三十两以上，奖以匾额；谷五十石，银五十两以上，申报上司，递加奖励；捐谷三、四百石，银三、四百两，据实奏请，给以八品顶戴；如本有顶戴人员，于奏请时声明，听部另行议叙。其有捐资不及十两者与出资较多之人，无论捐资多寡，将其姓名银数，统行勒石，以垂永久。捐至一、二千两及三、四千两者，题请从优议叙。其议叙顶戴人员，令该督抚查明年貌、籍贯、

① 《沈丘县志》（乾隆十一年），卷10《乡贤列传·乡贤》，中州古籍出版社1991年版，第267页。
② 《沈丘县志》（乾隆十一年），卷10《乡贤列传·忠烈》，中州古籍出版社1991年版，第277页。
③ 《沈丘县志》（乾隆十一年），卷10《乡贤列传·孝友》，中州古籍出版社1991年版，第285页。
④ 《沈丘县志》（乾隆十一年），卷9《名宦列传·令尹》，中州古籍出版社1991年版，第235—340页。
⑤ 《沈丘县志》（乾隆十一年），卷9《名宦列传·令尹》，中州古籍出版社1991年版，第244页。

三代履历，造具清册，送部填写执照，封发该督抚转给该员收执。遇有开捐事例，准其照捐职人员之例，一体报捐。①

由于捐输城工，可以获得政府封赏，财力雄厚的绅商正可透过捐赏跻身绅士阶层或进一步提升功名。工程捐助中常见的勒石记名也有助于提高社会声望，如《沈丘县增建瓮城记》载："乡大夫童君琪、普君济时、张君明体、包君世节、谓侯保障之功，实永世之利，不有以述之，惧方来之莫考也。"《修学义举记》载："苟非勒石以纪其事，二生出入钱谷之数不白于人心，诸公交赞之劳，不几湮灭而不彰乎？此碑之所以立也。"② 所以不论是地方绅士或是平民，皆乐意捐建。而官方则依赖绅民的捐输配合，使得公共事业能顺利完成。

支持公共事业的修建，是地方绅士选择的最重要的方法之一，公共事业是地方社会的公共领域，地方绅士可以透过支持公共事业，展现其在地方上的实力，同时也可以透过这个机会，和地方官员进行接触与合作，是地方绅士确保他们在地方上的势力的一种方式。而基层政府的财政吃紧，使得官府许多公共建设都必须和地方绅士密切合作，同时也常向地方绅士劝捐款项，加以地方的动乱也需依赖地方绅士协助平定，这使得地方绅士借由和官方合作的机会，将自己的权力渗透至地方社会之中，地方官府也借由和地方绅士合作，来增添自身在地方社会中的官方权威，二者构成了一种互相合理化的共生关系。在这种情况下，地方绅士在地方社会上俨然成为社会的领袖，可以和官府分庭抗礼，而这群地方绅士积极参与地方的建设、响应官方要求维持民间秩序等等的作为，除了对地方上的认同感使他们愿意出钱出力协助官方外，其实亦蕴含着稳固自身的权力网络的企图。③ 而地方社会的民众则对于地方绅士在地方上热心公益的作为而感动，因而对地方绅士产生向心力，地方绅士的力量也透过地方公共事业的经营策略而深植于地方社会之中。

二　施善救济：绅士权威的社会渗透

根据《沈丘县志》卷11《杂纪志·灾祥》记载，沈丘县自顺治五年至康熙元年（1648—1662）共发生自然灾害7起，其中仅水灾就占了6起。还经常发生一些比较大规模的灾害，如顺治十五年（1658）五至八月间，沈丘县连降暴雨，"河水泛滥，平地深丈许。秋禾一粒无存，庐舍漂没殆尽，人多溺死，牛畜饥饿死"。不久，瘟疫肆虐，大水中"幸存者以瘟灾倒毙"。沈丘历史上蝗灾高频率地发生，康熙二十七年至三十二年（1688—1693），淮河上游地区的沈丘县即出现了"连岁旱蝗"的现象。康熙三十六年（1697）七月，沈丘县突降冰雹"大如杵，小如鸡子，城内屋瓦皆碎"损失十分惨重。

---

① 《钦定大清会典事例（光绪）》卷77《吏部·除授》好善乐施议叙，商务印书馆清光绪34年石印本，第6091页。

② 《沈丘县志》（乾隆十一年），卷12《艺文志·纪》，中州古籍出版社1991年版，第373、375页。

③ 参考杜赞奇：《文化·权力与国家：1900—1942年的华北农村》，江苏人民出版社1996年版。

地方发生灾害，历代政府都会进行救济，如《大清会典》云："闻被水灾，朕心深为恻侧，着将户部备用银内动支万两，前往散给。将被灾之人逐一查明，无房屋者即赏给房屋；无衣服者即赏给衣服。务另均沾实惠，以副朕轸恤至意。"① 另外，日常生活的赈济也在政府关注之列，《大清会典》："安节孝，乾隆十年覆准。孝子节妇中有食贫守志，难以存立之人，或至饥寒失所，较之泛常孤贫，尤宜衿恤。"②但国家赈恤的效果如何呢？《大清会典·蠲恤》记载："谕。各府州县设立养济院。原以收养鳏寡孤独疲癃残疾之穷民。近闻山西陕西一带。多有老病残废之人。在途行乞。行旅见之恻然。朕思各处既有养济院。若有司实力奉行。何至小民之困苦无依者。饥寒难支。乞食于道。山陕一路如此。则他省与此相类者不少矣。着各省督抚各饬所属州县官。体国家设立养济院之至意。与朕哀此茕独之心。实力奉行。毋得视为具文故事。该督抚亦当时时留心访察。"③

实际上，一般的贫困者有居所可查还是要归基层里居收养，实在无查者才归官府收养。如《大清会典·户部·蠲恤》云："振茕独，设养济院，以居穷民无告者，自京师以逮直省，皆有养也。土著之民，愿入者收之。如流落异乡，视其年尚可归籍者，询其里居，移交本籍收养；其不能归籍者，察实随在收养，岁给银米、冬衣，各有差。民有力者，能出财以助，为嘉奖以劝之。"国家赈恤政令的执行还要依靠基层社会，特别是宗族绅士的力量。因为在传统中国社会中，家庭或宗族的功能不只是生产、生育，还包括抚养、教育、赡养等功能。

地方绅士也确实担当起地方社会扶助救济的责任，首先是宗族之间的互助救济，《沈丘县志·孝友》记载，刘天启："曾设义仓以赡族，讲乡约以化愚，戚族子弟无告者，抚养教诲，成就者数人。"张垂绅"崇祯十年大荒，人皆草食，卖儿鬻女，亲族待以举火者百有余家，且贫死者为之殡葬，婺独者为之营娶。"刘璐中书致仕后，"兄弟族人有贫者，或为之婚娶，或资之口粮，或置产室以安其身，或加奖励以成其学。且惠及戚里，济危扶倾，闾里颂仁人焉"。张昆星"家非大饶裕，而好行其德。族人张起玉，穷无所归，昆星慨然曰：'夫非同一祖者乎？'遂革己产百亩与之。张起业，贫不能娶，出己财二十余金为之成室"。李登第"宗族婚葬有贫乏者，赒之"。刘璲"父祖谋，资性忠实懦弱，族人有觊觎其产者，生端争闹。璲慨然以己所自买田十顷界之。……又精岐黄术，人无论贫富，时无论寒暑，医其疾并施之药，数年之间，计施药饵资近二百金"。《沈丘县志·乡贤》也多有类似记载。

一旦灾荒发生，地方绅士阶层热情施善，主动为乡民排难解纷，在日常生活中担当赈济孤贫之责。孙依训"家非大殷，而好善乐施。族人孙玺，家贫不能娶，训出赀十余金为之娶妻，且授以房园养赡之。值邑大荒，人皆泣饥号寒，训不惜己财，施杂粮三百余旦，绵袄一百余件，全活穷民不可数计"。更有唐桔则不局限于宗族救济，"有邑人崔文学者，少双瞽，桔怜之，给宅基一段。又建桥于县西阮家洼，秋涝水涨，行人咸利赖焉"。张帜"（康熙）四十九年瘟疫盛行，邑多病死，帜施棺助葬，尤属难能。"辛

---

① 《钦定大清会典事例（光绪）》卷11，商务印书馆清光绪34年石印本，第8666页。

② 《钦定大清会典事例（光绪）》卷11，第8659页。

③ 《钦定大清会典事例（光绪）》卷11，第8650页。

曰"每逢粮食价昂时,发谷平粜。曾于乾隆元年春月,赈恤乡邻贫民口粮五十二旦"[1]。

由于传统基层政府财政的短绌,皇帝的"赈恤"没有办法被民众切实体会,从而发展出一种"官绅会办"社会救济体系。受到救济的人民,从国家所感受到的是一张不确定的保护网,而地方绅士在基层社会的直接施善救济使得绅士在地方社会上的地位得以维持,且得到官方和一般民众的信赖。地方绅士在地方社会中施善救济行为,其实就是法国社会学家布赫迪厄的所谓"象征资本"(symbolic capital)概念的表现。[2]"象征资本"即是将自己的身份地位视为一种财富,在地方上进行公益活动或协助官方,虽然无法得到财富的回收,但是却赢得了社会地位的提高和光彩的名声。因此,象征资本也是地方绅士建构自身的社会权力网络的方法之一,他们利用这种投资,维持自身的身份地位于不坠。

三 礼制文化空间:绅士的文化权力网络

《沈丘县志·风俗》载:"嗟乎!俗之淳漓,自上导始。故转移化导之机,尝在帅帅。而后之守兹土者,尚其留意欤!今按沈民风俗,大抵三十年一变。国初民风淳朴、忠敬,好读书。但地瘠人稀,农事未修。迨康熙二十年后,土渐辟,而淳淳之意衰,惟崇节俭,家弦诵,犹可尚焉。至五十年后,专事奢靡,不学问而美衣服,不耕桑而喜游宴。人以为地近江南,虚浮之所渐染然;亦风气迁移,无所砥柱使然。近二十年来,官师讲学劝农,课桑训俗,人亦稍知向学,反浮华而勤耕织。且土地之辟,十倍于前,几无寸土不毛矣。风俗之变,端赖有转移者信哉!"[3] 这种教化风俗的理念反映出官府绅士对文化失序的焦躁与不满,力图借由绅士所树立的典范,成为他人仿效的榜样,发挥潜移默化的教化作用,着意于地域社会内风俗的改善与秩序的维持。

这些典范作用的施行,主要通过尊崇儒学礼制而进行的。《大清会典》曰:"直属省府县卫于各所治立学,皆祀先师以崇矩范,辟黉舍以聚生徒,以时肄习,广其术业,勤勉训迪以储人才。"[4] 可见儒学的主旨乃是建立学宫祭祀先师,示崇矩范,兼行释典。因此基层儒学学宫的设置,不仅担负了教导知识、学问之责任,也是地方上的最高学府,具有教化之作用,对于学术及文教风气的开展影响颇深。

官方祭孔又称"释奠",在地方上由儒学教谕或训导负责,参与者限于地方官员和儒学生员等具有绅士身份者。举行日期依照官方规定,一年两次,是在春秋仲月的上丁日。祭孔有一整套烦琐的礼仪,为了表达对孔子的崇敬,每个祭祀步骤都设置了相应及准备的建筑空间,如:斋戒用的"斋宿"、存放乐器的"乐器库"、存放礼器的"礼器库"、制作祭品的"神庖、神厨"、奉祀孔子的"大成殿"等等。前期将祭器洗刷清洁,预为措理。祭前二日,献祭官沐浴斋戒。祭前一日,献祭官具补服至牲所省牲。均为配合祭典所需的准备空间。

① 《沈丘县志》(乾隆十一年),卷10《乡贤志·孝友》,中州古籍出版社1991年版,第290页.

② Bourieu, Pierre: Outline of a Theory of Practic, Cambridge, Mass: Harvard University, 1984, pp. 171—183.

③ 《沈丘县志》(乾隆十一年),卷2《地理志·风俗》,中州古籍出版社1991年版,第44页。

④ 允陶:《钦定大清会典》第3册,卷32,图书集成印书局1930年版,第1页。

文庙祭孔一直是最受地方社会重视的祭典，其性质与儒家祭祀原则最为符合，也是地方性的官方祭典层级最高的一种，其官方祭典的性质相当明显①。祭祀文庙原是少数特定官式祭礼，由特定身份的人执行祭拜的仪式。自唐太宗于贞观四年"诏州、县学皆作孔子庙"②。下令全国州县学皆立孔子庙四时致祭开始，孔庙与学校成为并设的"学宫（或称庙学）"建筑。州县学、太学既有庙的功能，同时又具有学校的功能，显示出庙学合一的特征③。把祭孔与祭祀名宦、忠义、节孝、乡贤一体进行，显示出道统与治统的结合，也显示儒家文化与基层社会的结合。

乾隆十一年《沈丘县志》中详细记载了祭祀文庙时所使用的祭祀时的祭祀礼仪和音乐，包括崇圣祠仪注和至圣殿仪注。这是孔庙释奠之礼的重要组成，最能体现儒家的礼乐教化功能。县志还详细记录了文庙所祀先贤先儒的姓字里居及其位序，以及崇圣祠祭文、先师庙祭文。这种仪式性活动的进行，是一种得以展现其高度文化传承性的方法。这样一种辉煌的庆典仪式周而复始地举行，便是在呈现空间场域的秩序化过程，以及对空间作有系统化的组织。但是在仪式行为或在组织过程中，也有充满某种地方政治权力运作的象征意涵，这就是国家文化通过祭孔下达基层，同时，地方绅士参与其间，表明了他们与官方的文化链接，是自身文化权威的表达途径。

地方绅士与国家文化权力的结合，还体现在绅士对文教事业的热心赞助，如学宫的修建，乡贤刘璐"承父光泽县知县祖向遗旨，重修大成殿、戟门；乡贤后裔亦各捐赀督工；而正心之力居多，又自捐修学署。"雍正十三年，"监生李蒲、刘朴、刘世诚，生员赵文朴、李林桃、唐楫、童生刘云鹏、普超武，捐建学库一所，盛贮祭乐等器；监生刘淑辙、吏员杨福魁，同捐置志版，存库备用"。乾隆"八年，知县王郁文、教谕鲁之璠、训导刘群集，重修大成殿上盖；贡生刘中柱、张元会、刘劳、生员刘光第，同捐木料。十年，知县冯澎捐金倡义，又劝阖邑绅士共捐资重修明伦堂"。甚至祭器也多有绅士捐赠，如盥洗案一贡生孙时敏捐，供桌一监生孙逊敏捐，等等④。在地方儒学发展的过程中，地方绅士是推动基层文教向前迈进、蓬勃兴盛的主要驱力，但是民间发展儒学文教，仍需与地方官吏合作，有这些贤能官吏的励精图治，与地方绅士们相偕合作，文庙、社学等文教建设才得以设立与修筑，各项文教设施与制度亦日渐丰富、完备，为基层社会提供了适于儒学发展的优良环境。绅士通过这些活动，不仅带有光环的儒家理念"仁"得以实现，而且在儒家社会秩序顶层的绅士统治特权毋庸置疑地得以重新确认。

以地方绅士儒学为中心的社会文化活动还包括乡饮酒礼，由地方官主持，地方儒士、耆旧参加，《沈丘县志·乡饮仪注》记载："凡乡饮酒，每岁正月十五日、十月初一日于儒学成礼饮酒。前一日，执事于明伦堂以图陈设座次，司正率执事习礼。"具体座次是"主席，府州县以正印官为之，如无正印，佐贰代之。其位在东南。大宾，以致仕官为之，位于西北。僎宾，择乡里之年高有德者为之，位于东北。介以次长位于西南。僚属位于东。三宾位于宾、主、僎之后。司正以教职为之。行礼时，凡执事皆以生

———————————

① 祭孔典礼自唐代以来即由官方主导，关于这点可参考黄进兴：《优入圣域：权力、信仰与正当性》，陕西师范大学出版社 1998 年版，第 164—216 页。

② 《新唐书》卷 15《礼乐志五》，中华书局 1975 年版，第 370 页。

③ 《沈丘县志》（乾隆十一年），卷 6《学校志·祭祀仪注》，中州古籍出版社 1991 年版，第 138 页。

④ 《沈丘县志》（乾隆十一年），卷 6《学校志·学制》，中州古籍出版社 1991 年版，第 117—121 页。

员为之，具公服恪供厥职，一切仆役不许上堂。又于堂西檐下设棚，北向，择老成生员二人于此坐，以待读律观礼"①。乡饮酒礼在明伦堂举行，参与者主要是地方官员、乡贤和生员，俨然是地方社会儒学人物的聚会。宋元以后，乡饮酒礼成为地方儒学社会的大事，是巩固儒学社会，增强儒士之间凝聚力的重要手段，特别是在儒士阶层地位下降，儒士处境窘困的情况下，乡饮酒礼无疑成为激励儒士自立，自强，维系基层社会儒学文化发展和传承的重要因素②。

从康熙年间开始，还在乡饮酒礼时宣读《上谕十六条》，作为朝廷教化乡民的工具，参与者是村中的所有乡民，"里社春秋祈报祀神后，合村中老幼会饮，或以教职董其事，或以致仕之老主之，再或以甲科之士主之，立之仪注，岁岁举行。即于读律令时宣读《上谕十六条》，明白剖示，庶几知识日开，闻见日熟，习惯自然，而嚣凌之风可潜消矣"③。通过在乡民日常生活的活动中宣传国家教化，宣讲朝廷的有关法令，告谕乡民谨守孝悌，安居乐业，和睦邻里，使之认同和服从国家的权力控制，使国家意识形态能真正落实到民间。可知地方绅士在宣传国家"礼治系统"的社会建构上，扮演了十分重要的角色，同时也建立起地方绅士的政治、文化权威地位。

四　结论

由于传统时代国家政权用以深入乡村的统治结构的下层网络是一个虚弱的、有缺陷的系统。在地方政府——绅士——村民的权力网络中，绅士在完成国家权力对村落共同体的社会控制职能方面，起着不可小视的作用。其所承担的许多重要职责包括了一个广泛的社会管理范围，从意识形态的引导到政治、社会和经济事务的实际管理，以及行政职责等范围。"世之有绅衿也，固身为一乡之望，而百姓所宜矜式，所赖保护者也。……绅衿上可以济国家法令之所不及，下可以辅官长思虑之所未周，岂不使百姓赖其利，服其教，畏其神乎"④？地方绅士并不像官员那样拥有钦命的权力，却拥有基层社会赋予的"天然"的实际权威，地方官员在做出重要的决策和行动时，一般都要与绅士集团进行交流和沟通；那些不能与当地绅士建立合作关系的官员，不但难以真正推行自己的各项政策，还往往受到地方绅士在朝中的代言人的攻击而失掉职位。可以说，地方政府越来越难以像在里甲体制下那样对乡村权力网络实施有效控制，地方社会的管理越来越依赖于非正式的绅士权力网络。而在某些时候，地方政府甚至可以不受中央指挥，而直接与地方士绅合作处理公共事务。在这一权力运作过程中，基层空间就显现为一个国家与绅士展现权力的战场，由此形成国家政权与基层社会的广大中间过渡地带，以及因而衍生出的国家统治系统的模糊性格。

学者杜赞奇（Prasenjit Duara）针对地方社会权力结构进行讨论，提出了所谓的"文化权力网络"（the cultural nexus of power）的概念。他指出，国家或地方绅士的力

①　《沈丘县志》（乾隆十一年），卷6《学校志·乡饮仪注》，中州古籍出版社1991年版，第164—166页。
②　申万里：《宋元乡饮酒礼考》，《史学月刊》2005年第2期。
③　《沈丘县志》（乾隆十一年），卷6《学校志·乡饮》，中州古籍出版社1991年版，第168页。
④　转引自王先明：《近代绅士——一个封建阶层的历史命运》，天津人民出版社1997年版，第61页。

量，在地方社会中可透过既有生活中的各种组织（如：市集、宗教、水利、宗族等）及非正式关系（如：庇护者与被庇护者、亲戚朋友等人际关系）等领域或管道渗入地方社会，进而建构或展现其权威，或是表现其合法性地位。[①] 因此，传统地方社会的权力来源，并非以往我们所认知的来自政治的一元性，而是多元的。中国传统地方绅士和国家政权皆试图在地方社会中，建构起他们的"文化权力网络"，以求建立、维持或扩张他们的权威及影响力。儒家文化把通过科举考试进入统治阶层而区别于芸芸众生的绅士群落列于社会阶层的士、农、工、商四等级序列之首，而绅士基层则通过确立和控制旨在巩固其在下层民众眼中的身份并使得其权威性显得毋庸置疑的文化活动，来维持自己的文化霸权地位。以社会权威而不是以法定权力资格参与封建政权的运作，绅士阶层便集教化、治安、司法、田赋、税收、礼仪诸功能于一身，成为地方秩序的实际代表。这即是文化传统的合法性。

〔作者刘方玲，副教授，燕山大学文法学院。河北秦皇岛　　066004〕

---

① 参考杜赞奇：《文化·权力与国家：1900—1942 年的华北农村》，江苏人民出版社 1996 年版。

清人吸烟风气之考察[*]

黄志繁　陈维国

一　引言

　　烟草从明朝万历年间开始传入中国，以非常快捷的速度向全国蔓延，到了清代前期，几乎全中国每个省都种植烟草。烟草种植的普遍当然与吸烟人之众多密切相关，最迟至清初，上至公卿大夫，下至贩夫走隶，嗜爱烟草者不乏其人。前人关于烟草传播的线路和过程，已经有了比较清晰的论述，并揭示了清代烟草流行的事实①。然而，作为一种日常生活中重要的消费品，烟草独特之处在于其具有毒性且易上瘾，过多吸食有损身体健康，其得以广泛流行的原因显得颇有仔细探究的必要。前人的研究虽揭示了吸烟广泛流行的事实，但是，对吸烟风气之流行的原因却缺乏专门而深入的考察。笔者以为，吸烟风气之广泛流行和传统时代人们对烟草的生物属性认识的局限密切相关，同时吸烟这一行为也契合清代社会风气和消费文化，从而导致吸烟成为一种社会习俗，烟草成为一种不可缺少文化消费品。前人研究大多将烟草视为经济作物而对其文化含义阐发不够，更没有从当时人们的观念和社会整体环境来考察烟草之流行。本文拟从清人对烟草的认识观念和社会风气入手，将吸烟视为一种文化现象，对清人吸烟风气进行考察，同时，也希冀通过吸烟这种文化现象的考察，来获得对传统时代流行消费品的一般性认识。

二　习俗:吸烟的流行

　　烟草最初为军旅抵抗瘟疫和瘴气，后来逐渐流行到普通百姓。崇祯和康熙曾经严行禁止，但形同虚文，无法阻挡其传播趋势。至迟至清初，烟草已经成为人们生活必需品，俨然与茶、酒并列。清初陆耀《烟谱·好尚第四》说:"近世士大夫无不嗜烟，乃至妇人、孺子亦皆手执一管。酒食可阙也，而烟决不可阙。宾主酬酢，先以此物为敬。"② 清初时赵吉士《怡曝堂集》亦言:"烟草枯肠染疫，然骛之如市，顷刻不可去

　　* 本文是教育部人文社科重点研究基地重大项目"中国社会生态史研究"（项目批准号：05JJD770121）阶段性成果之一。

①　吴晗:《谈烟草》，《光明日报》1959年10月28日，收入《灯下集》，三联书店1960年版；陶卫宁:《明末清初吸烟之风及烟草在国内的传播方式与途径研究》，《中国历史地理论丛》2002年第2期。

②　陆耀:《烟谱·好尚第四》，转引自杨国安编著:《中国烟业史汇典》，光明日报出版社2002年版，第12页。

手，闺闱佳丽，亦以此为餐香茹柏，功盛于茶，味逾于酒，未有识其故者。"① 由此可见，烟在清初的时候成为待客的重要消费品。

烟草被文人描绘为酒后茶前的必备之物。"客到茶瓯未泛，领舌本芳辛漫闲话"②。让客人先品嘘烟草，同时闲话漫谈，省去苦等茶水之烦。"留客茶铛未熟，探囊先授"③。便成了待客之道。而酒阑人静，烟草便是异常寻念之物："酒渴更残后，寒深梦觉时。与君常作伴，而我最相思。"④ "相思日常几度，把竹枝顿忘吟苦。最是梦阑酒醒，那回情绪。石火星星迸处，渐一阵兰香暗中吐"⑤。那重瘾真是不解不休。这不仅是对"惯引他吟兴，僮呼酒后；肋他谈屑，客到茶前"⑥。的尘世的写生，更是有如"有味宜人薰酒后，多情款客奉茶前"⑦般对"情、味"的渲染。

在渲染中，烟草便功同酒和茶了。"伊高丽之奇产，乃番妃之英魂。味辛辣而觉爽兮，性去秽而温靡。气远扬而条畅兮，状如丝而纷缊。佐茗碗之清冽兮，实解醒之殊珍。伸登荐兮嘉宾，吸微醺兮眉颦。既蠲忿兮涤烦，复止悲兮怡神。懿众德之具美兮，非摛藻之能陈；考《露书》之所纪兮，徕吕宋之绝伦。兹联吟以竞巧今兮，漱余味之津津。吐锦心而张绣口兮，当与《茶经》《笋谱》而为邻"⑧。烟草便是与茶、酒相佐之物，三者相得益彰。或如黄定文所言："淡巴菰清韵，在茶香酒味之间。"⑨ 而针对质疑者，文人也是以茶酒为据进行驳斥"功岂旗枪故，名参曲糵宜。何人不知味，异议漫争持。（旗枪：名茶也。茶之叶为旗，其嫩茎为枪，最细之茶仅一旗一枪。曲糵：喻美酒。）"⑩ 正因为三者各具特色，"茶能止渴，酒可御寒，烟则可治风寒、辟瘴秽，吞吐间而一身殆遍"⑪。我们便常能看到这种情形："荆湘竹子蜀滇铜，巧斫精熔匠制工。昔以虚心安冷淡，留将直节示圆融。横陈瑶席霞光起，倦倚兰闺麝气通。酒盏茶铛成素侣，几番石火借微红。"⑫ 烟、酒、茶都不可弃，从而形成这种认识："将以解忧则有酒，将以消渴则有茶。鼎足者谁？菰材最嘉。"⑬

烟获得与酒、茶同样的地位，原因有三：一是烟草传播之初，实为比较昂贵的消费品，进入待客物品行列自属自然；一是烟草被明清时人认为有"治风寒、辟瘴秽"之功效；第三，烟与茶、酒一样，能令人陶醉，吸之有无穷乐趣。

烟叶传播之初，价格非常高，如携李王逋《蚓庵琐语》所言：烟叶出自闽中，边上人寒疾，非此不治，关外人至以匹马易烟一斤⑭。也不是烟中上品，因品次太高常人

---

① 褚逢椿、顾禄：《烟草录》，颐素草堂刻本，转引自杨国安编：《中国烟业史汇典》，第22页。
② 陈章：《天香·和樊榭咏烟草》，《相思草：烟草志、烟事文化集》，湖北科学技术出版社2004年版，第48页。
③ 朱方蔼：《天香·淡巴菰和秋潭》，《相思草：烟草志、烟事文化集》，第50页。
④ 曹锡宝：《吸烟和焦二香韵》，《相思草：烟草志、烟事文化集》，第23页。
⑤ 王又曾：《天香·咏淡巴菰》，《相思草：烟草志、烟事文化集》，第48页。
⑥ 汪如洋：《沁园春·咏淡巴菰》，《相思草：烟草志、烟事文化集》，第54页。
⑦ 陈琮：《烟草谱》卷6，《顾光涑园七言律诗》，清嘉庆刻本。
⑧ 陈琮：《烟草谱》卷6，《徐玉瑛渭田古体诗》，清嘉庆刻本，第5页。
⑨ 陈琮：《烟草谱》卷3，《紫竹烟竿诗》，清嘉庆刻本，第7页。
⑩ 曹锡宝：《吸烟和焦二香韵》，《相思草：烟草志、烟事文化集》，第23页。
⑪ 陈琮：《烟草谱》卷2，《性味》，清嘉庆刻本。
⑫ 王露：《咏烟筒七律》，《相思草：烟草志、烟事文化集》，第35页。
⑬ 陈琮：《烟草谱》卷4，《全祖望谢山赋》，清嘉庆刻本。
⑭ 蔡家琬：《烟谱》，《中国烟业史汇典》，第16页。

无力消费。如诸联《明斋小识》所云："予幼时有所谓大号抖丝、抖绒者，每斤价一二百文，继有顶高、上高、超高之别，后又易为头印、二印、三印、四印，最贵之价至每斤一千六百文。"① 到了清代中期，种植逐渐普遍，烟叶价格逐步降低下来，但是，仍然属于比较奢侈的消费品，种烟利润仍然较高，而普通百姓仍有些无力消费。

我们以乾隆年间山东济宁的情况为例分析。《济宁直隶州志·卷二物产》附录盛百二的《济州臧氏种蜀黍记》，道：

> 东乡臧氏之叟，世以读而兼耕，叟尤精于稼穑。忽以种烟地用之蜀黍，其说谓："方亩之地种烟草三千株，今种蜀黍亦如之，不令其多。以中数计之，亩得烟叶五百斤，斤得钱十五文；蜀黍每株三穗，共落实一合（官量二合），亩得六石（官量十二石），中价石一千五百文，孰平而孰歉乎？"②

文中的济州臧氏经过一番对收益的细算比较后，认为种蜀黍改为种烟地，利润更高。为了说明种蜀黍利大，其中所提及的"斤（烟）得钱十五文"我们完全可以相信它不是浮夸之词，而是与事实相符甚至有所贬抑。就以它为例，斤得钱十五文以现在的重量单位折算则是 15 文/590 克，即为 0.0254 文/克。如果消耗一两（50 克）耗钱则是 1.27文。而且这只是烟农与烟贩直接交易时的价格，而不是吸烟之人购买烟草的价格。加上中间加工和销售环节，成品烟草的价格至少应为每两 2 文。

综合上述事例，可以看出，乾隆年间，烟草的最低价格大约是每两为 2 文。这样的价格是否为普通百姓能承受得起呢？道光时期蔡家琬的著作《烟谱》有谚云：一日吸烟钱，多似一日吃盐钱③。这谚语反应了当时的真实情况。"民用之最切者莫如盐，丁男匹妇食盐之费，日不及一钱"④。每日每人食盐的花费不及一文钱，而按上面的分析，一天一两或者即便是数天一两烟草，其花费也在一文以上，所以清人说道"饮烟者无间暑寒，为用与食盐等而又胜之"⑤。若是费用与食盐等同，那这烟客要么是烟瘾十分小，要么是尽力在克制自己。《淡巴菰百咏》载有这么几首诗："饱可求饥饥可饱，醒能使醉醉能醒；开门七件寻常事，先费铜钱几个青。王鹏飞烟草诗：闲来握银管，日费几青钱；又张东亭诗：日日供嘘吸，钱消几个青。"⑥ 包世臣（1775—1855）在《安吴四种》写道："数十年前，吃烟者十人而二三，今则山陬海澨，男女大小，莫不吃烟。牵算每人每日所费不下七八文，拾口之家，终岁吃烟之费不下数十金。"⑦ 每天吃烟花费七八文，如果全家老小都是烟民，花费的确太大，而当时又的确是"士大夫无不嗜烟，乃至妇人、孺子亦皆手执一管"⑧。

---

① 诸联：《明斋小识》卷5，《黄烟》，《中国烟业史汇典》，第181页。
② 盛百二：《臧氏种蜀黍记》，《中国烟业史汇典》，第215页。
③ 蔡家琬：《烟谱》，《中国烟业史汇典》，第18页。
④ 方苞：《方苞集》，《请定经制札子》，《中国烟业史汇典》，第167页。
⑤ 郭起元：《论闽省务本节用书》，《皇朝经世文编》卷36。
⑥ 朱履中：《淡巴菰百咏》，《序》，小酉山房刻版。
⑦ 包世臣：《安吴四种》卷26，《中国烟业史汇典》，第171页。
⑧ 陆耀：《烟谱》，清道光十三年昭代丛书本，《续修四库全书》，上海古籍出版社2002年版，第484页。

因此，我们才能理解陈琮的《烟草谱》记有这么一个场景："客有嗜烟者，家贫不能常继，辄拾包烟之闽纸揉碎爇火而吸之。询其故，客曰：'亦颇有烟味。'"①烟瘾发作，囊中羞涩，仅有依靠一点烟味聊以自慰，真是愁杀天下穷烟客。也能理解清人吸烟为何往往都比较贪婪，常常要把烟雾全部吸入体内。清人笔记中有这么一个描写：春天温暖和畅，阳光洒入室内，主人闲卧于床，做着美美的清梦，屋梁下的燕子像老妇人喃喃低语唠叨着家常事，主人被吵醒了，朦胧睡眼，便要吸食烟草，一时间屋子里烟雾氤氲，仿佛是住在云雾中，主人同时呼叫僮仆关门垂帘，唯恐烟气散去，最后还是对终究留不住的烟雾痛惜万分②。《烟草谱》记有这么一首诗：

> 白石敲光细火红，绣襟私贮小金筒。
> 口中吹出如兰气，侥幸何人在下风。③

吸烟之随风飘到下风向，就以为是便宜了下风向之人，开始时还以为作者也如同吴敬梓《儒林外史》笔下严监生式吝啬人物，当了解吸烟费用让普通烟民不堪负重时，对作者的感慨也多了几分认同。

吸烟的功效大致说来可总结成三点：辟瘴消寒；破寂止悲；提神畅思。正因为具有这三种功能，待客以烟就成为一种礼遇和乐趣，好此之道的文人难免吹嘘其功效与乐趣。

1. 辟瘴消寒

首先，是烟草的药用功能，在明末至清代的药籍中对此有大量的记载，如《食物本草》云："烟草火味辛温有毒，治风寒、湿痹、滞气、停痰，利头目，去百病，解山岚气，塞外边瘴之地食此最宜。"④《本草汇言》云："烟草，通利九窍之药也，能御霜露风雨之寒，辟山蛊鬼邪之气，小儿食此能杀疳积，妇人食此能消症瘕，如气滞、食滞、痰滞、饮滞，一切寒凝不通之病，吸此即通。"⑤《本草备要》云："烟草新嘧宣行气辟寒，闽产者佳。"⑥此外，关于烟草的功效，清人在笔记中也不厌其烦地描述。《梅谷偶笔》也便是其中最普通的一例："其气芳香辛辣，其功当能辟瘟疫，驱瘴厉，散寒邪，开气、化郁、豁痰、胜湿。性急，不可多用。"⑦王露则以拟人手法视菸为先生，为之作传云："前明嘉靖间，有菸生者，本粤东夷产，以医术游中华，善治瘴病，驱寒疾，消膈胀，屡试辄效。"⑧烟草辟瘴消寒的功效在烟草诗词中，更是频频提及，略举如下："南荣负暄春得酒，辟寒除秽病骨苏"⑨；"漳泉马氏更传名，辟瘴消寒最能灵"⑩；"瘴

---

① 陈琮：《烟草谱》卷2，《嗜烟》，清嘉庆刻本。
② 蔡家琬：《烟谱》，《中国烟业史汇典》，第16页。
③ 陈琮：《烟草谱》卷7，《杨守知绝句》，清嘉庆刻本。
④ 陈琮：《烟草谱》卷2，《主治》，清嘉庆刻本。
⑤ 陈琮：《烟草谱》卷2，《主治》，清嘉庆刻本。
⑥ 陈琮：《烟草谱》卷2，《主治》，清嘉庆刻本。
⑦ 陈琮：《烟草谱》卷2，《主治》，清嘉庆刻本。
⑧ 陈琮：《烟草谱》卷4，《王露兰皋传》，清嘉庆刻本。
⑨ 陈琮：《烟草谱》卷5，《徐以升阶五古体诗》，清嘉庆刻本。
⑩ 陈琮：《烟草谱》卷5，《诸联晦芗古体诗》，清嘉庆刻本。

厉藉以辟，严寒藉以去"①；"辟瘴消寒更有灵，种从吕宋能谈讨"②；"御雪知微益，驱寒若有神"③。

2. 破寂止悲

清人朱履中所著的《淡巴菰百咏》中有这么一首小诗：

> 妃子坟前春风清，妃子坟上春草生。
> 蘧蘧一觉晓来梦，管领销愁别样名。④

诗下有注曰："刘廷玑《在园杂志》：烟草，关外人相传于高丽国，其妃死，王哭之恸，梦妃告之曰：冢生一卉，名曰烟草，细言其状，采之培干，以火燃之而吸其烟，可以止悲，亦忘忧之类也。王如言采得，遂传其种。"⑤ 这便是烟草又名忘忧草的传说。烟草迅速广传的原因和其有止悲忘忧之效应有密切关系，《香祖笔记》中说道："古人谓酒能合欢，予谓烟能破寂；古人谓酒能令人人自遣，予谓烟能治幽忧之疾。"⑥ 正因为认为吸时"舌端滋味妙难传"⑦，吸后"一概闲愁能除扫"⑧，才会"坐雨闲窗，饭余散步，用以遣寂除烦"⑨或"舟中马上孤客枕，味无味处还啜铺"⑩。庞大的嗜食群体才会因之形成，如《樊榭山人集》所言："烟草祛寒破寂，风味在曲生之外，今伟男髫女，无不嗜者，而余好之尤甚。"⑪

3. 提神畅思

烟草别名甚多，返魂草便是其一，这个得名如同忘忧草，也有一传说。据《食物本草》记载，相传海外有鬼国，彼俗人病将死，即弃置深山。昔有国王女病革，弃之去，昏愦中闻芬馥之气，见卧傍有草，乃就之而嗅之，便觉遍体清凉，霍然而起，奔入宫中，人以为异，因得是草，故烟一名返魂草⑫。描述烟草能使昏愦之人霍然而起，似有起死回生返魂之术，我们无需求证亦可知其虚妄，但故事背后想要渲染的便是烟草提神畅思的奇效了。好烟的文人颇为推崇烟草"亦润文心，亦绵诗力"⑬的作用，如《香祖笔记》所云："高轩作赋，濡墨吮毫，思路未开，沉吟独坐，熏服名烟，不无小补。"⑭《烟草谱》中有段诗句描述得很是精彩："诗思生于机活，一题到手，养似木鸡，得烟而想入风云，与之悠扬上下，觉大含细入，呼吸皆通，卢全七碗，不如金缕半

① 陈琮：《烟草谱》卷6，《金凤奎东梧题词》，清嘉庆刻本。
② 陈琮：《烟草谱》卷末，《徐侠兰吟题词》，清嘉庆刻本。
③ 褚逢椿、顾禄：《烟草录》，《韩骥诗》，嘉庆庚辰（1820）年颐素草堂刻本。
④ 朱履中：《淡巴菰百咏》，小酉山房嘉庆二年（1797）刻版。
⑤ 朱履中：《淡巴菰百咏》，小酉山房嘉庆二年（1797）刻版。
⑥ 蔡家琬：《烟谱》，《中国烟业史汇典》，第17页。
⑦ 陈琮：《烟草谱》卷末，《徐侠兰吟题词》，清嘉庆刻本。
⑧ 陈琮：《烟草谱》卷末，《徐侠兰吟题词》，清嘉庆刻本。
⑨ 陈琮：《烟草谱》卷2，《烟趣》，清嘉庆刻本。
⑩ 陈琮：《烟草谱》卷5，《徐以升阶五古体诗》，清嘉庆刻本，第4页。
⑪ 朱履中：《淡巴菰百咏》，小酉山房嘉庆二年（1797）刻版
⑫ 蔡家琬：《烟谱》，《中国烟业史汇典》，第16页。
⑬ 陈琮：《烟草谱》卷4，《黄之隽戒》，清嘉庆刻本。
⑭ 蔡家琬：《烟谱》，《中国烟业史汇典》，第17页。

简矣。谈锋由于气壮，众客盈前，形同土偶，得烟而神流肺腑，与之吞吐翕张，觉咳玉喷珠，洪纤毕露，管辂三升不如玉？一咽矣"①。清代文人高世鏞也自诩烟后才思敏捷："藏之砚北，何可一日无君；握向窗南，时于此间得趣。爰操枯颖，用谱新题。上下平分韵吟来，漫道文章馥郁；三十篇信手拈出，无非烟雾迷离。"② 得烟便可妙笔生花、口若悬河，这明显被文人夸大，吸烟或许能提神畅思，但也不至于有如此神效，然而寻思现代文人普遍流行的对香烟提神功效之坚信，就不由不感叹古今同理了。

三　文化：文人与吸烟

文人不仅是吸烟的主力，而且，在烟草流行过程中，起了推波助澜的作用。文人对烟草作物推崇最直接的表现就是撰写了大量与烟草有关的典籍。而对烟草描述与颂咏最皇堂的理由莫过于将它视为儒者该有的担当。

《菸经》中记有乾嘉时期高廷瑶写的序：

> 儒者一物不知，引以为耻，故古人于一物一名之细，一草一木之微，莫不推本而穷究之，亦致知尤必格物也。粤考菸之为物，名号不著于尔雅，品格不入于群芳，无地不种，无人不食，至我朝直省大行，几有不可须央离者。昔陆季疵著《茶经》，传之未久，若菸经则未有著焉，岂以物之微，而故忽之邪！第茶与菸，今已并行，胡得不为之表彰也。贲隅赵子巢阿延予在署，训迪儿辈，偶于案头见其所著《菸经》，原原委委，极细且详，然后知博物之誉，巢阿有焉，将不胫而走海内，安见一物之不以成名也。抑予闻巢阿著述甚富，而此一书，则仅出其余绪，所谓管中窥豹，时见一斑耳，因弁数语俾付梓焉。③

这篇高廷瑶为《菸经》而作的序可以看出，事无巨细，都是儒者关注的对象，其目的是格物致知，由于烟草流行之普遍，儒者以为对烟草加以著述，乃是儒者之当然责任。并且撰写新物，可得博才多识的赞许，而这种名誉古时文人梦寐以求。

更有甚者，对烟草的撰写似乎还隐含着有一种特殊荣誉的获取：

> 将以解忧则有酒，将以消渴则有茶。鼎足者谁？菸材最嘉。酒最早成，茶稍晚出。至于是菸，实始近日。凡百材之所成，必报功于千古。酒户则祖杜康，茶仙则宗陆羽。吾欲考先菸以议礼，盖茫然未悉其何人。笑文献之有阙，将祀祭其何因？④

对酒、茶宣传者因其作品的成功而久享盛誉，烟虽晚出，但已与酒、茶的齐名，却缺乏

---

① 陈琮：《烟草谱》卷4，《石杰虹村文》，清嘉庆刻本。
② 陈琮：《烟草谱》卷4，《高世鏞瑸阿序》，清嘉庆刻本。
③ 赵古农：《菸经·贵筑高廷瑶序》，道光九年刻本。
④ 陈琮：《烟草谱》卷4，《全祖望谢山赋》。

文人对其描写的巅峰之作，如果文章撰写成功，作者也可以同杜康、陆羽之辈称为酒祖茶宗一般而被冠上烟圣、烟仙、烟宗之类的雅号。

同为《菸经》作序的另一位文人缪艮则明显直接将《菸经》与《酒诰》、《茶经》视若匹敌，将作者与古人齐名：

> 自《酒诰》著于经，后之言酒者夥矣。迨唐陆羽始有《茶经》之著，品茶之士，知所考焉。著菸则昉自明季，盛于国朝，浸浸乎充塞宇内，乃国初诸老间，有吟咏亦偶及之，要皆习焉若忘，未有求端讯末著为经者。夫非食而不知其味乎？吾友赵子巢阿爱著《菸经》，以配陆羽，且巢阿著述等身，不知引以为耻，故于经纬史之外，出其绪余，冠以征引品题，溯其源流，区以种植之制作、器具、分类、土产、适用，穷其委，秩秩然称美备焉。……夫事之常者为经，与世之知有所考，闻之足以警世者，均可为经也。吾知此书一出，非独可配《茶经》，直堪上继《酒诰》，岂得语古今人不相及也邪。①

这篇序文虽有文人相互吹嘘之嫌疑，但也反映出他们的价值取向，这也就不难解释清朝关于烟草的著述层出不穷的缘故了。

实际上，运用自己渊博的掌故知识说说烟草本源，再描述自己食烟时那种畅快淋漓的感受，应是文人的至高享受。试看下文：

> 盖自吕宋沙头，分将小草，渔梁山外，种得奇芬。翠叶笼烟，占麦塍而葱茜；金丝滴露，著桃纸以鲜新。乃有彤管斜携，活火漫爇。香生九窍，红灯绿酒之旁；美动七情，月夜花晨之下。似王郎之呵气，匹练冲霄；凝张老之吹空，层云满座。藏之砚北，何可一日无君；握向窗南，时于此间得趣。爰操枯颖，用谱新题。上下平分韵吟来，漫道文章馥郁；三十篇信手拈出，无非烟雾迷离。②

作者在词中对吸烟状态的进行了生动描绘，"何可一日无君"足见其嗜烟瘾头之大，烟后"爰操枯颖，用谱新题"是那么的自然，不管信手拈出的三十篇作品是否都是以烟为主题，至少这篇便是。烟后作文，文中写烟，对于嗜烟的文人是再也平常不过的事了，所以《金丝录》、《淡巴菰百咏》之类以诗词为主的烟草专著出现也就不足为奇了。

嗜烟者不仅自己动手为所嗜之物著作，当其对社会资源有一定的支配能力时，便常常不辞辛苦地推波助澜。如康熙时大儒韩宗伯曾有如下佳话：

> 韩慕庐宗伯，嗜烟草及酒。康熙戊午与余同典顺天武闱，酒杯烟筒不离于手。余戏问曰：二者乃公熊鱼之嗜则知之矣，必不得已而去，二者何先？慕庐俯首思之良久，答曰：去酒。众为一笑。③

① 赵古农《菸经·缪艮序》，道光九年刻。
② 陈琮：《烟草谱》卷4，《高世镳瑸阿赋》。
③ 褚逢椿 顾禄：《烟草录》，《分甘余话》，嘉庆庚辰（1820）年颐素草堂刻本。

烟与酒是韩公所爱，但若似熊掌与鱼不可兼得时，痛苦抉择，还是烟不可弃，一幅嗜烟如命的瘾君子形象，而这种形象于清朝社会中是平常事，必须注意的是他的身份与作为，"慕庐时掌翰林院事教习庶吉士，乃命其门人辈赋淡巴茹歌"①。韩公对所嗜之物不是仅依靠一己之力了，而是发动一个群体进行推崇，其声势与影响也当然非同寻常了。"二者何先？去酒！"亦成为争传的一段佳话。韩也成为后人频频提及且不易逾越的人物。

吸烟不仅有趣，还提供了文人互相唱和的主题。陈琮的《烟草谱》记载了清代文人互相唱和烟草诗的景象：

> 查为仁《莲坡诗话》云：烟草，前人无咏之者。韩慕庐宗伯掌翰林院事时，曾命门人赋淡巴菰，诗多不传。惟慈溪郑太守梁为庶常时所作存《玉堂集》中。《茶余客话》云：韩慕庐出以课庶常，陈广陵诗一时传颂。家签亭诗云："味浓于酒思公谨，气吐成云忆马卿"，人推佳句。陆青来耀作《烟草歌》，形容尽致。袁枚《随园诗话》云：吾乡翟进士灏《咏烟草》五十韵，典雅出色，在韩慕庐先生烟草诗之上。②

韩慕庐命门人赋淡巴菰，虽诗多不传，但后人还是多与之相和，并用它为尺度，来评判诗的优劣。而更为热闹的，莫过于同代人之间的唱和，如："吾松曹锡端、王丕烈诸先生有'九青韵'烟草诗，一时和之者分笺斗韵。近日西湖纪氏联句分韵诗，都下亦多属和，唐仲冕序而行之，谓此题近鲜佳作，乃妙句续纷，出于一门，封胡羯末，更有咏絮才华，何其盛也，洵为艺林嘉话。"③

在烟草诗的创作上唱和成风，当然于烟草词上也大体相当。《樊谢山房集》云："今日伟男髻女，无人不嗜，而予好之尤至，恨题咏者少，令异卉之湮郁也。暇日斐然命笔，传诸好事，因作《天香》词一阕。同时谱此调者不下数十人，余亦曾填此解。"④仅《天香》词而言，"谱此调者不下数十人"，我们便可以想像当时因唱和而作的烟草作品数量会有多么的丰富。

正是文人把对新生事物的穷究作为儒者该有的担当，食烟文人对所嗜之物的极力推崇，使得关于烟草的作品非常丰富，加上文人唱和之风颇盛，使得其在数量与质量上进一步提高。这种变化逐渐扭转烟草转入初期"其兴之勃"与"吟咏绝少"的失衡状态，大量对烟草的吟咏远远超过了避免"令异卉之湮郁"的层面。烟草正是在文人的唱和与笑谈之间，逐渐成为文人雅士生活中如影随形的物品。

四　观念：阴阳五行学说下对烟毒的认识

从明末到清季，无论是历代政府还是民间，我们都能看到禁烟的呼声。但反对抽烟

---

① 褚逢椿、顾禄：《烟草录》，《分甘余话》，嘉庆庚辰（1820）年颐素草堂刻本。
② 陈琮：《烟草谱》卷2，《烟草诗》。
③ 陈琮：《烟草谱》卷2，《烟草诗》，清嘉庆刻本。
④ 陈琮：《烟草谱》卷2，《烟草词》，清嘉庆刻本。

的理由与当下却是截然不同，其中原因当然是囿于对烟草作用的认识。

在陈琮辑著的《烟草谱》写有几例恶烟事，即：

> 凡食烟者，宾朋宴会，云雾塞空，不特俛仰唾涕，恶态毕具；往往余灰未烬，延烧物件。钱忠介公肃乐最恶之，视烟草为野葛。吾乡孙启南先生恶子弟食烟，不能禁止，辄以火石投盆水中，谓石湿则不生火，无火则烟可绝矣，人咸笑其騃。汪有堂先生一生不食烟。人问其故，曰：兰蕙至香，有烟而兰蕙不香，是夺其香也；屎溺最臭，有烟而屎溺不臭，是臭甚于屎溺也。奈何以清洁肠腑藏彼臭草！①

为何有些清人会这般厌恶烟呢？不过是认为吸烟时姿态不佳有失文雅，并且吸烟易失火，或认为烟性夺香掩臭把斥之为"臭草"。

《烟草谱》还记有另外一名恶烟人士的趣闻："宗正庵先生性介特，或以淡巴菰就其炉中取火，咈然骂之曰：汝非学士大夫邪？全谢山拟薤露词《污吾火》云：三百年来士大夫，更谁曾唉淡巴茹，一星之火不可污。盖指先生也。"② 全祖望的《宗徵君墓幢铭》有更详细的描写："（宗正庵）先生性狷特。尝在先赠公座中护炉围火，适有客至，其人颇游时贵之门，将以淡巴菰引火，先生拂然，遽曰：'污吾火矣'！晚年所居仅破屋，时至绝粒，哦诗不衰。"③ 两则故事大同小异，宗正庵的恶烟只是狷急介特个性把对吸烟的反感情绪肆意地扩大张扬罢了，而吸烟的害处，恐怕连先生自己也说不清楚。

道光文人赵古农著有《蔌经》两卷，附有其子赵光璧跋语：

> 璧少不解食蔌草为何物。及长，家大人亦嗜蔌，然又严禁璧兄弟不许偷食蔌，以故壮年犹兢兢慎持此戒，将复以此戒调诸儿也。其实蔌有何味？有乐此不疲邪！近又思之，此蔌已遍城市，则固无害于事，至男女均有不可缺此者，独不知共所自起，不几日习焉而茫昧乎！眼时见家大人撮为《蔌经》，于此知蔌为用甚溥，前不必有所承，后之欲考其确者，固尝以此为嚆矢也。④

禁烟可以说是赵光璧的家庭训诫，赵"慎持此戒"，且"将复以此戒调诸儿"，但却终不知因何戒烟，也许曾被告之烟有害处，但因为"此蔌已遍城市"，便以为"固无害于事"。读了"家大人"所撮的《蔌经》后，反而认为"蔌为用甚溥"，可见就连严禁自己吸烟且对烟草颇有研究的"家大人"也没有认识到烟草对人体的危害。

而对于个人而言，对烟是吸或不吸，往往受自己的经济承受能力影响。如果家境贫困还要为吸食烟草耗上不少的钱财，肯定会遭到家人的反对，就连理性的消费者，也不敢轻易地养成这项嗜好。当然，经济状况制约着烟草消费，这种制约作用只是体现在消

---

① 陈琮：《烟草谱》卷 2，《恶烟》，清嘉庆刻本。
② 陈琮：《烟草谱》卷 3，《污吾火》。
③ 全祖望：《鲒埼亭集外编》卷 6，嘉庆十六年刻本。
④ 赵古农：《蔌经·赵光璧跋语》，道光九年刻。

费的数量上，而对是否消费并不起决定作用，因为当时也有许多穷困潦倒的烟民。

真正起决定意义的是浙江天台诸生齐周华（1698—1766）所言的"性"。他有一篇《戒烟说》赠嗜烟的弟子张九一，其文云：

> 予之于烟，非惟不嗜，而且欲避。人方入口，而我之脑已疼，故往往对客掩鼻而处。因思东坡有言曰："吾向者望见酒杯而醉。"今吾亦望见烟管而醉矣，此性然也。张生九一，其嗜烟亦与人同。自入吾门后，月余即戒绝。予恐其不情难支，劝之复用。九一曰："先生既已不用矣，何为反教人为，毋乃非恕道乎？"予曰："非也。人各有性，所性在是而强去之，身中必有不堪受者。犹予所性不在是而强用之，其不堪受一也，此正恕道也。东坡不能酒，而饮客必以酒。客曰：'公所为为人乎？为己乎？'曰：'为己。'曰：'公不饮而饮人，岂非为人乎？'东坡曰：'人能饮，而我无以饮之，我心中不堪受，故饮人。虽似为人，实为己也。'予之劝子，亦犹东坡之意也云尔。①

齐周华把苏东坡对酒的情形比作自己对烟的情形，苏东坡望见酒杯就醉，自己望见烟管也醉，认为这都是各人的本性使然。十分体谅自己吃烟的弟子，劝其不必戒烟，解释是人本性各一，如果本性是这样而要强行去改变，内身一定不堪忍受这种痛苦。就像自己性不在烟，还要强行吸食，也一样苦不堪言。好一个"性"字，恕人恕己，很是显示先生的大度，对吸烟行为的否定也就成了对吸烟者人性的扭曲了，这种做法也就被认为不合情理了，从中，我们也可知当时人相本就没有注意吸食烟草的负面作用。

对于明末到清季的历代政府而言，禁烟的理由便很充分了，根据陶卫宁的研究，明清两朝政府曾经多次禁烟，其根本原因还是因为担心过度发展烟草业和吸烟会引发耗财货等系列社会问题②。但很明显，政府禁烟并没有考虑到烟草本身会对人体带来伤害这一事实。

当然，关于皇帝禁烟的原因还有其他原因。如清人汪师韩《金丝录·烟戒》转引了清雍正帝御纂《庭训格言》中的一段话："圣祖仁皇帝（即康熙帝）训曰：'如朕为人上者，欲法令之行，惟身先之而人自从。即如吃烟一节，虽不甚关系，然火烛之起，多由于此，故朕时时禁止。然朕非不会吃烟，幼在养母家颇善于吃烟，令禁人而己用之，将何以服人。因而永不用也。'"又俞正燮《癸巳存稿》卷11《吃烟事述》记载康熙帝巡幸德州时曾传旨："朕生平不好酒，亦能饮一斤，止是不用也。最可恶的是用烟。诸臣在围场中终日侍朕，曾用烟否？每见诸臣私在巡抚账房中吃烟，真可厌恶。况烟为最耗气之物，不惟朕不用，列圣俱不用也。"康熙帝在这反对吸烟最主要的原因便是吸烟容易引起火灾，厌恶诸臣在巡抚账房中吃烟，也是基于这种担忧。康熙帝也注意到吸烟对身体不利，但一个"况"字足以说明在其原因中次要地位，而且要靠一位皇帝的劝诫告知世人吸烟耗气也正说明当时社会对烟害的无知或漠视。

可见，历代政府禁烟，多是由于经济和社会等方面的原因，而强调吸烟对个体的危

---

① 齐周华：《戒烟说赠蒲城张九一》，《中国烟业史汇典》，第166页。
② 陶卫宁：《明清政府的禁烟及其政策的演变》，《唐都学刊》2003年第1期。

害，虽在以上事例中也偶有提及，但从来没有成为政府提倡禁烟的主要原因。为什么明清时代社会没有能形成"吸烟有害健康"这一基本共识？笔者认为根本原因在于明清时代人习惯于从传统的阴阳五行说来认识烟草的毒性，从而留下很多似是而非甚至互相矛盾的看法，导致人们无法很明确地获知烟草的真正毒性。

中国最早介绍烟草的书籍是明代医学家张介宾（1563—1640）《景岳全书》，该书写道：

> 烟，味辛、气温、性微热，升也，阳也。烧烟吸之，大能醉人。用时惟吸一口或二口，若多吸之，令人醉倒。久而后，甚者，以冷水一口解之，即醒，若见烦闷者，但用白糖解之即安，亦奇物也。吸时须开喉长吸咽下，令其直达下焦，其气上行则能温心肺，下行则能温肝脾肾，服后能使通身温暖，微汗。元阳陡壮，用以治表。善逐一切阴邪寒毒，山岚瘴气、风湿邪闭，腠理筋骨疼痛、诚顷刻取效之神剂也。用以治理、善壮胃气，进饮食，祛阴浊寒滞，消膨胀宿食，止呕霍乱，除积聚诸虫，解郁结，止疼痛、行气停血瘀，举下陷后坠，通达三焦，立刻见效。……予初得此物，亦甚疑贰，及习服数习次，乃悉其功用之捷有如是者，因著性于此。然此物性属纯阳，善行善散，惟阴滞者用之如神；若阳盛气越而多燥多火，及气虚气短而多汗者，皆不宜用。或疑其能顷刻醉人，性必有毒。今彼处习服既久，初未闻其妨人者。抑又何耶？盖其阳气强猛，人不能胜，故下咽即醉，既能散邪，亦必耗气，理固然也。然烟气易散，而人气随复，阳气留中，旋亦生气，此其耗中有补，故人多喜服而未见其损者以此。①

张介宾把烟草视为"纯阳"之物，对食用者有许多理想的效果，但两种人除外，一是"阳盛气越而多燥多火"者，一是"气虚气短而多汗"者，两者皆不宜食用烟草。又因为烟能醉人，便提出烟性有毒的怀疑，依据现实生活中并没有看到食烟者有明显损害，但很快把它否定了，理论解释是吸烟"耗气"，但也能"生气"，"耗中有补"便于事无损。

撰于天启四年（1624）的著名的本草著作《本草汇言》则明显指出烟草有毒，其书云：

> 烟草通九窍之药也。门吉士曰：此药气甚辛烈，得火燃，取烟气吸入喉中，大能御霜露风雨之寒，辟山蛊鬼邪之气。小儿食此，能杀疳积；妇人食此，能消症痞。北人日用为常，客至即然烟奉之，以申其敬。如气滞、食滞、痰滞、饮滞，一切寒凝不通之病，吸此即通。如阴虚吐血、肺燥劳瘵之人，勿胡用也。偶有食之，其气闭闷，昏溃如死，则非善物可知矣。所以阴虚不足之人，不宜也。②

在书中强调的仍是它的诸多神奇功效，虽提及烟草有毒，认为烟草非"善物"，但不适

---

① 张介宾：《景岳全书》卷48，《草正》，第二军医大学出版社2006年版，第1128—1129页。

② 倪朱谟：《本草汇言》，《中国烟业史汇典》，第169页。

宜的只是部分"阴虚"的人，并没有把张介宾认为的不适用的"阳盛"者考虑在内。

不过，从崇祯到康熙年间，我们还是可以看到许多对于烟害大肆渲染的事实，把烟草看成是剧毒之物。方以智（1611—1671）在崇祯癸未（1643）编成初稿的《物理小识》云："（烟草）可以祛湿发散，然久服则肺焦，诸药多不效，其症忽吐黄水而死。"① 明末清初史学家谈迁（1594—1658）在《枣林杂俎》也提及："金丝烟，出海外番国，曰淡巴菰，流入闽粤，名金丝烟。性燥有毒，能杀人。"② 施闰章（1618—1683）在《矩斋杂记》中说道："一友酷嗜烟，日凡百余吸，已得奇疾：头大如斗，牙龈溃脓升许，秽闻列屋，死而复醒。又山阴张荀仲淑自言犯血下，禁烟而止，后偶犯则血剧。"③ 三者都认为烟草是剧毒的之物，或使人毙命，或使人得奇疾。

为说明烟草有剧毒，时人还引用了许多生活事例。《矩斋杂记》云：南乡孟氏家蓄蜜，傍有种烟草者，蜜采其花，皆立死，蜜为之坏：以是知烟之为毒，不可向迩。④ 康熙时期贡生陈良翰云：

> 烟叶生者有毒，人食之即中毒，发病难治，其茎更烈。登莱人用以毒鱼，凡溪塘中大鱼难捕者，用此法毒之。用烟茎干湿俱可，剉碎同青胡桃皮捣烂置水中，一饭间大鱼辄如醉浮水面，小者皆死，虽鳗鲤龟虾蟹蚌蛤之属一齐罄毙，其毒之猛烈如此。⑤

以小动物因烟草而死亡来说明烟草毒性之猛烈，从而得出"食之即中毒"、"不可向迩"这般结论，的确有些言过其辞，因为吸烟造成的危害，并没有立竿见影那般迅速，而是有一个日积月累逐步由量变转化为质变的过程。有意思的是，陈良翰认为"烟叶生者有毒"，而与几乎同时代的医书《本草纲目拾遗》观点刚好相反，《本草纲目拾遗》卷二曰："制成烟有生、熟二种，熟者性烈，损人尤甚，凡患咳嗽、喉痛，一切诸毒肺病皆忌之。"⑥

清代江西泰和人周继煦曾对烟草评价说道："明目去风，是其所长，窜脑开窍，所损亦多，故宜于瘴乡。久服每致脑漏，其气以空灵为上，到鼻若无物，而久久犹有余味，又不可迹象求。"⑦ 在此又提出烟草有"窜脑开窍"以致"脑漏"一说。这里的"脑漏"是中医的专有病名，是指流鼻涕不止。

同时，有些人并没有把烟草夸张为致命的毒物，但对烟草的不良作用还是常有提及。清康熙年间陈元龙所辑的《格致镜原》云："多食烟损容。"⑧ 汪昂所撰，刊于康熙三十三年（1694）的《本草备要》也有同样的看法："烟草多食则损容，故名相思

---

① 汪师韩：《金丝录·原起》，《中国烟业史汇典》，第1页。
② 谈迁：《枣林杂俎》，《中国烟业史汇典》，第163页。
③ 陈琮：《烟草谱》卷3，《烟毒》，清嘉庆刻本。
④ 陈琮：《烟草谱》卷3，《烟毒》，清嘉庆刻本。
⑤ 赵学敏：《本草纲目拾遗》卷2，《烟草火》，同治七年吉心堂刻本。
⑥ 赵学敏：《本草纲目拾遗》卷2，《烟草火》，同治七年吉心堂刻本。
⑦ 赵之谦：《勇卢闲诂》，周继煦：《勇卢闲诂评语》，《中国烟业史汇典》，第122页。
⑧ 陈琮：《烟草谱》卷2，《烟患》，清嘉庆刻本。

草。"① 已经注意了长期吸食对容颜的影响。康熙辛未进士张翔凤有这样的诗句："食多积日烦劀杀，肝肾焦灼劳医巫。"② 可看出当时已经知晓吸烟对内脏有所损害。清人沈李龙撰，刊于 1691 年的《食物本草会纂》则曰："（烟草）味辛温有毒……多食则火气熏灼，耗血损年，人不觉耳。"③

然而，纵使烟草有毒，时人也认为有可解烟毒之方。张潞玉在成书于康熙三十四（1695）年的药物学著作《本经逢原》中说道："岂知毒草之气熏灼脏腑，游行经络，能无壮火散气之虑乎……又久受烟毒而肺胃不清者，以砂糖汤解之。"④ 两者与《景岳全书》、《本草汇言》一样，都是据传统的阴阳五行理论说明烟害成因，但得出的结果却不甚相同，并且已经提出解烟毒的方法，即"以砂糖汤解之"，这种解毒方法今天看来是没有科学根据的，但古人却深信不疑，在相关的著作中多次转录。如王梦兰刊行于 1665 年的《秘方集验》介绍解烟毒方法时说："砂糖调水服。"⑤ 乾隆陆烜所撰的《梅谷偶笔》云："红沙糖、甜瓜子仁可解其毒。"⑥ 就是到了道光年间，陈琮在《烟草谱》还是这么说的："久受烟毒而肺胃不清者，以砂糖汤解之。"⑦

乾嘉时期，对烟草认识最具代表性的该是赵学敏成书于乾隆、嘉庆年间的《本草纲目拾遗》，它是继《本草纲目》后较好的一部药物学著作，被认为具有重要的医学学术价值。在引录张介宾《景岳全书》后，有作者的按语：

> 敏按：释氏书言人乃山川火土之气和合以生，故脾胃亦受火土之气以养。烟本火土之精，人喜吃烟者，病重即不食烟，以脾胃不受火土之气，烟故亦不受也。火土之气，不特养阳，亦兼能生阳，所以妖魅鬼魃多能吃烟，以无质吸无质味之气也。至干麂子闭土中多年，亦思得烟，以融和其体（开矿闭死穴中之人，久不得出，亦不死，凿矿者于山穴中遇之呼为干麂子，见常中丞安《宦游笔记》），则知烟力之能走百络，通坚邃，可知矣。凡烟气吸出，悠扬于外，阴为鬼吸，人不见耳。故食烟之人多面黄不尽，耗肺而焦皮毛，亦因精气半为鬼吸也。友人张寿庄，己酉与予同馆临安，每晨起见其咳吐浓痰遍地，年余迄未愈，以为痰火老疾，非药石所能疗。一日忽不食烟，如是一日是，晨亦不咳，终日亦无痰唾，精神顿健，且饮食倍增，啖饭如汤沃雪，食饱后少顷即易饥。予乃悟，向之痰咳，悉烟之害也。耗肺损血，世多阴受其祸而不觉。因笔于此，以告知医者，景岳所云，特一偏之见，惟辟瘴却佳。⑧

作者从生活中的病例出发，认识到烟草的危害，纠正张景岳的烟草于事无损之说，是一

---

① 朱履中：《淡巴菰百咏》，小酉山房嘉庆二年刻版。
② 陈琮：《烟草谱》卷 5，《张翔凤古体诗》，清嘉庆刻本。
③ 沈李龙：《食物本草会纂》卷 2，《中国烟业史汇典》，第 165 页。
④ 赵学敏：《本草纲目拾遗》卷 2，《烟草火》，同治七年吉心堂刻本。
⑤ 陈琮：《烟草谱》卷 2，《解毒》，清嘉庆刻本。
⑥ 陈琮：《烟草谱》卷 2，《解毒》，清嘉庆刻本。
⑦ 陈琮：《烟草谱》卷 2，《解毒》，清嘉庆刻本。
⑧ 赵学敏：《本草纲目拾遗》卷 2，《烟草火》，同治七年吉心堂刻本。

种进步。但作者引用佛家理论，竟然得出食烟受损是由于"精气半为鬼吸"这样荒诞无稽的结论。而且《本草纲目拾遗》在介绍去烟毒方法时，除了认同以前砂糖汤解法外，还写道：

> 兰上徐沁埜著《烟诚》载有祛烟虫方云：杜湘民说凡人食烟则腹中生虫，状类蝇，两翅鼓动即思烟，以沐之故终日食不暇给，久之虫日盛，而脏腑败疾，疾大作，不可救药。常有临草吃烟而始瞑者，哀哉！其方用生豆腐四两，戳数孔，黑砂糖二两加腐上，置饭甑中蒸之，使腐与糖融化，每思烟辄进数匙，只三日后其虫尽下，闻烟气则呕，不欲食矣。①

具有丰富的药学知识的赵学敏居然还认同食烟能使腹中生虫导致内脏的说法，使人感觉颇有点荒诞，而他对付烟虫的办法则是豆腐加黑砂糖，虽然未必无效，但明显是在前面所述的砂糖能解毒的认识基础上的创造和发挥。

道光以后，对烟草危害的认识则显得不似以前那么紧张了。蔡家琬的《烟谱》引用了《矩斋杂记》关于烟毒使蜂死蜜坏、嗜者得奇疾的记载，其后的按语是："烟始来自异域，今所在成熟为土产，其毒似亦全减。"② 已经不能认同《矩斋杂记》关于烟有剧毒的观点，并认为是今昔烟草的不同而造成这种差异。

清代嘉、道间转变学风之代表人物俞正燮在其《癸巳存稿》中记述云：

> 尝卷烟叶塞笔管中，笔不蛀。姚旅《露书》云，烟草可治头虱。醒世奇观云，烟油杀蛇。以注蚂蝗：立僵。常德府志方术云，有闽客鼻孔有赤虫一，长四五寸，闻香辄出，触之即入。武陵李兆鲸以为水蟒，随饮洞水入鼻，其细如发，得涕涎故肥，得赤故赤，数日吃小溪烟二三两，遂愈。朱士琇海东腾语云，台田苗生虫，每下种，以烟梗附其下，虫患乃息。然则烟草辛烈，殆亦杀肺虫欤。③

在列举了诸多烟草杀虫的事例后，不是如以前一样得出烟草有剧毒的结论，反而认为有"亦杀肺虫"的功效，吸烟者非但没有受损，而是从中受益。

总体说来，明清时代人们习惯用阴阳五行观念来分析烟草之生物性能，虽然能发现其毒性和容易成瘾的特性，但是，要么将之视为毒性强烈之物，要么强调其"驱瘴避瘟"的功效，认为对身体无大损害，并且得出一些看似有效的解烟毒办法。因此，整个明清时代对烟害的认识并没有明显的从不知到知之、由知之较少到知之较多的发展过程。正因为这样的认识，在大肆渲染烟效与"烟趣"的环境中，烟毒对烟民所起的劝诫作用是十分有限的。所以，不难理解，在清代，我们看到吸烟人群广泛，从贵族到平民，从男人至妇女，皆有不少烟民。倘若其认识能达致现代水平，"吸烟有害健康"的观念深入人心，断不至于涌现如此广泛而庞大的烟民群体。

---

① 赵学敏：《本草纲目拾遗》卷2，《烟草火》，同治七年吉心堂刻本。
② 蔡家琬：《烟谱》，《中国烟业史汇典》，第16页。
③ 俞正燮：《癸巳存稿》卷11，《吃烟事述》，《中国烟业史汇典》，第172页。

五 结论

作为一种对身体有害的消费品，烟草从明末传播进来，立即迅速传遍大江南北，其中原因值得深入分析。在烟草的流行过程中，人们的认识局限是重要的因素。明清时代人们习惯用阴阳五行观念来分析烟草之生物性能，虽然能发现其毒性和容易成瘾的特性，但是，要么将之视为毒性强烈之物，要么强调其"驱瘴避瘟"的功效，认为对身体无大损害，并且得出一些看似有效的解烟毒办法。从而使人们对烟草毒性的认识始终未得到有效的强调，导致吸烟之害始终隐藏在吸烟之趣中，从而无法阻止吸烟之逐渐流行。

而当烟草以所谓的"功效"之理由，成为人们喜爱的消费品之时，并被赋予诸如"破寂止悲"、"提神畅思"等诸多功能，烟草的身份已经发生转变，已经由"驱瘴避瘟"的"神剂"转变为能给人带来无穷乐趣的消费品，同时，文人通过亲身体验和诗文唱和，将烟草转变成为一种重要的文化消费品。烟草逐渐跻身于与油、盐、柴、米、酱、醋、茶等并列的生活必需品之列，成为社交场合中与茶、酒同等重要的待客之物。当吸烟已经成为人们的生活方式之一，成为一种时尚、一种习俗和一种文化现象之时，烟草也就无法与人类社会隔离了，所谓的全民禁烟和戒烟自然成了非常困难而又无法实现的目标。

〔作者黄志繁，教授，南昌大学历史系；
陈维国，硕士生，南昌大学历史系。江西南昌　330047〕

晚清《公司律》推行过程的几个片段

李 玉

　　洋务民用企业在"仿西国公司之例"方面的极度变形，从根本上讲是由于"屈服公司于专制政体"之下①，但亦与官方缺乏专门的商事法律尤其是公司法规有很大关系。随着国内外形势的发展，晚清政府逐步趋向支持民办企业，鼓励创建公司，遂开始议订商法。1903 年农工商部成立之后，鉴于"目前要图莫如筹办各项公司，力祛曩日涣散之弊，庶商务日有起色，不致坐失利权，则公司条例亟应先为妥订，俾商人有所遵循"，于是"赶速先期拟（定）商律之公司一门"②，并于 1904 年 1 月 21 日奏准颁行，这是中国历史上第一部公司法。

　　《公司律》规定无论官办、商办及官商合办各类公司，均须向商部注册，"均应一体遵守商部定例办理"（第 30 条）；"附股人不论职官大小"，"与无职之附股人均只认为股东一律看待，其应得余利暨议决之权以及各项利益，与他股东一体均沾，无稍立异"（第 44 条）。基本上体现了近代公司企业股权平等的原则，确立了中国创办公司的准则主义原则，削弱了官方特许的随意性，减少了地方官对企业创办和经营事务的无端干涉，有助于企业创立与运作。

　　《公司律》关于各类公司均应遵照该律办理的规定，宣示了一种法律高于一切，法律面前无个体差异的原则。但是，现实之中，"特殊"公司依旧不少，这些公司"特"就特在不依律运作，其中的关键原因就在于官权的干涉。这样，就形成了一些股东或社会民众维护《公司律》原则，依法同官权抗衡的典型事例。这些事例，逐步突破了企业的边界，有的甚至成为一场声势较大的社会运动，产生了深远的政治影响。

一

　　官方的无理干涉和民间依律訾议，在各省创办铁路公司过程中表现得尤为突出。以川汉铁路为例，最初由川督锡良奏办的"官督商办"川路公司，其不合《公司律》之处固不必论矣③。即使在锡良将该公司奏改为"商办"后，其续订章程仍多不合商律之

---

① 夏东元编：《郑观应集》下册，上海人民出版社 1988 年版，第 629 页。

② 朱寿朋编：《光绪朝东华录》（五），中华书局 1984 年版，总第 5132 页。

③ 1906 年四川留日学生以《公司律》为依据，对该公司的弊端进行了深刻检讨，并提出了改进建议，见《四川留日学生改良川汉铁路公司议》，戴执礼编：《四川保路运动史料》，科学出版社 1959 年版，第 44—54 页。

处。例如该章程第 1 条规定:"本公司由四川总督奏请谨遵钦颁《商律》,定名为'商办川省川汉铁路有限公司',呈部注册奏给关防,至重大事件仍禀承总督核理"。时人批评指出:

> 既明言谨遵《商律》,定名为"商办有限公司",则《商律》有完全支配公司之效力,而公司亦得援用《商律》,以整理公司之事务。然而'至重大事件仍禀承总督办理'之语谓何耶?其以为行政上所必要之监督行为乎?则检阅《商律》……拥护股东之权利,监督公司之权责,皆属之于商部,而不属于总督,则总督固未绝对立于干涉公司之地位。……公司执行业务范围内之行为,得以公司之自由意思行之,非可受行政官府之干涉。换言之,则不得(以)行政官府之可否,而可以为作业进行者也。若此而受行政官府之拘束,事无缓急,必禀承而后行,则铁路公司非经营商事之会社,直上级官府所辖之行政厅而已,不但无补于路工,并且有碍于商政。①

章程第 41 条规定:"本公司呈请四川总督奏派总、副理二人,即为《商律》中之总办、总司理人"。时人亦大为不解,有人质问:

> 既云总、副理即《商律》中之总办、总司理人,则其选任、其开除,皆完全受支配于董事局用人权之下,不容有他之干预,乃明载于《商律》七十八条(应为七十七条,引者注)者,何有夫呈请?总、副理既为公司职中之一,则其选任之条件,不必官也,不必绅也,亦不必股东也。苟其经验才识,足以统理公司全部之事务,胜任而不蹶竭者,即得以雇佣契约之合意而委任之,更何有于奏派?②

这些批评深中"商办川汉铁路公司"章程的要害:"公司对于行政官府之关系,杂官权之作用,失商办之性质,俾官府行无谓监督,公司受过当干涉"③。官方对川汉铁路公司的实际干预较之章程规定有过之而无不及。就连有的官员也认为:"川路公司三总理均系奏派,与商律微有不同,且必禀承川督,故一切办法俱未统照商律办理"④。四川谘议局人士在检讨川汉铁路弊端时,更是一针见血地指出:该公司"树商办之名,而无商办之实,总理由选派奏委,不由股东会公举,其他一切用人行政,多未遵照商律办理,出股份者不得《商律》上应享之权利,人非至愚,孰肯投资,此其最大原因之一"⑤。

官方的以权代律之举,激起民众日益强烈的不满和抵拒,浙路公司股东依律反对朝廷强行干涉公司经营的运动就是一个显著事例。浙路公司于 1905 年成立时,由浙江籍京官提名,商部奏准任命署两淮盐运使汤寿潜为总理。汤上任后以"填海之诚,移山

---

① 戴执礼编:《四川保路运动史料》,第 65 页。
② 戴执礼编:《四川保路运动史料》,第 70 页。
③ 戴执礼编:《四川保路运动史料》,第 72 页。
④ 陈旭麓等编:《辛亥革命前后》(盛宣怀档案资料选辑之一),上海人民出版社 1981 年版,第 82 页。
⑤ 台湾"国史馆"史料处编:《辛亥年四川保路运动史料汇编》上册,编者 1981 年版,第 117 页。

之愚"①，殚精竭虑，惨淡经营，成为浙路公司的核心人物。公司在他领导下，成效不凡。时人这样评述："浙路公司自成立至今，未满三年，而杭嘉一部分，已经告竣，工程之迅速，建筑之结实，实为各路之冠。良由总协理及在事诸人，洗手奉公，实力办事，始克臻此，此全浙人民所当馨香颂祝者也"②。1909 年 7 月 11—12 日浙路公司召开第四次股东大会时，汤寿潜请求辞去公司总理一职，但"众股东以为大局若此，万机待理，汤（寿潜）去而人心涣散，心散则浙（路）坐亡"，所以"一致恳求总理勿言退"，甚至是"哀求（汤）续任"。情感之下，汤寿潜不得不"勉力允为续任"③。同年 8 月 14 日，朝廷令汤寿潜补授云南按察使，邮传部通知浙路公司"按照商律，股东开会，另举总理"。8 月 19 日浙路公司再次召开股东会议，"与会者四百余人，均誓言不能再举总理，亦决不能令（汤）总理离去浙路"④。公司还选出代表面见巡抚增韫，并上书邮传部，声名决不另举总理⑤。次年元月 9 日，浙路公司在上海召开股东临时大会，再次"坚留汤总理"，并添举两名副总理，以作汤寿潜之助手⑥。会后，公司将股东会情况电告了邮传部及浙江京官⑦。可见，汤寿潜虽然官派在先，因受股东拥戴，届满续任，实已成为民（股东）选的公司管理人员。

在汤寿潜等人的领导下，浙路公司广募股份，加紧筑路，竭力抵制邮传部借债筑路计划。1910 年 8 月，多次代表清政府与外国签订借资筑路合同或草约的盛宣怀回任邮传部右侍郎，一向对盛宣怀出卖路权行为尤为愤慨的汤寿潜遂致电军机处，指斥"盛宣怀既为借款之罪魁，又为拒款之祸首"，"朝廷不察而登用之"，无异于"以鬼治病"。他请求"收回成命"，或将盛宣怀"调离路事以谢天下"⑧。汤寿潜这一本为保护商办铁路利权的建议，却惹得朝廷权贵勃然大怒。同年 8 月 23 日，朝廷发出谕旨，斥责汤寿潜"措词诸多荒谬，狂悖已极"，不仅将汤"即行革职"，而且严令"不准干预路事"⑨。"不准干预路事"实际上等于不仅将汤的浙路总理一职"免"掉了，而且排除在公司之外。消息传出，举国震动，浙路公司董事和股东尤为愤慨。公司全体董事、查账员很快致电邮传部和农工商部，希望代为上奏，有所挽回。他们在电文中这样说道："浙路公司完全商办，一再奉旨。按照公司律，总协理之选举撤退，权在股东，朝廷向不干涉"；此次亦"断不致违先朝成宪，而夺浙路全体股东所信任与浙省全体人民所仰望之总理"。他们进一步指出："董事等只知路由商办，总理由商举，若使朝廷可以自由撤退，恐中国商办公司从此绝迹；商业盛衰，关乎国脉，朝廷日日以奖励实业为言，

① 宓汝成编：《中国近代铁路史资料》第 3 册，中华书局 1984 年版，第 1001 页。
② 《京外近事述要》，《东方杂志》第 6 年第 3 期，1909 年 4 月 15 日，"记事"，第 25 页。
③ 《纪浙路股东年会大会情形》，《东方杂志》第 6 年第 7 期，1909 年 8 月 10 日，"记事"，第 193—194 页。
④ 《纪浙路公司总理简授滇臬事》，《东方杂志》第 6 年第 9 期，1909 年 10 月 8 日"记事"，第 277 页。
⑤ 《续纪浙路公司总理简授滇臬事》，《东方杂志》第 6 年第 10 期，1909 年 11 月 7 日，"记事"，第 315—317 页。
⑥ 《浙路股东临时大会详志》，《东方杂志》第 6 年第 13 期，1910 年 2 月 4 日，"记事"，第 468—469 页。
⑦ 《浙江路事述闻》，《东方杂志》第 7 年第 1 期，1910 年 3 月 6 日，"记载第三：中国时事汇录"，第 7 页。
⑧ 《宣统二年七月中国大事记》，《东方杂志》第 7 年第 8 期，1910 年 9 月 28 日，"记载第一：中国大事记"，第 109—110 页。
⑨ 《清实录·宣统政纪》卷 39，中华书局 1987 年版，第 694 页。

想不忍为此引吭绝脰之举"①。江苏等地十三家商办公司联合致电军机处、邮传部指出："浙路纯全商办，职员去留，应付公议；揆以立宪国之法意，政府似不当越俎"②。浙路公司董事局依据《公司律》第45、49条的规定，于1910年9月11日，在上海召开特别股东大会，商议对策，与会者一千二百余人，结果"公论仍以汤寿潜信用素孚"，为"全体股东所信仰"。12日，全体股东乘车至杭州。次日，继续开会，并全体进谒巡抚增韫，面递公呈，请向朝廷奏明公意。他们指出："虽黜陟大权，属于行政作用，非臣民所敢推测。惟就法律上言之，商律公司律（关于）公司总理，规定任期、选举及开除由股东全体同意之公决，朝廷决无制限之明文。今商律公司律正在施行之中，未有废止全部或一部之新律，不应使浙路所享有法律之权利，独行剥夺。诚以法律最为神圣，若未经变更手续，任意歧异，课行全国之商律，其信用效力，自是而失"③。

受浙路公司股东和江浙民众"留汤"热潮的促动，浙省巡抚增韫电奏朝廷，请求同意汤寿潜"在路自效"④，但是朝廷认为增韫"妄为比例"，与前颁钦令"殊属不合"。朝廷还传旨申饬增韫拦禁、压制股东、民众的集会请愿行动⑤。邮传部则出面为朝廷的违律行为寻找合法依据，该部官员奏称："铁路公司与普通公司情形不同"，"应受国家特别之监督，决非寻常商业可比"，"《公司律》第七十七条所称总办或总司理人等由董事局选派及由董事局开除，系专指商业性质，无关官治之公司而言，路政关系国权，何得妄为比附？"还说"浙路总理汤寿潜，业奉明降谕旨褫职，不准干预路事，而浙省公司尚复牵引该律，妄请增韫代奏，其为误会，已可概见"。该部复声明，铁路公司须依照有关奏案办理⑥。邮传部此举进一步激发了江浙绅民的愤慨。浙江谘议局在本年十月开会时，改变议事日程，专门讨论浙路总理事件。谘议局在给巡抚的呈文中指出：

> 商办之铁路公司，不外为商律公司律中股分公司之一种，苟无特别法之规定，其对于公司律所揭之明文，不惟有遵守之义务，且有适用之权利。依公司律第七十七条，公司总办或总司理人、司事人等，均由董事局选派，如有不胜任及舞弊者，亦由董事局开除。是公司总理之选派与开除，皆属董事局确定之权利，而于此规定未废止或变更以前，绝对有其效力。在董事局固不得自为放弃，即监督者亦非能越法定之范围，而妄加干涉。盖现行之法律，最为神圣，不论治者与被治者，悉当受其拘束者也。然被治者而不守法，治者尚得加制限以为救济；若治者自不守法，复不容被治者之请求，必至失法之信用，无由责被治者以适从，而陷于徒法之悲观。

---

① 政协浙江省萧山市委员会文史工作委员会编：《汤寿潜史料专辑》，政协浙江省萧山市委员会文史工作委员会，1993年发行，第760页；另见《宣统二年七月中国大事记》，《东方杂志》第7年第8期，"记载第一：中国大事记"，第110—111页。

② 政协浙江省萧山市委员会编：《汤寿潜史料专辑》，第761页。

③ 《浙路总理汤寿潜革职后余闻》，《东方杂志》第7年第9期，1910年10月27日，"中国大事记补遗"，第68页。

④ 《浙路总理汤寿潜革职后余闻》，《东方杂志》第7年第9期，"中国大事记补遗"，第69页。

⑤ 《清实录·宣统政纪》卷40，第725页。

⑥ 邮传部：《声明铁路公司与普通公司不同片》，邮传部编：《邮传部奏议类编、续编》，文海出版社，《近代中国史料丛刊》正编140号，第1917页。

在立宪国之国民，对于政府法律问题之出入，必为据理之争，不敢稍事姑息。我国立宪方在预备之期，而保障商办之铁路公司，仅仅恃此百数十条之公司律，尤宜共相信守，以冀实行之效，不宜将顺遂非，自陷违法之嫌者也。浙路总理汤寿潜之选任，本于公司第七十七条之规定，其在路言路，乃以浙路总理之资格，代表浙路股东之意思，不为该条开除之原因。今朝廷不察，加以严谴，虽黜陟之作用，属于君主之大权，断非臣民所敢推测，第因言事革职，而并不准其干预路事，在表面为对于个人革职之附加处罚，而从根本上以论，则董事局所享有确定之权利，未免因此受无形之剥夺。……浙路集资千万，实为浙省实业之冠，若公司律不足为保障，使商民灰心于他种实业之经营，恐非实业前途之福。①

　　有鉴于此，该省谘议局请浙抚增韫再次据情代奏，但浙抚借故推却。浙省谘议局遂全体停会，以示抗议。增韫不得不再次上奏转达公意："《公司律》颁布时，别无于其附则有铁路公司不适用此法之条，苟无特别路律规定，于此法条未废止或更改以前，应有遵守义务。……浙路冠名商办，其公司章程第一条谨遵钦定商律，上年呈报总理满任续任，即根据公司律选派之法条。今邮部奏以铁路公司与普通公司情形不同，人民将何适从"②。江苏谘议局亦发表声明，反对邮传部关于铁路公司与普通公司不同、不依公司律规范的奏案，指出："既设公司，既定商办，而钦定大清商律，又系专为公司而订定之，各省发起商办之铁路公司，人民入股者，皆视公司律文为根据"；该部"即欲特订路律，别资遵守，亦当别有办法，使根据前日之商律者，进退得以自由，不令组织在前之股东，强遵颁布在后之路律"③。

　　资政院议员邵义复亦以浙江路事，撰具说帖，质问邮传部。他在说帖中指出：

　　既谓铁路公司非寻常公司可比，此组织铁路公司者，必有其他之专律可以根据，而后与普通公司始有区别。今国家路律尚未颁布，商民无可适从，欲组织公司，惟知依据奏定颁布公司律办理。与其无法遵守而设立不规则之公司，无宁依据公司律，而尚有范围可以遵守。……既谓铁路公司不得适用公司律，而令其遵照历次奏案办理。奏案不过一种事例，与已颁行之法律比较，其效力显有强弱之不同。所谓奏案者，仅札派、奏派、奏请、特派等名目，此惟关于一部分委任之手续，与全部之立法无关。若因一部分之关系，而致全部分之公司律受其影响，则凡百姓兴办实业之公司，皆存疑虑，此为依据公司律组织公司，仍不能始终受法律之保护，部中得自由以命令变更之，财产将无时不处于危险之地，则恐无人投资本于公司而营实业，所关于吾国前途者甚大。④

---

　　① 《浙路总理汤寿潜革职后续闻》，《东方杂志》第 7 年第 10 期，1910 年 11 月 26 日，"中国大事记补遗"，第 75—76 页。

　　② 《浙路总理汤寿潜革职后续闻》，《东方杂志》第 7 年第 11 期，1910 年 12 月 26 日，"中国大事记补遗"，第 94—95 页。

　　③ 《浙路总理汤寿潜革职后续闻》，《东方杂志》第 7 年第 10 期，"中国大事记补遗"，第 77 页。

　　④ 《浙路总理汤寿潜革职后续闻》，《东方杂志》第 7 年第 11 期，"中国大事记补遗"，第 95—96 页。

该议员还就邮传部奏案的三大"不可解"之处，请求资政院向邮传部质询。

浙路股东代表朱福诜等专门进京，上书资政院，控告邮传部"以命（令）变法律，违背宪法，害及全国"；"直侪浙人于牛马，无复享有法律权利之可言"，不啻"杀其人而抑之"；"因治者之不遵法律，而并受治者所遵用法律（之权）而剥夺之，……内之，摧残实业，外之，失信邻国，祸起于浙，而害及于全国"①。同时，浙路股东代表还赴邮传部同该部侍郎当面辩论，该部官员虽多方抵赖，但终因理屈词屈，不得不承认股东所言"诚然"②。不过，由于官方的一意专横，浙路公司董事、股东的依律"保汤"运动，终未能取得胜利。

二

政府不守法律的另一个事例，体现在邮传部阻挠轮船招商局的依律商办方面。招商局股商长期受到官权的压制，对"官督"机制一直不满。至19世纪末，企业中的官款虽已还清，成为完全商股，但官方对该局的"督办"反而较前有所加强。企业用人理财之权均操自官委督办、总办，北洋大臣还对该局札委会办、坐办、提调、稽查等员多人，企业管理混乱，私弊颇多，广大股商敢怒而不敢言。《公司律》颁布后，该局股商有了同官权对抗的法律依据，加大了要求实行商办的努力。正如郑观应指出："当大集股东会议公举董事，具禀商部注册，则根基稳立，然后再图整顿。否则委员恃有护符，积习难除，上下侵蚀，百弊丛生，商战日剧，恐如江河日下，不可收拾矣"③。这种呼吁无疑代表了当时绝大多数股商的心声。1907年2月18日，该局部分股东在上海召开会议，议定按照商律注册④，并要求"撤去'官督'字样"，"所有总理、总付坐办均由股东推举，一切章程均遵公司之例办理"⑤。郑观应是招商局要求商办注册的积极策划者，他在久已失掉招商局督办大权的盛宣怀的支持下，在上海等地设立了股东挂号处，进行股权登记。计划在各埠挂号之股份达到总股本十分之七之后，就召集股东大会，"妥议章程，（除）公禀南北洋大臣、邮传部外，并禀农工商部注册，永归商办"。如北洋大臣不准予注册，郑还准备动员众股东签名，并"公举代表赴部讨论，务须达其目的"⑥。该局股东还对照商律，鞭挞"官督"之弊，他们以该局第三十五届年结为例，指出其八处"不合商律者"，要求"我股东亟宜及早挽救，勿避嫌怨"⑦。为了推进招商局的商办化运作，该局沪、粤、港、澳股商严义彬等30多人联名呈书邮传部，提出"局名招商，完全商股，从前未颁商律，无可遵循，现值商智开通，……环乞宪恩，准由轮船股商就沪设立董事会，集思讨论，以符商律，而安各省股商之心"。邮传

---

①　《浙路总理汤寿潜革职后续闻》，《东方杂志》第7年第11期，"中国大事记补遗"，第97—98页。

②　《浙路总理汤寿潜革职后续闻》，《东方杂志》第7年第11期，"中国大事记补遗"，第98—99页。

③　夏东元编：《郑观应集》下册，第869页。

④　汤志钧主编：《近代上海大事记》，上海辞书出版社1989年版，第627页。

⑤　《招商局请为商办之举动》，《申报》1907年2月26日第3版。

⑥　夏东元编：《郑观应集》下册，第875页。

⑦　夏东元编：《郑观应集》下册，第876—877页。

部表示同意，并要求"组织会中一切章程必须恪遵钦定商律办理"①。至 1909 年 6 月底，仅上海一处股商持票挂号者就已达二万七千多股，"已得股份全额十成之六"②，召集股东会，选举董事的时机日渐成熟。1909 年 8 月 15 日，轮船招商局股东在上海张园举行特别股东大会，选举盛宣怀等九人为董事，选盛宣怀为董事会长。而盛宣怀则"以员备邮传部而归商选，似于体制非宜，电（邮传）部婉却"③。但是招商局 301 名股东联名援引《公司律》第 44 条"附股人不论职官大小，或署己名，或以官阶署名，与无职之附股人均只认为股东一律看待"的规定，请求邮传部同意盛宣怀履行股东会决议，邮传部只得电告盛宣怀接受董事会长一职④。

然而不久，邮传部奉旨对招商局实行专管，愈益加大了对该局的督办。9 月 2 日，邮传部本着"所有用人办事由部监督，派员办理"的原则⑤，对招商局札委正坐办一员，令其"总理一切"，另任命了副坐办、会办等职⑥。同月，招商局董事会向邮传部呈递了《轮船招商局股份有限公司隶部章程》共 8 章、52 节，要求"恪遵钦定商律，悉照股份有限公司办理"，且"应照股份有限公司律赴农工商部注册"，但"随时随事禀请部示"⑦。该章程的绝大多数条款都套用了《公司律》原文，以增强其法理性。同年 10 月 22 日，招商局获准在农工商部注册⑧，但并没有实现商办经营，因为邮传部官员一直在作梗。该部对招商局董事会所呈章程进行了大幅批改，指出该局虽已为"完全商股"，但并"非完全商办"；虽然同意该局在某些经营环节可以"依商律"，但又坚持"恪遵归（邮传）部管辖之谕旨，并援照北洋成案，所有本局用人办事，由部监督，并派员办理"，董事会的作用只是"助官力所不及"⑨。招商局董事会对邮传部批改后的隶部章程，颇多意见，指出此举实乃"削股东之权，寒股东之心"⑩，遂对部改章程重加签注，集成《商办轮船招商公局股东签注部批隶部章程》，对邮传部的各项意见进行了驳斥。从而引发了招商局股东对该部不守商律的集体声讨。

例如招商局原拟章程第 1 条规定："本局系完全商股，恪遵商律，悉照股份有限公司办理"。而邮传部则改为"本局虽非完全商办，实系完全商股，除恪遵归部管辖之谕旨，并援照北洋成案，所有本局用人办事由部监督并派员办理外，其余悉遵商律"⑪。招商局股东杨学沂对部改章程签注意见写道："钦定商律为官商两方面共应恪遵者，读部改第一节曰由部派员办理外，其余悉遵商律，是明知完全商股，援案官办之不合商

①　夏东元编：《郑观应集》下册，第 877—878 页。

②　夏东元：《郑观应传》，华东师范大学出版社 1981 年版，第 224 页。

③　中国史学会编：《洋务运动》（八），上海人民出版社 1961 年版，第 75 页。

④　交通史编纂委员会编：《交通史航政编》第 1 册，民智书局 1931 年版，第 187 页。

⑤　刘锦藻：《清朝续文献通考》卷 361，浙江古籍出版社 2000 年版，考 11052。

⑥　张后铨主编：《招商局史》（近代部分），人民交通出版社 1988 年版，第 269 页。

⑦　轮船招商公局编：《商办轮船招商公局呈蒙农工商部注册给照暨邮传部批驳隶部章程》（以下简称《部批章程》），第 5、7 页，宣统元年（1909 年）铅印本，上海图书馆古籍部藏。

⑧　《公司注册各案摘要》，《商务官报》己酉年第 30 期，第 12 页，宣统元年十月十五日。

⑨　《本部厘定轮船招商局股份有限公司章程》，《交通官报》己酉年（1909）年第 5 期。

⑩　《商办轮船招商公局股东签注部批隶部章程》（以下简称《签注部批章程》），第 42 页，中国第二历史档案馆藏轮船招商局档案，全宗号四六八（2），案卷号 329。

⑪　《部批章程》，第 5 页。

律，因一招商局致使全国实业公司皆疑商律之可从可不从，此后商界尚有何律之可守？"① 严廷桢指出："商股商办痛痒相关，大部监督所望公司发达，股东各有血本，其盼望发达之心，必更亲切，所以恪遵商律设立董事会，为讲求用人办事之实际，非争用人办事之虚名；商局所最重者用人办事，商律七十七条自应恪遵，舍此之外，所遵何事，'其余'，'其余'，可笑！可笑！"② 梁巨元写道："用人办事由部监督派员办理，商律既无此办法，商人亦断无赞成而承认之者。"③

招商局原拟章程第 2 条载明：既奉邮传部批准设立董事会，"应即恪遵钦定商律办理"，而邮传部则强令董事会"助官力之所不及"④。招商局股东严廷桢说道："董事会正望官为维持，以助商力之不及，今日设立董事会以助官力所不及，是又误商局为官局矣。"⑤ 宋德宜亦指出："若谓董事会之设立为助官力之所不及，则是商助官办矣，安得谓官督商办哉，且亦安用此董事会为？"⑥

招商局原拟章程第 24 条规定："商律六十七条，各公司以董事局为纲领，董事不必常川住公司内，然无论大小应办应商各事宜，总办或总司理人悉宜秉承于董事局，律意周详，罔敢逾越。应请邮（传）部专札现在本局正副坐办恪遵商律六十七条办理，凡未经董事会协商，无论巨细，概作无效。"邮传部则将之强改为："本局系奉旨归部管辖，应悉由总副会办秉承于部，所有董事会议决事件，由主席、副主席抄录议案，移知总副会办，分别呈部候示施行。"⑦ 招商局股东吕立基在签注意见时说道："董事会既为股东之代表，即为舆论之标准，若议决各事尚须由一、二正副会办转为禀承于部，则（与）完全商办之义大相背谬，曷克遵行？"⑧ 施嘉浚质问道："如论大小事悉秉承于部，则'公司'二字何为？"⑨ 傅宗发指出："董事会所议之事须由总副会办禀承于部，可谓之官督官办，无商办之实，不合于商律，更不合于股份有限公司之章程，太不相符！"⑩

招商局原拟章程第 30 条规定："商律七十七条，公司总办或总司理人、司事人等均由董事局选派，如有不胜任及舞弊者亦由董事局开除……本局股东公议现在正副坐办以至各项办事员均系熟手，董事会可以公认为照律选派之员，应由董事会公具委任书，签名盖章，声明办事权限、薪费等级，并恪守商律六十七条订定按月常会日期，随时商办大小事件，此项委任书至第二次股东大会公举职员之日为止，仍抄稿分禀邮、商部立案。"而邮传部则以该局已奉旨归部管辖，系官督商办性质为由，将此条强改为"本局归部管辖，其总副会办应由部选派，如有不胜任及舞弊者，董事局查取实在事迹证据禀

①　《签注部批章程》，第 8 页。
②　《签注部批章程》，第 8—9 页。
③　《签注部批章程》，第 10 页。
④　《部批章程》，第 5 页。
⑤　《签注部批章程》，第 12 页。
⑥　《签注部批章程》，第 13 页。
⑦　《部批章程》，第 10 页。
⑧　《签注部批章程》，第 41 页。
⑨　《签注部批章程》，第 41 页。
⑩　《签注部批章程》，第 41 页。

部，由部查办确实，批饬开除，由部另行选派"①。招商局股东李国杰在签注意见时指出："官督商办，办事之权自专属股商，若总副会办由部选派，则是部办而非商办矣，非独于钦定商律有背，于事实亦说不下去，碍难照办"②。股东严廷桢也说道："董事会系股东代表，总副会办乃本局办事之人，照商业性质有宾主之名分，若由部选派，显分畛域，强宾夺主，实非所宜，应仍遵商律七十七条办理"③。

招商局原拟章程第 46 条规定："凡本章程所未经规定者，均恪遵钦定商律办理"。邮传部将之改为"凡本章程所未经规定者，均参照商律，并恪遵归部管辖之谕旨，禀承邮传部命令办理"④。招商局股东吕立基指出："本局股本既（为）我商民所出，即系完全商办，只要恪遵商律办理，奚用邮部命令？"股东陈薰说道："本局既名公司，应恪遵钦定商律办理，名实相符，若参照商律，禀承大部命令，未免分歧，与事无济"。股东梁巨元指出："惟听部示，则从此商律视为无用之物，非钦定之商律可也"⑤。对邮传部所改其他各条和强行添加的条款，招商局股东大都进行了反驳，先后计有 165 人次对部改章程签注了意见。该局董事会将之汇集成书，铅印发行，广泛揭露了邮传部视钦定商律若弃髦，内削股东之权，外塞士民之望的不良用意和举措，形成晚清又一起民众声讨官方不守法律的社会运动。

1910 年 6 月 12 日，招商局在上海张园举行第一次股东大会，五百余人出席。选举盛宣怀为总理，杨士琦、李国杰为协理。会议公推张志潜、李国杰为赴京代表，要求争回商办⑥。邮传部对于招商局董事自行举定总协理一事，深表"诧异"，指责董事会"徒尚意气"，"自背旧章"。该部坚持"凛遵谕旨，确守成规，仍照用三员三董，实行官督商办"⑦。并不顾《公司律》的规定，批示该局"员董任事不妨限定三年为期"⑧。1910 年 10 月招商局董事会第三次呈书邮传部，揭指部委局员的种种弊端。他们指出："与其徇护四五局员，使官累其名，员蚀其利，局受其害，毋宁听商之遵依法律，反败为胜"，只有"悉照商律办理"，方能使"官商悉泯猜疑，局务或真有起色"⑨。还有人就邮传部阻挠招商局实行商办同该部此前将电报局强行收归国有一事联系起来，愤怒声讨该部"假邮传之名，夺商办已成之利，阴欲借此以遂其借债肥己之私图"，"其影响遂及于全国实业之前途"⑩。面对招商局股商持续的商办请求，同时也为了防止招商局内部斗争不可收拾，贻误大局，邮传部不得不作出让步，对该局实施所谓改良办法。1911 年 8 月，邮传部核准《商办轮船招商局股份有限公司章程》30 条，规定该局"实

　①　《部批章程》，第 12 页。
　②　《签注部批章程》，第 48 页。
　③　《签注部批章程》，第 48 页。
　④　《部批章程》，第 17 页。
　⑤　《签注部批章程》，第 70 页。
　⑥　汤志钧主编：《近代上海大事记》，第 684 页。
　⑦　《交通官报》第 19 期，庚戌（1910）年七月，"公牍三·批示类"，第 30 页。
　⑧　《交通官报》第 21 期，庚戌（1910）年八月，"公牍三·批示类"，第 18 页。
　⑨　《招商局董事会第三次呈邮部文》，《申报》1910 年 10 月 13 日，第 5 版。
　⑩　《张罗澄致邮传部说帖》宣统二年十一月，陈旭麓等编：《辛亥革命前后》（盛宣怀档案资料选辑之一），上海人民出版社 1981 年版，第 91 页。

行公司商办主义”，“悉按商律股份有限公司办理”①。

<h2 style="text-align:center">三</h2>

关于一项法制或政策的推行，不仅应注重其文本规定或制度范式，更应分析政策或制度执行过程的不同情境，尤其是制度推行中利益关系者的应对。正如公共管理学家所言：“要理解政策和行动之间的关系，我们必须摆脱那种反映规范的、应然的行政或管理观点的单一的政策过程视角，而努力去发现那些寻求将政策付诸实施的个人和组织之间、政策行动需要依靠的那些个人和组织之间，以及由于政策变迁利益受到影响的个人和组织之间的互动关系的复杂性的动力。”② 西方公共管理学家提出了实现完美政策执行的 10 个条件，包括政策“只有一个执行机构，它的运行并不受制于任何其他机构；如果必须引入其他机构，这一执行机构对其他机构的依赖程度，无论从数理和重要性来说，都必须达到最小化”：“对所要实现的政策目标，必须完全理解和认可；并且在整个政策执行过程中这些条件都存在”③。但事实上，政府方面并非单纯的利益一体化，“政府机关中的每一个官僚机构本身都是理性的个体，它的利益从来就没有与统治者完全吻合过”④。

晚清公司法制的推行主体自然是商部（农工商部），但由于业务管辖或历史渊源，邮传部对不少大企业的改制颇多干涉。相关企业对公司法的理解与执行，之所以受到邮传部的阻挠，归根结底，就是因为后者旨在维护其既定的特权与利益。不仅邮传部如此，外务部亦因“独歆于外债之有利”，“不惜与商部素来所持之政策，自生抵触”⑤。由此也说明，晚清政府内部对于公司制度具有根本不同的理解、预期与因应。

推行公司制度是晚清政府的一项政策导向，这项政策更以《公司律》的颁布而加以确认和巩固。一项法制或制度的推行，首先要营造公平与公正的制度环境。因为“每个人的意识形态的一个固有部分乃是关于‘制度’的公平或公正的评判”⑥。晚清部分大企业在适用《公司律》方面与邮传部的争执，在一定程度上正是对公司法制是否公平与公正的检验。

经济学家刘易斯指出，经济生活中“存在着这么多由政府弄出来的祸害，以至于很容易就训诫政府参与经济生活一事写上满满的一页”。政府如何才能减少对经济生活的“祸害”，其实就在于“如何引导个人激励”⑦。晚清邮传部与几家大企业在适用

---

① 交通史编纂委员会编：《交通史航政编》第 1 册，民智书局 1931 年版，第 161 页。

② ［英］米切尔·黑尧：《现代国家的政策过程》，赵成根译，中国青年出版社 2004 年版，第 119 页。

③ ［英］米切尔·黑尧：《现代国家的政策过程》，赵成根译，第 112 页。

④ ［美］林毅夫：《关于制度变迁的经济学理论：诱致性变迁与强制性变迁》，R．科斯等：《财产权利与制度变迁——产权学派与新制度经济学译文集》，刘守英等译，上海人民出版社、上海三联书店 2002 年版，第 399 页。

⑤ 墨悲编：《江浙铁路风潮》，中国国民党党史史料编纂委员会，1983 年影印版，第 156 页。

⑥ ［美］道格拉斯·诺斯：《经济史中的结构与变迁》，陈郁等译，上海人民出版社、上海三联书店 2002 年版，第 55 页。

⑦ ［美］林毅夫：《关于制度变迁的经济学理论：诱致性变迁与强制性变迁》，R．科斯等：《财产权利与制度变迁——产权学派与新制度经济学译文集》，刘守英等译，第 402 页。

《公司律》方面的争执结果，明显不利于引导与激励民间，相反严重挫伤民众对于新颁法律公平与公正性的信心，使《公司律》受到官方的践踏，产生了极为不良的社会影响。正如时论所言："去一汤寿潜之事小，破坏商律之事大也"[1]；"保全法律之效力，乃可以定民心；保全商律之效力，乃可以兴实业，（而）朝令暮更，则信用扫地，商民何所恃而苏息于国权之下？"[2] 由这些事件引发民众对官方不守法律的持久批评，乃至指责政府"不知法治为何物也"[3]。从而使清政府的预备立宪形象大受贬损。

〔作者李玉，教授，南京大学中华民国史研究中心。江苏南京　210093〕

---

① 《汤寿潜史料专辑》第 145 页。
② 《浙路总理汤寿潜革职后续闻》，《东方杂志》第 7 年第 10 期，"中国大事记补遗"，第 77 页。
③ 梁启超：《敬告国中之谈实业者》，《饮冰室合集》文集之二十一，中华书局 1996 年版，第 114—115 页。

清末民初秘密教门向会道门的转变

——以政府法令为视角的探讨

唐雁超　刘　平

谈到秘密教门，我们通常指的是明代中后期逐渐兴起、以无生老母和三佛应劫救世为信仰的各种民间秘密宗教结社，简称"教门"。尽管"秘密教门"这个词的使用和指称已经广为认可，但是人们仍然觉得它的内涵可能过于狭小，西方学者在替代名称的使用上就出现了五花八门而含义模糊的情况：民间宗教运动（popular religious movements）、异端教派（heterodox sects）、异议教派（dissenting sects）、中国教派主义（Chinese sectarianism）、中国教派宗教（Chinese sectarian religion）、民间教派主义（folk sectarianism）、大众教派主义（popular sectarianism）等等[1]。国内研究者在名称的使用上也颇为混乱，包括秘密宗教、民间宗教、民间秘密教派以及白莲教等，不一而足。我们认为，一般情况下，"民间宗教"是一个比较合适的中性词，但是，在中国历史上，民间宗教教派确实因为其行为不为官方、主流社会所容忍，通常被指为"邪教"，遭到镇压，被迫转入地下，进行秘密或半秘密活动，所以，在研究这些教派与政府、社会的关系层面而言，"秘密教门"一词应该更为合适。

美国学者韩书瑞（Susan Naquin）认为，16世纪在中国出现了一个新的教派宗教，她称之为白莲教[2]，不过，"从一开始白莲教就有好几个教派创建者，他们靠发展弟子（以及弟子的弟子）网传播教义，使这一宗教内部分裂"[3]。20世纪初年，革命党人陶成章在《教会源流考》中探讨过秘密社会的两大分支："中国有反对政府之二大秘密团体，具有左右全国之势力者，是何也？一曰白莲教，即红巾也，一曰天地会，即洪门也。凡所谓闻香数、八卦教、神拳教、在礼教等，以及种种之诸教，要皆为白莲之分系。"[4] 作为秘密社会研究领域的专家，蔡少卿教授对"秘密社会"也有定义："秘密社会就是一种从事特殊的宗教、社会和政治活动的，具有秘密宗旨和礼仪的，抗衡于政

---

① 参见韩书瑞：《山东叛乱——1774年王伦起义》中译本前言，刘平、唐雁超译，江苏人民出版社2008年版，第2—3页，英文版由耶鲁大学出版社1981年出版。

② 韩书瑞：《中华帝国后期白莲教的传播》，韦思谛编：《中国大众宗教》，江苏人民出版社2006年版，第18页。她的这个观点，实际上是明清官方思维的一种反映——明清官方因为民间教派众多，查不胜查，而且这些教派多以烧香拜佛、行踪诡秘为特征，与前此元末白莲教—红巾军颇有瓜葛，故对于民间教派一概笼统称之为"白莲教"。

③ 韩书瑞：《中华帝国后期白莲教的传播》，韦思谛编：《中国大众宗教》，江苏人民出版社2006年版，第20页。

④ 陶成章：《教会源流考》，中国史学会主编：《中国近代史资料丛刊·辛亥革命》（三），上海人民出版社1957年版，第99—100页。

府的秘密团体。在旧中国，就是一些异端教派和会党组织，也就是统治者所说的'教匪'和'会匪'。"①由此可见，秘密社会大致包括两个部分：八卦教、清茶门等秘密教门，以及天地会、青红帮等秘密会党（帮会）。新中国成立后，秘密教门作为秘密社会的一大分支，因为与农民起义和民众运动大有联系，故而研究者一直不少，改革开放以后，"农民战争史"逐渐冷落，近年来受宗教、"邪教"研究盛行的影响，秘密教门的研究也有一番兴盛之景。

至于"会道门"，《汉语大词典》是这样解释的："会门、道门的合称，指旧时的某些封建迷信组织。"②这种释义过于简略，实际上，会门、道门主要是指清末出现的大刀会、一贯道等民间带有宗教性质的结社（包括武装结社），流行于民国年间，一般合称为"会道门"。20世纪40年代以来，由于会门、道门存在着不少消极方面的影响，解放区人民政府和新中国政府颁令进行取缔，在各省、市、县所发布的取缔解散公告中，将其统称为"会道门"，后来，"会道门"一词作为专有名词，特指从旧时代遗留下来的民间秘密宗教结社，沿用至今。这些说法其实都带有强烈的政治色彩（在国内战争、抗日战争时期，共产党对于会道门如大刀会、红枪会的利用是广泛存在的事实，后来由于会道门的信仰与人民政权的价值取向格格不入，便逃脱不了被取缔甚至镇压的命运），实际上，会道门仍然属于秘密教门的范畴，清代已经有某会、某道、某门之说，到民国时代由于法律上规定了宗教信仰自由，诸多以会（红枪会、大刀会等）、道（一贯道、九宫道等）、门（理门等）命名的宗教救赎团体一变而为"合法"组织，获得了更大的发展空间，对中国产生了巨大影响。

现今，中国《刑法》中有关处置会道门的专门条款，全国人大常委会则有关"邪教"的法律界定，那么，秘密教门、会道门、邪教，抑或民间宗教，相互之间到底是一种什么关系呢？对此，我们将另文论述。这里着重梳理从清代的秘密教门到民国时期会道门的转化。

一　清代治理秘密教门的对策

秘密教门被视为邪教异端的情况，由来已久。《论语·为政第二》中，孔子有云："攻乎异端，斯害也已。"孟子进一步将异端定义为与孔子和上古圣贤学说相背离的一切说教，因此，统治阶层敌视任何不是建立在儒家经典基础上的学说。虽然佛道二教得到了统治者断断续续的认可（有时甚至是狂热信奉），但允许民间宗教活动则通常是不予考虑的。在统治者眼中，民间宗教教派聚会集众，其教主在信徒中拥有无上权威，可以轻易地发动信徒，其行为居心叵测，潜藏着对正统权威的挑战，对正统秩序构成了威胁。明清法律中有很多对异端的惩处条文，对民间流行的教门，都以左道异端、师巫邪术、聚众烧香等罪名不断予以镇压。明律中最为典型的禁令如下："凡妄称弥勒佛、白莲社、明尊教、白云宗等会，一应左道乱正之术，或隐藏图像，烧香集众，夜聚晓散，

---

①　蔡少卿：《中国近代会党史研究》，中华书局1987年版，第2页。

②　罗竹风主编：《汉语大词典》第五卷，汉语大词典出版社1990年版，第790页。

佯修善事，煽惑人民，为首者绞，为从者各杖一百，流三千里。"① 尽管如此，明代闻香教徐鸿儒起义等教门起事仍然令统治者心胆俱裂。

清朝统治者在处理秘密教门的政策上，基本上延续了明代的法令。有清一代，政府对秘密教门的态度极为严厉。顺治三年，清政府借用《明律》中有关禁止师巫邪术的律文，加以重申。顺治十三年十一月，又谕礼部："此外乃有左道惑众，如无为、白莲、闻香等教名色，邀集结党，夜聚晓散。……向来屡行禁饬，不意余风未殄，堕其邪术者实繁有徒……今后再有踵行邪教，仍前聚众烧香、敛钱号佛等事，在京著五城御史及该地方官，在外著督抚司道有司等官，设法缉拿，穷究奸状，于定例外加等治罪。"② 康熙五年开始制定对官员治理教门的奖惩办法，规定："凡邪教惑众，在京五城御史，在外督抚，转行各地方官严禁查拿。如不行查拿，督抚等徇庇不参事发，在内该管员每案罚俸三月，在外州县官降二级调用，督抚罚俸一年。"③ 其后又多次对奖惩办法进行完善，如康熙五十年规定："各处邪教，令该督抚严行禁止。若地方官不行严查，或别处发觉者，将地方官及该督抚，一并严行查处。"④ 雍正十一年，清廷修订律例，甚至规定："凡有奸匪之徒将各种避刑邪术私相传习者，为首教授之人，拟绞监候，为从学习之人，杖一百，流三千里。"⑤

乾隆朝时由于教门公开叛乱行为的出现，对秘密教门加大了打击力度，开始把"倡立邪教，传徒惑众滋事"等列入比照谋反大逆及谋叛定罪条款，规定："有人本愚妄，或希图诓骗财物，兴立邪教名目；或挟仇恨编造邪说，煽惑人心，种种情罪可恶"，则照反逆定罪。如果"兴立邪教，尚未传徒惑众及编造邪说，尚未煽惑人心"，则比照谋叛定罪。⑥ 在《大清律》里，"谋反"、"谋大逆"、"谋叛"，为"十恶"不赦之罪，其中谋反大逆为"十恶"之首，处以凌迟极刑，并要株连九族。

高压之下，当时诸多温和型的、没有任何反抗当局言论和行为的教门，也遭到了政府的严厉查处。乾隆三十四年，清廷破获长生教案，尽管长生教只是一个吃斋教门，主管官员仍然痛下杀手。三月，永德奏称："查律载：一应左道异端之术，或隐藏图像，烧香集众，夜聚晓散，佯修善事，煽惑人民，为首者绞，为从者杖一百流三千里等语，长生教虽无别项为匪情事，实系左道异端。"⑦ 出于这种考虑，永德建议将为首者绞杀，为从者改发乌鲁木齐等处给种地兵丁为奴，其他教徒按律或杖或流，并拆毁庵堂坟冢，销毁经卷画像等。于是，传播了一个多世纪的长生教在这次打击中被扫灭殆尽。

嘉庆时期，由于川陕白莲教大起义声势浩大，清廷疲于奔命，嘉庆帝被迫提出区别对待未参与"谋逆"的一般白莲教徒和"谋逆邪匪"，凡是"现习白莲教者，安静守法即是良民，地方官毋庸查拿；若聚众煽惑，即非素习白莲教之人，必当按律惩治"⑧。

① 《明律》卷11，《吏律》，第9—10页。
② 《清史编年》第1卷（顺治朝），中国人民大学出版社1985年版，第464页。
③ 《大清会典》（康熙朝）卷776，刑部三，"禁止巫师邪术"。
④ 《大清会典》（康熙朝）卷776，《刑部·礼律祭祀》。
⑤ 马建石等：《〈大清律例通考〉校注》，中国政法大学出版社1992年版，第544—545页。
⑥ 光绪《大清会典事例》卷741，《名例律·徒流迁徙地方》。
⑦ 《史料旬刊》第15期，永德折二。
⑧ 《大清仁宗睿皇帝圣训》卷98，《靖奸宄》。

咸丰至光绪年间，中国逐步沦为半殖民地半封建社会，政治危机空前严重，"会匪"、土匪多如牛毛，四处劫掠滋事，清政府查禁"邪教"变得更加困难（其他事情如外敌入侵、"教案"、民变、叛乱等威胁远胜于一般邪教案件）。同治年间，曾国藩提出了"不问其会不会，只问其匪不匪"的会党处理政策①，此后，"不问教不教，只问匪不匪"也开始成为晚清政府最重要的应对"邪教"的策略。

有清一代，查拿教门的政策虽然严厉，诸多教门的发展也在被剿和重生中起起落落，不过从总体上来看，秘密教门仍然处于发展之中，清代教门体系较之明代有显著的扩展。晚清政府的社会控制力量减弱，使得此前遭受重创的秘密教门重新出现恢复态势。

二　晚清秘密教门的转型

明清时期，秘密教门逐步发展壮大，广为流行，清政府虽然厉行禁止，但是仍然未能彻底根绝教门，因为孕育和传播教门的社会土壤并未发生改变。虽然诸多教门传承体系由于政府查拿而完全被打破，但是由于信众广为流布，时不时就会出现新的教主，撷取原有的教义、仪轨，改换门面，创立新的教门，重新在民间社会流传。嘉庆时期，因为川楚白莲教大起义、林清李文成天理教起义的影响，清廷加紧了查拿"邪教"的步子，接连破获"邪教"大案，秘密教门呈现逐渐沉寂之势。

与此同时，由于人口急速膨胀和土地兼并剧烈等社会矛盾加剧，秘密会党开始兴起，到了晚清时期，由于外国资本主义势力入侵，国内自然经济遭到严重冲击，出现了更多脱离土地、游走江湖的游民，秘密会党得以迅猛发展。此消彼长，诸多秘密教门的宗教性质逐渐淡漠，结社性质突显，而且呈现出与会党合流的趋势。

秘密教门宗教色彩之淡化，可以圣贤道为例。自道、咸以降逐渐发展起来的圣贤道，从离卦教中衍生出来，但抛弃了离卦教的修炼理论和方法，它最神秘的思想为"内外灵文"，实际上只是撷取佛道二教的常用词汇掺以杂乱的神灵信仰，已经谈不上有什么教理教义和神圣信仰，其宗教性已经蜕化得相当严重。清末出现的理门则以劝人戒烟为主要活动内容。

从罗教与青帮的渊源关系上，我们可以更清楚看出秘密教门向秘密会党转变的这一趋向。清代初年，信奉罗教的翁、钱、潘三姓流寓松江、杭州一带，他们在运河沿线建立庵堂，传播罗教。江南的漕运水手们在冬季回空时生计艰难，多借住于提供方便的罗教庵堂之中，久而久之就皈依了罗教。雍正至乾隆中叶，清政府采取严厉措施，打击罗教，包括拆毁庵堂，诛杀教首，惩戒信奉者。此后，罗教信仰在水手中衰落了，而以罗教为纽带的水手结社传统却保留下来，并成为主流。道光年间，运河漕粮水手组织已完全演变为行帮会社组织，宗教色彩也完全被行帮特有的祖师崇拜取代。不过，漕运水手的行帮会社仅仅是青帮的前身。咸丰三年，清政府因太平军占领扬州等地，废止河运而实行海运，导致了漕帮水手全体失业，为了谋生，他们大批聚集在苏北的运河两岸以及两淮盐场周边，组织"安清道友"，开始其贩盐劫掠的生涯，而青帮即以此为发端。

---

① 参见沈葆桢：《沈文肃公政书》卷6，《设法严拿哥老会匪片》。

除罗教—青帮之外，还有其他教门也出现了类似变化。道光二十三年，葛依元从青莲教中分裂出去，化名为刘仪顺，单独进行传教活动，改教名为灯花教。据清代档案记载："（道光）二十四年四月，该犯（刘汉忠）复至重庆会晤刘仪顺，据称天下不久必要大乱，十八龙扰乱中华，俱不能成事。惟伊是天下总持，可以长生不老，算定真主应出在贵州地方，伊将辅助他起事，令该犯回楚，先在荆、宜一带，后到湖南辰、常一带传教，日后可通川、贵声气。另给抄录符咒十余本，令该犯带回，日后自有用处。该犯领受，当拜刘仪顺为义父，改名刘汉忠。"① 由这段供词可以看出，灯花教首以传教为实现其政治野心的手段，抄录符咒并非作为教派经卷来修习，而是用来作为起事的工具，其宗教信仰色彩完全淡化了。

当然，此处所述秘密教门的转型乃是晚清社会大环境下的一个普遍状况，并非所有教门都出现此类转型。

三　民国初期关于会道门的政策

辛亥革命后，民国政府成立，中国开始走上民主共和之路。1912 年建立的民国政府，在法律上承认了集会结社和宗教信仰自由乃是公民的基本人权，政府应予以保护。1912 年 3 月 10 日颁布的《中华民国临时约法》中，第二章第六条规定："人民得享有左列各项之自由权：……四、人民有言论、著作、刊行及集会、结社之自由；……七、人民有信教之自由。"② 后来民国宪法几经变易，但在对公民基本权利的规定上大同小异，都为宗教信仰自由提供了法律保障。

1913 年 4 月 8 日，袁世凯召开中华民国国会，起草《中华民国宪法草案》，该草案第三章第四条规定："中华民国人民，于法律上无种族、阶级、宗教之别，均为平等"；第十一条规定，"中华民国人民有信仰宗教之自由，非依法律不得限制"③。1914年 5 月 1 日，袁世凯颁布《中华民国约法》，第二章第四条规定，"中华民国人民无种族、阶级、宗教信仰之区别，法律上均为平等"；第五条第七项规定，"人民于法律范围内有信教之自由"④。1917 年，北京政府颁布《中华民国宪法》，第五条和第十二条也是有关宗教信仰自由的规定。民国宪法中的相关条款保障了公民的集会结社自由和宗教信仰自由，为各种宗教、各种教派公开从事传教活动打开了方便之门，各种已有的、新出的教派获得了蓬勃发展的机会。

民国政府不但从法律上规定了宗教信仰和集会结社自由，也从维护新的统治秩序出发，力图把宗教活动和结社活动纳入政府管理之下。1912 年 1 月颁行的《各部官职令通则草案》规定："内务总长"管理警察、卫生、宗教、礼俗、户口、田地、水利、工程、善举、公益及地方行政事务，监督所辖官署及地方官⑤。1914 年 7 月颁行的教令第97 号《修正内务部官制》规定：内务部"直隶于大总统，管理地方行政及选举、赈

---

① "军机处录副奏折"，同治六年八月"刘汉忠供词"。
② 蔡鸿源主编：《民国法规集成》第 2 册，黄山书社 1999 年版，第 12—13 页。
③ 余振贵：《中国历代政权与伊斯兰教》，宁夏人民出版社 1996 年版，第 287 页。
④ 蔡鸿源主编：《民国法规集成》第 6 册，黄山书社 1999 年版，第 9 页。
⑤ 蔡鸿源主编：《民国法规集成》第 2 册，黄山书社 1999 年版，第 80 页。

恤、救济、慈善、感化、人户、土地、警察、著作出版、土木工程、礼俗、宗教、卫生等行政职务"。内务部"置总务厅及左列各司：民治司、警政司、职方司、典礼司、考绩司"。民治司掌管事务中有救济、慈善事项，警政司掌管事务中有警察事项，典礼司掌管事务中有宗教事项①。由此可见，与宗教、结社集会有关的事务皆由内务部主管，民间的宗教和结社活动处于内务部的管理之下，依法得到保护。

1914 年 3 月 2 日颁布的《治安警察条例》规定关于结社集会呈报程序的条文中有：政治结社"须于该本部或支部组织之日起三日内，由主任人出名，按照左列事项，呈报本部或支部事务所所在地之该管警察官署。其呈报之事项有变更时亦同"；"关于公共事务之结社，虽与政治无涉，行政官署因维持安宁秩序认为必要时，得以命令其依前条规定呈报"；"行政官署对于结社认为有左列情形之一者命其解散（略）"②。这项法令规定了公民结社必须呈报的义务，以保证政府可以掌握结社者的信息，一旦发现该结社有越轨行为或者危及社会秩序时可以及时采取制裁行动。

进入民国，这些法律法规看起来颇有新气象，给人以"民主"、"自由"的感觉，实际上，民国，尤其是民国初期，有很多东西是换汤不换药的。以前的秘密教门、秘密会党纷纷粉墨登场，引起了袁世凯政府的注意。

1912 年 11 月 9 日，袁世凯布告允准改组秘密结社："前因各项秘密结社多有妨害秩序危机国家情事，业令各都督、各民政长分别解散及按法惩办在案。近闻各省秘密结社之风仍未稍戢，名目繁多、宗旨全无。……凡以前秘密结会，如能知悔，自首解散者，均准不究既往。其有愿改组社会者，但能不背法律，不扰公安，自应在保护之列。"③ 这也就是说，北京政府力图解散秘密结社，但是允许秘密结社改组为公开合法的结社，并由政府进行管理控制。

1914 年 7 月，黄天教等在东三省蔓延，势力延及双阳、五常、长春等县。黑龙江省民政长公署向内务部报告："东三省之混元门、在理教、黄天教、哼哼教、六门神教……于世道人心大有障害，似宜一律禁绝。"内务府则批示："各省向来奉行各教，种种分歧，性质驳杂，虽未与东三省情形悉同，而与原呈所称之混元门等教类似者，正复不少，率由无赖莠民，搜奇索隐，藉势招摇，假神仙符咒之名，为诱惑乡愚之计，甚且秘密结社，蕴伏崔苻。穷其弊害，小则败坏风俗，大则扰害治安，若概任其自由信仰，殊非约法保护宗教之意。……除有系统、有经典、有历史之宗教应加以保护外，其他如上所指招摇诱惑，秘密结社各种邪教，亟当予查禁。"④

如此看来，有关方面对于"宗教"与"邪教"的关系还是非常明白的，并没有因为"宗教信仰自由"而听任"邪教"的泛滥。

四　民国初期会道门发展概况

据统计，中国内地自晚清以来近百年间有文献依据的会道门组织 4542 种，其中会

---

①　《政府公报》1914 年 7 月，第 34 册，第 11 页。

②　《政府公报》1914 年 3 月，第 24 册，第 73—75 页。

③　中国二十世纪通鉴编辑委员会编著：《中国二十世纪通鉴》第一册，线装书局 2002 年版，第 689 页。

④　《内政年鉴》，转引自邵雍：《中国会道门》，上海人民出版社 1997 年版，第 163 页。

908 种，道 1601 种，门 366 种，教 358 种，堂 388 种，坛 295 种，社 152 种，学 14 种，杂 450 种①。民国时期全国约有会道门 300 多种，人数最多时达到 3000 多万人。笔者认为，民国时期会道门体系大致可以分为三个部分：一是晚清秘密教门的延续，算是旧式会道门；二是在民国时期创立或变更名色，并由政府核准立案的新式会道门；三是武装性会道门。

旧式会道门中，影响较大的包括一贯道、先天道、九宫道、圣贤道、大乘教、无为教等等。民国前期的旧式会道门在名号、组织、宗旨、仪式等方面与原来的秘密教门相同，信仰者多为下层民众。虽然北京政府将诸多教门视为招摇诱惑、秘密结社或者邪教，认为其有害于世道人心，甚至有危害社会治安之虞，实行取缔查禁的政策，但是多数会道门并没有向政府登记备案，而是在民间悄然传播流行，习教者只是将其作为一种传统继承下来，信仰其中蕴含的伦理教化信条和神灵体系。此时不少道门也有发展壮大，不过并没有野心希图以其获得政治资本。

新式会道门大多在民国初年形成，向政府登记，由政府核准立案，并定为宗教、慈善、公益性质的团体，纳入政府管理体系。其中，流传广泛的包括同善社、道院、万国道德会、道德学社、中华理教会等等。多数新式会道门在本质上仍然是教门的流衍，其宗旨、组织形式和仪式等方面皆有教门的特征，比如普济佛教会在外是政府核定的佛教团体，但其内部仍然保存着九宫道的传统形式，本质上仍然是九宫道系统下的支派。当然，诸多新式会道门与旧式教门也存在着本质上的差别，比如道德学社的前身为人伦道德研究会，完全没有教门传统，其宗旨完全是伦理道德方面的教化。另外一些团体在慈善救济方面的行为最为突出，然后也有伦理教化方面的性质，宗教性信仰因素不明显，可能这也是它们被政府定位为慈善、公益团体的原因。

武装性会道门组织中最为著称的自然是红枪会。红枪会出现于民国初年，兴盛于 20 世纪 20 年代，从信仰、组织和仪式上看，它有秘密教门特征，仍然属于秘密教门体系。论及红枪会的源流，李大钊提出："溯其渊源，远则为白莲教的支裔，近则为义和团的流派"②。李子龙认为，红枪会起源于八卦教，是八卦教的流裔大刀会、义和拳所传，在金钟罩、硬肚、仪义会等组织基础上融合起来的③。这两种说法都是正确的，后者更加精确一些。可以说，红枪会起源于八卦教，继承了八卦教流裔义和拳等组织的很多特征，由金钟罩、大刀会演变而来，以修习武术为特色，是一种群众自卫的武装性组织，主要流行于军阀混战的河南、陕西、山东、安徽等地。

民国初年的民主共和政体并不稳固，不但发生了袁世凯登基、张勋复辟这样的闹剧，北京政府各个派系之间也是争权夺利，你方唱罢我登场，根本无心于政治建设。政治上如此，思想文化领域的状况更是守旧，所以先进知识分子才会大张旗鼓地开展新文化运动，批判旧文化、旧道德。也就是说，民国初期虽然政体变更，但是社会变革并不大，民众也就是剃了辫子继续老一套。在这种状况下，教门的继续发展、流布（秘密

---

① 参见赵嘉珠主编：《中国会道门史料集成：近百年来会道门的组织与分布》上册，中国社会科学出版社 2004 年版，第 1 页。

② 李大钊：《鲁豫陕等省的红枪会》，《李大钊选集》，人民出版社 1959 年版，第 564 页。

③ 参见李子龙：《试述红枪会的组织源流》，《齐鲁学刊》1990 年第 6 期，第 54 页。

或公开）也就丝毫不足为奇了。由于政府着力控制管理宗教结社活动，既打击秘密教门和秘密结社，同时又保护公开合法的结社活动和宗教活动，所以诸多教门开始变更形式、名色，向政府呈报立案，以求获得政府认可。对于呈报上来的会道门，政府大多予以登记备案，分别定为宗教团体、慈善团体和公益团体。从民国元年到民国十七年，由政府核准立案，并定为宗教团体的有 52 起，包括普济佛教会、佛化青年会、道院等，定为慈善团体的有 4 个，包括五台山普济佛教总会和世界红卍字会中华总会等，定为公益团体的有 2 个，即中华理教会和万国道德会。

同善社起源于礼门，礼门成立于同治二年，又叫孔圣教，是先天道的一个分支。1917 年 11 月 6 日，正式改名为同善社，并由姚济苍等 18 人呈文，向北洋政府京师警察厅备案，1917 年 11 月 10 日警察厅第 377 号批准备案。由于当时的内务部长朱启钤是同善社信徒，所以呈文很快得到批准，而且内务部还命令各省、市、县政府对同善社给予扶助。

1921 年 3 月 18 日，道院在济南创立，同年 12 月由林默清等人呈文申请，由内务部核准作为宗教团体立案。世界红卍字会发源于道院，1921 年由道院领导人钱训能、徐世光等人在北京发起组织，同年 10 月向内务部立案，获得批准，内务部还通知各省军政机关一体保护。

1923 年 9 月，中国三教圣道总会的会长黄欲仁向北京政府呈文申请，该会的前身是先天道明善堂，据说是青莲教首领金依秘掌教时在汉口创立的。1924 年 1 月，黄欲仁等人提出的呈请得到北京政府内务部核准，中国三教圣道总会在北京立案。

1915 年李书田得到曹锟、吴佩孚等军阀的支持，在北京成立了"普济收元会"，1924 年又在北京成立了"京师普济佛教会"。1925 年 9 月，北京政府内务部核准邸殿元等呈请的普济佛教会在北京立案。1928 年 4 月，经内务部核准，由北平市政府发出平字第 9 号文，确认五台山普济佛教会为合法的宗教团体。实际上，这几种普济佛教会都属于九宫道分支，九宫道本身在晚清时期就打着佛教的旗号在五台山发展，势力遍及全国，教主李向善去世后，九宫道丧失了统一的权力中心，陷入分裂状态，几大支派纷纷打出"普济佛教会"的名目，变身为佛教团体，从而获得政府备案认可。

由于北洋时期政治动荡、军阀混战不断，导致民生艰难，广大百姓为寻求精神安慰而加入会道门，旧式会道门诸如九宫道、一贯道等在此时流行甚广。另外，由于政治腐败、军阀混战和土匪横行，群众纷纷加入红枪会、大刀会这一类自卫性质的武装会道门。红枪会、大刀会斗争从防御土匪到抗捐抗税，再扩展到反抗军阀统治，在 20 世纪 20 年代盛极一时，并在保护群众免于军阀土匪危害方面发挥了相当作用。在 1927 年后，南京国民政府采取了将其收编为民团和残酷镇压的两手政策，致使红枪会衰落下去，残余部分则或匪化，或沉寂。

新式会道门中的救世新教、万国道德会和道德学社等的主旨都包含以宗教来救治世道，实现大同的思想，这一救世精神得到了传统政治势力的认同，得以与军阀官僚阶层相结合，也正是因为这个原因，新式会道门中拥有不少官僚成员，比如同善社中有内务部长朱启钤、湖南省督军兼省长谭延闿、武汉警备司令陆沄等人。另外，北洋政府中的诸多军阀政客出于政治需要也乐于支持新式会道门，以扩充自身在政治斗争中的实力。这些会道门在合法的旗帜下在全国大范围传播发展，陈独秀在《新青年》中谈到："我在北京时，就听得同善社有许多妖邪举动，后来便知道长江一带信奉邪说的大有一日千里之势，就是广东现在也有不少了。"① 陈独秀从新文化人的立场上反对迷信，视同善社为妖邪，不过从中可以看出新式会道门在发展上的一日千里之势。另外，因为具有慈善和公益性质，新式会道门更是吸引了不少有志于公益以及希图从慈善中受益的会众。在这样一些因素的作用下，民国初期的会道门呈现出了新的面貌，并得到了迅猛的发展。

〔作者唐雁超，硕士研究生，山东大学历史文化学院；
刘平，教授，山东大学历史文化学院。山东济南　250100〕

---

① 《新青年》第9卷第4号。

试论《临时约法》对庙产问题的影响

许效正　张华腾

在清末民初的社会变革中，庙产问题是一个旷日持久的社会问题，它波及全国、牵涉各方，进一步加剧了社会动荡。清末和民初的庙产问题有明显的区别：清末的庙产问题主要表现为大量的暴力砸学堂事件；民初的庙产问题主要表现为大量的司法诉讼和频繁的社团运作。而这一切，均与《临时约法》有直接的关系。近年来，已经有人开始关注清民初的庙产兴学运动①，但对《临时约法》对庙产问题的影响却很少有人涉及。笔者将以《中华民国政府公报》、《佛学丛报》、《佛教月刊》和《申报》等为主要资料，就《临时约法》对庙产问题的影响予以分析。

一　《临时约法》中"国民一律平等"的规定，唤醒了宗教人士的国民意识和平等意识

清政府对庙产的征用，主要是通过绅士完成的。清政府这样做的原因有二：一是清政府的财政早已破产，已无力支付社会改革所需的巨额经费，依靠绅士筹集经费，可以减少民众对官府的敌对情绪；二是绅士一直为四民之首，长期享有各种特权，能够完成筹款的艰巨任务。正如时人所说的那样："绅士之名义，似与民为近，然而所处之地位高于民，享有之权利优于民，人民无此资格也。论绅士之资格，似与官相埒，然而此身初无行政之责，行事不受法律之拘，官又非其侪偶也。大抵绅者，有权利而无义务者也"②。清末新政期间，虽然封建专制统治危机四伏，但绅士的特权并未受到实质性的冲击。更为重要的是，1908 年 12 月，清政府颁布《城乡地方自治章程》，明确规定绅士是地方自治的主体，拥有学务、卫生、实业、道路修筑、公共事业、善举等八项权力，这不但使绅士权力进一步扩大，而且获得了合法地位。从此以后，"若学务、若军

---

① 目前笔者所见到的此类论文共有十多篇，其中比较著名的有：梁勇的《清末"庙产兴学"与乡村权势的转移——以巴县为中心》（《社会学研究》2008 年第 1 期）、徐跃的《清末四川庙产兴学及由此产生的僧俗纠纷》（《近代史研究》2008 年第 5 期）、《清末庙产兴学政策的缘起和演变》（《社会科学研究》2007 年第 4 期）、《现代化建制对信仰空间的征用——以二十世纪初年的庙产兴学运动为例》（《历史教学问题》2008 年第 2 期），徐跃的《清末四川庙产兴学进程中的砍伐庙树》〔《四川大学学报》（哲学社会科学版）2007 年第五期〕、许晓明的《宗教文化大失忆：清末民初广西"庙产兴学"运动》（《南方论刊》2007 年第 12 期）、邵勇的《清末庙产兴学运动与毁学民变》（《青海社会科学》2006 年第 3 期）等。此外，一些关于宗教历史和法制史的专注对此也有涉及，如李贵连的《清末民初寺庙财产权研究稿》（李贵连：《中国近代法制和法学》，北京大学出版社 2002 年版）等。

② 《论绅权》，《申报》1908 年 2 月 16 日第一张第 3 版。

备、若警察、若工程、若商业、若路矿，从前权力大半握于官场之手，一旦举而委诸于绅"①。在这样的情况下，绅士以"兴学堂"、"办实业"、"搞地方自治"等名义征用庙产，不仅得到了舆论的一致赞同，也得到了各级官府的鼎力支持。相比之下，宗教人士和普通民众则几乎没有发言权，他们对绅士征用庙产行为的任何不满，就会招来社会精英的无情批评和官府的严厉惩罚。

《临时约法》的颁布，确立了资产阶级民主共和政体，废除了封建等级制度，也废除了绅士的特权。《临时约法》第五条规定："中华民国人民，一律平等，无种族、阶级、宗教之区别"。这条规定有两层意思：一是所有国民都是平等的，各项权利和义务都毫不例外地属于每一个国民，绅士不再享有任何特权，普通民众也不再是任人摆布的贱民；二是国家必须制止任何组织和个人的特权行为，以保护每一个普通国民的合法权益。这就以国家根本大法的形式，一方面废除了绅士的特权，另一方面确立了国民的合法权益，从而唤醒了宗教人士的国民意识和平等意识。思想是行动的先导，国民意识和平等意识的迅速觉醒，就为宗教人士保护庙产提供了强大的精神动力。因此，民国初年，宗教人士纷纷要求政府保障他们的国民待遇：佛教人士主张"济济苍生，本来平等，妄分贵贱之殊"②，"我全国之僧众，亦我中华民国四万万同胞之一部分，非西域送来者值兹世界大同，即使外来，亦不相欺侮"③。据此，他们"主张与一般国民，同尽国家之义务，同享国家之权利，同受国法之制裁，同得国法之保护"④；中央道教会也上书内务部："际此人乐共和，宜享幸福于同等，凡属人民，均有法律上之权利自由，应受约章内之保护。"据此，中央道教会质问政府："道人既属民国一分子，可否在私权上有取得平民资格之权利？……道人之私产更系私权，关乎如有平民资格，可否应受约法保护。"⑤对于各地肆意驱逐僧道，闭毁寺宇，攘夺庙产的行为，宗教人士非常愤怒，他们表示"愿拼命而玉碎，勿畏凶而瓦全"⑥。总之，《临时约法》的国民一律平等的原则，极大地激发了宗教人士保护庙产的积极性，使庙产问题变得更加尖锐复杂。

二　《临时约法》中"人民有信教之自由"的规定，使清末征用庙产的标准不复存在

清末新政期间，各地对庙产的征用标准就是看其是否载在祀典。早在戊戌变法期间，光绪皇帝就曾颁布上谕，命令各地将书院改为学堂，特别强调"至于民间祠庙，

---

① 《论绅》，《申报》1908 年 6 月 19 日第一张第 3 版。

② 圆瑛：《中华佛教总会一周纪念演说》，中华佛教总会主办：《佛教月刊》第一期，1913 年发行，黄夏年主编：《民国时期佛教期刊文献资料集成》第 4 册，全国图书馆文献微缩复制中心，2006 年。

③ 《忠告我全国僧界兴学刍言》，中华佛教总会主办《佛教月刊》第三期，黄夏年主编：《民国时期佛教期刊文献资料集成》第 5 册，全国图书馆文献微缩复制中心，2006 年。

④ 太虚：《佛教之僧自治》，《太虚大师全书》，《太虚大师全书》第 19 册，新文化彩色印书馆 1980 年版，第 337 页。

⑤ 《关东道教分会为本溪县抽提庙款一案提起疑问文》，《中华民国政府公报》中华民国二年九月二十一日第四百九十六号。

⑥ 太虚：《佛教之僧自治》，《太虚大师全书》第 19 册，新文化彩色印书馆 1980 年版，第 338 页。

其有不在祀典者，即著由地方官晓谕民间，一律改为学堂，以节靡费而隆教育"①。这是清末庙产兴学运动的开始，也是各地判断某处庙产是否征用的标准。清末新政开始后，各地纷纷制定相关规定，将不在祀典的庙产充作新政之用：顺天府曾规定"各属不入祀典庙产悉准提充公用"②；束鹿县曾"督饬公务局绅董邀集各村正副公同复议，酌定暂行章程"，对境内不入祀典的庙宇"就地清查，悉归实用"③；天津县议事会通过决议，规定"县境庙产应作为公款公产收入自治经费项下……各项庙宇庙产既充做自治经费，此后即应统由董事会管理"④。尽管清政府于 1905 年三月八日（农历）颁布过保护宗教教庙产的上谕："前因筹备捐款，迭经谕令，不准巧立名目，苛细病民。近闻各省办理学堂工厂诸端，仍多苛扰，甚至捐及方外，殊属不成事体，着各省督抚令饬地方官，凡有大小寺院，一切僧众产业，一律由官保护，不准刁绅蠹役，藉段滋扰。至地方要政，不得捐勒庙产，以端政体"⑤。但是，清政府颁布这道上谕是为了应对杭州 35 个寺院投到日本人开办的本愿寺名下所引发的外交纠纷，并非真的要保护宗教庙产。一个多月后（农历四月二十八日），直隶总督袁世凯就提出了变通意见："伏查民间神祠不在祀典者，由地方官晓谕民间，一律改为学堂，早经奉旨通饬在案。又恭读钦定学堂章程内载，创立中小学堂，得借用寺观公所等语。谨绎先后谕旨章程，是地方应行保护之庙宇，系指在祀典者而言，其未入祀典各庙宇，率由绅民禀请改设学堂"⑥。几天后，袁世凯的建议就得到了光绪的批准："知道了，仍遵前旨办理"⑦，这就否定了保护宗教庙产的上谕，仍将是否载在祀典作为判定某处庙产是否征用的唯一标准。1906 年 5 月 13 日，清政府为了推动学堂建设，在各地成立劝学所，并颁发《钦定劝学所章程》，其中明确规定劝学员的职责之一是"查明某地不在祀典之庙宇、乡社，可租赁为学堂之用"⑧；1908 年 12 月，清政府又颁布了《城乡地方自治章程》，其中明确规定"自治公所，可酌就本地公产房屋或庙宇为之"⑨。这些规定都把在不在祀典作为庙产征用标准，在整个清末新政期间，各地都是按照这个标准大规模征用民间庙产的。

辛亥革命推翻了封建帝制，建立了资产阶级共和国，极大地推动了中国社会的发

---

① （清）朱寿朋编：《光绪朝东华录》（四），中华书局 1958 年版，总 4126 页。

② 《束鹿县请将二月以前议提庙产拨充学费准照原议办理禀并批》，甘厚慈辑：《北洋公牍类纂》卷十一《学务二》清光绪丁未年铅印本。

③ 《束鹿县请将二月以前议提庙产拨充学费准照原议办理禀并批》，甘厚慈辑：《北洋公牍类纂》卷十一《学务二》清光绪丁未年铅印本。

④ 《天津县议事会禀督宪拟定清理庙宇庙产办法文》，严修辑：《北洋公牍类纂卷一·自治一》近代中国史资料丛刊三编，文海出版社有限公司印行。

⑤ （清）朱寿朋编：《光绪朝东华录》（五），中华书局 1958 年版，总 5321 页。

⑥ 袁世凯：《遵旨严禁刁绅蠹吏滋扰寺院并风别声明折》，廖一中、罗真容：《袁世凯奏议》（下），天津古籍出版社 1987 年版，第 1154—1155 页。

⑦ 袁世凯：《遵旨严禁刁绅蠹吏滋扰寺院并风别声明折》，廖一中、罗真容：《袁世凯奏议》（下），第 1155 页。

⑧ 《奏定劝学所章程》，陈学恂主编：《中国近代教育史教学参考资料》上册，人民教育出版社 1896 年版，第 596 页。

⑨ 徐秀丽编：《城镇乡地方自治章程》（光绪三十四年十二月二十七日颁布），《中国近代乡村自治法规选编》，中华书局 2004 年版，第 3 页。

展，但在当时也加剧了社会的动荡：旧的权威已被打倒，新的权威远未确立；旧的法律已被废止，新的法律还未制定，社会因此陷入混乱状态之中。尽管时代发生了变化，人们的思想观念发生了变化，但当时国家的财产状况没有改善，国家利用庙产兴学堂、办自治的政策没有停止。更为严重的是，刚刚掌握政权的激进人士又掀起了所谓的破除迷信运动，他们出动军警，驱赶僧道，砸毁神像，随意征用庙产。据中华佛教总会统计，1912—1914 年间"奉天、吉林、黑龙江、直隶、山东、山西、四川、陕西、新疆、甘肃、两湖、两广、河南、福建、云南、贵州、安徽、江苏、浙江等省，均纷纷攘夺庙产，假以团体名义，毁像逐僧者有之，苛派捐项者有之，勒令还俗者有之，甚至各乡董率领团勇强行威逼，稍有违抗，即行禀报该管官厅严行拘捕……奉天、安徽、吉林、河南、江苏、浙江各省僧徒，以此毙命者，均证诸事实"①。

这种行为显然不符合《临时约法》的精神。《临时约法》第六条第七款规定："人民有信教之自由。"这项规定有两层意思：一是各宗教一律平等，国民有信仰某种宗教的权利，也有不信仰某种宗教的自由，国家要保障国民自由信教的权利；二是国家对各种宗教要一视同仁，保障各种宗教都能够自由发展。对此，袁世凯有清醒的认识，他在就任临时大总统时就公开宣布："信教自由，举凡各教，均一视大同，毫无偏倚，不论其信教与否，亦不论其信仰何教，均须互相尊重，悉泯猜嫌，冀享幸福。"②按照这种精神，再把在不在祀典作为征用庙产的标准显然是不合时宜的。

在这样的形势下，袁世凯政府就废除了清末征用庙产的标准：1913 年年初，内务部发出《内务部通饬各省民政长请转饬所属切实保护祠庙文》，要求："凡祠庙所在，不论产业之公私，不计祀典之存废，不问庑宇之新旧，均应一律妥为保存"③，这就废除了清末征用庙产的标准。此后，袁世凯政府按照《临时约法》的精神，逐步确立了新的征用庙产标准，那就是凡属于宗教的庙产由国家妥为保护，此外的可以征用。1913 年 6 月 22 日内务部颁行了《寺庙管理暂行规则》，这是袁世凯政府规范庙产管理的第一个法规，它明确规定："本规则所称寺庙，以供奉神像见于各宗教之经典者为限。寺院神像设置多数时，以正殿主位之神像为断"④，这就明确了庙产保护的范围是以供奉的神像是否见于各宗教的经典为标准。此后，袁世凯政府进一步完善寺庙管理政策，于 1915 年 10 月 29 日颁布了《寺院管理条例》，将国家保护的庙产分为七类："一、十方选贤丛林寺院；二、传法丛林寺院；三、剃度丛林寺院；四、十方传贤寺院庵观；五、传法派寺院庵观；六、剃度派寺院庵观；七、由僧道住守之神庙。"⑤ 显然，《寺院管理条例》，仍然把庙产保护的范围限定于宗教范围，而对数量众多的民间神祠和废庙却只字不提。这绝不是一时的疏忽，而是有意为之，其目的就是既要维护社会稳定，又要为各地征用庙产大开方便之门。

　　① 《中华佛教总会致国务院呈》，中国第二历史档案馆编：《中华民国史档案资料汇编》（第三辑，文化），江苏古籍出版社 1991 年版，第 691 页。

　　② 袁世凯：《莅参议院宣言》，《大总统书牍丛编》，广益书局，民国三年，第 3 页。

　　③ 《内务部保护祠庙之通饬》，中华佛教总会主办：《佛教月刊》第一期（1913 年 6 月出版），第 177 页。

　　④ 《管理寺庙暂行规则》，《中华民国政府公报》中华民国二年六月份。

　　⑤ 《寺院管理条例》，《中华民国政府公报》中华民国四年十月份（下册）。

三　《临时约法》中"国民有结社集会之自由"的规定，使宗教人士利用现代社团保护庙产成为可能

　　清末的庙产问题是在力量失衡的环境下发展的。征用者处于压倒的优势地位，享有各种特权的绅士是征用民间庙产的急先锋。他们的行为不仅得到了各级官员的支持，而且还利用商会、农会、教育会等组织聚集力量，协调行动。相比之下，被征用者却是一盘散沙。长期以来，各种宗教都是皇权的婢女，一切事务均由官府严格控制，加上内部派系林立，形不成合力，就连势力较大的佛教，也分裂为十个宗，各地寺庙则是处于相对独立的地位，"此庙彼庵，各自封执，传徒及孙，俨同世俗"①；结社集会尽管不再为官府完全禁止，但始终受到严格控制。所以，在清末，无论传统宗教还是普通民众都没有有效的组织形式，因而无力对抗官绅征用民间庙产的行为。

　　辛亥革命后，双方的力量对比开始发生变化。《临时约法》第六条第四款规定："人民有言论、著作、刊行及集会、结社之自由"，这项规定促成了民国初年的社团热。据台湾的张玉法先生统计，1912—1913 年，全国各地的新建社团有 682 个②。在社团热的形势下，现代性的宗教社团也不断出现，仅 1912—1913 年间获内务部批准的全国性的宗教社团就有 17 个③。这些社团的参加者不仅有宗教人士，更有热心宗教事业的知识分子和普通民众。在这些宗教社团中，最著名的就是中华佛教总会。该会由全国的八十多家寺院发起，1912 年 2 月由南京临时政府内务部批准立案，"不久全国陆续成立了 22 个省级支部，400 多个县级分会。一些原有的佛教组织，如佛教协进会等也大多并入，一时，中华佛教总会成为几乎是唯一的全国佛教团体"④。1913 年 4 月，中华佛教总会的立案呈请又获得袁世凯政府内务部的批准，势力得到了进一步的扩张。

　　中华佛教总会是个以保护佛教庙产为己任的组织，该会章程明确规定："各寺庵财产无论十方捐建还是自行手置，均为佛教公产"、"各寺庵财产，如有同袍冲突及外界寻常交涉，须由就地分部长处理，倘难解决，即呈由支部及本会提议"，"本会有整顿佛教进行一切事宜，及保全佛教公团财产上处分之权"，"凡会中各寺庵所有财产，无论檀越施助寺僧苦积，外界如有借端攘夺，本会得据法律实力保护，以固教权"等⑤。这些规定对动员力量保护佛教庙产起了相当的作用。中华佛教总会保护佛教庙产的活动主要有二：一是上书中央政府，呼吁切实保护佛教庙产。1912 年 11 月，该会的首任会长敬安大师赴北京政府内务部，与主管宗教的礼俗司据理力争，要求修改将佛教庙产分成公私诸目的做法，并因此愤而抱病身死；1913 年，中华佛教总会上海本部、北京机

---

　　① 太虚：《上佛教总会全国支会联合会意见书》，《太虚大师全书》第 19 册，新文化彩色印书馆 1980 年版，第 328 页

　　② 张玉法：《民国初年的政党》，岳麓书社 2004 年版，第 32 页。

　　③ 《内务部临时政府期内教会立案一览表》，《中华民国政府公报》，中华民国三年一月二十三日第六百十五号。

　　④ 陈兵、邓之美：《二十世纪中国佛教》，民族出版社 2000 年版，第 37 页。

　　⑤ 《中华佛教总会章程》，《佛学丛报》第一期，有正书局 1912 年版。

关部暨苏闽湘赣各支部联名上书参议院，主张："按照法律，声明国内一切庙产，无论其为公为私，概以佛教为主体，僧固不得擅行变卖，移为佛教之外之用度，俗亦不得径行提拔，以供佛教以外之设施"①；1914 年 3 月，中华佛教总会的第二任会长章嘉呼图克图又通过时任国务院总理的熊希龄向袁世凯上书，痛陈各地强占佛寺、驱逐僧侣的严重事实，呼吁"咨行各省行政公署，罢除各项苛令，转饬所属一体查照保护，并发还喇嘛原产，以遏乱萌而免侵夺"②，这两次请愿上书都引起了较大的社会反响；二是积极协助寺庙提起司法诉讼，保护庙产。这主要是由各地分会、支会完成的。笔者查阅了1912—1916 年的《申报》和《盛京时报》，发现了大量的庙产诉讼案件的报道。不少案件几经反复，仍无结果，以致惊动中央政府，仅 1914—1915 年间，中央内务部批示的庙产讼案就有 12 起：山东海宁县无染寺案和江西平江县万缘庵案③，湖南衡州花药寺案和广西报国禅寺案④，武清县大乘寺案⑤，湖南长沙洪恩寺案⑥，湖南会同县旗山寺案和吴兴县天宁寺案⑦，山东济南天齐庙案⑧，江苏省如皋县广福寺案⑨，湖南常德山干明寺案⑩，湖北随县慈云寺案等⑪。总之，由于以中华佛教总会为代表的现代性宗教社团的出现和积极活动，民初的庙产纠纷迅速增加，大量的司法诉讼的出现逐渐引起了袁世凯政府对庙产问题的重视。内务部不断发布训令、批示，命令各地切实保护佛教庙产。1914 年 1 月 19 日，内务部将《中华佛教总会致国务院呈》转发给顺天府尹、各省民政长、京师警察厅总监，要求彻查各地强占佛教庙产的行为"如果属实，自应严行申禁"⑫；1915 年 8 月，袁世凯发布也总统令明确指出："对于寺庙财产，责成该管官切实保护，除僧侣热心公益自愿捐输仍准禀明立案外，均应严禁侵占，违者依法治罪。关于庙产构讼事件，秉公清结，毋任宕延"⑬。

在这样的形势下，中华佛教总会一度成为佛教庙产的所有者。奉天省议会曾通过决议："充公庙产及提取各庙捐款，凡在各处教会未成立以前抽取归公者，均应照旧缴纳；各处教会成立以后寺庙私产始按法保护"⑭。更为重要的是，奉天省议会的决

① 《中华佛教总会上海本部北京机关部暨苏民湘赣各支部代表文希道阶应乾本忠月宝大春等上参议院书》，中华佛教总会主办：《佛教月刊》第一期（1913 年 6 月出版），第 126 页。
② 《中华佛教总会致国务院呈》，《中华民国政府公报》中华民国三年一月十九日第六百十一号。
③ 《内务部训令》，《中华民国政府公报》中华民国三年五月七日第七百十八号。
④ 《内务部批》，《中华民国政府公报》中华民国三年六月十九日第七百六十一号。
⑤ 《内务部批》，《中华民国政府公报》中华民国三年七月三日第七百九十号。
⑥ 《内务部批》，《中华民国政府公报》中华民国三年七月二十四日第七百九十六号。
⑦ 《内务部批》，《中华民国政府公报》中华民国四年年九月十日第一千二百号。
⑧ 《内务部批》《中华民国政府公报》中华民国四年十月八日第一千二百二十八号。
⑨ 《内务部批》《中华民国政府公报》中华民国四年十月八日第一千二百二十八号。
⑩ 《内务部批》《中华民国政府公报》中华民国四年十二月十日第一千二百九十号。
⑪ 《内务部批》《中华民国政府公报》中华民国四年十一月二十九日第一千二百七十九号。
⑫ 《内务部训令第三十七号》，《中华民国政府公报》中华民国三年一月十九日，第六百十一号。
⑬ 《大总统令》，《中华民国政府公报》中华民国四年八月十一日，第千一百七十一号。
⑭ 《奉天民政长咨内务部据关东道教分会为本溪县抽提庙款一案提起疑问五项请解决批示等因，当经逐节拟驳惟事关法令解释究应如何解决请查核见覆文》，《中华民国政府公报》1913 年 9 月 21 日第 496 号。

定还得到了内务部的认同："援据法理，精且详明"，要求各方"自不得再有争执"①。这样，各地先后参照奉天的做法处理庙产纠纷，这就等于把当地的佛教会视为佛教财产的所有者。中华佛教总会也以佛教庙产的所有者自居，声称"本会奉部令有代表佛教所有权主体之资格，并有调查庙产之义务，行将实力进行，遵照法人财团兴办各项公益，以补行政之不逮"②。总之，以中华佛教总会为代表的全国性宗教社团的成立和壮大，使庙产问题中的力量对比发生了变化，也使庙产问题表面化、复杂化。

四　《临时约法》中"人民有保有财产及营业之自由"的规定，使庙产不再是听任官府随意处理的国家公产

在皇权至高无上的专制时代，普天之下莫非王土，各类民间庙产也被当作国家公产，由官府随意处置，历史上曾发生的"三武"灭佛运动即为明证，清末征用庙产兴办新政也是这种传统的继续。辛亥革命是以反封建著称的资产阶级革命，保护人民私有财产是其一贯政策。早在辛亥革命当中，各地军政府即宣布"保护国内各项人等生命财产，不得侵犯"③；1912年2月3日，南京临时政府发出通令，明确宣布："凡在民国势力范围之人民所有一切私产均应归人民享有"④；《临时约法》第六条第三款规定："人民有保有财产及营业之自由"，这就以国家根本大法的形式确立了保护国民财产的原则，从而使清末以来各地随意征用民间庙产的行为失去了合法依据。

但是，民间庙产与国民的私有财产有着极大的区别，"中国各项宗教向无独立形式，一切庙产均视为公有财产，得由团体或国家随意处分，千百年来已成习惯"⑤。清末民初，征用民间庙产办学堂、兴实业、搞自治已经成为不可逆转的时代潮流，如果按照《临时约法》保护国民财产的精神对庙产加以保护，势必会"谬戾滋多，僧俗争持，政教冲突，不独此后公益阻力横生，目前自治机关与地方小学即将首蒙其影响，推其结果，势必尽归于破坏"⑥，这显然不符合社会发展的总体要求；如果继续沿用清末的成例，不仅有悖于《临时约法》的精神，而且势必引起宗教人士和普通民众的更大规模的反抗。当时，社会各界对民间庙产归属的主张也是尖锐对立的：地方政府认为"僧侣不勤四体，能自置产业者百中不过二三，故各处庵寺或田产，或由地方人民倡合建筑……或则殷富之室女流佞佛整理别业，……诸如此类，其主权所在，非属华宗巨族，

①　《内务部咨覆奉天民政长准咨开所拟解释关东道教分会为本溪县抽提庙款一案疑问五项精切详明该分会自不得再有争执其根本误解并由部援法理解决希逐条批示转饬遵照文》，《中华民国政府公报》，中华民国二年九月二十一日第四百九十六号。

②　《中华佛教总会致国务院呈》，《中华民国政府公报》中华民国三年一月十九日第六百一十一号。

③　《湖南军政府示》，《辛亥革命》（六），上海人民出版社2000年版，第167页。

④　《内务部通饬保护人民财产令》，《临时政府公报》第六号，中华民国元年二月三日。

⑤　《内务部复奉天都督电》，《中华政府公报》中华民国二年四月份。

⑥　《湖南都督咨内务部中华佛教总会在湘设立支部批据民政教育两司研究该会章程拟请明定界限等情应烦查照核覆文》，《中华民国政府公报》中华元年八月二十三日第一百十五号。

即属地方民众"①。据此，他们认为征用庙产兴学堂、办自治是理所当然的事情；宗教人士则认为："查中国习惯，寺庙财产凡属于国家发帑建设，或个人与团体集资建造者，皆缘信仰佛教起见，延僧管理，先已固定其财产不得作为他用，……其所有权已属于佛教之公团，故于处分权亦有连带之关系"②。据此，他们要求政府"如有借端占用者，一概发还；其未占有者，按照约法切实保护"③。

五　结论

《临时约法》的颁布，对清末以来持续激化的庙产问题产生了深刻的影响：一方面，它使庙产问题迅速复杂化。《临时约法》激发了宗教人士的国民意识和平等意识，否定清末以来征用庙产的标准，赋予宗教人士保护庙产的法律武器和聚集力量的有效手段，并赋予人民依法请愿、起诉、陈诉等权力：第七条规定"人民有请愿于议会之权"，第八条规定："人民有陈诉于行政官署之权"，第九条规定："人民有诉讼于法院，受其审判之权"，第十条规定："人们对于官吏违法损害权利之行为，有陈诉于平政院之权"等④。这些规定，都为宗教人士依法保护庙产提供了坚强有力的法律武器。在《临时约法》精神的影响下，人民开始依照法律途径要求政府制止各地随意征用庙产的行为，处理庙产纠纷，保护宗教人士和普通民众的信仰自由，从而使清末以来持续发展的庙产问题迅速复杂化。尤其值得注意的是：在宗教社团的鼓动下，普通民众的依法保护庙产的意识也迅速觉醒，群体性事件不断爆发：辽宁省本溪县有 100 多名僧道到县议会请愿，要求按照约法规定保护其庙产，并取消以往的庙捐⑤；湖南长沙的二百五十团团总七百余人齐集火宫殿，强烈反对政府征用城隍庙的决定⑥；柏文蔚在安庆发动的砸神像运动激起了罢市风潮⑦；上海闸北商团强占分水庙，并开枪伤人，附近 13 庄乡民群起反抗，并聘请律师，到地方检察厅起诉，要求保全庙产，抚恤伤者，惩办凶手⑧……诸如此类事件还有很多，在此不予赘述。上述情况表明，如何明确民间庙产的法律地位，已经不单是一个简单的法律问题，而是一个重大的社会问题。

另一方面，《临时约法》又使政府依法解决旷日持久的庙产问题成为可能。袁世凯政府出台的《寺庙管理暂行规则》就是证明。尽管袁世凯政府于 1914 年 5 月废除了《临时约法》，但关于国民的权利和义务的规定并没有变化，《中华民国约法》第二章第

① 《湖南都督咨内务部中华佛教总会在湘设立支部批据民政教育两司研究该会章程拟请明定界限等情应烦查照核覆文》，《中华民国政府公报》中华元年八月二十三日第一百十五号。

② 《中华佛教总会致国务院呈》，中国第二历史档案馆编：《中华民国史档案资料汇编》（第三辑，文化），江苏古籍出版社 1991 年版，第 691 页。

③ 《内务部批道教会发起人陈明霨请援案保护财产呈》《中华民国政府公报》中华民国元年八月份。

④ 《中华民国临时约法》，夏新华、甘正气等整理：《中国近代宪政历程：史料荟萃》，中国政法大学出版社 2004 年版，第 156—157 页。

⑤ 《僧道聚众抗阻》，《盛京时报》第 1569 号，1913 年 2 月 1 日第六版。

⑥ 《湘人反对拆毁城隍庙》《申报》1913 年 1 月 5 日第六版。

⑦ 《皖省毁像风潮续闻》《申报》1913 年 1 月 23 日第六版。

⑧ 《乡民大闹分水庙续志》，《申报》1913 年 3 月 1 日第七版。

四条规定"中华民国人民，无种族、阶级、宗教之区别，法律上均为平等"，第五条第三款规定"人民于法律范围内，有保有财产及营业之自由"，第四款规定"人民于法律范围内，有言论、著作、刊行、及集会结社之自由"，第七款规定"人民于法律范围内，有信教之自由"等，第二章第六条规定："人民依法律所定，有请愿于立法院之权"，第七条规定："人民依法律所定，有诉讼于法院之权"，第八条规定："人民依法律所定，有请愿于行政官署及陈诉于平政院之权"等①。这些规定，都与《临时约法》是一致的。此后，袁世凯政府综合各方意见，又制定了《寺院管理条例》等法规，形成了一套比较完备的政策。袁世凯政府关于庙产问题的政策的主要内容有以下几点：1. 法律不溯既往。南京临时政府就宣称"法令效力不能追溯既往，都内以法令发布时为始，都外以法令到达后经地方官发布为始"②。袁世凯政府也宣称："各庙捐款均在民国成立以前者，法律不溯既往，不能援据约法及保护祠庙之令办理"③；2. 政府保护传统宗教的庙产，规定"不论何人不得抢夺寺院财产"④；3. 寺庙住持对庙产只有管理权，而没有处分权，规定："凡各庙主持僧道等，除由该教祖宗遗产或该僧道自置私产准其自愿处置外，对于官立、公立各庙产均祗有管理权，无所有权，不得以个人名义擅自转移及影射抵押，暨已脱离宗教仍旧占据各情"⑤；4. 地方政府不能借口僧道犯罪没收庙产，规定："以后如遇居住人不法者，即不能罪及祠庙"⑥；5. 各地佛教会、道教会为传统宗教庙产的所有者，规定："佛教总会对于在会各庙之私有财产，自有代表佛教为所有权主体之资格，即有代负责任与督察举发之义务，除以该庙资格与外界交涉者，（其余事项）无论刑事上民事上均应由该会代负责任"⑦；6. 庙产注册，即宗教庙产要向所在地的行政官署注册，"该管地方官应即公布并发给注册证"，"凡应注册之事项未经注册及公告该管地方官不认保护之责"⑧；7. 庙产纳税，规定："凡寺庙财产须按照现行税则一体纳税"⑨；8. 国家干预庙产处分的原则，规定："寺庙财产不得抵押或处分之，但为充公益事项必须要之需用，须禀请该管地方官核准者不在此限"、"凡寺庙久经荒废无僧道住收者，其财产由该管地方官详请该管长官核准处分之"⑩。

　　尽管这些规定还有不少不完善的地方，但毕竟融会了《临时约法》的精神，综合

---

　　① 《中华民国约法》，夏新华、甘正气等整理：《中国近代宪政历程：史料荟萃》，中国政法大学出版社 2004 年版，第 471—472 页。

　　② 《内务部批绅士梁尚忠等为保护人民财产令有疑问之处恳请批示呈》《临时政府公报》中华民国元年二月二十日第十七号。

　　③ 《奉天民政长咨内务部据关东道教分会为本溪县抽提庙款一案提起疑问五项请解决批示等因，当经逐节拟驳，惟事关法令解释究应如何解决请查核见覆文》《中华民国政府公报》第四百九十六号，中华民国二年九月二十一日。

　　④ 《寺院管理暂行规则》，《中华民国政府公报》中华民国二年六月份。

　　⑤ 《内务部通饬各省都督民政长保护庙产办法文》，《中华民国政府公报》中华民国元年十月份。

　　⑥ 《内务部咨浙江都督覆陈本部对于各项祠庙意见请酌量办理文》，《中华民国政府公报》中华民国二年二月份。

　　⑦ 《内务部咨浙江都督覆陈本部对于各项祠庙意见请酌量办理文》，《中华民国政府公报》中华民国二年一月份。

　　⑧ 《管理寺庙条例》，《中华民国政府公报》中华民国四年十月三十日第一千二百三十号。

　　⑨ 《管理寺庙条例》，《中华民国政府公报》中华民国四年十月三十日第一千二百三十号。

　　⑩ 《管理寺庙条例》，《中华民国政府公报》中华民国四年十月三十日第一千二百三十号。

了社会各界的意见，基本为各界人士所接受。在中央政府的一再督促下，各地政府开始按照这些规定处理庙产纠纷，这就使旷日持久的庙产问题由一个政治问题逐步变成了一个法律问题，并逐步趋于缓和。尽管袁世凯因复辟帝制而声名狼藉，他的政府也迅速垮台，但它出台的有关庙产问题的规定并没有被废除，反而被以后的政府所继承，由此足见《临时约法》对庙产问题的影响之深远。

〔作者许效正，博士生，陕西师范大学历史文化学院；
张华腾，教授，陕西师范大学历史文化学院。陕西西安　710062〕

君主与共和:国体之争的再认识

——以《甲寅》、《新中华》为中心的考察

邓丽兰

在"洪宪帝制"前后有关国体问题的讨论中,存在着学理层面与事实层面的论争,君宪论的支持者与反对者既有分歧,也有相当的共识。双方的共识在于,抽象的君主、共和并无优劣、善恶之分,当前的共和是非驴非马的伪共和,中国政治问题需要根本解决之道。双方的分歧在于,君宪论者主张以君主立宪作为挽救危亡之道,共和论者坚持维护共和国体,强调君主立宪的非现实性及虚伪性。上述分歧的产生基于对"共和专制"的不同认识,君宪论者着眼于民智低下及革命党人的"暴民政治",共和论者强调执政者的"共和其名,专制其实"。国体讨论具有相当的学理性与深刻性,而社会心理对"共和"的抽象符号崇拜、忽视共和建设的长期性,则使民国政治走入"君主"既倒而"专制"不免的历史。

由"洪宪帝制"引发的国体讨论,实是民国政治思想史上的重大问题。五四新文化运动之前的民国思想史本身即是研究的薄弱环节,有关国体问题的讨论也多被复辟事件本身遮蔽,目前的相关研究或仍有值得商榷之处,或仍是争论的焦点①。本文通过解读《甲寅》、《新中华》的政论文字,对当时思想界的国体之争作若干初步的再认识。

一 讨论国体之缘起

民国肇始,但王权主义的幽灵却并未逃遁,依然徘徊在中华大地。移植西方国会、

① 熊月之认为,在这场思想论争中,以孙、黄为首的革命派"已没有什么有效的思想武器可供使用",而立宪派引起很大反响的两篇代表作梁启超《异哉所谓国体问题者》、汪凤瀛《致筹安会与杨度论国体书》,"所要维护的并不是中华民国,而是袁氏的不带帝号的专制统治"(《中国近代民主思想史》,第525、527页,上海社会科学院出版社2002年版),从当时革命党、立宪党的代表人物的观点看,上述分析并不错,但从本文所征引的政论刊物看,笔者倾向于认为,以法政留学生为代表的新知识界,从学术、事实层面对君宪论作了充分的回应,使这场国体讨论在学术、政治层面都不乏较为深刻的认识。关于古德诺与帝制问题的学术分歧,参见资中筠:《关键在于立宪》(《读书》1998年第11期),任晓:《古德诺与中国》(《读书》2000年第7期),张学继:《立什么样的宪?——质疑资中筠、任晓先生》(《博览群书》2004年第11期)。资中筠、任晓认为古德诺提交的是一篇学术论文,并未直接推动中国的帝制运动,张学继则强调袁世凯需要的君主立宪不是英国式的,而是带有专制色彩的德、日式的君主立宪,古德诺对推动中国帝制难辞其责。

政党运作不灵,也使不少旧时代的留恋者对民国发出了诸多抱怨甚至诅咒。复辟之论逐渐由私密转向公开。

早在1914年,劳乃宣、刘廷琛、宋育仁等曾倡复辟之论。劳氏曾写《共和正解》、《续共和正解》、《君主民主平议》等文,并印刷成册发行。不过,他们不是希望袁世凯做皇帝,而是要求规复旧朝。

1915年4月,杨度将自己长达两万多字的《君宪救国论》呈送给总统袁世凯。不久,事为日本媒体披露,袁世凯意图称帝的传言盛传于南方,袁氏不得不出面澄清,称自己不愿意遗祸子孙。

公开国体讨论的是袁世凯的法律顾问古德诺。1915年7、8月中间,古德诺驻留中国期间,应袁世凯的要求向其提交了一份比较各国政治制度,并与中国国情相联系的备忘录。这便是发表于1915年8月3日《亚细亚日报》上的《共和与君主论》一文。古德诺认为,政体并不是人为选择所能左右的,更多地与历史传统与社会经济条件相联系,其中最重要的因素是力量。历史上的君主制通过强有力的个人解决政治继承问题。在历数了西方共和国的历史后,他总结出共和成功运作的条件,即人民的教育程度与参政经验,以及元首继承制度的稳定。从中国条件看,古德诺表示,中国更适宜君主制而不是共和制,中国实施宪政的过程应是渐变不是突变,作为君主国比作为共和国更容易完成这一渐变。而中国既已建立共和,是否应恢复君主制的关键问题,他提出三个必要条件:不会遇到国内人民及外国反对以至引起动乱;以公认的制度和程序解决继承问题;对在君主制下实行宪政的方式作出规定。而上述条件是否能实现,只有了解中国并对它的前途负责的人才能作出判断。

古德诺的文章公开发表后,杨度、孙毓筠、李燮和、胡瑛、刘师培、严复等人公开发起成立"筹安会"。杨度发表《君宪救国论》、刘师培发表《国情论》、《共和解》等文字,鼓吹变更国体。《君宪救国论》的主旨是"非立宪不足以救国家,非君主不足以成立宪"。杨度看来,中国的国俗民情使共和在中国弊端丛生。贸然由专制直接进入共和,富国无望、强国无望、立宪也无望。国民参政经验的缺乏、传统的"定于一"观念、"思安望治"的现状,均适合君主立宪。他强调了政治继承问题的重要,只有君主制才能防止出现为争夺总统权位的战争。当然,必须真立宪,才能以正当安国,"假立宪,必成真革命"。

筹安会以学术讨论的名义出现,标榜"发挥学理,商榷政论,以供国民研究",但继而脱离言论范围,一再电告各省文武大吏及各团体,指派代表进京,共商国体问题。拥护变更国体的言论终于制造成"民意"。

在空前的"共和不适"、"国会可灭"、"总统世袭"、"民国立君"的喧嚣声中,一批政论性的报刊杂志展开了对国体问题的讨论,《甲寅》、《新中华》是其中有相当影响者。《甲寅》杂志1914年5月创刊于日本东京,由民初著名政论家章士钊主编,出刊第4号后一度停刊,1915年5月在上海续刊。1915年10月出满第十号时再度停办。该刊在当时国内思想界十分有影响,李大钊、陈独秀、高一涵等留日学人皆为杂志的撰稿人。《新中华》杂志于1915年10月创刊,主持人为张东荪,社址设在上海福州路119号,杂志以"准据国情,讨究适宜制度及政策"为宗旨,标榜"不牵涉党派,不抨击时政",主要撰稿人有张东荪、李剑农、杨端六、汪馥炎、陈其尤等①。上述两个杂志是国体之争中坚持共和论的代表。

国体问题引发的论争交织着学理与事实，既包括讨论国体的合法性、国体、政体的概念区分、君主、共和的优劣比较、也涉及世界立宪史的趋势潮流、君主立宪是否可行、中国是否适宜共和、中国政治前途等问题。

二   国体讨论的学理基础

国体讨论虽是为帝制张目，但话题本身包含着学理层面的探讨，尤其是具有西方学术背景的学人参与论争，使反对帝制的回应文字具有相当的学理性及理论思辨色彩，如讨论国体是否具有合法性、国体政体的区别、国体是选择的还是生成的，等等。

早在复辟论初起时，不仅政府予以取缔禁止，且舆论也有认为干犯法律、目为国贼的声音。及筹安会兴起，杨度诸人不仅以学术研究自任，政府方面也允许以学术自由的名义讨论国体。舆论也有认为违反民国法律，严加取缔禁止的呼声。

针对所谓"国体讨论"，梁启超坚持立宪党之政论家，只问政体，不问国体，"政论家而容喙于国体问题，实不自量之甚。常在现行国体基础之上，而谋政体政象之改进，此即政治家唯一之天职也。苟于此范围外越雷池一步，则是革命家或阴谋家之所为，非堂堂正正之政治家所当有之事也"②。不过，梁启超本人的文章也在讨论国体问题，他之所谓"问"，实际所指的是"变更"。

章士钊较早关注国体问题，对此的态度也略有变化。复辟论初起时，针对当时认为讨论国体问题是叛国的看法，章士钊认为不当"以力禁制"复辟之论，强调应以"理与事"解其惑而折其心，而不应以"力与势"关其口而夺之气，反对"强辞以挑之，极论以辱之"。作为一名崇尚言论自由的知识分子，章士钊主张"尚异"之说，而是否容忍"君主之说"就是对他"尚异"的考验。对此，章坚持了他一贯主张的言论自由原则，"君政者，亦党派之得以为帜者也。苟吾守异说至坚，断无禁其存在之理"。他认为给予复辟言论以公开的自由发表空间是没有害处的，严厉禁止反会诡秘横生，言者无罪则为真共和国之所保障，即使是"王政复古"之说，"不加以揶揄轻蔑之意，尤为

————————

①　《甲寅》讨论国体文字包括：秋桐：《复辟平议》，《甲寅》1 卷 5 号，1915 年 5 月 10 日；秋桐：《共和平议》，《甲寅》1 卷 7 号，1915 年 7 月 10 日；秋桐：《帝政驳义》，《甲寅》1 卷 9 号，1915 年 9 月 10 日；林平：《古德诺博士共和与君主论之质疑》，《甲寅》1 卷 9 号，1915 年 9 月 10 日；周子贤：《中国国体论》，《甲寅》1 卷 9 号，1915 年 9 月 10 日；《关于筹安会之意见》，《甲寅》1 卷 9 号，1915 年 9 月 10 日；秋桐：《民国本计论》，《甲寅》1 卷 10 号，1915 年 10 月 10 日；鲩生：《共和政治论》，《甲寅》1 卷 10 号，1915 年 10 月 10 日；汪馥炎：《国体最终之评判》，《甲寅》1 卷 10 号，1915 年 10 月 10 日等。

《新中华》讨论国体问题文字包括：中州退叟：《吾人对于国体变更必要之注意》，《新中华》1 卷 1 号，1915 年 10 月；得一：《帝制成立后之预测》，《新中华》1 卷 1 号，1915 年 10 月；佩韦：《国体问题与墨西哥》，《新中华》1 卷 1 号，1915 年 10 月；KS 生：《法兰西国体屡变之惨剧》，《新中华》1 卷 1 号，1915 年 10 月；余生：《评古德诺氏国体论》，《新中华》1 卷 2 号，1915 年 11 月；枫：《国体问题与梁任公》，《新中华》1 卷 2 号，1915 年 11 月；亮公：《辟君宪之谬论》，《新中华》1 卷 2 号，1915 年 11 月；执中：《君主不得立宪》，《新中华》1 卷 3 号，1915 年 12 月；溟开：《帝制溯源》，《新中华》1 卷 3 号，1915 年 12 月；圣心：《国本》，《新中华》1 卷 4 号，1916 年 1 月；剑农：《国体与政治（上）》，《新中华》1 卷 4 号，1916 年 1 月；季子：《对于国蠡之杂感》，《新中华》1 卷 4 号，1916 年 1 月；剑农：《国体与政治（下）》，《新中华》1 卷 5 号，1916 年 4 月等。

②　梁启超：《异哉所谓国体论者》，《大中华》1 卷 8 号，1915 年 8 月。

共和国民道义所关"①。1915 年 6、7 月间,当日本方面的舆论纷纷报道杨度、孙毓筠将关于国体的意见书上呈袁世凯时,章士钊仍坚持表示"愚主尚异者也,无论何说,谓当自觅逻辑应有之域,使呈其量以卜于时。大凡国体既定,昌言变更者,律曰叛逆。愚请不认其说,而以讨论国体为应时必要之题"②。

不过,当筹安会兴起时,章士钊对自己原有的立场有所修正了。在《帝政驳义》一文中,他认为筹安会谈国体是论革命,"论革命者,只许其有伦理上之根据,而不许其有法律上之根据"。贸然推翻共和,创设帝政之举,"一曰己身以革命倡,一曰认革命为宪法上之权利"。所谓筹安之举"正与革命为媒"③。他引用法学家席兑的说法,暴动者无宪法上之权利,而有伦理上之权利。这里,章士钊否认了筹安会讨论国体的法律权利,但并不否认他们道德上的权利。

在国体讨论中,杨度主张以君主国体交换立宪政体,梁启超宣称"立宪党之政论家,只问政体,不问国体",由此引发了有关国体、政体的辨析。

章士钊是承认有国体、政体之别的,国体为形式,政体为精神。章士钊认为:"共和之形式,民主之谓也。精神,立宪之谓也。形式其独也,精神其通也。形式者,国体之事也。精神者,政体之事也。所谓共和之质,单举形式不可,单举精神亦不可。必形式与精神俱而后质乃备也。"④ 在形式与精神方面,则精神重于形式。

张东荪则只承认有政体之别,不承认有国体之分。他认为,国体、政体之争,不明国家政府之区别者半,不明法律与政治区别者半。他征引韦罗贝的说法,国家的本质皆是相同的,即主权性质,可以分类者在其政府形式,"政府有差别,而国家无差别,易言之,即有政体而无国体也"。政体分类是法律上的产物,离乎法律,无政体,更无政体之分类。因此,他认定现代社会只有两种政体,即君主立宪与共和政体,而专制不过是国家之畸形,因此"专制政体"不成为政体⑤。

李剑农对于这场"吃海水,挂东西洋旗之法政学生,拓拾东博士西博士民主共和国体主权之名词"引发的争论,当成"政治学上极有兴趣之问题",作了详尽的学理分析。首先,"今日所谓国体政体之争论,溯其由来,盖一海外输入品耳"。中国思想界有关国体、政体的说法来自日本,作者本人,即是在早稻田大学听浮田和民讲授政治学时了解到这一划分的。浮田氏区别了国体、政体,称国体为国家主权之所在,政体为主权行使之方法,日本国体为君主,政体为立宪,日本学者多持此观点。"吾邦学子,浸灌于日人之议论者深,所持国体政体之观念,恐未能出此范围"。而日本学者所谓国体政体的观点,也是海外舶来品,来自西方。日名之国体即 the Forms of the State,日名之政体 the Forms of the Government。

李剑农梳理了西方各派政治学说的相关论说。历史上,人们并没有国家、政府的区别,自 18 世纪卢梭以后,人们开始区别国家与政府。国家、政府虽然有别,但国家的形式通过政府表现出来,所以多数学者没有区别国体、政体。孟德斯鸠区别共和、君

① 秋桐:《复辟平议》,《甲寅》1 卷 5 号,1915 年 5 月 10 日。
② 秋桐:《共和平议》,《甲寅》1 卷 7 号,1915 年 7 月 10 日。
③ 秋桐:《帝政驳义》,《甲寅》1 卷 9 号,1915 年 9 月 10 日。
④ 秋桐:《复辟平议》,《甲寅》1 卷 5 号,1915 年 5 月 10 日。
⑤ 圣心:《国本》,《新中华》1 卷 4 号,1916 年 1 月。

主、专制三种政体，没有国体的观念。李剑农的结论是，国体是有歧义的概念，"一则别国体政体为两，国体专指主权体，政体则指政府之形体；一则合国体政体为一，国体即指政府之形式"。显然，相对于梁启超、黄远生等"只问政体，不问国体"的含混说法，李剑农较为准确地梳理了国体、政体问题的学术源流，指明当时流行于中国思想界的"君主、共和"的国体划分、"立宪、专制"的政体划分，是受日本学术界的影响，与西方的政体理论是有差别的。

不仅如此，李剑农还看到了立宪与主权在君的根本矛盾性，注意到了这一问题在号称君主立宪的日本引发的学术争论。日本国体既为君主国，是否意味着天皇主权？美部浓达吉给予了勇敢的否认，只承认天皇是最高政府机关的一部分，而上杉给予了坚决的维护，浮田和民则依违于两人之间。由此，李剑农指出立宪是比君主、共和更高的目标，"盖国若达乎立宪，则选举元首之共和与世袭元首之君主，实际无大差别。所差者仅权能行使分配之程度耳。……若夫一人主权之君主国家，近世可曰无有。有之则不得侪于立宪之例"①。显然，李剑农认识到一人主权之君主国与君主立宪本质上的不同。

至于国体是自然生成的还是人为选择的结果，古德诺强调国体"类非出于国民之有所选择也，虽其国民之最优秀者，亦无所容心焉。盖无论其为君主共和，往往非由于人力，其于本国之历史习惯与夫社会经济情形，必有相宜者，而国体乃定"。对于这一点，共和论者予以了反驳。

有的论者指出，古德诺强调国体非出自国民选择是片面的，历史习惯、社会经济也来自人力的作用，政治改革之影响所及，足以变更一国之历史习惯。如古德诺所列举的阿根廷、智利的共和政治由乱趋稳，"以国民倾向、政治良心引起实质上之改革，而历史习惯举以转移耶"②，与古德诺自己的观点自相矛盾。

针对古德诺强调国体受历史习惯、社会经济环境影响的观点，日本法学博士副岛义一强调政制选择的主动性，"佛兰西之革命、美利坚之独立，以及文明诸国采用立宪政体，悉出于先觉者之唱导，或其国民之自觉的选择，殆无疑义；故一国国体之确立，绝不能纯视为历史上发达之物也"③。

更有观点突出了国民意志对于历史、社会的塑造作用。政体选择不是被动的，"历史习惯、社会情状，皆不外乎国民意志之产物，其于本国历史习惯与夫社会情状，有其相宜者，则亦无异国民意志之已选择其相宜者也"④。在作者看来，主观意志与客观条件不应强作割裂，国体由众意所聚合，非威力所能团结。

有关国体问题的讨论，尽管论者对于国体、政体的基本概念与区分都未能达成统一的观点，但基本使用西方政治学术语，征引西方学者的观点来证明自己的观点，因此，这场讨论基本是以现代政治学的学理为基础展开的。共和论者在国体政体的划分上所持意见不一，但多强调政体选择的主动性。

①　剑农：《国体与政治（上）》，《新中华》1卷4号，1916年1月。
②　林平：《古德诺博士共和与君主论之质疑》，《甲寅》1卷9号，1915年9月10日。
③　副岛义一：《评古德诺氏国体论》，余生译，《新中华》1卷2号。
④　汪馥炎：《国体最终之评判》，《甲寅》1卷10号，1915年10月10日。

三　政体优劣与君主立宪之可否

比较共和、君主的优劣,是论争双方的逻辑起点。君宪论者的观点是,君主制符合历史、国情,有利于解决政治继承问题,建设强有力政府。不过,古德诺否认自己有过君主优于民主的说法,只强调中国更适宜君主制。

在抽象的学理上,共和论者并没有就君主、共和孰优孰劣达成一致意见,相反,明确认定共和政治已成为世界潮流的只是个别的观点。

章士钊认为,君主、民主之辩,理论上难计胜负,君主、民主的适宜与否主要在于事实,仅从理论上"即集古今世界学者,讲论一室,求其有以相折,必亦不能。故此为无益之论争,徒资聚讼,而不足恃以解大纷,决大计者也。自来理论之有力,依乎事实。事实宜乎民主,则民主之论特张。事实宜乎君主,则君主论制胜,无抽象一定之义也"①。

复辟派曾以"共和正解"来批评共和非真共和。劳乃宣声称,共和本义在"君幼不能行政,公卿相与和而修政事",因此共和是明明有君,不得做无君之解。对此,章士钊为现代"共和"正名,认为今日之共和政治,非劳乃宣所谓"周召共和",而是西文"republic"之译。"共和者有形式有精神。何谓形式?曰共和对于君政而言者也,君政有君,而共和无君。凡元首为世袭者,谓之君政。元首为选举有定期者,谓之共和"②。共和之精神,即在立宪。

不少论者也倾向于赞同君主、民主没有抽象的优劣之分。周子贤认为:"自学理言之,固无绝对之是非;就事实观之,也多相殊之结果","有谓共和制为近世新潮,君主制为历史遗物者矣,然希腊罗马采共和制于二千年前,而德日诸君主国嗣,今且方兴未艾也。有谓共和制重民权,以天下为公,君主制尊君权,以天下为私者矣,然君主而立宪,若英若德,其民权之发达,何减于共和;而共和制中如罗马之三头政治,法国之公安委员,其施政之横暴,实远过于君主也。更有谓共和制迭更元首,启纷乱之端,君主制一脉相承,获谧安之效者矣,然我国五季南北朝,皆用君主制,而祸乱相寻,彼采共和制者,远如希罗,近如法美,皆逮数十年,或数百年,相安无事"③。

李剑农认为,君主与共和不是政治良恶的标准。君主制或共和制是次要的,需要的是政治良、党争调,真立宪。他提出,君主、共和均不是政治良、党争调、真立宪的条件,反之,三者实为君主、共和共通之必要条件。

明确从学理上肯定共和优于君主的是周鲠生。他认为,从理论上说,"共和政治较君主政治为自然而最合于社会进化之原则者",实际上,"君主政体之大弊害,共和政体无之;而所谓君主政治之长处,则亦可于共和政治求得之"④。他认为当时的人们不应睹一时政局之变态,就至怀疑共和政体之前途。

---

① 秋桐:《复辟平议》,《甲寅》1卷5号,1915年5月10日。
② 秋桐:《复辟平议》,《甲寅》1卷5号,1915年5月10日。
③ 周子贤:《中国国体论》,《甲寅》1卷9号,1915年9月10日。
④ 鲠生:《共和政治论》,《甲寅》1卷10号,1915年10月10日。

　　需要指出的是，讨论所指的君主制，尽管是抽象的，主要仍指立宪君主制而言，而不是中国传统的君主专制。君主立宪与民主共和两种政体，都是西来的制度，两者运用于中国皆有适与不适的问题。它们之间没有什么道德意义上的善恶分别，或制度层面上的优劣区分，只有在特定的时、地条件下适宜与不适宜的区别而已。机械地将民主共和的方案视为"先进"、"进步"，将君主立宪的方案视为"保守"、"反动"，则失之幼稚与天真，是片面的、机械的。

　　落实到具体政治现实，君主立宪是否可能，则是争论的焦点问题。同其他仁人志士一样，杨度寻找的也是救亡、富强的方案。他之所以提出君宪救国的主张，在于他认识到宪政的重要性，但又苦于找不到实现的途径，于是设计了用"君主"与执政者交换"宪政"的交易。

　　但是这场交易并不能因杨度的主观愿望就能够成功。共和论者集中反驳了君主立宪的现实可行性。

　　首先，恢复帝制的条件已经不存在。章士钊认为，事实上恢复帝政是不可能的，因为君统已破。他列举了三条理由："（一）帝王乃历史上之产物，非如饼师作饼，可以顷刻而成。今后之中国，既然无人焉，有可为帝王之资，何必能复为君主国。（二）当君主思想未生之时代，则一君统亡，一君统起，行所固然，而今非其时。大抵君权之存，存于人民之迷信。今迷信既破，回复无由。（三）内忧外患，险象环生，国家实无余力更容变乱。"[1] 林平也认为，君主国的重要条件是"其国内本有帝系之存在，而人民于君王之观念，复深入脑筋者"[2]。经过辛亥革命，上述条件已经不存在了。

　　其次，所谓用君主制度解决政治继承问题的优势也是不存在的。用君主制解决政治继承问题过于狭窄，不能广泛求才，"求贤才于一姓一家则范围失之狭狭，则得之难，即得矣亦未有不终穷者，求贤才于全国，则范围推之广广，则得之易，即圣文神武者未可多见，而守法之贤往往而有也"[3]。在解决权力更替问题上，君主制也不如民主制，"除野心之总统易，革暴政之君主难"[4]。而可悍然不顾选举法而争总统的人，也何不可悍然不顾继承法而争皇帝。

　　历史上，君主立宪的实现是有其特殊条件的。章士钊认为，君主立宪本身，"原义不恶"，但沿于历史、本乎神权的帝政可言立宪，而源不正、流不清的帝政，是伴随着阴谋与暴力的"豪强窃政"，希望其入于宪政之轨，无异"逆行求前"[5]。因为真正的宪政与暴力相反。

　　树立君主，也并不能实现立宪所需要的条件。言立宪必有政党，必有国会，必有地方自治，这些条件不是一个君主名号所能解决。"设使中国国民而有运用立宪政治之资格，则于君主国体之下能运用之，于共和国体之下亦能运用之。如其无此资格，则君主共和两皆无当。"[6] 立宪所遭遇的困难也不是君主的名号所能化解，"若为不得立宪，必

<hr>

[1]　秋桐：《帝政驳义》，《甲寅》1卷9号，1915年9月10日。
[2]　林平：《古德诺博士共和与君主论之质疑》，《甲寅》1卷9号，1915年。
[3]　林平：《古德诺博士共和与君主论之质疑》，《甲寅》1卷9号，1915年。
[4]　汪馥炎：《国体最终之评判》，《甲寅》1卷10号，1915年10月10日。
[5]　秋桐：《民国本计论》，《甲寅》1卷10号，1915年10月10日。
[6]　副岛义一：《评古德诺氏国体论》，余生译，《新中华》1卷2号。

其国之根本上带有瑕疵,非由于历史上种族上政治上感情上有不能消融之大障碍,即由于建设上未筑成适当之基础。此类国家,支障横生,宪政之前,当有巨大烦难"①。应有凝聚全国人心之巨大事业,完成宪政建设,不是以"君主"国体交换就能实现。

立宪不求诸于己而谋之于人也是不可能的。立宪的条件不能期待君主的赏赐,而是要人民自己争取,不可能用君主交换宪法,因为"宪法者,我民自身之事,无待于外来的赐予"②。

即使建立君主制,袁世凯本人也非新君统的人选。有论者历数现政府的腐败,对内蹂躏宪政武断专制,对外则交涉丧权讳败为功,财政紊乱、武力不修、钳制舆论、败坏人才、凿丧民气、诛除异己,纵使实行帝制也将不免于昙花一现,因为"国人迷信君主之根性早已消灭无余也","现政府政治上之失信用不足以整束人心也","现政府所恃为心腹干城之将士已有离心离德之朕兆也";"中央长官及地方大员皆非能效忠尽节相从不变也"③。袁世凯"大逆不道、推翻共和、假托民意、窃取皇冠",更不可能真正立宪。

总之,在共和政治之下犹难实行宪政,期待一旦改为君主即能翻然变计,"非缘木之求,则守株之待"④。如果强行恢复君主,也不能立宪,"非仍变为君主专制,一还吾数千年之旧不为功也"⑤。

围绕君主立宪问题的讨论,主流舆论在学理层面并不否认君主立宪制度本身,但反对恢复君主制,因为在当时的中国,恢复君主制,很可能是回到君主专制,而未必能发育出君主立宪制。

应该说,宪法至上、法治约束权力是杨度君宪论的核心,是宪法为体、君主为用的,就中国政治思想史而言,它不是复辟、倒退,是一个相对保守、渐进的制度选择。但杨度"盖求富强,先求立宪,欲求立宪,先求君主"的推理过程是错误的。立宪与富强没有必然的联系。立宪是防止暴政的手段,防止专制的手段,而不是追求国家富强的手段。立宪也不是交易可成、期待由君主来赏赐的。更重要的是,杨度所寄托立宪的想象的"明君",却是政治反对派眼中无法重建新君统的国民公敌,这便决定了君主立宪方案的命运。

四　共和利弊及其前途

除力排君主立宪的可能性外,共和论者还力图捍卫共和,就中国是否适宜共和、如何防止民主专制、国家政治前途问题,提出自己的观点。

古德诺、杨度反对共和的理由是国情民智问题。古德诺将中国的共和试验之失败归于长期的人治传统及民智低下,杨度除强调国情、民智外,还归罪于革命党人假"共和"名目而行"革命"。共和论者则强调民国以来的"新国情",以及政治精英的引导

---

① 执中:《君主不得立宪》,《新中华》1 卷 3 号,1915 年 12 月。
② 汪馥炎:《国体最终之评判》,《甲寅》1 卷 10 号,1915 年 10 月 10 日。
③ 中州退叟:《吾人对于国体变更必要之注意》,《新中华》1 卷 1 号,1915 年 10 月。
④ 林平:《古德诺博士共和与君主论之质疑》,《甲寅》1 卷 9 号,1915 年 9 月 10 日。
⑤ 亮公:《辟君宪之谬论》,《新中华》1 卷 2 号,1915 年 11 月。

作用，来回应国情民智问题。

　　章士钊反对借口程度不足而毁弃共和。相对于极端的民主论，章是一个相对的民主论者。从西方历史上，他认识到自由民主的发展是一个从少数精英开始的历史过程，"愚理想之立宪政治，初不以普通民智为之基，而即在此一部优秀分子之中，创为组织，使之相观相摩，相质相剂"①。古德诺1914年11月间在纽约政治学会的演讲中谈到中国问题时，认为新约法以大权属之总统，更适宜中国的历史与国情，因为中国人民数千年以人为治，不适于社会共同运动。章士钊指出，古德诺观点的毛病在于"以人民全体之程度为创设政制之的标，而忘却转移社会为其中坚，无论何国皆属之一部聪明俊秀之士"②。林平也认为，中国人民政治智识未必发达，但不可谓民智低下。任何国家，参与政治的也都只是一部分公民③。更有论者提出了"新国情"、"新历史事实"，这就是，虽然多数愚民及一般旧官腐儒犹未脱离君主观念，但在有国家思想有世界知识之新分子推动下，数千年历史随世界新潮流而变迁，"而卒结晶于共和"，"则所谓多数愚民及一般旧官腐儒之君主思想，当然服从转化于此新历史事实"④。共和论者坚持，民智问题应在共和过程中解决，法、美人民的经验也不是在共和以前就具备的，而是经过长期政治锻炼，"中国而能如古氏所言，广设学校，以养成人民高尚之智识，而又使其与闻国政，增进政治之练习，则共和之制，决不为病。其不然者，百易其国体，庸何益乎"⑤。更重要的是，人民觉悟程度问题不是问题的关键，关键在于执政者压制民意的表达，"人民之于国事，尚不容其置喙，遑言程度之足未足耶"。而且，在民主共和体制下，人民的参政经验可以有培养的机会，"入帝制时代，必致益处退化"⑥。

　　与君宪论将政治紊乱的原因主要归于国情、民众、革命党相比，共和论者更多地强调作为执政者的北洋派的责任。

　　章士钊认为，民初政治紊乱，不是共和本身的过错。复辟之说，起于伪共和，"伪共和者何也，帝政其质而共和其皮者也"⑦。"以共和之名，行无道君主之实者，不得蔽罪共和"⑧。种种乱象，罪不在共和本身，"由于有大力者利用国民之弱点，从中颠倒，不得以为共和本身之罪也"。他分析了共和失败两方面的原因，"一由于国民责望之过奢，一由于当局成心之无对"⑨。

　　杨度主张君宪救国的一大原因，是将民初共和试验失败的原因归罪于革命党以"共和"为借口，行"革命"之实，与袁世凯抢夺总统大权。章士钊的分析则相对公允，他认为北洋政府派的责任为主，革命党人的责任在次。民国之初，革命党人委屈迁就旧派的心迹还是到处可见的，温和派党人也主张"先国家而后政治，先政治而后党派"。但袁世凯不以党人流亡为止。时至如今，革命党原以"暴民"为恶谥，转而以

① 秋桐：《共和平议》，《甲寅》1卷7号，1915年7月10日。
② 秋桐：《共和平议》，《甲寅》1卷7号，1915年7月10日。
③ 林平：《古德诺博士共和与君主论之质疑》，《甲寅》1卷9号，1915年9月10日。
④ 亮公：《辟君宪之谬论》，《新中华》1卷2号，1915年11月。
⑤ 副岛义一：《评古德诺氏国体论》，余生译，《新中华》1卷2号。
⑥ 汪馥炎：《国体最终之评判》，《甲寅》1卷10号，1915年10月10日。
⑦ 秋桐：《复辟平议》，《甲寅》1卷5号，1915年5月10日。
⑧ 秋桐：《帝政驳义》，《甲寅》1卷9号，1915年9月10日。
⑨ 秋桐：《共和平议》，《甲寅》1卷7号，1915年7月10日。

"暴民"为自豪,"使革命党尽为暴民,民国何至有今日"①。在章氏看来,袁世凯奉行大权独揽主义以安一时之乱,对政治反对派斩草除根,是民初政治调和失败的关键,也是共和失败的关键。

章氏更反对借口共和之弊而毁弃之,"无论何种政制,未有行之绝无弊者,又岂独不能绝无而已,而有甚多甚大之弊,亦未可料。是在精心以行其制竭力以防其害已耳。而行而防,而防而行,展转相促,斯谓进步"②。共和之蔽,只宜于本身救之,而不是推翻共和。

章士钊还研究了"政治学中最有深求潜玩之值"一派的心理,即在秩序动荡的环境中,民众为生命财产安全而甘愿牺牲平等自由、服从专制者的社会心理。但专制者运用专制之量大大超出社会心理所承受的范围,由此再次滋生政治上的反动。因此,"惩民政之弊,乃至思与专制为邻"③,并非治道,无异于伤于火而入于水。

"中州退叟"则进一步分析民国政治走入绝地的根源在"未曾有一适当之构造,合法之组织"。作者认为,国体变更非意外不测,而是当然应有,"民国向来之构造与组织,皆为不适当不合法,而政治不良、国体变更皆为当然发生之事"。在这一点上,他认为民初"立法无当"是有责任的:"而吾国不幸当革命时,乃未著一想及国基如何,地盘如何,惟袭取欧美国体政制之皮毛,以快其一时好高务远之虚荣心,以至立法无当,引起野心家非分之想"④。在这种凭虚架设、东涂西抹式的政治改革不成,转而倒行逆施、重蹈覆辙的政治大失败当中,他深切体会到:"一国政治之大改革,非仅以一场扰乱之革命,荡除前朝之污秽,袭取他国之文明成规而已。要在能善察国情,为国家谋大建设,以导发本国固有之精神,与人民以自由发展之便宜。"⑤ 这里,他同时将政治失败的责任归于革命党与野心家的身上。

民初共和试验受到的最严厉的谴责,就是所谓"民主专制"或"暴民政治"。筹安会在公开宣言中也强调要以"君主立宪"取代"民主专制"。共和论者,如果不避实就虚,需要正面回应"民主专制"的指控。

章士钊专门探讨了"民主专制"。他不否认"民主专制"的存在与危害。假如共和名存而实不具,"民主专制,其弊较之君主专制尤深"。在他看来,"君主专制可以数百年而不乱,民主专制近则一年数年,远亦不过数十年势不能不乱,且一乱之后,相与循环不能自已"⑥。章士钊认为,法兰西的共和之所以被人厌恶,就在于流于"民主专制","法国大乱八九十年,其间不外有数人焉,以一己之权力,视为绝对不容异己不受调和,以至干戈相寻,祸败相续。"⑦ 无论罗伯斯比尔还是路易拿破仑,皆是唯我独尊,无法容忍政治反对派,而导致法国数十年政治动荡。这一点,章士钊认为民国的政治家们应该深以为诫。

---

①　秋桐:《民国本计论》,《甲寅》1卷10号,1915年10月10日。
②　秋桐:《共和平议》,《甲寅》1卷7号,1915年7月10日。
③　秋桐;《民国本计论》,《甲寅》1卷10号,1915年10月10日。
④　中州退叟:《吾人对于国体变更必要之注意》,《新中华》1卷1号,1915年10月。
⑤　中州退叟:《吾人对于国体变更必要之注意》,《新中华》1卷1号,1915年10月。
⑥　秋桐:《复辟平议》,《甲寅》1卷5号,1915年5月10日。
⑦　秋桐:《民国本计论》,《甲寅》1卷10号,1915年10月10日。

　　章士钊沿用了孟德斯鸠的说法，即共和之弊，一在不平等，一在极平等。不平等则流于贵族与君主，极平等则流于绝对专制。防止共和之弊即在持中，共和之道在于中，"得其中道，共和斯茂"①。他尤其指出"民主专制"与"共和立宪"的差别。他引用黎白解释共和的精义："共和国之安全，与谓基于多数者得其代表，宁谓基于少数者握有运动多数之权。"② 少数人能够合法对抗多数人，少数与多数之间有转化的机会，多数人的暴政也就不存在，这样"合法反对"的权力，在"民主专制"之国是不存在的。不过，章士钊并不认可防止"民主专制"的药方是恢复君主。"共和之下发生专制，其第一受病处，则在不解调和立国之方。"③ 他所主张的调和立国、容认合法的反对、"尚异"，言论自由，这些足以防止"民主专制"。

　　而对中国政治的前途，共和论者坚持共和政体必然恢复。"得一"指出，帝制成立后，不可避免地会带来玩弄贰臣、诛戮功狗、祸起萧墙等政治纷争，"由共和而帝制，其制必不能久。徒增一次之纷乱，或一而再，再而三，终必规复共和而后已"④。更有激烈的主张认为，不仅要反对帝制，更要改变非驴非马的假共和状态，"吾人久已认此种国家为畸形国家，此种政治为万恶政治，决不于此范围内，为枝叶之讨论，惟以为非根本解决不可耳"⑤。

　　周鲠生坚持相信民主共和已经成为不可阻挡的政治潮流，即使世袭之主也抛弃神权面目而顺应世界大潮，"君主国有减无增，共和国有增无减是也。欧洲如是，美洲更不待言。而非亚两洲之终不能逆此时代潮流，则又近史可证明者"。他强调中国应成为世界共和的典范，"吾中华民国者，屹立于近世共和思想感受最迟之亚洲之唯一共和国，而世界共和国之最少年者也。我国民既着先鞭，当为四邻旧邦，树一模范"⑥。

　　总之，在挺身为共和辩护的过程中，共和论者并非只是坚持国体不可动摇的简单观点，也不仅仅局限于道义声讨，而是就共和失败的责任、防止民主专制等问题作了较为深入的思考。"中州退叟"对民初政治制度性缺失的分析、章士钊对于"民主专制"问题的探讨，都体现出了共和论者的思维高度，这使国体问题的讨论，从简单的是非判断，提升为对共和政治的严肃思考。

五　结论

　　这场有关国体问题的讨论始于复辟论的兴起，引发的相关反思及于洪宪帝制失败之后，反映出当时中国思想界的观念趋向。

　　国体讨论发生于西学东渐的大背景下，西方学者的文章也大致界定了讨论的框架与内容。论争所讨论的具体话题及征引的史料，多以古德诺的文章作为标准。论者多针对古德诺的观点发论，如国体选择问题、世界宪政的趋势问题、国情民智问题、政治继承

---

① 秋桐：《民国本计论》，《甲寅》1卷10号，1915年10月10日。
② 秋桐：《帝政驳义》，《甲寅》1卷9号，1915年9月10日。
③ 秋桐：《民国本计论》，《甲寅》1卷10号，1915年10月10日。
④ 得一：《帝制成立后之预测》，《新中华》1卷1号，1915年10月。
⑤ 枫：《国体问题与梁任公》，《新中华》1卷2号，1915年11月。
⑥ 鲠生：《共和政治论》，《甲寅》1卷10号，1915年10月10日。

权问题等等。就学理层面而言,古德诺的文章自有其学术逻辑,不存在学术道德问题。就事实层面而言,古德诺因昧于中国国情,向中国人民提供了一副不对症的药方。因此,对古德诺的反驳也多侧重于事实层面。

这场讨论中,共和论者与君宪论者之间,几乎处处有观点的冲突与辩驳。从世界各国政制发展的趋势,到中国的现实政治,即使是同样的事例,论战双方从各自不同的角度,均能找到有利于自己的论据。例如,君宪论者强调南美共和国革命频繁、动荡不安,共和论者则列举巴尔干君主国家动荡不安,频繁杀君废君逐君之事实;君宪论者认为德国因帝制而日益强盛,法国为共和反而动荡不安,共和论者强调德国的君主是调和与妥协、诸力平和的结果,是"以君主之政府而佐以民主之主义"①,而法国的君主则是专制的,所以遭到反动。即便如此,双方的共识也是显而易见的。双方都认识到当前的政治需要根本改造,都注意到立宪是一个更加重要的目标。以宪政作为第一价值取向,这是君宪论与共和论的基本共同点。

以《甲寅》、《新中华》为代表的共和论者,坚持学理,反映出一定的理性和宽容精神。捍卫共和制度的人们认识到,君主立宪与民主共和并无绝对的优、劣之分,善、恶之别;但在伪共和体制下恢复君主制,不能达到君主立宪的目的;比君主、共和更重要的是宪政目标的实现。他们不仅仅从消极方面捍卫共和,而且从积极方面提出了改革共和,使伪共和进而成为真共和的政治构想,如提倡调和立国、尚异、合法的反对等宪政理念,勾画联邦制的政治蓝图等等。章士钊坚持给"谬论"以言论自由,反对谩骂或仅仅"纯持消极反对之调",坚持"导国人以正"②。即使是主张君宪救国论的杨度,其政治主张在事实层面的不现实性是不可否认的,但我们却很难判定其学理层面的非正确性与非道德性。

当然,国体讨论是在有限的范围内进行的,一般报刊舆论多流于激愤的言辞,而疏于思想的阐发。杨度本人没有拿出一部约束君主专制的宪法,古德诺也没有能力压迫袁世凯履行宪政。共和论者,则在试验了国会、政党、总统、内阁诸多制度结构后,转而将共和政治的基本制度基础,寄托于鼓吹联邦论之上,而无形中忽略了政治启蒙的长期性问题。两大刊物的主编章士钊、张东荪,在国体论战中皆是坚定的共和主义者。但他们此后的思想也曾发生转折与动摇。章士钊不仅自己在1923年主张"虚君",而且还抖出一个"包袱",即英国著名学者蒲来斯也曾主张中国适合君主制。张东荪则一面谈共和立宪,一面谈"贤人政治"。这些现象,反映出传统中国政治向现代政治文明转型中的曲折性。

更重要的是,经历了洪宪帝制之后,社会政治心理,依然讨厌国会、讨厌政党,对宪法也漠然视之,而仅仅对一抽象名词"共和"崇拜之至。人们没有意识到,控制此种无国会、无政党、无宪法的乌托邦共和国者,不是无冕之王,就是僭主。这无疑从一个侧面,使民国政治走入了一段"君主"既倒而"专制"不免的历史。

〔作者邓丽兰,副教授,南开大学历史学院。天津　300071〕

① 剑农:《国体与政治(下)》,《新中华》1卷5号,1916年4月。
② 秋桐:《民国本计论》,《甲寅》1卷10号,1915年10月10日。

传统与现实:民事习惯与社会建设

郑永福

思想与社会研究中，民事习惯应该是关注点之一。这里所说的民事习惯，主要指法律意义上的民事习惯，即国家法律之外的民间债权物权中行为规则，其中也涉及某些民间风俗礼仪。诚如一些专家所指出的，中国传统法制主要侧重于刑法，民事财产类法律规范相当缺乏，要依赖民事习惯自我调整。到了近代，随着法制的现代化，情况有所变化。但应该说，民事习惯到今天仍对相邻关系发生着重要影响，民事习惯在民事裁判中往往起着准法律的作用。某些民事习惯，很可能与当时的法律相违背，但为人们所认可，甚至也为司法当局所默认。民事习惯在维系社会稳定与社会发展方面，起着重要作用。漫长的中国历史上，一些民事习惯曾经长时期地起到规范人们社会生活的作用。这些民事习惯，规定了人与人相互间的权利义务关系，并通过人们认可的方式，保障这些权利义务的实施。民事习惯不是一朝一夕形成的，往往经过了一个较长的历史过程。而某种民事习惯一旦形成，又有它的稳定性，持续地在社会中发生作用。今天，对民事习惯进的历史与现实深入考察研究，仍是社会建设的重要课题。

近年来，媒体披露的几个案例值得关注。

案例（一）：东北某地农民院中种有一大树，根系延伸至邻居家房屋下，不仅将其屋墙拱裂，且将火炕拱裂，造成损害。

案例（二）：华北某地，姐夫迁入城市欲卖房，住同村的内弟认为自己有优先权，但姐夫卖给了别人，引起姐弟争斗。

案例（三）：河南省郑州市，一妇女携即将临产的女儿遭业主毁约，被迫离开出租屋流落街头。

案例（四）：陕西省某地，一男性到某村做上门女婿，但无法享受该村村民应该享有的福利待遇。

上述诸案例，均涉及民事习惯问题。

案例（一）中的问题如何处理？无具体法律条文。法官根据当地民事习惯，判决该农民将越界根系切断，并给予受害一方以一定赔偿，妥善处理了这一纠纷。其后，2007年公布实施的《中华人民共和国物权法》第八十五条明示："法律、法规对处理相邻关系有规定的，依照其规定；法律、法规没有规定的，可以按照当地习惯。"[①]

这里所说的"当地习惯"，也就是当地的民事习惯。这种习惯已经具有"习惯法"的作用，在当地具有类似于法律一样的约束力。实际上，世界上不少国家和地区的民法

---

① 《中华人民共和国物权法》，法律出版社2007年版，第18页。

涉及相邻关系的条文，都有遵从习惯的规定。比如，在用水、排水的相邻关系中，关于自然水流的规定、关于排水权、关于堰的设置与利用等方面，日本民法及我国台湾地区的"民法"在具体规定的条文外，多有从其规定或习惯的规定。德国、瑞士民法和我国台湾地区的"民法"关于土地权利人有权禁止他人侵入的条文中，均列出依当地习惯例外允许之事①。在整个中国民法体系中，处理相邻关系需要以习惯作为依据所占的比例是比较大的。原因是相邻关系的种类繁多且内容丰富，而物权法对相邻关系的规定比较原则和抽象，大量需要以习惯作为标准来判决基于相邻关系而产生的纠纷的是与非②。

其实，近代中国历史上，各地有不少这方面的民事习惯。如果甲、乙两人土地相连，甲地之树竹枝根横长越入乙地界以内，致与乙地之耕作有妨害者，如何处理呢？湖北省汉阳、兴山两县习惯，乙应先向甲声明，请其刈除，甲已应允，则枝根应归甲有，若甲不应其所求，乙即得自行刈除，其枝根即归乙有；郧县习惯，乙得迳自刈除，其枝根应归乙有，甲不能过问；麻城习惯，乙虽得迳自刈除，但枝根仍归甲有；竹溪习惯，乙得迳自刈除，但树根侵入地中者应归乙有，其树枝虽越界线，仍归甲有；五峰习惯，树枝应向甲声明，令其刈除，其枝仍归甲有，树根得由乙迳自挖除，其根即归乙有③。

湖北省通山、谷城两县，甲地之树竹枝根侵入乙地，乙得甲将其侵入之根枝刈除，如甲不理，乙得凭中自行刈除，所刈除之根枝，乙得留为己有。潜江、竹山两县，乙可向甲声明将其根枝刈除，其刈除之根枝归甲。巴东县有请甲刈除，有商允甲代为刈除，根枝仍归于甲，有商请不听或并不商请迳自刈除，而留其根枝者。广济县分两种：地上之根侵入乙地，乙得刈除，仍归甲有；地下之根侵入乙地，乙得自砍自有。京山县侵入乙地根枝，乙得自行刈除，归甲、归乙，无一定习惯④。

关于果实落入邻地问题的民事习惯。

甲、乙两人土地相连，甲地内所种果木落入相邻乙地界址以内，湖北省兴山、麻城、汉阳、五峰四县习惯，甲之果实落入乙界，仍归甲有，乙不得视为己有，纵然拾取，亦须向甲说明；竹溪习惯，分旷野与比屋而居二种，如落入乙之旷野地界之内，其果实仍应归诸甲有，若系比屋而居落入乙地者，即应视为乙有；郧县习惯，凡果实自落入乙地者，视为乙有，若系由甲打落或摘落者，则仍应归甲有⑤。

湖北省通山、潜江、广济、竹山四县，甲地内所种果木之果实落入相邻之乙地内，其所落之果实均归甲有。京山县则多归于甲。巴东县因甲摘取落入乙地者，多归甲；自落于乙之院内者，多归乙。谷城县自落于乙地者，归乙⑥。

类似上述这些习惯，均可以作为处理相关民事案件的参考。但有些相信关系方面的

---

　　①　全国人大常委会法制工作委员会民法室编著，《物权法立法背景与观点全集》，法律出版社 2007 年版，第424—426 页。

　　②　全国人大常委会法制工作委员会民法室编著，姚红主编：《物权法学习问答》，人民出版社 2007 年版，第142 页。

　　③　《民商事习惯调查报告录》（一），第 572 页，国民政府司法行政部 1930 年 5 月印行。

　　④　《民商事习惯调查报告录》（一），第 588 页。

　　⑤　《民商事习惯调查报告录》（一），第 572—573 页

　　⑥　《民商事习惯调查报告录》（一），第 589 页。

民事习惯，纯粹是陋习，且与现行法律法规相抵，不能认可。关于毗邻地矿产问题，近代山西省就有一些陋俗。山西浑源县开煤窑只管地上，不管地下。开窑采炭，其掘口则各依地面疆界，及至地下，则遇炭即开，无分界，至若两窑相逢，则合采，谓之"只管地上、不管地下"①。山西省介休县，以见面处为界。凡营窑业者，地内初无界限，如此窑与彼窑掘通时，即以见面之处为断，均各不许前进，另由别方采掘②。山西省五台山，凡营窑业者，地内初无界限，如此窑与彼窑掘通时，即以见面之处为断，均各不许前进，另由别方采掘③。此项习惯近代山西省产煤各县大抵皆然。此等习惯，与当时矿业条例亦明显抵触，实为不良习惯。在今天，更是法律、法规所不容。如今山西省一些小煤窑私采乱挖，引发事故多多，与传统陋习是否有关，不得而知，但值得警惕。

案例（二）反映了中国近代某些民事习惯至今在一些地方特别是农村地区的影响。

近代中国不少地方均有"卖产先尽亲房"的习惯，但具体情况又有所别。如湖南省益阳、宁乡、宝庆、泸溪、常德等县民间买卖产业，必先由卖主尽问亲房。如亲房无人承买，始可另卖他姓。故往往于契上载明"尽问亲房叔伯人等，俱称不受，只得请凭中人某某说合，卖与某某名下为业"字样④。

湖北襄樊县出卖不动产，买者按先内后外之次序进行。俗所谓"先尽其内、后尽其外"。如不动产已经出当于人，卖时先尽家族，家族表示不承买，再尽当户；当户表示不承买，再尽地邻；地邻亦表示不承买，然后一般人始得承买。若该产未出当于人者，先尽家族，次地邻，再次一般人⑤。

其实，湖北省各县凡出卖产业，须先尽亲房，亲房不买，始能卖与外人。湖北高等审判庭长调查报告中称，该省各县上诉案件，凡呈缴不动产之契据，内中多有注明尽尽亲疏内外无人接置字样，可见此项亲房先习习惯，系全省通行⑥。

热河平泉县习惯民人出卖房产，先尽房邻。如房邻无力或不愿意购买，方许卖给他人。置业主得尽让房邻，方免纠葛⑦。

湘南常德习惯与他处不同，出卖不动产先尽老业主，然后再尽亲房。如乙有屋一所，原系向甲承买，是甲即为本业之老业主，乙欲将该业出卖，则必须先尽甲，如甲声明不买，然后方尽亲房。就是说，承认老业主有优先承买之权。如乙不依此程序，则甲、乙之间往往发生争议，纵有买主亦不肯贸然承受⑧。

"卖产先尽亲房"，是传统宗法社会风气的遗存，这一习惯，其出发点在于在维系护宗族和大家庭的利益。这种习惯显然与现代法制所赋予的物权人的权利不符，容易损害物权人的利益，甚至引发民事冲突。案例（二）中，姐夫搬迁城市，急需卖房以解决安家种种费用。如果按"卖产先尽亲房"习惯处置，会有如下几种情况：1. 是妻弟

---

① 《民商事习惯调查报告录》（一），第 271 页
② 《民商事习惯调查报告录》（一），第 283 页。
③ 《民商事习惯调查报告录》（一），第 290 页。
④ 《民商事习惯调查报告录》（二），第 1158 页，国民政府司法行政部 1930 年 5 月印行。
⑤ 《民商事习惯调查报告录》（一），第 568 页。
⑥ 《民商事习惯调查报告录》（一），第 568 页。
⑦ 《民商事习惯调查报告录》（一），第 708 页。
⑧ 《民商事习惯调查报告录》（二），第 1190 页。

与姐夫协商，按市价现金交易，即姐夫获得现金，以解决搬迁所需资金，妻弟得到所需房产，这种结局双方均满意。但在实际生活中，往往难以达到这种理想的结局。2. 妻弟认为自家人买卖，何况姐夫建房时自己还出力帮过忙，房价应该优惠，低于市价。低到何种程度，又无钢性标准。姐夫不满对方"故意压价"，妻弟认为姐夫"不通人情"，引起不快乃至纠纷。3. 双方议定的价格合理，但明显妻弟手头紧张，并无支付全部房款的能力，只能以后慢慢还款。可姐夫急等用钱，不容缓交。双方难以达成一致。结果姐夫的房卖给了其他买家，从此姐夫与内弟进入"冷战"期，难以调解与弥合。

近代不少民事习惯带有浓重的以血缘、地缘关系为纽带的宗法社会色彩，卖房先尽亲房，先尽家族，次尽地邻，家族及近邻没人买，才能卖给一般人，就是一个典型的例子。这种民事习惯，和现代人的精神多有牴牾，使物权人无法自主处置自己的财产，或引发财产处置时的种种问题。遇有家族中人借端勒掯，或乘机压价、拖欠房款，物权人往往碍于亲情压力而屈从。若物权人系寡妇或继嗣等，处于弱势地位，其间周折会更多。百年过去，一些地方特别是农村社区这类民事习惯还时隐时现，引发出家族内部或邻里之间种种纠葛，不能不引起人们的重视。

案例（三）在媒体上披露后，舆论大哗，同情产妇、谴责业主的声音绝对占上风。本案例中反映的是是非非，暂且不论。此处要说的是，近代中国在房屋租赁方面，有不少民事习惯。

其一，"租不拦典、典不拦卖"与"租三典四"、"典三卖四"。所谓"租不拦典"，是说在约定租赁期限内，若业主有不得已之故，出典房屋时，租户不得拦阻。但因原契约期限有效，租户可主张租赁权，转向典户纳租。已经典出之房屋，业主欲出卖时，典户亦不得拦阻，只能主张质权，俗语称之为"典不拦卖"。这一习惯，几乎通行全国各地。此习惯在于业主遇到特殊情况时，有自由处置房产的空间。

与此相应，另有不少习惯不能不说是对租户的一种优惠或慰藉。如安徽旌德县习惯，凡租典房屋，如业主辞租或取典时，往往由租典人多住数月，租房以三个月为限，典屋以四个月为限，名为"租三典四"。在此期间，业主不得催令出屋，住客并不缴纳租金。但租典户辞退业主者，则不能享有延期及不缴纳租金之权利。又业主出卖房屋，房客若继续承租须议明过租，若买主不愿出租，则租户得住至是年年终，亦不交纳租金。不过这种习惯与当地具体历史背景有关。据该项习惯的调查员云，"该县因洪杨乱后，地广人稀，房屋多患无人居住，故有此项习惯。近来人烟稠密，房屋亦不易租典，此项'租三典四'之习惯，仍属相沿未改"①。

江西省省城南昌，则有"典三卖四"之习惯。凡承租房屋者，遇业主将该屋出典或出卖时，而新业主且欲收回该业自用者，则新业主应该按照"典三卖四"之习惯，令房客退业。所谓"典三卖四"者，即该屋因出典，退业者再住三个月；因出卖，退业者再住四个月。在此期间以内，毋庸缴纳租金②。

江苏省上海县也有类似让租习惯，名之曰"租一典三"或"租三典四"。指房主收回该屋改租他户或典卖与人时，宽假一个月、三个月或三个月、四个月之期不收租金，

---

① 《民商事习惯调查报告录》（二），第 926 页。
② 《民商事习惯调查报告录》（二），第 971 页。

以示体恤[1]。

其二，"只许客辞主，不许主辞客"。

一般契约中，大都明确规定，契约形成后，租用人如未表示退出之意，在租户不拖欠房租又不滋事生非的情况下，所有权也未转移，业主不能任意解除。"只许客辞主，不许主辞客"，各地习惯大都如此，只不过说法不尽相同，如山西阳城县等地曰"来由主，去由客"，意思一样，意在保护租户的切身利益。

其三，"送房礼"与"冬不夺房"。

陕西一些地方租赁房舍，有所谓"送房礼"一说。即言定租金、押金后，由房客备具糖食或肉类，送与房主，名曰"送房礼"。房主收受房礼后，即不得转租他人[2]。

山西清源县习惯，租赁永恒，若遇冬令，限期虽满，业主亦不能即时收回，须容缓至明春再办，俗称之为"冬不夺房"[3]。在北方，此项习惯意在不使租户在寒冬腊月无安身之处，颇有人情味。

实际上，不少民事习惯都含有这层意思。但本案例出现的匪夷所思的情景，是何原因呢？原来，在建立租赁关系方面，近代民间常有一些忌讳事项。有的地方业主要求租户预先声明某些事宜，以决定是否租赁。湖南省常德县城乡历来有一习惯，房客入住第一季期间，如家中有嫁娶或生小孩的事情，房主很不愿意，多向房客解约。所以当地订立租赁契约时，房主照例询问房客家属中有无孕妇以及嫁娶各情事后，方允许租赁，以免日后发生纠葛。[4] 事实上，一些地方房主认为房客在出租屋内结婚、生孩子等"见血"行为，对自己来说是不吉利的。这种观念很难用道德上的谴责来解决，可行的办法是达成租赁关系时，将某些事项写进书面契约，或达成口头约定，以免日后发生不快。

案例（四）中的情况，明显系传统民事习惯某些歧视女性等元素的延续，和现行法制及现代精神不合。但因与各方面的利益纠缠在一起，处理起来就麻烦得多。与案例中的情况相比，容易出现更多争议的，还是孀妇招夫引发的财产纠纷问题。近代中国物权、债权方面的民事习惯中，保护女性与歧视女性的元素共存。仅以孀妇所招之夫财产承继权习惯为例，湖北省各县属做法就有明显区别。谷城、巴东、潜江三县习惯，孀妇招夫养老者，其前夫之财产归后夫承受；招夫抚子者，谷城县，无论前夫之产或后夫之产，或前、后夫均有产，仅前夫有子者，归前夫之子承受，前后夫均有子者，应由前、后夫之子平均分受。巴东县，前、后夫均有产，由前、后夫之子均分。潜江县，前夫财产应归前夫之子享受，若前、后夫均有产有子，则前、后夫财产归前、后夫之子均分。而湖北省京山、竹山县习惯，孀妇招夫养老或抚子者，其前夫之财产，后夫只能代为经理，不能承受。惟京山县前、后夫均有产有子，各承各父之产。竹山县仅前夫有产，或仅后夫有产，或前、后夫均有产有子，其财产应按照前、后夫分内之业，会同亲属斟酌分析[5]。

---

① 《民商事习惯调查报告录》（二），第868—869页。

② 《民商事习惯调查报告录》（二），第1205页。

③ 《民商事习惯调查报告录》（二），第852页。

④ 《民商事习惯调查报告录》（二），第1192页。

⑤ 《民商事习惯调查报告录》（二），第1649页。

浙江省各县，孀妇招夫，事前大都订立契约，有"婚约赘书"、"招夫养子约"等名目，间有婚后补立者。下面是浙江汤溪县一份这样的合同：

> 立合同人廖门陈氏
>
> 今因夫故子幼，口食无糊，自情愿托媒说合，将刘裕光招归为夫，带子养老。三面言定，聘金英洋三十元正，其聘金当日兑足。洞房花烛之喜归门管理家务、带子，廖宅田地屋业、手用什物，归事廖宅。日后，刘裕光归门成家立业，如若置田地产业，与廖宅之子对半均分，廖门陈氏十年之后归宗（指前夫之宗而言），幼子五岁到十六岁归廖宅，立合同为据。

该省一般后夫入赘之后，得为前夫之子管理财产，并得行使监护权。然因此有由夫家亲族特别订立契约者，此项约据或称为"婚约赘书"，或"招夫养子约"等等名目，然其内容并无甚区别，大都于订婚或入赘之始即先行订立，间亦有入赘后补立者。订立后，由赘夫执一份，前夫亲族间执一份，内容每将前夫遗产如数载明，所有财产契据亦同时交付。此外，则赘夫代管，及为前夫之子行使监护权之原因，亦复详载明晰①。

湖北省谷城、巴东、潜江三县习惯，孀妇招夫养老者，其前夫之财产归后夫承受；招夫抚子者，谷城县，无论前夫之产或后夫之产，或前、后夫均有产，仅前夫有子者，归前夫之子承受，前后夫均有子者，应由前、后夫之子平均分受。巴东县，前、后夫均有产，由前、后夫之子均分。潜江县，前夫财产应归前夫之子享受，若前、后夫均有产有子，则前、后夫财产归前、后夫之子均分。京山、竹山县习惯，孀妇招夫养老或抚子者，其前夫之财产，后夫只能代为经理，不能承受。惟京山县前、后夫均有产有子，各承各父之产。竹山县仅前夫有产，或仅后夫有产，或前、后夫均有产有子，其财产应按照前、后夫分内之业，会同亲属斟酌分析②。

上述习惯在当代还会有影响，若其中一些做法不违反今天的各种法律条款，可资调解、断案参考。案例（四）中的情况，明显和现行法制及现代精神不合。但因与各方面的利益纠缠在一起，处理起来比较麻烦。

考察近代中国物权债权中的民事习惯，对社会史研究有着重要的意义。当时关于物权债权中的一些民事习惯，大都有着漫长的历史，是传统社会的产物。这些习惯的产生，有其历史的必然性，在特定的历史条件下，它与当时的法律相配合，制约着人们的思想和行为，对调整社会关系、稳定社会秩序和推动社会向前发展，起了积极的作用。其中有些习惯，如山西省等地的"冬不夺房"，可使租户特别是贫困租户免受寒冬腊月无安身之处之苦，这在北方尤为重要，颇有人情味。实际上，不少民事习惯都含有这层意思。其积极意义，值得今天的人们借鉴。

著名法学家许之森认为：对社会习惯的尊重，就是对人们长久以来生活方式的尊

---

① 《民商事习惯调查报告录》（二），第 1540—1543 页。
② 《民商事习惯调查报告录》（二），第 1649 页。

重，也是对人的尊重。① 在执法过程中，遇到与民法通则、物权法原则规定及其细则不相符合或有冲突的民事习惯，原则上当然应该按法律办事，而不是一味迁就旧有的民事习惯。但还要看到，在我国特有的大文化背景下，相邻关系的处理要复杂得多。在一些案件中，充分尊重当事人意愿（其中在一定程度上也包含了尊重当地民事习惯），应当允许自由约定变更法定相邻关系的内容，体现"国家法制，社会自治"的原则。相邻权是否行使、如何行使，可以赋予当事人较大的自由协商空间。当然，前提是当事人的自由约定，不得损害社会公共利益，不能有悖社会公序良俗。

研究物权债权中的民事习惯，对当代立法、司法也有借鉴意义。我们今天制定的物权法，必须要以当代具有普世价值的基本原则为准。在此前提下，要考虑具体的国情。埃德加·博登海默（Edgar Bodenheimer）指出："与一个社会的正当观念或实际要求相抵触的法律，很可能会因人们对它们的消极抵制以及在对它们进行长期监督和约束方面所具有的困难而丧失其效力。"② 这一论述对我们不无启示。传统的民事习惯有它的稳定性和延续性。它的流行，是因为某一时段某一地区的人们，认为这一习惯是"正当"的或"实际要求"的，有其合理性。而我们今天看来，这些民事习惯已经不完全具备或者完全不具备合理性与正当性，有的简直就是陋俗。因而在我们制定法律和做出某项司法解释时，要借鉴、吸收传统文化中好的人文精神；另一方面，也是更重要的一个方面，要大力开展普法教育，要移风易俗，减少"消极抵制"，克服"监督和约束"中的种种困难，以使新法得以彻底有效地贯彻执行。

一些民事习惯系从传统延伸而来，有些明显有不合理的因素，或与相关法律相抵触，值得注意。民事习惯有它的稳定性，承传性，但它又是动态的，不断发展的。对现存的民事习惯，应该进行全面调查。随着社会发展，物权、债权关系中还会出现一些新的问题，需要与时俱进，形成新的良善民事习惯。1986 年通过的《中华人民共和国民法通则》，规定了处理不动产相邻关系的准则。该通则第八十三条规定："不动产的相邻各方，应当按照有利生产、方便生活、团结互助、公平合理的精神，正确处理截水、排水、通行、通风、采光等方面的相邻关系。给相邻方造成妨碍或者损失的，应当停止侵害，排除妨碍，赔偿损失。"③这一规定的基本原则和精神，也应该是发展形成新的民事习惯的指导方针。

孟德斯鸠有云："法律是立法者创立的特殊的和精密的制度；风俗和习惯是一个国家的一般的制度。因此，要改变这些风俗和习惯，就不应当用法律去改变。用法律去改变的话，便将显得过于横暴。如果用别人的风俗和习惯去改变自己的风俗和习惯，就要好些。因此，一个君主如果要在他的国内进行巨大的变革的话，就应该用法律去改革法律所建立了的东西，用习惯去改变习惯所确定了的东西；如果用法律去改变应该用习惯去改变的东西的话，那是极糟的策略。"④ 孟德斯鸠此言自然有其特定的语境和所指，但抽象来说，对今天仍有借鉴意义。

---

① 敏而：《千里怀人月在锋——追思法学前辈许之森先生》，《南方周末》2007 年 12 月 13 日法制版。
② 埃德加·博登海默著，邓正来等译：《法理学：法哲学与法律方法》，中国政法大学出版社 1999 年版，第 383 页。
③ 《中华人民共和国民法通则》，中国法制出版社 2005 年版，第 20 页。
④ 孟德斯鸠著，张雁深译：《论法的精神》上册，商务印书馆 1961 年版，第 310 页。

　　说到此，笔者想套用洪仁玕《资政新篇》中的用语："以法法之"，"以风风之"。用当代精神制定、完善既具有普世价值又有中国特色的法律法规，走向国家法制；用被实践检验证明合理有效、以人为本的公序良俗，改造陈规陋习，体现社会自治。两个方面，都是建设和谐社会所必需的。

〔作者郑永福，教授，郑州大学历史学院。河南郑州　450052〕

试论山东抗日民主政权的社会保障政策

蔡勤禹

山东抗日民主政权于 1938 年春发轫于胶东的蓬莱、黄、掖三县。1940 年 8 月，作为全省抗日民主政权的统一领导机构的山东省战时工作推行委员会成立，1943 年 8 月，山东省战时工作推行委员会更名为山东省战时行政委员会，1945 年 8 月，复将战时行政委员会改为山东省政府，管辖民主县市政府 121 个①。在抗战期间，山东抗日民主政权为了改善民生，团结和动员齐鲁儿女抗击日寇，先后制定颁布了一系列优抚、救济和福利等社会保障政策。这些政策的实施，对于提高和改善根据地人民的生活，协调和团结各阶层抗日力量，巩固和发展山东抗日民主政权，丰富中国共产党的新民主主义理论内涵，发挥了极其重要作用。

一

首先，我们考察山东抗日民主政权社会保障政策的理论来源，以便更深刻全面地把握这一政策的内容意义。山东抗日民主政权制定社会保障政策的主要理论依据是孙中山的民生主义思想和中国共产党的《抗日救国十大纲领》。作为孙中山未竟事业的继承者，中国共产党始终将孙中山思想作为建党思想一个重要来源。毛泽东在抗战爆发后针对国民党的统制政策尖锐地指出，抗日民族统一战线需要一个以三民主义和抗日救国十大纲领为基础的共同纲领。三民主义和共产主义是可以并存的。"孙中山的三民主义为中国今日之必需，本党愿为其彻底实现而奋斗"②。中国共产党希望通过对孙中山思想的弘扬，来削弱国民党对共产党的打压，从而为全民族携手抗战提供政治基础。1939年 3 月，中共山东省委书记兼军事部部长郭洪涛在纪念孙中山逝世十四周年大会上讲到："在这一革命阶段上，三民主义与共产主义在基本上是一致的。""每一个真正的共产主义者，一定是一个三民主义的忠实执行者"③。众所周知，孙中山一直将实现民生主义作为其一生奋斗目标之一。他说："民生主义要做到：少年的人有教育，壮年的人有职业，老年的人有养活，全国男女，无论老小，都可以享安乐。"政府对于"育幼、养老、济灾、医病与种种公共之需"，乃至"聋哑残废以济大造之穷，公共花园以供暇

---

① 《关于改"山东省战时行政委员会"为"山东省政府"的布告》，《山东革命历史档案资料选编》第 15 辑，山东人民出版社 1984 年版，第 200 页。

② 毛泽东：《国共合作成立后的迫切形势》，《毛泽东选集》第 2 卷，人民出版社 1991 年版，第 367 页。

③ 郭宏涛：《在纪念孙中山逝世十四周年及追悼阵亡将士大会上的讲演词》，《山东革命历史档案资料选编》第 4 辑，山东人民出版社 1982 年版，第 55—56 页。

时之戏"都需要筹划办理，"把中国变成一个安乐国家"，才算是民生主义的完成①。以"平均地权"、"耕者有其田"和"节制资本"为核心内容的民生主义所包含的社会保障思想，是孙中山对未来社会的追求和向往，反映了其为民解忧的壮志雄心和远见卓识。这一思想成为山东抗日民主政权制定战时社会保障政策理论源泉。郭宏涛说："为了实行改善人民生活的民生主义，首先应当优待抗日军人家属，救济灾民难民，以安定人民生活"，以及减租减息，废除苛捐杂税，调剂贸易，改善劳动条件等②。这些都是民生主义在抗战环境下的具体体现，也是山东抗日民主政权社会保障政策的关注重点。

中国共产党成立伊始就将贫苦大众的解放和幸福作为奋斗目标。即使在抗日战争的艰难环境下，在制定全党抗战的大政方针政时，也将民生问题作为一项重要内容置于全党工作的显著位置。1937年7月，中国共产党公布的国共合作宣言将"实现中国人民之幸福与愉快的生活"作为奋斗的目标之一，提出为实现此目标"首先切实救济灾荒，安定民生，发展国防经济，解除人民痛苦，与改善人民生活"的主张③。接着，中共中央在同年8月公布《抗日救国十大纲领》，该案明确规定为了动员一切力量争取抗日战争胜利，需要完全地、诚意地和坚决地执行"改良人民生活"的纲领："改良工人、职员、教员和抗日军人的待遇；优待抗日军人的家属；废除苛捐杂税；减租减息；救济失业；调节粮食；赈济灾荒。"④山东抗日民主政权作为全国抗日民主政权的一支重要力量，在政策的制定上需要忠实执行中共中央的方针、原则，这不仅是抗战的需要，也是中共民主集中制原则的刚性要求。

同时，我们还要看到山东抗日民主政权是国民政府管辖下的地方政权。因而，作为执政的国民党所颁布的指导全国性抗战的重要政策，各抗日民主政权也需勉力而行。1938年3月，国民党临时全国代表大会通过《抗战建国纲领》。该案将"抚慰伤亡官兵，安置残废，并优待抗战人员之家属"及救济灾民难民和失业民众作为抗战施政内容之一。在1938年4月第一届国民参政会上，中共参政员陈绍禹提出《拥护国民政府实施〈抗战建国纲领〉案》，表达了中共对纲领的肯定及与国民党互敬互商的工作态度。对于这一重要政策如何贯彻，郭宏涛在苏鲁豫皖边区县委书记联席会议上讲："抗日政府必须实行抗日政策。根据抗战建国的总原则，配合当地的具体环境及主观力量，有计划有步骤地使之逐渐实施。"⑤可以说，抗战建国纲领在抗日民主政权制定社会保障政策时也起着指导作用。

总而言之，作为地方一级行政机构，山东抗日民主政权在制定社会保障政策时至少受到三股力量的影响。从思想来源看，中共中央的社会建设思想和孙中山的民生主义所产生的影响是持久而直接的。从政策合法性来源看，中共中央的指示与国民党中央的指

---

①　孙中山：《民生主义育乐两篇补述》第一章。

②　郭洪涛：《在纪念孙中山逝世十四周年及追悼阵亡将士大会上的讲演词》，《山东革命历史档案资料选编》第4辑，第57页。

③　《中国共产党为公布国共合作宣言》，中国人民解放军政治学院党史教研室编：《中共党史参考资料》第8册（内部发行），第23页。

④　毛泽东：《为动员一切力量争取抗战胜利而斗争》，《毛泽东选集》第2卷，人民出版社1991年版，第356页。

⑤　郭宏涛：《目前战争形势及我们的当前任务》，《山东革命历史档案资料选编》第4辑，第35页。

示及国民政府的政策纲领同样发挥着作用。不过，当国共两党在民生问题发生分歧或者在政治上发生斗争时，国民政府的影响无疑地会降低，可以说，国民政府对山东抗日民主政权社会保障政策的影响随国内政治动荡影响的强弱会相应起伏。

二

山东抗日民主政权社会保障政策在 8 年抗战期间有一个演变过程，对此如何划分，有学者以政策的实践为出发点，将其划分为两个阶段：1937 年 7 月至 1940 年 7 月，是社会保障政策的探索时期；1940 年 7 月至 1945 年，是社会保障政策的全面实施时期①。笔者认为社会政策阶段的划分，首先应关注政策制定者即政府的变化，其次应注意政策内容的重要变化。依据以上两个要件，笔者将山东抗日民主政权社会保障政策划分为三个阶段：

第一个阶段，1937 年日军全面侵入山东至 1940 年 7 月，这是山东抗日民主政权社会保障政策探索期。1937 年 10 月日军侵入山东，占领德州。年底韩复榘弃城逃跑，山东陷于混乱。这时，中共山东地方支部为了抗击日寇，在各地组建抗日力量，开展游击战，此时尚无暇顾及民主政权组建工作。直到 1938 年 3 月，蓬莱县、黄县和掖县民主政权始告成立②。1939 年 3 月八路军一一五师挺进山东，山东抗日力量增强，抗日民主政权次第成立，逐渐出现新局面。到 1940 年 7 月，全省 80 余个县建立抗日民主政权③。

在这个阶段，中共山东省委根据中共中央的指示精神，提出边区改善民生的具体政策，包括"优待抗日军人家属，抚恤牺牲家属及残疾者，并救济难民"的内务方针；"保护工商业自由营业，发展农业生产，提倡合作社"的经济政策；"没收汉奸土地分配给农民，帮助人民耕种收割，实行减租及永佃权"的土地政策；"救济失业工人，安置失业工人，实行八小时工作制，规定最低限度的工资"的改善工人生活政策；"广设抗日干部学校及实行社会教育"的教育政策。为了推动政策落实，中共山东省委提出在财政上实行开源节流。所谓开源主要是"没收日寇、汉奸财产，实行有钱出钱、有粮出粮的既定国策，实行统一的累进税"；节流是"适当保存军粮，实行预决算制度"、"取消薪饷制度，实行平等生活费"。关键是"必须统一收入统一支出，建立统一的财政制度"④。上述政策不仅包含了社会保障的主要内容，还提出了解决社会保障实施可行方法，特别是将财权统一作为一项重要措施提出来，显示了山东省委实施社会保障政策的决心。

这一阶段社会保障政策以优抚和救灾济贫为主，一些县份民主政权克服各种困难，在推行善政，优待抗属和救济灾民难民方面作出了很大成绩。但从制度层面看，该阶段

---

① 赵朝峰、李黎明：《山东抗日根据地的社会保障工作述评》，《石油大学学报》（社科版）2005 年第 1 期，第 68—69 页。

② 黎玉：《中国共产党与山东抗战》，《山东革命历史档案资料选编》第 4 辑，第 364 页。

③ 陈明：《山东抗日民主政权工作》，《山东革命历史档案资料选编》第 5 辑，山东人民出版社 1982 年版，第 348 页。

④ 郭宏涛：《目前战争形势及我们的当前任务》，《山东革命历史档案资料选编》第 4 辑，第 36 页。

尚缺乏可具操作性的法令条例；就实施情况而言，由于山东尚未形成全省统一的行政性领导机构，缺乏执政党的斗争经验，加以日、顽势力又对民主政权破坏和财政困难，以及对社会动员的力度不够，使得社会保障政策未能在各民主政权普遍实施，即使实施的县份也难于逐一落实，并且"对于抗属优待及救济灾民……一般都偏重于单纯由政府发钱救济"①，减低了社会保障实施的效果。

第二个阶段，1940 年 8 月至 1943 年 8 月是政策成熟期。为了加强对山东抗战工作的领导，统一山东全省民主政权的领导权，1940 年 8 月，行使政府职权的山东省战时工作推行委员会（以下简称"战委会"）和行使政治权力的山东省参议会成立。战委会将推行公平负担、减租减息、增加工资、优待抗属、救灾济难等作为重要职责。同月，《山东省战时施政纲领》公布，标志着山东省社会保障走上制度化轨道。

《山东省战时施政纲领》作为指导与推动全省各级抗日政府的纲领性文件，对社会保障政策作了原则性规定。与纲领相配套，参议会和战委会制定了一系列社会保障的法令、条例、办法，指导全省各地政权开展社会保障工作。其中主要有《优待抗日军人家属条例》、《贫苦学生及抗日军人子弟入学优待暂行办法》、《改善雇工待遇暂行办法》、《抗日政民工作人员贫苦家属救济条例》、《抚恤因公伤亡抗日政民工作人员条例》、《民兵奖励抚恤暂行办法》、《抚恤阵亡将士荣誉军人条例》及实施办法、《优待朝鲜人民暂行条例》、《救济敌区逃来难民办法》、《产妇保健婴儿保育暂行办法》及修正办法等。

在这一阶段，山东抗日民主政权社会保障从"人治"到初步"法治"，社会保障政策在各民主政权推行开来，并有较好建树。在拥军优抗方面，改变了对荣誉军人轻视的观念，在群众中掀起拥军热潮，并采取诸多措施，提高了抗属的社会地位。在救济灾民难民方面，民主政权发动群众，对日军"扫荡"下遭到严重损失的难民给予及时救济，并对外省流落山东抗日民主政权辖区内的难民提供帮助；对于遭受灾荒的灾民，帮助他们恢复生产，有的地方还帮助贫农加入合作社。实行减租增资，雇工工资得以提高②。应该说，在日军实施"三光"政策和国民党顽固派不断制造"摩擦"的情况下，山东抗日民主政权的社会保障能够普遍开展，并不断地推进是难能可贵的。然而，由于各地民主政权发展不平衡、不深入、不巩固，开源节流成效不大，以及一些地方官僚作风存在，对民生问题重视不够，对发动群众工作不细致，使得社会保障政策在实施中受到削弱。如有些县民主政府拥军优抗虽有转变，但优待地方部队多，优待主力部队少，对县区一级地方武装的供给一般忽视；对抗属以单纯物质救济多，帮助其生产救济做得少。应该看到，这些问题和不足是在发展过程中存在的，在抗战恶劣的环境中难以避免。

第三阶段，1943 年 8 月至抗战结束是政策完善期。1943 年 8 月，山东省战时施政纲领修订公布，是年 9 月，山东战时工作推行委员会改称山东省战时行政委员会，新设民政处，进一步加强对民生问题的领导。上述举措表示山东抗日民主政权社会保障政策发展到一个新阶段。

---

① 黎玉：《中国共产党与山东抗战》，《山东革命历史档案资料选编》第 4 辑，第 370、376 页。

② 黎玉：《山东抗日民主政权工作三年来的总结与今后施政之中心方案》，《山东革命历史档案资料选编》第 10 辑，山东人民出版社 1983 年版，第 252—254 页。

1940 年版的战时施政纲领，"或为一时之急需，工作早已完成，或为今后之急务而纲领尚无规定"。1943 年中共中央山东分局发布了新的《山东省战时施政纲领》。新纲领根据三年来各民主政权在实施社会保障方面情况，提出了今后施政方针，使社会保障政策重点更加突出，内容更加具体。与旧纲领相比，新纲领在社会保障方面丰富和发展体现在：在优抚方面，旧纲领只扼要提出"优待抗属，安置抗战伤残人员"及"对于抗日军人家属及贫民之伤残疾病，予以免费治疗"。新纲领则对拥军优抚给予重点强调，号召人民爱护抗日军队，拓展了优抚对象，丰富了优抚内容，增加了优抚手段，是对抗战以来优抚工作经验总结与提升。在救济方面，新纲领对旧纲领内容进一步完善。旧纲领只列举了灾民、难民、失业人员、失学青年及灾难儿童作为救济对象。新纲领将流亡本省的外国难民和游民也一并给予救济，救济方法上适时进行了补充发展，顺应了战时需要。在福利方面，新纲领对于社会卫生教育、文化教育、人才优待、教师物质待遇及妇女地位问题有了更明确具体规定。可见，山东抗日民主政权社会保障政策经过几年的实践，已由浅入深、由应急到较全面多层次保障。

概言而论，山东抗日民主政权的社会保障政策是随着战争发展和政权的演变而及时地给予调整完善的。在抗战初期由于政权薄弱及根据地初创，民主政府的社会保障政策没有得到系统地规制。随着各级民主政权的建立，政府对社会保障在改善民生、鼓励人民抗战方面作用的认识进一步深刻，因而在政策制定上也更加具体，到抗战后期，山东抗日民主政权社会保障已经做到有纲统领，有法可依，又有相应机构指导执行，社会保障制度已经完善[①]。

三

山东抗日民主政权社会保障政策，主要包括优抚、救济和福利三个方面，内容涉及抗日军人及家属的优抚，公营企业职工的劳动保护，雇工的权益保障和福利，以及妇女儿童的社会保障等内容。

1. 优抚政策

由于战争特殊环境，山东抗日民主政权将优抚作为战时社会保障政策重点。下面结合民主政权颁布的法令、条例和办法，分别对优抚政策涉及问题进行论述。

（1）优抚方针。山东抗日民主政权依据中共中央《抗日救国十大纲领》优抚指示及国民政府《抗战建国纲领》相关要求，结合山东社会历史特点，确定了七大优抚方针："一、军民兼顾，军民利益相结合；二、政府力量与群众力量相结合；三、抗属重于工属；四、政府优待与组织抗属生产相结合；五、优待抗属是全面的多样的，由物质、经济、生产的优待到政治、文化、婚姻困难的解决；六、使优待、尊敬抗属和荣誉军人做到群众性、经常性、及时性、普遍性；七、优抚与教育相结合，教育群众、教育

---

① 由于民主政府尚未建立完善的立法机构，加上战时政治的特殊性，有很多社会保障政策不是以法令形式颁布，而是以指示、决定、决议、规定、通知、号召等政府的训令或政府的文件形式体现出来。这种形式是政府权威的体现，对于各级政府如同法令一样具有很强效力。

抗属和荣誉军人,使前者尊敬后者,后者团结前者。"① 优抚方针明确了优抚的方式、机制及重点,予各地民主政权以建设性指导。

(2) 优抚对象与优抚方式。依据优抚对象不同,优抚方式和优抚标准也呈现差异性。根据 1943 年修订的《山东省战时施政纲领》和有关优抚条例,优抚对象既包括一般意义上的抗日军人及其家属、民兵,还包括政民工作人员及其家属②,以及精兵简政被裁人员。

抗日军人。山东抗日民主政权从扩大统一战线目的出发,对于抗日军人不论参加哪种抗日军队,主力部队或地方武装、东北军、八路军或其他抗日军,一律都受到优待③。受优抚的军人分阵亡、荣誉军人和退伍荣誉军人三类,由政府或所在部队分别给予数目不等的经济抚恤。阵亡将士给予不超过 300 元的丧葬费,发给直系亲属 500 元抚恤金;伤残荣誉军人,依据其伤残等级,留在部队的一至三等伤残每年发给 100—300 元抚恤金,四等伤残只发一次 50 元抚恤金。对于伤残退伍军人除发给路费外,凭荣誉证书可以向原籍或所在地政府领取生活必需品,并给以数亩粮田,以维持将来生计④。

抗日军人家属。抗日军人的直系亲属、配偶及向依其为生的未成年弟、妹,均可受精神和物质优待。优待包括:表扬;慰问;免费为抗属与现役军人办理书信邮递;抗属家中劳力不足,政府设法在生产上予以辅助,其本村居民在生活上予以帮助;抗属子弟入学一律免费;在公共卫生机关享受免费医疗;介绍职业;在公营事业或合作社购买生活必需品时享受优惠;优先享受政府或银行提供的贷款;优先享有公有动产或不动产的承领、承租、承借、承买权;优先承垦荒山、荒地权;婚丧等事,予以帮助;不能维持生计者予以粮食救济⑤。民主政府希望借此保障抗日军人家属生活,安定抗日军人情绪。

民兵。作为武装群众,民兵是中共人民战争思想和群众游击战争的实践者,也是抗日正规军的后备兵员。民兵抗敌贡献突出者,给以 40—200 元不等奖励,并予以名誉奖励;作战有成绩者给予表扬并颁发奖状;负伤致残者依据一二三等残废情况,每年发给抚恤金 100—300 元;作战牺牲者发给丧葬费 200 元,一次性善后抚恤金 400 元;伤残或牺牲,其家庭不能维持生计者,除给以抚恤金外,政府帮助其个人或家属介绍职业⑥。通过上述精神或物质奖励,民主政府一方面肯定民兵的抗日贡献,另一方面改善群众抗日武装人员的家属生活,以激发他们保家卫国。

政民工作人员。政民工作人员虽不在战场上直接杀敌,但作为民主政权的主要职员,从事大量烦琐工作,保障着民主政权的运转,同时也为前线将士英勇杀敌从事后方支援。对于他们的抚恤标准,视阵亡殉难、积劳殉难和因公伤残等不同情况,分别给予

① 《山东革命历史档案资料选编》第 10 辑,第 252 页;《山东革命历史档案资料选编》第 14 辑,第 17 页。
② 政民工作人员指各级政府及抗战团体中脱离生产工作人员。
③ 黎玉:《中国共产党与山东抗战》,《山东革命历史档案资料选编》第 4 辑,第 370 页。
④ 《山东省抚恤阵亡将士、荣誉军人暂行条例》,《山东革命历史档案资料选编》第 9 辑,山东人民出版社 1983 年版,第 414—416 页。
⑤ 《修正优待抗日军人家属暂行条例》,《山东革命历史档案资料选编》第 9 辑,第 419—420 页。
⑥ 《山东省民兵奖励抚恤暂行办法》,《山东革命历史档案资料选编》第 9 辑,第 331 页。

埋葬费及一定数目抚恤金。阵亡殉难者发给 300 元丧葬费和 400 元抚恤金；积劳殉职者发给 300 元丧葬费和 300 元抚恤金；因公伤残者依照抚恤荣誉军人条例给以抚恤金①。上述人员的家属在领得抚恤金后仍不能维持生活时，可以向各级政府申请救济。有土地而无力生产经营者，由政府或群众团体协助耕种；有生产能力而无土地者，政府及群众团体代为借地耕种或帮助介绍职业；相互协作进行生产的贫苦抗工属，政府及群众团体在贷款、贷种等方面给以协助；无土地又无生产能力者，政府每年予以每户 120～200 斤粮食救济；贫苦抗工属子弟入学享受免费优待②。1944 年，中共山东分局又向各地下发通知，政民工作人员家属从其他地区来投奔本人者，要给予救济，能参加生产者由政府代为介绍职业，或安置于抗属工厂工作③。这些措施对于民主政府的工作人员增强工作积极性和提供更出色的服务，无疑会起到促进作用。

精简人员。抗战进入艰苦阶段后，山东抗日民主政权根据中共中央精兵简政指示，对各级民主政权行政人员和军人实行裁减，以克服根据地物质困难。凡被精简军人，"一律发给退伍证书，回家者发给路费和安家费，不能或不愿回家者发给生产基金，送交当地高级政府安置"；被裁减政民工作人员，"应由所属团体或政府发给工作证书，并按其需要情况发给棉衣鞋子（或折钱）及必要之安家费与路费"④。这一政策考虑到了被精简人员的革命业绩，对于安慰被精简人员情绪和巩固统一战线，是十分必要的。

无疑地，优抚政策有利于激励抗日官兵抗日热情，维护抗日军工属利益，团结各种抗日力量，巩固抗战的群众基础。

2. 救济政策

对灾民和难民救济是山东抗日民主政权改善人民生活的主要组成部分。由于日军全面对山东侵略及实施疯狂扫荡的"三光"政策，加上战争持久性，使得人口基数庞大的山东难民人数众多。在抗战结束后的一次调查中显示，仅在山东抗日民主政权控制地区，还乡难民就多达 245 万人，占到全省总人口的 8%，尚有许多难民未远距离迁徙而未统计在内⑤。另外，灾民也是一个庞大的群体，据学者统计，山东曾在抗战期间出现几次灾民潮，1939 年灾民 130 万，1940 年 120 万，1942 年 2390 万⑥。如何及时地对灾、难民进行救济，事关民主政权的稳定和人心向背。早在《山东战时施政纲领》就规定："救济贫民、难民、灾民，扶助其参加生产。在自愿原则下，发扬贫富互助精神，发动富户借粮借款救济贫民、救济灾荒、救济流亡难民"；"敌占区同胞失业工人因不堪敌伪压迫而流亡根据地者，亦予以必要救济，资助其生产"⑦。从这一纲领及颁

① 《山东省抚恤因公伤亡抗日政民学工作人员暂行条例》，《山东革命历史档案资料选编》第 9 辑，第 514—515 页。

② 《山东省抗日政民工作人员贫苦家属救济条例》，《山东革命历史档案资料选编》第 9 辑，第 500—501 页。

③ 《中共山东分局关于干部保健、干属救济等问题的决定》，《山东革命历史档案资料选编》第 13 辑，第 178—179 页。

④ 《关于处理精兵简政后被裁减人员的指示》，《山东革命历史档案资料选编》第 9 辑，第 106 页。

⑤ 《八年抗战中山东解放区人民各种损失概数表》，中共山东省委党史资料征集委员会编：《山东抗日根据地》，中共党史资料出版社 1989 年版，第 525 页。

⑥ 夏明方：《民国时期自然灾害与乡村社会》，中华书局 2000 年版，第 392 页。

⑦ 《山东省战时施政纲领》（修订），《山东革命历史档案资料选编》第 10 辑，第 171 页。

系列文件中，可以归纳出民主政权救济政策大致有以下内容：

（1）把生产救济放在突出位置。由于战时物质匮乏，山东民主政权注重救济从恢复生产，增强灾、难民及贫苦农民自身的经济活力着手，满足其灾后的物质生活需求。比如民主政权规定在每年麦季与秋季征收优抗救济粮，其使用原则约60%用于优救生产基金，组织贫苦抗属及灾民参加生产，剩余则用于单纯救济①。民主政府特别强调在救济中，除鳏寡孤独、无资产、无劳动能力、生活确实困难者给以粮款救济外，一般灾、难民主要通过解决资本、工具、土地等困难，帮助其参加生产②。民主政府希望以此既使灾、难民获得救济，又可以发展经济，打破敌伪经济封锁，为抗战提供丰富的物质保障。

（2）提倡互助互爱。一方有难，民主政府即动员全体人民参加救灾救难工作，"实行抗日互助，实行有钱者出钱，有粮者出粮"，力使灾民难民无饥寒之虞。各地组织互济会，"吸收一切抗日的慈善人士参加，发动抗日民族友爱，其任务为调查登记灾民贫民，募集善款，救济灾民贫民，组织灾民参加生产"③。一些职业性团体对会员也给予救济，如山东战邮职工会规定："会员因工残废或被俘，以及家庭困难需要救济抚恤者，由工会设法救济之。救济金的来源，由工会依法呈请行政补助，另外可由邮报费提成抽出百分之十作为救济储金。"④为使互助精神常态化，民主政府还动员和鼓励各县以村为单位，组织劳动互助队，互助队本来是队员的互助组织，但也帮助未加入互助队的贫困者，帮助他们进行掘井、筑堤、春耕、秋收等工作，避免发生大规模逃荒、饿死或铤而走险现象⑤。

（3）过境难民同样予以照顾。对于从他地流入之难民，山东抗日民主政府同样给以照顾。1943年，战委会规定对于逃难经过根据地或到达根据地的难民，各县政府按照大人给粮10斤、小孩5斤标准普遍给予急赈；号召人民发扬民族友爱及互助精神，救济乞食难民，切勿闭门不纳，任其辗转沟壑；有劳动能力难民，帮助介绍工作，无劳动能力者，分配给各村，由村长及群众团体负责介绍做临时工作⑥。特别值得一提的是，对于因抗日而流落根据地的朝鲜族难民或抗日军人，民主政府也予以保护、优待，尽力给以帮助。参加抗日工作的朝鲜军人与根据地抗日工作人员一样享有同等待遇；老弱无工作能力者，予以必要救济；朝鲜难民子女享有免费入学权利⑦。山东抗日民主政权这种患难与共的民族友爱精神，有利于扩充抗日力量，扩大民主政权的群众基础。

山东抗日民主政权救济措施多样，既有灾后急赈等以应一时之需，也有发展生产以备将来之虞；既有物质方面救济，也有教育方面救济，可以说各种救济方法在此也多有

①　《关于保管优救粮食及优救会工作的决定》，《山东革命历史档案资料选编》第7辑，第256—257页。

②　《山东省战时行政委员会关于救济春荒问题的指示》，《山东革命历史档案资料选编》第7辑，山东人民出版社1983年版，第263页。

③　陈明：《山东抗日民主政权工作》，《山东革命历史档案资料选编》第5辑，第376页。

④　《山东省邮务职工第一届代表大会关于若干具体问题的决议》，《山东革命历史档案资料选编》第15辑，山东人民出版社1984年版，第98页。

⑤　《劳动互助队组织大纲》，《山东革命历史档案资料选编》第8辑，第43页。

⑥　《关于救济敌占区逃来难民办法》，《山东革命历史档案资料选编》第9辑，第494—495页。

⑦　《山东省优待朝鲜人民暂行条例》，《山东革命历史档案资料选编》第9辑，第463—464页。

实施。下面择其要端分述如下：

（1）急赈。急赈是灾难发生后最经常的一种救济方法。山东民主政权虽强调将生产救济放在突出位置，但是在最危难时仍将急赈置于首位，以救济更多生命。1941年，泰山、清河两地区先后遭日军烧杀劫掠，损失惨重，泰山区被烧村庄不下100个。战委会先行拨款2000元，交泰山区办理急赈，并要求泰山区各级政府，配合军队和群众团体，先行举行急赈。政府对于被灾重人民的田赋，及无力缴纳救国公粮者，决予以全部蠲免①。1943年泰山和鲁南旱灾虫灾严重，加以敌伪势力劫掠，致使灾民颠沛流离，为状极惨。战委会提出系列急赈办法，首先是家家打发难民，不使一个难民空手而过；其次是政府拨出部分粮食给以救济；复次，掀起群众性救济运动，各村都要为难民筹粮，士绅、商民要慷解义囊，设立难民招待所，为难民提供住宿方便②。通过这些急赈措施，解决难民燃眉之急，保留了民族抗战元气。

（2）开源节约。由于抗日民主政权受到日军封锁和顽固派包围，经济困难，特别是在1942年山东各地久旱无雨，灾情严重。为了克服灾荒，民主政府采取了开源节约系列措施。在开源方面，支持灾民发展小本贸易与小手工业；濒海地区提倡晒盐，以增加农民收入，补助粮食不足；严禁粮食出口，奖励粮食入口；举行低利或无利借贷，帮助灾民生产或从外地购粮；储藏一切可能食用之物，如果子皮、野菜、地瓜秧子与地瓜叶子等。同时，大倡节约之风，实行精兵简政，裁汰冗员，缩小后方机关，严格粮食供给制，实行科学分配，杜绝虚报虚领③。1943年，为救济泰山和鲁南灾民，民主政权再次掀起节约运动。节约办法分为公家节约与群众节约两种。公家节约包括：部队每人每日节约粮食二两；党政民机关脱离生产人员每人每日节约粮食一两至二两；骡、马、驴每匹每日减料一斤；提高白天工作效率，夜间少发或停发灯油；尽量节约其他费用，并提倡爱惜公物，奖励少领衣服鞋袜等；停止一切会餐等。群众节约包括：号召群众减少不必要的宴会及婚丧嫁娶等繁重的礼俗；废除馈赠；号召富有之家捐粮捐款，并奖励捐助的模范④。

（3）垦荒生产。生产救济是长效救济之法。山东抗日民主政权为持久抗战计，要求各地要充分开掘荒山及路边荒地，解决灾、难民生计，也为抗战提供物质支持。在垦荒安置灾、难民过程中，成效最大者当属对清河区及黄河三角洲地区的开发。滨、蒲、利、沾、广、棣6县，因历史上黄河多次决口吐淤，原本滨海碱地遂成粮田。自清朝光绪三十年以来历代政府多有开垦，形成规模很大垦区。1941年冬，垦区县抗日民主政权成立，继又设立垦区土地整理委员会。为奖励垦殖，县民主政府将公田优先无偿地分给贫苦抗工属、难民、灾民垦种，实行计口授田，每名壮丁发给官田30亩，三年不纳负担。垦荒种田的优惠措施很快吸引了泰山、冀鲁边、小清河南、淄河区等地灾、难民

① 《关于救济与抚恤泰山、清河两地区被敌烧杀掳掠的人民的决定》，《山东革命历史档案资料选编》第7辑，第413—414页。

② 《关于迅速救济难民的号召》，《山东革命历史档案资料选编》第9辑，第435—436页。

③ 《中共山东分局关于救济旱灾的紧急指示》，《山东革命历史档案资料选编》第8辑，第417—418页。

④ 《关于节约救灾的决定》，《山东革命历史档案资料选编》第10辑，山东人民出版社1983年版，第358页。

蜂拥而至，仅两年即救济灾、难民 10 万人以上，建立新村 40 余个①。垦荒生产克服了居民流动现象，安定了人民情绪，增加了生产，也部分解决了民主政权党政军民的物质供应困难。

（4）教育救济。教育救济是对贫穷而无力就学的学生或因灾难而精神萎靡悲观的灾、难民进行的救济行为。民主政府规定对于贫苦而无力负担学费的学生，"其在小学就学者，其所需之书籍文具完全由学校供给之，在中等以上学校就学者，一概免收学费，给养由公家供给。书籍讲义费、菜金及服装得按照具体情形免除其一部或全部"②。如何让灾难民认识苦难的原因及增强抗战胜利信心，避免悲观低落，民主政府非常重视通过政治教育来对灾民难民进行精神鼓舞。1943 年日军大规模扫荡后，泰山、鲁南两区出现难民潮，战委会、中共山东分局等联合号召："教育难民，提高其对敌斗争与胜利信心，莫寻短见，莫走岔道，莫下关东，咬牙求活，渡过春荒。只要我们活着，我们就能胜利。"③ 民主政府认为与灾、难民共同讨论逃难的缘由，分析造成他们逃难的敌伪是谁，将灾、难民现象的发生与日军侵华而导致的民族灾难紧密联系在一起的，对于灾、难民团结一心，重建家园，恢复生活信心，是非常重要的。

应该说，山东抗日民主政权采取了积极救济政策，在为灾、难民谋取基本生存权利前提下，考虑到灾、难民个体差异，而采取不同救济方式，特别是生产救济有效地促进了民主政权的物质生产，增强了抗战胜利的经济基础，对于根据地人民渡过抗战艰难岁月有着重要意义。

3. 福利保险政策

山东抗日民主政府在力所能及的条件下将改善人民生活，提高人民的福利作为施政内容之一，并以此来赢得人民的信任和支持。1943 年修订的《山东战时施政纲领》，对此做了原则性规定："注意社会卫生，加强卫生设施，加强卫生经费，推行社会卫生教育"；"优待技术人才，奖励发明，改造游民使之参加生产工作，提高人民生产情绪"；"发展社会教育，广设民校、识字班、冬学、农村俱乐部，提高人民文化知识及政治觉悟"；"改善教师的物质生活，提高其社会地位"；"女子在社会上、政治上、经济上、教育上完全与男子享有同等权利，并特别予以帮助及保护，禁止虐待及侮辱妇女，提高妇女之知识与生产能力"；"保护产妇，保护儿童，禁止溺婴"④。纲领至少从社会卫生、社会教育、人才优待、教师福利及保护妇女与儿童等几个方面，提出了民主政权的福利内容。

山东民主政权的福利政策主要体现在以下几个方面：

（1）政民学工作人员保健。1940 年 11 月，民主政府规定：凡各级机关、部队、团体连级或县级以上干部，工作人员年老力衰者，按病之轻重每人每月发二元至五元之保健费；养病者则发给养病费和中药费⑤。1944 年 11 月对保健费修订，根据参加革命时

---

① 黎玉：《山东抗日民主政权工作三年来的总结与今后施政之中心方案》，《山东革命历史档案资料选编》第 10 辑，山东人民出版社 1983 年版，第 251—252 页。

② 《贫苦学生及抗日军人子弟入学优待暂行办法》，《山东革命历史档案资料选编》第 7 辑，第 47 页。

③ 《关于迅速救济难民的号召》，《山东革命历史档案资料选编》第 9 辑，第 436 页。

④ 《山东省战时施政纲领》（修订），《山东革命历史档案资料选编》第 10 辑，第 169—173 页。

⑤ 《关于保健养病育婴等费的规定》，《山东革命历史档案资料选编》第 6 辑，第 44 页。

间长短、工作繁简及身体强弱分成甲、乙、丙三等，甲等每人每日 3 个鸡蛋，乙等每人每日 2 个，丙等每人每日 1 个。若生病依病情发给 100—200 元不等休养费①。1945 年 2 月，根据生活改善及抗战发展的有利形势，民主政府废止了原有保健条例，公布了新的保健决定，规定"区以上政权干部，在军民兼顾改善生活的要求下，除粮食按一般规定外，以每人每月一斤至二斤肉，每日一斤菜、五钱油、五钱盐为目标，依靠亲自动手生产"；"中学及专门以上学校之校长、教员，全年吃细粮"；"保健待遇分三等，除全吃细粮或一半细粮外，一等每月猪肉五斤，二等每月四斤，三等每月三斤，俱可折金发给只，不得变更用途"②。

（2）士绅名宿及教师等特殊人才福利。为吸引更多社会名流和特殊人才参与抗日民主政权，发挥他们抗战积极性，民主政权对他们生活给以优待。1941 年规定，士绅名宿及特殊技术人才享受每人每日菜金 2 角，每人每月津贴费 5～15 元，口粮尽可能筹给细粮，年高或身体羸弱行动困难者给代步工具③。小学教员身体虚弱及患病者，每月发给保健费 1—3 元；遇有疾病者，由公家负责治疗；小学女教职员除享有生活费外，每月发卫生费 1 元；小学教职员成绩优良者，给以增加生活费等奖励④。对于公营企业中的技术人员，民主政府也给以相应福利。1942 年 9 月规定，一般技术人员工资平均高于普通技术工人 50 多元；技术人员工作成绩优良者，每年酌给奖金，并按年工加薪办法逐渐增加，工作年限愈长，奖励愈多；技术人员或技术工人有特殊发明与创造者，也予以奖励⑤。

（3）妇女保健与婴幼儿保育。民主政府从人道出发，考虑到妇女生理特点及婴儿健康成长需要，特别对这两个特殊群体应享福利给以专门规定。1940 年 11 月发布公文中，规定"凡男女双方均在机关、部队及法定团体工作又无家庭供给者，其生产小孩自哺乳者每月发津贴费五元；雇人代育者月发津贴费七元，由女子所住机关、部队、团体造入预算发给之，自婴儿初生之日起，满三年为止。小孩满三岁后，比照成人供给衣服、给养、菜金。"女子在生产时发给生育费 20 元；14 岁以上脱离生产之女工作人员，每月加发卫生费 5 角⑥。随着根据地生活水平提高，妇女保健育婴等费不敷实际需要，民主政府此后每年都对妇女保健和婴儿保育费用上调，并对不完善之处予以修订和补充。到 1944 年，已经形成内容更加具体周详的保健、保育政策。新政策在上调保健费用同时，对产妇保健期限、吃饭标准、经期休养及婴幼儿 7 岁之前各年龄段保育标准都有具体规定⑦。同年 11 月，中共山东分局提出在边区设立保育院，分区设立分院，县设保育小组，小孩断奶后若无保姆照看可以送保育院或保育小组照看；产妇在生育期间

---

① 《中共山东分局关于干部保健等问题的决定》，《山东革命历史档案资料选编》第 13 辑，第 176—178 页。

② 《关于各级政权干部保健的决定》，《山东革命历史档案资料选编》第 14 辑，山东人民出版社 1984 年版，第 176—177 页。

③ 《关于优待参加抗战工作之士绅名宿及特殊技术人才的通知》，《山东革命历史档案资料选编》第 6 辑，第 308—309 页。

④ 《山东省小学教职员服务条例》，《山东革命历史档案资料选编》第 8 辑，第 170—171 页。

⑤ 《关于公营企业技术人员待遇之决定》，《山东革命历史档案资料选编》第 9 辑，第 25 页。

⑥ 《关于保健养病育婴等费的规定》，《山东革命历史档案资料选编》第 6 辑，第 44—45 页。

⑦ 《关于产妇保健和婴儿保育的决定》，《山东革命历史档案资料选编》第 13 辑，山东人民出版社 1983 年版，第 256—257 页。

享受黑糖半斤、鸡蛋百个、灯油一斤半、小米六十斤的福利①。上述各项费用从各级政府预算中支出，以保证政策的有效落实。

（4）职工福利与保险。山东抗日根据地内一些企业和服务性单位，根据民主政府的要求，给本部门职工给提供福利，并参加劳动保险。如1945年4月成立的山东省战邮职工会即将为会员提供教育和保障职工生活作为其一项职能。邮工会每一支会都建有图书馆，邮务职工可以在这里学习知识，提高自己的文化素养。邮工会会员在工作中有所创造发明以及积极工作等有成绩者，或在教育中帮助会员学习、努力著作者，由总会予以适当奖励。会员中有年老、残废、病弱者，工会协助安排。会员需要保健由工会向行政部门提出建议依法保健。邮工会还为会员建立劳动保险，会员将个人生产节约所得放到合作社储蓄，并立一个人储金簿，储金及红利所得作为劳动保险，为职工生育、婚丧、疾病及特殊事故时使用②。雇工是民主政权区域内人数较多的一个群体，改善雇工的生活条件是民主政府关注的一个问题。民主政府规定，雇工应享有足够恢复其体力的休息时间；雇工患有疾病，其病期在一个月内者，除工资照发外，并须由雇主补助其医药费；雇工因工致残伤，除工资照发外，其治疗费完全由雇主负担；女工在分娩前后，给以1个月产假，工资照发③。

由于受到战时条件限制，山东抗日民主政权的福利政策受益者只能是一些特定群体，所享受的福利主要集中于物质利益的改善和提高。尽管如此，该政策对于改善根据地人民生活，增强抗日民主政权的吸引力，可以起到良好作用。

四

山东抗日民主政权社会保障政策是战时民生政策的一个组成部分，也是政府实施善政的一项内容。综观整个社会保障政策，可以归纳出几个特点：

1. 突出优抚

由于战争特殊环境，民主政权在推行社会保障政策时突出优抚。从民主政权所制定的法规来看，以优抚方面的内容为多，山东省临时参议会成立3年制定优抚法规8个，制定其他社会保障类法规只有4个④。从民主政权所设或参与管理的社会保障机构来看，也以优抚类机构最多。民主政权县以上各级政府第一科内专门设立抚恤委员会，抚恤抗战伤亡军人工作⑤。县区乡村设立优待救济委员会，由政府代表、各群众团体代表及抗战士绅共同组成，组织和发动群众优待抗工属。对民兵的奖励抚恤，由县政府会同县抗日武装自卫临时委员会（简称武委会）执行。贫苦抗工属之救济，由各级优抚委员会负责办理。这样，民主政权内部形成各级各类优抚机构，不同优抚对象有相应的管

---

① 《中共山东分局关于干部保健等问题的决定》，《山东革命历史档案资料选编》第13辑，第182—184页。

② 《山东省邮务职工第一届代表大会关于若干具体问题的决议》，《山东革命历史档案资料选编》第15辑，第98—99页。

③ 《山东省改善雇工待遇暂行办法》，《山东革命历史档案资料选编》第8辑，第290页。

④ 《山东省临时参议会驻会委员会三年工作总结》，《山东革命历史档案资料选编》第10辑，第186—188页。

⑤ 《山东省抚恤抗日阵亡将士、荣誉军人暂行条例实施办法》，《山东革命历史档案资料选编》第9辑，第452—453页。

理机构负责，显示了政府对优抚工作的重视。民主政权社会保障政策向优抚方面倾斜，在战时是十分必要的，因为它不仅关系到军队的战斗力和工作人员的积极性，更关系到国家的前途和命运。

2. 强调"政府、社会组织、群众"参与的主体性

制定和推行社会保障政策，政府缺位是不可能实现的。民主政权始终将改善民生，实行善政作为自己的分内之事，无论在施政纲领还是政策法规中都强调了这一点，在实际工作中也将其作为衡量工作成绩的一项指标。1941 年 5 月民主政府号召在根据地进行的十项竞赛运动中，提出"看哪个村庄没有乞丐，哪个县乞丐最少"、"救济灾民难民贫民确有成绩"、"看哪个政府执行政策最好，执行施政纲领最普遍、全面"等等作为竞赛指标[①]，显示了民主政府在社会保障政策中对自己角色重要性的重视。民主政府在县区乡村设立优待救济委员会、救济灾贫委员会等从行政制度上表明政府在社会保障中的定位。在政府的内政支出中，用于优抚、救济灾难民及提供社会福利，是民主政府支出的大项[②]。

要使社会保障政策有效施行，单靠政府的力量是不够的，民主政府强调发挥各级抗日救国组织、工会、农会、济贫会及其他群众性组织参与各项社会保障政策实施，并动员人民群众以己之能，"有钱出钱，有力出力"来加入优抗、救济灾难民行动。例如，社会团体和群众广泛参与拥军优抗，为军队募集各种各种食物及日用品；掩护和护理荣誉军人；对抗工属进行精神上慰问，给抗工属以充分尊敬；组织优抗代耕队，协助抗工属克服生产困难；儿童团还帮助抗工属拾柴、挑水等[③]。从而在根据地形成民主政府主导、社会团体配合、群众广泛参与的"政府、社会组织、群众"多主体、多途径的社会保障机制，保证了边区政府在十分艰苦的条件下渡过了难关。

3. 寓社会保障于战时社会经济政策之中

山东抗日民主政权虽然以法令形式颁布了一些社会保障的条例法令，但与社会保障的要求尚有很大距离，且已行法令在内容上很不均衡，因而很多社会保障政策只能在战时社会经济政策中去寻找，寓社会保障于战时社会经济政策之中成为民主政权社会保障政策的第三个特点。之所以如此，是与战争残酷环境与根据地的起伏变化及民主政权的跌宕演变分不开的。"一切以抗战为中心"是战时政治经济工作的特点，由此也形成了一系列"一切服从战争"的特殊的社会经济政策。这些社会经济政策包含了社会保障的许多内容。例如合作社政策，民主政府所定《合作社暂行规程》，将合作社分为生产、运销、消费、信用四类。就消费合作社来说，一方面保护了正当的自由贸易，另一方面稳定了物价，给边区人民提供了廉价的日用消费必需品，实际上具有很强的社会保障性质。再如减租减息政策，它调节了佃主与佃农关系，改善了佃农由于沉重租税益加贫困局面，通过减轻租税而改善了佃农待遇，保障了佃农的基本生活。其他如节约政策、改善雇工待遇办法等社会经济政策，都不同程度上体现了社会保障的某些内容和要

　① 黎玉：《山东抗日根据地的建设问题》，《山东革命历史档案资料选编》第 6 辑，第 399—400 页。

　② 陈明：《山东抗日民主政权工作》，《山东革命历史档案资料选编》第 5 辑，第 351 页。

　③ 黎玉：《论群众路线与山东群众运动》，《山东革命历史档案资料选编》第 15 辑，山东人民出版社 1984 年版，第 363—364 页。

求，成为民主政权社会保障政策的组成部分，也是对社会保障制度的替代性安排①。

　　综上所述，山东抗日民主政权之所以能够发展壮大，离不开抗战的各种正确政策。其中，民主政权的社会保障政策从探索到完善，不仅有效地改善了边区人民生活，团结了各阶层人民进行有效的抗日斗争，而且丰富了新民主主义社会思想，为新中国社会保障制度构建积累了经验，至今仍具有借鉴意义。

〔作者蔡勤禹，教授，中国海洋大学社会科学系。山东青岛　266003〕

---

① 　周荣、汪小培：《抗日战争时期鄂豫边区的社会保障》，《湖北行政学院学报》2004 年第 3 期，第 59 页。

教育机构的地理分布与乡村人才流失的历史性思考[*]

郝锦花

20世纪二三十年代我国著名的教育学家傅葆琛先生曾经无限伤感地说道："我国自改革教育制度以来，偏重城市，漠视乡村，故城市中教育已渐次发达，而乡村间之教育则依然望尘莫及。因是城市中之学校林立蔚起，而乡间之学校则寥若晨星；城市失学者日渐起少，而乡村失学者愈显其众。"① 历史与现实有惊人的相似之处，七八十年后的今天我国城乡普遍地被人们读解为贫/富、先进/落后、文明/野蛮、现代/传统二元价值对立模式，传统乡村文明已然被排斥于"现代文明"视野之外。"我国教育的话语权、决策权集中在城市阶层，更潜在地使我们的教育政策与主流教育话语更多地带有'城市取向'"②；我们教育理论界在讨论教育问题时，主要的着眼点是城市，而广大乡村的教育境况遭到了有意或无意的忽视。近年来，沸沸扬扬的素质教育、"减负"，乃至现今的热点"创新教育"等主流教育话语，无不代表着城市教育的呼声。我们乡村教育处于彷徨、焦虑的状态之中：提倡科学整体育人观念，又没有合理科学的模式；提倡课堂教学改革，师资、设备跟不上；提倡"减负"，只靠"高压"，家长、教师不知所以然。在公立高等学校招生名额的分配上，大城市也占有着很大的优势，乡村的学生，往往要付出更多的努力才可能赢得与城市里的学生同样的机会。"城市取向"的现代化教育的又一个结果就是越来越多的乡村精英义无反顾地抛弃了养他、育他的乡村社会，而去滋养令其久已倾心的城市。这是现代工业社会的必然？抑或是旧中国教育制度的延续？对此我们不能视而不见，亦不能不深思。

一

我们知道，人才分布不均衡的情况历来就有。自宋代文化重心南移以来，江浙等地文人荟萃，居全国之首。但是，虽然绅士在各省分布颇不均衡，却也缺乏集中于都市的事实，即使是较为偏远的省份仍有一定比例的绅士存在，甚至在那里绅士所占人口的比例反而很高。据张仲礼统计，19世纪前半期，绅士人口占的比例从安徽的0.7%至云南

---

　*　本文为以下项目研究成果：中国民航大学科研启动基金项目（项目批准号：05qd13q）；教育部人文社会科学青年基金项目（项目批准号：07JC880022）。

　①　《傅葆琛教育论著选》，人民教育出版社1994年版，第74页。

　②　刘铁芳：《乡村教育的问题与出路》，《读书》2001年第12期。

的 3.5% 不等，大部分省份的比例在 1%—2% 之间。19 世纪后半期，分布发生了一些变化，从 0.6%—5.0% 不等①。以绅士数量而论，在太平天国以前，绅士人数最多的 5 个省份是直隶、江苏、浙江、江西、广东，5 省绅士数量占全国绅士的比例是 40.42%，到太平天国后为 41.49%，上升了 1%②。

1905 年科举制废除以后，人才分散于地方并以乡土社会为根之所在的情况却发生了根本改变："农村中比较有志力的分子不断地向城市跑，外县的向省会跑，外省的向首都与通商大埠跑"③，"而且这种流动越来越变成是单程的迁移"④。乡村精英一批一批不断地脱离草根向城市流去，造成了乡村社会人才"真空"。以 1931 年度全国专科以上学生总数与各该省最近人口之比率即可发现乡村人才真空的事实⑤。是年福建、江苏、浙江、广东、河北 5 省籍的专科以上学生人数最多，占学生总数的 52.6%。这一比例高于 20 世纪以前绅士的集中程度。若以就读的城市来看，大学生往往集中在少数几个大城市中。以 1930 年为例，中国大学生 33847 人中有 20463 人即 60% 分布于两个城市之中，即北平与上海。北平、南京、上海、广州、杭州、武昌等 6 个城市共有大学生 27506 人，约占总数的 4/5 以上⑥。这么多的高级人才集中于几个大城市求学，在以前是从来没有的。

不仅受高等教育的人才集中在少数几个大城市，就是受新式中等教育者也密集于沿海较为发达的省市。以 1930 年为例，上海每万人口得受中等教育的人数有 213 人，而有 17 个内陆省份每万人口得受中等教育的人数均在 10 以下，其中青海、西康、新疆 3 省均不足 1 人。而上海、南京、北平、青岛、威海卫 5 城市人口共有 3950207 人，不到全国总人口的 1%，受中等教育之人口却有 57960 人，占全国总数的 11.26%⑦。

二

社会流动是任何一个社会，在任何历史时期都存在的、极为普遍的社会现象；只要有社会存在，只要有社会分工、社会差别以及由此形成的社会分层，就必然要出现社会流动，尽管社会流动的形势、规模和特征因时代变化而各有不同⑧。影响社会流动的因素，社会学家已识别出许多，概括而言，主要有五类：社会结构因素、社会出身或家庭背景、个体特征、自然因素、教育因素⑨。学术界对中国近代以来农

---

① 张仲礼：《中国绅士》，上海社会科学院出版社 1991 年版，第 182—183 页。
② 笔者根据张仲礼对全国绅士的分布统计得出，见张仲礼《中国绅士》，第 182 页。
③ 潘光旦：《说乡土教育》，《潘光旦文集》，光明日报出版社 1999 年版。
④ 孔飞力：《中华帝国晚期的叛乱及其敌人》，中国社会科学出版社 1990 年版，第 238 页。
⑤ 学生总数、占全国学生之百分比、人口总数、每百万人口之学生数，据《第一次中国教育年鉴》，传记文学出版社 1977 年版影印本，第 1513、1540 页统计数字。
⑥ 国际联盟教育考察团：《国际联盟教育考察团报告书（1931 年）》，文海出版社 1986 年版，第 159 页。
⑦ 《第一次中国教育年鉴》，传记文学出版社 1977 年版，第 1607 页。
⑧ 王先明：《中国近代社会文化史论》，人民出版社 2000 年版，第 53 页。
⑨ 马和民、高旭平：《教育社会学研究》，上海教育出版社 2000 年版，第 121—122 页。

民离村问题的研究已取得相当丰硕成果，可谓成绩斐然①。在分析农民离村的原因时，以往学者大多采用推拉力的理论，从社会结构因素、自然因素等方面进行论述。固然我们承认，乡村人才离乡与中国当时的社会状况有着极为密切的关系，如城乡间发展的不平衡、近代交通的便利、清末民初国家政权企图进一步深入乡村社会的种种努力②，以及连绵不断的天灾人祸和沉重的人口压力等等。但是，当我们对当时的教育状况加以认真分析时，不难发现近代新学教育是一支加速乡村精英离乡的强效催化剂③。

传统旧学是一种与皇权结构相互支持的官学制度，是传统社会的一种独特的整合与凝聚机制。在典型的封建社会结构中，绅士阶层的社会流动基本依循由"贵而富"（即由社会权力而获取财富）的方向发展，他们通过传统旧学的科举制度（或其他非制度化途径）获取"功名"、"身份"，"学而优则仕"固然可以立于庙堂之上，学而不优也可凭借已有的"功名"、"身份"回到乡村社会控制基层权力，"二者巧妙地运用使中央和地方都能受同一阶层的支配"④。同时，科举时代，由于官僚职数的限额只能保证具有较高"功名"的士子进入官僚阶层，对于大多数绅士而言，只能以功名身份居处乡野，实际上参与社会流动的绅士只占其总数的4%，约5.6万人。因此，传统乡绅都以其祖祖辈辈生于斯、长于斯、老于斯、死于斯的家乡故土为其根之所在。

随着科举出仕制度的废除，通向上层特权的途径被彻底切断，地方绅士失去了晋升的希望和政治的屏障，不合时宜的"功名"身份渐渐失去了维系其基本社会地位的作用，后顾之忧已成现实。在社会进步的巨大压力下，各省"数万举贡、数万生员"不得不离却曾经追逐的功名之途，积极寻求新的出路。新旧教育体制更替之际，新学教育又为旧式功名之士的社会流动和地位的重新选择提供了基本途径。而新学教育则是以城市化为取向的工业社会的产物，它对乡村社会的疏离在事实上又给乡村精英脱离"草根"、驻足城市增添了一种无形的催化作用。新学教育对乡村社会的疏离主要表现在三个方面：（1）新式学校的城乡布局失衡；（2）各类专门学校及专业设置比例失调；（3）新式学校的教学内容与乡村社会疏离。本文第三部分则从教育机构的城乡布局角度探讨其对乡村精英流动的影响。

三

近代以前中国典型意义上的传统文化是乡土性的，人才分布是城乡一体的。这与教育机构的城乡分布有着直接的关系。

（1）私学系统。传统社会无论是人口还是土地面积都是乡村占大多数，旧学绅士

---

① 如行龙：《近代中国城市化特征》，《清史研究》1999年第4期；鲁西奇：《中国近代农民离土现象浅析》，《中国经济史研究》1995年第3期；彭南生：《近代农民离村与城市社会问题》，《史学月刊》1999年第6期，对此问题都有深入的研究。

② ［美］杜赞奇：《文化、权力与国家——1900—1942年的华北农村》，江苏人民出版社1996年版。

③ 郝锦花：《清末明初乡村精英离乡的新学教育原因》，《文史哲》2002年第5期。

④ 吴晗、费孝通：《皇权与绅权》，上海书店据观察社1949年版影印版，第167页。

以耕读为业，故私塾、社学、义学多在乡间（也有的部分在城市的）。由于这部分资料尚嫌不足，故不详细论述。

（2）书院系统。各省书院，有的在城，有的在乡，遍及全国各地，亦无明显集中于少数几个都市的现象①。尽管书院的分布密疏有别，但全国平均每一行政区有书院 2.17 座，拥有书院最多的广东省平均每一行政区内也只有 5.47 座。

（3）官学系统。清代国家最高学府为国子监，虽设在京城，但是在那里读书的监生和生员是非常少的，某一时候只有 300 余人。以后人员又减至 180 人，然后复增至 270 人②。地方官学在每府州县都设有一座，因为朝廷有意在每个行政单位都保持一批适当数额的绅士。③ 这些学校虽然大都设立于府州县各级政府所在地，但数量容积十分有限，其生员总数约为童生士子的 1/10④。而且这些生员平时大多散漫居乡，且耕且读，或闭门修举业，或入书院应月课，或设塾为童子师，只有在科考时才汇聚于城。罗兹曼曾指出："清政府像它的前任一样，保持了以首都的国子监为塔尖的学校等级制度，其中大约 1700 个府、县学校构成它的基础。这里的学生称为生员，在 19 世纪下半叶将近 27 万。他们的入学完全是名义上的，无需到学校，也没有规定学习课程。"⑤

由此，我们认为，在旧学教育制度下教育机构的地理分布较为均衡，城乡一律，因此，人才也并不仅仅聚集于少数几个城市，而是分散于全国各地。

新学教育制度代兴后，在政府的各项政策的引导下，整个中国的教育结构与布局发生了显著的变化，近代新式学堂将从前分散在乡、村、镇的教学方式变成集中于城市，特别是集中于大都会。高等学堂、专门学堂、实业学堂、师范学堂等全部集中在京城、省城或其他重要的城市，中学堂基本上都设在各府、厅、直隶州的所在地，较为正规的中小学校也都在县城，区、乡有名无实的国民学校大都只"存在"于表册上，许多农村仅有"蒙养学"（低级的旧式私塾）。有人估计，乡村学校仅占全国学校总数的 10%⑥，即使是服务于乡村社会的农业学校也有将近 80% 设在城区⑦。以高等学校为例，1930—1931 年，全国 15 所国立大学，有 11 校设于 3 个城市之中（北平、上海、广东），省立大学 17 校中，有 9 校设于另外 3 个城市（天津、太原、成都）。在北平附近，亦有国立大学 4 校，立案的私立大学 8 校。上海有国立大学 4 校，立案的私立大学 9 校。天津有国立大学 1 校，省立大学 4 校，立案的私立大学 1 校⑧。大学校如此，全国的专科学校亦是全部分布在各大中心城市（如下页表）。

---

① 吴德宣：《中国区域教育发展概论》，湖北教育出版社 2003 年版，第 108 页。
② 张仲礼：《中国绅士》，第 111—112 页。
③ 张仲礼：《中国绅士》，第 152 页。
④ 桑兵：《清末兴学热潮与社会变迁》，《历史研究》1989 年 6 期。据张仲礼估计 19 世纪全国童生的总数可能达到近 200 万。张仲礼：《中国绅士》，第 100 页。
⑤ ［美］吉尔伯特·罗兹曼：《中国的现代化》，上海人民出版社 1989 年版，第 253 页。
⑥ 陶行知：《陶行知全集（一）》，湖南教育出版社 1986 年版，第 167 页。
⑦ ［美］吉尔伯特·罗兹曼：《中国的现代化》，第 551—563 页。
⑧ 国际联盟教育考察团：《国际联盟教育考察团报告书（1931 年）》，第 160—161 页。

1932 年度全国专科学校校址统计表[1]

校址	上海	南昌	北平	杭州	广州	太原	武昌	苏州
数量	7	4	3	2	2	2	2	2
校址	福州	张家口 土耳沟	天津	无锡	桂林	阳曲 新满城	昆明	合计 【1】
数量	1	1	1	1	1	1	1	31
备注	【1】1932 年公有国立、私立专科学校及各级关设立类似专科性质者共 30 所，北平税务 学校财政部设立，于上海、北平均有校址。							

高等学校如此，中等学校的设置亦呈东沿海地区稠密内陆地区稀疏的分布状态。1930 年，全国共有县市数 1960 个，未设中等学校者有 873 县，占全部县市数的 44.54％。达不到这一平均数的 15 个省份几乎全部都是腹地省份，其中新疆、西康、宁夏 3 省各只有 1 县市设有中等学校，青海省也只有 2 个县市设有中学[2]。

新式学堂如此布局，结果确立起大城市对中等城市，中等城市对小县城的文化支配，基本上将农村排挤出去了，"教育变成了城市中的新专业"[3]。法国社会学家布栋认为，学校就学率的增长与教育机会的扩展是增加社会流动的一种手段[4]。新学教育城密乡疏的地理布局，牵引着读书人的流动方向。如此则新学教育越是发展，离家进城的求学者就越多。30 年代中期中央农业实验所对全国 22 省农民离村后的去向进行调查，调查结果显示农民个人离村到城市者共占离村总数的 65.3％，而到城市求学者就占到了 17.5％[5]。这在从前是从未有过的。

而这些受过新学熏陶的知识分子，在获得了新的适应工业化社会需求的专门知识和技能后，其事业模式与社会价值取向便发生了明显的转变，再也不可能像以前的乡绅那样把根深深地扎在家乡，或耕或读或什么也不干"到处闲逛"了[6]，当然再也没有人"把一生的经历消磨在毛笔字、四书五经上了"[7]，而是将近代社会中新兴的"商"、"学"、"法"、"工"乃至各种"自由职业"作为他们选择的方向。而这些职业机会多限于都市，只有在都市才有取得职业的可能，在少数都市以外的地方无法施展其本领，可以说是英雄无用武之地。伴随着城市化的推进和职业结构层次的升级，知识分子由乡村向城市的流动逐渐加剧，在城市里求学和从事自由职业的人则日益增多。仅以工商业不很发达的内陆省份山西为例，民国元年（1912）自由职业者和学生的人数仅为 300898，占总人口的 2.98％，民国九年（1920）增至 732947 人，占总人口的 6.4％[8]。

---

① 《第一次中国教育年鉴》，第 477—479 页。
② 《第一次中国教育年鉴》，第 1624—1625 页。
③ ［美］吉尔伯特·罗兹曼：《中国的现代化》，第 646 页。
④ 厉以贤：《西方教育社会学文选》，五南图书出版公司 1992 年版，第 235—237 页。
⑤ 《农情报告》1936 年第 4 卷第 7 期，第 177—178 页。
⑥ ［美］戴维·阿古什：《费孝通传》，时事出版社 1991 年版，第 121 页。
⑦ 金耀基：《从传统到现代》，中国人民大学出版社 1999 年版，第 68 页。
⑧ 李玉文：《山西近代人口统计与研究》，中国经济出版社 1992 年版，第 323 页。

这充分证明了知识分子在城市与日俱增以及新学教育疏离乡村社会的事实。

乡村精英源源不断地向城市流去，城乡一体的传统文化模式开始出现裂痕，"隐然有城市乡村之分"①。1919 年 2 月李大钊发表的《青年与农村》一文就已经看到了当时"都市上塞满了青年"，而农村中"却不见有青年的踪影"的社会现状，并热情地号召有志青年以俄国青年为榜样到农村去，"与劳工阶级打成一片"：

> 青年啊！速向农村去吧！日出而作，日入而息，耕地而食，凿井而饮。那些终年在田野的父老妇孺，都是你们的同心伴侣，那炊烟锄影，鸡犬相闻的境界，才是你们安身立命的地方啊！②

厚重的历史责成我们去作冷峻的思考和深刻的反思。以历史的眼光回顾一个世纪以来中国社会及教育的现代化历程，我们不难发现，尽管七八十年前年与当前，在时代背景、社会制度和意识形态等方面有很大不同，但是中国教育及社会的现代化脉络依然相连，其所面临的基本挑战和基本问题有很多相似之处。在新世纪，中国的教育已经走在通往现代化的道路上，如何解决其目前所面临的种种困境，是现实摆在我们面前的一个课题，一个挑战。英国历史学家巴勒克夫说："一切历史都是当代史。"他强调了历史研究的社会服务功能。笔者希望本文的研究，能够给我国今天的现代化建设提供一定的决策咨询和行动参考，以推动我国社会主义现代化以更高的效率、更快的速度向前发展。

〔作者郝锦花，副教授，中国民航大学人文学院。天津　300300〕

---

① 章太炎：《长沙晨光学校演说（1925 年 10 月）》，汤志钧编：《章太炎年谱长编（下册）》，中华书局 1979 年版，第 823 页。

② 李大钊：《青年与农村》，《晨报》1919 年 2 月 20—23 日。

新时期女性文学与现代国家意识

乔以钢

在新时期女性文学进程中，现代国家意识是一个不容忽视的存在。实际上，当代学界对"文学新时期"的命名本身，首先依据的就是国家的历史经验，而并非文学自身发展的阶段性。不仅如此，"现代性"作为一个国家形态的政治、经济目标，被指定为文学的叙事核心。这样的"叙述语言"所体现出来的历史连贯性，向我们提示着历史戏剧的"秘密"：新时代否定的是旧的历史时期的具体政治目标与手段，而继承的却是百年来知识分子建立现代性民族国家的信仰本身。它作为男、女知识分子共同享有的思想文化背景和资源，以文学的形式展示了国家的政治转型过程。

正因为如此，当研究者试图在 20 世纪的中国女性文学创作中寻找所谓比较纯粹的"女性写作"时，总不免陷于迷茫。于是，有关"女性"和"女性意识"的阐发，往往不得不进入对女性与其所处的民族国家文化状况关系的分析。而这种状况的形成，既是基于现代女性对国家、民族责任感的内在觉悟，同时也反映着中国近现代民族国家状况对包括女作家在内的文化人士提出的外在规约。

一

20 世纪 80 年代女性文学的现代国家意识，首先体现于女性自我经验的倾吐。"终于，我冲下楼梯，推开门，奔走在春天的阳光里……"（王小妮《我感到了阳光》）这虽是年轻女性的青春抒怀，却也可看做新时期女作家精神状貌的描述 —— 这是一个骤然洞开的精神空间，景象朦胧却又富于魅力。类似这样的表达比起"文革"时代的诗歌来，显然更重视作者主体经验的原生性。80 年代初的女作家提供给文坛的许多作品，如小说《三生石》（宗璞）、《爱，是不能忘记的》（张洁）、《爱的权利》（张抗抗）、《老处女》（李惠薪）、《一个冬天的童话》（遇罗锦）；诗歌《致橡树》（舒婷）、《给他》（林子）等文本中，都明显隐含着一个经验主体"我"，讲述的是"我"的故事，抒发的是"我"的情感。其中所书写的创伤性体验，来自人之身心的不同层面，既涉及肉体，更触碰灵魂。

近代人文主义者曾经借助于日常经验的合理性，对经院哲学进行抨击，义无反顾地进行世俗生活启蒙。20 世纪的实用主义思潮也再次肯定了经验对真理的认识作用。总的来看，"经验"的被重视，趋向于对人的感受合理性的拯救，力求消除各种知识话语的蒙蔽，返回到事物未被异化的原初状态。正是在这个意义上，西方的女性主义批评家埃莱娜·西苏等人主张女作家应该实践一种自传性的纯粹经验写作，认为循此途径可以消除那些男性话语对女性身体的统治，实践将女性从潜在的历史场景恢复到前台的可能性。而在中国新时期以人道主义名义进行创作的女作家中，对"日常经验"的叙述无论是从作家自身还是从社会效果来看，都具有明确的追求现代性的启蒙功能。

有学者指出，80年代中国人道主义的主要任务是分析和批判反现代性的现代化的意识形态及其历史实践，"在中国向资本主义开放的社会主义改革中，它的抽象的人的自由和解放的理念最终转化为一系列现代性的价值观"，并且，由此"催生了中国社会的'世俗化'运动"①。实际上，最初的人道主义的世俗生命关怀，就表现在那些曾被"革命理念"压抑的自我经验重新成为文学的叙述对象之时。研究者发现，那些被命名为"伤痕文学"的作品一个重要的特征是"对日常生活的正面书写"②。新时期文学的世俗化运动催生的正是现代社会中个体日常生活经验的复杂性与原生性。林子《给他》中有这样的诗句："我送过你一缕黝黑的长发，/在我们订婚的那天晚上，它上面滴落过/纯真少女幸福的眼泪，像一串最珍贵的珍珠。"这里以纯情的回忆语调倾诉了一个初恋少女的记忆，也许曾经是真实的感情事件。诗中通过叙述者"我"诉说昔日经验的方式娓娓道来，格外富于感染力。

与此相联系，这种文学化的生活感受能够得以复原，很大程度上是伴随着第一人称"我"的叙事功能重新获得合法性而实现的。叙事视角的转化本身就意味着主体放弃了先验性地对世界本质的占有与构造，转而在日常生活领域重新寻求经验个体存在的合理性。如果按照埃莱娜·西苏的观点，呈现自我经验的自传性叙事对女性意识的生成是有利的，因为借助于这种写作方式，女性可以驱除意识形态话语的遮蔽，实现对自己身体的把握。比如宗璞的《三生石》中有关主人公梅菩提在医院中透过显微镜观察自己身体的一段描写："她很容易地看到了镜头下的几个细胞，颜色很深，显得很硬。最奇怪的是它们竟给人一种很凶恶的感觉。菩提猛然觉得像触到蛇蝎一样，浑身战栗起来。要知道，这些毒物，就在她身体里呵。……正常细胞颜色柔和，看上去温润善良。菩提默默地看着，那种毛骨悚然的感觉消失了。"这里，作者采用隐喻的方式来表达女主角梅菩提细腻的身体感受，其中传达出来的、仿佛可以触摸到的历史动乱所施加于个体的创伤与疼痛，在"十七年文学"中是读不到的。这样的叙述的深切与格式的特别必须借助于一种人道启蒙的整体语境才能产生，因此，这种梅菩提式的女性对身体的复原描写就有了明确无误的历史"反动"意味，不仅在文学启蒙意义上突破了"寓言式"的革命意义模式对女性的惯有叙述，而且在性别意义上也是对性别本质主义的一种反动：女性经验叙事致力于超越作为男性想象的女性温柔本质，写出女性日常存在的本真状态。

在80年代女性文学正面叙述女性生活经验的作品中，我们还可以看到，《恬静的白色》（谷应）中，年轻的邵雪晴斜倚在病床上，双腿像两根麻秆，只剩下一双手还残留着女性的美丽；《方舟》（张洁）中的梁倩在已分居的丈夫眼里，"又干又硬，像块放久了的点心，还带着一种变了质的油味儿"。后者将男、女两性直接置于被审视的地位

---

① 汪晖：《当代中国的思想状况与现代性问题》，《文艺争鸣》1998年第5期。
② 孟繁华：《1978：激情岁月》，山东教育出版社1998年版，第54页。

的描述，在当代文学传统中是具有启示意义的，它包含着作家本人那些被灼疼了的女性生命体验，因此这一"对视"的讽喻性质也就不言自明：它消除的是相互想象的性别浪漫主义传统，女作家在此"谋杀了家庭中的天使"①，这一"冒险"带来的则是新时期文学男、女两性描写趋于自然。

依靠知识分子新启蒙主义的思想力量，新时期女性文学开始了意欲重塑个人经验空间的努力。实际上，以"日常经验"叙述所展开的文学主题，从一开始其内在的精神向度就不是单一的。新时期初年的"伤痕"作品都有一个明确的批判对象，这一对象的具体所指与国家制度有关。如果对 1978 年至 1982 年发表的表现女性命运的作品进行抽样分析，就会发现这些小说的叙事结构非常相似，内容则往往具有双重意味。对女性主人公生活经验的叙述仅仅是作品的表层，而作品的意义深层支点则主要集中在"国家"、"民族"之类语义的介入。于是有关内容可以毫不费力地转化为明确的社会批判意识。例如竹林在长篇小说《生活的路》中对主人公娟娟的描述。作者在深入描写女性的经验世界以及心理波澜时，始终没有忘记叙述的目的：揭露虎山党支部书记为代表的极"左"势力的罪恶。

不过有些时候，文本或经验的二重性质是在一种不自觉的矛盾状态中结合着，比如舒婷的诗作《祖国啊，我亲爱的祖国》。从叙述者的心理经验来看，诗句应属一个历经沧桑的历史参与者的自我感触，但在书写过程中语言主体不知不觉转换为国家。也就是说，这并不是一首单纯的祖国颂，而是承载着女性个体经验的"小我"与国家"大我"合而为一的产物。舒婷曾表示："我从来认为我是普通劳动人民中间的一员，我的忧伤和欢乐都是来自这块被河水和眼泪浸透的土地……纵然我是一支芦苇，我也是属于你，祖国啊！"② 新时期女作家出之自然地参与了时代语言的交替，呈现出"过渡"特征。而其中程度不同地包含着的叙述个人经验的指向，并非埃莱娜·西苏所倡导的性别自觉，而是基于对建立特定的国家目标的渴求。只不过她们有时会近乎本能地从个人经验出发，批判现存社会结构。

我们如果进一步追问 80 年代女性文学中这种现代化理念的性别标准，就不难意识到问题所在，即新启蒙主义思维本身所具有的片面性。正因为如此，此期女性创作中有关女性经验的叙写，主要体现的并不是女性性别的苦难，而是对国家、民族苦难的承担，其实质仍是一种国家话语的美学形式。与此同时，那些似乎不带有意识形态色彩的个人感情空间的存在意义也不能不受到制约。

二

新启蒙主义的现代国家意识在 80 年代女性文学创作中是"具体"的，其具体性的一个重要表现就在于，即使像"爱情"这样的文学话题，都因为时代赋予的批判功能而承担了启蒙精神。比如，张抗抗《爱的权利》、李惠薪《老处女》、乔雪竹《荨麻崖》、叶文玲《心香》、航鹰《金鹿儿》、铁凝《没有纽扣的红衬衫》、遇罗锦《一个冬

---

① 朱虹：《中国当代小说中的病妇形象》，载李小江等主编《性别与中国》，三联书店 1994 年版，第 274 页。
② 舒婷：《生活、书籍和诗》，《福建文艺》1981 年第 2 期。

天的童话》和《春天的童话》等作品中有关男女情爱的表达。

在这些作品里，张洁的《爱，是不能忘记的》是出现较早的一篇。尽管批评家围绕女主人公钟雨与老干部的心理活动进行了许多有关道德的争论，但是这部作品其实未必如同一般所认为的那么超前。就其内在的叙事结构来看，仍然是一个知识分子挑战革命婚姻的老故事。钟雨与理想中的爱人"老干部"所有的麻烦都因为老干部有一个合法的妻子，而且由于这个妻子具备革命道德理念等最基本的价值"代码"（出身工人阶级，父亲为革命而牺牲）因而具有道德权威性。虽然这个妻子在小说本文中并没有正面出场，但是围绕她的那些道德裁决构成了本文的叙述基础，也使钟雨的内心表白带上了原罪性质。其实，这样的爱情故事在 20 世纪 50 年代的"百花时代"就曾有过短暂的上演，比如邓友梅的《在悬崖上》、丰村的《美丽》等。作为当代文学史上带有连贯性的一种"精神原型"，它表达的是以"没有爱情的婚姻是不道德的婚姻"为宗旨的，知识分子之间相互寻找共同经验的努力，是以一种"纯"精神的姿态来试图维护那些被排斥在秩序外的东西的价值。

比较富于时代新意的是，在这些爱情故事里，自五四以来的女性创作中关于"理想爱人"的焦虑被强化。《爱，是不能忘记的》故事中潜在地包含了"寻找男子汉"的主题，这一主题后来演化为具有一定代表性的性别审美意向。而张洁《方舟》中一位女主人公的愤激之言将这种焦虑做了更为突出的表现："难道中国的男人都死光了？"当然，新时期女性文学对"理想男性"的焦虑与五四时期是有所区别的。五四时代女作家对"父亲"家庭的否定，旨在否定压制子一辈的父亲权威，表现的是个性解放与民主思想对封建传统的反抗，而非女性主义精神，故而有人认为，那时的女性文学"只反父亲，不反男性权威，女性只不过从父亲的家庭逃到另一个男性的家中"。随着文学革命事业的开展，文学观念中"社会革命这一性质的突出和极端化，给中国女性解放运动带来了两个结果。首先它淡化了男性批判，其次它淡化了女性的自我反思"[①]。而前一结果不管是从思想观念上还是从实践效果上来看，显然更为突出。因此，新时期女性文学爱情叙事中所具有的将性别批判对象由"父亲"角色向"丈夫/男性"角色转移的内涵，就具有了继 20 世纪前期部分女作家（例如白薇、庐隐、萧红、袁昌英等）之后，重新将启蒙主义精神从社会领域引申到性别内部的意义。

这一转移的实现是以道德的现代性重塑为突破口的。80 年代女作家引起争议的爱情题材作品，往往都是由女性主体的反传统而引起的。有时这种道德挑战达到相当激烈的程度。例如，1981 年 11 月 26 日《光明日报》第 3 版在讨论张抗抗的小说《北极光》时加了一段按语，指出："近几年的创作实践说明，如何对待文艺创作中的爱情描写，已经成为关系到我国社会主义文艺健康发展的一个很值得注意的问题。"按语强调广大读者和观众对一些作品在"爱情与革命"、"爱情与社会主义事业"及"爱情与道德"方面的"不正确观点"表示了"强烈的不满"，同时指出，也有不少人认为这样的爱情题材作品是"冲破禁区，解放思想"的表现。从这篇按语的措辞中，不难看到主流媒体对类似作品的微妙表态。既然爱情描写"是一个很值得注意的问题"，因此像《北极光》这样的借爱情描写探索"青年们所苦恼和寻觅的""丰富深广"的努力引起争议就

---

①　禹燕：《女性人类学》，东方出版社 1988 年版，第 154 页。

是不可避免的了。争论的焦点集中在女主人公陆岑岑一而再地更换恋爱对象是一种"资产阶级的人生观"，还是一种新型的社会主义道德？① 争论双方都引用马克思、恩格斯、列宁诸人的有关言论为依据。然而，马克思本人虽然赞赏自由的爱情，但同时也批评过那种仅仅是"夫妻个人意志"的"幸福主义"②；列宁既明确批评婚姻生活中"杯水主义"的做法，指出"那个著名的杯水主义是完全非马克思主义的，并且还是反社会的。在性生活中，不仅表现着自然所赋予的东西，而且也表现着文化所带来的东西，尽管程度上或有高下之分"；同时也阐明了"克己自律并不是奴役"的思想③。于是，革命导师前后似乎不无"矛盾"处的说法使争论多少变成一种策略性的事件，而爱情选择本身的私人化性质，也往往让道德评判者流于琐碎的动机分析。

实际上，在 80 年代整体化的启蒙语境中，关于爱情的道德与非道德的争论往往隐含着在现代化实践中传统价值观与现代价值观的对立。那些主张对爱情选择采取更自由姿态的论者主要是出于一种营造现代道德范型的启蒙信念。因此，如果仔细探究陆岑岑那些"超前的观念"的内在本质的话，主要还是体现为一种由现代性信念所激起的前倾式的价值准则，这使她对未婚夫傅云祥悉心构造的大众型日常生活有一种本能的厌倦。当傅云祥问她"你希望的生活是什么样子"时，陆岑岑回答"反正不是现在这个样子"、"一定不是像现在这个样子"！这里看不到两性之间作为日常生活形式的交流，而只是超越物质主义的对"未来"的崇拜与想象。其实在陆岑岑的生活空间中，已经呈现出中国 80 年代特有的现代化表征。

小说中有一段关于"新房"的叙述："确实什么都齐了，连岑岑一再提议而屡次遭到傅云祥反对的书橱，如今也矗立在屋角，里面居然还一格格放满了书。岑岑好奇地探头去看，一大排厚厚的《马列选集》，旁边是一本《中西菜谱》，再下面就是什么《东方列车谋杀案》、《希腊棺材之谜》、《实用医学手册》和《时装裁剪》……她抿了抿嘴，心里不觉有几分好笑。这个书橱似乎很像傅云祥朋友们的头脑，无论内容多么丰富，总有点不伦不类。"从这段描写中可以看出，现代型社会特有的大众文化消费已经开始与精英文化抢占市场，虽然尚处在萌芽阶段，但是那种戏谑深度、消解意义的存在方式已经对精英文化形成了包围之势，不过由于它在当时的新生性质，因此显得有点"不伦不类"。应该说，消费主义文化是现代化进程中必然伴随的现象，它通过多种信息资源的共享、生活目标的实用化，拆碎了人们曾经赖以生存的古典意义模式，使人们的生活经验趋于无序化、平面化。但是在 80 年代，类似的现代化征候常常被理解为是一种失去了生活目标的混世哲学，因为启蒙主义的理想精神有自己的生活信条："不管生活是什么样子，反正不是现在这个样子。"

鉴于 80 年代女性知识分子自身文化冲突与文化选择的普遍性，一篇分析文章指出，"回顾本世纪初 20 年代的'莎菲'，70 年代的'钟雨'到 80 年代的'岑岑'，再后来《在同一地平线上》中的'我'，皆以女主人公的西方现代意识与传统文化积淀的冲突

---

① 参阅陈文锦：《创作意图与作品实际倾向的矛盾——评〈北极光〉》，《光明日报》1981 年 11 月 26 日；怡琴：《从〈北极光〉〈方舟〉谈婚姻道德》，《解放日报》1982 年 6 月 27 日；曾镇南：《恩格斯与某些小说中的爱情理想主义》，《光明日报》1982 年 4 月 22 日第 3 版。

② 《马克思恩格斯全集》第 1 卷，人民出版社 1972 年版，第 183 页。

③ ［德］克拉拉·蔡特金：《回忆列宁》，人民出版社 1957 年版，第 59、62 页。

构成作品的内质核心"①。这种看法颇有代表性，即通过强调女性知识分子对"西方现代意识"的价值选择，明确了这些带有先行色彩的女性人物在情感冲突中的"启蒙者"地位。不过，我们或许有必要分析这些评论在启蒙语境中所运用的独特的修辞方式，即以"现代西方"与"传统积淀"这两个主词构成一种对立关系。它正反映了中国80年代启蒙思想本身的逻辑构成：传统/现代、西方/东方、现在/未来……显然，这样的二元判断不免失于简单，因为它抛弃了事物存在的丰富性及其发展的多元性。事实上，在80年代由现代性启蒙话语所叙述的爱情故事中，矛盾的构成主要并不是出于女性价值与男权传统的对立，而更多的是性别模糊的现代人群与传统人群的冲突。但与此同时，作品对女性文化身份的认定，又往往透露出女性参与现代化事业的困境。

比如竹林写于80年代的小说《蜕》。虽然作者牢记自己作为一个女性知识分子要时刻保持社会批判的锋芒，但是如果仔细辨析小说的叙事结构，就可以看到在强大的现代启蒙话语的生产过程中女作家自身视界的有限性。这篇小说的基本情节是：乡村女性阿薇不甘心做丈夫的附庸，想发展自己的事业。尽管丈夫一再阻挠，阿薇仍然去听回乡好友克明讲课，并帮助克明努力改变村办工厂的落后面貌。当村中传出他们两人的流言，丈夫金元以自杀相威胁时，阿薇反而提出离婚诉讼。在克明事业遇挫遭到排挤不得不离去的前夜，阿薇勇敢地踏进他的小屋，奉献自身，为之壮行。在这篇小说的叙事结构中，有着现代性启蒙叙述最为常见的结构模式：作为"启蒙"的一方，克明有着开放的思想、科学的信仰和不拘于传统的新型性别交往方式；而作为反启蒙的一方，金元具有的则是保守的观念、乡土意识以及对男主外、女主内的传统模式的认同。在这两个男性之间展开的现代与传统的争夺中，女性阿薇归属的选择很自然地突出了女性的精神地位问题。

在作品中我们看到的是，虽然阿薇自主地选择了"现代"，但是在她倾慕于克明那一套具有积极拯救意义的行为模式时，两者之间的精神地位并不对等。这不只表现在女主人公所向往的现代化事业在没有男性参与时就无法独立开展，更关键的是阿薇的女性"身体"在这场现代与反现代的较量中所充当的角色。无论"现代"还是"反现代"，都只是男性精英的事业，阿薇并没有在这场轰轰烈烈的现代化进军中获得自我人生意义的完整性，而只是在向克明奉献了自己的身体以后才部分地具有了意义。在这个有关现代性启蒙的悲剧故事中，女性的身体显然并不属于自己：当阿薇选择了"传统"的金元时，她是"物"；而在选择了"现代"的克明时，她依然是"物"。

可以看到，在新时期女性创作中，即使像"爱情"这样的文学话题，也因时代赋予的批判功能而承担了启蒙精神；与此同时，女性于其间也有着自己的突破和创造。

三

家庭是社会空间的延伸，家庭中所存在的仪式以及相关成员的活动组成了社会的有机生命体，家庭通常又成为女性生命展开的重要场所。然而，对新时期女性文学的叙述

---

① 吕红：《从情感到欲望：女性文学的流向》，载高琳主编：《论女性文学——中外女性文学国际研讨会文选》，中国妇女出版社1995年版，第44页。

来说，尽管家庭是作为一个与国家意识形态相区别的文化领域，但作家主要仍是力图通过对它的描写来达到深化"社会批判"的目的，而不是立足于表现个人情感、个人生活。因此，新时期女作家对这一叙事空间的开拓，从思想的层面来说，主要仍属于新启蒙的文学成果。

《家庭史》的作者认为："社会的现代化，不是排斥家庭的，而是和家庭的现代化一起实现的。"不过现代家庭是灵活的亲族网络中的"核式家庭"，这一点上有别于传统的亲族家庭，因而"核式家庭也就成了现代和个人价值提高的象征，成了反对沉重的门第和'家'的束缚的自由的象征"①。中国家庭模式由传统型向现代核心家庭的转化是五四反传统思想的重要组成部分。新时期女性文学在继承五四启蒙主义传统的基础上，"家庭"的文学表现功能不再以"反传统"为主要追求，而主要是作为现代性空间的一个延伸出现的。在新时期初年的女性文学创作中，"家庭"作为叙述话语，承载的并非个人经验的言说，而是更近于一个政治思想的启蒙地，一个意识形态话语最普遍的寓所。在这里，"家庭"作为知识分子"参政议政"的场所，起着普遍的政治仪式中"广场"的作用。比如《沉重的翅膀》中知识女性叶知秋在工业部副部长郑子云家中的一段议论，就具有这样的性质。当郑子云问叶知秋为什么关心制造工业时，她回答：

> 这个问题，是影响全国十亿人民生活的根本问题。物质是第一性的，没有这个，什么发展科学、文化、军事……全是空谈。……前十几年经济建设花的力量不小，大干苦干，实际效益却远不及我们付出的代价。为什么会搞成这个样子，又怎样才能搞好？我却说不出道理。……我们为什么老是？瞎折腾呢？再有多少钱，也经不起这么瞎折腾！大的不说，就说我上班每天经过的那条马路，从去年到今年，路面翻了三次。……好像人们都不知道，工人的开支，推土机、汽油、沥青、砂石全是重复的消耗！能不能不这么干呢？

这是在 80 年代作品中经常能读到的"客厅政治"语言。从这样的表达方式中，我们可以触摸到现代性民族国家话语的一些重要特征：这里不存在完全意义上的个人，说话者实际上是以代表国家、人民的"我们"出现，并获得一种精神上的正义感和崇高感。这样的现代化信念并不曾将现代市场准则下个人空间的塑造理解为现代化本身的命题，而是将现代化所必然带来的集体重塑与对个人空间、个人选择的必要保留看成是一种相互对立的矛盾体，于是现代化成了一种与个人具体生活情形无关的文化信念。

出现这种状况，应该说与中国现代化的本土性质密切相关。有学者在对比了欧洲和中国不同的社会形态后发现，"在欧洲这个现代社会类型的起源地，民族—国家和现代性是作为制度而逐步建立起来的。然而，在中国这样一个经历了半殖民地的文化阵痛后才进入现代国家和文化建设的社会中，民族—国家和现代性的建构首先不是一个制度建设的过程，而是一个意识形态的过程。也就是说，原来属于制度创新的东西，在中国首

---

① ［法］比尔基埃主编：《家庭史》，三联书店 1998 年版，第 756 页。

先通常是被作为符号引进的"①。因而从"文化层次"来探讨中国的现代化问题，就"构成了中国现代性的一大特色"②。中国现代化这种符号化的文化特征，虽然缺少对现实问题的具体分析力度，但它作为中国新启蒙知识分子的一个基本信念，与他们根植于现实的落后经验联系起来，就引发了一种普遍的"话语焦虑"。前边所引叶知秋的客厅言论中，正有着知识分子基于现代性目标而诱发的焦虑：在质问式、倾泻式的语言洪流中贯穿着实现目标的紧迫感。这可以说是现代性话语的一种特有的时间观：时间被理解为一个不断向未来延伸的链条，在这个被强化了的时间感受中，充溢的是对现状的不满和对前景的膜拜。而女主人公沉湎于"民族代言人"的那种不假思索的心理状态，则从一个侧面反映出现代民族国家话语对个人发展多种可能性的压抑。至于发言人的性别，在这里几乎完全没有意义。

不过，叶知秋借以发言的场所——郑子云的"家庭"却是具有"寓意"性质的。在叶知秋眼里，"郑子云的房间里打扫得很干净，但给她一种谁也不打算在这里住一辈子的感觉。墙壁没有任何装饰——家具全是从机关里借来的——就连窗帘，也是办公室里那种常见的浅蓝色细布的。从这间屋子里，绝对猜不到主人的爱好、兴趣。"这是一个相当程度上具有现代化表征的家庭：不仅是它整体布局的大众化与一般化，包括房间里仅有的几件家具是从办公室"借"来的这一细节，也已经在暗示现代化的民族国家对大众生活的调节力度。家庭空间正是由于与集体空间的衔接才有意义，但也可以说真正属于家庭的私人话语空间在当时女作家的现代性叙事中还不存在——小说中郑子云的妻子夏竹筠的境遇揭示了这一点。夏竹筠的个人追求（"烫发"、"赶时髦"、"讲究吃穿"）主要体现为在现代化的市场交换行为中，劳有所为、劳有所得这样的维护家庭日常生活合理性的价值原则。但是，她所试图建立的生活标准由于与郑子云、叶知秋等超越日常经验的现代意义目标格格不入，因而在这个实际处于前现代语境而又被现代性话语强制叙述出来的家庭中，她只能处于被排斥的地位。而且，在读者的阅读经验中，夏竹筠这个人物也很容易被认为带有一些"市民气"。

然而，在80年代新启蒙主义的"问题视野"中，我们看到的往往是对妇女问题的另一种诊断方式。比如对谌容的中篇小说《人到中年》的解读。多数评论文章认为，作品塑造了一个"光彩照人的社会主义新人形象"③；"在陆文婷身上看到了一代社会主义新人的面影"④等，认为作品虽然揭露了生活中的"消极阴暗方面"，但并没有使人怀疑社会主义制度，"作品的整个背景是明丽的"⑤。当时最具说服力的一种解释是"社会主义新人说"：它既因极力淡化个人的利益立场而应合了人道主义信仰，又因为体现了社会主义文化对个人的教育成果，因而与国家对旧有意识形态的改造行为相重合。在此基础上自然形成80年代女性文学解释女性家庭问题的惯性模式：社会主义革命的终极目的是消灭阶级，"女性和'家庭'的一切自由或活动只在符合'新人降生'

①　王铭铭：《安东尼·吉登斯现代社会论丛·译序》，载安东尼·吉登斯：《社会的构成》，三联书店1998年版。

②　罗荣渠：《现代化新论——世界与中国的现代化进程》，北京大学出版社1993年版，第373页。

③　丹晨：《一个平凡的新人形象——谌容新作〈人到中年〉读后》，《光明日报》1980年3月26日。

④　梅朵：《我热爱这颗星——读〈人到中年〉》，《上海文学》1980年第5期。

⑤　朱寨：《留给读者的思考——读中篇小说〈人到中年〉》，《文学评论》1980年第3期。

这个总的终极目的的情况下才被承认"，因此"也无须承认妇女运动的某种自治，因为男人和妇女应该团结起来，共同行动，去建立社会主义"①。巴齐勒·克尔布莱的话说得也许尖刻了些，不过也从一个侧面提示了在当代中国的"社会主义化"过程中，现代性的启蒙主义妇女理论所包含的现实矛盾。

当代中国的妇女解放理论是以西欧古典社会主义和马克思、恩格斯的科学社会主义为蓝本的。空想社会主义者充分意识到了妇女作为生产力要素的必要性，因而妇女解放的"水平"是他们描述一个社会解放程度的主导性话语。恩格斯在《家庭、私有制与国家的起源》中以对私有制的批评提出了自己的妇女解放观点，认为如果妇女"只限于从事家庭私人劳动，那么妇女的解放，妇女同男子的平等"，将"都是不可能的"②；妇女解放的第一个条件就是"一切妇女重新回到公共的劳动中去"③。这里隐含的前提是，必须有一个充分现代化的社会形态来提供保证，而对处于现代化进程中的妇女来说，家庭具有什么样的存在意义，提出者并未给予详细的说明。在当代中国的社会主义实践中，妇女由家务劳动中解放的问题，正是在解放生产力的框架中得以解决的。这种理论模式在 60 年代以后激进的现代化想象里，鼓励了由家庭空间向社会集体空间的倾斜。激进的社会启蒙观点往往将家庭视为滋生资产阶级的温床，并且试图用"社会主义大家庭"这样的理想化的公众空间来取代它。而另一方面的问题则被忽略：社会主义实践虽然借助政治手段扩展了妇女在社会上的生存空间，但并没有将这种影响渗透到男性对家庭的意识之中。

《在同一地平线上》（张辛欣）中的女性对丈夫在家中大男子主义的幽怨与无奈并不是没有原因的，至少它在"半边天"式的本土语境中清晰可辨。然而，80 年代的女性知识分子在高度认同启蒙主义的历史意义之时，并不曾意识到"革命文化"作为一种思想文化传统的连续性。这样，当"日常生活"叙述成为女性的合法性话语之后，却并没有相应建立起与其密切相关的道德基础与心理基础，因此才会出现《人到中年》中陆文婷那样的对"国家与人民"深重的"赎罪意识"，以及由此诱发的在家庭角色与社会角色之间心力交瘁的生活悲剧。从《沉重的翅膀》那种带有女性想象色彩的社会现实感，到《方舟》中女性以"集体"的形式同外部世界对抗，某种意义上或许都可以看做新时期女作家力求走出"启蒙话语"的覆盖，向日常生活经验还原。

综上所述，在中国 20 世纪 80 年代的历史情形中，知识分子植根于落后的社会现实，建立现代"国家"与树立现代性的"人"的努力几乎是同步进行的。这一时期的女性文学创作大体上同样遵循着这一思路。女性文学实践者和倡导者所强调的女性意识和女性解放的目标也正是于此之间具体化了。也就是说，既然是依照启蒙的思想逻辑来思考女性问题，那么启蒙的思想目标也就在很大程度上制约着女性解放的目标，从而使女性解放问题转化为女性与"国家"、与"人"的启蒙的关系问题。在此

---

① 此为巴齐勒·克尔布莱的观点。参阅比尔基埃主编：《家庭史》"苏联"卷部分有关论述，三联书店 1998 年版。

② 《马克思恩格斯选集》第 4 卷，人民出版社 1995 年版，第 162 页。

③ 《马克思恩格斯选集》第 4 卷，第 72 页。

过程中，中国的女性文学创作呈现出不同于西方的发展特点。它是 80 年代女性文学对五四传统轨迹的延伸，也理所当然地成为我们考察 80 年代女性文学与启蒙思想关系的一个重点。

〔作者乔以钢，教授，南开大学文学院。天津　300071〕

周代礼辞与中国社会的"慎言"观念*

沈立岩

"慎言"是中国传统文化最基本的语言态度之一。此态度之形成，有悠远而复杂的社会文化原因，其影响亦极为深刻而广泛。尽管"慎言"的训诫常常微观地表现在个人人格修养或行为范导的层面之上，但是毋宁说，它来自于一种刻骨铭心的群体记忆，来自于对切身语言经验的体认与反思，而同样经验的重复和积累又强化了这种体认和反思，最终沉淀为一种人格标准和行为规范。由于这一问题不可能在有限的篇幅内解决，本文以此态度形成的关键期和典型表现——周代礼辞——为样本，就其形态特征、历史成因与文化内蕴作一简要的分析，可算是一个具体而微的说明。

一

"礼辞"之名，见于《左传》。襄十二年，"灵王求后于齐，齐侯问对于晏桓子。桓子对曰：'先王之礼辞有之……'"襄二十六年，"韩宣子聘于周，王使请事。对曰：'晋士起将归时事于宰旅，无他事矣。'王闻之，曰：'韩氏其昌阜于晋乎！辞不失旧。'"此外在三礼及其他的先秦典籍之中，类似的记载也多有所见。如《周礼·秋官·大行人》："七岁属象胥，谕言语，协辞命；九岁属瞽史，谕书名，听声音。"《司仪》："司仪掌九仪之宾客摈相之礼，诏仪容、辞令、揖让之礼。"《象胥》："象胥掌蛮、夷、闽、貉、戎、狄之国使，掌传王之言而谕说焉，以和亲之。若以时入宾，则协其礼与其辞言传之。入送逆之礼，节币帛、辞令之礼而宾相之。"言辞与仪容、举止相埒，而均节之以礼文，并为礼制之有机组成要素，此盖"礼辞"立名之意。

周代文化以礼乐著称，孔子因之有"郁郁乎文"（《论语·八佾》）之叹。而"无辞不相接也，无礼不相见也"（《礼记·表记》）的说法，更昭示了礼辞在周代社会交往中所具有的重要地位。作为周代语言活动最独特的变体之一，礼辞遍存于冠、昏、丧、祭、乡、相见乃至宴享、朝聘、会盟等各种礼仪场合之中，既为宗周社会的等级制度与文化模式在语言层面的投射，同时亦是后者积极的建构性力量。此种性质和功能，首先便突出体现在礼辞发达的称谓系统上。《礼记·玉藻》：

---

* 本文系 985 工程二期项目《社会变迁与春秋战国时期的语言活动、语言制度和语言观念》及全国优秀博士学位论文资助项目《先秦语言活动与中国早期文化模式研究》的成果。

凡自称，天子曰"予一人"，伯曰"天子之力臣"。诸侯之于天子，曰"某土之守臣某"；其在边邑，曰"某屏之臣某"；其于敌以下，曰"寡人"。小国之君曰"孤"，摈者亦曰"孤"。上大夫曰"下臣"，摈者曰"寡君之老"；下大夫自名，摈者曰"寡大夫"；世子自名，摈者曰"寡君之适"；公子曰"臣孽"。士曰"传遽之臣"，于大夫曰"外私"。大夫私事使、私人摈则称名；公士摈则曰"寡大夫"、"寡君之老"。

《曲礼下》：

君天下，曰"天子"；朝诸侯，分职授政任功，曰"予一人"；践阼、临祭祀，内事曰"孝王某"，外事曰："嗣王某"；临诸侯，畛于鬼神，曰"有天王某甫"……措之庙，立之主，曰"帝"；天子未除丧，曰"予小子"。

五官之长曰"伯"，是职方。其摈于天子也，曰"天子之吏"。天子同姓，谓之"伯父"；异姓，谓之"伯舅"。自称于诸侯，曰"天子之老"。于外，曰"公"；于其国，曰"君"。九州之长入天子之国，曰"牧"。……于外曰"侯"；于其国曰"君"。其在东夷、北狄、西戎、南蛮，虽大曰"子"。于内，自称曰"不榖"；于外，自称曰"王老"。庶方小侯，入天子之国，曰"某人"；于外，曰"子"，自称曰"孤"。

天子之妃曰"后"，诸侯曰"夫人"，大夫曰"孺人"，士曰"妇人"，庶人曰"妻"。……夫人自称于天子，曰"老妇"；自称于诸侯，曰"寡小君"；自称于其君，曰"小童"。自世妇以下，皆自称"婢子"。……列国之大夫，入天子之国，曰"某士"；自称曰"陪臣某"；于外曰"子"，于其国，曰"寡君之老"。使者自称"某"。

诸侯见天子，曰"臣某侯某"。其与民言，自称曰"寡人"。其在凶服，曰"适子孤"。临祭祀，内事曰"孝子某侯某"，外事曰"曾孙某侯某"。

《仪礼·觐礼》：

同姓大国，则曰"伯父"；其异姓，则曰"伯舅"。同姓小邦，则曰"叔父"；其异姓小邦，则曰"叔舅"。

《士相见礼》：

凡自称于君，士大夫则曰"下臣"。宅者在邦，则曰"市井之臣"；在野，则曰"草茅之臣"。庶人则曰"刺草之臣"。他国之人则曰"外臣"。

不难理解，称谓是社会结构与人际关系最直观的语言表征：一方面为不同的身份与角色得以区分、标识的符号，另一方面，也是社会沟通、互动与整合的微调工具。夷考周代宗法等级社会的称谓系统，这两方面的功能都有相当突出的体现：各称谓之间既呈现出严格的结构性对比，也在语言实践中被着意地突出和强调，以贯彻其"定亲疏，决嫌疑，别同异，明是非"（《曲礼上》）的宗旨。

这正是当时"正名"之说的要义所在。"名"在此不仅意味着"名称"，更意味着"名分"，全体社会成员皆依特定的"名"而拥有特定的"分"，即今所谓权利和义务，由此构成一个等差分明、界划清晰的社会图像。循着"法出于礼，礼出于名"（《管子·枢言》）的逻辑，"名位不同"则"礼亦异数"（《左传》庄十八年）；名既得正，自然也就会"礼达而分定"（《礼运》）。而"唯器与名，不可以假人"（《左传》成二年）、"为君者慎器与名，不可以假人"（昭二十三年）、"名者，人治之大者也，可无慎乎"（《礼记·大传》）的再三致意也就不难理解了。

作为同一逻辑的自然延展，与特定名位相关联的事物亦不能不有各异之名称。《曲礼下》：

> 天子当依而立，诸侯北面而见天子，曰"觐"。天子当宁而立，诸公东面，诸侯西面，曰"朝"。诸侯未及期相见，曰"遇"。相见于郤地，曰"会"。诸侯使大夫问于诸侯，曰"聘"。约信，曰"誓"。莅牲，曰"盟"。诸侯……既葬，见天子，曰"类见"，言谥曰"类"。
>
> 天子死曰"崩"，诸侯曰："薨"，大夫曰"卒"，士曰"不禄"，庶人曰"死"。
>
> 纳女于天子，曰："备百姓。"于国君，曰"备酒浆"，于大夫，曰"备埽洒"。
>
> 问天子之年，对曰："闻之，始服衣若干尺矣。"问国君之年，长，曰："能从宗庙社稷之事矣。"幼，曰："未能从宗庙社稷之事也。"问大夫之子，长，曰："能御矣。"幼，曰："未能御也。"问士之子，长，曰："能典谒矣。"幼，曰："未能典谒也。"问庶人之子，长，曰："能负薪矣。"幼，曰："未能负薪也。"问国君之富，数地以对，山泽之所出。问大夫之富，曰："有宰食力，祭器衣服不假。"问士之富，以车数对。问庶人之富，数畜以对。
>
> 国君去其国，止之曰："奈何去社稷也！"大夫，曰："奈何去宗庙也！"士，曰："奈何去坟墓也！"

《少仪》：

> 君将适他，臣如致金玉货贝于君，则曰："致马资于有司。"敌者曰："赠从者。"
>
> 臣致襚于君，曰"致废衣于贾人"。敌者，曰"襚"。
>
> 臣为君丧，纳货贝于君，则曰："纳甸于有司。"
>
> 适有丧者曰"比"，童子曰"听事"。适公卿之丧，则曰"听役于司徒"。

既然"天有十日，人有十等"（《左传》昭七年），而等第的划分又不能不有赖于符号的分化与差异——此乃礼之"别异"功能（《乐记》）之最为直接而有效的部分。因此周人自建国之初，即对礼制的建设多所垂意。对于损益夏殷而更见精密的周代文化来说，这也是社会分化与文化演进两方面的自然需要。在此背景之下，语言活动的秩序建构，作为社会整合与文化凝聚的有机组分和有效手段，自然也不可能被轻易地放过。事实上，称谓及各种名谓系统的繁衍发达正可以表明，在宗周社会某些重要的语言行为中，已经形成了颇为复杂的制度化形态。

如果"经礼三百，曲礼三千"（《礼器》）、"礼仪三百，威仪三千"（《中庸》）并非全无根据的夸大之辞①，可以推断上述记载还只是冰山之一角。因为在先秦典籍当中，关于不同礼仪之相应礼辞的记载仍然不在少数。如冠礼，行礼之前，有戒宾、宿宾之礼，亦有戒宾、宿宾之辞；行礼时有三加之礼，每加皆有祝辞；加冠之后行醴礼，则有醴辞；若不行醴礼而行醮礼（一种变礼形式），则每加皆有醮辞；加冠后为冠者取字，则有字辞（《仪礼·士冠礼》）。又如昏礼，举凡纳采、问名、醴使、纳吉、纳征、请期、反命、亲迎、醮子、摈对、送女、授绥、命使、婿见诸节，言辞皆有一定之成式（《士昏礼》）。此外，如国君取夫人、贺取妻者、诸侯出夫人、士休妻等，也各有不同说辞（《礼记·祭统》、《曲礼上》、《杂记下》）。又如丧祭之礼，举凡讣告、吊丧、致含、致襚、致赗、三虞、告祔、飨尸、小祥、大祥、宿尸、阴厌、侑尸、致嘏、馂食等不同环节，也均有成式可依（见《杂记上》、《仪礼·士虞礼》、《特牲馈食礼》、《少牢馈食礼》）。

更值得注意的，是贵族阶层交接往还时的语言活动。就功能的相似性而言，可以包括贽见、乡饮、乡射、大射、燕食、朝觐、聘问等。《乐记》云："射、乡、食、飨，所以正交接也。"《昏义》云："尊于朝聘，和于乡射。"这些礼仪，都是以建构和调谐家庭以外的社会关系，规划与厘定社会交往的秩序，维持社会之和谐有序的运转为基本动机的，因此必然要以严格的礼制为依据，其中便包括规范化的礼辞，即所谓"无辞不相接也，无礼不相见也，欲民之毋相亵也"。其间贽之辞受、献还及相应之辞令，《仪礼·士相见礼》皆记之甚详。至于天子与诸侯、诸侯与诸侯间的邦国之交，其礼节之繁重更可想而知，其间命使、告庙、假道、郊劳、赐舍、摈使、致命、告事、私觌、赠贿、复命诸节，亦无不有其成辞可依，此由《仪礼》之《聘礼》、《觐礼》可窥一斑，于《左传》、《国语》所记春秋时事亦可得印证。

不仅如此，语言的制度化倾向还超越了上述范围而广及不同的情境，形成了极为繁缛而细密的规则。例如于尊卑，有：

> 侍于君侧，不顾望而对，非礼也。（《曲礼下》）
> 为人臣下者，有谏而无讪，有亡而无疾。颂而无谄，谏而无骄。
> 长者问，不辞让而对，非礼也。
> 夫为人子者，见父之执，不谓之进不敢进，不谓之退不敢退，不问不敢对。
> 从于先生，不越路与人言。……先生与之言，则对，不与之言，则趋而退。
> 长者不及，毋儳言。正尔容，听必恭，毋剿说，毋雷同，必则古昔。侍坐于先生，先生问焉，终则对。请业则起，请益则起。父招，无"诺"；先生招，无

---

① 《大戴礼记》《本命》、《卫将军文子》，《礼记正义序》引《礼说》皆有类似说法。

"诺"。"唯"而起。尊客之前不叱狗。（《曲礼上》）

在父母舅姑之所，有命之，应"唯"，敬对。

及所，下气怡声，问衣燠寒、疾痛苛痒，而敬抑搔之。（《内则》）

有问焉，则辟咡而对。（《少仪》）

于男女，则有：

公庭不言妇女。（《曲礼下》）

叔嫂不通问。……外言不入于梱，内言不出于梱。（《曲礼上》）

男不言内，女不言外。……内言不出，外言不入。（《内则》）

于公私，则有：

书方、衰、凶器，不以告，不入公门。公事不私议。

在官言官，在府言府，在库言库，在朝言朝。朝言不及犬马。（《曲礼下》）

即使这些也仅是略具大端，其他种种繁细的规则在此无法遍举。"累世不能殚其学，当年不能究其礼"（《史记·孔子世家》）的批评虽是对孔子而发，却也足以折射出周代礼制的若干实情，所以毫不夸张地说，礼辞乃周代语言活动制度化倾向之最明确的体现。

二

人类学家认为："要了解人类及其本质就必须先了解语言。这不仅因为语言促成了人类的文化，造成我们在大自然中独一无二的地位，而且也因为语言是文化本身的基础；语言主要是由一套无意识但极其复杂的'规则'和设计所构成的体系，它包含了人类对世界的知识以及行动的原则。它……提供了一套关键性的线索，让我们知道人类是如何了解、如何整理其所知所信的东西的。"① 但是，作为周代语言活动的独特变体，礼辞又有其独特的研究价值。这首先取决于礼在周代社会生活中非同寻常的意义。所谓"道德仁义，非礼不成；教训正俗，非礼不备；分争辨讼，非礼不决；君臣上下，父子兄弟，非礼不定；宦学事师，非礼不亲；班朝治军，莅官行法，非礼威严不行；祷祠祭祀，供给鬼神，非礼不诚不庄"（《礼记·曲礼上》），大约可以说，彼时社会之赖以分化、整合及有效运转的，皆在于一个"礼"字。它既是生活方式也是思想观念，既是风俗习惯也是社会制度，既表现于具体的器物、举止、声乐、言辞方面，也沉淀为无形无声而又无所不在的民族气质和文化精神。而作为宗周礼乐文化的有机组成部分，礼辞不仅为交流思想的工具，更具有区分身份等级、协调人际关系、巩固政治秩序、强化社会整合的重要功能。正因如此，其功利意向之鲜明，修辞意识之自觉，又殊非他种变体可比，遂为观察周代社会结构与其意识形态间互动关系的典型样本。

---

① 罗杰·M. 基辛：《当代文化人类学概要》，北晨编译，浙江人民出版社 1986 年版，第 60 页。

尽管周公制礼作乐之说不能尽信为实，但宗周礼乐制度的自觉建设自周公发轫，于周代中期渐趋定型则大体可以肯定。① 所以作为一种经过了有意识整合的文化，礼乐文化无疑具有高度的内在有机性。礼辞既与礼乐相伴而行，其话语的风格形态必然要与礼乐的内在精神相协调。正如露丝·本尼迪克特所说："一种文化，就像一个人，或多或少有一种思想与行为的一致模式。每一文化之内，总有一些特别的，没必要为其他类型的社会所分享的目的。在对这些目的的服从过程中，每一民族越来越深入地强化着它的经验，并且与这些内驱力的紧迫性相适应，行为的异质项就会采取愈来愈一致的形式。当那些最不协调的行为被完全整合的文化接受后，它们常常通过最不可能的变化而使它们自己代表了该文化的具体目标。我们只有先理解那个社会的情感与理智的主要动机，我们才能理解这些行为所采取的形式。"②

那么，礼辞的成因及基本动机又是什么呢？这个问题不仅与制定语言规范时的有意识动机有关，也涉及文化选择的无意识机制，因为正是在本能反应或随机性行为遭到抑制的地方，在诸多可能的方案"穿过社会承认的针眼"的地方③，隐蔽的文化内驱力才可能被觉察。我们知道，自觉而系统的礼制乃源于行而不著、习焉不察的礼俗，而礼俗则是在漫长的生活实践中，从围绕相同的生活主题的各种杂乱的行为反应中，经过筛选和扬弃而逐渐趋于条理化和模式化的。《坊记》云："礼者，因人之情而为之节文。"《礼运》云："何谓人情？喜怒哀惧爱恶欲，七者，弗学而能。"又曰："饮食男女，人之大欲存焉。死亡贫苦，人之大恶存焉。故欲恶者，心之大端也。人藏其心，不可测度也，美恶皆在其心，不见其色也，欲一以穷之，舍礼何以哉？"但同时也指出："是故夫礼，必本于天，殽于地，列于鬼神，达于冠、昏、丧、祭、射、乡、朝、聘。"一是顺乎人性，一是法则自然，两方面结合起来，即所谓"承天之道"、"治人之情"。

情绪是人类最古老的心理机能之一，就来源而言是本能性的，即所谓"弗学而能"（《礼运》）。就功能而言，它既可以是思想与行为的动力或促发因素，但也常常可能变成清明的理性思考和有条理行为的瓦解力量。因此，对情感抱以怀疑、反感甚至诋毁的态度每每成为早期理性主义思潮的共同倾向。对此，周代制礼者也抱有类似的共识，"节"的概念就是明证。节者，节制之谓也，需要节制的，总是危险的因素。《檀弓下》云："丧礼，哀戚之至也。节哀，顺变也"，"辟踊，哀之至也，有筭，为之节文也"，"有所袒，有所袭，哀之节也。"悲哀虽为亲人亡故所引起的一种自然而合理的情感反应，但若任其自由泛滥，不仅有害于个人身心，也会干扰正常的生活和秩序，使人变得脆弱而无法胜任其应负的社会职责。至于快乐之情，虽然具有积极的性质，但也同样需要节制，所谓"乐不可极"（《曲礼上》）即是，如乡射之礼有"以乐节射"，宴饮礼毕则有"宾出奏《陔》"。至于礼辞，宗旨亦在于此。在宗法等级的社会结构和礼乐文明的文化模式双重模塑之下，礼辞表现出一种节制、谦抑、平和而持重的风格形态，以及对伦理情感之条理化表达和自然情感之有意识克制，其卑己尊人的称谓形式、模式化的

---

① 《左传》文十八年、《逸周书·明堂》、《礼记·明堂位》、《史记·周本纪》、《通鉴外纪》引《尚书大传》皆称周公制礼乐，而就出土文物来看，成套礼乐器的出现则在西周中期的昭、穆之世以后。

② 露丝·本尼迪克特：《文化模式》，何锡章译，华夏出版社1987年版，第36页。

③ 露丝·本尼迪克特：《文化模式》，何锡章译，华夏出版社1987年版，第20页。

措辞手段、程序化的表达方式以及温厚典雅的风格基调，都明确地指向一个共同的主题——节制。

周初，周公作洛，邑成，致政于成王，曰"王肇称殷礼，祀于新邑，咸秩无文"（《洛诰》），王引之云："今按文当读为紊。紊，乱也。《盘庚》曰：'若网在纲，有条而不紊。'《释文》'紊，徐音文'，是紊与文古音同，故借文为紊。"周公曾告诫成王说："汝其敬识百辞享，亦识其有不享。享多仪，仪不及物，惟曰不享。惟不役志于享。凡民惟曰不享，惟事其爽侮。"这话朴素之至，却清楚地表达着这样一种认识：礼的真正意义并不在礼物，而在于交流礼物的礼仪，在于这礼仪所从出的真诚信念。其中"咸秩无文"一语，最为形象地表达了周人的生活理想：一种节制、有序、从容、静穆的生活，其中的一切都得到了详细的规划，没有什么可以逸出规范体系的辖域之外。其浓厚的理性主义诉求，可归之于韦伯所说的"有条理的生活方式"的一种特定类型。

由此设想，礼辞的形成必定经历了一个先是自下而上、其后则自上而下的过程，也就是说，这种语言形式首先是在一般的社会交往和互助中作为礼俗自发地产生，随后则被有意识地加以提炼完善，并作为规范化或制度化的礼仪来实行。因此在社会层位上，礼辞经历了一个由低而高的过程，它的结构形态，则同时经历了一个由简单而复杂、由粗糙而精致、由通俗而雅化的过程。语言变体的形态特征，往往同它的使用者的社会等级或社会身份具有谐变的关系。正如韦伯所说，身份及其相应的地位通常由出身获得，并由法律所界定，但却由生活方式来显露①，贵族集团的政治优势，也是通过他们的文化优势体现出来的。《曲礼上》："鹦鹉能言，不离飞鸟；猩猩能言，不离禽兽；今人而无礼，虽能言，不亦禽兽之心乎！"《礼记·冠义》也说："凡人之所以为人者，礼义也。"这话可以理解为对包括礼辞在内的整个礼仪系统的价值底线的描述，由此而向上，则勾画了作为一个"人"所应有的生活状态。就深层动机而言，它表述的又不仅仅是一个文化的判断，也是一个政治的判断。显而易见，一套得到有效贯彻的礼制，不仅能够规范和整齐人的行为，也使人的行为变得可以预期，它既是人际交往的通行证和润滑油，也是社会冲突的预警和缓冲的装置，因而可以作为社会调控的理想工具。周公所谓"敬（警）识"享与不享，仪之及物与不及物，并由"不享"的表象推出"惟事其爽侮"的严重后果，正是把礼的实行情况视为判断政治态度的灵敏指数。

既然如此，在礼辞的规划中，这一意图必然也要有所体现。正所谓"驷不及舌"（《论语·颜渊》），言之出口固然轻而易举，但后果却常常出人意料地严重。《盘庚》云："相时憸民，犹胥顾于箴言，其发有逸口，矧予制乃短长之命！汝曷弗告朕而胥动以浮言？恐沈于众，若火之燎于原，不可向迩，其犹可扑灭？"星火燎原而不可向迩，这个经验早在殷商时代就已经被统治者所深切地体会到了。对于一向以"慎言"相诫的周人来说，殷人的经验和教训是他们时时都会想起而难以忘怀的。实际上，对语言社会效能的重视在古代社会都是极为普遍的现象，在希腊和罗马时代，与语言实践密切相关的修辞问题一直受到高度关注。亚里士多德把人定义为"政治的动物"（zoon politikon），而"人类共同体的所有必要活动中，只有两种活动被看成是政治性的，……即行动（praxis）和言语（lexis）"，所以他进一步把人定义为"会说话的动物"（zoon

---

① 彼得·伯克：《历史学与社会理论》，姚明译，上海人民出版社 2001 年版，第 75 页。

logon ekhon)①。在语言是人性的重要标志，是公共生活和政治斗争的有力工具这一点上，不同的文化取得了相同的认识，所以保罗·利科称古典修辞学为"影响司法程序的艺术"，艾柯则称之为"在情绪和实用上影响听众"的"意识形态话语"②。可以看到，礼辞的修辞化意向不是局部和偶发的，而是沿着语言活动的所有环节展开，覆盖了表达形式的所有方面，呈现出一种制度化的形态。似乎可以这样说，周人尽管没有创造一种理论修辞学，却创造了一种堪称"行动艺术"的实践修辞学。

至于这修辞的动机，则不出乎"节"、"文"两端。"节"以"节制"为基本取义，殆可无疑，但是，它的含义又并不以"节制"为限。《乐记》云："是故先王之制礼乐，人为之节。衰麻、哭泣，所以节丧纪也；钟鼓、干戚，所以和安乐也；昏姻、冠笄，所以别男女也；射、乡、食、飨，所以正交接也。礼节民心，乐和民声，政以行之，刑以防之，礼乐刑政，四达而不悖，则王道备矣。"以"节"字为总领，以"节"、"和"、"别"、"正"四字互文见义，将"节"的丰富内涵阐释得相当全面而透彻。礼原本具有习惯法的性质，礼辞作为此习惯法的结晶物，浓缩了复杂的社会、文化内涵，其深厚有如冰山隐没于水下的庞大部分，言辞特其露出水面的语言尖顶而已。确切地说，礼辞仅在能指的层面显示为语言之维，却内在地与社会结构及其意识形态密切相关。压缩了的内涵，随即又在言语活动中膨胀开来，即所谓"与君言，言使臣；与大人言，言事君；与老者言，言使弟子；与幼者言，言孝弟于父兄；与众言，言忠信慈祥；与居官者言，言忠信"（《仪礼·士相见礼》）、"在官言官，在府言府，在库言库，在朝言朝，朝言不及犬马"（《曲礼下》），要之则皆不出礼义的申述。

美国交际民族志学家海姆斯曾指出，与环境（setting）侧重于时间、地点等物理的因素不同，场合（scene）特指事件的文化定义③。礼辞在语言活动的场合意识方面具有极高的敏感度，场合略有变化，言语的形式均随之而有所调整。这首先体现为对私人言语与公共言语的严格区分，所谓"内言不出，外言不入"（《内则》）、"外言不入于梱，内言不出于于梱"（《曲礼上》）便是明证。其次，场合的性质不同，其规范即有相应的调整，如周王之多种称谓，公、卿、大夫、士在面对等级不同对象时的称谓和语言方式。此外关于说话的地点、时机、体姿、目光、神态、口气，礼辞的规定可谓细密无遗。从这些线索来看，语言平抑社会冲突（节）、协调人际关系（和）、区分身份角色（别）、巩固统治秩序（正）的社会调控功能已被周代统治者所充分觉察。有趣的是，它不仅在实用效能的层面被反思和筹划，其形式的美化也受到了异乎寻常的关注，此即礼辞的尚"文"倾向。

三

《礼器》云："君子之于礼也，有所竭情尽慎，致其敬而诚若；有美而文而诚若。"

---

① 汉娜·阿伦特：《公共领域与私人领域》，见《文化与公共性》，汪晖、陈燕谷主编，三联书店1998年版，第58—61页。

② 李幼蒸：《理论符号学导论》，社会科学文献出版社1999年版，第316—317页。

③ 徐大明等：《当代社会语言学》，中国社会科学出版社1997年版，第39页。

所谓"美而文"者，即形式的修饰和美化。法国社会学家布尔迪厄对上层社会将自己与他人区分开来的策略进行了研究，采用了美国学者凡勃伦提出的"炫耀式消费"的概念，认为这种表面上的浪费实际上是把经济资本转化为政治、社会、文化或"象征性"资本的一种手段。① 显而易见，与物质财富的"炫耀式消费"相比，语言的美化无疑要理性得多也廉价得多，但就功能而言则并无二致：在教育资源高度垄断，大多数社会成员处于文化赤贫的情况下，语言的美化似乎纯属精神奢侈，但正是这样一种奢侈，显示了贵族引以为荣的文化优势，并将其与下面的社会等级明确地判别开来。

于是，优雅的语言成了优越身份的标志，这一观念沉淀在"言，身之文也"（见《左传》僖二十四年、《国语·晋语五》）的格言之中。而从"君子服其服，则文以君子之容；有其容，则文以君子之辞；遂其辞，则实以君子之德"（《表记》）的说法来看，君子的身份实际包含着一系列相互关联的必要条件，从内在的品德到外在的言辞、容体、服饰，此即孔子所谓"文质彬彬"，于焉可见周代贵族阶级的人格理想。但如何才算是"文"？它在语言方面又有什么具体的要求？仅就字面而言，"文"无疑有文饰之义，但就实际意指而言，则包含了若干相异而又互补的要求。

首先，与礼辞的实践特质相关，"文"意味着一种语言表达的"适度"之感。这层含义与礼仪"节"的含义内在相通并由之衍生而来。其时所谓的"文"辞，并不以刻意藻饰为尚，所谓"辞多则史，少则不达"（《仪礼·聘礼记》），乃此原则之最为精准的概括。这标准看似简单，实则颇难满足。《论语集解》引孔安国："凡事莫过于实，辞达则足矣，不烦文艳之辞。"苏轼则云："孔子曰：'言之不文，行而不远。'又曰：'辞达而已矣。'夫言止于达意，即疑若不文，是大不然。求物之妙，如系风捕影，能使是物了然于心者，盖千万人而不一遇也，而况能使了然于口与手者乎？是之谓辞达。辞至于能达，则文不可胜用矣。"但事实上，礼辞既无单纯的求"实"之意，也无"求物之妙"的复杂动机，它只是要表达特定的交际意涵，而且通常采用曲折的表达方式。细味《聘记》原文，至少有一个意思极为明确，即"不多不少"。多，则有近于祝史"盖失数美"的"矫诬"之辞（见《左传》昭二十年）；少，则于意有所不足，无法实现交际的基本意图。所以"达"字的本意，应该是以辞、意之间的完美平衡为旨归的，即所谓"有美而文而诚若"。对于言者的道德修养和语言能力来说，这都是一个很高的标尺。且行礼强调整体的"威仪"，即所谓"进退可度，周旋可则，容止可观，作事可法，德行可象，声气可乐，动作有文，言语有章"（《左传》哀三十一年），言语特其一端而已，所以论"文"、论"达"，都不能离开"文辞以行礼"（《左传》昭二十六年）的特定语境。

其次，"文"又指涉着一种独特的修辞观念与手段。正是这种观念和手段，使礼辞呈现出一种独特的语言形态。约言之，可谓之"曲折"。笔者所以认为孔安国以"莫过于实"来解"达"为犹有一间，即因为他没有注意到礼辞表意曲折的重要特点。杨树达先生《汉文文言修辞学》立"曲指"一目，又分"称名"与"述事"两类，其例即多取自礼辞②。礼辞的称谓已如前述，其曲折的性质甚明。至于述事者，则大抵表现为

① 彼得·伯克：《历史学与社会理论》，上海人民出版社 2001 年版，第 82 页。
② 杨树达：《汉文文言修辞学》，中华书局 1980 年版，第 124—127 页。

以转喻之法委婉地陈述事实。如诸侯出夫人，曰"寡君不敏，不能从而祭社稷宗庙"，士出妻，曰"某不敏，不能从而共粢盛"，与夫共同主祭乃主妇之主要职责之一，今不直言其被出之原由，而自责以不能与之共行祭祀之职，非曲折而何？此外，日常生活中的许多细节也都异为之辞，如氾扫曰"扫"，扫席前则曰"拚"；问客人口味，曰"子亟食于某乎"；问其道艺，则曰"子习于某乎"或"子善于某乎"等等。

从符号学的角度来看，这种现象可以概括为围绕同一所指的多重能指的增生；按照传统的术语习惯，也可以称为"一实多名"现象，即用不同的语言形式来指称实际上同一的事物。不过正如弗雷格所说，这些名称尽管指称一致，但涵义却有不同。① 例如，同为出妻之事，国君曰"不能从而祭社稷宗庙"，士曰"不能从而共粢盛"。"粢盛"者，乃社会各等级成员祭祖共用之物，尚不足以彰尊卑、贵贱之等，而"社稷"唯国君可以当之，二者之意义自有微巨之异。又如同为纳女之事，天子曰"备百姓"，国君曰"备酒浆"，大夫曰"备埽洒"，所以有此区别，乃是因为"百姓"为天子所特有，《曲礼下》云："天子有后，有夫人，有世妇，有嫔，有妻，有妾"，《周礼·天官·内宰》"以阴礼教六宫"注引郑司农："六宫后五前一。王之妃百二十人：后一人，夫人三人，嫔九人，世妇二十七人，女御八十一人。"《礼记·昏义》："古者天子后立六宫，三夫人、九嫔、二十七世妇、八十一御妻，以听天下之内治。"故所谓"备百姓"者，谓备此百人之数也，周王而外莫能当之。至于"备酒浆"者，谓纳女以佐国君之宴饮；"备埽洒"者，谓纳女以供日常起居之侍应，又皆等而下之之辞。又如同为死亡，天子曰"崩"，诸侯曰"薨"，大夫曰"卒"，士曰"不禄"，庶人曰"死"，也是着眼于不同的身份等级而异为之辞。由此可见：一，修辞在此绝非单纯的语言技巧，亦非纯粹的务"美"尚"文"之术，而有明确的意识形态内涵；二，"节"与"文"实一体之两面，"文"虽然提供了一种含蓄、曲折的表达形式，但本身亦寓含着"节"的功能与意图。

《礼记·王制》："凡三王教世子，必以礼乐。乐，所以修内也；礼，所以修外也。礼乐交错于中，发形于外，是故其成也怿，恭敬而温文。"集中体现了周代贵族对理想人格的构想。礼辞之尚"文"倾向，即周人的文化兴趣在语言层面的投射。但是，礼辞之文并不以文采繁复为特征，其美感经验也与后世标举的"绮縠纷披、宫徵靡曼、唇吻遒会、性灵摇荡"这种较为发展的审美体验有所不同。它通常语句简短，几乎意达则止，绝无繁华富丽之态；措辞也多以委婉蕴藉为主，具有表意曲折、典雅矜重的特征；更为突出的，则是异常鲜明的模式化倾向。实在地说来，这些都与纯粹的审美相去甚远，甚至与审美的一般标准背道而驰。但值得注意的是，就它在时人的感受中所产生的印象而言，又的确带有审美的性质，此于"言语之美，穆穆皇皇"（《少仪》）可证。如此看来，我们所面对的并不完全是一个审美感受力的发展水平问题，更确切地说，乃是一个审美兴趣或审美趣味的不同倾向问题。所谓"辞多则史"，所谓"出辞气，斯远鄙倍"（《论语·泰伯》），实含有阶级的趣味在。在周代，祝史因社会地位的不断跌落而沦为政治权力的附庸，民众则处于经济与文化的双重贫困状态，故皆为贵族社会所不齿。言以人贵，自然亦以人而轻，于是他们的语言，或以"盖失数美"而致"矫诬"

---

① 弗雷格：《论涵义与指称》，载涂纪亮编：《语言哲学名著选辑》，三联书店 1988 年版，第 2—5 页。

之诋，或以质木无文而贻"鄙倍"之讥，成为贵族阶层设定自身语言品位之反面的参照：话不能说得太多，多则近于祝史之佞；话也不能说得太俗，俗则近于小人之鄙。是故君子不尚多言，而求"言必有中"（《论语·先进》）；又忌剿说、雷同，所以言"必则古昔"（《曲礼上》）。于是而"慎言"，而"有序"，而"顺且说"，而"美而文"，而"穆穆皇皇"，这一切无不突显着君子特有的威仪，表现着由高贵的血统、雄厚的财力、显赫的地位和优良的教育加在一起才能培养出来的审美趣味，成为贵族阶级综合优势在语言领域的象征，又以无可置疑的权威性凌驾于其他语言变体之上并施展其挤压和渗透的影响。

于是我们乃可理解，礼辞的特定风格何以会蔓衍为一种普遍的语言风格，并深刻地影响了周人思想感情的其他表达形式。如《诗经》，就情感的表现范围来看的确极为宽广，所谓"六志"、"七情"无不有所发露，且不无情辞激切乃至惊心动魄之作，诗歌"抒情"、"言志"的精神于此灿然可睹。但从另一方面来看，其所言者大抵仍以中和平正为主调，而激情的宣泄亦每每抑制在适度的范围之内。士女怀春，两情相悦，原是基于本能的自然冲动，在此也少了大胆直率的表露，而多的是"辗转反侧"（《关雎》）的苦思，"人言可畏"（《将仲子》）的顾虑，"道阻且长"（《蒹葭》）的惆怅，"耿耿不寐"（《邶风·柏舟》）的隐忧。即使面对邪恶势力的摧残打击，也殊少狂烈的愤怒和决然的反抗，而多的是忧，是怨，是孤独抑郁的"嘅然而叹"、"條然而啸"与"啜然而泣"（《中谷有蓷》），是"谓天盖高，不敢不局，谓地盖厚，不敢不蹐"（《正月》）的压抑，是对"得罪天子"与"怨及朋友"（《雨无正》）的恐惧，是噤若寒蝉的"善人载尸"（《板》）。偶有喷薄爆发，其根源也更多地来自对道德失范之理性的反感，而非个体需要之不满与受挫，所以大抵仍归于"主文谲谏"的阈限之内。"文"在这里，即意味着一种对自然情感的压抑、软化和转移，一种对修辞的关注和依赖。所以，《毛序》以"温柔敦厚"与"发情止礼"为《诗》之基调，就周代社会语言活动的一般特点及影响来看，还是有相当的根据的。因为文学毕竟也只是社会语言活动的变体之一，其材料和手段都来源于与之共存的其他语言形式，其支配性观念无疑亦与支配着种种非文学的语言活动的观念存在密响旁通的关联。

语言不仅是表达观念的符号系统，也是社会交往的具体行动；既是一个社会和文化的意义载体和价值仓储，也是其生产者与传播者；既为社会结构和文化形态所模塑，又对其发挥着建构的作用。而"慎言"的观念，正是在周代等级森严、宗法完备的社会环境和礼乐文化的背景中形成并确定下来的。正如孔子所说："其或继周者，虽百世亦可知。"（《论语·为政》），当尊卑贵贱的等级差别真正消失之前，它的意识形态产物是不大可能先其而消失的。亦如法国社会学家哈布瓦赫所说："没有记忆能够在生活于社会中的人们用来确定和恢复其记忆的框架之外存在"，而"语言的习俗构成了集体记忆最基本同时又是最稳定的框架"①。对于以礼辞为典型形式的"慎言"观念来说，这话正好适用。

〔作者沈立岩，教授，南开大学文学院。天津　300071〕

---

①　哈布瓦赫：《论集体记忆》，毕然、郭金华译，上海世纪出版集团2002年版，第76、80页。

传统思维原错意识探源

刘　畅

原罪与原错

原罪者，原始罪孽之谓也，意在说明人一降生就负载着罪恶；原错者，原始错谬之谓也，意在说明人一降生就充满了罪错与荒谬。基督教教义认为：由于始祖亚当夏娃所犯之"罪"具有传承性，人天生就是有罪的，罪与生命同时诞生，所以人类代代都有"原罪"，永远难以解脱。原罪意识是基督教文化对世界罪孽的一种解释，以解开人与罪恶世界之间错综复杂的关系。

在当前文化讨论和文化形态划分中，常有学者将基督教文化归于"罪感文化"，将古希腊文化和古印度文化归于"智感文化"，而将中国传统文化归于"乐感文化"、"德感文化"。三种文化互有短长，如有学者分析说："'罪'与'罪感'在基督教中为最核心的观念和对人之本性最基本的认识。在其传统的诠释中，这种理论源自《圣经》中关于人类始祖亚当和夏娃偷吃禁果的故事，由此形成基督教的原罪观，发展为西方文化主流中的罪感文化。与此相反，一般认为中国文化缺乏这种'罪'的意识和'罪感'，进而也就缺少由之而来的'认罪'和'忏悔'等灵性体验。基督教强调世人按其本性生而有罪，作为罪人却不认罪乃其最大的罪恶。但中国人则坚持人没有'犯罪'就不必认罪，只要自己言行举止都符合社会规范和公德就完全可以问心无愧。长期以来，许多中、西方学者把基督教的'原罪'观看成中国人在理解基督教上的最大障碍，并认为中国人没有'原罪'观和'忏悔'意识便构成了基督教与中国文化融合过程中不可逾越的鸿沟。"[①] 又如："在基督教的教义中，人天生就是有罪的，罪与生命同时诞生，这是一种根深蒂固的终极信念，它与信奉人性本善的儒家哲学形成强烈的反差。"[②]那么，在中国文化中，究竟是不是像某些学者所说的充满"乐感"、"德感"？"信奉人性本善的儒家哲学"究竟有没有类似"原罪"的意识？很值得深入探讨。

已经有学者注意了这一问题。葛荃先生在分析明末东林党人的政治悲剧时，认为士人之中有一种"原惧"心态，并分析说："与'原罪说'比较，'原惧'有以下特征。第一，原惧是少数学者及政治精英基于儒家伦理政治学说而形成的一种文化心态特征，它不是宗教神学的理论基点，而是中国传统社会王权主义政治文化的产物。它的涵盖面

---

① 卓新平：《中西文化交流中的基督教原罪观》，《世界宗教研究》1995 年第 2 期。
② 宋剑华：《基督精神与曹禺戏剧的原罪意识》，《文学评论》2000 年第 3 期。

不是除了上帝之外的所有人，而是士大夫阶层中的一部分，是社会上的极少数。第二，原惧特性并不反映含有类似'原罪平等'或承认'独立个体'的认知因素；反之，原惧意味着只有士人中的少数杰出之士，才会形成对于自家心性的自觉和珍惜，他们形成的这种文化心态恰恰使他们有别于芸芸众生，因而原惧的深层意识具有等级性。第三，原惧特性所指向的臣服权威是人间的帝王，而不像原罪的臣服权威是超验的上帝。如果说，在上帝的威灵之下，人们入世救赎为的是蒙受恩宠，以超越凡俗，获得拯救；那么，在人间帝王的世俗威权之下，人们除了入世而外并无他求，亦别无选择。"①

笔者在研究"心君同构"问题时曾指出，在感官与心灵的关系中，也存在着"心尊身卑"、"感官卑贱"的意识，这样自然导致感官先天罪错的观念。② 顺着这样的思路摸索，可以发现，在传统思维范畴系统中，除了"感官原错"模式外，还存在着"臣民原错"、"小人原错"、"私原错"等范畴，将其组合起来，恰好构成一个传统思维原错载体的群体。而究其"原错"原因，又都与其载体的卑贱地位有关。可以说，传统思维中的原错意识属于"卑贱即罪错"的类型；而卑贱总是属于人类中的一部分人，这与西方基督教的人类全体有罪是截然不同的。

原错载体之一：臣民

刘泽华先生认为，中国传统思维中存在近似基督教文明的"原罪"意识，其突出表现为一种"罪错意识"或"负罪意识"，并将其载体基本定位于臣民，其云："罪错意识的根源是卑贱意识。它在忠谏之臣身上表现得尤为强烈。形成臣民罪错意识的具体原则及其表现形式主要有以下几种：其一，君与臣的尊卑阴阳定位注定臣属阴类，它们永远是不完善的。认同这一定位的臣民必然在观念上时时有一种自卑与自责之心。……其二，在观念上，以下犯上皆属罪错，触犯各种语禁其恶尤大。认同各种禁语的臣民诤谏君父之时，必然在心理上深深存在着一种错感和罪感意识。……其三，专制政治，言罪繁多，文网严密，逆鳞难犯。臣民发言议事，不得不先说请罪之词，后道惶恐之情，一种罪恶意识溢于言表。……其四，依据忠孝观念，即使君暴父虐，臣子竭忠尽孝反受不公正待遇，也要谢恩认罪，往往高呼：'臣罪当诛兮，天王圣明'。…… 这就是说，无论如何，臣总要自认有罪，唯此才是地地道道的忠臣。"③ 至于臣民究竟何以会产生"负罪感"，也有学者从另一角度进行了深入分析："它导源于早期社会的观念。当时人的观念认为，社会的延续是由其先祖的牺牲与成功换来的，因此需要用牺牲和成功作回报。进入阶级社会后，君主成了先祖的替代品，从而，人们把崇敬回报的视线转向了他。在对先祖的种种回报中，'服从'是其中重要的一项。之所以要对先祖服从，是因为先祖建立起来的惯例成为后人的规章和命令。但人们对先祖回报的程度难以把握，因而后人常常萌生报答不完先祖恩惠的'负罪心理'。当人们的此种心理转向君主后，便

---

① 葛荃：《"戒惧"心态与东林党人的政治悲剧析论》，《史学集刊》2003 年第 1 期。

② 见笔者博士论文《心君同构现象研究》；又，《心君同构：作为一种思想史现象》，《天津社会科学》2004年第 5 期。

③ 刘泽华：《中国的王权主义》，上海人民出版社 2000 年版，第 261 页。

表现为臣民对君主的罪感意识。"① 但无论如何，原错与卑贱之间有着强烈的互动关系。

臣之原错，与其历史卑贱地位有关。臣，被奴役、宰制之意。《说文解字》云："臣，牵也，事君也，象屈服之形。"有学者认为："训臣为牵是声训，也是义训，臣是由战俘转化而来，战俘是被缚系牵致的，这一点杨树达先生说的最清楚而全面，他以为臣之训牵，臣本应为牵声；战俘以绳索牵之，从史籍上可以得到说明。"② 据高明所编《中国古文字学通论》，甲文、金文中，"臣"作竖目形，分别为"&"、"⊜"、"⫛"③。郭沫若释"臣"为竖目，并解释说"人首俯则目竖"，所以象屈服之形（《甲骨文字研究·释臣宰》）；还说："臣即眼之象形文，即古睁字。"④

至于各类"臣"的来龙去脉，大致为："殷商时期的小臣距离它产生的时代已经相当遥远。早在父家长制家庭形成以后，家内奴隶当中的一部分（称作小臣），专门料理主人的日常生活杂事等，极少数得到主人的赏识，升任管家（这种人也就是小臣的头目）和贴身奴隶。殷商晚期是奴隶社会的繁荣时期，商王早已是主宰人世间的上帝之子，有凌驾于一切的臣民之上的无上权威，有权像处置奴隶一样对待他统治下的一切人，所以即使是在统治集团中有一定地位的家族或部族，也有选派人充当商王小臣的义务。只不过这种出身的小臣往往成为国王的亲信，大部分出身卑贱的小臣则是王室各种杂役的劳动者，这种状况一直持续到西周时期。"⑤ 学术界一致认为，小臣的构成是很复杂的，它包括不同的社会等级："总括起来，商代的'臣'是奴隶；'多臣'是从奴隶中挑选组成的一种武装，比奴隶待遇稍高；'某臣'如奠臣、牛臣、舞臣等是家内奴隶或近乎家内奴隶；各类'小臣'则是大小不一的官职，他们有族氏、有家室，地位颇高；而'王臣'的职位则是臣中最高的。——这就是从甲骨文所记载臣的具体活动中得出的初步认识。"⑥ 基本上可以分为两大类：第一类是奴隶等级，第二类是非奴隶等级。但无论哪一类，都不能摆脱臣仆卑贱的地位与命运。

先看第一类，奴隶等级之"臣"。寒峰所著《商代臣的身份缕析》一文认为："商代的臣，确是奴隶。从他们的逃亡和被拒捕、被用作祭祀的牺牲可知。他以武丁时期的卜辞（《乙》八一九拼合版和《乙》二〇九三）为例，"两版讲的是一件事情。第一版是癸酉日占问逃臣能否逮住，到第十五天的丁亥方才逮住。第二版是丁亥后的第七天占卜，结果是说前七天已经逮住了。表明王室当时还没有得到已经拘捕逃臣的报告。一件事情闹了三个星期，武丁朝的两位著名的贞人轮流占卜，武丁亲自观察应验，反映了这是一次激烈的斗争这种情况并非仅见。"⑦ 例如：《丙》二四八片亦云："……母庚，牵臣十？弗其牵？"按前辞残，意似向母庚作告祭，占问要拘捕的十个逃臣，能否逮住。可见，"臣"是经常逃跑而被追捕，他们都有各自的主人，如："丙寅卜，……子效臣田、获羌？"（《铁》一七五·一）"丙寅卜，□，贞：令翊以子商（？）臣于舌？"

① 林存阳：《帝王名号的政治文化功能析论》，《齐鲁学刊》，1999 年第 2 期。
② 寒峰：《商代臣的身份缕析》，载胡厚宣主编：《甲骨文与殷商史》，上海古籍出版社 1983 年版，第 55 页。
③ 高明：《中国古文字学通论》，北京大学出版社 1996 年版，第 81 页。
④ 胡厚宣主编：《甲骨文与殷商史》，上海古籍出版社 1983 年版，第 37 页。
⑤ 张永山：《殷契小臣辨正》：胡厚宣主编：《甲骨文与殷商史》，上海古籍出版社 1983 年版，第 77—78 页。
⑥ 寒峰：《商代"臣"的身份缕析》，载胡厚宣主编：《甲骨文与殷商史》，第 50 页。
⑦ 胡厚宣主编：《甲骨文与殷商史》，第 59 页。

（《前》二·三七·七，参见《后》下三三·一二）　"……以屮元溿，……允夅？"（《前》·四·三二·五）这些卜辞里"臣"字前面是人名，是他们的领格定语，即是子效的臣、子商的臣、有元的臣，说明"臣"的人身被占有。至于这些奴隶的劳役分工及身份，大致有：州臣，负责掌控行政、井田之责；奠臣，奠即"甸"，是商王室的农业区，奠臣即甸地农业经营中的服役者；舞臣，用于祭祀跳舞的奴隶；夹臣，奴隶主身边左右的奴隶，类似侍臣；牛臣，即豢养牲口的奴隶；辟臣，后妃宫内的侍臣，王室家内的女奴。"总之，州臣、奠臣、牛臣、舞臣、夹臣、辟臣，各自从事的劳役有别，生活状况也许不同，但是他们的实际身份基本上都是奴隶。"

奴隶类的"臣"们命运很悲惨，正常情况下服劳役、被追捕，还可以像器物一样赠予他人，据《大克鼎》铭文记载，厉王赐善夫克田地、臣妾及"史、小臣、霝龠、钟鼓"，可见小臣和和霝龠钟鼓地位相当。而后者是经常用于赏赐的，如《左传》襄公十一年，郑国曾"以师悝、师触、师蠲；广车、軘车淳十五乘，甲兵备，凡兵车百乘；歌钟二肆，及其镈、磬；女乐二八"略晋侯。20 世纪 70 年代在湖北随县发现的曾侯乙墓中，与大量乐器和礼器一起随葬的还有 21 名年轻女子[①]；河南固始一号墓殉葬男女共 17 人，也有乐器、礼器和肩舆等，殉葬者都有葬具和少量的随葬品。[②] 而许多学者认为，这 17 位殉葬男女中或有"臣"身份的人，其云："学术界一致认为她（他）们的身份是主人的乐舞和近侍。现在我们虽然不能完全肯定被埋葬在主人坟墓的人中是否包括被称为'小臣'的人，但是在这些毫无人身权利，至死都不能脱掉奴隶的枷锁，必须永世千年地随侍主人于地下的人中，有一部分是与小臣身份相当的女乐。这个事实本身，再联系晋悼公死后以小臣殉葬的记载，显现出西周以后一部分小臣卑下的社会地位和悲惨命运。"[③]

再看第二类，非奴隶等级之"臣"。据张永山《殷契小臣辨正》，小臣为官僚阶层，基本可分为六类：（1）管理农业的小臣。（2）驾驭车马的小臣。（3）从事征战的小臣。（4）参加祭祀的小臣。（5）负责贡纳、检视甲骨职务的小臣。（6）其他接受王命从事各种活动的小臣。其基本生存状态是："（小臣们）从事组织王室田庄的农业生产，攻治甲骨，参加祭祀典礼，跟随商王出征，以使者身份传达王命，侍奉商王日常生活等。这些多种多样的工作都是在国王的号令下进行或围绕王室的需要而展开，尽管由于他们的各自的工作性质不同，显出有尊卑的差异，但都称之为'小臣'。因此可以说小臣是泛指在王室服务的人员而言，既有男，也有女。小臣不同于商王国的各级军政官吏，后者除履行'祀与戎'的职务外，有的还应召率族众为王室进行农业生产并要定期纳税。但从未发现有大小军政官吏侍奉商王日常生活的刻辞，而小臣则不然，从国之大事（祀与戎）到国王的起居生活或多或少都与他们有关，故而小臣不像是国家的军政官吏，而是商王及其家族侍奉人员的专称。西周时期称这种人为小臣，进入春秋以后或称小臣，或称寺人。"[④] 商晚期铜器《小臣𠂤鼎》，《小臣𤔲卣》，《小臣邑斝》，《小臣䑣

①　《湖北随县曾侯乙墓发掘简报》，《文物》1979 年第 7 期。

②　《河南固始一号墓发掘简报》，《文物》1981 年第 1 期。

③　张永山：《殷契小臣辨正》，胡厚宣主编：《甲骨文与殷商史》，第 77 页。

④　胡厚宣主编：《甲骨文与殷商史》，第 65 页。

尊》，寒峰《商代"臣"的身份缕析》分析说："凡此，都证明商代的小臣是在王室供职，受王赏赐，自作祭器，有家族、家庭，甚而就是贵族。他们不是奴隶，就很明白的了。"① 这也和商周文献相符，如《尚书·君奭》："小臣屏侯甸，矧咸奔走。"又《尚书·康诰》："惟越正人越小臣诸节。"又《尚书·微子》："商其沦丧，我罔为臣仆。"

但是，必须指出的是，相对于君王来说，无论是奴隶等级之"臣"及非奴隶等级之"臣"，都是处于臣仆卑贱的地位。诚如学者所分析的："从前面所列六类臣的身份来看，商代臣也还处于发展阶段，一方面有战俘臣如'虏小臣'受杀戮，'臣'为奴隶的逃亡被追捕；臣供服御的如'奠臣'、'牛臣'、'舞臣'、'夹臣'者，臣为宰治的如'小众人臣'、'小多马羌臣'、'小臣'、'王臣'者。从比例看，供服御和宰治者日渐增多，而直接从事生产者一直很少，似乎已经走过了作为农业家族劳动力的这个阶段，而整族被沦为奴隶的'众'取代了原有臣的地位。这里需要指出的是：尽管供服御、为宰治的各类小臣和王臣有相当职位，但是他们并没有脱离人身被占有的奴隶性质。他们虽然在形式上身份各有区别，那只是由于所臣服的主人地位有高低和他们所从事职务有不同而已。…… 但是从最高奴隶主商王来看，所有的臣都无例外地是他的奴隶，所以连'王臣'也是供取进来的。这就是当时奴隶制社会性质的反映。"②

专一不二，是上对下、君对臣的最基本要求，所谓："昔君文武，丕平富，不务咎，厎至齐，信用昭明于天下。则亦有熊罴之士，不二心之臣，保乂王家。"（《尚书·康诰》）《尚书·泰誓》："乃一德一心，立定厥功，惟克永世。"又："如有一介臣，断断猗无他伎。"一介臣，即心志专一之臣。陆德明《经典释文》："马本作界，云：一介，耿介，一心端悫者。"又："受有臣亿万，惟亿万心；予有臣三千，惟一心。"又："天视自我民视，天听自我民听，百姓有过，在予一人。"（《尚书·泰誓》）《尚书·盘庚下》："式敷民德，永肩一心。"孔颖达疏："长任一心以事君，不得怀二意。"于是，由上对下，即君对臣的要求，必然形成臣这一群体对自己的规范和约束。

例如，至于春秋战国时期，"一心可以事百君，三心不可以事一君"（《晏子春秋·问二下九》）已经成为为臣群体对自己的基本要求，"国不可从外治，军不可从中御，二心不可以事君，疑志不可以应敌"（《淮南子·兵略训》）已经成为为臣群体的通识。秦汉文献中，记载了大量这样的故事。所谓"贤者之为人臣，北面委质，无有二心，朝廷不敢辞贱，军旅不敢辞难"（《韩非子·有度》）。《左传·庄公十四年》记原繁语："先君桓公命我先人典司宗祏。社稷有主而外其心，其何贰如之？苟主社稷，国内之民其谁不为臣？臣无二心，天之制也。"《左传·成公三年》记知罃言："其竭力致死，无有二心，以尽臣礼，所以报也。"据《国语》记载："穆子召之曰：'鼓有君矣，尔止事君，吾定而禄爵。'（夙沙厘）对曰：'臣委质于狄之鼓，未委质于晋之鼓也。臣闻之：委质为臣，无有二心，委质而策死，古之法也。君有烈名，臣无叛质。'"（《国语·晋语》）又《战国策》记载豫让语："是为先知报后知，为故君贼新君，大乱君臣之义者，无此矣！吾所谓为此者，以明君臣之义，非从易也。且夫委质而事人而求弑之，是怀二心以事君也，吾所为难，亦将以愧天下后世人臣怀二心者。"（《战国策·赵策》） 如果违反了这一通

① 胡厚宣主编：《甲骨文与殷商史》，第48页。
② 寒峰：《商代臣的身份缕析》，胡厚宣主编：《甲骨文与殷商史》，第53页。

识和原则，则要受到相应的惩罚，据《资治通鉴》，季布为项羽旧将，项羽亡，投奔刘邦，遇赦免，拜为郎中。而据载，"（季）布母弟丁公亦为项羽将，逐窘帝彭城西，短兵接，帝急顾谓丁公曰：'两贤岂相厄哉！'丁公引兵而还。及项王灭，丁公谒见帝，以丁公徇军中曰：'丁公为项王臣不忠，使项王失天下者也。'遂斩之曰：'使后为人臣，无效丁公也'"。在这段文字之后，作者司马光紧接着发了如下一番议论：

> 臣光曰："高祖起丰沛以来，网罗豪桀，招亡纳叛亦已多矣。及即帝位，而丁公独以不忠受戮，何哉？夫进取之与守成，其势不同，当群雄角逐之际，民无定主，来者受之，固其宜也。及贵为天子，四海之内无不为臣，苟不明礼义以示之，使为臣者人怀贰心，以徼大利，则国家其能久安乎？是故断以大义，使天下晓然皆知为臣不忠者，无所自容，而怀私结恩者，虽至于活，已犹以义不与也。戮一人而千万人惧。其虑事岂不深且远哉？子孙享有天禄四百余年，宜矣。"①

　　季布母弟丁公狭路遇刘邦而不杀，于汉高祖刘邦有救命之恩，而刘邦不惜杀之，非不念救命之恩也，而是从君臣大义出发，号召一种无条件的忠君意识，恰如司马光所说"使天下晓然皆知为臣不忠者，无所自容"，"戮一人而千万人惧"。
　　臣之卑贱地位，已如上述。刘泽华先生曾以韩愈、柳宗元的表奏为典型个案，说明臣民的存在，就是卑贱、无知的本身，就是谬误、罪过的物质载体，其云："为臣的不管事实上是否有罪，都必须在观念上披上'赭衣'。面对君主，臣下既是天然的错误体，又是负罪体，甚至与基督教的原罪有近似之处。臣下对君主的负罪意识或负罪感是多种原因造成的，这里暂且不论。在韩、柳的表奏中表现出来的主要是由负恩、谬误而负疚，由负疚而负罪；以死相报；死不足报；罪无轻重，有罪当死，死而无怨。'愚陋无堪，累蒙朝廷奖用'，'承命惊惶，魂爽飞越，俯仰天地，若无所容'，'承命震骇，心神靡宁，顾己惭觍，手足无措'、'闻命震骇，心识颠倒，非其所任，为愧为恐'，'强颜为之，以塞诏旨，罪当诛死'……死是人的极限，也是人所最珍重的，于是'死'便成了向君主表述自己屈服和忠诚的最后'证物'。在韩、柳的表奏中，不管是感恩、乞请，还是述职、请示，抑或检查、谢罪，几乎都要把死交给君主，请君主任意处理。在观念上不仅仅是被动的君叫臣死，臣不敢不死，而是臣首先请死。于是有'冒死陈闻'，'昧死陈情'，'彷徨阙庭，伏待斧质'，'臣等有死而已'，'陨首阙下'，'不敢惧死'等等。"②
　　刘泽华先生曾以韩柳为个案，所揭示的这种"原错"心态，在封建宗法社会中，具有普遍意义，如宋人司马光《上仁宗论人君之大德有三》："陛下仁圣聪明，求谏不倦。群臣虽有狂狷愚妄，触犯忌讳，陛下皆含容宽贷，未尝加罪，诚微臣千载难逢之际。苟不以此时倾输胸腹之所有，以副陛下延纳之意，则不可以自比于人，死有余罪。"③ 又钱顗《上神宗论要务十事》："臣每读书传，见忠义之臣事圣明之君，诚无所

---

　　① 司马光：《资治通鉴》卷十一，四部丛刊初编本。
　　② 刘泽华：《中国的王权主义》，上海人民出版社2000年版，第276页。
　　③ 赵汝愚：《宋朝诸臣奏议》，上海古籍出版社1999年版，第1页。

不通，言无所不从。臣虽至愚，未尝不掩卷感激，思得其位，以竭臣子之节，庶几有所补报也。……臣夙夜念虑，无以答陛下恩遇之万分，唯有狂瞽敢言而已。"[1] 君是"仁圣聪明"、"含容宽贷"、"圣明"的天然象征，而臣则是"狂狷愚妄"、"死有余罪"、"至愚"、"狂瞽"的原始罪错载体，已经成为传统思维中一种无须思虑的简练定式。

原错载体之二：感官欲望

君尊臣卑，是传统思维的核心性命题，反映在精神、心理领域，则表现为心尊身卑，从而导致了一种感官卑贱的认识，亦可称为"感官卑贱论"。于是，感官欲望，就成为传统思维中原错意识的一种基本载体。

人皆有欲。这些欲望可划分为：生理欲望、物质欲望和精神欲望。欲望是产生喜怒哀乐爱恶等情感的根源，也是导致人们争夺、躁动、不安的根源。简言之，欲望和传统思维所要达到的道德完善境界是有内在矛盾的。所以，要想使心达到"虚一而静"的境界，则必须节制人的各种欲望。对此，先秦两汉的思想家的出发点及论证归宿也许会有所不同，但在必须节制人的欲望方面，则大同小异。孔子称赞"君子谋道不谋食，忧道不忧贫"，声称"不义富且贵，于我如浮云"，老子言"少私欲"，孟子言"养心莫过于寡欲"，《管子》曰"去欲则寡，寡则静"，庄子则谓"虚静恬淡，寂寞无为"，等等。所有这些其主旨都是要求在修身养性的过程中"寡其欲"。只有"寡其欲"，才能摆脱尘世物欲的烦扰，去除"物欲"对心灵的蒙蔽，以达到"清明"之境。而感官耳目，恰恰是实现物质欲望的通道。后来，宋儒朱熹则把与天理相符的天命之性看成是"道心"，而把受气质之性干扰而生的物质欲望看成是"人心"。在他看来，即使是下愚的小人也具有天命之性，因而不能无道心，然而至善的道心常受形而下的气质或私欲的蒙蔽，从而使得道心惟微，难以显现，人心来自于人的肉体的欲望，它是从具体的气质之性发出的，可善可不善。在他看来，即使是至善的圣人也是理气结合的产物，不过他所禀有的为清明之气罢了。但正因他有气质之性，圣人也不可能无人心。超凡入圣的修养方法不是消灭人心，而是使人心服从道心。使危殆的人心转危为安，使得道心由微而显，从而使得道心主宰自己的言行。而无论是欲望，还是朱子所说的"人心"，都是从感官耳目进入人体精神层面的。

所以，历代中国哲学普遍轻视感官的另一重要原因在于，他们一般都认为五官与欲望、享乐相联系，而贪欲、享乐正是一切罪孽的起源，所以历代圣贤努力必努力革除之而后快。仅以先秦为例，不论属于哪个派别，在感官、欲望导致罪恶这一点上，古代思想家很容易达成共识。《尚书》中，就已把耳目感官与道德性质的贬义命题联系在一起。所谓："人不易物，惟德其物。德盛不狎侮。狎侮君子，罔以尽人心；狎侮小人，罔以尽其力。不役耳目，百度惟贞。玩人丧德，玩物丧志。志以道宁，言以道接。"（《尚书·旅獒》）又"人心惟危，道心为微，惟精惟一，允执厥中。"（《尚书·大禹谟》）"人心"，即本能欲望之心，也叫做"人欲"，使人危殆，是人欲横流、社会动乱的根源，《庄子》里也有"凡人心险于山川，难知矣"（《庄子·列御寇》）的记载。

---

① 赵汝愚：《宋朝诸臣奏议》，第 11 页。

"道心"，即伦理向善之心，也叫做"天理"，是拯救社会的药方，所谓"人之所以为人者，以有天理也"（《河南程氏遗书》）。如朱熹所言："只是这一个心，知觉从耳目之欲上去，便是人心；知觉从义理上去，便是道心。"（《朱子语类》卷七八）而放纵耳目之欲，正是天下动乱的根源，试看："今君人者，急逐乐而缓治国，岂不过甚矣哉！譬之是由好声色，而恬无耳目也，岂不哀哉！夫人之情，目欲綦色，耳欲綦声，口欲綦味，鼻欲綦臭，心欲綦佚。——此五綦者，人情之所必不免也。养五綦者有具，无其具，则五綦者不可得而致也。"（《荀子·王霸篇》）

这样一来，城门失火，殃及池鱼，感官由于欲望的牵涉于是也受到株连，一般来说，儒、道、法三家对它都没有好脸色。《老子》就说："五色令人目盲，五音令人耳聋，五味令人口爽。驰骋田猎令人心发狂。难得之货令人行妨，是以圣人为腹不为目。"（十二章）荀子著《性恶》篇，也把感官与欲望、享乐联系起来："若夫目好色，耳好声，口好味，心好利，骨体肌理好愉佚，是皆生于人之性情者也。"而享乐则意味着罪恶——"今人之性，生而有好利焉，顺是，故争夺生而辞让亡焉；……生而有耳目之欲，有好声色焉，顺是，故淫乱生而礼义文理亡焉。"（《荀子·性恶》）法家也有这种认识："空窍者，神明之户牖也。耳目竭于声色，精神竭于外貌，故中无主。中无主，则祸福虽如丘山，无从识之。故曰：'不出于户，可以知天下；不窥于牖，可以知天道。'此言神明之不离其实也。"（《韩非子·喻老篇》）对此，《淮南子》又有所发挥："夫孔窍者，精神之户牖也，而气志者，五藏之使候也。耳目淫于声色之乐，则五藏摇动而不定矣；五藏摇动而不不定，则血气滔荡而不休矣；血气滔荡而不休，则精神驰骋于外而不守矣；精神驰骋于外而不守，则祸福之至，虽如丘山，无由识之矣。"（《淮南子·精神训》）这样一来，必然贬低耳目在认识过程中的作用："使耳目精明玄达而无诱慕，气志虚静恬愉而省嗜欲，五藏定宁充盈而不泄，精神内守形骸而不外越，则望于往世之前，而视于来事之后，犹未足为也，岂直祸福之间哉？故曰：其出弥远者，其知弥少（同上）。至于宋儒，更是将感官与心灵对立起来，无限夸大"能思"心灵之作用，其立论也是从："甚矣，欲之害人也。人之为不善，欲诱之也。诱之而弗知，则至于天理灭而不知反。故目之欲色，耳之欲声，以至鼻则欲臭，口则欲味，体则欲安，此皆欲以使之也。然则何以窒其欲，曰：思而已矣。"（《河南程氏遗书》卷二十）把人的本能欲望上升到如此的伦理高度，与之相联的感官命运也就可想而知了。感官既然与欲望紧密相连，而欲望或人欲，是伦理型文化整治的重点，甚至愉悦听觉感官的音乐，也被儒家印上伦理化"心灵"的标记，所谓："凡音者，生人心者也。情动于中，故形于声；声成文，谓之音。是故治世之音安以乐，其政和；乱世之音怨以怒，其政乖；亡国之音哀以思，其民困。声音之道，与政通矣。"（《礼记·乐记》）很明显，其最后指归还是伦理政教，与政治思想息息相通。

原错载体之三：小人

小人，是传统思维中又一个原错载体，是历代儒者、道德家攻击的重中之重，也是伦理型社会的重点整治对象。两千余年，绵延不绝。时至今日，正月十五包饺子还要"剁小人"，可见其处境之不妙。冰冻三尺，非一日之寒。写作本文之际，偶然翻阅报纸，恰好读到一篇名为《远离小人》的文章，文中把"小人"分成六种，分别是"玩弄权术型"、"趋炎附势型"、"两面三刀型"、"见利忘义型"、"自命不凡型"、"胸襟狭窄型"等①。可见，在社会转型的今日中国，"小人"仍然是一个极有实际使用价值的词语。"小人"处境如此之惨，也有一个积累渐变过程。其实，若追根溯源，"小人"实在有点冤枉。从语义演变的历史轨迹考察，"小人"境况的恶化，有一个从身份称谓到价值判断的嬗变过程。

其初，小人与君子的地位是平等的，《左传·昭公三年》："君子不犯非礼，小人不犯不祥，古之制也。"君子、小人同义对举，并无优劣之分。即使与君子有别，也不过是一种身份称呼，并不具有道德褒贬的内涵，如《诗·小雅·采薇》："驾彼四牡，四牡骙骙。君子所依，小人所腓。"是说主帅驾车指挥，兵卒随后，借车身而为掩护。又《小雅·大东》："周道如砥，其直如矢。君子所履，小人所视。"是说贵族大人走在大道上，而平民则在路边观望。当然，这句诗后来被赋予价值判断意义，此是后话。可知，"小人"泛指平民和下层劳动者，并非只是"恶"的同义语。在先秦，君子也并非是"善"的载体，而不过是对男子的通称，如"窈窕淑女，君子好逑"（《周南·关雎》)，指年轻男子，"君子于役，不知其期"（《王风·君子于役》)，是称呼丈夫，"风雨如晦，鸡鸣不已，既见君子，云胡不喜？"（《郑风·风雨》)，是称呼情人，"彼君子兮，不素餐兮"（《魏风·伐檀》)，是谴责不劳而获者。但从"不素餐兮"的谴责中，已知君子与小人身份不同，是等级关系，所谓"世之治也，君子尚能而让其下，小人农力而事其上"（《左传·襄公十三年》)。二者的区别在于，一在上，劳心；一在下，劳力。君子，亦称"大人"，孟子也说"养其小者为小人，养其大者为大人"（《告子上》)，以"小人"和"大人"反义对举。朱熹注："贱而小者，口腹也；贵而大者，心志也。"小人，亦称野人——"无君子莫治野人，无野人莫养君子"（《孟子·滕文公上》)。对此，还有另一种表述："坐而论道，谓之王公；坐而行之，谓之士大夫；审曲面执以饬五材，以辨民器，谓之百工；通四方之珍异以资之，谓之商旅；饬力以长地财，谓之农夫；治丝麻以成之，谓之妇功。"（《周礼》卷三九《冬官·考工记》)在此，小人明显是"审曲面执以饬五材"，"饬力以长地财"的二三等公民。此时，小人虽无价值判断上的褒贬之义，但已经明显处于等级的底层，为今后的悲惨命运埋下了伏笔。

此外，从先秦习语的变化中也可看出"大""小"之称与等级秩序有关。其初，先秦称物之大小为"小大"，如《诗·大雅·荡》："小大近丧。"《诗·小雅·楚茨》："小大稽首。"《尚书·多方》："小大多正。"《尚书·多士》："四方小大邦丧。"《尚书·酒诰》："越小大邦用丧。"《尚书·文侯之命》："越小大谋猷。"《尚书·无逸》："至于小大。"《论语·学而》："小大由之。"《左传·庄公十年》："小大之狱。"《左传·庄公十年》："小大敌也。"《左传·昭公二十年》："清浊小大短长疾徐。"《左传·定公五年》："城不知高厚小大。"而一旦涉及等级与王权，则颠倒其序，成为"大小"，如《左传·宣公三年》："问鼎之大小轻重。"鼎乃王权象征，故不可问"鼎之小大"。又《左传·襄公三年》："言君臣、上下、父子、兄弟、内外、大小皆有威仪。"君臣、父

---

① 刘交农：《远离小人》，《今晚报》2004年1月26日。

子、上下等是等级关系，所以尊者在前，卑者在后，而不能称为"小大"。在先秦语汇中，"小"往往蕴涵贬义，与之搭配的诸多词汇，如"小知"，"小言"，"小辩"，"小识"，"小体"，"小说"……是思想家们表达贬抑之义的强大语言后备军。所谓"小知不及大知，小年不及大年"（《庄子·逍遥游》）。出于道德完善的思想需求，儒家宗师对"小""大"这一对词语资源进行了最大限度的挖掘和利用，使之形成非此即彼的反义对举之势。因而使"小人"从温和中性的身份称谓之词，一变而为言辞激烈的道德贬损之词。形成君子小人之辨的传统思维定式。

细读《论语》之前的先秦文献，如《诗》、《书》、《易》，对待小人都比较宽容，真正对小人声色俱厉、大加挞伐的，始于孔子。在孔子之后的儒家文献中，对小人的口气越来越严厉。至此，小人已经是伦理道德全面崩坏的同义语。首先，小人好利，"君子喻于义，小人喻于利。"（《论语·里仁》）"小人不耻不仁，不畏不义，不见利不劝。"（《易·系辞》）其次，小人无固定德操，"君子之德风，小人之德草。"（《论语·颜渊》）再次，小人不知敬畏，"小人不知天命而不畏也，狎大人，侮圣人之言"（《论语·季氏》）。另外，小人的缺陷不可胜数，简直就是种种道德不完善的渊薮 —— "君子成人之美，不成人之恶，小人反是。"（《论语·颜渊》）"君子周而不比，小人比而不周。"（《论语·为政》）"君子之接如水，小人之接如醴。君子淡以成，小人甘以坏。"（《礼记·表记》）"君子固穷，小人穷斯滥矣"（《论语·卫灵公》）所以，结论只有一个 —— "唯女子与小人为难养也，近之则不逊，远之则怨"（《论语·子张》）。"言无常信，行无常贞，唯利所在，无所不倾，若是则可谓小人矣。"（《荀子·不苟》）总之，所有负面的、消极的、卑劣的东西都归属于"小人"。而出路只有一条 —— "近君子，远小人"。"小人"究竟怎样得罪了孔老，文献不足，已不可考。

这种君子小人之辨，构成中国传统文化价值判断的主流认识。并由此派生出一种绝对排他、非此即彼的单一线性思维方式。所谓线性思维，是指主体在思考问题时所遵循的思路颇像一条由正、负两极连成的单一直线。线外一点另外有线，二者好像彼此平行，不过是虚设，真正心中承认的只有一条直线。诚如金克木先生所说："就我们中国熟悉的来说，思维往往是线性的，达不到平面，知道线外有点和线，也置之不顾。只愿有一，不愿有二。……这种思维中的线，实际上是单一线。线外一点上说是有线好像被彼此平行，不过是虚设，真正心中承认的只有一条直线。……所以，天理、人欲、正派、邪说、左、右、前、后，说是有两点，实际上只有一点。从来不容两线平行，承认的是一个否定另一个，一虚一实，一真一假，有此无彼，非全宁无，所谓'你死我活'是也。太极生两仪，再生四象、八卦，千变万化，不离其宗，万法归一。孔子说：'吾道一以贯之。'平行线不是两条线或多条线而是只有一条单一线。这条线是有定向的。一方为正号，是我；一方为负号，是反对我的，异己的。我是对的，所以对的都是我的；反对我的是错的，所以错的都不是我的。"（《文化厄言》）试以司马光所论验证之："夫君子小人之不相容，犹冰炭之不可同器而处也。故君子得位，则斥小人；小人得势，则排君子。此自然之理也。"（《资治通鉴》卷二五四）至于欧阳修著《朋党论》，更是力倡"君子有朋"、"小人无朋"之说，城门失火，殃及池鱼，"小人"连交友也要受到限制和牵连。小人即使碰巧有朋，也是"伪朋"，惟有君子是"真朋"，治理天下的要诀就在于明辨真伪，欧阳修尝云："大凡君子与君子同道为朋，小人与小人同利为朋，此自然之理也。然臣谓小人无朋，惟君子则有之，其故何哉？小人所为者禄利也，所贪者财货也，当其同利之时，暂相党引以为朋，伪也。及其见利而争，或利尽交疏，则反相贼害，虽其兄弟亲戚不能相保，故臣谓小人无朋，其暂为朋者，伪也。君子则不然，所守者道义，所行者忠信，所惜者名节，以之修身，则同道而相益，以之事国，则同心而共济，终始如一，此君子之朋也。"（《朋党论》）治理国家的关键在于近君子、远小人——"故为人君者，但当退小人之伪朋，用君子之真朋，则天下治矣。"

儒家大师们坚信，将"小人"都改造为"君子"之日，就是天下大同降临之时。因而，君子小人之争、之辨，尧舜、桀纣式的价值判断、非此即彼、绝对排他的思维方式，矛盾对立、相互斗争的思想方法，贯穿古代传统社会始终，绵延几千年，至今仍存留于人们的日常价值判断之中，潜移默化地发挥着作用。小人也就成为传统文化思维中"原错"的载体之一，承担着文化原错的千载罪孽。

原错载体之四：私范畴

私范畴，即与私相搭配的词语所指向的范畴。在传统意识形态中，"私"，或与私搭配的词语、范畴是天然的原错载体，两千年来，声讨斥责之声不绝于史。公私观念，是中国文化中最富活力的思想因子之一；公私之辨，是古今一以贯之的思想母题。春秋战国诸子争鸣，已提出崇公抑私的命题，至于秦汉之际，"大道之行也，天下为公"的社会理念基本成型。其后，"公"本位思想一直占据传统思维主流，其中间或有"私"本位观念萌动、抬头，但一直是思想界的弱势群体。至于近现代，"公天下"观念仍是发动一次次社会改革、革命的强大思想引擎。百年来，中国社会所经历的从传统向现代形态转型的每一重要阶段，无一不伴随着公私观念的激烈争论。公私难分，剪不断，理还乱；公私纠缠，才下眉头，却上心头。

凡是与私沾边搭界的，就是罪恶的，不好的，违背道德的，应该努力革除的。私，或私范畴，承载着历史的罪恶和错误的责任。至于近现代，这种思维定式仍然有很大市场。这种思维模式，始于先秦时期。

其初，"公私"只有具体义，而无抽象义；只是身份称谓，而非价值判断。社会理性价值判断层面的"公私"观念（所谓"自环为厶，背厶为公"）是后起之义，战国中期才真正大量使用。也就是说，"自环为厶，背厶为公"是观念释义，而非字义构形释义。所以，很有必要对韩非"自环为厶，背厶为公"观念形成的历史脉络作一番梳理。

在《尚书》中，"公"作为单字共出现了119次，基本指爵位，是身份称谓，如"秦穆公""晋襄公"；或作某人代称，如："武王有疾，周公作《金縢》。"又："周公乃告二公曰。"（《尚书正义》第195页）其他处多见"群公"、"公曰"，不赘引。无抽象义。按"私"字在《尚书》中凡四见：一为《商书·说命》："惟治乱在庶官。官不及私昵，惟其能；爵罔及恶德，惟其贤。"二为《商书·咸有一德》："非天私我有商，惟天佑于一德；非商求于下民，惟民归于一德。"三为《周书·周官》："以公灭私，民其允怀。"如上所论，第三条已经运用了抽象意义上十分成熟的"公私"概念，并且使用了反义对举；但这三篇经清人阎若璩辨析，为伪书，不甚可信。即使考虑到要走出

"疑古时代"，其中是非曲直，也三言两语难以说清，故存疑不论。四为《周书·吕刑》："今天相民，作配在下，明清于单辞。民之乱，罔不中听狱之两辞；无或私家于狱之两辞。"孔颖达疏曰："汝狱官无有敢受货赂；成私家于狱之两辞. 勿于狱之两家受货致富。"这里的私，只作具体的"个人"、"私人"解。据顾颉刚先生考证，《吕刑》属于《今文尚书》二十八篇中的第一种情况："这一组，在思想上，在文字上，都可信为真。"①《尚书》中"公""私"二字本义及运用，于此可见一斑。

《诗经》中亦然。传统中国是以宗法制度为根基等级森严的社会。所谓"王者之制爵禄，公、侯、伯、子、男，凡五等"（《礼记·王制》），"古之葬礼，贵贱有仪，上下有等。天子棺椁七重，诸侯五重，大夫三重，士再重。"（《庄子·天下篇》）"诸侯不敢祖天子，大夫不敢祖诸侯，而公庙之设于私家，非礼也。"（《礼记·郊特牲》）公，指王室、公侯或卿大夫，也用作君主王侯的代称，如"被之僮僮，夙夜在公。被之祁祁，薄言还归"。（《诗·召南·采蘩》）又如《左传》《国语》中频繁出现的"鲁公""晋公"等。于是，与之相关的事物也被贯之以"公"字，如公庭，为国君宗庙的厅堂或朝堂，《诗·邶风·简兮》："硕人俣俣，公庭万舞。"公堂，为君主厅堂，如："跻彼公堂，称彼兕觥，万寿无疆。"（《诗·大雅·瞻卬》）公事，如："妇无公事，休其蚕织。"朱熹集传："公事，朝廷之事也。"（《诗·豳风·七月》）公室，指君主之家，王室。《论语·季氏》："禄之去公室五世矣，政逮于大夫四世矣。"公家，犹公室，指诸侯王国。《左传·僖公九年》："公家之利，知无不为，忠也。"这是从臣子的角度说。公乘，指王室或诸侯国的兵车，《左传·文公二年》："狼瞫取戈以斩囚，禽之以从公乘。"公席，古时尊者之席，所谓："小臣设公席于阼阶上，西乡；设加席，公升即位于席，西乡。"郑玄注："后设公席者，凡礼卑者先即事，尊者后也。"（《仪礼·燕礼》）又公馆，诸侯的宫室或别馆，所谓："大夫次于公馆以终丧。"郑注："公馆，公宫之舍也。"孔颖达疏："公馆，君之舍也。"（《礼记·杂记上》）

而与"公"对举的"私"，则指"公"的家臣或低一等级的下属。则属于下一等级的臣民。虽然在此"公私"都是具体义，而无抽象义，但已明显具有上下尊卑的内涵，即：在以宗法为基石的社会中，上一级之事为"公"，而下一级之事则为"私"。试看："一之日于貉，取彼狐狸，为公子裘。二之日其同，载缵武功。言私其豵，献豜于公。"（《诗·豳风》）孔疏："狐狸以下为公子裘，明于貉是民自用为裘也。"又："豵人私，豜人公，则豜大豵小……大兽公之，小兽私之。《论语》文言，其毛厚服之居于家也。孟冬，天子始裘，《月令》文言，自此之后，臣民亦服裘也……孟冬已裘而仲冬始捕兽者，为来年用之。天官掌皮，秋敛皮，冬敛革，春献之。注云：'皮革逾岁干，冬乃可用，献之以入司裘是也。'孟冬始裘，而司裘仲秋，献良裘季秋。献功裘者，豫献之以待王时服用颁赐故也。"（同上）据《周礼·天官》有"兽人"一职司掌兽皮，"兽人掌罟田兽，辨其名物，冬献狼，夏献麋，春秋献兽物。……凡祭祀、丧纪、宾客，共其死兽、生兽，凡兽入于腊人，皮毛筋角，入虞玉府，凡田兽者，掌起政令。""私人"一词见于《诗·小雅·大东》："舟人之子，熊罴是裘。私人之子，百僚是试。"孔疏："此云私人则贱者，谓本无官职卑贱之属。私，居家之小人也。崧高云：

---

① 刘起釪：《尚书学史》，中华书局 1989 年版，第 507 页。

'迁其私人，以申伯为王卿士，称其家臣为私人。《玉藻》云：'大夫私事，使私人，摒以臣，仕于私家，谓之私人。'"又《诗·大雅·崧高》："王命召伯，彻申伯土田。王命傅御，迁其私人。"孔传："私人，家臣也。"孔疏："私人者，对王朝之臣为公人，家臣为私属也。"又疏："大臣言私人，明不纯臣，此申伯虽是王之卿士，亦是不得纯臣，故称私人也。"私人，即申伯家臣，处于低一级的阶层。又《诗·周颂·噫嘻》："率时农夫，播厥百谷。骏发尔私，终三十里。"孔传："私，民田也。言上欲富其民而让于下，欲民之大发其私田耳。"孔疏："上意欲富其民，而让于下，欲望民之大发私田，使之耕以取富，故言私而不及公，令民知君于己之专，则感而乐业故也。"《管子》里也有"十至于私人之门，不一至于庭"（《明法解》）的话。

这些例证说明，《尚书》、《诗经》中的"公"和"私"虽有等级化的语义内涵，即上层为"公"，下层为"私"，但是并无道义上的"公""私"抽象对举之意，也不是按照占有财产多少而生的褒贬之语。当然，正是这种等级化的因素，成为之后"公""私"观念由人身称谓嬗变为价值判断的逻辑依据。至于稍后的《左传》《国语》中，仍延续"公""私"的这种具体义，例子俯拾即是，不赘。

另查孔孟论"公"、"私"，基本无抽象义，也未形成一个独立范畴。《论语》中"公"作为单字共出现了7次，基本的含义为"公事"。如"非公事，未尝至于偃之室也"（《论语·雍也》），"禄之去公室五世矣"（《论语·季氏》）。"私"字只出现2次，含义是个人，私人。如"退而省其私"（《论语·为政》）"私觌，愉愉如也"（《论语·乡党》）。这里的"私"字还不含什么贬义。孟子论"公""私"和孔子基本一致：《孟子》中"公"作为单字（不含"公曰"）共出现4次，基本含义一指"公事"，二指"爵位"。指"公事"的句子如："惟助为有公田"（《孟子·滕文公上》），"同养公田"（《孟子·滕文公上》），"于卫孝公，公养之士也"（《孟子·万章下》）。指"爵位"的句子如："公侯皆方百里"（《孟子·万章下》），"王公之尊贤者也"（《孟子·万章下》），"柳下惠不以三公易其介"（《孟子·尽心上》）。显然，这里的"公"字只是指"公事"和"爵位"，并无褒贬之义。《孟子》中"私"字出现10次，除"私妻子"（《孟子·离娄下》）指"偏爱"外，其余均指"个人的"，"私人的"，例句如下："沈同以其私问曰"（《孟子·公孙丑下》），"不告于王而私与之吾子之禄爵"（同上），"夫士也，亦无王命而私受之于子，则可乎"（同上），"而独于富贵之中有私垄断焉"（同上），"遂及我私"（《孟子·滕文公上》），"八家皆私百亩"（同上），"公事毕，然后敢治私事"（同上），"予私淑诸人也"（《孟子·离娄下》），"有私淑艾者"（《孟子·尽心上》）。可见，孔孟所生活的春秋战国之交，"公"的含义是指"公事"或"爵位"，"私"字的基本含义只是"个人的"，"私下的"，并无价值对立褒贬的抽象意义，因而"公""私"也并无尖锐对立和势不两立。据此推理，在孔孟之前还没有"自环为厶，背厶为公"这样的抽象用法。汉初的贾谊也有类似韩非的说法："兼覆无私谓之公，反公谓之私。"（《新书·道术》）但这明显是后起之义。

骤变始于战国时期。此期，随着诸侯兼并激烈，君主专制的加强，与此相应的王权意识也随之壮大，思想家们开始挖掘传统中的"公私"资源，将具有价值判断的抽象意义注入其中。至此，"公""私"概念已经从一般身份称谓上升为意识形态领域里尖锐对立的两个范畴。其结果正如刘泽华先生所说："西周时期的公、私基本是社会身份为主，大体在具象范围内，到春秋战国时期'公'、'私'的含义像连续乘方一样大扩张。"① 此期，"公""私"二字一反只被用于社会身份及人身称谓的常态，一变而为价值判断之辞，含有强烈的公共理性意义上的社会诉求。验之语言史，公私词汇如此大量涌现，堪称史无前例。

这种语言骤变，无疑是与先秦圣化思潮与君主意识的强化同步的。对此，荀子说得很清楚："天下无二道，圣人无两心。今诸侯异术，百家异说，则必或是或非，或治或乱。乱国之君，乱家之人，此其诚心，莫不求正而以自为也。妒缪于道，而人诱其所迨也。私其所积，唯恐闻其恶也。倚其所私，以观异术，唯恐闻其美也。"（《荀子·解蔽》）在此，"私"已经构成对君主之"公"的极大威胁。荀子之学，主体是儒学，但其倡导"法后王"，"群有分"，主张人治、性恶，已与原始儒家重视内在修身不同，这从其篇目命名《君道》、《臣道》、《王制》、《强国》、《富国》等即可见出，极其符合"法家者流，盖出于理官，信赏必罚，以辅礼治"（《汉书·艺文志》）的基本特征。在荀子笔下，"公""私"二词已经完全演变成尖锐对立的价值褒贬概念，如云："明分职，序事业，材技官能，莫不治理，则公道达而私门塞矣，公义明而私事息矣。如是，则德厚者进而佞说者止，贪利者退而廉节者起。"（《荀子·君道》）"公道"与"私门"，"公义"与"私事"，处于对立地位。"私"已直接威胁到君主制度，"故明主有私人以金石珠玉，无私人以官职事业，是何也？曰：本不利于所私也。彼不能而主使之，则是主暗也；臣不能而诬能，则是臣诈也。主暗於上，臣诈于下，灭亡无日，俱害之道也。"（《荀子·君道》）原因在于"私"是一种邪恶的品质，几与乱臣贼子同义，所谓"上不忠乎君，下善取誉乎民，不恤公道通义，朋党比周，以环主图私为务，是篡臣者也。"（《荀子·臣道》）而君主及其与之有关之物，都属于"公"的范畴，在此荀子引进了"道高于君"的思想，即普遍的社会公理高于具体的君主之上，"志意修则骄富贵，道义重则轻王公；内省而外物轻矣。传曰：'君子役物，小人役于物。'此之谓矣。身劳而心安，为之；利少而义多，为之。"（《荀子·修身》）这是公私观念发展史上，第一次将"公"与"道"联系起来，使"公"具有一种超越具体事物之上的普遍理性意义，这是特别值得注意的——"夫主相者，胜人以势也，是为是，非为非，能为能，不能为不能，并己之私欲，必以道，夫公道通义之可以相兼容者，是胜人之道也。"（《荀子·强国》）

如仔细寻绎，荀子笔下，仍能看到"公""私"具体义的残留痕迹，如云："入其国（指秦国），观其士大夫，出于其门，入于公门；出于公门，归于其家，无有私事也；不比周，不朋党，偶然莫不明通而公也，古之士大夫也。"（《荀子·强国》）在此，"公"指爵位门第，"私"指下一级士大夫。伺服、听命于"公"，是"大夫"的本职职能，所谓"天有十日，人有十等。下所以事上，上所以共神也。故王臣公，公臣大夫，大夫臣士，士臣皂，皂臣舆，舆臣隶，隶臣僚，僚臣仆，仆臣台。马有圉，牛有牧，以待百事"。（《左传·桓公二年》）又刘向《说苑·臣术》："汤问伊尹曰：'古者所以立三公、九卿、大夫、列士者，何也？'伊尹对曰：'三公者，所以参五事也；九卿者，所以参三公也；大夫者，所以参九卿也；列士者，所以参大夫也。故参而有参，

---

① 刘泽华：《春秋战国的"立公灭私"观念与社会的整合》，《南开学报》2003 年第 4 期。

是谓事宗；事宗不失，外内若一。"于是，"出入公门"之"公"字就处于"爵位之公"和"道义之公"两种语义内涵的交叉地带，"无有私事""不朋党"也与"出入公门"发生了联系，从而使"公"具备了从具体义向抽象义过渡的语言应用条件。在《荀子》中，这种转换确实发生了。标志之一就是把"公"作为儒家君子必备的高尚人格素养，所谓"君子贫穷而志广，隆仁也；富贵而体恭，杀势也；……劳倦而容貌不枯，好交也；怒不过夺，喜不过予，是法胜私也。书曰：'无有作好，遵王之道。无有作恶，遵王之路。'此言君子之能以公义胜私欲也"（《荀子·修身》）。把"以公义胜私欲"作为君子的标志，这在孔孟儒家先师那里是看不到的。君子是这样，大儒也是如此——"志忍私，然后能公；行忍情性，然后能修；知而好问，然后能才；公修而才，可谓小儒矣。志安公，行安修，知通统类，如是则可谓大儒矣。"（《荀子·儒效》）甚至以"公"作为"士"的名称，"有通士者，有公士者，有直士者，有悫士者，有小人者……不下比以暗上，不上同以疾下，分争于中，不以私害之，若是则可谓公士矣"（《荀子·不苟》）。还出现了"公心"这样的词汇："以仁心说，以学心听，以公心辨。"（《荀子·正名》）

韩非紧承荀子，将"公私"观念紧紧地捆绑在"是否对君主专制有利"的语言和思维逻辑上。韩非之学，上承荀子，曾"与李斯俱事荀卿"（《史记·老子韩非列传》），其学术动机本身就有着强烈的现实功利性，所谓"于是韩非疾治国不务修明其法制，执势以御其臣下，富国强兵而以求人任贤"（同上）。韩非认为尚"公"、抑私是人的道德理性所在，几乎是一种本能："所谓直身，义必公正，公心不偏党也。"（《韩非子·解老》）"凡劫有三：有明劫，有刑劫，有事劫……群臣持禄养交，行私道而不效公忠，此谓明劫。"（《韩非子·三守》）对荀子所言的"公义"与"私欲"，韩非代之以"公义"和"私便"，或"私心""私誉"等，所谓"明主在上，则人臣去私心行公义；乱主在上，则人臣去公义行私心"（《韩非子·饰邪》）。又："……此八者匹夫之私誉，人主之大败也。反此八者，匹夫之私毁，人主之公利也。人主不察社稷之利害，而用匹夫之私誉，索国之无危乱，不可得矣（《韩非子·八说》）。又："匹夫有私便，人主有公利。不作而养足，不仕而名显，此私便也。息文学而明法度，塞私便而一功劳，此公利也。"（《韩非子·八说》）还出现了"公民"的词汇，如《韩非·五蠹》："是以公民少而私人众矣。"陈奇猷集释："为公之民少，为私之民众。"总之，与"私"搭配的词语都被打入了万劫不复的地狱，而"公义""公利"也堂而皇之地成为君主制度的代称，及一种兼有等级身份和价值判断双重涵义的正面范畴。按荀子生活在公元前313—前238年，韩非子为前280—前233年，二人前后衔接，公私语汇在他们笔下大量涌现，绝非偶然。而被《说文》奉为圭臬的"公私"定义也恰恰出现在此时。为明瞭起见，不妨看看韩非对"公私"定义的上下文联系：

以是观之，夫父之孝子，君之背臣也。故令尹诛而楚奸不上闻，仲尼赏而鲁民易降北。上下之利若是其异也，而人主兼举匹夫之行，而求致社稷之福，必不几矣。古者苍颉之作书也，自环者谓之私，背私谓之公，公私之相背也，乃苍颉固以知之矣。今以为同利者，不察之患也。然则为匹夫计者，莫如行义而习文学。行义修则见信，见信则受事；文学习则为明师，为明师则显荣；此匹夫之美也。然则无

功而受事，无爵而显荣，为有政如此，则国必乱，主必危矣。故不相容之事，不两立也。（《韩非子·五蠹》）

于此可见，先秦公私观念之辨与政治文化联系密切，而与所有制关系或私有财产关系不大。验之史实，不是"自环为厶，背厶为公"，而是处于宗法等级社会中的上层（或与其相关联的事物）为公，下层（或与其相关联的事物）为私。换言之，公、私具有鲜明的等级性，在以宗法为基石的社会中，上一级之人之事为"公"，而下一级之人之事则为"私"。这样判断所得出的结论与"自环为厶，背厶为公"的语义指向恰恰相反：那些占有绝对多私有财产的阶层（所谓"自环"者）恰恰是"公"的意志体现，是社会公理的当然代表；而那些在宗法制度处于低级地位的阶层却只能永远是"私"的载体，永远处于被剥夺、被贬损的地位，于是形成一种历史上的"公私悖论"。其本质恰如刘泽华先生所分析的：

> 公与私本来是相反相成的一对矛盾，两者都是社会的普遍存在，不能一个吃掉一个的，但在中国的历史上却出现了一种绝对化的理论，即本文中一再说到的"立公灭私"论。立公无疑是合理的，但"灭私"却把一种社会普遍"私"置于了死地，取消了"私"的正当性与合理性，于是"私"被置于恶的地位，成为一种恶势力和万恶之源。这样就出现了一个无法解决的悖论："私"虽是客观存在，但在观念上是不合理的；人们在"私"中生活，但观念上却要不停地进行"斗私"、"灭私"；人们在实际上不停地谋"私"，但却如"作贼"一样战战兢兢，不能得到应有的保障；在社会生活交往中，特别是在政治上，只要被戴上"私"的帽子，一下子就失去了合理性与正当性。[①]

原错者，原始错谬之谓也，意在说明人一降生就充满了罪错与荒谬。原错者，无须验证、无须评判、先天就有错之谓也。传统思维中的原错主要类型有：（一）臣民原错。（二）感官欲望原错。（三）小人原错。（四）私范畴原错。将这几种类型串联起来，可以清晰地看到一条原错意识的思维链条。研究传统思维中的"原错意识"，有多种视角，除了本文的思路之外，还可以搞中西比较研究；除了本文所提及的几种类型之外，还可以有财富原错，女色原错，出身原错等等。总之，原错是传统政治文化中的一种思维原型，是一个具有全局性、普遍性的问题，应给予比目前更多的学术关注。

〔作者刘畅，教授，南开大学文学院。天津　3000071〕

---

① 刘泽华：《春秋战国的"立公灭私"观念与社会的整合》，《南开学报》2003 年第 5 期。

屈原的君臣观

王　志

屈原生在战国游士气焰最盛的时代，而不能如当时一般士人那样东西游走，或曰此是屈原愚忠观念所致。其实，屈原也曾离开楚国，他也没有什么愚忠的观念，屈原所持君臣观念，和孔孟以来的先秦儒家基本是相同的。

一　屈原曾自疏于齐

研究屈原的人，大多认为屈原不曾弃楚而去，这是不正确的。依据文献的记载，屈原辅佐怀王变法失败后，曾经离开楚国，"自疏"于齐国。不过，对于这段历史，文献记载时措辞颇不一致，所以引起很多争议。

司马迁《屈原列传》述及屈原在遭受上官大夫谗言后的遭遇，说屈原被"疏"、被"绌"，而刘向《新序》却说屈原被"放"。洪兴祖《楚辞补注》于王逸《离骚序》"王怒而疏屈原"下注曰："疏，一作逐。"我们姑且认为王逸的本字是"逐"，那么，屈原遭谗后到底是被疏（疏远）、被绌（免职）、还是放逐了呢？

首先，可以肯定，屈原遭谗后是被放逐了。因为司马迁《屈原列传》载，屈原遭谗后作了《离骚》，而在《报任安书》中司马迁又说："屈原放逐，乃赋离骚"，可见司马迁也认为屈原遭谗后被放逐了，在这一点上，司马迁、刘向还有王逸的说法是一致的。不过，既然如此，司马迁为什么不在本传中用"放逐"，而用"疏"，"绌"呢？其实，司马迁的这些说法相互间并不矛盾，只是叙述的着重点不同罢了。"疏"说的是屈原和怀王君臣情感的变化，"绌"说的是感情疏远后的结果，"放逐"说的是屈原被免职后不得已离开齐国的遭遇。我们举例来说，如《战国策·齐策四》载：

> 齐王谓孟尝君曰："寡人不敢以先王之臣为臣。"孟尝君就国于薛。
> 冯谖谓梁惠王曰："齐放其大臣孟尝君于诸侯。"
> 孟尝君逐于齐而得返。

汤炳正先生认为，"这里所谓'就国'，就等于'疏之'。但所谓'放'，却等于'放流'；而所谓'逐'，则又与'迁之'相近。一件事而说法如此歧异，则《屈传》或古籍叙屈原事迹者'疏''放'之间往往不一致，似不必拘泥于文字，而应当以事实真相为准"①。古人形容一件事，措辞不一，往往是各有侧重，故汤氏说不必拘泥文字，甚是。此外，"逐"与"放"意思也相近。《说文》云："放，逐也。"

屈原遭受上官大夫谗言后，被怀王"疏"和"绌"，这是没有疑问的。被"疏"、被"绌"，后又被"放逐"，这一点，今人有表示怀疑的。其实，就司马迁、刘向和王逸的交代看，屈原被"疏"以后，不但被"放逐"了，而且"放逐"地还在楚国之外。其证有二：一是，《新序》说屈子被谗后"遂放于外"。一是，屈赋《卜居》曰："屈原既放，三年不得复见，竭知尽忠，而蔽鄣于谗，心烦虑乱，不知所从。乃往见太卜郑詹尹。"汤炳正先生指出："'太卜'之官，只见于《礼记》、《周礼》，乃中原殷周官名，不见于楚国。"② 就屈原放逐时所往见的太卜并非楚国人这一事实看，其放逐地明系在楚国之外。

其实，"放"之为言，本来就是指驱逐出国境，只不过对于大夫来说，按古礼犹可居国三年。如《春秋》宣公元年载："晋放其大夫胥甲父于卫。"《公羊传》云："放之者何？犹曰无去是云尔。然则何言尔？近正也。此其为近正奈何？古者大夫已去，三年待放。君放之非也，大夫待放正也。"何休《解诂》谓："古者刑不上大夫，盖以为摘巢毁卵，则凤凰不翔；剖胎焚天，则麒麟不至。刑之则恐误刑贤者，死者不可复生，刑者不可复属，故有罪放之而已，所以尊贤者之类也。三年者，古者疑狱三年而后断。《易》曰：'系用徽墨，置于丛棘，三岁不得，凶'是也。自嫌有罪当诛，故三年不敢去。曰无去是，非也。听君不去卫正也。"③ 依何休所言，则大夫有罪被放，第一，犹可居国三年。屈原之《哀郢》自言被"弃逐"，而观诗中所写，诗人仍能徘徊楚之陵阳，是其证也。第二，大夫去国，可以任其所之。正因如此，传文才以晋灵公将胥甲父的放逐地圈定在卫国为非，而赞美胥甲父安居于卫国为"正"。不过，放逐大臣而指定其所之，自春秋以来屡见不鲜，似乎亦已经形成新的礼俗。如《春秋》昭公八年载："楚师灭陈，执陈公子招，放之于越。"《春秋》哀公三年载："蔡人放其大夫公孙猎于吴。"④《左传》庄公六年载："夏，卫侯入，放公子黔牟于周，放宁跪于秦。"⑤《战国策·齐策四》说："齐放其大臣孟尝君于诸侯"。以此例之，屈原放逐国外且之有定所，并无奇怪。

不过，屈原放逐于外，"外"具体定在何处呢？《屈原列传》云："屈平既疏，不复在位，使于齐。""不复在位"显然就是"绌"，而所谓"使于齐"，其实就是"放逐"于齐，并非是充当使节之意。其例，如刘向《说苑·君道》载：

> 楚文王有疾，告大夫曰："莧饶犯我以义，违我以礼，与处不安，不见不思，然吾有得焉，必以吾时爵之；申侯伯，吾所欲者，劝我为之；吾所乐者，先我行之。与处则安，不见则思，然吾有丧焉，必以吾时遗之。"大夫许诺，乃爵莧饶以

----

① 汤炳正：《楚辞类稿》，巴蜀书社1988年版，第39页。
② 参见汤炳正：《楚辞类稿》，巴蜀书社1988年版，第402页。又，王逸注将"郑詹尹"解作"工姓名"。汤氏则怀疑"太卜"是后人妄加，又怀疑"詹尹"是"占尹"之伪，然其说于文献无征。
③ 徐彦：《春秋公羊传注疏》，北京大学出版社2000年版，第371—372页。
④ 杨伯峻：《春秋左传注》，中华书局1990年版，第1300、1619页。
⑤ 杨伯峻：《春秋左传注》，中华书局1990年版，第168页。

大夫，赠申侯伯而行之。申侯伯将之郑，王曰："必戒之矣，而为人也不仁，而欲得人之政，毋以之鲁、卫、宋、郑。"不听，遂之郑，三年而得郑国之政，五月而郑人杀之。

此事又见诸刘向所编《新序·杂事第一》，然人物与说法稍有不同：

楚共王有疾，召令尹曰："常侍莞苏与我处，常忠我以道，正我以义，吾与处不安也，不见不思也。虽然，吾有得也，其功不细，必厚爵之。申侯伯与处，常纵恣吾，吾所乐者，劝吾为之；吾所好者，先吾服之。吾与处欢乐之，不见戚戚。虽然，吾终无得也，其过不细，必前遣之。"令尹曰："诺。"明日，王薨。令尹即拜莞苏为上卿，而逐申侯伯出之境。

又，《左传》僖公七年载：

初，申侯，申出也，有宠于楚文王。文王将死，与之璧，使行，曰，"唯我知女，女专利而不厌，予取予求，不女疵瑕也。后之人将求多于女，女必不免。我死，女必速行。无适小国，将不女容焉"。既葬，出奔郑，又有宠于厉公。①

据《左传》文可知，刘向所记两则传闻，当以《说苑》所载近乎实情。申侯离开楚国，显然是被放逐了，可是这种"放逐"，我们考虑他的实质，不过是文王担心自己死后，申侯的敌对势力会铲除申侯，因而才命其离开。在申侯离去前，文王既"赠"之以"璧"，又为其衡量宜奔何国，呵护之情溢于言表。屈原当然不是申侯那样的奸佞，但是，因为变法，屈原树敌太多，留居楚国，恐怕也是一件难事。在这种情况下，怀王命屈原"使于齐"，并非是担当使节，而不过是授意屈原到齐国避难，谋求自身发展罢了。再如，《史记·苏秦列传》载，苏秦合纵失败，"齐、魏伐赵，赵王让苏秦。苏秦恐，请使燕，必报齐。苏秦去赵。""苏秦去赵"是合纵失败，受到赵王谴责所致，故其"去赵"、"使燕"实与放逐无异。"使燕"也是苏秦请求到燕国为赵国谋利的意思，并非以国家使节访问燕国之谓。屈原的"使于齐"，正与此相类，且二者皆太史公所记，其用辞相类，也是自然的。又，苏秦"使燕"是自请，而屈原"使于齐"看起来也是自请。《离骚》在叙屈原遭谗被绌后，曾说："何离心之可同兮，吾将远逝以自疏。"从"自疏"来看，屈原离开楚国，应该主要还是屈原迫于政治压力所作出的个人决策，不然，如何叫"自疏"呢？《战国策·楚策四》载，庄辛曾因讽谏顷襄王，而不得不自己"请辟于赵"，实际亦是自请放逐国外。屈原"自疏"到齐国，与庄辛"请辟于赵"相类。至于后人目之为流放、放逐，这并不奇怪。据《史记·伯夷叔齐列传》，伯夷、叔齐两兄弟在父亲死后因为相互谦让君位，最终一同离开故国，远投西岐养老，后因反对武王伐纣，又退隐首阳山。这两件事情，我们今日可以说他们"自疏"，但无论如何不能认为这兄弟俩是被放逐了。然而古人不然，屈原的《悲回风》有："见伯夷之放迹"这样的话，将伯夷自疏视作为"放"。以此来看，屈原之后，汉人或视屈原自

---

① 杨伯峻：《春秋左传注》，中华书局1990年版，第673页。

疏于齐为"遂放于外"，是不奇怪的。

屈原自疏于齐，在《离骚》中也有线索可寻。《离骚》描写诗人离开故国，曰：

> 朝发轫于天津兮，夕余至乎西极。凤皇翼其承旗兮，高翱翔之翼翼。忽吾行此流沙兮，遵赤水而容与。麾蛟龙使梁津兮，诏西皇使涉予。路修远以多艰兮，腾众车使径待。路不周以左转兮，指西海以为期。

王逸《楚辞章句》谓："言己朝发天之东津，万物所生，夕至地之西极。……诏，告也。西皇，帝少暤也。涉，渡也。言我乃麾蛟龙，以桥西海，使少暤来渡我，动与神兽圣帝相接，言能渡万民之厄也。艰，难也。腾，过也。言昆仑之路，险阻艰难，非人所能由，故令众车先过，使从邪径以相待也。以言己所行高远，莫能及也。不周，山名，在昆仑西北。转，行也。指，语也。期，会也。言己使语众车，我所行之道，当过不周山而左行，俱会西海之上也。"清李光地《离骚经注》曰："远逝自疏，将以周流天下，然一曰至乎西极，再曰西皇涉予，三曰西海为期何哉？是时山东诸国，政之昏乱，无异南荆，惟秦强于刑政，收纳列国贤士，一言投合，俯仰卿相，士之欲急为功名，舍是莫适归者。是以览观大势，属意于斯，所过山川，悉表西路。然父母之邦可去，而仇雠之国不可依，中途回望，仆马悲鸣，况贵戚之卿，义与国共者哉。卒之死而麋他，为乱章以自矢。呜呼，淮南所谓日月争光者此也！"①

余按，李光地之说非也。刘永济先生早就指出："如其所论，是屈子初思适秦，嗣以义自抑。淮南因此，许其可与日月争光。不知此念一生，已足败名，奚待自抑，说之违理审矣。且屈子果如战国游士之为，则何不思适齐，乃思适秦。亦于屈子时事，乖戾特甚。而马其昶《屈赋微》反以李氏此言为是。朱骏声《离骚补注》亦疑西极、西皇、西海皆喻秦，何哉？"②刘氏之说甚是。以西皇、西海为秦国之喻，甚不可通。因为诗中明谓诗人已身至乎西极，则"诏西皇使涉予"、"指西海以为期"则必然是非向西，不可以西海为秦国之喻。据诗意，诗人是从昆仑山往西海行进，途中路经不周，而王逸说不周在昆仑西北，看起来，西海似应在昆仑之西。其实不然。南宋洪兴祖《楚辞补注》虽认同逸注，然其所引司马相如《大人赋》"绝道不周"张揖注却说："不周山在昆仑之东南二千三百里。"《史记·司马相如列传》裴骃集解所引《汉书音义》亦谓："不周山在昆仑东南。"可见，古传说有以不周在昆仑之东南者。如此，则从西极经不周左转，正是行往东北也。且据《九店楚简·日书》："尔居复山之阻，不周之垄"，楚国之不周，正在复山下。复山，即大复山。谭其骧以大复山在今桐柏县与平民镇之间，战国属方城③。据此，若从西极经不周左转，方位上亦是向东北进发。又，西海之所在，王逸无注。然诗人既使西皇涉予而以西海为期，则西海必在西皇居所附近。南梁萧绮所录《拾遗记》，题作晋陇西王嘉撰。是书载："少昊以金德王，母曰皇娥，处璇宫而夜织，或乘桴木而昼游，经历穷桑沧茫之浦。时有神童，容貌绝俗，称为白帝之子，

---

① 游国恩主编：《离骚纂义》，中华书局1980年版，第477页。
② 刘永济：《屈赋通笺》，中华书局2007年版，第60页。
③ 黄灵庚：《楚辞章句疏证》，中华书局2007年版，第528页。

即太白之精，降乎水际，与皇娥宴戏，奏便娟之乐，游漾忘归。穷桑者，西海之滨，有孤桑之树，直上千寻，叶红椹紫，万岁一实，食之后天而老。……俗谓游乐之处为桑中也……及皇娥生少昊，号曰穷桑氏，亦曰桑丘氏。”其说固然荒唐，然曰“穷桑者，西海之滨”则盖古说之遗。少昊之昊与皞通，文献亦常写作皞。《左传》昭二十九年，传文谓少皞氏有四叔，“世不失职，遂济穷桑”，杜预注谓：“穷桑，少皞之号。穷桑地在鲁北。”《左传》定公四年“少皞之虚”，杜预注谓：“少皞虚，曲阜也，在鲁城内。”孔颖达正义曰：“此注少皞之虚即曲阜是也，曲阜在鲁城内，则鲁之所都，正在少皞虚矣。昭二十九年注：‘穷桑，少皞之号。穷桑地在鲁北。’与此异者，贾逵云：‘少皞居穷桑，登为帝。’盖未为帝居鲁北，既为帝乃居鲁也。”① 据杜注孔疏，穷桑在曲阜之北，然则穷桑所滨之西海自然也在鲁北。从少皞号穷桑又号桑丘来说，穷桑与桑丘或系一地。清顾祖禹《读史方舆纪要》卷十二：“《括地志》：桑丘城，俗名敬城。战国时燕之南界也。《史记》：田齐桓公午五年，袭燕，取桑丘。”可见战国之际，桑丘正处齐国之境。据此，《离骚》中屈原所诏西皇、所欲往的西海宜为齐国之喻也。李光地之说刚好反误。且古人所言皇之东西，海之东西，不能以后世版图视之。今少皞为西皇，不居西方之秦，而居东方之齐鲁，正可见其所谓“西”乃局于齐鲁之地而为言也。班固《汉书·地理志》载，汉琅琊郡与东海郡皆有海曲县，东海郡之海曲，“莽曰东海亭”，而琅琊郡之海曲，至后汉，改称西海。顾祖禹《读史方舆纪要》则谓：“汉置西海县，属琅邪郡，或以为海曲也。……后汉仍属琅邪郡。”其说乃直以西汉所建为西海县。可见海之分东西，固有全局限于东方者。以此为例，则屈原诗中所欲往之西海在东方，不足为怪。陆德明《经典释文》：“齐者，太师吕望所封国也，其地少昊爽鸠氏之墟也。”据此，古之齐鲁为少皞族徙居之地。屈原被馋自疏，一则谓“诏西皇使涉余”，一则谓“指西海以为期”，与司马迁说他被馋后“使于齐”，正相吻合。

据蒋骥《山带阁注楚辞》所论，屈原遭馋被绌，在楚怀王十六年之前②。据此，屈原被疏使齐的时间，也应在怀王十六年前。从屈原怀王十六年之前被放逐，到怀王十八年重新被起用，时间至少三年，这与《卜居》说屈原被放达三年之久的说法相一致，故疑《卜居》所述亦为屈子放逐齐国时事。

二　屈原的君臣观

屈原自疏而去，离开怀王，这不是一时的愤激，而是由屈原的君臣观念所决定的。在君臣关系上，屈原与孔子、孟子的追求其实十分近似。有些学者光看到孔孟周游列国以求仕，而屈子为楚国投江，因谓屈子与孔孟君臣观念不同，这实是一种误解。

《论语·八佾》载：“定公问：‘君使臣，臣事君，如之何？’孔子对曰：‘君使臣以礼，臣事君以忠。’”这实际是将臣子对于君主的“忠”看作是有条件的，换言之，君不能“使臣以礼”，臣子也就无所谓“忠”了。前人多将这两句分开解释，是不对的。我们看《史记》记载孔子为何去职离国：

① 孔颖达：《春秋左传正义》，北京大学出版社 2000 年版，第 1781 页。
② 蒋骥：《山带阁注楚辞》，中华书局 1958 年版，第 24 页。

　　（齐国）陈女乐文马于鲁城南高门外，季桓子微服往观再三，将受，乃语鲁君
为周道游，往观终日，怠于政事。子路曰："夫子可以行矣。"孔子曰："鲁今且
郊，如致膰乎大夫，则吾犹可以止。"桓子卒受齐女乐，三日不听政；郊，又不致
膰俎于大夫。孔子遂行。

很显然，孔子去职离国，正是鲁定公与季氏失礼于孔子所致。孔子这种君臣思想，后来
为孟子进一步发扬光大。《孟子·离娄章上》载，

　　孟子告齐宣王曰："君之视臣如手足；则臣视君如腹心；君之视臣如犬马，则
臣视君如国人；君之视臣如土芥，则臣视君如寇雠。"
　　王曰："礼，为旧君有服，何如斯可为服矣？"
　　曰："谏行言听，膏泽下于民；有故而去，则君使人导之出疆，又先于其所
往；去三年不反，然后收其田里。此之谓三有礼焉。如此，则为之服矣。今也为
臣，谏则不行，言则不听；膏泽不下于民；有故而去，则君搏执之，又极之于其所
往；去之日，遂收其田里。此之谓寇雠。寇雠何服之有？"

很显然，孔子与孟子所追求的君臣关系，是一种以相互礼敬为主的情感关系，而且臣子
对君主的报效是以君主对臣子的礼敬为先决条件的。在这一点上，屈子也不例外。如
《离骚》讲到君臣间应有的关系，乃曰："汤、禹俨而求合兮，周论道而莫差。举贤才
而授能兮，循绳墨而不颇。"又曰："汤、禹严而求合兮，挚、咎繇而能调。"王逸注
曰："调，和也。言汤、禹至圣，犹敬承天道，求其匹合，得伊尹、咎繇，乃能调和阴
阳，而安天下也。"王逸将"调"释作"和"，这是对的，不过将"和"又扩展为挚、
咎繇帮汤、禹调和阴阳，则显系附会。"和"其实就是指臣"和"于君主，别无深意。
在屈原看来，"挚、咎繇而能调"则显然是以"汤、禹俨而求合"为前提的。至于"举
贤才而授能兮，循绳墨而不颇"，则也正是"君使臣以礼"的另一种说法。总之，屈原
在君臣关系上也将君对臣的礼敬作为臣子忠诚事君的先决条件。

　　屈子与孟子时代约略相当，又都曾长期居处齐国，屈子的君臣思想如果受到孟子的
影响，那是不奇怪的。其实进一步说，儒家的这种君臣观念，在屈原之时的楚国贵族文
化圈也是非常流行的。如上世纪 90 年代，湖北郭店一号楚墓出土的简书，《语丛一》
云："君臣，朋友其择者也"；《语丛三》又云："君犹父也。其弗恶也，犹三军之旌也
正也。所以异于父，君臣不相戴也，则可以已；不悦，可去也；不义而加诸己，弗受
也。"又曰："友，君臣之道也。"① 这些言论都将君臣关系当作是朋友般的选择关系，
重视的显然是君与臣之间朋友般的情感以及道义上的相合。一般认为，郭店一号楚墓的
墓主生活在战国中后期，时间与屈原可算同时代，而且从出土器物看，这个墓主与楚
"东宫"关系密切，有学者甚至说这个墓主就是楚太子傅。这个墓主是否是楚太子傅，
目今还难以定论，然而其陪葬的书简却充分说明孟子式的君臣观念也曾流行于当时的楚

---

① 李零：《郭店楚简校读记》，北京大学出版社 2002 年版，第 160、147 页。

国上层士人群体中。屈原生活在这样的文化氛围中，具有比较平等自由的君臣观念，是很自然的。

《离骚》中，屈原曾感慨："初既与余成言兮，后悔遁而有他。余既不难夫离别兮，伤灵修之数化。"王逸《楚辞章句》解释说："初，始也。成，平也。言，犹议也。后悔遁而有他。遁，隐也。言怀王始信任己，与我平议国政，后用谗言，中道悔恨，隐匿其情，而有他志也。"王逸认为"成言"指"平议国政"，迂曲难通。洪兴祖《楚辞补注》认为："成言，谓诚心之言，一成而不易也。"此说得之。《左传》襄公二十七年载："楚公子黑肱先至，成言于晋。"杜注："时令尹子木止陈，遣黑肱就晋大夫成盟载之言，两相然可。"《左传》襄公二十七年又载："宋向戌如陈，从子木成言于楚。"杜注："就于陈，成楚之要言"等。① 就此看，"成言"就是指成就誓言。屈原所谓"成言"，亦当指曾与怀王盟誓。这是屈原受到怀王"俨而求合"礼遇的实证。同时，从《离骚》的诗句看，在怀王改变态度，不守承诺，也就是郭店简所谓：君"不悦"、"不义而加诸己"时，屈原也表示他"不难夫离别"，与简文说"不悦，可去也；不义而加诸己，弗受也"，是完全相同的。

屈原的这种追求君臣间情感与道义的思想，与战国儒家近似，而与战国法家不同。在法家看来，人性本恶，臣之事君，惟求利己。《韩非子·二柄》谓："人臣之情非必能爱其君也，为重利之故也。"因此，法家一般只在君臣关系上讲"利"，而不讲情感的。《韩非子·诡使》曰："圣人之所以为治道者三：一曰利，二曰威，三曰名。"所谓"利"、"威"、"名"也就是韩非子眼中君与臣的基本关系。正因为将君臣关系视为赤裸裸的利害关系，所以韩非子非常强调君主对臣子要讲求权术，《八说》就强调人主"无术以任人，无所任而不败。"在《韩非子》一书中，告诫人君如何具体任用权术诱惑和驾驭臣子者比比皆是，而讲情感礼义者却是寥寥无几，这与屈原追求的君臣关系显然是背道而驰的。

三　屈原何以不能背楚

据上述分析，屈原由于上官大夫的谮害，失去了怀王的信任后，离开楚国，浪迹齐国，应是他君臣观念所致。不过，据刘向《新序》，屈原被放于外后，楚连败于秦，于是"怀王悔不用屈原之策，以至于此，于是复用屈原。屈原使齐还。"屈原回归楚国后，楚君无论是怀王，还是后来的顷襄王都不能听其言而用其谋，尤其顷襄王，在怀王死后迁屈原于江南蛮荒之地，而屈原的举措则是观望、犹豫，最后投江自沉。为什么在回到楚国后那样漫长的时间里，不受君王的礼遇，屈原却不肯背楚而去，以至最后投江？这是否与我们前文的论述矛盾呢？

关于屈原这一点，自古以来，说法很多。其主要者，有忠君说，以为屈原有忠臣不事二君的观念；有同姓说，认为屈原与楚王同姓，礼，同姓无去国之义；有爱国说，以为屈原爱国观念深厚；近世以来，更有屈原癖好断袖，爱恋怀王，遂不能去之说，其荒唐无稽，固不必辩，但前几种说法，也不可从。因为至少他们的解释，脱离了屈原之时

① 孔颖达：《春秋左传正义》（十三经注疏整理本）第 18 册，北京大学出版社 2000 年版，第 1216 页。

的社会文化环境，从而使屈原成为整个战国时代唯一的忠君者、爱国者、坚持同姓之义者。再者，他们的解释也与屈赋内容不符。屈赋当中一再对伍子胥表示哀惋、赞美与向往，如《涉江》曰："伍子逢殃兮，比干菹醢。与前世而皆然兮，吾又何怨乎今之人！"《惜往日》曰："吴信谗而弗味兮，子胥死而后忧。"《悲回风》曰："浮江淮而入海兮，从子胥而自适。"据《左传》及《史记》载：伍子胥本系楚人，因楚平王信谗而杀害其父兄，伍子胥遂逃至吴国，教吴伐楚，后率吴军破郢，掘平王之墓而鞭其尸。就屈原歌颂伍子胥这样一个事二君、覆故国的人来说，可知屈原并没有什么愚忠观念，其思想也不是宗国情感所能局限的。又，汉末王符《潜夫论·志氏姓》指出"伍氏"为楚之公族。南宋郑樵《通志·氏族略》也认为楚国"伍氏"为芈姓。可见伍子胥亦与楚王同姓，其去国事吴，屈原不仅不责，反倒有所称颂，怎么能说屈原是因为坚持同姓之义，而不肯背楚而去呢！况且，屈原在早年变法失败后，明明也曾"自疏"，到齐国去了，哪里有什么同姓不去国的思想呢？

同姓不去国的礼法，在春秋时代似无明文，倒是战国时代的《孟子》讲了一点：

> 齐宣王问卿。
> 孟子曰："王何卿之问也？"
> 王曰："卿不同乎？"
> 曰："不同。有贵戚之卿，有异姓之卿。"
> 王曰："请问贵戚之卿。"
> 曰："君有大过则谏，反覆之而不听，则易位。"王勃然变乎色。
> 曰："王勿异也。王问臣，臣不敢不以正对。"王色定，然后请问异姓之卿。
> 曰："君有过则谏，反覆之而不听，则去。"

《孟子》所讲的"贵戚之卿"显然包含着同姓大臣，然而从孟子与齐宣王的对答看，孟子这里所讲的君臣关系，尤其是贵戚之卿和君主的权利关系，显然不是当时的客观实际状况，否则齐宣王作为君主何以不知？又何以惊异得"勃然变乎色"？齐宣王勃然变色的主要原因，实际上也就是贵戚之卿在劝谏君主，君主不听从，贵戚之卿不必离开的原因，即贵戚之卿可以改立新君。这样一种君臣关系的实际例子，我们在现存春秋战国文献中几乎找不到明确的证据，很可能只是古代国家建立初期，原始氏族社会的某些民主作风的遗迹。这种遗迹，在春秋时期已经为人所逐渐抛弃，毋庸说战国了。即使明晓此古礼的孟子本人，也早离开故国求仕。屈原又有什么理由独去遵守？况且所谓"同姓不去国"也是有前提的，这就是贵戚之卿可以更立君主，然而屈原时代的楚国同姓大臣有这样的权利吗？没有，显然是没有的。因此，屈原即使崇古，他也没有任何理由去遵守这样一条不合时宜的礼法。

其实，屈原后期不受楚国君主信任优待，而犹不肯背楚，主要是其人生文化理想起了作用。战国的形势，诚如《战国策·楚策》所言："纵合则楚王，横成则秦帝。"在具有统一实力的国家中，秦国奉行的是单一的法家政治，而且是极其苛暴、不讲德行信义的法家政治。其国家驭民如禽兽，民众为国家牢笼，既无人生之信仰，又无个性之自由。在秦国，一切都不过是赤裸裸的利害关系。楚则不然，虽然楚国在政治上党人比奸，极其黑暗，然文化上儒、道之学盛行。儒家追求人生信仰，道家鼓吹个性自由。这一切都不同于秦国，而与屈原的思想相近。屈原若想捍卫自己的道德理想，就必须反对秦国，而反对秦国，则莫过于立足楚国，合纵六国以击秦。这一点才是屈原最终不能弃楚而去的最为重要的原因。明代赵南星《离骚经订注》论之曰："屈原以同姓之臣，坐视宗国之败亡，不得出一言，虽沉江不亦可乎？且非独此也，天下之势，已将一于秦，虎狼统人群，此鲁连所以蹈海也。屈原沉江，其即鲁连之志乎？"① 赵南星所言鲁连，战国著名侠士齐人鲁仲连也，与屈原同时。《战国策·赵策三》曾记载鲁仲连"义不帝秦"，其原因在于他认为："彼秦者，弃礼义而上首功之国也。权使其士，虏使其民。彼则肆然而为帝，过而遂正于天下，则连有赴东海而死矣。吾不忍为之民也！"屈原之所以反秦，之所以自沉，诚与鲁连相类，是激于文化理想所致。其留意于楚，亦应是楚最有实力抗秦之故。当然，我们不否认屈原有留恋故国乡土之思，有感激怀王曾信之情，但这都不能说是屈原留楚抗秦的最主要的原因。

《论语·微子》载，长沮、桀溺责备孔子周游求仕，子曰："天下有道，丘不与易也。"又载，子路曰："君子之仕也，行其义也。道之不行，已知之矣。"孔孟之周游求仕，"行其义也"，屈子晚年居楚不去，亦以"行其义也"。

四　屈原所向往的明君

我们阅读屈原的作品，不难发现，屈原对君主有一个最基本的要求，即《离骚》所谓"举贤才而授能"。围绕这一核心要求，屈原认为君主需要：第一，要以礼敬贤。《离骚》说：

> 夏桀之常违兮，乃遂焉而逢殃。后辛之菹醢兮，殷宗用之不长。汤禹俨而祗敬兮，周论道而莫差。举贤才而授能兮，循绳墨而不颇。

屈原这里将桀纣和汤禹对比，实际指出桀纣的败亡，在于不能对贤良"俨而祗敬"，反而"菹醢"贤良。从这个历史教训，他自然得出君主不但要举贤良，而且要礼敬贤良，要"循绳墨而不颇"，而不能如夏桀那般"常违"。第二，要不拘一格。《离骚》谓：

> 昔三后之纯粹兮，固众芳之所在。杂申椒与菌桂兮，岂维纫夫蕙芷？

王逸注云："后，君也。谓禹、汤、文王也。至美曰纯，齐同曰粹。众芳，谕群贤。言往古夏禹、殷汤、周之文王，所以能纯美其德而有圣明之称者，皆举用众贤，使居显职，故道化兴而万国宁也。申，重也。椒，香木也。其芳小，重之乃香。菌，熏也。叶曰蕙，根曰熏。纫，索也。蕙、茝，皆香草，以谕贤者。言禹、汤、文王，虽有圣德，犹杂用众贤，以致于治，非独索蕙茝，任一人也。故尧有禹、咎繇、伯夷、朱虎、伯益、夔，殷有伊尹、傅说，周有吕、旦、散宜、召、毕，是杂用众芳之效也。"其说可

---

① 游国恩主编：《离骚纂义》，中华书局1980年版，第500页。

从。第三，要参验考实。屈原《惜往日》曰：

> 蔽晦君之聪明兮，虚惑误又以欺。弗参验以考实兮，远迁臣而弗思。

这实际就是结合自身的冤屈，指出为人君者，应该参验考实，不能偏听偏信以至误害忠良。屈原这种要求君主注重参验考实的思想，一般以为与法家近似。《韩非子·奸劫弑臣》云："夫奸臣得乘信幸之势以毁誉进退群臣者，人主非有术数以御之也，非参验以审之也，必将以囊之合己，信今之言，此幸臣之所以得欺主成私者也。"韩非子的这一段议论与屈原"弗参验以考实兮，远迁臣而弗思"的感慨，显然是一致的①。然而，强调君主对臣子参验考实，并非法家所独有。《孟子·梁惠王下》载，孟子曰：

> 国君进贤，如不得已，将使卑逾尊，疏逾戚，可不慎与？左右皆曰贤，未可也；诸大夫皆曰贤，未可也；国人皆曰贤，然后察之；见贤焉，然后用之。左右皆曰不可，勿听；诸大夫皆曰不可，勿听；国人皆曰不可，然后察之；见不可焉，然后去之。左右皆曰可杀，勿听；诸大夫皆曰可杀，勿听；国人皆曰可杀，然后察之；见可杀焉，然后杀之。故曰，国人杀之也。如此，然后可以为民父母。

孟子的这番思想，显然也属于参验考实。这说明参验考实并非是法家所独有的思想。更为重要的是，屈原强调参验考实，验的是君臣间的情感，考的是君臣间的道义，韩非子的考验，则只是君主用权术驾驭大臣。再者，韩非子等法家强调君主参验考实，是为君主集权服务的。而屈原则要求君主敢于信任贤良，大胆任用贤良。《惜往日》中，屈原谓："国富强而法立兮，属贞臣而日娭。"娭，就是嬉戏的意思。对这一句，王逸注曰："委政忠良，而游息也。"这样一种大胆委任忠良的态度，显然不是法家所提倡的，而只能是屈原时楚人追求"友，君臣之道也"的一种美好理想。

〔作者王志，讲师，吉林大学文学院中文系。吉林长春　130012〕

---

① 汤炳正：《〈天问〉与屈原的认识论》，《楚辞类稿》，巴蜀书社 1988 年版，第 354—356 页。

宋代诗人之禅观二题

张培锋

宋代是禅宗发展的成熟期、定型期。禅宗在宋代发展到了最高峰，是当时势力最大，影响最深的佛教宗派。宋代禅宗的繁荣发展深刻影响着宋代诗歌的面貌。一方面，宋代禅宗有着明显的文人化倾向，禅门中"禅偈"、"公案"、"颂古"等多种形式的创作层出不穷，禅僧也多喜与士大夫交往、相互唱和，借诗谈法。另一方面，宋代数量众多的学佛士大夫大部分人是信仰禅宗的，禅宗的世界观、人生观对他们的精神世界和生活方式的影响极为深刻，同时，他们有意识地将禅宗作为一种重要文化资源吸收到自己的文学创作中，特别是诗的创作，禅的印记更为鲜明，成为宋代诗歌的重要特征之一。

一 一滴还应契祖师

宋代禅宗延续唐及五代时期的法统传承，形成著名的"五家七宗"，即临济、沩仰、曹洞、云门、法眼等五家，加上出自临济的杨岐派、黄龙派，合称七宗。这些禅宗宗派皆属南宗禅，其中不同宗派在不同时期影响是有差别的，比如，宋初法眼、云门两宗较为兴盛，但其后便趋衰落，而以临济、曹洞两宗平分天下，其中临济宗的影响更为深广。有意思的是，宋代很多文人或官僚士大夫是被列入禅门法嗣的，如李遵勖（谷隐蕴聪禅师法嗣）、王随（首山省念法嗣）、杨亿（广慧元琏法嗣）、夏竦（石门蕴聪法嗣）、潘兴嗣（黄龙慧南法嗣）、王安石（宝峰克文法嗣）、苏轼（东林常总法嗣）、黄庭坚（黄龙祖心法嗣）、张商英（兜率从悦法嗣）、张浚（圆悟克勤法嗣）、张九成（大慧宗杲法嗣）等等。

对于南宗禅的开创者六祖慧能，许多宋代文人是充满崇敬之情的。苏轼晚年被贬官广东惠州，在赴惠州的途中，他特意选择走水路，以便参访有着"岭南禅林之冠"美誉的曹溪南华寺。南华寺是禅宗六祖慧能参禅说法之地，寺中有六祖慧能的真身坐像。时任南华寺住持的重辩长老对苏轼的到来非常高兴，给予热情款待。苏轼感激之余，在此留下了《南华寺》一诗：

> 云何见祖师，要识本来面。亭亭塔中人，问我何所见。可怜明上座，万法了一电。饮水既自知，指月无复眩。我本修行人，三世积精练。中间一念失，受此百年谴。抠衣礼真相，感动泪雨霰。借师锡端泉，洗我绮语砚。

这首诗典型地体现了苏轼晚年一心皈依禅宗的心态。诗一开始，便使用了禅宗一个著名典故：当年，惠明禅师追赶南下的慧能，见到慧能后，作礼说："望行者为我说法。"慧能说："汝既为法而来，可屏息诸缘，勿生一念，吾为汝说。"惠明便依言静坐，过了许久，慧能问："不思善，不思恶，正与么时，哪个是明上座本来面目？"据说惠明因此问而言下大悟①。苏轼到了此地，仿佛听到塔中人仍然在向他发问："哪个是你的本来面目？你见到了吗？"由此，他顿悟前缘，称自己三世修行，但因一念之失，而成为一介凡夫，遭受世间种种折磨，不觉泪如雨下。禅宗又有传说，慧能当年在南华寺，用锡杖卓地，杖下形成一眼泉井，"清凉滑甘，赡足大众"。苏轼作有《卓锡泉铭（并叙)》：

> 六祖初住曹溪，卓锡泉涌，清凉滑甘，赡足大众，逮今数百年矣。或时小竭，则众汲于山下。今长老辩公住山四岁，泉日涌溢，闻之嗟异。为作铭曰：
> 祖师无心，心外无学。有来扣者，云涌泉落。问何从来？初无所从。若有从处，来则有穷。初住南华，集众浚水。水性融会，岂有无理。引锡指石，寒泉自冽。众渴得饮，如我说法。云何至今，有溢有枯。泉无溢枯，溢其人乎。辩来四年，泉水洋洋。烹煮濯溉，饮及牛羊。手不病汲，肩不病负。匏勺瓦盂，莫知其故。我不求水，水则许我。讯于祖师，有何不同？

诗的最后，苏轼表示，要用这清凉的泉水，洗涤自己曾用来书写绮语的砚台，即表示对自己早年写下许多绮语文字的忏悔。需要指出的是，宋代很多诗歌如苏轼这首诗一样，情思似乎有些枯涩，喜欢议论，人们一般认为其艺术性较低，而对其特定的写作背景有所忽视。从禅宗角度看，它们何尝不是一种顿悟后的境界，无技巧之技巧呢？

贬居惠州时，苏轼有很多诗作，表达他对禅宗的信仰。例如《赠昙秀》：

> 白云出山初无心，栖鸟何必恋山林。道人偶爱山水故，纵步不知湖岭深。空岩已礼百千相，曹溪更欲瞻遗像。要知水味孰冷暖，始信梦时非幻妄。袖中忽出贝叶书，中有璧月缀星珠。人间胜绝略已遍，匡庐南岭并西湖。西湖北望三千里，大堤冉冉横秋水。诵师佳句说南屏，瘴云应逐秋风靡。胡为只作十日欢，杖策复寻归路难。留师笋蕨不足道，怅望荔子何时丹。

诗中既写了自己的人生阅历，又暗寓其学佛学禅的历程，意蕴颇为深刻。如"道人"两句，可作多重解读：一曰喻人生。本爱人间，欲有为当世，然不知官场黑暗，侯门深深，故误入尘网；二曰爱佛禅，然不知佛法广大，禅学精深，至此更当努精进。诗歌话语表像的山水游览，深入思考后便会有多种发明启迪，这也是一种禅味。又如写人间胜绝景色，历数庐山、南岭和西湖，既是诗人一生游历的景观，也是其学佛参禅的胜地。联系诗中冷暖自知、梦非幻妄等禅家理念，才能体味诗中蕴含着的极浓的禅趣。

苏轼在北归途中，经过虔州大庾岭下的龙光寺，所乘肩舆的竹竿折断，他便向龙光寺僧人求得两根大竹子重新制作了肩舆，当时，寺院中没有住持，正在延请南华寺的珪

---

① 《六祖坛经·行由第一》。

首座来做住持，尚未到达，苏轼便留下一首诗偈，其题颇长，交代了写作的背景，这就是《东坡居士过龙光，求大竹作肩舆，得两竿。南华珪首座方受请为此山长老。乃留一偈院中，须其至，授之，以为他时语录中第一问》（或作《赠龙光长老》）：

> 斫得龙光竹两竿，持归岭北万人看。竹中一滴曹溪水，涨起西江十八滩。

曹溪在广东曲江东南五十里，当年六祖慧能居此演示禅旨，因此曹溪水被视为南宗禅之源头，也是许多信奉禅宗士人心灵上的圣地。西江则是虔州的一条大河，共有十八滩。这首诗从龙光寺砍下的两棵竹子起笔，说这根竹节中的一滴来自曹溪的竹沥，足以汇成浩浩荡荡、奔流不息的西江，以夸张的手法表现了曹溪禅在当时的流传之广、普化之深。"曹溪一滴水"形象地展示了禅宗法脉之流传。据宋代禅宗语录载：禅宗法眼宗第二代祖师德韶（891—972）曾到各地参禅，最后到达临川拜见法眼宗开山祖师文益禅师。一天，文益上堂，有僧人问："如何是曹溪一滴水？"文益回答："是曹溪一滴水"。那位僧人听后非常惘然，退下。没想到，在旁边听到此语的德韶却豁然开悟，平生疑滞，焕然冰释。在禅宗看来，这"曹溪一滴水"五字有如神咒一般，包含无尽妙意。后世禅僧有"曹溪一滴水，佛祖相分付。至今授受时，大地为甘露。""曹溪一滴水，周匝无余欠。孤峰绝顶浪滔天，大洋海里金刚焰。"等偈颂，多不胜举。苏轼写下此诗，说要成为将来龙光寺长老语录中的"第一问"，也是包含着欲探求禅宗法脉宗旨之深意吧。

贬官广东的苏轼，对禅宗的信仰越发虔诚，意志也越发坚定。僧人道潜在读到苏轼在南方写作的许多诗后，写下了《读东坡居士南迁诗》：

> 居士胸中真旷夷，南行万里尚能诗。牢笼天地词方壮，弹压山川气未衰。忠义凛然刚不负，瘴烟虽苦力何施。往来惯酌曹溪水，一滴还应契祖师。

道潜，世寿不详，北宋云门宗僧人，号参寥子，为大觉怀琏之法嗣。他因诗与苏轼成为至交，两人之间唱和作品甚多，一时传为美谈。在绍圣元年（1094）苏轼流放南方时，道潜也受到株连，被迫短暂还俗。建中靖国元年（1101）蒙赦，才恢复了僧人身份。这首诗高度赞扬了苏轼旷达的心胸和忠义凛然的气节。"南行万里尚能诗"更点明了正是诗歌创作成为苏轼贬谪生涯中的安慰，而这些诗作又多与禅宗有关。是禅的解脱精神为那些蒙受不白之冤的人们带来心灵上的慰藉。这一点在苏轼身上有体现，在其他许多士大夫身上同样有所体现。比如，南北宋之交，积极领导抗金斗争的政治家李纲、南宋末年，领导抗元斗争、视死如归的政治家文天祥，也都到过广东曹溪，并留下了诗句。先看李纲的《次韵畴老赠丹霞三篇并寄丹霞以代简书》：

> 佛法如沧溟，深广初无底。欲以蠡测之，望洋颡已泚。我生乃虚幻，瀇渤一沤起。安得具眼人，为发无生理。丹霞古禅伯，一派曹溪水。出岫或云行，遇坎亦渊止。谛观古文诗，相识佳句里。闻风欲见之，踊跃不能已。丰岩距平津，飞锡片时耳。愿将雪澡心，试听风生齿。

李纲幼好读书，品节高尚，为官忠义慷慨，为士大夫所重。他深信佛法，"淹通经论"，每与人谈论，必引佛法为据，遇有人讥讽，也不介意。中年时曾自题其像说："是影是形，了无差别。行年之化，三十有八。追观其前，肤腴色悦，从是以往，苍颜华发。本来面目，不生不灭……万里清风，一轮明月。"① 可与上诗中"我生乃虚幻"可见，佛教"无我"的思想已深深渗透在他的人生观中。李纲一生所以能身系社稷、忠诚不二，实有得于佛教的智慧与修养。文天祥的《南华山》一诗则写到：

> 北行近千里，迷复忘西东。行行至南华，忽忽如梦中。佛化知几尘，患乃与我同。有形终归灭，不灭惟真空。笑看曹溪水，门前坐松风。

写作此诗时，文天祥正保护着幼帝赵昺，向南突围。他的妻子欧阳夫人等家属皆被元军俘获，抗元大军连遭败迹，抗战正处在异常艰难的时期。此时的文天祥在南华禅寺，对生命的真谛忽有所悟，"有形终归灭，不灭惟真空"，于是，在艰苦卓绝的斗争中，他获得了一种心灵的解脱，"笑看曹溪水，门前坐松风"就是这种解脱境界的写照。这两句诗与其几乎在同一时期写下的"人生自古谁无死，留取丹心照汗青！"诗句具有相同的旨趣，由此可见，佛教禅宗的思想不是让文天祥消沉下去，而是让他觉悟到生命的真正意义，更为奋起。

宋代诗歌还有一个重要现象与禅宗关系甚为密切，那就是许多诗歌流派的形成，是模仿禅宗的宗派形式的。最为典型的当然要数宋诗的代表诗派——江西诗派了。北宋末年，吕本中作《江西诗社宗派图》，将其正式定名为"江西诗派"，尊黄庭坚为诗派之祖，下列二十五人，包括陈师道、徐俯、韩驹等人。这个诗派的成员多信仰佛教，甚至有出家人如饶节、祖可；号称居士的则有徐俯，号东湖居士；谢逸，号竹友居士；韩驹号北窗居士等。江西诗派是禅宗对宋代士大夫发生大规模影响的产物，"江西诗派"的名称也与当时江西禅学之兴盛有直接的关系，所谓"诗到江西别是禅"。江西诗派的真正立派者吕本中更是有着"胡床趺坐究幡风"②的禅修体验。值得注意的是，诗派中有些人并不以诗名，如林敏功、林敏修兄弟，"诗极少……皆隐君子，不但以诗重。"③ 林氏兄弟能够被纳入诗派，显然说明这个诗派的成立不仅是以诗歌成就为标准，而且还有其他因素，那就是禅修实践和超脱精神。这个诗派的传承，颇像禅宗的"传灯"。如曾敏行《独醒杂志》卷四所记：

> 汪彦章为豫章幕官。一日，会徐师川于南楼，问师川曰："作诗法门当如何入？"师川答曰："即此席间杯柈果蔬，使令以至，目力所及，皆诗也。君但以意剪裁之，驰骤约束，触类而长，皆当如人意。切不可闭门合目，作镌空妄实之想也。"彦章领之。逾月，复见师川曰："自受教后，准此程度，一字亦道不成。"师川喜谓之曰："君此后当能诗矣。"故彦章每谓人曰："某作诗句法，得

---

① 《居士传》卷二十九。
② 饶节：《次韵答吕居仁》，《倚松老人诗集》卷一。
③ 刘克庄《后村先生大全集》卷九十五。

之师川。"

在徐俯向汪藻传授"诗法"后，汪藻自称"一字亦道不成"，即一个字都写不出来了，徐俯听了反而大喜，说汪的诗道入门了，以后可以作诗了。究其实，徐俯的所谓"诗法"也就是无法，是一种在类似禅定的状态中观察体悟世间万物的修道方式，而这一点被视为最根本的诗法。又如周紫芝《太仓稊米集》卷五十八记载，有人向黄庭坚问诗法，黄庭坚的答复是："如狮子吼，百兽吞声。"转一天又问诗法，黄的回答是简单的四字："识取关捩。"这种方法与禅门的机锋棒喝何其相似！

二　等闲识得东风面

禅宗是主张顿悟的，这一点，南宗、北宗的观点其实是一致的。南宗与北宗的区别，不在于是否主张"顿悟"，而在于是"顿修顿悟"还是"渐修顿悟"，比如北宗禅的神秀也主张："一念净心，顿超佛地"①，但神秀认为，在"顿超佛地"之前，应该有一个"坐禅习定"、"住心看净"的渐修过程，南宗则连这个过程也否定了。在也就是说，南北两宗在具体的修行方式上不同，但归宿是一致的。德国学者鲍吾刚在其《中国人的幸福观》一书中指出：顿悟观是中国人对佛教发展的最大贡献。"所有知识分子们对阐释佛教教义作出的努力，他们那复杂的、无止境地在思维中表现其中泯灭现实的反映程式，以及所有优秀的著作思考，与顿悟相比之下都显得苍白无力，已变成没有实在意义的简单游戏。真正的顿悟是来自一个完全不同方向的启发，使人们突然感到世界终止了。就像监狱中一块松动的石头，由于盲目的不断摸索使得整个墙整个监狱突然坍塌了，不管这墙有多高，从而使人得到救度。"顿悟说的理论基础是"众生本来是佛"，也就是说，我们的自性本来就和佛的自性完全一样，所谓不生不灭，不垢不净，不增不减，众生之所以为众生，不过是因为迷失了。迷失是有时间性的，一旦觉悟，即时成佛。正像唐代宗密禅师所说说："若顿悟自心，本来清净，元无烦恼，无漏智性，本自具足，此心即佛，毕竟无异，依此而修者，是最上乘禅，亦名如来清净禅，亦名一行三昧，亦名真如三昧。此是一切三昧根本，若能念念修习，自然渐得百千三昧。达磨门下，展转相传者，是此禅也。"②

正因为如此，在禅宗里，"悟"这个词汇的出现频率是非常高的。如《六祖坛经》说："惠能一闻经语，心即开悟。遂问客诵何经？客曰《金刚经》。"尚不知道听到的是什么经，就已经开悟。又说："惠能三鼓入室，祖以袈裟遮围，不令人见，为说《金刚经》；至应无所住而生其心，惠能言下大悟。"惠能并不识字，因此他的得道全凭顿悟。慧能后来说法时，也喜欢拈出一"悟"字，例如："佛性本无差别，只缘迷悟不同。""一念悟时，众生是佛。""令学道者顿悟菩提，各自观心，自见本性。"等等。

读诵《金刚经》可以使人开悟，因此禅宗兴起后，这部经逐渐成为禅门流传和诵读最广的佛经，宋代的情况也是如此，这一点在宋诗中有所反映。如许月卿的《赠胡

---

① 神秀：《大乘无生方便门》。
② 《景德传灯录》卷十三《圭峰宗密》。

菊轩》诗，其小序交待：他的表兄胡予铭，号菊轩居士，诚信佛教，不酒不肉，鸡鸣
而起，孜孜诵读佛经。许月卿对他说：当年名相范仲淹，在母亲忌日前一天，命芝山僧
人诵读《金刚经》，夜间梦到其母对范仲淹说："得古佛经半卷，已超度矣。"第二天范
仲淹入山，遇到诵经僧人，询问此事，果然如梦中语：那天僧人因故只读诵了半部
《金刚经》。因此，许月卿对其表兄戏言："何必看毕？"于是，许月卿又写下这样的诗
句，表达他对读诵经典的看法：

> 好物不虽多，自悟方悟他。心迷法华转，心悟转法华。愿得无言经，尽度恒河
> 沙。尽度一切已，依然无一物。籁鸣天河斜，清风共明月。

许月卿（1216—1285），字太空，学者称山屋先生，婺源（今属江西）人。从魏了
翁学。在南宋时期历任官职，后以忤贾似道罢官，归隐，自号泉田子。宋亡，改字
"宋士"，过着隐居生活。从其一些作品看，他对于禅宗是深有研究和体验的，这首诗
典型地体现出禅宗的思想：读经的根本目的在于"自悟"，一旦了悟，那么山河大地，
都会转变。当年六祖慧能在对僧人法达开示《法华经》宗趣之后，指出迷悟两种不同
的诵经方式，得出两种不同的效果："口诵心行，即是转经；口诵心不行，即被经转"，
谓之"心迷《法华》转，心悟转《法华》。"① 而禅宗最推崇的，并不是文字本身，而
是超越语言之上的"无言真经"，它将一切众生度尽，却没有度众生之相，如清风明
月，自然圆融，毫无执著。

《楞伽经》为禅宗早期弘扬之经典，但自五祖弘忍之后，提倡读《金刚经》，六祖
慧能更是因读《金刚经》而开悟，从此之后，《金刚经》大行于世，而《楞伽经》的
流传渐渐中断了，中国禅宗经历了一个从以《楞伽经》印心向以《金刚经》印心的转
变过程。但北宋年间，《楞伽经》因士大夫张方平等人的提倡而重新振兴。这是宋代禅
宗史上一个相当重要的事件。张方平的《禅斋》一诗称：

> 昔年曾见琅邪老，为说《楞伽》最上乘。顿悟红炉一点雪，忽惊暗室百千灯。
> 便超十地犹尘影，更透三关转葛藤。不住无为方自在，打除都尽即南能。

这首诗的写作背景还有一段带有传奇色彩的故事。张方平（1007—1091），字安道，号
乐全居士，应天宋城（今河南商丘）人。仁宗景祐元年（1034），举茂材异等，为校书
郎，知昆山县。宋神宗即位后，除参知政事，与王安石政见不合被贬谪，后以太子少师
致仕。哲宗元祐六年卒，年八十五。赠司空，谥文定。有《乐全集》四十卷。尽管他
与王安石在政见上不合，但他关于佛教的一番议论还是颇受王安石的称赞：

> 荆公王安石问文定张方平曰："孔子去世百年生孟子，后绝无人，或有之而非
> 醇儒？"方平曰："岂为无人，亦有过孟子者。"安石曰："何人？"方平曰："马
> 祖、汾阳、雪峰、岩头、丹霞、云门。"安石意未解，方平曰："儒门淡薄，收拾

---

① 《六祖坛经·机缘品》。

不住，皆归释氏。"安石欣然叹服。后以语张商英，抚几赏之曰："至哉此论也！"①

张方平认为，马祖道一等人，本来都属于家世业儒之士，若行入世法，必为贤士大夫，但因儒门"收拾不住"，才归于佛门，从而解释了唐代以来儒教衰落而佛教兴盛的原因。

有一年，张方平到了游琅琊山，进入一个藏经院，偶然见到一部《楞伽经》，取来观看，恍然如获旧物，读至"世间离生灭，犹如虚空华"一句时，犹如宿世曾经熟悉的教理，又仿佛回忆起这部经就是自己前世亲手书写的，于是顿悟禅宗的心要。当时，他作了一首禅偈："一念在生灭，千机缚有无，神峰轻举处，透出走盘珠。"②张方平对这部《楞伽经》情有独钟，后来捐资刊刻《楞伽经》，蒋之奇为之作《序》，其中记述道："五祖大师常劝僧俗，但持《金刚经》，即自见性成佛矣。则是持《金刚经》者，始于五祖，故《金刚》以是盛行于世，而《楞伽》遂无传焉。今之传者，寔自张公倡之。之奇过南都谒张公，亲闻公说《楞伽》因缘：始，张公自三司使翰林学士出守滁，一日入琅琊僧舍，见一经函，发而视之，乃《楞伽经》也，恍然觉其前生之所书，笔画宛然，其殆神先受之甚明也。"这里，交待了北宋时期《楞伽经》重又为人们所重视的因缘。抛开这些神秘的色彩不说，这件事曲折地反映出宋代禅宗思想向传统禅法的某种回归。它同时表明：宋人的禅观念中，不但《金刚经》可以使人顿悟，《楞伽经》同样可以使人顿悟。诗中"顿悟红炉一点雪，忽惊暗室百千灯"一联就说明这一点。一片雪放在熔炉上，瞬间便会消失得无影无踪，正如千年的暗室，只要点起一盏灯来，其黑暗便顿时消除，用来比喻顿悟之境，非常贴切。宋代禅僧特别喜用"红炉片雪"表示纤尘不立、片刻即成的悟心。如慧勤禅师的"去年今日时，红炉片雪飞。"绍悟禅师的"有时放下，似红炉点雪，虚含万象。"真歇了禅师的"幻妄浮尘，红炉片雪。"圆悟克勤禅师的"到个里还容棒喝么？还容玄妙理性么？还容彼我是非么？直下如红炉上一点雪相似。"大慧宗杲禅师的"好将一点红炉雪，散作人间照夜灯。"等等。此后，不少宋代诗人都写过诗，表达《楞伽经》对他们习禅生活的重要作用，如苏辙《试院唱酬》：

> 老去在家同出家，《楞伽》四卷即生涯。粗诗怪我心犹壮，细字怜君眼未花。霜落初惊衾簟冷，酒酣犹喜笑言哗。归心知有三秋恨，莫学匆匆下坂车。

苏辙（1039—1112），字子由，一子同叔，四川眉山人，苏洵子，苏轼弟，著有《栾城集》等。他对佛教的信仰不下于苏轼，特别是晚年，在颖川定居，过田园隐逸生活，筑室曰"遗老斋"，自号"颖滨遗老"，以读书著述、默坐参禅为事。死后追复端明殿学士，谥文定。又如他曾到金山寺拜见了元禅师，先寄以偈颂，说："粗沙施佛佛欣受，怪石供僧僧不嫌。空手远来还要否？更无一物可增添。"了元即以偈回赠，说：

① 《佛祖统记》卷四十五。
② 《居士传》卷二十一。

"空手持来放下难，三贤十圣聚头看。此般供养能歆享，木马泥牛亦喜欢。"表示对他不带任何礼物来访也欢迎，两人的诗都包含着禅宗所谓"机锋"。苏辙在此诗中表示：他晚年虽没有出家，却过着如同出家人的生活，以四卷《楞伽经》作为一生之归宿。

晁补之的《即事》：

> 抛尽图书避俗尘，《楞伽》读罢与谁亲。波涛远屿羁游梦，风雨幽斋默坐身。盏底不堪留酒客，句头何敢恼诗人。和诗送酒俱休问，只恐归期误此春。

晁补之（1053—1110），字无咎，晚号归来子，历经仁宗、英宗、神宗、哲宗、徽宗五位皇帝，与黄庭坚、张耒、秦观并列为苏门四学士。晁补之的佛教信仰相当虔诚。他的《满庭芳·用东坡韵题自画莲社图》写到："归去来兮，名山何处，梦中庐阜嵯峨。二林深处，幽士往来多。自画远公莲社，教儿诵、李白长歌……社中客，禅心古井无波。我似渊明逃社，怡颜盼，百尺庭柯。牛闲放，溪童任懒，吾已废鞭簑。"他晚年在乡间过着谪居生活，以陶渊明为楷模，写下很多诗词作品，表达清渺出尘的心境。

沈规的《过莹公房》：

> 悟得《楞伽》理，尘函久不开。游丝莹定石，驯雀下生台。境寂从朝暮，心空了去来。行看旧庭柏，自说少时栽。

从宋代诗人诗歌涉及《楞伽经》的情况看，他们基本上是接近于"渐修顿悟"这种禅门主张的。正是在《楞伽经》中提出了"四渐四顿"之说："渐净非顿，如来净除一切众生自心现流亦复如是，渐净非顿。"所谓"自心现流"，即指烦恼、染污。这一净除"自心现流"的过程，好比庵罗果的成熟，陶器的制作，万物的生长，人类的学业，都是渐进的，不是顿成的。但最后的结果是一下子获得的，所谓"亦如远诣郡城，步步渐行，一日顿到。"据禅宗史料记载，五代禅僧灵云志勤在沩山因桃华悟道，写下一首诗偈："三十年来寻剑客，几回落叶又抽枝。自从一见桃华后，直至如今更不疑。"这里"剑"即指佛家的般若智慧，是成佛的途径，而"落叶抽枝"，则是比喻灵云日复一日地苦修参禅，以求"顿悟"，最后终于见到桃花而开悟。这些宗门公案都表示，即使是"顿悟"，也有一个渐修的过程，这个过程可能是很漫长的，甚至是充满痛苦的。宋代诗人多持这种观点，如黄庭坚在《题王居士所藏王友画桃杏花二首》诗中就写了志勤禅师见桃花悟道事，诗云："凌云一笑见桃花，三十年来始到家。从此春风春雨后，乱随流水到天涯。"诗中说，志勤茫昧混沌，三十年来，几番出入于迷悟之间，最后见到桃花而顿悟。但是，那三十年的功夫也不能说是白费，没有前面的这三十年，那么，即使他见过再多的桃花，也同样不会有所悟，原因就在这里：见桃花仅仅是一种机缘，而不是悟道的根本所在。当然，禅宗偈颂在明禅理的时候，往往突出仅仅属于个人的特殊感悟，在表达方面也就需要更具独创性，见桃花便是一种个体的特殊感悟，正是在这方面，禅偈和诗歌具有很大的相通之处，志勤的开悟偈与黄庭坚诗之间的关系便是这样，它们之间已经很难说有明确的界限了。

由于顿悟的那一刻感悟的特殊性，使得主张顿悟的南宗禅更加接近于诗的境界。宋代临济宗杨岐派僧人慧开禅师的《颂古四十八首之十九》的短短四句偈，便属于这一类：

> 春有百花秋有月，夏有凉风冬有雪。若无闲事挂心头，便是人间好时节！

如果一个人的心头，前尘往事同时瓦解冰消，成为一片清朗干净的大地，能面对当下的景物人事，那么春夏秋冬都是一样的美好。值得注意的是，这里没有出现"佛"、"禅"等字眼，也没有"静坐"、"禅定"等概念，所写的只是春夏秋冬、风花雪月，但所表达的心境则是顿悟后的无上快乐，一种真正的解脱自在，因此此偈历来受到禅门的推崇。

无门慧开（1183—1260），杭州人，俗姓梁。字无门，世称无门慧开。幼年入道，广习经论；年长，于南峰石室独居禅思，积年六载，忽有省悟，乃出礼谒诸山尊宿，得法于江苏万寿寺月林师观禅师座下。绍定二年（1229）为皇帝祝寿而编撰《无门关》一书，系精选诸禅录之著名公案四十八则，另加评唱与颂而成，迄今仍盛行于世，与《碧岩录》同为宋代禅门代表性的公案集。"无门"又叫"无字门"，禅宗所谓"无门"，并非简单地否定语言文字，而是强调领悟言外之意和弦外之音。《无门关》指出："且道如何是祖师关？只者（这）一个无字，乃宗门第一关也，遂目之曰禅宗无门关。"从这一观点，也可以理解"春有百花秋有月"一偈的妙处。

禅家说，参禅不可用心意识参，要不分别、不执著、不落印象。那么要用什么心来参禅呢？这里不妨读一读非来自禅宗，而是一位大儒的朱熹的诗作：

> 胜日寻芳泗水滨，无边光景一时新。等闲识得东风面，万紫千红总是春。[①]

宋代道学家有很多作品抒写洒落恬淡，心情怡悦，气象平和的胸怀意境，巧融至理，含蕴佳趣，与禅诗非常相似。这一点，与他们普遍修习过禅法有关。这首诗显然不是一般的记游写景，而是借以喻道。所谓"寻芳"指求圣人之道，是说一旦闻道，则满目皆春，无处不是春光。宋人金履祥于《濂洛风雅》卷五批注此诗说："喻学问博采极广，而一心会悟之后，共是这一个道理，所谓一以贯之也。"但此诗寓哲理于生动、形象的比喻之中，而鲜明具体的形象几乎掩盖了诗人想阐述的哲理，人们感受到的是独特的审美感受而不是哲理，这正是其高明之处。这样的诗句，也完全符合上乘的禅诗标准。再联系得广一些，朱熹还作过这样一首类似的春游诗："川原红绿一时新，暮雨朝晴更可人。书册埋头无了日，不如抛却去寻春！"[②] 可见，春在哲人的心目中，是别有意味的，埋头书册，属于"渐修"的过程，而当积累到一定程度，就可以获得顿悟，顿悟的境界是无关学问的，所以要"不如抛却去寻春"，因为那明媚的春光实景的感受，是从任何书本上都无法获得的。道学家虽然没有使用"顿悟"等概念，但其道理与禅宗是完全一致的。

---

① 朱熹：《春日》。
② 《出山道中口占》。

　　后来的禅僧也确实将朱熹的诗句用在语录中，如明代杭州府费隐通容禅师，在春日上堂时，有弟子问禅师："物有荣枯，岁有新旧，如何是不迁变境界？"禅师回答："八八六十四。"又问："等闲识得东风面，万紫千红总是春，如何是春？"禅师回答："百草头上见端倪。"接着又说了一首禅偈："溪河解冻，草木初醒，四野烧痕渐绿，满园麦色遂青，路上游人作舞，林间好鸟弄音，拂拂和风袭面，融融旭日铺金。"① 明代无相禅师《法华大意》卷中也有这样的记载：

> "盖天地同根，万物一体，以天地同根，万物一体故，更不须疑十方大圣人有两样心，更不须疑往古来今大圣人有两样道，道即法也。"其后说一偈道："万有纷纭各自身，为无佛眼各分神。肯能直下知根蒂，生死何尝见屈伸！"问曰："如何是无佛眼？"师曰："见有千差万别。"曰："有佛眼时如何？"师曰："等闲识得东风面，万紫千红总是春。"曰："怎么则诸佛见一种，众生见两般？"师曰："真具佛眼，一种也是，两般也是。"

这是认为朱熹的这句诗是具备"佛眼"的境界，能够洞察天地同根，万物一体，心同理同，理一分殊。禅学与道学在这一点上是完全相通的。而要表达这样的观念，用任何论证性语言都是无力和多余的，皆不如"等闲识得东风面，万紫千红总是春"这样一句诗包含的义理丰富。

〔作者张培锋，副教授，南开大学文学院。天津　300071〕

---

① 《五灯全书》卷六十五。

帝王观念的情感维度

——对苏轼"乌台诗案"诗文的政治文化解读

刘学斌

帝王观念是中国古代政治思想史和传统政治文化中最值得关注和研究的现象之一。按照张分田教授的界定，帝王观念是"各种有关帝王的理论、思想、心理、情感、态度、信仰的总和"[①]。其内涵十分广泛，涵盖了政治心理、政治思想、政治理论等多个层面，既有理性内容，又有非理性成分，既涉及精英和经典，也关涉普通民众。帝王观念概念、现象的丰富性、复杂性决定了，对它的研究也必然需要从多方面、多角度进行。政治情感就是其中之一。政治生活中的政治主体总是与政治有着复杂的联系和互动。在这种互动和联系中，政治主体必然会对政治客体产生一定的内心体验和感受。这就是政治情感。政治情感对政治心理和政治行为都有重要意义，它是政治心理的一个重要过程，也为政治行为提供了驱动力。从政治情感的角度研究帝王观念可以更深入政治主体的内心世界，发现其中微妙和复杂之处。本文即以苏轼有关"乌台诗案"的诗文为主要材料，探求苏轼的帝王观念的情感层面，希图对深化帝王观念研究有所裨益。

一 选择的理由

以苏轼的帝王观念中的政治情感为研究对象，以其关于乌台诗案的诗文为主要材料是基于以下几点考虑：

首先，之所以选取苏轼这样一个人是因为苏轼是传统社会中士人群体的一个典型代表。在传统社会中，士人一方面传承文化，是知识精英，另一方面又是官僚的主要来源，是政治精英。因而，他们与政治系统包括君主存在着密切的联系和频繁的互动。其帝王观念包括其中的政治情感也极具研究价值。苏轼是一个典型的士人。和许多士人一样，他也具有多重身份，既是思想家，又是官僚，同时又是文坛巨匠。从仁宗嘉祐二年（1057）考中进士起，苏轼的命运就与政治紧密联系在一起。他是北宋激烈、复杂的党争中的重要人物，其政治经历也极为曲折，既有在朝任高官之时，又长期转徙州郡，甚至身陷囹圄，还屡遭贬斥，流离于偏远之地。宦海沉浮之中，苏轼对官场之险恶、世事之难料、人情之冷暖的体悟远远超过常人。所以，研究苏轼的政治情感具有一定的典型意义。同时，苏轼与帝王本人的关系也十分密切，他受到仁宗、神宗等几位皇帝的重视

---

① 张分田：《从民本思想看帝王观念的文化范式》，《天津师范大学学报（社会科学版）》2004年第1期。

或赏识，担任过翰林学士兼知制诰等接近皇帝的要职，还经常上书言事，就国家大事向皇帝提出建议或规劝。此外，作为罕有的文学大师，他留下的作品形式多样，内容丰富，数量众多。他一生创作了两千多首诗，三百多首词，以及大量的散文。从质量上看，他的诗、词、文代表了宋代文学的最高成就。作为优秀的文学家，苏轼对自然、人生、社会，当然也包括政治都非常敏感，有深刻的体悟和复杂的情感体验，并有能力将他独特的感受、情感用艺术的方式表达出来。诗词等文学体裁本身也适于抒情言志。苏轼大量高质量的诗词作品对研究其政治心态是一个十分有利的条件。一方面，可以获得比较多的材料供分析之用，另一方面材料的连续性比较有保障，便于考察其间的差别与变化。这也是选取苏轼研究帝王观念的情感层面的重要原因之一。

其次，选取乌台诗案作为研究苏轼帝王观念的切入点是因为乌台诗案所具有的特殊性。乌台诗案指的是元丰年间，苏轼的一些诗文被台谏指为谤讪，因而被捕入狱并治罪的事件。因为御史台又称乌台，此狱又因诗文而起，所以被称为乌台诗案。乌台诗案并非一件简单的司法案件，而是一起重要的政治事件，是北宋新旧党争激化的产物。苏轼本来就对当时进行的变法持反对态度，又由于长期任职地方，所以，对新法出现的一些弊端也有较深的了解。他对新法和变法派人物的不满情绪不免会在诗文中流露出来。他在文坛上的影响，又使这些诗文广泛传播。掌权的变法派为了打击反对者，维护和推进变法，就挑剔苏轼的一些文字，兴起此狱。最终，苏轼被贬到黄州，任团练副使，但不得签书公事。苏辙、司马光、张方平、王诜等二十余人受到牵连，他们基本是新法的反对者。

乌台诗案是当时政治生活中的重要事件。它既是北宋新旧党争发展的结果，也使新旧党的矛盾和斗争更趋激烈。文字狱、台谏都成为党争的工具或手段。对于苏轼个人，乌台诗案也具有深刻的影响，之后苏轼在政治上的经历更为坎坷，其诗词创作在题材、风格上也发生了明显的变化，思想上佛道的成分也有明显增加。乌台诗案可以说是当时政局和苏轼人生的一个转折点。考察苏轼在这样一个特殊阶段所具有的政治情感应该说对理解北宋政治和苏轼帝王观念都具有重要意义。乌台诗案是苏轼在政治上受到的一次迫害，一度有生命之忧。这使苏轼帝王观念的情感成分在具备一般特征的基础上，也会具有一些特殊之处。梳理这部分内容对理解帝王观念中的感性内容有一定的意义。

二　苏轼帝王观念的情感维度

情绪和情感都是人对外界事物产生的内心体验。但它们也有不同，情绪多与生理性的需要相联系，而情感则多与社会性的需要相联系。情绪通常不稳定，具有情境性。情绪则相对稳定，是比较本质的东西，可以反映的东西也比较多。此处所关心的是政治情感，而不是情境性强的政治情绪。在乌台诗案之前、之中、之后，苏轼的情绪随具体情境的不同而不断变化，难以描述。而其情感的内容和变化则容易把握。苏轼在乌台诗案中与帝王观念有关的政治情感就是研究的对象。而且不是要对苏轼在乌台诗案中政治情感及其变化的具体描述，而是试图对之做一些理论上的梳理和概括。因为帝王观念所涉及的不只是帝王本人，而是包括了整个君主政治体系。① 所以，此处所论及的苏轼的帝王观念的政治情感方面当然也不只涉及君主本人。

毫无疑问，人们对君主这一政治职位及占有这一职位的具体君主个体所具有的思想、情感、价值取向、态度等属于帝王观念的基本内容。这些观念显然具有政治与文化的双重意义。无论是君主个体还是君主职位，由于其在政治制度中的核心地位和在实际政治生活中的巨大影响，它们必然会成为人们政治认识、政治反思的主要对象。人们对帝王所具有的政治情感就是在认识和活动的过程中产生的，并影响着认识和活动的进行。帝王是全社会政治认识的基本对象，对于和帝王距离更近、关系更密切、接触更多的士大夫来说，所获得的政治认识，所产生的情感体验也必然更丰富多彩。乌台诗案则提供了一个特定的场景，在其中，多种政治关系交错、多种政治观念碰撞、多种政治势力较量。因而各方的互动也更集中、更强烈，所引发的内心体验也会明显、更有力度。苏轼和君主及其所掌控的政治体系是这一事件中主要的两个方面。君主也必然是苏轼当时所思所想所感的主要对象。苏轼对君主的政治情感大致包括以下几个方面：

其一，畏惧。畏惧是君主专制政治下，人们对君主的一种基本的政治情感。畏惧感首先来自对君主无上权势的认识。君主政治制度下，君主居于权力金字塔的顶端，拥有政治、经济、军事等方面的最高权力，对臣民有生杀予夺的力量。臣民在君主面前则十分渺小，无法与之抗衡，因而常怀畏惧之心。君主权力不仅巨大，而且在实际政治生活中缺乏制度化的、有效的制约，因而，君主权力很容易被滥用，对政治产生不良影响。如果君主本人的政治能力、政治品格低下的话，君主权力所产生的负面后果会更多，政治很容易陷入混乱和腐败中。同时，君主权力的行使也缺乏明确、严格的规则和程序，具有较大的随意性。这意味着政治的运行缺乏确定性、可预测性。而确定性恰恰是人基本的心理需求。这种心理需要如果得不到满足，人就会产生畏惧心理。君主权力巨大、缺乏有效制约、随意性大的属性是造成臣民畏惧心理的基本原因。此外，也与官方意识形态和社会普遍意识有关。长期以来，由于不断对君主进行神化、圣化，在臣民的思想意识中，君主至明、至圣，地位十分崇高和巩固，也更加感觉到自身的渺小和卑微。这种巨大差别加重了臣民对君主的畏惧感。在特定的环境下，臣民的畏惧感会表露的更明显。

乌台诗案事出突然，对苏轼而言不啻是飞来横祸。之前，苏轼因对新法不满，自请外任，在杭州、密州等地任职，在政治上并不得意，但也没受到迫害。但是乌台诗案中，苏轼被逮捕入狱一百余天，其间受到反复讯问，苦不堪言。苏轼被捕前已经从朋友那里得到了消息，心理上有所准备。但是前来捕人的台吏声色俱厉，苏轼深感此去凶多吉少，因而有"与妻子诀别，留书于弟辙，处置后事"②之举。在被押送京城的途中，他还一度想"自投江中"③。在狱中，苏轼受到审讯、辱骂，又不清楚君主对自己的态度，因而又想到了死。《孔氏谈苑》卷一载："子瞻忧在必死，常服青金丹。即收其余，

---

① 张分田教授指出："一般说来，在文化上、理论上，界定臣民就是界定帝王，界定帝王就是界定臣民。因此，有关君主政治体系的各种政治学说、政治思想、政治价值和政治心理都属于帝王观念的范畴。"（张分田：《中国帝王观念——社会普遍意识中的"尊君——罪君"文化范式》，中国人民大学出版社 2004 年版，第 5 页）。
② 《苏轼文集》卷三十二《杭州召还乞郡状》。
③ 《苏轼文集》卷三十二《杭州召还乞郡状》。

窖之土中，以备一旦当死，则并服以自杀"。他还作了两首遗诗，托狱吏转交给苏辙。弹劾苏轼的人给他加的罪名是"包藏祸心，怨望其上，讪讟谩骂，无复人臣之节"，"指斥乘舆"①等。这些都是很严重的罪名，如果成立，苏轼必受严惩。苏轼虽然知道自己对神宗并无不敬之意，但已被捕入狱，不知道神宗的意思，更想不到会如何处理自己，因而感到前途莫测，充满了畏惧感。

其二，爱恋。对于君主，臣民不仅畏惧之心，还有爱恋之情。对许多士大夫来说，尽管从政伴君充满风险，但他们并不愿就此远离政治和君主。从现实层面上讲，当时社会中人们的出路有限，而做官是一种好的出路，在经济利益、社会地位和声望上的回报都高。君主对臣子也不仅仅是驱使，也有赏识、提拔、赏赐、怜悯、宽恕等。这些会激起臣子的感激之心和对君主的喜欢、依恋之情。另一方面，士大夫群体以儒学的传承者、捍卫者自居，而儒学就要求人们去服务君主、维护君主，依靠君主实现儒家的理想社会。总之，士大夫和君主间有共同的利益，有共同认可的政治意识形态，是相需相用的关系。这是他们之间在情感上可以沟通，士大夫会对君主产生爱恋之情的基础。苏轼年轻时就与兄弟苏辙同科成为进士，名动京华，也受到皇帝的赏识，可以说是身受君恩。熙宁时，苏轼与当权的变法派意见不合，长期任职地方，心情也比较差。但是，他对君主的依恋之情仍然未变。熙宁九年（1076），他写下了著名的词作《水调歌头·丙辰中秋》。该词下阕抒写兄弟之情，上阕则写对君主的感情。表示自己虽身在地方，仍不忘朝廷"天上宫阙"。只是由于不见容于朝廷，"高处不胜寒"，而不得施展其政治抱负。与其在朝廷受排挤，还不如在地方，"何似在人间"。据传，神宗在读到这首词后，也表示"苏轼终是爱君"②。在乌台诗案中，尽管自身前途难料，仍然不忘称颂君主，说："圣主如天万物春，小臣愚暗自忘身。"③认为君主恩德无限，泽被万物，臣子身遭困厄是因为自己的愚钝。对君主并无不满和怨恨，而是将问题归于自己，反思自己的过错。可见，他对于君主的留恋是一种稳定的，无条件的情感。

其三，忠诚。忠诚是君主对臣民的一项基本的要求，也是君主政治时代一项基本的政治道德规范。对君主忠诚就是要求臣民切实维护君主利益，坚决服从君主命令，认真完成君主交代的任务，对君主诚实无隐瞒，在君主面前不得有私心和私利。忠诚是君主最希望从臣民那里获得的东西，也是评价臣民的一项最基本的标准。不忠诚则是君主最不能容忍和竭力防范、禁止的东西。对臣民而言，被指为不忠诚则是后果非常严重的事件。乌台诗案中，台谏官员就是从苏轼的诗文中寻章摘句，根据自己的需要进行解释，从中发掘苏轼对君主不满、不敬的方面，作为攻击苏轼的依据。这实际就是在质疑苏轼对君主的忠诚。但是根据苏轼的言论和行为判断，这种质疑是站不住脚的。

作为一个深受儒家思想浸染的士大夫，苏轼对君主有深厚的忠诚感。当深受神宗信任的王安石上台开始推行新法时，苏轼就连续上《议学校贡举状》、《上神宗皇帝书》、《再上皇帝书》等奏疏，对新法进行了全面否定。之后，任职地方时，虽然不得志，仍

---

① 《东坡乌台诗案·国子博士李宜之状》。

② 转引自唐圭璋编著：《宋词纪事》，上海古籍出版社1982年版，第80—81页。原文见《岁时广记》卷三一。

③ 《东坡续集》卷二《狱中寄子由》。

然关心国家大事,不时发表自己的政治见解,批评新法。只是在方式上更多地使用了诗歌。如对于盐法,他说:"迄是闻韶解忘味,迩来三月食无盐"①;对于农田水利法,他讽刺说:"东海若知明主意,应教斥卤变桑田"②;对于青苗法,他说:"赢得儿童语音好,一年强半在城中。"③ 苏轼明知当时变法派正受重用,依然批评新法,提醒君主,希望君主注意其中的问题。这无疑是忠诚情感的外露。对于这一时期苏轼的心态,苏辙说:"公既补外,见事有不便于民者,不敢言,亦不敢默视也。缘诗人之意,托事以讽,庶几有补于国"④。苏轼明白此时批评新法是不合时宜的,但是出于对君主的忠诚,对民生的关心,他仍然以曲折的方式表明了自己的态度。应该说,由于苏轼长期任职地方,对民间实际情况和新法施行的状况都比较了解,他对新法的一些批评确实击到了新法的痛处。这当然会引起变法派的注意和不满。而苏轼采取诗歌这种容易产生多种理解的方式发表意见,而且语多讽刺,为他后来因诗文入狱获罪埋下了祸根。说苏轼对变法派和新法不满确实可以从苏轼的诗文中找到证据,但说苏轼对君主不忠却找不到证据。台谏官认为苏轼对君主不忠的主要证据是《王复秀才所居双桧二首(其一)》⑤ 及《和李邦直沂山祈雨有应》⑥。但他们对这两首诗的解释过于牵强附会,包括神宗在内的许多人都不相信。确实对君主忠诚应该是苏轼虽然入狱但最终没有受到很严厉处罚的原因所在。

由于君主只是庞大的君主政治制度的一个组成部分,所以帝王观点除和帝王有直接关系的观念外还包括许多内容。下面要论述的是人们对君主之下的官僚的情感,主要是对不同官僚政治派系的情感。士大夫虽然同属一个阶层,但他们在利益、思想观念等方面总是存在一定差异。因而会以师友、同乡、同年、亲缘等关系为纽带,形成一定的政治派系。各派系间也会出现一些矛盾、争斗。北宋是士大夫群体中朋党之分明显,朋党之争激烈的时代,许多士大夫都自觉或不自觉地参与到党争中去。苏轼也不例外,他是北宋新旧党争中的重要角色。乌台诗案发生的主要原因就是朋党之间排斥异己的需要。

对于在政治观点等方面与自己有许多不同甚至对立的变法派,苏轼的感情也很复杂。他虽然也认识到宋朝政治的弊端,也有改革的意愿,并发表过一些鼓吹改革的言论及改革的建议。但是,对于王安石等人关于变革所持的理论主张以及提出和推行的变法政策,苏轼并不赞同。新法在推行过程中出现的弊端,新法派成员良莠不齐等使苏轼对变法更持批评和反对态度。新法与"重义轻利"的传统观念不同,公开言利、求利,以财政改革作为变法的核心,而且变法派中有许多是新提拔的年轻人,其中一些人品行不佳。这令许多思想传统的人十分不满,往往将变法派视为"小人",而以"君子"自比和称呼同道。于是,新旧党间关于变法的斗争很大程度上被视为君子与小人间的斗争。

苏轼当然也认为自己是君子一党,认为变法派中很多都是小人。对于他们,苏轼的感情复杂,既憎恶、鄙视、又有担忧和害怕。苏轼到湖州任职后,写了《湖州谢上

---

① 《苏轼诗集》卷九。
② 《苏轼诗集》卷十《八月十五日看潮五绝》。
③ 《苏轼诗集》卷九《山村五绝》。
④ 《苏辙集·栾城后集》卷二二《亡兄子瞻端明墓志铭》。
⑤ 《苏轼诗集》卷八。
⑥ 《苏轼诗集》卷一五。

表》。其中说道"知其愚不识时，难以追陪新进；察其老不生事，或能牧养小民"①。新进指的是变法中因得到王安石赏识而升迁迅速的那些年轻官员。此处，苏轼在自嘲的同时，也不忘嘲弄一下新进。其对新进的鄙视、厌恶、讽刺之情溢于言表。但是这种嘲弄虽然可以逞一时口舌之快，却给苏轼带来了麻烦。苏轼对新法和变法派的消极态度本来就令新党不满，对新进的嘲弄则给他们提供了攻击的口实。何正臣称苏轼"愚弄朝廷，妄自尊大，宣传中外，孰不惊叹"②，认为苏轼愚弄朝廷，造成了恶劣的影响。乌台诗案就是由此开始的。在他批评盐法、青苗法、农田水利法等的诗作中，对新法及新党的嘲弄也不少。

　　苏轼虽然鄙视、憎恶"小人"，敢于对之进行嘲弄。但是，在内心中，他对小人也充满了忧虑和恐惧。苏轼虽然对君子所具有的道德优越性、正义性有充足的信心。但是他对能否战胜小人却没有把握。他说："有党则必争，争则小人者必胜，而权之所归也，君子安得不危哉！"③认为在君子和小人的争斗中，小人占优势，往往是胜利者。因为，"君子以道事君，人主必敬之而疏。小人唯予言而莫予违，人主必狎之而亲。疏者易间，而亲者难睽也。而君子者，不得志则奉身而退，乐道不仕。小人者，不得志则徼幸复用，唯怨之报。此其所以必胜也"④。认为小人不讲政治原则，唯利是图，不择手段，善于揣摩、迎合君主的意思，更能得到君主的喜欢和信任，而君子则以道作为行为的基本原则，着眼于整个统治阶级的利益，有时可能违逆君主的意志，因此和君主会比较疏远。所以，小人在政治斗争中总是占优势。对于这一政治中的常见现象，苏轼也没有办法。同时，对于他认为小人还是有一些畏惧之心的。弹劾苏轼，引发乌台诗案的人当然都是苏轼所鄙视的"小人"。对于这些"小人"的无中生有、无事生非，苏轼无疑十分愤恨。但是苏轼的被捕表明台谏的攻击言论已经打动了皇帝。苏轼更担心在台谏的蛊惑下，皇帝会更加对自己怀疑，这样形势会对自己更加不利。所以，他几次想到了自杀。可见，对于小人容易得志的君主政治，苏轼还是充满畏惧之情的。

三　延伸的思考

　　苏轼只是士大夫群体中的一个个体，乌台诗案也只是历史上众多文字狱中的一个，具有个别性、特殊性。但是，它们同时也具有一定的代表性、普遍性。

　　首先，在士人对君主政治的复杂、多样的情感中蕴藏着内在的矛盾。对于君主，士大夫既亲近、依恋、忠诚，又充满畏惧。他们和君主之间有共同的利害关系，有相同的政治立场和共同的意识形态，因而他们在感情上可以相互接近、相互沟通。但是，他们之间在权势、地位上的巨大差别以及意识形态的束缚，使他们之间在情感上的联系和互动不可能是平等的、完全真诚的。因而他们在情感方面的纽带是脆弱的，不牢靠的。这使许多士大夫在情感方面陷入矛盾和痛苦之中。他们忠诚于君主，但是他们的忠诚时常

①　《苏轼文集》卷二三《湖州谢上表》。
②　《东坡乌台诗案》。
③　《苏轼集》卷四十四《续欧阳子朋党论》。
④　《苏轼集》卷四十四《续欧阳子朋党论》。

不能为君主所知晓，或得不到君主的承认，甚至还会受到君主的质疑。他们喜欢、依恋君主，却常常被君主冷漠、无情的举动所伤害。他们对喜怒无常、恩威莫测的君主充满了恐惧，但是却不愿意真的脱离君主而去，而是希冀于获得君主的赏识和信任。根据具体情境的不同，他们时喜时悲，时爱时惧，终日陷于这种微妙复杂的感情中而不得解脱。

对于他们的敌对派系，他们所具有的情感也很复杂。一方面，他们以君子自认，认为自己在道德修养和政治忠诚方面远胜小人，因而对在品德行为方面低下的小人十分鄙视。认为小人是政治祸乱的根源，必欲除之而后快。然而，小人们唯利是图、不择手段、不讲信义等君子所鄙薄憎恨的行为却使小人在与君子的斗争中经常占据优势。因此，对于小人，君子们很无奈，甚至有些畏惧。但是，对现实政治的关切和深厚的道德感、责任感，又使他们不能也不愿远离政治，摆脱小人的纠缠。可以说，对于小人，以君子自视的士大夫们恨而不能去，战而不能胜，躲也不能躲，时常受其害，左右为难，举步维艰。其情感之复杂、矛盾可以想见。

其次，他们政治情感方面的一个显著特点是将君主与整个君主政治制度分割开来。君主是君主政治制度的核心，是整个制度运行的枢纽。君主政治运行中出现的许多问题、矛盾、弊端，其源头就在于君主。虽然许多士大夫意识到了这一点，但他们在情感上却否认这一点，而将善政、美誉归之于君主，弊端、矛盾归之于臣下。在他们主观塑造的世界中，君主圣明、仁厚、有情有义，扰乱政治的都是无德无行的小人。以苏轼为例，他不赞同新法，因而上书反对或做诗文批评、讽刺。他的矛头指向的都是新法和变法派。然而，如果没有神宗的大力支持，变法又如何能够开始和推进。所以，神宗才是变法的真正首脑。苏轼却不承认这一点，而认为神宗受到了变法派的蛊惑。

乌台诗案之起是由于台谏挑剔苏轼诗文，但它始终在皇帝的控制之下，最后的判决也体现了皇帝的意思。神宗并不怀疑苏轼对自己的忠诚，但是对苏轼等人阻挠、攻击新法也不满意。所以，既下令调查此事，最终也对苏轼等人给予了一定惩处，只是并未按一些人的意见进行诛杀。因而，当乌台诗案中王安礼向神宗进谏时，神宗表示："朕固不深谴，特欲申言路耳。行为卿贳之"①。在乌台诗案中，苏轼对制造事端的变法派官员不满，也后悔自己作文字不谨慎，但是对君主并无任何怨言。在牢狱中仍不忘称颂君主圣明，而将责任归之于自己。到黄州贬所后，苏轼在所上谢表中说自己"狂愚冒犯，固有常刑。仁圣矜怜，特从轻典。赦其必死，许以自新。祗服训辞，惟知感涕"②。认为在乌台诗案中得到了宽大处理，体现了皇帝的怜悯，所以对皇帝心怀感激。苏轼的这些表示不完全是一种套话。在将君主孤立出来的情况下，君主永远圣明，与现实的一切弊政没有关系，有错的只能是臣下。在自身与君主相对时，错的则只能是自己，自己对君主只能有感激、忠诚、爱恋，而不能有丝毫不满、怀疑。葛荃教授将士人那种"唯恐失足的惊惧心理，以及他们那种无前提、无条件的自我谴责和罪错意识"概括为原惧特性，并认为士大夫在帝王面前所表现出的罪错意识是原惧特性的体现之一③。

---

① 《续资治通鉴长编》卷三〇一，元丰二年十一月庚申条。
② 《苏轼集》卷六十七《到黄州谢表》。
③ 葛荃：《立命与忠诚——士人政治精神的典型分析》，浙江人民出版社 2000 年版，第 101—106 页。

士人将君主孤立出来的意识不符合实际情况。但它促使士人在观点上认为君主圣明无比，所有的问题都出在小人和自己身上。对君主的情感也只能是忠诚、爱恋、感激，还有一些畏惧了。

帝王观念的情感层面是帝王观念的感性层面。它与帝王观念的其他成分共同存在和发生作用。它使帝王观念不是一种冰冷、刻板的抽象物，使人们的行为和历史的实际进程变得更生动和具体。士人对君主政治的感情复杂、微妙、矛盾，是社会现实和士人实际地位的产物，也深刻影响了士人的政治行为。很多时候，他们在感情在处于矛盾、困惑的境地而无法摆脱。

〔作者刘学斌，博士后，天津师范大学政治与行政学院。天津　300387〕

"女国民"的兴起：近代中国女性
主体身份与文学实践

乔以钢　刘　堃

近代中国与西方列强的交往，迫使知识分子不得不以西方"民族国家"概念来重构"国家"的理念和个人与国家的关系。这一思想界的重大变化，对女性的历史地位构成巨大冲击。此前，传统中国的女性几乎没有独立的个体身份，所谓在家从父，既嫁从夫，夫死从子；她们也更无法以主体身份与"国家"之间建立联系①。而近代中国思想界对"国民—国家"关系的建构，个体国民身份在政治话语中的确立，为近代女性谋求新的身份认同开拓了话语空间和政治空间。一些先进女性也正是在这种话语空间和政治空间中确立了独立的个体身份——女国民②。由此，女性以被赋予的国民权利和国民责任为名，重新进入历史，而这也奠定了此后百年女性与民族国家关系的基本模式。

一　责任先于权利：女性被国家"征召"的前提

有关"女国民"身份的内涵，从维新时期到辛亥革命时期，男性精英和女性先觉者们存在着既有一致也有分歧的理解。维新时期，男性思想精英以民族国家为本位，提出戒缠足、兴女学的妇女解放思想主张，是为了张女子之用，来实现救亡图存、强国保种的功利目的。张之洞感叹中华两万万妇女因为缠足而"废为闲民谬民"，只能坐而衣食，"不能直立，不任负载，不利走趋，所作之工，五不当一"，就是从国权的维护以及国富的角度来审视女性的身体价值③。康有为的请禁裹足也是基于"欧美之人，体直气壮，为其母不裹足，传种易强也。回观吾国之民……为其母裹足，故传种易弱也"④的逻辑推理。黄鹄生指出妇女缠足的弊端，在于"皆成废疾，不能教子佐夫，而为之夫子者亦只可毕生厮守，宛转牵连，无复有四方之志……是缠足一事，到天下妇女之足者患犹小，丧天下男子志者患无穷也"⑤。他们对缠足的否定不是出于女性本位的人道

---

① 似乎可以作为反例的"木兰从军"，也是花木兰因不忍老病的父亲再上疆场而"替父出征"，在"孝"的伦理框架之内才得以冒用了父亲的身份从而参加战争，而古代历史上后妃参政、主政都被比喻为"牝鸡司晨"，因为不符合天理、不符合传统政治伦理而被主流历史记载所贬斥。

② 参见宋少鹏：《民族国家观念的建构与女性个体国民身份确立》，《妇女研究论丛》2005年第6期。

③ 张之洞：《张尚书不缠足会叙》，《近代中国女权运动史料》，张玉法、李又宁编，传记文学出版社1975年版，下册，第847页。

④ 康有为：《请禁妇女裹足折》，载张玉法、李又宁编：《近代中国女权运动史料》上册，传记文学出版社1975年版，第509页。

⑤ 黄鹄生：《中国缠足一病实阻自强之机并肇将来不测祸说》，载《时务报》第35册，1897年8月8日。

关怀，而首先是因为缠足使女性成为无用的废人，不仅不能相夫教子，而且成为男性的拖累。这种忧惧妇女缠足可能导致弱国弱种并拖累妨害男性生产力的发挥的论调，显然并非从女性的身体权益着眼，也不是出之以美学标准的反省，而是以民族国家的兴亡作为唯一的考量尺度，功利目的和政治计算才是这场运动的核心①。

女学的倡兴反映了同样的运作逻辑。梁启超的《论女学》，提出"治天下之大本二：曰正人心；广人才。而二者之本，必自蒙养始；蒙养之本，必自母教始；母教之本，必自妇学始。故妇学实天下存亡强弱之大原也"。作者对女学的提倡出于"母教"之用，以此"智民"进而"兴国"。同时，他还以务实求用的标准区分了两种不同的女学，认为深藏闺阁、侍弄文字的女性"终身未尝见一通人，履一都会，独学无友，孤陋寡闻，以此从事于批风抹月、拈花弄草之学"，"本不能目之为学"；真正可以称之为"学"的东西，必须能够"内之以拓其心胸，外之以助其生计"②。讲求实学、以期致用是这位维新思想家倡兴女学的唯一宗旨。这种将国家命运关联于妇女的实用知识技能及其所具有的生产力的议论，打破了"女子无才便是德"的封建意识的钳制，同时也使女性的存在价值工具化。这显然是一个特定历史情境的产物，它不单反映国际竞争形势在当时给中国造成的极大压力，同时也揭示了"国权"逾越"父权"而直接对女性进行询唤与征召的历史进程。

在性别观念层面，鼓吹社会改革的精英男性把通过废缠足、兴女学来改造传统女性作为拯救国家危亡的途径，其深层隐藏着的另一层含义是传统的"女祸论"：把国家衰弱的责任推给羸弱、愚昧的无用女子。在此，传统中国女性的形象作为象征性符号，类比于传统中国的国家形象：裹着小脚的传统中国女性不再轻盈美丽，而成为羸弱的象征；无智无识的传统女性形象对应于落后的、不开化的国家形象。

这样的立场，也为当时的女性先觉者所遵循。或者说，女性顺应男性的主流话语，甚至通过承认男性对女性的"无用"、"误国"的指责，发展出女性成为国家有用之人以尽国民责任的要求。胡彬在《论中国之衰弱女子不得辞其罪》中呼吁："夫二万万女子，居国民全数之半者，殆残疾无用，愚陋无知，焉能尽国民之责任，尽国家义务乎？……自今而后，凡我女子，苟人人以中国之患难为己之患难，中国之腐败为我之腐败，抱此思想，达其目的，则中国兴如反掌耳！"③香山女士刘瑞平在《敬告二万万同胞姊妹》篇首坦陈："呜呼，同胞同胞，中国亡矣，汉种奴矣……吾不暇责专制之君主……吾惟痛哭流涕而责我有责任有义务之国民；……吾今敢为一言告我诸姐妹曰：今日国亡种奴之故，非他人之责，而实我与诸君之罪也。"篇尾"则请与诸君约：誓须独立，誓尽义务，为国家吐气，为种族雪耻"④。这种把国家积贫积弱的罪责单方面归于女性一方的论调，一方面体现出男性主流话语对女性思想观念的宰制，另一方面确也反映了女性希望以承担国家责任来获得国民主体身份的急迫心情。在此情境下，以女性为本位思考、较为全面展开"女国民"内涵的思想，恐怕还要等待"女权"概念的传播与成熟。

---

① 参见黄金麟：《历史、身体、国家：近代中国的身体形成》第二章，新星出版社2006年版，第40—41页。

② 梁启超：《论女学》，载《时务报》第25册，1897年5月2日。

③ 全国妇联妇女运动历史研究室编：《中国近代妇女运动历史资料（1840—1918）》，中国妇女出版社1991年版，第223页。

④ 同上。

二　从"天赋人权"、"男女平权"到"权责并举"：
"女国民"内涵的全面展开

从 1902 年起，"女权"变成了妇女解放论的口号。倡导女权的男性知识分子以马君武和金天翮为代表。马君武在译介西方近代自由平等学说的过程中，较早关注了男女平权思想。1902 至 1903 年，他翻译了英国社会学家斯宾塞的《女权篇》，并译述了英国哲学家穆勒（即其所译弥勒约翰）的《女人压制论》和西欧社会民主党《女权宣言书》中关于男女享有平等权利的思想主张。斯宾塞《女权篇》开首即云："公理固无男女之别也"，认为人类不分男女，均享有平等之自由，"男女同权者，自然之真理"。根据天赋人权的理念，女人当与男人同样享有参政权，所谓"与妇人以政权，乃自第一感情（指自然——引者注）而生，因人生当依平等自由之天则，以获人类之最大幸福，故不得不尔，固非第二感情（指习惯——引者注）之所能夺也"[①]。马君武把男女平权与民主共和相提并论，认为欧洲之所以能够进入近代文明社会，是因为经历了"君民间之革命"与"男女间之革命"这两大革命，要改变"人民为君主之奴仆，女人为男人之奴仆"的专制国家状况，"必自革命始，必自革命以致其国中之人，若男人、若女人，皆有同等之公权始"[②]。这一论点把"天赋人权"逻辑内的"男女平权"与政治文明的程度隐然联系起来。

稍后，金天翮著《女界钟》于 1903 年 8 月在上海刊行。这是中国妇女思想史上最早的一本全面系统阐述女权革命理论的著作，一经出版即在知识界引起极大震动，其理论观点频频被以后的妇女解放论者所引用。《女界钟》引述的西方近代思想资源主要也是斯宾塞、穆勒等人由"天赋人权"引申出"男女平权"的思想主张，但它同时针对本土妇女的现状提出了很多开创性的见解。首先，作者主张民权[③]与女权密不可分："十八、十九世纪之世界为君权革命之时代，二十世纪之世界为女权革命之时代"[④]。他明确指出了"民权"和"女权"的延续性：西方国家首先发生民权革命，接着才发生女权运动；中国的民权革命既未实现，遑论女权革命，所以"两大革命之来龙，交叉以入于中国"[⑤]。因此，在中国的革命目标中，"民权与女权如蝉联趺萼而生不可遏抑也。吾为此说，非独为二万万同胞姊妹说法也，为中国四万万人民普通说法也"[⑥]。其次，他称妇女为"国民之母"，身担养成国民品性的重责；同时，国家兴亡，不仅匹夫有责，"匹妇亦有与责"。他把这种责任称之为女子的道德，而且是"爱国与救世"的

① 马君武：《斯宾塞女权篇》，莫世祥编《马君武集》，华中师范大学出版社 1991 年版，第 16、17、26 页。
② 马君武：《弥勒约翰之学说》，莫世祥编《马君武集》，华中师范大学出版社 1991 年版，第 142—145 页。
③ 据日本学者须藤瑞代考证，在近代启蒙语境下，"民权"概念是指国民之公权即参与国事的权力，而"人权"概念是指人生来就拥有的权利，包含男女平等、言论自由等含义。参见氏作《近代中国的女权概念》，《山西师范大学学报》2005 年第 1 期。而在时人的论述中，这两个概念的边界较为模糊，尤其在论述女权问题时，论者时常把两者兼而论之，统统纳入女权的辨析之中。
④ 金天翮：《女界钟》第六节，上海古籍出版社 2003 年版，第 46 页。下引《女界钟》均出自此版本。
⑤ 《女界钟》第六节，第 46 页。
⑥ 《女界钟》第一节，第 4 页。

"公德"。与"公德"相比，守身如玉、相夫教子的"私德"具有的则是等而下的价值①。作为国民的"匹夫"、"匹妇"，在对国家负有救亡责任这一点上是完全平等的。这种观点既包含男女平权的思想，又对"女国民"概念及其意识的形成具有奠基性作用，可谓风行一时。《女报》、《神州女报》等均曾屡加引用，在辛亥革命时期，激励着成百上千的妇女肩负起救国重任。第三，他特别重视女子参政权利，认为 20 世纪女权问题之核心就是女子参与政治。但在清朝专政下，男子尚不能干政，何况女子？所以他鼓励女子从事革命："女子亦知中国为专制君主之国乎？夫专制之国无女权，女子所隐恫也。……夫议政者，固兼有监督政府与组织政府之两大职任者也。然而希监督政府而不得，何妨退而为要求；愿组织政府而无才，则不妨先之以破坏。要求而绍介，则吾男子应尽之义务也；破坏而建设，乃吾男子与女子共和之义务也。"② 金天翮的洞见在于发现女权的对立面并不仅仅是男权，而更是专制主义的政权；女性必须和男性一起革命，打破专制制度，在一个更为合理的民主共和国家框架下，才有可能谋求政治权利。这种振聋发聩的议论唤醒了很多妇女解放的理论家与实践者，也催生或呼应了许多秋瑾式的女革命者。

总之，马、金两位的论述有共同之处：第一，他们所说的"女权"都包含"天赋人权"和"男女平等"思想；第二，他们主张"民权"与"女权"密不可分，甚至在民主政治的框架下女性参政就是"女权"的应有之义；只有争取参政权利，女性才能贡献作为国民的责任，从而承担起国家富强的重任。这一女权论述的内在理路是：王朝国家的合法性来自于君权神授，国家属于神授的君主，民众只是被统治的客体，对国家权力无所有权、对国家事务无任何发言权，自然无权利可言。而由"国民"组成的国家，其合法性来自于国民，国民对这个国家享有所有权，所以也对国家享有责任和义务。女性在与男性"同担责任、同尽义务"之后，就获得了与男性同样的"国民"身份③。这是近代女权运动一个重要的思想资源和论证女权正当性的基础。

对于男性启蒙者的"女权"言说，当时的女性思想家既有赞同呼应的一面，也有基于女性独立意识和性别自省的别异洞见。《女学报》的创始人和主笔陈撷芬④以国家的"公共性"作为女权伸张的空间。她在《女界之可危》中称："吾中国之人数也，共四万万，男女各居其半。国为公共，地土为公共，患难为公共，权利为公共。……国既为公共，宁能让彼男子独尽义务，而我女界漠不问耶？"⑤ 然而，当"公共性"⑥还没

---

① 《女界钟》第二节，第 6—12 页。

② 《女界钟》第七节，第 56、65 页。

③ 参见宋少鹏：《民族国家观念的建构与女性个体国民身份确立》，《妇女研究论丛》2005 年第 6 期。

④ 陈撷芬是《苏报》负责人陈范之女，1899 年在上海编辑随《苏报》附送的《女报》，即《苏报》妇女版，1902 年 5 月她将《女报》改为独立月刊，更名《女学报》。冯自由所撰《革命逸史》称之为"开吾国革命教育宣传事业之先河"（参见王绯：《空前之迹：中国妇女思想与文学发展史论（1851—1930）》，商务印书馆 2004 年版，第 215 页）。

⑤ 陈撷芬：《女界之可危》，《中国日报》1904 年 4 月 26 日。引自全国妇联妇女运动历史研究室编《中国近代妇女运动历史资料（1840—1918）》，中国妇女出版社 1991 年版，第 203 页。

⑥ 陈撷芬所说的"公共性"显然不具有哈贝马斯"公共性/公域/公共空间"概念的理论内涵，但她至少敏感意识到，在国家权力和个人权利的紧张关系之间，存在着一种可以以"公共性"命名的博弈途径（参见［德］哈贝马斯《公域的结构性变化》一文，见邓正来、［英］J. C. 亚历山大编：《国家与市民社会——一种社会理论的研究途径》，中央编译出版社 2005 年版，第 121—155 页）。

有在国家/社会关系这个充满张力的领域中明确履行政治功能的时候,女权特别是女子参政权的实现,恐怕还不具备充分的现实可能性。尽管男性精英为此大声疾呼,但他们往往陶醉于启蒙主义的思想激情,止步于现实政治的改革与斗争。而如果女性仅仅满足于跟在男性启蒙者身后挥舞几下旗帜,对"女权"没有身体力行的理解与实践,或者干脆企望从男性手中接过现成的"女权",那么女权的伸张将只能是空想。

身为女性的陈撷芬对男性精英所进行的"女权"动员,有着难能可贵的警惕和反思。她认识到女权主要由男性提倡,女性靠男性赠与权利,则女性永远无法摆脱依附于男性的命运。在《独立篇》中,她说:"即有以兴女学、复女权为志者,亦必以提倡望之于男子。无论彼男子之无暇专此也,就其暇焉,恐仍为便于男子之女学而已,仍为便于男子之女权而已,未必其为女子设身也⋯⋯呜呼,吾再思之,吾三思之,殆非独立不可!"① 她认为男性对"女权"的设计往往从男性自身的利益和目的出发,不会真正为女性设身处地着想,因此女性必须提出自己的女权观,并且不应由男性越俎代庖,而应独立地争取权利。这种启悟使陈撷芬在《女界之可危》中表达了她运思深入的女权观:"我辈数千年为彼奴隶,岂至今日时尚昏然不知,再欲随男子后,而作异族奴隶之奴隶耶?"② 她眼中的"女权",包括了女性对男性要求权利运动、汉人对清朝要求权利运动以及作为"中国"对西方列强要求权利的运动。

在女界,更多的讨论集中在对男性精英所倡导的"国民之母"观念进行辨析、并对"国民之母"与"女国民"的关系进行反思方面。诗人兼教育家吕碧城时任天津北洋女子公学总教习。她在《论某督札幼稚园公文》③ 中对女子入学后只教其如何做"乳媪及保姆"提出批评:"女子者,国民之母也,安敢辞教子之责任;若谓除此之外,则女子之义务为已尽,则失之过甚矣。殊不知女子亦国家之一分子,即当尽国民义务,担国家之责任,具政治之思想,享公共之权利";进而明确表示,"我高尚独立之女国民"是不会甘心只做服役幼儿的乳媪保姆的,这类"乳媪学堂"绝不是培养国民之学堂,而是"制造奴隶之学堂"。"且为奴隶则亦已耳,何必建一学堂使人学习方出为奴隶耶?"与此同时,她大力倡导"欧美女子之教育",反对"女子只应治理家政,不宜与外事,故只授以应用之技艺"的女学宗旨,认为这不过是"造成高等奴隶斯已耳"④。秋瑾在《中国女报》上撰文,同样激烈批判当时的女子教育之结果,"不过养成多数高等之奴隶耳";她进一步说:"吾亦尝闻诸侈谈女学之言矣⋯⋯提倡女学使能自立,无为大好男儿累。咄咄,女界之振兴,果尽于是耶?苟若此,则贤内助之资格,于彼男子诚利矣,与吾女界何!与吾祖国何!"⑤

吕碧城、秋瑾敏锐指出:男性对女性提出做受教育、有知识的"国民之母"要求,其目的"强国保种",只不过是"相夫教子"的传统女性工具论在近代民族国家框架下

---

① 陈撷芬:《独立篇》,《女学报》第二年第一期,1902年,引自全国妇联妇女运动历史研究室编《中国近代妇女运动历史资料(1840—1918)》中国妇女出版社1991年版,第245页。

② 陈撷芬:《女界之可危》,《中国日报》1904年4月26日。引自全国妇联妇女运动历史研究室编《中国近代妇女运动历史资料1840—1918》中国妇女出版社1991年版,第203页。

③ 吕碧城:《论某督札幼稚园公文》,载《女子世界》第9期,1904年9月10日。

④ 吕碧城:《兴女学议》,载《大公报》1906年2月18、26日。

⑤ 秋瑾:《大魂篇》,载《中国女报》1907年第1期。

的应变性发展。"国民之母"与女性主体意识充分发展、"具政治之思想，享公共之权利"的"女国民"，在内涵上存在很大差异，甚至仍然作为男子"贤内助"的"国民之母"根本就与女性权利和国家福祉无关。苟言之，"国民之母"只是男性的高等奴隶/工具。因此，虽同有"国民"二字，做"国民之母"并不必然导出"女国民"的主体生成，女性只有逾越了自身在生育场域中的性别角色，以主体身份直接服务于国家，在无性别差异的个人与国家之间构建充分的权利和责任空间，才是实现"女国民"身份的唯一正途。秋瑾因而大声疾呼："吾之所祝与同胞姊妹者，为我女子辟大世界，为我祖国放大光明，为我女界编大历史，争已失女权于四千年，造已死国魂于万万世"①。

值得注意的是，金天翮等男性精英所主张的"女权"，往往把基于"天赋人权"的女性权利伸张与为中国富强效力、做"国民之母"的女性责任要求相结合。而事实上，将没有性别差异的"天赋人权"与强调性别角色的"国民之母"勉强结合，势必造成理论上的混乱和实践上的缺陷。秋瑾在彻底否定"国民之母"的性别角色之后，主张女性对国家"尽与男子一样的任务"②，甚至试图抹煞客观存在的性别差异。她与陈撷芬等几位女性组织"共爱会"，制造炸弹、学习暗杀，并计划创设女子军。她的穿着男装、崇尚铁血，也是出于同样的心理。

在性别角色的层面上，另外一些女界精英对"女国民"身份的实现则持有不同见解。比如近代第一位女性西医张竹君③在论述中避免使用"国民之母"的概念，而改用"人群之母"的说法："夫女子为人群之母，母教之不讲，民品所由败也，女学之不昌，人种所由弱也。大局阽危，任其责者，疯狂之男居其半，柔曼女性居其半，驯此不变，既无列强瓜分，亦难免于天演之淘汰。"④ 在张竹君看来，中国的颓弱之势，确与女性作为母亲的素质有关，但做母亲并不是女权的目的，而是女性应该得到女权的理由；女性在求得经济独立和思想独立之前，是没有侈谈"国民"资格的条件的。在"久久从事工业，以求自强，以求自养，而去其昔日之依赖"之后，进一步谋求政治上的权利和身份不是没有可能的，因为中国"男子之无政治思想，且略等于女子，则今日吾辈急起直追，不难于实际上与男子获同等之权利"。⑤张竹君没有否定女性为人母的性别角色，但她把"国民"之社会身份与"母职"之家庭身份分而论之，把女性的社会性别与生物性别区别看待，在此认识论的基础上更加强调女性作为"国民"身份所必备的个人与社会条件——女性个体的独立与社会全体政治思想和制度的完善。这种观念显然比那些充满理论空想激情的男性启蒙者说更为理性客观，也比秋瑾式的抹煞性别差异具备对女性的关怀。

---

① 秋瑾：《大魂篇》，载《中国女报》1907 年第 1 期。
② 秋瑾：《敬告中国二万万女同胞》，《白话》1904 年 10 月第 2 期。
③ 张竹君，1879 年出生于广东，幼患小儿麻痹，因得到美国牧师医生救治，从此对西医感兴趣，立志学医，获得基督教医院行医资格，后在广州开设医院，在妇女中普及医学知识，同时把行医收益用于开办女子学校，呼吁中国女性觉醒。
④ 张竹君：《女子兴学保险会序》，《警钟日报》1904 年 4 月 23 日。
⑤ 张竹君：《卫生讲习会演说》，《警钟日报》1904 年 5 月 25 日。

三　文学实践:对"女国民"形象的表现与消费

在男性精英和女界先贤对"女国民"议题持续不断的激烈讨论中,他们或许没有意识到,这些集中在报章、杂志、译著、宣传册子中的议论文字,已经形成了一个众声喧哗的话语场域;他们更不会意识到,在晚清"诗界革命"、"小说界革命"、文学书写与思想政治启蒙联姻的历史语境下关于"女国民"的讨论,在主体性名义下已经在产生着一个非政治形式的公共领域——在政治领域发生作用的公共领域以外的、以文学形式出现的一种公共性先导①。对于"女国民"而言,它的生成过程从一开始就是在两个方向上展开:一是通过报章之类的议论文章,从抽象概念的层面阐述其内涵与外延;二是通过诗歌、小说等创作,从具体形象和文学想像层面预演其现实生成。

秋瑾的弹词小说《精卫石》可看作"女国民"文学形象的范本。这是一部未完成之作。虽然现在仅能读到不足六回的内容,但从作品序中出示的"精卫石目录",可以了解到秋瑾计划书写的,是一部全面寄托自己妇女解放思想政见、完整揭示传统被压迫女性向"女国民"蜕变的史诗性大著。秋瑾在作品的序中这样表白自己的创作目的:"余也谱以弹词,写以俗语,欲使人人能解,由黑暗而文明;逐层演出,并尽写女子社会之恶习及痛苦耻辱,欲使读者触目惊心,爽然自失,奋然自振,以为我女界之普放光明也。今日顶香拜祝女子脱奴隶之范围,作自由舞台之女杰……祈余二万万女同胞无负此国民责任也。"②按秋瑾的写作计划,她最终是要让主人公"拔剑从军","立汉帜胡人齐丧胆,复土地华国大扬眉",最终"共欣光复,大建共和"的。但这一构想还未及实现,她本人已在反满革命中殉难,以最彻底的形式实践了自己的"女国民"抱负,为理想中的共和国献出了生命。

作为近代历史上第一位为"国"捐躯的"女国民",秋瑾的死在当时的舆论界、知识界掀起轩然大波。1907 年 7 月 15 日(农历六月初六),秋瑾在故乡浙江绍兴以"谋反罪"被斩首杀害。消息传出,在各界激起强烈反响。作为当时舆论中心的上海,各种不同背景的报纸都迅速做了详细的报道。《神州日报》连续公布浙江省发布的有关通报、函电、文告,并转录外电、外报刊出的有关消息。《时报》除了对秋瑾案始末做了连续报道之外,还发表了《哀秋瑾案》、《记秋女士遗事》等几十篇有关秋案的评论文章以及诗词、漫画。《申报》刊登各种体裁的有关报道、评论等 30 多篇,累计达 3 万多字。其中包括秋瑾被捕与就义的情况报道、秋瑾男装持手杖照片、秋瑾生前演说稿、秋瑾好友徐自华撰文、吴芝英书写的秋瑾墓表等,可谓当时舆论报道秋瑾案的集大成者③。可以说,秋瑾的"女国民"形象,主要不是藉由她的理论宣告,而是透过当时舆论(民营报刊)对秋瑾案的广泛反响而建立起来的。然而,这些报道普遍利用了人们同情弱者的心理,把秋瑾描述为被官府任意摧残杀害而无丝毫反抗能力的悲惨女性,从

---

①　[德]哈贝马斯:《公域的结构性变化》,见邓正来、[英] J. C. 亚历山大编:《国家与市民社会———一种社会理论的研究途径》,中央编译出版社 2005 年版,第 153 页。

②　秋瑾:《精卫石》,见《秋瑾集》,上海古籍出版社 1991 年版,第 119 页。

③　参见夏晓虹:《纷纭身后事——晚清人眼中的秋瑾之死》,见氏著《晚清女性与近代中国》,北京大学出版社 2004 年版,第 286—294 页。

而冲淡了秋瑾行为背后的思想动因，某种程度上消解了秋瑾形象的政治意义。

另一方面，秋瑾事件中的"女性"、"喋血"要素充分刺激了通俗文学生产。几乎在秋瑾就义的同时，以秋瑾为原型的小说、戏曲等大量通俗文学作品纷纷出现。萧山湘灵子的《轩亭冤》传奇（又名《中华第一女杰轩亭冤传奇》）写成于 1907 年 9 月 9 日，距秋瑾遇害仅三个月零三天。1907 年 9 月初，无生的短篇小说《轩亭复活记》在上海《女子世界》增刊本发表（后改题为《秋瑾再生记》，由竞存书局出版）。1907 年 9 月下旬，古越嬴宗季女的《六月霜》传奇，由上海改良小说会社出版单行本。上海《小说林》更是刊出了多种以秋瑾生平为题材创作的小说、戏曲。例如，包天笑的长篇小说《碧血幕》（连载），吴梅的《轩亭秋》杂剧、龙禅居士的《碧血碑》杂剧、啸卢的《轩亭血》传奇等①。从上述作品的题目不难看出，秋瑾于旧历六月被杀，很容易使人联想到关汉卿笔下因冤屈而死、以致六月飞霜的窦娥。如此比附，突出的是秋瑾作为"弱女子"而非"女英杰"的形象。秋瑾形象由是沦为通俗文学的消费品。其主动选择牺牲，渴望以"女国民"身份作"死于谋光复者"表率的壮烈情怀和进步意义均无以从中体现。

这些当年名噪一时的"秋瑾文学"很快烟消云散。真正使秋瑾作为一个文学形象得以流传的人是鲁迅。鲁迅在 1919 年 4 月发表的小说《药》中塑造的人物形象夏瑜，即是秋瑾的隐喻②。故事讲述夏瑜热血澎湃地企图拯救民众，向人们灌输反清言论和革命理念，人们却辱打他，围观他被斩首，并把他的鲜血当作治疗肺病的"药"出售。故事凸显了为辛亥革命而奔走的革命知识分子的"救民"意识与普通庶民朴素的"求生"意志之间的残酷疏离，从而揭示出先觉先行者与民众隔绝这一关涉根本的思想命题。正如他在《随感录五十九·圣武》中所说："新主义宣传者是放火人么，也须别人有精神的燃料，才会着火；是弹琴人么，别人的心上也须有弦索，才会出声；是发声器么，别人也须是发声器，才会共鸣。中国人都有些不很像，所以不会相干"③。基于这样的认识，鲁迅对革命者作无谓的牺牲持否定态度。《药》也因此而成为现代文学史上富有时代思想内涵的重要篇目，秋瑾/夏瑜的自我牺牲作为辛亥革命"历史局限性"的象征性佐证也便成为定说。

秋瑾从一个"女国民"的践行者转变为被公众从不同需求角度加以消费的文学形象，喻示着近代关于"女国民"的讨论终不免走向变异和消散的命运④。

如上所述，到辛亥革命为止，有关"女国民"的讨论，始终蕴涵着女性基于"天赋人权"而获得男女平等的"民权"与奉国家富强为第一要务、要求女性（作为"国

---

① 参见陈象恭：《秋瑾年谱及传记资料》，中华书局 1983 年版，第 93—101 页。

② 周作人在《鲁迅的故家·百草园·园的内外》之"秋瑾"条目中说："秋瑾与鲁迅同时在日本留学……革命成功了六七年之后，鲁迅在《新青年》上发表了一篇《药》，纪念她的事情。夏瑜这名字是很显明的。"见周作人著、止庵编《关于鲁迅》，新疆人民出版社 1997 年版，第 132 页。

③ 见王得后编《鲁迅杂文全编》上册，陕西师范大学出版社 2006 年版，第 84 页。

④ 辛亥革命爆发后，许多女性自愿参加革命活动。1912 年中华民国成立后，作为"权责并举"的"女国民"之最高纲领的"女子参政权"运动兴起，女子参政会等团体在各地成立。1912 年 3 月 3 日，陈撷芬等 110 名女性向临时大总统孙中山要求女子参政权，3 月 19 日参议院审议女子参政权问题时，不惜砸玻璃、冲击警察，但中华民国还是没有采取男女平等参政的纲领（参见全国妇联妇女运动历史研究室编：《中国近代妇女运动历史资料 1840—1918》，中国妇女出版社 1991 年版，第 582 页）。

民之母")为"国家"征用的观点之间的矛盾。其中对女性性别角色的肯定与拒斥,西方人权思想与"国家主义"的对立等问题更为复杂,导致这场讨论无法得出统一的理论思想,也无法在实践上更加有效地指导女性的行动。然而,在近代中国思想界对"国民—国家"关系的建构中,个体国民身份得以在政治话语中确立,一批近代先进女性在这种话语空间和政治空间中确立了作为"女国民"的独立的个体身份。她们通过别开生面的文学实践,一再言说和强化着这一主体身份,形成了声势颇为浩大的"女国民"话语;同时也以其对"女权"、"民权"、"天赋人权"等概念的不同理解,在相关话语场的内部形成了富有意义的张力。

〔作者乔以钢,教授,南开大学文学院;
刘堃,博士生,南开大学文学院。天津   300071〕

李约瑟问题的中医学解读[*]

李建珊 乔文娟

"李约瑟问题"是李约瑟研究中国科学技术史的中心问题，由于这一问题事关近代科学的诞生，触及西方科学史研究的中心之一——近代科学革命问题，因此，李约瑟的设问及其回答，都是对于流行的西方科学史的一个挑战。中医学作为中国传统文化的精髓，它无疑在某种程度上代表了中国的"科学"，本文拟从科学划界中的中医学、中医学的整体论方法以及中医学和实在论等方面来探讨中医的特质，试图从中医学视角诠释李约瑟问题。

一 从科学划界看中医学的科学性

科学划界指的是在科学与非科学之间做出区分，其核心问题是：具体的划界标准是什么？在历史上，自标准科学哲学诞生以来，关于科学划界的理论大体上经历了四个阶段：逻辑主义的绝对标准、历史主义的相对标准、消解科学划界、以多元标准重建划界的问题①。逻辑主义的划界标准是"经验"，即他们认为能够被经验证实或者证伪的是科学，反之非科学。事实上，中医的绝大部分知识都是通过经验获得的。在我国古代，人们在生活实践中已经知道"筋骨瑟缩"不适，就"为舞以宣导之"，这是历史记载的最初的体育疗法；人们还把烧热的石头或砂土用植物茎、叶或动物的毛皮等包裹后放在身体某些部位，以减轻或消除因风寒邪气引起的关节痛，这是最早的"热熨法"。经过反复实践和改进，人们还发现了许多其他医治疾病的方法。古代传说的所谓神农尝百草，"一日而遇七十毒"②。我们现在的中医学知识正是在古人不断实践的基础上流传下来的可以接受经验检验的知识。在这个意义上说，中医理应纳入科学的范畴中。

随着科学哲学中历史主义的兴起，科学划界的标准也开始从逻辑主义转向历史主义的相对标准。其代表人物是库恩。应该说，库恩的划界理论是从批判波普开始的，在此基础上，他提出了自己的划界标准，他说："在检验与释疑这两个标准中，后者是更加准确，也是更为基本的。"③ 在《科学革命的结构》一书中，库恩提出了范式和不可通约的概念。范式指的是某一科学共同体在某一专业或学科中所具有的共同信念。在库恩

* 基金项目：教育部 2005 年度社科基金项目"李约瑟问题研究的实践视角"（课题编号为 05JA720012）及"985 工程" 2 期南开大学"中国思想与社会研究"创新基地项目"中国传统科学模式及其命运"。

① 陈健：《科学划界》，东方出版社 1997 年版，第 2 页。
② 杜石然等：《中国科学技术史稿》，科学出版社 1982 年版，第 30 页。
③ 转引自陈健：《科学划界》，东方出版社 1997 年版，第 32 页。

看来，两个范式之间没有共同的基础，因而不能够理性地比较他们的优劣和科学性。比如，中医药学是一门与西方科学相对应的东方科学，两者不能采用一个标准。中医学有自己的范式领域，这种范式是在中国传统地方性知识体系的背景下形成的，它以阴阳为骨，五行为血构成。中医应当置于中华文化中才能够理解和解读。试图以一元标准（一种特征）来划分科学与非科学，从而把中医学纳入非科学的圈子，这是没有历史根据的。事实上，科学是一种复杂的东西，不可能用一种特征来表明。况且，库恩认为，只有科学共同体才是"释疑"的主体。中医科学与否，不是一两个人说了就算的，中医的解释最终是由研究中医的群主体来做出的。

对于绝对标准和相对标准，科学哲学家发表了不同的声音。但历史主义的提出，让哲学家们意识到，科学不仅仅是具有内在规律性的存在，它同时还是一个历史的过程。这直接导致了科学划界标准的消解。代表人物费耶阿本德主张"怎么都行"。在他看来，科学、巫术、占星术等等都应给予相同的机会和权利，最后由社会大众决定。在《自由社会中的科学》一书中，费氏列举了一个中医的例子。在西方科学传入中国之初，厌倦了中医范式的中国人在一定范围内抛弃了传统的成分，中草药、针灸理论受到嘲笑，西医被置于至高无上的地位。之后，人们发现了中医在很多方面要比西方医学有着更好的诊断治疗方法。

这样一种对科学划界标准的消解显然不能满足人们对知识的确定性认知，在此之后，科学哲学家们又提出了科学划界的多元标准，包括加拿大科学哲学家萨加德提出的三要素标准和邦格提出的十要素标准。

在没有引进西方医学之前，中医一直是我们与疾病斗争的手段与工具，之后，也一直是。那么，应该说，至少在中国，中医具有科学的品质和功能，也就是说，中医理论的研究与实践在中国具有存在的合法性和合理性。

二　科学实在论和中医学

当代哲学对实践的关注已是不争的事实。在海德格尔和维特根斯坦那里，实践概念具有重要意义。但以往科学哲学，如逻辑主义科学哲学将理论理性和实践理性截然分开，认为对理论理性的逻辑分析是理解科学理性的唯一途径，并把实践理性归入伦理学、社会学、心理学等其他学科。后来历史主义科学哲学家在否定逻辑主义方向的前提下，未能将理论理性和实践理性重新整合，从而对科学理性不可避免地采取了怀疑主义态度，使得传统科学哲学研究日渐衰落。我们承认，理性为现代科学的发展开辟了道路，然而，事实上，从伽利略到牛顿的近代自然科学方法，既不是理性主义的几何式演绎，也不完全是经验的描述和归纳，而是实验与数学，理性和经验的统一。实验是在理性指导下的实验，数学也不完全是与感性无关的理性。数学是理性科学的基础，这是科技工作者的共识。流传千古的"河图"、"洛书"就是中国古代的数图。《易·系辞》中记载："河出图，洛出书，圣人则之。"根据河图洛书，伏羲形成八卦说，并在一定程度上反映了天文、地理以及生命活动等自然变化的规律。中医经典著作《内经》中《素问·金匮真言论》和《素问·天元纪大论》阐述了河图数与藏府的关系，《灵枢·九宫八风》则论述了洛书数在医学中的应用。而中医的基本理论如三阴三阳，五藏序列则基于河图象数。而正是在河图洛书的基础上，20世纪诞生了震撼人心的电子技术，其中的二进制正是阴阳作用方式的数学表达。中医学在"数"的基础上建立了自己完整而独特的概念、范畴和理论体系。认为中医也完全不是理性医学，因为"理性科学以完全形式化的推理为特征"，仅仅依据"完全形式化的推理"来判定科学与非科学，显然是不可取的。

至于一些学者提出中医非经验医学和非理性医学的武断观点实在令人难以信服。这种观点所依据的是经验世界的存在和理性概念的经验还原性。这可以归结为一个科学实在论的问题。科学实在论的焦点，主要在于"理论术语"或者说"不可观察物体"是否真实存在？这里，我想，有必要澄清科学实在论的一些基本概念和问题。首先"理论术语"是语言学上的概念，它和"观察术语"对应；"不可观察对象"则是本体论上的概念，它和"可观察对象"相对应。《告别中医中药》一文指出：中医学不能称为经验医学，在于中医的大部分概念和陈述没有经验基础，比如太阳、太阴，比如辛、甘、苦、咸、酸等等，认为它们不能在经验世界中得到任何解析。但是，作为一个科学哲学专业人士来讲，我们同时也应该知道：在科学研究的微观领域，原子、电场和光子等概念都是理论术语，它们所指称的对象也是不可观察的。宏观领域也可能有理论术语或不可观察对象。比如剑桥大学的霍金教授在《时间简史》中提到"黑洞"概念，这也是理论术语。"由于黑洞的引力非常之大，会吸引任何靠近的物体，甚至能够吸引光，所以无法让人直接观察，属于不可观察的对象"[①]。而这些，我们知道，是现代科学的基本概念，用此，来排除中医的科学性显然是不科学的。科学实在论认为，科学中的理论术语和观察术语一样，是真实存在的；反实在论只承认理论术语的工具意义，但否认其实在性。中医作为一种地方性科学，既包含可以直接观察的概念，也包含不可观察的理论术语。

三　从方法论的角度看中医

中医学的方法论就是整体论，是求"和"的过程。中医以重视人体内部以及人与自然之间的相互和谐为其特征。中医的典籍著作《内经》认为人体器官各有不同的功能，它们既相区别，又相联系，构成一个有机的整体，而且《内经》还把人体放在一定的外界环境中进行考察与研究，在论及医学的几乎所有基本问题时，处处结合四时季节变化、地理水土、社会生活、思想情绪等方面的变化，形成了人体与外界环境相互感应的观点，并在此基础上发展成完整的理论和治疗体系。整体观是中医的指导思想和特点之一，说明了自然界的统一性，指出人的机体的生理、病理与自然界气候、季节等密切相关，因此，无论从养生健身还是从辨证治疗学角度都十分重视自然环境因素。比如，中医把人体看作一个小自然，自然界的规律也体现其中，所谓"天人合一"、"阴阳五行"、"经络气血"、"寒热温凉"等。中医的最主要目的就是通过治疗使人体达到和谐平衡的境地，寻求人与自然的和谐。

那些否定中国学术传统、否定祖国医学的人，不仅对于科学史知之不多，而且也没

---

① 王巍：《科学哲学问题研究》，清华大学出版社2004年版，第145页。

有搞清楚科学的方法论。西方医学从巫术中分化出来，后来出现三元素理论，用合成的药物取代动物、植物、矿物药，其研究方法为分析还原，在医学上体现为"解剖"，不重视事物与环境之间的内在联系。这与还原论的方法论原则有关。哈肯指出："生物学家从组织分剖出细胞，再把细胞分解成诸如细胞膜和细胞核等组成部分，进而又把细胞核拆成生物分子这种组成形式。"① 在西方医学认为许多疾病都是由病菌或病毒感染造成的，治疗疾病的最有效的办法便是杀死病菌和病毒。于是，抗生素的研制、生产极为发达。事实表明，病菌和病毒对抗生素也会产生抗药性，因此，科学家需要不断更新研制新的抗生素，而20世纪美国的一项研究表明，某些癌症就与"有毒化学品的暴露有着必然联系。"20世纪50、60年代迅速发展的杀虫剂由于害虫的抗药性不断循环往复地研制，最终结果是什么？不仅消灭了害虫，还消灭了许多其他生物，如鸟类、鱼类等等，并且破坏了土壤的生态状况，毒害了生物圈的食物链②。

在2002年底到2003上半年世界许多地方流行的SARS这场全球性的疾病中，西医千方百计用显微镜抓到了"冠状病毒"，然后寻找杀灭此病毒的方法，用以防治；中医无法找，也不去找"冠状病毒"，只根据当时的气候和环境地理状况，与病人的征候表现，确认是以湿邪为主的瘟疫病，实行辩证论治，得到的效果显著。中国内地SARS患者的死亡率在全世界是最低的，广州市由于采用中医治疗最早，死亡率在中国内地最低③。中医是医学，也是文化，它植根于中华传统文化的土壤，具有明显的民族性、地域性。这里，我们不得不提到地方性知识的科学观。它"吸收了库恩的主张，即科学知识包含于：在缺乏一致解释时，使用具体范例的能力之中；吸收了新经验主义者的观点，即科学中技术控制的扩张并部依赖于对该控制所作的理论解释的特定发展；也采纳了海德格尔德主张，即处于地方性、物质性和社会情境中的技能和实践，对所有的理解和解释来说都是十分重要的。"④ 据此，中医无疑是中华文明中极具民族性和地域性的科学知识。

四　结　语

有学者说要用人道主义的名义来告别中医，我们不妨反思现代科学技术包括西医给我们带来了什么。科学技术是把双刃剑，在给人类带来巨大希望和美好向往的同时，也给人类带来麻烦和危害，对人类伦理道德的发展起到了负面作用。环境的破坏、道德的滑坡、犯罪手段犯罪方式的层出不穷。如计算机网络技术的发展就使人不用采取传统的偷窃、抢劫方式，通过修改计算机程序可获取不义之财。在"科学无禁区"的旗号之下，在技术理性急剧膨胀、而人文精神十分缺失的条件下，为了人类暂时的某些需要或者某些集团的私利所进行的科学技术研究，比如克隆人的实验、人类生殖技术的研究等等，可能会带来一些新的伦理问题，甚至可能破坏社会伦理秩序，导致社会失范。当西

---

① 赫尔曼·哈肯：《协同学：大自然构成的奥秘》，上海译文出版社1995年版，第51页。

② 阿尔·戈尔：《寂静的春天：前言》，吉林人民出版社1997年版，第3页。

③ 朱清时：《中医学的科学内涵与改革思路》，《自然杂志》27卷5期，第249页。

④ 约瑟夫·劳斯：《知识与权力》，盛晓明等译，北京大学出版社2004年版，第74页。

方科学发展到需要"合"（综合）的阶段，已经感到自己古典的思想武器已经不够用，这个时候他们想到了，要面向东方、面向中国古典哲学，从中寻找哲学的和方法论的武器。系统科学的产生应当说就是东西方思想交融的产物。这就是所谓"东学西渐"。西方人已越来越重视中国古代思维方式，不仅中国的一些知识如针灸等有用的东西被西方认识，中国的传统哲学和整体论思维方式也越来越被西方重视，西方人越来越重视中国东方文化。

提出告别中医药的口号，不是因为无知，而是因为偏见。而偏见比无知离真理更远！该观点从方法论上看，是非历史主义的。它对中医药的否定在哲学上犯了形而上学的错误。它不懂辩证地扬弃，也不懂得只有在继承基础上才能有突破和发展。当然，偏见在一定条件下也可以刺激真理的发展。希望经过这次小小的风波，可以促进中医中药研究者认识自己的历史使命和压力，为弘扬中国传统医学、促进管理部门体制改革、促进传统医学的进步，做出无愧于我们民族、无愧于我们祖先的贡献！使得数典忘祖的人无地自容。

总之，西方近代科学与中国传统科学是差异很大又彼此互补的两种研究思路。而且从历史和现实的视角看，它们分别都有很多缺点和问题，我们既不能因为西方科学技术制造了原子弹等杀人武器以及导致环境、资源、生态、人口、核威胁等"全球性问题"而"告别"西方现代科学，同样也不能因为中医学由于包括自身的和外部的原因没有得到迅速发扬光大，还没有被国际科学界公认，而错误地提出"告别中医中药"的口号。最近200多年来"西学东渐"是大潮流。而"东学西渐"还仅仅是近几十年的事情，仍然有许多中国优秀传统文化得不到西方人的认可。但是，如果我们这几代人不是妄自菲薄，而是努力挖掘传统科学的精华，那么，"东学西渐"迟早也注定要成为强大的世界潮流！

李约瑟认为，今天保留下来的和各个时代的中国文化、中国传统、中国社会的精神气质和中国人的人事事务在许多方面，将对日后指引人类世界作出十分重要的贡献。我们有理由相信，作为中华文化精髓之一的中医学必将鼓舞人们去征服新的高峰，在医学和其他科学技术作出杰出的贡献。

〔作者李建珊，教授，南开大学哲学系；

乔文娟，博士生，南开大学哲学系。天津　300071〕

李约瑟问题的新制度经济学解读

刘树君

一 问题综述

中国古代有着灿烂的文明，很多历史学家都认为，到 14 世纪，中国已经取得了巨大的科学技术和经济进步，"从公元三世纪到十三世纪之间保持一个西方望尘莫及的科学知识水平"[①]，已经站在了走向科学革命和工业革命的门口。如马克思在《机器、自然力和科学的应用》一文中说："火药、罗盘、印刷术——这是预兆资产阶级社会到来的三项伟大发明。"[②] 弗兰西斯·培根也在他的《新工具》中给予高度赞誉："印刷术、火药和磁铁在文学方面、战争方面、航海方面改变了整个世界，以至似乎没有任何帝国、任何派别、任何星球，能比这些技术发明对人类事物产生更大的动力和影响。"[③] 但事实上中国却迟迟没有叩开现代工业文明的大门。17 世纪后伴随西方的工业革命和科技革命，尤其 1840 年鸦片战争，"天朝大国"败给"蛮夷小国"，中国远远落后了。李约瑟在其巨著《中国科学技术史》中将之归结为这样一个问题即"李约瑟问题"：为什么中国历史上曾经领先于其他文明？为何中国没有诞生出近代科学？问题一经提出，不同的学者从不同的角度做出解释，主要归结为以下几种：

制度缺陷说。李约瑟本人从官僚制度角度进行了解释，认为中国的"官僚体制"是为了维护灌溉体系的需要而阻碍了重商主义价值观的形成，而欧洲的"贵族式封建体制"有利于商人阶层的产生。李约瑟认为，商人以及商人精神对近代科学的产生意义重大，因为商人通过对精确度量的要求推动了精确科学的发展，对科学研究提出研究课题的同时也为科学研究注入了资金。没有商人精神，学者和工匠之间的鸿沟就无法逾越[④]。

宗教影响论。香港中文大学教授唐君毅认为中国没有诞生近代科学是和宗教有关系的。他指出，一切文化都是从宗教中分化出来的，而"宗教精神与科学精神皆根于主客对待之意识和分的意识，中国古代民族以其自然环境与实际生活之形态之如何，遂缺

---

① 李约瑟：《中国科学技术史》第 1 卷，科学出版社 1957 年版，第 3 页。

② 《马克思恩格斯全集》第 47 卷，人民出版社 1979 年版，第 247 页。

③ 弗兰西斯·培根：《新工具》，许宝骙译，商务印书馆 1984 年版，第 126 页。

④ 刘钝、王扬宗：《中国科学与科学革命：李约瑟难题及其相关问题研究论著选》，辽宁教育出版社 2002 年版，第 214 页。

乏主客之对待意识，缺乏分的意识，"使得中国缺乏科学精神①。他认为中国社会中分离意识薄弱造成中国古代科学不发达，而科学精神必须区分个人精神与客观精神、客观事物。

"高水平均衡陷阱"论。这是马克·埃尔文提出，并由唐宗明、赵冈等人做了进一步阐述的观点。此论断认为，中国早期建立了一些"现代"制度，如家庭耕作制度、土地继承的所有权制度和市场制度，为技术的创新和扩散提供了有效的激励，科技进步速度在初期是非常快的。但中国家庭由男嗣传宗接代的思想鼓励了早婚和人口的高出生率，人口膨胀，经济条件恶化，但耕地面积有限，导致技术创造力消失，结果是既不能积累足够的剩余进行工业化，也由于劳动力越来越便宜，资源和资本相对越来越昂贵，社会整个对劳动替代型技术的需求不断下降，进入了一个"高农业水平、高人口增长和低工业水平"的高水平陷阱之中②。

激励机制影响论。林毅夫批评了"高水平均衡陷阱"论，并从技术供给不足的角度进行了解释。他首先了区分了技术与科学，然后指出发明的源泉是不断的"试错和改错"，"试错和改错"又可以分为经验性的和实验性的。中国早期在技术上领先是由于在以经验为基础的技术发明过程中，人口规模是技术发明率的主要决定因素，而14世纪之前中国的人口数量一直高于欧洲。中国在现代时期的落后，在于我们没有从以经验为基础的发明方式转换为基于科学和实验的方式③。

科技结构影响论。金观涛、樊洪业、刘青峰等人认为，西方近代科学技术的产生及其发展并不是某个因素单独作用的结果，而是多个因素共同作用的结果，把分析的重点从科学技术发展本身转向了不同文明模式发生的社会经济条件的对比分析④。这种观点把科学的发生置于东西方的文化框架中来理解。

二　新制度经济学的产权解释

要解释"李约瑟问题"，从某个角度，就要解释科学革命和工业革命为何没有在中国发生。工业革命是科技革命诞生的基础条件。新制度经济学家道格拉斯·诺斯认为"工业革命是人类历史上的分水岭，是技术革命的先导而非结果"⑤。诺斯对欧洲工业革命和科技革命爆发的原因所作的新制度经济学解释有助于我们理解李约瑟问题：工业革命之所以没有在中国爆发，一个非常重要的原因是当时中国没有建立起有效的产权制度，而恰恰是欧洲当时建立起有效的、明晰的产权制度直接推动了工业革命的产生和西方世界的兴起。

欧洲的封建主义到1500年已经基本灭亡，工业革命是在三个世纪后才开始的。在这三个世纪中，荷兰和英国相继建立起鼓励经济增长的产权制度。"与工业革命有关的

---

① 刘钝、王扬宗：《中国科学与科学革命：李约瑟难题及其相关问题研究论著选》，辽宁教育出版社2002年版，第297—325页。

② 刘钝、王扬宗：《中国科学与科学革命：李约瑟难题及其相关问题研究论著选》，第399页。

③ 刘钝、王扬宗：《中国科学与科学革命：李约瑟难题及其相关问题研究论著选》，第410页。

④ 刘钝、王扬宗：《中国科学与科学革命：李约瑟难题及其相关问题研究论著选》，第326—394页。

⑤ 道格拉斯·C.诺思：《经济史上的结构和变革》，厉以平译，商务印书馆2007年版，第168页。

技术变革也需要优先发展一组提高发明和创新的私人收益率的产权"①。诺思在对比法国、西班牙、荷兰和英国产权制度方面的差异后，认为西班牙和法国没有建立起有效的产权制度：法国为了增加政府的财政收入，王室夺取了征税权，控制了行会，最终建立起一个庞大的行政官僚组织，阻滞了创新，损失了竞争的收益。这一点上西班牙和法国类似，产权制度没有得到有效保护。而荷兰通过发展了比自己强大的对手更有效的经济组织克服了资源相对贫乏的困难，积极阻止垄断特权，鼓励竞争，扩大国际贸易，后来建立了有利于私人产权转让和保护的议会这样一个机构，导致荷兰市场运转效率大大提高，交易成本下降。同时这种产权制度也促进了荷兰农业效率的提高。诺思认为英国成功摆脱 17 世纪经济上的危机也是因为它没有走西班牙和法国的道路，而是有意无意模仿了荷兰，规定了与荷兰同样的产权和制度安排，保证了私人产权和竞争。荷兰和英国确立的产权提供了更有效利用生产要素的刺激，引起了交易费用的下降，并且把资源导向发明和创新的活动。

工业革命前，不仅仅是发明方式从经验型转向实验型，而且发明与市场、赢利、风险、成本等因素联系起来，也与产权和独占权的形成联系起来，发明逐渐成为一种职业。这些变化要求有较完善的财产权和知识产权制度，发明者收益能够被社会所承认，使私人收益接近社会收益。有效制度，尤其是私有产权制度的建立成为工业革命发生的基本社会条件。产权制度对于技术进步的作用主要体现在如下方面：

第一，产权制度为行为人设置了一整套行为约束规则，是技术进步和经济增长的交易规则。西方新制度经济学家们对于产权的理解存在很大的差异，各自强调的重点虽然不同，但他们一般都承认产权是一种排他性权利，产权的本质是一种社会关系，在相互交往的人类社会中，人们必须相互尊重产权。一个社会没有产权，就意味着个人没有约束，没有交易规则，个人的自利行为所带来的，必然不是亚当·斯密笔下描述的社会福利最大化图景。

当时欧洲开始形成产权制度事实上提供了一种规则。英国是最早形成这一完整制度体系的国家，如 1624 年诞生的《独占法》标志着英国率先建立了鼓励创新和技术发明的专利保护制度。专利制度为发明者和使用者限定了约束规则和交易规则，"排除了通过要素和产品市场配制资源的障碍，对知识产权加以保护，为工业革命设下了舞台"②。工业革命时纺织机的发明与应用也佐证了这一点：纺织机在欧洲几个国家同时出现，在德国出现最早，但发明人被德国的行会通过民主投票被投入河里淹死，目的是防止手工业者失业。英国却通过严厉的法律镇压破坏机器的工人而保护了发明，制定了专利法，对工业革命的产生起了关键性的促进作用。

同期的中国既没有实现技术发明方式的转变，也没有建立起与现代技术进步要求相适应的有效产权制度。中国的专利制度最早要追溯到 1859 年洪仁玕提出的《资政新篇》，在时间上比英国的《独占法》晚了 230 多年。而且实际上，由于太平天国的失败，洪仁玕的主张并未得到实施。缺乏产权制度的安排，使技术进步的社会效益非常低，当涉及保护个人收益的问题时，则用保密的方式，即父传子、师传徒的方式加以解

① 道格拉斯·C. 诺思：《经济史上的结构和变革》，厉以平译，商务印书馆 2007 年版，第 168 页。
② 道格拉斯·C. 诺思：《经济史上的结构和变革》，第 168 页。

决，这样就大大降低了发明创造的社会效益。仅有的发明创造也很少用个人收益与社会收益、个人收益与个人成本这样的思维轨迹来审视发明创造。

包括专利制度在内的这一产权体系，实质上就是一系列的行为规则，能够帮助个人形成与他人进行交易的合理预期，规范和制约个人行为。只要产权得到有效保护和实施，每个市场交易者都能获得期望的权益。

第二，产权制度是有效的激励机制，激发行为人参与交易活动、进行技术创新。

诺思认为西方社会兴起的原因在于制度性因素和有效率的经济组织。有效率的经济组织的产生，能够通过建立明晰的产权和制度安排，对个人的经济活动提供一种激励效应。产权影响激励和行为，这也是产权的一个基本功能。产权构成了个人的选择集，个人要根据社会安排给他的权利权衡成本和收益后采取行动。有什么样的产权安排，就会有什么样的激励效果、行为方式和资源配置效率。如果产权没有明确界定，外部性以及搭便车行为就难以避免。产权如果得不到有效的保障，个人在经济上也无法做出长期规划，也就没有积累和保护资源的激励，浪费和破坏性行为就会产生，因此，通过有效的产权可以把外部性最大限度地内在化。以科斯为代表的新制度经济学家大量研究了外部问题，并且认为只要有明晰的产权，私人之间达成契约就可以解决外部问题而实现资源的最优配置。

以专利制度为例，专利制度实施以前，通常技术创新可被别人无代价模仿，而发明创造者得不到任何报酬，这就抑制了发明人的积极性。而专利制度的实施，使得科技发明的私人收益率不断接近社会收益率，对发明人产生强有力的经济激励，科技发明创造就会层出不穷。工业革命正是伴随着一系列对包括专利在内的知识产权保护的问世而发生的。诺思指出："新技术和纯科学知识的发展是由什么来决定的呢？就技术变革而论，新工艺发展的社会收益率可能总是高的，但直到提高发展新工艺的私人收益率的手段被发明出来，产生新工艺的进展一直是缓慢的。人类在其整个过去技术变革速度缓慢的主要原因在于，直到相当晚近的时期都未能就创新发展出一整套产权"[1]。工业革命后技术进步速度加快，一个重要原因就是发明创造者在他所创造的收益中占较大份额的经济激励作用。这个问题，利玛窦之后的法国传教士巴多明曾经在给法兰西学院终身理事的信中曾提到当时"中国落后"的问题并解释了原因：首先是那些希望表现其才能的人不一定会受到奖赏，另外这个国家的内外部都缺乏竞争[2]。

第三，有效的产权制度会大大降低交易费用。

新制度经济学的一个贡献就在于，摒弃了新古典经济学的"无摩擦"假设，使经济学从零交易费用的新古典世界走向正交易费用的现实世界，有人将此比喻为物理学的牛顿时代和爱因斯坦时代的区别。现实经济活动中我们要不断降低交易成本。

工业革命前，市场扩大、专业化和和分工的过程中，交易费用不断增加。这就需要降低交易费用，相应的组织变革开始被设计出来，对发明规定完善的产权提高了创新的收益率。诺思认为："工业革命中，交易费用和技术纠结在一起：专业化扩大引起了组织创新，组织创新导致了技术变革，技术变革反过来需要进一步的组织创新来实现新技

---

① 道格拉斯·C. 诺思：《经济史上的结构和变革》，第 186 页。
② 道格拉斯·C. 诺思：《经济史上的结构和变革》，第 192 页。

术的潜力。"① 专利法使得私人收益率提高，接近社会收益率。后来的商标、专用权、版权、商业秘密都是旨在提供一个专有权的设计。我们看到，技术变革速度和经济增长速度是明显正相关的。在一系列的专有技术刺激下，交易费用不断下降，生产率大幅度增长，导致一系列技术变革。从工业革命前的经济实力和技术水平看，工业革命似乎更应该发生在西班牙而非英国，但恰恰是由于英国在限制王权以及对私有产权的保护，使得生产要素具有较高的流动性，大大降低了资本市场的交易费用。事实上到18世纪初，英国已经形成了较为完备的产权制度：产业管制衰落和行会权力下降促进了劳动力流动和经济活动的创新；合股公司、存款银行、保险公司等金融制度的出现降低了资本市场的交易成本，鼓励了资本流动；财产权利获得了议会批准从而具有最高权威和法律保证；保护和鼓励生产性活动的立法体系初步建立。英国确立的私有产权以及商业贸易的竞争导致交易费用下降使得17世纪英国摆脱了马尔萨斯抑制，而法国和西班牙却未能幸免。当然，在此我们无意评价产权制度的道德或伦理涵义，如张宇燕和高程所说"究竟是孟德斯鸠的'道德之魂'，还是马克思笔下的'万恶之源'，恐怕也只能以历史的眼光去看待。不过就那段时期而言，对产权实施有效的保护，在相当程度上促进了经济增长"②。

三　古代中国缺乏有效产权制度的原因

"在中国缺乏一定的社会、政治和法律前提，简言之，缺乏一定的制度。"③ 而恰当的制度安排能够为市场和组织中的人际合作提供一套框架，使这样的合作具有可预见性和可信赖性。阻碍有效产权制度在古代中国发展的因素主要有以下几点。

第一，产权得不到有效保护。

自夏、商以来中国就一直是一个官营经济占主导地位的社会。与欧洲不同的是，中国历史上，土地稀缺很早就发展了名义上的土地私有权，商鞅变法实际上是政府承认私人占有土地的合法性，土地可以买卖，任何人都可以成为地主。但土地产权关系变动频繁，一方面通过科举制度，庶民可上升为大地主，农民辛劳耕作以求务农致富也可成为地主；另一方面，土地是最可靠的财富形式，商业资本、高利贷资本和手工业利润都向土地方向转化，加快了地权的转移。但变动的结果通常是向大地主单向集中而不利于小农。多数农民的私有财产一直得不到有效保护，"普天之下，莫非王土；率土之宾，莫非王臣"的思想不断被强化。

中国古代也没有知识产权的保护和激励，从事科学研究得不到相应的收益和回报。古代工匠们在知识技术的传承上采用的是内部保密式的传承制度，即父子相传、师徒相授的方式。这种方式的弊端是显而易见的，容易失传，最终不利于科学技术的发展。

第二，重农抑商政策导致了高昂的交易成本。

汉代，中国的封建地主经济体制基本确立，统治者就开始实行重农抑商政策，可以

---

① 韩琦：《关于十七、十八世纪欧洲对中国科学落后原因的论述》，《自然科学史研究》1992年第11期。
② 张宇燕、高程：《美洲金银和西方世界的兴起》，中信出版社2004年版，第105页。
③ 柯武刚、史漫飞：《制度经济学》，商务印书馆2000年版，第21页。

说这种政策也一直贯彻于中国封建经济的始终，其目的首先是保证农业的基础地位。传统中国以农立国，而历史上商业发展导致了有损农业的结果，同时抑商也能有效抑制土地兼并，所以中国传统的社会生活秩序是一种"均平"秩序，而商业蕴涵着破坏这种秩序的力量。但事实上正是这种政策导致了商人参与土地兼并，因为土地一直是最稀缺的资源和最重要的财富形式，商人必然在一定的货币积累后广置田产，采用"以末致财，用本守之"的策略。商业资本一旦购置土地，资本周转速度就减缓，市场不发达，竞争不充分，整个社会开展商业活动困难，也导致了在实践层面的所谓"奸商"在"一次性博弈"中不择手段补偿自己的高成本。类似的情形在欧洲的中世纪也出现过，如诺思指出的"交易在时间和空间上都很少见，以致不能维持一个有组织的市场。十三世纪时集市开始填补这一空白，集市作为一个重要的制度安排起到了提供信息的作用。在越来越大的范围里，它们取代了那种偶尔一用、费用高昂、靠每次交易与唯一的交易伙伴讨价还价以弄清行情的中世纪的做法"①。伴随交易量增长，集市、发达的市场以及国际贸易提供了一般化的价格知识，降低了个人搜寻市场信息的成本。但古代中国由于重农抑商的政策，不可能发展出蓬蓬勃勃的市场经济，致使市场交易成本一直高昂。

第三，高度的专制制度对有效产权的制约。

专制制度也严重制约了有效产权制度的产生，李约瑟本人也直接将封建专制制度作为对自己所提出问题的解释。秦汉以后的政府都在围绕如何加强中央集权体制而演变的，在这个过程中日益皇权独尊、专制集中。哈耶克认为"中国政府的强大的科层建制压抑了自发社会秩序的生发与扩展"②而导致中国封建制度在数千年里没有多少演进，而是在同一社会制度层面上内卷、内缠、内耗和自我复制，而非演进式发展，。在专制制度下，统治者为了自己的利益会修正产权，而由此造成的较高的交易费用导致普遍的无效产权制度。从社会大多数人利益的角度看有效的产权制度是必需的，但由于不符合政策制定者的利益，这种制度不会上升为该社会的选择。中国古代财产继承权的安排也是产权制度中一个十分重要的方面。中国古代的家庭财产继承制度是诸子均分，在这样的制度安排下个体家庭（包括商人）的财产呈现"分散—积累—分散"的循环过程，很难完成资本积累。而中世纪的西欧，为维持庄园财产的完整性，实行的是长子继承制，对资本积累起到重要作用，也使得欧洲社会经济的发展走向了与中国不同的道路。

第四，意识形态对商业资本的侵蚀。

新制度经济学认为，制度提供的一系列规则是由社会认可的非正式约束、国家规定的正式约束和实施机制构成的。非正式约束主要指价值观念、伦理规范、风俗习惯、意识形态等，其中意识形态是居于核心地位的。诺思认为，好的意识形态是个人与其环境达成协议的一种节约费用的工具，它以"世界观"的形式出现，从而使决策过程简化。

---

① 道格拉斯·诺思、罗伯特·托马斯：《西方世界的兴起》，厉以平，蔡磊译，华夏出版社 1999 年版，第 72 页。

② F. A. Hayek, The Fatal Conceit: The Errors of Socialism. Chicago: The University of Chicago Press, 1988, pp. 32—33.

意识形态与产权之间也存在互动关系，对产权界定有不容忽视的影响。也正是不同的意识形态产生了东西方不同的社会结构和产权结构。中国古代居于意识形态地位的是儒家价值观，在其影响下，商人形成一种"贾而好儒"的儒贾观。通过读书应试而做官是商人光宗耀祖的头等大事，所以商人在经商致富后多热衷于建学堂、请名师，为子弟业儒入仕创造条件。这些都消耗大量的商人资本，影响中国古代商业资本的发展。马克斯·韦伯认为新教伦理和资本主义精神有内在的亲和力，对于近代资本主义的发展起了重大促进作用。中国历代封建统治者在意识形态方面的强化最终形成意识形态的刚性，这种刚性实际上阻碍了社会经济发展，也阻碍了科学技术的发展。

　　总之，有效的产权制度为西欧爆发工业革命创造了首要的条件，而缺乏有效的产权制度也成为中国没有发生技术进步而逐渐落后的一个原因。对于工业革命为何发生在欧洲这个问题，大卫·兰德斯也通过考察 1750 年迄今西欧的技术变革和工业发展，认为其中一个非常重要的因素是私营企业在西方经济中扮演着极为独特的角色，是缔造现代世界的主要力量，其地位不断改善和巩固，最终导致私营企业充分的自由度和高效率，而私权的滥用和暴力诉求不断走向消亡，具备完整所有权的国民财富占有越来越大的比例。[①] 在这一点上，他表达了和诺思相似的观点。

四　结　语

　　李约瑟问题是一个非常复杂的问题，受诸多因素影响，而且不同因素彼此之间相互联系。近代科学产生是一系列条件综合作用的结果。尽管一些学者认为在 14 世纪的中国已具备了英国工业革命的主要条件，但有效的产权为工业革命的兴起提供了必备条件，中国由于没有建立起有效的产权制度而与工业革命无缘。工业革命作为技术革命的先导，技术革命也不可能在中国产生，我们也与近代科学无缘了。从产权的角度理解李约瑟问题对于今天的中国同样有重要意义。今天明晰有效的产权对促进技术和科学的发展如几百年前荷兰和英国同样重要。加大知识产权的保护同样能够给创新者以激励，使个人收益率接近社会收益率，降低交易费用，促进经济增长和科技进步。

〔作者刘树君，博士生，南开大学哲学系。天津　300071〕

[①] 　大卫·兰德斯：《解除束缚的普罗米修斯》，谢怀筑译，华夏出版社 2007 年版，第 14—17 页。

伊壁鸠鲁哲学与魏晋玄学的同异比较*

董 华 张晓芒

伊壁鸠鲁（前 341—前 270）是古希腊著名的唯物主义哲学家和无神论者，他的哲学是古希腊哲学思想的代表之一；魏晋玄学是在老、庄哲学的基础上发展形成的中国古代魏晋时期的哲学思想，两者虽然形成年代不同，但其形成的社会背景和建立的人生哲学和自然哲学的实质却有相似之处。本文拟就伊壁鸠鲁哲学与魏晋玄学形成的社会背景、其人生哲学与自然哲学的同异、对社会的贡献及对后世的影响等，尝试进行同异比较。

一 伊壁鸠鲁哲学与魏晋玄学形成的社会背景比较

1. 伊壁鸠鲁哲学的形成背景

古希腊哲学时期，哲学家们一直在探讨宇宙本原问题。直至公元前 5 世纪晚期，德谟克利特和留基博两位思想家联合起来提出一个对世界的理解，他们提出的理论成为伊壁鸠鲁哲学的基础。而伊壁鸠鲁继承、修正和发展了德谟克利特的哲学，建立起一个思想上统一的完整体系。

公元前 306 年，伊壁鸠鲁在雅典创办了一所学园。学园中注重精神生活，重视知识和友谊。他们鄙视那种单纯追求肉体享受的奢侈生活，主张人生的目的是为了追求快乐的幸福生活。因而伊壁鸠鲁被人们称为"快乐主义"的哲学家。如伊壁鸠鲁在其后半生始终以乐观的精神与病魔搏斗，直至临终前，他还写信给一个朋友说："我的生命已经到了尽头，我在肉体上的痛苦是无法用语言来形容的，但我想到了我们的事业和思想，我在精神上的快乐就压倒了这些痛苦。"①

要理解伊壁鸠鲁"快乐主义"哲学思想的意义，就要了解这一哲学思想产生的时代背景。伊壁鸠鲁的一生，是在希腊被外族统治、城邦奴隶制没落、社会动乱不安中度过的。马其顿人不但征服了希腊，摧毁了希腊的自由城邦和民主政治，恢复了奴隶主贵族的专制统治，而且在他们统治的埃及建立了宏伟的亚历山大城，作为新的经济、文化科学中心，取代了原来雅典在希腊世界的地位。希腊昔日的繁荣一落千丈，经济衰落、政治黑暗、道德沦丧。投靠马其顿的奴隶主贵族骄横霸道，过着奢侈淫逸的生活；中小

* 基金项目：教育部人文社会科学重点基地 2008 年度重大项目《中国逻辑思想研究》（08JJD720044）。

① 伊壁鸠鲁、卢克莱修：《自然与快乐——伊壁鸠鲁的哲学》，包利民等译，中国社会科学出版社 2004 年版，第 37 页。

奴隶主深受战乱之害，地位大不如前；一般平民的生活日益贫困；广大奴隶处境更为悲惨。整个社会笼罩着一种悲观、绝望、恐惧的情绪，人们失去了昔日城邦制下那种对公共事务的关心和热情，想方设法逃避苦难，追求个人的安宁和幸福。在这股思潮的影响下，哲学家研究的中心，也不再是探索自然界万物的本原，而是面向人生的伦理问题了。当时，柏拉图学院的第三代园主色诺克拉特把柏拉图的唯心主义哲学和宗教迷信结合起来，公开宣扬鬼神和灵魂不死的谬论，加深了人们的恐惧心理；斯多亚学派大肆鼓吹宿命论和禁欲主义，主张做人应逆来顺受，听天由命，服从命运的安排，要人们安于贫困和苦难的生活，反对人们在现实生活中追求快乐；还有一个以哲学家皮浪为代表的怀疑主义学派，则提出了"最高的善就是不作任何判断"①的口号，主张人应该对一切事物采取无动于衷的淡漠态度，不必白费力气去区别什么是非、善恶和美丑，甚至要人们像装在船上的猪一样对外界的变化"不动心"，因为即使在大风浪中，船上的猪照样可以漠然大嚼。这些唯心主义哲学思想的出现和流行，反映了当时一些希腊奴隶主在没落时无可奈何、企图逃避现实的悲观消极情绪，也在实际上适应了奴隶主贵族反动统治者的需要，毒害着人们的心灵。正当思想领域中乌烟瘴气、浊流翻滚的时候，伊壁鸠鲁力排众议，高举唯物主义旗帜，继承和推进了德谟克利特的原子理论，提出了快乐主义和无神论学说，坚决反对宗教迷信和宿命论，对当时和后来的唯物主义哲学思想，产生了巨大的影响。

　　正是在古希腊晚期这种时代背景下，哲学家们的注意力已经不再集中在解决自然和社会的根本问题，而集中在寻求个人幸福、寻找摆脱痛苦的途径上。自然哲学的研究让位于伦理哲学的研究，伦理哲学转而代替自然哲学占了统治地位。但伦理哲学从来没有摆脱自然哲学的影响，伊壁鸠鲁哲学也是这样，它的形成也深受自然哲学的影响。考察伊壁鸠鲁哲学的形成，我们不难看到两点：第一，快乐主义离不开原子论（原子偏离运动说），而他的原子论则受古希腊前期自然哲学的影响，是对德谟克利特原子论的继承和发展。第二，他的人生哲学很大一部分归结于他对人性的看法及对必然性和偶然性之间的关系认识上，在他看来，人的本性就是趋利避害、追求欢乐、避免痛苦②。由于必然性与偶然性不是绝对化的，因此人可以自由地勇敢地去把握自己的人生，追求自由、幸福和快乐。

2. 魏晋玄学的形成背景

　　魏晋玄学的形成与发展的大体轮廓是：正一反一合。正，即正始玄学，代表人物是何晏，王弼。初步建立了玄学思想体系，主要内容是宇宙本源与人的关系。反，竹林七贤的"贵无"和裴頠的"崇有"。贵无派主要观点是"越名教而任自然"③，以有无相生而来的自然之体为本，名教制度皆应批判。崇有派的主要观点是对社会的发展来说，名教不可或缺。合，郭象所建立的完整的玄学体系，主要思想是"自生"、"独化"。清谈则是上承"竹林七贤"的贵无思想，演变为放浪形骸，追求表面形式和虚无的身心感受，甚至借助药石来达到这个目的。

---

① 尹星凡：《西方哲学经典命题》，江西人民出版社 2006 年版，第 20 页。
② 卢克莱修：《物性论》，邢其毅译，北京大学出版社 2007 年版，第 15 页。
③ 嵇康：《释私论》。

　　玄学产生于汉末之后的中国，长期处于分裂和动荡的历史，使得名人志士处在很强的危机感中，希望从老庄孔的思想中，提出一套"内圣外王"①的思想体系，以使中国回归统一太平。然而"内圣外王之道"与西方的逻辑分析、情感与理性对立又截然不同，它上接天人合一的理念，下达生活的细枝末节。所谓的"内圣外王"，即在内部使自身修养和心灵境界达到圣人的水平，在外部，社会自然会繁荣发展，王于天下。

　　春秋战国时期的百家争鸣，经过秦王朝的"焚书坑儒"，"思以其道易天下"的活泼局面已冰消瓦解，两汉的历史则以恢复经论原文的考古与建立名教为主，更使活泼智达的思想潮流逐渐被无华的文字考诠和僵化的名教制度给窒息了。文化的过度僵化和名教的逐渐虚伪，已在汉末魏初的建安文学里，显现了浓厚的忧患意识。而此后的玄学思潮，则上承春秋战国的百家思想，加入了丰富的哲学思辨，对由"内圣"到促进社会繁荣做了大量的努力和尝试，将老庄孔的思想内涵丰富了，概念体系化了，与政治和社会更紧密联系起来了。魏晋玄学人士可贵的忧患意识和宝贵的思想遗产，对它的整体评价和历史地位，绝不能以"清谈误国"概之。

　　魏晋南北朝时期中国主要的哲学思潮是玄学与佛学。佛学属于外来的文化，它在中国的传播首先要解决的就是如何中国化的问题，这在魏晋时期主要表现为与玄学的合流。玄学就其思想本质来说，是属于道家的，其顺应时代的兴起，与两汉儒学的发展方向有很大的关系，它基本上是由批判儒家的伦理主义与两汉的神学目的论而引发的，其所使用的思想武器就是道家的追求个体自由精神。这也是一种人文主义。这种人文主义与汉末批判思潮所依据的儒家人文主义精神有本质的区别，玄学家们并不能回避已经渗透到社会、政治生活各个领域的儒学有关问题。在玄学家们所尊奉的三部经典中，除《老子》、《庄子》外，就是儒学经典《周易》。以孔子为圣人，这是当时社会的普遍看法，玄学家们也并不否认这一点，而且，许多玄学家为《论语》作过注，特别是何晏的《论语集解》，更为后世所推崇。最为重要的一点是，"名教"与"自然"的关系，一直是玄学家们所争论的比较关键的问题。对这个问题的回答，就是对儒道关系问题的解答。

　　玄学起于"清谈"，"清谈"早期内容的一个重要方面就是人物品评。汉代的察举制度使"名节"问题成为儒者能否进入仕途的关键。但随着汉末政治的腐败，这种制度的弊端也日益暴露出来，沽名钓誉、名不副实的比比皆是。魏武帝曹操已经洞察到其弊端，所以在建安十五年（210）、十九年（214）、二十二年（217）他所发布的三道求才令中，对依靠以儒家伦理道德为依据的"名节"来选举官员的做法表示了极大的蔑视，提出"唯才是举"，并非常明白地说，可以任用"不仁不孝而有治国用兵之术"②的人。曹操的三道求才令中，所提到的一个主要观点就是才能与德性（即"才"、"性"）之间没有必然的联系，这无疑是对两汉儒学名教制度的严厉打击。才性问题也是玄学家们早期"清谈"的核心问题，如钟会撰有《四本论》，对当时流行的关于才性同异、合离四种不同看法作了评述。由才性问题而至"名教"与"自然"的问题，则意味着对儒学思想的更深层的清算。

---

① 《庄子·天下篇》。

② 陈寿：《三国志·武帝纪》卷21，中华书局1982年版，第606页。

　　玄学的开创性人物当推何晏、王弼，他们活跃于魏齐王芳正始年间（240—249），故他们所领导的这一时期玄学思潮又称"正始玄学"。何晏、王弼都祖述老、庄，提倡"以无为本"。他们所说的"无"，就是道家的自然之道，以其强调"无名"、"无誉"等等对外在的、人为的规范进行否定。玄学家们认为自然就是万物包括人存在的本质，以此来反对儒家的尚名节、重仁义，以为这正是以"无"为特征的自然本质的丧失。如王弼以"自然"为本，"仁义"为末，提倡"崇本以息末"①，这是明显的对儒学名教的反动。不过，王弼又有"崇本以举末"这一面的思想，认为只有依于自然之道而行，才可能实现仁义。这就是用超伦理的手段来实现道德伦理的社会价值，其实，正是对儒学名教伦理主义的削弱。孔子当时仍为圣人，老庄并非圣人，老庄言"无"，孔子不说"无"，王弼这样解释："无"不可说，所以圣人不说；老庄说无，不免于有，所以低于圣人。这是明显的以老庄解孔子。何晏有类似说法，如以圣人为"名无名"、"誉无誉"，也是以儒学名教本于无名、无誉的自然之道。再如稍前的夏侯玄，以为"天地以自然运，圣人以自然用"②，看法大同小异。

　　代曹魏而兴者，为司马氏集团。司马氏集团很早就开始了对曹魏政权的夺权运动，何晏就死于这场残酷的政治斗争中。司马氏是当时的儒家豪族，在夺权运动中，他们一方面采用残暴的手段疯狂镇压异己力量；另一方面，极力利用儒学名教作为思想宣传武器。而在夺取政权后，则在名教的伪善面具之后，尽穷奢极欲之能事。这一时期玄学家们对名教的强烈反对，是与反对司马氏集团的政治斗争联系在一起的，代表人物为阮籍、嵇康。早期玄学家何晏、王弼推崇老子，阮籍、嵇康则更重视庄子。他们借助于庄子追求个体精神自由的思想来反对名教、礼制的束缚，包括对现实政治的逃避。阮籍曾辛辣地讽刺儒家所推崇的"君子"，是躲在裤裆里的虱子譬喻其伪善、猥琐③。嵇康则更直接地非薄儒家圣人周公、孔子，乃至儒学经典《六经》，主张"越名教而任自然"。这些，也许更反映在他们反对世俗礼教的非常稀奇可怪的荒诞行为上——为人所津津乐道的"放达"当中。这些行为既反映了他们对礼教中伪善一面的激烈抗争，也反映了他们对自我个性解放（包括感性自我）的追求。与阮籍、嵇康同为竹林七贤的向秀则表现了不同的思想倾向。向秀与嵇康、吕安友善，曾共同隐居山林。向秀把人的心智情欲乃至社会伦理道德都归结为"天理自然"。这里，他所谓"自然"与何晏、王弼的"以无为本"已经有较大的区别，"自然"意味着理或天理的自然法则。人有情有欲，出于自然法则，不过需"节之以礼"；礼出于人伦，人伦也源于自然法则。这些，正是对儒学名教的充分肯定。

　　如果说以阮籍、嵇康为代表的竹林七贤荒唐怪诞的放达行为背后蕴含着深刻的思想内涵与精神抗争的话，那么，继之而起的一些争相效法他们行径的名士们则徒有其行，而缺乏那样一种精神内涵，有人称其为"作达"。晋惠帝元康年间（291—299），此风盛行，或至于赤身裸体，丑态百出。裴頠则以其《崇有论》肯定名教，反对超越，肯定有为，反对无为，反映了玄学思潮向儒学的回归。裴頠反对以无为本，而推崇

　　①　王弼：《老子注》第五十七章。
　　②　杨伯峻：《列子集释》，中华书局1985年版。
　　③　房玄龄：《晋书·嵇康传》卷49，中华书局1974年版，第1361页。

"有"。他所说的"有"，就是"总混群本"的"宗极之道"，即"天理"、"至理"，包括自然之理与社会伦理。不过，裴頠反对"理"的超越性，以当下存在的现象就是自然界的本源，现实的社会存在就是名教的根源。自然与社会存在是相通的，但裴頠更强调社会存在。"理"的内在化就是人的性情，故此要"保生存宜"。"生"是自然的生命存在，包括生理欲望；"宜"则为社会伦理、道德法则。在裴頠看来，"存宜"完全出于人的内在情感需要，"择乎其宜，所谓情也"。裴頠的崇有论，站在维护礼制的立场上对儒学思想的建树有一定的深刻性，虽然他仍是一个玄学家。

郭象是玄学思潮的最后总结者，他综合以前玄学家们关于名教与自然的争论，把名教与自然完全同一。郭象否定了有超越于万物存在之上的"道"、"无"，存在是"自然而然"、自己这样，没有使之然者。这就是郭象的"自然"、"独化"说，它完全否定了神学目的论与自然决定论。自然既是万物的存在形式，也是万物的根本性质，如此，郭象又引出"性分"的概念。因为万物的"性分"都是自然而然、完全自足的，因此无所谓大小、高下的差别。万物都以自身为标准、为"极"，只要完成了性分之内的自我实现，也就达成了自由。关键在于，郭象把社会地位的尊卑贵贱、社会伦理的仁义道德，也完全归结为"性分"之内的事情。就是说，"名教"与"自然"是完全合一的。对君臣、父子之义的逃避，反而成了超越性分、违反自然的庸人自扰的行为了。社会就是自然，自为就是无为，"庙堂之上"就是"山林之中"，伦理主义与自然主义的合一，是郭象融合儒、道的方法论的主要特征。郭象后，玄学思潮随着西晋的灭亡、东晋的南迁仍然四处蔓衍，不过已日渐衰落，代之而起的是佛教与佛学的繁荣。佛学与玄学的合流，迅速在中国繁衍，逐渐成为直至隋唐的中国哲学的主要思潮。这个时期的儒学在官方的维护下，仍以经学的形式顽强地延续着。不过，作为哲学思潮，无论在理论建树上、还是社会影响上，都已经无法与玄学、佛学思潮相抗衡。

二　伊壁鸠鲁的人生哲学与魏晋名士的自然哲学比较

1. 伊壁鸠鲁的人生哲学

伊壁鸠鲁的人生哲学以其自然哲学为基础。他的自然观继承了德谟克利特的原子论，并且作了重要的修正和发展。伊壁鸠鲁的人生哲学即是其提出的著名的快乐学说，并且坚持认为快乐才是人们所应追求的最高的善，是首要的和天生的好，是幸福生活的开端和目的。这里，伊壁鸠鲁所言的快乐观并不像通常被人所误解歪曲的那样只是注重肉体、感官享受而脱离了精神追求、理性约束的低级庸俗的伦理主张。事实上在伊壁鸠鲁看来，感官快乐只是被赋予了其合理性的地位，他只是承认了感官快乐的基础性作用，指出了肉体和感官的快乐是一切快乐的起源和基础这一基本事实。伊壁鸠鲁认为如果这些最基本的快乐不能得到满足，就会引起因缺乏快乐而产生的痛苦，因此，也就不会有其他的快乐，更不会达到生活幸福的根本目的。感官快乐在伊壁鸠鲁看来只是一种短暂的、浅薄的、不稳定的快乐，真正的快乐是一种感官快乐与精神快乐的适度结合。因为较之感官快乐，精神的快乐是持久的、深刻的、稳定的，它能够使人达到感官快乐所达不到的快乐和幸福。换句话说，真正的快乐正是那样一种"身体的健康和灵魂的无烦恼"①，它是凭借理性进行选择所达到的一种愉快的、明智的、美好的和正义的生存状态，是一种剔除了灵魂痛苦与烦恼的豁然开朗之情。

在伊壁鸠鲁的快乐学说中，要达到真正的快乐，首先，要进行明智的、理性的选择。在伊壁鸠鲁看来达到快乐并非只是一味地以感官要求、感官判断为依据，实际上他所主张的是一种依靠理性能力之下的审慎选择，甚至他还指出明智比哲学更可贵，因为它是首要的和最大的善。所以伊壁鸠鲁的快乐学说中表达着这样的一种思想，即如果人不能进行明智的选择，不能过上一种明智美好的生活也就不可能过上愉快的生活。他认为即使快乐是我们天生的、最高的善，我们也不应该选取所有的快乐，当某些快乐会给我们带来更大的痛苦时，我们就放弃这些快乐，如果我们一时的忍受痛苦可以带来更大的快乐时，我们就应当认为有许多痛苦还是好的。

其次，为了达到快乐的生存状态，伊壁鸠鲁主张过一种正义的、有节制的生活。在他看来，正义就是人们就行为所作的一种相互承诺——人既不伤害别人，也不受别人伤害，也就是说，正义的生活是在交往中互不侵犯并能够给彼此带来益处，就这点来说它对所有人都是一样的。要做到正义的生活，在社会生活、日常交往中不侵犯、伤害彼此，就要做到有节制。节制在伊壁鸠鲁看来是一种以明智审慎为基础使人得到适度快乐和幸福的能力，只有对那些明白了善的生活的限度的人来说，快乐完满的生活才是容易达到的，所以人应该独立于身外之物的自足。当我们没有更多的物品时，我们可以满足于现已拥有的，因为在伊壁鸠鲁看，来，只有最不需要奢侈生活的人才能最充分地享受奢侈的生活。伊壁鸠鲁看到了人们生存状态中的病态症状，人们为了"空虚的欲望"而丧失掉了自然的本性，失去了本真的自我，易动心使人们远离了灵魂的平静和安宁，内心充满了对欲望渴盼的焦虑，从而处于一种非自然的不快乐状态之中。

再次，要达到快乐无烦忧的生存状态，还需要避免痛苦和克服对宗教和死亡的恐惧。在伊壁鸠鲁看来缺少快乐的表现就是感觉到痛苦，而所有的痛苦都可以说是坏的，但是并非所有的痛苦都是应当回避的。他认为有许多痛苦比快乐还要好，因为在持续的痛苦之后人们可以感觉到的是一种更大的、更强烈的快乐之感，所以这样的痛苦是不应该规避的，需要我们避免的痛苦只是那些无助于我们得到快乐的痛苦。

除此以外，为了快乐的目的，还应该摆脱对死亡和宗教的恐惧，正是这两点使人的内心充满了焦虑之感，恐惧所引起的焦虑使人不能洞见生命中存在的自然快乐，从而失去了真正的自由自主的生活。他指出，死亡是对感觉的剥夺，而所有好与坏的判断都是依靠一定的感觉体验，所以我们应该相信有恐惧死亡引起的焦虑是空洞无益的，因为死亡确实是与我们无关的，唯一它可给我们的启示就是珍惜现有的生命和生活。因此，即使所有的人在死亡面前都不具备抵抗力，我们仍需要克服恐惧，直面死亡。

2. 魏晋名士的自然哲学

玄学则是以"内在超越"为特征的哲学。玄学思想的两大重要理论家王弼与郭象在对道家绝对自由精神的改造与发展的基础上，构建了一种超越精神境界，形成了魏晋玄学思想中重要的自然哲学。

---

① 黑格尔：《哲学史演讲录》卷3，商务印书馆1972年版，第151页；《古希腊罗马哲学》，北京大学哲学系编译，商务印书馆1982年版，第367页。

魏晋名士的自然哲学在内容上主要体现在三个方面：

第一，以无为本，以理想调整现实。正始玄学的基本哲学命题是"以无为本"，是由何晏最先提出。"以无为本"是一个价值性命题，其目的在于解答自然与人的关系，意指天道以自然无为的方式统摄天地万物的生存变化。王弼把"以无为本"发展为"崇本息末"和"崇本举末"，宇宙"以无为用"，则万物各得其生，各遂其性，呈现一种理想的和谐，使名教与自然归为统一，名教符合自然之道。正始哲学对名教的肯定，实质就是对现实的肯定，以理想调整现实，使现实趋向理想化。何晏、王弼观念中的自然，主要指客观层面的天道。圣人与天道合一，即是"体无"境界。

第二，越名教而任自然，以理想否定现实。竹林时期，嵇康提出"越名教而任自然"的哲学命题，是针对当时人们的虚妄造作，化解对名教的执著，使名教符合自然而复归于理想状态。越名教而任自然，是对不合乎理想的名教的否定，即对现实的否定，是以理想挽救现实，使名教复归于理想之境。嵇康、阮籍观念中的自然，是把客观性的天道内化为人的真性，使人们如何在名教中保全自性之真，获得逍遥与自由。

第三，独化于玄冥，现实即理想。郭象提出"独化于玄冥"[①]的命题，把万有规定为自生自化、圆满自足的存在，人作为主体只有在无待境界中才能实现真正的逍遥。认为，人只要有执，就必然处于"有待"之域而无逍遥可言，即凡有执著者，必然"同为物累"而不能逍遥。主张"统大小"、"齐生死"、"一是非"，化解种种差别执著。这一过程，就是上达"无待"境界的过程。而且，这种无待而逍遥的境界并不是隔绝人世，而就在现实的此岸世界，即"无心而顺有"。"无心"即"无待"，真正的"无心"必不废有。"顺有"而无累于物，则不失其"无心"而常得其逍遥。郭象把游外与宏内、山林与庙堂、为与不为冥合为一，肯定理想与现实、自由与道德、个体与社会的统一，在理论上解决了竹林哲学"自是而非人"的理论矛盾。

魏晋名士的自然哲学建立在个性自由的基础之上，以理性与感性的思维认知方式实现对自我的自信与自觉意识的理想追求。在探求天地自然虚玄之体与人生安心立命之道的过程中，完全摈弃了汉儒的阴阳象数，构建出一种全新的人生哲学，将两汉以来日显沉重的人生主题推向玄远旷达、潇洒自然的新境界；深化与提升了汉末浓厚的人生伤感注意情绪，将沉重与飘逸、痛苦与乐生、理智与感性、沉醉与清醒、放达与拘谨、淡泊与世故、进取与退隐等种种看似矛盾的主题引入人生之中，体现着对个体理想境界的执著追求。

魏晋名士的自然哲学在形式主要体现在"生命意识"的觉醒，其特点是对"人的生存"的体验和追求。具体表现在三个方面：

第一，清谈——生命之量的追求。魏晋时代所觉醒了的生命意识首先表现在慨叹人生短促、时光易逝的诗歌之中。这些诗歌，又都是植根于一个共同的愿望：希求人生的延长。这是魏晋人士觉悟到生命本身的价值，开始重视自己的感性生命体现。于是在这样一种心境下，当时清谈之风盛行。清谈主要是"人物品评"，魏晋人士的人物品评主要针对个性、气质、才情、风度、容貌等内在因素，直接欣赏品评个体人格自身的美。而且，在对人的风神态貌和的欣赏中，不是那种单纯外表的漂亮、悦目，而是追求能够

---

① 郭象：《庄子·齐物论注》。

完满反映某种内在气质和精神品格的风貌姿容。那超迈的神气、脱俗的风度、率真的性格、恢宏的气度、成了一代美的理想。

第二，狂放——生命之质的追求。追求人生的延长是生命意识觉醒的体现。以阮籍为代表的竹林名士以冷静的态度对待生命，对生命有了较为客观、清醒的认识，他们对人生的追求目标有所改变。在认识到生命无法人为延长，在量上无法人为增加，就自然转变了追求的方向。他们认为，人生的关键并不在生存时间的长短，而在于如何过好既有的人生，即如何在自己的有生之年尽量排除烦恼、忧愁、痛苦等消极因素，从而以尽可能大的密度去享受那有限的人生，尽情地、及时地去追求人生的享乐。在这样的心境支配下，饮酒成为魏晋人士追求享乐的一种方式，以酒排忧消愁，助兴为乐。由于饮酒而使行为放荡、任诞，形成了魏晋人士的狂放之风①。这种狂放的实质是理性解体，本能、情感代替意识理性支配人的行为，是对日常规范、伦理秩序和虚伪的繁文缛节的否定，从而追求返朴归真，崇尚真情，抗拒异化。

第三，隐逸——生命之本质的追求。生命意识的觉醒冲破了外部规范的束缚，使人的内在情感得到解放，形成魏晋人士"一往情深"的特点。魏晋人士生命觉醒与情感解放的一个重要特点是对山水自然美的激活。因为自然美正是人的个性、情感、生命在山水物类上得到投射、印证、表现的产物。自然美的发现的一个根本条件就是观赏者的生命意识、个性人格、情感本能等内在品格的自觉和独立。中国的山水诗、山水画之所以产生在晋宋之际，是因为在这一时代，人的自我意识、生命意识、个性意识和情感本能的自觉。魏晋人士对自然山水已具备一种自觉的、纯粹的审美态度和纯正的美感享受。山水自然美的发现导致了隐逸之风的盛行，魏晋的隐逸是领悟了山水之乐，具有"为隐而隐"之性质的隐逸，对山水之美的发现和钟情则赋予隐逸以艺术和审美的内容，达到一种唯求心意，忽忘形迹的境界，使人生达到一任自然、无所畏惧，进入真正通达、超脱、浑然无碍的自由境界。他们的心情是平静的，却并不颓丧；他们似乎超越了对生命的重视和人生的爱惜，而实际上是在更深的层次上，即在领悟了生命的自然本质，并在自觉实现这一本质时得到人生的享受和满足；他们把生命的本质归诸"自然"，主张用摆脱一切人为束缚的方式来获得人生的快乐与满足。但是，由于物质的匮乏，人们对隐逸逐渐丧失信心，对"自然"这一生命的本质产生怀疑。于是，魏晋人士关于生命本质的追求开始向两个方向发展，一是佛教的禁欲寂灭的世界，一是世俗的纵欲享乐的世界。前者是由失望而绝望，是生命本质追求的沉息；后者则是由高蹈而堕落，是生命意识转移到感官世界的放纵。

3．两者的差异

伊壁鸠鲁的人生哲学与魏晋名士的自然哲学理论都是以阐释伦理，追求人性的本真和自由为基础。但毕竟中西文化存在差异，两者的哲学内涵体系、诠释理论的行为方式和对待政治生活的态度都存在着差异。

首先，哲学内涵体系不同。伊壁鸠鲁学派坚持以自然哲学为基础，倡导快乐学说，并且坚持认为快乐才是人们所应追求的最高的善，是幸福生活的开端和目的。这些理论在实践中不断得到补充，从而形成了一个相对完善的理论体系。而玄学则是以"内在

---

① 孙以楷：《道家与中国哲学》，人民文学出版社 2004 年版，第 66 页。

超越"为特征的哲学，在对道家绝对自由精神的改造与发展的基础上，构建了一种超越的精神境界，形成了魏晋玄学思想中重要的自然哲学①，这种思潮没能构成理论体系。很显然，前者注重自然、理性和外在表达，体系完备；后者注重精神、感性和内在超越，缺乏完整的理论系统。

其次，行为方式有别。伊壁鸠鲁学派以伊壁鸠鲁为核心人物，以花园为"学园"开展无等级差别的理论传播。这个学园接受贫民、妇女和奴隶入园学习，这是古希腊许多学园中最开明的一个。学园中有良好的纪律，大家一律平等，团结友爱，共同过着俭朴的生活。重视知识和友谊；他们鄙视那种单纯追求肉体享受的奢侈生活，主张人生的目的是为了追求快乐的幸福生活。这是一种有意识的、有组织的群体行为，表现为一种"集体快乐主义"。而魏晋名士则是以个体行为的怪异方式出现在公众的视野中，比如：阮籍的穷途哭嚎；刘伶的醉酒裸体等。这种个体行为又表达出一种共同的思想——对生命意识的自觉，对人性美的追求。而且魏晋名士常以身份、才性品评人物，区别选择、对待与之交往的对象。可以说，魏晋名士的"快乐主义"是个体自觉行为和群体交往相结合的产物。

再次，对待政治生活的态度迥异。伊壁鸠鲁学派坚持自己的快乐主义学说，无论是理论传播，还是身体力行，都让人感觉到一种积极的生活态度，他们不规避痛苦，敢于面对生活中的各种非难和折磨，用他们简单而快乐的行为诠释着"集体快乐主义。"这是真快乐。而魏晋名士则不同于此，他们在那个朝不虑夕的年代，多是采取回避矛盾，脱离政治，啸游竹林，寄情山水的方式对待世事，嗜酒、争辩、甚至放达任性成为生活的主旋律，因此，魏晋名士对待政治生活的态度看似"潇洒而快乐"，实则是真痛苦。

三　伊壁鸠鲁哲学与魏晋玄学的主要贡献及对后世的影响比较

1. 伊壁鸠鲁哲学与魏晋玄学的主要贡献

应该说，伊壁鸠鲁哲学思想的主要贡献表现在三个方面：

第一，德谟克利特认为原子只有大小和形状的区别，伊壁鸠鲁对此进行了补充。认为原子除了大小、形状的区别外，还有重量的不同，重量也是原子的基本性质。这就是说，他已懂得把重量和体积区别开来了，这是人类对物质结构认识的新发展。后来，著名的科学家阿基米德（前287—前212）就是运用了物体的重量和体积不同的原理，发现了浮体定律，解决了国王交给他检验金王冠中是否掺有其他金属的难题。

第二，原子有重量，在虚空中必然要往下降落。虽然各种原子的重量不同，但由于在虚空中没有任何阻力，所以它们都以同等速度向下降落。形象地说，就是在虚空中，有无数的原子像下雨一样，以相等的速度平行地向下降落。这个说法，不但进一步肯定了原子自己运动的观点，而且否定了亚里士多德认为物体越重、下落速度越快的错误认识，天才地猜测到了物体下降速度不受重量影响的科学结论。这个结论在一千多年后，被伽利略所作的实验证明了。

第三，提出了原子自动偏斜运动的说法。这是伊壁鸠鲁对德谟克利特原子理论最重

① 孙以楷：《道家与中国哲学》，第14页。

要的修正和补充。德谟克利特认为原子运动都有必然性，完全否认了偶然性的存在和作用，这是形而上学的片面性观点。伊壁鸠鲁则认为，原子在直线下降的运动过程中，有些原子有时会自动偏离原来的轨道，向旁边偏斜出去，引起和其他原子发生碰撞，从而结合成万物。伊壁鸠鲁的这一思想具有很重要的意义：他第一次在原子理论中肯定了偶然性的存在，把原子的直线运动的必然性和偏斜运动的偶然性结合起来，说明了原子自身的运动是必然性和偶然性的统一。这个具有辩证观点的说法，不但克服了德谟克利特的片面性，而且为他争取个人幸福和自由、反对宿命论的快乐主义学说提供了理论根据。因为只讲必然性、否认偶然性，就会把一切事情都看成是命里注定的、必然的、无法改变的，而走向宿命论。而承认偶然性和必然性的统一，就能启示人们懂得，所谓"命运"并不是注定不可改变的，只要发挥人的主观能动作用，和外部的恶劣环境作斗争，就有可能实现快乐、幸福的生活目的。伊壁鸠鲁这一思想，曲折地反映了他要求打破奴隶主贵族专制统治的束缚，追求自由的民主精神。

魏晋玄学的各种学说虽都存在缺陷，但却又各显光彩，启人智慧，其哲学贡献主要体现在三个方面。

第一，贵无说虽然颠倒了有与无的关系，而且虚构出了一个脱离实际事物、自身独立存在的"无"，荒诞离奇，但却引导人们不受事物表面迷惑，直探事物本质，推动中国古代抽象思维深入发展。

第二，崇有说虽然观察事物比较肤浅，就事论事，就物观物，但立论正确，主张从现实存在的世界内部去寻找天地万物产生、存在、变化的依据，反对超越现实世界、在现实世界之外去探寻原因，更反对以根本不存在的东西作为存在东西的根本。

第三，非有非无说以事物之间的相互联系代替事物本身，以事物之间相互联系的不稳定性否认事物的稳定性，虽然否认事物的真实性，颇为荒谬，但却揭示了一种事物之中包含的双重性，认为事物之中既存在着肯定的一面，又存在着否定的一面，引导人们用辩证的眼光观察事物。魏晋玄学是道家学说发展的高峰，无论就思维的深度，还是就探讨的问题、论辩的方式，都标志着中华民族古代哲学的水平，为中华民族宋明时期的儒学发展奠定了基础。特别是探本究根的思维趋向，引导中华民族的哲学向宇宙深层探进，对开拓人类脑际荒原具有重要的指导意义①。

2. 伊壁鸠鲁哲学与魏晋玄学对后世的影响比较

伊壁鸠鲁哲学在西方哲学思想史上产生了深远的影响。"是你第一个在这样的黑暗中，高高举起如此明亮的火炬，是你最先照亮了生命的幸福目标，是你引导着我，你，希腊人的荣光！"② 这是古代罗马杰出的诗人哲学家卢克莱修在长诗《物性论》中对在他两百多年前的希腊唯物主义哲学家伊壁鸠鲁的热情赞颂。他满怀敬爱之情，在诗中把伊壁鸠鲁称为"父亲"，比作"天鹅"、"骏马"，赞誉他的著作是"永远不朽"的"黄金的教言"，并宣告自己要以伊壁鸠鲁为榜样，坚定地沿着他的足迹前进。又过了一千多年，年青的大学生马克思也对研究伊壁鸠鲁的哲学发生了兴趣，写出了自己的博士论文《德谟克利特的自然哲学和伊壁鸠鲁的自然哲学的差别》，深入比较了这两位古希腊

---

① 参见《中国哲学百科全书·魏晋玄学》，中国大百科全书出版社 2001 年版，第 270 页。

② 卢克莱修：《物性论》，邢其毅译，北京大学出版社 2007 年版，第 17 页。

伟大的原子唯物主义哲学家的理论，称赞伊壁鸠鲁是"最伟大的希腊启蒙思想家"，并借用伊壁鸠鲁的唯物主义和无神论思想为武器，和当时德国的反动统治者和宗教神学作斗争。

伊壁鸠鲁的哲学思想被他的历代弟子奉为必须遵守的信条。伊壁鸠鲁的学说广泛传播于希腊——罗马世界。伊壁鸠鲁学派作为最有影响的学派之一延续了 6 个世纪。罗马时期伊壁鸠鲁学派的著名代表有菲拉德谟和卢克莱修。卢克莱修写的哲学长诗《物性论》，系统地宣传和保存了伊壁鸠鲁的学说。3 世纪以后，伊壁鸠鲁的学说成了基督教的劲敌。在中世纪，伊壁鸠鲁成了不信上帝、不信天命、不信灵魂不死的同义语。文艺复兴时期，由于卢克莱修《物性论》的发现和出版，扩大了伊壁鸠鲁学说对早期启蒙思想家的影响。17 世纪伽森狄全面恢复了伊壁鸠鲁学说，它直接影响了 17 至 18 世纪英、法唯物主义哲学和自然科学。伊壁鸠鲁的社会契约说是近代社会契约论的直接先驱，他的伦理思想对英国边沁、密尔等的功利主义发生了影响。

伊壁鸠鲁哲学对后世的影响有积极的一面，也有消极的一面。积极影响：第一，提倡探求知识追求快乐的积极向上的人生态度，使古希腊晚期哲学在自然哲学繁荣后又一次闪出灿烂的火花，同时他的哲学对卢克莱修影响很大。第二，快乐主义使文艺复兴时期资产阶级启蒙运动的先驱们找到了追求个人自由解放、追求民主反对神学、反对宗教对人性摧残的思想武器。第三，他的自由观使后人敢于认识和揭示规律。"自由选择"促进了以后西方的个人奋斗和人道主义思潮的发展。消极影响：把快乐主义当作一切道德的基础和判断人生的标准，为资产阶级腐化堕落的生活方式提供了理论基础。后世的资产阶级往往把他的快乐主义曲解为享乐主义。

魏晋玄学对后世的影响主要表现在三个方面：首先，玄学使文化格局发生转换。魏晋时期，儒学走向衰微，儒道融合产生玄学，玄学思潮的发展对儒家推行"名教"制度的合理性进行了一次尝试性的理论论证，道家以"自然无为"思想来为儒家"以名立教"的主张提供了必要的思想基础和理论依据，从而使儒学逐渐玄学化。从传统文化的发展角度看，儒家文化和道家文化相互融合形成了新的文化发展格局。其次，玄学使魏晋名士的人生价值取向产生变化。随着儒学独尊地位的动摇和魏晋社会人性的觉醒，魏晋名士的人生观、生死观都发生了大的改变，他们崇尚精神的自由，重情任性；追求佯狂傲世、返归自然的气质；用自然辩证的态度对待生死，乐天安命与养生；及时行乐和纵欲成为时代特色。再次，玄学影响了人们的审美情趣变化。魏晋时代人们的审美爱好从传统的"比德"论框架中突破出来，"向外发现了自然，向内发现了自己的深情"① 。审美情趣从崇尚实用、追求形式到简约明了、直抒胸臆。个体价值、感性价值从长久压抑中释放出来，与自然结合，追求人与自然的平等互化，于是，促进了玄言诗和山水诗的兴起、发展，构成了中国古代文学艺术重现山水自然美的重要特征。

伊壁鸠鲁哲学与魏晋玄学虽然在多方面存在着明显的差异，但其哲学思想都体现着对个体生命的特殊关怀，都在寻求一种能够很好地安顿人自身的精神生活、给个体以快乐的方式。对于人类而言，个体的生命本身才是终极目的，它应该成为我们生活的重心。正是基于这一点，伊壁鸠鲁与魏晋名士的哲学思想和生活方式是值得重视的，他们

---

① 宗白华：《美学与意境》，人民出版社 1987 年版，第 189 页。

用言行真诚地告诫我们什么才是生活的真相。但是，快乐是建立在现实的基础上的，社会的不安定必然导致精神的不愉快，伊璧鸠鲁及其弟子们的学说影响了后人，但他们毕竟面临财富匮乏的窘境，不得不压制本能的需求以求所谓的"快乐"。玄学虽然构建了一个精致的人生哲学世界，但最终不可避免面对肉体要消亡的事实，魏晋名士生活在政治高压之下，现世生命价值并未获得真正的解脱，个体生命并未得到真正的自由与快乐。他们因封建礼教的压迫而寻求抛弃一切外在规范的"逍遥"生活，在给世人留下"翩翩风度"印象的同时，也留下了贪图安逸、无所事事，甚至软弱无能的话柄。因此，这两种快乐的生活方式是过去那个时代的响板，当下是不足取的。

〔董华，博士生，南开大学哲学系。云南昆明　650201；
张晓芒，教授，南开大学哲学系。天津　300071〕

清代朴学与实证科学方法之比类研究[*]

赵 华

实证科学是西方 16 世纪以来所形成的科学形态。"实证"一词最初来源于圣西门的著作，奥古斯特·孔德继承了老师圣西门的思想，把实证科学的方法推广到哲学上，开创了实证主义。他把"实证"一词明确解释为"现实的"、"有用的"、"确实的"、"精确的"、"积极的"、"相对的"，这是孔德所强调的实证精神的六大要素，并明确的把科学方法规定为实证的方法。他说，自然科学的显著进步令人想到，科学方法是一切领域要遵循的方法。科学唯一的目的是发现自然规律或存在于事实中间的恒常关系，这只有依靠观察和经验才能做到。用这种方法取得的知识是实证的知识，时间证明，正是实证知识能够成功地运用到人类实践的各个领域。凡是没有把握这种知识的地方，我们的重要任务之一就是模仿自然科学所采用的方法来获取这种知识。此后，"实证"的观念便成了科学观念的代名词，认为自然科学知识具有客观性、逻辑操作性、经验可证实性，这种观念深入到人类社会的各个领域。

清代朴学，又称乾嘉考据学或乾嘉汉学。它发轫于清初，极盛于乾嘉两朝。朴学的内容主要是对传世古文献进行整理，考订与研究，它涉及的范围十分广泛，"其学包括文字、音韵、训诂、目录、版本、校勘、辨伪、辑佚、注释、名物典制、天算、金石、地理、职官、避讳、乐律等学科门类"[①]，其中涉及不少科学技术的内容。在清初，晚明王学极盛而蔽之后，为力矫"束书不观，游谈无根"的空疏学风，顾炎武大力提倡"经学即理学"[②]，使空谈义理心性的"尊德性"的治学思路为之一变，落实到具体考订经史典籍的"道问学"之研究途径上，首开清学考据之风气。其后经由惠栋、戴震、段玉裁、王念孙、王引之等学者的大力提倡，经典考证于乾嘉之世蔚成风尚，达至全盛。在古代文献的整理方面，朴学的成就是前无古人的。梁启超说：经过清代学者的爬梳，"吾辈尚觉难读难懂之古书，自此可以读，可以解；许多伪书及书中窜乱芜秽者，吾辈可以知所别择，不复虚磨精力"[③]。学者胡适还认为清朝的朴学具有科学精神："清朝的'汉学家'所以能有国故学的大发明者，正是他们用的方法无形中都暗含了科学

---

* 本文是教育部人文社会科学重点研究基地重大研究项目"欧洲文化的兴起及其世界影响"（项目批准号 05JJD770119）以及教育部哲学社会科学研究 2005 年度项目"中国传统科学模式及其命运——李约瑟问题研究的实践视角"（项目批准号 05JA720012）的研究成果之一。

① 漆永祥：《乾嘉考据学研究》，中国社会科学出版社 1998 年版。
② 梁启超：《清代学术概论》，中国人民大学出版社 2004 年版。
③ 梁启超：《梁启超论清学史两种》，复旦大学出版社 1985 年版。

的方法。"① 章太炎也说："近世三百年来，学风与宋明绝异。汉学考证，则科学之先驱……盖其语必征实，说必尽理，性质相同耳。"② 朴学之所以能在学术上作出如此建树，与其治学方法的特性有着不可分割的联系。从科学方法论与科学精神的视角来看，对朴学的治学特点与实证科学方法相比类，足以证实中国传统文化中早已具有科学的精神。

一　客观性与全面性

所谓客观性，就是要从事实出发，获得对客观事物及自然现象的真实反映。所谓全面性就是从多方面对事物进行考察，把握对象的各种属性、规定、各种关系和各个方面。这两项是科学研究的必要前提，只有获得可靠的资料，才能保证科学研究结论的正确性。

就学术思想的演变而言，朴学可以说是对宋学的纠偏。宋儒好谈性理而轻视名物训诂，为了论证一己之见，他们往往不惜曲解乃至擅改古代文献。这种尚空论，轻实证的学风，在元明时代进一步发展，其流弊日重一日。清代朴学家对这种束书不观的风气深为不满，江声说："盖性理之学，纯是蹈空，无从捉磨，宋人所喜谈，弟所厌闻也。"③ 这实际上代表了清代学者的一般看法，与空疏的宋学相对立。清儒"以通经博物相尚"，强调无证不言，论必有据。在文史考证中，所谓证据，主要是指古代文献。如钱大昕关于古无轻唇音与古无舌头、舌上音之分的断论，即是以《尚书》、《诗经》《吕氏春秋》《周礼》等先秦古籍为依据的。相对于蹈空的性理而言，古代文献属于客观事实材料，以古本群籍为研究的起点，实质上也就是从具体的客观对象出发。又比如说洪亮吉视学贵州时，重视实地考察，亲自抵贵州镇远，"以所见山水、地形、地名"与史书所载相印证，从而断定贵州牂柯郡故且兰县郡是当时镇远而非遵义④。而阮元通过亲自对一些植物进行观察，细致记述了一些植物的种类、产地、外形、用途，他的《葵考》、《化州橘记》都被收入了《揅经室集》中。上述方法都类似于科学研究的初级调研阶段。如果说宋儒性理之学带有思辨的特点，那么每立一说必求客观论据的方法，则具有实证的性质，类同于近代实证科学的方法。

由主张"据古本"，朴学家又进而反对以孤立论证为立论的基础。在清儒看来，片面地挑选例证必然导致迷误："偏举一隅，惑滋生矣"⑤，因为他们要求广搜群籍，多方探究。在训诂上，清儒每释一字，往往博考子史百家。如王引之对虚词的诠诂，即以遍搜博讨为基础："自九经、三传及周、秦、两汉之书，凡助语之文，遍为搜讨。"⑥ 这里所说的遍为搜讨，即是对所研究的领域的有关对象逐一加以考察，不放过任何可能的反例，由此形成较为系统的、能反映事物全貌的材料，然后将这些材料综合起来加以参伍比较，得出结论。这种力求毫无遗漏地把握对象的各个方面的要求，与偏举一隅的主

① 蔡尚思：《中国近代思想史资料简编》第一卷，浙江人民出版社1982年版。
② 章太炎：《自述学术次第》，《制言》第25期。
③ 江声：《问学堂赠言》，《孙渊如诗文集》卷四，上海书店1989年版。
④ 洪亮吉：《新修镇远府志序》，《洪亮吉集》第一卷，中华书局2001年版，第252页。
⑤ 戴震：《毛证诗考证》卷二《戴震集》，上海古籍出版社1980年版，第130页。
⑥ 王引之：《经传释词》自序，岳麓书社出版1985年版，第3页。

观方法相对立，在客观上附和"观察的全面性"这一原则。除此以外，一些朴学家的考据工作涉及一些科学技术的问题。如阮元收入《揅经室集》的《考工记车制图解》、《商周器说》、《古戟图考》、《匕图考》、《铜和考》、《栋梁考》和《钟枚说》等多篇器物考订的论文。他不盲目附从于古人之善，而是通过大量的文献考证工作，并附以实物图解，唯求客观与全面。与注重遍为搜索相联系，清儒强调考察的客观性。戴震说："凡学未至贯本末，彻精粗，徒以意衡量，就令载籍极博，犹所谓思而不学则殆也。"[①]所谓"贯本末，彻精粗"，即是全面考察，"以意衡量"则是主观臆测，朴学家以前者反对后者，这就使旁搜博讨成为客观性与全面性的原则。

二　归纳法与演绎法

实证主义者强调，归纳方法是唯一获得真知的方法，因为只有它和直接经验相联系，是对事实进行概括的方法。而演绎方法亦是实证科学不可缺少的环节，演绎模型在近代科学史上完善的过程，是与牛顿创立力学体系的工作一道进行的。归纳法与演绎法都是重要的科学方法。

朴学研究中，通过旁搜博讨而广泛的占有材料之后，朴学家又进而要求揭示其中的义例："稽古之学，必确得古人之义例。执其正，穷其变，而后其说也不巫。"[②]所谓义例，包括语言文字领域的条例通则以及古书著述体例等等。在清儒看来，只有对丰富的事实材料反复推究，严加剖析，概括出一般的条例规则，才能把握纷繁复杂的具体现象。赵翼在经学的考证中比较成功的运用了归纳法。他不满足于前人的单纯罗列、排比材料得出的原始方法，而是运用逻辑手段，层层归纳事实，逐步深入地揭示了史学现象的发展趋势，通过归纳同类性质的事实得出结论。比如考证汉代宦官之害时，赵翼通过逐层归纳"宦官与朝臣相倚为奸"，"宦官欲诛大臣，则不籍朝臣力"，"宦官违帝旨而肆威于禁近"，"宦官且诛当国之皇亲"的事实，逐层揭示出宦官专权给国家造成的危害。王引之在《经义述闻》末卷（三十二卷）中，即以前三十一卷中所收集的资料为基础，通过缜密的比较分析而总结出若干条例，如"旁记之文误入正文则成衍文"，"形近易误"等。朴学家们正是通过这种概括，而初步了然了古籍传抄过程中各种错误产生的规律，从而使校勘工作有理可循。在主张会通义例的同时，朴学家又要求"一以贯之"："不会通其例，一以贯之，只厌其胶葛重复已而，乌覩所谓经纬涂经者哉。"所谓一以贯之，即是在一般的义例通则指导下，考察千差万别的特殊现象。如果说，会通其例主要是从个别到一般的归纳过程，那么，一以贯之则是从一般到个别的演绎过程，二者的统一，构成了清儒重要特点。戴震对《水经注》的校勘，在这方面提供了典型的一例。自唐代以来《水经注》的经与注一直混杂相错，故校勘此书的任务主要在于分别经注。戴震首先通过参伍推敲，归纳出三条通则，然后又"以是推之"，运用这三条通则逐句审定，从而对经与注作了明确区分[③]。而崔述考史中更多的使用的是演

---

①　戴震：《与任孝廉幼植书》，《戴震集》，上海古籍出版社 1980 年版，第 181 页
②　阮元：《汉书考周礼六卷序》，《揅经室一集》卷十一，中华书局 1993 年版，第 214 页。
③　戴震：《水经郦道元注序》，《戴震集》，上海古籍出版社 1980 年版，第 130 页。

绎的方法，比如考证我国上古时代的发明创造，通过演绎分析《补上古考信录》卷上《神农氏》，考证了历史的本来面目，驳斥了前人关于黄帝时期创造了各种物质文明的臆说。这种会通义例与一以贯之相统一的考订方法，既反对了重归纳轻演绎的偏向，又否定了以演绎排斥归纳的唯理论观点，比较符合实证的方法。

三　逻辑推理与可检验性

我们知道，科学逻辑一向是科学方法论的基本课题。逻辑推理虽然不能导致事实的发现，但是只要作为推理的前提条件足够明确，所依据的事实材料足够充分可靠，那么逻辑推理将是从对自然现象的感性认识经过形成概念而上升为理性认识，抓住事物的本质规律性，形成系统理论体系的重要手段。此外，科学的基本特征之一可以表述为原则上的可检验性。所谓原则上的可检验性，即是说在逻辑上有检验的可能性。当然，这仅仅是科学的必要条件，而非充分条件。

朴学家认为，在博考的基础上，通过比较归纳、条理分析而做出的识断，必须经过严格的审查和验证："其有新意即下己意，……要当以精义古音贯串证发。"① 朴学的证发大致包括两个环节，即虚会与实证："事有虚会，有实证。"② 清代朴学家孙诒让曾以校勘为例，对此作了比较具体的说明："综论厥善，大氐以旧刊精校为依据，而究其微恉，通其大例，精研博考，不参成见，其諟正文字之伪舛，或求之本书，或旁证之他籍及援引之类书。"③ 所谓"究其微恉，通其大例"，大体相当于虚会，亦即根据对象的内在特征为根据加以推论。所谓"求之本书，旁证之他籍"，则相当于实证，亦即事实验证。

朴学的虚会，可以概括为三种形式。其一，根据前后是否贯通，推断某种记载或观点的真伪："事之真者，无往不多其贯通，事之赝者，无往不多其抵牾。"④ 这里所说的抵牾"，即形式逻辑意义上的矛盾。在清儒看来，正确的思维首先应当是始终一贯，具有内在的自恰性。凡是前后抵牾，上下相舛，则很难断定为真。其二，通过对文献内容或结构的分析，以论证某一假设。如《史记·陈丞相世家》云："平为人长美色。"王念孙在《读书杂志》中指出：此句"当如《汉书》作'长大美色'"。然后又分析上下文义以论证这一看法："下文人谓陈平何食而肥，肥大同义，若无大字，则与下文义不相属"。这就是说，历史记载作为客观的文献资料，其前后各个部分有着内在的关联，通过考察不同部分的联系，即可判断某一记载是否真实。这里包含着根据主体中各个部分之间相互联系来验证某一观点的思想。其三，通过明故析因以论证某一论断。朴学家虽然蔽于从宏观的角度分析历史现象的因果联系，但在具体的考订中，则主张"每事穷彼根源，各得其所以然"⑤。即通过分析某字所以致误或所以当释为某的原因，以论证校勘训诂上提出的新见解。

---

① 阮元：《与高邮宋定之论尔雅书》，《揅经室一集》卷五，中华书局 1993 年版，第 126 页。
② 阎若璩：《尚书古文疏证》卷五，上海古籍出版社 1987 年版，第 458 页。
③ 孙诒让：《札迻自序》，《札迻》，中华书局 1989 年版，第 2 页。
④ 阎若璩：《尚书古文疏证》卷六，上海古籍出版社 1987 年版，第 782 页。
⑤ 戴震：《与姚孝廉姬传书》，《戴震集》，上海古籍出版社 1980 年版，第 185 页。

如果说，虚会主要为"新义"作了逻辑上的论证。那么，实证则进一步为这种论证提供了客观的根据。与遍搜旁讨相联系，清儒注重博证。阎若璩以毕生经历写出一部《尚书古文疏证》，证明《古文尚书》及孔安国《传》乃东晋之作品，使宋儒们津津乐道的《大禹谟》中"人心惟危，道心惟微，惟精惟一，允执阙中"十六字，所谓"尧、舜、禹相授之法"失去了依据。被梁启超称为"近三百年学术解放之第一功臣"[1]。又如，顾炎武在《诗本音》中首先以假设的形式提出"服"字古音蒲北反，与匐同。后即广泛援引《楚辞》《诗经》《尔雅》《仪礼》诸书中的材料，以为佐证。在朴学家看来，只有在获得了充分的证据之后，新义才转化为"十分之见"（定论）："所谓十分之见，必征诸古而靡条不贯，和诸道而不留余意。"[2] 因此，在虚会之后，清儒总是诉诸客观的实证检验。

四　怀疑批判与创新

科学社会学的鼻祖默顿曾提出，科学研究时必须遵循的"科学的精神气质"为：公有主义、普遍主义、无私利性、独创性和有条理的怀疑主义。怀疑是科学精神的出发点，科学始于问题，创新源于怀疑。显然，创新性与怀疑批判精神对于科学研究来说是弥足珍贵的。

遍为搜索、会通义例、虚会实证的朴学考据，有其贯穿前后的基本原则。这就是实事求是："通儒之学，必自实事求是始。"[3] 清儒要真正达到求是而不惑，就必须反对盲目尊信："世之学者往往惑也，何也？……尊信太过，先有成见在心。即有可疑，亦必曲为之解，而断不信其有伪也。"[4] 基于上述看法，朴学家强调阙疑："儒者之学，贵乎阙疑存异，不可专己守残。"[5] 所谓阙疑，就是以存疑的态度对待一切历史记载及传闻之说。在辨伪中，朴学家摒弃了"含糊轻信"的态度，主张对古人之事严加考究，以明其真伪。如阎若璩即通过深入周密的考察，列举了一百二十多条证据，对伪《古文尚书》大胆提出质疑，使得《古文尚书》的神圣地位因之动摇，失去了儒家经典的意义，给人们以极大的震动和刺激。在校勘方面，阙疑的具体形式即是反对盲从旧本。阙疑存异强调无征不信，要求以事实作为信与疑的标准，兼采各家之说。这就不仅多少具有反对蒙昧主义的意义，而且否定了独断的治学方法。

与提倡阙疑，反对盲信相联系，朴学家又提出了"推求"的主张："信古而愚。愈于不知而作，但宜推求，勿为株守。"[6] 这里所说的株守，即是指人云亦云，依傍古人；与此相对，推求则是通过探索性的思考以提出新的见解，我们完全可以理解为创新。朴学家以后者否定前者，这就把反对盲从独断与主张推求创新结合起来。顾炎武先生就十分注重独立思考与创新，"古人先我而有则削之"，"其必古人所未及就，后世之所不可

① 梁启超：《中国近三百年学术史》，东方出版社 1996 年版，第 86 页。
② 戴震：《与姚孝廉姬传书》，《戴震集》，上海古籍出版社 1980 年版，第 185 页。
③ 钱大昕：《卢氏群书拾补序》，《潜研堂文集》卷二十五，上海古籍出版社 1989 年版，第 421 页。
④ 崔述：《考信录提要》，《崔东壁遗书》卷下，上海古籍出版社 1983 年版，第 15 页。
⑤ 钱大昕：《卢氏群书拾补序》，《潜研堂文集》卷二十五，上海古籍出版社 1989 年版，第 420 页。
⑥ 戴震：《与某书》，《戴震集》，上海古籍出版社 1980 年版，第 187 页。

无，而后为之，庶乎其传也欤"①。在文献考订及音韵研究中，清儒善于冲破前人的束缚，大胆提出新的见解。如在古韵的分部上，传统的看法皆把支脂之三韵并为一部。段玉裁通过研究《诗经》，发现三者在上古实际上各自独立成部。于是推翻旧说，提出了新的分韵观点，从而把古音学的研究推进了一步。在主张大胆推求，别立新说的同时，朴学家又反对专己武断。顾广圻在《礼运考异·跋》中，曾对凭主观意见轻疑擅改古书提出批评："凡遇其所未通，必更张以从我，时时有失，遂成疮痏"。钱大昕进而指出："穿凿附会，自出新意而不衷于古，其失也妄。"② 即怀疑旧说，提出新意，必须以古代文献为根据。

　　虽然一些学者对朴学所倡导的治学方法及精神赞许有加，比类为科学方法和科学精神。如胡适就对朴学家的治学精神持肯定态度："中国旧有的学术，只有清代朴学确有了科学精神。汉学家的功夫，无论如何琐碎，却有一点不琐碎的元素，就是那一点科学的精神。"③ 当代科学史家董光璧也明确认为"朴学在儒流'实事求是'的精神和近代科学的经验方法之间架起了桥梁"④。但是，学界一些学者对此也提出了异议。他们认为朴学中的考证是"以经证经"、"去古未远"，其本质还是在于以文本证文本、以权威证权威。另外朴学中的自然科学不仅没有独立的概念，而且根本上是依附于经学的工具，且一些学者往往不是从科学本身的角度研究天算、地理等学问，他们这方面的研究大多是为其研经治史服务的等等。

　　对此，我们站在中国传统文化角度来看，清代朴学具有明显的中国文化特色。就科学方法和科学精神而言，我们基本上赞同朴学中确实存在科学的方法与精神。

　　首先，就方法而言，乾嘉汉学的研究主体是经学，经学总体上来说应归属于人文社会科学，对于经学考证的方法以今天的视角来看无非是自然科学方法在人文社会科学中的应用。因为对于人文社会科学来说，不是说命题根本不可能检验，而是它确实不能完全像实证科学那样，在可控的实验条件下对具体结论进行直接检验。由此，"以经证经"也就是比较合理的方法了。此外，朴学家对文献的考证在唤起对传统科学的重新重视上发挥了重要作用，由博古的考证引起对自然社会科学的考证。如《诗经》的考订中涉及一些天文学、生物学、物候学、气象学和农学等方面的知识。17、18 世纪，朴学家经过研究，在传统天算的复兴方面取得了许多重要的、有价值的成果。他们在编修《四库全书》时，从明初编撰的《永乐大典》中发现了大量的文献材料。戴震从《永乐大典》中辑出古代数学著作。邵晋涵从《永乐大典》及其他早期类书中辑出《旧五代史》，该书后被列为正史⑤。

　　其次，就经学本身来讲，虽然经学主要讨论的是政治、道德、伦理等方面的问题，但它实际上是一种综合的学问，是包括天文、算术、地理、医学、农学、物候等各种科学知识在内的一种综合的知识体系。我们来看，朴学产生的历史背景是西学东渐，西洋耶稣会传教士来到中国传教时期，传教士们带来了西洋的诸多科技，大大激发了中国人对

---

①　顾炎武：《著书之难》，《日知录集释》卷十九，花山文艺出版社1990年版，第845页。

②　钱大昕：《赠邵冶南序》，《潜研堂文集》卷二十三，上海古籍出版社1989年版，第376页。

③　胡适：《清代学者的治学方法》，《胡适文丛》一集，黄山书社1996年版，第298页。

④　董光璧：《中国近现代科学技术史》，湖南教育出版社1995年版，第10页。

⑤　艾尔曼：《从理学到朴学——中华帝国晚期思想面面观》，赵刚译，江苏人民出版社1997年版，第49页。

于天文历法的关注与研究热情。他们普遍相信，在实测方法和事实验证方面，西学可为中学借鉴。譬如阮元编著的《诂经精舍文集》中许多论及天算的文章，如《庄十八年三月日食说》、《〈春秋〉闰月在岁终解》、《磬折说》和《算法借徵论》等篇都谈到了"西洋历算"，而且还具体涉及了一些中西算法比较的问题。毫无疑问，这些西学影响了朴学家们，加强了朴学的科学倾向，并且朴学家中已有相当一部分在天算、地理方面有一定的造诣，比如戴震、黄宗羲、梅文鼎、阮元等。天文、算学、地理等长期居于中国传统学术边缘的学问，毕竟在这一时期得到了更多地关注，许多几乎被遗忘的古代科技文献也在这一时期得到了整理、考订和研究。应该说，他们的工作促进了中国传统科技文化的发展。

最后，从文中的分析可以看出，我们所要彰显的是朴学的治学方法与精神。即客观性和全面性的方法，科学检验的方法，科学完密的逻辑方法，科学的细密分析、精确比较，清晰讨论的方法，科学怀疑批判与创新的精神。它们毫无疑问对于传统文化研究都是大有裨益的。朴学研究中浩如烟海的文献，经过科学的清疏与整理，使其井然有序，对于批判宋明理学末流和八股时文的空疏之弊具有积极的作用。从这个意义上讲，清代朴学确有与实证科学精神与方法相合之处，值得后世称颂与学习。

〔作者赵华，博士生，南开大学哲学系。天津　300071〕

"帝王观念与中国社会"学术研讨会综述

吕庙军

2007 年 11 月 24 日至 25 日南开大学中国思想与社会研究哲学社会科学基地在天津举办了"帝王观念与中国社会"学术研讨会。这是该基地自 2004 年 12 月创立以来主办的第二届学术会议。

该次会议共收到全国各地递交的学术论文 62 篇，其中 57 位作者与会。论文的作者，有学术界德高望重的老前辈，有年富力强的中年学者，也不乏崭露头角、风华正茂的青年才俊；既有社会科学院系统，又有高等院校系统。就地域而言，有来自北京、广东、河北、湖北、湖南、吉林、江苏、辽宁、山东、陕西、青海、四川及天津当地代表等，具有广泛的代表性。研讨会开得紧张热烈，富有成果，可以说是近年来少有的一次思想与社会学术研讨会。简要综述如下。

一、关于"帝王观念"的起源、发展、内涵的探讨。南开大学历史学院朱彦民教授通过对甲骨文、金文"王"字的考释得出："王"作为殷周时期最高统治者的称号，已由最初的氏族军事首领含义引申为天下君主，到了战国时期才有"帝王"之称谓。中山大学历史学系郭静云教授则在进一步研究甲骨卜辞、传世神话、古代美术的基础上探讨了"帝王观念"与神龙信仰的关系。她所研究的圣王观念包含：圣王通天、帝王为神子或龙子、玄武与玄衣、神母佑子等华夏文明古老之信仰。中国社会科学院考古研究所曹定云先生从考古学的角度对中华民族崇拜的龙的产生和发展进行了详尽的考释，并阐释了中华民族的龙崇拜与帝王统治思想之间的关系。他认为中华龙来源于原始社会先民的图腾崇拜，由原始龙到合成龙再到综合龙是中华龙发展过程的必然结果；中华的统一及帝制的出现是中华历史发展过程中的必然产物；这两种发展同时并行而不悖。帝制与"真龙天子"一同成为加强封建统治的精神支柱。苏州科技学院人文学院叶文宪教授则认为龙不是中华民族的图腾，而是帝王的象征；中国民众喜欢龙是民众的帝王观念的反映；民众的帝王观念根源在于宗族主义的社会结构；最后他指出研究民众的帝王观念，是为了摆脱专制统治，走向现代政治文明。另外，海军大连舰艇学院政治学系马志强教授从先秦时期君主称谓的演变入手考察了中国帝王观念的发展和特点。

二、关于历史上的政治家、思想家、士人乃至民众的帝王观念或君臣观念的探讨。这一方面的问题是本次会议讨论比较热门的话题，其中有许多精彩的新观点。中国社会科学院近代史所刘志琴先生首先肯定了这次学术研讨会召开的现实意义及未来美好瞻望，然后通过对张居正君主观的破灭的诠释说明在前现代中国就有限制君权的传统诸如依靠天道、民众、史馆、谏官等，但是令人惊异的是限制君权的理论愈加丰富，实际后果是君主专制愈加强烈，这是一种严重的二律背反；张居正的醉心帝王自律的道德教育的失败，这些都说明限制君权的出路在于分散帝王的权力，"把帝关在笼子里"，并且指出在我国目前实行所谓的"王道政治"是"张勋在学术上的复辟"。她的发言引起了与会专家学者的热烈掌声。西北大学文博学院方光华教授通过对儒家孝从孔孟到《白虎通义》的变化过程的阐释，认为皇权观念利用中国文化的基本内核，将有利于自身的方面加以发展。南开大学历史学院张荣明先生从狭义上的帝王观念即居于主流地位的作为官方意识形态的帝王政治人格特征上阐释了汉代皇帝观念的形成和确立过程，并且指出董仲舒对政治的神圣化是必要的，在一定程度上规范约束了皇帝的权力，应该看到祥瑞灾异的积极功能。湖南大学岳麓学院肖永明教授从天理与君权、三代圣王与后世君主的王霸之辨、"正君心"与治天下三个方面论述了朱熹的帝王观。南开大学历史学院胡宝华副教授通过对先秦君臣之义到唐宋时期出现的君臣道合观念的考察，指出对于各个历史时期的君主专制政治的批评不能一概而论，历代专制王朝都曾实施过顺应历史发展的进步措施。聊城大学学报主编马亮宽教授论述了秦朝到汉代士人的独立主体地位与秦始皇专制政治的对立，因而迫使士人群体和农民联合推翻了秦政权，随着汉代专制统治的加强，士人群体开始认同帝王专制并逐步成为君主专制的依附力量和统治工具。叶文宪先生从社会下层角度论述了古代一般民众的帝王观念，他的见解令人耳目一新。南开大学历史学院张分田先生简要介绍了他的国家社会科学基金重点项目"民本思想与中国古代统治思想的关系研究"项目最终成果，他说该课题特为判断中国古代专制主义与民本思想的关系而作。该课题的核心命题是：现代学术界所说的"民本思想"始终是中国古代统治思想的重要组成部分。甚至可以说，中华帝制的政治原理是以民本思想为基本框架而精心构筑的庞大的思想体系。清华大学历史系廖名春教授对民本思想某些内涵表示质疑，但没有展开。另外，南开大学历史学院刘敏教授着重论述了秦汉时期农民的皇权思想，认为皇权主义在农民身上主要表现为崇拜依附、服从效力、觊觎替代三个方面，农民既是皇权的基础，又是灭亡皇权的基本力量。不少学者也对历史上不同时期士人君主观念进行了阐述，在此不再赘叙。

三、从中西比较的视角来透视中国的封建专制及王权主义。中国人民大学历史系米辰峰先生在从古罗马与中国古代文化遗传基因（社会文化结构）的考异中得出：中国长期奉行君主专制的原因在于早熟的先秦法，而晚出的罗马法开启了现代世界民主共和制的先河。他认为社会演变中潜伏着尚未洞悉的类文化基因，其生成和变异均须数百年，具有无可避免难以逆转的遗传机制。进一步研究文化基因的细胞图谱、隐性基因时隐时现规律以及文化遗传学，有益于中国更法改制的过程。我们期待着米辰峰先生对这一问题研究的进展。南开大学周恩来政府管理学院孙晓春教授从中西政治文化的视角诠释了儒家的圣王思想在某种意义上在观念形态上支撑着中国封建政治，圣王明君使儒家政治思想的重要组成部分，人性的不平等假定是儒家帝王观念的伦理前提，由于中国古代社会的政治环境及政治结构和思想的误区使中国早期国家产生后相当长的时间里未能形成法治的概念，法律工具论的观念是传统中国社会的主流理解。由此造成了中国思想家很少能够认识到自由、平等的重要性。南开大学周恩来政府管理学院季乃礼副教授从中西比较中考察了中国王权主义之所以长久的原因是因为中西方在经济基础和社会基础方面；在统治阶层方面；在思想文化方面及中西地理环境方面存在着巨大差异。以上学者的观察角度无疑开阔了我们研究中国专制政治和王权主义的视野。

四、从制度和经济基础层面来研讨帝王观念。河北师范大学历史文化学院王文涛教授通过对汉代社会福利制度和政策的分析，考察了其中透出的帝王观念；另外，他还对中国古代"专制"概念作了详尽的考释。四川大学历史文化学院原祖杰教授通过明代服制的兴衰，透视出程朱以来儒家思想在制约皇权上的积极一面，同时也反映出其固有的局限性；中国社会自始至终没能实现"王在法下"的法治社会的飞跃，但却能经常看到"王在礼下"的礼制实践，由于儒家不能从根本上解决维护帝王专制与制约帝王权利之间的矛盾，从而使"王在礼下"的构想大打折扣。中国社会科学院历史研究所林存阳副研究员选取清代作为考察个案，通过梳理清统治者对"礼乐百年而后兴"政治文化理念的张扬，以及其在此理念下所进行的制礼作乐的诸种努力，从一个维度探讨了帝王观念在传统社会的表现形式。天津师范大学管理学院副教授汪兵从中国王权的经济基础和一治一乱的社会周期性震荡出发分析了王权思想的实质：天授王权与以民为本的辩证统一；专制集权与孝治天下的辩证统一；伦理等差与均平权衡的辩证统一。

此外，本次会议上有的学者还对《国语》《吕氏春秋》中所体现出的君主思想进行了论述。廖名春先生从"乾""坤"之本字例析了《周易》的哲学内涵。与会专家学者还就封建社会之"封建"涵义及史学理论方法问题展开了热烈的讨论。

总之，这次学术盛会是在自由、平等、宽松良好的学术氛围中进行的，大家各抒己见、畅所欲言，增进了学术思想观点的交流。与会学者一致认为这是一次成功圆满的会议。

〔作者吕庙军，博士生，南开大学历史学院。天津　　300071〕

生态—社会史研究圆桌会议述评*

王利华

2008 年 7 月 22—24 日，由南开大学"中国思想与社会研究"哲学社会科学创新基地、中国社会史研究中心举办的"社会—生态史研究圆桌会议"在天津召开。会议旨在检讨中国环境史研究发展中的问题，分析海外环境史学的最新动向，商讨环境史学科建设大计，推动环境史与其他史学研究特别是社会文化史的联结和贯通。来自全国 21 所高等院校和科研机构的 30 余位学者参加了会议，除历史学者之外，还有来自地球科学、人类学和中医学等领域的多位知名学者。

会议分"生态人类学、环境考古学与环境史研究"、"东西方环境史的理论方法和研究动向"、"疾病、灾害与医疗卫生史"、"农业、食物与环境历史"等四个专场，与会学者就环境史学科建设、理论方法和研究路径等重要论题展开亲密的对话，介绍了各自的最新研究成果。大家争先恐后发言，讨论非常热烈，欢声笑语不断，气氛十分融洽，反映迅速成长中的中国环境史研究群体朝气蓬勃和亲密团结，令人振奋！不少人兴奋地说：本次会议时间虽短，但信息量大，讨论深入，成果丰硕。它不同于惯常的同仁聚会，而是一次真正的跨学科对话。亲临现场感受八面来风，互相切磋交流，是一种难得的学术享受！

为了让更多同道师友分享会议成果，现就主要问题和观点进行简要评述。

一 关于中国环境史研究的前景和意义

环境史作为一种新史学，首先兴起于美国。一般认为：纳什（Rodrick Nash）1972 年在《太平洋历史评论》上发表《美国环境史：一个新的教学领域》，首先提出"环境史"一词。环境史兴起的直接导因是上个世纪六七十年代的环境保护运动，但其学术渊源相当复杂，可以上溯至大航海时代之后陆续兴起的民族学（民族志）、人类学、地理学和考古学。

1970 年代以来，环境史学在西方迅速发展，相继形成了若干有影响的学术团体，如美国环境历史学会（The American Society for Environmental History，简称 ASEH）、欧洲环境历史学会（European Society for Environmental History，简称 ESEH）和澳洲和新西兰环境历史网络（Australian and New Zealand Environmental History Network，简称

* 本次会议受"教育部新世纪优秀人才支持计划"（编号：NCET—05—0231）项目、教育部人文社会科学重点研究基地项目（批准号：05JJD770121）资助。

EHN）等；在美国和英国还分别出版了两种专门杂志，即《环境史》（Environmental History）和《环境与历史》（Environment and History）。此外还有不少专门领域（如森林史、水利史、气候史等）的学会和刊物。至 20 世纪末，环境史在西方已被视为继政治史、经济史、文化史之后的第四大史学领域，环境史本身亦不断向外延伸和渗透，与社会史、文化史、经济史乃至政治史等等逐渐联结，呈现出新的"学术生态"。一些学者还试图突破国别史、区域史的限制，采用全球史的视野研究来环境史。在第 20 届国际历史科学大会（悉尼，2005）上，"历史上的人和自然"（Humankind and Nature in History）被列为第一个主题；首届世界环境史大会（World Congress of Environmental History 2009，简称 WCEH2009）亦将于 2009 年在丹麦哥本哈根召开。这些情况说明：环境史在西方已经成为一种主流史学。

　　国内环境史研究起步相对较晚，研究实力和学术水平与欧美相比已有了一定差距，但最近十年发展非常迅速。客观地说，中国学者将环境史作为一个专门领域来进行研究，在一定程度上是受到了西方的影响，"环境史"、"生态史"这些名词本身就是舶来之物；一批学者对欧美环境史论著的积极译介，发挥了重要的推动作用。不过，中国史家素有"学究天人"的传统，早在西方环境史登陆之前，考古学家、历史地理学家和农牧林业史家早已着手研究相关问题，只是没有打出这个专门的旗号。因此它在中国自有其学术渊源和发展脉络。

　　在这次会议上，大家首先对中国环境史学的前景进行了展望。与会者指出：环境史研究在中国虽然起步稍晚，但具有得天独厚的发展潜势：一是中国生态环境复杂多样，南北东西不同区域生态特征显著，环境演变历程各不相同；二是中国民族文化类型众多，成分复杂，既具有统一性，又具有多样性，不同民族和地区在利用资源、适应环境方面形成了多种多样的模式和传统；三是中国历史悠久，文化绵长，拥有数千年不曾中断的文献记录，考古资料亦非常丰富。这些条件是其他任何国家和地区都无法比拟的，为我们考察人类与环境之间的复杂历史关系，提供了丰富的研究素材和广阔的思想舞台。在人类与自然交往、互动方面，"中国经验"的丰富性是独一无二的，这是全人类的共同财富，我们有责任加以系统整理，亦有能力与西方学者平等对话、乃至走在世界前列。

　　一些学者从"建设生态文明"和"文化强国"的战略高度阐述中国环境史研究的意义。指出：生态危机是 21 世纪的全球性难题，人类文明正经受着前所未有的巨大考验，中国作为世界人口最多的国家和最大的发展中国家，面临着"发展与保护"的双重压力，在经济快速增长的同时，资源耗竭与环境破坏亦达到了前所未有的严重程度，进入了生态—社会危机的高风险期。党中央提出"科学发展观"，号召"建设生态文明"，是基于实际国情和长远发展所做出的重大战略抉择，表达了中华民族在保护人类共同家园方面的庄严承诺。对中国传统生态智慧进行认真总结，为正确处理人与环境的关系提供历史经验和思想资源，不仅对于建设中国生态文明意义重大，而且可供全人类共同分享，具有世界性的价值。在这个领域，中外学者拥有更多共同的课题和话语，中国环境史学者应充分发挥资源优势，积极推进学科发展，推出一流学术成果，更好地向世界展示中华民族的历史和文明，为实现"文化强国"战略做出独特的贡献。

　　与会学者还就环境史研究机构设置、学术组织以及人才培养等方面的问题交换意见、交流经验，对南开大学成立中国生态环境史研究中心和设置环境史专业学科点表示祝贺。

二　关于生态环境史的学科定名问题

虽然目前中国生态环境史研究生机勃勃，愈来愈多的学者介入这个领域，每年都有不少论著推出，但总体状况仍然是"杂乱无章"和"零碎分散"，亟待从基础入手进行系统的规划和设计，并加强学理的探讨。学科定名问题一度成为本会讨论的热点。

多数学者认为：学科定名是一个很重要的工作，生态环境史要想将来被列入国家学科名录，首先必须有一个确定的名称。但对于究竟采用什么名称为好，则有不同的意见，与会者分别提出了"环境史"、"生态史"、"生态环境史"和"环境历史学"等不同叫法。

一些学者指出："环境史"在国际上已是约定俗成的名称，我们应直接采用，无需另行定名。亦有学者认为：历史学的生态环境史是采用生态学理论方法重新考察历史，重点仍然是研究"人"的问题（包括人类社会活动及其成果），从学理和方法上说，采用"生态史"这个名称似乎更合理，第20届世界历史科学大会亦采用"Eco—History"而非"Environmental History"是有道理的。相反，"环境史"一词则容易让人们产生错觉，以为它是一种专门考察人类外部世界（自然）历史的学术，前一阶段的环境史研究过分偏重"自然的历史"，如历史上的气候、土壤、河流、森林、沙漠、野生动植物等，但这些方面需要采用专业化的自然科学方法和手段，并非历史学者所擅长。"自然的历史"仍应主要交给自然科学家去研究。

针对上述异见，主张采用"环境史"的学者指出：这是对"环境史"的误解。西方学者对于"什么是环境史"已经有了很多讨论，明确了"环境史"（Environmental History）的主要目标是考察人与环境之间的历史关系，而不仅仅是"环境的历史"（the History of Environment）。

一些学者对两者的内涵和外延进行了比较，指出："环境史"和"生态史"均可采用，但"环境史"外延更大，可以包容"生态史"。另有学者则指出它们之间存在一定差异："环境史"主要针对研究对象，"生态史"则主要依据它的理论方法。采用不同的名称，实际上还隐含着不同的学术取向：在采用"环境史"时，研究工作首先指向人类的外部环境因素，重点考察它们的发展变化、对人类活动的影响和制约，以及人类对它们的改变；而当采用"生态史"时，研究对象是人类生态系统，着重对人类历史进行生态学的观察和解释，特别是考察人类作为特殊生物类群如何适应各种外部环境条件，从而形成不同的生计类型、技术体系、社会组织、制度规范乃至知识、观念和情感等。比较而言，环境史可能触及更广泛的生态环境问题，并具有更直接的现实针对性；而生态史则更有利于对人类社会与自然环境双向作用的历史机制、过程和状态作深度分析。

也有学者主张模糊一些，采用"生态环境史"，但不少学者并不赞成，认为：在中文里使用这一词语并无不可，倘若翻译成西文则将发生困难。还有学者援引环境考古学之例，提出宜采用"环境历史学"，认为其中的"历史学"仍然是本体，"环境"则是标明这种新兴史学之所以不同于传统史学的修饰词。

　　总体上说，多数人倾向于采用比较通行的"环境史"作为该学科的正式名称。

三　关于环境史能否成为一个专门领域

　　在"环境史"、"生态史"等名词登陆中国之前，中国学者特别是历史地理学家和农林史家早就关注历史上的环境问题并开展了相关研究，许多成果都可列入环境史论著索引之中；中国自然科学家亦很早就关注地球环境变迁，地质学、古生物学、地球物理学、自然地理学和气象学等领域都有不少相关研究，但论题和方法是纯自然科学的，很少考虑社会文化因素，《第四纪研究》等杂志集中反映了这个特点。近年来，中国学者正式竖起了"环境史"的旗帜，对现实问题的关切和对新兴学术的追逐，促使众多学者纷纷介入环境史研究，使之呈现出勃兴之势。现在的问题是，在"环境史"的旗帜下所开展的研究，无论从论题、思路还是方法来看，大抵都还是历史地理学、农牧林业史和灾荒史等研究的延展，只有少数研究因取径于社会文化史而略呈异趣。

　　那么，环境史可否成为历史学的一个新分支或者专门领域？如果可以，它应具有怎样的学术架构？专属的领地何在？与同样关注历史生态环境的其他学科相比，它具有哪些独特的学术目标、思想方法和研究路径？这些问题事关环境史学科建设是否具有"合法性"，如果不能在理论上、更重要的是在实践中做出很好的回答，它就难以成为历史学的一个独立分支，其结局将像此前人们所批评的某某"史"那样，成为内容无所不包、问题杂乱堆积的"大箩筐"或者"杂货铺"，而且更加漫无边际。与会学者针对这些问题进行了认真的讨论。

　　多位学者指出：传统史学的视域基本局限于社会层面，很少有人将生态环境视为历史的参与角色，关注它在人类文明进程的能动作用，并且几乎忘记了人类的生物属性。环境史主张"自然进入历史，人类回归自然"，将自然因素纳入观察的视野，将人类视为地球生物中的一员，标志着历史观念发生了革命性的变化。因此有学者主张：环境史（或生态史）首先是一种新的历史观念。

　　基于这种新观念，历史学家将要研究以往不被关注的许多自然问题，从而大大拓宽史学研究的领域。与会者指出：由于人类在航天时代到来之前的一切活动都是在地球生物圈内进行的，社会和文化的每个方面都与生态环境发生了一定联系，因此环境史必将是一个极其辽阔的领域，几乎涉及人类活动的所有方面，有无数的问题等待我们去探究。就在这次会议上，有几位青年学者提出了环境政治史、战争与环境等新课题。这种新观念还将必然渗透到传统史学领域（如社会史、经济史、文化史……），许多旧的命题将被予以重新研究，但增加了环境因素的方面考量，整个历史思维的基盘将不再飘浮在社会层面，而是落实于社会赖以存在的生态环境，如此一来，人类的历史将再次被全面重构。有人认为环境史比此前任何一种历史都更加具有整体史的特征，这并不是没有道理的。

　　尽管如此，与会学者清醒地认识到：环境史家不可能包揽一切历史课题，不能替代其他方面的研究。环境史家在历史环境的辽阔原野上漫游驰骋时，应当明确什么是自己的主要任务和目标，究竟哪些是自己研究的课题。多数与会者同意：环境史既是历史研究的一种新思维、新视野，也是一个正在开辟中的新领域。作为一个新领域，它有自己独特的任务、专属的领地，适当地廓清环境史与其他历史分支学科之间的界线是必要的。要想做到这一点，首先需要解决"环境史是什么"和"环境史主要研究什么"的问题。

关于什么是环境史，西方学者已经作了多种界定，明确了它的主题是人与环境之间的历史关系。由于这个主题得到明确，我们首先就可以划清历史学范畴的环境史与自然科学的地球环境变迁研究之间的界线；生态人类学亦以人与环境的相互关系为研究主题，但它采用田野工作方式研究现存"样本"及其现实状态，不像环境史学主要以历史文献记录为素材，对这种关系进行历史纵深的考察。

剪不断理还乱的是它与农牧林业史和历史地理学之间的关系。如前所言，中国学者关注历史上的环境问题最早是从这两个领域开始的，它们是孕育中国环境史的"母体"。直到今天，具有历史地理学和农牧林业史背景的学者仍然是中国环境史研究的中坚力量。它们固然为建立中国生态环境史打下了前期基础，但当我们将环境史作为一个独立学科着手进行建构时，立即就发现很难将它与"母体"进行清楚明晰的切割和分离。

农牧林业史虽然只是一个经济行业的专门史，但由于农牧林业生产在漫长历史时期里一直是人类的主要活动领域，受到生态环境的影响最为直接，因此也一直是人与自然交往的主要界面（在中国尤其如此），农牧林业史研究撇开历史资源环境条件，环境史研究撇开历史上的农牧林业生产，都是不可想象的，这就决定两者之间天然地存在着很大的重叠面。好在农牧林业史毕竟是一个部门经济史，它的研究主题是生产发展的历史进程和规律，而非人类与环境关系的变化，与环境史有着不同的目标和取向。

最令人困扰的是环境史与历史地理学的关系。历史地理学的核心命题是历史上的人地关系，与环境史的核心命题——人类与环境的历史关系基本一致；历史地理学所考察的人口、气候、土壤、地貌、江河湖海、生物类群，等等，亦都是环境史家研究的基本内容，因此两者不可避免地存在很大重叠。由于许多课题已由历史地理学家先期提出，环境史研究者难免受其牵引左右，以致迄今仍在其遮蔽之下。环境史要想成为一个独立的新学科，就必须另选路径，新有开掘。尽管如此，我们仍然充满期待，也满怀信心，因为无论理论基础、研究视角还是学术目标，环境史与历史地理学均有显著的不同：历史地理学的理论基础是地理学，主要关注人地关系及其变化在地理空间上的历史呈现；环境史的理论基础则是生态学，重点揭示人与环境在生命系统演化进程中协同作用、彼此因应的历史机制。

通过这种分梳，我们似乎发现了环境史学独特的精神本质，这就是"生命中心主义"。会上许多学者的发言，不论是阐述环境史的理论方法，还是探讨某个具体的环境史问题，都表达了对生命的高度关注，认为应把"生命关怀"放在环境史研究的首要位置。应当说，这是本次会议的一个重要成果。此前环境史研究并没有表现出如此强烈和明晰的"生命意识"。我们认为：在人类与自然交往的漫长历程中，不同的社会群体与其所在自然环境及其诸要素，始终相互依存、彼此作用，构成人与自然彼此因应、协同演变的"生命（生态）共同体"。离开了丰富多彩的人类生命活动，离开了对社会、文化与自然环境广泛联系、彼此因应关系之于人类生命系统演化的作用机制的探讨，历史学的环境史研究将失去意义。基于这种"生命意识"，有学者提出：历史学范畴的环境史所研究的其实就是人类生态系统演变的历史，这个系统的最基础部分是生命支持（特别是食物能量供给）体系和生命防卫（灾害疫病防御）体系，围绕生命支持和生命防卫而产生的人与环境之间的关系，应成为环境史研究的基点。

　　另一方面，一些学者也指出：在具体课题上，环境史研究与历史地理学和农林牧业史研究的确有很多重叠，但是，环境史应当具有自己的专用"话语"，采用专门的叙述方式。如果不注意这一点，环境史将很难体现出它的专门性，其学术价值亦将因此大加折扣。

　　由于中国环境史研究目前仍处于摸索和拓展阶段，兼以时间的限制，本次会议未对学科架构问题进行更具体的讨论。不少学者认为：目前最重要的是开展更多高水平的具体研究，在实践中不断积累、构思和完善。不过，从学科发展的需要出发，我们呼吁有理论兴趣的学者多作学理方面的思考，因为课题设计和研究展开需要正确的导向，教学和人才培养更需有一套基本的学术框架。迄今为止还没有一部中国生态环境史教材出版，给相关教学工作造成了很大不便。

四　关于环境史的理论方法和问题意识

　　任何一门新学术的发展，都必然伴随着理论方法的新探索和新进步。其中包括两个方面：一是学科发展需要有适当的思想理论作为导引，需要掌握新的分析工具；二是它必须发展出一套新的技术方法，在理论上具有新的诉求，凝练出新的思想。对于中国环境史学者来说，究竟采用哪些研究路径，如何建构"中国的"环境史学理论方法，已经到了需要进行系统思考和深入讨论时候了。

　　与会学者指出：构建中国环境史学理论方法体系，需要有开放的胸怀、勇敢的精神和积极的态度，要引进、继承、学习和创新多管齐下，不懈努力。最近几十年，西方学者对环境史的理论和方法已经进行了不少探索，一批作品已陆续被介绍到中国，中国学者从中受到了不少启发。西方学者的成果无疑值得尊重、学习和借鉴，我们仍需继续密切跟踪海外环境史学的发展，了解国外同行的新进步。但是，由于各国生态环境、历史文化和学术传统存在显著差异，研究者的思想立场亦不相同，西方环境史理论方法并不完全适合中国，我们不应该、也不可能完全照搬，用一句虽然老套、但是很实际的话来说，应"批判地吸收"。中国史学源远流长，文化底蕴深厚，关于天、地、人的关系有非常深邃的思考；就环境史研究本身来说，考古学家、历史地理学家和农牧林业史家已经取得了可贵的经验，积累了丰富的本土资源，应当认真地清理、总结和继承，将其融入我们正在努力构建的环境史学理论方法体系之中。另一方面，我们还必须努力从历史学科之外汲取思想营养，根据实际需要从其他学科中选择和引进适用的理论方法和技术手段。在目前阶段，这可能是更有挑战性、同时更富有学术创新意义的工作。

　　本次会议上，学者们进一步明确：生态学是环境史研究的基础理论。认真学习生态学，掌握它的基本原理，了解它的主要方法，真正树立生态意识，具备生态系统思想，是有志于环境史研究的学者的必修课程。有人指出：生态学的基本定义是研究生物有机体与其周围环境（包括非生物环境和生物环境）相互关系和作用机理的科学。其中两点非常关键：其一，它是关于生物（生命）的科学；其二，它是研究"关系"的科学。基于这两点，以生态学为理论基础的环境史研究，核心命题是人类这个特殊生物类群与周围世界的其他生物和非生物之间的历史关系，因此，"生命"是环境史学的终极关怀，"关系"则是研究和思考的主线，必须从生命活动的基本问题出发，采用广泛联系、相互作用的观点，努力发现、梳理和解释人与环境之间错综复杂的历史关系。生态学的许多基本概念、原理和方法，比如种群、系统、因子、生境、竞争、选择、共生、演替、物质循环、能量转换、信息流动，等等，都需要认真地学习和消化，并将它们改造为环境史的专业话语和分析工具。

这不是一项轻松的任务——不仅因为生态学对历史学者来说是一个陌生的学科，而且因为生态学在近百余年来一直处于不断发展之中，与许多学科互相交叉形成了众多分支，比如与人类学、社会学交叉，形成了生态人类学、人类生态学、社会生态学等，是一个非常庞大的学科体系。环境史学者显然不可能一一登堂入室，只能根据自己的需要，有重点、有选择地学习，从中汲取必需的营养。

应邀参加会议的几位生态人类学家，结合所在学科的发展历程和亲身的学术实践，贡献了十分宝贵的经验，对如何开展环境史研究提出了不少有益的建议。他们关于人类生态系统、文化对环境的适应、文化与环境的耦合（或者有序匹配）、外来文化（包括技术、制度、观念和新经济因素）进入的生态后果、民族传统与地方性知识的生态文化价值的精彩论述，通过考察人类活动的基本问题（例如生计体系，食物、营养与健康策略，灾变及其文化应对等）揭示人与环境复杂关系的独特路径和方法，都非常具有启发性。对环境史研究者来说，在众多相邻学科之中，生态人类学可能最应该并且相对易于学习和借鉴。事实上，近百年来，不论是在中国还是在西方，历史学家一直在向擅长理论建构的人类学家学习，历史研究的许多论题、范式和思想方法都是来自人类学。这是一个非常有趣的学术现象。

除上述之外，还有学者特别强调"问题意识"和"批判意识"的重要性，指出：由于环境史将自然纳入了探究的范围，以往被忽视的许多"偶然性"和"非社会性"因素从此成为历史研究的对象，为我们观察那些曾被视而不见、或被纷扰的社会表象遮蔽的历史配备了一副特殊的透镜。通过这副特殊的透镜，我们不仅发现以前不曾发现的历史问题，而且对于那些似乎早已熟知的历史不断产生新的疑问，这就是所谓新"问题意识"。"问题意识"在某种意义上还是一种"批判意识"，是一种对曾经的"理所当然"进行质疑的意识。环境史学在西方兴起之时，恰逢环境保护运动风起云涌之际，当时，西方社会对"现代性"的质疑和对资本主义、工业文明的批判形成思潮，愈来愈多的人们意识到：资本主义的生产方式、工业文明的发展模式和实验科学的"工具理性"，严重扰乱了人类社会及其生存环境的自然结构，在征服自然、改造自然的旗号下，疯狂的利润和物质追求导致生态破坏加速进行，给人类自身的生存带来了巨大的危机。在这种思想氛围下，西方的环境史研究带着强烈的忧患意识和批判精神迅速展开。事实上，应当批判的不仅仅是资本主义和工业文明，曾经被想象为"田园牧歌"式的农业文明同样需要被反思，甚至人类所有物质追求和价值观念的合理性都有重新进行检讨之必要。为了自己的未来，人类需通过历史的批判和反思建立一种新的生存哲学。

从多位学者的发言来看，所谓环境史的"问题意识"，具体包括两个方面：一是就历史学自身来说，既要在传统史学之外提出新的研究课题，又要通过新的视角对传统史学命题重新进行探讨。其中前者有利于历史研究的延伸和拓展，后者则有利于环境史与传统史学的联结与贯通；二是针对现实环境问题提出研究课题，发挥环境史研究的服务功能。与会学者指出：环境史从一开始就具有强烈的现实针对性，为现实服务是环境史家的重要使命，也是环境史学发展的一个主要理由。从当代环境保护、修复和生态文明建设的实际需要来说，晚近时代的环境问题更需要加强研究，然而目前的情况是，中国古代环境史研究比较深入，成果相当丰富，而对近现代环境史的研究则尚未真正展开，这种状况必须尽快改变。

五　关于中国环境史若干具体问题的研究

本次会议虽然只是一个小型的圆桌会议，主要采用轻松自由的方式互相讨论和交流，对论文并未做硬性的要求，但大多数学者仍然提交了论文或提纲，内容涉及环境史的理论方法，西方环境史的新进展，环境史视野下的疾病、医疗和公共卫生，自然灾害与社会救助，农业、水利和生态环境，以及城市环境史、环境政治史、环境军事史等众多方面，其中有不少见识卓越、功力深厚的高水平成果，代表了近年中国环境史研究的新水平。

有的学者从总体上对中国环境史研究的可能陷阱和主要误区进行了评点，并提出了中肯的批评和建设性意见；有的对唐纳德·休斯、伊恩·西蒙斯等西方著名学者的环境史理论思考、学术贡献，以及美国、澳洲的环境史学发展状况进行了介绍和评述，给会议带来了海外的重要学术信息；有的对开展环境政治史研究的可能性、基本内容和学术意义进行概括论述；有的利用甲骨文材料对商代水文条件、降雨情况进行了考论；有的采用社会史、生态史和水利史的多维视角，对 10—14 世纪吴淞江地区的河道、圩田与治水体制进行了全面考察，试图揭示治水过程中国家与社会的互动、自然与社会的契合；有的则将社会文化史与生态环境史结合起来，对清代的吸烟观念和风气进行了饶有趣味的论述。

灾害和疾病在这次会议上仍然是比较集中的论题，在所提交的论文或提纲中，有的对灾变多重性、民族文化应对、自然灾变与人类安全以及灾害时期国家之间的互相救助等问题，从理论上进行了分梳阐述；有的对环境史与卫生史研究如何互相链接和彼此促进问题进行了理论探讨；有的对近代香港的一次鼠疫爆发之后中西医学之间的交锋、政府与民间的反应等进行了详细考察；有的对近代上海城市灾害的种类、特征和防治机制进行了探讨；还有的对唐代的外来医学知识、中医在日本的传播、明清医患关系等进行了研究。

从生态环境史的立场出发，采用多维的视角，借助多学科知识、理论和方法，寻找和解释隐藏于不同历史现象之间的有机联系，是一个很高的学术境界，本次会议论文中有多篇反映了作者对这种境界的追求。例如其中有一篇论文详细论述了唐代"居高避湿"的建筑理念与医学五行思想和现实疾病威胁之间的关系，指出：正是这种建筑理念，导致唐代部分地修正了隋初营建长安过分注重礼制布局、忽略地形缺陷的做法，打破了整齐划一的都城布局，直接或间接地影响到长安里坊的人口分布；并且认为："居高避湿"建设观念还是当时许多南方城市被大规模改造的首要原因，从一个侧面反映了北方主流文化对南方风土环境的偏见与族群边缘意识，以及主流文化圈边界拓展的脚步。另一篇则详细地论证了番薯、玉米与清初以来四川地区的钩虫病之间的因果关系，揭示了农业生产、移民、人口增殖、族群、性别乃至食物营养水平等因素，如何与番薯、玉米交织在一起，共同构成了四川钩虫病复杂的历史，清晰地勾画出了一幅关于环境—人口—经济—疾病的复杂社会—生态史图像，无论从问题意识、研究方法还是从立意的高度来看，都表现出了令人惊讶的聪明机智。这些成果表明：中国青年学者具有优秀的学术素质和透析环境历史复杂问题的思想锐力，令人深受鼓舞！

〔作者王利华，教授，南开大学中国
社会史研究中心、中国生态环境史研究中心。天津　300071〕

"中国社会建设的历史与现实"
学术研讨会综述

曹循　倪彬

　　由南开大学中国思想与社会研究哲学社会科学创新基地举办的"中国社会建设的历史与现实"学术研讨会，于 2008 年 11 月 20—22 日在天津隆重举行。来自全国 40 余所院校和研究机构的资深专家、青年教师及博士生 90 余人出席了会议。

　　此次会议主题，缘起于南开大学历史学院李治安教授主持承担国家哲学社会科学首届重大招标项目"我国历史上的社会建设理论研究"。围绕"中国社会建设"的主题，与会学者提交大会论文 59 篇，畅所欲言，各抒己见，进行了热烈而深入的研讨。既有对社会建设历史问题的分析与探讨，也有对现实相关问题的关注与思考。从现实热点去思考历史，用历史眼光来审视现实，强调历史与现实的互动联想和史学尽可能为社会提供借鉴，是这次会议的一大特点。与会专家学者讨论主要问题如下。

一　社会道德教化及其变异革新

　　道德教化是社会建设的重要内容，与会学者结合自身专业对此发表了精彩见解。

　　林存光《儒家的伦理观念及其道德教化论——古典观念、历史实践及其现代转向》，概括了古典儒家伦理的四个方面：自我完善型伦理、教养型伦理、情理交融型伦理、追求人际和谐型的伦理。指出儒家伦理和政治密不可分，儒家理想注定会被君主专制的政治利益所扭曲，道德教化论在秦汉以后成为王权主义社会控制的手段。他把儒家伦理的政治实践及其历史形态概括为几个核心概念：纲常名教、政教相维、忠孝治国等。在如何对儒家思想加以利用问题上，李瑞兰《儒家天人观的现代价值》指出儒家主张人与自然和谐统一的观念与可持续发展是一致的。敖堃《重建神圣——传统文化批判》认为在吸收儒家观念时，要批判其糟粕，不能全盘复古，也不能全盘西化，要跨越传统重建中国文化主体。魏光奇《建设开放、立体的伦理体系——新时期中国伦理建设问题之我见》认为，适应当代中国国情的伦理思想必须符合现代社会生活并具有传统文化根基，且须克服物质主义和宗法主义两大传统弊端。商爱玲《政治驱动型的社会道德教化模式》指出，政治驱动是道德教化的主导因素，政府通过治官达到治民的目的。

　　时下流行的"读经热"正是人们面对社会问题，从传统中寻求的解决方案之一。张分田《儒家民本与南瓜之喻——关于现代中国人是否应当研读儒家经典之我见》用诙谐幽默的比喻驳斥了部分学者认为"研读儒家经典可以救道德、救中国乃至救世界"的观点。进一步认为当代社会问题并非研读儒家经典就可解决；在儒家经典之外还有许多更好的可资借鉴的文化资源。"尊孔读经"是个人自由，不必干涉；某些地方政府部门以行政手段要求中小学生读经则不可取。

刘敏《从张家山汉简看汉代道德问题的法律解决》、陈德弟《梁武帝以文治国述评》、许哲娜《五德终始与五色流转——浅析中国古代服色符号的政治功能和社会影响》、王忠春《从利害考量看清代官箴民本思想的文化认同》、常书红《晚清教化政策》、姜朝晖《清末民初的教育转型与教育独立意识的萌生》六篇论文，总结了各个历史时期道德教化的历史经验与教训。田海林、刘永祥《身体视角下的'孝道解放'审视——论近代中国社会基层孝道文化之变迁》考察了随着西方文明的输入，儒道礼俗身体规约的近代转型。

二 社会群体分层与利益整合

当代学者对中国社会的研究，超越了阶级斗争模式，更关注不同社会群体的利益整合，而整合的程度直接影响社会建设的成功与否。

邢铁《社会等级结构的变化与"富民"阶层的凸现——宋代乡村"上户"的再认识》认为，随着唐宋之际社会等级结构的变化，在有家产有特权的官户、有家产无特权的主户、无家产也无特权的客户三个等级稳定下来以后，富民阶层便凸现出来。陈峰《宋代军功集团在政治上的消亡及其影响》认为此社会群体的消亡，既与统治者推行的路线方针有关，也与当时复杂社会背景存在深刻关联。

王先明《"权绅化"走向与农民运动的兴起——以湘绅权势演变为基点的历史考察》立足于湖南地域社会权力结构的变动，剖析大革命时期"绅民冲突"的深层历史根源。认为晚清以来形成的"权绅"权力的获得源自前朝，故不为新政权所认同；其权力在既无国家权力有效制约又无民众合法监控条件下，已积累成"横暴性权力"。动员农民起而打破乡村社会的"权绅"结构，就成为举国一致的时代性诉求，农民运动由此勃兴。

邓丽兰《现代中国的阶级话语与社会革命理论》与周秋光《当代中国社会阶层结构变化中的利益分化与政府整合》两文则从宏观上对近当代中国阶级与阶层问题予以考察。邓文指出西方在资产阶级革命后的阶级只是基于契约的劳动关系，无身份性差异；中国情况有别于西方。因此，虽然各派普遍承认阶级存在，但在如何认识阶级和阶级斗争的作用上分歧尖锐。周文认为政府必须通过经济、政治和道德的途径，致力于推进利益整合方式的根本性转变，实现由计划经济时期的方式向市场经济条件下的方式转型，才能建立一种能够满足利益群体分化要求并能促进利益增长的社会机制。

刘平、唐雁超的文章《清末民初秘密教门向会道门的转变——以政府法令为视角的探讨》，从国家与社会的角度考察了秘密社会在清末民初的转变。指出，秘密教门在清末民初动荡环境下取得了政府的承认，宗教色彩淡化，结社性质显著，开始了会道门发展的新时期。俞婉君《绍兴堕民由寄附走上自立之路——绍兴堕民的田野调查报告》采用田野调查，主张堕民沦为贱民是因为其职业的依附性特点，随着社会主义移风易俗运动展开，堕民也渐觉醒，逐渐摆脱对平民的寄生依附，走上自立道路。

三　基层社会与国家权力

有别于对高层政治权力架构的研究，关注权力与人民直接发生关系的基层社会成为当前中国史研究的新趋势之一。

陈絜《包山简"州加公"、"州里公"身份述论》考证了先秦时期楚地基层聚落的领导阶层，指出简中的"加公"、"州加公"就是基层推举的父老，"里公"、"州里公"就是上级任命的里正、里典。李治安《古代基层社会秩序演变轨迹及启示》提纲挈领地概括了自先秦到明清，基层社会秩序的基本构成要素有三：宗族、乡里、士大夫。三者的有机协调组合，形成了古代不同时期的基层社会秩序。官府权力对基层社会的控驭方式，也往往在这三者前后略有差异的配置组合及互动中不断演进变化。最后指出这一演变轨迹的三点启示：社会发展或转型，基层组织需要与时俱进；中央集权一味控驭的思维定式应该改变，民主自治和法制模式应得到重视；防止地方基层社会官商勾结或家族等利益集团的负面效应，防止地方或基层官员的"劣绅化"及官民矛盾的激化。

刁培俊《唐宋变革期乡村控制理念的转变》、卞利《明清时期的村规民约与乡村治理——以徽州为中心》、李伟中《清朝基层社会权力结构的嬗变——由定州管窥中国基层社会群体分层与利益整合》三文从断代史角度讨论了唐宋与明清时期的基层社会。刁文认为唐宋乡村控制理念不但在外在形式上出现了由单一的乡里制向乡役制、保甲制等形式多样化的转变，出现了由前后时段下海内一统到因地制宜、因俗而治、随时而变等注重时、空差异的转变，而且参与"治民"的人的身份也从乡官转变为乡役。卞文以区域研究形式，探讨村规民约和乡村治理的关系，并对明清时代村规民约的主要类型、基本内容、制定与执行，以及村规民约的特点和功能，进行了初步分析和研究。认为我们在肯定村规民约在乡村治理中积极作用的同时，也应看到其掌控于国家和地方政权之下的事实，避免片面夸大村规民约自治的功能和作用。李文认为定州的社会权力结构在太平天国运动时期，因地方团练兴起，基层社会的权力结构开始发生结构性嬗变。

谷更有《唐代村落化与狐神崇拜》、肖立军《明代镇戍内臣与地方社会秩序》等文分别就各自专攻的领域，以专题论文形式进行了讨论。岳谦厚《根据地时期中共基层干部群体——以晋西北抗日根据地为中心的研究》，认为晋西北抗日民主政权试图通过民选方式和平且合法地改造基层政权，实现控制乡村社会、汲取乡村资源、服务抗战的目标；贫苦农民则依靠中共支持并借助"选举"渠道进入政权系统，由此构建了以中、贫农为主体结构的基层权力格局。

针对当前中国基层社会治理问题，成海军《村民自治与中国农村公民社会的构建》提出，中国农村公民社会的构建，应该突破传统的国家与社会高度一元化的模式，重视农村大众在社会现代化过程中的积极主动作用，实现国家与社会的良性互动。

四　环境资源管理、灾疫防治与社会保障

环境与灾疫史研究，已成史学热点，而如何建立社会保障体系以应对生态恶化与环境危机更是社会建设的重要内容。

王利华《食物体系、粮食安全、社会稳定——从历史看现实》，认为中国历史上重大变乱和全局性崩溃发生的根本原因是饥荒；社会繁荣时期，公众时常缺乏粮食危机意识。我国正处于繁荣发展时期，粮食安全直接关系国家长治久安与经济持续发展。就此还提出了八个方面的忧虑，呼吁相关学科学者对当前中国食物体系问题进行合作研究，为国家建立统一机制进行粮食管理提供有益的借鉴。

胡发贵《古代中国社会救助与统治的合理性》从思想史的角度，讨论了中国古代统治者在凶年救助社会弱势群体的"仁政"思想。卜风贤《灾民生活史：基于中西社会的初步考察》，对比中国与西欧在灾荒时期灾民生活的巨大差异，并由此认为中国古代社会尽管具备功能完善的荒政制度，但在救荒济民的过程中存在诸多弊端而使救灾效果大打折扣；欧洲国家虽缺乏有效的政策救济灾民，但因欧洲灾情远没中国严重，灾民个体自救能力较强，除非发生重大灾害，一般情况下尚能自保。吴海涛《从文明腹地到灾区"包袱"：元明清淮河流域社会环境恶劣化研究》则通过区域研究，认为环境恶劣化使该地区人地关系演变剧烈，成为民间宗教和秘密结社之温床，是此地不断出现"暴乱"的主要原因。

关于政府和社会的备荒，申万里《元代江南地区民间义仓考述》从断代史角度，讨论了元代民间备荒措施。蔡勤禹《试论山东抗日民主政权的社会保障政策》，归纳山东抗日民主政权的社会保障政策主要集中于优抚、救济和福利三个方面。这些政策是战时抗战政策的组成部分，它的制定和实施对于提高和改善根据地人民生活，维护抗日统一战线，巩固和发展山东抗日民主政权，发挥了重要作用。

五　社会问题与社会冲突调节

社会建设的目的之一，是调节社会问题与社会冲突。与会学者从各个角度、不同层面对此进行了有益探讨。

李玉《企业依法对抗政府：晚清〈公司律〉推行过程的几个片段》分析了1904年清政府颁布《公司律》后，浙江铁路公司、轮船招商局等公司股东利用此律与政府干涉企业事务行为的对抗。认为这些"对抗"在一定程度上正是对晚清公司法制公平与公正性的检验。政府机构的"违法"，使法律的社会信用大受贬损，严重挫伤民众对政府的信心。

江沛《战争动员与社会治理之吊诡——以山西黎城暴动事件为个案》利用调查报告与口述资料，认为1941年10月12日中共太行根据地黎城离卦道徒与民众暴动的主要是因为战争过度动员、税赋过重严重损害民众利益进而导致干群关系紧张。进一步指出政权管理薄弱、教育低下、民间结社兴起等复杂的文化与社会背景，并不能以强力手段简单加以解决。黎城事件表明：即使在战争年代，追求经济发展及呵护民众利益的重要性也远远高于意识形态的正当性，没有社会秩序的稳定也就没有政治正义。

问题与冲突当如何调节，王文涛《汉代调均思想与社会调节》归纳了两汉为解决贫富分化所造成的社会问题的思想与措施。王谨《"本""末"关系：一个始终未能正确解答的命题》在总结了古代"重本抑末"政策不仅未使农业迅速发展，反而阻碍了工商业发展的现象后，进一步认为新中国工商业发展与"三农"问题是"本""末"

关系的延续，此关系尚未很好解决。林存阳《以礼为治——乾隆朝社会治理的一种政治文化取向》以清朝诏开三礼馆与三部礼书的纂辑为中心，梳理了清廷礼制建设诸举措；揭示三部礼书所蕴含的——士民遵循的行为准则、国家典礼器物的标准化、凸现和规范满人礼仪——三方面政治文化意义。

郑永福《传统与现实：民事习惯与社会建设》以案例分析的方式，剖析了由传统延伸而来的一些民事习惯与相关法律制度之间的抵触，呼吁用当代精神制定、完善既具有普适价值又具有中国特色的法律法规；用公序良俗改造陈规陋习，体现社会自治。

此外，大会专门组织"青年论坛"，为青年学人提供学习交流的平台。来自南开大学、天津师范大学、中山大学、陕西师范大学等院校的十余位青年教师、博士生宣读论文，展开了热烈的讨论。

［作者曹循、倪彬，博士研究生，南开大学历史学院。天津　300071］